Akten zur Auswärtigen Politik der Bundesrepublik Deutschland

Herausgegeben im Auftrag des Auswärtigen Amts
vom Institut für Zeitgeschichte

Hauptherausgeber
Hans-Peter Schwarz

Mitherausgeber
Helga Haftendorn, Klaus Hildebrand,
Werner Link, Horst Möller und Rudolf Morsey

R. Oldenbourg Verlag München 2002

Akten zur Auswärtigen Politik der Bundesrepublik Deutschland

1971

Band II: 1. Mai bis 30. September 1971

Wissenschaftliche Leiterin
Ilse Dorothee Pautsch

Bearbeiter
Martin Koopmann, Matthias Peter
und Daniela Taschler

R. Oldenbourg Verlag München 2002

Die Deutsche Bibliothek – CIP-Einheitsaufnahme

Akten zur auswärtigen Politik der Bundesrepublik Deutschland /
hrsg. im Auftr. des Auswärtigen Amts vom Institut für
Zeitgeschichte. – München : Oldenbourg

1971.
1. Mai bis 30. September 1971. – 2002
ISBN 3-486-56618-0

© 2002 Oldenbourg Wissenschaftsverlag GmbH, München
Rosenheimer Straße 145, D-81671 München
Internet: http://www.oldenbourg-verlag.de

Das Werk einschließlich aller Abbildungen ist urheberrechtlich geschützt. Jede Verwertung außerhalb der Grenzen des Urheberrechtsgesetzes ist ohne Zustimmung des Verlages unzulässig und strafbar. Dies gilt insbesondere für Vervielfältigungen, Übersetzungen, Mikroverfilmungen und die Einspeicherung und Bearbeitung in elektronischen Systemen.

Umschlaggestaltung: Dieter Vollendorf
Gedruckt auf säurefreiem, alterungsbeständigem Papier (chlorfrei gebleicht).

Gesamtherstellung: R. Oldenbourg Graphische Betriebe Druckerei GmbH, München

ISBN 3-486-56618-0

153

**Aufzeichnung des
Vortragenden Legationsrats I. Klasse Redies**

I B 4-82.00-92.19-1128/71 VS-vertraulich   3. Mai 1971

Herrn Staatssekretär[1]

Betr.: Vorsprache des israelischen Botschafters Ben-Horin beim Herrn Staatssekretär am 30. April 1971

Botschafter Ben-Horin erklärte eingangs als den eigentlichen Anlaß seiner Vorsprache, die Bundesregierung auf Weisung seines Ministers[2] über die israelischen Vorstellungen hinsichtlich einer Wiedereröffnung des Suezkanals unterrichten zu wollen. Er erläuterte die inzwischen auch durch Presseveröffentlichung bekannt gewordenen israelischen Bedingungen (Benutzung des Kanals auch für israelische Schiffe, Zusicherung eines unbegrenzten Waffenstillstands, keine ägyptischen Truppen auf dem anderen Kanalufer, genaue Überwachung der getroffenen Vereinbarungen).[3]

In erster Linie drehte sich das Gespräch jedoch um die Nahost-Erörterungen im Rahmen der politischen Zusammenarbeit der EG-Regierungen. Die Äußerungen Botschafter Ben-Horins hierzu lassen sich wie folgt zusammenfassen:

– Israel halte es für befremdlich, daß die EG-Regierungen sich mit Fragen des Nahost-Konflikts befaßten, da es hier in erster Linie um israelische Interessen ginge.

– Zumindest müsse Israel erwarten können, daß die Erörterungen der EG-Regierungen nicht „hinter seinem Rücken" erfolgen, d. h., daß es beteiligt werde.

– Schließlich glaube Israel, aufgrund des Vertrauensverhältnisses zu uns ein Recht darauf zu haben, von uns über den Gang der Erörterungen und unsere eigene Haltung in den Beratungen unterrichtet zu werden.

Der Herr Staatssekretär wies zu den verschiedenen Bemerkungen Botschafter Ben-Horins auf folgendes hin:

– Israel begehe einen Fehler, wenn es sich gegen die Nahost-Konsultationen der EG-Regierungen als solche wende. Der Versuch, in den wichtigen Fragen der Außenpolitik eine gemeinsame Haltung herbeizuführen, sei allen EG-Regierungen ein sehr ernstes Anliegen. Israel laufe Gefahr, mit seiner Haltung auch diejenigen Kräfte in Europa vor den Kopf zu stoßen, die Verständnis für die israelische Position im Nahost-Konflikt zeigten.

---

[1] Hat Staatssekretär Frank am 5. Mai 1971 vorgelegen, der handschriftlich vermerkte: „Dem H[errn] Minister vorzulegen: Wenn wir beim ersten Versuch einer gemeinsamen Politik der Sechs versagen, gibt es wohl keine Aussicht auf ein politisch geeintes Europa. Wir müssen deshalb solidarisch bleiben, auch wenn der israelische Druck auf uns am stärksten sein wird."
Hat laut Vermerk des Vortragenden Legationsrats I. Klasse Hofmann vom 7. Mai 1971 Bundesminister Scheel vorgelegen.

[2] Abba Eban.

[3] Vgl. dazu den Artikel „Israel regards canal hopes as diminished"; THE TIMES vom 3. Mai 1971, S. 5.

Außerdem sei es unrichtig, in diesem Zusammenhang davon zu sprechen, es ginge hier in erster Linie um israelische Interessen. Die Folgen des Nahost-Konflikts und eine friedliche Lösung seien für Europa von erheblicher Bedeutung und berührten seine Interessen unmittelbar.

- Israels Gesichtspunkte würden in den Konsultationen der EG-Regierungen gewiß berücksichtigt. Es sei uns jedoch nicht möglich, Israel durch Unterrichtung über den Verlauf der Erörterungen zu beteiligen. Gewisse Indiskretionen zu Beginn der Konsultationen[4] hätten den EG-Regierungen Veranlassung gegeben, strengste Vertraulichkeit zu vereinbaren. Außerdem handele es sich bei den Konsultationen um einen Prozeß der internen Meinungsbildung, und es sei auch sonst nicht üblich, etwa bei Meinungsbildung innerhalb des Auswärtigen Amts oder innerhalb der Bundesregierung, dritten Regierungen hierin Einblick zu geben.

- Das gleiche gelte von der erbetenen Unterrichtung über die deutsche Haltung in den Konsultationen. Es sei überhaupt verfehlt, von einer deutschen Haltung in diesem Sinne zu sprechen. Es gehe bei den Erörterungen nicht einfach darum, die Auffassungen der sechs EG-Regierungen zu einer einzigen zu addieren oder Kompromisse zwischen verschiedenen Meinungen zu finden. Vielmehr werde der Versuch unternommen zu prüfen, in welchen Fragen und in welchem Ausmaß eine gemeinsame Haltung bestehe, die dann auch von allen Regierungen einheitlich vertreten werde.[5]

Botschafter Ben-Horin äußerte im Verlaufe des Gesprächs die Absicht, vor dem Treffen der Außenminister am 13./14. Mai[6] auch den Herrn Minister aufsuchen

---

[4] Zum Beginn der Nahost-Konsultationen der EG-Mitgliedstaaten vgl. Dok. 43, Anm. 5.

[5] Botschaftsrat I. Klasse Hensel, Tel Aviv, übermittelte am 7. Mai 1971 ein Schreiben des israelischen Außenministers Eban an Bundesminister Scheel, das in ähnlicher Form allen EG-Mitgliedstaaten mit Ausnahme Frankreichs übergeben werden sollte. Darin warnte Eban davor, bei der bevorstehenden Konferenz der Außenminister der EG-Mitgliedstaaten am 13./14. Mai 1971 in Paris eine gemeinsame Verlautbarung der EG-Mitgliedstaaten zur Frage der Grenze zwischen Israel und seinen Nachbarstaaten zu veröffentlichen: „For six Western European countries to announce a position wholly favouring one side and contrary to the vital interests of the other would be to exacerbate an already difficult situation. The unreadiness of Arab States to embark on any meaningful negotiation and compromise on this point would be reinforced and the deadlock will have sharpened." Eban führte weiter aus: „We aspire to a free and unfettered negotiation with Egypt on the boundary question, but we will not accept the ultimate Egyptian demand of a prior Israeli commitment to accept their position. Any attempt to promote free negotiations on this point is bound to be seriously disturbed by the six European countries virtually supporting the Arab position. Israel seeks such changes as are necessary for security, and the prevention of future wars, but the location and scale of such changes is entirely a matter for negotiation between the parties, not for determination from outside." Eban verwies auf die gegenwärtigen Bemühungen der USA, eine vorübergehende Regelung zur Wiedereröffnung des Suez-Kanals zu erarbeiten. Eine Erklärung der EG-Mitgliedstaaten zur Grenzfrage könne diesen Bemühungen schaden: „In these circumstances, I feel bound to request that this process should not be continued." Hensel berichtete dazu weiter, der Abteilungsleiter im israelischen Außenministerium, Avner, habe vor der möglichen Forderung der EG-Mitgliedstaaten nach Rückzug Israels auf die Grenzen von 1967 gewarnt und dazu ergänzend ausgeführt, die Bundesregierung habe bisher zur Nahost-Frage „eine wohl abgewogene Haltung eingenommen. Sollte sie sich nun der von Frankreich vertretenen Auffassung anschließen, müsse dies nicht nur das deutsch-israelische Verhältnis spürbar belasten, sondern es werde sich auch die israelische öffentliche Meinung gegen die Bundesrepublik kehren. Dies gelte es zu verhindern." Vgl. den Drahtbericht Nr. 359; VS-Bd. 9868 (I B 4); B 150, Aktenkopien 1971.

[6] Zur Konferenz der Außenminister der EG-Mitgliedstaaten im Rahmen der Europäischen Politischen Zusammenarbeit am 13./14. Mai 1971 in Paris vgl. Dok. 174.

zu wollen.⁷ Es wird deshalb angeregt, die Aufzeichnung dem Herrn Minister ebenfalls vorzulegen.

Redies

VS-Bd. 9864 (I B 4)

154

Aufzeichnung des Vortragenden Legationsrats Freiherr von Groll

II A 3-84.10/3-618/71 geheim   4. Mai 1971[1]

Betr.: Zusammenhang zwischen KSE und Deutschlandpolitik;
   hier: Behandlung in der Vierergruppe und in der NATO

I. Die hiesige US-Botschaft hat uns eine mit „Rogers" gezeichnete Weisung des State Departments zugängig gemacht, in der sie beauftragt wird „to seek early Bonn group consideration of German-related issues in a conference on European security". Danach sollen die Besprechungsergebnisse der Vierergruppe in den Hauptstädten gebilligt und in die NATO eingeführt werden.

Das Thema der Vierergruppen-Beratungen soll sein:

1) Probleme, die sich aus der Beteiligung der DDR an der KSE, einschließlich vorangehender Phasen, ergeben; in diesem Zusammenhang speziell unsere Ansichten über die Frage, ob die Beteiligung der DDR an der KSE die Vereinbarung eines innerdeutschen Modus vivendi erschwert, einschließlich der Fra-

---

[7] Vortragender Legationsrat I. Klasse Redies vermerkte am 11. Mai, daß der israelische Botschafter Ben-Horin am 7. Mai 1971 das Schreiben des israelischen Außenministers Eban an Bundesminister Scheel übergeben und dabei erklärt habe: „Israel schlage vor, daß die Sechs entweder überhaupt keine Beschlüsse zu den Einzelfragen einer Friedenslösung faßten oder solche Beschlüsse jedenfalls nicht veröffentlichten bzw. auf sonstigem Wege jemandem mitteilten oder die unmittelbar betroffenen Regierungen zu einer Stellungnahme aufforderten. Der Herr Minister erläuterte dem Botschafter nochmals die Bedeutung, die die Bundesregierung wie alle europäischen Regierungen der eingeleiteten politischen Zusammenarbeit allgemein und in den Nahost-Fragen im besonderen beimesse. Da es sich um einen Vorgang der internen Meinungsbildung handele, sei es nicht möglich, Israel, etwa durch Unterrichtung über den Gang der Erörterungen, an den Konsultationen zu beteiligen. Eine Unterrichtung der Presse nach dem Minister-Treffen sei üblich, jedoch habe er nicht den Eindruck, daß hierbei auf die Auffassung der Sechs zu Einzelfragen einer Konfliktlösung eingegangen zu werden brauche. Es bleibe abzuwarten, was die sechs Außenminister in dieser Hinsicht beschließen würden." Vgl. VS-Bd. 9864 (I B 4); B 150, Aktenkopien 1971.

[1] Die Aufzeichnung wurde von Vortragendem Legationsrat Freiherr von Groll und von Legationsrat I. Klasse Dahlhoff konzipiert.
Hat Ministerialdirigent Lahn am 5. Mai 1971 vorgelegen.
Hat Ministerialdirektor von Staden am 6. Mai 1971 vorgelegen, der handschriftlich vermerkte: „Eine sehr interessante Aufzeichnung. Herrn van Well: 1) Randbemerkungen; 2) Wir müssen alsbald darüber sprechen, wie all dies koordiniert werden soll."

ge, welchen Gehalt das innerdeutsche Element einer Berlin-Regelung insoweit habe.

2) Mögliche Folgen, welche Formulierungen einer KSE-Deklaration, insbesondere Formulierungen über Grundsätze zwischenstaatlicher Beziehungen, für die Rechte und Pflichten der Vier Mächte für Deutschland als Ganzes und Berlin haben könnten.

3) Berlin als Tagungsort einer KSE.

II. A. Das Problem in amerikanischer Sicht

1) DDR-Beteiligung

Die in der Weisung enthaltenen Überlegungen gehen von der Annahme aus, daß

– es nicht gelingt, Sowjetunion und DDR zur Anerkennung des Vier-Mächte-Status für Deutschland als Ganzes und Berlin zu bewegen;
– die DDR, ohne Mitglied der Vereinten Nationen zu sein, an der KSE einschließlich ihrer Vorbereitung teilnimmt.

Hieran knüpfen die Amerikaner folgende Befürchtungen:

– Stärkung der DDR-Ansprüche auf Souveränität
– Förderung der diplomatischen Anerkennung der DDR durch dritte Staaten
– Verstärkung des Drucks auf Zulassung der DDR zu den Vereinten Nationen, ihren Sonderorganisationen, Veranstaltungen der VN und Beteiligung an internationalen Abkommen
– Erschwerungen für die Schaffung eines innerdeutschen Modus vivendi
  (Anmerkung: Besonders zu diesem Punkte werden die deutschen Ansichten gewünscht, und zwar im Hinblick auf die Alternative:
  – „inter-German element in Berlin agreement goes far towards meeting FRG needs";
  – „GDR concessions would be restrictive in nature");)
– Institutionelle Arrangements in der KSE könnten der Sowjetunion dazu dienen, der DDR dort eine führende Rolle zu verschaffen.

2) Grundsätze zwischenstaatlicher Beziehungen

Allgemeine Formulierungen (general language) über unbeschränkte nationale Souveränität, Nichteinmischung in innere Angelegenheiten usw. kann die Rechte der Vier Mächte für Deutschland als Ganzes und Berlin gefährden und den Standpunkt der Sowjetunion unterstützen, der Vier-Mächte-Status habe sich durch zwischenzeitliche Entwicklungen geändert.

3) Multilaterale Grenzerklärung

– könnte Verzicht auf das Recht der Vier Mächte beinhalten, in einer Friedensregelung über die deutschen Grenzen zu entscheiden;
– könnte später von der Sowjetunion, der DDR und anderen Staaten als Grundlage für die Behauptung benutzt werden, die Vier Mächte hätten anerkannt
  I. Endgültigkeit der Interzonengrenze
  II. volle Souveränität der DDR auch über Ostberlin

III. Aufgabe des Ziels der deutschen Wiedervereinigung und Auslöschung des Konzepts von Deutschland als Ganzem.

– könnte zu Erosion der politischen Unterstützung des Vier-Mächte-Status im Westen führen, insbesondere in der Allianz;

Ein Sonderproblem für die drei Westmächte und die BRD ergebe sich aus Art. 7 des Generalvertrages[2]:

„Sie sind weiterhin darüber einig, daß die endgültige Festlegung der Grenzen Deutschlands bis zu dieser (Friedens-) Regelung aufgeschoben werden muß."

B. Taktische Vorstellungen der Amerikaner zur Sicherung der Vier-Mächte-Rechte

1) Hinsichtlich DDR-Beteiligung

Gleichberechtigte Beteiligung kann keine Anerkennung bedeuten. Ein Disclaimer ist rechtlich unwesentlich, politisch jedoch nützlich und wird von allen NATO-Staaten erwartet, nach Möglichkeit auch von den europäischen Neutralen, die die DDR nicht anerkannt haben.

2) Hinsichtlich einer Erklärung über Grundsätze

Erste Präferenz: Vorbehaltsklausel in einer KSE-Deklaration

Zweite Präferenz: Erklärung der drei Westmächte, indossiert durch alle anderen NATO-Staaten, Notifikation der übrigen KSE-Teilnehmer.[3]

C. Beurteilung der eigenen Position

Aussichten für die erste Präferenz:

1. Möglichkeit: Sowjetunion stimmt zu, ist aber unwahrscheinlich;

2. Möglichkeit: Die KSE scheitert, „would create turmoil";

3. Möglichkeit: USA geben auf Drängen der Alliierten nach und verzichten auf Vorbehaltsklausel für den Vier-Mächte-Status.

Aussichten für die zweite Präferenz:

1. Möglichkeit: Der Inhalt der Drei-Mächte-Erklärung steht im Widerspruch zum Inhalt der KSE-Erklärung; die Drei-Mächte-Erklärung hat dann nur begrenzten Wert;

2. Möglichkeit: Sowjetunion und ihre Alliierten bestreiten die Drei-Mächte-Erklärung; die Drei-Mächte-Erklärung hat dann auch nur begrenzten Wert.

---

[2] Artikel 7 des Vertrags vom 26. Mai 1952 über die Beziehungen zwischen der Bundesrepublik Deutschland und den Drei Mächten in der Fassung vom 23. Oktober 1954 (Deutschland-Vertrag): „1) Die Unterzeichnerstaaten sind darüber einig, daß ein wesentliches Ziel ihrer gemeinsamen Politik eine zwischen Deutschland und seinen ehemaligen Gegnern frei vereinbarte friedensvertragliche Regelung für ganz Deutschland ist, welche die Grundlage für einen dauerhaften Frieden bilden soll. Sie sind weiterhin darüber einig, daß die endgültige Festlegung der Grenzen Deutschlands bis zu dieser Regelung aufgeschoben werden muß. 2) Bis zum Abschluß der friedensvertraglichen Regelung werden die Unterzeichnerstaaten zusammenwirken, um mit friedlichen Mitteln ihr gemeinsames Ziel zu verwirklichen: Ein wiedervereinigtes Deutschland, das eine freiheitlich-demokratische Verfassung, ähnlich wie die Bundesrepublik, besitzt und das in die Europäische Gemeinschaft integriert ist. 3) (gestrichen) 4) Die Drei Mächte werden die Bundesrepublik in allen Angelegenheiten konsultieren, welche die Ausübung ihrer Rechte in bezug auf Deutschland als Ganzes berühren." Vgl. BUNDESGESETZBLATT 1955, Teil II, S. 309.

[3] Beginn der S. 4 der Aufzeichnung. Vgl. Anm. 25.

Angesichts dieser Lage möchten die Amerikaner

entweder baldige Übereinstimmung in der NATO erzielen, daß eine solche Vorbehaltsklausel für die KSE wesentlich ist, um dadurch einen legitimen Grund zum Abbruch der KSE-Vorbereitungen in einem multilateralen Treffen zu bekommen; sie erwarten allerdings Widerstand aus der Allianz;

oder

sie wollen prüfen, ob es nützlich wäre, sich um die Aufnahme einer solchen Vorbehaltsklausel in eine KSE-Deklaration zu bemühen, falls starke Aussichten dafür bestehen, daß sie später nachgeben müssen oder in die Isolierung geraten.[4]

III. A. Unsere Haltung zu den Sachfragen

1) KSE und DDR

Als diese Frage im Jahre 1969 zum ersten Mal erwähnt wurde, waren sich die vier Regierungen darüber einig, daß die Teilnahme der DDR an einer KSE unumgänglich sei; zur Verhinderung negativer Auswirkungen auf die Rechte der Vier Mächte konnte damals nur an eine entsprechende Vorbehaltserklärung gedacht werden; die Überlegungen konzentrierten sich auf die Form des Vorbehalts und den Kreis der Signatare.

Heute verfügen wir zusätzlich über das Instrument der Voraussetzungen, indem wir die Multilateralisierung der KSE-Vorbereitungen von einer Berlin-Regelung abhängig gemacht haben.[5] Wir gehen davon aus, daß diese von den Vier Mächten zu treffende Regelung einen Hinweis auf die fortbestehende Vier-Mächte-Verantwortung enthält.[6]

Der deutsche Beitrag zu einer Berlin-Regelung wird bereits wesentliche Teile der Regelung des innerdeutschen Verhältnisses vorwegnehmen. Es dürfte ebenfalls Hinweise auf den besonderen Charakter des Verhältnisses der beiden deutschen Staaten zueinander geben.[7] Auf diese Weise werden wir bei der Vorbereitung einer KSE und bei dieser selbst in der Lage sein, auf vorhandene Formulierungen zurückzugreifen und diese zu nutzen, um negative Folgen der Teilnahme der beiden deutschen Staaten abzufangen.[8]

Über die Durchführung dieses Konzepts im einzelnen können wir gegenwärtig noch nichts Abschließendes sagen; sie hängt davon ab, welchen konkreten Inhalt und welche Fassung die Berlin-Regelung der Vier Mächte und der Bundesregierung dazu schließlich haben wird[9] und welche politische Lage in diesem künftigen Zeitpunkt gegeben sein wird.

---

[4] Ende der S. 4 der Aufzeichnung. Vgl. Anm. 25.

[5] Vgl. dazu Ziffer 10 des Kommuniqués der NATO-Ministerratstagung am 3./4. Dezember 1970 in Brüssel; Dok. 11, Anm. 12.

[6] Zu diesem Absatz vermerkte Ministerialdirektor von Staden handschriftlich: „a)". Vgl. Anm. 8.

[7] Zu diesem Satz vermerkte Ministerialdirektor von Staden handschriftlich: „b)". Vgl. Anm. 8.

[8] Zum Passus „Heute verfügen wir ... Staaten abzufangen" vermerkte Ministerialdirigent Lahn handschriftlich: „Diese Hinweise werden allenfalls sehr schwach sein; ob sie dann ausreichen, um ‚negative Folgen der Teilnahme der beiden deutschen Staaten abzufangen', erscheint mir fraglich." Dazu vermerkte Ministerialdirektor von Staden handschriftlich: „r[ichtig]".

[9] Der Passus „Über die ... haben wird" wurde von Ministerialdirektor von Staden hervorgehoben. Dazu vermerkte er handschriftlich: „Hier ist ein logischer Bruch: Nachdem wir unseren KSE-Vorbehalt auf Berlin reduziert haben, müssen wir auch definieren, was wir zu a) u[nd] b) im Hinblick

2) Grundsätze und Vier-Mächte-Status

Unser Interesse am Vier-Mächte-Status deckt sich im Prinzip mit dem Interesse der Westmächte an seinem Fortbestand im Hinblick auf Berlin und Deutschland als Ganzes, die Wiedervereinigung Deutschlands und eine friedensvertragliche Regelung (Art. 2 Satz 1 Generalvertrag[10]). Unser Interesse hieran ist aber qualifiziert durch Art. 1 Absatz 2 des Generalvertrages, wonach die Bundesrepublik „die volle Macht eines souveränen Staates über ihre inneren und äußeren Angelegenheiten" hat.[11] Wenn nun in einer KSE-Deklaration oder in einem multilateralen Abkommen über den Gewaltverzicht (so im Gegensatz zu den Amerikanern noch Absatz 12 des Kommuniqués der Ministertagung des Nordatlantikrates vom 4.12.70[12]) oder in einer anderen Weise der Vier-Mächte-Status gewahrt wird, darf dies nicht zur Einschränkung unserer Souveränität nach außen und zum Recht auf Einmischung in die inneren Angelegenheiten der BRD durch eine oder mehrere der Vier Mächte führen.[13]

Diesem Problem widmet die uns bekanntgegebene Weisung des State Department keine Aufmerksamkeit. Wir sollten also sorgfältig untersuchen[14], ob und in welcher Weise das Gesamtgefüge der Beziehungen der BRD zu den drei Westmächten in eine Deklaration, ein Abkommen oder eine andere geeignete Form der Rechtswahrung transponiert werden könnte.

Zur Frage des Vier-Mächte-Status gehört auch der Friedensvertragsvorbehalt.[15] Dieser verliert in dem Maße an Bedeutung, wie die Aussichten auf den Friedensvertrag selbst schwinden. Es ist der Fall denkbar, daß in Zukunft wir und die eine oder andere der Vier Mächte das politische Interesse am Friedensvertrag verlieren. In diesem Falle könnte auch unser Interesse am Vier-Mächte-

---

Fortsetzung Fußnote von Seite 718

auf die KSE mindestens brauchen. Gerade davon aber rücken wir ab, je ‚pragmatischer' wir die Berlin-Lösung konzipieren." Vgl. Anm. 6 und 7.

10 Artikel 2 Satz 1 des Vertrags vom 26. Mai 1952 über die Beziehungen zwischen der Bundesrepublik Deutschland und den Drei Mächten in der Fassung vom 23. Oktober 1954 (Deutschland-Vertrag): „Im Hinblick auf die internationale Lage, die bisher die Wiedervereinigung Deutschlands und den Abschluß eines Friedensvertrags verhindert hat, behalten die Drei Mächte die bisher von ihnen ausgeübten oder innegehabten Rechte und Verantwortlichkeiten in bezug auf Berlin und auf Deutschland als Ganzes einschließlich der Wiedervereinigung Deutschlands und einer friedensvertraglichen Regelung." Vgl. BUNDESGESETZBLATT 1955, Teil II, S. 306.

11 Für den Wortlaut von Artikel 1 Absatz 2 des Vertrags vom 26. Mai 1952 über die Beziehungen zwischen der Bundesrepublik Deutschland und den Drei Mächten in der Fassung vom 23. Oktober 1954 (Deutschland-Vertrag) vgl. BUNDESGESETZBLATT 1955, Teil II, S. 306.

12 Ziffer 12 des Kommuniqués der NATO-Ministerratstagung am 3./4. Dezember 1970 in Brüssel: „Ministers recalled that any genuine and lasting improvement in East-West relations in Europe must be based on the respect of the following principles which should govern relations between states and which would be included among the points to be explored: sovereign equality, political independence and territorial integrity of each European state; non-interference and non-intervention in the internal affairs of any state, regardless of its political or social system; and the right of the people of each European state to shape their own destinies free of external constraint. A common understanding and application of these principles, without condition or reservation, would give full meaning to any agreement on mutual renunciation of the use or threat of force." Vgl. NATO FINAL COMMUNIQUES, S. 245 f. Für den deutschen Wortlaut vgl. EUROPA-ARCHIV 1971, D 76.

13 Zum Passus „nach außen ... Mächte führen" vermerkte Ministerialdirektor von Staden handschriftlich: „r[ichtig]".

14 Die Wörter „sorgfältig untersuchen" wurden von Ministerialdirektor von Staden hervorgehoben. Dazu vermerkte er handschriftlich: „Ja, u[nd] es muß klar sein wo. KSE Arb[eits]gr[uppe]?".

15 Zu diesem Satz vermerkte Ministerialdirektor von Staden handschriftlich: „Sehr schwierige Frage".

Status entfallen.[16] Hierfür könnten wir Vorsorge treffen, indem wir in einer solchen Rechtswahrung Vier-Mächte-Status und Friedensvertragsvorbehalt so miteinander verknüpfen, daß beide nur zusammen bestehen können.

3) KSE und Grenzklausel

Die Grenzdispositionen der Verträge von Moskau und Warschau waren für uns in einem komplexen politischen Zusammenhang akzeptabel, der zum Ausdruck kommt

– in den sorgfältig abgewogenen Formulierungen der Verträge selbst (Moskauer Vertrag: Respektierung der Grenzen im Rahmen eines Gewaltverzichts)

– mit den aus Anlaß der Verträge abgegebenen qualifizierenden Erklärungen (Brief zur Deutschen Einheit[17], Notenwechsel über Rechte der Vier Mächte[18]).

Die Vertragsbestimmungen über die Grenzen sind hierdurch in ganz spezifischer Weise qualifiziert. Wir sollten uns also zunächst auf die sorgfältige Untersuchung beschränken, ob und in welcher Weise das Gesamtgefüge der Vereinbarungen einschließlich des Inhalts der qualifizierenden Erklärungen in eine Deklaration transponiert werden könnte, die auf einer KSE (also unter Beteiligung der Vier Mächte und aller europäischen Staaten) verabschiedet würde. Erst nach einer solchen Untersuchung sollten wir über die Vorteile oder Nachteile einer so qualifizierten Grenzformel abschließend urteilen; auch sie werden von der Entwicklung der KSE-Diskussion und der internationalen Lage abhängen.[19]

4) KSE-Tagungsort Berlin

Wir teilen die amerikanische Auffassung, daß Berlin ein attraktiver Tagungsort für die KSE wäre – mit dem Senat als Gastgeber – der dem Westen Kompensation böte für die Vorteile, die der Osten aus dem Zusammentreten der Konferenz selbst herleiten würde. Da die Diskussion über diese Frage (Tagungsort) in der NATO noch nicht stattgefunden hat, bietet es sich an, diese Frage zunächst der Vierergruppe vorzubehalten. (s. hierzu auch Vermerk II A 3-84.10/0-3926/70 VS-v vom 22.12.70[20])

---

[16] Beginn der S. 7 der Aufzeichnung. Vgl. Anm. 27.

[17] Für den Wortlaut des „Briefs zur Deutschen Einheit", der anläßlich der Unterzeichnung des Vertrags vom 12. August 1970 zwischen der Bundesrepublik und der UdSSR übergeben wurde, vgl. BULLETIN 1970, S. 1094.

[18] Für den Wortlaut der Note der Bundesregierung vom 7. August 1970 an die Regierungen der Drei Mächte sowie der Noten der Regierungen der Drei Mächte vom 11. August 1970 an die Bundesregierung vgl. BULLETIN 1970, S. 1095 f.
Für den Wortlaut der Note der Bundesregierung vom 19. November 1970 an die Regierungen der Drei Mächte sowie der Noten der Regierungen der Drei Mächte vom 19. November 1970 an die Bundesregierung vgl. BULLETIN 1970, S. 1816.

[19] Ende der S. 7 der Aufzeichnung. Vgl. Anm. 27.

[20] Vortragender Legationsrat Freiherr von Groll schlug eine Weiterentwicklung der derzeitigen Vier-Mächte-Gespräche über Berlin auf Botschaftsratsebene vor: „Man könnte sich vorstellen, daß die Konferenz der Botschaftsräte nach einem Abschluß der aktuellen Berlin-Gespräche durch Hinzuziehung von Vertretern der anderen an einer KSE interessierten Staaten zu einem Forum für multilaterale KSE-Sondierungen erweitert würde, aus dem sich später einmal eine KSE (und langfristig evtl. eine OSE) entwickeln könnte. Dies würde zu einer Internationalisierung Berlins unter Vier-Mächte-Verantwortung führen, die folgende Vorteile für unsere Berlin- und Deutschlandpolitik haben könnte: Perpetuierung der Vier-Mächte-Verantwortung, dadurch politische Bindung

B. Unsere Haltung zu den Verfahrensfragen

1) KSE und DDR

Die hier entscheidende Frage ist die des Disclaimers, weil von den Amerikanern angenommen wird, daß die DDR noch nicht Mitglied der Vereinten Nationen ist und die Außenbeziehungen der DDR noch nicht freigegeben sind, wenn die KSE-Vorbereitung beginnt.

Wir stimmen mit der Auffassung der Amerikaner überein, daß ein Disclaimer im Zusammenhang mit der Beteiligung der DDR an der KSE-Vorbereitung rechtlich unwesentlich ist und daß er nur politische Bedeutung hat.[21] Ein solcher politischer Disclaimer erschwert es der DDR, aus der Beteiligung an der KSE-Vorbereitung Nutzen zu ziehen für ihre Bemühungen um internationale Anerkennung. Viele Staaten könnten sich indessen scheuen, diesen politischen Disclaimer auszusprechen, sobald durch die – hier als gegeben vorausgesetzt – Berlin-Regelung ein wesentliches Hindernis für die Freigabe der Außenbeziehungen der DDR aus dem Wege geräumt ist. In einer Zeit, in der das Ende des „Moratoriums" in Sicht ist, könnte das Verlangen nach einem politischen Disclaimer die Allianz belasten. Es wäre deshalb nützlich, vorerst in der Allianz keine Beratungen über den Disclaimer wegen DDR-Beteiligung an der KSE-Vorbereitung durchzuführen. Soweit die drei Westmächte und wir hierüber einig sind, sollte diese Taktik in der NATO möglich sein.

Etwas anderes ist die Frage des Disclaimers im Zusammenhang mit einem völkerrechtlichen Dokument über multilateralen Gewaltverzicht und Grundsätze zwischenstaatlicher Beziehungen. Hier gelten die Grundsätze über den Disclaimer, die bereits seit längerer Zeit angewendet werden, wenn man der DDR die Teilnahme am multilateralen Vertrag nicht verwehren wollte oder konnte, z. B. NV-Vertrag[22]. Ob man dem Disclaimer-Problem ausweichen kann, wenn nur eine „Erklärung" verabschiedet wird, wäre zu untersuchen. Ein Präzedenzfall ist hier nicht bekannt.

Die Frage ist bisher aus der NATO-Diskussion herausgehalten worden durch Übereinkunft im Rat, daß man diese Frage im allgemeinen Zusammenhang später untersuchen und in einem „agreed document" darstellen wolle. Hiermit ist uns ein taktisch brauchbares Mittel an die Hand gegeben, um diese Frage offenzuhalten.

2) Grundsätze und Vier-Mächte-Status

Die Aufnahme einer Vorbehaltsklausel in eine Deklaration oder in ein Abkommen ist für uns bedenklich, wenn dies bedeutet, daß damit die deutsche Frage zum Gegenstand der Erörterungen aller KSE-Teilnehmer wird.[23] Die Auf-

Fortsetzung Fußnote von Seite 720
 der Vereinigten Staaten an Europa; ständige internationale Kontrolle des ‚Wohlverhaltens' der DDR, dadurch Freihaltung der Zugangswege; Öffnung, wenn nicht Beseitigung der Mauer, die ihre Existenzberechtigung verliert. Die (wohl eher kurzfristigen) Nachteile dieses Modells müßten natürlich dagegen abgewogen werden." Vgl. VS-Bd. 4598 (II A 3); B 150, Aktenkopien 1971.

[21] Zu diesem Satz vermerkte Ministerialdirektor von Staden handschriftlich: „Rechtl[ich] unwesentl[ich] deshalb, weil Teilnahme an multil[ateraler] Konferenz bilaterale Anerkennung ohnedies nicht präjudiziert!".

[22] Für den Wortlaut des Nichtverbreitungsvertrags vom 1. Juli 1968 vgl. EUROPA-ARCHIV 1968, D 321–328.

[23] Dieser Satz wurde von Ministerialdirektor von Staden hervorgehoben. Dazu vermerkte er handschriftlich: „r[ichtig]".

nahme einer Vorbehaltsklausel über den Vier-Mächte-Status in ein von der KSE zu verabschiedendes Dokument wäre nach unseren heutigen Vorstellungen nur dann tragbar, wenn allen Konferenzteilnehmern eine zwischen den Vier Mächten und beiden deutschen Staaten vereinbarte[24] gemeinsame Formel vorgeschlagen werden kann. In diesem Falle bestünde hinreichende Sicherheit, daß die übrigen Konferenzteilnehmer die Formel hinnehmen. Dies setzt den Abschluß der Berlin-Gespräche voraus, ohne die sowieso kein Übergang in die Konferenz-Vorbereitung möglich ist.

Wir sollten uns auch eine vermittelnde Auffassung zu der amerikanischen Vorstellung überlegen, die darauf abzielt, baldige Übereinstimmung in der NATO zu erzielen, daß eine Vorbehaltsklausel für den Vier-Mächte-Status für die KSE so wesentlich ist, daß sie einen legitimen Grund zum Abbruch der KSE-Vorbereitungen in einem multilateralen Treffen geben (vgl. S. 4 unten)[25]. Da die Amerikaner dieses Thema bald in die NATO-Diskussion einführen wollen und dagegen sicherlich zutreffend Widerstand aus der Allianz erwarten, wäre es in unserem Interesse angebracht, einer solchen Konfrontation vorzubeugen. Es bietet sich an, in der Vierergruppe zu überlegen, ob diese Frage vorerst in der NATO in der Schwebe gehalten werden kann, z. B. mit dem Argument, daß zwischen den Vier Mächten und beiden deutschen Staaten als logisches Ergebnis der laufenden Bemühungen um Berlin und einen innerdeutschen Modus vivendi ein „agreed disclaimer" noch im Bereich des möglichen liegt.

Der Beratungsstand in der NATO ist enthalten in Nr. 15 des Dokuments POLADS (71) 26/2, wo es heißt: „Care should be taken to avoid the inclusion of any wording in a Declaration that would undermine Quadripartite rights and responsibilities with respect to Germany as a whole and to Berlin".[26] Der Politische Ausschuß auf Gesandtenebene hat dieser Formulierung zugestimmt. Sie läßt darauf schließen, daß die Alliierten bereit sein werden, die mit der Durchführung dieser Absichtserklärung verbundenen Probleme zunächst in der Vierergruppe behandeln zu lassen.

3) KSE und Grenzen

Diese Frage steht in der NATO auf der Tagesordnung und ist dort heftig umstritten. Daraufhin hatten sich die drei Westmächte und wir geeinigt, die Frage zunächst in der Bonner Vierergruppe vorzuklären; wieweit dies die anderen Alliierten daran hindern wird, diese Frage weiter zu diskutieren, bleibt abzuwarten. Der Beratungsstand in der Vierergruppe ist oben auf Seite 7[27] wiedergegeben. Der Beratungsstand in der Allianz ist enthalten in den Abschnitten 16 und 16bis des Dokuments POLADS (71)26/2 sowie in unserer Weisung Nr. 156 vom 21.4.71[28]. In dieser Weisung ist ein Verschmelzungsvorschlag enthalten, der folgenden Text hat:

---

[24] Die Wörter „und beiden deutschen Staaten vereinbarte" wurden von Ministerialdirektor von Staden hervorgehoben. Dazu vermerkte er handschriftlich: „Vorkonferenz zur Lösung dieser Frage (Vier plus Zwei)? Dies müßte dann pari passu mit dem Berlin-Beschluß erfolgen u[nd] mit der UN-Mitgliedschaft i[n] Zus[ammen]h[an]g gebracht werden?".

[25] Vgl. Anm. 3 und 4.

[26] Für das Papier POLADS (71) 26/2 vgl. VS-Bd. 4598 (II A 3).

[27] Vgl. Anm. 16 und 19.

[28] Für den Drahterlaß des Ministerialdirigenten Lahn vgl. VS-Bd. 4598 (II A 3); B 150, Aktenkopien 1971.

„Given the top priority attached by the USSR to ‚the recognition of and respect for the territorial integrity of all European states within their existing frontiers' as indicated in the Prague Documents[29] as well as in subsequent statements and declarations, it seems difficult to avoid the discussion of this issue. On this issue, a major Soviet desideratum is the second operative paragraph in the draft Warsaw Pact Declaration, dealing with the recognition of existing borders. However, no allied interest would be served by agreement upon such language at a CES. Under wartime and postwar agreements on Germany, the final boundaries of Germany (including its western ones) are to be established at a peace settlement. Of course, the only possible subject of discussion could relate to the question of „respect" and not „recognition" of existing borders. It will, therefore, be essential to avoid any impression of a final settlement of the borders problem in the absence of a Peace Treaty."

Die Amerikaner widersetzen sich in der NATO jeder Grenzklausel, die direkt auf die europäischen Grenzen Bezug nimmt. Wie wir aus einer uns zugänglich gemachten Weisung des State Department wissen, wollen die Amerikaner vermeiden, damit die Annexion der baltischen Staaten[30] zu legalisieren, zu bestimmten Grenzproblemen auf dem Balkan Stellung zu nehmen und evtl. sogar die sowjetischen Auffassungen über ihre Grenze zu China[31] zu unterstützen.

Wir sollten daher vermeiden, uns in der NATO oder in der Vierergruppe zur Übernahme der amerikanischen Auffassungen bewegen zu lassen, weil uns das mit dem Wortlaut des Moskauer Vertrags (alle Grenzen in Europa) und seinem Sinn (Stabilisierung des territorialen Status quo in Europa) in Widerspruch bringen könnte.

Die amerikanische Weisung unterscheidet nicht zwischen Anerkennung und Respektierung von Grenzen. Dieser Unterschied ist für uns sehr wesentlich. Die Sowjetunion wird auf einer KSE dazu zu bringen sein, keine Grenzformel zu verlangen, die über den Moskauer Vertrag hinausgeht; sie wird allerdings auch keine geringere zugestehen. Mit diesem Argument sollten wir dem von den

---

[29] Am 30./31. Oktober 1969 fand eine Konferenz der Außenminister der Warschauer-Pakt-Staaten in Prag statt. Für die am 31. Oktober 1969 veröffentlichte Erklärung über eine Europäische Sicherheitskonferenz vgl. EUROPA-ARCHIV 1969, D. 551 f. Für einen Auszug vgl. Dok. 144, Anm. 29.
Zusammen mit der Erklärung übermittelten die Außenminister der Warschauer-Pakt-Staaten den europäischen Regierungen Entwürfe für ein „Dokument über die Erweiterung von gleichberechtigten Beziehungen auf dem Gebiet des Handels, der Wirtschaft, Wissenschaft und Technik, die auf die Entwicklung der politischen Zusammenarbeit zwischen den europäischen Staaten gerichtet sind" sowie für ein „Dokument über den Verzicht auf die Anwendung und Androhung von Gewalt in den gegenseitigen Beziehungen zwischen den Staaten in Europa", die von der Europäischen Sicherheitskonferenz verabschiedet werden sollten. Für den Wortlaut vgl. EUROPA-ARCHIV 1970, D 89 f.

[30] Zur Besetzung Estlands, Lettlands und Litauens durch sowjetische Truppen im Juni 1940 vgl. Dok. 132, Anm. 8.

[31] Mit den Verträgen von Aigun und Tientsin (1858) sowie dem Handelsvertrag von Peking (1860) kam es zu einer Regelung der Grenzen zwischen Rußland und China, bei der die Gebiete nördlich des Amur und östlich des Ussuri an Rußland fielen. Umstritten blieb insbesondere der im Vertrag von Ili bzw. St. Petersburg (1881) nur teilweise geregelte Grenzverlauf in der Region Sinkiang/Turkestan. Während die chinesische Regierung darauf bestand, daß die Verträge als „ungleich" zu betrachten seien und neu verhandelt werden müßten, wies die UdSSR auf die Gültigkeit der Verträge hin und vertrat die Ansicht, daß eine offene Grenzfrage nicht bestehe. Vgl. dazu die Aufzeichnung des Legationsrats I. Klasse Wickert vom 20. März 1963; Referat II A 3, Bd. 62.

Amerikanern durch Berufung auf Artikel 7 des Generalvertrags geltend gemachten Zustimmungsvorbehalt begegnen.

Groll

VS-Bd. 4598 (II A 3)

155

Botschafter Pauls, Washington, an das Auswärtige Amt

Z B 6-1-11767/71 geheim Aufgabe: 4. Mai 1971, 18.00 Uhr[1]
Fernschreiben Nr. 942 Ankunft: 5. Mai 1971, 00.10 Uhr

Betr.: Beitrittsverhandlungen Großbritanniens zur EWG

Innerhalb der Regierung und auf dem Capitol Hill werden die Verhandlungen über den Beitritt Großbritanniens zur EWG mit gespanntem Interesse und in letzter Zeit mit wachsender Sorge verfolgt. Die amerikanische Einstellung zur EWG hat sich stets in erster Linie an der Hoffnung auf eine wachsende politische Einigung Europas orientiert. Das ist trotz handelspolitischer Bedenken und politischer Enttäuschungen bis heute so geblieben. Der englische Beitritt wird trotz der wirtschaftspolitischen Probleme, die er für die Vereinigten Staaten aufwerfen wird, unter dem Gesichtspunkt der wachsenden politischen Einigung Europas voll bejaht. Damit verbindet sich auch die Hoffnung, daß England sich innerhalb der Gemeinschaft als ein Element auswirken möge, das eine Politik der EWG, die Drittländern gegenüber aufgeschlossener ist, fördert. Die gegenwärtigen Verhandlungen werden unter dem Eindruck der vorhergehenden zwei gescheiterten Versuche[2] als entscheidend angesehen, weil bei einem Scheitern ein erneuter Ansatz in absehbarer Zeit nicht möglich erscheint. In amerikanischen Augen sind die drei Probleme, die einer positiven Lösung noch entgegenstehen:

a) finanzielle Regelung für die Übergangszeit,[3]

b) neuseeländische Agrarprodukte,[4]

c) karibischer Zucker.[5]

Alle zusammen und keines im einzelnen von einer Qualität, an der ein so epochales Ereignis wir eine Gemeinschaft Englands mit dem europäischen Konti-

---

[1] Hat Vortragendem Legationsrat I. Klasse Lautenschlager vorgelegt, der handschriftlich vermerkte: „Bitte mit Boten an BKA & BMWi."

[2] Zu den gescheiterten britischen Anträgen auf einen Beitritt zu den Europäischen Gemeinschaften vom 9. August 1961 bzw. 10. Mai 1967 vgl. Dok. 114, Anm. 23.

[3] Zur Frage der Übergangsregelungen im Finanzbereich vgl. zuletzt Dok. 144.

[4] Zu Übergangsregelungen für die Einfuhr von Milcherzeugnissen vgl. zuletzt Dok. 97, besonders Anm. 8, sowie Dok. 150.

[5] Zu Übergangsrregelungen für die Einfuhr von Zucker vgl. zuletzt Dok. 97, besonders Anm. 6, sowie Dok. 137, Anm. 11.

nent scheitern dürfte. Der gegenwärtige Verhandlungsstop beunruhigt zunehmend, vor allem bei Bewertung der möglichen weiteren französischen Haltung. Man glaubt nicht, daß Pompidou den Affront eines de Gauleschen Vetos auf sich nehmen wolle und könne. Gleichwohl sieht man den innerparteilichen Widerstand, dem eine positive französische Entscheidung für den englischen Beitritt ausgesetzt ist. Man fürchtet, daß Frankreich sich zu einer Politik der Verzögerung entschließen könne, die praktisch zu einem Scheitern führt und die französische Verantwortung dafür objektiv nicht geringer macht als bei einem Veto. Man ist überwiegend der Auffassung, daß ein solches Scheitern der Beitrittsverhandlungen nicht nur zu einer Krise zwischen England, den anderen Beitrittswilligen und der Gemeinschaft führen müsse, sondern auch zu einer möglicherweise tödlichen Krise der Sechsergemeinschaft selbst. Man glaubt hier, daß ein Beitritt Englands zur Gemeinschaft gerade durch die besonderen Werte, die in dem amerikanisch-europäischen Verhältnis stecken, auf die Dauer die amerikanisch-europäischen Gesamtbeziehungen kräftigen wird. Umgekehrt ist man überzeugt, daß eine erneute Zurückweisung Englands, in welcher Form immer sie erfolgt, das Verhältnis zwischen den USA und der EWG, das problemreich genug ist, noch weiter und schwerer belasten würde.

Die amerikanische Regierung hat stets, mehr als es im Senat der Fall ist, großes Verständnis für unser vorsichtiges Taktieren gegenüber Frankreich aufgebracht. Die amerikanische Regierung hat insofern selber reiche Erfahrungen. Sie hat stets verstanden, daß wir eine 5:1 Konfrontation innerhalb der Gemeinschaft zu vermeiden wünschten. Jetzt herrscht in Washington die nahezu einhellige Auffassung vor, daß in der Frage des englischen Beitritts die deutsche Regierung ihr ganzes Gewicht einsetzen müsse (to throw your weight around) und nötigenfalls einen Kampf um den Beitritt nicht scheuen dürfe, um dieses Ziel zu erreichen. Man hofft, daß es gelingen wird, Frankreich in den nächsten Wochen zu einer konstruktiven Politik zu bewegen. Wenn sich jedoch abzeichnet, daß Frankreich die Beitrittsverhandlungen so verzögern will, daß sie zum Erliegen kommen, dann erwartet man, daß wir und die anderen Mitglieder dagegen mit notfalls aller Entschlossenheit kämpfen, ohne uns dem französischen Willen zu fügen.

Ich beurteile die Entscheidungen, die in den nächsten Wochen in dieser Frage zu fällen sind, als so schicksalhaft für das zukünftige amerikanisch-europäische Verhältnis wie nichts seit der Gründung der NATO.[6] Eine latente Europaverdrossenheit ist hier vorhanden. Sie nährt sich aus dem Widerstand gegen die fortdauernde amerikanische Truppenstationierung und aus der Enttäuschung über unzureichende Fortschritte der politischen Einigung Europas sowie aus der Kritik an der Agrar- und Handelspolitik der EWG, letzteres zur Zeit überdeckt durch die guten Handelsergebnisse des Jahres 1970. Ich sehe nach Beendigung des Truppenabzugs aus Vietnam die Gefahr einer populären Emotion unter dem Motto: „Now bring the boys home from Europe". Wenn zu all diesem eine tiefe amerikanische Enttäuschung über das Scheitern der englischen Beitrittsverhandlungen kommt, so wird das die amerikanische Grundeinstellung zur europäischen Wirtschaftsgemeinschaft wandeln, und damit wären die Wei-

---

[6] Die Gründung der NATO erfolgte am 4. April 1949 in Washington.

chen zu einer grundsätzlichen Krise im europäisch-amerikanischen Verhältnis gestellt, die die Qualität des Bündnisses überhaupt berühren müßte. Aus hiesiger Sicht kann die Frage des Gelingens oder Scheiterns der Verhandlungen nicht ernst genug genommen werden, wobei Amerika von uns als dem stärksten Partner der EWG einen höchst aktiven Einsatz für das Gelingen erwartet.

[gez.] Pauls

VS-Bd. 8792 (III A 2)

156

Staatssekretär Bahr, Bundeskanzleramt, an den Sicherheitsberater des amerikanischen Präsidenten, Kissinger

5. Mai 1971[1]

Top Secret

To: Henry Kissinger, White House, Washington

From: Egon Bahr

1) Falin hat mir gestern abend mitgeteilt, daß er autorisiert ist, mit Rush und mir zu sprechen, und zwar auf der Basis der Prinzipien, die Sie Dobrynin erklärt haben.

Ich glaube, daß die Sowjets damit sowohl die Methode wie die generelle Linie akzeptiert haben. Um Mißverständnisse auszuschließen, möchte ich die direkte Reaktion durch den Hauptverfasser des sowjetischen Papiers haben.

Ich habe mit Rush vereinbart, daß ich Falin morgen die ersten beiden Seiten und die Einleitungen der Annexe gebe, aus denen die Struktur, aber nicht die einzelnen sachlichen Inhalte zu ersehen sind. Sollte er dieser Form im Prinzip zustimmen, sind wir für die Konsultationen am 17. und 18. Mai[2] auf sicherem Grund.

2) Aus der Haltung Falins geht hervor, daß die sowjetische Berlin-Politik durch den Wechsel Ulbricht/Honecker[3] nicht berührt wird. Die innerdeutschen Verhandlungen können schwieriger werden; Honecker hat nicht die Autorität Ulbrichts. Er wird sie sich nach innen zu erwerben suchen. Für die Sowjets wird er ein leichterer Partner. In seiner ersten Erklärung vor dem ZK hat er sich

---

[1] Durchdruck.
 Vgl. BAHR, Zeit, S. 362.
[2] Zur Sondersitzung der Bonner Vierergruppe auf Direktorenebene am 17./18. Mai 1971 in London vgl. Dok. 173, Anm. 6, sowie Dok. 192, Anm. 11 und 15.
[3] Am 3. Mai 1971 nahm das ZK der SED einstimmig den Rücktritt Walter Ulbrichts vom Amt des Ersten Sekretärs „aus Altersgründen" entgegen und wählte ihn zum Ehrenvorsitzenden. Nachfolger wurde das Mitglied des Politbüros des ZK der SED, Honecker. Vgl. dazu das Kommuniqué; NEUES DEUTSCHLAND vom 4. Mai 1971, S. 1.

den Angriffen auf Mao angeschlossen.[4] Auf dem Parteitag in Moskau[5] waren Ulbricht und der Rumäne[6] die einzigen, die keinen Angriff gegen China richteten.

Herzliche Grüße
[gez. Bahr]

Archiv der sozialen Demokratie, Depositum Bahr, Box 439

157

Bundeskanzler Brandt an Bundesminister Scheel

7. Mai 1971[1]

Vertraulich!

Sehr geehrter Herr Kollege!

Gemäß unserer heutigen Absprache[2] sollte die deutsche Delegation auf der Ministerratstagung am 8. Mai folgende Verhandlungslinie befolgen:

1) Es sollte nochmals ein intensiver Versuch unternommen werden, zu einer gemeinschaftlichen Lösung der währungspolitischen Probleme[3] mit effizienten

---

[4] Der Erste Sekretär des ZK der SED, Honecker, führte am 3. Mai 1971 vor dem ZK aus: „Die Mao-Tse-tung-Gruppe fügt der internationalen Arbeiterklasse und der revolutionären Befreiungsbewegung großen Schaden zu, zumal in einer Situation, in der die Imperialisten ihr aggressives Vorgehen gegen die freiheitliebenden Völker verstärken." Vgl. NEUES DEUTSCHLAND vom 4. Mai 1971, S. 4.

[5] Der XXIV. Parteitag der KPdSU fand vom 30. März bis 9. April 1971 in Moskau statt.

[6] Nicolae Ceaușescu.

[1] Ablichtung.

[2] Am 7. Mai 1971 fand eine Sitzung des Kabinetts zur wirtschaftspolitischen Lage statt. Dazu vermerkte Referat L 1 am 11. Mai 1971, auf Vorschlag von Bundesminister Schmidt sei nach einer „sehr ausführlichen Diskussion" beschlossen worden, „daß die Haltung der deutschen Delegation in der EG-Ministerratssitzung in Brüssel am 8. Mai 1971 durch eine Richtlinien-Entscheidung des Bundeskanzlers bestimmt werden solle". Vgl. Referat III A 1, Bd. 585.

[3] Anfang Mai 1971 kam es infolge starker Dollarzuflüsse, insbesondere in die Bundesrepublik und die Schweiz, zu einer Währungskrise in mehreren europäischen Staaten. Ursache dieser Dollarzuflüsse waren höhere Zinssätze in Europa sowie Spekulationen über eine mögliche Aufwertung verschiedener europäischer Währungen, u. a. der DM. Am gleichen Tag wurden die Devisenbörsen in der Bundesrepublik sowie in Belgien, Luxemburg, den Niederlanden, Österreich und der Schweiz geschlossen und der Ankauf von US-Dollar durch verschiedene europäische Notenbanken eingestellt. Vgl. dazu BULLETIN 1971, S. 700, und AdG 1971, S. 16246 f.

Am Abend des 5. Mai 1971 beantragten die Niederlande in der Sitzung der Ständigen Vertreter bei den Europäischen Gemeinschaften in Brüssel eine Sondersitzung des EG-Ministerrats. Zu den Beratungen berichtete Ministerialdirigent Bömcke, Brüssel (EG), der niederländische Ständige Vertreter Sassen habe ausgeführt, seine Regierung „stelle ihren Antrag mit dem Ziel, bei einer Konsultation im Rat zu einem konzertierten Verhalten der Gemeinschaftsländer zu gelangen". Sassen verwies in diesem Zusammenhang auf die Gefährdung der Glaubwürdigkeit der Gemeinschaft, die unabgestimmt nationale Maßnahmen nach sich ziehen würde." Bömcke teilte mit, die Sitzung könne am 8. Mai 1971 stattfinden, falls die Bundesregierung erkläre, vor diesem Tag keine weiteren währungspolitischen Beschlüsse zu fassen. Vgl. den Drahtbericht Nr. 1340; Referat I A 2, Bd. 1725.

Am 6. Mai 1971 erklärte sich Bundesminister Schiller mit dem Termin des 8. Mai 1971 einver-

und marktwirtschaftlichen Mitteln zu kommen. Dies wäre ein entscheidender Schritt auf dem Wege zu einer europäischen Währungsunion.

2) Falls eine derartige gemeinschaftliche Aktion nicht erreichbar ist, sollte die deutsche Delegation darauf hinwirken, daß der Rat folgender Lösung zustimmt oder sie zumindest toleriert:

Befristete Freigabe des DM-Wechselkurses ab Montag, 10.5.1971. Ein Zeitpunkt für die Wiederfestsetzung einer neuen Parität ist zunächst noch nicht zu nennen. Die Schwankungen des DM-Wechselkurses sollten durch geeignete Interventionen der Bundesbank so begrenzt werden, daß keine Störungen der internationalen Währungssituation entstehen. Es sollte offen bleiben, ob nach der Zeit des Floatens die alte Parität wieder hergestellt oder eine neue festgesetzt wird. Dies wird von der Konjunktur- und Zahlungsbilanzlage zu diesem Zeitpunkt abhängen. Die Nennung einer Bandbreite sollte unterbleiben. Es muß aber klar gemacht werden, daß die Freigabe des Wechselkurses zwei Ziele verfolgt:

a) Beseitigung der extremen Liquiditätszuflüsse in die Bundesrepublik und die Verhinderung neuer spekulativer Zuflüsse.

b) ein deutlicher Stabilitätseffekt für die deutsche Binnenwirtschaft.

3) Als flankierende Maßnahmen dazu können von deutscher Seite folgende gemeinschaftliche Regulierungen akzeptiert werden:

a) Regulierung des Euro-Dollar-Marktes

Die Zentralbanken sollten:

– die Speisung des Euro-Dollar-Marktes einstellen,

– die von ihnen direkt oder über die BIZ[4] auf diesem Markt gehaltenen Guthaben zurückziehen,

– diese Guthaben direkt bei den amerikanischen Behörden plazieren und davon absehen, durch Sonderarrangements Geldanlagen der Geschäftsbanken auf dem Euro-Dollar-Markt zu fördern,

– die Währungsbehörden der Gemeinschaft sollten gemeinsame Schritte bei den zuständigen amerikanischen Stellen unternehmen, um sie dazu zu bewegen, ihre Aktivität zur Verringerung des Angebots auf dem Euro-Dollar-Markt zu verstärken (z. B. durch Anleihetransaktionen auf diesem Markt durch amerikanische Institutionen).

b) Regulierung der binnenwirtschaftlichen Liquiditäten

– Die Zentralbanken der Gemeinschaft sollten sich verpflichten, den Gegenwert in nationaler Währung der auf ihrem Markt angebotenen Dollars stillzulegen und zwar über das nationale Instrument der Mindestreserven und andere währungspolitische Instrumente.

Fortsetzung Fußnote von Seite 727

standen und gab die gewünschte Erklärung ab. Vgl. dazu den Drahterlaß Nr. 2331 des Vortragenden Legationsrats I. Klasse Ruyter vom gleichen Tag an die Vertretungen in den EG-Mitgliedstaaten; Referat I A 2, Bd. 1725.

[4] Bank für Internationalen Zahlungsausgleich.

– Auf die Konten der Gebietsansässigen dritter Länder, die in den Ländern der Gemeinschaft unterhalten werden, sollten keine Zinsen, bzw. soweit national möglich, Negativzinsen erhoben werden.

c) Die Bandbreiten gegenüber dem Dollar sollten von den Ländern, die nicht zum befristeten Floating übergehen, von 0,75% auf mindestens 1% erhöht werden.

4) Direkte Kontroll- und Bewirtschaftungsmaßnahmen des Geld- und Kapitalverkehrs sollten von deutscher Seite nicht akzeptiert werden.

5) Die Delegation der Bundesrepublik wird mit allem Nachdruck dafür eintreten, daß zur Sicherung der deutschen Landwirtschaft für die Zeit des Floatens ein voller Grenzausgleich genehmigt wird.

Ich habe zur Kenntnis genommen, daß Sie der Auffassung sind, daß auch Kontroll- und Bewirtschaftungsmaßnahmen des Geld- und Kapitalverkehrs akzeptabel seien, falls es gelingt, dafür eine gemeinsame europäische Wechselkurspolitik zu erreichen. Falls sich im Verlaufe der Verhandlungen eine derartige Möglichkeit ergeben sollte, bitte ich darüber mit dem Herrn Bundeswirtschaftsminister[5] eine Abstimmung herbeizuführen und mich zu unterrichten.

Ich habe ferner zur Kenntnis genommen, daß Sie davon ausgehen, daß bei einer Neufestsetzung der DM-Parität, die eine Aufwertung der D-Mark bedeuten würde, auch weiterhin für die Landwirtschaft ein voller Grenzausgleich oder gleichwertige Maßnahmen vorgesehen sind.[6]

Mit freundlichen Grüßen
Ihr Willy Brandt

Referat III A 1, Bd. 594

---

5 Karl Schiller.
6 Nach 21stündigen Verhandlungen stellte der EG-Ministerrat am 9. Mai 1971 in einer Entschließung fest, „daß die gegenwärtige Situation und die voraussichtliche Entwicklung der Zahlungsbilanzen der Mitgliedstaaten eine Änderung der Paritäten ihrer Währungen nicht rechtfertigen, und nimmt zur Kenntnis, daß die Regierungen der Mitgliedstaaten entschlossen sind, diese Paritäten beizubehalten." Angesichts „der übermäßigen Kapitalzuflüsse in gewisse Länder" sei es jedoch verständlich, „daß in gewissen Fällen die betreffenden Länder für eine begrenzte Zeit die Schwankungsbreiten der Wechselkurse ihrer Währungen zu ihren augenblicklichen Paritäten erweitern können". Ferner wurde beschlossen, daß der EG-Ministerrat vor dem 1. Juli 1971 über „geeignete Maßnahmen" beraten müsse, „um die übermäßigen Kapitalzuflüsse zu entmutigen und deren Auswirkungen auf die innere monetäre Situation zu neutralisieren". Weiter wurde beschlossen: „In dem Bestreben, die Anwendung einseitiger Maßnahmen zu vermeiden, die eventuelle Störungen im Handelsverkehr mit landwirtschaftlichen Erzeugnissen abwehren sollen, erläßt der Rat gemäß Artikel 103 des Vertrags unverzüglich die geeigneten Maßnahmen." Vgl. EUROPA-ARCHIV 1971, D 419. Botschafter Sachs, Brüssel (EG), teilte zum Verlauf der EG-Ministerratstagung vom 8./9. Mai 1971 mit: „Schwierigster Punkt der Diskussion, bei dem sich die französische Delegation außerordentlich verschlossen zeigte, war die Frage, ob die Einführung von Schwankungsbreiten der Wechselkurse bei prinzipiell enger Begrenzung mit dem guten Funktionieren der Gemeinschaft zu vereinbaren sei. Hieran wären die Verhandlungen beinahe gescheitert. [...] Entscheidenden Wert legte die französische Delegation – hierin aber weitgehend von allen übrigen Delegationen und der Kommission unterstützt – darauf, daß der Entschließungstext der Bundesrepublik keine Basis geben dürfe zu einseitigen Grenzausgleichsmaßnahmen. Die nach Kontaktaufnahme der Herren Bundesminister mit Herrn Bundeskanzler dem Rat mitgeteilte deutsche Bereitschaft, vor dem nunmehr auf den 11. Mai 1971 – 15 Uhr – festgesetzten Agrarrat keine derartigen Maßnahmen zu ergreifen, wurde von allen Delegationen außer der französischen, die hiervon lediglich Kenntnis nahm, mit großer Genugtuung aufgenommen. Ohne diese deutsche Mitteilung wäre ein Einvernehmen im Rat nicht erzielbar gewesen. Der Rat fand in einer zunehmend unerfreulicheren, ja

158

Bundeskanzler Brandt an Staatspräsident Pompidou

9. Mai 1971[1]

Sehr verehrter Herr Präsident,

ich begrüße es sehr, daß Sie Premierminister Heath eingeladen haben.[2] Wenn, wie ich hoffe, die nächsten Tage in Brüssel weitere sachliche Fortschritte bringen, kann diese Begegnung von entscheidender Bedeutung sein, um die Beitrittsverhandlungen so zu fördern, daß wir zu Beginn der Sommerferien insoweit festen Boden unter den Füßen haben werden.

Es ist bedauerlich, daß wir – Paris und Bonn – in den letzten Tagen nicht noch enger zusammenwirken konnten. Umso mehr weiß ich es zu schätzen, daß die besonderen Probleme und die vitalen Interessen der Bundesrepublik auf Ihrer Seite Beachtung gefunden haben.

Ich hatte veranlaßt, daß Staatssekretär Schöllhorn am vergangenen Freitag nach Paris kam, wo er – wie ich weiß – sehr zuvorkommend behandelt wurde.[3] Ich weiß auch um die delikate Aufgabe, die M. Giscard d'Estaing während der

---

Fortsetzung Fußnote von Seite 729

verdrossenen Atmosphäre statt." Die Verhandlungsführung des französischen Wirtschafts- und Finanzministers Giscard d'Estaing habe den Eindruck vermittelt, „als wenn dieser an einem Ergebnis des Rates nicht sonderlich interessiert gewesen wäre." Vgl. den Drahtbericht Nr. 1382 vom 9. Mai 1971; Referat I A 2, Bd. 1725.
Im Anschluß an die EG-Ministerratstagung am 8./9. Mai 1971 fand eine Sitzung des Bundeskabinetts statt. Die Bundesregierung ersuchte die Deutsche Bundesbank, „die bisherigen Interventionen an den Devisenmärkten vorübergehend einzustellen". Zu den vom EG-Ministerrat nach Artikel 103 des EWG-Vertrags vom 25. März 1957 beschlossenen Maßnahmen erklärte die Bundesregierung: „Der für die deutsche Landwirtschaft vom Ministerrat der Europäischen Gemeinschaften zu beschließende Grenzausgleich soll sich über die gesamte Zeitdauer der Wechselkursfreigabe erstrecken." Außerdem beschloß das Bundeskabinett Maßnahmen zur Einschränkung der öffentlichen Ausgaben in der Bundesrepublik. Vgl. BULLETIN 1971, S. 709 f.
Am 10. Mai 1971 wurden die europäischen Devisenbörsen wieder geöffnet.

[1] Handschriftliches Schreiben.
Vortragender Legationsrat I. Klasse Schönfeld übermittelte das Schreiben am 10. Mai 1971 an Bundesminister Scheel und Staatssekretär Freiherr von Braun, z. Z. Brüssel. Vgl. dazu den Drahterlaß Nr. 75; VS-Bd. 503 (Büro Staatssekretär); B 150, Aktenkopien 1971.

[2] Botschafter von Hase, London, berichtete am 8. Mai 1971, daß nach Auskunft des britischen Außenministeriums am gleichen Tag in Paris und London die Einladung des Staatspräsidenten Pompidou an Premierminister Heath für den 20./21. Mai 1971 bekanntgegeben werde. Vgl. dazu den Drahtbericht Nr. 1102; Referat III E 1, Bd. 1897.
Zum Besuch von Heath vom 19. bis 21. Mai 1971 in Paris vgl. Dok. 186.

[3] Staatssekretär Schöllhorn, Bundesministerium für Wirtschaft, reiste am 7. Mai 1971 nach Paris, um der französischen Regierung die Position der Bundesregierung zu währungspolitischen Fragen zu erläutern. Dazu berichtete Botschafter Ruete, Paris: „Die französischen Gesprächspartner haben mehrfach ihrer Genugtuung Ausdruck gegeben, daß die Bundesregierung die französische Regierung in dieser Form konsultiere, bevor sie die offizielle Konferenz in Brüssel beginne. Dies erlaube der französischen Seite, die von deutscher Seite dargelegten Argumente in die Überlegungen zur Formulierung des französischen Standpunktes einzubeziehen. Der französische Dank ging über das konventionelle Maß hinaus und bezog sich insbesondere auch auf die ausführliche Art der Darstellung von Herrn StS Schöllhorn." Vgl. den Drahtbericht Nr. 1314 vom 7. Mai 1971; Referat III A 1, Bd. 585.

langen Brüsseler Sitzung von Samstag- bis Sonntagfrüh zugefallen ist.[4] Wir wissen es hier sehr zu würdigen, daß er – zusätzlich zum Geltendmachen der französischen Interessen – den Vorsitz im Ministerrat so geführt hat, daß unsere deutschen Erfordernisse in den für mich unerläßlichen europäischen Rahmen eingefügt werden konnten.

Sie können sicher sein, verehrter Herr Präsident, daß ich der Entwicklung der Wirtschafts- und Währungsunion die gleiche Bedeutung wie während unserer Januar-Besprechungen beimesse.[5]

Allerdings mußte ich darauf bestehen, daß durch ein Zusammenwirken von außen- und binnenwirtschaftlichen Maßnahmen eine ernste Anstrengung unternommen würde, um in meinem Lande mehr Stabilität zu erzielen. Dies wird auch der Gemeinschaft zugute kommen. – Bei den agrarpolitischen Beschlüssen der nächsten Tage sind wir allerdings – für die Zeit der flexiblen Wechselkurse – erneut auf faire Behandlung durch unsere Partner angewiesen.[6]

Es ist nicht auszuschließen, daß sich in der Zeit bis zu unserer nächsten Konsultation in Bonn Anfang Juli[7] Fragen ergeben können, die am besten direkt zwischen uns besprochen würden. Wenn es die Lage angezeigt erscheinen ließe, wäre ich jederzeit bereit, für einige Stunden nach Paris zu kommen, um unsere Auffassungen aufeinander abzustimmen. Unsere gemeinsame europäische Aufgabe sollte jedenfalls weder durch Mißverständnisse zwischen Mitarbeitern noch durch Mangel an unmittelbarem Kontakt beeinträchtigt werden.

Mit vorzüglicher Hochachtung und herzlichen Grüßen

Ihr sehr ergebener
Willy Brandt

Willy-Brandt-Archiv, Bestand Bundeskanzler

---

[4] Zur EG-Ministerratstagung am 8./9. Mai 1971 in Brüssel vgl. Dok. 157, Anm. 6.

[5] Vgl. dazu die Gespräche des Bundeskanzlers Brandt mit Staatspräsident Pompidou im Rahmen der deutsch-französischen Konsultationsbesprechungen am 25./26. Januar 1971 in Paris; Dok. 27, Dok. 31 und Dok. 32.

[6] Am 12. Mai 1971 beschloß der EG-Ministerrat, daß die Bundesrepublik und die Niederlande, die nach der EG-Ministerratstagung vom 8./9. Mai 1971 in Brüssel den Wechselkurs ihrer Währung vorübergehend freigegeben hatten, für die Dauer der Wechselkursfreigabe Ausgleichsbeträge bei der Einfuhr landwirtschaftlicher Erzeugnisse erheben bzw. bei der Ausfuhr gewähren durften, wenn der Wechselkurs mehr als 2,5% von der offiziellen Parität abwich. Vgl. dazu BULLETIN DER EG, 7/1971, S. 60.

[7] Für die deutsch-französischen Konsultationsbesprechungen am 5./6. Juli 1971 vgl. Dok. 228– Dok. 230 und Dok. 232, Dok. 233 und Dok. 235.

159

Aufzeichnung des Vortragenden Legationsrats Bräutigam

II A 1-84.20/11-640/71 geheim 10. Mai 1971[1]

Herrn Staatssekretär[2]

Betr.: Berlin-Verhandlungen der Vier Mächte
hier: Gespräch der Botschafter[3] am 7.5.71

Bezug: Aufzeichnung vom 10.5.71 – II A 1-84.20/11-639/71 geheim[4]

Anlg.: Ausführliche Gesprächsdarstellung der amerikanischen Botschaft[5]

Zur Unterrichtung

I. Bewertung

1) Das Einverständnis Abrassimows mit dem von den Alliierten vorgeschlagenen weiteren Verfahren, daß die Botschaftsräte nunmehr versuchen sollen, durch eine Gegenüberstellung der beiden Entwürfe[6] zu Kompromissen in der Regelung praktischer Fragen zu gelangen, ist als bemerkenswerter prozeduraler Fortschritt zu werten. Die technische Durchführbarkeit eines solchen „Drei-Spalten-Konzepts" wird dadurch erleichtert, daß sich das sowjetische Papier im äußeren Aufbau an den westlichen Entwurf anlehnt.

2) In der Sache wird durch die sowjetische Bereitschaft, nach Kompromißformeln zu suchen, die uns gegenüber in diplomatischen Gesprächen mehrfach zum Ausdruck gebrachte Haltung bestätigt, daß die Sowjets ihr Papier nicht als letztes Wort betrachten. Wie weit ihr Verhandlungsspielraum reicht, wird in den nächsten Treffen ausgelotet werden müssen.

3) Das Interesse der Sowjets, zu einer für beide Seiten annehmbaren Berlin-Regelung zu gelangen, ist erneut deutlich geworden. Bei dem Essen der Botschafter hat Abrassimow wiederum erklärt, er sei bestrebt, in den Verhandlungen voranzukommen. Es gibt auch keine Anhaltspunkte dafür, daß sich der Rücktritt Ulbrichts und die Amtsübernahme durch Honecker[7] retardierend auf die Gespräche auswirken könnten. Abrassimow selbst hat beim Tischgespräch gesagt, daß der Wechsel in der Führungsspitze der SED keine Auswirkung auf die Verhandlungen haben werde, da die Vier Mächte primäre Verantwortlich-

---

[1] Die Aufzeichnung wurde von Vortragendem Legationsrat Bräutigam und von Legationsrat I. Klasse Kastrup konzipiert.

[2] Hat Staatssekretär Frank am 15. Mai 1971 vorgelegen.

[3] Pjotr Andrejewitsch Abrassimow (UdSSR), Roger Jackling (Großbritannien), Kenneth Rush (USA) und Jean Sauvagnargues (Frankreich).

[4] Vortragender Legationsrat I. Klasse van Well legte eine erste Zusammenfassung des 19. Vier-Mächte-Gesprächs über Berlin vor. Vgl. VS-Bd. 5824 (V 1); B 150, Aktenkopien 1971.

[5] Dem Vorgang beigefügt. Vgl. VS-Bd. 4519 (II A 1).

[6] Für den Entwurf der Drei Mächte vom 5. Februar 1971 für eine Berlin-Regelung vgl. Dok. 52. Zum sowjetischen Entwurf vom 26. März 1971 für eine Berlin-Regelung vgl. Dok. 110 und Dok. 131.

[7] Am 3. Mai 1971 nahm das ZK der SED einstimmig den Rücktritt Walter Ulbrichts vom Amt des Ersten Sekretärs „aus Altersgründen" entgegen und wählte ihn zum Ehrenvorsitzenden. Nachfolger wurde das Mitglied des Politbüros des ZK der SED, Honecker. Vgl. dazu das Kommuniqué; NEUES DEUTSCHLAND vom 4. Mai 1971, S. 1.

keit für die Berlin-Gespräche trügen und nicht die Deutschen. Aufschluß darüber, ob die DDR unter der Führung Honeckers den gleichen Druck auf die Sowjetunion wie bisher ausüben wird oder ob sich die Sowjets in Fragen, die die Interessen der DDR berühren, zu einer flexibleren Haltung bereitfinden können, wird sich erst in der kommenden Phase gewinnen lassen.

4) Die Erklärung Abrassimows, daß die Schlußfolgerung der Westmächte unrichtig sei, die Sowjets würden einen neuen Status für die Westsektoren vorschlagen oder sie wünschten, die Vier Mächte den Rechten der DDR bezüglich des Zugangs unterzuordnen, ist als einseitige, durch den objektiven Wortlaut nicht gedeckte Interpretation des sowjetischen Entwurfs zu verstehen. Sie läßt vorerst keinen Schluß auf ein mögliches Einlenken der Sowjets in Statusfragen zu.

II. Wesentliche Ergebnisse

Aus dem Gespräch sind folgende Punkte festzuhalten:

1) Die alliierte Seite betonte, mit den Sowjets sei zu Beginn der Verhandlungen[8] Übereinkunft darüber erzielt worden, daß man versuchen wolle, ausgehend vom gegenwärtigen Status praktische Verbesserungen in und um Berlin zu erzielen. Dabei sollte vermieden werden, die rechtlichen Positionen beider Seiten zu präjudizieren. Diesen Gesichtspunkten trage der westliche Entwurf Rechnung, wohingegen das sowjetische Papier insbesondere in vier Punkten erheblich von den vereinbarten Grundregeln abweiche:

– Die Bestimmungen über den Zugang im Vier-Mächte-Teil seien so abgefaßt, daß sie vom Ergebnis der durch die DDR zu führenden Verhandlungen abhängig seien. Der Terminus „Transit" unterstreiche ebenfalls die Rechte der DDR auf diesem Gebiet.

– Dieselben strukturellen Schwierigkeiten träfen für die Bestimmungen über den innerstädtischen Verkehr zu. Der sowjetische Entwurf erwähne zudem „die DDR" in Teil II und „die DDR einschließlich ihrer Hauptstadt" im entsprechenden Anhang.

– Die Bestimmungen über die Beziehungen zwischen der Bundesrepublik Deutschland und den Westsektoren würden auf eine neue rechtliche Grundlage gestellt, wobei die Sowjets neue Rechte erwerben würden.

– Auch die Außenvertretung würde nach dem sowjetischen Entwurf eine neue rechtliche Regelung erfahren, der weltweite Geltung zukommen würde.

Abrassimow erklärte dazu, die Sowjets würden die Verhandlungen mit dem Ziel führen, zu beiderseitig annehmbaren Regelungen zu kommen, die ohne Präjudiz für die beiderseitigen Rechtspositionen die Spannungen in diesem empfindlichen Gebiet Europas beseitigen sollten. Die Sowjets hätten sich bemüht, in ihrem Entwurf dem westlichen Standpunkt so weit wie möglich entgegenzukommen und sie seien enttäuscht, daß dies von der westlichen Seite nicht anerkannt würde. Der sowjetische Entwurf enthielte eine Reihe von Formulierungen, die für den Westen annehmbar sein sollten.

[8] Am 26. März 1970 fand das erste Vier-Mächte-Gespräch über Berlin statt. Vgl. dazu AAPD 1970, I, Dok. 135.

Was den westlichen Vorwurf anbetreffe, die Sowjets hätten die vereinbarten Grundregeln verletzt und versuchten, die Vier-Mächte-Abkommen zu revidieren, so sei eine solche Kritik nicht begründet. Im einzelnen führte Abrassimow aus:

- Die Vier-Mächte-Abkommen bildeten die Grundlage, die ihnen das Recht gäben, diese Verhandlungen zu führen. Auch die Sowjets gingen von der bestehenden Lage aus. Man müsse die Dinge jedoch richtig sehen: West-Berlin unterstehe der Besatzungsgewalt der Westmächte; auf der anderen Seite bestehe die DDR und ihre Hauptstadt.
- Der sowjetische Entwurf könne nicht dahin interpretiert werden, daß er versuche, einen Sonderstatus für West-Berlin zu etablieren. Der sowjetische Text sei klar; es könne nichts in ihn hereingelesen werden, was nicht vorhanden sei.
- Hinsichtlich der Rechte der DDR in ihrer Hauptstadt und auf den Zugangswegen sei klar, daß diese Rechte existierten. Er könne den Westmächten jedoch versichern, daß die Sowjetunion nicht beabsichtige, eine Sanktionierung dieser Rechte durch die Westmächte zu erhalten, da der Umfang der Rechte der DDR und ihre Kompetenz, so wie sie in dem Abkommen zwischen der DDR und der Sowjetunion festgesetzt seien[9], dadurch ohnehin nicht geändert werden könnten.

2) Die Alliierten wiesen darauf hin, daß die Vier Mächte klare Verpflichtungen übernehmen müßten. Die westliche Seite wolle die DDR nicht ignorieren. Man habe bereits die Bereitschaft erklärt, Bezugnahmen auf die Konsultationen mit der DDR in die entsprechenden Anhänge des Abkommens aufzunehmen. Auch seien von westlicher Seite Verhandlungen zwischen den beiden deutschen Seiten ins Auge gefaßt. Die Verpflichtungen müßten jedoch allein von den Vier Mächten eingegangen werden. Die Alliierten könnten nicht zustimmen, zusätzliche Parteien in das Abkommen einzuführen.

Abrassimow erklärte, daß eine Vereinbarung zwischen den Vier Mächten im Rahmen ihrer Zuständigkeit und auf der Grundlage der Vier-Mächte-Abkommen gefunden werden müsse, aber unter Teilnahme anderer zuständiger Parteien. Was die Form angehe, wie die Vereinbarungen zwischen den deutschen Behörden in bezug zu den Vier-Mächte-Abkommen gesetzt würden, so sei dies eine Frage, die geprüft werden könne.

3) Die Alliierten schlugen vor, daß die Botschaftsräte nunmehr beauftragt werden sollten, ein Arbeitspapier mit drei Spalten zusammenzustellen, das unter Gegenüberstellung der beiderseitigen Entwürfe in einer dritten Kolonne mögliche Kompromißformeln enthalten solle. Dabei sollten die Arbeiten auf Teil II und die entsprechenden Anhänge konzentriert werden. Falls auf diese Weise die Arbeit über den Zugang und den innerstädtischen Verkehr zu einem vorzeitigen und erfolgreichen Abschluß gebracht werden könnte, so könnte dies erlauben, mit den Verhandlungen zwischen der Bundesrepublik und der DDR über den Zugang und dem Berliner Senat und der DDR über den innerstädti-

---

[9] Vgl. dazu den Briefwechsel vom 20. September 1955 zwischen dem sowjetischen Stellvertretenden Außenminister Sorin und dem Außenminister der DDR, Bolz; Dok. 29, Anm. 27.

schen Verkehr zu beginnen. Dadurch würde der Komplex der ganzen Verhandlungen vorangebracht werden.

Abrassimow stimmte dem „three column drafting exercise" zu.

Bräutigam

VS-Bd. 4519 (II A 1)

160

Aufzeichnung des Vortragenden Legationsrats I. Klasse Blumenfeld

II A 4-82.03/94.29-1639/71 VS-vertraulich 10. Mai 1971[1]

Über Herrn D Pol 2[2] an das Referat V 1[3]

Betr.: Berlin-Gespräche der Vier Mächte
hier: Errichtung eines sowjetischen Generalkonsulates in Westberlin

I. Die Sowjetunion begehrt die Zulassung eines sowjetischen Generalkonsulates in Westberlin. Sie hat erkennen lassen, daß sie eine Verbindung dieser Frage mit der Frage von Konzessionen in der Außenvertretung Westberlins durch die Bundesrepublik sieht. Gegen die Zulassung eines sowjetischen Generalkonsulates bestehen aus hiesiger Sicht schwerwiegende Bedenken.

Der Verlauf der bisherigen Verhandlungen hat gezeigt, daß die Sowjets bereit sind, gewisse praktische, ihren Rechtsstandpunkt nicht präjudizierende Maßnahmen zur Verbesserung der Lage in Westberlin zuzugestehen, wenn ihnen im Bereich des rechtlichen Status von Westberlin und seiner Zugangswege Konzessionen gemacht werden. Der Wunsch, in Westberlin ein Generalkonsulat zu errichten, zielt darauf ab, die rechtliche These von der dritten politischen Einheit optisch zu untermauern und langfristig voranzutreiben. Wenn wir eine Lösung wünschen, die Westberlin als Konfliktherd dauerhaft ausräumt und gleichzeitig seine Freiheit erhält, sollte dieser These jedoch kein Vorschub geleistet werden.

II. 1) Die Errichtung eines sowjetischen Generalkonsulates würde – für sich genommen – den Vier-Mächte-Status für ganz Berlin, an dem die Westmächte

---

[1] Die Aufzeichnung wurde von Vortragendem Legationsrat I. Klasse Blumenfeld und von Legationsrat I. Klasse Stabreit konzipiert.
[2] Hat Ministerialdirigent van Well am 14. Mai 1971 vorgelegen.
[3] Hat Vortragendem Legationsrat I. Klasse von Schenck am 21. Mai 1971 vorgelegen, der handschriftlich für Legationsrat I. Klasse Freiherr von Richthofen vermerkte: „Wir sollten II A 4 eine Ablichtung unserer kürzlichen Stellungnahme übersenden mit einer kurzen Zuschrift, die auf dieses Schreiben und die darin zum Ausdruck kommenden, in sich keineswegs unbegründeten Besorgnisse eingeht."
Vgl. dazu Anm. 9.

mit gutem Grund festzuhalten wünschen, nicht tangieren. Sie würde jedoch in diesem System einen Fremdkörper darstellen und optisch den Eindruck erwecken, daß nicht nur in tatsächlicher, sondern auch in rechtlicher Hinsicht Unterschiede zwischen dem östlichen und dem westlichen Teil der Stadt bestehen.[4]

2) Die Sowjets könnten das Generalkonsulat

a) der Botschaft in Ostberlin,

b) der Moskauer Zentrale direkt oder

c) der Botschaft in Rolandseck unterstellen.

zu a) Eine Unterstellung unter die Botschaft in Ostberlin wäre nicht nur ungeeignet, den zu 1) dargelegten Eindruck auszuräumen, sondern müßte darüber hinaus den Eindruck erwecken, als betrachteten auch die Sowjets Westberlin in gewisser Weise dem Zuständigkeitsbereich ihrer Berliner Botschaft, also der DDR, zugehörig. Der Anspruch der DDR, Westberlin liege auf ihrem Territorium, würde also eher noch gestützt.

zu b) Eine Unterstellung unter die Moskauer Zentrale würde der These von der dritten politischen Einheit Vorschub leisten. Wir müßten ferner damit rechnen, daß andere Staaten (Schweiz) Überlegungen anstellen würden, ob es nicht im Interesse der Beziehungen zur Sowjetunion besser sei, ihre Westberliner Vertretungen gleichfalls zu verselbständigen. Die Sowjets ihrerseits würden es an diskreten Winken in diesem Sinne nicht fehlen lassen.

zu c) Einer Unterstellung unter die Botschaft Rolandseck dürften die Sowjets kaum zustimmen, weil die mit der Errichtung des Generalkonsulates verfolgten weitergehenden politischen Ziele und Absichten dadurch neutralisiert würden. Allerdings müßte es den Sowjets schwerfallen, ihre Weigerung zu begründen, wenn eine solcher Vorschlag von westlicher Seite geschickt vorgebracht würde. Denn wenn die Sowjets bereit sind, die konsularische Vertretung Westberliner Bürger durch die Bundesrepublik zu akzeptieren und andererseits mit ihrer Vertretung in Westberlin nur konsularische Aufgaben wahrnehmen wollen, so schiene es nur billig, den von den Sowjets hergestellten Konnex fester zu knüpfen und in der Zulassung des Generalkonsulates das Spiegelbild des Schutzes Westberliner Bürger durch Botschaften und konsularische Vertretungen der Bundesrepublik zu sehen.[5] Die Sowjets müßten darauf hingewiesen werden, daß eine Vertretung Westberliner Bürger durch die Bundesrepublik ohnehin in Konfliktfällen die Einschaltung der jeweiligen Botschaften, also auch der Botschaft in Rolandseck, implizieren würde und es nur logisch wäre, dann

---

[4] Dieser Satz wurde von Vortragendem Legationsrat I. Klasse von Schenck hervorgehoben. Dazu vermerkte er handschriftlich: „Das ist richtig. Aber der Vier-Mächte-Status ist ohnehin dadurch erheblich lädiert, daß die Sowjetunion ihren Vertreter in der Alliierten Kommandantur schon 1948 zurückgezogen und Ost-Berlin zur Hauptstadt der DDR gemacht hat. Unter diesen Umständen kann die Errichtung eines sowjetischen G[eneral]k[onsulats] in Westberlin für uns auch positive Aspekte haben, wenn sie auf der Grundlage des deutsch-sowjetischen Konsularvertrages von 1958 erfolgt. Darin käme u. a. zum Ausdruck, daß die Sowjetunion an der Ausübung der obersten Gewalt in den drei westlichen Sektoren Berlins keinen Anteil mehr hat."

[5] Der Passus „Allerdings müßte es … Bundesrepublik zu sehen" wurde von Vortragendem Legationsrat I. Klasse von Schenck hervorgehoben. Dazu vermerkte er handschriftlich „r[ichtig]".

auch das Generalkonsulat in Westberlin an die Botschaft in Rolandseck anzubinden.

Ein solcher Vorschlag von unserer Seite hätte im übrigen den Vorteil, dem sowjetischen Begehren in der Substanz zu entsprechen, es jedoch seiner politischen Brisanz zu entkleiden.

III. 1) Es besteht die Gefahr, daß die Sowjetunion eines Tages die z. Z. bei ihrem Botschafter in Ostberlin liegenden, aus dem Vier-Mächte-Status erwachsenden Funktionen und Kompetenzen auf ihren Vertreter in Westberlin überträgt.[6] Ob rechtliche Handhaben bestünden, diesem Schritt entgegenzutreten (etwa unter Berufung auf die Wiener Konvention[7]) mag dahingestellt bleiben.[8] Die Sowjets können sich jedenfalls politisch gute Chancen ausrechnen, daß es die Westmächte bei einem Protest belassen, letztlich den sowjetischen Vertreter in Westberlin aber doch als Gesprächspartner akzeptieren würden. Denn abgesehen davon, daß sich Moskau für einen solchen Schritt einen geeigneten Zeitpunkt aussuchen würde, zu dem der Westen dringend sowjetischen Stillhaltens oder sowjetischer Kooperation in anderen Bereichen bedarf, sind die Westmächte in Berlin am kürzeren Hebel. Sie sind daran interessiert, sich die Sowjetunion als Gesprächspartner in allen Berlin betreffenden Fragen zu erhalten. Gegenüber diesem überragenden Interesse würde die Frage, ob die Botschaft in Ostberlin oder der Generalkonsul in Westberlin als Gesprächspartner auftreten, gering wiegen.

Sollte die Zulassung eines Generalkonsulates in Westberlin ernsthaft erwogen werden, so wäre hiesigen Erachtens zu prüfen, ob die Sowjets ausdrücklich darauf festgelegt werden sollten, daß für alle Berlin insgesamt und insbesondere das Berlin-Abkommen betreffenden Fragen die Botschafter der Westmächte in der Bundesrepublik und der sowjetische Botschafter in Ostberlin ausschließlich und endgültig zuständig sind.

2) Die Sowjets würden sich bemühen, ihr Westberliner Generalkonsulat als „interlocuteur valable" des Senats für alle denkbaren Fragen auftreten zu lassen. Der politische Druck auf die Westberliner Exekutive, sich dieser Gesprächsmöglichkeit zu bedienen, müßte ungeachtet der Rechtslage um so größer sein, als die Sowjets es in der Hand hätten, alle anderen Gesprächskanäle zu verweigern.

3) Wenigstens theoretisch bestand bisher die Möglichkeit, eine Behinderung von Vertretern der Westmächte im östlichen Teil von Berlin mit der Zurückweisung sowjetischer Vertreter an den Grenzübergängen innerhalb Berlins zu beantworten und damit nachdrücklich auf die Einheitlichkeit des Vier-Mächte-Status zu verweisen. Es darf bezweifelt werden, ob die Westmächte nach Zulassung einer konsularischen Vertretung in Westberlin noch über diese Mög-

---

6 Der Passus „aus dem Vier-Mächte-Status ... in Westberlin überträgt" wurde von Vortragendem Legationsrat I. Klasse von Schenck angeschlängelt. Dazu vermerkte er handschriftlich: „Das würde nicht zulässig sein, wenn von vornherein klargestellt wird, daß der sowjetische G[eneral]k[onsul] nur die im deutsch-sowjetischen Konsularvertrag festgelegten Funktionen hat."

7 Für den Wortlaut des Wiener Übereinkommens vom 18. April 1961 über diplomatische Beziehungen vgl. BUNDESGESETZBLATT 1964, Teil II, S. 958–1005.

8 Der Passus „etwa unter Berufung ... dahingestellt bleiben" wurde von Vortragendem Legationsrat I. Klasse von Schenck angeschlängelt. Dazu vermerkte er handschriftlich: „SU ist nicht Vertragspartner der W[iener] K[onsular] K[onvention]".

lichkeit einer Retorsion gegen Schikanen der Ostberliner Machthaber verfügen könnten, ohne sich dem Vorwurf des Rechtsbruches auszusetzen.

4) Die Vorteile eines sowjetischen Konsulates in Westberlin für die Bevölkerung sind gering zu veranschlagen. Es ist allgemein bekannt, daß die Mehrzahl aller in die Sowjetunion reisenden Westberliner in Gruppenreisen organisiert ist. Die Reisebüros besorgen binnen kurzer Frist die Visen. Vorteile würden für die relativ wenigen Einzelreisenden entstehen. Doch ist nicht anzunehmen, daß die in politischen Fragen eher hellhörige Westberliner Bevölkerung die Errichtung eines sowjetischen Generalkonsulates als Abhilfe eines dringenden Mangels empfindet.

IV. Grundsätzlich verschieden von der Frage des Generalkonsulates könnte ein Ausbau der sowjetischen Präsenz auf wirtschaftlichem Gebiet in den Berliner Westsektoren beurteilt werden: Die Einrichtung zusätzlicher Agenturen sowjetischer Unternehmen (Aeroflot, Intourist etc.) dürfte nicht mit den für das Generalkonsulat aufgezeichneten Gefahren verbunden sein, sofern der Ausbau sich in den wirtschaftlich gerechtfertigten Grenzen hält.[9]

Blumenfeld

VS-Bd. 5824 (V 1)

---

[9] Am 1. Juni 1971 übermittelte Vortragender Legationsrat I. Klasse von Schenck dem Referat II A 1 eine Stellungnahme vom 13. Mai 1971 zur Frage der Errichtung eines sowjetischen Generalkonsulats in Berlin (West). In dieser Stellungnahme führte er aus: „Die Absichten, die die Sowjetunion mit dem Wunsch nach Errichtung eines Generalkonsulats in Westberlin verfolgt, konnten bisher nicht voll ausgelotet werden. Referat V 1 teilt aber die Ansicht des Referats II A 1, daß dabei sicherlich der sowjetische Wunsch eine Rolle spielen dürfte, in Westberlin auf höchstmöglicher Rangstufe vertreten zu sein. Darüber hinaus dürfte den Sowjets daran gelegen sein, in direkte Beziehungen zu Westberliner Stellen zu treten, um sich ein Mitspracherecht in Westberlin zu verschaffen. Die Sowjetunion dürfte mit einiger Wahrscheinlichkeit später auch andere Warschauer Pakt-Staaten ermuntern, sich ihrem Beispiel anzuschließen, um den Anschein weitverzweigter, von der Bundesrepublik unabhängiger Außenbeziehungen ‚der besonderen politischen Einheit Westberlin' zu erwecken. Dennoch sollten wir uns – vorausgesetzt, daß mit der Zulassung eines sowjetischen Generalkonsulats wichtige sowjetische Zugeständnisse in der Frage der Außenvertretung erreicht werden können – grundsätzlich für den sowjetischen Vorschlag aussprechen unter der Voraussetzung, daß eine Ausweitung der Kompetenzen und Tätigkeiten des sowjetischen Generalkonsulats im oben angedeuteten Sinne ausgeschlossen wird." Vgl. VS-Bd. 4519 (II A 1); B 150, Aktenkopien 1971.
In der Begleitaufzeichnung vom 1. Juni 1971 führte Schenck dazu ergänzend aus: „Die Einbeziehung Berlins in den deutsch-sowjetischen Konsularvertrag würde auch der Frage viel an Bedeutung nehmen, welcher übergeordneten Dienststelle die Sowjets ihr Generalkonsulat in Berlin letztlich unterstellen würden. Dies ist ohnehin eine interne Angelegenheit der Sowjetunion, auf die wir nicht viel Einfluß nehmen könnten. Die Zulassung ausländischer Konsuln in Berlin (West) – und dies würde im Prinzip auch für die Sowjetunion gelten – erfolgt überdies nach einem besonderen, 1969 zwischen den Drei Mächten, der Bundesregierung und dem Senat abgestimmten Verfahren, das nur einen begrenzten Einfluß der Bundesregierung gewährleistet. Eine Unterstellung des sowjetischen Generalkonsulats unter die Botschaft in Rolandseck werden wir kaum erreichen können. Sofern sich die Kompetenzen des sowjetischen Generalkonsulats nach dem deutsch-sowjetischen Konsularvertrag bestimmen, würde auch Vorsorge dagegen getroffen sein, daß die Sowjetunion eines Tages die z. Z. bei ihrem Botschafter in Ost-Berlin liegenden, aus dem Vier-Mächte-Status herrührenden Kompetenzen auf ihren Vertreter in West-Berlin überträgt." Vgl. VS-Bd. 5824 (V 1); B 150, Aktenkopien 1971.

161

Runderlaß des Staatssekretärs Frank

II B 2-81.30/2-1652/71 VS-vertraulich　　　　　　　　　　10. Mai 1971[1]
Fernschreiben Nr. 2447 Plurex　　　　　　　　Aufgabe: 12. Mai 1971, 12.49 Uhr

Betr.:　Ministerkonferenz Lissabon[2];
　　　　hier: MBFR

Bezug: Plurex Nr. 2190 vom 29.4.1971[3] – II B 2-81.30/2-1380I/71 VS-v[4]

I. Im NATO-Rat wurde der Gedankenaustausch über die Behandlung von MBFR auf der Frühjahrsministerkonferenz in Lissabon fortgesetzt. Dabei stand bisher die von Belgien gemachte Anregung im Mittelpunkt, im Lissabonner Kommuniqué die Multilateralisierung der MBFR-Explorationen vorzuschlagen.[5] Unsere NATO-Vertretung hat hierzu am 4. Mai 1971 aufgrund der oben bezeichneten Weisung Stellung genommen.[6] Die Stellungnahme wurde in Brüs-

---

[1] Der Drahterlaß wurde von Vortragendem Legationsrat Ruth konzipiert.
　Hat Vortragendem Legationsrat I. Klasse Behrends zur Mitzeichnung vorgelegen.
　Hat Vortragendem Legationsrat Freiherr von Groll am 10. Mai 1971 zur Mitzeichnung vorgelegen.
　Hat Legationsrat I. Klasse Joetze am 11. Mai 1971 zur Mitzeichnung vorgelegen.
　Hat Botschafter Roth und den Vortragenden Legationsräten I. Klasse Menne und van Well am 10. Mai 1971 vorgelegen.
　Hat Ministerialdirektor von Staden am 11. Mai 1971 vorgelegen.
[2] Zur NATO-Ministerratstagung am 3./4. Juni 1971 vgl. Dok. 197.
[3] Korrigiert aus: 28.4.1971".
[4] Vgl. Dok. 147.
[5] Am 19. April 1971 berichtete Parlamentarischer Staatssekretär Moersch, z. Z. Den Haag, daß der belgische Außenminister Harmel auf der WEU-Ministerratstagung vorgeschlagen habe, „ein vor KSE abzuhaltendes vertieftes Gespräch mit dem Osten über MBFR zu erwägen, für das befriedigende Berlin-Regelung (,déblockage satisfaisant à Berlin') und Fortschritte bei sonstigen ‚ongoing talks' nicht Voraussetzungen zu sein brauchten. NATO habe sich ja schon vor Jahren mit MBFR-ähnlichen Plänen befaßt. Westen habe auf diese Weise Möglichkeit, Initiative zu behalten und sich abzeichnendes ‚impasse' wegen KSE zu mildern." Vgl. den Drahtbericht Nr. 173; VS-Bd. 4592 (II A 3); B 150, Aktenkopien 1971.
　Am 20. April 1971 nahm Botschafter Roth Stellung zum Vorschlag von Harmel: „Der im Kommuniqué von Rom (Mai 1970) bestehende logische Zusammenhang zwischen den Voraussetzungen für multilaterale exploratorische Gespräche über KSE und MBFR bleibt jedoch nach unserer Auffassung weiter bestehen. [...] Eine Multilateralisierung der MBFR-Explorationen vor einer befriedigenden Berlin-Lösung könnte zur Folge haben, daß die Sowjetunion einen entsprechenden MBFR-Vorschlag nutzt, um ihre eigene KSE-Konzeption (ohne den Berlin-Vorbehalt der NATO) durchzusetzen. Die positiven Wirkungen, die vom sowjetischen Interesse an die Berlin-Verhandlungen ausgehen können, solange die Aussage der NATO: ‚Multilateralisierung erst nach befriedigendem Abschluß der Berlin-Verhandlungen' aufrechterhalten wird, wären damit in Frage gestellt. Diese Feststellung gilt in modifizierter Form auch für den innerdeutschen Dialog." Vgl. den Drahterlaß an die Ständige Vertretung bei der NATO in Brüssel; VS-Bd. 4592 (II A 3); B 150, Aktenkopien 1971.
[6] Am 4. Mai 1971 fand in Brüssel eine Sitzung des Ständigen NATO-Rats statt. Dazu berichtete Botschafter Krapf, Brüssel (NATO), am 5. Mai 1971, die Vorbereitung der NATO-Ministerratstagung am 3./4. Juni 1971 in Lissabon sei mit einer Diskussion über den Inhalt des Kommuniqués fortgesetzt worden. Dazu habe er auf der Grundlage des Drahterlasses Nr. 2190 des Staatssekretärs Frank vom 29. April 1971 Stellung genommen. Krapf übermittelte ferner die Stellungnahmen verschiedener Delegationen hinsichtlich der Aufnahme eines Passus zur Multilateralisierung von MBFR-Sondierungen in das Kommuniqué. Vgl. dazu den Drahtbericht Nr. 451; VS-Bd. 4506 (II A 1); B 150, Aktenkopien 1971.

sel an alle NATO-Delegationen verteilt. Wir halten unsere Bedenken gegen eine Multilateralisierung zum gegenwärtigen Zeitpunkt aufrecht und sind der Meinung, daß sich in Lissabon eine von allen Bündnispartnern akzeptable Formulierung finden läßt, die einerseits nicht hinter das Angebot von Brüssel[7] und Rom[8] zurückgeht, die aber andererseits keinen ausdrücklichen Schritt in Richtung auf Multilateralisierung tut.

II. Unsere Bedenken gegen eine Multilateralisierung von MBFR zum jetzigen Zeitpunkt[9] lassen sich in Übereinstimmung mit der bereits ergangenen Weisung wie folgt darstellen:

1) Es geht uns nicht darum, eine Multilateralisierung von MBFR förmlich und ausdrücklich unter den Berlin-Vorbehalt zu stellen, wie dies gegenüber der KSE im Kommuniqué von Brüssel (Dezember 1970)[10] geschehen ist. Die Allianz ging seinerzeit davon aus, daß es möglich sei, das KSE-Interesse der Sowjetunion für eine befriedigende Berlinlösung zu nutzen, und daß die Berlin-Verhandlungen der Sowjetunion Gelegenheit geben, ihre Entspannungsbereitschaft zu zeigen, und daß sie Rückschlüsse auf Erfolgsaussichten weiterführender Ost-West-Verhandlungen zulassen.

2) Die Allianz hat einen vergleichbaren öffentlichen Vorbehalt gegenüber MBFR nicht gemacht. Sie hat aber andererseits auch nicht ausdrücklich multilaterale exploratorische Gespräche vorgeschlagen. Bei MBFR handelt es sich um eine Initiative der Allianz.[11] Ein öffentlich formulierter Vorbehalt ist deshalb nicht notwendig. Der Allianz bleibt es überlassen zu entscheiden, wann sie mit ihrem Vorschlag einen Schritt in Richtung auf Multilateralisierung tun will. Dieser Zeitpunkt ist nach unserer Auffassung noch nicht gekommen.

3) Das sowjetische Interesse an einer KSE richtet sich zuerst und vor allem auf die Etablierung eines multilateralen Ost-West-Rahmens, in dem sie ihre politischen Ziele fördern könnte. Würde die Allianz die Multilateralisierung von MBFR-Explorationen jetzt anbieten, könnte die Sowjetunion daraus schließen, daß sie den ihr politisch willkommenen multilateralen Rahmen erreichen kann, ohne ihre Entspannungsbereitschaft in Berlin beweisen zu müssen; d.h., auf dem Umweg über MBFR könnte sie den Berlin-Vorbehalt gegenüber KSE unterlaufen.

4) Mit einer vorgezogenen Multilateralisierung von MBFR wäre verbunden:
– eine Aufwertung der DDR ohne vorherigen Beweis der Kooperationsbereitschaft, die wir im Zusammenhang mit den Berlin-Verhandlungen erwarten;

---

[7] Vgl. dazu Ziffer 16 des Kommuniqués der NATO-Ministerratstagung vom 3./4. Dezember 1970 in Brüssel; Dok. 53, Anm. 12.
[8] Vgl. dazu Ziffer 3 der „Erklärung über beiderseitige und ausgewogene Truppenreduzierung" der Minister der am integrierten NATO-Verteidigungsprogramm beteiligten Staaten vom 27. Mai 1970; Dok. 56, Anm. 4.
[9] Die Wörter „zum jetzigen Zeitpunkt" wurden von Staatssekretär Frank handschriftlich eingefügt. Dafür wurde gestrichen: „vor einem befriedigenden Abschluß der Berlin-Verhandlungen".
[10] Vgl. dazu Ziffer 10 des Kommuniqués der NATO-Ministerratstagung am 3./4. Dezember 1970; Dok. 11, Anm. 12.
[11] Vgl. dazu die Erklärung der Außenminister und Vertreter der am NATO-Verteidigungsprogramm beteiligten Staaten vom 25. Juni 1968 („Signal von Reykjavík"); Dok. 46, Anm. 7.

– ein Eingehen auf die sowjetische Forderung nach Parallelität in den Verhandlungen zwischen Ost und West;

– ein mögliches Mißverständnis auf der anderen Seite, daß es uns mit dem Berlin-Vorbehalt im Grunde nicht mehr ernst ist.

5) Gegen eine jetzt vorzuschlagende Multilateralisierung spricht auch, daß die bisherigen bilateralen Ost-West-Gespräche über MBFR nicht hinreichend bewiesen haben, daß multilaterale Gespräche erfolgreich wären.

6) Außerdem: Zwar besitzt die NATO mit den Kriterien von Rom eine gute Diskussionsbasis für das Thema MBFR; sie muß aber noch eine gemeinsame Position hinsichtlich des künftigen Verhandlungsforums erarbeiten. Auch aus diesem Grunde halten wir eine Multilateralisierung für verfrüht.

7) Der von Belgiern und Kanadiern im NATO-Rat hergestellte Vergleich zwischen MBFR-Multilateralisierung und Prager ECE-Symposium über Umweltprobleme[12] (mit Beteiligung von DDR-Experten) scheint uns bedenklich. Einmal, weil es sich bei MBFR um einen qualitativ neuen Rahmen handeln würde; zum anderen, weil mit MBFR die wesentliche Entspannungsinitiative der Allianz der Gegenstand der Erörterungen wäre; zum Dritten, weil die MBFR-Thematik größeres politisches Gewicht hat als die des Umweltschutzes. Der Beginn eines multilateralen exploratorischen Gedankenaustausches über dieses Thema und die Beteiligung der DDR daran würde erheblich schwerer wiegen als die am Prager Symposium.

III. Wir halten es nicht für erforderlich, im gegenwärtigen Stadium der Diskussion in der NATO schon eigene Formulierungsvorschläge für Lissabon vorzulegen. Wir können uns vorstellen, daß folgende Einzelthemen angesprochen werden:

– Unterstreichung der Bedeutung von MBFR für Sicherheit und Stabilität in Europa

– Fortschritte in internen Studien

– Feststellung, daß relevante Äußerungen des Warschauer Paktes zur Kenntnis genommen wurden

– Feststellung der Bereitschaft, die MBFR-Exploration auf der Basis der Kriterien von Rom fortzusetzen und zu intensivieren.

Wir sind darauf vorbereitet, zu gegebener Zeit geeignete Formulierungsvorschläge einzubringen. Einstweilen sollten wir uns darauf beschränken, die Diskussion aufmerksam zu verfolgen und, wenn notwendig und tunlich, unseren Standpunkt darzustellen. Folgender Passus aus der Erklärung unseres Botschafters[13] auf der Sitzung des NATO-Rats am 4. Mai 1971 kann als Leitlinie gelten: „Therefore, we consider it advisable to examine carefully the risks which would lie in an early offer of multilateral exploratory talks. It should in our opinion be possible to take a position which would underline the continued importance which the Alliance attaches to MBFR and which would carry on the dialogue which has started on this subject. It would, however, be a position

---

[12] Vom 3. bis 10. Mai 1971 fand in Prag ein Symposium der ECE über Umweltfragen statt. Zur Frage einer Beteiligung der DDR vgl. Dok. 99, Anm. 6.
[13] Franz Krapf.

which would not lose sight of the fact that the negotiations in and about Berlin indicate the chances for making real progress in the field of East-West-negotiations and détente."[14]

Frank[15]

VS-Bd. 4555 (II B 2)

162

Bundeskanzler Brandt an Präsident Nixon

11. Mai 1971[1]

Sehr verehrter Herr Präsident,

die von der internationalen Spekulation angeheizte Währungskrise der vergangenen Woche hat für die Bundesregierung große Schwierigkeiten mit sich gebracht. Ich habe mich gezwungen gesehen, eine erneute Anstrengung zu unternehmen, um durch das Zusammenwirken von außen- und binnenwirtschaftlichen Maßnahmen zu mehr Stabilität für mein Land zu gelangen.[2] Mehrere europäische Regierungen befanden sich in ähnlicher Lage.

Ich bin befriedigt darüber, daß es gelungen ist, die deutschen Maßnahmen in den für mich unerläßlichen europäischen Rahmen einzufügen. Ich habe auch keinen Zweifel daran gelassen, daß die Bundesregierung der Entwicklung einer europäischen Wirtschafts- und Währungsunion unverändert große Bedeutung beimißt.

Sehr bewegt hat mich in diesen Tagen die Sorge, daß die Währungskrise negative Auswirkungen auf die geplante Erweiterung der Europäischen Gemeinschaft haben könnte. Ich bin jetzt zuversichtlich, daß diese Gefahr vermieden

---

[14] Zur Vorbereitung des Kommuniqués der NATO-Ministerratstagung vgl. weiter Dok. 172.
[15] Paraphe vom 12. Mai 1971.

[1] Ablichtung.
Das Schreiben wurde am 12. Mai 1971 von Vortragendem Legationsrat I. Klasse Fischer, Bundeskanzleramt, an Vortragenden Legationsrat I. Klasse Schönfeld übermittelt.
Hat Schönfeld am 12. Mai 1971 vorgelegen.
Hat Ministerialdirektor Herbst am 13. Mai 1971 vorgelegen.
Hat Ministerialdirigent Robert am 14. Mai 1971 vorgelegen.
Hat Vortragendem Legationsrat I. Klasse Mühlen am 17. Mai 1971 vorgelegen.
Hat Gesandtem Poensgen am 19. Mai 1971 vorgelegen.
Hat den Vortragenden Legationsräten I. Klasse von Bismarck-Osten und Ruyter am 19. Mai 1971 vorgelegen.
Hat Vortragendem Legationsrat Massion am 19. Mai 1971 vorgelegen. Vgl. das Begleitschreiben; Referat I A 2, Bd. 1725.
[2] Zu den währungspolitischen Maßnahmen der Bundesregierung vom 9./10. Mai 1971 vgl. Dok. 157, Anm. 6, und Dok. 167, Anm. 15.

worden ist. Auch die Tatsache, daß Präsident Pompidou und Premierminister Heath ein Treffen vereinbart haben[3], läßt mich auf eine positive Lösung der Frage des britischen Beitritts hoffen.

Dieses und andere Themen werden wir Mitte Juni bei meinem Besuch in den Vereinigten Staaten zu erörtern haben.[4] Ich freue mich sehr, Sie dann wiederzusehen.

Genehmigen Sie, Herr Präsident, den Ausdruck meiner ausgezeichneten Hochachtung[5]

Ihr sehr ergebener[6]
Willy Brandt

Referat I A 2, Bd. 1725

---

[3] Zur Einladung an Premierminister Heath durch Staatspräsident Pompidou am 8. Mai 1971 vgl. Dok. 158, Anm. 2.
Zum Besuch von Heath vom 19. bis 21. Mai 1971 in Paris vgl. Dok. 186.
[4] Bundeskanzler Brandt hielt sich vom 14. bis 18. Juni 1971 in den USA auf. Zum Gespräch mit Präsident Nixon am 15. Juni 1971 in Washington vgl. Dok. 208.
[5] Präsident Nixon legte in seinem Antwortschreiben vom 15. Mai 1971 dar: „I welcome your assessment that the recent financial difficulties, a matter of concern for all of us, will have no lasting impact on the cohesion and development of the European Community. As you know, this intense discussion of the international monetary situation has been used as justification for legislation recently proposed in our Senate calling for a unilateral reduction of U.S. forces in Europe. I am strongly opposed to such legislation. My position remains as previously stated to our allies: there should be no reduction in our forces in Europe unless there is reciprocal action by our adversaries. A second justification which is advanced in favor of this legislation is that our European friends are not doing their fair share in providing for our common defense or in helping the United States with its balance-of-payments problem. In rebuttal, my administration is pointing to the European defense improvement program as evidence of a constructive European approach to the defense effort. The US–FRG offset arrangements are indicative to our Congress of the German Government's readiness to help alleviate our balance-of-payments problems arising out of our military expenditures. The conclusion by our two governments of a mutually satisfactory offset agreement would be further tangible evidence of our ability to work together." Vgl. Referat III A 5, Bd. 842.
[6] Die Wörter „Ihr sehr ergebener" wurden von Bundeskanzler Brandt handschriftlich eingefügt.

163

Staatssekretär Bahr, Bundeskanzleramt, an den Sicherheitsberater des amerikanischen Präsidenten, Kissinger

11. Mai 1971[1]

Top Secret

To: Henry Kissinger, White House, Washington

From: Egon Bahr

Das erste Treffen zu dritt war ermutigend. Falin nahm eine unpolemische und konstruktive Haltung ein.

Wir sind den Text, soweit er ihm übergeben worden war, durchgegangen, haben einige Änderungen vorgenommen und wollen einige weitere redaktionelle Änderungen überlegen. Die offen gebliebenen Fragen müßten in zwei bis drei Stunden zu vereinbaren sein.

Nächste Zusammenkunft für den 19. Mai vereinbart.

Ich gehe davon aus, daß Ken[2] Sie im einzelnen unterrichtet.

Hauptproblem im Augenblick: Wie soll das Ergebnis in London eingeführt werden? Gibt es die Möglichkeit, daß Sie Hillenbrand eine guide line geben?[3] Ich würde jede Methode bevorzugen, die den Vorgang intern amerikanisch läßt, bin aber natürlich zu jeder notwendigen Kooperation bereit.

Herzlichen Gruß
[gez. Bahr]

Archiv der sozialen Demokratie, Depositum Bahr, Box 439

---

[1] Durchdruck.
[2] Kenneth Rush.
[3] Zu den vom Abteilungsleiter im amerikanischen Außenministerium, Hillenbrand, während der Sondersitzung der Bonner Vierergruppe auf Direktorenebene am 17./18. Mai 1971 in London vorgetragenen amerikanischen Richtlinien für die Vier-Mächte-Gespräche über Berlin vgl. Dok. 185, Anm. 2.

164

**Gespräch des Staatssekretärs Frank
mit dem designierten sowjetischen Botschafter Falin**

II A 4-82.00/94.29-663/71 geheim 12. Mai 1971[1]

Betr.: Antrittsbesuch des designierten Botschafters Falin beim Herrn Staatssekretär Frank

Ferner waren anwesend von sowjetischer Seite: Botschaftsrat Boronin, Erster Sekretär Jelisarjew, und von deutscher Seite: VLR I Dr. Blumenfeld.

Staatssekretär sagte, man habe ihm eine Liste bilateraler Probleme vorbereitet, die er mit dem Botschafter besprechen sollte. Er sei aber der Meinung, daß dies erst nach Überreichung des Beglaubigungsschreibens durch den Botschafter gemacht werden sollte.[2] Die Bonner Gruppe werde am 17. Mai auf Direktorenebene zusammentreten.[3] Sie werde versuchen, die Verhandlungen über Berlin in ein Koordinatensystem zu bringen. Wir wollten das Gesamtinteresse nicht aus den Augen verlieren. Wir fragten uns, ob das Gesamtinteresse stark genug sei, um spezielle Fragen lösen zu helfen. Wenn er, der Staatssekretär, gefragt werde, ob er glaube, daß es zu einer Berlin-Regelung komme, so antworte er, wenn das Interesse der Sowjetunion und der westlichen Alliierten an Entspannung und Zusammenarbeit in Europa groß genug sei, dann werde es auch eine Berlin-Regelung geben. Wenn dagegen die Ereignisse im Juli 1970[4] nur ein Strohfeuer gewesen seien, dann werde es eine Berlin-Regelung nicht geben.

Das deutsche Interesse an einer Gesamtregelung sei unverändert groß. Wir wüßten, daß die innerpolitische Majorität schmal sei. Wir hörten auch, was die Opposition sage, die im übrigen keine einheitliche Meinung vertrete. Wir seien überzeugt, daß zwei Drittel der CDU/CSU für eine Politik der Entspannung und Zusammenarbeit sei, solange diese Partei in der Opposition stehe; sei sie einmal Regierungspartei, so werde diese Politik fortgeführt werden. Es gebe nach unserer Auffassung keine vernünftige Alternative. Die Sowjetunion und die drei Westalliierten müßten dies alles prüfen und feststellen, ob auch für sie eine Alternative zu dieser Politik nicht bestehe. Er, der Staatssekretär, sei der Meinung, daß es auch nach Vorlage des sowjetischen Papiers vom 26.3.[5], das bei unseren westlichen Freunden tiefe Niedergeschlagenheit ausgelöst habe, eine Berlin-Regelung geben werde und daß das Papier vom 26.3. nicht das letzte Wort sein könne. Die Sowjetunion habe einfachere Wege, die Verhandlungen

---

[1] Ablichtung.
Die Gesprächsaufzeichnung wurde von Vortragendem Legationsrat I. Klasse Blumenfeld gefertigt. Hat Vortragendem Legationsrat I. Klasse Hofmann am 14. Mai 1971 vorgelegen.

[2] Die Übergabe des Beglaubigungsschreibens an Bundespräsident Heinemann fand am 12. Mai 1971 statt.

[3] Zur Sondersitzung der Bonner Vierergruppe auf Direktorenebene am 17./18. Mai 1971 in London vgl. Dok. 173, Anm. 6, sowie Dok. 192, Anm. 11 und 15.

[4] Vom 27. Juli bis 7. August 1970 fanden in Moskau Verhandlungen über einen Vertrag zwischen der Bundesrepublik und der UdSSR statt.

[5] Zum sowjetischen Entwurf vom 26. März 1971 für eine Berlin-Regelung vgl. Dok. 110 und Dok. 131.

zu beenden, und andere Möglichkeiten, als das Gegenstück zum westlichen Papier vom 5.2.[6] herzustellen. Die letzte Sitzung der Botschafter[7] habe diese seine Meinung bestätigt. Allerdings seien wir noch lange nicht über den Berg. Wir hielten uns an das, was der Bundeskanzler mit dem Generalsekretär der KPdSU besprochen habe[8], nämlich: keine prinzipielle Änderung der Rechtsposition auf beiden Seiten, aber praktische Regelungen. Wir wollten die Prinzipien und die Konstruktion des Moskauer Vertrages auf eine Berlin-Regelung übertragen.

Unsere Tätigkeit solle sich jetzt darauf konzentrieren, aus beiden Papieren das zu entfernen, was direkt, indirekt oder subkutan dazu führen könnte, prinzipiell die Rechtsposition der anderen Seite akzeptieren zu müssen. Wir wollten einen Modus vivendi in West-Berlin mit praktischen Verbesserungen.

Er habe vor einigen Wochen dem Gesandten Bondarenko den Zusammenhang zwischen einer Berlin-Regelung, einer KSE und der Ratifizierung des Moskauer Vertrages dargelegt.[9] Er könnte das nennen, wie er wolle: Junktim, Préalable, Bedingung, Parallelität; eines sei sicher: wenn die Politik der Entspannung und Zusammenarbeit, für die der Vertrag von Moskau die Voraussetzung geschaffen habe, nicht in der Lage sei, eine solchermaßen definierte Berlin-Regelung hervorzubringen, so erhebe sich die Frage, was sie dann überhaupt hervorzubringen vermöge. Dies sei der Test nicht nur für die Ratifizierung des Vertrages, sondern auch für die Entspannung und Zusammenarbeit in Europa und für die friedliche, auch ökonomische Hinwendung der Sowjetunion nach Europa. Wenn dies alles falsche Vorstellungen seien, dann nehme eine Berlin-Regelung einen anderen Charakter an. Auch der deutsch-sowjetische Vertrag gewinne eine andere Bedeutung. Dann relativiere sich auch die Bedeutung der

---

[6] Für den Entwurf der Drei Mächte vom 5. Februar 1971 für eine Berlin-Regelung vgl. Dok. 52.

[7] Zum 19. Gespräch der Botschafter Abrassimow (UdSSR), Jackling (Großbritannien), Rush (USA) und Sauvagnargues (Frankreich) über Berlin am 7. Mai 1971 vgl. Dok. 159.

[8] Bundeskanzler Brandt hielt sich vom 11. bis 13. August 1970 in der UdSSR auf. Zum Gespräch mit dem Generalsekretär des ZK der KPdSU, Breschnew, am 12. August 1970 in Moskau vgl. AAPD 1970, II, Dok. 388 und Dok. 401.

[9] Am 18. März 1971 fand ein Gespräch des Staatssekretärs Frank mit dem sowjetischen Gesandten Bondarenko statt. Frank führte aus, daß die Bundesregierung die Einberufung einer Europäischen Sicherheitskonferenz nicht „von den Berlin-Verhandlungen, dem Gang der innerdeutschen Verhandlungen und dem Verlauf anderer zur Zeit stattfindender Verhandlungen abhängig mache, sondern daß nach Erreichung einer befriedigenden Berlin-Regelung der Weg für die Einberufung der KSE frei sei. Das bedeute, daß die DDR ihren Teil zu einer solchen Regelung beitragen müsse. Wenn sie dies tue, würden die innerdeutschen Verhandlungen jenen Stand erreicht haben, der es erlaube, die Vorbereitung der KSE zügig in Angriff zu nehmen. [...] Die Bundesregierung wolle die KSE auf einen ganz bestimmten Zeitpunkt verschieben, nämlich auf den Zeitpunkt der Erreichung einer befriedigenden Berlin-Regelung." Frank legte weiter dar, der „Zusammenhang zwischen Ratifizierung des Vertrages und befriedigender Berlin-Regelung reduziere sich auf eine Frage des Vertrauens". Bondarenko versicherte, „daß die sowjetische Regierung den Vierer-Verhandlungen über West-Berlin ausnehmend große Bedeutung beimesse. Es könne auch keineswegs geleugnet werden, daß die Regelung der Fragen im Zusammenhang mit West-Berlin für die Entspannung in Europa von Bedeutung sei. Aber bei all dem könne die sowjetische Seite nicht verstehen, warum man nicht komplizierte Probleme parallel lösen könne, warum man nicht parallel zu den Vierer-Verhandlungen in West-Berlin mit der praktischen Vorbereitung der KSE beginnen könne. Dies könne doch die Vierer-Verhandlungen kaum stören. Es habe noch niemand beweisen können, daß die Vorbereitung der KSE die Vierer-Verhandlungen negativ beeinflussen würde. Die sowjetische Seite sei überzeugt davon, daß das Gegenteil eintreten würde." Vgl. VS-Bd. 4604 (II A 3); B 150, Aktenkopien 1971.

Ratifizierung des Moskauer Vertrages. Dann hätten wir eine grandiose Chance verpaßt und könnten von einem Rendez-vous manqué sprechen.

Er, der Staatssekretär, habe oft Gelegenheit, vor interessierten Kreisen zu sprechen, wie z. B. neulich vor dem Herausgeber-Team der FAZ.[10] Er habe dabei gesagt, wenn seine Einschätzung der Ost-West-Politik der Entspannung und Zusammenarbeit richtig sei, dann wäre es schrecklich, diese Chance zu verpassen. Wenn seine Vorstellungen jedoch falsch seien, d. h., diese Politik sei nicht fair und offen und ohne Hintergedanken, dann sei alles ein grandioser Irrtum gewesen. Dies sei aus unserer Optik die Lage.

Er könne verstehen, daß die sowjetische Seite auch Grund habe, eine Bestandsaufnahme der Ost-West-Verhandlungen vorzunehmen und sich zu fragen, ob sich ihre Erwartungen erfüllt haben. Dies betreffe nicht die Absichtserklärungen.[11] Diese würden in Gang gesetzt nach Ratifizierung des Vertrages, also nach einer Berlin-Regelung.

Er, der Staatssekretär, spreche von den kollateralen Fragen. Die deutsche Seite habe sich für eine Korrektur des Art. 10 des NATO-Kommuniqués vom Dezember 1970[12] eingesetzt aufgrund der Demarche des Vorgängers des Botschafters.[13] Die Verbündeten hätten das eingesehen, daß diese Fassung des Kommuniqués ein Fehler war. Es war kein bewußter oder gewollter Fehler, doch seien in diese Fassung Dinge hineininterpretiert worden, die weit über Europa hinausgingen. Die wirtschaftliche Zusammenarbeit habe sich nicht so schnell und so umfassend entwickelt, wie man das im letzten Sommer geglaubt habe (z. B. Kama-Projekt[14]). Für ihn, den Staatssekretär, seien die Schwierigkeiten in der wirtschaftlichen Zusammenarbeit keine Überraschung. Er denke realistisch und sehe die Schwierigkeiten, die in den verschiedenen wirtschaftlichen Strukturen liegen. Wir könnten der Firma Mercedes nicht sagen, sie habe dies und jenes zu tun. Der Motor unserer Wirtschaft sei nun einmal der Gewinn. Er sei allerdings optimistisch, daß es Chancen für eine wirtschaftliche Zusammenarbeit unabhängig von den Strukturen gebe, weil zwei hochindustrialisierte Komplexe, die Sowjetunion und Westeuropa, dazu verdammt seien, eine Zusammenarbeit zu suchen. Über all dies müsse gesprochen werden.

Vieles gehe bei uns nicht so, wie wir es wünschten. Gerade darüber sollten wir sprechen, was nicht so gut gehe. Dann werde diese Politik Ausgangspunkt ei-

---

10 Nikolas Benckiser, Bruno Dechamps, Jürgen Eick, Fritz Ullrich Fack, Karl Korn und Erich Welter.
11 Für den Wortlaut der Leitsätze 5 bis 10 vom 20. Mai 1970 für einen Vertrag mit der UdSSR („Bahr-Papier"), die bei den Moskauer Verhandlungen vom 27. Juli bis 7. August 1970 als Leitsätze 1 bis 6 zu „Absichtserklärungen" zusammengefaßt wurden, vgl. BULLETIN 1970, S. 1097 f.
12 Für Ziffer 10 des Kommuniqués der NATO-Ministerratstagung am 3./4. Dezember 1970 in Brüssel vgl. Dok. 11, Anm. 12.
13 Vgl. dazu das Gespräch des Staatssekretärs Freiherr von Braun mit dem sowjetischen Botschafter Zarapkin am 28. Dezember 1970; AAPD 1970, III, Dok. 615.
14 Zur Frage einer Beteiligung der Daimler-Benz AG am Bau einer LKW-Fabrik in der UdSSR (Kama-Projekt) vgl. Dok. 41, Anm. 9.
Referat III A 6 vermerkte am 27. Mai 1971: „Die sowjetische Regierung hat sich nach Äußerungen der zuständigen sowjetischen Stellen endgültig dahin entschieden, daß für das Lastkraftwagenwerk an der Kama keine Lizenz erworben wird." Das Scheitern der Verhandlungen der Firma Daimler-Benz AG sei nicht auf unterschiedliche Auffassungen in technischen Fragen, sondern auf Differenzen hinsichtlich der Lizenzgebühren zurückzuführen. Vgl. Referat III A 6, Bd. 502.

ner politischen Entwicklung in Europa werden. Sonst werde sie allenfalls ein mutiger Versuch bleiben.

Unsere Generation sehe die Dinge relativiert, und sie sehe durchaus die Möglichkeit verpaßter Chancen. Unsere Generation hätte keinen optimistischen Fortschrittsglauben. Wir seien gebrannte Kinder. Unser Optimismus verdränge die innere Unsicherheit, ob wir die Probleme unseres Jahrhunderts meistern könnten. Wir sähen der weiteren Entwicklung entgegen mit Hoffnung und Gelassenheit. Unsere Ostpolitik sei keine Schweizer Uhr, die alle 60 Minuten klingele. Wir versuchten, etwas Konstruktives gegen negative Gespenster zu bauen.

Der Staatssekretär sagte abschließend: Wir freuen uns, daß Sie gekommen sind, weil wir Sie kennen und schätzen gelernt haben. Ich freue mich auf die Fortsetzung unserer Zusammenarbeit. Selbst wenn wir keinen Erfolg haben, dann wollen wir wenigstens diesen Gewinn verbuchen.

Botschafter *Falin* sagte, er habe Grüße von Außenminister Gromyko zu überbringen, der den Herrn Staatssekretär in guter Erinnerung behalten habe. Er, der Herr Staatssekretär, habe die Argumente des 24. Parteitages[15] aufmerksam gelesen. Es sei ihm sicher nicht entgangen, daß die Rede des Generalsekretärs eine klare Konzeption der Entspannung und der friedlichen Zusammenarbeit auch mit anderen kapitalistischen Ländern enthalten habe; dabei sei die Entwicklung der Zusammenarbeit mit der BRD besonders hervorgehoben worden.[16] Er wolle kurz auf die Eventualfrage antworten, was die sowjetischen Pläne und Absichten seien. Die Sowjetunion stehe fest zu ihrer Politik und könne nicht anders. Dies sei eine langfristige Politik der Hebung des Lebensstandards der eigenen Völker. Die Festigung des Friedens in Europa und in der Welt sei damit eng verbunden. Die sowjetische Seite sei an der Lösung aller Fragen in Europa interessiert. Sie sei bereit, dies in zweiseitigen Beziehungen mit der BRD und mit anderen Ländern zu vollenden. Deswegen sei seine Regierung für die baldige Ratifizierung unseres Vertrages. Eine Verzögerung schaffe Unsicherheit auch in den ökonomischen Beziehungen.

---

15 Der XXIV. Parteitag der KPdSU fand vom 30. März bis 9. April 1971 in Moskau statt.
16 Der Generalsekretär des ZK der KPdSU, Breschnew, führte am 30. März 1971 im Rechenschaftsbericht des ZK vor dem XXIV. Parteitag der KPdSU in Moskau aus: „Neue Perspektiven in Europa eröffnen sich durch die wesentliche Veränderung unserer Beziehungen zur BRD. Während der gesamten Nachkriegszeit gingen wir wie auch unsere verbündeten Freunde davon aus, daß vor allem die Unantastbarkeit der Grenzen der europäischen Staaten die Grundlage für einen dauerhaften Frieden in Europa darstellt. Durch die Verträge der Sowjetunion und Polens mit der BRD wird nunmehr die Unantastbarkeit der Grenzen, darunter auch der zwischen der DDR und der BRD sowie der Westgrenze des polnischen Staates, mit aller Bestimmtheit bestätigt. Im Zusammenhang mit der Frage einer Ratifizierung der erwähnten Verträge grenzen sich in Westdeutschland die politischen Kräfte scharf voneinander ab. Man sollte annehmen, daß die realistisch denkenden Kreise in Bonn und in einigen anderen westlichen Hauptstädten jene einfache Wahrheit begreifen, daß die Verzögerung der Ratifizierung eine neue Vertrauenskrise in bezug auf die gesamte Politik der BRD auslösen und das politische Klima in Europa sowie die Aussichten auf eine internationale Entspannung verschlechtern würde. Was die Sowjetunion betrifft, so ist sie bereit, ihre im Zusammenhang mit dem Abschluß des sowjetisch-westdeutschen Vertrags übernommenen Verpflichtungen zu erfüllen. Wir sind bereit, unseren Teil des Wegs zur Normalisierung und Verbesserung der Beziehungen zwischen der BRD und dem sozialistischen Teil Europas zu gehen, wenn selbstverständlich auch die andere Seite in Übereinstimmung mit Geist und Buchstaben dieses Vertrags handelt." Vgl. EUROPA-ARCHIV 1971, D 241.

Die sowjetische Seite verstehe unsere Position, wenn wir sagen, daß bei der Lösung dieser Frage Berlin eine große Rolle spiele. Die sowjetische Seite sei gegen ein Junktim. Sie sei für eine parallele Lösung. In Wirklichkeit seien beide Fragen eng verbunden. Man könne die Reihenfolge umkehren, aber in Wirklichkeit stünden beide Fragen nebeneinander. Die sowjetische Seite sei für die Lösung der West-Berlin-Frage auf der Grundlage der Realität. Ihr Ziel sei, eine Entspannung zu erreichen und dabei darauf zu achten, daß beide Seiten sowie die DDR und der Senat von West-Berlin nicht prinzipielle Verschiedenheiten hereinbringen. Es spiele keine Rolle, welche Konzeption jeder von diesen habe, denn jeder könne bei seiner Konzeption bleiben.

Es scheine ihm jedoch, daß die Wichtigkeit der Berlin-Frage nicht nur von der sowjetischen Seite und von der Bundesregierung verstanden werde, sondern auch von denen, die mit unserer Politik nicht einverstanden seien. Damit spiele die Berliner Frage eine Rolle bei der Festigung und Schwächung der Bundesregierung. Daß sowohl die Regierungsorgane wie die Verfassungsorgane an die Berlin-Frage herangingen, erleichtere die Sache nicht. Der Moskauer Vertrag berühre Interessen der Sowjetunion und der BRD. Eine West-Berlin-Regelung berühre die Interessen mehrerer Staaten. Wenn diese beiden Fragen voneinander abhängig gemacht würden, so müsse die Sowjetunion mit Zugeständnissen zahlen. Dies sei kein „gentleman approach". Solche Konzeptionen gebe es aber. Damit wollten manche Politiker die Sowjetunion in Zugzwang bringen, damit die Sowjetunion Zugeständnisse mache.

Die Lösung, die die Sowjetunion im Einvernehmen mit der DDR vorschlage, sei die beste Lösung der Berlin-Frage, die in den zwei letzten Jahrzehnten vorgeschlagen worden sei. Wenn die Westmächte die sowjetischen Vorschläge vom 26.3. so scharf kritisierten, so sei dies vor allem taktisch zu werten. Gewiß, das Papier sei von sowjetischer Seite verfaßt, doch würde nicht die Substanz, sondern Worte kritisiert. Die drei Westmächte möchten, daß die Rechte der Vier Mächte aus den Nachkriegsabkommen nicht berührt würden. Sie wollten aber darüber hinaus Rechte auf den Transitwegen der DDR. Diese Rechte hätten sie nicht gehabt. Sie wollten, daß ganz Berlin Gegenstand des Abkommens werde. Die Bundesregierung werde sagen, sie möchte auch eine Änderung der Situation. Die Sowjetunion wolle aber nur das, was in den Dokumenten der Drei Mächte stehe. Die Sowjetunion möchte den juristischen Status von West-Berlin, wie er in den Dokumenten der Drei Mächte definiert sei, mit der Praxis in Übereinstimmung bringen. Politische Präsenz sei ein unglücklicher Ausdruck. Die Sowjetunion möchte politische Präsenz, die mit den eigenen Dokumenten der drei Westmächte in Übereinstimmung stehe. Für diese Übereinstimmung sei sie bereit, mit der Schaffung fester juristischer Grundlagen für den Zugang nach West-Berlin weit entgegenzukommen. Sie sei bereit, den Transit oder den Zugang so zu sichern, daß keine Schwierigkeiten entstehen und daß er reibungslos verlaufe, nicht nur heute, sondern für die Zukunft. Die Sowjetunion brauche keine Störungen auf den Zugängen nach West-Berlin. Sie habe zu viele Probleme, und die Bundesrepublik habe solche Probleme ebenfalls. Die Sowjetunion wolle auch eine Lösung des Problems der Besuche von West-Berlinern in Ostberlin und in der DDR, der Frage der Vertretung von West-Berlinern im Ausland, im breiten Sinne des Wortes und für viele Jahre gültig. Was sei für die Bundesregierung an der sowjetischen Konzeption unannehmbar? Er sei überzeugt, es sei keine unmögliche Aufgabe, die West-Berliner Fragen schnell zu lösen, wenn diese nicht mit anderen Fragen verbunden würden, wie z. B. Nahost oder SALT.

Der *Staatssekretär* sagte, dies sei der Irrtum des Art. 10 des NATO-Kommuniqués. Die Substanz der Berlin-Regelung finde unsere Zustimmung. Das Problem sei, diese Substanz zu übernehmen in einer Form, die eindeutig und nicht kontrovers sei. Bei der letzten Begegnung habe Botschafter Abrassimow wiederholt gesagt, seine Formulierungen würden falsch verstanden. Das wollten wir nicht. Die Differenzen zwischen angestrebter Regelung und der Formulierung müßten beseitigt werden. Schwarz müsse Schwarz und Weiß müsse Weiß sein. Insofern sei eine Regelung möglich, nur müßten beide Seiten den Versuch unterlassen, der anderen Seite etwas in die Tasche stecken zu wollen.

Botschafter *Falin* erwiderte, dies sei in der Tat keine Politik auf lange Sicht. Der *Staatssekretär* fuhr fort, wir sähen, daß der Moskauer Vertrag eine bilaterale Angelegenheit sei, Berlin aber mehrere Seiten anginge. Darunter sei eine Seite, die ein geographisches Interesse an einer Berlin-Regelung habe, abgesehen vom politischen Interesse. Die Bundesregierung sei bereit, die Drei-Stufen-Idee einer Berlin-Regelung zu akzeptieren.

Botschafter *Falin* warf ein, das sei die französische Idee. – *Staatssekretär* fuhr fort, entscheidend sei, daß wir wissen, an wen wir uns wenden, wenn wider Erwarten die Berlin-Regelung nicht funktioniere. Wer sei dann der Adressat, die DDR oder die Sowjetunion? Die Sowjetunion könne fragen: Ihr habt Beschwerden? Die Ampeln stehen auf Rot? Wir wollten konsultieren mit den drei Westmächten. Wir werden dies der DDR mitteilen. Im übrigen ist es besser, die Bundesrepublik hätte diplomatische Beziehungen zur DDR.

Besser sei folgende Antwort: Wir, die Sowjetunion, haben die Regelung abgeschlossen als vierte Großmacht. Wir werden dafür sorgen, daß die Regelung steht und funktioniert.

Botschafter *Falin* erwiderte: Im sowjetischen Papier gebe es eine Schlußakte, die besage, wenn die Vereinbarung nicht eingehalten werde, so sollen Konsultationen aufgenommen werden mit dem Ziel, die Situation mit der Vereinbarung in Einklang zu bringen.[17] Damit garantiere die Sowjetunion die Vereinbarung.

Staatssekretär fragte, ob diese Garantie unmittelbar wirke.

Botschafter *Falin* erwiderte, die Sowjetunion könne nicht eine Regelung der Beseitigung der DDR auf den Zugangswegen einführen. Diese Regelung müsse mit der Situation in Einklang sein. Wenn es so geschrieben stehe in der Schlußakte, so sei dies auch so gemeint. Im übrigen gebe es in der Welt nirgendwo eine absolute Garantie. – *Boronin* warf ein, es könne auch eine Situation für die Sowjetunion entstehen. – Botschafter *Falin* fuhr fort, die sowjeti-

---

[17] Vgl. dazu die Schlußakte, Absatz 3 des sowjetischen Entwurfs vom 26. März 1971 für eine Berlin-Regelung: „Should this understanding be violated in any of its parts, each of the Four Powers would have the right to draw the attention of the other participants in this understanding to the principles of this arrangement, in order to carry out, within the scope of their competence, appropriate consultations with a view to remedying such violations, and to bringing the situation into conformity with this understanding." Vgl. VS-Bd. 4516 (II A 1); B 150, Aktenkopien 1971.

sche Seite gehe mit gutem Willen an die Dinge heran und wolle sich an die eingegangenen Verpflichtungen halten. Man könne viele Fragen an die Sicherheit der Vereinbarung stellen. Es könne und werde aber nicht so sein, daß die Zugangswege durch die DDR internationalisiert würden. Die effektive Kontrolle werde der DDR obliegen. Die Drei Mächte würden keine zusätzlichen Rechte erhalten. Die Bundesregierung unterschätze vielleicht die Bedeutung der Verträge zwischen der Sowjetunion und der DDR.[18] Die DDR sei verpflichtet,

1) West-Berlin als besondere politische Einheit zu betrachten und keine Ansprüche zu stellen. Sei dies denn unwichtig? Die westliche Seite sehe nur eine Seite der sogenannten selbständigen Einheit. Sie sehe nicht diese andere Seite;

2) den Zugang zu gewährleisten, nachdem die Sowjetunion dies noch als Okkupationsmacht ausgearbeitet habe.

Die Westmächte argumentierten, daß nach dem Pariser Abkommen von 1949[19] der Zugang so und so sein müsse. Was habe dieses Abkommen von 1949 denn enthalten? Im wesentlichen doch, daß die Beschränkungen vom März 1948 zu beenden seien und die Regelung, die davor bestand, wieder einzuführen sei. Wenn wir diese alte Regelung von 1949 wieder einführten, dann würde die westliche Seite sagen, es solle alles beim Alten bleiben.

Staatssekretär sagte, die Bundesregierung sei in bezug auf die notwendige Regelung mit der DDR nicht unvernünftig. Wir wollten mehr machen als nur eine Berlin-Regelung. Offenbar habe die DDR aber wenig Interesse daran. Dies sei letzten Endes Sache der DDR. Es gehe uns um Sicherheit und Entspannung. Wer sei da die letzte Instanz? Wer habe das letzte Wort? Die DDR oder die Sowjetunion? Diese Frage sei doch berechtigt. Die Bundesregierung sei darauf gefaßt, daß die Sowjetunion ihr sage, sie habe sich getäuscht. Sie habe die Verträge mit der DDR studiert. Wir, die Bundesregierung, müßten die DDR anerkennen.

Botschafter *Falin* erwiderte, er habe eine Gegenfrage: Ob denn die BRD bereit wäre, im Rahmen der aktuellen Entwicklung eine Regelung wiederherzustellen, die durch die Pariser Verträge[20] endgültig gekündigt sei, z.B. die Vier-Mächte-Beschlüsse über die Kontrolle des Ruhrgebietes[21] oder die Vier-Mächte-Beschlüsse über die Reparationen[22]. Gesetzt den Fall, die Engländer und die Franzosen erklärten sich bereit, zur Verbesserung ihrer Beziehungen zur So-

---

[18] Vgl. dazu den Vertrag vom 20. September 1955 über die Beziehungen zwischen der DDR und der UdSSR; DzD III/1, S. 371–374.
Vgl. dazu ferner den Vertrag vom 12. Juni 1964 über Freundschaft, gegenseitigen Beistand und Zusammenarbeit zwischen der DDR und der UdSSR; DzD IV/10, S. 717–723.

[19] Zu der am 4. Mai 1949 in New York erzielten Vereinbarung über eine Beendigung der Berliner Blockade (Jessup-Malik-Abkommen), die am 20. Juni 1949 auf der Konferenz der Vier Mächte in Paris bestätigt wurde, vgl. Dok. 29, Anm. 26.

[20] Für den Wortlaut der Pariser Verträge vom 23. Oktober 1954 vgl. BUNDESGESETZBLATT 1955, Teil II, S. 213–576.

[21] Für den Wortlaut des Abkommens vom 28. April 1949 über die Errichtung einer Internationalen Ruhrbehörde (Ruhr-Statut) vgl. GERMANY 1947–1949, S. 334–343. Für den deutschen Wortlaut vgl. EUROPA-ARCHIV 1949, S. 2199–2204.

[22] Für den Wortlaut des Abkommens vom 14. Januar 1946 über Reparationen von Deutschland, über die Errichtung einer Interalliierten Reparationsagentur und über die Rückgabe von Münzgold vgl. UNITED KINGDOM TREATY SERIES 1947, Nr. 56. Für den deutschen Wortlaut vgl. DEUTSCHES VERMÖGEN IM AUSLAND, S. 14–18.

wjetunion einen Teil der Okkupation wiederherzustellen, wären Sie dazu bereit? Die DDR jedenfalls nicht. Wie solle es denn sein? Welche Lösung würde die Bundesregierung vorschlagen? Die Sowjetunion habe vielleicht nicht die beste Lösung vorgeschlagen. Er, Falin, sei immer bereit, eine bessere Lösung zu akzeptieren.

Der *Staatssekretär* sagte, wenn die Mitverantwortung der Sowjetunion für den ungehinderten Berlin-Zugang schärfer formuliert werden könnte als im Papier vom 26.3., dann sei dies ein großer Schritt vorwärts. Der französische Botschafter habe Botschafter Abrassimow folgende Frage vorgelegt: „Warum verhandeln wir? Weil wir kompetent sind. Wenn die DDR kompetent ist, warum verhandeln wir? Wie ist die Arbeitsteilung? Für einen Teil ist die DDR zuständig, für einen anderen Teil wir."

Falin erwiderte, die Frage des französischen Botschafters sei falsch gestellt. Warum verhandelten die Vier Mächte über Nahost-Probleme?[23] Seien sie etwa kompetent? Es sei nicht richtig, die Frage so zu stellen, man komme sonst in eine aussichtslose Situation. Die Drei Mächte beriefen sich auf Urrechte auf das Territorium der DDR. Dann habe die Sowjetunion auch Urrechte auf das Territorium der BRD.

Der *Staatssekretär* erwiderte, dies sei prinzipiell gedacht und ausgesprochen. Seine praktische Frage sei, an wen haben wir uns zu halten?

Botschafter *Falin*: Dies sei eine wesentliche Frage. Das sei die Frage der Sicherheit. – *Boronin* sagte, die Sowjetunion stände nicht ohne Rechte in bezug auf die DDR da. Zwar seien die Beziehungen der Sowjetunion und der DDR Beziehungen zweier souveräner Staaten, doch geben die rechtlichen Bindungen aus verschiedenen Verträgen der Sowjetunion Möglichkeiten; dies vor allem im Zusammenhang mit der Festigung des Friedens in Europa.

Botschafter *Falin* sagte, er verstehe die Frage des Staatssekretärs, er könne darauf allerdings jetzt keine Antwort geben. Sie werde aber gegeben werden, denn seine Regierung habe keine Zeit, jedes Jahr über West-Berlin zu verhandeln.

Der *Staatssekretär* sagte, der Mann auf der Straße wüßte nichts von den formalen Schwierigkeiten. Was er wisse, sei, wenn der Moskauer Vertrag ratifiziert werde und die zweite Welle des Optimismus ausbreche, wie werde er dann abgefertigt? Würde dann sein Handschuhfach ausgeräumt, sein Wagen auseinandergenommen, werde ihm dann der Zöllner sagen, davon, daß dies nicht zulässig sei, stehe nichts im Berlin-Abkommen? Oder werde dann alles glatt gehen?

Falin sagte, jeder solle wissen, wenn er durch die DDR reise, müsse er sich ebenso benehmen, wie wenn er durch Belgien reise. Dort habe man im allgemeinen Respekt, in der DDR aber nicht.

Der *Staatssekretär* beendete dieses Gespräch und erläuterte dem Botschafter die Lage in bezug auf das Botschaftergrundstück (hierzu vgl. besonderen Vermerk).

---

[23] Seit dem 3. April 1969 fanden in New York Gespräche zwischen Frankreich, Großbritannien, der UdSSR und den USA über eine Friedensregelung im Nahen Osten statt.

Die Unterredung dauerte insgesamt 1 Std. 40 Min. Sie verlief in sachlicher und angenehmer Atmosphäre.

VS-Bd. 10066 (Ministerbüro)

165

Aufzeichnung des Staatssekretärs Bahr, Bundeskanzleramt

12. Mai 1971[1]

Nur für den Herrn Bundeskanzler[2]
Vertraulich! Verschlossen!
Aus dem Gespräch mit Falin halte ich folgendes fest:

1) Er hat den Auftrag, dem Bundeskanzler eine Mitteilung von L. B.[3] zu übergeben. Dies wird er bei dem vorgesehenen Termin am 19. Mai tun.[4] Das Dokument ist in russischer Sprache. Damit der Bundeskanzler sich nicht überrascht fühlt und auf den einen oder anderen Gedanken schon antworten kann, hat er eine deutsche Übersetzung gefertigt und mir inoffiziell gegeben. Falin wird unmittelbar nach dem Gespräch mit dem Bundeskanzler nach Moskau fahren, um dort der Führung zu berichten über die Reaktion und den Stand der Berlin-Verhandlungen.

2) Er ist beauftragt, mitzuteilen, daß L. B. zu einem Treffen mit dem Bundeskanzler bereit ist, um die Gespräche von Moskau[5] fortzusetzen, und zwar an einem neutralen oder für den Bundeskanzler passenden Ort.[6]
Dies könne von großer Bedeutung sein. Er nannte keinen Ort.
Als absolut persönliche Überlegung äußerte er, daß die SU in der günstigen Position sei, die einzige Großmacht zu sein, die Beziehungen zur BRD und zur DDR unterhalte. Dies könne die BRD zu ihrem Vorteil ausnutzen. Das Ergebnis eines solchen Treffens könnten sichtbare Verbesserungen und Fortschritte in dem Verhältnis der beiden Staaten sein.
Er nannte in diesem Zusammenhang auch Honecker und/oder Stoph[7], aber natürlich hänge dies alles von den Überlegungen und Interessen des Bundeskanzlers ab und seiner Einschätzung über die Wirkungen.

[1] Durchdruck.
[2] Hat Bundeskanzler Brandt vorgelegen.
[3] Leonid Iljitsch Breschnew.
[4] Zum Gespräch des Bundeskanzlers Brandt mit dem sowjetischen Botschafter Falin am 19. Mai 1971 vgl. Dok. 177.
[5] Zum Gespräch des Bundeskanzlers Brandt mit dem Generalsekretär des ZK der KPdSU, Breschnew, am 12. August 1970 in Moskau vgl. AAPD 1970, II, Dok. 388 und Dok. 401.
[6] Der Passus „an einem neutralen ... passenden Ort" wurde von Bundeskanzler Brandt hervorgehoben. Dazu Fragezeichen.
[7] Der Passus „Er nannte ... oder Stoph" wurde von Bundeskanzler Brandt durch Fragezeichen hervorgehoben.

3) In einem Gespräch mit Bondarenko habe Scheel den Gedanken einer Reise nach Moskau geäußert, für die er aber keinen Anlaß habe. Er sei beauftragt, Scheel mitzuteilen, daß dieser Gedanke positiv aufgenommen worden sei und man etwas genauere Angaben über die zeitlichen und materiellen Vorstellungen für einen derartigen Besuch erbitte.[8]

4) Die SU sei bereit, Uran zu liefern oder auch aufzubereiten zu einem sehr günstigen Preis.[9] Sie sei bereit zu Öllieferungen, auch einer Ölleitung, zur Lieferung von unbearbeiteten und in einem Jahr auch bearbeiteten Diamanten. Die SU sei bei 60% der Weltproduktion angekommen. Außerdem sei sie bereit, große Käufe auf dem Gebiet der Konsumgüter, einschließlich ganzer Produktionsanlagen, in der BRD zu tätigen.

Wenn derartige Überlegungen mit den Ideen des Kanzlers übereinstimmen sollten, würde dies ein wichtiges Thema der Erörterungen sein.

5) Auch die Sowjetmenschen reagierten emotional, obgleich eigentlich Kommunisten nur aus Härte zu bestehen haben. Wenn die Bundesregierung der SU helfen würde, im Verlauf des Krieges geraubte Kunstgegenstände zu finden und zurückzugeben, würde die SU dem besondere Publizität geben und damit auch bei denen in der Führung Eindruck machen, die dem Kurs noch skeptisch gegenüberstehen.

6) In der Nacht vom Montag zum Dienstag dieser Woche[10] sei eine Scheibe des Büros von „Novosty" in Köln durchlöchert worden, wahrscheinlich nach allen Anzeichen durch einen Schuß. Er habe veranlaßt, daß darüber keine Mitteilung an die Polizei erfolgte, um negative öffentliche Reaktionen zu vermeiden. Er habe auch keine Mitteilung darüber nach Moskau gemacht, um nicht mit einem Protest aufkreuzen zu müssen. Er wäre dankbar, wenn ein von uns geeignet gehaltener Sicherheitsbeamter sich mit dem Sicherheitsoffizier der sowjetischen Botschaft in Verbindung setzen würde, um alles Erforderliche außerhalb der Öffentlichkeit zu erledigen.

7) Der stellvertretende Vorsitzende der CSU, Heubl, habe um ein Einreise-Visum gebeten im Rahmen einer Touristengruppe und um die Vermittlung eines Gesprächspartners im Außenministerium.[11]

---

[8] Am 17. Mai 1971 fand ein Gespräch des Bundesministers Scheel mit dem sowjetischen Botschafter Falin statt. Darin führte Scheel aus: „Die Reise sollte zweckmäßigerweise im Sommer oder Spätsommer stattfinden. Konkrete Themen wären dann der gegebenen Lage anzupassen. Der Kontakt mit dem Ziele der Auswahl der geeigneten Themen sollte jedoch schon jetzt hergestellt werden. Als Termin schwebe ihm [...] die Endphase der Parlamentsferien oder der Beginn der parlamentarischen Arbeit vor, d. h. im September. Zu diesem Zeitpunkt würden manche multilateralen Besprechungen zu Ende gegangen oder aufgenommen worden sein. Er, der Minister, würde in absehbarer Zeit dem Botschafter die ersten Ideen über die Fragen übermitteln, die man besprechen könnte." Vgl. die Gesprächsaufzeichnung; VS-Bd. 4629 (II A 4); B 150, Aktenkopien 1971.
Bundesminister Scheel hielt sich vom 25. bis 30. November 1971 in der UdSSR auf. Vgl. dazu Dok. 416–Dok. 420.

[9] Zum Angebot der Lieferung angereicherten Urans aus der UdSSR vgl. Dok. 41, Anm. 12, und weiter Dok. 312.

[10] 10./11. Mai 1971.

[11] Der stellvertretende CSU-Vorsitzende Heubl nahm vom 11. bis 21. Mai 1971 an einer Informationsreise des Presse-Clubs München in die UdSSR teil.

8) Wir haben den Stand der Berlin-Verhandlungen besprochen. Moskau hat in Washington sehr ernst klar gemacht, daß man ein Berlin-Abkommen auch als Test für die sowjetisch-amerikanischen Beziehungen ansehe. Ein Scheitern würde für lange Zeit die Beziehungen generell verschlechtern. Der Präsident[12] sei über die Konsequenzen beunruhigt, habe aber noch keine endgültige Entscheidung getroffen, ob er seinen Wahlkampf auf Kooperation oder Konfrontation mit der SU einstellen soll.

Mit den Franzosen sei sehr ernst gesprochen worden.[13] Dies hätte sie beeindruckt. (Das entspricht der überraschend kooperativen Haltung, die Sauvagnargues heute mittag mir gegenüber eingenommen hat.) Schumann habe die Vier-Mächte-Kompetenz und ihre absolute Erhaltung nicht nur für Berlin, sondern auch über die beiden deutschen Staaten und ihr Verhältnis zueinander betont, da beide Regierungen (SU und Paris) die Kontrolle behalten müßten, auch für den Fall, daß die beiden deutschen Staaten sich einmal besser verstehen als heute.

Der Brief von L. B. ist vor dem jetzigen Stand und vor den Gesprächen mit den Franzosen formuliert.

[Bahr]

Archiv der sozialen Demokratie, Depositum Bahr, Box 431 A

---

[12] Richard M. Nixon.
[13] Der französische Außenminister Schumann hielt sich vom 4. bis 7. Mai 1971 in der UdSSR auf. Dazu berichtete Botschafter Ruete, Paris, am 8. Mai 1971, Schumann habe ihn über seine Gespräche unterrichtet und ausgeführt, „er habe sich bei Antritt seiner Reise in die Sowjetunion gefragt, ob die Sowjets tatsächlich noch an der Verwirklichung der deutschen Ostpolitik interessiert seien. Diese Frage sei von Kossygin eindeutig bejaht worden, der ihm ausdrücklich versichert habe, die Sowjetunion stehe der Ostpolitik der Bundesregierung nach wie vor positiv und aufgeschlossen gegenüber; sie wolle dem Bundeskanzler seine Aufgaben erleichtern; dies gelte für die Ratifikation wie die Berlin-Regelung. Bei seinem Vier-Augen-Gespräch mit Gromyko habe er die Erörterung des Berlin-Komplexes mit den Ausführungen eingeleitet, die fr[an]z[ösische] Regierung sei stark daran interessiert, daß die Ostpolitik der Bundesregierung Erfolg habe; dazu müsse eine für alle Seiten akzeptable Berlin-Regelung gefunden werden. Gromyko habe in vollem Umfang zugestimmt. Zur Frage des Zugangs nach Berlin habe er, Schumann, darauf hingewiesen, daß die Sowjetunion eine Weltmacht sei, die weltweite Verantwortung zu tragen habe und daß sie daher der DDR, die weltpolitisch wesentlich kleineres Gewicht habe, nicht die Verantwortung für den Zugang nach Berlin überlassen dürfe. Gromyko habe erklärt, daß die Sowjetunion bereit sei, die Verantwortung für den Berlin-Zugang zu übernehmen. Aus dem weiteren Gespräch habe er, Schumann, den Eindruck gewonnen, daß die Sowjetunion wohl bereit sei, einer Regelung für die ‚dritte Ebene' zuzustimmen, nicht aber für die ‚erste Ebene'. Die ‚erste Ebene' lehne die Sowjetunion wahrscheinlich deswegen ab, weil sie den innerdeutschen Gesprächen vorausgehe. Sie sei aber offensichtlich bereit, einer Regelung zuzustimmen, die das Ergebnis der innerdeutschen Gespräche auf eine Vier-Mächte-Basis anhebe." Vgl. den Drahtbericht Nr. 1328; VS-Bd. 4520 (II A 1); B 150, Aktenkopien 1971.

166

**Aufzeichnung des
Vortragenden Legationsrats I. Klasse von Schenck**

V 1-80.24/0-618/71 geheim 12. Mai 1971[1]

Betr.: Berlin-Verhandlungen der Vier Mächte;
   hier: Sowjetische Formel „Berlin (West) ist kein Teil der Bundesrepublik Deutschland und kein Teil der DDR"

Referat V 1 nimmt zu der früher einmal von Abrassimow angedeuteten Formel über das Verhältnis der Bundesrepublik Deutschland zu Berlin (West)
„Berlin (West) ist kein Teil der Bundesrepublik Deutschland und kein Teil der DDR"
wie folgt Stellung:

I. Bei der Beurteilung dieser Formel ist gegeneinander abzuwägen, ob der rechtliche Gewinn, den sie uns mit der Feststellung der Nichtzugehörigkeit Berlins (West) zur DDR einbringen würde, ihren für uns negativen Gehalt (Berlin auch kein Teil der Bundesrepublik Deutschland) aufwiegen würde.

1) Nach den Vereinbarungen der Vier Mächte über Berlin

– Protokoll vom 12. September 1944 über die Besatzungszonen in Deutschland,[2]

– Erklärung der Vier Oberkommandierenden in Anbetracht der Niederlage Deutschlands vom 5. Juni 1945,[3]

– Abkommen vom 7.7.1945 über die gemeinsame Verwaltung Berlins,[4]

kann völkerrechtlich kein Zweifel daran bestehen, daß die ehemalige Reichshauptstadt zu keiner der vier Besatzungszonen gehörte, sondern als besonderes Gebiet gemeinsam besetzt wurde und von den Vier Mächten gemeinsam verwaltet werden sollte. Die von der DDR früher gelegentlich angemeldeten, aber niemals regelrecht erhobenen und substantiell begründeten Gebietsansprüche auf die drei westlichen Sektoren von Berlin hatten daher rechtlich keine Grundlage. Sollten sie erneut erhoben werden, so bereitet ihre Zurückweisung völkerrechtlich keine Schwierigkeiten.

Territoriales Substrat der DDR war von vornherein nur die sowjetische Besatzungszone Deutschlands. Schon die Einbeziehung Ostberlins als Hauptstadt in

---

[1] Die Aufzeichnung wurde von Vortragendem Legationsrat I. Klasse von Schenck und von Legationsrat I. Klasse Freiherr von Richthofen konzipiert.

[2] Für den Wortlaut der Vereinbarung vom 12. September 1944 zwischen Großbritannien, den USA und der UdSSR über die Besatzungszonen in Deutschland und die Verwaltung von Groß-Berlin (Londoner Protokoll), der Frankreich am 26. Juli 1945 beitrat, vgl. DOKUMENTE DES GETEILTEN DEUTSCHLAND, Bd. 1, S. 25–27.

[3] Für den Wortlaut der Erklärung vom 5. Juni 1945 der Oberbefehlshaber Eisenhower (USA), de Lattre de Tassigny (Frankreich), Montgomery (Großbritannien) und Schukow (UdSSR) in Anbetracht der Niederlage Deutschlands und der Übernahme der obersten Regierungsgewalt hinsichtlich Deutschlands (Berliner Deklaration) vgl. DOKUMENTE DES GETEILTEN DEUTSCHLAND, Bd. 1, S. 19–24.

[4] Für den Wortlaut vgl. DOKUMENTE DES GETEILTEN DEUTSCHLAND, Bd. 1, S. 137.

die DDR war mit dem Vier-Mächte-Status Berlins rechtlich kaum vereinbar. Auf die westlichen Sektoren Berlins hat die DDR auch dann keinerlei Rechtsanspruch, wenn man sie als souveränen Staat ansieht. Es würde sich vielmehr um den dem Völkerrecht bekannten Fall einer Enklave handeln. Es gibt keine Norm des Völkerrechts, die einen Anspruch des umgebenden Staates auf das Gebiet der Enklave begründet. Nur der Transitverkehr zu der Enklave bedarf einer Regelung, die sich auf der Grundlage gewisser allgemeiner völkerrechtlicher Grundsätze entweder aus besonderen Vereinbarungen oder aus einer tatsächlichen Praxis zu ergeben pflegt, die sich zu einem örtlichen Gewohnheitsrecht verfestigt. In dieser Hinsicht ist für Berlin aufgrund der besatzungsrechtlich fundierten obersten Gewalt, die den drei Westmächten dort zusteht, eine besondere Lage gegeben.

2) Für eine Annahme der sowjetischen Formel könnten daher eher politische als rechtliche Gründe sprechen. Zweifellos würde die Feststellung in einem Vier-Mächte-Abkommen über Berlin, daß Berlin (West) kein Teil der DDR sei, den verhaltenen Gebietsansprüchen der DDR auf Westberlin in Zukunft auch politisch zunächst den Boden völlig entziehen.

3) Die Sowjetunion und die DDR würden als Gegenleistung jedoch die vertragliche Bestätigung der drei Westmächte erhalten, daß Westberlin auch kein Teil der Bundesrepublik Deutschland sei und somit künftig von den Vier Mächten als wenn nicht selbständige, so doch jedenfalls besondere politische Einheit in Deutschland angesehen werde. Damit würde nicht nur die Zerstückelung Deutschlands in sowjetischer Sicht ein gutes Stück weitergebracht, sondern Berlin (West) ein Verfügungsobjekt der Vier Mächte werden, dessen Zukunft auf lange Sicht ungewiß erscheinen würde.

4) Die auf Westberlin beschränkte Formulierung würde zugleich implizieren, daß die Westmächte die Tatsache, daß Ostberlin Bestandteil der DDR ist, nicht länger bestreiten können. Sie würde also die Rechte und Verantwortlichkeiten der Vier Mächte für Berlin als Ganzes weiter aushöhlen, sofern der Eintritt dieser Wirkung nicht mit Hilfe eines Disclaimers verhindert werden kann, dem die Sowjetunion jedoch schwerlich zustimmen dürfte.

5) Die Bundesrepublik und die DDR würden in einem Vier-Mächte-Abkommen erstmalig in einem für uns negativen Sinne gleichgestellt werden, ein Ziel, das die DDR in einem für sie positiven Sinne seit langem anstrebt. Obwohl die bestehenden wirtschaftlichen, währungspolitischen, rechtlichen und kulturellen Verbindungen zwischen der Bundesrepublik und Westberlin von sowjetischer Seite in dem Vier-Mächte-Abkommen respektiert werden sollen und die Bundesrepublik dadurch weiterhin eine gewisse Vorzugsstellung in Westberlin genießen könnte, würde die DDR dennoch unter Berufung auf den Grundsatz der Gleichheit und der Nichtdiskriminierung eine angemessene Berücksichtigung auch ihrer Interessen in Westberlin verlangen können (z. B. Errichtung einer DDR-Vertretung, direkte Beziehungen mit Westberlin auf den verschiedensten Gebieten ohne den Umweg über Bonn). Die DDR würde bestrebt sein, auf diese Weise ein Gegengewicht zu den engen Bindungen Berlins an den Bund zu schaffen, um die letzteren zu kompensieren und in ihrem besonderen Charakter auszuhöhlen.

6) Nach den Ausführungen Kwizinskijs auf dem letzten Zusammentreffen der Botschaftsräte[5] ist die sowjetische Formel so auszulegen, daß Westberlin niemals zur Bundesrepublik gehören kann. Diese Feststellung würde nicht nur mit Artikel 23 Satz 1 GG[6], sondern auch mit dem Selbstbestimmungsrecht der Westberliner schwer vereinbar sein, die immerhin in ihrer demokratisch legitimierten Verfassung von 1950 den Willen bekundet haben, ein Land der Bundesrepublik und damit ein Teil von ihr zu werden.[7]

7) Die genannte Formel könne darüber hinaus staatsangehörigkeitsrechtliche Konsequenzen haben. Die einheitliche deutsche Staatsangehörigkeit würde sich auch für die Bundesrepublik und Westberlin auf die Dauer schwerlich aufrechterhalten lassen. Es könnte zu einer Dreiteilung der Staatsangehörigkeit in Deutschland kommen.

8) Der Status Westberlins würde rechtlich zweifelhaft werden, wenn die Vier-Mächte-Vereinbarung – aus welchen Gründen auch immer – von sowjetischer Seite eines Tages gekündigt werden sollte. In diesem Falle bliebe die DDR immer noch in der günstigen Position ihrer beherrschenden geographischen Lage gegenüber Westberlin, die sie nur solange nicht voll ausnutzen kann, wie die drei Westmächte in Westberlin mit dem Willen präsent bleiben, ihre Rechte dort notfalls mit dem Risiko eines bewaffneten Konflikts zu verteidigen. Sollte sich die Lage in letzterer Hinsicht einmal ändern, so würde die DDR ihre alten Ansprüche erneut erheben. Hierbei würde sie dann rechtlich in keiner schlechteren Ausgangsposition sein als die Bundesrepublik Deutschland.

9) Die Formel geht in ihrer Reichweite weit über eine von den Vier Mächten gemeinsam auszusprechende Ablehnung der vom Bundesverfassungsgericht entwickelten These hinaus, daß Berlin trotz des alliierten Vorbehalts in Genehmigungsschreiben der Drei Militärgouverneure zum Grundgesetz[8] ein Land der Bundesrepublik Deutschland sei.[9] Denn sie berücksichtigt nicht, daß Westberlin teils mit ausdrücklichem Einverständnis der Alliierten, teils mit deren

---

[5] Am 3. Mai 1971 fand ein Vier-Mächte-Gespräch über Berlin auf Botschaftsratsebene statt. Dazu vermerkte Vortragender Legationsrat I. Klasse van Well am 5. Mai 1971: „Auf den Begriff ‚Zuständigkeit der Drei Mächte in den Westsektoren' (Anhang IV des sowjetischen Entwurfs) hingewiesen, bemerkte Kwizinskij, die Sowjets bestritten nicht, daß die Drei Mächte die ‚oberste Gewalt' innerhalb ihrer Sektoren hätten, aber nicht in Angelegenheiten West-Berlins gegenüber der Sowjetunion. In bezug auf die Bundespräsenz dürfe der sowjetische Entwurf nicht dahin verstanden werden, daß er bestätige, die Aktivitäten des Bundes in West-Berlin könnten so bleiben wie am Beginn der Berlin-Verhandlungen." Vgl. VS-Bd. 4519 (II A 1); B 150, Aktenkopien 1971.

[6] Für Artikel 23 des Grundgesetzes vom 23. Mai 1949 vgl. Dok. 3, Anm. 13.

[7] Vgl. dazu Artikel 1 Ziffer 2 der Verfassung von Berlin vom 1. September 1950; Dok. 3, Anm. 14.

[8] Vgl. dazu Ziffer 4 des Schreibens der Militärgouverneure Clay (USA), Koenig (Frankreich) und Robertson (Großbritannien) vom 12. Mai 1949; Dok. 3, Anm. 13.

[9] Am 21. Mai 1957 urteilte das Bundesverfassungsgericht: „1) Berlin ist ein Land der Bundesrepublik Deutschland. 2) Das Grundgesetz gilt in und für Berlin, soweit nicht aus der Besatzungszeit stammende und noch heute aufrecht erhaltene Maßnahmen der Drei Mächte seine Anwendung beschränken. 3) Durch den Vorbehalt der Militärgouverneure bei der Genehmigung des Grundgesetzes ist ausgeschlossen, daß Bundesorgane unmittelbar Staatsgewalt im weitesten Sinne, einschließlich Gerichtsbarkeit, über Berlin ausüben, soweit die Drei Mächte dies nicht inzwischen für einzelne Bereiche zugelassen haben. 4) Da eine solche Ausnahme bisher für das Bundesverfassungsgericht nicht gemacht worden ist, ist das Bundesverfassungsgericht derzeit noch nicht zuständig, auf Vorlage eines Gerichts über die Vereinbarkeit von Berliner Gesetzen mit dem Grundgesetz zu entscheiden." Vgl. ENTSCHEIDUNGEN, Bd. 7, S. 1.

stillschweigender Billigung praktisch weitgehend in die Bundesrepublik integriert worden ist, so daß das Leben in den Westsektoren der Stadt bei voller Wahrung ihres rechtlichen Sonderstatus heute faktisch ein Bestandteil des Lebens in der Bundesrepublik geworden ist. Diese enge Zusammengehörigkeit, die eine der wesentlichen Grundlagen für die Lebensfähigkeit Westberlins und das psychologische Ausharrungsvermögen der Westberliner bildet, würde bei Annahme des sowjetischen Standpunkts im bisherigen Maße kaum aufrechterhalten werden können; ihr würde die verfassungsrechtliche Grundlage entzogen werden, die sich aus Artikel 23 Satz 1 GG ergibt und ohne die Berlins weitgehende Integration in das rechtliche und politische System der Bundesrepublik kaum ganz erklärt und gerechtfertigt werden kann. Es fragt sich, ob die praktischen Verbesserungen auf den Zufahrtswegen und die Besuchsmöglichkeiten in Ostberlin und in der DDR, die das Vier-Mächte-Abkommen für die Westberliner als positives Ergebnis vielleicht erbringen wird, ausreichen würden, um diese Einbuße auszugleichen.

II. Im Ergebnis kommt Referat V 1 daher zu dem Schluß, daß die von den Sowjets zur Diskussion gestellte Formel, wonach Westberlin weder Teil der Bundesrepublik Deutschland noch Teil der DDR sei, für Berlin und insbesondere für sein Verhältnis zur Bundesrepublik eine Reihe von negativen Aspekten hat, die durch die Feststellung der Nichtzugehörigkeit der drei westlichen Sektoren der Stadt zur DDR nicht aufgewogen werden. Unsere rechtliche Position wird auch auf lange Sicht günstiger sein, wenn ein Vier-Mächte-Abkommen über Berlin eine Aufrechterhaltung der bestehenden engen Bindungen zwischen Berlin (West) und dem Bund ermöglicht, ohne über das Verhältnis dieses größeren Teils der Stadt zur DDR eine grundsätzliche Feststellung zu treffen. Es würde auch dann evident sein, daß Berlin (West) nach Auffassung der Vier Mächte jedenfalls kein Teil der DDR ist.

Je ein Doppel (7. und 8. Ausfertigung) zur evtl. Weiterleitung an das Bundeskanzleramt und die Vertretung des Landes Berlin beim Bund sind beigefügt.

Schenck

VS-Bd. 4519 (II A 1)

167

Runderlaß des Ministerialdirigenten Robert

III A 1-81.01 Aufgabe: 12. Mai 1971, 16.03 Uhr[1]
Fernschreiben Nr. 2459 Plurex
Citissime

Betr.: Währungs- und stabilitätspolitische Maßnahmen der Bundesregierung[2]

I. Die französische Presse übte teilweise heftige Kritik an den währungs- und stabilitätspolitischen Beschlüssen der Bundesregierung.[3] Hauptkritikpunkte waren:

1) EG-Konsultation als Alibi

2) magere Ergebnisse des EG-Ministerrates

3) Nachgeben gegenüber USA

4) Bedrohung der Grundlagen der EG

5) Störung des Agrarmarktes

6) Verzögerung der Wirtschafts- und Währungsunion

Hierzu ist folgendes zu sagen:

Zu 1): Bundesregierung hat Konsultationsverpflichtungen sehr ernst genommen. Beratungen im Währungsausschuß am 6.5.71[4] und im Ministerrat am 8.5.71 waren für uns, wie Teilnahme des Außen-, Wirtschafts- und amtieren-

---

[1] Der Drahterlaß wurde von Vortragendem Legationsrat Jelonek konzipiert.
Hat Vortragendem Legationsrat I. Klasse von Bismarck-Osten am 12. Mai 1971 vorgelegen.
Hat Vortragendem Legationsrat I. Klasse Hansen am 13. Mai 1971 vorgelegen.

[2] Zu den währungspolitischen Maßnahmen der Bundesregierung vom 9./10. Mai 1971 vgl. Dok. 157, Anm. 6, und Dok. 167, Anm. 15.

[3] Gesandter Blomeyer-Bartenstein, Paris, berichtete am 10. Mai 1971: „Fr[an]z[ösische] Presse reagiert ausnahmslos verärgert, ja scharf auf den Entschluß der Bundesregierung, den DM-Kurs schwanken zu lassen. Sie hält die Einheit der Sechs für bedroht, sorgt sich um den Agrarmarkt, bedauert die Verschiebung des Beginns der Wirtschafts- und Währungsgespräche und wirft der Bundesregierung vor, bereits mit einem festen Konzept nach Brüssel gekommen zu sein, entschlossen, es auch durchzusetzen. Es ist seit langem das erste Mal, daß die Kommentare der gesamten fr[an]z[ösischen] Presse eine deutsche Entscheidung so scharf kritisieren und dabei alte Ressentiments wieder an die Oberfläche kommen." Vgl. den Drahtbericht Nr. 1334; Referat III A 1, Bd. 585.

[4] Am 6. Mai 1971 fand eine Sondersitzung des EG-Währungsausschusses statt. Dazu vermerkte das Bundesministerium für Wirtschaft am 7. Mai 1971, die Vertreter der EG-Kommission hätten die Ansicht vertreten, daß weder eine Aufwertung der europäischen Währungen noch eine Wechselkursfreigabe oder eine Erweiterung der Bandbreiten der Währungen der EG-Mitgliedstaaten in der gegenwärtigen Lage in Betracht kämen. Der Vizepräsident der Bundesbank, Emminger, habe ausgeführt, „daß, wenn am Montag, dem 10.5., die Devisenbörse wieder eröffnet werden sollte, unmittelbare und überzeugende Abwehrmaßnahmen bis dahin eingeleitet sein müßten. Es läge im Interesse der EG, daß die Bundesrepublik den durch die anschwellenden kurzfristigen Geldzuströme ausgelösten besorgniserregenden Inflationsprozeß unmittelbar unter Kontrolle bekomme. Hierzu gehöre eine glaubwürdige außenwirtschaftliche Absicherung. Als solche käme insbesondere eine stärkere Schwankungsmöglichkeit der Wechselkurse für eine bestimmte und begrenzte Zeit infrage. Diese Maßnahme könnte durch gewisse Kontrollen auf die Kapitalzufuhr ergänzt werden." Emminger und Ministerialdirektor Hankel, Bundesministerium für Wirtschaft, hätten betont, „daß es sich hierbei nicht – wie im September 1969 – um die Vorbereitung einer Aufwertung der DM handele." Vgl. Referat III A 1, Bd. 599.

den Landwirtschaftsministers[5] an letzterem sowie deutsche Anregungen und deutsches Eingehen auf Wünsche der Partner zeigen, keine Formalität, sondern echtes Bemühen um eine gemeinschaftskonforme Lösung. Die Bundesregierung hat eine gemeinsame befristete und im Ausmaß begrenzte Freigabe der Wechselkurse gegenüber dem Dollar vorgeschlagen und angeboten, sofort zur Intervention in Gemeinschaftswährungen, einer Maßnahme, die erst für eine spätere Phase der Wirtschafts- und Währungsunion vorgesehen war[6], überzugehen. Die Bundesregierung war bereit, hierfür monetären Beistand zu gewähren.

Bundesregierung hat ihre währungs- und stabilitätspolitischen Beschlüsse am 9.5. auf der Basis der Ergebnisse der Ministerratssitzung getroffen und ist dabei von der in Brüssel vereinbarten Linie nicht abgewichen.

Zu 2): Unter Berücksichtigung der unterschiedlichen konjunkturellen Gegebenheiten und der auch aus der Diskussion um die Wirtschafts- und Währungsunion bekannten differierenden wirtschaftspolitischen Zielsetzungen der Partnerstaaten kann das Ergebnis des 21stündigen Ministerrates bei objektiver Würdigung durchaus als guter Kompromiß bezeichnet werden.

Zu 3): Die Beschlüsse der Bundesregierung haben mit einem Nachgeben gegenüber den USA und dem Dollar nichts zu tun. Es handelt sich vielmehr um eine marktkonforme Abwehraktion gegenüber übermäßigen Kapitalzuflüssen und damit um eine Maßnahme zur Wiederherstellung und Sicherung der eigenen Kosten- und Preisstabilität. Wir hätten eine kommunitäre Aktion dieser im Einvernehmen mit unseren EG-Partnern getroffenen nationalen Maßnahme vorgezogen.

Bundesminister Schiller betonte in Brüssel, daß in der augenblicklichen Notlage die große Chance liege, die monetäre Integration – ein altes Anliegen der Franzosen – ein ganzes Stück voranzubringen und die Gemeinschaft auch nach außen hin als eigenständige monetäre Persönlichkeit zu profilieren. Die EG hätte damit die Möglichkeit gehabt, in der Diskussion um die Neuordnung des Weltwährungssystems und der Beziehungen zum Dollar ihr ganzes Gewicht in die Waagschale zu werfen.

Zu 4): Unseres Erachtens wäre die EG in ihren Grundlagen bedroht, wenn sich der Gemeinsame Markt zu einer Inflationsgemeinschaft entwickelte. Ein solcher Prozeß stände im Widerspruch zur Grundkonzeption der Zusammenarbeit, wie sie sich insbesondere aus Art. 104 des EG-Vertrages[7], dem kürzlich be-

---

5 Hans Dieter Griesau.
6 Vgl. dazu Abschnitt III Ziffer 7 der Entschließung des EG-Ministerrats und der Vertreter der Regierungen der EG-Mitgliedstaaten vom 9. Februar 1971 über die stufenweise Verwirklichung der Wirtschafts- und Währungsunion; Dok. 59, Anm. 4.
7 Artikel 104 des EWG-Vertrags vom 25. März 1957: „Jeder Mitgliedstaat betreibt die Wirtschaftspolitik, die erforderlich ist, um unter Wahrung eines hohen Beschäftigungsstands und eines stabilen Preisniveaus das Gleichgewicht seiner Gesamtzahlungsbilanz zu sichern und das Vertrauen in seine Währung aufrechtzuerhalten." Vgl. BUNDESGESETZBLATT 1957, Teil II, S. 838.

schlossenen „Dritten Programm für die mittelfristige Wirtschaftspolitik"[8] und den Beschlüssen zur Wirtschafts- und Währungsunion[9] ergibt.

Bekämpfung der Inflation und Absicherung der Stabilität nach außen dienen der Erhaltung und der Festigung der Einheit der Europäischen Gemeinschaft und ihrer Rolle in der Welt.

Zu 5): Wir waren uns von Anfang an bewußt, daß die vorübergehende Freigabe der Wechselkurse auch ebenso vorübergehende Auswirkungen auf den gemeinsamen Agrarmarkt haben würde, an dessen integraler Aufrechterhaltung wir ebenso wie unsere Partner interessiert sind. Wir haben uns daher im EG-Rat für Lösungen eingesetzt, die die Funktionsfähigkeit des gemeinsamen Agrarmarkts nicht in Frage stellen. Wir begrüßen, daß unsere Partner unserem Anliegen Verständnis entgegengebracht haben und es den gemeinsamen Anstrengungen gelungen ist, durch das vorgesehene Grenzausgleichssystem[10] eine für alle Beteiligten befriedigende Lösung zu finden.[11]

Zu 6): Wir meinen, daß sich eine Verzögerung der Wirtschafts- und Währungsunion vermeiden lassen sollte, da Bundesregierung beabsichtigt, ebenso wie die Niederlande sobald wie möglich zu festen Paritäten zurückzukehren. Der für Mitte Juni vorgesehene Konjunkturrat zur Koordinierung der kurzfristigen Wirtschafts-, insbesondere der Haushaltspolitik, wird, wie geplant und mit französischer Beteiligung[12], stattfinden.[13] Meldungen über eine eventuelle Verschiebung haben sich als unzutreffend erwiesen. Wir gehen davon aus, daß eine angemessene Vorbereitung der Beratungen in den dafür vorgesehenen Gremien erfolgt. Nicht auszuschließen ist jedoch, daß der für den 15.6.71 vorgesehene erste Schritt zur Verengung der Schwankungsbreiten der Wechselkurse zwischen den EG-Währungen verschoben werden müßte, wenn neue feste Paritäten zu diesem Termin noch nicht erreicht sind.

In diesem Zusammenhang ist daran zu erinnern, daß – wie in der Entschließung zur WWU vom 8./9.2.71 festgelegt – die harmonische Durchführung des

---

[8] Für den Wortlaut des Dritten Programms für die mittelfristige Wirtschaftspolitik für den Zeitraum 1971–1975 vgl. AMTSBLATT DER EUROPÄISCHEN GEMEINSCHAFTEN, Nr. L 49 vom 1. März 1971, S. 5–39.

[9] Zur EG-Ministerratstagung am 8./9. Februar 1971 in Brüssel sowie zur Entschließung vom 9. Februar 1971 vgl. Dok. 59, besonders Anm. 4, 5 und 7.

[10] Zu den Beschlüssen des EG-Ministerrats vom 12. Mai 1971 vgl. Dok. 158, Anm. 6.

[11] Zu diesem Absatz vermerkte Vortragender Legationsrat Jelonek: „Mit III E 2 abgestimmt (Dr. Lautenschlager)."

[12] Die Wörter „und mit französischer Beteiligung" wurden von Ministerialdirigent Robert handschriftlich eingefügt.

[13] Am 15. Juni 1971 tagte der EG-Ministerrat auf der Ebene der Wirtschafts- und Finanzminister in Luxemburg. Dazu berichtete Botschafter Sachs, z. Z. Luxemburg: „Die Ratsdebatte brachte bei den Fragenkomplexen der Konjunktur- und Haushaltspolitik, die zusammengefaßt behandelt wurden, eine allgemeine Übereinstimmung über die Priorität, die der Stabilität bzw. dem Bemühen zur Wiedererlangung der Stabilität einzuräumen ist. [...] Insgesamt zeigte sich, daß bei allen Delegationen und bei der Kommission ein deutliches Bemühen spürbar war, zu gemeinsamen Lösungen in der aktuellen Frage der Währungspolitik zu gelangen. Das Einvernehmen über eine gemeinsame Ausrichtung der Konjunkturpolitik hat dazu zweifelsohne beigetragen. Die auf einen Ausgleich bedachte Verhandlungsführung der deutschen Delegation traf auf die offensichtliche Bereitschaft bei Minister Giscard als Ratspräsident, zu einer Förderung der Arbeiten sowohl im Bereich der Konjunktur- und der Haushaltspolitik als auch im Bereich der Währungspolitik zu gelangen." Vgl. den Drahtbericht Nr. 68; Referat III A 1, Bd. 585.

Stufenplanes eine effektive Parallelität zwischen wirtschafts- und währungspolitischen Fortschritten voraussetzt. Der Übergang zur zweiten Stufe wurde ausdrücklich an die Erfüllung dieser Bedingung geknüpft.

II. Sie werden gebeten, diese Argumente gegenüber der Presse zu verwenden und zusätzlich auf folgendes hinzuweisen:

1) Die Bundesregierung mußte schnellstwirksame Beschlüsse fassen, da die Devisenbörsen am Montag[14] wieder geöffnet werden sollten und der Spekulation mit einem überzeugenden Konzept entgegentreten werden mußte. Daher Verabschiedung des (dort bereits) bekannten vorläufigen Programms.

Für die Anwendung der von der EG-Kommission vorgeschlagenen Maßnahmen zur Devisenkontrolle fehlen in der BRD elementare verwaltungsmäßige Voraussetzungen. Außerdem hat bereits die Ratsdiskussion gezeigt, daß diese Maßnahmen nur eine begrenzte Wirksamkeit gehabt hätten. Hinzu kamen Bedenken gegen die Einführung direkter Kontroll- und Bewirtschaftungsmaßnahmen.

2) Dennoch ist die Bundesregierung nicht doktrinär vorgegangen. Sie hat über die Wechselkursfreigabe hinaus direktgreifende Maßnahmen (Verzinsungsverbot für Guthaben Gebietsfremder[15]) erlassen, um ein optimales Ergebnis zu erzielen. Die Bundesregierung konnte jedoch nicht zu Mitteln Zuflucht nehmen, die im Widerspruch zur marktwirtschaftlichen Ordnung gestanden hätten. Ein solches Vorgehen hätte notwendigerweise eine Kette dirigistischer Eingriffe[16] nach sich gezogen und die marktwirtschaftliche Grundlage unserer Wirtschaftsordnung bedroht, die sich auch im außenwirtschaftlichen Bereich in der Vergangenheit als eine entscheidende Antriebskraft für die deutsche Wirtschaft erwiesen hat. Diese Einstellung schließt allerdings keinesfalls aus, daß wir uns, wie im Ministerrat am 9.5.71 vereinbart, an der Beratung von Gemeinschaftsaktionen zur Entmutigung von Kapitalzuflüssen[17] und zur Neutralisierung ihrer Auswirkungen auf die innere monetäre Situation der Gemeinschaft aktiv beteiligen werden.

Robert[18]

Referat III A 1, Bd. 582

---

[14] 10. Mai 1971.
[15] Am 10. Mai 1971 wurde ein Verzinsungsverbot von ausländischen Guthaben in der Bundesrepublik bekanntgegeben. Dazu teilte das Bundesministerium für Wirtschaft mit: „Zur technischen Abrundung ihres außenwirtschaftlichen Stabilisierungsprogramms hat die Bundesregierung auf der Grundlage des § 23 AWG die Voraussetzungen für ein Verzinsungsverbot von ausländischen Guthaben bei deutschen Kreditinsituten eingeführt. Zur Beseitigung von Umgehungsmöglichkeiten im Interbankenverkehr wird außerdem der Erwerb von Geldmarktpapieren durch Ausländer und der Abschluß von Pensionsgeschäften mit Ausländern in die Regelung einbezogen. [...] Diese Regelung soll zusammen mit den wechselkurspolitischen Maßnahmen die Deutsche Bundesbank instandsetzen, die Anlage kurzfristiger Auslandsgelder in der Bundesrepublik unattraktiv zu machen." Vgl. BULLETIN 1971, S. 725.
[16] Die Wörter „eine Kette dirigistischer Eingriffe" wurden von Ministerialdirigent Robert handschriftlich eingefügt. Dafür wurde gestrichen: „einen akuten dirigistischen Eingriff".
[17] Dieses Wort wurde von Vortragendem Legationsrat I. Klasse von Bismarck-Osten handschriftlich eingefügt. Dafür wurde gestrichen „Kreditzuflüssen".
[18] Paraphe.

168

Botschafter Ruete, Paris, an das Auswärtige Amt

Z B 6-1-11868/71 geheim
Fernschreiben Nr. 1378

Aufgabe: 12. Mai 1971, 19.04 Uhr[1]
Ankunft: 12. Mai 1971, 20.49 Uhr

Betr.: Deutsch-französische Beziehungen
  hier: Währungskrise und Beitrittsverhandlungen

1) Der Quai und übrige verantwortliche Gesprächspartner sind in den letzten Tagen blockiert. Die leitenden Beamten waren entweder in Moskau[2] oder durch zwingende Teilnahme an internen Besprechungen gehindert, für Informationen zur Verfügung zu stehen. Es ist deshalb schwierig, eine präzise Momentaufnahme über die Auswirkungen der Ereignisse der letzten Tage auf das deutsch-französische Verhältnis zu übermitteln.

2) In der heutigen, der bisher längsten Ministerratstagung hat nach dem offiziellen Bulletin der französische Präsident[3] auf die schwerwiegende Lage und die Schwierigkeiten hingewiesen, die sich für das Funktionieren des internationalen Währungssystems ebenso ergeben wie für den Bau Europas im allgemeinen sowie für die europäische Währungsunion im besonderen. In einer anschließenden Erklärung hat der Regierungssprecher[4] indessen unterstrichen, daß, soweit es Frankreich angeht, es keine Verzögerung geben wird in den Anstrengungen, Europa weiter zu bauen und zu entwickeln.

Unter den gegenwärtigen Umständen, so hat der Regierungssprecher weiter ausgeführt, gibt es zwar keine Politik des leeren Stuhles oder eine Politik der schlechten Stimmung, sondern nur ein Verhalten des gesunden Menschenverstandes: Wenn für eine Zeit, von der wir hoffen, daß sie kurz ist, die währungspolitische Praxis sich im Gegensatz zu dem entwickelt, was die Aufgabe der Sachverständigen sein sollte, dann hat es keinen besonderen Zweck, daß die französischen Sachverständigen daran teilnehmen, weil dies zu akademisch wäre.[5]

---

[1] Hat Vortragendem Legationsrat Freiherr von Stein am 13. Mai 1971 vorgelegen, der die Weiterleitung an Vortragenden Legationsrat I. Klasse Lautenschlager verfügte.
Hat Lautenschlager am 15. Mai 1971 vorgelegen.

[2] Vom 4. bis 7. Mai 1971 besuchte der französische Außenminister Schumann die UdSSR. Vgl. dazu Dok. 165, Anm. 13, und Dok. 172, Anm. 13.

[3] Georges Pompidou.

[4] Léo Hamon.

[5] In der Zusammenfassung der Ausführungen des französischen Regierungssprechers Hamon im Anschluß an eine Sitzung des französischen Kabinetts hieß es zu den Beratungen der währungspolitischen Situation: „Il est certain que la décision allemande – a déclaré M. Léo Hamon – même si elle a été acceptée, n'en introduit pas moins de difficultés, tant dans le fonctionnement monétaire international que dans l'édification et les développements de l'Europe monétaire. La France, quant à elle, n'entend pas ralentir sa contribution à cet effort de construction et de développement européens. D'autre part, à propos d'une décision récente (le porte-parole faisait allusion à la décision de ne plus laisser les experts français participer aux travaux sur l'Union économique et monétaire), on peut parler de manifestation de mauvaise humeur ou de ‚chaise vide'. ... En la circonstance, a souligné M. Léo Hamon, il n'y a ni politique de la ‚chaise vide' ni une politique d'humeur, mais simplement un comportement de simple bon sens: En effet, à partir du moment où, pour un

I. 1) Die Beitrittsverhandlungen entwickeln sich nach französischer Auffassung im großen Ganzen planmäßig. Wie mehrfach berichtet, erwarten die Franzosen während der zur Zeit laufenden Verhandlungsrunde in Brüssel[6] „nur Fortschritte", also keine prinzipielle Lösung.

Das Treffen zwischen Pompidou und Heath ist allerdings etwas überraschend um etwa acht oder zehn Tage vorgezogen worden.[7] Der in Paris zu hörenden Behauptung, Pompidou sei von dem deutschen Verhalten in der Währungskrise so betroffen gewesen, daß er sich stehenden Fußes dafür entschieden habe, sich sofort mit Heath zu treffen, ist nach meinen Informationen unzutreffend. Alle verfügbaren Informationen sprechen vielmehr dafür, daß für die Festlegung des 20. und 21. Mai zwei Faktoren bestimmend waren: wegen der Vielzahl von anderweitigen Verpflichtungen in Paris und London waren tatsächlich technische Gründe (Terminkalender in Paris und London) und britische Insistenz maßgebend. Die britische Botschaft nimmt übrigens an, daß der Herr Bundeskanzler in seinem Vier-Augen-Gespräch mit dem Premierminister am 6.5.[8] einen „strong hint" über diese Entwicklung der Dinge erhalten hat.

Für uns ist meines Erachtens die Feststellung wichtig, daß die Währungskrise auf Festlegung des Heath-Besuchs keinen Einfluß hatte, die entscheidende Unterrichtung der Franzosen hat erst am Freitag, den 7.5.[9], und die Diskussion zu sechst erst am Sonnabend, den 8.5.[10], stattgefunden.

Fortsetzung Fußnote von Seite 764

temps, espérons-le, bref, la pratique monétaire s'oriente dans un sens directement opposé à celui qui devrait précisément faire l'objet des travaux des experts, le bon sens suffit à dissuader de faire participer les experts français à des débats qui seraient devenus académiques. [...] Le président de la République, a-t-il dit, a fait ressortir la gravité de la situation et les difficultés que les mesures acceptées par certains pays introduisent dans le fonctionnement du système monétaire aussi bien que sur la voie de la construction européenne." Vgl. LA POLITIQUE ETRANGÈRE 1971, I, S. 264f.

[6] Zur sechsten Verhandlungsrunde des EG-Ministerrats mit Großbritannien vom 11. bis 13. Mai 1971 vgl. Dok. 169.

[7] Zur Einladung an Premierminister Heath durch Staatspräsident Pompidou am 8. Mai 1971 vgl. Dok. 158, Anm. 2.
Zum Besuch von Heath vom 19. bis 21. Mai 1971 in Paris vgl. Dok. 186.

[8] Bundeskanzler Brandt hielt sich am 5./6. Mai anläßlich des 150jährigen Jubiläums der Tageszeitung „The Guardian" in London auf und traf am 6. Mai 1971 mit Premierminister Heath zusammen. Dazu teilte Vortragender Legationsrat I. Klasse Schönfeld Botschafter Ruete, Paris, am 6. Mai 1971 mit: „Premierminister Heath drückte Hoffnung aus, daß Konferenzen in kommender Woche in Brüssel zu wesentlichen Fortschritten führen werden. Er äußerte Genugtuung, daß Expertengespräch über das Sterling-Problem zu ersten Klärungen geführt hat. [...] Bei der Erörterung institutioneller Fragen stimmten Premierminister und Bundeskanzler überein, daß dem Ministerrat auch in Zukunft erhebliches Gewicht zukomme und vernünftige Balance zu übrigen Gemeinschaftsorganen sichergestellt werden müsse. Beide äußerten Interesse an weiterer Behandlung der von Präsident Pompidou in Pressekonferenz entwickelten institutionellen Überlegungen. Sie stimmten überein, daß in den kommenden Jahren die Gemeinschaft auf vitale Interessen einzelner Mitgliedstaaten gebührende Rücksicht nehmen müsse, wenn sie nicht selbst Schaden nehmen soll. Zur aktuellen Währungssituation sagte Bundeskanzler zu, britische Regierung über deutsche Entscheidungen zu unterrichten, sobald Konsultation unter den Sechs beendet und Beschlüsse gefaßt sein werden. Er erwähnte auch, daß von mehreren Seiten der Gedanke geprüft wird, ob zu gegebener Zeit die Abhaltung einer Sitzung des Zehnerclubs zweckmäßig sein könnte." Vgl. den Drahterlaß Nr. 583; VS-Bd. 501 (Büro Staatssekretär); B 150, Aktenkopien 1971.

[9] Zum Besuch des Staatssekretärs Schöllhorn, Bundesministerium für Wirtschaft, am 7. Mai 1971 in Paris vgl. Dok. 158, Anm. 3.

[10] Zur EG-Ministerratstagung am 8./9. Mai 1971 in Brüssel vgl. Dok. 157, Anm. 6.

Die französische Presse hat seit der Bekanntgabe des Besuchstermins für Premierminister Heath eine deutliche Schwenkung zugunsten des britischen Beitritts vollzogen, teilweise zu unseren Lasten.

II. Die Frage, ob das deutsch-französische Verhältnis oder der Geist von Den Haag[11] durch die deutschen währungspolitischen Entscheidungen oder durch unser Taktieren oder durch beides Schaden genommen haben, wird hier allerorten diskutiert. Es geht dabei letztlich um die Frage, ob die westeuropäische Solidarität nur für die Fragen zu gelten hat, die vertraglich eindeutig geregelt sind und ob im übrigen eine unabhängige nationale Politik ohne Rücksicht auf die Interessen der Partner in den Randbereichen betrieben werden kann (z. B. Frankreich bei der Abwertung[12], Deutschland bei der Aufwertung[13] oder am 7. Mai). Sicher ist, daß die Mehrheit der verantwortlichen Gesprächspartner in Paris eine europäische Lösung vorgezogen hätte. Sicher ist aber auch, daß in wichtigen Kreisen Frankreichs der Eindruck zurückgeblieben ist, wir hätten noch mehr Anstrengungen machen müssen, um mit Frankreich zu einer Abstimmung zu kommen. Die öffentliche Meinung hat daher in den ersten Tagen für uns recht negativ reagiert und uns vorgeworfen, wir hätten zumindest gegen die Beschlüsse von Hamburg[14] und gegen die Währungsunion gearbeitet. Heute ist die Beurteilung etwas ruhiger. Man wirft auch den Franzosen Schärfe und Starrheit vor und fragt gelegentlich, warum sie die deutsche Idee nicht aufgegriffen hätten, praktisch die europäischen Währungen zu stützen und auf die Stützung des Dollars zu verzichten.

Im ganzen glaube ich nicht, daß heute bei Pompidou und in der Regierung eine anhaltende Verstimmung uns gegenüber verzeichnet werden muß. Beaumarchais, der seine Worte sehr wog, sagte heute zu Mitarbeiter „das war nicht gut". Er sagte aber nicht etwa „das war schädlich oder wird verzögern", zumal mit Sicherheit die persönlichen Bemühungen des Herrn Bundeskanzlers hier gut verstanden worden sind. Dennoch ist eine gewisse Schockwirkung nicht zu verkennen. Immer wieder hört man die Klage darüber, daß das wirtschaftlich übermächtige Deutschland seinen Partnern in Brüssel seinen von Anfang an erklärten Willen einfach aufgezwungen habe. Dies sei kein europäisches Verhalten. Daß Deutschland hierzu aber in der Lage war und sich über den französischen Widerstand hinwegsetzen konnte, hat hier empfindliche Seiten berührt.

Wir sollten uns darüber im klaren sein, daß es Anstrengungen auf beiden Seiten bedürfen wird, um die Schatten zu beseitigen, die bei diesem Anlaß nun einmal auf das deutsch-französische Verhältnis gefallen sind.

[gez.] Ruete

VS-Bd. 8789 (III E 1)

---

11 Am 1./2. Dezember 1969 fand in Den Haag eine Konferenz der Staats- und Regierungschefs der EG-Mitgliedstaaten statt. Vgl. dazu AAPD 1969, II, Dok. 385.

12 Am 8. August 1969 beschloß die französische Regierung eine Abwertung des Franc um 12,5%.

13 Am 24. Oktober 1969 beschloß die Bundesregierung eine Aufwertung der DM um 8,5% mit Wirkung vom 27. Oktober 1969. Vgl. dazu AAPD 1969, II, Dok. 323.

14 Zur Tagung der Wirtschafts- und Finanzminister sowie der Notenbankpräsidenten der EG-Mitgliedstaaten am 26./27. April 1971 in Hamburg vgl. Dok. 144, Anm. 8.

169

Botschafter Sachs, Brüssel (EG), an das Auswärtige Amt

Fernschreiben Nr. 1416 Aufgabe: 13. Mai 1971, 10.00 Uhr
citissime Ankunft: 13. Mai 1971, 11.08 Uhr

Betr.: Ergebnis der sechsten Ministertagung mit Großbritannien am 11./13.5.71

I. Übersicht

Die Konferenz erzielte in den Morgenstunden des Donnerstag Einigung in den erörterten drei Hauptpunkten, nämlich über die zusätzlichen britischen Wünsche für Übergangsregelungen auf dem Agrarsektor, über die Regelung für die Einfuhr von Zucker aus den Commonwealth-Entwicklungsländern sowie über einen ersten Text für die Übergangsregelung auf dem Gebiet der eigenen Einnahmen. Damit war diese Ministertagung die bisher wichtigste und erfolgreichste der Beitrittsverhandlungen.

Ein nicht geringer Teil der Einigung wurde dadurch erzielt, daß der Ministerrat Kompromißvorschläge formulierte, die von der Kommission der wartenden britischen Delegation übermittelt und mit dieser abgestimmt wurden.

Sowohl die französische wie die britische Delegationsführung zeigten sich nach anfänglich betonter Zurückhaltung im weiteren Verlauf der Verhandlungen zunehmend entgegenkommender, was für den Erfolg der beiderseitigen Bemühungen ausschlaggebend war. Dabei verdient hervorgehoben zu werden, daß auch die übrigen Delegationen der Mitgliedstaaten ein gutes Stück ihrer wichtigsten Anliegen durchzusetzen vermochten.

1) Zucker

Die Gemeinschaftsdelegation bestätigte den bereits am Dienstag[1] der britischen Delegation mitgeteilten Inhalt des Int. Dok. 277 und bat um Zustimmung zu einem neuen Absatz auf Seite 3 dieses Dokuments, in dem zum Ausdruck kommt, daß die erweiterte Gemeinschaft es sich werde angelegen sein lassen, die Interessen aller in dem Dokument angesprochenen Länder zu bewahren, deren Wirtschaft in beträchtlichem Umfang von Export und Grundprodukten, insbesondere Zucker, abhängt. (Es war der deutschen Delegation gelungen, den von mehreren Delegationen angestrebten Hinweis auf den Abschluß von weltweiten Rohstoffabkommen aus dem Text auszuschließen.[2])

---

[1] 11. Mai 1971.
[2] Über die Diskussion der Frage von Zuckerimporten aus den Commonwealth-Staaten in der sechsten Verhandlungsrunde des EG-Ministerrats mit Großbritannien vom 11. bis 13. Mai 1971 informierte Botschafter Sachs, Brüssel (EG): „Insbesondere auf wiederholten deutschen Wunsch und nach sehr deutlichen Hinweisen Mr. Rippons gelang es, eine Formel in den Text einzufügen, die den ursprünglichen Ausgangspunkt der Erörterungen – nämlich die Zuckerimporte aus Commonwealth-Entwicklungsländern in die erweiterte Gemeinschaft – wieder deutlich machte, aber die Gefahr umging, in diesem Stadium auch die Möglichkeit zum Abschluß von Rohstoffabkommen für alle einschlägigen tropischen Erzeugnisse zu eröffnen; der Verwirklichung einer solchen Politik diente nämlich ein Ergänzungsvorschlag der Kommission, dem anfangs alle Delegationen außer der deutschen und der niederländischen bereits zugestimmt hatten. Auf Grund eindringlicher Vorhalte

Der genannte Text ersetzt die verschiedenen Entwürfe für Absichtserklärungen[3] und überläßt es den Organen der erweiterten Gemeinschaft, konkrete Regelungen für die Einfuhr von Zucker aus den Ländern des Commonwealth Sugar Agreement nach 1974 festzulegen.

Minister Rippon begrüßte für seine Person diesen Text und die Erneuerung der 1963 angebotenen Optionen[4] für die Gestaltung der Beziehungen auch der Commonwealth-Entwicklungsländer im Indischen Ozean[5], im Pazifik[6] und in der Karibischen See[7], zur Gemeinschaft; er halte die gefundene Lösung für einen beträchtlichen Schritt nach vorne, müsse aber die betreffenden unabhängigen Länder zu einer echten Konsultation – nicht nur einer Information – zusammenrufen. Er werde sich bemühen, ihre Zustimmung zu dem Angebot der Gemeinschaft zu erreichen.[8] Es blieb offen, wann die britische Delegation die Gemeinschaft von ihrer definitiven Stellungnahme unterrichten wird.[9]

2) Übergangsregelungen auf dem Agrarsektor

Die Gemeinschaft übermittelte der britischen Delegation den Inhalt des Int. Dok. 280. Die Konferenz stellte damit fest, daß sie sich gleichzeitig über alle bis-

Fortsetzung Fußnote von Seite 767
  mußte jedoch Kommissar Deniau einräumen, daß ‚die Sicherung eines angemessenen Platzes auf dem Markt der Gemeinschaft' für die Erzeuger von tropischen Monokulturen (im Verein mit einer Klausel über die Konkurrenzbedingungen zu gleichartigen Produkten der Gemeinschaft) zu einer Vorzugsbehandlung praktisch aller Erzeugnisse führen müsse, die in den assoziierten Ländern und Gebieten der erweiterten Gemeinschaft produziert und/oder für die Substitutionsprodukte in der Gemeinschaft selbst produziert werden." Vgl. den Drahtbericht Nr. 1441 vom 13. Mai 1971; Referat III A 2, Bd. 309.

[3] Vgl. dazu die Einigung der EG-Mitgliedstaaten über eine Absichtserklärung gegenüber den am Commonwealth Sugar Agreement beteiligten Entwicklungsländern; Dok. 137, Anm. 11.

[4] Während der zweiten Runde der Beitrittsverhandlungen mit der EWG im Juli 1962 regte Großbritannien an, die Beziehungen zu den Commonwealth-Staaten analog zu den besonderen Beziehungen einzelner EWG-Mitgliedstaaten zu den von ihnen abhängigen Gebieten zu regeln. Dies betraf die Möglichkeit eines Zusatzprotokolls zum EWG-Vertrag vom 25. März 1957, das den entsprechenden Staaten gestattete, „ihre Ausfuhren nach den Mitgliedstaaten, mit denen sie besondere Beziehungen unterhielten, ohne Änderung der Zollregelung beizubehalten". Die zweite Möglichkeit „bezog sich auf die Assoziierung der überseeischen Länder und Gebiete, denen die Gemeinschaft eine gewisse Sonderstellung einräumt". Vgl. SECHSTER GESAMTBERICHT 1962/63, S. 255.

[5] Mauritius.

[6] Fidschi, Tonga und Westsamoa.

[7] Barbados, Guyana, Jamaika, Trinidad und Tobago.

[8] Die Konferenz der Mitgliedstaaten des Commonwealth Sugar Agreement fand am 2./3. Juni 1971 in London statt. Im Kommuniqué wurde zum Vorschlag der Europäischen Gemeinschaften für die Einfuhr von Zucker aus Commonwealth-Staaten erklärt: „The British Government and other Commonwealth governments participating regard the offer as a firm assurance of a secure and continuing market in the enlarged Community on fair terms for the quantities of sugar covered by the Commonwealth Sugar Agreement in respect of all its existing developing member countries. The developing Commonwealth countries will continue to plan their future production on this basis." Vgl. den Artikel „Assurance on markets set out in communique"; THE TIMES vom 4. Juni 1971, S. 6.

[9] Der Kanzler des Herzogtums Lancaster, Rippon, verteilte in der siebten Verhandlungsrunde des EG-Ministerrats mit Großbritannien am 7. Juni 1971 in Luxemburg einen Auszug aus dem Kommuniqué über die Konferenz der Mitgliedstaaten des Commonwealth Sugar Agreement am 2./3. Juni 1971 in London, „in der alle an der Konferenz beteiligten Regierungen das Gemeinschaftsangebot dahin interpretieren, daß sie es als feste Zusicherung für einen sicheren und weiterbestehenden Markt der Mengen des Commonwealth Sugar Agreement in der erweiterten Gemeinschaft auffassen und dementsprechend ihre zukünftige Produktion planen werden. Auf Vorschlag der Präsidentschaft wurde diese Erklärung als nur die britische Delegation engagierende und nur zur ‚Information' der Gemeinschaft bestimmte Interpretation ins Protokoll aufgenommen." Vgl. den Drahtbericht Nr. 65 des Botschafters Sachs, z. Z. Luxemburg, vom 7. Juni 1971; Referat III A 2, Bd. 309.

herigen Stellungnahmen der Gemeinschaftsdelegation zu den Übergangsregelungen auf dem Agrargebiet geeinigt hat, mit folgenden Ergänzungen:

- Der Zollabbau auf dem Agrargebiet wird innerhalb von fünf vollen Jahren in sechs Stufen dergestalt erfolgen, daß der letzte Schritt am 31.12.1977 getan wird.[10]
- Bei den Gartenbauerzeugnissen findet der erste Zollabbau von 20% am 31.12.1973, der letzte am 31.12.1977 statt.
- Eine Flexibilität beim Zollabbau wurde nur für Gartenbauerzeugnisse, und zwar ab der zweiten Stufe vereinbart, mit der Maßgabe, daß diese Flexibilität nur bis zu 10% des jeweiligen Zollsenkungssatzes spielen darf. (Gleichzeitig wurde vereinbart, daß die Flexibilität bei der Preisangleichung – siehe Dok. Intern Nr. 160 – nicht mehr als 10% der jeweiligen Preisdifferenz einer Angleichungsstufe ausmachen darf.)

Minister Rippon stellte hierzu fest, daß beide Seiten ein faires Gleichgewicht in dieser Frage gesucht hätten; die Gemeinschaft habe eine besonders entgegenkommende Haltung gezeigt.

3) Übergangsregelung auf dem Gebiet der eigenen Einnahmen

Die Gemeinschaft legte der britischen Delegation den – unbezifferten – französischen Vorschlag für eine Übergangsregelung vor (siehe Dok. Intern Nr. 273), dem nach längerer interner Erörterung ein Absatz eingefügt worden war, der vorsieht, daß die Gemeinschaft die Möglichkeit von Korrektiven nach der Übergangszeit einräumt, sich aber erst in einem späteren Stadium der Verhandlungen hierzu (näher) wird äußern können, wobei davon ausgegangen wird, daß die Korrektivmethode nur in dem notwendigen Maße angewandt wird, um sicherzustellen, daß sich der Übergang vom letzten Jahr der Übergangszeit zu der Phase des vollen Funktionierens des Systems der eigenen Mittel nicht zu sprunghaft vollzieht.[11]

---

[10] Zur Frage des Zollabbaus berichtete Botschafter Sachs, Brüssel (EG), am 13. Mai 1971: „Alle Delegationen und die Kommission außer Frankreich traten für sechs Stufen innerhalb von fünf Jahren auf der Basis eines Kompromißvorschlages der Kommission ein. Außenminister Schumann erklärte sich mit sechs Stufen nur unter der Bedingung einverstanden, daß dann auch die Zollsenkung für industrielle Produkte wegen der Notwendigkeit eines strengen Parallelismus bis zum Ende des Jahres 1977 aufgeschoben werden müsse. Er schlug vor, die britische Delegation zu befragen, ob sie hiermit einverstanden sei. Als diese den französischen Vorschlag später ablehnte, ließ Schumann seinen Vorschlag stillschweigend fallen. Demnach endet der Zollabbau für industrielle Produkte nach wie vor am 1. Juli 1977 und für Agrarprodukte am 31.12.1977." Vgl. den Drahtbericht Nr. 1441; Referat III A 2, Bd. 309.

[11] Am 13. Mai 1971 berichtete Botschafter Sachs, Brüssel (EG), daß der Präsident des EG-Ministerrats, Schumann, erst lange nach Mitternacht die Diskussion über die Übergangsregelung im Finanzbereich eingeleitet habe. Frankreich habe sich bereit erklärt, „seinen prinzipiellen Widerstand gegen die Einführung von Korrektivmaßnahmen nach der Übergangszeit aufzugeben, sofern klargestellt sei, daß ein derartiges System ein Jahr nicht überschreite; dieser Zeitraum müsse genügen, um mit einem eventuellen Sprung am Ende der Übergangszeit fertig werden zu können. [...] Im übrigen könnten die Modalitäten von Korrektiven erst nach einer Einigung mit Großbritannien über die Prozentsätze des Beitragsaufkommens während der Übergangszeit festgelegt werden. [...] Außenminister Schumann machte gleichzeitig klar, daß die französische Delegation einer Erörterung dieser Prozentsätze im Verlauf dieser Ratstagung ihren Widerstand entgegensetzen werde. Für Großbritannien müsse die heutige Ouvertüre genügen; auch habe Rippon erklärt, daß ihm dies ausreiche. Alle übrigen Delegationen zeigten sich nicht befriedigt von der französischen Position. Insbesondere forderten sie die Festlegung einer Korrektivperiode von zwei (Belgien) bis drei

Minister Rippon begrüßte die Initiative der Gemeinschaft und insbesondere die Möglichkeit von Korrektiven nach der Übergangszeit. Ohne die Hinzufügung von genauen Zahlen sei es jedoch unmöglich, Art und Wirkung des Vorschlages zu beurteilen. Sofern die hoffentlich bald von der Gemeinschaft nachgereichten Prozentsätze für die Beiträge Großbritanniens fair und vernünftig wären, böte das jetzt vorliegende Dokument eine annehmbare Grundlage für die Verhandlungen.

II. Im einzelnen

(Bericht folgt)[12]

[gez.] Sachs

Referat III A 2, Bd. 309

170

Aufzeichnung des Vortragenden Legationsrats Marks

III A 7-83.26   13. Mai 1971[1]

Betr.: Besuch des Generaldirektors der IAEO, Herrn Eklund, beim Herrn Minister und Herrn Staatssekretär von Braun am 6. d. M.[2] in Bonn[3]

Aus den jeweiligen Gesprächen des Herrn Ministers und des Herrn Staatssekretärs mit dem Generaldirektor der IAEO ist im einzelnen folgendes festzuhalten:

1) Verifikationsabkommen EURATOM–IAEO

Auf die Frage Eklunds nach dem mutmaßlichen Verhandlungsbeginn gab Botschafter Roth einen Überblick über den gegenwärtigen Stand der Diskussion innerhalb der Gemeinschaft und über die dabei im Vordergrund stehenden Probleme: Position Frankreichs als Kernwaffenstaat, Frage der Kompatibilität des EURATOM-Vertrages[4] mit den Bestimmungen eines eventuellen Verifikati-

---

Fortsetzung Fußnote von Seite 769
    (alle übrigen Delegationen) Jahren und die Mitteilung eines solchen Beschlusses an die britische Delegation." Vgl. den Drahtbericht Nr. 1441; Referat III A 2, Bd. 309.

[12] Für den Drahtbericht Nr. 1441 des Botschafters Sachs, Brüssel (EG), vom 13. Mai 1971 vgl. Referat III A 2, Bd. 309. Für Auszüge vgl. Anm. 2, 10 und 11.

[1] Ablichtung.
Hat Vortragendem Legationsrat Randermann am 17. Mai 1971 vorgelegen.

[2] Korrigiert aus: „6.5. d. M."

[3] IAEO-Generalsekretär Eklund hielt sich auf Einladung des Bundesministers Scheel in der Bundesrepublik auf.

[4] Für den Wortlaut des EURATOM-Vertrags vom 25. März 1957 vgl. BUNDESGESETZBLATT 1957, Teil II, S. 1014–1155.

onsabkommens, die durch besondere Rechte und Pflichten gekennzeichnete Stellung der EG-Kommission.

Die Bundesregierung schlösse nicht aus, daß es bis zur Sommerpause gelingen werde, innerhalb der Gemeinschaft eine gemeinsame Position zu erarbeiten. Verbindliches lasse sich zur Zeit jedoch noch nicht sagen.

Nach den Darlegungen des Herrn Ministers müsse notfalls eine „politische Lösung" gesucht werden, um die Schwierigkeiten aus dem Wege zu räumen.

Auf eine diesbezügliche Frage wurde Eklund geantwortet, daß es sich bei der Verhandlungsdelegation EURATOMs aller Voraussicht nach um eine gemischte Delegation, zusammengesetzt aus den Vertretern der Kommission und der betroffenen EURATOM-Länder, handeln würde.[5]

2) Amerikanisch-britisches Kontrollangebot[6]

Der Herr Minister und der Herr Staatssekretär wiesen auf die Bedeutung hin, die die Bundesregierung der Verwirklichung des britischen Kontrollangebotes beimißt. Dies gelte sowohl in wirtschaftlicher Hinsicht (Problem der Wettbewerbsverzerrungen bei Sicherheitskontrollen) wie auch unter allgemein politischen Gesichtspunkten (Stand der Ratifizierung des NV-Vertrages[7], Verringerung der Befürchtungen einer politischen Diskriminierung). Uns liege daran, daß parallel zu den Verhandlungen mit EURATOM die IAEO auch offizielle Gespräche zumindest mit den Amerikanern aufnehme. Das Problem Großbritannien stelle sich wegen der laufenden Beitrittsverhandlungen etwas anders dar. Hier sollten wir zunächst das Ergebnis der Brüsseler Gespräche abwarten.

Eklund wies darauf hin, daß er vom Gouverneursrat ermächtigt sei, in Konsultationen wegen der Kontrollangebote einzutreten. Zum einen habe er jedoch den Eindruck, daß die Position Großbritanniens allein schon aufgrund der seinerzeitigen Erklärungen der britischen Regierung wesentlich unklarer und vager sei als das Angebot der USA. Aber auch was die amerikanische Regierung betreffe, glaube er nicht, daß sie es besonders eilig habe, mit der IAEO zu einer Kontrollvereinbarung zu kommen. Offensichtlich hätten die Amerikaner vor,

---

[5] Zur Erteilung des Verhandlungsmandats an EURATOM durch den EG-Ministerrat am 20. September 1971 vgl. Dok. 363, Anm. 18.

[6] Zum Angebot der amerikanischen und der britischen Regierung, zivile Atomanlagen durch die IAEO kontrollieren zu lassen, vgl. Dok. 119, Anm. 9.
Am 12. Februar 1971 notierte Vortragender Legationsrat Marks, daß „mehrere Industrieländer aus Kostenüberlegungen kein besonderes Interesse daran haben, daß von den Angeboten der britischen und der amerikanischen Regierung, sich für den zivilen Sektor Kontrollen zu unterwerfen, Gebrauch gemacht wird. Sollte sich diese Auffassung im Ausschuß durchsetzen, besteht die Gefahr, sich die Wettbewerbslage der deutschen Kernindustrie verschlechtert." Vgl. Referat III A 7, Bd. 516.
Um das Kostenproblem zu lösen, hatte die Bundesrepublik gemeinsam mit Australien, Italien und Japan den übrigen Delegationen im Kontrollausschuß der IAEO am 5. Februar 1971 einen Vorschlag zur Umsetzung des amerikanischen und britischen Angebots vorgelegt. Er mache „im Interesse einer Senkung der Kontrollkosten einen Unterschied zwischen solchen Anlagen, die neue Technologien repräsentieren oder für den internationalen Wettbewerb bedeutungsvoll sind, und allen anderen Kernanlagen. Erstere sollen voll inspiziert werden, während bei letzteren nur Stichprobeninspektionen als notwendig erachtet werden. Damit könnten die Kosten der Kontrolle in beiden Ländern auf etwa 40 Prozent gesenkt werden." Vgl. den Drahtbericht Nr. 109 des Gesandten Ungerer, Wien (Internationale Organisationen); Referat II B 3, Bd. 107 334.

[7] Für den Wortlaut des Nichtverbreitungsvertrags vom 1. Juli 1968 vgl. EUROPA-ARCHIV 1968, D 321–328.

zunächst das Ergebnis der Kontroll- bzw. der Verifikationsverhandlungen der IAEO mit den EURATOM-Ländern und mit Staaten wie z. B. Japan abzuwarten. Er könne sich auch nicht vorstellen, daß sich die Amerikaner bereits während der EURATOM-Verhandlungen auf parallele bilaterale Verhandlungen mit der IAEO einlassen würden. Sie hätten auf jeden Fall vor, langsam vorzugehen.[8]

3) Abkommen DDR–IAEO[9]

Verbunden mit dem Dank für die bisherige kooperative Haltung der IAEO wurde Eklund gebeten, in der DDR-Frage bis auf weiteres von allen Schritten abzusehen, die die gegenwärtigen Deutschland und Berlin betreffenden Verhandlungen erschweren und möglicherweise im Vorgriff auf eine zukünftige Regelung des Verhältnisses der beiden Teile Deutschlands eine vorzeitige Änderung des Status der DDR nach sich ziehen könnte. Wie der Herr Minister ausführte, würde es sich im übrigen bei dem ganzen Komplex nicht um ein zeitlich unbegrenztes Problem handeln.

Eklund erwiderte, er habe großes Verständnis für unser Anliegen und hoffe, auch die bisherige Linie in Abstimmung mit uns und den übrigen drei Westmächten beibehalten zu können. Trotzdem müsse wegen der laufenden Fristen des NV-Vertrages[10] spätestens im Herbst d. J. die Frage beantwortet werden, ob die IAEO verpflichtet sei, mit der DDR ein Kontrollabkommen nach dem NV-Vertrag abzuschließen[11], falls sie darauf bestehe.[12]

---

[8] Gesandter Ungerer, Wien (Internationale Organisationen), berichtete am 7. Juni 1971, daß sich die USA und Großbritannien zu Verhandlungen mit dem Gouverneursrat der IAEO über Sicherheitskontrollen der nichtmilitärischen Atomanlagen bereit erklärt hätten. Vgl. den Schriftbericht Nr. 326; Referat III A 7, Bd. 516.

[9] Am 25. August 1970 teilte der Außenminister der DDR, Winzer, IAEO-Generaldirektor Eklund mit, daß die DDR zu Verhandlungen über ein Kontrollabkommen mit der IAEO gemäß Artikel III des Nichtverbreitungsvertrags vom 1. Juli 1968 bereit sei.
Die Bundesregierung und die Drei Mächte setzten sich für eine dilatorische Behandlung dieses Vorschlags durch die IAEO ein, da Artikel III des Nichtverbreitungsvertrags ausdrücklich von der Verpflichtung der Nichtkernwaffenstaaten zum Abschluß eines Kontrollabkommens sprach und die DDR daraus ein Argument für ihre völkerrechtliche Anerkennung durch die IAEO-Mitgliedstaaten herleiten und ihren internationalen Status verbessern könne. Vgl. dazu AAPD 1970, III, Dok. 422.

[10] Gemäß Artikel III Absatz 4 des Nichtverbreitungsvertrags vom 1. Juli 1968 sollten die Übereinkünfte zwischen Nichtkernwaffenstaaten und der IAEO über Sicherheitskontrollen „spätestens achtzehn Monate nach dem Tag des Verhandlungsbeginns in Kraft" treten. Vgl. EUROPA-ARCHIV 1968, D 324.

[11] Die Bundesregierung vertrat den Standpunkt, „daß die DDR den NV-Vertrag nur in Moskau unterzeichnet und die Ratifikationsurkunde auch nur dort hinterlegt hat und nicht auch in London und Washington, wie es Art. IX des NV-Vertrags vorsieht. Es ist deshalb in hohem Maße fraglich, ob die DDR im Verhältnis zu den übrigen Vertragsparteien des NV-Vertrages Vertragspartei geworden ist." Keine Vertragspartei sei sie im Verhältnis zur Bundesrepublik, Großbritannien und den USA, da von diesen Staaten bei Unterzeichnung des Nichtverbreitungsvertrags erklärt worden sei, daß damit „keine völkerrechtliche Anerkennung der DDR verbunden" sei und daher auch im Rahmen des Vertrags keine völkerrechtlichen Beziehungen entstünden. Vgl. die Sprachregelung vom 25. Januar 1971 für die Vertreter der Bundesrepublik und der Drei Mächte bei der IAEO in Wien; Referat III A 7, Bd. 497.

[12] Am 26. Mai 1971 berichtete Gesandter Ungerer, Wien (Internationale Organisationen), daß IAEO-Generalsekretär Eklund ihm den Entwurf eines Schreibens an den Außenminister der DDR, Winzer, vorgetragen und darauf hingewiesen habe, daß die Kontrollabkommen bis März 1972 abgeschlossen sein müßten und „es kaum möglich sei, den Beginn von Verhandlungen mit der DDR

4) Erweiterung des Gouverneursrates der IAEO

Auf die Frage des Herrn Ministers und des Herrn Staatssekretärs nach einer vorzeitigen Anwendung des Beschlusses des Gouverneursrates der IAEO vom September 1970 über eine Erweiterung des Gouverneursrates[13] äußerte sich Eklund skeptisch. Seiner Ansicht nach sei das Erweiterungsproblem zu kontrovers gewesen, um mit allseitiger Zustimmung zu dem o. a. Verfahren rechnen zu können. Voraussichtlich wird das Problem für uns ohne praktische Bedeutung sein, da wir ab 1972 für zwei Jahre auf dem Rotationswege Mitglied des Gouverneursrates würden. Er rechnet damit, daß der Beschluß der Generalkonferenz vom Herbst 1970 im Jahre 1974 von 2/3 der IAEO-Mitglieder ratifiziert sei, so daß er in Kraft treten könnte und für uns die Aussicht bestehe, ab 1974 ständiges Mitglied des Gouverneursrates zu werden.

Marks

Referat III A 7, Bd. 497

Fortsetzung Fußnote von Seite 772
länger als bis Herbst dieses Jahres zu verzögern". Vgl. den Drahtbericht Nr. 433; Referat II B 3, Bd. 107 334.
Am 11. und 15. Juni 1971 kamen Vertreter der Bundesrepublik und der Drei Mächte zusammen, um für Verhandlungen zwischen der IAEO und der DDR „schon jetzt eine Strategie" zu erarbeiten. Dazu teilte Ungerer mit: „a) Die Frage, ob es nicht vorteilhafter wäre, das Zustandekommen eines Kontrollabkommens zwischen IAEO und DDR vorläufig überhaupt zu verhindern, wurde von den Vertretern der drei Westmächte einhellig verneint. Es sei lediglich wesentlich, eine Aufwertung des internationalen Status der DDR zu verhindern. b) Gegen die Einbeziehung einer Disclaimer-Klausel in die Präambel des Abkommens hatte vor allem französischer Vertreter Bedenken. Er konnte sich jedoch Argumenten des britischen Vertreters und von uns nicht verschließen, daß der Versuch, eine solche Klausel einzuführen, taktisch Vorteile hätte". Es sei für unwahrscheinlich erachtet worden, „daß Eklund bereit ist, bei der Unterzeichnung des Abkommens mit der DDR eine Disclaimer-Erklärung abzugeben". Vgl. den Schriftbericht Nr. 357 vom 17. Juni 1971; Referat III A 7, Bd. 497.
[13] In der Sitzung der IAEO-Generalversammlung vom 22. bis 29. September 1970 in Wien beantragte Italien eine Erweiterung des Gouverneursrats um 9 Sitze auf 34 Sitze, von denen zwei als ständige Sitze auf die Bundesrepublik und Italien entfallen sollten. Die restlichen Sitze sollten als Wahlsitze an Vertreter der übrigen Regionen gehen. Vgl. dazu den Drahterlaß Nr. 66 des Ministerialdirigenten Robert vom 16. September 1970 an die Botschaft in Dublin; Referat I A 6, Bd. 252.
Die IAEO-Generalversammlung nahm den Antrag Italiens am 28. September 1970 an. Vgl. dazu den Drahtbericht Nr. 662 des Gesandten Ungerer, Wien (Internationale Organisationen); Referat I A 6, Bd. 252.

171

**Aufzeichnung der
Vortragenden Legationsrätin I. Klasse Finke-Osiander**

II A 5-82.00-94.27-1739/71 VS-vertraulich   14. Mai 1971[1]

Betr.: Deutsch-tschechoslowakische Gespräche in Bonn am 13. und 14. Mai 1971
   hier: Zusammenfassender Bericht

I. Allgemeines

Am 13. und 14.5.1971 fand in Bonn die zweite deutsch-tschechoslowakische Gesprächsrunde statt (erste Runde 31.3./1.4. in Prag[2]).

Die Gespräche wurden wieder von Staatssekretär Frank und dem Stellvertretenden Außenminister Klusák geführt. Von tschechoslowakischer Seite nahmen ferner teil: Botschafter Goetz, Gesandter Krepelak (stellv. Leiter der Sektion deutschsprachiger Länder), Herr Pisk (stellvertretender Leiter der Rechtsabteilung) sowie Botschaftsrat Mika von der tschechoslowakischen Handelsvertretung in Frankfurt und ein Dolmetscher.

Von deutscher Seite nahmen teil: VLR I von Schenck, BR I Rouget sowie die Unterzeichnete und ein Dolmetscher.

Die tschechoslowakische Delegation hatte offenbar die Direktive, den tschechoslowakischen Standpunkt zum Münchener Abkommen mit Nachdruck zu vertreten, jedoch einen Abbruch der Gespräche zu vermeiden. Sie argumentierte teilweise mit erheblich größerer Schärfe als während der ersten Runde in Prag. Hierfür dürfte, abgesehen von ihren Weisungen, auch die Berichterstattung einiger deutscher Presseorgane (Spiegel[3], Bayernkurier[4]) von Einfluß gewesen sein.

---

[1] Hat Staatssekretär Frank am 19. Mai 1971 vorgelegen, der handschriftlich vermerkte: „Dem H[errn] Minister vorzulegen: Ich schlage vor, den H[errn] Bundeskanzler zu unterrichten."
Hat Vortragendem Legationsrat Hallier am 21. Mai 1971 vorgelegen, der handschriftlich für Bundesminister Scheel vermerkte: „Wir hatten Ihnen schon unser Doppel vorgelegt. Wegen der Anregung, die Aufzeichnung auch dem Herrn Bundeskanzler vorzulegen, erfolgt Vorlage ‚doppelt'."
Hat Scheel vorgelegen.

[2] Zur ersten Runde der Gespräche mit der ČSSR über eine Verbesserung des bilateralen Verhältnisses vom 31. März bis 1. April 1971 in Prag vgl. Dok. 117.

[3] Die Wochenzeitschrift „Der Spiegel" berichtete am 12. April 1971, die Verhandlungen mit der ČSSR seien „auf lange Fristen angelegt": „Taktische Marschroute: Der Forderung der Tschechoslowakei, das Münchener Abkommen von 1938 ‚ex tunc' (von Anfang an) ‚mit allen sich daraus ergebenden Folgen' für ungültig zu erklären, müsse mit hinhaltendem Widerstand begegnet werden."
Vgl. den Artikel „Go slow"; DER SPIEGEL, Nr. 16 vom 12. April 1971, S. 25 f.

[4] Die Wochenzeitung „Bayernkurier" befaßte sich am 10. April 1971 mit der tschechoslowakischen Forderung nach einer ex-tunc Nichtigkeitserklärung des Münchener Abkommens vom 29. September 1938 und führte zu den sich daraus ergebenden rechtlichen Konsequenzen aus, daß der Einmarsch deutscher Truppen demnach ein „rechtswidriger Akt" und eine „gewaltsame militärische Okkupation" gewesen sei: „Daraus ergibt sich, daß die ‚Nachfolgestaaten des Deutschen Reiches' – in diesem Falle gibt man der Bundesrepublik die Ehre, die einzige Rechtsnachfolgerin zu sein – für alle sich daraus ergebenden Folgen aufzukommen haben. Damit wird eine neue Kriegsschuld aufgebaut, die nicht einmal das Nürnberger Militärtribunal festgestellt hatte. [...] Im Bonner Regierungslager sollte man sich auf eine solche Argumentation einstellen und nicht daran her-

In der Frage des Münchener Abkommens kam es zu einer klaren Gegenüberstellung der beiderseitigen Standpunkte, bei der sich keinerlei tschechoslowakische Kompromißbereitschaft abzeichnete. Möglichkeiten für eine Annäherung der beiderseitigen Standpunkte wurden in dieser Gesprächsrunde nicht erkennbar. Ob hierfür nach dem bevorstehenden Kongreß der tschechoslowakischen KP (25.5.)[5] bessere Aussichten gegeben sein werden, bleibt abzuwarten.

Der tschechoslowakischen Seite war zur Zeit offenbar daran gelegen, die Fortführung der Gespräche offenzuhalten. Vizeminister Klusák betonte ferner erneut das grundsätzliche tschechoslowakische Interesse an der Normalisierung der Beziehungen zur Bundesrepublik Deutschland und den Wunsch, daß die laufenden Beziehungen nicht darunter leiden sollten, wenn es nicht zu einem deutsch-tschechoslowakischen Vertrag käme.

II. Verlauf der Gespräche

Entsprechend dem tschechoslowakischen Wunsch erläuterte Staatssekretär Frank nochmals die Gründe, weshalb die Bundesregierung ihrerseits den ex-tunc-Standpunkt zum Münchener Abkommen nicht akzeptieren kann.

Er verwies darauf, daß der Bundesregierung im Rahmen der deutsch-tschechoslowakischen Verhandlungen Grenzen gesetzt seien, unabhängig von der Qualität der völkerrechtlichen Argumente, die er allerdings für überzeugend halte.

Im einzelnen führte er folgende völkerrechtliche Argumente näher aus:

1) Die Bundesregierung halte es für objektiv unmöglich, komplexe multilaterale Vereinbarungen durch einen bilateralen Vertrag auszulöschen. Bei dem Vertrag, den wir mit der ČSSR schließen wollten, könnten wir nur von der heute bestehenden Lage ausgehen und nur Dinge regeln, die in unserer Kompetenz lägen.

2) Die Bundesregierung verurteile Drohung mit Gewalt als Mittel der internationalen Politik mit aller Schärfe und dementsprechend auch das Vorgehen der damaligen Reichsregierung beim Abschluß des Münchener Abkommens. Es müßte jedoch zu einer bedenklichen Rechtsunsicherheit in den internationalen Beziehungen führen, wenn völkerrechtliche Verträge, die der Vergangenheit angehören, unter Berufung auf Gewaltandrohung nachträglich für nichtig erklärt werden könnten. Uns sei kein Beispiel bekannt, wo ein unter Mitwirkung mehrerer europäischer Großmächte geschlossener Vertrag für nichtig von Anfang an erklärt worden wäre.

3) Dieses Bedenken der Rechtsunsicherheit gelte insbesondere dann, wenn ein völkerrechtlicher Vertrag durchgeführt worden sei und auf seiner Grundlage politische, historische und rechtliche Tatbestände entstanden seien, die nicht rückgängig gemacht werden könnten.

Fortsetzung Fußnote von Seite 774
    umtüfteln, wie man den Sudetendeutschen den Schwarzen Peter für die Akzeptierung der tschechoslowakischen Forderungen zuspielen kann. Denn sollten diese realisiert werden, dann heißt es zahlen, zahlen und nochmals zahlen – abgesehen natürlich von den rechtlichen Nachteilen, die sich für die betroffenen Sudentendeutschen daraus ergeben." Vgl. den Artikel von Erich J. Karl: „In der Folge schlimmer"; BAYERNKURIER vom 10. April 1971, S. 1.
[5] Der XIV. Parteitag der KPČ fand vom 25. bis 29. Mai 1971 in Prag statt.

StS Frank verwies darauf, daß es hinsichtlich der rechtlichen Beurteilung des Münchener Abkommens eine Kontinuität des Denkens aller bisheriger Bundesregierungen gebe, die von großer innenpolitischer Bedeutung sei.

Andererseits sei die jetzige Bundesregierung in besonderem Maße bereit, hinsichtlich der politischen und moralischen Beurteilung des Münchener Abkommens dem verständlichen tschechoslowakischen Anliegen entgegenzukommen, politische Genugtuung zu erhalten. Die Bundesregierung habe ein eigenes Interesse daran, die Distanzierung von der damaligen Politik so klar wie möglich auszusprechen. Er wäre jedoch kein aufrichtiger Verhandlungspartner, wenn er nicht ebenso klar sagen würde, daß die Bundesregierung den ex-tunc-Standpunkt nicht akzeptieren könne.

Wir glaubten aber, daß für einen deutsch-tschechoslowakischen Vertrag die gleiche Grundstruktur gelten könne wie für den deutsch-sowjetischen und den deutsch-polnischen.[6] In beiden Fällen sei ein Modus vivendi gefunden worden, der es erlaube, unbeschadet unterschiedlicher Rechtsstandpunkte die Normalisierung der Beziehungen in Angriff zu nehmen. Dabei könne jeder bei seinem eigenen Rechtsstandpunkt bleiben.

Wenn die tschechoslowakische Regierung glaube, daß die Annahme ihres Rechtsstandpunktes durch die Bundesrepublik Deutschland wichtiger als die Perspektive der Zusammenarbeit sei, so würden wir dies bedauern, aber respektieren. Wir würden unser Angebot dann für einen späteren Zeitpunkt aufrechterhalten.

Vizeminister Klusák erwidert hierauf mit einer scharfen Polemik, in der er in längeren historischen Ausführungen darlegte, daß „München" aus tschechoslowakischer Sicht nicht irgendein rechtliches Dokument, sondern ein an der Tschechoslowakei begangenes Verbrechen gewesen sei, das im übrigen – wie dies auch in den Nürnberger Prozessen festgestellt worden sei – der Vorbereitung des Krieges gedient habe.[7]

Das der Tschechoslowakei mit militärischer Gewalt aufgezwungene Münchener Abkommen habe ihre politische Unabhängigkeit und territoriale Integrität zerstört. Angesichts der Besetzung sämtlicher Grenzbefestigungen habe es sie selbst militärisch wehrlos gemacht. Es habe den Verlust von 40 000 m² tschechoslowakischen Gebiets mit 5 Mio. Einwohnern, darunter 1,25 Mio. Tschechen und Slowaken, bedeutet, den Verlust eines Drittels der tschechoslowakischen Industrie, deren Produktion mehr als ein Drittel des tschechoslowakischen Außenhandels ausmachte, ferner den Verlust der gesamten Braunkohlevorkommen und 45 % der Steinkohle, die Zerstörung der Verkehrswege usw. Eine erschöpfende Aufzählung sei hier nicht möglich, noch weniger der Leiden der Menschen.

---

[6] Für den Wortlaut des Vertrags vom 12. August 1970 zwischen der Bundesrepublik und der UdSSR vgl. BULLETIN 1970, S. 1094.
Für den Wortlaut des Vertrags vom 7. Dezember 1970 zwischen der Bundesrepublik und Polen über die Grundlagen der Normalisierung ihrer gegenseitigen Beziehungen vgl. BULLETIN 1970, S. 1815.

[7] Für das Urteil des Nürnberger Gerichtshofs vom 30. September 1946 zum Anklagepunkt „Der gemeinsame Plan oder die Verschwörung und der Angriffskrieg" vgl. IMT, Bd. XXII, S. 484 f.

München sei ein Symbol des Unrechts. Die tschechoslowakische Forderung nach voller Nullität des Münchener Abkommens läge im Interesse der internationalen Rechtssicherheit.

Von den Signatarstaaten hätten Frankreich und Italien seit langem das Abkommen mit allen seinen Konsequenzen als nichtig erklärt[8], ebenso unterstützten alle sozialistischen Staaten die tschechoslowakische Forderung.[9] Großbritannien lehne entsprechende Stellungnahme aufgrund seiner imperialistischen Interessen ab.[10] Die tschechoslowakische Seite verstünde jedoch nicht, welches Interesse die Bundesrepublik Deutschland an einer entsprechenden Haltung haben könne.

Als Beispiel für die Behandlung des Münchener Abkommens verwies Vizeminister Klusák auf die Nichtigerklärung des Wiener Schiedsspruchs im ungarischen Friedensvertrag von 1947.[11]

---

[8] Der Vorsitzende des Komitees „Freies Frankreich", de Gaulle, erklärte mit Schreiben vom 29. September 1942 an den Präsidenten des Rates der Tschechoslowakischen Republik, Šrámek: „Le Comité national français, rejetant les accords signés à Munich le 29 septembre 1938, proclame solennellement qu'il considère ces accords comme nuls et non avenus, ainsi que tous les actes accomplis en application ou en conséquence desdits accords." Vgl. DE GAULLE, Mémoires de guerre, Bd. 2, S. 372. Die italienische Regierung erklärte die Übereinkünfte von München am 26. September 1944 für nichtig. Vgl. dazu auch AAPD 1970, III, Dok. 581.

[9] In Artikel 6 des Vertrags vom 1. März 1967 zwischen der ČSSR und Polen über Freundschaft, Zusammenarbeit und gegenseitigen Beistand wurde zum Münchener Abkommen ausgeführt: „Die hohen vertragschließenden Seiten stellen fest, daß das Münchener Abkommen vom 29. September 1938 unter der Drohung eines aggressiven Krieges und durch Gewaltanwendung gegen die Tschechoslowakei zustande kam, einen Teil der verbrecherischen Verschwörung der Regierung Nazideutschlands gegen den Frieden und schon damals eine brutale Verletzung der geltenden Grundprinzipien des Völkerrechts darstellte, und daher seit Anbeginn samt sämtlichen daraus resultierenden Folgen ungültig war." Vgl. DzD V/1, S. 669 f.
Entsprechende Artikel wurden in die Freundschaftsverträge vom 17. März 1967 mit der DDR (Artikel 7), vom 26. April 1968 mit Bulgarien (Artikel 5), vom 14. Juni 1968 mit Ungarn (Artikel 6), vom 16. August 1968 mit Rumänien (Artikel 6) und vom 6. Mai 1970 mit der UdSSR (Artikel 6) eingefügt. Vgl. dazu DzD V/1, S. 769; DzD V/2, S. 609, S. 779 und S. 1095 f. Vgl. ferner EUROPA-ARCHIV 1970, D 286.
In der Deklaration der Tagung des Politischen Beratenden Ausschusses des Warschauer Pakts in Bukarest vom 5. Juli 1966 wurde die Forderung erhoben, „daß die regierenden Kreise der westdeutschen Bundesrepublik [...] sich vom verbrecherischen Münchener Diktat lossagen und anerkennen, daß es von Anfang an rechtsungültig war". Vgl. DzD IV/12, S. 1065.
Am 26. April 1967 forderten die Vertreter der kommunistischen und Arbeiterparteien in Karlsbad erneut die „Anerkennung, daß das Münchener Diktat vom Augenblick seines Abschlusses an ungültig ist". Vgl. die Erklärung „Für den Frieden und die Sicherheit in Europa" (Karlsbader Erklärung); DzD V/1, S. 1050.
In der Erklärung von Bratislava vom 3. August 1968 versicherten die Vertreter der kommunistischen und Arbeiterparteien, sie würden „nach wie vor darauf bestehen, daß das Münchener Abkommen von Anfang an null und nichtig ist". Vgl. DzD V/2, S. 1050.

[10] Die britische Regierung vertrat die Ansicht, daß das Münchener Abkommen vom 29. September 1938 erst mit dem deutschen Einmarsch in Prag und der Proklamation des „Reichsprotektorats" Böhmen und Mähren am 15./16. März 1939 hinfällig geworden sei. Vgl. dazu das Schreiben des britischen Außenministers Eden vom 5. August 1942 an den Außenminister der tschechoslowakischen Exilregierung, Masaryk; DzD I/3, S. 649.
Während eines Besuchs in Prag vom 22. bis 24. April 1965 bekräftigte der britische Außenminister Stewart diese Auffassung. Er betonte, daß es „zwei verschiedene Dinge seien, ob ein Vertrag ungerecht sei oder ob er niemals abgeschlossen worden sei". Vgl. die Aufzeichnung des Ministerialdirektors Meyer-Lindenberg vom 17. September 1965; Referat V 1, Bd. 1016.

[11] Aufgrund von Gesuchen der tschechoslowakischen und der ungarischen Regierung fällten Außenminister Ribbentrop und sein italienischer Amtskollege Graf Ciano am 2. November 1938 den I. Wiener Schiedsspruch, der die Tschechoslowakische Republik zur Abtretung der südlichen Slowa-

Vizeminister Klusák erklärte, daß er nach den Darlegungen von StS Frank keine Möglichkeit sehe, den Gegensatz zu überbrücken, zwischen der deutschen Auffassung zum Münchener Abkommen, die es als einen gültig zustande gekommenen Vertrag behandele, und der tschechoslowakischen Auffassung, die München als ein Verbrechen ansehe.

StS Frank erwiderte hierauf, daß ein Verbrechen gesühnt, bestraft oder von der Zeit überwunden werden könne, aber nicht als ungültig erklärt werden könne. Hier handele es sich um eine andere Denkkategorie. Ein historischer Vorgang, auch wenn er als verbrecherisch erkannt worden sei, könne nicht als nichtig erklärt werden.

Auch das Nürnberger Gericht habe nicht gefolgert, daß die sudetendeutschen Gebiete nicht als deutsches Staatsgebiet anzusehen gewesen seien. Im Gegenteil sei ein Anklagepunkt gewesen, daß das Münchener Abkommen bewußt gebrochen worden sei.[12]

Der Wiener Schiedsspruch sei deshalb kein geeigneter Vergleich für die Behandlung des Münchener Abkommens, weil im Gegensatz zur tschechoslowakisch-ungarischen Grenze die sachliche Notwendigkeit einer deutsch-tschechoslowakischen Grenzregelung nicht mehr bestehe. Diese Frage sei durch die Siegermächte bereits 1945 entschieden[13], und die wiederhergestellte deutsch-tschechoslowakische Grenze, wie sie vor München bestanden habe, werde von uns nicht angefochten.

Was Hitlers Politik der Zerstörung der ČSR angehe, so sei niemand mehr bereit als die Bundesregierung, dies zu verurteilen, denn der Zustand der Teilung Deutschlands mit allen seinen Auswirkungen sei die direkte Folge dieser Politik.

StS Frank unterstrich nochmals, unter Bezugnahme auf eine von Vizeminister Klusák zitierte Erklärung des Warschauer Pakts[14], daß die Bundesregierung zu einer „definitiven Distanzierung" vom Münchener Abkommen in einem Vertrag bereit sei. Dies müsse allerdings völkerrechtlich korrekt und völkerrecht-

Fortsetzung Fußnote von Seite 777
kei und der Karpatho-Ukraine an Ungarn verpflichtete. Für den Wortlaut vgl. HOHLFELD, Dokumente, Bd. IV, S. 498–500.
Artikel 1 Absatz 4 a) des Friedensvertrags mit Ungarn vom 10. Februar 1947: „The decisions of the Vienna Award of November 2, 1938, are declared null and void." Vgl. UNTS, Bd. 41, S. 170.

12 Vgl. dazu Punkt XXI der Anklageschrift des Nürnberger Gerichtshofs vom 6. Oktober 1945; IMT, Bd. I, S. 98.

13 In Artikel 1 des Londoner Protokolls vom 12. September 1944 betreffend die Besatzungszonen in Deutschland und die Verwaltung von Groß-Berlin wurden als Grundlage für die Festlegung der Besatzungszonen die Grenzen vom 31. Dezember 1937 angenommen. Für den Wortlaut vgl. DOKUMENTE DES GETEILTEN DEUTSCHLAND, Bd. 1, S. 25.
In der zweiten Vollsitzung der Konferenz in Potsdam am 18. Juli 1945 erörterten Premierminister Churchill, der Vorsitzende des Rats der Volkskommissare, Stalin, und Präsident Truman die Frage, wie der Begriff „Deutschland" zu definieren sei. Sie einigten sich darauf, „das Deutschland des Jahres 1937 als Ausgangspunkt zu nehmen". Vgl. TEHERAN–JALTA–POTSDAM, S. 215.

14 In der von der Tagung des Politischen Beratenden Ausschusses der Mitgliedstaaten des Warschauer Pakts in Ost-Berlin am 2. Dezember 1970 verabschiedeten Erklärung wurde festgestellt: „Die auf der Beratung vertretenen Staaten unterstützen voll und ganz die berechtigte Forderung der Tschechoslowakischen Sozialistischen Republik, daß die BRD die Ungültigkeit des Münchner Abkommens von Anfang an mit allen sich daraus ergebenden Folgen anerkennt. Die eindeutige und endgültige Distanzierung der BRD von diesem Diktat, das die räuberische Politik Hitlers verkörperte, würde die Gesundung der Lage in Europa und die Entwicklung der Beziehungen der BRD zu den sozialistischen Ländern fördern." Vgl. EUROPA-ARCHIV 1971, D 23.

lich vertretbar sein. In einer entsprechenden Formulierung sehe er den Schlüssel für eine Einigung über die Frage des Münchener Abkommens.

Im Anschluß hieran erläuterte StS Frank nochmals unsere Verurteilung der Politik Hitlers gegenüber der Tschechoslowakei, daß die Bundesregierung die Politik Hitlers gegenüber der Tschechoslowakei und daß sie das Münchener Abkommen wegen der Art und Weise seines Zustandekommens für ungeeignet betrachte, die Beziehungen zwischen Staaten und Völkern zu regeln. Politisch sei das Abkommen tot; aus ihm könnten nach unserer Auffassung heute und künftig weder territoriale noch sonstige politische Ansprüche hergeleitet werden.

Vizeminister Klusák beharrte in seiner Erwiderung darauf, daß eine „definitive Distanzierung" vom Münchener Abkommen, wie sie in der Erklärung des Warschauer Pakts enthalten sei, nicht von der Forderung nach Ungültigerklärung des Münchener Abkommens von Anfang an zu trennen sei. Die von Herrn StS Frank vorgetragene Auffassung, daß nicht in allen Fragen Übereinstimmung erforderlich sei, könne seiner Meinung nach nicht für die Frage des Münchener Abkommens zutreffen. Ohne Anerkennung der Nichtigkeit des Münchener Abkommens von Anfang an, das eine flagrante Verletzung des Gewaltverzichts darstelle, würde die Verankerung des Grundsatzes in einem Vertrag als leere Phrase erscheinen.

StS Frank stellte hierzu die Frage, ob die tschechoslowakische Regierung die Bundesrepublik Deutschland für die Politik des Dritten Reichs verantwortlich machen wolle. In dieser allgemeinen Form verneinte Vizeminister Klusák dies zunächst, bestätigte im weiteren Verlauf der Diskussion über diese Frage jedoch, daß die tschechoslowakische Regierung auch finanzielle Forderungen an ihren Standpunkt knüpfe. Er verwies hierzu auf die von ihm erwähnten materiellen Folgewirkungen des Münchener Abkommens, die im Rahmen einer Analyse der Folgewirkungen mit zu berücksichtigen wären. Er stellte seinerseits die Frage nach der grundsätzlichen Auffassung der Bundesregierung zur Frage des Schadenersatzes.

StS Frank erwiderte, daß die gegebene tschechoslowakische Antwort für uns wichtig sei, um ein vollständiges Bild über die tschechoslowakischen Motive für die Forderung nach Nichtigkeit des Münchener Abkommens zu gewinnen. Für uns sei dieser Punkt ein zusätzliches Argument gegen die Nichtigkeit. Die Bundesrepublik Deutschland könne keinen Anspruch auf Leistung von Schadensersatz akzeptieren.

Vizeminister Klusák fragte anschließend, was evtl. die Regierung der ČSSR tun könne, damit die Bundesregierung den ex-tunc-Standpunkt akzeptieren könne.

Hierzu erläuterte StS Frank, daß die Bundesregierung ihre grundsätzliche Position in Rechtsfragen nicht ändern könne, dies sei keine taktische Verhandlungsposition.

Vizeminister Klusák erwiderte seinerseits, daß die Nichtigkeit ex-tunc des Münchener Abkommens umgekehrt für die tschechoslowakische Seite ebenfalls kein taktischer Standpunkt sei. Die deutsche Seite könne mit einer Änderung des tschechoslowakischen Standpunktes in dieser Frage nicht rechnen.

StS Frank erklärte abschließend, der Verlauf der Gespräche bestätige die Richtigkeit des von uns vorgeschlagenen behutsamen prozeduralen Vorgehens, um festzustellen, ob sich doch noch im Laufe der Zeit Gesichtspunkte herausstellen, die es beiden Seiten ermöglichen, bei ihren grundsätzlichen Standpunkten zu bleiben und doch Grundlagen für die Normalisierung der Beziehungen zu schaffen. Die böse Vergangenheit könne unserer Auffassung nach nicht durch Nichtigerklärung, sondern nur durch die heutige Politik überwunden werden. Dies gelte auch für unsere Beziehungen zur ČSSR.

III. Fortführung der Gespräche

Zum Abschluß der Gesprächsrunde wurde folgendes Kommuniqué vereinbart:

„Am 13. und 14. Mai 1971 wurden in Bonn die deutsch-tschechoslowakischen Gespräche über Fragen der gegenseitigen Beziehungen fortgeführt. Die Gespräche, die offen und sachlich geführt wurden, dienten der weiteren Klärung der beiderseitigen Standpunkte.

Beide Seiten kamen überein, daß sie die Gespräche in Prag fortführen werden. Der Zeitpunkt wird auf dem üblichen Wege vereinbart."[15]

Es wurde offengelassen, wer die Initiative für die nächste Gesprächsrunde ergreifen soll. Die tschechoslowakischen Gesprächspartner ließen bei der Verabschiedung erkennen, daß sie mit einer weiteren Gesprächsrunde etwa Ende Juni in Prag rechnen.[16]

gez. Finke-Osiander

VS-Bd. 8977 (II A 5)

---

[15] Vgl. BULLETIN 1971, S. 820.
[16] Zur dritten Runde der Gespräche mit der ČSSR über eine Verbesserung des bilateralen Verhältnisses am 27./28. September 1971 in Prag vgl. Dok. 324.

172

Botschafter Krapf, Brüssel (NATO), an das Auswärtige Amt

Z B 6-1-11910/71 VS-vertraulich   Aufgabe: 14. Mai 1971, 19.30 Uhr[1]
Fernschreiben Nr. 490   Ankunft: 14. Mai 1971, 22.29 Uhr

Im Anschluß an Drahtbericht Nr. 426 vom 28.4.71 – AZ: 10-00-1-1466/71 VS-v[2]
– und auf Plurex Nr. 2447 vom 12.5.71 – AZ: II B – 81.30/2-1652/71 VS-v[3]
Betr.: Vorbereitung der Frühjahrsministerkonferenz 1971[4]
hier: Kommuniqué-Beratung

Bei der Erörterung der Grundgedanken für das Kommuniqué der Frühjahrsministerkonferenz im NATO-Rat am 14. Mai stellte ich auf Grundlage des Bezugsdrahterlasses erneut unsere Position zur Frage der Multilateralisierung von MBFR-Gesprächen klar und gab die im Erlaß enthaltenen Anregungen für die Behandlung von MBFR im Schlußkommuniqué.

Französischer Botschafter gab seine Stellungnahme ab. Zur Frage der Multilateralisierung der Ost-West-Gespräche stellte er fest, daß nach Ansicht der französischen Regierung das Erfordernis eines befriedigenden Ausgangs der Berlin-Gespräche vor Übergang zur multilateralen Phase fortbestehen müsse. Der Zusammenhang zwischen den Berlin-Verhandlungen und Gesprächen über europäische Sicherheit sei ein „lien de fait". Die übrigen laufenden Gespräche sollten jedoch im Schlußkommuniqué von Lissabon nicht mehr erwähnt werden. Schon in Brüssel habe Frankreich der Formulierung in Ziffer 10 des Schlußkommuniqués[5] nur als Kompromiß zugestimmt. Heute könne man nicht mehr daran zweifeln, daß, wenn es zu einer befriedigenden Berlin-Regelung komme, auch die innerdeutschen Gespräche in ein Stadium ausreichenden Fortschritts treten würden.

Frankreich habe keine Bedenken dagegen, im Schlußkommuniqué von Lissabon die Bedeutung darzulegen, die den Berlin-Gesprächen für den Gesamtausgang der Ost-West-Beziehungen zukomme. Man dürfe jedoch nicht zu weit gehen und über eine Diskussion der gegenseitigen Verhandlungspositionen einen Dialog oder sogar ein „Duell" zwischen NATO und Warschauer Pakt über Berlin anfangen. Zur Studie des Verfahrens in multilateralen Gesprächen sprach sich Botschafter de Rose für eine sorgfältige Vorbereitung aus, warnte jedoch davor, sich bereits in Einzelheiten festzulegen. Die Unterteilung in eine explo-

---

[1] Hat Vortragendem Legationsrat Freiherr von Groll am 19. Mai 1971 vorgelegen, der den Drahtbericht an Legationsrat I. Klasse Dahlhoff weiterleitete und handschriftlich vermerkte: „Diskussion läuft goldrichtig".
Hat Dahlhoff vorgelegen.
[2] Gesandter Boss, Brüssel (NATO) berichtete, der Ständige NATO-Rat habe die Beratungen über den Inhalt des Kommuniqués der NATO-Ministerratstagung am 3./4. Juni 1971 in Lissabon begonnen, und faßte die Stellungnahmen verschiedener Delegationen zusammen. Vgl. VS-Bd. 4605 (II A 3); B 150, Aktenkopien 1971.
[3] Vgl. Dok. 161.
[4] Zur NATO-Ministerratstagung am 3./4. Juni 1971 in Lissabon vgl. Dok. 197.
[5] Für Ziffer 10 des Kommuniqués der NATO-Ministerratstagung am 3./4. Dezember 1970 in Brüssel vgl. Dok. 11, Anm. 12.

ratorische und eine präparatorische Phase der Vorbereitungsgespräche sollte nicht für mehr als für eine interessante Arbeitshypothese genommen werden.[6]

Den italienischen Vorschlag, gewisse Themen der Ost-West-Zusammenarbeit mit dem Warschauer Pakt außerhalb des KSE-Rahmens und damit unabhängig von den Berlin-Gesprächen aufzunehmen, bezeichnete Botschafter de Rose als interessant. Frankreich würde entsprechenden Initiativen, die vielleicht in Kossygins[7] Äußerungen zur wirtschaftlichen Zusammenarbeit vor dem XXIV. Parteikongreß der KPdSU[8] Ansatzpunkte finden könnten, mit Sympathie gegenüberstehen.

Zu MBFR habe sich die französische Haltung durch Breschnews Äußerungen vor dem XXIV. Parteikongreß[9] nicht grundsätzlich geändert. Im Schlußkommuniqué von Lissabon dürfe MBFR nicht unter den Themen aufgeführt werden, die in den KSE-Zusammenhang gehörten, da dies als Junktim und damit als Vorbedingung für eine Konferenz ausgelegt werden könnte. In einer Multilateralisierung von MBFR-Kontakten vor einer befriedigenden Berlin-Regelung sah Botschafter de Rose Gefahren,[10] die sich vor allem aus der Teilnahme der DDR an solchen Gesprächen ergeben könnten.

---

[6] Dieser Satz wurde von Legationsrat I. Klasse Dahlhoff hervorgehoben. Dazu vermerkte er handschriftlich: „So auch wir; o.k."

[7] Dieses Wort wurde von Vortragendem Legationsrat Freiherr von Groll hervorgehoben. Dazu vermerkte er handschriftlich: „So auch Schumann (aber vorher P[olitisches] K[omitee] der Sechs)."

[8] Ministerpräsident Kossygin führte am 6. April 1971 vor dem XXIV. Parteitag der KPdSU in Moskau aus: „Wenn die Industrie- und Handelskreise der kapitalistischen Länder genügend Interesse an einer Erweiterung der Wirtschaftsbeziehungen zur Sowjetunion bekunden, kann unser Handel mit diesen Ländern eine bedeutendere Entwicklung erfahren. Unsere Wirtschaftsbeziehungen mit den Ländern des Westens könnten natürlich ganz andere Ausmaße aufweisen, wenn es gelänge, konstruktive Schritte zur Lösung jener aktuellen Probleme zu unternehmen, die gegenwärtig die internationale Lage komplizieren. Bekanntlich mißt die Sowjetunion beispielsweise der Einberufung einer europäischen Sicherheitskonferenz äußerst große Bedeutung bei. Für uns ist es völlig klar, daß diese Beratung das Vertrauen in Europa festigen und einen Weg zu einer umfassenden ökonomischen und wissenschaftlich-technischen Zusammenarbeit bahnen würde. Das könnte die Bedingungen für die Lösung solcher Probleme schaffen wie der Organisation des transkontinentalen Güterverkehrs, des Baus hochleistungsfähiger elektrischer Überlandleitungen und der darauf beruhenden Schaffung eines einheitlichen europäischen Energieverbundnetzes sowie zu grundlegenden Veränderungen bei der Lösung des Problems der Brennstoff- und Energiebilanz führen. Zugleich würde dies zur Entwicklung einer umfassenden Zusammenarbeit auf solch wichtigen Gebieten der menschlichen Tätigkeit beitragen wie dem Umweltschutz und vor allem der Reinhaltung der Europa umgebenden Meere und der rationellen Nutzung ihrer Ressourcen, der Vereinigung der Bemühungen der Wissenschaftler vieler Länder bei der Behandlung von Herz- und Gefäßerkrankungen und bei der Krebsbekämpfung." Vgl. EUROPA-ARCHIV 1971, D 252.

[9] Der Generalsekretär des ZK der KPdSU, Breschnew, führte am 30. März 1971 im Rechenschaftsbericht des ZK vor dem XXIV. Parteitag der KPdSU in Moskau aus: „Ich möchte jedoch betonen, daß Abrüstungsverhandlungen überhaupt, und um so mehr solche, bei denen äußerst heikle militärtechnische Aspekte zur Diskussion stehen, nur dann produktiv sein können, wenn den Interessen der Sicherheit der Seiten gleichermaßen Rechnung getragen wird und niemand einseitige Vorteile sucht. Der Kampf für die Beendigung des Wettrüstens sowohl mit Kern- als auch mit herkömmlichen Waffen, der Kampf für Abrüstung – bis zur allgemeinen und vollständigen Abrüstung – wird auch künftig eine der wichtigsten Richtungen der außenpolitischen Tätigkeit der KPdSU und des Sowjetstaates sein." Breschnew legte weiterhin dar, die UdSSR sei „für die Liquidierung der ausländischen Militärbasen. Wir treten für die Reduzierung der Streitkräfte und der Rüstung in den Gebieten ein, in denen militärische Konfrontationen besonders gefährlich sind, vor allem in Mitteleuropa". Vgl. EUROPA-ARCHIV 1971, D 242 bzw. D 245.

[10] Der Passus „in einer Multilateralisierung ... Gefahren" wurde von Vortragendem Legationsrat Freiherr von Groll hervorgehoben. Dazu vermerkte er handschriftlich: „Wie wir."

Auf Frage mehrerer Ständiger Vertreter stellte Botschafter de Rose fest, daß ein Eingehen auf die finnische Initiative[11], wie es Außenminister Schumann in Moskau befürwortet hatte (vgl. FS-Schriftbericht Nr. 489 vom 14.5.71[12]), nicht als Übergang zur multilateralen Vorbereitungsphase angesehen werden könne.[13] Die finnische Regierung schlage nichts anderes vor als eine Fortsetzung der von Sonderbotschafter Enckell bereits seit längerer Zeit geführten Sondierungen[14] in Helsinki.

Amerikanischer Gesandter[15] kündigte an, daß seine Delegation erst in der kommenden Woche über endgültige Weisungen verfügen werde. Darin werde jedenfalls für absolute Beibehaltung des Berlin-Vorbehalts eingetreten werden; es dürfe nicht der geringste Anschein erweckt werden, daß die Allianz diesen Vorbehalt abschwäche. In Washington neige man dazu, die „other ongoing talks" im Kommuniqué beizubehalten. Eine Erwähnung von „multiple bilateral talks" (finnischer Vorschlag) in positivem Sinne würde auf ernsthafte amerikanische Bedenken stoßen, da man damit den Berlin-Vorbehalt gefährde.[16] In der Frage, wie MBFR im Schlußkommuniqué von Lissabon behandelt werden sollte, stimmten die amerikanischen Ansichten grundsätzlich mit den deutschen überein.

Niederländischer Botschafter sprach sich gleichfalls für Beibehaltung des Berlin-Vorbehalts aus. Hinsichtlich der anderen laufenden Gespräche sei man in Den Haag flexibel und denke an eine Formulierung, daß eine befriedigende Berlin-Regelung die einzige Voraussetzung für eine Multilateralisierung darstelle, sofern sich die internationale Situation nicht verschlechtere, z.B. in SALT und im Nahen Osten.

[11] Vgl. dazu das finnische Aide-mémoire vom 24. November 1970; Dok. 11, Anm. 14.
[12] Botschaftsrat Graf zu Rantzau, Brüssel (NATO), berichtete, daß der französische NATO-Botschafter de Tricornot de Rose den Ständigen NATO-Rat über den Besuch des französischen Außenministers Schumann in der UdSSR vom 4. bis 7. Mai 1971 unterrichtet habe. Vgl. Referat I A 3, Bd. 658. Vgl. zu dem Besuch auch Dok. 165, Anm. 13.
[13] Zu diesem Satz vermerkte Vortragender Legationsrat Freiherr von Groll handschriftlich: „So auch Beaumarchais/Staden am 12.5."
Ministerialdirektor von Staden führte am 19. Mai 1971 aus, der Abteilungsleiter im französischen Außenministerium, de Beaumarchais, habe ihn am 12. Mai 1971 in Paris über die Gespräche des französischen Außenministers Schumann vom 4. bis 7. Mai 1971 in Moskau unterrichtet: „Schumann habe sein Gespräch mit Gromyko durch ein Exposé zum Problem der KSE eingeleitet. Er habe betont, daß die französische Regierung einer KSE wohlwollend gegenüberstehe und habe dann über ihre Vorbereitung gesprochen. Hierzu habe er erklärt, auf französischer Seite wolle man nicht zwischen exploratorischer und vorbereitender Phase unterscheiden. Den finnischen Vorschlag, das Außenministerium in Helsinki solle Kontakt mit den dort akkreditierten Botschaftern aufnehmen, betrachte er positiv. Gromyko habe die Äußerungen zur Kenntnis genommen und dazu bemerkt, eine KSE könne nicht innerhalb von wenigen Wochen oder Monaten verwirklicht werden. Es sei aber eine schlechte Methode, die bestehenden Probleme miteinander zu verbinden. Gromyko sei für eine multilaterale Vorbereitung der KSE unter Beteiligung aller Interessierten eingetreten. De Beaumarchais habe klargestellt, daß Schumann mit seiner Billigung des finnischen Vorschlags nur bilaterale Kontakte zur Vorbereitung der Europäischen Sicherheitskonferenz gemeint habe." Vgl. VS-Bd. 9790 (I A 1); B 150, Aktenkopien 1971.
[14] Für den Reiseplan 1970/71 des finnischen Sonderbotschafters Enckell vgl. SICHERHEIT UND ZUSAMMENARBEIT, S. 371.
[15] George S. Vest.
[16] Die Wörter „Bedenken" und „Berlinvorbehalt gefährde" wurden von Vortragendem Legationsrat Freiherr von Groll hervorgehoben. Dazu vermerkte er handschriftlich: „Wie wir."

Zu MBFR bezeichnete Botschafter Spierenburg die deutschen Vorschläge als interessant. Man müsse sich jedoch darüber im klaren sein, was geschehen soll, falls der Warschauer Pakt überraschend das Gesprächsangebot annehme.[17] Für eine bilaterale Behandlung sei das MBFR-Thema jedenfalls nicht geeignet.[18]

Botschafter Spierenburg lehnte erneut den italienischen Vorschlag ab, gewisse Themen – abgesehen von MBFR – außerhalb des KSE-Zusammenhangs und vor einer befriedigenden Berlin-Regelung zu behandeln.[19] Auch die Anregung, einen Entwurf einer Erklärung über Grundsätze zwischenstaatlicher Beziehungen im Anschluß an das Schlußkommuniqué von Lissabon zu veröffentlichen, werde in Den Haag abgelehnt.

Dänischer Botschafter[20] kündigte an, daß seine Delegation eine schriftliche Stellungnahme zu den anstehenden Fragen zirkulieren werde. Zu den „other ongoing talks" befürwortete er eine Lösung in Form eines sehr allgemeinen „caveat". Die Allianz gehe davon aus („assumes"), daß eine befriedigende Berlin-Regelung ein Klima schaffen werde, in dem eine KSE Aussicht auf Erfolg verspreche.

Griechischer Botschafter sprach sich für Beibehaltung des Berlin-Vorbehalts aus. Die anderen laufenden Gespräche könnten seiner Ansicht nach weniger als Vorbedingung, aber im Zusammenhang mit der Bedeutung des internationalen Klimas für eine Konferenz Erwähnung finden. Er unterstützte die deutschen Vorschläge für die Behandlung des MBFR-Themas im Schlußkommuniqué von Lissabon mit der Einschränkung, daß die Bedeutung von MBFR für die Sicherheit Europas besser unerwähnt bleiben solle. Was in Mitteleuropa

---

[17] Der Passus „was geschehen soll ...annehme" wurde von Vortragendem Legationsrat Freiherr von Groll hervorgehoben. Dazu vermerkte er handschriftlich: „Was er tat!"

[18] Dieser Satz wurde von Vortragendem Legationsrat Freiherr von Groll hervorgehoben. Dazu Fragezeichen.
Zu diesem Satz vermerkte Legationsrat I. Klasse Dahlhoff handschriftlich: „Weil dann N[ieder]-l[ande] kaum mitreden können. Problem: Wen schließt man aus?"

[19] Botschafter Krapf, Brüssel (NATO), teilte am 27. April 1971 mit, die italienische NATO-Delegation habe den anderen Vertretungen „ein informelles italienisches Papier zugeleitet, dessen Zweck es sein soll, einen vorläufigen unverbindlichen Meinungsaustausch über die Frage der Ost-West-Kontakte im Lichte der bevorstehenden Frühjahrsministerkonferenz auszulösen. [...] Das italienische Papier enthält neben der Anregung, die Tagesordnung einer möglichen KSE zu erweitern (Ziffer 4), Vorschläge zu Initiativen für weitere Ost-West-Kontakte auf den verschiedensten Gebieten außerhalb des spezifischen Rahmens einer KSE, die, ohne von der Voraussetzung einer befriedigenden Berlin-Regelung für eine KSE abzugehen, ergriffen werden könnten (Ziffer 5a, b). Diese praktischen Möglichkeiten für Verhandlung und Zusammenarbeit außerhalb einer KSE sieht die italienische Seite besonders mit den folgenden Themen gegeben: die Grundsätze einer MBFR; wirtschaftliche, technologische und wissenschaftliche Zusammenarbeit sowie Umweltprobleme. Auch wird in dem Papier angeregt, dem Kommuniqué der Frühjahrsministerkonferenz in einem Anhang die Grundzüge einer ‚Erklärung über die Grundsätze zwischenstaatlicher Beziehungen' beizufügen." Krapf führte dazu aus: „Die italienischen Vorschläge erscheinen aus hiesiger Sicht wenig praktikabel: Aufgrund der im Politischen Ausschuß bei der Erörterung dieses Themas gemachten Erfahrungen ist es ausgeschlossen, daß die Verbündeten sich bei der Frühjahrskonferenz auf den Text einer Erklärung über die Grundsätze der zwischenstaatlichen Beziehungen einigen. Davon unabhängig bliebe die Frage zu prüfen, ob eine solche a priori-Erklärung der Allianz wünschenswert wäre; es erscheint gefährlich, dem Warschauer Pakt anzubieten, unabhängig vom Zustandekommen einer KSE über einzelne Themenkreise multilaterale Kontakte zu eröffnen. Insbesondere gilt dies für MBFR, da es hiermit der anderen Seite leicht gemacht würde, den Berlin-Vorbehalt zu umgehen." Vgl. den Schriftbericht; VS-Bd. 4589 (II A 3); B 150, Aktenkopien 1971.

[20] Henning Hjorth-Nielsen.

die Sicherheit erhöhen würde, könne anderswo[21] unter Umständen die Sicherheit beeinträchtigen. Im übrigen setzte sich Botschafter Cavalierato für einen Abschnitt über das Mittelmeer ein sowie für ein Eingehen auf die Prinzipien[22] zwischenstaatlicher Beziehungen im Schlußkommuniqué. Damit könne auf indirektem Wege die Breschnew-Doktrin[23] zurückgewiesen und außerdem dem Eindruck entgegengewirkt werden, daß es für die Ost-West-Beziehungen allein auf einen multilateralen Gewaltverzicht ankomme.

Kanadischer Botschafter trat dafür ein, daß der Politische Ausschuß auf Gesandtenebene dann mit der Formulierung eines Kommuniqué-Passus über die Bedeutung der Berlin-Regelung beauftragt werde, falls bis spätestens 18. Mai ein Entwurf der Bonner Vierergruppe nicht vorliege.[24]

Zu MBFR unterstützte er grundsätzlich unsere Ansicht, daß im Kommuniqué von Lissabon nicht hinter die Kommuniqués von Rom[25] und Brüssel[26] zurückgegangen werden sollte. Falls man jedoch lediglich die Bereitschaft feststellen würde, die Gespräche über die römischen Kriterien zu intensivieren, wäre dies nach kanadischer Ansicht ein Schritt zurück. Im Schlußkommuniqué von Brüssel sei das Angebot an alle interessierten Staaten erneuert worden, auf der Grundlage der Erklärung von Rom exploratorische Gespräche zu führen, was nur als Einladung zu multilateralen MBFR-Kontakten zu jeder Zeit ausgelegt werden könnte.[27] Aus der Formulierung „Intensivierung der Gespräche" müsse man jedoch schließen, daß an eine Fortsetzung der bilateralen Kontakte gedacht sei. Die deutsche Einstellung zu dieser Frage erschien Botschafter Campbell „unnecessarily fearful". Die Wahrscheinlichkeit, daß der Warschauer Pakt unser Gesprächsangebot aufnehme, sei so gering, daß es ungerechtfertigt wäre, auf die Vorteile zu verzichten, die der Allianz aus einer energischen Behandlung des Themas zufließen könnten.[28]

Generalsekretär Brosio stellte in einer vorläufigen Zusammenfassung fest, daß nach übereinstimmender Ansicht der Berlin-Vorbehalt aufrechterhalten werden sollte. Für die Formulierung des Kommuniquéabschnitts, in dem die überragende Bedeutung einer Berlin-Regelung herausgestellt werden solle, befürwortete

---

[21] Dieses Wort wurde von Vortragendem Legationsrat Freiherr von Groll hervorgehoben. Dazu vermerkte er handschriftlich: „Flanken".

[22] Dieses Wort wurde von Vortragendem Legationsrat Freiherr von Groll hervorgehoben. Dazu vermerkte er handschriftlich: „Pipinelis".

[23] Zur Breschnew-Doktrin vgl. Dok. 140, Anm. 15.

[24] Dieser Absatz wurde von Vortragendem Legationsrat Freiherr von Groll hervorgehoben. Dazu vermerkte er handschriftlich: „Ging am 18.5. hinaus (Textvorschlag)."

[25] Vgl. dazu die Ziffern 12 bis 17 des Kommuniqués der NATO-Ministerratstagung am 26./27. Mai 1970 in Rom; Dok. 147, Anm. 7.
Vgl. dazu ferner die „Erklärung über gegenseitige und ausgewogene Truppenreduzierung" der Minister der am integrierten NATO-Verteidigungsprogramm beteiligten Staaten vom 27. Mai 1970; NATO FINAL COMMUNIQUES, S. 237f. Für den deutschen Wortlaut vgl. EUROPA-ARCHIV 1970, D 318 f. Für einen Auszug vgl. Dok. 56, Anm. 4.

[26] Vgl. dazu Ziffer 16 des Kommuniqués der NATO-Ministerratstagung am 3./4. Dezember 1970; Dok. 53, Anm. 12.

[27] Der Passus „was nur als ... werden könnte" wurde von Vortragendem Legationsrat Freiherr von Groll hervorgehoben. Dazu Fragezeichen.

[28] Dieser Satz wurde von Vortragendem Legationsrat Freiherr von Groll hervorgehoben. Dazu vermerkte er handschriftlich: „Pech gehabt! (Am gleichen Tage Tiflis)."

Brosio, zunächst den in der Bonner Vierergruppe erarbeiteten Entwurf[29] abzuwarten. Er behielt sich jedoch vor, je nach Fortgang der Formulierungsarbeit in Bonn im Laufe der nächsten Woche auf den kanadischen Vorschlag zurückzukommen, parallel dazu im Politischen Ausschuß auf Gesandtenebene einen Entwurf ausarbeiten zu lassen. In der Frage der „other ongoing talks" geht nach Ansicht Brosios die Tendenz dahin, die Formel im Schlußkommuniqué nicht ganz fallenzulassen, sondern im Zusammenhang mit dem für eine Konferenz erforderlichen politischen Klima zu verwerten.

Zu MBFR vertrat Brosio unter Hinweis auf Breschnews neueste Äußerungen in Tiflis[30] die Ansicht, daß hierin ein wichtiger Punkt für Lissabon liegen könnte. Die offenbare Wendung in der sowjetischen Haltung könne die Allianz in Verlegenheit, ihr aber auch einen Vorteil bringen. Mit besonderem Interesse nahm Brosio die französische Stellungnahme zur MBFR-Frage auf. Er glaubte, keine größeren Gegensätze mehr zwischen der französischen Position und der gemeinsamen MBFR-Position der Allianz zu sehen, nachdem Frankreich nur noch ablehne, im Schlußkommuniqué ein Junktim MBFR/KSE herzustellen und außerdem multilaterale MBFR-Kontakte vor einer Berlin-Regelung für bedenklich halte. Brosio richtete an Botschafter de Rose die Frage, ob er einen von allen 15 NATO-Partnern unterstützten MBFR-Abschnitt im Schlußkommuniqué für denkbar halte, der sich an den von mir eingangs gegebenen Anregungen ausrichte. Botschafter de Rose beschränkte sich auf die Feststellung, dies werde vom vorgeschlagenen Text abhängen.[31]

[gez.] Krapf

VS-Bd. 4589 (II A 3)

---

[29] Für den Entwurf der Bonner Vierergruppe für den Deutschland- und Berlin-Teil des Kommuniqués der NATO-Ministerratstagung am 3./4. Juni 1971 in Lissabon vgl. den Drahterlaß Nr. 210 des Ministerialdirigenten van Well vom 19. Mai 1971 an die Ständige Vertretung bei der NATO in Brüssel; VS-Bd. 4589 (II A 3); B 150, Aktenkopien 1971.

[30] Zur Rede des Generalsekretärs des ZK der KPdSU, Breschnew, am 14. Mai 1971 in Tiflis vgl. Dok. 181, besonders Anm. 2.

[31] Zu diesem Satz vermerkte Vortragender Legationsrat Freiherr von Groll handschriftlich: „Aha! Also möglich."

173

Botschafter Pauls, Washington, an das Auswärtige Amt

Z B 6-1-11911/71 geheim Aufgabe: 14. Mai 1971, 16.45 Uhr[1]
Fernschreiben Nr. 1057 Ankunft: 14. Mai 1971, 23.55 Uhr
Citissime

Betr.: Amerikanische Haltung zu Berlin

I. 1) Die amerikanische Einstellung zu einer Regelung des Berlin-Problems hat in den letzten Monaten eine zwar nicht tiefgreifende, doch spürbare Weiterentwicklung erfahren. Die Intensität der Bemühungen um die Verhandlungen und das Interesse, eigene Initiativen zu entwickeln, sind – wenn auch kaum merklich – geringer geworden, ebenso wie die Hoffnung, schon in absehbarer Zeit zu einem Übereinkommen zu gelangen. Man richtet sich hier mehr und mehr auf langdauernde Verhandlungen ein, ohne dabei sicher zu sein, ob sie überhaupt mit einer dauerhaften Regelung des Problems abgeschlossen werden können.

2) Die größere Gelassenheit bei der Behandlung der Berlin-Frage hängt wahrscheinlich vor allem damit zusammen, daß die durch unsere ostpolitischen Initiativen im letzten Jahr ausgelöste Bewegung insgesamt langsamer geworden ist. Im Westen hat das Junktim zwischen befriedigender Berlin-Regelung und Ratifizierung der deutschen Ostverträge und darüber hinaus mit der Konferenz über die europäische Sicherheit eine vielleicht von manchen Staaten gewünschte schnelle Weiterentwicklung des Ost-West-Dialogs gebremst. Auf der anderen Seite hat die Sowjetunion, wie man es hier sieht, keine Bereitschaft gezeigt, durch substantielle Zugeständnisse in Berlin die Entwicklung ihrerseits wieder zu beschleunigen.

Unter diesen Umständen besteht auch für die Vereinigten Staaten kein Grund mehr zur Eile. Der Status quo in Berlin wird zwar als unbefriedigend empfunden; die Amerikaner können aber – wie uns schon früher zu verstehen gegeben wurde – jedenfalls vorerst noch mit ihm leben. Die Vier-Mächte-Verhandlungen werden daher wieder mehr in dem größeren Zusammenhang des amerikanisch-sowjetischen Verhältnisses gesehen, bei dem es naturgemäß nicht in erster Linie um rasche Einzellösungen, sondern um einen langfristigen Interessenausgleich geht.

3) Damit treten zugleich die Konstanten der amerikanischen Berlin-Politik wieder stärker in Erscheinung. Nur in Berlin hat die Vier-Mächte-Verantwortung für Deutschland als Ganzes, die den Vereinigten Staaten ein Mitspracherecht in europäischen Angelegenheiten gegenüber der Sowjetunion und auch gegenüber den Europäern gibt, noch konkreten Inhalt. Insofern ist Berlin Angelpunkt für die amerikanische Stellung in Europa. Die Amerikaner wollen daher alles vermeiden, was ihre Position dort beeinträchtigt. Zu den unverzichtbaren Grundsätzen der amerikanischen Berlin-Politik gehören deshalb nach wie vor:

---

[1] Hat Ministerialdirektor von Staden am 15. Mai 1971 vorgelegen.
Hat Ministerialdirigent van Well vorgelegen.

- Festhalten an der Idee des Vier-Mächte-Status und der originären Rechte der Vier Mächte in Berlin
- Ablehnung jeder Form von DDR-Souveränität über die Zugangswege, sondern Beharren – jedenfalls im Prinzip – auf der Vier-Mächte-Verantwortung für den Zugang.

Diese Leitlinien sind zwar nie verlassen worden, sie werden aber in jüngster Zeit wieder stärker betont (Präsident Nixon gegenüber MdB Barzel: „We will not sell principles" – DB 752 v. 14.4.71 – II A 5-82.20-91.36-421/71 VS-v[2]), und der Gesamtkomplex der Deutschland-Frage – Status Berlins, Stellung der DDR, Konferenz über europäische Sicherheit – wird nun ganz überwiegend unter diesem Aspekt behandelt (vgl. Weisung des State Departments zu deutschlandpolitischen Aspekten einer KSE – Plurex 2233 v. 30.4.71 – II A 1-80.51/1-1491/71 VS-v[3]).

II. 1) Die amerikanischen Überlegungen zur Fortführung der Berlin-Verhandlungen müssen vor diesem Hintergrund gesehen werden. Soweit erkennbar, werden im State Department, jedenfalls in der Theorie, vier Optionen in Erwägung gezogen, um aus dem Engpaß herauszukommen, der nach hiesiger Ansicht durch das Vorliegen des westlichen[4] und des sowjetischen Verhandlungsdokuments[5] entstanden ist:

a) der Versuch, aus beiden Dokumenten die gemeinsamen Elemente zu destillieren und auf dieser Basis ein Übereinkommen zu erarbeiten. Dieser Versuch wird überwiegend für nützlich, im Ergebnis aber für wenig erfolgversprechend gehalten.

Man befürchtet, auf diesem Wege zu einer Vereinbarung zu gelangen, deren Substanz so gering ist, daß man sich fragen müßte, ob es lohne, sie überhaupt abzuschließen.

b) Suche nach einer neuen Form, bei der die beiden vorliegenden Dokumente außer Betracht bleiben und unter Ausklammerung der Grundsatzpositionen lediglich praktische Regelungen angestrebt werden. Dabei wird auch daran gedacht, von der Idee eines einheitlichen Berlin-Übereinkommens abzurücken und sie durch ein Bündel von parallelen Einzelregelungen zu ersetzen, die durch ein allgemeines Einvernehmen lose miteinander verknüpft werden.

In der Rechtsabteilung des State Department hält man das allerdings für unmöglich, ohne die Rechtsposition einer Seite zu präjudizieren; im Deutschland-Referat ist man weniger skeptisch. Die Frage kann kaum entschieden werden,

---

[2] Für den Drahtbericht des Botschafters Pauls, Washington, vgl. VS-Bd. 9823 (I A 5); B 150, Aktenkopien 1971. Für einen Auszug vgl. Dok. 130, Anm. 7.

[3] Vortragender Legationsrat I. Klasse van Well teilte mit, daß am 28. April 1971 in der Bonner Vierergruppe anhand zweier Weisungen aus dem amerikanischen Außenministerium die deutschlandpolitischen Aspekte einer Europäischen Sicherheitskonferenz diskutiert worden seien. Dabei habe die amerikanische Seite angeregt, gemeinsam die Fragen zu prüfen, „die sich a) aus der Beteiligung der DDR an der multilateralen Vorbereitungsphase einer KSE und einer KSE selbst; b) aus möglichen ‚actions and decisions' einer KSE, insbesondere einer KSE-Formel über Grenzen und territoriale Integrität, für die Rechte und Verantwortlichkeiten der Vier Mächte für Berlin und Deutschland als Ganzes ergeben". Vgl. VS-Bd. 4598 (II A 3); B 150, Aktenkopien 1971.

[4] Für den Entwurf der Drei Mächte vom 5. Februar 1971 für eine Berlin-Regelung vgl. Dok. 52.

[5] Zum sowjetischen Entwurf vom 26. März 1971 für eine Berlin-Regelung vgl. Dok. 110 und Dok. 131.

bevor nicht der Versuch unternommen worden ist, dieses Konzept zu konkretisieren.

c) Eine Regelung, bei der eine Vier-Mächte-Vereinbarung völlig vermieden wird und praktische Verbesserungen einem durch Form und Inhalt die Rechte der Vier Mächte nicht präjudizierenden innerdeutschen Einvernehmen überlassen bleiben. Dies könnte etwa in der Art erfolgen, daß die Bundesrepublik ihre Bereitschaft zu erkennen gibt, gewisse Aktionen in Berlin zu unterlassen, während die DDR sich ihrerseits von Störungen des Berlin-Verkehrs enthält. Der Gedanke erscheint besonders für diejenigen attraktiv, die eine Änderung der amerikanischen Position in Berlin nach Möglichkeit vermeiden wollen; er würde vielleicht aktiver verfolgt, wenn man nicht mit Widerstand besonders von seiten Frankreichs rechnete.

d) Eine Änderung der Gesamtkonzeption dahin, daß die Ansprüche der Westmächte im Ostsektor Berlins stillschweigend oder ausdrücklich aufgegeben werden, im Austausch gegen eine Konsolidierung der Rechte bezüglich der drei Westsektoren. Dieser Gedanke ist zwar stets aus der prinzipiellen Erwägung zurückgewiesen worden, daß er die Basis der alliierten Position in Berlin in Frage stellen würde. Er hat aus diesem Grunde auch vorerst keine Aussicht, ernsthaft verfolgt zu werden, ist aber wohl auch noch nicht völlig ad acta gelegt.

2) a) Bei keiner der genannten Optionen sehen die Amerikaner allerdings die Möglichkeit einer dauerhaften Stabilisierung der Lage Berlins. Man erwartet in jedem Fall nur mehr oder minder mittelfristige Lösungen, deren Wert sehr stark durch die von ihnen selbst bewirkte weitere Entwicklung bestimmt wird, die aber sicher nach gewisser Zeit ergänzende Regelungen erforderlich machen würden.

b) Davon abgesehen, fragen sich die Amerikaner, ob nicht jede erreichbare Berlin-Regelung in Deutschland innenpolitisch kontrovers wäre, und damit unvermeidlich zu einer Belastung des deutsch-amerikanischen Verhältnisses führen würde.

3) Die Amerikaner stehen jedoch vor einem Dilemma: Wenngleich sie unter diesen und den vorher (I. 3) genannten Gesichtspunkten wohl am liebsten beim zwar unbefriedigenden, aber aus ihrer Sicht erträglichen und vor allem überschaubaren Status quo verharren würden, erkennen sie doch andererseits, daß dieser Status quo sich im Laufe der nächsten Jahre auch ohne ihr Zutun allmählich verändern wird. Hieraus ergibt sich für die Amerikaner ein Zwang und ein Interesse, die Verhandlungen weiterzuführen, jedenfalls keine Möglichkeit, zu Absicherungen des Status quo zu gelangen, ungenutzt zu lassen.

III. 1) Nach den hier in letzter Zeit gewonnenen Eindrücken werden die Amerikaner dabei vermutlich zu der unter II. 1 b) angedeuteten Option tendieren. Sie werden, wie uns ausdrücklich gesagt wurde, auf jeden Fall versuchen, die von der Sowjetunion hergestellte Verbindung zum einen zwischen Zugang und Bundespräsenz, zum anderen zwischen Außenvertretung und sowjetischer Präsenz in West-Berlin aufzulösen.

Das entscheidende Quid pro quo wird hier nach wie vor in Zugeständnissen bei der Bundespräsenz auf der einen und Verbesserungen beim Zugang sowie Anerkennung der Bindungen Berlins an den Bund auf der anderen Seite gesehen. Die Außenvertretung sollte als Teil dieser Bindungen verstanden und behandelt werden. Es ist jedoch offensichtlich, daß sich das amerikanische Interesse auf den Zugang konzentriert und einer Regelung der Außenvertretung die relativ geringste Bedeutung beigemessen wird. An der Frage der sowjetischen Präsenz würde man eine Vereinbarung zwar sehr wahrscheinlich nicht scheitern lassen (DB 986 vom 7.5.71 – II A 1-85.50/0-529/71 geh.). Man scheint aber umgekehrt davon überzeugt zu sein, daß auch die Sowjetunion dies nicht tun würde, sondern entscheidend nur an Zugeständnissen bei der Bundespräsenz interessiert ist.

2) Im übrigen bestehen hier anscheinend noch keine weiteren konkreten Vorstellungen. Die Amerikaner sind daher für Anregungen durchaus offen und erwarten wohl sogar, besonders von uns, bei der Direktoren-Konsultation nähere Vorschläge, in welcher Form, mit welcher Zielrichtung und mit welchen möglichen Zugeständnissen (Bundespräsenz) die Verhandlungen in den nächsten Monaten weitergeführt werden sollen.[6]

[gez.] Pauls

VS-Bd. 4520 (II A 1)

---

[6] Am 17./18. Mai 1971 fand in London eine Sondersitzung der Bonner Vierergruppe auf Direktorenebene statt. Vortragender Legationsrat Blech vermerkte dazu am 28. Mai 1971, Staatssekretär Bahr, Bundeskanzleramt, habe zur zeitlichen Reihenfolge der Verhandlungen erläutert, „er rechne jetzt damit, daß die Zusatzverhandlungen auf deutscher Ebene erst beginnen würden, wenn die Vier-Mächte-Verhandlungen abgeschlossen seien. Insoweit habe sich die Lage seit der letzten Direktorenkonsultation im November 1970 geändert. Auch die Schlußakte müsse vor dem Beginn der deutschen Verhandlungen abgeklärt sein, d.h., der gesamte Text des Vier-Mächte-Abkommens einschließlich der Schlußakte müsse zunächst durchverhandelt werden. Erst dann würden die deutschen Seiten ihre Verhandlungen beginnen. Wahrscheinlich werde sich das Vier-Mächte-Abkommen in der Zugangsfrage auf einige Prinzipien beschränken. Diese Grundsätze seien wichtig. Aber damit seien die Schwierigkeiten in den deutschen Verhandlungen über die technischen Modalitäten des Zugangs keineswegs überwunden." Vgl. VS-Bd. 4519 (II A 1); B 150, Aktenkopien 1971.

174

Runderlaß des Ministerialdirektors von Staden

I A 1-80.05/2 VS-NfD Aufgabe: 15. Mai 1971, 21.38 Uhr[1]
Fernschreiben Nr. 2543 Plurex
Cito

Betr.: Europäische politische Einigung
hier: Ministertreffen vom 13./14. Mai 1971 in Paris[2]

I. Außenminister der sechs Gemeinschaftsstaaten[3] hielten am 13./14. Mai in Paris unter französischem Vorsitz zweite Konsultation[4] gemäß Luxemburger Bericht[5] (LB) ab. Zusammengefaßtes Ergebnis:

1) Naher Osten

a) Der von Politischem Komitee (PK) ausgearbeitete Bericht zum Thema Nahost wurde von Ministern gebilligt.[6]

Zur eigenen Unterrichtung[7]: Es ist vorgesehen, ihn Vertretern der Sechs bei Vereinten Nationen und bei direkt interessierten Regierungen (Nahost-Länder, Großmächte) zuzuleiten, um UN-Generalsekretär[8] als Auftraggeber Botschafter Jarrings[9] über die wesentlichen Ergebnisse der Konsultationen zu unterrichten und[10] Bericht als gemeinsame Sprachregelung zu verwenden. Ferner wurde beschlossen, Konsultationen über Nahost-Fragen fortzusetzen.

b) Inhalt Presseverlautbarung nach Abschluß Beratung läßt sich wie folgt zusammenfassen:

– Außenminister haben nach Billigung des ihnen vom PK unterbreiteten Berichts Problem Naher Osten erneut diskutiert.

---

[1] Der Drahterlaß wurde von Vortragendem Legationsrat Holthoff konzipiert.
Hat Vortragendem Legationsrat I. Klasse Hansen am 15. Mai 1971 vorgelegen.

[2] An dieser Stelle wurde von Ministerialdirektor von Staden gestrichen: „Zur ausschließlichen dortigen Unterrichtung".

[3] Pierre Harmel (Belgien), Joseph Luns (Niederlande), Aldo Moro (Italien), Walter Scheel (Bundesrepublik), Maurice Schumann (Frankreich) und Gaston Thorn (Luxemburg).

[4] Die erste Konferenz der Außenminister der EG-Mitgliedstaaten im Rahmen der Europäischen Politischen Zusammenarbeit fand am 19. November 1970 in München statt. Vgl. dazu AAPD 1970, III, Dok. 564.

[5] Für den Wortlaut des am 27. Oktober 1970 auf der EG-Ministerratstagung in Luxemburg verabschiedeten Berichts der Außenminister der EG-Mitgliedstaaten vom 20. Juli 1970 über mögliche Fortschritte auf dem Gebiet der politischen Einigung (Davignon-Bericht) vgl. EUROPA-ARCHIV 1970, D 520–524.

[6] Für den im Rahmen der Europäischen Politischen Zusammenarbeit der EG-Mitgliedstaaten verabschiedeten Nahost-Bericht vom 13./14. Mai 1971 vgl. Dok. 143.

[7] Die Wörter „Zur eigenen Unterrichtung" wurden von Ministerialdirektor von Staden handschriftlich eingefügt.

[8] Sithu U Thant.

[9] Zur Mission des Sonderbeauftragten der UNO für den Nahen Osten, Jarring, vgl. Dok. 64, Anm. 13.

[10] Dieses Wort wurde von Ministerialdirektor von Staden handschriftlich eingefügt. Dafür wurde gestrichen: „bzw. um".

- Frieden im Nahen Osten kommt für Europa nach Auffassung der Außenminister große Bedeutung zu. Sie unterstützen deshalb alle Bemühungen in dieser Richtung, insbesondere die Verhandlungen Botschafter Jarrings, und fordern alle Parteien auf, auf Erfolg Mission Jarrings hinzuarbeiten.
- Außenminister geben erneut ihrer Auffassung Ausdruck, daß Sicherheitsratsresolution vom 22.11.67[11] Grundlage einer Friedensregelung sein muß, und unterstreichen Notwendigkeit ihrer Durchführung in allen ihren Teilen.
- Die sechs Regierung erklären sich bereit, zu gegebener Zeit im Rahmen ihrer Möglichkeiten zur sozialen und wirtschaftlichen Stabilisierung im Nahen Osten beizutragen.
- Sie werden Thema Nahost bei Meinungsaustausch mit vier EG-Beitrittskandidaten am 18.5.[12] behandeln.
- Sie werden Konsultationen über Problem fortsetzen.[13]

c) Aus unserer Sicht stellt erzielte Übereinstimmung zu besonders schwierigem Nahost-Thema Erfolg dar, der sich auf Fortsetzung politischer Zusammenarbeit sicher günstig auswirken wird. In Diskussion ergab sich als gemeinsame Auffassung, daß europäische Regierungen im Hinblick auf unmittelbare Interessen Europas an der Entwicklung im Nahen Osten nicht darauf verzichten sollten, ihre Stimme gemeinsam zur Geltung zu bringen. Dem müsse allerdings auch Bereitschaft entsprechen[14], zur Stabilisierung der Lage im Nahen Osten zu gegebener Zeit wirkungsvolle Beiträge zu leisten.

---

[11] Zur Resolution 242 des UNO-Sicherheitsrats vom 22. November 1967 vgl. Dok. 70, Anm. 15.
[12] Zur Erörterung der Lage im Nahen Osten auf der Konferenz der Außenminister der EG-Mitgliedstaaten mit den Außenministern der vier Beitrittskandidaten am 18. Mai 1971 in Paris teilte Ministerialdirigent Simon mit: „Vier Beitrittskandidaten stimmten Bericht der Sechs, den sie im einzelnen jedoch noch prüfen müßten, im Prinzip zu. Übereinstimmende Auffassung, daß europäisches Interesse legitim, aber unbedingte Vertraulichkeit über Konsultationen notwendig. Douglas-Home betonte, daß Voraussetzungen sowohl für eine langfristige Lösung des Konflikts als auch für Teillösung Wiedereröffnung Suezkanals (die bereits wichtigen Fortschritt darstelle und an der auch SU interessiert sei) besonders angesichts jüngster Entwicklung in VAR sowie in Jordanien (Machtverlust Fedayin) vergleichsweise günstig. Allgemeine Zustimmung. [...] Luns warf Frage sowjetischer Mitwirkung an UNO-Friedenstruppe auf, wogegen er Vorbehalte anmeldete. Schumann und Douglas-Home vertraten dagegen Ansicht, daß russische Teilnahme, gegen die auch USA keine Einwendungen erhöben, VN-Garantien sicherer mache, und daß sie deshalb durchaus auch im Sinne Israels liege. Angesichts sowjetischer Präsenz in diesem Raum gebe es keine Alternative. StS führte aus, daß sich bei arabischen Staaten Tendenz abzeichne, sich Europa wieder stärker anzunähern. Gemeinschaftsländer sollten dies, wenn immer möglich, unterstützen, wenn sie auch auf Konflikt selbst keinen unmittelbaren Einfluß nehmen könnten. Erfolgreiches Bemühen, in mehreren Teilaspekten gemeinsame Position zu finden, stelle wichtigen Schritt in außenpolitischer Zusammenarbeit und damit auf dem Wege zur politischen Einigung dar. Es gelte, zu Sechst und zu Zehnt auf Grundlage gemeinsamer Interessen politischen Willen zu solidarischem Verhalten zu zeigen. Es sei wichtig, Israelis bei jeder sich bietenden Gelegenheit deutlich zu machen, daß Konsultationen als nützlicher Beitrag zur Friedenserhaltung zu werten seien (so auch Harmel) und daß dies auch im wohlverstandenen Interesse von Tel Aviv liege." Vgl. den Drahterlaß Nr. 2586; Referat I A 1, Bd. 739.
[13] Vgl. dazu die Ausführungen des französischen Außenministers Schumann in einer Pressekonferenz am 13. Mai 1971; LA POLITIQUE ETRANGÈRE 1971, I, S. 167.
[14] Der Passus „Dem müsse ... entsprechen" wurde von Ministerialdirektor von Staden handschriftlich eingefügt. Dafür wurde gestrichen: „Diesem Anspruch auf Mitspracherecht müsse allerdings auch Bereitschaft gegenüberstehen".

2) KSE

Außenminister prüften ersten Bericht PK über Fragen der Konferenz für Sicherheit und Zusammenarbeit in Europa[15] (KSE) unter besonderer Berücksichtigung derjenigen Aspekte, die die Interessen der EG berühren.

Bei Prüfung Frage Vorbereitung Konferenz, für die Bericht zwei Alternativen anbot, äußerte sich die Mehrzahl der Minister für Unterteilung in exploratorische und präparatorische Phase.[16] BM gab zu erwägen, daß wir uns schon seit fast einem Jahr in der bilateralen exploratorischen Phase befänden. Bis zum Übergang in multilaterale Phase, d. h. bis Abschluß Berlin-Gespräche, könnten diese bilateralen Explorationen, besonders wenn sie noch verstärkt würden, so weit gediehen sein, daß Unterteilung multilateraler Vorbereitungsphase dann vielleicht nicht mehr nötig. Wichtiger als alles andere sei richtiger Zeitpunkt Überganges in multilaterale Phase; hier sollten wir nicht experimentieren. Regionale multilaterale Vorbereitungen, europäische Konferenzen auf Teilgebieten und selbst „multiple bilaterale" Sondierungen an ein und demselben Ort (z. B. Helsinki) würden Berlin-Vorbehalt schwächen.

Frage Durchführung Konferenz selbst wurde von Ministern nicht vertieft. Sie nahmen die im Bericht aufgeführten Alternativen – eine kurze Konferenz, eine Serie von Konferenzen oder[17] eine längere Konferenz auf zwei Ebenen nach Vorbild VN-Vollversammlung – zur Kenntnis, ohne sich auf eine derselben festzulegen, da eine Entscheidung hierüber verfrüht sei.

Wie einstimmig festgestellt, sei Frage Konferenzverlaufs sekundär gegenüber entscheidender Forderung nach sorgfältiger Vorbereitung. Es genüge nicht, sich über Einberufungsverfahren und Überschriften Punkte Tagesordnung zu einigen; es müßten vor Einberufung auch schon Substanzfragen diskutiert worden sein.

Die Minister erklärten sich bereit zu prüfen, welche konkreten Fragen der wirtschaftlichen, kulturellen, wissenschaftlichen und technischen Zusammenarbeit auf KSE zur Diskussion gestellt werden könnten. Sie betonten, daß in all diesen Fragen Gemeinschaftsinteressen berührt würden und es „undenkbar" sei, Ausbau und Erweiterung Gemeinschaften durch östliche Kooperations-Angebote stören zu lassen.

---

[15] Ministerialdirektor von Staden teilte der Ständigen Vertretung bei der NATO in Brüssel am 29. April 1971 mit: „Bei ihrer Tagung am 26. und 27.4.71 in Paris einigten sich die Politischen Direktoren über den Text eines Berichts an die Minister zu den wesentlichen Fragen des Projekts einer KSE, die die Interessen der Europäischen Gemeinschaften berühren. Der Bericht kommt u. a. zu folgenden Schlußfolgerungen: Die Sowjetunion und ihre Verbündeten möchten mit Hilfe der KSE einerseits den westeuropäischen Einigungsprozeß hemmen, andererseits sich leichter Zugang zur fortschrittlichen Technologie des Westens verschaffen. Die EG-Länder sind bereit, die wirtschaftlich-wissenschaftlich-technische Zusammenarbeit mit den osteuropäischen Ländern zu verstärken und Handelserleichterungen sowie Gemeinschaftsprojekte zu prüfen. Sie sind jedoch einig, daß Angebote des Ostens zur gesamteuropäischen Zusammenarbeit keine Alternative zur fortschreitenden Integration Westeuropas und zur Weiterentwicklung der Gemeinschaften sein können." Vgl. den Drahterlaß Nr. 2223; VS-Bd. 4605 (II A 3); B 150, Aktenkopien 1971.
Für den Wortlaut des Berichts vgl. Referat II A 3, Bd. 1218 A.

[16] An dieser Stelle wurde von Ministerialdirektor von Staden gestrichen: „Franzosen plädierten gegen solche Unterscheidung, da dies als neue Vorbedingung aufgefaßt werden könnte."

[17] An dieser Stelle wurde von Ministerialdirektor von Staden gestrichen: „gem[äß] französischem Vorschlag".

Präsident der EG-Kommission, dem wesentliche Teile Gemeinschaftsberichts übersandt worden waren und der an Konsultation über EG unmittelbar berührende KSE-Fragen teilnahm, gab vorläufige Stellungnahme ab. Malfatti betonte, daß wirtschaftliche Zusammenarbeit entscheidender Aspekt der Entspannungspolitik sei, zu der auch EG ihren Beitrag leisten wolle. Kommission sei besonders daran interessiert, von Staatshandelsländern als Verhandlungspartner anerkannt zu werden. Dieses Anliegen sollten Mitgliedsländer in keiner Phase der Vorbereitung und evtl. Durchführung Konferenz vergessen.

Schließlich sei genau zu prüfen, in welcher Form die Gemeinschaftsorgane an Vorbereitung zu beteiligen seien. Dies wäre zumindest bei allen Fragen der gemeinsamen Außenhandelspolitik nötig.

Kommission wurde von Außenministern gebeten, zu einem ihr vorliegenden Papier Arbeitsgruppe KSE des PK schriftlich Stellung zu nehmen.[18] Bei Diskussion dieses Papiers in Fach-Untergruppe wird Experte der Kommission teilnehmen.[19]

Thema KSE wird auch weiterhin auf Tagesordnung des PK bleiben.

Über den Bericht wird am 18. Mai in Paris Meinungsaustausch mit vier beitrittswilligen Ländern stattfinden. Die anderen NATO-Länder werden unterrichtet. Für NATO-Delegationen der Sechs gilt Bericht insoweit als Sprachregelung, als er bereits Beschlüsse enthält.

3) Mittelmeerraum

Italienische Initiative, anhand Thesenkatalogs Probleme des Mittelmeerraums zu untersuchen, wurde von übrigen Außenministern begrüßt. Einstimmig wurde Auffassung vertreten, es sei für Europa von vitalem Interesse, gerade in dieser Region mit einer Stimme zu sprechen. BM wies darauf hin – unter Betonung Vorrangs europäischer Integration –, es dürfe bei aller berechtigten Kritik an Verfassungswirklichkeit bestimmter europäischer Mittelmeerländer nicht übersehen werden, daß deren staatliche Organisationsformen veränderlich seien, nicht aber das Faktum ihrer geographischen Lage. Er schlug daher ähnlich wie Harmel[20] mit Zustimmung übriger Vier[21] vor, in die italienischerseits angeregte Prüfung zusätzlich die Frage einzubeziehen, wie die Bindungen zwischen EG-Staaten und den übrigen europäischen Ländern Mittelmeerraums verstärkt werden können.[22]

Minister beauftragen PK, unter Berücksichtigung italienischen Papiers und im Lichte der Diskussion, Mittelmeerprobleme zu untersuchen und ihnen darüber Bericht vorzulegen.

---

[18] Für den Wortlaut der Stellungnahme der EG-Kommission vom 19. Juli 1971 vgl. VS-Bd. 4605 (II A 3).

[19] Dieser Satz ging auf handschriftliche Änderungen des Ministerialdirektors von Staden zurück. Vorher lautete er: „Auf deutschen Vorschlag wird bei der Diskussion dieses Papiers in Untergruppe PK Experte der Kommission teilnehmen."

[20] Die Wörter „ähnlich wie Harmel" wurde von Ministerialdirektor von Staden handschriftlich eingefügt.

[21] Dieses Wort wurde von Ministerialdirektor von Staden handschriftlich eingefügt. Dafür wurde gestrichen: „fünf".

[22] An dieser Stelle wurde von Ministerialdirektor von Staden gestrichen: „In diesem Sinne auch Harmel."

794

4) Implementierung Dritten Teils LB

Außenminister billigten folgende Berichte PK:

- Entwurf Mitteilung amtierenden Präsidenten an Europäisches Parlament (Dritter Teil, Ziffer 4 LB)[23]
- Bericht über bisherige Erfahrung mit gemeinsamer Weisung, der u. a. zum Ergebnis kommt, daß eine Interpretation durch – ebenfalls gemeinsame – Leitlinien angezeigt sei. Diese folgen mit nächstem „Informationsdienst für die Auslandsvertretungen".[24]
- Bericht über gegenseitige regelmäßige Unterrichtung. Flexible Handhabung (Ort und Ebene) hat sich bewährt und soll beibehalten werden.

Minister nahmen ferner von einem Papier Kenntnis, das Meinungsaustausch über aktuelle außenpolitische Fragen zu Beginn einer jeden PK-Sitzung regelt. Sitzungen PK werden sich auf diese Weise jeweils um einen halben Tag verlängern.

PK wurde beauftragt, Prüfung der Möglichkeiten weiterer Verbesserungen außenpolitischer Zusammenarbeit fortzusetzen.

II. Terminvorschläge für nächstes Treffen der Minister und PK wird italienische Präsidentschaft (ab 1.7.) auf diplomatischem Wege zirkulieren. Meinungsaustausch zu Zehnt erfolgt am 18.5. in Paris. Für Kolloquium mit Politischem Ausschuß Europäischen Parlaments (EP) ist 1.6. in Paris[25] und für Mitteilung an EP (vergl. I. 4) 11.6.[26] ins Auge gefaßt.

III. Zweite Ministerkonsultation hat gezeigt, daß mit LB erfolgversprechender Weg zur politischen Einigung Europas beschritten wird. Erste Stufe betrifft außenpolitische Zusammenarbeit, auf welch schwierigem Gebiet bereits nach kurzer Zeit wesentliche Ergebnisse erzielt werden konnten.

Bei den beiden bisher in vertiefter Weise konsultierten Themen (Naher Osten und KSE) gelang es trotz naturlicherweise bestehender Meinungsunterschiede, die Ziele des LB „Harmonisierung der Standpunkte", „Abstimmung der Haltung" sowie Begünstigung „gemeinsamen Vorgehens" (Zweiter Teil, Ziff. I[27]) weitge-

---

[23] Ziffer 4 des Dritten Teils des am 27. Oktober 1970 in Luxemburg verabschiedeten Berichts der Außenminister der EG-Mitgliedstaaten vom 20. Juli 1970 über mögliche Fortschritte auf dem Gebiet der politischen Einigung (Davignon-Bericht): „Der jeweils amtierende Ratspräsident richtet einmal jährlich eine Mitteilung über den Fortgang dieser Arbeiten an die Parlamentarische Versammlung." Vgl. EUROPA-ARCHIV 1970, D 523.

[24] Für die „Leitlinien zur Gemeinsamen Weisung", die am 21. Mai 1971 an alle Auslandsvertretungen übermittelt wurden, vgl. Referat I A 1, Bd. 757.

[25] Botschafter Sachs, Brüssel (EG), teilte am 14. Juni 1971 mit, der französische Außenminister Schumann habe als amtierender EG-Ratspräsident am 11. Juni 1971 in Straßburg den Politischen Ausschuß des Europäischen Parlaments über Verlauf und Ergebnisse der Konferenz der Außenminister der EG-Mitgliedstaaten am 13./14. Mai 1971 in Paris unterrichtet. Vgl. dazu den Drahtbericht Nr. 1816; Referat I A 1, Bd. 741.

[26] Botschafter Sachs, Brüssel (EG), berichtete am 14. Juni 1971, der französische Außenminister Schumann habe als amtierender EG-Ratspräsident am 10. Juni 1971 das Europäische Parlament über Verlauf und Ergebnisse der Konferenz der Außenminister der EG-Mitgliedstaaten am 13./14. Mai 1971 in Paris unterrichtet. Vgl. dazu den Drahtbericht Nr. 1817; Referat I A 1, Bd. 741. Vgl. dazu ferner BULLETIN DER EG 8/1971, S. 104–106.

[27] Ziffer I des Zweiten Teils des am 27. Oktober 1970 in Luxemburg verabschiedeten Berichts der Außenminister der EG-Mitgliedstaaten vom 20. Juli 1970 über mögliche Fortschritte auf dem Ge-

hend zu erreichen und Europa insoweit „mit einer Stimme sprechen" zu lassen. Dies ist um so beachtlicher als bisher echte Institutionen im Sinne z. B. gemeinsamen Sekretariats fehlen.

Im übrigen ist festzuhalten, daß verstärkte Mitwirkung EG-Kommission gemäß Zweitem Teil, Ziff. V LB[28] erreicht werden konnte. Über Anwesenheit Malfattis an Ministerkonsultation hinaus: Übermittlung bestimmter Arbeitsunterlagen an Kommission zur Unterrichtung sowie zur Stellungnahme, Hinzuziehung von EG-Vertretern auf Expertenebene und Mitwirkung Kommissionsvertreters im Rahmen gemeinsamer Weisung zunächst bei Internationalen Organisationen in Genf und Paris.

IV. Zusatz London:

Bitte sofort Staatssekretär Frank vorlegen.[29]

Staden[30]

Referat I A 1, Bd. 739

Fortsetzung Fußnote von Seite 795

biet der politischen Einigung (Davignon-Bericht): „Diese Zusammenarbeit hat folgende Ziele: durch regelmäßige Unterrichtung und Konsultationen eine bessere gegenseitige Verständigung über die großen Probleme der internationalen Politik zu gewährleisten; die Harmonisierung der Standpunkte, die Abstimmung der Haltung und, wo dies möglich und wünschenswert erscheint, ein gemeinsames Vorgehen zu begünstigen und dadurch die Solidarität zu festigen." Vgl. EUROPA-ARCHIV 1970, D 521.

[28] Ziffer V des Zweiten Teils des am 27. Oktober 1970 in Luxemburg verabschiedeten Berichts der Außenminister der EG-Mitgliedstaaten vom 20. Juli 1970 über mögliche Fortschritte auf dem Gebiet der politischen Einigung (Davignon-Bericht): „Sofern die Arbeiten der Minister Auswirkungen auf die Tätigkeit der Europäischen Gemeinschaften haben, wird die Kommission zur Stellungnahme aufgefordert." Vgl. EUROPA-ARCHIV 1970, D 522.

[29] Staatssekretär Frank hielt sich anläßlich der Sondersitzung der Bonner Vierergruppe auf Direktorenebene am 16./17. Mai in London auf.

[30] Paraphe.

175

Botschafter Pauls, Washington, an das Auswärtige Amt

Z B 6-1-11917/71 geheim Aufgabe: 16. Mai 1971, 16.15 Uhr[1]
Fernschreiben Nr. 1072 Ankunft: 16. Mai 1971, 21.45 Uhr
Citissime

Auch für D III[2]

Auch für Bundesminister der Verteidigung[3] – persönlich – und Bundesminister der Finanzen und für Wirtschaft[4] – persönlich –

Der Senat befindet sich in einer emotionellen Erregung, wie ich sie bisher noch nicht erlebt habe.

Unsere Währungsschutzmaßnahmen[5] werden stellenweise als eine „humiliation of the U.S." bezeichnet. Hinweise, wie daß wir wochenlang bis zur Selbstentäußerung zehn Mrd. Dollar zum Schutze des Dollar übernommen hätten, werden schlankweg beiseite geschoben. Das Mansfield-Argument, Grund der Dollarschwäche seien die hohen Stationierungskosten, wird, obwohl es objektiv falsch ist, von Leuten, die es normalerweise besser wissen, zur Zeit akzeptiert.

In diesem Zusammenhang ist das Offset-Problem bereits dabei, in die Schußlinie zu geraten. Wenn die Mansfield-Aufregung vorüber ist, wird die aufgestaute Emotion diese Tendenz noch verstärken.

Wir können in dieser Lage nicht damit rechnen, daß unser neuer Grundsatz „more quality instead of quantity" im Senat und in der Öffentlichkeit genügend Verständnis findet. Die Überlegung ist zu subtil, um zur Zeit hier anzukommen. Die ebenso falsche, wie simple aber populäre Reaktion würde sein:

„Die Deutschen ersticken in Dollars, aber uns wollen sie keine geben, aber wir dürfen die Truppenstärke auch nicht reduzieren". Bei einer Aufgabe der 80prozentigen Abdeckung[6] geriete die Regierung Nixons in den nächsten Stationierungskonflikt mit dem Senat, der noch ernster werden könnte als der gegenwärtige.

Eine gefährliche Stimmungskrise im deutsch-amerikanischen Verhältnis wäre zu erwarten.

Wie ich erfahre, hat Botschafter Rush den Auftrag, den Bundesaußenminister aufzusuchen. Da dieser in Bukarest[7] ist, wurde er beauftragt, den Bundesmi-

---

[1] Hat Ministerialdirigent Simon am 17. Mai 1971 vorgelegen, der die Weiterleitung an Referat I A 5 verfügte.
Hat Vortragendem Legationsrat I. Klasse Thomas am 17. Mai 1971 vorgelegen, der die Weiterleitung an Vortragenden Legationsrat Weil verfügte.
Hat Weil am 17. Mai 1971 vorgelegen.
[2] Otto-Axel Herbst.
[3] Helmut Schmidt.
[4] Karl Schiller.
[5] Zu den währungspolitischen Maßnahmen der Bundesregierung vom 9./10. Mai 1971 vgl. Dok. 157, Anm. 6, und Dok. 167, Anm. 15.
[6] Zur amerikanischen Forderung in den Verhandlungen über einen Devisenausgleich vgl. Dok. 90.
[7] Bundesminister Scheel begleitete Bundespräsident Heinemann bei dessen Besuch in Rumänien vom 17. bis 20. Mai 1971.

nister der Finanzen und für Wirtschaft zu sprechen. Ich hörte, daß er den Bundeskanzler um eine Unterredung bitten sollte. Ich habe davon abgeraten, um Dramatisierung zu vermeiden. Ich nehme an, daß Rush auch mit der Bundesbank direkten Kontakt suchen wird.

Das Problem muß bis zum Bundeskanzlerbesuch[8] gelöst sein, sonst gerät dieser zum Nachteil beider Seiten völlig unter den Schatten des Offset-Problems. Eine für die Regierung Nixons vorzeigbare Lösung ist nur zu finden, wenn wir auf irgendeine Weise wieder den 80prozent Plafond (Bundesbankinstrumente) darstellen können.

Unsere Entscheidung über ein solches Angebot muß bald und schnell getroffen werden, damit sie goodwill-Effekt hat. Wenn sie nach Hängen und Würgen und unter amerikanischem Druck zustandekommt, werden wir dasselbe leisten, ohne den mindesten goodwill-Effekt einzubringen. Das Problem muß eine Woche, bevor der Bundeskanzler nach Washington kommt, vom deutsch-amerikanischen Tisch sein, damit sein Besuch in angemessenen politischen Proportionen stattfindet.

[gez.] Pauls

VS-Bd. 9833 (I A 5)

176

Botschafter Ruete, Paris, an das Auswärtige Amt

Z B 6-1-11951/71 geheim Aufgabe: 18. Mai 1971, 20.36 Uhr[1]
Fernschreiben Nr. 1461 Ankunft: 18. Mai 1971, 21.37 Uhr

Betr.: Gespräch mit Präsident Pompidou;
  hier: Themen Währungskrise, institutionelle Ausgestaltung der Gemeinschaften, Berlin-Problem

Soweit mein heutiges Gespräch mit Präsident Pompidou Fragen des Beitritts Großbritanniens zur EG betrifft, habe ich getrennt berichtet.[2] Aus dem übrigen Inhalt des Gespräches möchte ich folgendes festhalten:

---

[8] Bundeskanzler Brandt hielt sich vom 14. bis 18. Juni 1971 in den USA auf. Vgl. dazu Dok. 208.
[1] Hat Vortragendem Legationsrat I. Klasse Hansen am 19. Mai 1971 vorgelegen.
[2] Botschafter Ruete, Paris, berichtete am 18. Mai 1971, Staatspräsident Pompidou habe mit ihm die wichtigsten Themen des bevorstehenden Besuchs von Premierminister Heath erörtert und dabei ausgeführt, „er halte den Beitritt Großbritanniens zu den Europäischen Gemeinschaften für nützlich und sogar für nötig. Aber die britische Einstellung zu Europa müsse sich grundsätzlich ändern. Die britische Politik sei bisher darauf abgestellt gewesen, eine Einigung Europas zu verhindern und eine Politik der kontinentalen Balance zu treiben, um Einfluß auf dem Kontinent zu gewinnen. Ein hegemoniales Denken komme in Zukunft nicht mehr in Frage. Auf meine Frage, in welcher Weise sich die Briten als Europäer erweisen müßten, erwiderte der Präsident, das wesentliche sei, daß Großbritannien die kommunetären Präferenzen akzeptiere. Außerdem müsse es auch

I. Ich leitete das Gespräch mit dem Hinweis darauf ein, daß seit meiner Bitte um einen Termin bei dem Präsidenten wichtige Ereignisse eingetreten seien: die Währungskrise, die Festlegung eines Datums für den Besuch von Premierminister Heath[3], erhebliche Fortschritte bei den Beitrittsverhandlungen in Brüssel[4] und das Interview des Präsidenten mit dem britischen Fernsehen.[5] Ich wies auf den Brief des Bundeskanzlers vom 10. Mai[6] hin und versicherte dem Präsidenten erneut, daß die Bundesregierung ihre europäischen Verpflichtungen nicht außer acht lassen und daß sie insbesondere aktiv an der Verwirklichung einer Währungs- und Wirtschaftsunion mitarbeiten wolle. Ich dankte dem Präsidenten für seinen Antwortbrief, von dem der Bundeskanzler mit großem Interesse Kenntnis genommen habe. Weiter hob ich hervor, daß die kürzliche internationale Währungskrise allen Interessierten klar gemacht habe, wie wichtig es sei, Fortschritte auf dem Wege zu einer gemeinsamen europäischen Wirtschafts- und Währungspolitik zu erzielen. Das Ziel der Bundesregierung sei eine stabile Europäische Gemeinschaft. Vom Beitritt Großbritanniens verspreche sich die Bundesregierung eine Wiederbelebung der europäischen Integration und eine Stabilisierung nicht nur der wirtschaftlichen, sondern auch der politischen Lage in ganz Europa. Wie schon in dem Brief des Bundeskanzlers zum Ausdruck gekommen sei, begrüße die Bundesregierung

---

Fortsetzung Fußnote von Seite 798

seine Beziehungen zum Commonwealth ändern. Ferner halte er es für notwendig, daß Großbritannien seine Bindungen zu den Vereinigten Staaten lockere (relache). Diese seien zwar im Vergleich zu früher an Intensität zurückgegangen. Sie seien aber gerade auf nuklearem Gebiet noch in starkem Maße vorhanden und nicht so schnell abzuwickeln. [...] Er habe das Gefühl – aber er könne es noch nicht näher definieren –, daß der Beitritt Großbritanniens in der Tat der Gemeinschaft ein neues Gesicht geben werde. In welcher Weise, wisse er selber nicht; aber schon die Tatsache, daß bisher gewissermaßen die Sechs als Einheit Großbritannien gegenübergestanden hätten, werde durch den Beitritt Großbritanniens eine Änderung erfahren. Großbritannien habe zudem Bindungen von weltweiter Natur. Diese würden die Gemeinschaft zwingen, sich allmählich weltoffener zu verhalten und langsam dazu überzugehen, auch eine gemeinsame Stellungnahme zu den Weltproblemen zu finden. Lächelnd sagte der Präsident zum Abschluß dieses Themas: Versichern Sie dem Bundeskanzler, daß ich keine Allianz mit Großbritannien plane, sondern daß für mich der deutsch-französische Freundschaftsvertrag immer im Vordergrund aller Überlegungen steht." Vgl. den Drahtbericht Nr. 1460; VS-Bd. 9803 (I A 3); B 150, Aktenkopien 1971.

3 Zur Einladung an Premierminister Heath durch Staatspräsident Pompidou am 8. Mai 1971 vgl. Dok. 158, Anm. 2.
Zum Besuch von Heath vom 19. bis 21. Mai 1971 in Paris vgl. Dok. 186.

4 Zur sechsten Verhandlungsrunde des EG-Ministerrats mit Großbritannien vom 11. bis 13. Mai 1971 vgl. Dok. 169.

5 Staatspräsident Pompidou erklärte in einem Interview mit der BBC am 15. Mai 1971, das am 17. Mai 1971 gesendet wurde: „Je crois que les dernières journées de Bruxelles ont été positives, qu'on a fait des progrès. Il reste encore un certain nombre de difficultés techniques de tous ordres, mais les vrais problèmes sont tout de même des problèmes de fond. C'est là-dessus que je voudrais m'entendre avec le Premier ministre britannique. [...] La vérité, c'est qu'il y a une conception de l'Europe et il s'agit de savoir si véritablement la conception de la Grande-Bretagne est européenne. Voilà, pour moi, l'objectif de nos conversations." Auf die Frage, wie Großbritannien beweisen solle, daß es europäisch sei, antwortete Pompidou: „Naturellement, il y a les intentions, c'est un problème de confiance. Nous ne pouvons que nous fier aux déclarations du Gouvernement britannique. Et puis, il y a l'action quotidienne, et pour commencer, il s'agit pour la Grande-Bretagne, je crois, d'accepter les règles de la Communauté, et en particulier la règle essentielle et fondamentale qui est celle de la préférence communautaire, c'est-à-dire le fait que les Etats membres de la Communauté s'approvisionnent par priorité à l'intérieur de la Communauté. C'est une règle fondamentale et il faut que la Grande-Bretagne accepte complètement cette règle." Vgl. LA POLITIQUE ETRANGÈRE 1971, I, S. 168 f.

6 Für das Schreiben des Bundeskanzlers Brandt an Staatspräsident Pompidou vom 9. Mai 1971 vgl. Dok. 158.

das Treffen zwischen Staatspräsident Pompidou und Premierminister Heath aufrichtig. Sie hoffe, daß damit die entscheidende Phase der Verhandlungen über den Beitritt Großbritanniens eingeleitet werde, eine Phase, die gleichzeitig einen Ausgangspunkt für eine neue politische Zusammenarbeit bilden könne.

II. 1) Währungskrise

Der Präsident erwiderte, er wolle zunächst ein Wort zur Währungskrise sagen. Er wolle nicht über die Verhandlungen in Brüssel[7] und die technische Seite oder über die Auseinandersetzungen der Finanzminister sprechen, sondern mehr auf den Hintergrund eingehen. Er könne nicht verhehlen, daß er den Eindruck gehabt habe, daß es sich hier um eine nahezu künstliche Krise gehandelt habe. Nach dem Hamburger Treffen[8] hätten, zum Teil auch auf Grund von Indiskretionen der Presse, Dollarspekulationen größeren Umfanges eingesetzt. Wenn Herr Schiller eine Krise hätte haben wollen, dann hätte er es nicht besser inszenieren können. Alles sei geeignet gewesen, einen schnellen Zufluß von Dollars nach Deutschland zu ermutigen. Er sei von dieser Entwicklung unangenehm berührt (gêné) und besorgt (troublé) gewesen. Dieses alles habe das Szenario einer dramatischen Situation gebildet. Er hätte es angesichts dieser Situation begrüßt, wenn man rechtzeitig und in aller Ruhe konsultiert hätte. Frankreich habe die in Brüssel gefundene Formel zum Schluß akzeptiert. Jetzt liege ein „langer Marsch" vor uns, der Marsch zur Wirtschafts- und Währungsunion. Der Beitritt Großbritanniens werde die Verwirklichung dieses Zieles einerseits komplizieren, auf der anderen Seite vielleicht aber auch vereinfachen.

2) Ich erkundigte mich im Laufe des weiteren Gespräches beim Präsidenten danach, ob er – eventuell zur Vorbereitung seines Besuches in Bonn[9] – einige ergänzende Ausführungen über seine Gedanken zur politischen und institutionellen Weiterentwicklung der Gemeinschaft machen könne. Der Präsident erwiderte, dies werde bei der heutigen Begegnung zu lange Zeit in Anspruch nehmen. Insgesamt könne er sagen, daß er allen Vorschlägen gegenüber sehr offen sei und daß er selbst noch keine systematische Durchdringung des gesamten Komplexes vorgenommen habe. Er würde es sehr begrüßen, wenn er mit dem Bundeskanzler einen Gedankenaustausch über dieses Thema haben könne. Er denke nicht an formelle Diskussionen, sondern er rege an, einfach einmal über diese Fragen zu sprechen („parler"), d. h., im Gespräch Gedanken zu entwickeln. Er sei in nächster Zeit durch den Heath-Besuch, seinen eigenen offiziellen Besuch in Belgien[10], durch die entscheidende Phase der Verhandlungen über den Beitritt Großbritanniens und durch die übliche politische Hektik im Monat Juni mehr beansprucht. Er wisse daher nicht, ob er es möglich machen könne, noch vor seinem Besuch in Bonn weitere Gedanken zu entwickeln.

---

[7] Zur EG-Ministerratstagung am 8./9. Mai 1971 in Brüssel vgl. Dok. 157, Anm. 6.

[8] Zur Tagung der Wirtschafts- und Finanzminister sowie der Notenbankpräsidenten der EG-Mitgliedstaaten am 26./27. April 1971 in Hamburg vgl. Dok. 144, Anm. 8.

[9] Staatspräsident Pompidou hielt sich anläßlich der deutsch-französischen Konsultationsbesprechungen am 5./6. Juli 1971 in der Bundesrepublik auf. Vgl. dazu Dok. 228–Dok. 230, Dok. 232, Dok. 233 und Dok. 235.

[10] Staatspräsident Pompidou hielt sich vom 24. bis 26. Mai 1971 in Belgien auf.

Wenn er Zeit finde, werde er versuchen, dem Bundeskanzler noch vor der Begegnung in Bonn eine Skizze seiner Gedanken zu übermitteln.

3) Ich sprach den Präsidenten dann noch auf die Berlin-Verhandlungen an. Er war zu diesem Thema verhältnismäßig kurz, was allerdings wohl darauf zurückzuführen war, daß die Zeit drängte. Er hob hervor, daß die Informationen, die Außenminister Schumann aus Moskau[11] mitgebracht habe, auf eine größere Bereitschaft der Sowjets zu Konzessionen hindeuten könnten. Man müsse diese Informationen aber sehr vorsichtig beurteilen. Man werde sicher noch lange und dornige Verhandlungen vor sich haben. Es komme darauf an, sie mit Geduld und Ausdauer zu führen, dann werde in einiger Zeit vielleicht eine Regelung des Berlin-Problems erzielt werden, die auch eine Ratifikation der Verträge[12] möglich mache.

Abschließend bat der Präsident, dem Herrn Bundeskanzler die herzlichsten Grüße zu übermitteln, und ihm zu sagen, daß er sich auf das Zusammentreffen in Bonn freue.

III. Über die Besuchspläne von Bundesminister Schiller habe ich den Präsidenten nach Rücksprache mit Herrn Staatssekretär Frank noch nicht unterrichtet. Dieser wird das Thema erneut in Bonn aufnehmen. Vielleicht sollte man in diesem Zusammenhang auch erwägen, Minister Giscard mit Ehefrau zu einem protokollarisch gut ausgewogenen Besuch in Deutschland formell einzuladen.

[gez.] Ruete

VS-Bd. 9800 (I A 3)

---

[11] Zum Besuch des französischen Außenministers Schumann vom 4. bis 7. Mai 1971 in der UdSSR vgl. Dok. 165, Anm. 13, und Dok. 172, Anm. 13.
[12] Für den Wortlaut des Vertrags vom 12. August 1970 zwischen der Bundesrepublik und der UdSSR vgl. BULLETIN 1970, S. 1094.
Für den Wortlaut des Vertrags vom 7. Dezember 1970 zwischen der Bundesrepublik und Polen über die Grundlagen der Normalisierung ihrer gegenseitigen Beziehungen vgl. BULLETIN 1970, S. 1815.

177

Gespräch des Bundeskanzlers Brandt mit dem sowjetischen Botschafter Falin

19. Mai 1971[1]

Streng vertraulich!

Betr.: Gespräch Bundeskanzler/Falin am heutigen Tage. 15–16.00

Falin überbrachte persönliche Grüße von Breschnew, Kossygin, Podgornyj und Gromyko. Er sei beauftragt, zu übermitteln, daß die Politik der Entspannung, wie sie durch den Bundeskanzler geführt werde, von der sowjetischen Regierung auch weiter unterstützt wird. Der Bundeskanzler könne davon ausgehen, daß dies auch für die anderen sozialistischen Länder gelte. Die Gespräche von Moskau[2] blieben in Kraft.

Bundeskanzler: Auch für ihn habe sich nichts geändert an der eingeschlagenen Linie.

Falin: Er habe persönlich und vertraulich eine Reihe von Erwägungen der Führung der SU zu übermitteln. Die SU setze sich für eine weitgehende und gründliche Verbesserung der Beziehungen zur BRD ein. Diese Aufgabe werde ungeachtet aller Schwierigkeiten als eine der wichtigsten in den europäischen Angelegenheiten und für die praktische Lösung herangereift betrachtet. Die SU sei auf die Festigung und Entwicklung ihrer Beziehungen durch den Parteitag[3] orientiert. Sie sei bereit, dem konkrete Schritte folgen zu lassen. Man werde diese Sache solide führen und erwarte das auch von der Gegenseite.

Das Inkrafttreten des Vertrages[4] werde für die gesamte absehbare Zeit ein festes Fundament legen. Er sollte ohne Vorbedingungen ratifiziert werden, um dann aktive wirtschaftliche, wissenschaftlich-technische und kulturelle Beziehungen in Gang zu bringen. Die Skepsis, den Vertrag an Bedingungen zu binden, habe sich bestätigt. Es sei leicht, ein gutes Werk in Gefahr zu bringen. Falls der Vertrag nicht in Kraft gesetzt würde, würde das die Entwicklung Europas für Jahre bestimmen. Eine tiefe Vertrauenskrise wäre die Folge.

Diese Einschätzung würde sicher geteilt. Beide Seiten müßten sich darüber klar sein, was auf die Karte gesetzt worden ist.

In Moskau sei bekannt, welche Bedeutung die Bundesregierung der West-Berlin-Regelung im Zusammenhang mit der Ratifizierung des Vertrages beimesse.

---

[1] Ablichtung.
Die Gesprächsaufzeichnung wurde von Staatssekretär Bahr, Bundeskanzleramt, gefertigt.
Hat Staatssekretär Frank am 21. Mai 1971 vorgelegen, der die Weiterleitung an Bundesminister Scheel verfügte.
Hat Scheel am 21. Mai 1971 vorgelegen.
Vgl. zu dem Gespräch auch FALIN, Erinnerungen, S. 160 f.

[2] Vom 27. Juli bis 7. August 1970 fanden in Moskau Verhandlungen über einen Vertrag zwischen der Bundesrepublik und der UdSSR statt.

[3] Der XXIV. Parteitag der KPdSU fand vom 30. März bis 9. April 1971 in Moskau statt.

[4] Für den Wortlaut des Vertrags vom 12. August 1970 zwischen der Bundesrepublik und der UdSSR vgl. BULLETIN 1970, S. 1094.

Man könne kein Junktim anerkennen, aber die Lebensfähigkeit West-Berlins ohne Berührung des Status oder Legalisierung von Ansprüchen, eine effektive zuverlässige Entspannung in und im Zusammenhang mit West-Berlin seien möglich. Man hoffe, daß die sowjetischen Vorschläge richtig verstanden werden. Der Standpunkt der BRD spiele hier nicht die letzte Rolle. Das Wort des Bundeskanzlers müsse auch in Fragen der politischen Präsenz und des Verkehrs schwerwiegend sein. Es sind Lösungen möglich, die seit vielen Jahren nicht vom Fleck kamen.

Die SU sei bereit, im Falle von Komplikationen auf den Zufahrtswegen Konsultationen zuzugestehen zur Bereinigung entstandener Situationen. Dies sei von den Westmächten als Schlüssel zu einer Vereinbarung bezeichnet worden. Die SU sei bereit, ihren Teil der Verpflichtungen bei einer Vereinbarung über West-Berlin zu übernehmen. Die Vereinbarung müsse einen komplexen Charakter tragen.

Die Nicht-Zugehörigkeit West-Berlins zur DDR bedeute nicht, daß West-Berlin zu einem Teil der BRD werden kann.

Wirtschaftliche, wissenschaftlich-technische und andere Bindungen sollen nicht geschmälert werden. Aber West-Berlin und die BRD seien kein politisch Ganzes.

Die SU sei für die Entspannung und folglich auch für die Lösung der West-Berliner Frage. Fragen der Ratifizierung des Vertrages und West-Berlin-Regelung hätten bewirkt, daß die allgemeinen Beziehungen zwischen der BRD und der SU bisher ohne gebührenden Schwung geblieben seien. Abschluß eines langfristigen Handelsabkommens sei möglich, auch ein Luftverkehrsabkommen, wenn die BRD nicht auf Lösung einer Frage bestünde, die nicht bilateral geregelt werden könne. In der Wirtschaft seien die von der westdeutschen Seite angebotenen Bedingungen ungünstiger als die konkurrierenden Vorschläge anderer Länder gewesen. Dies habe sich negativ ausgewirkt. Bei beiderseitigem Interesse fehle vielleicht der organisierende Anfang auf der Regierungsebene. In der SU bestünden dafür keine politischen Schwierigkeiten und Hindernisse.

Breschnew würde es begrüßen, wenn der Bundeskanzler sich in gleicher Offenheit und Vertraulichkeit äußern würde. Es sei zweckmäßig, die Beurteilungen des Geschehens von Zeit zu Zeit zu vergleichen.

Bundeskanzler: Mit dem Dank für diese Ausführungen verband der Bundeskanzler die Zusage, daß er darauf eine ausführliche und eingehende Antwort geben werde. Er wolle sich heute auf einige unmittelbare Antworten beschränken. Er begrüße den offenen Charakter eines solchen Meinungsaustauschs über politische, praktische und wirtschaftliche Fragen.

Es sei hilfreich gewesen, das Verständnis der SU zu hören, daß die BRD der Behandlung der Berlin-Frage eine besondere Bedeutung beimesse, zumal gewürdigt werde, daß wir in Bonn Interessen in und für Berlin hätten.

Er habe den Eindruck gewonnen, daß sich jetzt Aussicht biete, ohne Verzug und Pausen einzulegen, zu einer Vereinbarung zu kommen. Er sei interessiert, daß dann auch die zusätzlichen Vereinbarungen auf der deutschen Ebene schnell erfolgen. Der Bericht, den er von den Konsultationen in London[5] be-

---

[5] Zur Sondersitzung der Bonner Vierergruppe auf Direktorenebene am 17./18. Mai 1971 in London vgl. Dok. 173, Anm. 6, sowie Dok. 192, Anm. 11 und 15.

kommen habe, bestätige ihn in diesem Eindruck, von dem er hoffe, daß er nicht zu optimistisch sei.

Er wolle einen anderen Punkt anschneiden: MBFR. Wir hätten die Äußerungen Breschnews[6] und die Reaktionen darauf, besonders die der USA[7], mit Interesse verfolgt. Er habe nicht die Illusion, daß man auf diesem Gebiet von einem Tag zum anderen zu Ergebnissen kommen könne. Wir seien bereit, über diese Fragen in einen bilateralen Meinungsaustausch einzutreten. Der Bundeskanzler erinnerte an seine eigene Initiative in Reykjavik[8], an sein späteres Engagement, an beiderseitig ausgewogenen Truppenreduktionen. Die Fachleute sollen darüber reden, um dann die Verantwortlichen einzuschalten.

Wir wünschten natürlich nicht, daß dieses Thema zum Vorwand genommen wird, um Berlin nicht zum Abschluß zu bringen. Er wolle keinesfalls auch nur entfernt einen Zusammenhang herstellen, aber Berlin bliebe für uns vordringlich.

Falin erkundigte sich, welche Knoten in der Berlin-Frage zu lösen seien.

Bundeskanzler: Der wohl wichtigste Punkt sei unter Berücksichtigung der Zuständigkeiten der DDR, daß der ungehinderte Zugang verbunden werde mit der Einsegnung und Absegnung der SU.

Falin: Hier habe eine Annäherung stattgefunden. Die Einigung sei greifbar, wenn nicht neue Rechte konstruiert werden sollten. Dann würde es schwierig werden.

Bundeskanzler verwies auf die heutige Lage im Falle von Komplikationen, die zweifellos die Vier Mächte auf den Plan rufen würden.

Falin: Die SU sei bereit, eine Garantie zu übernehmen. Das Wort von der politischen Präsenz sei unglücklich; man müsse die politische Präsenz der Bundesrepublik in Einklang bringen mit der Situation von West-Berlin bzw. dem Status, wie er bereits durch die drei Westmächte ausgedrückt sei.

---

[6] Zur Rede des Generalsekretärs des ZK der KPdSU, Breschnew, am 14. Mai 1971 in Tiflis vgl. Dok. 181, besonders Anm. 2.

[7] Der amerikanische Außenminister Rogers äußerte sich in einem Interview mit dem amerikanischen Fernsehsender NBC am 16. Mai 1971 zur Rede des Generalsekretärs des ZK der KPdSU, Breschnew, am 14. Mai 1971 in Tiflis: „Well, it was a little vague what he had in mind. He talked about tasting wine and so forth, and we want to be sure that we understand that. He said we shouldn't ask about the wine, and we should drink it first; and we would like to know first: Is it wine, and is it sweet wine or is it sour? We want to be sure, in other words, that this has some potential for success. We don't have any desire for a conference unless it could be meaningful. On the other hand, we are very anxious to negotiate with the Soviet Union on a mutual reduction of our force levels in Europe, and we have indicated that to the Soviet Union for some time now. [...] We are willing to begin negotiations with the Soviet Union on mutual and balanced force reductions. We have been willing for some time. In fact, in the last NATO meeting we made it clear in our communique we were prepared to negotiate with them. Up to this time they have never indicated a willingness to do that. They have said we have to have a European security conference and after that we will discuss mutual and balanced force reductions. Now, if the Soviet position is changed, it is a very worthwhile, I think, move. We would be glad to consider it, and if it is significant, if there has been a significant change in their position, we welcome it." Vgl. DEPARTMENT OF STATE BULLETIN, Bd. 64 (1971), S. 734.

[8] Zur NATO-Ministerratstagung am 24./25. Juni 1968 vgl. AAPD 1968, I, Dok. 204. Vgl. dazu ferner die Erklärung der Außenminister und Vertreter der am NATO-Verteidigungsprogramm beteiligten Staaten vom 25. Juni 1968 („Signal von Reykjavik"); Dok. 46, Anm. 7.

Bundeskanzler: Dies sei für uns ein schwieriges Problem, das durch die schreckliche und empfindliche Haltung der DDR noch schwieriger gemacht würde, die schon zu protestieren anfange, wenn man zum Zahnarzt gehen wolle. Zu diesem Problem seien drei Gesichtspunkte wichtig:

1) Niemand, der in Berlin beschäftigt sei, dürfe seinen Arbeitsplatz verlieren.

2) Wir seien bereit, die administrative Verzahnung in eine Form zu kleiden, die von der jetzigen abweiche.

3) Unter der Überschrift, daß Abgeordnete sich mit den Regelungen befassen können, die auch in Berlin in Kraft gesetzt werden, müsse eine Regelung möglich sein, durch die wir nicht demonstrieren wollten.

Falin sagte zu, daß die SU mit ihren Freunden in der DDR darüber sprechen werde, solche Dinge im Falle einer Regelung nicht mehr hoch zu spielen. Die SU möchte eine Regelung haben, die für Jahre und Jahre befriedigend ist und Entspannung bringt. Sie wolle nichts, was der Bundesregierung Schwierigkeiten macht. Zum Thema MBFR wäre es logisch, dies im Zusammenhang mit dem Vertrag zu betrachten.

Angesichts der fortgeschrittenen Zeit wolle er nur kurz vermitteln, daß Kossygin an einer langfristigen Gestaltung der wirtschaftlichen Beziehungen interessiert sei. Kossygin habe laut gedacht und von der Bereitschaft gesprochen, Öl in großen Mengen zu liefern, einige Dutzend Millionen Tonnen, ähnlich wie Gas für einige Dutzend Jahre[9]. Es sei auch möglich, Uran in größeren Mengen und zu günstigeren Preisen, als die Bundesrepublik es jetzt kaufe, zu liefern.[10] Das gelte auch für Industrie-Diamanten und die Entwicklung der technischen Zusammenarbeit.

Der Bundeskanzler wisse sicher, daß er mit dem Bundesaußenminister im Gespräch sei über einen Besuch in Moskau im September.[11] Er, Falin, werde die Äußerungen des Bundeskanzlers direkt berichten und nach seiner Rückkehr um einen Termin bitten.

Bundeskanzler erklärte sich dazu bereit und begrüßte die Absicht einer Moskau-Reise des Bundesaußenministers.

VS-Bd. 506 (Büro Staatssekretär)

---

[9] Vgl. dazu die Verträge vom 1. Februar 1970 über die Lieferung von Erdgas und Röhren; Dok. 41, Anm. 6.

[10] Zum Angebot der Lieferung angereicherten Urans aus der UdSSR vgl. Dok. 41, Anm. 12, und weiter Dok. 312.

[11] Zu den Reiseplänen des Bundesministers Scheel vgl. Dok. 165, besonders Anm. 8.

178

**Aufzeichnung des
Ministerialdirektors Sahm, Bundeskanzleramt**

19. Mai 1971[1]

Betr.: Gespräch Staatssekretär Bahr mit dem jugoslawischen Botschafter Čačinović am Mittwoch, dem 19. Mai 1971

Staatssekretär Bahr erinnerte daran, daß die Frage der Wiedergutmachung für jugoslawische Opfer lange Zeit verschleppt worden ist. Nun sei ein entscheidender Punkt erreicht. Er wolle auf folgendes hinweisen:

1) Für die Bundesrepublik Deutschland bestehe keine rechtliche Verpflichtung zur Zahlung von Wiedergutmachungsleistungen. Es handele sich vielmehr im gegebenen Falle um freiwillige Leistungen, die von moralischen Gesichtspunkten diktiert seien.

2) Seit Oktober 1969 sei eine neue Situation entstanden, da die Bundesregierung das Bestehen von zwei Staaten in Deutschland anerkannt habe.[2] Dies bedeute das Ende der Alleinvertretung – auch bei der Wiedergutmachung. Von jetzt ab werde die Bundesregierung sich entsprechend verhalten.

3) Es werde nur eine einzige Ausnahme gemacht: Jugoslawien. Hier habe Herr Brandt Zusagen gemacht[3], bevor die unter 2) genannte Entscheidung getroffen

---

[1] Ablichtung.
Die Aufzeichnung wurde am 19. Mai 1971 von Staatssekretär Bahr, Bundeskanzleramt, an das Auswärtige Amt, Bundesminister Schiller sowie Ministerialdirektor Féaux de la Croix, Bundesministerium der Finanzen, geleitet. Vgl. das Begleitschreiben; VS-Bd. 8949 (II A 5); B 150, Aktenkopien 1971.
Hat Ministerialdirigent Lahn am 24. Mai 1971 vorgelegt, der handschriftlich vermerkte: „1) H[errn] D Pol vorzulegen (Zwischenbericht über den Stand der Wiedergutm[achungs]verhandlungen), 2) II A 5."
Hat Ministerialdirektor von Staden am 11. Juni 1971 vorgelegt, der handschriftlich für Referat II A 5 vermerkte: „Wie hat sich das weiterentwickelt. Bitte R[ücksprache]."

[2] Am 28. Oktober 1969 führte Bundeskanzler Brandt in seiner Regierungserklärung u. a. aus: „20 Jahre nach Gründung der Bundesrepublik Deutschland und der DDR müssen wir ein weiteres Auseinanderleben der deutschen Nation verhindern, also versuchen, über ein geregeltes Nebeneinander zu einem Miteinander zu kommen. [...] Eine völkerrechtliche Anerkennung der DDR durch die Bundesregierung kann nicht in Betracht kommen. Auch wenn zwei Staaten in Deutschland existieren, sind sie doch füreinander nicht Ausland; ihre Beziehungen zueinander können nur von besonderer Art sein." Vgl. BT STENOGRAPHISCHE BERICHTE, Bd. 71, S. 21.

[3] Am 28. Juli 1969 fand ein Gespräch des Bundesministers Brandt mit dem jugoslawischen Außenminister statt. Darin regte Tepavac die Aufnahme von Expertengesprächen über Wiedergutmachung an. Brandt erklärte dazu, vor den Bundestagswahlen am 28. September 1969 könne eine Entscheidung des Kabinetts zur Aufnahme von Verhandlungen nicht mehr erreicht werden. Anschließend werde er sich aber dafür einsetzen, „das Problem der Wiedergutmachung so bald wie möglich in Angriff zu nehmen". Vgl. Referat II A 5, Bd. 1345.
In einer Ressortbesprechung im Bundeskanzleramt am 29. April 1970 wurde festgelegt, die Delegation der Bundesrepublik solle sich „streng an die Erörterung von Wiedergutmachungsleistungen für typisch nationalsozialistisches Unrecht im Sinne der deutschen Gesetzgebung halten und sich in keine Erweiterung des Themas auf Entschädigung für Nationalgeschädigte, Partisanen und Widerstandskämpfer einlassen". Vgl. das Rundschreiben des Staatssekretärs Duckwitz vom 30. April 1970; VS-Bd. 5759 (V 2); B 150, Aktenkopien 1970.
Am 6. Mai 1970 beschloß das Bundeskabinett, Sondierungsgespräche mit Jugoslawien gemäß der in der Ressortbesprechung vom 29. April 1970 formulierten Richtlinien aufzunehmen. Vgl. dazu

wurde. An diese Zusage wolle er sich halten. Jugoslawien sei daher das letzte Land, das nach den bisher geltenden Regeln behandelt werde.

4) Neue Regeln könnten nicht festgelegt werden. Die Bundesregierung müsse sich an die Kriterien des Bundesentschädigungsgesetzes (BEG)[4] halten. Wenn man davon abgehe, würde dies unabsehbare Konsequenzen haben, da dies eine neue Präjudizierung mit der Folge neuer Forderungen anderer Länder bedeute.

5) Nach der reinen Anwendung des BEG ergäbe sich ein Betrag von 20 Mio. DM. Er verstehe die Reaktion der Jugoslawen, müsse aber daran erinnern, daß Bundesminister Scheel einen weiteren Betrag von 300 Mio. DM genannt hätte[5], die aus der gleichen moralischen Motivierung mobilisiert werden sollten, jedoch nach anderen juristischen Gesichtspunkten bereitgestellt werden müßten.

6) Der Bundeskanzler hätte ihn autorisiert zu erklären, daß es bei der Zusage von 300 Mio. DM Kapitalhilfe bleibe. Ferner sei er ermächtigt zu erklären, daß der Bundeskanzler bereit sei, die von MD Dr. Féaux de la Croix genannte Summe von 20 Mio. DM auf 100 Mio. DM zu erhöhen. Damit hoffe er, eine Möglichkeit zu schaffen, durch die eine Einigung in kurzer Zeit erzielt und damit eine Beendigung der Diskussion über dieses Thema möglich gemacht werden könne. Dazu gehöre die Notwendigkeit vertraulicher Behandlung.

Wenn eine Regelung auf dieser Grundlage nicht möglich sei, dann sei es besser, das Thema zu vergessen, um eine fortdauernde Vergiftung der Beziehungen zu vermeiden, wobei wir uns bewußt seien, daß die jugoslawischen Ansprüche bestehen bleiben.

Botschafter Čačinović erwiderte, daß bereits vor zehn Jahren davon gesprochen worden sei, daß eine Entschädigung in Höhe von 400 Mio. DM angemessen sei. Die jugoslawische Seite sei dabei der Auffassung, daß es sich nicht nur um eine moralische, sondern auch um eine rechtliche Verpflichtung handele.

Staatssekretär Bahr wies darauf hin, daß die Wiedergutmachung nichts mit dem Londoner Schuldenabkommen[6] und mit Reparationsfragen zu tun habe

Fortsetzung Fußnote von Seite 806
den Drahterlaß Nr. 149 des Vortragenden Legationsrats Linsser vom 15. Mai 1970 an Botschafter Jaenicke, Belgrad; VS-Bd. 5759 (V 2); B 150, Aktenkopien 1970. Vgl. dazu ferner AAPD 1970, I, Dok. 186.
Die Sondierungsgespräche fanden am 9./10. Juni 1970 in Bad Homburg sowie vom 4. bis 7. August 1970 in Cavdat statt. Vgl. dazu AAPD 1970, II, Dok. 404.
Am 17. Dezember 1970 beschloß das Kabinett, mit Jugoslawien Verhandlungen über eine Entschädigung der Opfer von Verbrechen während der Zeit der nationalsozialistischen Gewaltherrschaft aufzunehmen. Ziel sollte eine Lösung der Wiedergutmachungsfrage sein, die eine Entschädigung „typischer NS-Opfer" im Sinne des Paragraphen 1 des Bundesentschädigungsgesetzes vom 29. Juni 1956 vorsah. Darüber hinaus sollte eine Kapitalhilfe in Höhe von 300 Mio. DM angeboten werden. Vgl. dazu die Aufzeichnung des Ministerialdirektors von Staden vom 28. Dezember 1970; VS-Bd. 8948 (II A 5); B 150, Aktenkopien 1970.

[4] Für den Wortlaut des Bundesgesetzes vom 29. Juni 1956 zur Entschädigung für Opfer der nationalsozialistischen Verfolgung (Bundesentschädigungsgesetz) vgl. BUNDESGESETZBLATT 1956, Teil I, S. 562–596.

[5] Bundesminister Scheel hielt sich vom 25. bis 27. November 1970 in Jugoslawien auf. In einem Gespräch mit dem jugoslawischen Außenminister Tepavac am 26. November 1970 führte Scheel aus, „daß bei Zugrundelegung des Wiedergutmachungstatbestandes nur eine ‚sehr kleine' Summe infrage kommen könne, während eine Kapitalhilfe sich auf etwa bis 300 Mio. DM belaufen könnte". Vgl. den Sprechzettel vom 7. Dezember 1970 zur Unterrichtung des Kabinetts; VS-Bd. 8946 (II A 5); B 150, Aktenkopien 1970.

[6] Für den Wortlaut des Abkommens vom 27. Februar 1953 über deutsche Auslandsschulden (Londoner Schuldenabkommen) vgl. BUNDESGESETZBLATT 1953, Teil II, S. 333–485.

und daß es keine internationalen Abkommen gäbe, die uns zu solchen Leistungen verpflichteten.

Botschafter Čačinović vertrat eine abweichende Meinung. Wenn MD Dr. Féaux nur von 4000 überlebenden Juden ausgegangen sei, wie stehe es dann mit den übrigen Maßnahmen gegen die Serben, die Zigeuner, die Slowenen? Im übrigen sei es unmöglich, die Öffentlichkeit nicht über ein etwaiges Ergebnis zu unterrichten. Wenn diese Fragen nicht öffentlich beantwortet würden, sei nicht mit der erhofften moralischen und psychologischen Wirkung zu rechnen.

Staatssekretär Bahr erklärte, daß in der Beurteilung der Taten Hitlers keine Meinungsverschiedenheiten bestünden. Die Erfüllung der jugoslawischen Forderungen, wie sie in der Öffentlichkeit bekannt geworden seien, sei doch ausgeschlossen, da sonst das BEG, das Nationalgeschädigte ausschließt[7], geändert werden müßte. Ein Eingehen auf die unerfüllbaren Größenordnungen Jugoslawiens gefährde den Bestand der Regierung.

Botschafter Čačinović meinte, daß nach Auffassung seiner Seite die Kriterien nicht geändert zu werden brauchten. Andererseits sei es unvorstellbar, daß eine geringere Summe als 400 Mio. reine Entschädigungszahlung akzeptabel sein könnte. Sicher würden die deutschen Leistungen hinsichtlich der Währungsstabilisierung[8] und der Kapitalhilfe anerkannt. Für die Optik sei es jedoch erforderlich, eine angemessene Anstrengung bei der reinen Entschädigung zu machen.

---

7 In Artikel VI des Zweiten Gesetzes zur Änderung des Bundesentschädigungsgesetzes vom 14. September 1965 (BEG-Schlußgesetz) wurde der Begriff der Nationalgeschädigten definiert: „Personen, die unter der nationalsozialistischen Gewaltherrschaft aus Gründen ihrer Nationalität unter Mißachtung der Menschenrechte geschädigt worden und am 1. Oktober 1953 Flüchtlinge im Sinne der Genfer Konvention vom 28. Juli 1951 gewesen sind, haben Anspruch auf Entschädigung für einen dauernden Schaden an Körper oder Gesundheit. Aus Gründen der Nationalität ist derjenige geschädigt, bei dem die Zugehörigkeit zu einem fremden Staat oder zu einem nicht-deutschen Volkstum ganz oder wesentlich den Grund für die schädigende Maßnahme gebildet hat. Soweit keine anderen Gründe für die unter Mißachtung der Menschenrechte vorgenommene schädigende Maßnahme ersichtlich sind, wird bei dem Personenkreis nach den Sätzen 1 und 2 vermutet, daß die Schädigung aus Gründen der Nationalität erfolgt ist." Der Artikel legte ferner die genauen Bedingungen fest, unter denen die sogenannten Nationalgeschädigten Anspruch auf Entschädigungsleistungen hatten. Vgl. BUNDESGESETZBLATT 1965, Teil I, S. 1337.
Zur Rechtsstellung der sogenannten Nationalgeschädigten erläuterte das Bundesministerium der Finanzen am 8. Oktober 1970: „Den bekannten Wünschen der Nationalgeschädigten, den Verfolgten im Sinne des BEG in vollem Umfang gleichgestellt zu werden, ist der Gesetzgeber nicht gefolgt. Er hat sich diese Wünsche weder bei den Beratungen über das BEG aus dem Jahre 1956 noch über das BEG-Schlußgesetz von 1965 zu eigen gemacht. Da bei Nationalgeschädigten die Verfolgungsgründe des § 1 nicht vorliegen, hat er in Art. VI BEG-Schlußgesetz einen Sondertatbestand geschaffen, der für diesen Personenkreis eine begrenzte Entschädigungsberechtigung vorsieht. [...] Durch den Ausschluß der Vererblichkeit des Entschädigungsanspruchs von Nationalgeschädigten hatte der Gesetzgeber den besonderen Charakter der Regelung als Härteregelung zum Ausdruck gebracht." Für das Schreiben vgl. Referat V 7, Bd. 1334.
8 Am 14. April 1971 führte Hilfsreferent Bobrowski aus: „Angesichts ihrer wirtschaftlichen Situation und des Defizits in der Handels- und Zahlungsbilanz bemühen sich die Jugoslawen um neue Kredite ihrer westlichen Handelspartner. Dabei variieren die Informationen über die Gesamthöhe der erwünschten Kredite (zwischen 600 bis 800 Millionen Dollar); auch die Bezeichnung der Kredite durch die jugoslawische Seite wechselt zwischen ‚Stand by-Krediten' und ‚Krediten zur Stützung der jugoslawischen Zahlungsbilanz'. [...] Anscheinend erwartet man die Auszahlung der erbetenen Kredite in zwei Jahresraten". Von den westlichen Handelspartnern habe die jugoslawische Regierung bislang neben der Bundesrepublik die USA und Italien angesprochen, vom Internationalen Währungsfonds habe Jugoslawien einen Kredit über 51 Mio. Dollar „und weitere 11 Mio. Dollar (‚Goldquote') erhalten". Vgl. Referat III A 5, Bd. 744.

Staatssekretär Bahr stellte fest, daß man sich einig sei, daß 400 Mio. ein angemessener Betrag sei. Es ginge jetzt nur noch darum, wie man die Leistungen bezeichne. Er könne sich vorstellen, daß man bei den Verhandlungen zu dem Ergebnis komme – und dies von der jugoslawischen Regierung öffentlich bekannt gegeben würde –, daß Jugoslawien völlig gleich behandelt werde wie die anderen in Frage kommenden Länder. Da man gemeinsam zu der Auffassung gekommen sei, daß die Kriterien des BEG auf 25 000 Menschen Anwendung finden, ergäbe sich hieraus eine Entschädigungsleistung von 100 Mio. Da Jugoslawien im übrigen mit keinem anderen Lande vergleichbar sei, hätte die Bundesregierung zusätzlich eine Kapitalhilfe von 300 Mio. zugebilligt.

Botschafter Čačinović bestand erneut darauf, daß dies nicht so gehe. Bereits der Außenminister hätte bei seinem jüngsten Besuch in Belgrad die Zahlen von 100 Mio. und 300 Mio. genannt. Dies sei für die jugoslawische Regierung aber nicht akzeptabel.

Auf die Frage von MD Dr. Sahm, ob die Delegationen am Freitag[9] zusammentreten sollen, wurde Übereinstimmung erzielt, daß am Freitag eine nochmalige Auseinandersetzung über die unterschiedlichen Rechtsauffassungen stattfinden solle. Die deutsche Seite werde die Bestimmung des BEG über die anzuwendenden Kriterien im einzelnen darlegen; die jugoslawische Seite werde ihre Auffassung dazu erläutern.

MD Dr. Féaux wird im übrigen die Bereitschaft wiederholen, Entschädigungsleistungen in Höhe von 100 Mio. DM zur Verfügung zu stellen, die anhand einer entsprechenden Auslegung der Kriterien im Rahmen des BEG blieben.

Ein weiteres Gespräch zwischen Botschafter Čačinović und Staatssekretär Bahr soll dann am Montag, dem 24. Mai 1971, stattfinden.[10]

Sahm

VS-Bd. 8949 (II A 5)

---

[9] 21. Mai 1971.
[10] Botschaftsrat I. Klasse Loeck, Belgrad, berichtete am 11. Juni 1971, ihm sei von jugoslawischer Seite Enttäuschung und Kritik über den Abbruch der Verhandlungen übermittelt worden. So habe der Berater des jugoslawischen Außenministers Tepavac, Perišić, am Vortag erklärt, „daß unser Eindruck getrogen habe: Jug[oslawische] Feststellung, daß man sich in keinem Falle mit Betrag zufrieden geben könne, der die Frankreich gezahlte Entschädigung von 400 Mio. DM unterschreite, bedeute nicht, daß man 400 Mio. DM für Wiedergutmachung als ausreichend erachte. Für derartigen Betrag könne man die von uns verlangte definitive Abschlußquittung nicht erteilen. Perišić ließ durchblicken, daß jug[oslawische] Seite sich zu Kompromiß zwischen ihrer Forderung von zwei Milliarden DM und unserem Angebot bereitfinden würde, wenn wir neben ausreichendem Wiedergutmachungsbetrag, der nach seinen Andeutungen jedenfalls 400 Mio. DM übersteigen müßte, namhafte Kredite zu günstigen Bedingungen gewährten. Diese Kredite sollten nicht nur aus Kapitalhilfe, sondern auch aus nicht projektgebundenem Finanzkredit bestehen. Auf diese Weise würde jug[oslawische] Regierung Entscheidungsfreiheit erlangen, wie sie den Kredit zugunsten Anspruchsberechtigter verwende." Perišić habe eine neue Verhandlungsrunde für Mitte Juli vorgeschlagen und angeregt, bald mit Kapitalhilfeverhandlungen zu beginnen: „Wenn sich hierbei gute Resultate abzeichneten, werde jug[oslawische] Seite zu Abstrichen bei Wiedergutmachung veranlassen." Vgl. den Drahtbericht Nr. 237; VS-Bd. 8949 (II A 5); B 150, Aktenkopien 1971.
Vgl. dazu weiter Dok. 225.

179

Botschafter Pauls, Washington, an das Auswärtige Amt

Z B 6-1-11988/71 VS-vertraulich Aufgabe: 20. Mai 1971, 18.10 Uhr[1]
Fernschreiben Nr. 1118 Ankunft: 21. Mai 1971, 00.02 Uhr

Betr.: MBFR
Bezug: DB 1097 vom 18.5.71[2]

1) Wenngleich die Regierung in der Debatte über den Mansfield-Antrag[3] einen Sieg errungen hat, muß doch in Rechnung gestellt werden, daß die diesen zugrundeliegenden Vorstellungen virulent bleiben. Mansfield selbst hat bereits erklärt, daß er seinen Antrag bei geeigneter Gelegenheit erneut einbringen wer-

---

[1] Hat Ministerialdirektor von Staden am 22. Mai 1971 vorgelegen, der die Weiterleitung an Ministerialdirigent van Well verfügte und handschriftlich für Botschafter Roth vermerkte: „Dabei orientieren wir uns auch (Gespr[äch] BM/BK 21.5.)."
Hat van Well am 24. Mai 1971 vorgelegen.
Hat Roth am 25. Mai 1971 vorgelegen.

[2] Botschafter Pauls, Washington, berichtete, daß er mit Vertretern der amerikanischen Regierung Gespräche über die Rede des Generalsekretärs des ZK der KPdSU, Breschnew, am 14. Mai 1971 in Tiflis sowie über den Antrag des amerikanischen Senators Mansfield vom 11. Mai 1971 geführt habe: „Über das Zustandekommen der Breschnew-Erklärung in Tiflis gebe es im State Department zwei Thesen: a) Breschnew habe das MBFR-Thema angesprochen, um die westlichen Verbündeten unter Umgehung des Berlin-Vorbehalts in eine KSE hineinzulocken. Wenn dies das Motiv sei, spielte der Gedanke etwaiger Rücksichtnahme auf Senator Mansfields Aktion keine Rolle. b) Breschnew sei infolge der Schwerfälligkeit der russischen Bürokratie nicht rechtzeitig über Mansfields Initiative unterrichtet worden, oder seine vorbereitete Rede habe nicht mehr umgeschrieben werden können." Pauls führte weiter aus, ihm sei erklärt worden: „Die Verbündeten könnten unbesorgt sein: Washington strebe keine anders gearteten bilateralen MBFR-Kontakte mit Moskau an, wie jeder andere Verbündete sie haben könne. Die amerikanische Regierung beabsichtige nicht, etwa im Namen der Verbündeten mit den Russen zu verhandeln, denn MBFR beträfe viel zu sehr und in erster Linie die Sicherheit der europäischen Verbündeten." Im Weißen Haus sei ausgeführt worden, „man überlege, ob nicht vielleicht die Ost-West-Kontakte über MBFR zunächst hauptsächlich zwischen Moskau und Washington bilateral geführt werden sollten, um Schwierigkeiten im Zusammenhang mit einer Multilateralisierung – Beteiligung der DDR – zu vermeiden." Vgl. VS-Bd. 9789 (I A 1); B 150, Aktenkopien 1971.

[3] Der amerikanische Senator Mansfield brachte am 11. Mai 1971 einen Zusatzantrag zum Gesetz über die Verlängerung der Wehrpflicht ein. Dieser lautete: „a) The Congress hereby finds that the number of United States military personnel stationed in Europe can be significantly reduced without endangering the security of Western Europe, and that such a reduction would have a favorable effect on this Nation's balance-of-payments problem and would help avoid recurring international monetary crises involving the value of the dollar abroad. It is therefore the purpose of this section to provide for such a reduction at the earliest practicable date. b) No funds appropriated by the Congress may be used after December 31, 1971, for the purpose of supporting or maintaining in Europe any military personnel of the United States in excess of 150 000." Vgl. CONGRESSIONAL RECORD, Bd. 117, Teil 11, S. 14398.
Dieser Antrag wurde am 19. Mai 1971 durch einen überarbeiteten Antrag des Senators Nelson ergänzt, der von Mansfield unterstützt wurde. Der Antrag von Nelson sah u. a. vor, die von Mansfield angestrebte sofortige Truppenreduzierung auf mehrere Schritte zu verteilen. So sollte die Anzahl der amerikanischen Truppen in Europa bis 30. Juni 1972 auf 250 000 reduziert werden; bis zum 30. Juni 1973 sollte die Gesamtzahl noch 200 000 betragen, bis schließlich am 30. Juni 1974 nur noch 150 000 amerikanische Soldaten in Europa stationiert sein sollten. Für den Wortlaut vgl. CONGRESSIONAL RECORD, Bd. 117, Teil 12, S. 15885 f.
Der Antrag Nelsons wurde mit 63 zu 26 Stimmen abgelehnt. Daraufhin wurde auch der ursprüngliche Antrag Mansfields zur Abstimmung gestellt und mit 61 zu 36 Stimmen abgelehnt. Vgl. CONGRESSIONAL RECORD, Bd. 117, Teil 12, S. 15905 bzw. S. 15960.

de. Mit entsprechenden Initiativen muß sicher dann gerechnet werden, wenn es nicht bald zu konkreten Schritten in Richtung auf MBFR-Verhandlungen kommt und hier der Eindruck entsteht, dies sei die Schuld des Westens.

2) Für die Regierung ergibt sich daraus ein Druck, in der MBFR-Frage aktiv zu werden. Dies hat sich bereits in den bisherigen öffentlichen Erklärungen[4] und dem Gedanken niedergeschlagen, evtl. im NATO-Kommuniqué ein deutliches Verhandlungsangebot zu machen. Gesprächspartner im Weißen Haus (Büro Sonnenfeldt) machte jedoch Mitarbeiter gegenüber keinen Hehl daraus, daß man Verhandlungen mit großem Unbehagen entgegensieht, weil man militärisch nur eine geringfügige Truppenverminderung (5–10 Prozent) für vertretbar hält, sich aber innenpolitisch einem Druck auf weiterreichende Maßnahmen ausgesetzt sieht.

Im übrigen werden besonders Probleme in einer unvermeidlichen Aufwertung der DDR und der Möglichkeit einer Umgehung von SALT (durch Gespräche über FBS im MBFR-Rahmen[5]) gesehen. Der Gedanke, die weiteren Sondierungen zunächst bilateral zwischen den Vereinigten Staaten und der Sowjetunion laufen zu lassen, könnte hier wenigstens zeitweise Abhilfe schaffen.

(Im State Department werden auch Erwägungen über MBFR-Gespräche auf der Ebene NATO-WP angestellt.)

Gesprächspartner vertrat im übrigen die Ansicht, daß auch die Sowjetunion z. Z. ernsthaft nur an einer geringfügigen Truppenverminderung interessiert sei, weil ein größerer Abzug sowjetischer Truppen Gefahren für den Zusammenhalt des Warschauer Pakts und das Verhältnis zu den osteuropäischen Staaten mit sich bringen könnte.

Gesprächspartner meinte als persönliche Anregung, daß man möglicherweise den Problemen im Westen am besten durch eine Flucht nach vorne ausweichen könne, indem man einen weitreichenden Vorschlag, etwa über vollständigen Rückzug aller auswärtigen Truppen oder 50prozentige Verminderung der ausländischen und inländischen Streitkräfte in Mitteleuropa (Polen, ČSSR, DDR, Bundesrepublik und Benelux) mache.

3) Wir müssen unter den gegebenen Umständen davon ausgehen, daß wir für die von uns angestrebte Bindung von multilateralen MBFR-Gesprächen an ein positives Ergebnis der Berlin-Verhandlungen kaum noch mit amerikanischer Unterstützung werden rechnen können. Wir müssen uns ferner darauf einstellen, daß die amerikanische Regierung jetzt ein aktiveres Interesse an MBFR nehmen wird und dabei möglicherweise mehr als bisher bereit sein könnte, politischen Gesichtspunkten den Vorrang vor militärischen zu geben. Das kann bedeuten,

– daß die Regierung zum einen bestrebt ist, sich innenpolitisch gegenüber dem Kongreß keine Blöße zu geben,

– daß sie zum anderen möglicherweise eher geneigt ist, gewisse Risiken bei der Erhaltung des konventionellen militärischen Kräfteverhältnisses in Eu-

---

[4] Vgl. dazu die Ausführungen des amerikanischen Außenministers Rogers am 16. Mai 1971 im amerikanischen Fernsehen; Dok. 177, Anm. 7.

[5] Der Passus „durch Gespräche ... MBFR-Rahmen" wurde von Botschafter Roth hervorgehoben. Dazu vermerkte er handschriftlich: „Ist doch von US-Seite in Erwägung gezogen!"

ropa einzugehen um einer möglichen Veränderung des politischen Status quo willen.

4) Bei unserer eigenen MBFR-Politik werden wir aus hiesiger Sicht am besten tun, weiterhin beharrlich unsere sachlichen Vorschläge zu verfolgen, ohne mit drastischen neuen Initiativen hervorzutreten, die im Kongreß leicht als weiteres Argument für eine einseitige amerikanische Reduzierung verwendet werden könnten. Wir sollten uns aber andererseits weiterreichenden Initiativen, sofern sie von den Vereinigten Staaten unternommen werden sollten, auch nicht widersetzen.

[gez.] Pauls

VS-Bd. 9789 (I A 1)

180

Gespräch des Staatssekretärs Bahr, Bundeskanzleramt, mit dem Staatssekretär beim Ministerrat der DDR, Kohl, in Ost-Berlin

Geheim   **21. Mai 1971**[1]

Protokoll des zwölften Gesprächs StS Bahr/StS Dr. Kohl, Berlin, Haus des Ministerrats, 21. Mai 1971, 10.00 bis 12.00 Uhr, 14.45 bis 16.00 Uhr.

Weitere Teilnehmer: MD Dr. Sahm, BK; MD Weichert, BMB; VLR I Dr. Bräutigam, AA; VLR Dr. Eitel, BK;

Herr Karl Seidel, Leiter der Abteilung BRD beim MfAA der DDR; Herr Dr. Gunter Görner, Sektionsleiter Rechtsabteilung des MfAA der DDR; Herr Gerhard Breitbarth, PR/StS Dr. Kohl; Herr Rudolf Krause, wissenschaftlicher Mitarbeiter und Stenograph beim Ministerrat der DDR.

StS *Kohl* begrüßte die Delegation der BRD und sagte, man habe sich am 30. April in Bonn dahin verständigt, mit intensiven Fachgesprächen über Fragen des Verkehrs fortzufahren.[2] Hierbei könne es sich nur um einen komplexen Verkehrsvertrag handeln, der den Wechsel- und den Transitverkehr zum Gegenstand habe. Er begrüße es, daß StS Bahr sich bereit erklärt habe, diese Erörterung in der Reihenfolge des DDR-Vorschlages vorzunehmen und so Punkt für

---

[1] Ablichtung.
Die Gesprächsaufzeichnung wurde von Vortragendem Legationsrat Eitel gefertigt.
Hat Legationsrat I. Klasse Vergau am 26. Mai 1971 vorgelegen, der die Weiterleitung an Staatssekretär Frank verfügte.
Hat Frank vorgelegen.

[2] Zum elften Gespräch des Staatssekretärs Bahr, Bundeskanzleramt, mit dem Staatssekretär beim Ministerrat der DDR, Kohl, sowie zu dem dort von Kohl in überarbeiteter Fassung vorgetragenen Vorschlag vom 31. März 1971 für „Elemente eines Vertrags zwischen der Deutschen Demokratischen Republik und der Bundesrepublik Deutschland über Fragen des Verkehrs" vgl. Dok. 148 und Dok. 149.

Punkt die Elemente durchzugehen. Dabei solle man, soweit Übereinstimmung bestehe, diese zu Protokoll festhalten. Er bitte nunmehr StS Bahr, als Gast das Wort zu ergreifen.

StS *Bahr* bedauerte die eingangs gemachte Bemerkung über die Komplexität eines Verkehrsvertrages. Er habe wiederholt erklärt, daß die Form eines Vertrages sowie der Umfang seines Inhalts offengelassen werden müsse. Er sei, wie StS Kohl wisse, anderer Ansicht in diesen Fragen als dieser. Er wolle es sich aber versagen, seine Ansicht erneut darzulegen. Sie sei StS Kohl bekannt und habe sich nicht verändert.

Bevor er sich den Fragen des Verkehrs zuwende, bitte er um Auskunft in einer anderen Frage. Mit großer Aufmerksamkeit habe er die Erklärung nach dem Besuch des Ersten Sekretärs der SED in Moskau nach dessen Gespräch mit Herrn Breschnew gelesen. Hier bitte er um Erläuterung einer Passage, in welcher es heiße, daß es jetzt an der Zeit sei, das Verhältnis zwischen den beiden deutschen Staaten in der Art, wie es zwischen Staaten üblich sei, also völkerrechtlich, einer Regelung zuzuführen.[3] Sein besonderes Interesse habe diese Formulierung deshalb erregt, weil sie die Frage einer Grundsatzregelung des Verhältnisses zwischen den beiden Staaten zu einer aktuellen Frage erkläre. Es solle mithin das Gespräch von einem Teilgebiet, nämlich dem des Verkehrs, auf eine grundsätzlichere Frage ausgeweitet werden. Wenn es ein diesbezügliches Interesse der DDR gebe, so sei er namens der Bundesregierung mit einer solchen Ausweitung der Gespräche gern einverstanden.

StS *Kohl* erwiderte, das Kommuniqué stelle klar darauf ab, die dringende Frage des Verhältnisses von DDR und Bundesrepublik zueinander endlich einer völkerrechtlichen Lösung zuzuführen. Dies sei eine wichtige, aber keine neue Erklärung. Schon Breschnew auf dem XXIV. Parteitag der KPdSU[4] und prominente Vertreter der DDR in einer Fülle von Erklärungen und Dokumenten hätten früher das Gleiche verlangt. Auch der Vertragsentwurf des Staatsratsvorsitzenden vom Dezember 1969 gehe von dieser Forderung aus.[5] Die Frage

---

3 Am 18. Mai 1971 hielt sich eine Partei- und Regierungsdelegation der DDR, der u.a. der Erste Sekretär des ZK der SED, Honecker, sowie der Vorsitzende des Ministerrats, Stoph, angehörten, in Moskau auf. Im Kommuniqué wurde ausgeführt: „Die Seiten stellten fest, daß der Abschluß der Verträge zwischen der UdSSR und der BRD, zwischen der VR Polen und der BRD einen wichtigen Schritt zur Gesundung der Atmosphäre auf Grund der Anerkennung der bestehenden europäischen Realitäten und des Verzichts auf die Gewaltanwendung und -androhung bedeutete. Sie sind der Ansicht, daß die Ratifizierung dieser Verträge die Beziehungen zwischen den europäischen Staaten günstig beeinflussen würde. Beim Treffen wurde die Wichtigkeit der gleichberechtigten Teilnahme der DDR an der Lösung der Grundprobleme des europäischen Friedens und der internationalen Zusammenarbeit hervorgehoben. In diesem Zusammenhang gewinnt die Herstellung normaler Beziehungen entsprechend den Normen des Völkerrechts zwischen der DDR und jenen Ländern eine besondere Aktualität, die keine solchen Beziehungen zur DDR haben. Das würde die Entspannung in Europa und in der Welt bedeutend vorwärts bringen." Vgl. NEUES DEUTSCHLAND vom 19. Mai 1971, S. 1.
4 Der Generalsekretär des ZK der KPdSU, Breschnew, führte am 30. März 1971 im Rechenschaftsbericht des ZK vor dem XXIV. Parteitag der KPdSU in Moskau aus: „Eine aktuelle Aufgabe ist ferner, daß gleichberechtigte, auf den allgemein anerkannten Normen des Völkerrechts beruhende Beziehungen zwischen der DDR und der BRD hergestellt und diese beiden Staaten auch in die UNO aufgenommen werden." Vgl. EUROPA-ARCHIV 1971, D 241.
5 Im Entwurf vom 17. Dezember 1969 des Staatsratsvorsitzenden Ulbricht für einen Vertrag zwischen der Bundesrepublik und der DDR wurde in Artikel I festgestellt: „Die Hohen vertragschließenden Seiten vereinbaren die Aufnahme normaler gleichberechtigter Beziehungen, frei von jeder Diskri-

sei seit Jahrzehnten aktuell. Die Bundesregierung habe sich lediglich geweigert, das notwendige Verhältnis auf der völkerrechtlichen Grundlage herzustellen. Aktuell würde also allenfalls eine Aussage der Bundesregierung sein, ob sie diesen Weg nunmehr beschreiten wolle. Dies würde auch der in Kassel[6] von Herrn Stoph erhobenen Forderung entsprechen. Er habe aber leider eine gewisse Skepsis. Habe nicht StS Bahr schon bei der Vokabel Völkerrecht von Allergie gesprochen? Trotzdem wolle er die Gegenfrage stellen, ob man StS Bahrs Interesse so verstehen könne, daß Bonn nunmehr bereit sei, den Weg zu beschreiten, den es früher oder später ohnehin beschreiten müsse?

StS *Bahr* erklärte, er sehe diese Situation etwas anders. Er zitierte aus dem Bericht des „Neuen Deutschland": „In diesem Zusammenhang gewinnt die Herstellung normaler Beziehungen entsprechend den Normen des Völkerrechts zwischen der DDR und jenen Völkern besondere Aktualität."

StS *Kohl* warf ein, hier handele es sich also nicht nur um die Bundesrepublik, sondern auch um die anderen NATO-Staaten. Die Regelung des Verhältnisses der DDR zu diesen Staaten sei eine hochaktuelle Aufgabe. Man sehe das auch an manchem, was derzeit bei den internationalen Organisationen vor sich gehe.

StS *Bahr* sagte, der Bundeskanzler habe in Kassel den Standpunkt der Bundesregierung für eine grundsätzliche Regelung der Beziehungen zwischen den beiden deutschen Staaten umschrieben. Er, Bahr, beziehe sich in diesem Zusammenhang auf seine früheren Ausführungen über das Verhältnis der beiden Staaten zueinander, über die Notwendigkeit einer Normalisierung, über die Form, in der diese vor sich gehen solle. Er wolle keine Diskussion über die Vokabel völkerrechtlich. Gegen sie bestehe auf seiten der Bundesrepublik eine Allergie oder Animosität, denen eine ähnliche Einstellung in anderen Punkten seitens der DDR gegenüberstehe. Der Grund dafür, daß er diese Vokabel ablehne, liege insbesondere darin, daß man mit ihr nicht die Besonderheiten des Verhältnisses der BRD zur DDR erfassen könne, die sich aus der Nachkriegssituation und dem Vier-Mächte-Status ergäben. Seine Frage gehe deshalb dahin, ob die besondere Aktualität, von der in der Presseverlautbarung gesprochen worden sei, bedeute, daß das Sachthema Verkehr nunmehr ausgeweitet werde. Er wolle wiederholen, daß die Bundesregierung hierzu bereit sei. Wenn die DDR dies aber nicht wünsche, sei er natürlich auch bereit, im bisherigen Rahmen weiterzusprechen.

StS *Kohl* erwiderte, erstens kenne StS Bahr seine, Kohls, Vollmacht, die sich darauf beschränke, über Fragen eines komplexen Verkehrsvertrages zu verhandeln. Zweitens sei es, wie er schon gesagt habe, an der BRD, ihre Bereitschaft zu völkerrechtlichen Beziehungen zu erklären. Hier gehe es nicht um ei-

---

Fortsetzung Fußnote von Seite 813
    minierung, zwischen der Deutschen Demokratischen Republik und der Bundesrepublik Deutschland auf der Grundlage der allgemein anerkannten Prinzipien und Normen des Völkerrechts. Ihre gegenseitigen Beziehungen beruhen insbesondere auf den Prinzipien der souveränen Gleichheit, der territorialen Integrität und Unantastbarkeit der Staatsgrenzen, der Nichteinmischung in die inneren Angelegenheiten und des gegenseitigen Vorteils." Vgl. EUROPA-ARCHIV 1970, D 191 f.

[6] Bundeskanzler Brandt und der Vorsitzende des Ministerrats, Stoph, trafen am 21. Mai 1970 in Kassel zusammen. Vgl. dazu AAPD 1970, II, Dok. 226.

ne Vokabel, sondern um die Sache. Es gebe nur völkerrechtliche Beziehungen oder staatsrechtliche, vielleicht auch quasi-staatsrechtliche.

Die beiden letzteren aber führten zu dem Konzept der innerdeutschen Beziehungen, auf welche die DDR sich nicht einlassen könne. Es gebe aber auch in der BRD einsichtige Stimmen, wie z. B. die Leonhard Mahleins, des Vorsitzenden der Gewerkschaft Druck und Papier, der in der Volkszeitung davon gesprochen habe, daß niemand etwas davon habe, wenn die DDR und die BRD sich vor den Vereinten Nationen Beinchen stellten; beide sollten doch vielmehr gleichberechtigte Mitglieder der Vereinten Nationen werden.[7]

StS *Bahr* sagte, er sei besonders dankbar für StS Kohls Formulierung, daß es auf die Sache, nicht auf die Vokabel ankomme. Hiermit sei er voll einverstanden. So sei es auch bei den Vier Mächten, dort habe es eine schwierige Situation gegeben, als der Eindruck entstanden sei, daß beide Seiten einander ihre Rechtsauffassungen aufdrängen wollten. Dies gehe nicht. Der Ausweg sei, in neutralen Formulierungen die Sache zu beschreiben und daraus klare, verbindliche Verpflichtungen abzuleiten. Wenn man sich hier am Tisch in ähnlicher Weise arrangiere, dann entspreche das in der Tat StS Kohls Formulierung, daß es nicht auf die Vokabel, sondern auf die Sache ankomme. Das bedeute auch, daß die DDR-Delegation ihr völkerrechtliches Konzept und die BRD-Delegation das innerdeutsche Konzept beiseitelegten, soweit es sich um Wörter handele, und sich stattdessen mit den Inhalten beschäftigten. Wenn der Inhalt klar sei, werde auch klar werden, wie man ihn nenne. Den Inhalt habe er schon früher dahingehend beschrieben, daß das Verhältnis zwischen den beiden Staaten so zu regeln sei, wie es materiell zwischen Staaten üblich sei. Wenn StS Kohl einwende, dies sei dann völkerrechtlich, so habe er, Bahr, gesagt, daß diese Auffassung einen nicht dazu führen könne, den Inhalt anders zu sehen. Hier sei es eben nur eine Bezeichnungsfrage. Jedenfalls wolle er StS Kohls Formulierung, daß die Sache und nicht die Vokabel entscheidend sei, festhalten. Dies sei eine Schlüsselformulierung, auf die man vielleicht später zurückkommen könne, wenn StS Kohl sich gegenwärtig auf seine beschränkten Instruktionen beziehe.

StS *Kohl* erwiderte, man könne Rechtsauffassungen nicht einfach ausklammern. Das Verhältnis zwischen den beiden Staaten sei vielmehr nur zu regeln, wenn die Überzeugung, daß eine solche Regelung völkerrechtlicher Art sei, auch entsprechend fixiert werde. Ob der Begriff „Völkerrecht" auftauche oder fünf bis sechs Hauptprinzipien, die die Grundlage des Völkerrechts ausmachten, erwähnt würden und dann der übrige Text auch entsprechend abgefaßt werde, sei nicht entscheidend. Jedenfalls sei eine Trennung von Substanz und korrekter Bezeichnung nicht möglich. Es müßten allgemeine bestimmende Prinzipien zugrunde liegen; nicht sei es denkbar, Bezeichnungen anzustreben, bei

---

[7] Der Vorsitzende der Gewerkschaft „Druck und Papier", Mahlein, führte in einem Interview aus: „Ich bin dafür – und dazu gibt es jetzt auch positive amerikanische Stimmen –, daß beide deutschen Staaten in der UNO und ihren Organisationen positiv mitarbeiten. Niemand kann etwas davon haben, wenn wir Deutschen uns vor der Tür der Weltorganisation gegenseitig Beinchen stellen. Auf der Basis internationaler Gleichberechtigung besteht meiner Meinung nach auf die Dauer auch die bessere Möglichkeit einer Entspannung und Verständigung zwischen der Bundesrepublik und der DDR." Vgl. den Artikel „Gewerkschaftsvorsitzender Leonard Mahlein: Ostkontakte dienen dem Frieden"; DEUTSCHE VOLKSZEITUNG vom 13. Mai 1971, S. 1.

denen jede Seite durch bewußt unklar gehaltene Formulierungen Probleme umschiffe, die Unklarheiten erhöhte und darüber hinaus noch den Nährboden für neue Schwierigkeiten schaffe. Gerade im Verhältnis der DDR zur BRD müsse absolute Klarheit und Präzision herrschen, wenn nicht erneut Quellen der Reibung entstehen und gewisse Praktiken fortgesetzt werden sollten, die es zu überwinden gelte.

StS *Bahr* stimmte dem zu, was die Absicht angehe, durch sorgfältiges Wählen der Vokabel nicht zu unsicheren Ergebnissen zu kommen. Solche Ergebnisse würde ohne Wert sein. Aber nach seiner Überzeugung müsse das Verhältnis der beiden Staaten, das so belastet sei, wie auch StS Kohl bemerkt habe, einer Regelung zugeführt werden. Wenn man sich verständige, wie diese Regelung zu bezeichnen sei, so müsse in der Sache etwas passieren, wodurch Neues geschaffen und die Fortsetzung der alten Ärgernisse beendet werde. All das, worüber man bislang klage, die Schwierigkeiten, die Spannungen, die Vorfälle, die Emotionen auf beiden Seiten hervorriefen, müßten durch die sachliche Regelung und die sie klar ausdrückende Bezeichnung beendet werden. Sonst brauche man gar nicht zu beginnen. Wenn man diese sachliche Regelung erreiche und die aus ihr fließenden klar definierten Verpflichtungen, so werde beides wirken; unabhängig davon, ob diese oder jene Vokabel die Verpflichtungen ausdrücke.

StS *Kohl* legte Wert darauf, noch einmal festzuhalten, daß ein solches Unternehmen nur dann Erfolg haben könne, wenn man die souveräne Gleichheit, die Gleichberechtigung, die Nichteinmischung, die Nichtdiskriminierung und ähnliche Grundsätze zur Grundlage des Verhältnisses zwischen den beiden Staaten mache.

StS *Bahr* fügte hinzu, wenn man sich der gleichen Weise auch noch auf die von beiden Seiten früher eingegangenen Verpflichtungen beziehe, dann sei man sich schon recht nahe.

StS *Kohl* wies nochmals auf die Beschränkung seiner Vollmacht hin. Er werde seiner Regierung über diesen Exkurs berichten und vielleicht später auf ihn zurückkommen.

StS *Bahr* begrüßte es, daß man dem Charakter des Meinungsaustausches entsprechend auch die eine oder andere nicht zum engeren Gesprächsgegenstand gehörende Frage anschneiden könne. Nun aber wolle er zum Thema kommen.

Wenn heute, wie die gerade geführte Diskussion ergeben habe, noch nicht über Grundfragen des Verhältnisses zwischen den beiden Staaten gesprochen werden könne, dann gelte dies logischerweise auch für den Verkehrsvertrag. Auch in seinem Rahmen sei dann eine Besprechung dieser Grundfragen wohl nicht möglich. Andererseits müsse ein erster Vertrag zwischen den beiden Staaten natürlich mehr sein als das, was sonst üblicherweise in Verkehrsabkommen geregelt werde. Es könne sich also weder um einen Grundvertrag zur Regelung des Verhältnisses zwischen den beiden Staaten noch um ein bloßes Verkehrsabkommen handeln. Über diese Grenzen bestehe wohl Einigkeit. Daraus folge, daß man sich mit der Entscheidung über die Form dessen, was in der Verkehrsübereinkunft geregelt werden solle, noch Zeit zum Nachdenken lassen könne.

816

Er habe sich an frühere Sitzungen erinnert, wo man Absichtserklärungen der beiden Regierungen für möglich gehalten habe. Er wolle den Gedanken noch einmal aufgreifen, da er geeignet sein könne, der DDR-Delegation etwas entgegenzukommen. In eine solche Absichtserklärung könne man einige Punkte aufnehmen, an denen die DDR interessiert sei, die er, Bahr, aber nicht in einem Verkehrsabkommen akzeptieren könne. Wenn man die Form zunächst offenlasse, so behalte man die notwendige Flexibilität, um in den oben genannten Grenzen[8] zwischen Scylla und Charybdis heil hindurchzukommen.

Was nun die einzelnen Elemente angehe, deren Form ja zunächst offen bleibe, so könne man überlegen, ob nicht das gemeinsame Bestreben bekundet werden solle, einen Beitrag zur Entspannung in Europa zu leisten, um die Beziehungen in einer Form, wie sie zwischen Staaten üblich sei, zu regeln. Diese Regelung müsse natürlich verbindlich sein und einzelne Grundsätze, auf denen diese Regelung beruhen solle, könne man durchaus nennen, wie z. B. die Menschenrechte, die Gleichberechtigung, das friedliche Zusammenleben und die Nichtdiskriminierung. Man könnte dann weiter sagen, daß beide Staaten übereingekommen seien, zunächst auf einem Teilgebiet mit der Verwirklichung dieser Ziele zu beginnen und Vereinbarungen etwa zu formulieren

– in der Absicht, durch praktische Vereinbarungen mit der Normalisierung des Verhältnisses zwischen der BRD und der DDR zu beginnen;

– sind übereingekommen, als ersten Schritt die gegenseitigen Verkehrsbeziehungen zu regeln.

Er habe hier bewußt Bausteine genannt und die Form, in der sie Verwendung finden sollten, offen gelassen. StS Kohl möge dies nicht als förmlichen Vorschlag auffassen, sondern als Bemerkungen, um in dem sachlich intensiven Meinungsaustausch voranzukommen. Hierdurch würden StS Kohls Elemente I und II, soweit darin Grundsätze enthalten seien, wohl weitgehend abgedeckt. Danach müsse man die Sachpunkte, die in diesen beiden Elementen seien, noch einmal genau formulieren und könnte dann mit Element III, dem eigentlichen Verkehr, beginnen.

StS *Kohl* dankte für diese Ausführungen und erwiderte, daß es zwar richtig sei, daß man im Moment nicht an die Regelung des grundsätzlichen Verhältnisses zwischen den beiden Staaten gehen könne, jedenfalls solange nicht die Bundesregierung sich zu völkerrechtlichen Beziehungen bereit finden könne, und daß man diese grundsätzlichen Beziehungen auch nicht über einen Verkehrsvertrag regeln könne. Das bedeute aber nicht, daß ein Verkehrsvertrag möglich sei, ohne daß er einwandfrei völkerrechtlich verhandelt, ausformuliert und abgeschlossen werde.

Warum wolle StS Bahr die Form offen lassen? Das bedeute doch nicht ein Abrücken von der Position, daß das Abkommen in exakt der gleichen Form abgeschlossen werde wie auch andere Abkommen, die die DDR und die BRD jeweils mit dritten Staaten abgeschlossen hätten. Ferner, warum wolle man sich in der Formulierung darauf beschränken, die Beziehungen zwischen den beiden

---

[8] An dieser Stelle Fußnote in der Vorlage: „der Vorwegnahme einer Grundsatzregelung und eines nackten Verkehrsvertrages".

deutschen Staaten nur auf einige völkerrechtliche Grundsätze zu stellen, warum solche Einschränkungen?

StS *Bahr* antwortete, daß es sich hier um Schlüsselpositionen des Verhältnisses zwischen den beiden Staaten handle. Es sei nicht möglich, die Regelung des grundsätzlichen Verhältnisses abzulehnen, diese Regelung dann aber zum größten Teil in den Verkehrsvertrag zu übernehmen.

StS *Kohl* meinte, das grundsätzliche Verhältnis betreffe zahlreiche Sektoren, aus denen der Verkehrsvertrag nur ein Sektor sei. Auch für diesen Sektor müsse jedoch die Regelung so wie für alle übrigen, nämlich so, wie sie zwischen Staaten üblich sei, ausfallen.

Dem stimmte StS *Bahr* zu.

StS *Kohl* fuhr fort, StS Bahr habe Vorstellungen über eine Präambel entwikkelt. Mit dem Passus über das Ziel einer Entspannung in Europa sei er einverstanden. Über den weiteren Passus, nach welchem man danach strebe, einen Beitrag zur Normalisierung der Beziehungen zwischen BRD und DDR zu leisten, könne man sich noch austauschen. Auch seine Seite habe sich Gedanken über eine Präambel gemacht, die etwa lauten könne:

„Die Deutsche Demokratische Republik und die Bundesrepublik Deutschland sind in dem Bestreben, einen Beitrag zur Entspannung in Europa zu leisten und geleitet von dem Wunsch, Fragen des grenzüberschreitenden Verkehrs von Bürgern und Gütern beider Staaten zu regeln, übereingekommen, folgenden Vertrag abzuschließen."

In dieser Formulierung habe man StS Bahrs Anregung betreffend „einen Beitrag zur Entspannung in Europa" übernommen und sich im übrigen auf die wirklich sachlich notwendige Einleitung beschränkt. Nach dem, was StS Bahr heute gesagt habe, sei er aber auch bereit, seinen Vorschlag noch anzureichern durch einen Unterabsatz, der lauten könne

„Im Bestreben, einen Beitrag zur Normalisierung der Beziehungen zwischen DDR und BRD zu leisten"

oder noch besser

„In dem Bestreben, einen Beitrag zur Herstellung völkerrechtlicher Beziehungen zwischen der DDR und der BRD zu leisten."

Sicherlich sei es nützlich, das Hauptanliegen zu nennen und man werde hierüber weiter nachdenken.

StS *Bahr* erklärte, daß die letzte Formulierung sicherlich über das, was er sich vorstelle, weit hinausgehe. Im übrigen sei der Vorschlag der DDR durchaus einer genaueren Prüfung wert. Er sei ebenso knapp wie sachlich und damit eine gute Grundlage für die weitere Besprechung dieses Punktes.

Zu StS Kohls Schlußbemerkung wolle er sagen, daß er es für günstig hielte, wenn man eine Erklärung über die Absicht in die Formulierung hineinnehme etwa derart

– „in der Absicht, durch praktische Vereinbarungen mit der Normalisierung des Verhältnisses zueinander zu beginnen"

– „übereingekommen, als ersten Schritt folgenden Vertrag abzuschließen."

Dabei brauche man nicht zu erläutern, daß diesem ersten Schritt weitere folgen sollten; es sei auch gut, ihn unmittelbar zu verbinden mit der Absicht, zu einer Normalisierung des Verhältnisses beider zueinander zu gelangen.

StS *Kohl* hielt es nicht für sinnvoll, von „praktischen" Vereinbarungen zu sprechen.

StS *Bahr* meinte, man könnte dieses Adjektiv streichen, es hieße dann „durch Vereinbarungen".

StS *Kohl* schlug seinerseits die Formulierung vor:

„In der Absicht, zur Herstellung normaler Beziehungen zwischen den beiden zueinander unabhängigen Staaten beizutragen."

StS *Bahr* meinte, auch dies gehe über seinen Vorschlag weit hinaus. Er habe auch mal an eine Formulierung wie die folgende gedacht:

„Die Regierung der Bundesrepublik Deutschland und die Regierung der Deutschen Demokratischen Republik in der Absicht, durch Vereinbarungen mit der Normalisierung des Verhältnisses zwischen der BRD und der DDR zu beginnen, sind übereingekommen, als ersten Schritt die gegenseitigen Verkehrsbeziehungen wie folgt zu regeln."

StS *Kohl* schlug vor, man wolle die jeweiligen Vorschläge beiderseits zur Kenntnis nehmen und nachdenken.

StS Bahr habe sich heute zu den Elementen I und II geäußert. Bedeute das, daß seine früher erhobenen Einwände gegen die „üblichen internationalen Normen" nicht mehr fortbestünden?

StS *Bahr* erwiderte, daß diese Einwände bestehen geblieben seien. Er habe vorhin bewußt die Formulierung gewählt: „zwischen Staaten üblich".

StS *Kohl* sagte, StS Bahr habe sich gegen diesen Begriff der international üblichen Normen seinerzeit mit dem Argument gewandt, daß die Sowjetunion ihn bei den Vier-Mächte-Gesprächen gebrauche. Diese Begründung habe ihn etwas befremdet. Wenn ein Sprachgebrauch in den Vier-Mächte-Verhandlungen die entsprechende Formulierung in diesen Gesprächen ausschließe, so müsse das auch für andere Begriffe, wie etwa die Erleichterung des Verkehrs und ähnliches gelten. Das sei aber doch wohl schlecht möglich. Er meine also, man soll es bei den „international üblichen Normen" oder, wie es der Bundeskanzler formuliert habe, „entsprechend dem internationalen Recht" belassen.

Weiter sei noch unberücksichtigt der Passus vom größtmöglichen Umfang, in welchem der Verkehr ermöglicht werden solle. Dies sei doch ein Passus, der im beiderseitigen Interesse liege. Um noch einmal auf die üblichen internationalen Normen zurückzukommen, so liege auch das im Interesse der BRD, da diese Formulierung doch die Zusage beinhalte, daß an Wechsel- und Transitverkehr keine höheren Anforderungen gestellt würden, als international üblich sei.

Schließlich habe sich StS Bahr auch gegen den „beiderseitigen Vorteil" gewandt, da dies eine Formulierung sei, wie sie im völkerrechtlichen Verkehr sozialistischer Staaten gebraucht werde. „Der beiderseitige Vorteil" finde sich jedoch auch in Resolutionen der Vereinten Nationen, des Wirtschafts- und Sozialrates der VN, so in der Resolution Nr. 1236/XII vom 14. Dezember 1957 über friedliche und gutnachbarliche Beziehungen. Dort werde von der gegenseitigen Achtung und dem gegenseitigen Vorteil gesprochen.[9]

Auch das Abkommen zwischen der DDR und Schweden vom 20. Mai 1970 über Fragen des Kraftverkehrs sage in Art. I, daß Basis die Gegenseitigkeit und der beiderseitige Vorteil seien.[10] Ähnliches habe auch StS Bahr früher gesagt. Da der Grundsatz des beiderseitigen Vorteils mithin keineswegs Bestandteil des Vertragsrechts allein sozialistischer Staaten sei, sondern auch bei Verträgen zwischen Staaten verschiedener Gesellschaftsordnungen und in den VN vorkomme, so sehe er keinen Grund, warum auch in den hier besprochenen Abkommen dieser Grundsatz nicht Aufnahme finden könne.

StS *Bahr* behielt sich vor, die von StS Kohl vorgebrachten Argumente zu überdenken. Gleichwohl sehe er keinen Grund, die Formulierung vom gegenseitigen Vorteil in das Abkommen aufzunehmen. Er räume ein, daß es ohne dieses Prinzip nicht zum Vertragsabschluß kommen werde. Gleichwohl sei es kennzeichnend für Verträge sozialistischer Staaten – das Beispiel mit Schweden sei hier nur von bedingtem Interesse, denn ihm stehe die gesamte Fülle von Verträgen gegenüber, die die Bundesrepublik bislang ohne diesen Passus abgeschlossen habe.

Für die Bundesrepublik wäre eine solche Formulierung in einem von ihr abgeschlossenen Vertrage also eine Premiere. Er wünsche aber Premieren solcher Art zu vermeiden, die auf seiner Seite nur Mißtrauen erweckten. Bei Fehlen dieses Passus werde der Sache nichts fehlen. Warum werde aber so insistiert? Schließe nicht auch die Gegenseitigkeit den beiderseitigen Vorteil ein?

StS *Kohl* gab zu erwägen, ob dieser Passus nicht in der Präambel Platz finden könne.

StS *Bahr* sagte, daß dies dann aber nicht in einer Formulierung geschehen dürfe, die wie eine Abschrift aus DDR-Verträgen mit anderen sozialistischen Staaten aussehe. Vielleicht könne man einen solchen Passus in die Absichtserklärungen aufnehmen.

---

[9] Resolution 1236 (XII) der UNO-Generalversammlung vom 14. Dezember 1957: „The General Assembly, considering the urgency and the importance of strengthening international peace and of developing peaceful and neighbourly relations among States irrespective of their divergences or the relative stages and nature of their political, economic and social development; recalling that among the fundamental objectives of the Charter of the United Nations are the maintenance of international peace and security and friendly co-operation among States; realizing the need to promote these objectives and to develop peaceful and tolerant relations among States, in conformity with the Charter, based on mutual respect and benefit, non-aggression, respect for each other's sovereignty, equality and territorial integrity and non-intervention in one another's internal affairs, and to fulfil the purposes and principles of the Charter [...] calls upon all States to make every effort to strengthen international peace, and to develop friendly and cooperative relations and settle disputes by peaceful means as enjoined in the Charter of the United Nations and as set forth in the present resolution." Vgl. UNITED NATIONS RESOLUTIONS, Serie I, Bd. VI, S. 197.

[10] Artikel I Absatz 1 des Abkommens vom 20. Mai 1970 zwischen der Hauptverwaltung des Kraftverkehrs im Ministerium für Verkehrswesen der DDR und der schwedischen Transportkommission über die Regelung des internationalen Verkehrs mit Kraftfahrzeugen: „Die Zusammenarbeit der Abkommenspartner auf dem Gebiet des internationalen Verkehrs mit Kraftfahrzeugen erfolgt auf der Basis der Gegenseitigkeit und des beiderseitigen Vorteils." Vgl. AUSSENPOLITIK DER DDR, Bd. XVIII, S. 932.

Außerdem gebe es noch die Frage nach dem Inhalt dieses Passus. Für die BRD sei dieses Prinzip eine Selbstverständlichkeit. Verbinde aber die DDR vielleicht mit einer solchen Formulierung einen besonderen Inhalt?

StS *Kohl* erläuterte, daß es sich bei dem Prinzip des beiderseitigen Vorteils um einen Grundsatz des allgemein anerkannten demokratischen Völkerrechts handle. Dies zeige das Beispiel der vorhin zitierten VN-Resolution. Er räume ein, daß im sozialistischen Völkerrecht dieser Begriff extensiver interpretiert werde als zwischen Staaten verschiedener Gesellschaftsordnung. Einen besonderen Inhalt jedoch verbinde man auch hier nicht mit ihm. Er scheine gerade in einem Vertrag, in dem das Verhältnis der beiden deutschen Staaten zueinander geregelt werde, besonders geeignet.

MD *Sahm* führte aus, daß die zitierte VN-Resolution eine Richtlinie sei, die durch den Abschluß eines Vertrages über die gutnachbarlichen Beziehungen zwischen den Staaten erfüllt werde. Sie empfehle den Abschluß solcher Verträge auf Grund der genannten Prinzipien, gebe aber keine Formulierungshilfen für diese Verträge selbst.

StS *Kohl* räumte dies ein, meinte aber, daß trotzdem niemand die beiden deutschen Staaten daran hindere, ein solches Prinzip in ihren Vertrag aufzunehmen. Die Sorge, mit dieser Aufnahme einen Schritt in die Richtung eines sozialistischen Völkerrechts zu tun, sei jedenfalls unbegründet.

StS *Bahr* erklärte, seine Sorge gehe dahin, auch den Anschein eines solchen Schrittes zu vermeiden und durch ihn eine unnötige innere Diskussion über das, was für uns wirklich ein Novum sei, herbeizuführen.

StS *Kohl* sagte, dann wolle man diese Frage zurückstellen und prüfen, ob ein solcher Passus in der Präambel oder an ähnlicher Stelle Aufnahme finden könne.

Hinsichtlich der üblichen internationalen Normen sei er im übrigen auch bereit, die Formulierung des Art. 25 des Grundgesetzes[11], der von den Regeln des Völkerrechts spreche, zu übernehmen.

StS *Bahr* antwortete, er habe nichts dagegen, wenn die DDR das Grundgesetz in seiner Gesamtheit übernehme. Es gehe jedoch nicht an, Einzelformulierungen wie Rosinen herauszupicken. Im übrigen treffe es nicht die gegenwärtige Situation zwischen den beiden deutschen Staaten, wenn man undifferenziert von den üblichen internationalen Normen spreche. Die schon häufiger angesprochenen Nachkriegsrealitäten verböten das.

StS *Kohl* sagte, er kenne keine Rechte der Vier Mächte, die hier einschlägig seien und eine solche Bezugnahme auf die üblichen internationalen Normen auf dem Gebiete des Verkehrs verböten. Für StS Bahrs Behauptung trage dieser auch die Beweislast. Die Formulierung von den üblichen internationalen Normen sei ja auch ein bedeutendes Entgegenkommen der DDR, da sie eine echte Absicherung der Position der BRD vor weitergehenden Forderungen bedeute.

StS *Bahr* sagte, er verstehe StS Kohls Gedankengänge, aber es sei nicht möglich, in einem Verkehrsvertrag mit dem Hinweis auf die üblichen internationalen Normen die Normenkollisionen, die zwischen den beiden Staaten bestün-

---

11 Für Artikel 25 des Grundgesetzes vom 23. Mai 1949 vgl. Dok. 33, Anm. 10.

den, auszuräumen. Auch das Konzept der anderen Seite, von einem Verkehrsvertrag mit Annexen auszugehen, in deren einem dann auch der Verkehr zwischen der Bundesrepublik und Westberlin geregelt werden solle, mache ihn nachdenklich, denn es gehe natürlich nicht an, den letzteren etwa den allgemeinen internationalen Normen zu unterwerfen.

Schließlich sei nicht klar, welches die üblichen internationalen Normen seien. Kurz, wenn in einem Verkehrsvertrag über völkerrechtliche Normen gesprochen werden solle, dann könne man auch sofort an den Grundvertrag herangehen.

StS *Kohl* entgegnete, daß das Grundverhältnis zwischen der BRD und der DDR sehr viel umfasse. Da gebe es zu regeln Staatsbürgerfragen, Gewaltverzicht und eine große Anzahl ähnlicher Fragen. Hier aber handle es sich jedoch nur darum, daß für einen Sektor dieses Verhältnisses, nämlich den grenzüberschreitenden Verkehr, die Grundlage des Völkerrechts nicht ausgeschlossen werde. Er wolle doch im Verkehrsvertrag nichts Grundsätzliches regeln, was nicht dorthin gehöre.

StS *Bahr* sagte, wenn StS Kohl die Frage jetzt so grundsätzlich stelle, dann wolle er auch den Stier bei den Hörnern packen und so grundsätzlich antworten.

Das Verhältnis der beiden deutschen Staaten werde bestimmt

1) von der Unabhängigkeit der beiden Staaten voneinander; keiner solle den anderen bevormunden, und hierher gehörten auch die Prinzipien der Gleichberechtigung, der Nichtdiskriminierung und all das, was man unter der Gleichheit der beiden Staaten verstehen wolle;

2) vom Gefühl der Menschen, die die friedliche Koexistenz dieser beiden Staaten in anderer Weise empfinden als die anderer Staaten; und

3) von den Nachkriegsrealitäten, nämlich den Verträgen, die die DDR mit der Sowjetunion[12] und die Bundesrepublik mit den Drei Mächten[13] abgeschlossen haben und an die beide sich zu halten hätten. Man könne hier keinen Vertrag machen, durch den diese Verträge ausgehebelt würden.

Dies seien drei Kriterien des Verhältnisses der beiden Staaten zueinander, die unbestreitbar seien.

StS Kohl könne zwar einwerfen, daß das zweite Kriterium keine völkerrechtliche Relevanz habe, hier aber gebe es die faktische Relevanz, an der man nicht vorbei könne. Wenn man diese drei Faktoren ausdrücke, dann habe man das Grundsatzverhältnis der beiden Staaten zueinander beschrieben.

Und er wolle hier noch etwas sagen: Der Moskauer Vertrag wäre nicht zustande gekommen, wenn man sich nicht auch in ihm auf die Rechte der Vier Mächte bezogen hätte.

---

[12] Vgl. dazu den Vertrag vom 20. September 1955 zwischen der DDR und der UdSSR vgl. DzD III/1, S. 371–374.
Vgl. dazu ferner den Vertrag vom 12. Juni 1964 zwischen der DDR und der UdSSR über Freundschaft, gegenseitigen Beistand und Zusammenarbeit vgl. DzD IV/10, S. 717–723.

[13] Für den Wortlaut des Vertrags vom 26. Mai 1952 über die Beziehungen zwischen der Bundesrepublik und den Drei Mächten in der Fassung vom 23. Oktober 1954 (Deutschland-Vertrag) vgl. BUNDESGESETZBLATT 1955, Teil II, S. 306–320.

StS *Kohl* dankte für die klaren und bemerkenswerten Ausführungen. Das erste Kriterium StS Bahrs wolle er so verstehen, daß grundsätzlich die gleichen Beziehungen zwischen der BRD und der DDR bestünden wie zwischen souveränen Staaten in aller Welt. Dies wäre ein echter Fortschritt. Einschränkungen bei diesem Kriterium dürfe es eigentlich nicht geben. Dies sei vielmehr der Ausgangspunkt: es gelte nichts anderes als zwischen anderen Staaten auch.

StS *Bahr* stimmte dem zu.

StS *Kohl* fuhr dann fort, daß, was das zweite Kriterium angehe, seiner Auffassung nach es dem Bürger der Bundesrepublik völlig gleichgültig sei, ob die Beziehungen zur DDR auf völkerrechtlicher Grundlage geregelt würden.

StS *Bahr* sagte, daß StS Kohl die psychologische Lage in der Bundesrepublik wohl nicht so gut beurteilen könne wie er und er könne nur sagen, daß eine Bezugnahme auf das Völkerrecht bei der Regelung der Beziehungen zur DDR psychologisch-politisch einen Schock auslösen werde, weil nach dem Empfinden der Bevölkerung eine solche Qualifizierung nicht der Tatsache gerecht werde, daß es sich um zwei deutsche Staaten handle, daß man die gleiche Sprache spreche, daß es zahlreiche enge verwandtschaftliche Beziehungen gebe. Unter all diesen Gesichtspunkten werde ein Hinweis auf das Völkerrecht contre coeur gehen. Ein solcher Schock würde nicht einmal durch eine materielle Regelung aufgefangen werden können, die positiver sei, als StS Kohl sie überhaupt zulassen wolle.

StS *Kohl* führte diese Einstellung bei den Bürgern der Bundesrepublik darauf zurück, daß ihnen Entsprechendes über Jahre hin eingehämmert worden sei. Hier sei viel Aufklärungsarbeit zu leisten. Jüngst habe ein Autor namens Wieland Deutsch dies im Hinblick auf das Berlin-Problem versucht.[14] So etwas müsse doch auch im Falle des Verhältnisses zur DDR möglich sein.

StS *Bahr* sagte sozusagen in Klammern, daß nicht er es sei, der sich unter dem Pseudonym Wieland Deutsch verberge. Wenn im übrigen StS Kohl die Einstellung der Bürger der BRD auf eine jahrelange Propaganda zurückführe, so wol-

---

[14] Am 3. Mai 1971 erschien in der Zeitschrift „Liberal" unter dem Pseudonym Wieland Deutsch ein Artikel, in dem zu den Vier-Mächte-Gesprächen über Berlin ausgeführt wurde: „Weil jahrelang der Eindruck erweckt worden ist, Berlin sei ein Land der Bundesrepublik wie jedes andere auch, scheint sich nun hier und da die Ansicht festzusetzen, als sei die Bundesregierung bereit, ihr zustehende Rechte aufzugeben. Das ist falsch. Um zu einer allgemeinen Sicherung Berlins zu kommen, werden lediglich Rechtspositionen zurückgestellt, die gegenüber den Verbündeten nicht durchsetzbar und die von den Sowjets sowieso niemals anerkannt worden sind. In diesem Zusammenhang sei nicht verschwiegen, daß sich manche Erwartungen hinsichtlich des Ergebnisses der Berlin-Verhandlungen seit dem Beginn der Vier-Mächte-Gespräche aus vielerlei Gründen ständig erhöht haben. Erwartungen, die nicht zuletzt auch deswegen geweckt worden sein mögen, weil sich die vier für Deutschland als Ganzes und für Berlin verantwortlichen Siegermächte des Zweiten Weltkrieges nach über einem Vierteljahrhundert des weitgehend vertragslosen Zustandes anschicken, bindende und unbefristete Vereinbarungen über die Sicherung Berlins zu treffen. [...] In den Berlin-Verhandlungen kann es darum nicht um die Bekräftigung vermeintlicher Rechtspositionen (und damit die Offenlegung des Dissens mit den Westmächten) gehen, sondern um die Gewährleistung des Zugangs, um die Sicherung der freiheitlich-demokratischen Lebensordnung für Berlin und darum, daß die gewachsenen Bindungen zwischen dem Bund und Berlin nicht infrage gestellt werden können. Daß wir dabei in der Vergangenheit von einer Art reduziertem Besatzungsstatut für West-Berlin ausgehen müssen, mag betrüblich sein, aber wir dürfen nicht vergessen, daß es gerade die besonderen Rechte der Alliierten in Berlin waren, die der Bevölkerung die Freiheit erhielten und die jetzt die Verhandlungen mit der Sowjetunion erlauben." Vgl. den Artikel von Wieland Deutsch „Schwierigkeiten einer Berlin-Regelung"; TEXTE ZUR DEUTSCHLANDPOLITIK, Bd. 8, S. 188 f.

le man über die Ursache nicht streiten. Tatsache sei, daß diese Einstellung eine Realität sei, von der man auszugehen habe. Propaganda aber werde jetzt von den Spitzen der Partei und des Staates in der DDR betrieben, wenn sie zur Abgrenzung von der BRD aufriefen. Diese Kampagne vermittle den Eindruck, daß man hier auf der unteren Ebene verhandeln, oben aber nicht zu einer Regelung kommen wolle. Dieser Eindruck sei sicherlich falsch; es sei aber der des Normalverbrauchers.

StS *Kohl* hielt als Ausgangspunkt fest, daß seine Seite einen komplexen Verkehrsvertrag wolle. Er fragte noch einmal, ob StS Bahr ihm Vorbehaltsrechte nennen könne, die auf der Seite der DDR einen solchen komplexen Verkehrsvertrag ausschlössen. Weder der Moskauer Staatsvertrag, der im Gegenteil präzis die Kompetenz der DDR zu solchen vertraglichen Vereinbarungen vorsehe[15], noch andere Dokumente enthielten solche Einschränkung. Wenn StS Bahr sich etwa auf das Potsdamer Abkommen beziehe, so sehe er, Kohl, darin keinen Hinderungsgrund. Im Gegenteil, die DDR begrüße die Zuständigkeit der Sowjetunion und der Vier Mächte aus dem Potsdamer Abkommen. Vielleicht aber sei auf seiten der BRD die Zuständigkeit zur Regelung solcher Fragen eingeschränkt, dies aber betreffe dann das Verhältnis der Bundesrepublik zu den drei Westmächten. Man solle aber doch berücksichtigen, daß, wenn die DDR anbiete, in einem Annex den Verkehr zwischen der Bundesrepublik und West-Berlin zu regeln, es bislang noch kein Dokument gebe, in dem dieser Verkehr garantiert werde.

StS *Bahr* wandte ein, StS Kohl vermische hier Obst und Äpfel. Er, Bahr, habe das Grundsatzverhältnis zwischen den beiden Staaten anhand von drei Kriterien erläutert. StS Kohl habe demgegenüber mit Ausführungen zu einem Verkehrsvertrag geantwortet, obwohl er etwas zum dritten Kriterium habe sagen wollen. Wenn er, Bahr, nun das zusammenfasse, was StS Kohl gerade gesagt habe, so komme er zu dem Schluß, daß, wenn die DDR keine Grundsatzregelung das Verhältnis zwischen BRD und DDR in den Verkehrsvertrag bringe, dann auch keine Bezugnahme auf die Rechte der alliierten Mächte notwendig sei. Wenn aber das erste Kriterium in dem Verkehrsvertrag angesprochen werde, dann müsse auch das dritte hinzukommen. Möglich sei natürlich auch, ohne die Kriterien 1 und 3 einen Verkehrsvertrag abzuschließen. In der Sache aber sei klar, daß die Regeln, die man hier vereinbaren wolle, so sein müßten, wie sie zwischen Staaten üblich seien.

StS *Kohl* wandte ein, man müsse aber einen solchen Vertrag völkerrechtlich abschließen.

StS *Bahr* erwiderte, man solle doch über die Qualifizierung des Vertrages abschließend nichts sagen.

StS *Kohl* wies darauf hin, daß man den Terminus Völkerrecht und einzelne Prinzipien schon habe fallenlassen, um der BRD entgegenzukommen. Wenn StS Bahr vorhin von Bausteinen gesprochen habe, so müßten doch beide Seiten solche Bausteine liefern dürfen.

---

15 Vgl. dazu Artikel 1 des Vertrags vom 20. September 1955 zwischen der DDR und der UdSSR; Dok. 66, Anm. 21.

Im übrigen habe er jetzt einige Punkte, die er vielleicht mit StS Bahr in einem persönlichen Gespräch[16] erörtern wolle.

StS *Bahr* war mit einer Unterbrechung der Delegationssitzung für ein persönliches Gespräch und das anschließende Mittagessen einverstanden.

Nach dem Mittagessen eröffnete StS *Kohl* die Delegationssitzung und erläuterte, in einem persönlichen Gespräch mit StS Bahr habe man über Fragen beiderseitigen Interesses gesprochen. Man habe sich darauf verständigt, die nächste Begegnung am 8. Juni in Bonn[17] abzuhalten, sowie darüber, daß seine Delegation wie üblich mit einer Regierungssondermaschine anreise. Weiterhin habe man erwogen, die darauffolgende Zusammenkunft in Berlin am 1. Juli[18] anzuberaumen.

Das bisherige Ergebnis der heutigen Delegationssitzung zusammenfassend sagte StS Kohl dann, StS Bahr habe den Präambelvorschlag der DDR-Delegation als sachdienlich bezeichnet. Er, Kohl, sei bereit, bei der Präambel einen weiteren Zusatz aufzunehmen, etwa des Inhalts

– „in der Absicht, einen Beitrag zur Normalisierung der Beziehungen zwischen den beiden voneinander unabhängigen Staaten zu leisten."

Man solle diesen Vorschlag überdenken.

Aus den Elementen I und II wolle StS Bahr den Passus über den beiderseitigen Vorteil im Hinblick auf den Gebrauch aus der VN-Resolution und dem Vertrag der DDR mit Schweden noch einmal überdenken. Vielleicht, daß man diesen Passus in der Präambel unterbringen könne.

Über die Prinzipien der Gegenseitigkeit und des größtmöglichen Umfanges bestehe Einverständnis. Der Passus betreffend die üblichen internationalen Normen bleibe offen. Er habe in das Entgegenkommen hingewiesen, das mit diesem Passus verbunden sei. Er schlage vor, jetzt die Elemente II und III detaillierter vorzunehmen.

Der in Element II angesprochene Grundsatz des Verkehrs für ausschließlich friedliche Zwecke sei allgemein anerkannt, und es müsse möglich sein, sich über ihn zu verständigen. Das Gleiche gelte für den weiteren Text des II. Elements.

Element III lege einen unumstößlichen Sachverhalt fest, der überall praktiziert werde. Das Beispiel eines Bürgers der Bundesrepublik in Leipzig oder auf der Durchreise in ein Land jenseits der DDR oder umgekehrt eines DDR-Bürgers in Hannover oder auf der Durchreise in ein Land jenseits der BRD mache das deutlich. Es sei immer schon so gewesen, daß für solche Reisende das innerstaatliche Recht des Landes gelte, in dem sie sich gerade aufhielten. Auf diesen Grundsatz werde man zwangsläufig bei der Behandlung jedes weiteren Elements zurückkommen, so z.B. im zweiten Absatz des IV. Elements. Wer entscheide dann, welche Verkehrseinrichtung für den öffentlichen Verkehr zugelassen seien? Das Gleiche gelte für die Haftpflichtversicherung oder für die

---

[16] Vgl. Dok. 184.
[17] Zum 13. Gespräch des Staatssekretärs Bahr, Bundeskanzleramt, mit dem Staatssekretär beim Ministerrat der DDR, Kohl, vgl. Dok. 202 und Dok. 203.
[18] Das 14. Gespräch des Staatssekretärs Bahr, Bundeskanzleramt, mit dem Staatssekretär beim Ministerrat der DDR, Kohl, fand am 19. Juli 1971 in Ost-Berlin statt. Vgl. dazu Dok. 250 und Dok. 251.

Beförderungsgenehmigung – immer beziehe man sich auf die innerstaatliche Rechtsordnung. Es sei also notwendig, daß man sich über das III. Element verständige. Vielleicht wolle Bahr sich jetzt sofort zu den Elementen I, II und III äußern.

StS *Bahr* sagte, auf das I. Element brauche er wohl nicht mehr zurückzukommen, nachdem es heute morgen so ausführlich diskutiert worden sei. Element II hänge mit den internationalen Normen zusammen. Über die friedlichen Zwecke wolle er nur soviel sagen, daß im Bereich der zwischenstaatlichen Normen in diesem Zusammenhang der Begriff der Unschädlichkeit üblich sei, daß er aber wegen des engen Zusammenhanges dieses Begriffes mit einer Transitregelung auf eine weitere Erörterung dieses Grundsatzes jetzt verzichten wolle.

Der in Element II weiter enthaltene Passus, daß Handlungen nicht dem allgemeinen Völkerrecht oder internationalen Abkommen widersprechen dürften, sei nicht hinreichend klar und führe zu Interpretationsschwierigkeiten. Auch bestehe die Gefahr, daß sachfremde Erwägungen und Bezüge in den Vertragsbereich einflößen und die in einem Teilbereich, nämlich den Verkehrssektor, vertraglich geregelten Beziehungen störten. Im Zusammenhang mit den internationalen Abkommen möge bereits der Hinweis auf das Potsdamer Abkommen und dessen unterschiedliche Wertung in den beiden Staaten genügen, um seine Befürchtungen deutlich zu machen.

Ähnliches gelte auch für den in Element II enthaltenden Passus über den Schutz der souveränen Rechte eines Vertragsstaates. Soweit sich ein solcher Passus auf Handlungen von Personen, also Reisenden, beziehen würde, käme beim Wechselverkehr der Grundsatz der Geltung des innerstaatlichen Rechts zum Zuge. Hier sei man sich einig. Insoweit sei der Passus eigentlich überflüssig. Überhaupt leuchte ihm die Bedeutung dieser Bestimmung im Bereich des Wechselverkehrs nicht ein. Vielleicht könne StS Kohl dazu noch einen Hinweis geben.

Das Verbot der Nichteinmischung in die inneren Angelegenheiten schließlich, das noch im Element II enthalten sei, sei im Rahmen eines Wechselverkehrsvertrages einer Lösung nicht zugänglich. Hier müßte man entsprechend oder angenähert dem, was er vorgeschlagen habe, in Sachpunkten zu einigen suchen, um so voranzukommen.

Was das Element III angehe, so habe StS Kohl bei der letzten Besprechung eingewandt, daß das innerstaatliche Recht uneingeschränkt für den Verkehr im eigenen Territorium gelten müsse, wobei Erleichterungen vereinbart werden könnten. Diesen Grundsatz könne er, Bahr, akzeptieren. Folgende Hinweise und Einschränkungen aber erschienen ihm notwendig. Zunächst ergebe sich aus der Natur der Sache, daß nicht schlechthin alle Rechtsvorschriften anwendbar seien, z. B. nicht die Vorschriften über das Personalstatut, über Arbeitsrecht etc. Daher werde auch in Verkehrsverträgen in der Regel nicht allgemein das innerstaatliche Recht für anwendbar erklärt, sondern nur mit Einschränkungen. Im Verkehrsvertragsentwurf der DDR vom Dezember 1969 sei man in Artikel 5 ähnlich verfahren. Dort heiße es,

„Der grenzüberschreitende Verkehr zwischen der DDR und der BRD unterliegt den Grenz- und Zollkontrollen sowie den Grenz-, Zoll-, Devisen-, Gesundheits-,

Sanitäts- und Pflanzenschutzbestimmungen des jeweiligen Vertragsstaates."[19]
Dort sei innerstaatliches Recht für das Teilgebiet, für das der Vertrag geschlossen werde, für anwendbar erklärt. Sein, Bahrs, Vorschlag basiere auf ähnlichen Überlegungen und laute:

„Der Wechselverkehr zwischen der DDR und der BRD unterliegt den Gesundheits-, Sanitäts- und Pflanzenschutzbestimmungen des jeweiligen Vertragsstaates sowie den besonderen Vorschriften für die Beförderung gefährlicher Güter und für Schwertransporte.

Dabei werden jedoch keine höheren Anforderungen als international üblich gestellt."

Über die Frage der Devisen-, Grenz- und Zollbestimmungen müsse man noch reden. Er gehe davon aus, daß man in diesen Bereichen schon weiter sei als Ende 1969. StS Kohl selbst habe z. B. die Möglichkeit von Zollfreiheit angesprochen.

StS *Kohl* erwiderte, was das II. Element angehe, so folge der Vorschlag der DDR im wesentlichen dem, was sich u. a. auch aus der VN-Satzung ergebe, wo verlangt werde, „Toleranz zu üben als gute Nachbarn ... aufrechtzuerhalten."[20]

Die folgenden konkreten Aussagen präzisieren nur, was unter Friedlichkeit zu verstehen sei. Die Prinzipien der Souveränität und der Nichteinmischung gelten für Transit- und Wechselverkehr. Beides hänge so eng zusammen, daß es sachlich nicht getrennt werden könne. Als Beispiel wolle er auf eine Transitstrecke hinweisen, die es für Binnenschiffe gebe, die von Braunschweig aus auf dem Mittellandkanal über das Schiffshebewerk Rotensee auf der Elbe über Wittenberge wieder zum Grenzbereich der BRD/DDR führe. Diese Strecke würde im Wechsel- und Transitverkehr benutzt. Es handele sich um ca. 200 km, die im Jahre 1970 von 1780 bundesrepublikanischen Binnenschiffen mit insgesamt 674 000 Tonnen Fracht befahren worden sind. Die Kontrollorgane der DDR hätten entgegenkommenderweise den Wechselverkehr wie Transitverkehr abgefertigt. Dieses Beispiel zeige, daß eine Trennung nicht möglich sei.

Zur Definition der Friedlichkeit wolle man sich nur auf das allgemeine Völkerrecht beziehen. Was hierunter zu verstehen sei, ergebe sich aus Artikel 53 der Wiener Vertragsrechtskonvention.[21]

Zum III. Element habe StS Bahr früher die Anwendung des innerstaatlichen Rechtsgrundsatzes abgelehnt. Nur Vorschriften zum Schutz der Gesundheit von Mensch, Tier und Pflanzen habe er hinnehmen wollen. Es sei jetzt ein Schritt vorwärts, wenn er heute die innerstaatlichen Rechtsvorschriften überhaupt der Sache nach Anwendung finden lassen wolle. StS Bahr habe zwar Ausnahmen

---

[19] Für den Wortlaut des am 26. November 1969 vom Ministerium für Verkehrswesen der DDR dem Bundesministerium für Verkehr übergebenen Entwurfs für einen Vertrag über den grenzüberschreitenden Verkehr vgl. Referat II A 1, Bd. 360.
[20] Vgl. dazu die Präambel der UNO-Charta vom 26. Juni 1945: „We the Peoples of the United Nations determinded [...] to practice tolerance and live together in peace with one another as good neighbors, and to unite our strength to maintain international peace and security [...]". Vgl. CHARTER OF THE UNITED NATIONS, S. 675.
[21] Für Artikel 53 des Wiener Übereinkommens vom 23. Mai 1969 über das Recht der Verträge vgl. Dok. 85, Anm. 8.

gewünscht, aber wenn man über den Grundsatz einig sei, dann fielen solche weiteren Schritte leichter.

StS Bahrs Wunsch, das innerstaatliche Recht auf ausgewählte Gebiete zu beschränken, sei auch in der Vertragspraxis der Bundesrepublik nicht üblich. Er wolle hier auf den mit Polen über den Binnenschiffsverkehr am 5. Februar 1971 geschlossenen und am 16. Februar 1971 publizierten Vertrag verweisen, nach dessen Artikel 3 die Binnenschiffe in den Vertragsstaaten dem jeweils dort geltenden Recht unterlägen.[22] Er begrüßte jedenfalls, daß man sich in der Sache dem Grundsatz nach einig sei.

Wenn StS Bahr sage, daß im zwischenstaatlichen Recht nicht von Friedlichkeit, sondern von Unschädlichkeit gesprochen werde, so wolle er demgegenüber auf die Genfer Konvention über das Küstenmeer von 1958 hinweisen, die in Ziffer 4[23] die friedliche Durchfahrt regle. Es gebe also namhafte Konventionen, die diesen Begriff verwendeten.

StS *Bahr* machte darauf aufmerksam, daß man sich hier erneut mit einer umstrittenen Frage befasse, die für Struktur und Anlage von großer Bedeutung sei. Wenn StS Kohl behaupte, daß es keine Trennung von Transit- und Wechselverkehr gebe, so führe er damit die Gefahr einer Blockierung der Gespräche herbei. StS Kohl habe das letzte Mal gesagt, er wolle sich nicht daran hindern lassen, auch über Transit zu sprechen. Wenn er nun darauf bestehe, daß die Gespräche überhaupt nur unter Einschluß des Transitverkehrs weitergeführt werden könnten, dann blockiere er sie damit.

Der Begriff der Friedlichkeit jedenfalls sei ein schillernder Begriff.

StS *Kohl* hielt StS Bahr Ziffer 4 der Genfer Küstenmeer-Konvention von 1958 entgegen, nach der friedlich die Durchfahrt ist, die nicht den Frieden, die öffentliche Ordnung oder die Sicherheit des Küstenstaates verletzt. In der Bekanntmachung zur Übereinkunft des Europarates vom 10. Februar 1959 heißt es in Art. 7, daß Vorbehalte aus Gründen der öffentlichen Ordnung, der öffentlichen Sicherheit und im Rahmen des Gesundheitswesens gemacht werden könnten.[24]

StS *Bahr* antwortete, daß eine Präzisierung vielleicht helfen könne, ging aber nicht weiter auf diesen Punkt ein.

---

[22] Artikel 3 der Vereinbarung vom 5. Februar 1971 zwischen dem Bundesministerium für Verkehr und dem polnischen Schiffahrtsministerium über den Binnenschiffsgüterverkehr: „Die Schiffe, ihre Besatzungen und die Ladung unterliegen, wenn sie die Binnenwasserstraßen des anderen Landes befahren, dem jeweils dort geltenden Recht." Vgl. BUNDESANZEIGER, Nr. 37 vom 24. Februar 1971, S. 1.

[23] Für Artikel 14 Absatz 4 des Übereinkommens vom 29. April 1958 über das Küstenmeer und die Anschlußzone vgl. Dok. 42, Anm. 6.

[24] Artikel 7 des Europäischen Übereinkommens vom 10. Februar 1959 über die Regelung des Personenverkehrs zwischen den Mitgliedstaaten des Europarats: „Jede Vertragspartei behält sich die Möglichkeit vor, aus Gründen der öffentlichen Ordnung, der öffentlichen Sicherheit oder der Volksgesundheit die Anwendung dieses Übereinkommens aufzuschieben oder gegenüber allen oder einzelnen anderen Parteien zeitweise auszusetzen; Artikel 5 bleibt unberührt. Diese Maßnahme wird unverzüglich dem Generalsekretär des Europarats notifiziert; dieser setzt die anderen Parteien davon in Kenntnis. Das gleiche gilt von ihrer Aufhebung. Eine Vertragspartei, die von einer der in Absatz 1 vorgesehenen Möglichkeiten Gebrauch macht, kann die Anwendung dieses Übereinkommens durch eine andere Partei nur insoweit verlangen, als sie selbst es gegenüber dieser Partei anwendet." Vgl. BUNDESGESETZBLATT 1959, Teil II, S. 391.

Er warnte StS Kohl noch einmal vor einer Verknüpfung von Transit- und Wechselverkehr und insbesondere davor, mit der Struktur des Abkommens in Hauptabkommen und Annexen die Rechtsauffassung der DDR über die Qualität des Berlin-Verkehrs durchsetzen zu wollen.

StS *Kohl* verbesserte West-Berlin-Verkehr.

StS *Bahr* wies darauf hin, daß Ostberlin sich Berlin nenne, daß Westberlin sich Berlin nenne. Beide Stadtteile hätten sich nicht umbenannt. Der Senat sei der Senat von Berlin und nicht von Westberlin, und der Magistrat gehe in dem, was man verbale Aggression nennen könne noch weiter und bezeichne sich als Magistrat von Großberlin. Solch Nomenklaturstreit führe doch nicht weiter.

StS *Kohl* meinte, er habe geglaubt, daß StS Bahr Präzision zu schätzen wisse.

StS *Bahr* ging zum vierten Element über. Zu dem ersten Absatz wolle er nichts sagen. Im zweiten Absatz finde er die Formulierung der DDR recht gestelzt. Es sei klar, daß der Vertrag zwischen zwei Staaten abgeschlossen werde, daß alle Bestimmungen auf Gegenseitigkeit beruhten und es genüge zu formulieren:
- „alle für den öffentlichen Verkehr zugelassenen Verkehrseinrichtungen, einschließlich der Verkehrswege, können genutzt und die Verkehrsmittel frei gewählt werden."

Nach der Einleitung der ersten Artikel sei klar, auf wen sich diese Regelung beziehe.

Hinsichtlich des Wechselverkehrs stimme man offenbar überein: Die gegenseitige Benutzung aller für den öffentlichen Verkehr zugelassenen Verkehrseinrichtungen, d.h. auch der Straßen. Es würden also im Wechselverkehr keine Routen vorgeschrieben. Das sei für ihn selbstverständlich. Bisher gebe es keine Stellungnahme der DDR zu seiner, Bahrs, Präzisierung, daß zur freien Benutzung der öffentlichen Verkehrseinrichtungen auch die freie Wahl der Verkehrsmittel gehöre. Üblich sei, daß jeder mit seinem Pkw in alle Länder, auch in Osteuropa, einreisen könne. Er gebe davon aus, daß das auch für die DDR gelte.

StS *Kohl* befürchte, daß mit der von StS Bahr vorgeschlagenen Formulierung der Eindruck entstehen könne, daß es sich bei der BRD und der DDR um ein einheitliches Verkehrsgebiet handle. Diese Befürchtung müsse umso begründeter sein im Hinblick auf manches, was seitens der Bundesregierung und ihrer Organe auf diesem Gebiet gesagt und getan werde. Dem solle nicht durch unpräzisierte Formulierungen noch Vorschub geleistet werden.

StS *Bahr* machte demgegenüber geltend, daß durch die ersten Artikel diese Befürchtung mehr als ausgeräumt sei. Man könne doppelt moppeln, brauche aber Formulierungen wie die im Vorschlag der DDR nicht bis zum Überdruß zu wiederholen.

StS *Kohl* stellte fest, daß man sich im Hinblick auf das vierte Element, 2. Absatz, im wesentlichen einig sei. StS Bahr schlage zwar eine andere Formulierung vor, meine aber wohl dasselbe.

Was den gestelzten, den vielfach gemoppelten Sprachgebrauch angehe, so solle man sich nur einmal das Abkommen zwischen dem Bundesverkehrsminister[25]

---

[25] Georg Leber.

und seinem holländischen Kollegen[26] ansehen, auf das er schon früher hingewiesen habe. Dagegen sei der Vorschlag der DDR ein Musterbild.

StS *Bahr* gab seiner Freude Ausdruck, daß StS Kohl schlechten Vorbildern nicht folgen wolle.

Wenn StS Kohl fürchte, daß der Eindruck eines einheitlichen Verkehrsgebietes entstehen könne, so werde der Verkehrsvertrag zwischen den beiden Staaten eine neue Situation schaffen. Dieser neuen Situation müsse der Verkehrsvertrag dann gerecht werden. Man könne ihn nicht mit den Befürchtungen und Querelen der Vergangenheit belasten.

StS *Kohl* wies darauf hin, daß der 2. Absatz des IV. Elementes nicht auf Transit anwendbar sei, da dort fest Strecken vereinbart werden müßten.

StS *Bahr* warf ein „könnten".

StS *Kohl* erwiderte, daß eine feste Streckenführung beim Transit unumgänglich sei.

StS *Bahr* schlug dann vor, beim nächsten Treffen mit Element V zu beginnen und den ersten Durchgang zu Ende zu führen. Natürlich bleibe es jedem überlassen, auch auf die heute besprochenen Elemente, insbesondere die Präambel, zurückzukommen.

Noch einmal auf StS Kohls Besorgnis zurückkommend, daß sachbezogene Formulierungen unpräzise seien und einem Mißbrauch Vorschub leisten könnten, erklärte StS Bahr weiter, daß StS Kohl diese Sorge nach den Formulierungen, die für die Elemente I bis III notwendig sein würden, ad acta legen werde, weil niemand an den grundsätzlichen Bestimmungen, an der Struktur, an der Präambel des Verkehrsabkommens vorbei könne. Auch er, Bahr, sei sehr an einem Ausschluß von Mißbrauchsmöglichkeiten interessiert. Hier gebe es keinen Unterschied, was die Absicht angehe. Vermeiden aber müsse man einen wiederholt demonstrativen Gebrauch bestimmter Formulierungen, die zu einer negativen Reaktion da führten, wo eine positive gewünscht werde. Dies sei sein Motiv.

Er habe den Eindruck, daß man sich heute in den Formulierungen näher gekommen sei.

StS *Kohl* bestätigte dies und meinte, man sei nahe aneinander, insbesondere was die Formulierung der Präambel angehe.

StS Kohl und StS Bahr waren der Ansicht, daß man für den ersten Durchgang noch ohne eine Vergrößerung der Delegation auskomme.

Dann einigte man sich auf folgende Pressemitteilung:

„Der Staatssekretär im Bundeskanzleramt der Bundesrepublik Deutschland, Egon Bahr, und der Staatssekretär beim Ministerrat der Deutschen Demokratischen Republik, Dr. Michael Kohl, kamen am 21. Mai 1971 in Begleitung ihrer Delegationen zu einem erneuten Treffen zusammen. Sie setzten die intensiven Sachgespräche über Fragen des Verkehrs fort. Die Zusammenkunft, die im Hause des Ministerrates der DDR stattfand, begann um 10.00 Uhr. Sie wurde um 16 Uhr beendet.

---

[26] Johannes Bakker.

Es wurde vereinbart, die Besprechungen zwischen den Regierungsdelegationen der BRD und der DDR am 8. Juni 1971 in Bonn fortzusetzen."²⁷

VS-Bd. 4487 (II A 1)

181

Staatssekretär Frank an die Ständige Vertretung bei der NATO in Brüssel

II B 2-81.30/2-1785/71 VS-vertraulich   21. Mai 1971¹
Fernschreiben Nr. 2684 Plurex   Aufgabe: 25. Mai 1971, 18.41 Uhr

Betr.: MBFR;
    hier: nach den kürzlichen sowjetischen Äußerungen

I. Die Bundesregierung hat am 15. Mai zu den Äußerungen Breschnews in Tiflis² Stellung genommen. Der Text dieser Stellungnahme wurde mit Plurex Nr. 2549 VS-v vom 17. Mai 1971³ übermittelt.

---

27 Vgl. NEUES DEUTSCHLAND vom 22. Mai 1971, S. 1.
1 Durchschlag als Konzept.
Der Drahterlaß wurde von Vortragendem Legationsrat Ruth am 21. Mai 1971 konzipiert.
Hat Vortragendem Legationsrat Freiherr von Groll sowie Legationsrat I. Klasse Alexy am 21. Mai 1971 zur Mitzeichnung vorgelegen.
Hat Legationsrat I. Klasse Joetze am 21. Mai 1971 zur Mitzeichnung vorgelegen, der handschriftlich vermerkte: „Eine Änderung, eine Streichung auf S. 6, mit II B 2 abgesprochen."
Hat laut handschriftlichem Vermerk des Ministerialdirektors von Staden vom 22. Mai Vortragendem Legationsrat Meyer-Landrut zur Mitzeichnung vorgelegen.
Hat Botschafter Roth am 25. Mai 1971 vorgelegen.
2 Der Generalsekretär des ZK der KPdSU führte am 14. Mai 1971 in einer Rede in Tiflis zum 50. Jahrestags der Georgischen Sowjetrepublik u. a. aus: „Im Zusammenhang mit der Reaktion, die im Westen auf die Vorschläge des Parteitags zu verzeichnen war, will ich auf eine Einzelheit eingehen. Gewisse NATO-Länder bekunden sichtliches Interesse, teilweise auch Nervosität hinsichtlich einer Reduzierung von Streitkräften und Rüstungen in Mitteleuropa. Ihre Repräsentanten fragen: Wessen Streitkräfte sollen reduziert werden – die ausländischen oder die nationalen, und welche Waffen – die nuklearen oder die konventionellen? Oder erstrecken sich die sowjetischen Vorschläge auf alles zusammen? Auf diese Frage haben wir eine Gegenfrage: Ähneln diese Wißbegierigen nicht jemandem, der den Geschmack einer Weinsorte nur nach dem Aussehen beurteilen will, ohne sie gekostet zu haben? Falls jemand Unklarheiten hat, bitte sehr, die lassen sich beseitigen. Sie müssen nur den Entschluß fassen, den sie interessierenden Vorschlag zu ‚kosten', was in die Sprache der Diplomatie übersetzt heißt – Verhandlungen aufzunehmen." Vgl. BRESCHNEW, Wege, S. 382.
3 In der von Botschafter Roth übermittelten Stellungnahme der Bundesregierung wurde ausgeführt: „Die Bundesregierung hat die Ausführungen des Generalsekretärs der KPdSU zum Thema der beiderseitigen Truppenverminderung mit Interesse und großer Aufmerksamkeit zur Kenntnis genommen. Wie ihre Verbündeten betrachtet die Bundesregierung bekanntlich einen beiderseitigen und ausgewogenen Abbau der militärischen Konfrontation in Mitteleuropa als einen wesentlichen Bestandteil ihrer auf Friedenssicherung gerichteten Politik. Sie erinnert erneut daran, daß die NATO schon seit Juni 1968 Gespräche über beiderseitige ausgewogene Truppenverminderung (MBFR) angeboten hat. Mit ihrer Erklärung von Rom vom Mai 1970 hat die Allianz ihr Angebot durch Leitsätze konkretisiert. Im Kommuniqué von Brüssel vom Dezember 1970 hat die NATO ihre Bereitschaft wiederholt, auf der Basis dieser Leitsätze exploratorische Gespräche zu führen. Die Bun-

II. Beurteilung:

1) Die Äußerung Breschnews in Tiflis schließt an den Passus über Truppenreduzierungen in seiner Rede vom 30. März auf dem Parteitag der KPdSU in Moskau an.[4] Wie in Moskau ging Breschnew auch diesmal nicht direkt auf das konkrete Angebot der NATO zu Gesprächen über beiderseitige ausgewogene Truppenverminderungen[5] ein. Stattdessen wird die Verminderung der Truppen und Rüstungen wie schon in früheren vergleichbaren Fällen als sowjetische Initiative präsentiert.

2) Die Äußerungen Breschnews in Moskau und Tiflis bieten Ausgangspunkte für eine intensivierte Diskussion über MBFR, die wir aufzugreifen bereit sind. Sie geben jedoch noch keinen Beweis dafür, daß es sich dabei schon um eine in der Substanz veränderte und mit den anderen Mitgliedern des Warschauer Pakts abgestimmte neue sowjetische Position handele.[6]

Die ausdrückliche Beschränkung auf die Reduzierung ausländischer Streitkräfte unterbleibt und die Notwendigkeit des Abbaus der militärischen Konfrontation in Mitteleuropa wird anerkannt. Insoweit wird optisch eine Annäherung an die NATO-Position vollzogen.[7] Hinzu kommt als neues Element in der Rede von Tiflis die Aufforderung, mit Verhandlungen zu beginnen. Ob es sich hierbei um eine[8] taktische Initiative handelt oder ob damit tatsächlich substantielle Gespräche angestrebt werden, müßte in künftigen Sondierungen geklärt werden.

Fortsetzung Fußnote von Seite 831

desrepublik Deutschland hat an der Entwicklung dieser Politik der Allianz von Anfang an aktiv mitgewirkt. Auf der Frühjahrsministerkonferenz der NATO werden die Verbündeten Gelegenheit haben, die Ausführungen Breschnews im Lichte ihrer eigenen konkreten Vorschläge zu prüfen." Dazu stellte Roth am 17. Mai 1971 ergänzend fest: „Der deutsche Vertreter im NATO-Rat wird sich für eine verstärkte Sondierung auf den normalen diplomatischen Kanälen einsetzen, um größere Klarheit über die sowjetischen Absichten, vor allem über die Haltung der WP-Staaten zu den MBFR-Kriterien von Rom zu gewinnen. Die Äußerungen Breschnews sind weiterhin vage. Sie bieten nach unserer Auffassung noch keine ausreichende Beurteilungsgrundlage dafür, ob die Sowjetunion zu ernsthaften Verhandlungen über beiderseitige ausgewogene Truppenreduzierungen (MBFR) bereit ist. Eine sorgfältige Prüfung dieser Frage muß zunächst innerhalb der Allianz erfolgen. Hierzu bietet die bevorstehende NATO-Ratskonferenz in Lissabon die beste Gelegenheit." Vgl. VS-Bd. 4555 (II B 2); B 150, Aktenkopien 1971.

[4] Zu den Ausführungen des Generalsekretärs der KPdSU, Breschnew, am 30. März 1971 auf dem XXIV. Parteitag der KPdSU vgl. Dok. 172, Anm. 9.

[5] Vgl. dazu die Erklärung der Außenminister und Vertreter der am NATO-Verteidigungsprogramm beteiligten Staaten vom 25. Juni 1968 („Signal von Reykjavik"); Dok. 46, Anm. 7.
Vgl. dazu ferner die „Erklärung über beiderseitige und ausgewogene Truppenreduzierung" der Minister der am integrierten NATO-Verteidigungsprogramm beteiligten Staaten vom 27. Mai 1970 in Rom; NATO FINAL COMMUNIQUES, S. 237f. Für den deutschen Wortlaut vgl. EUROPA-ARCHIV 1970, D 318f. Für einen Auszug vgl. Dok. 56, Anm. 4.

[6] Dieser Satz ging auf Streichungen und handschriftliche Einfügungen des Ministerialdirektors von Staden zurück. Vorher lautete er: „Sie rechtfertigen jedoch noch nicht die Annahme, es handele sich dabei schon um eine in der Substanz veränderte und mit den anderen Mitgliedern des Warschauer Pakts abgestimmte neue sowjetische Position."
An dieser Stelle wurde von Staatssekretär Frank gestrichen: „Wir haben es eher mit einer Modifizierung der bisherigen taktischen sowjetischen Haltung zu tun."

[7] Dieser Satz ging auf Streichungen und handschriftliche Einfügungen des Ministerialdirektors von Staden zurück. Vorher lautete er: „Insoweit ist eine Annäherung an die NATO-Position festzustellen."

[8] An dieser Stelle wurde von Ministerialdirektor von Staden gestrichen: „rein".

Die Formulierungen Breschnews wurden durch Gromyko[9] und Kossygin[10] kommentiert. Sie haben eindeutig das weiter bestehende, vorrangige sowjetische Interesse an der Reduzierung ausländischer Streitkräfte herausgestellt.

3) Die uns vorliegenden sowjetischen Änderungen und Kommentare lassen im übrigen eine abschließende Beurteilung der sowjetischen Position nicht zu. (Offen ist beispielsweise die Frage, inwieweit die Truppenverminderung überhaupt als eigenständiges Verhandlungsthema betrachtet wird, weil Breschnew das Thema ausdrücklich als Detail im Zusammenhang mit den auf dem Parteitag in Moskau gemachten anderen Abrüstungsvorschlägen (z.B. Auflösung der ausländischen Militärstützpunkte) nennt.) Vor allem ist bisher nicht zu erkennen, ob die Sowjetunion bereit ist, über die in der Erklärung von Rom ausdrücklich erwähnten, für uns zentralen Kriterien,

– Erhaltung des Kräfteverhältnisses

– Ausgewogenheit

– angemessene Verifikation

zu verhandeln. Die Äußerung Gromykos gegenüber Botschafter Beam, man sei in Moskau durch die Idee „ausgewogener (balanced) Truppenreduzierungen" alarmiert worden, läßt daran zweifeln.

4) Hinsichtlich der Motivation für die Ausführungen Breschnews zu diesem Zeitpunkt sind wir auf Vermutungen angewiesen. Wahrscheinlich ist[11], daß Breschnew mit der Wiederholung seiner Äußerungen vom 30. März das Thema Truppenverminderung als sowjetischen Vorschlag vor der Frühjahrskonferenz

---

[9] Am 17. Mai 1971 fand ein Gespräch des sowjetischen Außenministers Gromyko mit dem amerikanischen Botschafter in Moskau, Beam, statt. Vortragender Legationsrat Ruth notierte am 18. Mai 1971 dazu, nach Auskunft der amerikanischen Botschaft habe MBFR im Mittelpunkt des Gesprächs gestanden: „1) Das Problem der Ausgewogenheit im Anschluß an das entsprechende Kriterium der Erklärung von Rom. Gromyko hat sich hierzu kritisch geäußert und betont, die Sowjetunion sei der Ansicht, Gespräche über Truppenverminderungen sollten nicht mit Vorbedingungen verknüpft werden. 2) Die Frage des Rahmens für die Diskussion der Truppenverminderung: Die Sowjetunion betrachte das Thema als zu kompliziert, um es auf einer KSE erörtern zu können. Deshalb Diskussion in einem Sonderorgan der KSE oder außerhalb einer KSE. Dabei gebe die Sowjetunion der Diskussion unabhängig von KSE den Vorzug. 3) Zur Frage ausländischer Streitkräfte/einheimischer Streitkräfte hat Gromyko betont, daß die Beschränkung auf ausländische Streitkräfte die Diskussionen erleichtern würde, deutete aber die Bereitschaft an, auch die Verminderung einheimischer Streitkräfte zu diskutieren. Insofern wurde die von Breschnew angedeutete Veränderung der sowjetischen Position bestätigt." Vgl. VS-Bd. 4604 (II A 3); B 150, Aktenkopien 1971.

[10] Dazu wurde in der Presse berichtet, Ministerpräsident Kossygin habe sich am 18. Mai 1971 in einer Tischrede anläßlich des Besuchs von Ministerpräsident Trudeau in Moskau zu Fragen der Verminderung von Streitkräften und Abrüstung geäußert: „Der sowjetische Ministerpräsident Kossygin hatte, wie UPI aus der sowjetischen Hauptstadt berichtete, die Reduzierung ausländischer Truppen in Europa gefordert. Wenn der Westen hierzu Bereitschaft zeige, werde die Sowjetunion alles ihr Mögliche tun, um ein Abkommen zu erreichen. Damit präzisierte der sowjetische Ministerpräsident das Angebot, das Parteichef Breschnew in der vergangenen Woche gemacht hatte. Im Zusammenhang mit der Lage in Europa, sagte Kossygin, müsse der Minderung des Truppen- und Rüstungsbestandes große Aufmerksamkeit gezollt werden. Kossygin setzte sich zugleich wieder für die vom Ostblock vorgeschlagene europäische Sicherheitskonferenz ein. Wie dpa dazu aus Moskau berichtet, hat Trudeau von Kossygin jedoch nicht in dem Maße Klärung erhalten, daß er der NATO präzise Angaben über die sowjetischen Absichten in der Truppenreduzierungsfrage machen könne." Vgl. den Artikel „Hoffnung auf Truppen-Abbau in Europa: Moskau verzichtet jetzt auf Vorbedingungen"; FRANKFURTER ALLGEMEINE ZEITUNG vom 19. Mai 1971, S. 1.

[11] Diese beiden Wörter wurden von Ministerialdirektor von Staden handschriftlich eingefügt. Dafür wurde gestrichen: „Sicher scheint".

der NATO[12] in Erinnerung rufen und versuchen wollte, in die NATO-Vorbereitungen und die gesamte westliche Öffentlichkeit ein Element der Unsicherheit zu tragen. Die Sowjetunion sieht offenbar eine Chance, durch eine zunächst vage Verhandlungsbereitschaft über Truppenverminderung die Gemeinsamkeit der NATO in der MBFR-Frage zu schwächen.

Es wird den Sowjets nicht entgangen sein, daß es innerhalb der Allianz unterschiedliche Auffassungen vor allem zum weiteren Procedere bei MBFR gibt. Sie haben möglicherweise damit gerechnet, diese Diskussion beeinflussen zu können. Eines der Hauptmotive für die neue sowjetische Taktik könnte auch der Versuch sein, den gegenüber KSE bestehenden Berlin-Vorbehalt[13] und den damit verbundenen Entspannungstest durch eine baldige Multilateralisierung des MBFR-Themas und die thematische Ausweitung des MBFR-Rahmens zu unterlaufen und gleichzeitig für die DDR einen Aufwertungseffekt zu erzielen.

5) Es ist auch nicht auszuschließen, daß die Sowjetunion ein Interesse an bilateralen Gesprächen zwischen den Großmächten signalisieren wollte, möglicherweise in der Hoffnung, das SALT-Modell auszuweiten und das Vertrauen zwischen den europäischen Alliierten und den Vereinigten Staaten zu stören. Vielleicht hoffte die Sowjetunion auch, diejenigen Teile der öffentlichen Meinung in den Vereinigten Staaten und anderen Ländern beeinflussen zu können, die eine beiderseitige Truppenverminderung im Sinne des gegenseitigen Beispiels in Gang setzen wollen. In diesem Falle bestünde die Gefahr, daß an die Stelle des von uns angestrebten Versuchs, beiderseitige und ausgewogene Truppenverminderungen in einem kalkulierbaren Prozeß zu verhandeln, der zwar weniger komplizierte, aber riskante Wege der Vorleistungen auf gleichwertige Aktionen der anderen Seite oder auf einen künftigen Verhandlungsbeginn treten könnte.

6) Inwieweit die Äußerungen Breschnews gezielt auf die inneramerikanische Diskussion über das Mansfield-Amendment[14] gerichtet waren, läßt sich schwer beurteilen. In der Wirkung jedenfalls hat die Äußerung Breschnews der amerikanischen Regierung[15] genützt.[16] Auf diese Weise wurde aber andererseits die MBFR-Politik der NATO in ihrer schon jetzt stabilisierenden Funktion insoweit bestätigt, als sie der Tendenz nach einseitigen Truppenverminderungen entgegenwirkt. Wir haben durchaus Verständnis dafür, daß die amerikanische Regierung die Äußerungen Breschnews und das Gespräch Beam/Gromyko in ihrer Auseinandersetzung mit Mansfield besonders herausstellt. Wir vertrauen andererseits darauf, daß die amerikanische Regierung die MBFR-Politik des Bündnisses weiter mitträgt und keinen „Alleingang" beabsichtigt.

---

12 Zur NATO-Ministerratstagung am 3./4. Juni 1971 in Lissabon vgl. Dok. 197.
13 Vgl. dazu Ziffer 10 des Kommuniqués der NATO-Ministerratstagung am 3./4. Dezember 1970 in Brüssel; Dok. 11, Anm. 12.
14 Zum Antrag des amerikanischen Senators Mansfield vom 11. Mai 1971 vgl. Dok. 179, Anm. 3.
15 An dieser Stelle wurde von Ministerialdirektor von Staden gestrichen: „außerordentlich".
16 Botschafter Pauls, Washington, berichtete am 16. Mai 1971 über ein Gespräch mit dem amerikanischen Außenminister am 14. Mai 1971. Dabei habe Rogers erklärt: „Die Tiflis-Erklärung Breschnews zu MBFR sei zur rechten Zeit gekommen. Er rechne jetzt mit einer Mehrheit gegen das Mansfield-Amendment." Vgl. VS-Bd. 9833 (I A 5); B 150, Aktenkopien 1971.

III. Vorgehen der Allianz:

1) Die Äußerungen Breschnews enthalten Ansatzpunkte für eine Diskussion der MBFR-Thematik, die genützt werden sollten. Dies könnte durch eine positive Bewertung im Kommuniqué von Lissabon deutlich gemacht werden. Allerdings reichen die sowjetischen Äußerungen nicht aus, um schon jetzt beurteilen zu können, ob multilaterale Diskussionen fruchtbar sein könnten. Diese Frage muß in bilateralen Gesprächen weiter geklärt werden.

2) In künftigen Sondierungen müßte davon ausgegangen werden, daß die NATO an den in ihrem konkreten Initiativvorschlag in Rom formulierten Kriterien festhält und daß sie für uns nach wie vor die Grundlage der Erörterungen sind. Wir würden es begrüßen, wenn im Kommuniqué diese Tatsache klar zum Ausdruck käme. Wir würden auch einer ausdrücklichen Wiederholung der Kriterien von Rom zustimmen können.

3) Der Übergang zu multilateralen MBFR-Gesprächen wird wesentlich auch davon abhängen, ob die Sowjetunion bereit ist, die beiderseitigen Sicherheitserfordernisse zu berücksichtigen, d. h. auf der Basis der Leitsätze von Rom mit uns zu diskutieren oder wenigstens konkret zu diesen Kriterien Stellung zu nehmen. Es wird auch zu prüfen sein, ob Aussicht bestünde, die multilaterale Diskussion auf die MBFR-Thematik zu begrenzen und dabei den Aufwertungseffekt zu neutralisieren.

Im übrigen darf der bilaterale intensivierte Gedankenaustausch nicht auf die Sowjetunion beschränkt bleiben, sondern muß die anderen Mitglieder des Warschauer Pakts einbeziehen.[17]

4) Die Vereinigten Staaten haben als erste NATO-Regierung nach der Rede Breschnews in Tiflis mit der sowjetischen Regierung gesprochen und damit den Prozeß intensiverer bilateraler Gespräche in Gang gesetzt. Wir haben Verständnis dafür, daß die amerikanische Regierung ein besonderes Interesse an bilateralen sowjetisch-amerikanischen Sondierungen über MBFR zu diesem Zeitpunkt hat. Da dies jedoch der Beginn eines verstärkten Gedankenaustauschs sein kann, an dem sich alle interessierten Regierungen beteiligen können, bedarf es in der NATO besonders enger Konsultation und, wenn möglich, vorheriger Koordination.

5) Unter Umständen kann es zweckmäßig sein, in Lissabon gemeinsam zu beraten, ob und zu welchem Zeitpunkt es nützlich sein könnte, den Außenminister einer verbündeten Regierung oder eine andere geeignete Persönlichkeit zur Führung exploratorischer Gespräche über die Grundlagen zukünftiger Verhandlungsmöglichkeiten im Auftrag[18] der Allianz zu bitten.

6) Das Kommuniqué von Lissabon müßte u. a. davon ausgehen, daß die Mitglieder der Allianz

– nach wie vor auf der Basis der Kriterien von Rom stehen und daß wir darin die Richtlinien für unsere Sondierungen sehen;

---

17 An dieser Stelle wurde von Staatssekretär Frank gestrichen: „Hierbei müßten allerdings Wege gefunden werden, um eine vorzeitige Aufwertung der DDR durch die Partner der Allianz zu vermeiden."
18 Dieses Wort wurde von Staatssekretär Frank handschriftlich eingefügt. Dafür wurde gestrichen: „Namen".

– zu einer Intensivierung der Sondierungen mit allen interessierten Parteien auf den normalen diplomatischen Kanälen bereit sind;
– multilaterale Explorationen erst zu einem geeigneten, d. h. späteren Zeitpunkt ins Auge fassen werden, wenn insbesondere in den bilateralen Kontakten deutlicher geworden ist, ob eine Aussicht besteht, zu einer gemeinsamen Ausgangsbasis für die Verhandlungen zu gelangen. (Die Entscheidung hierzu muß die Allianz sich gemeinsam vorbehalten.)

Wir legen Wert darauf, den in Punkt 3 unseres Kommuniqué-Entwurfs (Drahterlaß Nr. 2536 vom 17.5.1971 VS-v) enthaltenen letzten Satz beizubehalten: „(Die Minister) hoffen, daß es zu gegebener Zeit möglich sein wird, mit den interessierten Parteien multilaterale exploratorische Gespräche über MBFR zu beginnen." Dieser Satz hat durch die Diskussion über die Breschnew-Äußerungen zusätzliches Gewicht gewonnen.

7) In der Allianz sollte unter dem Eindruck der gegenwärtigen Aktualität des Themas MBFR die Entwicklung eines von der Allianz insgesamt getragenen, kalkulierbaren integralen MBFR-Verhandlungsprogramms beschleunigt werden. Außerdem sollte nach Lissabon intern Klarheit darüber gewonnen werden, in welchem Rahmen und mit welchen Teilnehmern zu gegebener Zeit multilateral über MBFR gesprochen werden kann.

IV. Sie werden gebeten, gegebenenfalls Ihre Argumentation auf die in Abschnitt II und III niedergelegten Gedankengänge zu stützen. Zusätzlich kann hinsichtlich der sowjetischen Motive auf FS 957 VS-v vom 18.5.1971 aus Moskau[19] zurückgegriffen werden.

[gez.] Frank[20]

VS-Bd. 4555 (II B 2)

---

[19] Gesandter Lüders, Moskau, analysierte die Rede des Generalsekretärs des ZK der KPdSU, Breschnew, am 14. Mai 1971 in Tiflis: „Dieser Vorstoß muß im Zusammenhang mit der gesamten gegenwärtigen Europapolitik der Sowjetunion gesehen werden. Das KSE-Projekt ist trotz der Sympathie, die ihm auch von manchen westeuropäischen Staaten entgegengebracht wird, ebenso festgefahren wie die Ratifizierung der Ostverträge, weil beide in Abhängigkeit geraten sind zu einem erfolgreichen Abschluß der Berlin-Verhandlungen. Diese aber lassen vorerst noch keinen Schluß zu, ob die Sowjets zu substantiellen Zugeständnissen bereit sind. [...] Wie auch die Bundesregierung früher erklärt hat, steht und fällt unser Interesse für KSE mit der Einleitung von MBFR-Verhandlungen. Gibt sich Breschnew der Hoffnung hin, in den westeuropäischen NATO-Ländern mit einem solchen Tagesordnungspunkt das Interesse für die KSE so anzufachen, daß man bereit ist, unabhängig von den Berlin-Verhandlungen der KSE näherzutreten?" Lüders erläuterte weiter: „Nachdem die Sowjetunion mit Besorgnis sieht, wie die Initiativen in weltpolitischen Fragen vermehrt von den USA und auch China ausgehen (Rogers-Mission in Ägypten, Ping-Pong-Diplomatie im Fernen Osten) und wie die Sowjetunion an Brennpunkten des Geschehens wie Vietnam und Ostpakistan praktisch anderen das Handeln überlassen muß, mag für Breschnew der Gesichtspunkt mitspielen, in der für die Sowjetunion so wichtigen Frage der Truppen- und Rüstungs-Reduzierung in Mitteleuropa sich das Gesetz des Handelns nicht aus der Hand nehmen zu lassen. [...] Es wäre bedenklich, in der Sache selbst den Darlegungen Breschnews aus Vorurteil nur Mißtrauen und Ablehnung entgegenzubringen, eben weil von sowjetischer Seite nichts Gutes kommen könne. Unabhängig von allen taktischen Erwägungen, die bei den Sowjets mitspielen, darf ohne wishful thinking angenommen werden, daß die Sowjetunion ein echtes eigenes Interesse hat, die Lage in Mitteleuropa auch durch beschränkte Truppenreduzierung zu konsolidieren, um so die eigene Sicherheit in diesem der Sowjetunion vorgelagerten Raum zu verstärken. Sicherlich besteht auch das Bestreben, diesen Weg gleichzeitig dafür nutzbar zu machen, um die Amerikaner aus Europa zu verdrängen bzw. ihnen den allmählichen Rückzug zu erleichtern. Aber diese Tendenz findet ihre natürliche Beschränkung in der Erkenntnis der Führung der SU, daß sich die sowjetischen Streit-

182

**Botschafter z. b. V. Northe, z. Z. Washington,
an das Auswärtige Amt**

Fernschreiben Nr. 1130　　　　　　　　　　Aufgabe: 21. Mai 1971, 19.00 Uhr[1]
　　　　　　　　　　　　　　　　　　　　Ankunft: 22. Mai 1971, 06.25 Uhr

Auch für Bundeskanzleramt, BMBW, BMPost, Diplogerma Paris, London, Rom, Bern, Brüssel, Den Haag, Madrid, Ottawa, Neu Delhi, Tokio

Delegationsbericht Nr. 8 (Schlußbericht)

Betr.: Dritte Intelsat-Konferenz[2]

Die Verhandlungen über die beiden Intelsat-Übereinkommen[3] wurden am 21. Mai erfolgreich abgeschlossen. Nach einigen kritischen Tagen, in denen die Konferenz mehrmals zu scheitern drohte, ist somit das Werk von mehr als zwei Jahren vollendet. Die Schlußabstimmung ergab 73 Stimmen für das Vertragswerk bei vier Enthaltungen (Frankreich, Monaco, Madagaskar, Mexiko). Das Abkommen liegt ab 20.8.1971 in Washington zur Unterzeichnung aus.

I. Bedeutung der Übereinkommen:

Die Intelsat-Verträge (das Regierungs-Übereinkommen und das Betriebs-Übereinkommen) regeln zum ersten Mal in der Geschichte der zwischenstaatlichen Beziehungen die kommerzielle Zusammenarbeit souveräner Staaten. Die Form der neuen Intelsat-Organisation hat gewisse Ähnlichkeit mit einer Aktiengesellschaft. Den „Großaktionären" USA (z. Zt. 46,8 Prozent der Investitionsanteile, Ende 1972 voraussichtlich 38 Prozent) und Großbritannien (9,7 Prozent) stehen eine große Anzahl von Entwicklungsländern mit 0,05 Prozent gegenüber. Die Bundesrepublik steht mit z. Zt. 3,01 Prozent an 5. Stelle hinter den USA, Großbritannien, Japan und Kanada.

Fortsetzung Fußnote von Seite 836
　kräfte in entsprechendem Maßstab (Problem der Asymmetrie) dann auch aus Osteuropa, vor allem aus der DDR, zurückziehen müßten. Ob man sich dies angesichts der Erfahrungen in Ungarn, der ČSSR und Polen leisten zu können glaubt, steht dahin." Vgl. VS-Bd. 4555 (II B 2); B 150, Aktenkopien 1971.

20 Paraphe vom 25. Mai 1971.

[1] Hat Vortragendem Legationsrat Randermann am 24. Mai 1971 vorgelegen.

[2] Die dritte Konferenz des „International Telecommunications Satellite Consortium" (Intelsat) tagte vom 14. April bis 21. Mai 1971 in Washington. Sie setzte zunächst zwei Ausschüsse zu Beratungen über die Entwürfe für ein Regierungs- bzw. ein Betriebsabkommen ein, die ihre Arbeit am 3. Mai 1971 beendeten. Ab 7. Mai 1971 wurden die Entwürfe im Plenum erörtert. Vgl. dazu den Drahtbericht Nr. 956 des Botschafter z. b. V. Northe vom 5. Mai 1971; Referat III A 7, Bd. 499.

[3] Eine von der zweiten Intelsat-Konferenz vom 16. Februar bis 20. März 1970 in Washington eingesetzte Arbeitsgruppe befaßte sich im Verlaufe des Jahres 1970 mit der Ausarbeitung von Entwürfen für ein Regierungs- sowie für ein Betriebsabkommen über ein weltweites Fernmeldesatellitensystem. Am 18. Dezember 1970 informierte Botschafter z. b. V. Northe, z. Z. Washington, über den Abschluß der Arbeiten: „Der Arbeitsgruppe ist es im großen und ganzen gelungen, den ihr gestellten Aufgaben gerecht zu werden und einheitliche Vertragsentwürfe fertigzustellen." Einige wichtige Fragen hätten jedoch noch nicht geklärt werden können und würden der Intelsat-Konferenz zur Entscheidung überlassen. Vgl. den Drahtbericht Nr. 2643; Referat I A 6, Bd. 155.

Das Vertragswerk dürfte als Rahmen bzw. Muster für die künftige technologische und wirtschaftliche Zusammenarbeit der Staaten im Weltraum wie auch für die Erschließung der Bodenschätze des Meeresgrundes (Konferenzbeginn voraussichtlich 1974) dienen.

II. Verlauf der Konferenz:

1) Als 1964 das Interimsabkommen abgeschlossen wurde[4], gab es zunächst nur elf Vertragsstaaten. Die USA hatten mit 65 Prozent die eindeutige Vorherrschaft in der Organisation. Inzwischen ist die Zahl der Mitgliedstaaten auf 79 angewachsen. Der Drang der mittleren und kleinen Staaten nach angemessener Mitsprache in der neuen Organisation war das beherrschende Thema der gesamten Konferenz. Dabei haben die Delegationen Kanadas, Indiens und der Bundesrepublik eine führende Rolle gespielt und die von der europäischen Gruppe (CETS) ausgearbeiteten Vorschläge[5] weitgehend durchgesetzt. Sie wurden von einem Teil der europäischen Staaten und zahlreichen Delegationen der Dritten Welt unterstützt.

Die erste Konferenzrunde im Frühjahr 1969 endete mit einer völligen Isolierung der USA, die sich gegen den Wunsch aller anderen Staaten stemmten, der Organisation eine eigene Rechtspersönlichkeit zuzugestehen.[6] Erst Monate später gaben die Amerikaner nach. In der zweiten Konferenzrunde 1970 mußten die USA – erneut unter dem Druck der oben genannten Staatengruppe – weitere Zugeständnisse machen. Durch Vermittlung Australiens und Japans wurde ein Kompromißpaket ausgehandelt. Darin wurde festgelegt, daß die amerikanische Gesellschaft Comsat nach einer Übergangsperiode durch ein inter-

---

[4] Für den Wortlaut des Abkommens vomn 20. August 1964 zur Vorläufigen Regelung für ein weltweites kommerzielles Satelliten-Fernmeldesystem sowie des Sonderabkommens vgl. BUNDESGESETZBLATT 1965, Teil II, S. 1499–1520.

[5] Für den Entwurf der Europäischen Konferenz für Fernmeldeverbindungen durch Satelliten vom 15. Februar 1969 für ein Intelsat-Abkommen vgl. Referat I A 6, Bd. 268.

[6] Die erste Intelsat-Konferenz über den Abschluß eines neuen Abkommens über das Fernmelde-Satellitensystem fand vom 24. Februar bis 21. März 1969 in Washington statt. Umstritten war vor allem die Frage des Management im Intelsat-Konsortium, die nach dem vorläufigen Abkommen vom 20. August 1964 von der amerikanischen Privatgesellschaft Comsat wahrgenommen wurde. Am 3. März 1969 berichtete Botschafter z. b. V. Northe, z. Z. Washington, über die amerikanischen Entwürfe für ein Regierungsabkommen und ein Abkommen der Fernmeldegesellschaften, diese hätten „wegen ihrer extremen Position bei vielen Konferenzteilnehmern Erstaunen hervorgerufen. Vielfach erscheint unverständlich, was die Vereinigten Staaten bewogen hat, diesen Entwurf, der sich die Interessen von Comsat in krasser Form zu eigen macht, gerade jetzt einzubringen, nachdem sich ein großer Teil der Delegationen für eine Reform des jetzigen Systems ausgesprochen hat. Der amerikanische Vorschlag läuft nicht nur auf eine unbefristete Fixierung der gegenwärtigen Monopolsituation durch Verbot von Regionalsystemen, sondern auf deren Ausweitung auf alle Gebiete der Nutzsatellitentechnik hinaus." Der Entwurf enthalte als Vorschläge: „1) Intelsat bleibt wie bisher ein nicht-rechtsfähiges Konsortium amerikanischen Rechts. 2) Es werden vorgeschlagen: eine Versammlung, ein Gouverneursrat und ein Manager." Dabei sei sowohl für die Versammlung als auch den Gouverneursrat ein Vetorecht der USA vorgesehen; Comsat solle weiterhin Manager bleiben. Vgl. den Drahtbericht Nr. 512; Referat I A 6, Bd. 268.
Die Bundesrepublik, Indien und Kanada brachten – von vielen Staaten unterstützte – Reformvorschläge vor, die die Bildung einer internationalen Organisation „mit einer Versammlung, einem Rat und einem Angehörigen aller Mitgliedländer offenen Verwaltungsstab" vorsahen: „Comsat soll gewisse technische Funktionen auf Vertragsbasis weiter ausüben, seine übrigen Aufgaben jedoch gemäß einem abgestuften Überleitungsprogramm an einen internationalen Stab übertragen." Vgl. den Schlußbericht von Northe, der am 14. April 1969 dem Bundespräsidialamt, dem Bundeskanzleramt, den Bundesministerien sowie den Auslandsvertretungen übermittelt wurde; Referat I A 6, Bd. 268.

838

nationales Management ersetzt werden soll.[7] Ferner wurden die Funktionen der einzelnen Intelsat-Organe (Versammlung der Regierungsvertreter, Versammlung der Fernmeldeträger, Gouverneursrat und Exekutivorgan) voneinander abgegrenzt.[8]

2) Die nunmehr abgeschlossene dritte Konferenzrunde wurde von der unnachgiebigen Haltung der US-Delegation geprägt, die wiederholt erklärte, ihr Kompromißspielraum sei endgültig erschöpft, eine vierte Konferenz werde es nicht mehr geben. Wenn man sie mit weiteren Forderungen konfrontiere, würden die USA das Vertragswerk nicht unterzeichnen können. Unter dem Eindruck dieses energischen und von diplomatischen Demarchen unterstützten amerikanischen Widerstandes waren für die meisten Staaten die noch ausstehenden Forderungen, vor allem die, die Befugnisse der Versammlung der Regierungsvertreter zu stärken, nicht so gewichtig, um deswegen das Verhandlungsergebnis von zwei Jahren aufs Spiel zu setzen. Zudem war klar zu erkennen, daß sich im amerikanischen Lager die Meinung verstärkte, es sei für die amerikanischen Interessen vorteilhafter, die Konferenz ergebnislos abzubrechen und beim Interimsübereinkommen zu bleiben.

In der Versammlungsfrage versuchten schließlich nur noch Frankreich, Schweden und die Schweiz, mit Unterstützung arabischer und afrikanischer Staaten, von den Amerikanern weitere Zugeständnisse zu erzwingen. Diese Versuche waren zum großen Teil mangelhaft vorbereitet. Die französische Delegation manövrierte sich durch eine Vielzahl nebensächlicher und schlecht redigierter Änderungsvorschläge bei teilweise verheerenden Abstimmungsniederlagen in eine Außenseiterstellung, die nicht nur ihr selbst, sondern dem gesamten europäischen Lager geschadet hat. Von 19 Änderungsanträgen, die Frankreich zum größten Teil allein einbrachte, wurden nur zwei von geringer Bedeutung angenommen. Es war für die deutsche Delegation schwierig, bei den Abstimmungen für diese französischen Anträge eine Linie einzuhalten, die, ohne unsere eigenen Konferenzziele zu gefährden, die französische Delegation nicht brüskierte. Wir mußten nämlich befürchten, daß die Franzosen von sich aus in der Frage der Regionalsysteme eine Debatte über die Interpretation des Art. XIV (d)[9] vom Zaune brechen und somit die gesamte europäische Post-Apollo-Aspi-

---

[7] Die zweite Intelsat-Konferenz fand vom 16. Februar bis 20. März 1970 in Washington statt. Am 7. März 1970 informierte Botschafter z. b. V. Northe, z. Z. Washington, daß die USA einen Vorschlag zur Managementfrage vorgelegt hätten, der die von der Bundesrepublik „immer befürwortete Einführung eines Generaldirektors mit umfassender Verantwortung und internationalem Stab für die endgültige Periode vorsieht". Vgl. den Drahtbericht Nr. 518; Referat I A 6, Bd. 155.

[8] Am 23. Juni 1970 notierte Ministerialdirigent Robert zum Stand der Intelsat-Gespräche: „Gegen außerordentlich zähen amerikanischen Widerstand konnten in langwierigen Verhandlungen erreicht werden: die Internationalisierung des Managements (nach einer 6-jährigen Übergangsperiode); die grundsätzliche Zulässigkeit separater (auch europäischer) Fernmeldesysteme als Ergänzung des Intelsat-Systems; eine Begrenzung des amerikanischen Stimmenanteils im Gouverneursrat der neuen Organisation auf maximal 40%; die Bindung jeder Erweiterung des Tätigkeitsbereichs der Organisation auf Sondergebiete (Beispiele: Navigations-, Wetter- oder Bodenforschungssatelliten) an die Zustimmung der Versammlung von Regierungsvertretern." Vgl. Referat I A 6, Bd. 155.

[9] Zu Artikel XIV (d) des Entwurfs für ein Intelsat-Abkommen vgl. Dok. 63, Anm. 5.

rationen[10] aufs Spiel setzen würden, wenn sie sich nicht nur im ständigen Widerspruch zur britischen und italienischen, sondern auch zur deutschen Delegation gesehen hätten.

III. Das abschließende Kompromißpaket:

Nach der ersten Lesung in den Ausschüssen und der zweiten durch die Vollkonferenz waren acht strittige Artikel übriggeblieben, die nicht die vorgeschriebene Zweidrittel-Mehrheit gefunden hatten. Sie wurden in den letzten Tagen in einer engeren Verhandlungsgruppe von 23 Staaten, einschließlich der deutschen Delegation, als Paket ausgehandelt.

Bis zum Schluß beharrten die USA darauf, die Klausel über Vertragsänderungen so zu gestalten, daß Vertragsänderungen nur mit einer Zweidrittel-Mehrheit von Mitgliedsstaaten plus Zweidrittel der Investitionsanteile angenommen werden sollten. Die kleinen und mittleren Staaten, und hier insbesondere die Vertreter Lateinamerikas, erklärten demgegenüber, daß für sie nicht nur ein amerikanisches Vetorecht, sondern auch jede Berücksichtigung von Investitonsanteilen unannehmbar sei. Die schließlich ausgehandelte Lösung verbindet auf der Basis eines chilenisch-venezuelanischen Kompromisses beide Standpunkte dergestalt, daß alternativ der Vertrag auch von 85 Prozent aller Mitgliedsstaaten ohne Rücksicht auf ihre Investitionsanteile abgeändert werden kann.

Die zunächst so hart umstrittene Frage der Kompetenzen der Versammlung der Regierungsvertreter wurde durch eine abgeänderte Form des deutschen Kompromißvorschlages (vgl. Delegationsbericht Nr. 7, II)[11] gelöst, ohne daß es zu einer echten Erweiterung der Zuständigkeiten der Versammlung gekommen wä-

---

[10] Zu den Verhandlungen einer Delegation der Europäischen Weltraumkonferenz mit den USA über die Möglichkeiten einer Zusammenarbeit am künftigen amerikanischen Weltraumprogramm vgl. Dok. 63.
Zum Problem der Regionalsysteme im Zusammenhang mit den Post-Apollo-Verhandlungen notierte Ministerialdirigent Lebsanft am 8. April 1971, die am 22. März 1971 in Paris beschlossenen europäischen Vorschläge sollten sicherstellen, „daß die Versammlung der Regierungsvertreter von Intelsat keine Kompetenz besitzt, im Wege über zwar unverbindliche, aber politisch dennoch gewichtige Empfehlungen ein Regionalsystem zu billigen. Sie hat lediglich eventuelle Einwendungen gegen grundsätzlich zulässige Regionalsystem zu äußern. Die Bedeutung des neuen Textes liegt darin, daß klargestellt wird, daß für die Ablehnung eines Regionalsystems eine Mehrheit von 2/3 erforderlich ist, während nach neuer amerikanischer Auslegung des Art[ikels] XIV einem Drittel der Intelsat-Mitglieder ein Vetorecht eingeräumt werden soll. Das eigentliche europäische Anliegen geht dahin, die Ausgangslage bei den P[ost]AP[ollo]-Verhandlungen zu verbessern und zu erreichen daß im Rahmen von Post-Apollo die USA eine Zurverfügungstellung von amerikanischen Trägerraketen für europäische Zwecke unter Berufung auf Art[ikel] XIV wenn überhaupt, dann höchstens verweigern könnten, falls sich tatsächlich 2/3 der Mitglieder von Intelsat gegen ein Regionalssystem aussprechen sollten". Vgl. Referat III A 7, Bd. 499.
Der Vorschlag wurde am 21. April 1971 dem Staatssekretär im amerikanischen Außenministerium vorgelegt. Johnson habe „ausweichend geantwortet, aber erkennen lassen, daß die Vereinigten Staaten den Änderungsvorschlag von CETS nicht annehmen würden". Vgl. den Drahtbericht Nr. 825 des Botschafters z. b. V. Northe; Referat III A 7, Bd. 499.

[11] Botschafter z. b. V. Northe, z. Z. Washington, berichtete, die USA hätten „ein umfangreiches Papier vorgelegt, in dem sie ultimativ eine Reihe von Änderungen verlangen und androhen, andernfalls das Übereinkommen nicht zu unterzeichnen. Demgegenüber steht die Tendenz einer starken Gruppe meist kleinerer Staaten, die versuchen, die Kompetenzen der Versammlung, die Auftragsvergabe und die Abänderung des Übereinkommens in ihrem Sinne zu verbessern." Zur Frage der Kompetenzen der Versammlung habe die Delegation der Bundesrepublik „einen Kompromißvorschlag eingebracht, nach dem der Gouverneursrat verpflichtet ist, den Empfehlungen der Versammlung besonderes Gewicht beizumessen. Dieser deutsche Vorschlag fand sofort eine unerwartet starke Zustimmung." Vgl. den Drahtbericht Nr. 1003; Referat III A 7, Bd. 499.

re. Sie bleibt im wesentlichen auf Empfehlungen an die übrigen Organe der Organisation beschränkt.

Die Definition der „öffentlichen Fernmeldedienste" wurde gegen den Widerstand der europäischen Staaten (Ausnahmen: Italien, Spanien, Griechenland und Portugal) so formuliert, daß sie nunmehr auch den künftigen öffentlichen Fernmeldeverkehr mit Schiffen und Flugzeugen einschließt. Dagegen müssen die reinen Sonderdienste, wie z. B. die Flugkontroll- und Navigationssatelliten, einschließlich der sogenannten gemischten Satelliten vor ihrer Einführung in das Intelsat-System über die Genehmigung durch den Gouverneursrat hinaus von der Versammlung der Regierungsvertreter ausdrücklich gebilligt werden.

Bei der künftigen Auftragsvergabe der Organisation erreichten die nichtamerikanischen Industriestaaten, daß der Grundsatz der Förderung eines weltweiten Angebots in bestimmten Grenzen zu berücksichtigen ist (vgl. Delegationsbericht Nr. 6, II).[12]

Die Kapitaldecke der Organisation wurde amerikanischen Forderungen entsprechend auf 500 Mio. Dollar festgesetzt. Auf dem Gebiet der Erfindungen und technischen Daten erwirbt Intelsat künftig grundsätzlich nur noch nichtexklusive Lizenzen. Für Sonderfälle wurde eine hinreichend eng umgrenzte Ausnahmeregelung vereinbart.

In der Beitrittsfrage blieb es nach der Abstimmungsniederlage der Anhänger der Allstaatenklausel zu Beginn der Konferenz (vgl. Delegationsbericht Nr. 3)[13] bei der Regelung, daß nur Mitglieder der Internationalen Fernmeldeunion (ITU) dem Abkommen beitreten können.

Die zwischen den USA und Europa im Rahmen der Post-Apollo-Verhandlungen strittige Auslegung des in seiner Fassung unveränderten Art. XIV (Regionalsysteme) wurde von beiden Seiten nicht angeschnitten und bleibt somit weiteren Gesprächen zwischen der europäischen Weltraumkonferenz und den USA vorbehalten. Sondierungen ergaben die Unterstützung des europäischen Standpunktes durch Japan und Indien.

IV. Zusammenfassende Wertung:

1) Das umfangreiche Vertragswerk trägt deutlich die Züge eines zäh ausgehandelten Kompromisses zwischen dem Ziel der USA, ihre politische und tech-

---

[12] Botschafter z. b. V. Northe, z. Z. Washington, teilte am 5. Mai 1971 mit: „Versuche der mittleren Industriestaaten, den allgemein akzeptierten Grundsatz der offenen internationalen Ausschreibung im Interesse der Förderung außeramerikanischer Industrien geringfügig in Art[ikel] XIII Absatz b, einzuschränken, waren in den Sitzungen der Intelsat-Arbeitsgruppe des vergangenen Jahres stets an dem heftigen Widerstand der kleineren Entwicklungsländer gescheitert." Es sei gelungen, die von den europäischen Staaten gewünschte Formulierung in dem zur Beratung des Regierungsabkommens eingesetzten Ausschuß mit der erforderlichen Mehrheit zu erreichen; angesichts des Widerstandes einiger der Entwicklungsländer werde sie aber vermutlich „im Plenum weiter umstritten bleiben und möglicherweise noch abgeändert werden". Vgl. den Drahtbericht Nr. 956; Referat III A 7, Bd. 499.

[13] Am 26. April 1971 berichtete Botschafter z. b. V. Northe, z. Z. Washington, daß ein von der Intelsat-Konferenz eingesetzter Ausschuß den Entwurf eines Regierungsabkommens beraten habe. Dabei hätten Algerien, Chile, Kuwait und Venezuela „im Rahmen der Präambel beantragt, daß nicht nur Mitgliedern der ITU, sondern ‚allen Völkern' die Möglichkeit offenstehen soll, im Intelsatsystem zu investieren. Im Falle einer Annahme dieses Antrages wäre die Beitrittsfrage im Sinne der Allstaatenklausel präjudiziert worden." Der Antrag sei aber „mit 37 gegen 10 Stimmen bei 7 Enthaltungen abgelehnt" worden. Vgl. den Drahtbericht Nr. 851; Referat III A 7, Bd. 499.

nologische Vormachtstellung zu bewahren, dem Wunsch der Entwicklungsländer nach möglichst viel Mitsprache und finanzieller Bevorzugung und dem Anliegen der außeramerikanischen Industriestaaten nach Kontrolle des amerikanischen Managements, Beteiligung an Aufträgen und Verteilung des technischen Know-how. Die europäischen Staaten waren darüber hinaus daran interessiert, die Projekte einer europäischen Zusammenarbeit auf dem Weltraumgebiet (Regionalsystem, ATC-Satellit) nicht zu gefährden. Eine einheitliche Linie konnte unter ihnen nur selten gewahrt werden. Während Spanien vor allem nach Lateinamerika blickte und Italien der amerikanischen Linie in besonders starkem Maße folgte, handelte Frankreich mit dem Ziel, den Verhandlungen wie auch der künftigen Intelsat-Organisation größtmögliche Schwierigkeiten zu bereiten. Großbritannien löste sich schon im frühen Stadium der Konferenz von den USA und näherte sich ganz bewußt seinen kontinentaleuropäischen Partnern. Ähnlich wie die deutsche Delegation ließ es sich von der Erkenntnis leiten, daß eine zusätzliche Einschränkung des amerikanischen Übergewichts in der Organisation nur für den Preis der Abhängigkeit Europas von den zahlenmäßig überwiegenden Entwicklungsländern zu erreichen gewesen wäre.

2) Am 21. Mai zeichneten bzw. paraphierten die Vertreter von 77 Staaten, einschließlich Frankreich und der Bundesrepublik, die Schlußakte der Konferenz in einer feierlichen Zeremonie im State Department.[14] Die Verträge selbst wurden weder paraphiert noch unterzeichnet.[15]

Zuvor wandte sich Präsident Nixon in Gegenwart von Außenminister Rogers in einer Ansprache an die Konferenz. Er betonte das besondere Interesse der USA an einer Entwicklung der friedlichen Zusammenarbeit in der Welt. Dieses Interesse sei auch in der gemeinsamen Erklärung der Regierung der UdSSR und der USA zu den SALT-Abrüstungsgesprächen[16] zum Ausdruck gekommen. Es handele sich darum, ein internationales Gerüst für diese Zusammenarbeit zu schaffen. Hier liege die besondere Bedeutung des Intelsat-Systems, dem die Aufgabe zufalle, die „Informationslücke" in der Welt zu schließen. Angesichts des Mitgliederkreises von 79 Staaten sowie des kommerziellen und gouverne-

---

14 Für den Wortlaut der Schlußakte vgl. Referat III A 7, Bd. 499.
15 Die Intelsat-Abkommen (Regierungs- und Betriebsabkommen) wurden am 20. August 1971 in Washington von 54 Staaten unterzeichnet. Die Bundesrepublik nahm nicht teil, „da sowohl aus technischen als auch politischen Gründen eine Entscheidung des Kabinetts noch nicht herbeigeführt werden konnte". Dazu notierte Vortragender Legationsrat Randermann am 24. August 1971: „Die Abkommen treten am 20. April 1972 in Kraft, sofern sie bis zu diesem Zeitpunkt von etwa zwei Dritteln der 80 Mitgliedstaaten mit insgesamt zwei Dritteln der Investitionsanteile ratifiziert worden sind." Da 18 Staaten einschließlich der USA ohne Ratifikationsvorbehalt unterzeichnet hätten und bereits über 62 % der Investitionsanteile verfügten, sei es nicht ausgeschlossen, daß das Abkommen am 20. April 1972 in Kraft trete: „Nach diesem Inkrafttreten scheiden die bisherigen Mitgliedstaaten von Intelsat, die bis dahin nicht ratifiziert haben, aus. Sie können dann lediglich mit einem komplizierten finanziellen Verfahren beitreten." Die Bundesrepublik solle sich daher bemühen, das Abkommen bis dahin zu ratifizieren. Vgl. Referat III A 7, Bd. 499.
Das Übereinkommen über die Internationale Fernmeldesatellitenorganisation Intelsat sowie das Betriebsübereinkommen wurden am 12. Januar 1972 in Washington von Botschafter Pauls bzw. Staatssekretär Pausch, Bundesministerium für das Post- und Fernmeldewesen, unterzeichnet. Für den Wortlaut vgl. BUNDESGESETZBLATT 1973, Teil II, S. 249–333.
16 Für die amerikanisch-sowjetische Erklärung vom 20. Mai 1971 vgl. Dok. 219.

mentalen Doppelcharakters der Intelsat-Organisation sei der erfolgreiche Konferenzabschluß als „a unique and vital breakthrough" zu werten.[17]

3) Das jahrelange Ringen um das endgültige Intelsat-Abkommen und die Ansprache von Präsident Nixon kennzeichnen einmal mehr die große Bedeutung, welche die USA dem weltweiten Intelsat-Fernmeldesatellitensystem beimessen. Die besonderen technologischen, wirtschaftlichen und politischen Aspekte dieses sich ständig ausdehnenden Systems sowie sein Monopolcharakter unterstreichen die Notwendigkeit, daß die zuständigen Ressorts auch weiterhin die Interessen der Bundesrepublik in dieser Organisation mit Nachdruck vertreten.

[gez.] Northe

Referat III A 7, Bd. 499

183

Gesandter Lüders, Moskau, an das Auswärtige Amt

Z B 6-1-12008/71 VS-vertraulich 22. Mai 1971[1]
Fernschreiben Nr. 996 Aufgabe: 23. Mai 1971, 10.00 Uhr
Cito

Betr.: Sowjetische Entspannungs-Offensive
Bezug: DB Nr. 995 vom 22.5.71[2]

1) Auf Grund der zielsetzenden Parteikongreß-Rede Breschnews[3] erfährt jetzt die außenpolitische Aktivität der SU vor der Lissabonner NATO-Tagung[4] eine zunehmende Dichte:

---

[17] Für den Wortlaut der Ausführungen des Präsidenten Nixon vgl. PUBLIC PAPERS, NIXON 1971, S. 652–654.

[1] Hat Ministerialdirigent Lahn vorgelegen, der die Weiterleitung an Referat II A 3 verfügte.
Hat Vortragendem Legationsrat Freiherr von Groll am 24. Mai 1971 vorgelegen.

[2] Gesandter Lüders, Moskau, berichtete über ein Gespräch mit dem Stellvertretenden Abteilungsleiter im sowjetischen Außenministerium, Tokowinin, in dessen Mittelpunkt die Rede des Generalsekretärs des ZK der KPdSU, Breschnew, am 14. Mai 1971 in Tiflis gestanden habe. Tokowinin habe ausgeführt, „er hoffe, der Westen werde erkennen, daß die Sowjetunion auf breiter Front zur Entspannung entschlossen sei. Es gäbe jetzt schon fünf Parallelen, um die drei Parallelen von Gromyko (Berlin-Verhandlungen, Ostverträge, KSE) um noch zwei zu erweitern: nämlich statt SAL-Talks künftig SAL-Verhandlungen und hoffentlich auch bald MBFR-Gespräche. Ich fragte T[okowinin], ob ich das so verstehen könne, daß nach sowjetischer Ansicht die MBFR-Gespräche keinen Zusammenhang mit dem Projekt der KSE hätten und getrennt aufzunehmen seien. Er erwiderte, daß er diese Frage nicht beantworten könne, weil man sich auf sowjetischer Seite hierüber wohl selbst noch nicht klar sei und zunächst die Reaktion von Lissabon abwarten wolle. Entscheidend sei aber, daß der Westen die MBFR-Verhandlungen nicht auch noch durch ein Junktim zur Berlin-Frage lahmlege." Vgl. VS-Bd. 4606 (II A 3); B 150, Aktenkopien 1971.

[3] Für den Wortlaut des Rechenschaftsberichts des Generalsekretärs des ZK der KPdSU, Breschnew, vom 30. März 1971 auf dem XXIV. Parteitag der KPdSU in Moskau vgl. EUROPA-ARCHIV 1971, D 232–248 (Auszug).

a) Schumanns Besuch in Moskau[5] gab Gelegenheit, die Einstellung des in sowjetischen Augen schwächsten Gliedes der drei westlichen Verhandlungsgegner zur Berlin-Frage eingehend abzutasten; Gastgeschenk des französischen Außenministers: Annahme des finnischen Vorschlags von Botschafter-Gesprächen in Helsinki[6] zur Vorbereitung der KSE.[7]

b) In den Berliner Verhandlungen erklärte sich Abrassimow überraschend mit Beauftragung der Botschaftsräte einverstanden, im einzelnen festzustellen, inwieweit Kompromiß-Möglichkeiten zwischen dem westlichen und dem sowjetischen Entwurf[8] bestehen.[9]

c) Die Tiflis-Rede Breschnews[10] ist ein Akt von weittragender Bedeutung, weil sie trotz der nur vagen Redewendungen die sowjetische Bereitschaft herausstellt, auch in Verhandlungen zu MBFR-Fragen einzutreten, wie immer diese aussehen mögen.

d) Zwei Tage später folgte das Gespräch Beam/Gromyko[11], dessen beschleunigtes Zustandekommen das sowjetische Interesse zeigt, die Dinge zu forcieren.

e) Der Besuch Honeckers und Stophs in Moskau[12] läßt nach dem Kommuniqué den Schluß zu, daß die Sowjets gewillt sind, sich nicht durch harte Formulierungen in der Berlin-Frage festzulegen; anzunehmen ist, daß auch die Implikationen der Vorschläge Breschnews besprochen wurden.

f) Weltpolitische Bedeutung kommt der in diesem Zeitpunkt unerwarteten sowjetisch-amerikanischen Verabredung zu, die SAL-Talks in SAL-Verhandlungen zu überführen.[13]

g) Bei den Gesprächen mit Trudeau in Moskau dürfte die Frage des Truppenrückzugs für die Sowjetführer der wichtigste Punkt gewesen sein; Kossygins Tischrede deutet darauf hin.[14] Der Besuch des Kanadiers unmittelbar vor Lis-

Fortsetzung Fußnote von Seite 843
4 Zur NATO-Ministerratstagung am 3./4. Juni 1971 in Lissabon vgl. Dok. 197.
5 Der französische Außenminister Schumann hielt sich vom 4. bis 7. Mai 1971 in der UdSSR auf. Zum Deutschland- und Berlin-Teil der Gespräche vgl. Dok. 165, Anm. 13.
6 Am 29. Juli 1970 griff das finnische Außenministerium den Gedanken von Botschaftergesprächen in der Hauptstadt eines neutralen Staates zur Vorbereitung einer Europäischen Sicherheitskonferenz auf. Die finnische Regierung sei bereit zu prüfen, „ob eine derartige formlose Begegnung in dem Prozeß der euopäischen Sicherheitsgespräche als Vorbereitungsphase angebotet wäre. Wenn z. B. der Gedanke, die Begegnungen auf Missionschefsebene in Helsinki zu arrangieren, allgemeine Zustimmung finden würde, ist die finnische Regierung bereit, Maßnahmen zur Organisierung derartiger Begegnungen zu ergreifen." Vgl. SICHERHEIT UND ZUSAMMENARBEIT, S. 236.
Vgl. dazu ferner das finnische Aide-mémoire vom 24. November 1970; Dok. 11, Anm. 14.
7 Zu den Ausführungen des französischen Außenministers Schumann gegenüber dem sowjetischen Außenminister Gromyko in Moskau hinsichtlich einer Europäischen Sicherheitskonferenz vgl. Dok. 172, Anm. 13.
8 Für den Entwurf der Drei Mächte vom 5. Februar 1971 für eine Berlin-Regelung vgl. Dok. 52.
Zum sowjetischen Entwurf vom 26. März 1971 für eine Berlin-Regelung vgl. Dok. 110 und Dok. 131.
9 Vgl. dazu das 19. Vier-Mächte-Gespräch über Berlin am 7. Mai 1971; Dok. 159.
10 Zur Rede des Generalsekretärs des ZK der KPdSU, Breschnew, am 14. Mai 1971 in Tiflis vgl. Dok. 181, besonders Anm. 2.
11 Zum Gespräch des amerikanischen Botschafters in Moskau, Beam, mit dem sowjetischen Außenminister Gromyko am 17. Mai 1971 in Moskau vgl. Dok. 181, Anm. 9.
12 Zum Besuch des Ersten Sekretärs des ZK der SED, Honecker, und des Vorsitzenden des Ministerrats, Stoph, am 18. Mai 1971 in Moskau vgl. Dok. 180, Anm. 3.
13 Vgl. dazu die amerikanisch-sowjetische Erklärung vom 20. Mai 1971; Dok. 219.
14 Ministerpräsident Trudeau hielt sich vom 17. bis 28. Mai 1971 in der UdSSR auf.
Zur Tischrede des Ministerpräsidenten Kossygin vom 18. Mai 1971 vgl. Dok. 181, Anm. 10.

sabon kommt gelegen; weiß man doch, daß der Gast schon frühzeitig für völligen Rückzug der kanadischen Truppen aus Europa eingetreten ist.

2) a) Diese Verdichtung der diplomatischen Aktivitäten läßt eine breit angelegte, klug vorbereitete sowjetische Entspannungsoffensive für Europa erkennen. Der Westen, der bisher in den aktuellen gesamteuropäischen Fragen wegen Berlin hinhaltend taktierte, wird in seiner Gesamtposition herausgefordert.

b) Wenn es auch schwerfällt, schon jetzt einen einzelnen Vorstoß – wie die Tiflis-Rede von Breschnew – nach Inhalt und Tragweite voll auszuloten, so würde man doch nach hiesiger Sicht der sowjetischen Gesamtaktion und ihren Motiven nicht gerecht, wollte man die jetzt bekundete Aufgeschlossenheit gegenüber MBFR-Fragen nur als ausschließlich taktisches Manöver werten, dazu bestimmt, das westliche pièce de résistance – die Berlin-Verhandlungen – zu umgehen und/oder die DDR in das internationale MBFR-Gespräch einzubeziehen.

c) Wir stehen offenbar vor dem sowjetischen Versuch, die Entspannung in Europa – was immer an außenpolitischen Fernzielen damit verknüpft sein mag – in ganzer Breite voranzutreiben und sich hierbei nicht durch die Berlin-Frage aufhalten zu lassen.

3)a) Die Stoßrichtung auf den westlichen Vorschlag der MBFR[15] ist äußerst geschickt gewählt. Denn gerade hier dürfte es den NATO-Staaten am schwersten fallen, eine Einheitsfront im Interesse erfolgreicher Berlin-Verhandlungen zu wahren, wie das bisher gegenüber dem KSE-Projekt gelungen ist. Haben doch europäische Staatsmänner bereits in der jüngeren Vergangenheit klar zu erkennen gegeben, daß sie Fortschritten in einer MBFR mehr Gewicht beimessen als einer farblosen KSE, die eher klimatische Bedeutung hat und im übrigen in ihren politisch-psychologischen Risiken schwer abschätzbar ist.

b) Geschickt ist auch die sowjetische Taktik, sich zum Inhalt ihres Eingehens auf die MBFR-Gespräche und Verhandlungen noch nicht in irgendeiner Richtung festzulegen. Man wartet zunächst einmal die Reaktion der einzelnen NATO-Staaten und ihre Meinungsdifferenzen in Lissabon ab, wie auch immer diese durch gemeinsamen Beschluß zusammengekittet werden mögen. Erst dann sind sowjetische Gegenvorschläge zu erwarten, welche die schwachen Stellen des westlichen Kompromisses aufs Korn nehmen werden.

4) Die flankierende Bedeutung der jetzt erklärten Bereitschaft zu SAL-Verhandlungen dürfte darin bestehen, der Regierung der USA – ebenso der dortigen Opposition – klarzumachen,

a) daß wie bei SALT auch bei evtl. MBFR-Verhandlungen größere[16] Interessen auf dem Spiel stehen als der bloße Erfolg etwaiger Berlin-Verhandlungen;

---

[15] Vgl. dazu die Erklärung der Außenminister und Vertreter der am NATO-Verteidigungsprogramm beteiligten Staaten vom 25. Juni 1968 („Signal von Reykjavik") vgl. Dok. 46, Anm. 7.
Vgl. dazu ferner die „Erklärung über gegenseitige und ausgewogene Truppenreduzierung" der Minister der am integrierten NATO-Verteidigungsprogramm beteiligten Staaten vom 27. Mai 1970 in Rom; NATO FINAL COMMUNIQUES, S. 237f. Für den deutschen Wortlaut vgl. EUROPA-ARCHIV 1970, D 318f. Für einen Auszug vgl. Dok. 56, Anm. 4.
[16] Korrigiert aus: „größes".

b) daß Washington jetzt bekennen muß, ob die Nixon-These „negotiation instead of confrontation"[17] in den gewichtigen Fragen der Rüstungs- und Truppenbeschränkung Priorität hat vor taktischen Erwägungen;

c) daß wie bei SALT auch hier für die USA echte Chancen bestehen, die schweren finanziellen Lasten der Rüstung und Truppenunterhaltung in Europa zu vermindern. Daß die SU selbst an einer finanziellen Entlastung ihres angespannten Budgets lebhaft interessiert ist, macht die sowjetische Bereitschaft, in MBFR-Verhandlungen einzutreten, in amerikanischen Augen nur glaubwürdiger.

5) Die Überzeugung von der Ernsthaftigkeit der Breschnew'schen Vorschläge greift in Kreisen der hiesigen westlichen Botschafter um sich (leichte Vorbehalte bei Seydoux!). Gleichwohl dürfen Momente nicht übersehen werden, die für die Aktion lediglich mehr Manövrier-Terrain für ihre sonstigen Projekte zu gewinnen[18]:

a) die eventuelle Aufnahme von MBFR-Verhandlungen brächte, auch wenn sie später scheitern oder versanden sollten, zwei langerstrebte Positionsvorteile für die SU:

aa) mit diesem Präzedenzfall wären die Berlin-Verhandlungen durch gleichzeitige parallele Verhandlungen anderer Art unterlaufen;

bb) eine internationale Aufwertung der DDR ist unvermeidlich, mag auch abgesichert werden können, daß die Teilnahme der DDR an MBFR-Verhandlungen keine völkerrechtliche Anerkennung darstellt;

b) die kurze Debatte Beam/Gromyko zum Thema Ausgewogenheit einer MBFR („balanced") läßt die mögliche Interpretation zu, daß die Sowjets trotz eventueller Aufnahme von Verhandlungen schon jetzt fest entschlossen sind, die Hürde der Ausgewogenheit nicht [zu] nehmen.

6 a) Die kommunistische Propaganda für die „sowjetische Friedensoffensive" wird weltweit voll zur Entfaltung kommen, wenn etwa die NATO in Lissabon Ansätze zeigen sollte, auch den jetzigen sowjetischen Vorschlag wieder in Abhängigkeit zur Berlin-Frage zu bringen; mein Gespräch mit Tokowinin (s. Bezug) gibt bereits einen Hinweis.

b) Healeys Bemerkung im englischen Parlament, man dürfe die MBFR-Frage nicht von den Berlin-Verhandlungen abhängig machen[19], ist hier registriert

---

17 Präsident Nixon erklärte am 22. Januar 1970 im Bericht zur Lage der Nation vor dem Kongreß: „If we are to have peace in the last third of the century, a major factor will be the development of a new relationship between the United States and the Soviet Union. I would not underestimate our differences, but we are moving with precision and purpose from an era of confrontation to an era of negotiation." Vgl. PUBLIC PAPERS, Nixon 1970, S. 9.

18 So in der Vorlage.

19 In einer Fragestunde im britischen Unterhaus warf der Abgeordnete Healey nach Ausführungen des britischen Außenministers Douglas-Home die Frage auf: „While the whole House will share the Foreign Secretary's view that there should be a settlement on Berlin as soon as possible, may I ask him whether he would not accept that when NATO first made its proposals in 1968 for mutual and balanced force reductions negotiated with the Warsaw Pact it did not settle on Berlin as a condition but this condition was set, in my view quite rightly, when the much wider question of a European Security Conference was raised by the Soviet Union? Is it not the case that in the last few days both Mr. Brehznev in the Soviet Union and Mr. Rogers in the United States have indicated a desire to hold an early conference on mutual and balanced force reductions without any preconditions regarding the holding of a European conference? Is he aware that Mr. Brehznev has re-

worden; man weiß, wie schwer es westlichen Regierungen fällt, ihrer jeweiligen Opposition und ihren eigenen Parteien überzeugende Argumente für eine im Interesse Berlins zögernde Haltung zu liefern.

c) Unsere eigene Haltung gegenüber diesem für uns besonders schmerzlichen Dilemma (Priorität Berlin oder parallele Verhandlungen) wird in Moskau aufmerksam zur Kenntnis genommen werden.

[gez.] Lüders

VS-Bd. 4604 (II A 3)

184

Aufzeichnung des Staatssekretärs Bahr, Bundeskanzleramt

Geheim 24. Mai 1971[1]

Betr.: Persönliche Gespräche mit StS Kohl am 21. Mai 1971

1) Kohl beschwerte sich über das neue Kursbuch der Bundesbahn. Trotz der Proteste bei Oeftering im Sommer 1970 und später in Dresden[2] werde unter der Verantwortung der Bundesbahn weiter von einem einheitlichen Verkehrsgebiet Deutschlands ausgegangen, Leipzig in den Binnenverkehr eingeordnet usw. Außerdem werde vom Bundesland Berlin gesprochen. Dies hinzunehmen, sei für die DDR ebenso wie für andere sozialistische Länder unzumutbar.

Kohl zeigte, mit der Bitte um Rückgabe, auch einen Prospekt von einer Ausstellung in Stockholm mit dem Titel „Med DB i Tyskland". Auch hier werde die DDR praktisch „vereinnahmt", was sich besonders in der ganzseitigen farbigen Karte dokumentiert, bei der im übrigen die Gebiete jenseits von Oder und Neiße auch farbig gehalten sind, während das übrige Ausland von der ČSSR bis zu den Niederlanden in weiß gehalten wird.

Fortsetzung Fußnote von Seite 846

cently stopped talking about a European Security Conference and talks simply about a European conference? Would the Foreign Secretary undertake on behalf of the Government to support any move inside the Western Alliance to move rapidly to negotiations on mutual and balanced force reductions quite separately, if necessary, from a general conference on Berlin as well?" Vgl. HANSARD, Bd. 817, Sp. 876.

[1] Ablichtung.
[2] Vom 19. bis 23. Oktober 1970 fanden in Dresden Gespräche zwischen Delegationen der Bundesbahn und der Deutschen Reichsbahn über den Reisezug-Jahresfahrplan statt. Dazu teilte die Hauptverwaltung der Bundesbahn am 9. November 1970 mit: „Die D[eutsche] R[eichsbahn] schnitt dann das allseits bekannte Thema Kursbuch an und wies besonders darauf hin, daß sie erneut beanstanden müsse a) ‚Fernverbindungen in Deutschland' (Kursbuchtabellen), b) ‚fehlende farbliche Unterscheidung und Bezeichnung als BRD und DDR' (Kursbuchkarte). Die Aussprache hierüber wurde nach kurzer Diskussion mit der Erklärung der D[eutschen] B[undesbahn] beendet, daß diese Forderungen der D[eutschen] R[eichsbahn] nicht erfüllt werden können." Vgl. Referat II A 1, Bd. 363.

Ich habe zugesagt, ihm dazu im einzelnen eine Stellungnahme zu geben. Er hat, entgegen seinen Ankündigungen, zugesagt, daß die DDR bis auf weiteres stillhalten und daraus keine öffentliche Auseinandersetzung machen werde. Dies auch besonders nach der Erfahrung, die auf dem Gebiet der Binnen-Schiffahrt positiv gemacht worden ist (siehe letztes persönliches Gespräch[3]).

2) Kohl bezog sich auf seine letztmaligen Darlegungen zum Zentralen Bundesregister.[4] Ich habe ihm inhaltlich unseren Standpunkt entgegengehalten und darauf hingewiesen, daß es eine Reihe von Normen-Kollisionen gebe, die man beginnen müsse auszuräumen. Dies könne nicht einseitig geschehen.

Kohl erwiderte, ihm seien nur das Friedensschutzgesetz[5] und das Staatsbürgergesetz[6] bekannt, die aber praktisch nicht angewendet würden.

Ich machte darauf aufmerksam, daß praktisch auch das Zentrale Bundesregister nicht auf Bürger der DDR angewendet wird. Insofern lauten die Texte der gesetzlichen Vorschriften in beiden Staaten anders als die Praxis.

Kohl machte darauf aufmerksam, daß es sich in der BRD um sehr viel mehr Gesetze handelt. Ich wies darauf hin, daß dies als Ergebnis einer Rechtsauffassung unbestreitbar und logisch sei, die die Wiedervereinigung unter dem Gesichtspunkt des Anschlusses der DDR aufgefaßt hat.

3) Kohl übergab eine „Auswahl aus den seit dem Amtsantritt von Bundeskanzler Brandt[7] in Kraft gesetzten innerstaatlichen Normativakten und internationalen Verträgen der BRD, in denen der völkerrechtswidrige Alleinvertretungsanspruch aufrechterhalten wird" nach dem Stand vom 30. April 1971. Darin wird eine Reihe von Gesetzen und Verträgen in Auszügen aufgeführt.

Dies Thema wurde nicht vertieft. Ich habe ihm eine Antwort zugesagt.

4) Kohl berührte das Thema der gleichberechtigten Mitgliedschaft in der WHO[8], wofür er mit einer müden Gebärde verzichtete, gegen die Haltung der BRD zu protestieren. Er wolle stattdessen die Frage aufwerfen, wie es mit der Teilnahme an einer Konvention bestellt sei, die internationale Gesundheitsvorschriften umfasse, 1969 geboren und am 1.1.71 in Kraft getreten sei.[9] Bevor die DDR dieser Konvention beitritt, möchte sie wissen, ob sie nicht auf das Veto der BRD stoßen werde. In einem solchen Falle würde das natürlich auch dazu führen, daß man sich „festfrißt" in einigen Bestimmungen, die beiderseits in einem Verkehrsabkommen vorgesehen sind. Er bezog sich damit auf die Gesundheits- und Seuchenbestimmungen. Auf meine Frage, ob diese Konvention nur Mitgliedern der WHO offenstehe, erwiderte er, sie enthalte eine Klausel, die auch Nicht-Mitgliedern den Beitritt ermögliche. Ich sagte ihm eine Antwort

---

3 Zum Gespräch vom 30. April 1971 vgl. Dok. 148.
4 Für den Wortlaut des Gesetzes vom 18. März 1971 über das Zentralregister und das Erziehungsregister (Bundeszentralregistergesetz) vgl. BUNDESGESETZBLATT 1971, Teil I, S. 243–255.
5 Für den Wortlaut des Gesetzes vom 15. Dezember 1950 zum Schutze des Friedens vgl. GESETZBLATT DER DDR 1950, S. 1199f.
6 Für den Wortlaut des Gesetzes vom 20. Februar 1967 über die Staatsbürgerschaft der DDR (Staatsbürgerschaftsgesetz) vgl. DzD V/1, S. 603–607.
7 Willy Brandt wurde am 21. Oktober 1969 zum Bundeskanzler gewählt.
8 Zur Frage einer Aufnahme der DDR in die WHO vgl. Dok. 62, Anm. 7.
9 Für den Wortlaut der Internationalen Gesundheitsvorschriften vom 25. Juli 1969 vgl. UNTS, Bd. 764, S. 3–105. Für den deutschen Wortlaut vgl. BUNDESGESETZBLATT 1971, Teil II, S. 868–923.

zu. Wenn keine weiteren Gesichtspunkte dabei auftauchen, würde ich mich für eine positive Einstellung der BRD verwenden.[10]

5) Auf meine Frage, ob sich durch den Führungswechsel[11] etwas geändert habe in bezug auf unsere Gespräche, erwiderte Kohl mit einem klaren Nein. Der Übergang sei reibungslos gewesen, die Politik langfristig angelegt, die Mehrheit im Politbüro für diese Politik habe sich nicht geändert. Alle Spekulationen in dieser Hinsicht seien falsch. Ich erwidere, daß ich auf dem Wege des Nachdenkens zu einem ähnlichen Ergebnis gekommen sei, aber schließlich sei seine Äußerung dazu wichtiger. Er bestätigte noch einmal: Falls die Bundesregierung bei ihrer Politik bleibe, werde sie die DDR über den Verkehrsvertrag hinaus zur Regelung auch des grundsätzlichen Verhältnisses der beiden Staaten bereitfinden.

Ich erkundigte mich nach Sindermann, den er in so leuchtenden Farben als erfolgreichen, sachlichen, überlegten Mann, mit dem er auch persönlich befreundet sei, beschrieb, daß die Vermutung, es handele sich um einen Honecker-Mann, zu der Folgerung führen müßte, auch Kohl sei ein solcher. Dies um so mehr, als meine Frage, ob es sich dann um eine Verstärkung der Regierung handle, von ihm mit einem „Ja, so ist es" beantwortet wurde.

6) Es gab einen allgemeinen kurzen Meinungsaustausch über den Stand der Berlin-Verhandlungen und MBFR, bei dem ich darauf hingewiesen habe, daß die BRD Berlin die erste Priorität zumißt (Kohl: „Aber ohne neues Junktim")

---

[10] Ministerialdirigent Lahn legte am 4. Juni 1971 zur Frage eines Beitritts der DDR zu den Internationalen Gesundheitsvorschriften vom 25. Juli 1969 dar: „Die Internationalen Gesundheitsvorschriften, die auf der 22. Weltgesundheitsversammlung angenommen worden sind, sehen für den Beitritt von Nicht-Mitgliedstaaten der WHO zwei Alternativen vor: Staaten, die Vertragsparteien früherer Gesundheitsabkommen waren, können der Konvention durch eine einfache Annahmeerklärung beitreten; Staaten, die keine Vertragsparteien früherer Abkommen waren, können beitreten, wenn ihnen der WHO-Generaldirektor die Annahme der Gesundheitsvorschriften durch die Weltgesundheitsversammlung notifiziert hat. Da die DDR wohl nicht als Vertragspartei der früheren Gesundheitsabkommen anzusehen ist, dürfte für sie in erster Linie die zweite Beitrittsalternative in Betracht kommen. Der WHO-Generaldirektor hat jedoch die Gesundheitsvorschriften bisher der DDR nicht notifiziert. Die DDR steht daher vor der Frage, ob sie selbst einen Vorstoß unternehmen soll, um den Generaldirektor zur Notifizierung zu veranlassen. Nachdem ihr Aufnahmeantrag durch die letzte Weltgesundheitsversammlung erneut vertagt worden ist, kann die DDR nicht damit rechnen, daß der Generaldirektor bei einem Einspruch der Drei Mächte und der Bundesrepublik der Bitte um Notifizierung entsprechen würde. Daraus erklärt sich wohl die Frage Kohls an StS Bahr, die aber darüber hinaus den Zweck verfolgen könnte, die grundsätzliche Haltung der Bundesregierung in der Frage internationaler Konventionen zu testen. [...] Mit einem Beitritt zu den internationalen Gesundheitsvorschriften würde die DDR zwar Mitglied einer wichtigen internationalen Konvention, sie erwürbe damit aber kein Anwartschaftsrecht auf die Mitgliedschaft in der WHO. Auch eine völkerrechtliche Anerkennung der DDR durch die anderen Unterzeichnerstaaten würde dadurch nicht eintreten. Auf der anderen Seite ist nicht zu verkennen, daß die DDR als vollberechtigtes Mitglied der Konvention in die Lage versetzt würde, zahlreiche Kontakte auf Regierungsebene zur WHO und zu den staatlichen Gesundheitsbehörden der Unterzeichnerstaaten herzustellen. Die DDR würde damit an der Zusammenarbeit in diesem wichtigen Aufgabenbereich der WHO praktisch wie ein Mitgliedstaat teilnehmen. Es gibt kaum einen Zweifel, daß eine solche Entwicklung von vielen als eine Vorstufe zur Mitgliedschaft in der WHO verstanden würde. Eine erneute Vertagung der Beitrittsfrage im kommenden Jahr dürfte dann nicht mehr zu erreichen sein und die DDR in die WHO einziehen." Vgl. VS-Bd. 4474 (II A 1); B 150, Aktenkopien 1971.
[11] Am 3. Mai 1971 nahm das ZK der SED einstimmig den Rücktritt Walter Ulbrichts vom Amt des Ersten Sekretärs „aus Altersgründen" entgegen und wählte ihn zum Ehrenvorsitzenden. Nachfolger wurde das Mitglied des Politbüros des ZK der SED, Honecker. Vgl. dazu das Kommuniqué; NEUES DEUTSCHLAND vom 4. Mai 1971, S. 1.

und wir interessiert daran seien, daß die Verhandlungen ohne Pause geführt werden.

In unserem Standpunkt hätte sich insofern eine Veränderung ergeben, als wir nicht mehr auf grünes Licht drängen, bevor die alliierten Verhandlungen beendet seien. Nach Lage der Vier-Mächte-Verhandlungen müßten sie erst beendet sein, ehe wir mit den Verhandlungen über den Berlin-Verkehr beginnen können. Kohl nahm dies ohne Widerspruch zur Kenntnis.

Bahr[12]

VS-Bd. 4487 (II A 1)

185

Staatssekretär Bahr, Bundeskanzleramt, an den Sicherheitsberater des amerikanischen Präsidenten, Kissinger

24. Mai 1971[1]

Top Secret

To: Henry Kissinger, White House, Washington

From: Egon Bahr

1) Von den London-Konsultationen sollten Sie wissen, daß Hillenbrand eine ziemlich kühle und skeptische Haltung eingenommen hat. Es war wohl kein Zufall, daß er die guide lines des NSC erst am Schluß zur Kenntnis brachte, die genügend Spielraum geben.[2]

---

[12] Paraphe.

[1] Durchdruck.

[2] Vortragender Legationsrat Blech legte Staatssekretär Frank mit Begleitvermerk vom 19. Mai 1971 eine Zusammenfassung der vom Abteilungsleiter im amerikanischen Außenministerium, Hillenbrand, während der Sondersitzung der Bonner Vierergruppe auf Direktorenebene am 17./18. Mai 1971 in London vorgetragenen Richtlinien, die vom Nationalen Sicherheitsrat in Washington ausgearbeitet und von Präsident Nixon gebilligt worden seien. Hillenbrand habe ausgeführt: „Das Papier, in dem die westlichen Interessen (objectives) identifiziert und die möglichen Optionen dargelegt seien, enthalte Richtlinien, die den amerikanischen Verhandlungsführern einen hohen Grad an Flexibilität erlaubten. Der Drei-Stufen-Aufbau einer Berlin-Regelung werde gebilligt. Falls ein solcher Aufbau nicht zu verwirklichen sei, könnten andere Alternativen erwogen werden. Bei der Ausarbeitung des Abkommens müßten jedoch bestimmte zwingende Grenzen eingehalten werden: 1) Der Berlin-Status dürfe nicht geändert werden. 2) Die amerikanische Rechtsauffassung über die Rechte der Vier Mächte dürfe nicht präjudiziert werden. 3) Das Abkommen dürfe nicht die Möglichkeiten einschränken, die Sowjets für Verletzungen der Vier-Mächte-Rechte verantwortlich zu machen. 4) Das Abkommen dürfe auch implizit nicht so ausgelegt werden können, daß die DDR die Souveränität über die Zugangswege erhalte. Ferner müsse sichergestellt sein, daß die Berlin-Regelung nicht nur Prinzipien, sondern auch praktische Maßnahmen enthalte. Es dürfe keine geheimen Protokolle geben. Der gesamte Inhalt müsse in der Öffentlichkeit vertreten werden können." In der Zugangsfrage habe Hillenbrand ausgeführt, „Verbesserungen müßten sichtbar sein und das Vertrauen der Bevölkerung in die Lebensfähigkeit erhöhen. Der Zugang nach Berlin müsse in größtmöglichem Maße (maximum degree feasible) gewährleistet werden." Zum Zusam-

Ich habe darauf hingewiesen, daß nach dem Stand der Dinge, entgegen früheren Überlegungen, die Vier-Mächte-Verhandlungen beendet werden sollen, ehe die zusätzlichen Verhandlungen auf deutscher Ebene beginnen.

Ich habe Hillenbrand persönlich gesagt, der Bundeskanzler sei für eine zügige Verhandlung ohne Sommerpause. Hillenbrand erklärte, Rush stünde nach seinem Juni-Besuch unbegrenzt zur Verfügung.

2) Die Gratulation zum Abstimmungserfolg über die Mansfield-Resolution[3], zu der das Kanzler-Interview beitragen wollte[4], ist mit leichter Sorge vermischt: Einzelne Argumente in der Debatte sind so töricht, scheinbar oder wirklich uninformiert und emotionsgeladen, daß der Bundeskanzler mit dem Foreign Relations Committee bei seinem Besuch[5] sprechen möchte. Gibt es dafür einen Rat?

3) Es wird von unserer Seite kein Junktim zwischen MBFR und Berlin geben.

Dabei gehen wir davon aus, daß Berlin erste Priorität bleibt und MBFR noch eine Sondierungsphase braucht, Verhandlungen eingeleitet werden, über deren Dauer man schwer Voraussagen treffen kann. Wie immer auch der Erfolg dieser Verhandlungen beurteilt wird, liegt der unrevidierbare Erfolg für die DDR in der Teilnahme an der ersten Konferenz-Sitzung als akzeptierter internationaler Partner.

Wir werden unseren Standpunkt unverändert aufrechterhalten, daß ein UN-Beitritt beider deutscher Staaten nur als Ergebnis der grundsätzlichen Rege-

Fortsetzung Fußnote von Seite 850

menhang zwischen den Vier-Mächte-Gesprächen über Berlin und den innerdeutschen Gesprächen habe Hillenbrand erklärt: „Diese Verhandlungen setzen voraus, daß vorher ein konkreter Rahmen durch die Vier Mächte geschaffen sei. Ferner müsse festgelegt sein, daß das Ergebnis (net result) der deutschen Verhandlungen in das Vier-Mächte-Arrangement inkorporiert werde. Die sowjetische Verantwortung für die Durchführung des Abkommens dürfe nicht begrenzt sein." Hinsichtlich der Bindungen von Berlin (West) an die Bundesrepublik habe Hillenbrand dargelegt: „Die künftige Entwicklung der wirtschaftlichen, finanziellen und kulturellen Bindungen dürfe in dem Abkommen keinen Beschränkungen unterworfen werden. In allen anderen Fragen solle die Entscheidung der Bundesregierung überlassen bleiben." Vgl. VS-Bd. 4519 (II A 1); B 150, Aktenkopien 1971.

[3] Zum Antrag des amerikanischen Senators Mansfield vom 11. Mai 1971 vgl. Dok. 179, Anm. 3.

[4] Bundeskanzler Brandt erklärte am 14. Mai 1971 in einem Interview mit der Nachrichtenagentur AP: „Die Bundesregierung ist der Auffassung, daß man sich über eine gleichmäßige Truppenreduzierung auf beiden Seiten Gedanken machen soll. Dies geschieht in Washington, dies geschieht auch in Bonn. Dies geschieht auch innerhalb der NATO. Gerade aus diesem Grunde waren und sind wir dafür, daß man vorher nicht einseitig reduzieren darf. Und was wir heute für klug halten, sollten wir nicht morgen für dumm ansehen. Für die Bundesrepublik Deutschland, aber für das Bündnis überhaupt, wird es keine einseitige Halbierung allein der amerikanischen Streitkräfte geben. Nicht etwa nur, weil dann die Bundeswehr im Rahmen des Bündnisses ein sehr viel größeres Gewicht bekäme, sondern weil wir immer der Auffassung waren und dabei bleiben: Die Lasten sollen gleichmäßig getragen werden und wenn man sie verringert, dann muß man sie für alle verringern. Und wenn man sie aus Gründen der Sicherheit vergrößern muß, müssen sich ebenfalls alle daran beteiligen." Vgl. den Drahterlaß Nr. 493 des Staatssekretärs Ahlers, Presse- und Informationsamt, an die Botschaft in Washington; Referat III A 5, Bd. 842.

Dazu führte Ministerialdirektor von Staden am 20. Mai 1971 in einem Schreiben an Ministerialdirektor Sahm, Bundeskanzleramt, aus: „Das State Department hat uns inzwischen wissen lassen, daß es dieses Interview in der Auseinandersetzung mit Senator Mansfield als wenig hilfreich empfunden hat und daß einige Formulierungen in Washington befremdet hätten. Eine energischere amerikanische Reaktion ist vermutlich nur deshalb ausgeblieben, weil das Interview von den wenige Stunden später bekannt gewordenen Äußerungen von Breschnew in Tiflis zur MBFR-Frage überdeckt wurde und daher in der amerikanischen Presse und im Senat kaum Beachtung fand." Vgl. VS-Bd. 1652 (II A 7); B 150, Aktenkopien 1971.

[5] Bundeskanzler Brandt hielt sich vom 14. bis 18. Juni 1971 in den USA auf. Vgl. dazu Dok. 208.

lung des Verhältnisses zwischen ihnen erfolgen kann. Dies gibt zeitlich Luft. Eine sicher vorher liegende Beteiligung der DDR an MBFR wird uns nicht auf die Barrikaden treiben.

4) Ich wäre für einen Hinweis dankbar, welche Zeitvorstellungen der Präsident[6] und Sie für die Gespräche mit dem Bundeskanzler haben. Bisher sind eineinhalb Stunden vorgesehen. Ich zweifle etwas, ob das reicht.

Herzlichen Gruß
[Bahr]

Archiv der sozialen Demokratie, Depositum Bahr, Box 439

186

Botschafter Ruete, Paris, an das Auswärtige Amt

Z B 6-1-12038/71 VS-vertraulich   Aufgabe: 26. Mai 1971, 17.33 Uhr[1]
Fernschreiben Nr. 1544   Ankunft: 26. Mai 1971, 18.55 Uhr
Citissime

Betr.: Französisch-britische Beziehungen
hier: Gipfeltreffen zwischen Staatspräsident Pompidou und Premierminister Heath am 20./21. Mai in Paris

Bezug: DB 1460 vom 18.5.1971[2] und Nr. 1511 vom 22.5. – I A 3-1307/71 VS-v[3]

Wie fernmündlich berichtet, ist Staatspräsident Pompidou nach dem Besuch von Premierminister Heath zu einem dreitägigen Besuch nach Brüssel gereist.[4] Er wird hierbei von all den Mitarbeitern aus dem Elysée und Quai d'Orsay begleitet, die eine weitergehende Kenntnis des Gesprächsinhalts und der Be-

---

[6] Richard M. Nixon.

[1] Hat Vortragendem Legationsrat I. Klasse Hansen am 26. Mai 1971 vorgelegen.

[2] Für den Drahtbericht des Botschafters Ruete, Paris, vgl. VS-Bd. 9803 (I A 3); B 150, Aktenkopien 1971. Für einen Auszug vgl. Dok. 176, Anm. 2.

[3] Gesandter Blomeyer-Bartenstein, Paris, teilte mit, der Generalsekretär im französischen Außenministerium, Alphand, habe die Vertreter der EG-Mitgliedstaaten über die Gespräche des Staatspräsidenten Pompidou mit Premierminister Heath vom 19. bis 21. Mai 1971 unterrichtet und festgestellt, es sei „eine große Konvergenz der Auffassungen festgestellt worden, die eine Einigung mit Großbritannien sicherlich erleichtern werde. [...] Im Hinblick auf die Zukunft Europas und seine Rolle in der Welt habe keine Meinungsverschiedenheit bestanden. Europa solle europäisch sein. Für seine künftige Organisation neigten beide Gesprächspartner der Form der Konföderation zu. Gegenüber den Vereinigten Staaten werde es seine alten freundschaftlichen Bande fortsetzen und die Entspannung und Zusammenarbeit weiter betreiben. Die erste Aufgabe der europäischen Zusammenarbeit sei wirtschaftlicher Art, andere Tätigkeitsgebiete würden hinzukommen wie die Wirtschafts- und Währungsunion, die auswärtige Politik und die Verteidigung. Zum letzteren Thema habe man sich nur kurz geäußert und festgestellt, daß es im augenblicklichen Zeitpunkt nicht aktuell sei." Vgl. Referat I A 3, Bd. 659.

[4] Staatspräsident Pompidou hielt sich vom 24. bis 26. Mai 1971 in Belgien auf.

schlüsse haben, als sie uns bei der knappen Unterrichtung durch Generalsekretär Alphand am 22.5. (DB 1511 vom 22.5.) zuteil wurde. Mithin ist leider von zuständiger Stelle des Gastlandes in diesen Tagen eine genauere Unterrichtung nicht zu erhalten.

Um die Gesprächsführung bei den Ministerkonsultationen am 28.5.[5] zu erleichtern, möchte ich gleichwohl Details berichten, die hier bekannt geworden sind, und sie vorläufig bewerten, auch auf die Gefahr hin, daß sie zu einem späteren Zeitpunkt überholt werden können.

I. Zum Verfahren:

Aus der britischen Botschaft hat mein Vertreter[6] gestern erfahren, daß die beiden Gesprächspartner „agreed notes" auf englisch und französisch in einem Exemplar gefertigt haben (im folgenden „Pariser Papier" genannt). Das eine Exemplar habe Pompidou erhalten, das andere Heath mitgenommen.

Aus der britischen Botschaft war ferner zu hören (ich bitte um absoluten Quellenschutz), daß sich Premierminister Heath bei seiner Erklärung vor dem Unterhaus am 24.5.[7] im Aufbau und in wesentlichen Teilen an das Pariser Papier gehalten hat. In Ziffer II werde ich auf die entsprechenden Stellen aufmerksam machen.

Einige für uns besonders interessante Aspekte und Äußerungen sind offenbar in dem Pariser Papier nicht niedergelegt worden (Äußerungen über die Politik der Bundesregierung, über die Persönlichkeit des Bundeskanzlers, über die Sprachenfrage). Im Dunkeln liegt zunächst noch, welche Themen behandelt wurden, ohne daß sie im Kommuniqué[8], in der anschließenden Pressekonferenz des Staats[9]- und des Regierungschefs[10], im House of Commons oder durch die Unterrichtung von Rippon[11] oder Alphand erwähnt wurden.

II. Zur Thematik:

Erstes Thema war offenbar die Ausgestaltung Europas und seine Rolle in der Welt. In dem Pariser Papier ist, wenn man der Erklärung des britischen Premierministers und den Hinweisen der britischen Botschaft folgt, festgehalten,

---

[5] Zum Gespräch des Bundesministers Scheel mit dem französischen Außenminister Schumann vgl. Dok. 194.

[6] Horst Blomeyer-Bartenstein.

[7] Für den Wortlaut der Ausführungen von Premierminister Heath am 24. Mai 1971 im Unterhaus vgl. HANSARD, Bd. 818, Sp. 31–47. Für einen Auszug vgl. Anm. 14.

[8] Für den französischen Wortlaut vgl. LA POLITIQUE ETRANGÈRE 1971, I, S. 179 f. Für den englischen Wortlaut vgl. HANSARD, Bd. 818, Sp. 48 f.

[9] Für den Wortlaut der Ausführungen von Staatspräsident Pompidou vor der Presse am 21. Mai 1971 in Paris vgl. LA POLITIQUE ETRANGÈRE 1971, I, S. 177 f.

[10] Für den Wortlaut der Ausführungen von Premierminister Heath vor der Presse am 21. Mai 1971 in Paris vgl. den Artikel „Success foreseen at Brussels talks in June"; THE TIMES vom 22. Mai 1971, S. 1.

[11] Botschafter von Hase, London, berichtete am 22. Mai 1971, er sei zusammen mit den Vertretern der EG-Mitgliedstaaten durch den Kanzler des Herzogtums Lancaster, Rippon, über den Besuch des Premierministers Heath in Frankreich am 20./21. Mai 1971 unterrichtet worden: „Rippon, der nicht an den Gesprächen in Paris teilgenommen hatte, schien nicht im einzelnen unterrichtet zu sein. Er wollte wohl auch den persönlichen Botschaften und der Unterrichtung des Parlaments durch den Premierminister nicht vorgreifen, Er beschränkte sich daher im wesentlichen auf eine Paraphrasierung und Kommentierung des Kommuniqués." Vgl. den Drahtbericht Nr. 1242; Referat I A 3, Bd. 659.

daß Frankreich und Großbritannien sich zum Ziel setzen, ein vereintes Europa mittels der Europäischen Gemeinschaften herbeizuführen. Dabei wird Wert darauf gelegt, daß dieses vereinte Europa nicht etwa als eine Verteidigungsgemeinschaft gegen äußere Bedrohung auftritt. In Zusammenarbeit mit den Vereinigten Staaten wird es sich diese Gemeinschaft zur Aufgabe machen, den Frieden in Europa zu sichern und die Entspannung im Ost-West-Verhältnis zu betreiben. Damit soll der politische, wirtschaftliche und kulturelle Einfluß dieses Europas in der Welt wiederhergestellt werden, der seiner Tradition und seinem Potential nach gerechtfertigt ist. Auch das Verhältnis zu den Entwicklungsländern wird in dem Pariser Papier behandelt und seine Regelung als eine wichtige Aufgabe bezeichnet. Die Antwort auf die französische Frage, wie europäisch Großbritannien sei, sei durch die gemeinsame Linie gegeben worden, die Heath und Pompidou für die Außenbeziehungen Europas gefunden hätten.

Zweites Thema war hiernach die Frage, wie dieses vereinte Europa seine Form gewinnen soll. Heath zitiert das Pariser Papier mit den Worten „We agreed in particular that the identity of national states should be maintained in the frame-work of the developping community."[12] Pompidou führt auf der gemeinsamen Pressekonferenz zu diesem Thema eine etwas anders lautende Nuance an mit den Worten: „construire une Europe composée de nations soucieuses de maintenir leurs identités, mais decidées à travailler ensemble pour atteindre une unité véritable"[13] (zunächst wirtschaftlich und dann fortschreitend in der Weise, daß alle Bereiche der Politik umfaßt werden).

Den Leistungen der Europäischen Kommission wird formelle Anerkennung gezollt. Der EG-Ministerrat wird aber als das entscheidende Beschlußorgan herausgestellt. Das in Aussicht genommene Beschlußverfahren soll verhindern, daß „wesentliche nationale Interessen" oder, wie es an einer anderen Stelle heißt, „vitale nationale Interessen" überstimmt werden können.

Nicht im Pariser Papier enthalten und für den Gebrauch des Unterhauses bestimmt ist dagegen die Bemerkung von Heath, daß der Beitritt nicht zu einer Aufgabe „wesentlicher nationaler Souveränität" führen würde.[14]

Was die gemeinsame Verteidigungspolitik angeht, zitiert Heath das Pariser Papier genau, wenn er feststellt, daß nur eine kurze Diskussion der Verteidigungsfragen in der Erkenntnis stattgefunden habe, daß dies eine Angelegenheit für später sei.

---

[12] Vgl. HANSARD, Bd. 818, Sp. 32.

[13] Vgl. LA POLITIQUE ETRANGÈRE 1971, I, S. 178.

[14] Premierminister Heath führte am 24. Mai 1971 aus: „We agreed in particular that the identity of national states should be maintained in the framework of the developing Community. This means, of course, that, though the European Commission has made and will continue to make a valuable contribution, the Council of Ministers should continue to be the forum in which important decisions are taken, and that the processes of harmonisation should not override essential national interests. We were in agreement that the maintenance and strengthening of the fabric of co-operation in such a Community requires that decisions should in practice be taken by unanimous agreement when vital national interests of any one or more members are at stake. [...] It provides a clear assurance, just as the history of the Community provides clear evidence, that joining the Community does not entail a loss of national identity or an erosion of essential national sovereignty." Vgl. HANSARD, Bd. 818, Sp. 32f.

Die folgenden Äußerungen von Heath über die Wirtschafts- und Währungsunion, über die Erneuerung des Jaunde-Abkommens[15], über die Anerkennung der Gemeinschaftspräferenzen, über die Behandlung der Einfuhren aus Neuseeland und der Fischereifragen entsprechen nach den erhaltenen Hinweisen dem Pariser Papier und haben eines gemeinsam: Heath und Pompidou scheinen nach dem Vorbringen der Argumente und Gegenargumente jeweils volles Verständnis für die Position des anderen gewonnen zu haben, so daß die gedankliche Vorbereitung für die in Brüssel zu fällenden Entscheidungen mit einer positiven und konstruktiven Zielsetzung abgeschlossen ist.

Nicht festgehalten wurden die von beiden Seiten kommenden positiven Äußerungen über die Entspannungs- und Friedenspolitik der Bundesregierung und über die persönlichen Verdienste des deutschen Bundeskanzlers.

Nach Mitteilung der britischen Botschaft hat Pompidou ferner Heath gesagt, daß die Aufrechterhaltung der französischen Sprache als Arbeitssprache in der Europäischen Gemeinschaft für Frankreich von großer Bedeutung sei. Heath habe sich zustimmend geäußert, aber ergänzt, er sehe voraus, daß auch englisch eine Arbeitssprache würde. Bisher seien nur Briten nach Brüssel entsandt worden, die auch französisch beherrschen. Dies werde auch künftig so bleiben; da Französisch die erste Fremdsprache in England sei, glaube er nicht an Schwierigkeiten.

III. Marc Ullmann, der den Ruf eines besonders seriösen Journalisten hat und erst kürzlich den Bundeskanzler und PM Heath interviewte, macht in seinem Leitartikel im Express Nr. 1037 auf Seite 72 insofern interessante Angaben, als er zwei Zitate bringt.

1) Was die politische Ausgestaltung Europas angeht, habe Pompidou von einer „cohésion organisée" gesprochen, Heath von einer „unité d'action". Sie seien übereingekommen, daß bei einem positiven Ausgang der Beitrittsverhandlungen „schnell" Entscheidungen über eine politische Organisation Europas getroffen werden sollen.[16]

2) Zur Zusammenarbeit bei der Verteidigung unterstellt er Pompidou die Ansicht, daß in der unmittelbaren Zukunft nichts geschehen könne, um die beiden Nuklearstreitkräfte zusammenzuführen. In den Augen Pompidous sei die Glaubwürdigkeit der Atomstreitmacht abhängig von der Unvorhersehbarkeit der Entscheidung dessen, der den Einsatz bestimmt. In dem Augenblick, wo es zwei seien, die sich erst darüber unterhalten müßten, würde das Kriterium der

---

15 Für den Wortlaut des Abkommens vom 29. Juli 1969 vgl. BUNDESGESETZBLATT 1970, II, S. 522–655. Vgl. dazu auch Dok. 31, Anm. 9.
16 Über die Gespräche des Staatspräsidenten Pompidou mit Premierminister Heath am 20./21. Mai 1971 in Paris berichtete der französische Journalist Ullmann: „MM. Pompidou et Heath ont constaté que, sur ces points, leurs conceptions étaient très voisines. Ils veulent l'un et l'autre que les pays d'Europe conservent une identité nationale tout en s'associant pour faire ensemble ce qu'ils ne peuvent faire seuls. C'est ce que M. Pompidou appelle ‚la cohésion organisée', et M. Heath ‚l'unité d'action'. Les deux hommes d'Etat sont tombés d'accord pour estimer qu'un échec de la négotiation de Bruxelles rendrait aléatoire, voire impossible, toute marche en avant. Ils sont convenus, à l'inverse, qu'en cas de succès de la négotiation, des décisions devraient rapidement être prises pour faire progresser l'organisation politique de l'Europe." Vgl. den Artikel von Marc Ullmann: „L'Entente"; L'EXPRESS vom 24. bis 30. Mai 1971, S. 72.

Unvorhersehbarkeit eingeengt. Indessen seien die beiden Staatsmänner übereingekommen, daß Großbritannien und Frankreich versuchen sollten – aus Gründen der Wirtschaftlichkeit und der Wirksamkeit – die nächsten Nukleargenerationen gemeinsam zu entwerfen.[17]

IV. Senatspräsident Poher, den ich heute sah, meinte, man solle Pompidou etwas Zeit geben, seine europäische Gesinnung zu entfalten; er komme aus dem „Dunkel", sei aber dabei, sich in die richtige Richtung zu entwickeln.

Gesandter Jurgensen sagte mir: der Beitritt Englands sei mit dem Gipfeltreffen praktisch entschieden. Die in Brüssel anhängigen offenen Fragen würden ohne Zweifel gelöst werden. Die eigentliche Entscheidung hätten die Bundesrepublik und Italien gefällt.

Die Briefe des Bundeskanzlers[18] und Moros hätten bei der Abwägung Pompidous letztlich den Ausschlag zugunsten des Beitritts gegeben.[19] Die erweiterte Gemeinschaft werde sich anders entwickeln. Man werde noch sehen müssen, wem das Vorteile verschaffe.

[gez.] Ruete

VS-Bd. 9803 (I A 3)

---

[17] Der französische Journalist Ullmann fuhr in seinem Artikel fort, daß es in den letzten zehn Jahren zwar große Fortschritte der französisch-britischen Zusammenarbeit auf dem Gebiet der konventionellen Streitkräfte gegeben habe: „En revanche, aucune coopération réelle n'existe encore dans le domaine nucléaire. Et M. Pompidou estime que rien ne peut être entrepris dans l'immédiat concernant l'emploi éventuel des armes atomiques français et anglaises. Car, à ses yeux, la ‚crédibilité' de la force de frappe dépend de ‚l'imprévisibilité' de celui qui presse le bouton. Or, dès que l'on est deux, on se met à discuter et l'on devient du coup plus prévisible, parce que plus rationnel. [...] D'où la conclusion, partagée par les deux hommes d'Etat, que la Grande-Bretagne et la France devraient essayer, pour des raisons d'économie et d'efficacité, de concevoir ensemble leurs prochaines générations d'armes." Vgl. den Artikel von Marc Ullmann: „L'Entente"; L'EXPRESS vom 24. bis 30. Mai 1971, S. 72 f.

[18] Für das Schreiben des Bundeskanzlers Brandt vom 9. Mai 1971 an Staatspräsident Pompidou vgl. Dok. 158.

[19] Dieser Satz wurde von Vortragendem Legationsrat I. Klasse Hansen hervorgehoben. Dazu Fragezeichen.

187

Ministerialdirektor Herbst an die Botschaft in Washington

III A 5-85.00-91.36-1286/71 geheim Aufgabe: 26. Mai 1971, 20.11 Uhr[1]
Fernschreiben Nr. 2709 Plurex

Betr.: Deutsch-amerikanischer Devisenausgleich

Bezug: Drahtbericht Nr. 987 vom 7.5.71(III A 5-85.00-534/71 VS-v)[2]
Drahtbericht Nr. 1156 vom 25.5.71 (III A 5-592/71 geheim)[3]

Gespräche, die Unterstaatssekretär Samuels am Rande der International Ban-

---

[1] Der Drahterlaß wurde von Legationsrat I. Klasse Uthmann konzipiert.
Hat Vortragendem Legationsrat Scholl am 26. Mai 1971 vorgelegen.

[2] Botschafter Pauls, Washington, berichtete über ein Gespräch mit dem Unterstaatssekretär im amerikanischen Außenministerium. Samuels habe seine Besorgnis über den gegenwärtigen Stand der Verhandlungen über einen Devisenausgleich zum Ausdruck gebracht: „Amerikanischerseits werde das deutsche Bemühen, die Käufe von Rüstungsgerät möglichst weitgehend in den USA zu tätigen, ebenso wie die Bereitschaft, durch Übernahme von echten Haushaltsbelastungen nicht nur dem Umfang, sondern auch die Qualität des deutschen Beitrages zu verbessern; man sei durchaus bereit, das deutsche Argument im Prinzip anzuerkennen, daß diese qualitative Verbesserung, wie auch die erhebliche deutsche Beteiligung am Europäischen Infrastrukturprogramm in der NATO eine gewisse quantitative Verminderung des deutschen Beitrages – im Vergleich zum laufenden Abkommen – ausgleiche und für die amerikanische Öffentlichkeit akzeptabel mache. [...] Der Nachteil der deutschen Vorschläge bestehe darin, daß durch die Verwendung der bereits in den USA liegenden Vorschußkonten der Ausgleichseffekt der deutschen Militärkäufe auf die amerikanische Zahlungsbilanz entfalle, was einen Teil der qualitativen Verbesserung der deutschen Leistung annulliere; vor allem aber sei volumenmäßig der Abstand zwischen der derzeitigen deutschen Gesamtangebot von rund 550 Mio. Dollar und den deutschen Jahresleistungen unter dem laufenden Abkommen zu groß, als daß er mit dem Qualitätsargument gegenüber dem amerikanischen Kongreß und der hiesigen Öffentlichkeit glaubhaft gerechtfertigt werden könne. Er, Samuels, habe sich daher bisher gescheut, dem Präsidenten über die deutschen Vorschläge zu berichten." Der Abstand von 300 Mio. Dollar jährlich könne wohl kaum durch Einschaltung der Bundesbank überbrückt werden: „Daher müßte aus amerikanischer Sicht sowohl eine quantitative Erhöhung der deutschen Leistung als auch mindestens teilweise ein Ausgleichseffekt auf die Zahlungsbilanz dadurch angestrebt werden, daß man die Auflösung der Vorschußkonten I und II auf einen längeren Zeitraum als zwei Jahre verteile. Unter dieser Voraussetzung könne er sich – völlig unverbindlich und ohne ‚Rückendeckung' – vorstellen, daß ein Gesamtbetrag von ca. 750 Mio. Dollar jährlich der amerikanischen Regierung als akzeptabel – weil gegenüber Kongreß und Öffentlichkeit vertretbar – erscheinen könnte." Pauls berichtete weiter: „Nach Verlauf und Tenor des Gespräches glaube ich, daß es ratsam, ja erforderlich wäre, Mr. Samuels in irgendeiner Form zu erkennen zu geben, daß der verbleibende Verhandlungsspielraum auf deutscher Seite sich nicht auf die zusätzliche Einschaltung der Bundesbank beschränkt." Vgl. VS-Bd. 1653 (201); B 150, Aktenkopien 1971.

[3] Botschafter Pauls, Washington, äußerte sich nach Gesprächen im amerikanischen Außenministerium zum weiteren Vorgehen in den Devisenausgleichsverhandlungen. Offenbar solle das Thema beim Besuch des Bundeskanzlers Brandt in den USA vom 14. bis 18. Juni 1971 erörtert werden: „Prozedural halte ich dies, wenn es so zutrifft, wie sich aus meiner bisherigen Berichterstattung ergibt, für keine glückliche Idee. Das Material ist für eine Erörterung Kanzler–Präsident oder Kanzler–amerikanischer Außenminister nicht geeignet. Das Risiko, daß Präsident Nixon die Angelegenheit so handhabt wie sein Vorgänger im Herbst 1966 besteht sicherlich nicht. Wohl aber drängt sich das Risiko auf, daß der Kanzlerbesuch in einer unproportionierten Weise in der amerikanischen Öffentlichkeitsmache, die zur Zeit in diesen Dingen sehr emotional ist, unter den Schlitten dieses einzigen ungelösten bilateralen Problems gerät und das politisch wesentlichen Fragen im Öffentlichkeitsbewußtsein in den Hintergrund drängt mit all den negativen Wirkungen im Senat, die ich in meiner vorhergehenden Berichterstattung skizziert habe. Deshalb muß ich noch einmal bitten, alles zu tun, was geeignet ist, das Problem vor dem Kanzlerbesuch in seiner Substanz zu lösen." Vgl. VS-Bd. 9777 (II A 5); B 150, Aktenkopien 1971.

king Conference in München am 25. Mai[4] mit Bundesminister Scheel führte, denen eingehende Diskussionen am 24. Mai mit mir vorausgegangen waren[5], haben keine[6] Annäherung der beiderseitigen Verhandlungspositionen erbracht.

1) Unter Hinweis auf unsere schwierige[7] Haushaltslage (Rücktritt von BM Möller[8]) habe ich noch einmal die[9] Unmöglichkeit betont, die amerikanischerseits gesehene „Lücke" durch Aufstockung unserer Budgethilfe aufzufüllen. In Anbetracht der Tatsache, daß

– ein Teil unserer Leistungen nicht devisenwirksam sei und

– die amerikanische Seite unseren Beitrag für EDIP angemessen honoriert habe,

hätten wir jedoch die Bundesbank gebeten, der Treasury einen neuen Kredit über zwei Mrd. DM zu gewähren, um hierdurch die Präsentation unseres Angebots gegenüber dem Kongreß und der amerikanischen Öffentlichkeit[10] zu erleichtern: Der Zentralbankrat habe dieser Bitte entsprochen; Konditionen müßten noch ausgehandelt werden. Unser Angebot für ein Zweijahresabkommen setze sich daher wie folgt zusammen:

– militärische Beschaffungen 3,25 Mrd. DM
– Haushaltsleistungen 0,8 Mrd. DM
– Bundesbankkredit 2,0 Mrd. DM
6,05 Mrd. DM

2) Mr. Samuels schilderte hierauf ausführlich die Schwierigkeiten, die seine Regierung gehabt habe, um die Mansfield-Resolution[11] zu Fall zu bringen. Es gebe keinen Zweifel, daß die Mehrheit der Senatoren eine Reduzierung der in Europa stationierten Truppen wünsche, wenn auch nicht in der radikalen Form wie Mansfield. Daß auch gemäßigtere Zusatzanträge im Senat keine Mehrheit gefunden hätten, sei darauf zurückzuführen, daß Mansfield-Gruppe kompromißlos an eigenem Antrag festgehalten und gegen alle anderen Anträge gestimmt hätte. Das[12] Gefühl, die Deutschen seien nicht bereit „to take their fair share in NATO", sei im Kongreß weit verbreitet. Bisherige Offset-Abkommen seien im Grunde[13] sämtlich unbefriedigend gewesen, vor allem Kredittransaktionen seien[14] pure Augenwischerei. Zahlreiche Senatoren verstünden nicht,

---

4 Die Wörter „am 25. Mai" wurden von Ministerialdirektor Herbst handschriftlich eingefügt.
5 Der Passus „denen eingehende ... vorausgegangen waren" wurde von Ministerialdirektor Herbst handschriftlich eingefügt.
6 Dieses Wort wurde von Ministerialdirektor Herbst handschriftlich eingefügt. Dafür wurde gestrichen: „keinerlei".
7 Dieses Wort wurde von Ministerialdirektor Herbst handschriftlich eingefügt. Dafür wurde gestrichen: „krisenhafte".
8 Bundesminister Möller trat am 12. Mai 1971 zurück.
9 Dieses Wort wurde von Ministerialdirektor Herbst handschriftlich eingefügt.
10 Die Wörter „und der amerikanischen Öffentlichkeit" wurden von Ministerialdirektor Herbst handschriftlich eingefügt. Dafür wurde gestrichen: „optisch".
11 Zum Antrag des amerikanischen Senators Mansfield vom 11. Mai 1971 vgl. Dok. 179, Anm. 3.
12 Dieses Wort wurde von Ministerialdirektor Herbst handschriftlich eingefügt.
13 Die Wörter „im Grunde" wurden von Ministerialdirektor Herbst handschriftlich eingefügt.
14 Dieses Wort wurde von Ministerialdirektor Herbst handschriftlich eingefügt.

warum die[15] Bundesregierung nicht einmal bereit sei, die in DM anfallenden „local costs" zu übernehmen. (Samuels gab hier im wesentlichen die bekannten Gedanken von Senator Percy wieder.)

Ein Ausfüllen der „Lücke" durch ein Bundesbankdarlehen werde – falls das Darlehen nicht zu augenfälligen Vorzugsbedingungen (z. B. zinslos) gewährt werde – im Senat auf heftige Kritik stoßen[16]. Das einzige Mittel, dieser Kritik den Wind aus den Segeln zu nehmen und zugleich der amerikanischen Regierung das Festhalten an ihrer erklärten Politik gegenüber der NATO zu erleichtern, sei eine Aufstockung des deutschen Haushaltsbeitrages.[17] Persönlich glaube er, ein Abkommen mit einem jährlichen Gesamtvolumen von etwa[18] 750 Mio. $ (d. h. mit einem Budgethilfe-Anteil von etwa[19] 300 Mio. $) vor dem Kongreß vertreten zu können. Wenn es gelinge, diese Summe zu erreichen, ließe sich u. U. auch darüber reden, hierfür einen guten Teil des Rüstungskonto II[20] zu verwenden. An sich wäre es aber[21] seiner Regierung lieber, wenn dieses Konto in einem längeren Zeitraum (etwa fünf Jahre) abgeschmolzen würde. Falls die Bundesregierung sich nicht in der Lage sehe, den amerikanischen Wünschen zu entsprechen, müsse man sich überlegen, ob der Abschluß eines Offset-Abkommens im gegenwärtigen Zeitpunkt überhaupt ratsam sei.

3) Unsere Gegenargumente: Was die Amerikaner anstrebten, sei eine völlig neue Konzeption, die an die Stelle eines Offset-Abkommens ein „Burden Sharing" setze. Dies aber sei eine Frage von grundsätzlicher Bedeutung für das gesamte Bündnis; sie gehe alle NATO-Mitglieder an, zumal sie eine Änderung des Truppenstatuts[22] beinhalte.

Von den kaum zu überwindenden Haushaltsschwierigkeiten abgesehen, bestünden auch starke politische Bedenken gegen die neue amerikanische Konzeption, die auf längere Sicht leicht zu einer Belastung der deutsch-amerikanischen Beziehungen führen könnte. Massive deutsche Haushaltsleistungen könnten vielleicht die Auseinandersetzungen im Kongreß über die amerikanische Truppenpräsenz in Europa temporär beschwichtigen; dafür werde aber diese Präsenz voraussichtlich bei uns Gegenstand kontroverser Diskussionen werden. Die deutsche Öffentlichkeit werde es nicht verstehen, wenn man ausgerechnet

---

[15] Der Passus „Zahlreiche Senatoren ... warum die" ging auf Streichungen und handschriftliche Einfügungen des Ministerialdirektors Herbst zurück. Vorher lautete er: „Besonders erbittert seien die meisten Senatoren darüber, daß".

[16] Die Wörter „im Senat auf heftige Kritik stoßen" wurden von Ministerialdirektor Herbst handschriftlich eingefügt. Dafür wurde gestrichen: „einen erneuten Entrüstungssturm im Senat auslösen und komme daher nicht in Betracht".

[17] Dieser Satz ging auf Streichungen und handschriftliche Einfügungen des Ministerialdirektors Herbst zurück. Vorher lautete er: „Das einzige Mittel, die Kritik im Kongreß an Aufrechterhaltung der gegenwärtigen Truppenpräsenz in Europa zum Verstummen zu bringen, sei eine Aufstockung unserer Budgethilfe."

[18] Dieses Wort wurde von Ministerialdirektor Herbst handschriftlich eingefügt.

[19] Dieses Wort wurde von Ministerialdirektor Herbst handschriftlich eingefügt.

[20] Die Wörter „einen guten Teil des Rüstungskonto II" wurden von Ministerialdirektor Herbst handschriftlich eingefügt. Dafür wurde gestrichen: „Konto II voll".

[21] Dieses Wort wurde von Ministerialdirektor Herbst handschriftlich eingefügt.

[22] Für den Wortlaut des Abkommens vom 19. Juni 1951 zwischen den Parteien des Nordatlantikvertrags über die Rechtsstellung ihrer Truppen (NATO-Truppenstatut) und für die Zusatzvereinbarungen vom 3. August 1959 zu diesem Abkommen vgl. BUNDESGESETZBLATT 1961, Teil II, S. 1190–1385.

in einem Augenblick drastischer Haushaltskürzungen einen Finanzbeitrag für die amerikanischen Truppen in der geforderten Höhe leiste („Besatzungskosten").

Weiter stelle sich die Frage, ob auf amerikanischer Seite bedacht sei, daß das neue Konzept doch wohl untrennbar mit einer ausdrücklichen amerikanischen Zusicherung verknüpft sei, die Truppenpräsenz in Europa nicht zu verringern.[23] Im übrigen stehe die amerikanische Forderung[24] im Gegensatz zu Äußerungen von Präsident Nixon Ende letzten Jahres, die amerikanischen Truppen seien keine „Söldner" der Europäer. Mr. Samuels ließ daraufhin[25] durchblicken, daß seine Verhandlungslinie[26] zwar innerhalb der amerikanischen Ressorts abgestimmt, jedoch[27] nicht vom Präsidenten gebilligt sei.

Mr. Samuels und ich waren uns einig in der Beurteilung, daß sich[28] eine Behandlung des Themas Devisenausgleich beim Besuch des Bundeskanzlers in Washington[29] kaum werde umgehen lassen können.[30]

4) In einem etwa einstündigen Gespräch mit Bundesminister Scheel wurden die beiderseitigen Standpunkte im wesentlichen bestätigt[31]. Der Minister erinnerte an Sturz der Regierung Erhard[32], der er selbst angehört habe, im Zusammenhang mit damaligen Offset-Verhandlungen[33]. Er unterstrich den

[23] Der Passus „Unsere Gegenargumente ... nicht zu verringern" ging auf Streichungen und handschriftliche Einfügungen des Ministerialdirektors Herbst zurück. Vorher lautete er: „Ich habe hierauf erwidert, was die Amerikaner anstrebten, sei eine völlig neue Konzeption, nämlich anstelle eines Offset-Abkommens ein ‚Burden Sharing'. Dies aber sei eine Frage von grundsätzlicher Bedeutung für das gesamte Bündnis; sie könne nicht bilateral zwischen USA und uns gelöst werden, sondern gehe alle NATO-Mitglieder an, zumal sie eine Änderung des Truppenstatuts beinhalte. Von den Haushaltsschwierigkeiten abgesehen, sähe ich auch starke politische Bedenken gegen die neue amerikanische Konzeption, die auf die Dauer zu einer Belastung der deutsch-amerikanischen Beziehungen führen müßten. Ich sei zwar bereit zu glauben, daß massive Haushaltsleistungen Debatte über Truppenpräsenz im Kongreß in den Hintergrund drängen werde; dafür werde aber die gleiche Diskussion in der deutschen Öffentlichkeit aufflammen, die man nicht verstehen werde, wenn man ausgerechnet in einer Zeit der Haushaltseinsparungen die Finanzleistungen für die amerikanischen Truppen substantiell erhöhe (Besatzungskosten). Falls wir uns – was ich bezweifelte – überhaupt auf das amerikanische Konzept einließen, so sicher nicht ohne eine ausdrückliche Zusicherung, die Truppenpräsenz in Europa nicht zu verringern."
[24] Dieses Wort wurde von Ministerialdirektor Herbst handschriftlich eingefügt. Dafür wurde gestrichen: „Geldforderung".
[25] Dieses Wort wurde von Ministerialdirektor Herbst handschriftlich eingefügt.
[26] Dieses Wort wurde von Ministerialdirektor Herbst handschriftlich eingefügt. Dafür wurde gestrichen: „Forderung".
[27] An dieser Stelle wurde von Ministerialdirektor Herbst gestrichen: „noch".
[28] Dieses Wort wurde von Ministerialdirektor Herbst handschriftlich eingefügt.
[29] Bundeskanzler Brandt hielt sich vom 14. bis 18. Juni 1971 in den USA auf. Vgl. dazu Dok. 208.
[30] Ministerialdirektor Herbst führte am 26. Mai 1971 ergänzend aus: „Ein Gespräch des Herrn Bundeskanzlers mit Präsident Nixon über das Offset-Problem bietet die Möglichkeit, dem amerikanischen Präsidenten den deutschen Standpunkt und die deutschen Schwierigkeiten eindringlich vor Augen zu führen. Eine Fortführung der Verhandlungen auf der bisherigen Ebene verspricht keine weitere Klärung. Wir haben Grund zu der Annahme, daß die neue versteifte amerikanische Verhandlungsposition nicht auf einer Weisung des Präsidenten beruht. Wir versprechen uns daher von einer Erörterung mit dem Herrn Bundeskanzler eine Aufgabe oder doch Abmilderung der harten amerikanischen Forderungen." Vgl. Referat I A 5, Bd. 342.
[31] Dieses Wort wurde von Ministerialdirektor Herbst handschriftlich eingefügt. Dafür wurde gestrichen: „wiederholt".
[32] Bundeskanzler Erhard trat am 30. November 1966 zurück.
[33] Vgl. dazu den Besuch des Bundeskanzlers Erhard in den USA vom 26./27. September 1966; AAPD 1966, II, Dok. 297, Dok. 298 und Dok. 301.

Ernst der gegenwärtigen deutschen Haushaltsschwierigkeiten.³⁴ Obgleich er nicht sehe, wie wir den amerikanischen Forderungen entsprechen könnten, werde er die Angelegenheit dem Bundeskanzler umgehend vortragen.³⁵

Herbst³⁶

VS-Bd. 8777 (III A 5)

188

Gespräch des Staatssekretärs Frank mit dem sowjetischen Botschafter Falin

II A 4-82.00/94.29-760/71 geheim 27. Mai 1971¹

Gespräch des sowjetischen Botschafters Falin mit Herrn Staatssekretär Dr. Frank am 27. Mai 1971; ferner anwesend von sowjetischer Seite der Erste Sekretär Jelisarjew; von deutscher Seite VLR I Dr. Blumenfeld und Dolmetscher Hartmann.

Botschafter *Falin* ließ eine deutsche Rohübersetzung einer Erklärung der sowjetischen Regierung über die KSE und damit zusammenhängende Probleme verlesen (deutscher Wortlaut siehe Anlage²). Er fügte folgendes hinzu: Seine

---

34 Dieser Satz wurde von Ministerialdirektor Herbst handschriftlich eingefügt.
35 Dieser Satz ging auf Streichungen und handschriftliche Einfügungen des Ministerialdirektors Herbst zurück. Vorher lautete er: „Er glaube kaum, daß wir den amerikanischen Forderungen entsprechen könnten, werde die Angelegenheit jedoch schnellstens dem Bundeskanzler vortragen."
36 Paraphe.
1 Die Gesprächsaufzeichnung wurde von Vortragendem Legationsrat I. Klasse Blumenfeld gefertigt.
Hat Ministerialdirigent Lahn am 1. Juni 1971 vorgelegen.
Hat Staatssekretär Frank am 13. Juni 1971 vorgelegen, der die Weiterleitung an Bundesminister Scheel verfügte.
Hat Scheel am 18. Juni 1971 vorgelegen.
2 Dem Vorgang beigefügt. In dem Aide-mémoire stellte die sowjetische Regierung u. a. fest: „Allein die Tatsache der Einberufung einer gesamteuropäischen Konferenz wäre nach Meinung der sowjetischen Regierung ein großer Fortschritt hinsichtlich der Normalisierung der Beziehungen zwischen allen europäischen Staaten und der Entspannung in Europa. Die Begegnung am Konferenztisch würde die Gemeinsamkeit der Bestrebungen der Konferenzteilnehmer zur Erreichung gerade dieser Ziele symbolisieren. Auf der Konferenz könnte man diese symbolische Gemeinsamkeit in die Sprache praktischer Maßnahmen zur Festigung der europäischen Sicherheit übertragen – z. B. in Form der Erzielung eines Übereinkommens oder, noch besser, des Abschlusses eines regionalen Vertrages über den Verzicht auf Anwendung und Androhung von Gewalt in den Beziehungen zwischen den Staaten Europas." Längerfristig sei die UdSSR zur Auflösung der beiden Bündnisse in Europa bereit. Die sowjetische Regierung äußerte sich ferner zu möglichen Themen der Europäischen Sicherheitskonferenz und schlug u. a. die Schaffung eines Organs vor, „in dessen Rahmen in detaillierterer Form die gemeinsame Arbeit über die Fragen der europäischen Sicherheit und Zusammenarbeit fortgesetzt werden könnte, die Verhandlungsgegenstand der Konferenz sein werden. In der Zukunft könnte dieses Organ auch die Rolle einer Einrichtung zur Vorbereitung weiterer gesamteuropäischer Konferenzen übernehmen." Zur Frage, ob Truppenreduzierungen Thema der Europäischen Sicherheitskonferenz sein sollten, erklärte die sowjetische Regierung: „Unserer Meinung nach wäre es realistischer, sich in konkreter Form mit diesem Problem in dem Organ zu

Regierung sei fest entschlossen, alle Fragen, die Spannungen erzeugten, sobald wie möglich aus dem Weg zu schaffen und zu lösen. Dies beziehe sich auch auf Westberlin. Die Anstrengungen der BRD und der anderen beteiligten Länder würden ein positives Ergebnis haben. Das sowjetische Ziel sei nicht, die wirtschaftliche, finanzielle und kulturelle Beziehung Westberlins zum Bund zu ruinieren oder die Lebensfähigkeit Westberlins zu schmälern. Wenn das Leben in Westberlin schwerer werde, würde es keine Entspannung geben. Es sei jedoch nicht die beste Methode, Fragen verschiedenen Charakters und verschiedener Dimension zu verknüpfen; dies würde nicht zu der Lösung beitragen. Er, Falin, verstehe unsere Position, doch müßten wir auch die seine verstehen.

Seine Regierung handle aus bestem Willen und mit bester Überzeugung aus den Erfahrungen der letzten Jahre. Er, Falin, hoffe, daß seine Darlegungen unsere Aufmerksamkeit finden und daß wir seine Position so verstehen, wie sie dargelegt werde.

StS *Frank* dankte für die Mitteilungen und für die ergänzenden Ausführungen. Er werde diese Darlegungen mit Aufmerksamkeit und mit dem gebotenen Interesse studieren.[3] Diese Darlegungen kämen in Hinblick auf die nächste NATO-Ministerratskonferenz in Lissabon[4] nicht unerwartet. Diese Konferenz werde sich mit Fragen der Ost-West-Entspannung und der Zusammenarbeit zwischen Ost und West beschäftigen. Er, Falin, wisse, daß das Atlantische Bündnis zu seinem militärischen zunehmend einen politischen Charakter gewonnen habe und mehr und mehr als Forum für politische Koordination diene. Die BRD habe im Rahmen der NATO bedeutende Vorhaben zur Entspannung und Zusammenarbeit initiiert, lanciert und dafür geworben, z. B. MBFR. Unsere grundsätzlich sehr positive Einstellung zur KSE habe sich nicht geändert. Wir wollten sogar einen Schritt weitergehen; wenn der Moskauer Vertrag den Sinn haben soll, den wir ihm geben, nämlich Voraussetzung zu sein für eine Entspannung in Europa, dann sei die KSE die logische Fortsetzung dieser Politik, die im Vertrag ihren Niederschlag gefunden habe. Die Bundesregierung sei entschlossen, auf der KSE die Rolle zu spielen, die uns als mittlerem, hoch industrialisiertem Staat in Mitteleuropa zukomme, nicht mehr und nicht weniger. Das Interesse hoch industrialisierter Staaten am Frieden sei noch stärker als das anderer Staaten. Eine KSE werde ungeachtet der gesellschaftlichen

---

Fortsetzung Fußnote von Seite 861

befassen, welches von der gesamteuropäischen Konferenz geschaffen werden soll, oder in einem anderen für die interessierten Seiten akzeptablen Rahmen." Die sowjetische Regierung stellte fest, daß alle notwendigen Voraussetzungen vorhanden seien, um zur Phase der aktiven Vorbereitung der Europäischen Sicherheitskonferenz überzugehen und schlug vor, den finnischen Vorschlag über die Durchführung multilateraler vorbereitender Treffen in Helsinki zu verwirklichen. Sie wies außerdem eine Verknüpfung der Berlin-Frage und der Europäischen Sicherheitskonferenz zurück und erklärte: „Wenn sich die Sowjetunion gegen die Verknüpfung der Frage einer europäischen Sicherheitskonferenz mit der Frage der Verhandlungen über West-Berlin wendet, so beabsichtigt sie keineswegs, diese beiden Fragen in einen Gegensatz zueinander zu bringen. Im Gegenteil – indem wir uns für einen möglichst raschen Übergang zur Phase der aktiven Vorbereitung einer gesamteuropäischen Konferenz aussprechen, bemühen wir uns gleichzeitig, die Verhandlungen über West-Berlin voranzubringen. Wir erachten es für richtig, in diesen beiden Fragen wie auch in anderen Fragen, deren Lösung zu einer weiteren Entspannung in Europa führen könnte, parallel vorzugehen." Vgl. VS-Bd. 4629 (II A 4); B 150, Aktenkopien 1971.

[3] Zur Reaktion der Bundesregierung vom 16. Juli 1971 auf das sowjetische Aide-mémoire vgl. Dok. 248.

[4] Zur NATO-Ministerratstagung am 3./4. Juni 1971 in Lissabon vgl. Dok. 197.

Unterschiede der europäischen Staaten die Zukunft Europas für Jahrzehnte vorausbestimmen. Zur Berlin-Regelung sei folgendes zu sagen: In den letzten Tagen hätten wir glücklicherweise etwas positivere Nachrichten über Berlin. Wir glaubten, daß wir bald zu praktischen Ergebnissen kommen könnten, wenn alle Vier, die DDR und die BRD dazu beitragen und darauf verzichten werden, mehr Rechte zu beanspruchen. Ausgerechnet jetzt sollten wir aber nicht den Zusammenhang zwischen der multilateralen Vorbereitung einer KSE und der Berlin-Regelung herausstellen. Der damalige sowjetische Geschäftsträger Bondarenko habe im März für ein paralleles Vorgehen plädiert.[5] Damals sei er, der Staatssekretär, nicht in der Lage gewesen, diesen Vorschlag zu akzeptieren. Auch er, der Staatssekretär, sei der Meinung, daß es nicht gut sei, Probleme verschiedenen Charakters und verschiedener Dimension zu verknüpfen. Die Berlin-Frage und KSE hätten aber nicht einen verschiedenen Charakter. Obwohl die Dimension verschieden sei und Berlin ein vergleichsweise kleines Territorium im Zusammenhang mit der KSE sei, habe niemand von einem Junktim oder einer Vorbedingung im normal juristischen Sinne gesprochen. Im übrigen könne es jeder sehen wie er wolle. Die Frage sei viel ernster. Die Frage, ob es zu einer Berlin-Regelung komme, sei der Test, ob eine Zusammenarbeit überhaupt reale Chancen habe, verwirklicht zu werden. Der Bundeskanzler habe am 3. Mai sinngemäß folgendes gesagt: Wenn die Zusammenarbeit zwischen Ost und West in Verträgen nicht im Stande wäre, eine befriedigende Berlin-Regelung hervorzubringen, so müsse man sich fragen, wozu sie dann überhaupt im Stande wäre.[6] Die Themen einer KSE seien von ungeheurer Tragweite. Ihre erfolgreiche Behandlung setze ein großes Maß gegenseitigen Vertrauens voraus. Im Vergleich dazu sei das Berlin-Problem relativ[7] klein und untergeordnet. Die Bundesregierung meine es ernst mit der Reihenfolge. Erst müsse sie wissen, ob der Test für die Aussichten auf Entspannung in Europa real sei, dann könne sich der Botschafter darauf verlassen, daß von der BRD kein Hindernis bestehen werde, den weiteren Weg zu beschreiten. Der Themenkatalog der KSE sei imposant, notwendig, modern und vernünftig, wie wir ihn uns wünschen. Mit Ausnahme eines Punktes (Auflösung der Bündnisse) könnten

---

5 Zum Gespräch des Staatssekretärs Frank mit dem sowjetischen Gesandten Bondarenko am 18. März 1971 vgl. Dok. 164, Anm. 9.
6 Bundeskanzler Brandt führte am 3. Mai 1971 in einem Interview für die Sendung „Report" des Deutschen Fernsehens aus: „Wenn es nicht einmal möglich ist, sich über Berlin so zu verständigen, daß sich durch diese Verständigung Erleichterungen, Verbesserungen ergeben, dann muß man sehr skeptisch sein, was andere Wirkungen angeht, die von den Verträgen ausgehen sollen. Es geht ja um mehr als um die Normalisierung der Beziehungen zu einem Staat, einem anderen, einem dritten oder wieviel noch, was auch wichtig ist. Aber es geht doch darum, einmal, daß wir – was manche übersehen –, indem wir dies tun, im Westen gleicher werden wollen; denn wir müssen gleicher werden. Wir müssen zumindest jenen Grad an Normalisierung erreichen gegenüber den östlichen Staaten, den unsere westlichen Partner überwiegend bereits erreicht haben. Dies müssen wir erreichen, weil wir sonst im Westen nicht voll mitwirken können – ein Aspekt, der häufig übersehen wird. Dann müssen wir außerdem unseren spezifischen Beitrag leisten mit dem Blick auf eine europäische Friedensordnung. Denn das ist doch die eigentliche Perspektive: Wie kommen wir in den Jahren, die vor uns liegen, dahin, daß nicht mehr nur Amerikaner und Russen miteinander verhandeln [...], sondern daß alle andern Beteiligten mitwirken können an realistischen Verhandlungen, z. B. über den beiderseitigen ausgewogenen Abbau von Truppen und Rüstungen in der Mitte Europas." Vgl. BRANDT, Reden, Bd. I, S. 482.
7 Dieses Wort wurde von Staatssekretär Frank handschriftlich eingefügt.

wir allen anderen Themen zustimmen. Für eine unbestimmte[8] Zeit sei die Aufrechterhaltung der Bündnisse in Ost und West notwendig, damit die Entspannung real bleibe. Wir wünschten, daß der Warschauer Pakt wie die NATO außer militärischen auch politische Aufgaben gemeinsam in Angriff nehme. Dies sei die erste Antwort auf die Ausführungen des Botschafters. Wenn eine befriedigende Berlin-Regelung vorläge, könne es zur Ratifizierung der Verträge kommen und der Weg sei frei zu einer KSE.

Was die Truppenreduzierung anbelange, so sei die BRD am Entstehen dieses Gedankens wesentlich beteiligt. Die heutigen Überlegungen im Atlantischen Bündnis beruhten im wesentlichen auf unseren Vorarbeiten. Niemand habe einen Zusammenhang zwischen einer Berlin-Regelung und MBFR hergestellt. Die Äußerung von StS Ahlers in diesem Sinne sei nicht autorisiert gewesen.[9] Im übrigen sei es offen, ob MBFR als Teil einer KSE-Tagesordnung oder in einer Kommission oder parallel oder vor einer KSE behandelt werde. Nur solle man im Auge behalten, daß MBFR und KSE ein Ganzes bilden. Wenn wir ein Mehr an Sicherheit haben wollten, so müßten wir auf dem Gebiet der Rüstung etwas tun. Der amerikanische Botschafter habe ja mit seinem Minister gesprochen.[10] Um mit den Worten des Generalsekretärs Breschnew zu sprechen, sähen wir bisher nur das Etikett an der Flasche, den Wein hätten wir noch nicht getrunken.[11] Aus diesem Gespräch hätten sich, soweit wir wissen, unterschiedliche Auffassungen ergeben. Minister Gromyko sei über den Terminus „ausgewogen" alarmiert gewesen. Man müsse weiter darüber sprechen. Leider sei die Welt nicht symmetrisch aufgebaut und die Dinge seien daher keineswegs einfach.

Auch eine MBFR-Konferenz müsse gut vorbereitet werden; wenn wir es ernst meinen mit der Entspannung, so könnten wir nicht das Risiko laufen, eine solche Konferenz scheitern zu lassen.

Noch ein Wort zu KSE; die bilateralen Kontakte müßten weitergehen. Die Bundesregierung spreche mit der Sowjetunion, habe[12] mit dem finnischen Sonderbotschafter Enckell gesprochen[13] und spreche[14] demnächst mit den Jugosla-

---

8 Dieses Wort wurde von Staatssekretär Frank handschriftlich eingefügt.
9 Am 22. Mai 1971 wurde in der Presse berichtet: „Nach Ansicht der Bundesregierung besteht unverkennbar ein Zusammenhang zwischen einem gegenseitigen ausgewogenen Abbau von Truppen in Europa und einer befriedigenden Regelung der Berlin-Frage. Nach Bundesverteidigungsminister Schmidt hat am Freitag auch Regierungssprecher Ahlers vor Journalisten erklärt, daß ein solcher Truppenabbau nicht unabhängig von der Frage einer Sicherheitskonferenz und damit auch nicht von einer Berlin-Regelung zu behandeln sei." Vgl. den Artikel „Beginn der Abzugsgespräche angeblich schon vereinbart"; FRANKFURTER ALLGEMEINE ZEITUNG vom 22. Mai 1971, S. 4.
10 Zum Gespräch des amerikanischen Botschafters in Moskau, Beam, mit dem sowjetischen Außenminister Gromyko am 17. Mai 1971 vgl. Dok. 181, Anm. 9.
11 Vgl. dazu die Rede des Generalsekretärs des ZK der KPdSU, Breschnew, am 14. Mai 1971 in Tiflis; Dok. 181, besonders Anm. 2.
12 Dieses Wort wurde von Staatssekretär Frank handschriftlich eingefügt.
13 Dieses Wort wurde von Staatssekretär Frank handschriftlich eingefügt.
Der finnische Sonderbotschafter Enckell hielt sich am 15. September 1970 in Bonn auf und traf mit Staatssekretär Frank zusammen. Ministerialdirektor von Staden teilte dazu am 17. September 1970 mit, Enckell habe ausgeführt, „seine Mission sei darauf beschränkt, Möglichkeiten für das Zustandekommen einer Konferenz über die Sicherheit in Europa zu sondieren und zu erkunden, ob Finnland bei der Klärung prozeduraler Vorfragen behilflich sein könne." Es herrsche „weitgehende Übereinstimmung, daß eine KSE nur sinnvoll sei bei a) genügend großer Beteiligung, b) sehr sorgfältiger Vorbereitung, c) begründeter Aussicht auf Erfolg. Hauptkriterium einer KSE sei nach

wen[15]. Die bilateralen Kontakte mit der finnischen Regierung böten kein Problem. Wir wollten jedoch offen sagen, wir sähen den Moment kommen nach einer Berlin-Regelung, daß das Verhältnis zur DDR auf eine andere Basis gestellt werden müßte.

Dies entspreche den Absichtserklärungen.[16] Wir möchten jedoch nicht, daß ein Projekt von großer kontinentaler Tragweite als taktisches Mittel benutzt werde, um uns vor ein fait accompli zu stellen, wenige Monate, bevor wir ohnehin zu einer vernünftigen ausgewogenen Regelung gelangen. Die Zusammenarbeit und die Entspannung in Europa, die Truppenreduzierungen, der Umweltschutz, die Frage der Energie und des Verkehrs, die Sauberhaltung der Meere, dies seien die eigentlichen Probleme. Wenn wir daran herangingen, dann sei es klar, daß das Verhältnis BRD/DDR sich dieser Entwicklung anpassen müsse. Wir könnten nicht den Pflug vor den Ochsen spannen. Wenn man dies tue, so würde sich Skepsis ausbreiten. Man werde sagen, die Lösung der großen Probleme sei nicht das eigentliche Ziel. Es solle subkutan etwas erreicht werden, was offen nicht erreicht werden könne.

Botschafter *Falin* erklärte, er sei mit vielem einverstanden, was der Staatssekretär gesagt habe, über anderes müsse er nachdenken. Er sehe ein, daß manche Erwägung nicht aus einem Trotzgeist resultiere, sondern das Resultat unserer Interessen sei. Seine, Falins, Überlegungen basierten auch auf gewissen Interessen. Die gegenseitigen Positionen seien aber sehr nah, und er hoffe, daß die Zusammenarbeit konstruktiv und ergebnisreich sein werde.

Auf eine Rückfrage des Botschafters präzisierte StS *Frank*, daß er keine Einwände gegen bilaterale Besprechungen mit der finnischen Regierung habe.

Botschafter *Falin* sagte, eine Berlin-Lösung werde zweifellos die Perspektiven der Entspannung und die Atmosphäre verbessern. Er, Falin, habe aber unsere Position nicht im vollen Umfang verstanden, wenn der Staatssekretär sage, daß vor einer Berlin-Regelung keine multilateralen Vorgespräche möglich seien.

Fortsetzung Fußnote von Seite 864
finnischer Auffassung, daß sie von allen Staaten, die für die Sicherheit in Europa mitverantwortlich sind, akzeptiert wird. Sie müßten auch an allen Phasen der Vorbereitung beteiligt sein." Enckell habe sich gegenüber dem Plan einer Vorbereitungskonferenz zurückhaltend geäußert, jedoch vorgeschlagen, „man solle durch informelle bi- oder multilaterale Gespräche, z. B. der in Helsinki akkreditierten Missionschefs, versuchen, sich über eine gemeinsame Tagesordnung zu einigen." Vgl. den Drahterlaß Nr. 4290; Referat II A 3, Bd. 1214.

14 Dieses Wort wurde von Staatssekretär Frank handschriftlich eingefügt.

15 Vom 23. bis 25. Juni 1971 hielt sich der jugoslawische Stellvertretende Außenminister Vratuša in Bonn auf. Ministerialdirigent Lahn teilte am 29. Juni 1971 mit, bezüglich der Europäischen Sicherheitskonferenz habe Vratuša ausgeführt: „Jugoslawien unterstütze den Gedanken einer KSE im Sinne einer ‚demokratischen' Konferenz aller europäischen Länder, die sich nicht nur mit den eigentlichen Sicherheitsfragen, sondern ebenso mit wirtschaftlichen, sozialen und Wissenschaftsproblemen beschäftigen soll. Die Bereitschaft der Sowjetunion zur Behandlung des MBFR-Themas und die Antwort des NATO-Kommuniqués von Lissabon hierauf werde von Belgrad begrüßt. Man sollte alle realistischen und konkreten Möglichkeiten auf diesem Gebiet ausschöpfen, ohne sich in diesem frühen Stadium der Erörterungen allzu große Illusionen zu machen." Vgl. den Drahterlaß Nr. 3263; Referat II A 5, Bd. 1343.
Zum Besuch Vratusas vgl. auch Dok. 225.

16 Vgl. dazu Punkt 2 der „Absichtserklärungen" zum Vertrag vom 12. August 1970 zwischen der Bundesrepublik und der UdSSR, der wortgleich mit Leitsatz 6 vom 20. Mai 1970 („Bahr-Papier") war; Dok. 33, Anm. 6.

Der Staatssekretär habe doch selbst gesagt, eine MBFR stünde nicht im Zusammenhang mit Berlin. Es entstehe dann die Situation, daß die DDR bei den multilateralen MBFR-Gesprächen dabei sei. Diese Position sei vielleicht nicht unlogisch, aber enthalte einen gewissen Widerspruch. Warum schließe man eine parallele Entwicklung und eine parallele Vorbereitung aus? Die Zeit sei ein knappes Produkt, mit dem man sparsam umgehen müsse. StS *Frank* räumte ein, daß es nach außen sicherlich einen gewissen Widerspruch zu der These „Zusammenhang Berlin mit KSE" gegenüber der These „kein Zusammenhang Berlin/MBFR" gebe. Dieser scheinbare Widerspruch sei aber zu erklären. Unsere Haltung beweise, daß wir nicht dogmatisch vorgehen, daß wir nicht boykottieren, daß wir nicht sabotieren. MBFR wahre unmittelbar das Sicherheitsinteresse aller, und dieses Sicherheitsinteresse habe in jedem Falle Priorität. Eine KSE sei nicht denkbar ohne unser aktives Interesse und unsere aktive Mitarbeit. Es sei das erste Stück Zukunft, und bevor wir uns daran begeben, müßten wir den Test der Berlin-Regelung haben. Mißlingt dieser Test, dann seien nicht nur die Verträge gefährdet, sondern auch die Zukunft verbaut. Gewiß könne man auch eine KSE um die BRD herum machen, doch bliebe dies ein Torso. Daher bestehe ein Zusammenhang zwischen KSE und Berlin und kein Zusammenhang zwischen MBFR und Berlin. *Botschafter Falin* erwiderte, diese Argumente hätten ihn nicht vollständig überzeugt und er werde seine Meinung nicht ändern. Man habe von Anbeginn alle möglichen Bedingungen für eine KSE gestellt. Erst war es die Teilnahme der USA und Kanadas, dann die Tagesordnung und die Vorbereitung. Wenn wir Zusammenhänge akzeptierten, so schafften wir gefährliche Präzedenzfälle. Man könne auch wie folgt argumentieren: Zu den Teilnehmenden einer KSE gehören die SU und die USA, also sei das Verhältnis dieser beiden Mächte zueinander berührt, also müßten andere, beide Mächte interessierende Fragen damit in Zusammenhang gebracht werden wie Nahost oder SALT. Es gäbe derartige Pressemeldungen. StS *Frank* bemerkte, es sei nicht erforderlich, Präzedenzfälle zu akzeptieren, wenn eine Berlin-Regelung beschleunigt werde. Warum sollten wir uns dann vielleicht wegen wenigen Wochen darum streiten?

Die Unterredung verlief in angenehmer, gelockerter Atmosphäre. Sie dauerte eine Stunde.

VS-Bd. 4629 (II A 4)

189
Gespräch des Bundesministers Scheel mit dem sowjetischen Botschafter Falin

II A 4-82.21/94.29-756/71 geheim   27. Mai 1971[1]

Gespräch des Herrn Bundesministers mit dem sowjetischen Botschafter Falin am 27.5.1971 um 19.00 Uhr.

Ferner waren anwesend von deutscher Seite: StS Dr. Frank und VLR I Dr. Blumenfeld.

Botschafter Falin erschien ohne Begleitung.

Bundesminister berichtete einleitend über seine Gespräche mit seinem schweizerischen Kollegen Graber über das Verhältnis Schweiz–EWG.[2] Es werde sichergestellt werden, daß der Schweiz aus ihrer Neutralität keine Nachteile erwachsen. Das Abkommen mit der Schweiz werde vorwiegend handelspolitischer Natur sein, aber auch Wettbewerbsregeln enthalten und ein Konsultationsverfahren vorsehen.

Bundesminister sagte, die Kooperation zwischen Ost und West bewege sich auf gutem Wege.

Auch in der Schweiz habe sich in dieser Hinsicht im Denken einiges verändert.

Falin warf ein, es gebe auch retardierende Momente, z.B. im Zweiten Deutschen Fernsehen, und zitierte das Ergebnis einer kürzlichen Umfrage, ob man glaube, die SU werde einer für die BRD annehmbaren Berlin-Regelung zustimmen.

Bundesminister räumte ein, das ZDF gehe mit geringerem Tempo an die Dinge heran. Er erinnere sich, daß diese Umfrage nur 16% Ja-Stimmen, dagegen 66% Nein-Stimmen gebracht habe.

Falin meinte, die retardierenden Elemente wollten der deutschen Öffentlichkeit suggerieren, wie immer auch eine künftige Berlin-Regelung aussehe, so sei diese erzwungen.

Bundesminister meinte, dies sei verständlich, denn es müßten ja in der Tat Positionen aufgegeben werden. Die Opposition müsse ihre Haltung rechtfertigen, sie hätte eine andere Regelung erreicht. Eine Regelung in und um Berlin würde jedoch einen großen Fortschritt darstellen, neben dem alles weitere verblasse.

Falin meinte, er sehe hier Gefahren. So seien Provokationen auf den Zugangswegen denkbar, und die gegenwärtige Taktik dieser Kreise sei geradezu als Einladung dazu aufzufassen.

Bundesminister erwiderte, dies sei zu pessimistisch gesehen. Berlin sei seit 1945 ein schwieriges Problem, nicht zuletzt, weil es keine grundlegende internatio-

---

[1] Die Gesprächsaufzeichnung wurde von Vortragendem Legationsrat I. Klasse Blumenfeld am 1. Juni 1971 gefertigt.
Hat Ministerialdirigent Lahn am 2. Juni 1971 vorgelegen.
[2] Zum Gespräch des Bundesministers Scheel mit dem schweizerischen Bundesrat Graber am 26. Mai 1971 in Oron vgl. Dok. 191.

nale Regelung gäbe und die Machtverhältnisse dominierten. Zwar habe die SU etwaige Krisen jedesmal bereinigt, doch habe es immer eine Unsicherheit gegeben. Wenn jetzt erstmals eine Regelung der Vier Mächte komme, so würde dies ein Gefühl der Erleichterung erzeugen. Dagegen sei keine Obstruktion möglich, vorausgesetzt, die Regelung werde als fair empfunden. Es liege nicht im Interesse der Oppositionspartei, eine Berlin-Regelung polemisch in Frage zu stellen.

Staatssekretär warf ein, dazu sei die Opposition zu Berlin-bewußt und zu staatsbewußt.

Bundesminister fuhr fort, solange die Partie hänge, gebe es viel Kritik, wenn aber erst mit der DDR eine Vereinbarung bestehe, werde diese Kritik aufhören.

Falin sagte, er versuche die Tendenzen der Opposition zu begreifen. Die Opposition sei beinahe in allen Fragen destruktiv; nach dem Grundsatz „je schlechter, desto besser". Die Interessen der BRD als Staat und als Gesellschaft würden beiseite geschoben. Während der Währungskrise sei die Opposition absolut destruktiv gewesen. Die Krise, so die Opposition, sei eine Folge der Tätigkeit der Regierung, nicht externer Faktoren. Welche Maßnahmen die Regierung auch treffe, sie seien im voraus immer falsch. Wenn man die Opposition frage, wie sie es denn machen würde, so antworte sie: wir sind ja schließlich die Opposition und nicht die Regierung. Die gleiche Tendenz sei in der Berlin-Frage festzustellen. Vor einem Jahr war der Transit noch die Hauptfrage, jetzt sei der Transit gesichert, und die Hauptfrage sei die politische Präsenz, der alles andere untergeordnet werde. Hier sage man: Wenn nicht alles bleibt, wie es heute ist, so ist die Berlin-Regelung von vornherein schlecht.

Bundesminister bemerkte, dies sei nicht wörtlich zu nehmen.

Falin räumte dies ein, meinte aber, man werde wohl polemisch probieren, wie weit man kommen könne. So könne man sagen, Berlin sei in einer besonderen Lage und die allgemein gültigen Regelungen seien nicht annehmbar. Es sei nicht nötig, die Regeln des Transitlandes zu beachten. Er, Falin, sage aber: Wenn die Durchreise durch die DDR gestattet werde, so dürfe dies nicht zum Schaden der DDR geschehen. Es müsse den Menschen in aller Welt, einschließlich der BRD, erklärt werden, daß eine vernünftige Lösung keine Selbstaufopferung der DDR bedeute.

Bundesminister entgegnete, es könne nur eine Lösung gefunden werden, wenn der augenblickliche Status berücksichtigt und nicht verändert werde. Unterschiedliche Definitionen müsse man anerkennen und überwinden. Wenn eine Lösung mit Zustimmung der Vier Mächte da sei, würde dies eine enorme Wirkung in der Welt haben. Es werde niemanden geben, der darin nicht eine Verbesserung sehe.

Falin räumte ein, das Verhalten der Transitreisenden bei der Durchreise durch die DDR sei besser geworden, doch seien Zweifel für die Zukunft erlaubt, wenn z. B. solche Presseorgane wie der „Spiegel" unter der Überschrift „Moskau intim"[3] unwahre Geschichten verbreiteten.

---

[3] Unter dem Titel „Moskau intim" berichtete die Wochenzeitschrift „Der Spiegel" in zwei Artikeln über die gesellschaftliche und wirtschaftliche Situation in der UdSSR sowie über Lebensweise und Privilegien führender sowjetischer Politiker. Vgl. dazu die Artikel „„Sie ahnen nicht, daß der Mor-

Bundesminister sagte, auch was der „Spiegel" über die Bonner politischen Verhältnisse schreibe, sei falsch.

Falin erwiderte, er persönlich nehme es gelassen hin, was der „Stern" und der „Spiegel" schrieben, doch andere Leute würden nervös.

Bundesminister sagte, der „Spiegel" übe sich in einer besonderen Taktik der Erpressung. Wann man seine Vertreter nicht empfange, schreibe er böse Artikel. Auch er, der Bundesminister, sei dieser Taktik ausgesetzt gewesen. Doch habe dies schließlich aufgehört.

Falin meinte, der „Spiegel" sein ein Zerrspiegel.

Staatssekretär warf ein, der „Spiegel" werde in manchen osteuropäischen Ländern ernst genommen.

Bundesminister gab zu bedenken, was in den Magazinen erscheine, sei ein hektischer Versuch, die Auflage zu erhöhen. Der Informationswert der Tageszeitungen sei dagegen im ganzen korrekt.

Falin erwiderte, auch in vielen Tageszeitungen sei der Informationswert tendenziös.

Bundesminister räumte dies ein. Auch das Zweite Deutsche Fernsehen berichte tendenziös, z. B. über die Jungdemokraten; es hänge ab von der Person des Redakteurs und von der Richtung, die er vertrete. Insgesamt aber hätten wir im Fernsehen ein ausgewogenes Bild. Dies gelte auch für die Presse. Von Springer könne man keine linksliberalen Ideen erwarten und von der „Frankfurter Rundschau" kein konservatives Gedankengut. Die Zeitungen übten im allgemeinen wenig Einfluß aus auf die politischen Entscheidungen. Gleichwohl gebe es Fälle, wo Regierungen an Zeitungen gescheitert seien. So sei Bundeskanzler Erhard ein Opfer der Bildzeitung geworden. Zurzeit würden andere Persönlichkeiten von gewissen Zeitungen „aufgebaut".

Falin sagte, er habe den Auftrag seiner Regierung heute bei StS Frank erledigt. Er wiederholte anschließend den wesentlichen Inhalt der Weisung, die er am 27.5. um 12 Uhr Herrn StS Frank vorgetragen hatte und die sich auf KSE, die Truppenreduzierung und die Berlin-Frage bezog (s. besonderen Vermerk).[4]

Bundesminister nahm dazu wie folgt Stellung: Es sei wohl zweckmäßig, der sowjetischen Regierung eine schriftliche Stellungnahme zu den genannten Problemen und ihrer Interdependenz zuzuleiten.[5]

Die Meinung der sowjetischen Regierung habe sich sehr folgerichtig entwickelt. Er erinnere sich an sein Gespräch mit Außenminister Gromyko auf der Datscha, während dessen erstmalig von dem Verhältnis von KSE und Truppenreduzierung die Rede war.[6] Damals habe die sowjetische Regierung die Truppenreduzierung als wichtigen Punkt im Zusammenhang mit einer KSE angesehen. Sie habe jedoch gemeint, er sei zu kompliziert, um in den Plenarsitzungen behandelt zu werden. Auch sei der Kreis der Beteiligten ein anderer.

Fortsetzung Fußnote von Seite 868
gen dämmert'" und „Das süße Leben von Moskau"; DER SPIEGEL Nr. 22 vom 24. Mai 1971, S. 92–96 bzw. S. 96–121.
4 Vgl. Dok. 188.
5 Zur Reaktion der Bundesregierung vom 16. Juli 1971 vgl. Dok. 248.
6 Zum Gespräch am 2. August 1970 vgl. AAPD 1970, II, Dok. 353.

Damals habe er sich mit dem sowjetischen Außenminister auch über fremde und eigene Truppen unterhalten, wobei Herr Gromyko meinte, die Diskussion über fremde Truppen sei leichter, aber das Ziel müsse sein, den Gesamtstand zu senken.

Er, der Bundesminister, meine, die Sicherheit könne auch auf geringerem militärischen Niveau zu haben sein. Sie werde dann für die Menschen in Europa billiger.

Die jetzige Initiative der SU sei eine folgerichtige Entwicklung. Sie werde ein positives Echo in den Kreisen der NATO finden. Es bestehe ein enger Zusammenhang zwischen KSE und Truppenreduzierung. Eine KSE habe ohne Truppenreduzierung nicht viel Sinn, doch erfordere eine Diskussion über Truppenreduzierung nicht unbedingt eine KSE. Hier gebe es eine Anzahl von Gemeinsamkeiten. Die Gespräche über die Truppenreduzierung und die Rüstungsminderung müßten sich allerdings auf diese Tatbestände beschränken. Für eine KSE gebe es keine Vorbedingungen. Wenn man aber an eine Konferenz herangehe, an der alle beteiligt seien, so müßte eine bestimmte politische Atmosphäre herrschen, die einen Erfolg erwarten lasse. Könnten wir in diesem Augenblick einen Erfolg erwarten? Natürlich spiele Berlin eine Rolle. In Berlin befänden sich die Vier Mächte, die auf einer KSE eine entscheidende Rolle spielten, daneben noch die zwei deutschen Staaten, die ständig konsultiert würden und auch eine Rolle spielten. Wenn diese sechs in Berlin kein Ergebnis erzielten, dann auch nicht bei einer KSE. Berlin sei keine Bedingung, sondern eine gute Voraussetzung.

Falin erwiderte, es sei unwesentlich, ob man dies Vorbedingung nenne oder nicht.

Bundesminister entgegnete, man möge dies so oder so auslegen. Immerhin seien die Argumente der einzelnen Gesprächspartner ja nicht weltfremd, sondern berücksichtigten andere Meinungen. Ein Fortschritt in der Berlin-Frage würde die NATO im positiven Sinne beeinflussen. Die Berlin-Situation werde in Lissabon[7] positiver beurteilt werden als in Brüssel[8]. Wenn das Kommuniqué anders aussehen sollte[9], dann sei er, der Bundesminister, ein schlechter politischer Psychologe. Wir seien daran beteiligt, weil die Bundesregierung mit anderen politischen Absichten daran hänge. Dies habe mit den nächsten Schritten unseres Gesamtkonzepts zu tun. Wir wollten unsere umfassende Entspannungspolitik in dieser Legislaturperiode zu einem gewissen Abschluß bringen; daher sei jetzt der Zeitfaktor von Bedeutung, zumal die Zeit für die Lösung wesentlicher Fragen jetzt günstig sei. Gewiß sei Beharrlichkeit und Geduld vonnöten, doch müsse man schaffen, was erreichbar sei. Die DDR möge Schwierigkeiten haben, einen Beitrag zu leisten. Wenn sie es jetzt tue, werde es ihr international Fortschritte bringen. Wir seien bereit, unsere Politik weiterzutreiben und sie der Öffentlichkeit gegenüber zu verteidigen. Der Ablauf der Berlin-Verhandlungen werde einen Einfluß haben, der Erfolg dieser Verhandlungen werde die letzte Schwelle überwinden. Wir hätten die finnische Initia-

---

[7] Zur NATO-Ministerratstagung am 3./4. Juni 1971 in Lissabon vgl. Dok. 197.

[8] Zur NATO-Ministerratstagung am 3./4. Dezember 1970 in Brüssel vgl. AAPD 1970, III, Dok. 586.

[9] Zum Deutschland- und Berlin-Teil des Kommuniqués der NATO-Ministerratstagung am 3./4. Juni 1971 in Lissabon vgl. Dok. 196.

tive[10] sorgfältig studiert. Die Schwelle sei die Multilateralisierung des Ganzen, und alle subtilen Begriffe könnten nicht darüber hinwegtäuschen, daß dies so sei. Diese Schwelle könne erst übersprungen werden, wenn die Vier Mächte in der Berlin-Regelung übereinstimmten. Darüber sollte man sich nicht täuschen. Für alle werde die Berlin-Regelung eine weitere Möglichkeit der Entspannungspolitik eröffnen. Berlin sei nicht das schwierigste Problem. Es müsse aus dem Weg. Dann werde eine Dynamik Platz greifen die ihm, dem Bundesminister, Angst mache. Dann werde die kritische Distanz zu allem mehr verkürzt als ihm, dem Bundesminister, lieb sei. Er werde dann sogar bremsen müssen.

Falin fragte, ob denn die Bremsen in der NATO nicht genügten?

Bundesminister sagte, er sei bereit zu wetten, daß es dann keinen Menschen gebe, der diese Dynamik verhindere. Die Meinung, daß die Truppenreduzierung abhängig sei von Berlin, sei irrtümlich. Dies sei die Auffassung des Bundeskanzlers. Er, der Minister, habe mit Genugtuung festgestellt, daß die Berlin-Termine jetzt wieder häufiger stattfanden. Die Botschaftsräte kämen besser voran als die Botschafter[11]. Ob dies am Dienstgrad liege oder am Grad der Erleuchtung?

Falin sagte, er werde demnächst mit Außenminister Gromyko sprechen. Scherzhaft meinte er, wir sollten zusehen, daß wir alle Probleme in diesem Jahr lösen, damit im olympischen Jahr keine Probleme mehr bestünden.[12]

Bundesminister ging darauf ein und bat, man möge noch einige Probleme übrigbehalten, damit er sie zum Ende der Legislaturperiode lösen könne.

Zum Schluß wurde kurz über das Grundstück für die sowjetische Botschaft gesprochen (vgl. besonderen Vermerk).

Die Unterredung verlief in angenehmer, entspannter Atmosphäre. Sie dauerte 1¼ Stunde.

VS-Bd. 4629 (II A 4)

---

[10] Zum finnischen Aide-mémoire vom 24. November 1970 vgl. Dok. 11, Anm. 14.
[11] Pjotr Andrejewitsch Abrassimow (UdSSR), Roger Jackling (Großbritannien), Kenneth Rush (USA) und Jean Sauvagnargues (Frankreich).
[12] Die XI. Olympischen Winterspiele fanden vom 3. bis 13. Februar 1972 in Sapporo, die XX. Olympischen Sommerspiele vom 26. August bis 11. September 1972 in München statt.

190

Aufzeichnung des Vortragenden Legationsrats Blech

II A 1-84.20/11-744ʹ/71 geheim　　　　　　　　　　　　　　　27. Mai 1971

Betr.: 20. Botschaftergespräch über Berlin am 25. Mai 1971

Zweck der Vorlage:

Unterrichtung über die Mitteilung, die Botschafter Rush heute dem Herrn Minister über den Verlauf des Botschaftergesprächs vom 25. Mai, insbesondere über das Verhalten des französischen Botschafters, machte – im Hinblick auf den Besuch des französischen Botschafters bei Herrn Staatssekretär[1].

1) Die Ausführungen des amerikanischen Botschafters über die eigentlichen Verhandlungen der vier Botschafter[2] enthielten gegenüber den uns bereits vorliegenden Berichten der amerikanischen Botschaft nichts Neues. Rush gab ein im allgemeinen positives Urteil ab. Er äußerte die Meinung, die Russen hätten vor einiger Zeit die Entscheidung getroffen, die Entspannung auf neue Weise anzugehen. Die Bewegungen bezüglich MBFR, SALT, in der Berlin-Frage brächten dies zum Ausdruck. Berlin sei unter den möglichen Themen dasjenige, wo man am schnellsten zu einer Einigung kommen könne. Immerhin sei man in letzter Zeit in den Verhandlungen auf eine höhere Ebene gegenseitigen Verständnisses gelangt. Die Lage sei besser als vor ein bis zwei Monaten.

2) Rush beschäftigte sich eingehend und in offen kritischem Ton mit dem Verhalten des französischen Botschafters. Sauvagnargues habe in einer Vorbesprechung angekündigt, er wolle in den Verhandlungen die Formulierung, daß West-Berlin nicht ein Teil der staatlichen Struktur und des Territoriums der Bundesrepublik sei, verwenden. Die anderen Botschafter hätten hiergegen Bedenken erhoben und man habe einen Konsensus für hergestellt geglaubt, nach dem das Thema nicht berührt werden sollte. Dennoch habe Sauvagnargues diese Formulierung später in der Viererrunde benützt. Abrassimow sei auf sie gesprungen.

Sauvagnargues habe außerdem ihm, Rush gegenüber, zum Ausdruck gebracht, daß er dessen Wünsche bezüglich des Inhalts eines Kommuniqués über die Botschafterverhandlung nicht teile. Rush legte, mit der Begründung, daß man nicht wisse, was die Russen wirklich wollten, Wert darauf, daß ein Kommuniqué relativ nichtssagend sei und zu keinem besonderen Optimismus Anlaß gebe. Sauvagnargues hielt dem entgegen, er könne, wenn Abrassimow einen optimistischen Kommuniqué-Text vorschlage, hiergegen keine Einwendungen erheben.[3] Dies geschehe offenkundig im Hinblick auf das bevorstehende NATO-Treffen.[4]

---

[1] Paul Frank.
[2] Pjotr Andrejewitsch Abrassimow (UdSSR), Roger Jackling (Großbritannien), Kenneth Rush (USA) und Jean Sauvagnargues (Frankreich).
[3] Für den Wortlaut des Kommuniqués über das 20. Vier-Mächte-Gesprächs über Berlin am 25. Mai 1971 vgl. NEUES DEUTSCHLAND vom 26. Mai 1971, S. 2.
[4] Zur NATO-Ministerratstagung am 3./4. Juni 1971 in Lissabon vgl. Dok. 197.

Auch in der Frage der Festlegung der Verantwortlichkeiten für den Zugang sei Sauvagnargues nicht weit von den Russen entfernt gewesen.

Alles in allem betrachteten sich die Franzosen jetzt offenbar als eine Art von Makler zwischen der sowjetischen Seite und den Angelsachsen. Abrassimow habe dies dadurch gefördert, daß er in seinen Äußerungen über den Besuch Schumanns in Moskau[5] dem französischen Außenminister praktisch das ganze Verdienst für die in den Verhandlungen inzwischen erzielten Fortschritte zuschrieb. Man sei jetzt soweit, daß die Russen praktisch durch die Franzosen mit den Amerikanern und Engländern verhandeln könnten. Das sei an sich nicht schlecht, müsse aber unter Kontrolle gehalten werden.

3) Der Minister entgegnete hierauf, er habe immer schon befürchtet, daß die sowjetische Taktik darauf gerichtet sei, irgendwann einmal einen Keil zwischen die westlichen Verhandlungsführer zu treiben. Immerhin habe er Verständnis für die französische Haltung in der Frage der Verantwortung für den Zugang, und man müsse sich vorsichtig überlegen, wie diese Haltung in Betracht zu ziehen sei. Auf keinen Fall dürften die französischen Vorstellungen in offener Feldschlacht am Verhandlungstisch vor den Sowjets ausgetragen werden. Was die verfassungsrechtlichen Probleme anbeträfe, so handle es sich hier um schwierige Fragen, die man auch nicht ad hoc in den Sitzungen lösen könne.

Offenbar wolle die Sowjetunion im Zusammenhang mit SALT und mit der bevorstehenden NATO-Tagung sichtbare Fortschritte erzielen, die es ihnen erlaubten, für mangelnde Fortschritte in Richtung auf eine KSE die westliche Seite verantwortlich zu machen. Wir hielten an unseren Positionen fest, die mit denjenigen der Vereinigten Staaten nahezu identisch seien. Dies gelte für die Berlin-KSE-Bindung. Andererseits sei es möglich, über MBFR isoliert zu sprechen; MBFR sollte nicht an Berlin angehängt werden.

Die Sowjetunion wolle im Hinblick auf die NATO vor möglichst großem Publikum demonstrieren, daß die Vereinigten Staaten bei Lösung europäischer Probleme außereuropäische Erwägungen zur Geltung zu bringen versuchten. Den Europäern solle auf diese Art und Weise klargemacht werden, daß die amerikanische Teilnahme der Lösung europäischer Probleme nichts nütze. Man müsse demgegenüber Klarheit schaffen, wer wirklich Schwierigkeiten mache. Die Homogenität der Allianz dürfte nicht leiden. Wir müßten derartigen Versuchen offensiv entgegentreten, möglicherweise auch mit Gegenvorschlägen im Zusammenhang mit Berlin.

4) Der Minister und der amerikanische Botschafter kamen überein, sich nach dem Besuch des französischen Außenministers in Bonn[6] und vor der Lissabonner Konferenz noch einmal zu sehen, um die Lage nach letztem Stand zu diskutieren.

Blech

VS-Bd. 4520 (II A 1)

---

[5] Zum Besuch des französischen Außenministers Schumann vom 4. bis 7. Mai 1971 in der UdSSR vgl. Dok. 165, Anm. 13.
[6] Zum Gespräch des Bundesministers Scheel mit dem französischen Außenminister Schumann vom 28. Mai 1971 vgl. Dok. 194.

191

Runderlaß des Ministerialdirigenten Simon

I A 5-82.20-94.25-1408/71 VS-vertraulich 27. Mai 1971[1]
Fernschreiben Nr. 2741 Plurex Aufgabe: 28. Mai 1971, 09.42 Uhr

Betr.: Besuch des Herrn Bundesministers in der Schweiz

Bundesaußenminister führte am 26. Mai 1971 in Oron/Schweiz ein Gespräch mit seinem schweizerischen Kollegen, Bundesrat Graber, an dem auf schweizerischer Seite unter anderem Botschafter Jolles, der Leiter der schweizerischen Delegation für EWG-Verhandlungen, teilnahm.

I. Bundesrat Graber stellte zunächst eine Frage zu den laufenden ost- und deutschlandpolitischen Bemühungen der Bundesregierung, die Bundesminister im einzelnen beantwortete.

Zu Verhältnis Schweiz–DDR erläuterte Bundesrat Graber, daß in den seit 1968 mit Ostberlin auf Verwaltungs- bzw. Handelskammerebene geführten exploratorischen Verhandlungen[2] Anfang Juli dieses Jahres die vierte und wohl letzte Runde bevorstehe. Es stelle sich die Frage, ob man diese Gespräche auslaufen lassen oder ein konkretes Ergebnis anstreben sollte. Diese Frage müsse gegen Hintergrund der sehr engen Beziehungen zwischen der Schweiz und der Bundesrepublik gesehen werden, die auf keinen Fall beeinträchtigt werden dürften. Bekanntlich sei die Schweiz außer Spanien und Portugal der einzige europäische Staat, der bisher keinerlei Verbindungen zur DDR hätte. Insofern habe Schweiz einen gewissen Nachholbedarf. Man denke derzeit an die gegenseitige Errichtung von Handelsmissionen mit gewissen konsularischen Befugnissen. In der Schweiz werde eine solche Vertretung nur in Zürich, aber keinesfalls in Bern zugelassen werden. Entscheidend für diesen kleinen Schritt zur Herstellung von Beziehungen mit der DDR sei die Notwendigkeit der Betreuung der Schweizer Bürger in der DDR sowie materielle Verhandlungen über schweizerisches Eigentum in der DDR. Schweizerische Regierung sei bemüht, unserer Bitte auf größte Zurückhaltung bei diesem Schritt Rechnung zu tragen. Doch müsse man davon ausgehen, daß Erfolgsaussichten in der Durchsetzung der von der Schweiz in Pankow angestrebten Ziele umso geringer werden, je länger man zögere.

Bundesminister dankte für bisherige, auf Interessenidentität mit uns beruhende schweizerische Haltung in der deutschen Frage. Dies sei für uns eine

---

[1] Der Drahterlaß wurde von Vortragendem Legationsrat Weil konzipiert.
[2] Seit Sommer 1968 fanden zwischen dem schweizerischen Handels- und Industrieverein und der Außenhandelskammer der DDR Gespräche über gegenseitige Vertretungen statt. Nach einer Unterbrechung wurden die Gespräche im März 1970 wieder aufgenommen. Während die DDR eine Vertretung ihrer Außenhandelskammer in Bern mit einem amtlichen Status forderte, bot die Schweiz zunächst eine Vertretung in Zürich an. Ministerialdirigent Gehlhoff vermerkte dazu am 31. August 1970, die Schweiz strebe langfristig konsularische Befugnisse zur Betreuung der Auslandsschweizer in der DDR, eine Entschädigung für die Verstaatlichung Schweizer Vermögens sowie eine „Anerkennung der Haftung der DDR für ein Drittel der Verbindlichkeiten des Deutschen Reichs (sogenannte Clearing-Milliarde)" an. Vgl. VS-Bd. 4535 (II A 1); B 150, Aktenkopien 1970. Vgl. dazu ferner AAPD 1970, II, Dok. 405.

große Hilfe gewesen. Ganz freimütig wolle er sagen, daß die Schweiz ihre Entscheidung im Blick auf die Wahrnehmung ihrer eigenen Interessen treffen müsse. Bundesminister fragte dann, ob Bundesrat Graber bereits mit seinem österreichischen Kollegen[3] die von Österreich praktizierte Lösung einer Kammervertretung[4] erörtert habe. Im Fall Österreich sei die DDR damit einverstanden gewesen. Nach unserer Meinung scheine diese Lösung angemessen. Bundesminister verwies in diesem Zusammenhang nochmals auf besondere Bedeutung des Berlin-Problems und unser Interesse daran, daß das von uns angestrebte Verfahren für die Regelung unseres Verhältnisses zur DDR durch eine Änderung der schweizerischen Haltung nicht erschwert werde.

II. 1) Schweizerische Gesprächspartner zeigten sich befriedigt über exploratorische Gespräche mit EG-Kommission, die zur Klärung der Lage und Ausräumung von Mißverständnissen beigetragen hätten.[5] Bedauerlicherweise sei es bisher nicht möglich gewesen, mit Kommission über langfristige Entwicklung der beiderseitigen Beziehungen und „Modell" zur Abstimmung der Willensbildung zu sprechen. Denn Schweiz wünsche über Handelsregelungen hinaus am weiteren Integrationsprozeß mitzuwirken und mit eigener Leistung beizutragen. Wenn der Schweiz Mitwirkung an den leitenden Entscheidungsgremien der Gemeinschaft versagt bleibe, müßten wirksame gemeinsame Abstimmungsgremien vorgesehen werden. Schweiz wünsche außerdem an den technischen Ausschüssen der EWG (zum Beispiel Exportkreditfragen) teilzunehmen. Schweiz

---

[3] Rudolf Kirchschläger.

[4] Die Kammer für Außenhandel der DDR und die Bundeskammer der Gewerblichen Wirtschaft Österreichs unterzeichneten am 30. April 1970 eine Vereinbarung über die Errichtung einer Vertretung der Bundeskammer der Gewerblichen Wirtschaft Österreichs in Ost-Berlin. Diese wurde am 24. August 1970 eröffnet. Vgl. AUSSENPOLITIK DER DDR, Bd. XVIII, S. 1123 f.

[5] Ziffer 14 des Kommuniqués der Konferenz der Staats- und Regierungschefs der EG-Mitgliedstaaten am 1./2. Dezember 1969 in Den Haag sah vor, nach Beginn der Verhandlungen mit den beitrittswilligen Staaten „mit den anderen EFTA-Mitgliedstaaten, die diesen Wunsch äußern, Gespräche über ihr Verhältnis zur EWG" einzuleiten. Vgl. EUROPA-ARCHIV 1970, D 44.
Die Gespräche der EG-Kommission mit der Schweiz begannen am 10. November 1970 und wurden in zwei weiteren Runden fortgesetzt. Referat III E 1 vermerkte am 14. Mai 1971 zum Stand der Gespräche: „Ziel der Schweiz flexible Anpassung an europäischen Integrationsprozeß. Schon aus innenpolitischen Gründen aber vorerst jedenfalls keine Einschränkung der Neutralitätspolitik durch Aufgabe nationaler Befugnisse. Aufgabe Befugnisse schwierig auch wegen kantonaler Verfassung. Schweiz wünscht ‚besondere Beziehungen' zur erweiterten Gemeinschaft, ein ‚gestaltendes Mitwirkungsrecht', Offenlassen einer späteren engeren Verbindung durch ein ‚dynamisches Abkommen'. Im einzelnen strebt Schweiz im Rahmen der auch für Beitrittsländer vorgesehenen Übergangszeit von fünf Jahren stufenweisen gegenseitigen Zollabbau und Beseitigung der mengenmäßigen Beschränkungen an, bei Aufrechterhaltung der Autonomie in Bezug auf Außenzoll, womit Ursprungszeugnisse erforderlich würden. Da hier Preisniveau wesentlich höher, wünscht Schweiz im Agrarbereich lediglich einige Sondervereinbarungen. Auf dem wegen zentraler Lage wichtigen Gebiet Transportpolitik ist sie evtl. zu Mitarbeit bereit. [...] Schwierig gewünschte weitgehende Ausklammerung Agrarbereichs wegen von der Gemeinschaft bisher angestrebtem Gleichgewicht im Industrie- und Agrarbereich, sowie auch wegen Vorschriften des GATT. Noch offen Anpassung, die Gemeinschaft zur Herstellung Wettbewerbsgleichheit verlangen muß, desgleichen Forderungen in Bezug auf Niederlassungsfreiheit, Kapitalmarkt (wichtige Rolle der Schweiz!) und Freizügigkeit der Arbeitnehmer (Problem der Überfremdung der Schweiz durch Fremdarbeiter). Offen auch evtl. notwendige Anpassungen Handelspolitik gegenüber Drittländern (besonders relevant für Neutralität). Wegen Notwendigkeit, reibungsloses Funktionieren und ungestörte Entwicklung der Gemeinschaft aufrechtzuerhalten, wird gewünschte Mitarbeit der Schweiz bei Weiterentwicklung der Gemeinschaft insbesondere im Bereich der ‚2. Generation' nicht in Form echter Mitentscheidung möglich sein. Statt dessen Konsultations- und Schlichtungsgremien zu erarbeiten, die Bedürfnisse der Schweiz nach Anhörung in den sie interessierenden Bereichen Rechnung tragen." Vgl. Referat III E 1, Bd. 1850.

befürchtet, Kommission werde ihre grundsätzlichen Bedenken gegen enge Bindung der nichtbeitretenden europäischen Länder an Gemeinschaft nicht zurückstellen und sich hierzu bereits in ihrem Vorbericht über Erkundungsgespräche[6] restriktiv äußern. Ein „Alles oder Nichts"-Standpunkt sei jedoch für Europa schädlich, widerspreche dem Ergebnis der Haager Konferenz und sei für die Schweiz nicht annehmbar.

Bundesminister wurde gebeten, erforderlichenfalls auf nächster Ratstagung[7] dogmatischen Vorbehalten der Kommission entgegenzutreten.

2) Bundesminister unterstrich unser politisches und wirtschaftliches Interesse an möglichst umfassender Lösung, die der Schweiz Raum zur Wahrung ihrer Neutralitätspolitik lassen müsse.

Besondere Bedeutung komme der Schaffung wirksamer Einrichtungen zur Abstimmung insbesondere im Hinblick auf Wirtschafts- und Währungsunion zu, an deren termingemäßer Schaffung wir festhalten.

Für Beteiligung der Schweiz an technischen Gremien der Gemeinschaft könnten wir uns gegebenenfalls einsetzen.

3) Da es nicht auszuschließen ist, daß sich die Verhandlungen über umfassende Abkommen mit den nichtbeitretenden europäischen Staaten verzögern, andererseits aber die Inkraftsetzung der Zollregelungen mit diesen Ländern zugleich mit Beitritt geboten ist, wurde die Möglichkeit erörtert, notfalls zum 1. Januar 1973 Handelsabkommen abzuschließen, die schneller in Kraft treten könnten als die endgültigen Gesamtregelungen. Die individuell zu gestaltenden Gesamtverträge könnten dann ohne allzu großen Zeitdruck verhandelt und ratifiziert werden. Schweiz würde eine solche Notlösung nicht von vornherein ausschließen, falls politisch verbindliche Absichtserklärung gegeben würde, das Hauptabkommen, auf das es der Schweiz entscheidend ankommt, baldestmöglich abzuschließen.

Schweiz sei auch bereit, mit der Zollregelung ein „klassisches" Agrarabkommen zu verbinden, lehnt aber jede Angleichung an gemeinsame Agrarpolitik ab.

---

[6] Nach Abschluß der exploratorischen Gespräche zwischen der EG-Kommission und den nicht beitrittswilligen EFTA-Mitgliedstaaten unterbreitete die EG-Kommission am 16. Juni 1971 dem EG-Ministerrat eine Stellungnahme zu den Beziehungen der erweiterten Europäischen Gemeinschaften zu diesen Staaten. Darin schlug sie zwei Lösungsmöglichkeiten vor, „zum ersten eine zeitweilige Lösung, wonach während etwa zwei Jahren der Status quo zwischen den EFTA-Ländern im industriellen Bereich gewahrt wird, und zum zweiten die Einführung des freien Warenverkehrs für gewerbliche Erzeugnisse mit den einzelnen nicht beitrittswilligen Ländern, wobei Zusatzvorschriften geschaffen werden, um Disparitäten zwischen den Gemeinschaftsverpflichtungen und den Verpflichtungen der Unternehmen und Behörden dieser Staaten sowohl im EWG-Bereich als auch im EGKS-Bereich zu vermeiden. Die Kommission hielt es für zweckmäßig, die Agrarerzeugnisse in die Freihandelsregelung einzubeziehen, um nicht Harmonisierungsmaßnahmen anwenden zu müssen, durch die die Autonomie der Gemeinschaft beeinträchtigt werden würde." Vgl. FÜNFTER GESAMTBERICHT 1971, S. 78 f. Für den Wortlaut des Berichts vgl. BULLETIN DER EG 6/1971 (Sonderbeilage).

[7] Der EG-Ministerrat beschloß auf seiner Tagung am 26./27. Juli 1971, die zweite Lösung als Grundlage für Verhandlungen über Abkommen mit den nicht beitrittswilligen EFTA-Mitgliedstaaten zu nehmen. Ferner erklärte er, bei den Verhandlungen „in der Weise vorzugehen, daß die in Betracht gezogenen Regelungen gleichzeitig mit den Beitrittsabkommen in Kraft treten können". Vgl. BULLETIN DER EG 9-10/1971, S. 141.

Über den wesentlichen Inhalt der Abkommen mit Gemeinschaft bestehen nach schweizerischen Angaben zwischen den neutralen EFTA-Staaten, insbesondere zwischen Schweiz und Österreich, gleichartige Vorstellungen.

Simon[8]

VS-Bd. 9826 (I A 5)

192

Aufzeichnung des Ministerialdirigenten van Well

II A 1-82.30-736/71 geheim 28. Mai 1971[1]

Über Herrn Staatssekretär[2] Herrn Minister[3]

Betr.: DDR in internationalen Organisationen[4]

Zweck: Zur Entscheidung darüber, wie in der Frage der Mitgliedschaft der DDR in internationalen Organisationen und der Mitgliedschaft der Bundesrepublik Deutschland und der DDR in den Vereinten Nationen in Zukunft verfahren werden soll.

Vorschläge:

1) Zustimmung zur

a) Überprüfung der an der Bonner Studie vom November 1970[5] orientierten Politik unter Berücksichtigung neuerer, die Voraussetzungen der bisherigen Linie in Frage stellenden Entwicklungen und, falls Alternativen ins Auge gefaßt werden müssen,

b) Ausrichtung dieser Überprüfung an den Grundgedanken, daß

– im Falle eines sachlich befriedigenden Abschlusses der Vierer-Verhandlungen über Berlin das Thema alsbald von uns und den Alliierten in Gesprächen mit der DDR und der Sowjetunion aufzunehmen ist,

– eine Vereinbarung über den Beitritt der beiden deutschen Staaten zu den Vereinten Nationen unter bestimmten und in diesen Gesprächen zu klärenden Voraussetzungen nicht mehr von einer gleichzeitigen, ins Einzelne gehen-

---

[8] Paraphe vom 28. Mai 1971.
[1] Die Aufzeichnung wurde von Vortragendem Legationsrat Blech konzipiert.
[2] Hat Staatssekretär Frank am 30. Mai 1971 vorgelegen.
[3] Hat Bundesminister Scheel am 31. Mai 1971 vorgelegen, der handschriftlich vermerkte: „Für Lissabon Vierer-Essen."
[4] Zu den Wörtern „Betr.: DDR in internationalen Organisationen" vermerkte Bundesminister Scheel handschriftlich: „Diese Frage ist in der Besprechung vom 31.5. eingehend erörtert worden. Herr van Well wird Aufz[eichnung] machen!"
[5] Zur Studie der Bonner Vierergruppe vgl. Dok. 61, Anm. 2.

den Einigung über alle in den Kasseler Punkten Nr. 2 ff.[6] enthaltene Gegenstände abhängig gemacht wird,

– eine solche Vereinbarung sobald wie möglich geschlossen werden soll, wenn die Voraussetzungen gegeben sind.

2) Abstimmung der Grundlinien dieser Überlegungen mit dem Herrn Bundeskanzler.[7]

3) Entsprechende Abstimmung mit den drei alliierten Außenministern in Lissabon[8] und Beauftragung der Bonner Vierergruppe mit einer Überprüfung der Bonner Studie nach den von deutscher Seite entwickelten Vorstellungen anhand des beigefügten Sprechzettels (Anlage[9]).

I. Ausgangslage

1) Unsere bisherige Politik zielt darauf ab, die DDR von (staatlichen) internationalen Organisationen (insbesondere den Sonderorganisationen der Vereinten Nationen) und Konferenzen bis zum Beitritt beider deutscher Staaten zu den Vereinten Nationen fernzuhalten. Dieser Politik liegt die Vorstellung zugrunde, daß

– die Zulassung der DDR zu der Vielzahl der internationalen Organisationen und Konferenzen eine politische Entscheidung ist, die der VN-Vollversammlung nebst dem Sicherheitsrat vorbehalten sein muß („Eintritt durch die Hauptpforte");

– der Ablauf in den Stadien

Berlin-Abkommen der Vier Mächte mit innerdeutschem Zugangsabkommen,

Regelung des Nebeneinanders der beiden deutschen Staaten durch einen vereinbarten Modus vivendi,

Einigung der westlichen Alliierten mit der Sowjetunion über einen Beitritt der beiden deutschen Staaten unter Wahrung der Vierer-Rechte und -Verantwortlichkeiten hinsichtlich Deutschlands als Ganzem,

gleichzeitiger Beitritt der Bundesrepublik Deutschland und der DDR zu den Vereinten Nationen in einem in den besonderen Modalitäten zum Ausdruck kommenden Sonderverhältnis,

Freigabe der übrigen multilateralen und bilateralen Außenbeziehungen der DDR,

notwendig und möglich ist.

2) Zwar ist es bisher der DDR und ihren Freunden nicht gelungen, den westlichen Widerstand gegen die DDR-Mitgliedschaft in internationalen Organisationen und Konferenzen zu überwinden. Dennoch ist die Durchsetzungskraft unserer Argumente, die diesen Widerstand begründen, einer schnelleren und tiefer greifenden Erosion ausgesetzt, als es etwa das für uns noch recht günsti-

---

[6] Für den Wortlaut der Vorschläge der Bundesregierung vom 21. Mai 1970 („20 Punkte von Kassel") vgl. BULLETIN 1970, S. 670f. Vgl. dazu ferner AAPD 1970, II, Dok. 200.

[7] Dieser Satz wurde von Bundesminister Scheel hervorgehoben. Dazu vermerkte er handschriftlich: „Dieses Gespräch muß unbedingt geführt werden."

[8] Zum Gespräch des Bundesministers Scheel in Lissabon mit den Außenministern Douglas-Home (Großbritannien), Rogers (USA) und Schumann (Frankreich) am 2. Juni 1971 vgl. Dok. 196.

[9] Dem Vorgang nicht beigefügt.

ge letzte Abstimmungsergebnis in der WHO[10] auf den ersten Blick vermuten läßt.

Die genauere Analyse des WHO-Vorgangs zeigt, daß das Freund-Gegner-Schema, das unseren Prognosen bei derartigen Tests bisher zugrundegelegt werden konnte, sich aufzulösen beginnt und in Zukunft das Verhalten einer nicht mehr nur marginalen Gruppe von Staaten für uns unvorhersehbar wird. Das WHO-Ergebnis hat weiterhin verdeutlicht, daß nur noch wenige befreundete Staaten bereit sind, sich durch mehr als die Stimmabgabe, etwa durch offizielle Erklärungen, mit unserer Politik zu identifizieren.

II. Faktoren der zukünftigen Entwicklung

1) Die Begründung unserer Politik verzichtet auf die offenkundig wirklichkeitsfremde Leugnung der Staatsqualität der DDR und schließt damit die Beteiligung der DDR an internationalen Organisationen nicht im Prinzip aus. Sie macht diese Beteiligung lediglich von der Erfüllung bestimmter politischer Bedingungen abhängig. Das damit eingeführte flexible Zeitmoment wirkt sich gegen uns aus, wenn die von uns geforderten Voraussetzungen der Freigabe der DDR-Außenbeziehungen sich nicht schnell realisieren. Wir beobachten nach eineinhalb Jahren der Ostpolitik der Bundesregierung auch bei Staaten, die wir zu unseren Freunden zählen, Anzeichen wachsender Ungeduld, der Ermüdung und eines steigenden Drucks interessierter Kreise und der öffentlichen Meinung zu unseren Ungunsten.

Diese Ungeduld wird sich gleichermaßen unter zwei einander ausschließenden Bedingungen auswirken:

a) Wenn eine Berlin-Regelung ausbleibt und damit die Aussichten auf weitere Normalisierungen im deutschen Bereich entfallen. Wir können nicht damit rechnen, daß eine Mehrheit der Staaten dann bereit wäre, die DDR praktisch auf die Dauer aus internationalen Organisationen und Konferenzen auszuschließen.

b) Wenn in absehbarer Zeit eine Berlin-Regelung einschließlich der innerdeutschen Implementierung zustande kommt. Eine solche könnte in der internationalen Öffentlichkeit als entscheidender Durchbruch bei der Regelung deutscher Probleme betrachtet werden; die Bereitschaft, dann auch noch die ins einzelne gehende Vereinbarung eines umfassenden innerdeutschen Modus vivendi abzuwarten, wird äußerst gering sein.

2) Auch in der Haltung unserer wichtigsten Verbündeten vollziehen sich Veränderungen. Sie sind nicht mehr bereit, sich unter allen Umständen an jene Zeitfolge zu halten. Auch wenn sie sie wegen der Bindung an die von den vier westlichen Außenministern gebilligten Bonner Studie nicht ausdrücklich aufgegeben haben, enthält ihre Außenpolitik doch insgesamt Elemente, die mit der bisher vorausgesetzten Sequenz nicht in Einklang zu bringen sind. Daß den Amerikanern, aber auch den Engländern und Franzosen daran liegt, die Übereinstimmung durch eine Anpassung unserer Position wiederherzustellen, hat der in London am 17.5. von amerikanischer Seite dringlich vorgebrachte

---

[10] Zur Abstimmung am 13. Mai 1971 auf der 24. Weltgesundheitsversammlung in Genf vgl. Dok. 62, Anm. 7.

Wunsch, die Bonner Vierergruppe möge das Problem neu beraten[11], ausreichend deutlich gemacht.

a) Die Vereinigten Staaten wünschen die sowjetische Bereitschaft zu einer Belebung der Bemühungen um einen direkten Ausgleich zwischen den beiden Großmächten, wie sie in den Fortschritten der SALT[12] und in der Tifliser Rede Breschnews[13] (MBFR) zum Ausdruck kommt, auszunutzen. Sie werden insbesondere MBFR-Fortschritte schon aus innenpolitischen Gründen (Mansfield[14]) nicht daran scheitern lassen, daß die unvermeidliche Beteiligung der DDR an multilateralen Gesprächen eine uns unerwünschte Aufwertung Ost-Berlins mit sich bringen würde. Sie werden allenfalls bereit sein, unsere Interessen durch eine gewisse Verzögerung solcher multilateraler Gespräche bis zu einer Berlin-Regelung, falls diese in absehbarer Zeit zu erwarten ist, zu berücksichtigen. Daß auch dies nicht unter allen Umständen als ausgemacht gelten kann, hat die reservierte Aufnahme entsprechender deutscher Ausführungen in den Londoner Konsultationen gezeigt.[15] Keinesfalls können wir damit rechnen, daß

---

[11] Am 17./18. Mai 1971 fand in London eine Sondersitzung der Bonner Vierergruppe auf Direktorenebene statt. Vortragender Legationsrat Blech vermerkte dazu am 28. Mai 1971, Staatssekretär Frank habe erklärt, „wenn eine Berlin-Regelung einschließlich des Beitrags der DDR vorliege, solle auf westlicher Seite eine Bestandsaufnahme vorgenommen werden, wie das Problem der DDR in internationalen Organisationen dann zu behandeln sei. Auch unter diesem Gesichtspunkt erscheine es ihm richtig, die relativ günstige Situation in den Berlin-Gesprächen zu nutzen und keine Zeit zu verlieren. In der Frage der ECE-Umweltschutzkonferenz habe man zwar eine zumindest formal befriedigende Lösung gefunden. Auch in der WHO habe man ein weiteres Jahr Zeit gewonnen. Aber eine solche Vertagung werde man im Mai 1972 kaum noch einmal erreichen können. Wenn aber die DDR Mitglied der WHO sei, würden andere Sonderorganisationen folgen und es werde immer schwerer und schließlich unmöglich werden, der Forderung der DDR nach einem Beobachterstatus bei den Vereinten Nationen entgegenzuwirken. [...] Jetzt gehe es darum, wie man verfahren solle, wenn es eine Berlin-Regelung in nächster Zeit gebe; wenn eine solche Regelung nicht zustande komme. Im ersteren Fall könne der Westen den konstruktiven Beitrag der DDR zu einer Berlin-Regelung zum Anlaß nehmen, die restriktive Haltung in der Frage DDR-Außenbeziehungen aufzugeben und zu prüfen, ob eine solche Perspektive in den Bahr/Kohl-Gesprächen als Argument benutzt werden solle, um von der DDR zusätzliche Leistungen zu erhalten. Sollten die Berlin-Verhandlungen scheitern, entstehe eine neue politische Landschaft, in der die Frage der internationalen Stellung der DDR weniger bedeutend sei als die allgemeine Veränderung des Ost-West-Verhältnisses." Der Abteilungsleiter im amerikanischen Außenministerium, Hillenbrand, habe ausgeführt: „Er rege deshalb an, in der Vierergruppe zu prüfen, wie man sich in Zukunft verhalten wolle. Das Ergebnis einer solchen Prüfung könne man ggf. in die NATO einführen." Vgl. VS-Bd. 4519 (II A 1); B 150, Aktenkopien 1971.

[12] Vgl. dazu die amerikanisch-sowjetische Erklärung vom 20. Mai 1971; Dok. 219.

[13] Zur Rede des Generalsekretärs des ZK der KPdSU, Breschnew, am 14. Mai 1971 in Tiflis vgl. Dok. 181, besonders Anm. 2.

[14] Zum Antrag des amerikanischen Senators Mansfield vom 11. Mai 1971 vgl. Dok. 179, Anm. 3.

[15] Am 17./18. Mai 1971 fand in London eine Sondersitzung der Bonner Vierergruppe auf Direktorenebene statt. Vortragender Legationsrat Blech vermerkte dazu am 28. Mai 1971, Staatssekretär Frank habe zu MBFR ausgeführt, „wir hätten niemals ein Junktim Berlin–MBFR hergestellt. Allerdings seien wir anfangs davon ausgegangen, daß das MBFR-Problem im Rahmen einer KSE behandelt werden solle. Wir sähen auch jetzt keine Notwendigkeit, die MBFR-Frage vor einer Berlin-Regelung in Angriff zu nehmen. Der Westen sei frei, diesen Zeitpunkt zu bestimmen. Man könne die MBFR zunächst in bilateralen Gesprächen mit dem Osten behandeln und diese Gespräche mit Anstand bis zum Herbst hinziehen. Wenn wir bis dahin keine Berlin-Regelung erreicht haben sollten, entstehe die Gefahr, daß wir durch eine Teilnahme der DDR an einer MBFR-Konferenz auch in der Grundsatzfrage DDR/Internationale Organisationen überrollt würden." Darauf habe der Abteilungsleiter im französischen Außenministerium, Arnaud, entgegnet, „er sei einverstanden, die gegenwärtige westliche Position in der Frage DDR/Internationale Organisationen zunächst aufrechtzuerhalten. Er habe jedoch mit Interesse den Gedanken zur Kenntnis genommen, eine Verbindung zwischen Berlin-Regelung und der DDR-Frage herzustellen. Auch er sei der Auffassung,

die Alliierten nach einer Berlin-Regelung multilaterale MBFR-Gespräche wegen des Einschlusses der DDR ablehnen würden.

b) Ähnliches gilt für die multilaterale Vorbereitung einer KSE. Zwar gilt im Kreise unserer Verbündeten eine Berlin-Regelung (noch) als Voraussetzung solcher Vorbereitungen; wir wissen aber, daß auch dort dies nicht mehr unbestritten ist (Frankreich). Auf jeden Fall bleibt die Tatsache, daß auch jetzt schon der Grundsatz der Priorität des besonderen innerdeutschen Modus vivendi durchbrochen ist. Aussichten, dieser Durchbrechung durch Beschränkung auf die multilateralen Vorbereitungsgespräche klar den Charakter einer Ausnahme zu verleihen und freie Hand hinsichtlich der eigentlichen KSE selbst zu bewahren, werden angesichts der Dynamik, die diese Entwicklung nach einer Berlin-Regelung (s. oben II.1 b) und nach dem Fait accompli einer multilateralen Vorbereitung gewinnen wird, praktisch nicht mehr bestehen.

c) Auch bei unseren engsten Verbündeten mehrt sich der Druck interessierter Kreise der öffentlichen Meinung, in Organisationen und Konferenzen allgemeiner zivilisatorischer, z.B. wissenschaftlicher, technischer und kultureller Zielsetzung im Hinblick auf die zu lösenden Sachfragen die volle Universalität des Teilnehmerkreises durchzusetzen. Der Ausschluß eines Industriestaates vom technischen und wissenschaftlichen Rang der DDR wird als sachlich ungerechtfertigt empfunden. Diese Tendenz steigert sich, während sich die politischen Widerstände gegen die DDR-Beteiligung immer mehr relativieren. Die amerikanische Einschätzung der – für uns noch gut abgelaufenen – Vorgänge um die Umweltkonferenz der ECE in Prag[16] zeigen in charakteristischer Weise, daß wir uns einem Punkt nähern, wo sich auf bestimmten Gebieten rein sachliche Interessen am Ablauf solcher Veranstaltungen ohne Belastung mit der DDR-Problematik, d.h. praktisch mit Teilnahme der DDR, als allen politischen Bedenken überlegen erweist. Der nächste Testfall hierfür, der für unsere bisherige Linie keine günstigen Aussichten bietet, wird die Diskussion um die Einladung zur Stockholmer Umweltschutzkonferenz (Sommer 1972[17]) im II. Ausschuß der

Fortsetzung Fußnote von Seite 880
daß es nach einer Berlin-Regelung schwierig sein werde, die DDR weiterhin aus internationalen Organisationen wie z.B. der WHO herauszuhalten." Arnaud habe eine baldige Prüfung dieser Fragen in der Bonner Vierergruppe angeregt, während Frank erklärt habe, „daß man im gegenwärtigen Stadium nur ein Planungspapier ausarbeiten könne". Der Abteilungsleiter im amerikanischen Außenministerium, Hillenbrand, habe darauf hingewiesen, daß ein Sprecher des amerikanischen Außenministeriums die Frage, „ob eine Berlin-Regelung Vorbedingung für MBFR sei, mit einem klaren ‚Nein' beantwortet habe". Hillenbrand habe festgestellt, „daß hier offenbar ein Gegensatz zwischen der deutschen Haltung und derjenigen des State Department bestehe, der geklärt werden sollte". Vgl. VS-Bd. 4519 (II A 1); B 150, Aktenkopien 1971.

16 Vom 3. bis 10. Mai 1971 fand in Prag ein Symposium der ECE über Umweltfragen statt. Zur Frage einer Beteiligung der DDR vgl. Dok. 99, Anm. 6.

17 Am 3. Dezember 1968 beschloß die UNO-Generalversammlung in ihrer Resolution 2398 (XXIII), für 1972 eine Umweltkonferenz einzuberufen. Mit Resolution 2581 (XXIV) vom 15. Dezember 1969 wurde der UNO-Generalsekretär beauftragt, konkrete Vorbereitungen zu treffen. Ferner wurde ein Vorbereitender Ausschuß eingesetzt, dem 27 Staaten angehörten. Die UNO-Generalversammlung beschloß außerdem, die Einladung der schwedischen Regierung anzunehmen, die Konferenz für die Dauer von zwei Wochen im Juni 1972 abzuhalten. Für den Wortlaut der Resolutionen vgl. UNITED NATIONS RESOLUTIONS, Serie I, Bd. XII, S. 116f. bzw. S. 252f.
Nachdem der Vorbereitende Ausschuß auf einer Sitzung vom 10. bis 20. März 1970 in New York erste Grundzüge einer Tagesordnung ausgearbeitet hatte, fand vom 8. bis 19. Februar 1971 in Genf eine weitere Sitzung statt. Dazu berichtete Botschafter Böker, New York (UNO), am 18. März 1971, es sei beschlossen worden, eine Regierungsarbeitsgruppe einzusetzen, die zwischen den Sitzungen des Vorbereitenden Ausschusses tagen und den Entwurf einer Umwelterklärung vorbereiten solle:

nächsten Vollversammlung der Vereinten Nationen und in deren Plenum sein[18] (Allstaatenklausel oder Wiener Formel[19]). Umweltfragen und die internationale Aufmerksamkeit, die sie beanspruchen, erweisen sich offenkundig als ein besonders wirksames Vehikel des Universalitätsprinzips.

d) Wir müssen damit rechnen, daß die Vereinigten Staaten in der nächsten Vollversammlung der Vereinten Nationen einer Niederlage in der Frage der Mitgliedschaft der VR China (Wegfall der Erklärung dieses Problems zur wichtigen Frage, daher Abstimmung über albanische Resolution[20] mit einfacher Mehrheit für Peking) durch die Einbringung einer Formel zu vermeiden sucht, die durch ein Bekenntnis zum Universalitätsprinzip auf die Doppelmitgliedschaft Pekings und Taipehs abzielt, und ausdrücklich oder implizite die Mitgliedschaft beider Staaten einer geteilten Nation befürwortet. Die Amerikaner sind sich bewußt, daß allein die Einbringung einer solchen Formel und eventuell ihre Billigung durch eine Mehrheit in der Vollversammlung unsere Belange direkt berühren, ganz unabhängig davon, daß die beiden chinesischen Staaten selbst sich auf diese Formel mit höchster Wahrscheinlichkeit nicht einlassen werden und sie aus diesem Grunde ihren eigentlichen Zweck nicht zu verwirklichen vermag. Wir wissen allerdings noch nicht, wie die Schritte, welche die Amerikaner in der nächsten Vollversammlung letztlich unternehmen wollen, im einzelnen aussehen werden; eine Entscheidung des nationalen Sicherheitsrates bzw. des Präsidenten[21] hierüber liegt noch nicht vor. Gewiß ist, daß diese Fragestellung für die Amerikaner ein wesentliches Motiv ist, bei uns auf ein Überdenken der bisherigen Linie zu drängen (Äußerungen während der Londoner Direktorenkonsultationen).

Bei der Wichtigkeit der China-Frage für die Vereinigten Staaten (Entspannung und Disengagement in Ostasien, Auswirkungen auf das amerikanisch-so-

---

Fortsetzung Fußnote von Seite 881
„In einem späteren Stadium wäre zu erwägen, ‚alle interessierten Mitgliedstaaten des VN-Systems' einzuladen, sich an der weiteren Ausarbeitung der Erklärung als volle Teilnehmer der Arbeitsgruppe zu beteiligen. Die ‚Mitgliedstaaten' werden gebeten, die Namen ihrer an der Regierungsarbeitsgruppe als Mitglieder oder Beobachter teilnehmenden Vertreter möglichst bald zu benennen." Der Generalsekretär der Umweltkonferenz, Strong, interpretiere den Begriff „Mitgliedstaaten" nach der „Wiener Formel", weshalb die Bundesrepublik als Beobachter in der Regierungsarbeitsgruppe zugelassen sei: „Die Entscheidung über den Teilnehmerkreis an der Stockholmer VN-Umweltkonferenz 1972 wird jedoch erst auf der XXVI. Vollversammlung der Vereinten Nationen getroffen werden." Vgl. den Schriftbericht Nr. 380; Referat III A 8, Bd. 304.

[18] Die XXVI. UNO-Generalversammlung fand vom 21. September bis 22. Dezember 1971 statt.

[19] Für Artikel 48 des Wiener Übereinkommens vom 18. April 1961 über diplomatische Beziehungen („Wiener Formel") vgl. Dok. 133, Anm. 7.

[20] China zählte zu den Gründungsmitgliedern der Vereinten Nationen. Nach der Proklamierung der Volksrepublik China am 1. Oktober 1949 ernannte die Regierung in Peking ihre Vertreter in der UNO und deren Organen. Diese konnten jedoch ihre Ämter nicht antreten, da die USA am 21. Januar 1951 erklärten, die Republik China (Taiwan) sei die einzige legale Vertreterin Chinas. Seitdem fanden in der UNO jährlich Abstimmungen darüber statt, ob die Volksrepublik China oder die Republik China (Taiwan) als rechtmäßige Vertretung Chinas in der UNO anzusehen sei. Seit 1962 wurde jährlich ein Antrag Albaniens eingebracht, dem zufolge die Volksrepublik China die einzige legale Vertreterin ganz Chinas sei und den bislang durch die Republik China (Taiwan) eingenommenen Platz einnehmen müsse. Die USA brachten jeweils einen Gegenantrag ein, nach dem die Frage der Vertretung Chinas eine wichtige und demnach nach Artikel 18 Absatz 2 der UNO-Charta vom 26. Juni 1945 mit Zweidrittelmehrheit zu entscheidende Frage sei. Bis einschließlich 1970 fand sich jedoch keine Zweidrittelmehrheit für den albanischen Antrag. Vgl. AdG 1971, S. 16639.

[21] Richard M. Nixon.

wjetische Verhältnis) sind die Aussichten, daß Washington seine Entscheidungen in diesem Bereich durch Rücksichten auf die DDR-Problematik beeinflussen läßt, begrenzt.

3) Wir haben uns unter diesen Umständen an folgenden kritischen Zeitpunkten zu orientieren:

a) Im ungünstigeren, aber wahrscheinlicheren Fall, werden wir bereits während der nächsten Vollversammlung der Vereinten Nationen, also zwischen Mitte Oktober und Dezember d. J. im Zusammenhang mit der China-Frage und der Frage der Einladung zur Stockholmer Konferenz, spätestens aber bei der nächsten WHO-Konferenz (Frühjahr 1972[22]) und bei der Durchführung der Stockholmer Konferenz (Juni 1972) unsere bisherige Linie grundsätzlich in Frage gestellt sehen.

Dies wäre auch dann der Fall, wenn es bis dahin nicht zu einer Berlin-Regelung (nebst entsprechender innerdeutscher Vereinbarung) käme. Die Nachteile einer solchen Konstellation sind offenkundig. Die Bundesrepublik hätte dann die Wahl

– die ungünstige Entwicklung passiv und damit eine klare Niederlage hinzunehmen, oder

– ihren Widerstand gegen die Mitarbeit der DDR in internationalen Organisationen (außer den Vereinten Nationen selbst, wo die Entwicklung durch das Veto unserer Verbündeten kontrolliert werden könnte) ausdrücklich aufzugeben und dadurch zu versuchen, für die noch ausstehende Berlin-Regelung Konzessionen der Gegenseite zu erwirken (wobei der Handelswert unseres Entgegenkommens angesichts der allgemeinen Tendenzen zu jenem Zeitpunkt nicht mehr sehr hoch sein dürfte).

Beide Möglichkeiten würden die Argumentation der Bundesregierung in einer späteren Debatte über die Ratifikation des Moskauer Vertrags außerordentlich erschweren.

b) Kommt es vorher zu einer Berlin-Regelung, so wird die allgemeine Tendenz zur Hinnahme der DDR in internationalen Organisationen, damit faktisch zur Freigabe ihrer Außenbeziehungen, sich zwar schon früher verstärken. Sie wird sich jedoch mangels konkreter Anlässe wenigstens im multilateralen Bereich vor der Vollversammlung kaum auswirken können.

III. Praktische Folgerungen

1) Die Vier-Mächte-Verhandlungen über Berlin müssen – ungeachtet ihres förmlichen Abschlusses – möglichst schnell zu einem sachlich nicht mehr zu ändernden Ergebnis führen. Wir werden auf die Alliierten in diesem Sinne mit allem Nachdruck einzuwirken versuchen und unsere Beiträge in den Viererkonsultationen mit diesem Ziel leisten. Wir können nach dem gegenwärtigen Stand der Berlin-Verhandlungen der Vier ihren sachlichen Abschluß für August/September d. J. für möglich halten.

2) Aber auch unter dieser Prämisse wird die dann bis zu den kritischen Zeitpunkten während des Herbstes zur Verfügung stehende Zeit nicht ausreichen, noch zu einer besonderen umfassenden Vereinbarung über das innerdeutsche

---

[22] Die 25. Weltgesundheitsversammlung fand vom 9. bis 26. Mai 1972 in Genf statt.

Verhältnis, die die Erfordernisse des Kasseler Punkte in allen Teilen erfüllt, mit der hier ohnehin widerstrebenden DDR zu kommen. Wir werden daher nicht in der Lage sein, die nach den bisherigen Vorstellungen notwendigen Voraussetzungen für die Freigabe der Außenbeziehungen der DDR zu schaffen, mit der wir den zu erwartenden Entwicklungen zuvor kommen könnten.

3) Wir sollten indessen die nach einer Berlin-Vereinbarung der Vier Mächte zur Verfügung stehende Zeit dazu benutzen, sowohl im Verhältnis zur Sowjetunion (hier auch durch die Alliierten) wie auch im Verhältnis zur DDR die Frage der Mitgliedschaft der beiden deutschen Staaten in den Vereinten Nationen und in internationalen Organisationen zum Gesprächsgegenstand zu machen.

a) Indem wir die Mitgliedschaft der DDR in den Vereinten Nationen und damit die Freigabe ihrer Außenbeziehungen insgesamt (s. unter III.5) in Aussicht stellen, können wir mit einiger Erfolgsaussicht versuchen,

- die Frage der Modalitäten des Beitritts beider deutscher Staaten zu den Vereinten Nationen (Feststellung der Verantwortung der Vier Mächte für Deutschland als Ganzes) durch die Vier Mächte einer uns befriedigenden Lösung näherzubringen.

- die DDR im Rahmen der zur Implementierung des Vier-Mächte-Abkommens über Berlin zu führenden Verhandlungen zu Vereinbarungen zu bewegen, die in mehr oder weniger allgemeinen Formulierungen das Verhältnis der beiden deutschen Staaten zueinander bestimmen oder wenigstens Ansätze einer solchen Bestimmung in einem Umfang bieten, daß sie von der Sache her als ausreichende Voraussetzung der Mitgliedschaft beider deutscher Staaten in internationalen Organisationen im Sinne von Nr. 20 der Kasseler Punkte[23] gerechtfertigt werden können.

b) Ein solcher Versuch kann jedoch nur dann Erfolg haben, wenn die Berlin-Vereinbarungen der Vier Mächte vorher in der Substanz unverändert fixiert ist und daher unsere Bereitschaft zum Entgegenkommen in der Mitgliedschaftsfrage von der Gegenseite nicht mehr als Preis für das Zustandekommen der Berlin-Regelung oder für die Beschleunigung dieses Zustandekommens verwertet werden kann. Würde dies durch eine verfrühte Einführung des Themas in die Verhandlungen möglich, hätten wir nichts mehr in der Hand, was die Sowjetunion und die DDR zu Gegenleistungen in der Frage der Modalitäten des Beitritts und des innerdeutschen Verhältnisses zu veranlassen vermöchte. Demgemäß sind auch genaue sachliche und zeitliche Abstimmung mit den Alliierten und vollständige Vertraulichkeit dieser Planungen entscheidende Vorbedingungen des Gelingens.

Es müßte möglich sein, in den Gesprächen mit der Sowjetunion und DDR in verhältnismäßig kurzer Zeit zu einer Vereinbarung zu gelangen.

4) Wir können jedoch nicht davon ausgehen, daß eine solche bereits während der Vollversammlung 1971 den Beitritt beider deutscher Staaten zu den Vereinten Nationen zum Ergebnis hat.

---

[23] Punkt 20 der Vorschläge der Bundesregierung vom 21. Mai 1970 („20 Punkte von Kassel"): „Die Bundesrepublik Deutschland und die Deutsche Demokratische Republik werden auf der Grundlage des zwischen ihnen zu vereinbarenden Vertrages die notwendigen Vorkehrungen treffen, um ihre Mitgliedschaft und Mitarbeit in internationalen Organisationen zu regeln." Vgl. BULLETIN 1970, S. 671.

a) Es liegt in der Natur der Sache, daß ein erfolgreicher Abschluß der Gespräche in die zeitliche Nähe zu der förmlichen Komplettierung der Berlin-Vereinbarung (innerdeutsche Vereinbarung über Implementationen des Vier-Mächte-Abkommens; Schlußprotokoll der Vier Mächte) rücken würde. Die Folgerung, die sich hieraus für die parlamentarische Behandlung der Moskauer und Warschauer Verträge ergibt, bedarf noch eingehender Prüfung. Sie wird zu berücksichtigen haben, daß auch der UNO-Beitritt im Parlament, und zwar vor der Antragstellung, behandelt werden muß.

b) Immerhin sollte die Möglichkeit, daß auch die gesetzgebenden Organe noch vor Beendigung der Vollversammlung Ende des Jahres entscheiden, nicht von vornherein ausgeschlossen werden. Die Realisierung dieser Möglichkeit hätte den Vorteil, daß die Vereinigten Nationen selbst noch in diesem Jahr über die Aufnahme der Bundesrepublik Deutschland und der DDR entscheiden könnten und damit der Weg zur Mitarbeit der DDR in internationalen Organisationen im Jahre 1972 unter den von uns gewünschten Vorzeichen eröffnet wäre.[24]

Wir kämen in diesem Fall unseren ursprünglichen Planungen am nächsten, indem wir zwar an den Voraussetzungen (innerdeutsches Abkommen) gewisse Abstriche gemacht hätten, aber am Prinzip des „Eintritts" der DDR durch die „Hauptpforte" festgehalten werden könnte.

c) Die größere Wahrscheinlichkeit spricht jedoch dafür, daß die notwendigen Gesetzgebungsakte nicht vor Abschluß der Vollversammlung vorliegen werden. Für diesen Fall wird die DDR angesichts der durch die innerdeutschen/alliierten/sowjetischen Abmachungen bereits im Grundsatz getroffenen Entscheidungen zugunsten ihrer VN-Mitgliedschaft von der Mitarbeit in den Sonderorganisationen und vergleichbaren internationalen Organisationen und Konferenzen während des Jahres 1972 nicht mehr allein deshalb ausgeschlossen werden können, weil unsere und damit auch ihre Vollmitgliedschaft in den Vereinten Nationen erst im Herbst 1972 förmlich verwirklicht werden kann.

5) Wir sollten daher in den an die substantiellen Berlin-Verhandlungen der Vier Mächte anschließenden Gesprächen der DDR und der Sowjetunion mit der Zusage entgegenkommen, daß von westlicher Seite kein Widerstand gegen die Mitarbeit der DDR in internationalen Organisationen erhoben wird, sobald es unter den Beteiligten zu verläßlichen Absprachen über den Beitritt der Bundesrepublik Deutschland und der DDR zu den Vereinten Nationen unter unseren Interessen gerecht werdenden Voraussetzungen und Modalitäten gekommen ist. Ob wir diese Konzession von vornherein anbieten oder sie erst im Laufe der Verhandlungen uns abringen lassen sollten, wird zu gegebener Zeit taktisch zu entscheiden sein.

6) Immerhin sollte es möglich sein, die Sowjetunion zu einem „Burgfrieden" in der DDR-Frage innerhalb der Vereinten Nationen zu veranlassen, wenn und solange sich die Verhandlungen über den VN-Beitritt in die Sitzungsperiode der Vollversammlung hineinziehen.[25] Laufen solche Verhandlungen, dann re-

---

[24] Zu diesem Absatz vermerkte Bundesminister Scheel handschriftlich: „Das wird nicht möglich sein, aber auch nicht nötig!"

[25] Dieser Satz wurde von Bundesminister Scheel hervorgehoben. Dazu vermerkte er handschriftlich: „Ja. Meine Reise nach Moskau muß das zum Inhalt haben."

lativieren sich für uns ohnehin die sonst negativen Auswirkungen einer – wahrscheinlich in den ersten Wochen der Sitzungsperiode stattfindenden – China-Debatte unter den Bedingungen, die sich abzeichnen, und die Bedeutung der im weiteren Verlauf anstehenden Frage der Einladungsformel für Stockholm. Im letzten Falle könnten wir an unserer Befürwortung der Wiener Formel festhalten, sie mit allgemeinen Gründen rechtfertigen und darauf hinweisen, daß beim ins Auge gefaßten Lauf der Dinge es der DDR möglich wäre, gerade auch unter der Wiener Formel an der Stockholmer Konferenz teilzunehmen. Im übrigen wäre es – ebenfalls beim vorausgesetzten Gang der Dinge – für uns unter dem DDR-Gesichtspunkt letztlich unerheblich, wenn sich eine Mehrheit dann für die Allstaatenklausel ausspräche.

7) Für die Verwirklichung des im Vorstehenden entwickelten Konzepts wird – abgesehen von der real möglichen Prämisse einer baldigen Vier-Mächte-Vereinbarung über Berlin – die Schnelligkeit der Verhandlungen mit der DDR und der Sowjetunion und ein baldiger Abschluß entscheidend sein. Es wird noch genauerer Prüfung bedürfen, wie groß das Interesse der Sowjetunion und der DDR an einer baldigen praktisch auf die Freigabe der Außenbeziehungen der DDR gerichteten Vereinbarung, d. h. an der von uns angebotenen Leistung ist. Wir können nicht ausschließen, daß wenigstens der Sowjetunion nicht dringend an einer Vollmitgliedschaft der DDR in den Vereinten Nationen, sondern zunächst an der Gleichstellung der DDR mit der Bundesrepublik dort, wo diese schon präsent ist, liegt.

a) Trifft dies zu, wird die sowjetische Bereitschaft, sich auf Gegenleistung fordernde Gespräche über den VN-Beitritt einzulassen, in dem Maße abnehmen, wie die allgemeinen Tendenzen zugunsten der DDR zur Wirkung kommen und Sowjetunion wie DDR mit dem entscheidenden Einbruch in die Sonderorganisationen in absehbarer Zeit ohne Gegenleistungen rechnen können. Wir sollten die Zeit nutzen, in welcher sich Sowjetunion und DDR dessen noch nicht sicher sein können.

Wir haben gewisse Anhaltspunkte, daß die DDR jetzt noch mit Schwierigkeiten für 1972 rechnet, die zu vermeiden ihr das Eingehen auf unser Angebot lohnend machen könnte.

b) Für die Sowjetunion könnte die Überlegung eine Rolle spielen, daß Bodengewinn der DDR in internationalen Organisationen gegen westlichen Widerstand Ende 1971/Anfang 1972 die Ratifikation des Moskauer Vertrages nachteilig beeinflussen könnte. Sie sollte ihrerseits ein Interesse daran haben, daß in der Ratifikationsdebatte auf eine positive Entwicklung i. S. d. 2. und 3. Absichtserklärung von Moskau[26] hingewiesen werden kann.

---

26 Für Punkt 2 der „Absichtserklärungen" zum Vertrag vom 12. August 1970 zwischen der Bundesrepublik und der UdSSR, der wortgleich mit Leitsatz 6 vom 20. Mai 1970 („Bahr-Papier") war, vgl. Dok. 33, Anm. 6
Punkt 3 der „Absichtserklärungen" zum Vertrag vom 12. August 1970 zwischen der Bundesrepublik und der UdSSR, der wortgleich mit Leitsatz 7 vom 20. Mai 1970 („Bahr-Papier") war: „Die Regierung der Bundesrepublik Deutschland und die Regierung der Union der Sozialistischen Sowjetrepubliken bekunden ihre Bereitschaft, im Zuge der Entspannung in Europa und im Interesse der Verbesserung der Beziehungen zwischen den europäischen Ländern, insbesondere der Bundesrepublik Deutschland und der Deutschen Demokratischen Republik, Schritte zu unternehmen, die sich aus ihrer entsprechenden Stellung ergeben, um den Beitritt der Bundesrepublik Deutschland

c) Im übrigen wird die Bereitschaft der Sowjetunion und der DDR von den Gegenleistungen, die wir verlangen, abhängen. Dafür bedarf es konkreter Vorstellungen der Positionen, die wir in der Frage der Grundregelung des Verhältnisses zwischen den beiden deutschen Staaten nach Inhalt und Form und in der Frage des gesamtdeutschen Vorbehalts im Zusammenhang mit dem Beitritt der beiden deutschen Staaten in den Vereinten Nationen, ebenfalls nach Inhalt und Form, wahren wollen.

d) Eine solche Prüfung sollte die Frage einschließen, ob und ggfs. wie eine in den Vereinten Nationen verwendete allgemeine China-Formel, nach welcher ausdrücklich oder implizite die Mitgliedschaft zweier chinesischer Staaten in der Organisation den Bestand der einzigen chinesischen Nation nicht in Frage zu stellen vermag, von uns politisch zu nutzen wäre. Möglicherweise könnte auf ähnliche Art ein Element des innerdeutschen Grundverhältnisses von mehr faktischer als von rechtlicher Relevanz berücksichtigt und außen- wie innenpolitischen Bedürfnissen (Punkt 10 von Kassel[27]) Rechnung getragen werden; die eigentlich rechtliche Umschreibung des Grundverhältnisses ließe sich dadurch entlasten (vgl. zwölftes Gespräch StS Bahr/Kohl, Aufzeichnung vom 25. Mai 1971 – II A 1-83.10-717/71 geh., S. 3[28]).

8) Zusammenfassend ist festzustellen:

Die Bonner Studie vom November 1970 (Abschnitt V.: die beiden deutschen Staaten in den Vereinten Nationen und den internationalen Organisationen) deckt jetzt mögliche Entwicklungen nicht und bedarf der Fortschreibung.

IV. Nächte Maßnahmen

1) Die Modifikation des in den Kasseler Punkten niedergelegten Konzepts wäre auch dann, wenn sie dessen politische Substanz wahrt, eine politische Entscheidung, die der Zustimmung des Herrn Bundeskanzlers bedarf. Eine Abstimmung mit dem Bundeskanzleramt wäre daher schon jetzt zweckmäßig.

2) Die Verwirklichung des modifizierten Konzepts ist nur mit der Unterstützung der drei Alliierten denkbar. Die Abstimmung mit ihnen sollte im einzelnen in der Bonner Vierergruppe in der Form einer Überprüfung (review) der Bonner Studie vom November 1970 stattfinden.

Fortsetzung Fußnote von Seite 886

und der Deutschen Demokratischen Republik zur Organisation der Vereinten Nationen und zu deren Sonderorganisationen zu fördern." Vgl. BULLETIN 1970, S. 1098.

27 Punkt 10 der Vorschläge der Bundesregierung vom 21. Mai 1970 („20 Punkte von Kassel"): „Der Vertrag muß von den Folgen des Zweiten Weltkrieges und von den besonderen Lage Deutschlands und der Deutschen ausgehen, die in zwei Staaten leben und sich dennoch als Angehörige einer Nation verstehen." Vgl. BULLETIN 1970, S. 671.

28 Vortragender Legationsrat Blech vermerkte, Staatssekretär Bahr, Bundeskanzleramt, habe in seinem Gespräch mit dem Staatssekretär beim Ministerrat der DDR, Kohl, am 21. Mai 1971 in Ost-Berlin ausgeführt, das Grundverhältnis zwischen der Bundesrepublik und der DDR habe drei wesentliche Aspekte: „1) Beide Staaten seien selbständig und unabhängig. Eine Bevormundung dürfe es nicht geben. 2) Die Regelung des Verhältnisses müsse den Gefühlen der Menschen in beiden Staaten entsprechen, die trotz Abgrenzung und unterschiedlicher Gesellschaftsordnung die friedliche Koexistenz in anderer Weise empfinden als die Bevölkerung anderer Staaten. 3) Den Nachkriegsrealitäten müsse Rechnung getragen werden. Das bedeute, daß die Verträge der Bundesrepublik und der DDR mit dritten Staaten nicht in Frage gestellt werden dürften. Mit den Elementen 1) und 3) werde das Grundverhältnis umschrieben. 2) habe keine rechtliche, dafür aber eine faktische Relevanz und sei von großem politischem Gewicht." Vgl. VS-Bd. 4487 (II A 1); B 150, Aktenkopien 1971.
Für das Gespräch zwischen Bahr und Kohl vgl. Dok. 180.

3) Da die vier westlichen Außenminister die Bonner Studie im Dezember 1970 gebilligt haben, ist es angemessen, daß sie auch das Mandat zu ihrer Überprüfung geben. Der Herr Minister sollte diese Überprüfung anläßlich des Viereressens am Vorabend der Lissabonner NATO-Konferenz in allgemeinen Worten vorschlagen.[29] (Sprechzettel wird vorgelegt.)

Hiermit wäre ein amerikanischer Vorschlag anläßlich der Londoner Direktorenkonsultation (17./18. Mai) erledigt. Die deutsche Delegation sah sich unter Hinweis auf die Sanktionierung der bisherigen Linie durch die Bundesregierung nicht in der Lage, der sofortigen Beauftragung der Bonner Vierergruppe mit einer grundsätzlichen Überprüfung der einschlägigen Teile der Bonner Studie zuzustimmen. Ein britischer Kompromißvorschlag, wonach die Vierergruppe zunächst im gegebenen Rahmen das taktische Vorgehen in den nächsten Fällen, wo die DDR-Mitgliedschaft in internationalen Organisationen aktuell wird, studieren soll, wurde zwar akzeptiert, ist aber wenig praktisch.

Nach seinem Wortlaut fixiert er eine ohnehin seit langem geübte Praxis der Vierergruppe; soweit er über die bisherige Übung hinauszielt, führt er unmittelbar in Grundsatzfragen.

van Well

VS-Bd. 4474 (II A 1)

193

Botschafter Krapf, Brüssel (NATO), an das Auswärtige Amt

Z B 6-1-12077/71 geheim Aufgabe: 28. Mai 1971, 19.00 Uhr[1]
Fernschreiben Nr. 541 Ankunft: 28. Mai 1971, 20.41 Uhr

Auch für BMVg, Buka-Amt, BMF, BMWi, Diplogerma Washington, London, Rom und Den Haag

Betr.: DPC-Ministerratssitzung in Brüssel am 28. Mai 1971

I. Nach dem weitreichenden politischen Ergebnis der NATO-Dezember-Konferenz[2] hatte die heutige Sitzung mehr interimistischen Charakter.

Auf der Tagesordnung standen:

1) Zwischenbericht über AD 70-Folgemaßnahmen einschließlich EDIP[3],

---

[29] Zu diesem Satz vermerkte Bundesminister Scheel handschriftlich: „Ja."

[1] Hat Vortragendem Legationsrat I. Klasse Behrends vorgelegen.

[2] Zur Sitzung des Ausschusses für Verteidigungsplanung am 2. Dezember 1970 in Brüssel vgl. AAPD 1970, III, Dok. 584.
Zur NATO-Ministerratstagung am 3./4. Dezember 1970 in Brüssel vgl. AAPD 1970, III, Dok. 586.

[3] Auf der NATO-Ministerratstagung am 3./4. Dezember 1970 in Brüssel wurde die „Studie über die NATO-Verteidigungspolitik in den Siebziger Jahren" (AD 70-Studie) verabschiedet. Für den „Report on the Study on Alliance Defence Problems for the 1970s" vgl. VS-Bd. 4589 (II A 3).
Referat II A 7 vermerkte zum Inhalt der Studie am 25. November 1970, sie weise „auf die kontinu-

2) NATO-Verteidigungsplanung

3) Maßnahmen im Mittelmeer

Die vorgelegten Konferenz-Unterlagen wurden von den Ministern zur Kenntnis genommen.

II. Im einzelnen sind folgende Ausführungen bemerkenswert:

1) Lord Carrington hob – in seiner Eigenschaft als Vorsitzender der Eurogroup – die Ergebnisse der gestrigen Sitzung[4] hervor:

– Bestätigung des Plafonds von 420 Mio. US Dollar für die beiden Infrastrukturprogramme im Rahmen des EDIP

– Betonung der Notwendigkeit, noch in diesem Jahr beim Air Shelter Programm konkrete Fortschritte zu machen.

Die Ständigen Vertreter wurden beauftragt, für die noch bestehende Lücke von Mio. 29 US Dollar Lösungen zu suchen.

Bis zum Sommer sind die Planungen für den Shelter-Bau abzuschließen.

Der italienische Verteidigungsminister[5] deutete an, daß sein Land zu einer proportionalen Beteiligung zur Schließung der Lücke unter der Voraussetzung bereit sei, daß sich auch andere Länder dazu verpflichteten.

Wortlaut der Erklärung von Lord Carrington siehe gesonderten Schriftbericht-FS.[6]

2) US-Secretary of Defense Laird erläuterte die Strategie der „realistic deterrence"[7]. Sie sei eine nationale Strategie, die nicht im Gegensatz zur NATO-

---

Fortsetzung Fußnote von Seite 888

ierlich ansteigenden sowjetischen Rüstungsanstrengungen und auf die Notwendigkeit einer angemessenen Verteidigungsfähigkeit der Allianz" ebenso hin wie auf „die Notwendigkeit, daß die europäischen Bündnispartner ihre Verteidigungsanstrengungen erhöhen. Ferner wird auf eine Reihe von Schwächen der NATO-Verteidigung hingewiesen, deren baldige Behebung empfohlen wird." Schließlich betone die Studie, daß Fortschritte in der Entspannungspolitik „ein stabiles politisches und militärisches Kräfteverhältnis auf der Grundlage ausreichender Verteidigungsfähigkeit der Allianz" voraussetzten, die Strategie der „flexible response" unverändert Grundlage des Verteidigungskonzepts der NATO bleibe und die Präsenz „substantieller amerikanischer Streitkräfte in Europa [...] aus politischen und militärischen Gründen unverzichtbar" sei. Vgl. VS-Bd. 1545 (II A 7); B 150, Aktenkopien 1970.

Für den Zwischenbericht vgl. VS-Bd. 2021 (201).

4 Brigadegeneral von Kalckreuth, Brüssel (NATO), berichtete am 27. Mai 1971 über die Tagung der Eurogroup auf Ministerebene in Brüssel: „Die Eurogroup-Minister verabschiedeten in ihrer Frühjahrssitzung am 27.5.1971 die beiden Vorlagen über Europäisches Verstärkungsprogramm (EDIP) und über Maßnahmen praktischer Zusammenarbeit. In ‚agreed minutes' stellten sie abschließend die Bedeutung des Europäischen Verstärkungsprogrammes heraus, bestätigten 420 Mio. US-Dollar über fünf Jahre für das Europäische Infrastrukturprogramm und unterstrichen die Bedeutung der zusätzlichen nationalen Streitkräfteverbesserungen sowohl als Teil des EDIP wie solche im Zuge der AD 70-Folgemaßnahmen. [...] Wenn es auch den Ministern nicht gelungen ist, schon heute das Europäische Infrastrukturprogramm in voller Höhe von 420 Mio. US-Dollar als besondere NATO-Leistung zu verabschieden, so ist doch der bestätigte Beschluß, die volle Höhe dieses Programms zu erreichen, ein sichtbares Zeichen für die übrigen Verbündeten, insbesondere die USA, dafür, daß die Eurogroup-Nationen ihren im Dezember 1970 freiwillig übernommenen Verpflichtungen nachkommen wollen." Vgl. den Drahtbericht Nr. 537; VS-Bd. 9789 (I A 1); B 150, Aktenkopien 1971.

5 Mario Tanassi.

6 Vgl. dazu den Drahtbericht Nr. 543 des Botschafters Krapf, Brüssel (NATO), vom 28. Mai 1971; VS-Bd. 1741 (201); B 150, Aktenkopien 1971.

7 Zur vom amerikanischen Verteidigungsminister Laird am 9. März 1971 vorgestellten „Nationalen Strategie der realistischen Abschreckung" vgl. Dok. 118.

Strategie der „flexible response"[8] stehe. Das Schwergewicht liege auf zwei Elementen: sinnvoller Einsatz der amerikanischen Stärke und Partnerschaft mit den Verbündeten. In diesem Zusammenhang erwarte die amerikanische Regierung, daß ihre Verbündeten innerhalb von etwa fünf Jahren einen größeren Verteidigungsanteil im Vergleich zu heute übernähmen. Für USA bedeute die neue nationale Strategie eine geringere Anzahl an Streitkräften, die dafür aber um so schlagkräftiger sein würden.

Es sei beabsichtigt, in den kommenden Jahren für Verteidigungszwecke sieben Prozent des BSP aufzuwenden. Die amerikanische Regierung habe bei der Abstimmung über das Mansfield-Amendment[9] einen großen Erfolg errungen, dennoch sei während der jetzigen Legislaturperiode des Kongresses noch mit ein oder zwei ähnlichen Vorstößen im Zusammenhang mit Gesetzesvorlagen zu rechnen. Die US-Regierung benötige deshalb die Unterstützung der europäischen Verbündeten und zwar durch eine schnelle Durchführung des EDIP und durch die Inangriffnahme weiterer ähnlicher Maßnahmen. Er bot die Zusammenarbeit auf dem Gebiet der elektronischen Kampfführung an und schlug vor, ein entsprechendes Programm vorzusehen.

Anschließend ging Laird auf das Thema MBFR ein. Er betonte, die NATO dürfe sich durch das sowjetische Vorgehen die Initiative nicht aus der Hand nehmen lassen. Sie müsse aber andererseits darauf bedacht sein, sich nicht überstürzt auf Verhandlungen über dieses Thema einzulassen. Die US-Regierung arbeite zur Zeit an Studien über MBFR, die im Juni beendet seien und der Allianz Ende Juni vorgelegt würden. Er erinnerte in diesem Zusammenhang daran, daß man bei SALT einen „two phases approach" unternommen habe; zunächst habe man exploratorische Gespräche geführt; anschließend sei man von der Analyse zur Diskussion konkreter Vorhaben übergegangen. Ein solches Vorgehen sei auch für MBFR empfehlenswert. Laird beendete seine Ausführungen mit dem Hinweis, daß die Erwartung auf Entspannung die Verteidigungsbemühungen nicht mindern dürften.

(Wortlaut der Rede des US-Secretary of Defense siehe gesonderter Drahtbericht).[10]

3) Minister Den Toom (Niederlande) wies darauf hin, daß er nur als amtierender Minister spreche.[11] Sein Land lege besonderen Wert auf das Prinzip der Partnerschaft, wozu auch eine unverändert starke US-Präsenz gehöre. Er warnte vor zu hohen Erwartungen in der Frage von MBFR.

4) Bundesminister Helmut Schmidt unterstützte die Äußerungen von Den Toom sowie von Laird im Zusammenhang mit MBFR. Zu den Ausführungen von Laird über europäische Verteidigungsleistungen erinnerte er daran, daß auch europäische Parlamente ihren „kleinen Mansfield" hätten. Er unterstrich die Be-

---

[8] Zur Strategie der „flexible response" vgl. Dok. 13, Anm. 20.

[9] Zum Antrag des amerikanischen Senators Mansfield vom 11. Mai 1971 vgl. Dok. 179, Anm. 3.

[10] Vgl. dazu den Drahtbericht Nr. 542 des Botschafters Krapf, Brüssel (NATO), vom 28. Mai 1971; VS-Bd. 2021 (201).

[11] Bei den Parlamentswahlen in den Niederlanden am 28. April 1971 verlor die bisherige Regierung unter Ministerpräsident de Jong die Mehrheit. Die Minister führten ihre Amtsgeschäfte jedoch weiter, bis die neue Regierung unter Ministerpräsident Biesheuvel am 1. Juli 1971 ihr Amt antrat.

deutung von EDIP und brachte zum Ausdruck, daß mit der Jahreserhebung 1971 die Maßnahmen dargelegt werden würden, die zur Erfüllung der übrigen Empfehlungen aus der AD 70 geplant seien. Im übrigen sei der Anteil der Verteidigungsausgaben am BSP kein alleiniger Maßstab für die effektiven Verteidigungsleistungen.

Im Zusammenhang mit den Vorschlägen der Wehrstrukturkommission über die Verbesserung der Wehrgerechtigkeit[12] kündigte er die Entscheidung der Bundesregierung für Herbst 1971 nach vorheriger Konsultation in der NATO an.[13]

Bundesminister Schmidt stellte eine positive deutsche Mitarbeit an dem von Laird vorgeschlagenen neuen Programm auf dem Gebiet der elektronischen Kampfführung in Aussicht.

Wortlaut der Rede von Bundesminister Schmidt s. gesonderter FS-Schriftbericht.[14]

5) Lord Carrington (in seiner nationalen Eigenschaft) hob hervor, daß die bis zum Dezember vorzulegenden AD 70 Empfehlungen die tatsächlich vorhandenen Möglichkeiten der NATO-Staaten berücksichtigen müßten. Es sei nicht mit einem Anwachsen der finanziellen Mittel und des Personalumfangs der Streitkräfte zu rechnen. Im Dezember müsse man deshalb sich auf Prioritäten und wirklich durchführbare Vorhaben einigen.[15]

Zu MBFR erwähnte Lord Carrington die Notwendigkeit einer gemeinsamen Position der Allianz. Man dürfe sich durch die sowjetischen Offerten nicht von den Dingen ablenken lassen, die im Bereich der Verteidigung getan werden müßten.

6) Der belgische Verteidigungsminister Seghers unterstrich die bekannten belgischen nationalen Maßnahmen zur Um- bzw. Ausrüstung der belgischen Streitkräfte.

7) Aus den weiteren Erklärungen ist noch folgendes festzuhalten:

a) Minister MacDonald (Kanada) kündigte das neue kanadische Weißbuch an und hob hervor, daß sich an der Stationierung kanadischer Truppen im derzeitigen Umfang in Europa nichts ändern werde. Die kanadische Regierung sei sich bewußt, daß Europa die „most sensitive area" der Allianz sei.

Andererseits unterstrich er die Verklammerung zwischen Europa und Nordamerika mit der Formulierung „NATO is more than Europe".

Er bot erneut Ausbildungsmöglichkeiten für Landstreitkräfte in Kanada an.

---

[12] Zum Bericht „Wehrgerechtigkeit in der Bundesrepublik Deutschland" vom 3. Februar 1971 vgl. Dok. 9.

[13] Die Bundesregierung beschloß am 10. September 1971 die Verkürzung der Grundwehrdienstzeit von 18 auf 15 Monate. Vgl. dazu Dok. 294.

[14] Vgl. dazu den Drahtbericht Nr. 546 des Botschafters Krapf, Brüssel (NATO), vom 28. Mai 1971; VS-Bd. 2021 (201); B 150, Aktenkopien 1971.

[15] Die nächste Sitzung des Ausschusses für Verteidigungsplanung fand am 8. Dezember 1971 in Brüssel statt. Vgl. dazu Dok. 434.

b) Der norwegische Verteidigungsminister Fostervoll hob hervor, daß die Übernahme der Verantwortung durch eine neue Regierung[16] keine Änderung der norwegischen Außen- und Verteidigungspolitik bedeute.

c) Der portugiesische Verteidigungsminister[17] unterstrich die Bedeutung der sowjetischen Bedrohung in Afrika und im Indischen Ozean und regte an, das MC solle hierüber eine Untersuchung anstellen.

III. Zu Punkt 2 der Tagesordnung (NATO-Verteidigungsplanung) wurden die Empfehlungen der Dokumente

– Ministerial Guidance 1973–78[18]
– neues Verfahren der NATO-Streitkräfteplanung
– Sachstandsbericht über laufende Arbeiten und Studien angenommen.

IV. Zu Punkt 3 (Maßnahmen gegen die sowjetische Expansion im Mittelmeer): Die Minister nahmen von dem vorliegenden Zwischenbericht Kenntnis.

Defence Secretary Laird führte in diesem Zusammenhang aus, bei der sowjetischen Mittelmeerpräsenz handele es sich um den vielleicht bedeutsamsten Ausdruck der sowjetischen Expansionsbestrebungen. Die Anwesenheit der NATO in diesem Gebiet gebe den Nicht-NATO-Ländern in diesem Bereich jedoch die Freiheit einer Wahl. Allein das sei die unternommenen Anstrengungen wert. Wenn jedoch weitere Maßnahmen nicht unternommen würden, könne das zwischen der NATO und dem Warschauer Pakt bestehende Gleichgewicht von der südlichen Flanke der NATO her aufgehoben werden. Die USA sähen die im Mittelmeer drohende Gefahr als so groß an, daß sie zur Verstärkung der 6. Flotte entschlossen seien. Er verwies in diesem Zusammenhang auf die Bedeutung Spaniens und forderte die übrigen Mitglieder auf, im Rahmen des Möglichen eine Zusammenarbeit auf militärischem Gebiet mit Spanien ins Auge zu fassen.

V. Außerhalb der Tagesordnung erhob Bundesminister Schmidt die Forderung nach Änderung der großen NATO-Übungen. Er bezeichnete die bisherige Form, bei welcher der Übergang vom Frieden zum Krieg und dann zum nuklearen Schlagabtausch geübt wurde, als psychologisch und politisch wegen der Wirkung im Inneren für die BRD nicht mehr tragbar.

Er betonte, daß mit diesem Vorschlag weder an den politischen Grundsätzen des nuklearen Einsatzes, wie sie von der Allianz verabschiedet worden seien[19],

---

[16] Nachdem am 2. März 1971 die bisherige Regierungskoalition unter Ministerpräsident Borten zurückgetreten war, übernahm am 13. März 1971 eine Minderheitsregierung unter Ministerpräsident Bratelli die Regierung.
[17] Horácio José de sá Viana Rebelo.
[18] Vgl. VS-Bd. 2021 (201).
[19] Am 3. Dezember 1969 billigte der Ausschuß für Fragen der nukleare Verteidigung (NDAC) der NATO in Brüssel die von der Ministersitzung der Nuklearen Planungsgruppe der NATO am 11./12. November 1969 in Washington beschlossenen Berichte „Vorläufige politische Richtlinien für den möglichen Ersteinsatz nuklearer Waffen durch die NATO" und „Allgemeine Richtlinien für das Konsultationsverfahren für den Einsatz nuklearer Waffen". Vgl. dazu den Drahtbericht Nr. 1605 des Gesandten Gnodtke, Brüssel (NATO); VS-Bd. 2018 (201); B 150, Aktenkopien 1969.
Am selben Tag stimmte auch der Ausschuß für Fragen der Verteidigungsplanung (DPC) der NATO in Brüssel den Richtlinien zu. Vgl. dazu den Drahtbericht Nr. 1607 von Gnodtke vom 3. Dezember 1969; VS-Bd. 2018 (201); B 150, Aktenkopien 1969. Vgl. dazu ferner AAPD 1969, II; Dok. 359.

gerüttelt werden solle, noch das Üben nuklearer Prozeduren ausgeschlossen werde.

Bundesminister Schmidt forderte jedoch, daß

a) das „crisis management" mit mehr Nachdruck geübt werden solle,

b) die verschiedenen Wege, Konflikte unter Kontrolle zu halten, sichtbar gemacht werden müßten,

c) eine Eskalation nicht immer und zwingend zur „general nuclear response" führen dürfe,

d) NATO-Übungen trotz dieser Einschränkungen den Warschauer Pakt nicht zu falschen Schlußfolgerungen hinsichtlich der Verteidigungsbereitschaft der Allianz führen dürften,

e) die Beteiligung am Üben nuklearer Freigabeverfahren auf Angehörige politischer Spitzenbehörden und militärischer Stäbe beschränkt werden solle.

Bundesminister Schmidt konnte darauf hinweisen, daß SACEUR keine unüberwindlichen Schwierigkeiten darin sähe, bei zukünftigen Übungen die o. a. Grundsätze zu beachten. Der Bundesverteidigungsminister stellte den Antrag, diese Frage durch die Ständigen Vertreter bis zur nächsten DPC-Minister-Sitzung zu prüfen. Der Antrag wurde Einwände angenommen.[20] Text der Erklärung BM wird gesondert übermittelt.[21]

VI. Der Wortlaut des Kommuniqués wird gleichfalls gesondert mit Drahtbericht übermittelt.[22]

[gez.] Krapf

VS-Bd. 2021 (201)

---

[20] So in der Vorlage.
[21] Vgl. dazu den Drahtbericht Nr. 547 des Botschafters Krapf, Brüssel (NATO), vom 28. Mai 1971; VS-Bd. 4544 (II B 1); B 150, Aktenkopien 1971.
[22] Vgl. dazu den Drahtbericht Nr. 554 des Brigadegenerals von Kalckreuth, Brüssel (NATO), vom 1. Juni 1971; VS-Bd. 2021 (201); B 150, Aktenkopien 1971.
Für den Wortlaut des Kommuniqués vgl. NATO FINAL COMMUNIQUES, S. 255–257.

194

Runderlaß des Ministerialdirigenten van Well

I A 1-80.11/2 VS-NfD Aufgabe: 29. Mai 1971, 18.33 Uhr[1]
Fernschreiben 2775 Plurex

Betr.: Deutsch-französische Außenministerkonsultationen am 28.5. in Bonn

I. Konsultationen waren nach Auffassung beider Partner besonders intensiv und wichtig. Folgende Themen wurden erörtert:

1) Moskau-Reise Schumanns (4. bis 7.5.)[2]

Schumann bestätigte klaren Eindruck, daß SU Erfolg deutscher Entspannungspolitik wünscht. Gromyko habe ausdrücklich erklärt, Moskau liege an Berlin-Vereinbarung.

2) Berlin-Verhandlungen

Neuester Stand wurde eingehend behandelt. Übereinstimmung, daß Änderung in sowjetischer Haltung gegenüber Papier vom März[3] eingetreten sei. Man habe in letzten Tagen substantielle Fortschritte erzielt und sei in konkrete Phase eingetreten. Westmächte und Bundesrepublik erstrebten in erster Linie praktische Verbesserung. Dabei müßten Formeln gefunden werden, die Rechtsposition beider Seiten unangetastet lasse.

Dank und Anerkennung für Vierergruppe.

3) KSE und Berlin

Schumann legte dar, man dürfe denjenigen sowjetischen Politikern, die gegen baldige Ratifizierung Moskauer Vertrags seien, keine Argumente für Verhärtung ihrer Haltung liefern. In bevorstehendem NATO-Kommuniqué solle deshalb festgestellt werden, daß Berlin-Verhandlungen Fortschritte gemacht hätten und daß Möglichkeit Vereinbarung bestehe. Bedeutung, die man befriedigender Regelung beimesse, wäre zu unterstreichen. Man solle jedoch nicht ausdrücklich betonen, daß KSE, die nicht hinausgezögert werden dürfe, nur bei befriedigender Berlin-Regelung stattfinden könne.[4] Bei kürzlichen Gesprächen mit Harmel[5] habe er für diese Auffassung grundsätzliches Verständnis gefunden.

BM stimmte zu, daß Berlin-Frage im NATO-Kommuniqué positiver gefaßt werden solle. Es müsse bei Zusammenhang zwischen Multilateralisierung Vorbereitung KSE und befriedigender Berlin-Regelung bleiben. Es gelte eine Formel

---

[1] Der Drahterlaß wurde von Legationsrat Schmidt konzipiert.
  Hat Vortragendem Legationsrat I. Klasse Hansen am 29. Mai 1971 vorgelegen.
[2] Zum Besuch des französischen Außenministers Schumann vom 4. bis 7. Mai 1971 in der UdSSR vgl. Dok. 165, Anm. 13, und Dok. 172, Anm. 13.
[3] Zum sowjetischen Entwurf vom 26. März 1971 für eine Berlin-Regelung vgl. Dok. 110 und Dok. 131.
[4] Zum Deutschland- und Berlin-Teil des Kommuniqués der NATO-Ministerratstagung am 3./4. Juni 1971 in Lissabon vgl. Dok. 196.
[5] Der französische Außenminister Schumann begleitete Staatspräsident Pompidou bei dessen Besuch in Belgien vom 24. bis 26. Mai 1971.

zu finden, die erkennen lasse, daß Fortschritte in Berlin-Verhandlungen weitere Entwicklung begünstigen.

4) MBFR

BM legte dar, wir müßten MBFR, die – im Gegensatz zur KSE – vom Westen zur Diskussion gestellt worden sei[6], und deren Bedeutung nun auch von SU anerkannt werde, weiterverfolgen. Politisches Klima, das für multilaterale KSE-Vorbereitung gegeben sein müsse, sei auch für MBFR-Verhandlungen wichtig. Auch wir meinten, daß man diese nicht durch Vorbedingungen belasten dürfe. Das gelte auch für Berlin-Problem. Jedoch sollten die Berlin-Verhandlungen durch mögliche Gespräche über Abrüstung und Truppenverminderung nicht in den Hintergrund gedrängt und verzögert werden. Der Zeitfaktor sei wichtig. Eine jetzige Multilateralisierung erschiene uns aus folgenden Gründen verfrüht:

– sowjetische Haltung in wichtigen Fragen (z. B. Verminderung sämtlicher oder nur fremder Truppen?) noch unklar,

– Westen habe noch keine ausreichende Verhandlungsposition,

– KSE dürfe nicht vorweggenommen werden.

Schumann erinnerte an grundsätzliche Bedenken Frankreichs. Symmetrische Truppenreduzierung sei für Europa gefährlich, asymmetrische für SU unannehmbar. Bestes Mittel zur Verhinderung amerikanischen Truppenabzugs sei, eigene Verteidigungsanstrengungen nicht zu schmälern. Hinweis auf kürzliche Erklärung Pompidous, Frankreich werde den für Verteidigung bestimmten Anteil Volkseinkommens nicht verkleinern.

BM erwiderte, für uns sei „Ausgewogenheit" sehr wesentlich, was gewisse Asymmetrie einschließe. Auch sei Kontrollierbarkeit wichtig.

5) Stand der Verhandlungen EG–Großbritannien

a) Zum Treffen Pompidou–Heath[7] führte Schumann aus: Zeitpunkt sei von Pompidou auch aufgrund deutscher[8] und italienischer Anregungen bestimmt worden. Heath habe persönlich überzeugendes Bekenntnis zu bestehenden Gemeinschaften abgegeben, deren Charakter nicht geändert werden dürfe. Damit sei Atmosphäre des Vertrauens geschaffen worden. Denn Heath finde sich bereit, an „kontinentalem und demokratischem" Europa mitzuwirken. Auf dieser Grundlage könne jetzt die wirtschaftliche Integration vertieft, die monetäre Zusammenarbeit verstärkt sowie die politische Zusammenarbeit fortgeführt werden. Über militärische Zusammenarbeit – nach Schumann noch in weiter Ferne liegend – sei in Paris nicht gesprochen worden.

---

[6] Vgl. dazu die Erklärung der Außenminister und Vertreter der am NATO-Verteidigungsprogramm beteiligten Staaten vom 25. Juni 1968 („Signal von Reykjavik") vgl. Dok. 46, Anm. 7.
Vgl. dazu ferner die „Erklärung über beiderseitige und ausgewogene Truppenreduzierung" der Minister der am integrierten NATO-Verteidigungsprogramm beteiligten Staaten vom 27. Mai 1970 in Rom; NATO FINAL COMMUNIQUES, S. 237f. Für den deutschen Wortlaut vgl. EUROPA-ARCHIV 1970, D 318f. Für einen Auszug vgl. Dok. 56, Anm. 4.

[7] Zum Besuch des Premierministers Heath vom 19. bis 21. Mai 1971 in Paris vgl. Dok. 186.

[8] Vgl. dazu das Schreiben des Bundeskanzlers Brandt vom 9. Mai 1971 an Staatspräsident Pompidou; Dok. 158.

b) Heaths Ausführungen zur institutionellen Weiterentwicklung der Gemeinschaft seien durch Ausführungen vor Unterhaus bekannt.[9] Erwartungsgemäß habe sich hier völlige Übereinstimmung mit Pompidou ergeben. Nunmehr steht fest, daß die Erweiterung eine bundesstaatliche Zielsetzung für die Gemeinschaft ausschließe. – Erweiterte Gemeinschaft würde sich daher mit dem Ziel der Konföderation bei Anwendung des Einstimmigkeitsgrundsatzes nach dem Muster einer Koalitionsregierung wirksam weiterentwickeln können. Frankreich sei hier weniger dogmatisch als pragmatisch eingestellt. BM bestätigte, daß solche Überlegungen für erste Phase der institutionellen Weiterentwicklung Unterstützung finden könnten.

c) Besprechungen über Währungslage Großbritanniens sind nach Schumann streng vertraulich geführt worden. Französische Einstellung sei auch aus jüngsten Ausführungen Boegners klar ersichtlich: Zahlungsbilanz müsse stabilisiert, und Sterlingverpflichtungen müßten abgebaut werden.

Auf Frage BM, ob Frankreich sich mit britischer Bereitschaftserklärung über den Abbau der Verpflichtungen begnüge oder konkretere Vereinbarungen vorlägen, erklärte Schumann, das diesbezügliche britische Engagement sei offensichtlich; es sei nun von der Gemeinschaft zu prüfen. Frankreich wolle hier keine Forderungen stellen, die die Erweiterungsverhandlungen komplizierten.

d) Schumann erklärte Bereitschaft, bei Berechnung britischer Finanzbeiträge in der Übergangszeit große Sprünge zu vermeiden und Großbritannien in gleichmäßigen Schritten an die Endbelastung heranzuführen; notwendigenfalls sei eine Korrektivperiode vorzusehen. Französische Regierung habe hierzu noch nicht abschließend entschieden, werde sich auch mit anderen Partnern besprechen und gegebenenfalls auf nächster Ratstagung[10] ihre Überlegungen oder Vorschläge vorlegen.

e) Auch über französische Vorstellungen zur Neuseelandlösung[11] sei noch nicht entschieden. Frankreich erwäge als erhebliche Konzession zu Lasten der Milcherzeugung der Gemeinschaft eine Sonderregelung über eigentlich fünfjährige Übergangszeit hinaus. Dies allerdings nur, wenn sich auch zur Finanzfrage eine befriedigende Lösung ergebe.

f) Weiteres Verfahren

Nach Schumanns Darstellung haben die Besprechungen in Paris, die die Brüsseler Verhandlungen keineswegs ersetzen sollten, viele Fragen offen gelassen, so daß noch schwierige Verhandlungen zu erwarten seien. Schumann ließ dabei durchblicken, daß Frankreich auf nächster Ratstagung keineswegs weichen Kurs steuern wird. Er wies darauf hin, auch in der zweiten Junitagung sei noch Gelegenheit zur Ausarbeitung von Vorschlägen an die Beitrittsanwärter.[12]

---

[9] Für den Wortlaut der Ausführungen von Premierminister Heath am 24. Mai 1971 im Unterhaus vgl. HANSARD, Bd. 818, Sp. 31–47. Für einen Auszug vgl. Dok. 186, Anm. 14.

[10] Zur siebten Verhandlungsrunde des EG-Ministerrats mit Großbritannien am 7. Juni 1971 in Luxemburg vgl. Dok. 201.

[11] Zu Übergangsregelungen für die Einfuhr von Milcherzeugnissen vgl. zuletzt Dok. 97, besonders Anm. 8, sowie Dok. 150.

[12] Zur achten Verhandlungsrunde des EG-Ministerrats mit Großbritannien vom 21. bis 23. Juni 1971 in Luxemburg vgl. Dok. 218.

6) Französisch-Unterricht in Deutschland

Franzosen insistierten stark. StS von Braun legte Stand des Problems dar und betonte, daß wir Bemühungen um Änderung Hamburger Abkommens[13] mit Nachdruck fortsetzen würden.

II. Im Anschluß an Konsultationen beantwortete Schumann Fragen von Journalisten. Er nahm dabei Gedanken auf, den BM in Tischrede erwähnt hatte: Deutsch-französisches Verhältnis werde weder durch deutsche Ostpolitik noch durch französisch-britische Annäherung gefährdet. Das Gegenteil sei richtig. Unsere Beziehungen wären vielmehr dann verschlechtert worden, wenn Bundesregierung Entspannungspolitik nicht geführt hätte bzw. wenn Eindruck entstehe, EG-Beitritt scheitere am Widerstand Frankreichs.

[gez.] van Well

Referat I A 1, Bd. 725

---

[13] In Artikel 13 des Abkommens vom 28. Oktober 1964 zwischen den Ländern der Bundesrepublik zur Vereinheitlichung auf dem Gebiet des Schulwesens (Hamburger Abkommen) wurde für den Fremdsprachenunterricht an Gymnasien u. a. festgelegt: „Der Unterricht in der ersten Fremdsprache beginnt in der fünften Klasse. Die erste Fremdsprache ist in der Regel Englisch oder Latein." Vgl. dazu HANDBUCH FÜR DIE KULTUSMINISTERKONFERENZ, S. 266.
Am 14. Oktober 1971 beschlossen die Ministerpräsidenten der Länder, Paragraph 13 des „Hamburger Abkommens" vom 28. Oktober 1964 wie folgt zu ändern: „1) § 13 Buchst[be] a) erhält folgende Fassung: ‚a) Der Unterricht in der ersten Fremdsprache beginnt in der 5. Klasse. Die erste Fremdsprache ist eine lebende Fremdsprache oder Latein. Die Erfordernisse der Einheitlichkeit des Schulwesens in der Bundesrepublik Deutschland und der Durchlässigkeit zwischen den Schulformen sind zu berücksichtigen.' 2) In § 13 Buchst[abe] b) wird der dritte Satz ersatzlos gestrichen." Vgl. HANDBUCH FÜR DIE KULTUSMINISTERKONFERENZ, S. 270 f.

195

Aufzeichnung des Ministerialdirigenten Lahn

II A 5-82.00-94.28   1. Juni 1971[1]

Über Herrn D Pol[2] dem Herrn Staatssekretär[3]

Betr.: Deutsch-ungarische Gespräche am 18. und 19.5. im Auswärtigen Amt

Zweck der Vorlage: Unterrichtung

I. Gesprächsteilnehmer und Programm

Am 18. und 19. Mai fanden im Auswärtigen Amt deutsch-ungarische Gespräche statt, die auf deutscher Seite von Dg II A, auf ungarischer Seite von Herrn Barta, dem Leiter der Westeuropa-Abteilung des ungarischen Außenministeriums, geführt wurden.

Weitere deutsche Teilnehmer: Herr Kersting, Leiter der Handelsvertretung Budapest; zeitweise: VLR I Hoffmann, Ref. V 2; VLR von Groll, Ref. II A 3; VLR Gorenflos, Ref. II A 5.

Weitere ungarische Teilnehmer: Herr Hamburger, Leiter der ungarischen Handelsvertretung in Köln; Botschaftsrat Nagy; Dr. Gorincsek, Rechtsexperte des ungarischen Außenministeriums.

Es fanden drei Sitzungen statt. Herr Barta wurde vom Parl. StS zu einem halbstündigen Gespräch empfangen.[4] Der Leiter der ungarischen Handelsvertretung gab ein Abendessen für die beiden Delegationen, das Dg II A mit einem Frühstück erwiderte.

II. Zusammenfassung und Bewertung

Im Mittelpunkt der Gespräche standen bilaterale Fragen. In der Frage der Erweiterung der Zuständigkeiten der beiderseitigen Handelsvertretungen im konsularischen Bereich konnten Fortschritte, aber keine abschließenden Ergebnisse erzielt werden. Die ungarische Seite akzeptierte im Prinzip die von uns

---

[1] Die Aufzeichnung wurde von Vortragender Legationsrätin I. Klasse Finke-Osiander und Vortragendem Legationsrat Gorenflos konzipiert.

[2] Hat dem Vertreter von Ministerialdirektor von Staden, Ministerialdirigent van Well, am 7. Juni 1971 vorgelegen.

[3] Hat Staatssekretär Frank am 13. Juni 1971 vorgelegen.

[4] Im Mittelpunkt des Gesprächs des Parlamentarischen Staatssekretärs Moersch mit dem Abteilungsleiter im ungarischen Außenministerium, Barta, am 18. Mai 1971 standen Fragen des bilateralen Verhältnisses, Berlin und die Europäische Sicherheitskonferenz. Moersch führte aus, „daß eine gewisse Behutsamkeit in den außenpolitischen Beziehungen beiden Seiten nur nutzen könne. Eine spektakuläre Aktivität würde nur schaden. Im übrigen seien die Beziehungen zwischen der Bundesrepublik Deutschland und Ungarn nicht etwa durch ein Münchener Abkommen oder andere Probleme belastet. Das Verhältnis BRD – Ungarn sei durch Respektierung der Interessen des Partners gekennzeichnet, eine Störung durch Dritte werde weitgehend vermieden. Es sei klar, daß jeder seine eigenen wirtschaftlichen Interessen im Auge habe, dies schließe aber eine ersprießliche Zusammenarbeit zum gegenseitigen Vorteil nicht aus." In bezug auf Berlin führte Moersch aus: „Die Sicherung der Lebensfähigkeit Berlins sei die beste Grundlage für unbefangene Beziehungen zu anderen Staaten einschließlich der DDR. [...] Ohne Klärung der Berlin-Frage bliebe die Atmosphäre zwischen beiden deutschen Staaten vergiftet." Vgl. VS-Bd. 9754 (Parlamentarischer Staatssekretär); B 150, Aktenkopien 1971.

im Dezember 1970 übermittelten Vorschläge[5], die Verbesserungen auf dem Gebiet des Rechtshilfeverkehrs und des Rechtsschutzes vorsehen, schränkte sie jedoch in wichtigen Punkten ein (vor allem: keine Zuständigkeiten der Handelsvertretung in Strafsachen und bei Unfällen; keine Zustellungsbefugnisse). Sie gab zu erkennen, daß sie zwar die praktischen Arbeitsmöglichkeiten der Handelsvertretung verbessern will, daß sie jedoch keine echten konsularischen Befugnisse zugestehen kann. Sie hat offenbar enge Grenzen zu respektieren, deren Einhaltung von der DDR und der SU überwacht wird.

Die Affäre Kerényi[6] wurde von beiden Seiten nur gestreift und als erledigt erklärt, nachdem Herr Dg II A erneut klargestellt hatte, daß es für uns keinen „Fall Vergau" gibt und das Verhalten unserer Handelsvertretung nicht zu beanstanden gewesen sei. Die ungarische Seite erklärte sich grundsätzlich zu einer Verbesserung der kulturellen Kontakte bereit, ohne dies jedoch zu konkretisieren.

Bei der Erörterung der politischen Fragen im bilateralen und internationalen Bereich war gegenüber früheren Gesprächen[7] eine gewisse Auflockerung auf ungarischer Seite zu erkennen. Barta betonte die positiven Auswirkungen der Entspannungspolitik der Bundesregierung und namentlich der Ostverträge auch auf die bilateralen Beziehungen. Im übrigen bestätigten jedoch die Gespräche, insbesondere die ungarischen Erklärungen zur KSE, zur DDR, zur Frage Radio Free Europe, daß Ungarn keine eigenständigen Initiativen sucht und die absolute Loyalität gegenüber dem sozialistischen Lager an die Spitze seiner Überlegungen stellt. Es ist aber bereit, den bescheidenen eigenen Handlungsspielraum, namentlich bei der Verbesserung der Beziehungen zu uns, soweit für sein Verhältnis zum Block unschädlich, unauffällig zu nutzen.

Es bestand Übereinstimmung darüber, auch ohne Botschafteraustausch die Beziehungen zwischen den beiden Ländern im Rahmen der gegebenen Grenzen soweit wie möglich zu entwickeln.

Die Gespräche verliefen in angenehmer und aufgeschlossener Atmosphäre. Barta hatte offensichtlich detaillierte Instruktionen und war sorgfältig darauf bedacht, sich im Rahmen seiner Weisungen zu halten. Die Gespräche waren deshalb mehr Meinungsaustausch als Diskussion und Verhandlung.

---

5 Vortragender Legationsrat I. Klasse Hoffmann vermerkte am 16. Dezember 1970, er habe dem Leiter der ungarischen Handelsvertretung in Köln, Hamburger, Vorschläge für eine Erweiterung der Befugnisse der Handelsvertretungen übergeben. Demnach sollten neben den bisherigen Aufgaben folgende Funktionen übernommen werden: die Legalisation von Urkunden; die Beschaffung von Personenstandsurkunden; die Unterstützung Hilfsbedürftiger sowie gegebenenfalls deren Heimführung in die Bundesrepublik; die Interessenwahrnehmung sowie Beistand in Todesfällen, Verkehrsunfällen und bei Freiheitsentziehung; die Ausstellung von Leichenpässen; die Abwicklung von Nachlaßangelegenheiten sowie der Besuch Inhaftierter und die Vermittlung von Besuchen durch Angehörige. Vgl. dazu VS-Bd. 8981 (II A 5); B 150, Aktenkopien 1970.
6 Im Juli 1970 wurde die Mitarbeiterin im ungarischen Institut für kulturelle Auslandsbeziehungen in Budapest, Kerenyi, verhaftet. Ihr wurde vorgeworfen, an Legationsrat Vergau, Budapest, Staatsgeheimnisse weitergegeben zu haben. Im Februar 1971 wurde sie zu sieben Jahren Haft verurteilt. Vgl. dazu die Meldung „Ungarin wegen angeblicher Spionage für Bonn verhaftet"; SÜDDEUTSCHE ZEITUNG vom 23. Juli 1970, S. 5, sowie den Artikel von Horst Huber: „Der Fall Mária Kerényi"; FRANKFURTER ALLGEMEINE ZEITUNG vom 25. Februar 1971, S. 6.
7 Ministerialdirigent Lahn hielt sich vom 14. bis 16. Oktober 1970 in Ungarn auf. Vgl. dazu AAPD 1970, III, Dok. 478.

Dennoch erwiesen sich die Gespräche als nützlich. Sie brachten Fortschritte in den bilateralen Fragen und gaben uns Gelegenheit, um Verständnis für unsere Politik zu werben. Beide Seiten wollen die Gespräche fortsetzen. Auch ohne spektakuläre Ergebnisse sind derartige Kontakte ein gutes Instrument, um in der Phase bis zur Ratifizierung der Ostverträge unsere Beziehungen zu einzelnen osteuropäischen Staaten zu pflegen und behutsam fortzuentwickeln.

III. Gesprächsergebnisse im einzelnen

1) Bilaterale politische Beziehungen

Beide Seiten stellten mit Befriedigung fest, daß sich die Beziehungen günstig entwickelt haben. Sie stimmten darin überein, daß auch ohne Austausch von Botschaften die Beziehungen schrittweise so weit wie möglich ausgebaut werden sollen. Barta betonte die Bedeutung des deutsch-ungarischen Abkommens über Entschädigungsleistungen.[8] Die auf Entspannung und Ausgleich gerichtete Ostpolitik der Bundesregierung, namentlich die Ostverträge, wirke sich auch auf die bilateralen Beziehungen positiv aus.

Als belastend bezeichnete Barta die Sendungen des Radio Free Europe, dessen feindselige Sendungen vitale ungarische Interessen verletze. Eine Regelung dieser Frage würde die Lösung anderer Probleme erleichtern. Dg II A legte demgegenüber den deutschen Standpunkt dar und stellte anheim, konkrete Unterlagen über Sendungen, die als störend empfunden werden, zu übergeben.

2) KSE

Barta schilderte die rege ungarische Reisediplomatie der letzten Monate, mit der Ungarn insbesondere den Gedanken der baldigen Multilateralisierung der KSE-Gespräche auch auf regionaler Basis zu fördern gesucht habe. Auch die Bundesrepublik solle sich in diesen Prozeß einschalten, Bedingungen könnten jedoch nicht akzeptiert werden. Herr Barta wiederholte die bekannte östliche Kritik am NATO-Kommuniqué[9] und drängte auf rasche Multilateralisierung der KSE-Gespräche. Den USA warf er eine blockierende Politik vor, durch die sich der Entspannungsprozeß verlangsamt habe.

---

[8] Vom 11. bis 22. Januar 1971 fanden Verhandlungen zwischen dem Bundesministerium der Finanzen und dem ungarischen Finanzministerium über eine Globalentschädigung für ungarische Opfer von pseudomedizinischen Versuchen während der Zeit der nationalsozialistischen Gewaltherrschaft sowie über ungarische Rückerstattungsansprüche statt. Dazu teilte das Bundesministerium mit: „Die Verhandlungen führten am 22. Januar 1971 zum Abschluß einer Vereinbarung zwischen den beiden Finanzministerien, die eine deutsche Zahlung von 6,25 Mio. DM zur abschließenden pauschalen Entschädigung der ungarischen Opfer pseudomedizinischer Menschenversuche vorsieht. Damit werden alle Individualverfahren erledigt, die auf Grund eines Beschlusses der Bundesregierung vom 26. Juli 1951 bei dem Internationalen Komitee vom Roten Kreuz in Genf eingeleitet worden waren. Eine zweite, ebenfalls am 22. Januar 1971 abgeschlossene Vereinbarung zwischen der Bundesrepublik und der Landesorganisation für die Interessenvertretung der Nazi-Verfolgten in Ungarn führt zu einer globalen Erledigung von über 62 000 Anmeldungen mit schätzungsweise 200 000 Ansprüchen ungarischer Geschädigter, die aufgrund des Bundesrückerstattungsgesetzes von 1957 bei den deutschen Wiedergutmachungsbehörden anhängig waren. Die Bundesrepublik zahlt an die Interessenvertretung zur pauschalen Abgeltung der genannten Ansprüche einschl[ießlich] aller im Bundesrückerstattungsgesetz vorgesehenen Zinsen einen Betrag von 100 Mio. DM, der in drei gleichen Jahresraten 1972, 1973 und 1974 fällig wird." Vgl. BULLETIN 1971, S. 180.

[9] Für den Wortlaut des Kommuniqués der NATO-Ministerratstagung am 3./4. Dezember 1970 in Brüssel vgl. NATO FINAL COMMUNIQUES, S. 243–249.
Vgl. dazu die sowjetischen Demarchen bei den NATO-Mitgliedstaaten vom Dezember 1970 bzw. Januar 1971; Dok. 11.

Dg II A legte eingehend den deutschen Standpunkt dar und erläuterte das NATO-Kommuniqué. Er hob die zentrale Bedeutung Berlins für eine Entspannung in Europa hervor. Auch der Herr Parl. StS betonte gegenüber Barta die grundsätzliche Bedeutung einer Berlinlösung für eine Ost-West-Entspannung.

3) Erweiterung der Befugnisse der beiderseitigen Handelsvertretungen auf konsularischem Gebiet

Beide Seiten waren sich einig, daß insbesondere im Blick auf den stark anwachsenden deutschen Touristenverkehr die Befugnisse der Handelsvertretungen auf konsularischen Bereich erweitert werden sollen.

Zu den im Dezember 1970 übergebenen deutschen Vorschlägen erklärte Barta: Auch Ungarn wünsche verbesserte Arbeitsmöglichkeiten der Handelsvertretungen. Ein Konsularabkommen sei jedoch nicht möglich, es kämen nur praktische Verbesserungen in Frage; die Berlin-Frage müsse ausgeklammert bleiben. Er bitte dringend, jede Publizität zu vermeiden und insbesondere den Begriff „konsularische Befugnisse" nicht öffentlich zu erwähnen. Aus den Ausführungen zu den deutschen Vorschlägen im einzelnen ergaben sich prinzipielle Übereinstimmung, jedoch folgende wichtige Einschränkungen: keine Zuständigkeit der Handelsvertretungen für Urkundenbeschaffung in Staatsangehörigkeitsfragen; keine Zustellungsbefugnisse; grundsätzliche Beschränkung der Zuständigkeit auf Deutsche, die sich vorübergehend in Ungarn aufhalten; keine Zuständigkeit für Unfälle und Haftfälle; Hilfeleistung im Prinzip beschränkt auf Todesfälle und Zuständigkeit in Nachlaßsachen.

Dg II A betonte demgegenüber unser dringendes Interesse an einer Zuständigkeit vor allem in Haftsachen und für Hilfeleistung bei Unfällen.

Barta versicherte, die Frage sei von sechs Ministerien geprüft worden, die Grenze der ungarischen Möglichkeiten liege bei den konsularischen Befugnissen, die man nicht zugestehen könne. Er könne darüber nicht im einzelnen sprechen. Er hoffe, daß man für die nicht geregelten Fälle „ein zivilisiertes Verfahren" finden könne. Auf Drängen von Dg II A erklärte sich Herr Barta bereit, die nicht berücksichtigten deutschen Vorschläge in eine Liste deutscher Wünsche aufzunehmen, die man prüfen könne, die jetzt aber nicht Gegenstand der Erörterung sein könnten.

Zur Form bestand Einvernehmen darüber, wie bei der Abrede über Paß- und Sichtvermerksbefugnisse zu verfahren.[10] Beide Seiten tauschten Papiere aus, in denen die beiderseitigen Vorschläge niedergelegt sind.[11] Es bestand Einvernehmen darüber, daß es sich um unverbindliche Aufzeichnungen handele. Barta erklärte, daß das Ergebnis der Besprechungen in Budapest von den zuständigen Ressorts geprüft werden müsse. Im privaten Gespräch gab die ungarische Seite zu verstehen, daß die deutsche Handelsvertretung bis zur endgültigen

---

[10] Am 6. Oktober 1969 vereinbarten Ministerialdirektor Ruete und der Leiter der ungarischen Handelsvertretung in Köln, Hamburger, mündlich, daß die beiderseitigen Handelsvertretungen auf der Grundlage der Gegenseitigkeit Paß- und Sichtvermerksbefugnisse ausüben werden. Vgl. dazu den Drahterlaß Nr. 3919 vom 8. Oktober 1969; Referat II A 5, Bd. 1393.
Die Bekanntgabe der Übernahme der Paß- und Sichtvermerksbefugnisse erfolgte am 15. Oktober 1969. Für den Wortlaut der Presseerklärung vgl. Referat II A 5, Bd. 1393.

[11] Für die Vorschläge der Bundesregierung und der ungarischen Regierung über die Erweiterung der Befugnisse der Handelsvertretungen vgl. Referat II A 5, Bd. 1394.

Regelung der offenen Fragen die vorgesehenen neuen Zuständigkeiten praktisch schon in Einzelfällen ausüben könne.

4) Kulturelle Beziehungen

Barta äußerte sich befriedigt über die allgemeine Entwicklung der kulturellen Kontakte. Ungarn sei bereit, sie auch in Zukunft auszubauen. Ein Kulturabkommen sei jedoch nicht notwendig.

Die Affäre Kerenyi wurde kurz erwähnt und von beiden Seiten als erledigt erklärt, nachdem Dg II A erneut klargestellt hatte, daß es für uns keinen „Fall Vergau" gebe und das Verhalten unserer Handelsvertretung nicht zu beanstanden gewesen sei.

Dg II A beglückwünschte die ungarische Seite zum Erfolg der Dortmunder Woche[12], deren Verlauf zeige, wie weit sich die Beziehungen bereits normalisiert hätten. Kulturaustausch dürfe jedoch nicht eingleisig sein. Wir wünschten deshalb, unsere kulturellen Maßnahmen in Ungarn zu verstärken. In diesem Zusammenhang bedaure er die Absage des vorgesehenen Gastspiels der Düsseldorfer Oper in Budapest.[13] Er wies auf die für dieses Jahr geplante Dürer-Ausstellung[14] und die Buchausstellung[15] hin und bat, diese Vorhaben zu unterstützen. Nach unserer Auffassung sei eine längerfristige kulturelle Planung nützlich. Er begrüße den bevorstehenden Besuch des Bundestagsabgeordneten Dr. Martin in Budapest, der vielleicht Gelegenheit gebe, informell über diese Fragen zu sprechen.

Barta bedauerte das Scheitern des Düsseldorfer Operngastspiels, das auf finanzielle und technische Schwierigkeiten zurückzuführen sei. Es habe sich im übrigen um eine private Veranstaltung gehandelt, an der die ungarische Regierung nicht beteiligt gewesen sei. Er begrüße die geplanten beiden Ausstellungen, die die ungarische Seite gern unterstützen werde. Zur Frage einer kulturellen Planung könne er nichts sagen, man werde sie jedoch prüfen. Wenn es keine formalen Schwierigkeiten (gemeint war offenbar Berlin-Frage) gebe, könne man sich vielleicht einigen.

5) Verschiedene bilaterale Fragen

a) Einladung des ungarischen Verkehrsministers[16] in die Bundesrepublik.

---

[12] Vom 29. April bis 7. Mai 1971 fanden in Dortmund ungarische Kulturtage statt.

[13] Vortragender Legationsrat I. Klasse Brückner, Budapest, berichtete am 4. Februar 1971, daß ein für 1972 geplanter Austausch von Gastspielen der Budapester Oper und der Deutschen Oper am Rhein in Düsseldorf von ungarischer Seite abgesagt worden sei. Vom Unterabteilungsleiter im ungarischen Institut für kulturelle Auslandsbeziehungen, Kerti, sei mitgeteilt worden, daß die für das Gastspiel in Düsseldorf angebotene Gage zu niedrig sei. Brückner führte weiter aus: „Es ist auch nicht auszuschließen, daß der letztlich nicht zustande gekommenen Vereinbarung zwischen den Opern Budapest und Düsseldorf durch die hiesige Ablehnung des Düsseldorfer Angebotes auch erneut politische Motive unterliegen. Herr Kerti nannte betont als Grund finanzielle Fragen. Andererseits ließ er unmißverständlich durchblicken, daß er bei seinen Bemühungen, uns zu einer Intensivierung unserer Kulturpräsenz in Ungarn zu verhelfen, nach seiner Rückkehr aus Bonn wieder neuen Schwierigkeiten begegne. Man sei hier durch die Verlangsamung unserer Ostpolitik, insbesondere durch die ungeklärte Ratifizierungsfrage der Ostverträge sowie auch die Berlin-Problematik uns gegenüber jetzt wieder zurückhaltender, als dies Ende letzten Jahres [der Fall] war." Vgl. den Schriftbericht Nr. 100; Referat 610, Bd. 606.

[14] Die Ausstellung „Dürer und seine Stadt Nürnberg" wurde am 24. Juli 1971 in Budapest eröffnet.

[15] Die „Deutsche Buchausstellung" fand vom 11. bis 24. Oktober 1971 in Budapest statt.

[16] György Csanádi.

b) Verbesserter Schutz der ungarischen Handelsvertretung in Köln.

c) Wirtschaftliche Fragen.

Die zuständigen Referate wurden hierüber durch gesonderte Zuschriften bereits unterrichtet.

Abschließend betonten beide Seiten die Nützlichkeit der geführten Gespräche. Barta lud Dg II A zur Fortsetzung nach Budapest ein. Der Zeitpunkt soll später vereinbart werden.

Lahn

Referat II A 5, Bd. 1393

196

Staatssekretär Frank, z. Z. Lissabon, an das Auswärtige Amt

Z B 6-1-12132/71 geheim   Aufgabe: 3. Juni 1971, 20.15 Uhr
Fernschreiben Nr. 183   Ankunft: 3. Juni 1971, 23.10 Uhr

Am Abend des 2. Juni trafen die vier westlichen Außenminister, wie zu Beginn von NATO-Ministerkonferenzen[1] üblich, zu einem Gespräch über Deutschland- und Berlin-Fragen zusammen.

Der amerikanische Außenminister, der als Gastgeber fungierte, wies in einleitenden Bemerkungen darauf hin, daß er die bevorstehende NATO-Ministerkonferenz für eines der wichtigsten Zusammentreffen der letzten Jahre halte. Das Bündnis müsse sich mit Tendenzen auseinandersetzen, die in seinem Lande in der Person des Senators Mansfield ihren deutlichsten Ausdruck gefunden hätten. Man sei mit diesem Problem fertig geworden, nachdem es zunächst so ausgesehen habe, als ob Mansfield eine Mehrheit gewinne; dann habe sich das Gegenteil herausgestellt, und dabei werde es auch für einige Zeit bleiben.[2] Dennoch habe das, wofür Mansfield sich einsetze, bedeutende Implikationen. Er, Rogers, hoffe, daß die Konferenz erfolgreich verlaufe, unterschiedliche Ansichten auf einen Nenner gebracht werden könnten und die NATO sich als eine starke und vitale Allianz erweise.

I. Stand der Berlin-Verhandlungen

Der französische Außenminister gab einen Überblick darüber, wie er die Konferenz über den Stand der Berlin-Gespräche zu unterrichten gedenke.

Er unterstrich die außerordentliche Wichtigkeit der Berlin-Frage, die zur Zeit das Vitalste aller europäischen Probleme sei. Er meine dies nicht nur im Hinblick auf ihre Bedeutung für das Zustandekommen einer KSE, sondern in bezug auf Entspannung überhaupt und insbesondere bezüglich der deutschen Ost-

---

[1] Die NATO-Ministerratstagung fand am 3./4. Juni 1971 in Lissabon statt. Vgl. dazu Dok. 197.
[2] Vgl. dazu den Antrag des amerikanischen Senators Mansfield vom 11. Mai 1971; Dok. 179, Anm. 3.

politik. Frankreich unterstütze diese eindeutig. Ihre Weiterführung durch Ratifikation der Ost-West-Verträge setze eine befriedigende Berlin-Regelung voraus.

Berlin sei damit ein Testfall für Entspannung und für alles, was mit ihr zusammenhänge. Mit diesem Gefühl sei er, Schumann, vor einigen Wochen nach Moskau gereist.[3] Er habe dort herausfinden wollen, ob die Sowjets bereit seien, zu praktischen Arrangements in der Berlin-Frage zu kommen und damit den Weg zur Ratifikation der Ostverträge und zu einer KSE zu öffnen. Er habe es für selbstverständlich gehalten, daß die Russen daran interessiert seien, den Moskauer Vertrag ratifiziert zu sehen, und daß sie die gegenwärtige deutsche Regierung als einen Vorteil für die Friedenserhaltung betrachten. Praktische Abmachungen über Berlin müßten die einzige richtige Schlußfolgerung daraus sein. Gromyko habe ihm jedoch zunächst entgegengehalten, das sowjetische Papier vom 26. März[4] müsse die Westmächte doch befriedigen. Er, Schumann, habe ihm erklärt, warum man sich von westlicher Seite auf die dort dargelegte sowjetische Position nicht habe einlassen können. Er habe dann seinerseits die Frage gestellt, ob die Sowjetunion bereit sei, ihre Verantwortung für die Freiheit des Zugangs zu bekräftigen, oder ob sie sich endgültig auf die Übertragung dieser Verantwortung auf Ostdeutschland berufen wolle. Diese Frage sei unbeantwortet geblieben, bis er Kossygin gesehen habe; darauf sei Gromyko wesentlich positiver geworden. Er, Schumann, habe sich aber nicht allein auf das Wort seines sowjetischen Kollegen verlassen wollen, sondern abgewartet, wie sich die Berlin-Gespräche weiter entwickelten. Er könne nur die Folgerung ziehen, daß unqualifizierter Optimismus zwar unbegründet sei, daß aber einiges dafür spreche, daß wir ein befriedigendes Abkommen erreichen können.

Im NATO-Rat werde er zunächst die Geschichte der Berlin-Gespräche darlegen. Er wolle dabei die anderen Verbündeten davon überzeugen, daß die drei Westmächte stets in voller Übereinstimmung untereinander und mit der Bundesrepublik gehandelt hätten. Das Maß an Erfolg, von dem man jetzt vielleicht sprechen könne, sei darauf zurückzuführen, daß man eng zusammengehalten und der anderen Seite nicht erlaubt habe, diesen Zusammenhalt aufzuspalten. Er werde sodann darlegen, wo wir jetzt stünden. Dabei werde er auf zwei Ergebnisse hinweisen:

1) Es gebe das Schema eines gemeinsamen Textes, den man schon als Embryo eines zukünftigen Abkommens betrachten könne;

2) man habe die einzelnen Punkte, in welchen man nicht übereinstimme, bestimmt und ausgesondert.[5]

---

[3] Zum Besuch des französischen Außenministers Schumann vom 4. bis 7. Mai 1971 in der UdSSR vgl. Dok. 165, Anm. 13, und Dok. 172, Anm. 13.

[4] Zum sowjetischen Entwurf vom 26. März 1971 für eine Berlin-Regelung vgl. Dok. 110 und Dok. 131.

[5] Im 19. Vier-Mächte-Gespräch über Berlin am 7. Mai 1971 erklärte sich der sowjetische Botschafter in Ost-Berlin, Abrassimow, damit einverstanden, eine Gegenüberstellung des sowjetischen Entwurfs vom 26. März 1971 mit dem Entwurf der Drei Mächte vom 5. Februar 1971 durch die Botschaftsräte durchführen zu lassen. Vgl. dazu Dok. 159.
Am 28. Mai 1971 führte Vortragender Legationsrat Blech aus: „Die vier Botschaftsräte bemühen sich zur Zeit, in nahezu kontinuierlichen Sitzungen gemeinsame Formulierungen einer Vier-Mächte-Vereinbarung auszuarbeiten und dabei die Zahl der offenen Fragen weiter zu reduzieren. [...] Insgesamt gesehen sind in den letzten Sitzungen der Botschaftsräte wichtige Ergebnisse er-

Er werde sich dann insbesondere drei Gebieten zuwenden:

Situation in und um Berlin: Man wisse, wie wichtig es sei, den Bewohnern Berlins das Gefühl zu geben, daß sie eine Zukunft hätten. Dies sei nur möglich, wenn sie sich so frei wie andere bewegen könnten. Es habe den Anschein, daß die Russen bereit seien, den Verkehr zu erleichtern und den Berlinern Gelegenheit zu geben, gewisse tatsächliche Freiheiten wie andere zu genießen. Hier gebe es schon ein gewisses Maß von Übereinstimmung.

Bundespräsenz: Die drei Westmächte seien bereit, verbindlich klarzustellen, daß Westberlin nicht als ein Land der Bundesrepublik anzusehen ist. Die Sowjetunion verlange jedoch etwas Definitiveres und Klareres, indem sie auf der Formulierung bestehe, Westberlin sei kein Teil der Bundesrepublik. Immerhin scheinen sie zu akzeptieren, daß die Bindungen bestätigt werden, die für die Zukunft Berlins wesentlich und grundlegend seien, andererseits stelle die Begrenzung der Rechte der Bundesrepublik in Berlin ein Grundelement der Vereinbarung dar. Die Sowjetunion habe aber in diesem Punkt ihre Ausdrucksweise beträchtlich verändert. Während sie früher für ausdrückliche Vorschriften eingetreten sei, die jeder Bundes- oder Landesbehörde Akte, die die Ausdehnung ihrer Zuständigkeiten auf die Westsektoren Berlins bedeuteten, verboten hätten, bestehe sie darauf nicht mehr. Auch verlange sie jetzt nicht mehr den vollständigen Wegfall von Sitzungen von Bundestagsausschüssen und Fraktionen. Ein vernünftiger Kompromiß hierüber scheine jetzt möglich zu sein.

Ähnliches scheine für die Außenvertretung zu gelten. Hier zeige die Sowjetunion Bereitschaft, den konsularischen Schutz von Westberlinern durch die Bundesrepublik und die Einbeziehung der Westsektoren in die internationalen Verträge der BRD gemäß den geltenden Verfahren hinzunehmen. Jedoch sei gerade auf diesem Gebiet noch außerordentlich viel zu tun; viele westliche Wünsche seien noch unerfüllt.

Schließlich das wichtigste Gebiet, nämlich dasjenige der garantierten Zugangsfreiheit. Er, Schumann, habe Gromyko ganz klar danach gefragt, und sei nach dessen Antwort und unter Berücksichtigung anderer Gespräche, zu dem Schluß gekommen, daß die SU sich als verantwortlich für Zivilverkehr auf allen Eisenbahn-, Straßen- und Wasserstraßen-Verbindungen empfinde. Dies sei nun im Prinzip klargestellt. Jedoch habe Gromyko, und auch das sei in Moskau deutlich geworden, dies dergestalt akzeptieren wollen, daß alle derartigen Verpflichtungen erst im Endstadium nach den innerdeutschen Abmachungen von der SU übernommen werden sollten. Das sei keineswegs genug, und darüber dürfe es auch keinen Zweifel geben. Die SU müsse sich bereits im ersten Stadium festlegen. Aber auch in dieser wichtigen Frage habe man in der letzten Zeit einigen Fortschritt machen können.

Trotz solcher Fortschritte stünden die Verhandlungen noch lange nicht vor ihrem Abschluß. Die SU versuche immer noch, den Sui-generis-Charakter des freien Verkehrs dadurch einzuengen, daß sie ihn Transit nenne, daß sie sich auf internationale Regeln beziehen wolle und daß sie nur unzureichende prakti-

Fortsetzung Fußnote von Seite 904
    zielt worden. Die Formulierung der Vier-Mächte-Vereinbarung ist jetzt in vollem Gange. Trotz der noch nicht ausgeräumten Schwierigkeiten in einzelnen Sachfragen ist unverkennbar, daß die Sowjets einen raschen, positiven Abschluß der Vier-Mächte-Verhandlungen anstreben." Vgl. VS-Bd. 4520 (II A 1); B 150, Aktenkopien 1971.

sche Verbesserungen anbiete. Letztlich handele es sich aber hier um Probleme geringerer Größenordnung, sobald Übereinstimmung über die Prinzipien hergestellt sei.

Für ihn, Schumann, ergäben sich folgende Schlüsse:
- unqualifizierter Optimismus sei gänzlich ungerechtfertigt,
- es sei doch ein solch substantieller Fortschritt gemacht worden, daß wir im Kreise der Vier annehmen dürften, die SU sei zum Abschluß eines befriedigenden Abkommens bereit,
- wir sollten von den Möglichkeiten, unsere Position zu wahren, vollen Gebrauch machen, ohne dabei den Eindruck zu vermitteln, wir wollten letztlich gar keine Lösung, und ohne dem Gegner die Möglichkeit zu geben, uns für den Mangel an Fortschritten verantwortlich zu machen.

Dies sei der Grund, warum[6] er es für vorteilhaft halte, im Schlußkommuniqué der NATO-Ministerratstagung klarzustellen, daß einiger Fortschritt erzielt worden sei, daß wir dies als ein ermutigendes Zeichen betrachten könnten, daß wir gleichzeitig aber auch unsere grundsätzlichen Positionen aufrechtzuerhalten wünschten.

Der Herr Bundesminister bemerkte hierzu, er teile Schumanns Ansicht, daß man nicht pessimistisch sein müsse und daß sich eine echte Chance für die Zukunft abzeichne. Mit Recht sei auf die gute Zusammenarbeit der Vier und ihre ständigen Konsultationen hingewiesen worden. Er wolle den Dank für diese außergewöhnlich intensive Arbeit, ohne die die jetzige Entwicklung nicht denkbar gewesen sei, aussprechen.

Er sei überzeugt, daß ein möglicherweise überraschend guter Stand erreicht worden sei. Aber die schwierigsten Teile lägen noch vor uns. Er möchte empfehlen, zunächst die Botschaftsräte weiterverhandeln zu lassen, bis nur noch sehr wenige Fragen offenblieben, die dann später von den Botschaftern gebündelt behandelt werden könnten. Was die Bundesregierung anbetreffe, so stehe sie nicht unter Zeitdruck; für uns sei die Qualität einer Einigung das entscheidende Kriterium.

Im einzelnen bemerkte der Herr Bundesminister:

Zu den Grundlagen des Verhältnisses Bund–Berlin: Wir könnten uns nicht mit den sowjetischen Vorschlägen einverstanden erklären. Wir müßten bei dem bisher vereinbarten Wortlaut „Berlin kein Land der Bundesrepublik" bleiben. Es sei ganz ausgeschlossen, daß man sich durch die Sowjetunion verleiten lasse, Regelungen vorwegzunehmen, die erst in einem Friedensvertrag gefunden werden könnten. Alles, was die SU hier in diesem Bereich versuche, ziele auf solche Vorwegnahmen ab. Dies sei schon deshalb unannehmbar, weil es sich hier auch um ein psychologisches Problem, insbesondere für die Berliner selbst, handele, die diese Entwicklung sehr kritisch betrachten würden. Es dürfe nichts geben, was die Zukunftserwartungen der Berliner einschränke.

Bundespräsenz: Hier sei positiv zu vermerken, daß die Sowjetunion jetzt nicht mehr nur Bundestagsausschüsse, sondern auch im Grundsatz Fraktionssitzungen in West-Berlin akzeptiere. Jetzt komme es darauf an, daß wir uns bei den

---

[6] Korrigiert aus: „weil".

Modalitäten solcher Sitzungen in Berlin nicht einengen ließen. Die sowjetische Formulierung, nach der solche Gremien in Westberlin nur zur Behandlung der Verpflichtungen des Bundes gegenüber Berlin tagen dürften, liefe praktisch auf nichts heraus. Wir brauchten vielmehr eine Formulierung, nach der in Berlin alles das beraten werden könne, was in Berlin später Recht werden sollte.

Besonders schwierig seien die sowjetischen Wünsche bezüglich des Verhaltens von Politikern der Bundesrepublik während ihres Aufenthaltes in Berlin. Es gehe nicht, daß wir uns von den Sowjets bestimmte Verhaltensregeln auferlegen ließen. Eine Fraktion habe zwar, wenn sie tage, eine Tagesordnung, die bei der Einberufung schriftlich fixiert werde und die sich an vereinbarte Regeln halten könne. Es sei aber nicht zu verbieten, daß in einer Fraktionssitzung allgemeine politische Meinungen geäußert würden, auch wenn diese nicht von einer Tagesordnung gedeckt würden.

Bundespässe: Dies sei eine Frage von außerordentlicher, auch psychologischer Bedeutung. Wir müßten die Forderung, daß West-Berliner Bundespässe verwenden, trotz des Widerstandes der SU weiter vertreten. In diesem Zusammenhang sei auch die Frage der Staatsangehörigkeit der West-Berliner berührt worden. Diese Frage sei dadurch geregelt, daß Berlin (West) die Staatsangehörigkeitsgesetzgebung der Bundesrepublik übernommen habe.[7] Daran zu rühren laufe auf einen entscheidenden Eingriff in den Status hinaus.

Präsenz der Sowjetunion in Westberlin: Wir sollten uns genau überlegen, ob wir den Sowjets nicht einen Schritt entgegenkommen und einen Teil ihrer Wünsche erfüllen könnten.[8] Es sei für die SU nach seinem Eindruck ein entscheidender Faktor, dies zu erreichen. Ganz abgesehen davon, wie jetzt die Berlin-Verhandlungen ausgingen, sei es sicher, daß dieses Problem später einmal in irgendeiner Weise geregelt werden müsse. Er, der Herr Bundesminister, halte es für nötig, diese Frage jetzt schon bei den Verhandlungen zu erörtern.

Der amerikanische Außenminister stimmte sodann im wesentlichen dem zu, was Schumann gesagt hatte. Er betonte aber, daß es nicht gut sei, wenn wir das Gewicht dessen, was bisher geschehen sei, überbetonten. „Fortschritt" sei ein sehr vielfältiger Begriff. Der wirkliche Fortschritt bei Verhandlungen sei deren Abschluß; alles andere führe lediglich nur dorthin. Man sollte also Sorge dafür tragen, den Sachstand nicht übertrieben darzustellen. Stattdessen solle gesagt werden, daß einige der Schwierigkeiten gelöst worden seien, daß die schwierigsten Probleme aber noch vor uns lägen. In allen Äußerungen solle sich der Geist sehr vorsichtiger Hoffnung wiederspiegeln.

Der britische Außenminister[9] unterstrich ebenfalls die außerordentliche Wichtigkeit einer Berlin-Regelung, nach welcher in der europäischen Politik viel, ohne welche jedoch nichts geschehen könne. Auch er warnte vor einer Eupho-

---

[7] Vgl. dazu das Gesetz vom 19. März 1955 zur Übernahme des Gesetzes vom 22. Februar 1955 zur Regelung von Fragen der Staatsangehörigkeit; GESETZ- UND VERORDNUNGSBLATT FÜR BERLIN 1955, S. 222–224.
Vgl. dazu ferner das Gesetz vom 8. Juni 1956 zur Übernahme des Zweiten Gesetzes vom 17. Mai 1956 zur Regelung von Fragen der Staatsangehörigkeit; GESETZ- UND VERORDNUNGSBLATT FÜR BERLIN 1956, S. 630f.

[8] Zur Frage der Errichtung eines sowjetischen Generalkonsulats in Berlin (West) vgl. zuletzt Dok. 160 und weiter Dok. 215.

[9] Alexander F. Douglas-Home.

rie im Bündnis. Dies sei ein wichtiger Gesichtspunkt für die Darstellung im Ministerrat. Entscheidend sei es, den Eindruck zu vermitteln, daß wir eng zusammenstünden. Im einzelnen kam er nur auf die Frage der sowjetischen Präsenz in Westberlin zu sprechen, die er für intensiverer und schneller Prüfung bedürftig hielt.

II. DDR und internationale Organisationen

Der Herr Bundesminister wies darauf hin, daß das wichtige Problem der Stellung der DDR in internationalen Organisationen immer größere Aufmerksamkeit erfordere. Die Bonner Studie vom November/Dezember 1970[10] sehe einen bestimmten, den Anwesenden bekannten, Ablauf vor, in welchem dieses Problem bis hin zum Beitritt der beiden deutschen Staaten zu den VN, gelöst werden könne.

Wir beobachteten jedoch Tendenzen, die die Realisierbarkeit dieses Ablaufes in Frage stellten. Es ergebe sich das Problem, wie unter derartigen Umständen verfahren werden sollte. Er schlage vor, die Studie des vorigen Jahres im Lichte der neueren Entwicklung zu überprüfen und den von amerikanischer Seite vorgelegten Entwurf eines Mandats an die Bonner Vierergruppe, diese Arbeit durchzuführen, zu billigen.[11] Der Herr Minister betonte, daß es notwendig sei, die von der Vierergruppe entsprechend diesem Mandat überarbeitete Fassung der Bonner Studie sodann den Ministern zur Billigung vorzulegen; die Problematik sei geeignet, in der innerpolitischen Diskussion, vor allem in der Bundesrepublik Deutschland, eine große Rolle zu spielen.

Die vier Außenminister stimmten sodann dem amerikanischen Entwurf eines Mandats zu (Wortlaut Anlage 1).

Es bestand ausdrücklich Einvernehmen, daß die Arbeit der Vierergruppe insoweit der Geheimhaltung bedürfe.

Der Herr Minister legte sodann zum Thema noch folgendes dar:

Es sei erkennbar, daß der Widerstand mancher Länder gegen die Anwesenheit der DDR in internationalen Organisationen nachlasse. Dies gelte insbesondere für Organisationen humanitärer Zwecksetzung (Umweltschutz, z.B. ECE-Prag[12]; WHO[13]). Diese Tendenz werde sich verstärken, sobald wir eine Berlin-Regelung hätten. MBFR und multilaterale Vorbereitungen einer KSE würden ihre Wirkung tun. Alles das würde die Position der DDR auf jeden Fall verändern.

Sodann sei zu berücksichtigen, daß im Herbst die Vollversammlung der Vereinten Nationen die China-Frage erörtern werde.[14] Er, der Herr Bundesminister, wisse zu wenig über die Absichten, wie diese Frage behandelt werden soll-

---

10 Zur Studie der Bonner Vierergruppe vgl. Dok. 61, Anm. 2.
11 Zum Vorschlag einer Überarbeitung der Studie der Bonner Vierergruppe vom November 1970 vgl. Dok. 192.
12 Vom 3. bis 10. Mai 1971 fand in Prag ein Symposium der ECE über Umweltfragen statt. Zur Frage einer Beteiligung der DDR vgl. Dok. 99, Anm. 6.
13 Zur Frage einer Aufnahme der DDR in die WHO vgl. Dok. 62, Anm. 7.
14 Die XXVI. UNO-Generalversammlung fand vom 21. September bis 22. Dezember 1971 statt. Zur Diskussion über eine Vertretung der Volksrepublik China in der UNO vgl. Dok. 371.

te. Wie auch immer, sie werde sich auf die Möglichkeit des Antrags beider deutscher Staaten auf Mitgliedschaft auswirken.

Unter diesen Umständen ergaben sich kritische Zeitpunkte: Die Vollversammlungsdebatten über China und über die Einladung zur Stockholmer Umweltkonferenz[15], im nächsten Jahr dann die WHO-Konferenz[16] und die Stockholmer Konferenz selbst.

Bis zu diesen kritischen Zeitpunkten gebe es sicher noch keinen Modus vivendi mit der DDR. Ein solcher sei erst nach einer Berlin-Regelung möglich, zu der in gewissem Umfang eine innerdeutsche Vereinbarung gehören werde. Im Augenblick fänden Gespräche mit der DDR auf Staatssekretärebene statt; sie hätten aber verständlicherweise keine Fortschritte aufzuweisen, da man vor einer Berlin-Regelung nicht bis an den Kern der Fragen herankommen könne. Die Bundesrepublik sei nur bereit, über den Wechselverkehr zu sprechen; die DDR wünsche den Verkehr nach West-Berlin („Transit") in die Verhandlungen einzubeziehen, was von unserer Seite nicht akzeptiert werden könne, solange die Vier Mächte über den Zugang nach Berlin sprächen. Angesichts dessen sei an eine Regelung des innerdeutschen Verhältnisses erst nach einer Berlin-Regelung zu denken. Dazwischen müsse aber noch die parlamentarische Behandlung der Moskauer und Warschauer Verträge kommen, die nach einer Berlin-Vereinbarung einzuleiten sei. So ergebe sich für uns ein gewisses Dilemma daraus, daß wir, was die DDR in internationalen Organisationen anbetreffe, zwar im Frühjahr nächsten Jahres unter Druck gerieten, daß wir zu jenem Zeitpunkt sehr wahrscheinlich aber noch keine innerdeutsche Grundsatz-Regelung haben könnten.

Der Herr Bundesminister betonte, es sei unter diesen Umständen und unabhängig davon, daß die Bonner Vierergruppe die Studie von 1970 überarbeite, unerläßlich, daß wir zunächst an der bisherigen Behandlung des Problems festhielten. Der Zeitpunkt für eine Veränderung der Politik, die DDR aus den internationalen Organisationen fernzuhalten, sei noch nicht gekommen. Wollte man davon jetzt schon abweichen, so müßte dies fatale Folgen haben. Es komme wesentlich darauf an, auch in dieser Frage die Einheit der Politik unter den Verbündeten zu wahren.

Die Ausführungen des Herrn Minister wurden zustimmend aufgenommen.

III. Kommuniqué der NATO-Ministerratstagung

Die Erörterung des Deutschland- und Berlin-Teils des NATO-Kommuniqués, die der Ministertagung wie üblich als gemeinsamer Entwurf der vier Minister unterbreitet werden soll, ergab einige deutliche Meinungsunterschiede darüber, mit welcher Deutlichkeit und Direktheit der Grundgedanke der Ziffer 10 des Brüsseler Kommuniqués von 1970[17] wieder zum Ausdruck kommen sollte. Rogers wollte klargestellt haben, daß ein erfolgreicher Abschluß der Berlin-Ge-

---

[15] Zur geplanten Umwelt-Konferenz der UNO in Stockholm vgl. Dok. 192, Anm. 17.
Zur Frage einer Teilnahme der DDR an der Konferenz vgl. Dok. 254.
[16] Die 25. Weltgesundheitsversammlung fand vom 9. bis 25. Mai 1972 in Genf statt.
[17] Für Ziffer 10 des Kommuniqués der NATO-Ministerratstagung vom 3./4. Dezember 1970 in Brüssel vgl. Dok. 11, Anm. 12.

spräche eine Vorbedingung („condition precedent to ...") für eine multilaterale KSE-Vorbereitung sei; er vertrat die Ansicht, daß eine im Vergleich zum Dezember 1970 weichere Formulierung die Vermutung suggeriere, dieser Gedanke sei aufgegeben worden. Der deutsche und britische Außenminister schlossen sich dieser Ansicht im Prinzip an, waren aber bereit, eine Formulierung zu verwenden, die weniger den Bedingungscharakter und mehr den unvermeidlichen zeitlichen Vorrang einer Berlin-Regelung hervorhob. Schumann, der immer wieder unterstrich, daß er im Grunde mit seinen Kollegen gänzlich übereinstimme, drängte demgegenüber darauf, die von ihm auch nicht bestrittene praktische Verbindung zwischen Berlin-Regelung und multilateraler KSE-Vorbereitung möglichst wenig explizit zu machen. Er berief sich dabei auf seine Moskauer Eindrücke, nach denen die Sowjets zwar bereit seien, diese praktische Verbindung hinzunehmen, daß sie sich aber nicht darauf einlassen würden, wenn diese Bedingung als Bedingung formuliert sei. Er, Schumann, wünsche nichts an der Substanz der Ziffer 10 des Brüsseler Kommuniqués von 1970 zu ändern, den Gedanken jedoch nur sprachlich anders zu fassen.

Man einigte sich schließlich auf die Formulierungen der Ziffer 10 des als Anlage 2 übermittelten Entwurfs des Deutschland- und Berlin-Teils des NATO-Kommuniqués; Ziffer 7 bis 9, die bereits nachmittags innerhalb der Bonner Vierergruppe auf Direktorenebene vorgeklärt worden waren, wurden ohne weitere Diskussion von den Ministern gebilligt.

[gez.] Frank

[Anlage 1]

Ministerial decision on Bonn study group

The four foreign ministers reviewed recent East German efforts to gain membership and participate in UN specialized agencies and other international governmental organizations. They recalled the summary recommendations in section I and the more detailed recommendations in section V of the Bonn group study of December 1970, where these problems were considered. They confirmed their general agreement to the action proposals contained in that study, but decided in view of developments since then, to ask the Bonn group to review and update its conclusions. In particular, the ministers requested the Bonn group to evaluate the prospects for continued exclusion of East Germany from international organizations, to make recommendations on tactics for ensuring such exclusion, and to suggest policy recommendations to be followed if and when it appears the western position can no longer be maintained. They requested that this review be completed and submitted to capitals as soon as possible.

[Anlage 2]

Deutschland- und Berlin-Teil des NATO-Kommuniqués (Entwurf)

7) In reviewing the Berlin question, the ministers underlined the necessity of alleviating the causes of insecurity in and around the city. During the past quarter of a century, much of the tension which has characterized East-West relations in Europe has stemmed from the situation in and around Berlin. Thus, the ministers would regard the successful outcome of the Berlin talks as an encouraging indication of the willingness of the Soviet Unon to join in the efforts of the alliance to achieve a meaningful and lasting improvement of East-West relations in Europe.

8) The ministers therefore reaffirmed their full support for the efforts of the governments of France, the United Kingdom and the U.S. to reach an agreement on Berlin. They shared the view of the three governments that the aim of the negotiations should be to achieve specific improvements based on firm commitments without prejudice to the status of Berlin. In this context, they emphasized the importance of reaching agreement on unhindered movement of persons and goods between the Federal Republic of Germany and western sectors of Berlin, on improved opportunities for movement by residents of the western sectors, and on respect for the relationship between the western sectors and the Federal Republic as it has developed with the approval of the three governments.

9) The ministers were of the view that progress in the talks between German authorities on a modus vivendi, taking into account the special situation in Germany, would be an important contribution to a relaxation of tension in Europe.

10) The ministers, having reviewed the prospects for the establishment of multilateral contacts relating to the essential problems of security and cooperation in Europe, again emphasized the importance they attach to the successful conclusion of the negotiations on Berlin. They noted with satisfaction that these talks have entered into a more active phase and have enabled progress to be registered in recent weeks. They hope that, before the next ministerial meeting the negotiations on Berlin will have reached a successful conclusion and that multilateral conversations intended to lead to a conference on security and cooperation in Europe may then be undertaken. In this spirit they invited the permanent council to continue its periodical review of the results achieved in all contacts and the talks relative to security and cooperation in Europe.

VS-Bd. 4506 (II A 1)

197

Botschafter Krapf, z. Z. Lissabon, an das Auswärtige Amt

Z B 6-1-12150/71 VS-vertraulich   Aufgabe: 5. Juni 1971, 10.45 Uhr[1]
Fernschreiben Nr. 189   Ankunft: 5. Juni 1971, 13.00 Uhr
Citissime

Betr.: Ministerkonferenz der NATO in Lissabon am 3. und 4.6.71

I. Die zentralen Themen der Ministerkonferenz der NATO in Lissabon waren der Stand der Berlin-Verhandlungen, der Zusammenhang zwischen Berlin-Regelung und multilateraler Vorbereitung einer KSE sowie die Probleme der ausgewogenen beiderseitigen Truppenverminderungen. Positive Entwicklungen in den Berlin-Verhandlungen in den letzten Wochen sowie die Äußerungen Breschnews vom 14. Mai in Tiflis zum MBFR-Projekt[2] hatten der Konferenz ihre besondere Bedeutung verliehen. Dank intensiver diplomatischer Vorbereitung gelang es ohne große Schwierigkeiten, Einvernehmen aller NATO-Regierungen über die Reaktion der Allianz auf diese Entwicklungen zu erzielen. Nach der allgemeinen Aussprache am 3. Juni verabschiedeten die Minister am 4. Juni nach nur zweistündiger Beratung ein umfangreiches Kommuniqué, das die Haltung der Allianz zu den wesentlichen Fragen der Ost-West-Beziehungen präzisiert.[3]

II. Die Ergebnisse der Konferenz sind:

1) MBFR

Die Absätze 13 bis 16[4] geben die Auffassung der 14 Regierungen wieder, da Frankreich nicht bereit war, seine ablehnende Haltung zu dem Projekt beider-

---

[1] Ablichtung.
[2] Zur Rede des Generalsekretärs des ZK der KPdSU, Breschnew, vgl. Dok. 181, besonders Anm. 2.
[3] Für den Wortlaut des Kommuniqués der NATO-Ministerratstagung am 3./4. Juni 1971 in Lissabon vgl. NATO FINAL COMMUNIQUES, S. 258–263. Für den deutschen Wortlaut vgl. EUROPA-ARCHIV 1971, D 350–354.
Vgl. dazu ferner Dok. 172.
[4] Ziffern 13 bis 16 des Kommuniqués der NATO-Ministerratstagung am 3./4. Juni 1971 in Lissabon: „13) The allied Governments which issued the declarations at Reykjavik in 1968 and Rome in 1970 and which subscribed to paragraphs 15 and 16 of the Brussels Communiqué of 1970 have consistently urged the Soviet Union and other European countries to discuss mutual and balanced force reductions. They reaffirmed that the reduction of the military confrontation in Europe – at which MBFR is aiming – is essential for increased security and stability. 14) Against this background, Ministers representing these Governments welcomed the response of Soviet leaders indicating possible readiness to consider reductions of armed forces and armaments in Central Europe. These Soviet reactions, which require further clarification, are, together with those of other states, receiving the closest attention of the Alliance. 15) In an effort to determine whether common ground exists on which to base negotiations on mutual and balanced force reductions, these Ministers expressed the agreement of their Governments to continue and intensify explorations with the Soviet Union and also with other interested Governments on the basis of the considerations outlined in paragraph 3 of the Rome Declaration. They expressed their intention to move as soon as may be practical to negotiations. To this end these Ministers agreed that Deputy Foreign Ministers of High Officials should meet at Brussels at an early date to review the results of the exploratory contacts and to consult on substantive and procedural approaches to mutual and balanced force reductions. 16) These Ministers further announced their willingness to appoint, at the appropriate time, a representative or representatives, who would be responsible to the Council for conducting further

seitiger ausgewogener Truppenverminderungen zu modifizieren. Minister Schumann betonte, daß nach französischer Auffassung eine Politik der Entspannung Lösungen für die Ursachen der politischen Spannungen suchen müsse. Der riskante Versuch, ein militärisches Gleichgewicht durch Verhandlungen zwischen den Blöcken in Europa zu schaffen, sei kein sinnvoller Weg zur Entspannung. Das eigentliche Problem der Sicherheit Europas sei nicht die Verminderung der Streitkräfte, sondern die möglichst effektive Beteiligung Europas an seiner eigenen Verteidigung.

Die Minister der Vierzehn waren sich demgegenüber in folgendem einig:

– Die Äußerungen Breschnews in Tiflis sind zwar vage und widersprüchlich, verdienen jedoch als Anzeichen einer Entwicklung in der sowjetischen Haltung zu MBFR die besondere Aufmerksamkeit der Allianz und sollten von der Allianz beantwortet werden.

– MBFR ist und bleibt eine Initiative der NATO. Die Allianz muß die Steuerung des Prozesses in Richtung auf Explorationen und Verhandlungen über MBFR in der Hand behalten. Die Grundsätze in Absatz 3 der MBFR-Erklärung der Ministerkonferenz in Rom[5] bleiben die konkrete Diskussionsbasis.

– MBFR ist – wie Außenminister Rogers selbst betonte – kein Thema für bilaterale amerikanisch-sowjetische Diskussionen, sondern ist eine Angelegenheit aller Partner der Allianz.

– Das Gespräch mit dem Osten über MBFR muß ohne Hast, überlegt und sorgfältig koordiniert eingeleitet werden. Eine vorzeitige Multilateralisierung dieses Gesprächs würde den Verhandlungserfolg gefährden und den notwendigen Vorrang der Berlin-Verhandlungen beeinträchtigen.

Diese Haltung wurde auch vom belgischen Außenminister vertreten, der bis vor kurzem dafür eingetreten war, zu multilateralen Explorationen über MBFR einzuladen.[6]

Gewisse Meinungsverschiedenheiten bestanden lediglich über Verfahrensfragen. Belgien und Italien, im wesentlichen unterstützt von Kanada, Dänemark und Norwegen, treten dafür ein, den Prozeß der Exploration der sowjetischen Haltung zu MBFR dadurch zu beschleunigen, daß unverzüglich ein Beauftragter oder Beauftragte der 14 Regierungen für die Explorationen ernannt werden. Die Bundesrepublik, die Vereinigten Staaten und Großbritannien plädieren dafür, zunächst die Auffassung der Sowjetunion und anderer Warschauer Pakt-Staaten auf diplomatischem Wege zu sondieren und auf einer – von den Amerikanern vorgeschlagenen – Konferenz der stellvertretenden Außenmini-

---

Fortsetzung Fußnote von Seite 912
exploratory talks with the Soviet Government and the other interested Governments and eventually to work out the time, place, arrangements and agenda for negotiations on mutual and balanced force reductions." Vgl. NATO FINAL COMMUNIQUES, S. 260f. Für den deutschen Wortlaut vgl. EUROPA-ARCHIV 1971, D 352 f.

5 Für Ziffer 3 der „Erklärung über beiderseitige und ausgewogene Truppenreduzierung" der Minister der am integrierten NATO-Verteidigungsprogramm beteiligten Staaten vom 27. Mai 1970 vgl. Dok. 56, Anm. 4.

6 Zum Vorschlag des belgischen Außenministers Harmel vom 19. April 1971 vgl. Dok. 161, Anm. 5.

ster im Herbst[7] die Ergebnisse dieser diplomatischen Explorationen zu prüfen und die Sach- und Verfahrensfragen der MBFR zu beraten.

Die Kompromißlösung, die nach kurzer Beratung erzielt wurde und in den Absätzen 15 und 16 des Kommuniqués wiedergegeben ist, entspricht der von Bundesminister Scheel in der Konferenz vertretenen deutschen Auffassung.[8] Sie schafft einen gleichzeitig flexiblen und soliden prozeduralen Rahmen für die Einleitung von Explorationen und die Vorbereitung späterer Verhandlungen über MBFR.

2) Berlin-Verhandlungen; Zusammenhang zwischen Berlin-Regelung und multilateraler Vorbereitung einer KSE

Der französische Außenminister berichtete im Namen der Vier über den Stand der Berlin-Verhandlungen. Er betonte, daß dieser Stand einen unqualifizierten Optimismus nicht rechtfertige. Jedoch seien seit der Vorlage des sowjetischen Gegenentwurfs vom 26. März[9] gewisse Fortschritte erzielt worden. Die Sowjetunion habe unbestreitbar den Wunsch, zu einer Berlin-Regelung zu gelangen.

Die Minister akzeptierten mit unwesentlichen Änderungen im letzten Satz des Absatzes 9 die von den vier Außenministern beim Viereressen am Vorabend der Konferenz vereinbarten und von Außenminister Schumann im Namen der Vier präsentierten Absätze 6 bis 9 des Kommuniqués.[10] Absatz 6 betont den Testcharakter der Berlin-Verhandlungen für die Bereitschaft der Sowjetunion, an einer dauerhaften Verbesserung der Ost-West-Beziehungen in Europa mitzuwirken. In Absatz 7 unterstützen die Minister die Verhandlungsziele der Drei

---

[7] Zum Vorschlag einer Konferenz der stellvertretenden Außenminister der NATO-Mitgliedstaaten vgl. Dok. 197, Anm. 4.
Die Konferenz fand am 5./6. Oktober 1971 in Brüssel statt. Vgl. dazu Dok. 348.

[8] Bundesminister Scheel führte am 3. Juni 1971 auf der NATO-Ministerratstagung in Lissabon aus: „Multilaterale Explorationen und Verhandlungen über MBFR werden zu gegebener Zeit notwendig und angemessen sein. Im gegenwärtigen Zeitpunkt kommt es darauf an, einen sichtbaren Schritt vorwärts zu tun, der die Risiken vorzeitiger multilateraler Gespräche vermeidet. Die Sowjetunion hat auch jetzt noch nicht auf unser in der Erklärung von Rom enthaltenes konkretes Angebot geantwortet. Wir sollten daher zunächst auf normalem diplomatischem Wege versuchen, größere Klarheit über die Haltung der Sowjetunion – und anderer interessierter Parteien – zu MBFR und insbesondere zu den von uns in Rom aufgestellten Kriterien zu gewinnen. Der Erfolg dieser bilateralen Explorationen setzt eine sorgfältige Koordinierung im NATO-Rat voraus. Die von den Vereinigten Staaten angeregte Sondersitzung von Minister-Stellvertretern der NATO könnte ein sichtbares Zeichen dafür sein, daß es sich bei der neuen Sondierungsrunde sowohl um einen intensiven als auch koordinierten Schritt des Bündnisses handelt. Auf einer solchen Sondersitzung könnten Grundsätze für die Vorbereitung von Verhandlungen erarbeitet werden. Sie könnte auch die Frage prüfen, ob es zweckmäßig wäre, eine geeignete Persönlichkeit der Allianz oder eine Gruppe von Vertretern des Bündnisses mit der Führung exploratorischer Gespräche zu beauftragen." Vgl. den Drahtbericht Nr. 182 des Vortragenden Legationsrats Rückriegel, z. Z. Lissabon, vom 3. Juni 1971; VS-Bd. 1601 (I A 7); B 150, Aktenkopien 1971.

[9] Zum sowjetischen Entwurf für eine Berlin-Regelung vgl. Dok. 110 und Dok. 131.

[10] Für den von den Außenministern Douglas-Home (Großbritannien), Scheel (Bundesrepublik), Schumann (Frankreich) und Rogers (USA) vereinbarten Entwurf der Ziffern 7 bis 10, die als Ziffern 6 bis 9 in das Kommuniqué der NATO-Ministerratstagung am 3./4. Juni 1971 in Lissabon übernommen wurden, vgl. Dok. 196.
Der letzte Satz der Ziffer 9 des Kommuniqués lautete: „In this spirit they invited the Council in Permanent Session to continue, in the framework of its normal consultations on the international situation, its periodic review of the results achieved in all contacts and talks relative to security and co-operation in Europe so that it could without delay take a position on the opening of multilateral talks." Vgl. NATO FINAL COMMUNIQUES, S. 259 f. Für den deutschen Wortlaut vgl. EUROPA-ARCHIV 1971, D 352.

Mächte und der Bundesrepublik in den Berlin-Verhandlungen. In Absatz 8 unterstützten die Minister die Bemühungen der Bundesregierung um einen Modus vivendi in den innerdeutschen Beziehungen. In dem besonders wichtigen Absatz 9 wird der Berlin-Vorbehalt für die Multilateralisierung der Vorbereitung einer KSE behandelt. Alle Minister waren übereinstimmend der Auffassung, daß die Multilateralisierung erst nach Abschluß einer befriedigenden Berlin-Regelung möglich ist und daß dieser in Absatz 10 des Kommuniqués der letzten Ministerkonferenz in Brüssel im Dezember 1970 formulierte Berlin-Vorbehalt[11] in der Substanz weiterhin gültig ist. Sie akzeptierten jedoch die Auffassung der vier Minister, daß der Stand der Berlin-Verhandlungen es rechtfertigt, diesen Berlin-Vorbehalt nicht in der harten Form einer Vorbedingung wie im Brüsseler Kommuniqué zu präsentieren, sondern auf den unvermeidlichen zeitlichen Vorrang der Berlin-Regelung abzustellen und auf die weiterführende Zukunftsperspektive hinzuweisen.

3) KSE

Die in Absatz 10 des Kommuniqués[12] behandelten Sach- und Verfahrensfragen einer KSE wurden dagegen in der Aussprache nur am Rande behandelt. Lediglich der französische Außenminister erläuterte eingehend die bekannte, sehr positive französische Einstellung zum Projekt einer KSE. Die Minister nahmen einen Bericht über den Stand der internen Beratungen in der Allianz über die Sach- und Verfahrensfragen einer KSE zur Kenntnis, beauftragten den Rat, diese Arbeit fortzuführen, und beschlossen, ihre bilateralen Sondierungsgespräche mit allen interessierten Staaten mit Nachdruck fortzusetzen.

4) Bundesminister Scheel berichtete über den Stand unserer Bemühungen, die noch ausstehenden Teilstücke unseres Konzepts einer Bereinigung des deutschen Verhältnisses zum Osten zustande zu bringen. Er betonte, daß die Bundesregierung sich nicht unter einen Terminzwang setzen oder setzen lassen wird. Der Zeitablauf in unserer Entspannungspolitik müsse gegenüber der Qualität der Ergebnisse eine untergeordnete Rolle spielen. Solange Kooperation kein Charakteristikum der Politik Ostberlins sei, müsse die Allianz daran festhalten, daß der DDR im internationalen Bereich keine Gelegenheit gegeben wird, die innerdeutsche Konfrontation in die Gemeinschaft der Staaten hineinzutragen. Die Erklärung des Herrn Ministers fand bei allen Ministern großes Interesse und Zustimmung.[13]

[11] Vgl. dazu Ziffer 10 des Kommuniqués der NATO-Ministerratstagung vom 3./4. Dezember 1970 vgl. Dok. 11, Anm. 12.
[12] Ziffer 10 des Kommuniqués der NATO-Ministerratstagung am 3./4. Juni 1971 in Lissabon: „In anticipation of these multilateral contacts, the Council in Permanent Session actively pursued preparations for discussions on the substance and prodecures of possible East-West negotiations, and submitted a report to this effect to Ministers. The report stressed that the successful outcome of such negotiations would have to be founded on universal respect for the principles governing relations between states as cited by Ministers in previous Communiqués and Declarations. The various prospects for developing co-operation between East and West in the economic, technical, scientific, cultural and environmental fields werde closely examined. The report also reviewed in detail the essential elements on which agreement would be desirable in order to promote the freer movement of people, ideas and information so necessary to the development of international co-operation in all fields." Vgl. NATO FINAL COMMUNIQUES, S. 260. Für den deutschen Wortlaut vgl. EUROPA-ARCHIV 1971, D 352.
[13] Für die Ausführungen des Bundesministers Scheel in der NATO-Ministerratstagung am 3. Juni 1971 in Lissabon vgl. den Drahtbericht Nr. 182 des Vortragenden Legationsrats Rückriegel, z. Z.

5) Weitere Themen der Aussprache waren die Lage im Mittelmeer, die wachsende sowjetische Flottenpräsenz im Mittelmeer, im Indischen Ozean und im Nordatlantik und die Lage im Mittleren Osten. Der amerikanische Außenminister[14] sagte, der ägyptisch-sowjetische Vertrag[15] vermindere nicht notwendig die Aussichten für Frieden im Mittleren Osten. Auf Grund des fortdauernden Meinungsaustausches mit der ägyptischen Regierung sehe er gewisse Möglichkeiten, die zu einer Interimsregelung führen können. Die amerikanisch-sowjetische Einigung über den Rahmen künftiger SALT-Verhandlungen[16] wurde allgemein begrüßt. Die Außenminister der Türkei[17] und Griechenlands[18] betonten, daß sie in einem Gespräch am Vortage vereinbart hätten, die freundschaftlichen Beziehungen zwischen den beiden Ländern zu festigen und damit auch zur Lösung der Zypern-Frage beizutragen.

6) Der norwegische Außenminister Cappelen kritisierte in scharfer Form die Überseepolitik Portugals, obwohl zahlreiche Minister, darunter auch Bundesminister Scheel, vor der Konferenz ihn dringend gebeten hatten, diese Brüskierung des gastgebenden Landes zu unterlassen.[19] Trotz einer scharfen Re-

Fortsetzung Fußnote von Seite 915
  Lissabon, vom 3. Juni 1971; VS-Bd. 1601 (I A 7); B 150, Aktenkopien 1971. Für einen Auszug vgl. Anm. 8.
14 William P. Rogers.
15 Der Vorsitzende des Präsidiums des Obersten Sowjet, Podgornyj, und Präsident Sadat unterzeichneten am 27. Mai 1971 in Kairo einen Vertrag über Freundschaft und Zusammenarbeit. Darin bekundeten beide Seiten ihren Willen zur Zusammenarbeit bei der „sozialistischen Umgestaltung der Gesellschaft" sowie auf wirtschaftlichem und wissenschaftlich-technischem Gebiet. Sie verpflichteten sich ferner im Fall einer Gefahr für den Frieden zur gegenseitigen Konsultation und zur Abstimmung ihrer Positionen. Schließlich vereinbarten sie eine Zusammenarbeit auf militärischem Gebiet: „Eine solche Zusammenarbeit wird insbesondere Hilfe bei der Ausbildung von Militärangehörigen der VAR, bei der Ausbildung an den Waffen und Ausrüstungen vorsehen, die an die Vereinigte Arabische Republik geliefert werden, um deren Fähigkeit zur Beseitigung der Folgen der Aggression, wie auch ihre Fähigkeit zur Abwehr der Aggression überhaupt zu stärken". Vgl. EUROPA-ARCHIV 1971, D 280–283.
16 Vgl. dazu die amerikanisch-sowjetische Erklärung vom 20. Mai 1971; Dok. 219.
17 Osman Olcay.
18 Georgios Papadopoulos.
19 Am 28. Mai 1971 übergab der norwegische Gesandte Kapstö Staatssekretär Frank ein Aide-mémoire, in dem Außenminister Cappelen unter Hinweis auf einen einstimmigen Beschluß des norwegischen Parlaments vom 22. April 1971 ankündigte, bei der NATO-Ministerratstagung am 3./4. Juni 1971 in Lissabon die Kolonialpolitik Portugals anzusprechen: „Der Staatssekretär erklärte bei der Entgegennahme des Aide-mémoire, daß auch wir mit der Problematik der portugiesischen Kolonialpolitik durchaus vertraut seien und in jüngster Zeit in Guinea sogar in unmittelbare Mitleidenschaft durch die Auswirkungen eben dieser Politik gezogen worden seien. Wir fragten uns aber dennoch, ob der NATO-Rat das geeignete Gremium sei, um Beschwerden gegen die portugiesische Politik ‚in coram publico' vorzubringen. Die Entwicklung sei nicht abzusehen, wenn das NATO-Bündnis zu einem solchen Zweck benützt werde. Es handele sich bei der NATO schließlich um ein Verteidigungsbündnis und nicht um ein Forum, in dem eine gemeinsame Politik zu jeder Frage formuliert werden müßte. Gleichwohl sei es auch das Bestreben der Bundesregierung, auf vernünftige Weise auf Portugal einzuwirken. Ministerpräsident Caetano sei offenbar gewillt, eine evolutionäre Politik in Afrika zu befolgen, doch werde seine Position sicher nicht gestärkt werden, wenn der Stolz Portugals dadurch herausgefordert werde, daß sie als Gastgeber der Ratstagung in ihrer eigenen Hauptstadt Gesicht verlieren müßten. Der Staatssekretär sagte, er sei überzeugt, daß auch die norwegische Regierung diese Erwägungen bei ihren Entscheidungen berücksichtigen werde. Ähnliche Probleme wie im Fall Portugals stellten sich hinsichtlich Griechenlands und der Türkei (von der allerdings niemand in diesem Zusammenhang spreche). Wenn die inneren Verhältnisse dieser Bündnismitglieder immer neue Kontroversen auslösten, werde es bald kein NATO-Bündnis mehr geben. Man habe schließlich seinerzeit gewußt, mit wem zusammen man das NATO-Bündnis abschloß." Vgl. die Gesprächsaufzeichnung; VS-Bd. 9830 (I A 5); B 150, Aktenkopien 1971.

plik des portugiesischen Außenministers[20] kam es – nicht zuletzt dank der geschickten Regie des Vorsitzenden, Generalsekretär Brosio – nicht zu einem die Konferenz gefährdenden Eklat.[21] Cappelen und – in wesentlich gemäßigter Form – auch der dänische Außenminister[22] kritisierten ferner die innenpolitischen Verhältnisse Griechenlands. Palamas antwortete energisch, aber maßvoll auf diese Kritik.

7) Die Konferenz beauftragte den italienischen Außenminister[23] als derzeitigen Ehrenvorsitzenden des Rats, das Kommuniqué allen interessierten Regierungen zuzuleiten. Die Übermittlung des Kommuniqués an die DDR haben wir uns vorbehalten.[24]

8) Die Konferenz nahm einen Fortschrittsbericht des Umweltausschusses zur Kenntnis und begrüßte die eindrucksvollen Ergebnisse der Arbeit der Allianz auf diesem Gebiet.

9) Die Minister nahmen das Rücktrittsgesuch von Generalsekretär Brosio zur Kenntnis und wählten den niederländischen Außenminister Luns zum neuen Generalsekretär der NATO. Luns wird seine neue Aufgabe am 1. Oktober 1971 übernehmen. Die großen Verdienste Brosios um die Allianz wurden von allen Ministern gewürdigt.

III. Die Ergebnisse der Konferenz, die in beträchtlichem Maße von uns beeinflußt wurden, sind für die Bundesregierung sehr befriedigend. Befürchtungen, daß die Vereinigten Staaten unter dem Eindruck der Senatsdebatte um das Mansfield Amendment[25] ihre Politik in der Allianz und insbesondere zu MBFR ausschließlich an innenpolitischen Erfordernissen orientieren würden, bewahrheiteten sich nicht. Die Konferenz zeigte, daß die verbündeten Regierungen in allen wesentlichen Fragen der Ost-West-Beziehungen in hohem Maße überein-

---

20 Rui Manuel de Medeiros d'Espiney Patricio.
21 Am 2. Juni 1971 führte Bundesminister Scheel, z. Z. Lissabon, ein Gespräch mit dem portugiesischen Außenminister über die portugiesische Afrikapolitik. Patricio erklärte, daß Portugal als gastgebender Staat der NATO-Ministerratstagung am 3./4. Juni 1971 durch die Kritik Norwegens in eine schwierige Situation gebracht werde: „Man habe ja nichts dagegen, daß Norwegen etwa vor den Vereinten Nationen die portugiesische Ultramarpolitik kritisiere, aber die NATO sei dafür nicht der richtige Rahmen." Scheel äußerte die Sorge der Bundesregierung über die Entwicklung in Afrika und wies auf Meldungen hin, „nach denen deutsche Söldner in Bissau portugiesische Truppen für militärische Unternehmen gegen die Republik Guinea ausbildeten. Außenminister Patricio bestritt den Wahrheitsgehalt dieser Nachrichten […]. Sodann schilderte er kurz die militärische Lage in Guinea und betonte, Portugal befinde sich dort in einem Abwehrkampf, die Aggression komme immer von außen." Auch im Verhältnis zu Sambia habe Portugal wiederholt versucht, „zu einem Arrangement zu kommen, alle Versuche seien bisher leider gescheitert, obwohl Portugal nach wie vor an einer Lösung dieses Problems besonders interessiert sei. Ziel der portugiesischen Politik gegenüber Sambia sei, eine friedliche Ko-Existenz zwischen Sambia und Mosambik zu sichern; hierzu gehöre, daß Sambia keine Militär-Basen auf seinem Territorium gestatte, von denen aus Angriffe gegen Mosambik geführt würden." Vgl. die Gesprächsaufzeichnung; VS-Bd. 9807 (I A 4); B 150, Aktenkopien 1971.
22 Poul Hartling.
23 Aldo Moro.
24 Das Kommuniqué der NATO-Ministerratstagung am 3./4. Juni 1971 in Lissabon wurde von Staatssekretär Bahr, Bundeskanzleramt, am 8. Juni 1971 dem Staatssekretär beim Ministerrat der DDR, Kohl, übergeben. Vgl. dazu Dok. 202.
25 Zum Antrag des amerikanischen Senators Mansfield vom 11. Mai 1971 vgl. Dok. 179, Anm. 3.

stimmen und daß sie in der Lage waren, sich auf Entwicklungen im Ost-West-Verhältnis einzustellen und die Initiative zu behalten.

[gez.] Krapf

VS-Bd. 4589 (II A 3)

198

Staatssekretär Bahr, Bundeskanzleramt, an den Sicherheitsberater des amerikanischen Präsidenten, Kissinger

6. Juni 1971[1]

Top Secret

To: Henry Kissinger, White House, Washington

From: Egon Bahr

Zwei Sitzungen zu dritt, am 4.6. zwei Stunden, am 5.6. etwas über neun Stunden. Wir haben uns dabei auf die Grundformel über das Verhältnis West-Berlin/BRD verständigt (Annex II)[2]. In Einzelformulierungen über das Verhalten von Persönlichkeiten der Bundesrepublik in West-Berlin sind wir steckengeblieben. Falin insistiert auf einer Formel, durch die ein Unterschied zur bisherigen Situation deutlich wird, die wir aber als allgemeine Wohlverhaltens-Klausel ablehnen. Bei einiger Mühe erscheint ein Kompromiß möglich.

Bei Annex I (Verkehr) sind wir im wesentlichen fertig. Dabei haben wir uns der Sache nach verständigt, daß die deutsche Zusatzvereinbarung, die zwischen Kohl und mir verhandelt wird, auch für West-Berlin gilt. Die Russen bestehen nicht mehr auf einer Separat-Verhandlung des Senats. Die Frage der Unterschrift für den Senat ist offengeblieben. Wir sind für eine Autorisierung durch den Senat, für den ich dann auch unterschreiben würde; die Russen sind für eine Autorisierung eines West-Berliners durch die Drei Mächte.

Wir sind uns in der Sache einig, daß NPD-Verbot[3] und Demilitarisierung nicht zu Kategorien führen dürfen, weder für Personen noch Güter, die für den Verkehr Behinderungen ausgesetzt werden.

Wir sind uns einig, daß die Bundesrepublik West-Berlin in Personalangelegenheiten nicht in der DDR vertritt, daß aber die Frage der konsularischen

---

[1] Durchdruck.

[2] Vgl. dazu den gemeinsamen Entwurf der Vier Mächte vom 28. Mai 1971 für ein Abkommen über Berlin in der Fassung vom 23. Juli 1971 vgl. Dok. 226.

[3] Zu Überlegungen, ein Verbot rechtsradikaler Organisationen in Berlin in ein Vier-Mächte-Abkommen aufzunehmen, führte Vortragender Legationsrat Blech am 10. Juni 1971 aus: „In Gesprächen der Botschaftsräte bis 28. Mai hat sich Eindruck verstärkt, daß Sowjets bestimmte (für uns unannehmbare) Forderungen offenbar nicht mehr aktiv weiterverfolgen, z. B. Verbot von Bundesparteitagen, Nichteinmischungsklausel, Verbot rechtsradikaler Organisationen im Rahmen des Abkommens." Vgl. VS-Bd. 4521 (II A 1); B 150, Aktenkopien 1971.

Vertretung von West-Berlinern in der DDR nicht im Berlin-Agreement gelöst werden soll (und kann).

Es bleiben vier oder fünf Punkte, für deren Lösung nach übereinstimmender Schätzung von Rush, Falin und mir noch drei bis vier Tage zu acht Arbeitsstunden erforderlich sind.

Die Gespräche sind zäh, sehr intensiv, sehr offen und von Falins Seite mit einer Methodik von Verschärfungen – die dann wieder zurückgenommen werden – geführt, die für die Endphase bei den Sowjets charakteristisch sind.

Rush und ich sind sicher, daß die Russen zu einem positiven Ergebnis kommen wollen. Falin bedauerte, daß wir nicht in den nächsten Tagen fortsetzen können; Breschnew käme am 14.6. zum Parteitag der SED nach Ost-Berlin[4]; dies sei die Gelegenheit, der DDR klar zu machen, welche Verständigungen erreicht seien. Falin hatte die Absicht, bis dahin mit dem gesamten Papier durch zu sein. Wir werden nun Ende des Monats fortsetzen. Es würde gut sein, wenn Rush zum 22.6. wieder hier ist.

Falin hat das sowjetische Verständnis erklärt, daß ein sowjetisches Konsulat in West-Berlin[5] auf nicht-politische Fragen beschränkt bleibt, also keine politischen Verbindungen zum Senat unterhält und die politischen Verbindungen zwischen der sowjetischen Botschaft und den drei westlichen Botschaftern[6] unberührt läßt. Rush hat erklärt, daß er sich auf dieser Basis in Washington für eine angemessene Regelung verwenden werde.

Rush wird Ihnen kein besonderes Telegramm über die letzte Sitzung schicken.

Wir sollten zu dritt in Washington etwa zwei bis drei Stunden haben. Daneben würde ich gern mit Ihnen allein etwa eine halbe Stunde brauchen.[7]

Die Sache sieht gut aus.

Herzlichen Gruß
[gez. Bahr]

Archiv der sozialen Demokratie, Depositum Bahr, Box 439

---

4 Der VIII. Parteitag der SED fand vom 14. bis 20. Juni 1971 statt.
5 Zur Frage der Errichtung eines sowjetischen Generalkonsulats in Berlin (West) vgl. zuletzt Dok. 160 und weiter Dok. 215.
6 Roger Jackling (Großbritannien), Kenneth Rush (USA) und Jean Sauvagnargues (Frankreich).
7 Staatssekretär Bahr hielt sich vom 14. bis 18. Juni 1971 anläßlich des Besuchs des Bundeskanzlers Brandt in den USA auf. Zum Gespräch mit dem Sicherheitsberater des amerikanischen Präsidenten, Kissinger, am 17. Juni 1971 in Washington vgl. Dok. 215.

199

Aufzeichnung des Ministerialdirigenten Simon

I A 4-82.00-94.-/1487/71 VS-vertraulich   7. Juni 1971[1]

Herrn Staatssekretär zur Entscheidung[2]

Betr.: Aktivierung der deutschen Mittelmeer-Politik

I. Vorschlag:

1) Die deutschen Botschafter in Athen[3] und Madrid[4] zur Berichterstattung nach Bonn zu bitten.

2) Später die Botschafter in Ankara[5], Nikosia[6] und Valetta[7] ebenfalls zum Vortrag zu bitten.

Bei dieser Berichterstattung sollten die genannten Missionschefs in getrennter Vorsprache Gelegenheit erhalten, der Leitung des Auswärtigen Amts einen Gesamtüberblick über die Problematik der Beziehungen zu den genannten Ländern zu geben. Nach Möglichkeit sollten die Botschafter auch Gelegenheit bekommen, dem Herrn Bundespräsidenten, dem Herrn Bundeskanzler und BPA sowie im BMVg Vortrag zu halten.

II. 1) Das unmittelbar deutsche Interesse an der Lageentwicklung im Mittelmeerraum außenpolitisch, sicherheitspolitisch, wirtschaftlich und auf allen anderen Gebieten braucht nicht mehr bewiesen zu werden. Ihm gebührt vorrangige Beachtung. Im Gegensatz zu den hieraus zu ziehenden außenpolitischen Konsequenzen laufen wir derzeitig Gefahr, im Mittelmeerraum Einfluß und traditionelle Positionen zu verlieren.

2) Dies gilt insbesondere im Verhältnis zu Spanien und Griechenland. Mit dem Verhältnis zu diesen Ländern steht und fällt eine deutsche Mittelmeer-Politik.

3) Mit den Anrainerstaaten Italien und Frankreich sind wir ohnehin engstens verbunden. Durch einen weiteren Ausbau der Beziehungen könnten wir keinen zusätzlichen Beitrag zur Stabilisierung der Lage im MMR[8] leisten. Beide Länder haben im übrigen ein gefestigtes politisches Eigengewicht.

---

[1] Die Aufzeichnung wurde von Vortragendem Legationsrat I. Klasse Munz konzipiert.
Hat Ministerialdirektor von Staden am 14. Juni 1971 vorgelegen, der Ministerialdirigent Simon handschriftlich um telefonische Rücksprache bat.
Hat Simon am 16. Juni 1971 erneut vorgelegen, der handschriftlich vermerkte: „Rücksprache gehalten: Kontaktgespr[äch] der Botschafter noch mehr im Auge behalten. Botsch[after]Konferenz mit Ausw[ärtigem] Ausschuß zusammenbringen."

[2] Hat Staatssekretär Frank am 8. Juni 1971 vorgelegen, der handschriftlich vermerkte: „Dies ist vor der Sommerpause nicht mehr möglich. Später wäre evtl. an eine Botsch[after]-Konferenz zu denken."

[3] Peter Limbourg.

[4] Hermann Meyer-Lindenberg.

[5] Gustav Adolf Sonnenhol.

[6] Alexander Török.

[7] York Alexander Freiherr von Wendland.

[8] Mittelmeerraum.

4) Die Beziehungen zu Malta (Wahlen am 13.6.1971[9]) und zu Zypern sind für das ganze westliche Bündnis sehr wichtig. Für eine deutsche Mittelmeer-Politik ist die Pflege der Beziehungen zu diesen Inselstaaten keine ausreichende Basis.

5) Entscheidend für uns ist das Verhältnis zur Türkei, zu Griechenland und Spanien. In allen drei Ländern haben wir nicht nur gemeinsame westliche Interessen zu vertreten und zu verteidigen, sondern auch traditionelle, sehr breitangelegte spezifisch deutsche Interessen. Unsere Beziehungen zur Türkei sind optimal. Gleiches kann nicht zum Verhältnis zu Spanien und Griechenland gesagt werden. Noch immer mögen traditionelle Freundschaftsgefühle in beiden Ländern überwiegen. Es ist jedoch nicht zu übersehen, daß die Beziehungen von uns aus betrachtet zwiespältig sind und die Gefahr besteht, daß aus der zunehmenden Gereiztheit in beiden Ländern eine dauernde und tiefgehende Schädigung deutscher Interessen entsteht. Hierzu tragen schwerwiegende politische Entscheidungen (Bundestagsbeschluß vom 2.4.68 im Falle Griechenlands[10]) ebenso bei wie eine lange Reihe von – einzeln genommen – vielleicht weniger wichtig erscheinenden Nadelstichen.

Im Verhältnis zu Spanien z. B. in letzter Zeit:

– Enttäuschung über die versagte offizielle Einladung für Prinz Juan Carlos anläßlich der Kieler Woche[11],

– Verärgerung über die Herausgabe regimefeindlicher Publikationen in Deutschland (Exprés Español)[12],

---

[9] Zu den Parlamentswahlen auf Malta vom 12. bis 14. Juni 1971 vgl. Dok. 255, Anm. 1.

[10] Zum Beschluß des Bundestags über die Einstellung der Ausrüstungshilfe an Griechenland vgl. Dok. 18, Anm. 12.

[11] Ministerialdirigent Gehlhoff schloß sich am 19. Februar 1971 einem Vorschlag des Botschafters Meyer-Lindenberg, Madrid, an, Prinz Juan Carlos nach dessen „sehr erfolgreich" verlaufenem Besuch am 26./27. Januar 1971 in den USA in die Bundesrepublik einzuladen, wofür die Kieler Woche vom 22. bis 29. Juni 1971 einen geeigneten Anlaß böte. Zur Begründung führte Gehlhoff aus: „Das politische Gewicht seines Deutschlandbesuchs würde in einer Kräftigung unserer Beziehungen zu Spanien liegen, die unserer Ost- und Deutschlandpolitik, unseren Bemühungen um vermehrte Überflugrechte und der Einführung des PAL-Farbfernsehens zugutekommen, andererseits ein Gegengewicht gegen unsere Zurückhaltung bei der Lieferung von Rüstungsmaterial und der Leistung von Entwicklungshilfe sowie gegen die immer wieder von Spanien beanstandete Berichterstattung deutscher Massenmedien bilden." Bundesminister Scheel stimmte dem Vorschlag zu. Vgl. die Aufzeichnung; Referat I A 4, Bd. 454.
Am 4. November 1971 notierte Ministerialdirigent Simon, der Besuch sei nicht zustande gekommen, „weil der Herr Bundespräsident sich lediglich bereit erklärte, den Prinzen zum Tee zu empfangen, falls er ohnehin in Deutschland, etwa bei der Kieler Woche, sein sollte. Insbesondere wollte der Bundespräsident nicht, daß eine Einladung in seinem Namen ausgesprochen oder gar publiziert werde." Vgl. Referat I A 4, Bd. 454.

[12] Am 13. November 1970 berichtete die Botschaft in Madrid, das spanische Außenministerium habe Besorgnis „über das Erscheinen der ersten Nummer der in Frankfurt von Herrn MdB Hans Matthöfer herausgegebenen spanischsprachigen Monatszeitschrift ‚Exprés Español' zum Ausdruck gebracht. In der ersten Nummer vom Oktober d[ieses] J[ahres] seien zahlreiche Artikel und Meinungsäußerungen veröffentlicht, die Angriffe gegen das spanische Regime und spanische Insitutionen enthielten." Außerdem beschäftige die Zeitschrift Gegner der spanischen Regierung: „MdB Matthöfer und seine spanischen Mitarbeiter hätten mit dieser Zeitschrift offensichtlich die Absicht, die spanischen Gastarbeiter in Deutschland gegen ihre Regierung aufzuhetzen." Vgl. den ungezeichneten Drahtbericht Nr. 869; Referat I A 4, Bd. 451.
Mit Verbalnote vom 29. März 1971 unternahm die spanische Botschaft eine Demarche wegen einer Photomontage im „Exprés Español", die Staatschef Franco als Marionette von Adolf Hitler zeigte, und wies darauf hin, „daß eine derartige Beleidigung des Staatsoberhauptes einer befreun-

– Ablehnung spanischer Waffenwünsche (Leopard).[13]

Von der angeordneten Demarche zu Gunsten des spanischen Staatsangehörigen Pardo[14], für die wir keinen Rechtsgrund haben, ist ebenfalls mit einer Verstimmung zu rechnen.[15]

Im Falle Griechenlands:

Tiefpunkt unserer Beziehungen unmittelbar nach der Suspendierungsdebatte im Europarat Ende 1969[16]; seither allmähliche, doch sehr delikate Besserung der Beziehungen trotz zahlreicher deutscher Interventionen für politische Gefangene, Fortdauer regierungsfeindlicher Sendungen der Deutschen Welle und des Bayerischen Rundfunks[17] sowie der außenpolitischen Quarantänepolitik.

Fortsetzung Fußnote von Seite 921

deten Nation nach der deutschen Strafgesetzgebung ausdrücklich verboten und unter Strafe gestellt worden ist". Außerdem könne sie „das freundliche Einvernehmen zwischen beiden Nationen nachteilig beeinflussen". Vgl. Referat I A 4, Bd. 451.

13 Zu den spanischen Wünschen nach Lieferung von Panzern des Typs „Leopard" vgl. zuletzt Dok. 83, Anm. 13.

14 Der Mitarbeiter der IG Metall und Chefredakteur der spanischsprachigen Zeitschrift „Exprés Español", Pardo, wurde am 15. Mai 1971 bei der Einreise nach Spanien am Flughafen in Madrid festgenommen. Am 19. Mai 1971 berichtete Botschafter Meyer-Lindenberg, Madrid, daß amtliche Auskünfte über die Verhaftungsgründe noch nicht vorlägen, aber offenbar „Vorwürfe wegen Betruges und wegen ‚Provokationen im Zusammenhang mit im ‚Exprés Español' erschienenen Artikeln' erhoben würden". Die Botschaft sehe „keine Möglichkeit, ihr Interesse an dem Fall zu bekunden. Zunächst ist Herr Pardo spanischer Staatsangehöriger. Ferner enthalten verschiedene der im Exprés Español erschienenen Artikel heftige Angriffe auf spanische Institutionen und die spanische Regierung. [...] Herr Pardo muß sich von vornherein im klaren darüber gewesen sein, daß er im Fall einer Reise nach Spanien gegen ihn gerichtete Maßnahmen der hiesigen Behörden zu erwarten hatte." Vgl. den Drahtbericht Nr. 322; Referat I A 4, Bd. 451.
Vortragender Legationsrat I. Klasse Fischer, Bundeskanzleramt, gab Vortragendem Legationsrat I. Klasse Schönfeld gegenüber am 3. Juni 1971 der Hoffnung Ausdruck, daß „das Auswärtige Amt sich dazu bereit finden könnte, die deutschen Botschafter in Madrid anzuweisen, bei einer informellen Gelegenheit den Staatssekretär im spanischen Außenministerium oder den Politischen Direktor in dem Sinne anzusprechen, daß die Bundesregierung stets um spanische Belange, etwa im Zusammenhang mit der EWG oder in anderen internationalen Fragen bemüht sei, die spanische Regierung jedoch berücksichtigen möge, wie sehr dem Bundeskanzler, der ja zugleich Parteivorsitzender ist, eine derartige Haltung durch Vorgänge wie die Verhaftung von Carlos Pardo erschwert würde." Vgl. das Schreiben; Referat I A 4, Bd. 451.

15 Die SPD-Abgeordneten Schäfer und Matthöfer führten am 21. Juni 1971 Gespräche mit der spanischen Regierung, als deren Ergebnis der spanische Journalist Pardo aus der Haft entlassen wurde und in die Bundesrepublik zurückkehren konnte. Über die Unterredung berichtete Botschafter Meyer-Lindenberg, Madrid: „Die deutschen Teilnehmer betonten, daß die deutschen Gewerkschaften und auch der ‚Exprés Español' bemüht seien, eine Gegenposition zum Kommunismus aufzubauen, und daß dies auch im spanischen Interesse liege. Aus dem gleichen Grunde hätten sie ein starkes Interesse an guten Beziehungen zu Spanien. Die nächste Nummer des ‚Exprés Español', die schon gedruckt sei, würde der spanischen Regierung zwar noch unangenehm sein; danach würde sich das positive Ergebnis der Gespräche jedoch in der Gestaltung der Zeitschrift auswirken." Vgl. den Drahtbericht Nr. 440; Referat I A 4, Bd. 451.

16 Korrigiert aus: „1968".
Zum Ausscheiden Griechenlands aus dem Europarat am 12. Dezember 1969 vgl. Dok. 18, Anm. 9.

17 Staatssekretär Frank nahm am 2. April 1971 in einem Schreiben an den Intendanten des Bayerischen Rundfunks, Wallenreiter, Stellung zu Meldungen des Senders, daß der Internationale Währungsfonds und die Weltbank eine Abwertung der Drachme empfohlen hätten. Die griechische Regierung habe erklärt, „daß die als böswillig empfundene Verbreitung unrichtiger Meldungen über die griechische Währung mit Sicherheit Folgen für die deutschen Wirtschaftsinteressen haben werde. Tatsache ist, daß seither keine Staatsaufträge an deutsche Firmen vergeben wurden und kurz vor dem Abschluß stehende aussichtsreiche Verhandlungen über die Vergabe eines großen Projekts an deutsche Firmen unterbrochen worden sind." Vgl. Referat I A 4, Bd. 452.

In Aussicht gestellte Wiederaufnahme der NATO-Verteidigungshilfe[18] schien zunächst Beziehungen zu verbessern; Ausbleiben der Realisierung dieser Entscheidung ließe neue Krise befürchten.

6) Sowohl Spanien wie Griechenland ersuchen wir bei jeder Gelegenheit um diplomatische Unterstützung für unsere Angelegenheiten. Diese ist uns niemals versagt worden. Mit der Unterstützung der Anliegen beider Länder in internationalen Gremien sind wir wesentlich zögernder.

Beide Länder sind weniger auf uns angewiesen, als in Deutschland häufig angenommen wird. Spanien baut in erstaunlichem Tempo seine Beziehungen zu Osteuropa aus. Dies gilt – wenn auch mit geringerer Intensität – auch für Griechenland. Die Positionen, die wir in beiden Ländern traditionell in besonderem Maße besaßen (nicht nur Sympathie, sondern auch sehr konkrete Interessen) und die wir gegenwärtig aus innerpolitischen Gründen glauben nicht ausfüllen zu sollen, werden uns auf die Dauer nicht reserviert bleiben. Sie werden von uns befreundeten Ländern (insbesondere Frankreich) oder von unbequemeren Nachfolgern eingenommen werden. Der Schaden, den wir in beiden Ländern erleiden, wird auf alle Fälle auch die gesamte westliche Position beeinträchtigen.

Simon

VS-Bd. 9806 (I A 4)

200

Aufzeichnung des Legationssekretärs von Moltke

MB 1227/71 VS-vertraulich   7. Juni 1971[1]

Herrn Minister[2]

Betr.: Besuch von Herrn Barzel in Paris[3]

Herr Botschafter Ruete teilte heute zu Ihrer persönlichen Unterrichtung drei Äußerungen von Herrn Barzel in Paris mit, die für Sie von Interesse sein könnten.

---

18 Zur Wiederaufnahme der NATO-Verteidigungshilfe an Griechenland vgl. Dok. 122, besonders Anm. 1.

1 Hat Vortragendem Legationsrat I. Klasse Hofmann am 8. Juni und Referent Woelker am 11. Juni 1971 vorgelegen.

2 Hat Bundesminister Scheel am 7. Juni 1971 vorgelegen, der handschriftlich vermerkte: „Mit StS Frank telef[onisch] besprechen!"

3 Der CDU/CSU-Fraktionsvorsitzende Barzel führte am 2./3. Juni 1971 Gespräche mit Staatspräsident Pompidou, Ministerpräsident Chaban-Delmas sowie dem französischen Wirtschafts- und Finanzminister Giscard d'Estaing. Botschafter Ruete, Paris, berichtete am 3. Juni 1971, daß in den Gesprächen mit Pompidou und Chaban-Delmas die Europapolitik und die „Berlin-Regelung als Kernstück der deutschen Ostpolitik" im Mittelpunkt gestanden hätten. Barzel habe erläutert, es komme vor allem darauf an, „daß die Berliner Bevölkerung die angestrebte Berlin-Regelung annehme. Dies könne nur geschehen, wenn die Rechte der Alliierten und die Bindungen zum Bund ge-

Herr Barzel habe bei seinen Gesprächen mit den französischen Gesprächspartnern ausgeführt, daß

erstens eine Zusammenarbeit zwischen Regierung und Opposition nicht mehr vorhanden sei,

zweitens die Opposition auch bei einer akzeptablen Berlin-Regelung den gegenwärtigen Ostverträgen nicht zustimmen könne,

drittens die Opposition noch vor der Sommerpause im Bundestag eine Berlin-Debatte fordern werde[4], in der nach der Einschätzung von Herrn Barzel die Regierung sich in der Minderheit befinden werde. Die Opposition beabsichtige aber nicht, die Regierung aus außenpolitischen Gründen zu stürzen.[5]

Moltke

VS-Bd. 10058 (Ministerbüro)

Fortsetzung Fußnote von Seite 923

wahrt blieben. Wenn die Bevölkerung das Vertrauen verliere, werde eine große Abwanderung aus Berlin einsetzen, einer Stadt, die einen jährlichen Zufluß von 25 000 Menschen brauche, um lebensfähig zu sein." Ruete betonte, daß der Besuch von Barzel „in einer harmonischen und offenen Atmosphäre" verlaufen und „von französischer Seite sichtlich mit Interesse aufgenommen" worden sei. Vgl. den Drahtbericht Nr. 1628; VS-Bd.9801 (I A 3); B 150, Aktenkopien 1971.

[4] In der Presse wurde berichtet, daß der CDU/CSU-Fraktionsvorsitzende Barzel am 6. Juni 1971 als Reaktion auf ein Interview des SPD-Fraktionsvorsitzenden Wehner im Deutschlandfunk angekündigt habe, „noch vor der Sommerpause das Berlin-Problem im Bundestag zur Sprache bringen" zu wollen. Vgl. die Meldung „CDU will Berlin-Debatte noch vor der Sommerpause"; FRANKFURTER ALLGEMEINE ZEITUNG vom 7. Juni 1971, S. 3.

[5] Dieser Absatz wurde von Referent Woelker hervorgehoben. Dazu vermerkte er handschriftlich: „Stücklen und Höcherl waren bei B[arzel] und haben ihm das ausgeredet."
Am 14. Juni 1971 vermerkte der Journalist Markscheffel aus einem Gespräch mit dem französischen Regierungssprecher Hamon über den Besuch des CDU/CSU-Fraktionsvorsitzenden in Paris, Barzel „habe sich bei seinen offiziellen Gesprächen in Paris im Rahmen der allgemeinen deutschen Politik gehalten. Er habe zu Pompidou dasselbe gesagt, was der deutsche Botschafter sicher auch sagen würde. Auf alle Fälle habe er, Hamon, nicht den Eindruck gehabt, daß Barzel den Bundeskanzler in Paris habe überspielen wollen. Wenn Barzel zu Hause gesagt habe, er sei mit Pompidou völlig einig, dann habe er entweder nichts verstanden oder er lüge. Pompidou habe Barzel sehr deutlich gesagt, daß mit einer definitiven Regelung des Berlin-Status nicht zu rechnen sei, daß man aber das Problem der Zugangswege vertraglich regeln werde. Die Antwort Barzels sei gewesen: ‚Das wäre schon sehr viel'. Von der Bundespräsenz in Berlin habe man bei der offiziellen Unterhaltung überhaupt nicht gesprochen. Barzel habe auch nicht versucht, dieses Thema anzusprechen." Vgl. Archiv der sozialen Demokratie, Depositum Bahr, Box 441.

201

Botschafter Sachs, z.Z. Luxemburg, an das Auswärtige Amt

III E 2-84.00/2   **Aufgabe: 7. Juni 1971, 23.30 Uhr**
Fernschreiben Nr. 65   **Ankunft: 8. Juni 1971, 00.20 Uhr**
Citissime

Betr.: 153. Rat der Europäischen Gemeinschaften und siebte Ministertagung mit Großbritannien am 7.6.1971 in Luxemburg[1]

I. Übersicht

A. Der Ministerrat fand in einer geschäftsmäßigen, die Beitrittskonferenz in einer Atmosphäre besonderen Entgegenkommens der französischen Delegation statt, was eine positive bilaterale französisch-britische Vorbereitung deutlich werden ließ. Die Präsidentschaft, die sich offensichtlich mit der britischen Delegation auch über den Tagungsablauf geeinigt hatte, ließ keinen Zweifel daran, daß die noch ausstehenden Probleme anläßlich der nächsten Ministertagung vom 21./22. Juni erledigt werden sollen.[2] Die französische Delegation ließ ihre Entschlossenheit erkennen, nunmehr auch am Verhandlungstisch der Gemeinschaft zahlreiche ihrer bisherigen Vorbehalte aufzugeben, wobei sie dies bei der heutigen Rats- und Ministertagung jeweils ohne eingehendere Begründungen oder Erörterungen tat.

Die Entscheidung über die wesentlichen, mit dem Beitritt Großbritanniens zusammenhängende Frage ist damit in den nächsten beiden Wochen zu erwarten.

1) Die Gemeinschaft nahm eine britische Absichtserklärung (siehe Anlage) zur Stabilisierung und zum Abbau der Sterling-Guthaben, zur Reserverolle des Pfundes und zu den Präferenzregelungen beim Kapitalverkehr an. (Vgl. Änderungen dieses Textes mit der britischen Demarche in Bonn am 6.6.1971, insbesondere zu Art. 108[3]). Eine längere Diskussion im vorgehenden Ministerrat, in der die sich insbesondere auf Insistenz Frankreichs seit Monaten gegenüber-

---

[1] Am 8. Juni 1971 teilte Botschafter Sachs, Brüssel (EG), zum Verlauf der beiden Tagungen mit: „Der Rat und die Ministertagung wechselten sich im Verlauf des Nachmittages mehrfach ab. Auf Wunsch von Außenminister Schumann, der noch am gleichen Abend nach Paris zurückzukehren wünschte, wurde keine Nachtsitzung abgehalten, obwohl bei Beibehaltung des von der Präsidentschaft vorgezeichneten Verhandlungstempos und angesichts des französischen Kompromißwillens vermutlich auch noch die beiden ausstehenden größeren Probleme (Butter, Finanzregelung) am gleichen Tage hätten erledigt werden können. Für die Ministertagung hatte die Präsidentschaft auf die Vorlage einer Tagesordnung verzichtet, sich aber gleichwohl offensichtlich mit der britischen Delegation über die Abfolge der einzelnen Gegenstände bilateral geeinigt." Vgl. den Drahtbericht Nr. 1751; Referat III A 2, Bd. 309.

[2] Zur achten Verhandlungsrunde des EG-Ministerrats mit Großbritannien vom 21. bis 23. Juni 1971 in Luxemburg vgl. Dok. 218.

[3] In Artikel 108 des EWG-Vertrags vom 25. März 1957 wurde festgelegt, daß die Kommission im Falle von Zahlungsbilanzschwierigkeiten eines Mitgliedstaats, die insbesondere geeignet seien, das Funktionieren des Gemeinsamen Marktes oder die schrittweise Verwirklichung der gemeinsamen Handelspolitik zu gefährden, „unverzüglich die Lage dieses Staates sowie die Maßnahmen, die er getroffen hat oder unter Einsatz aller ihm zur Verfügung stehenden Mittel gemäß Artikel 104 treffen kann", prüft. Nach Bericht der Kommission kann der Rat Maßnahmen des gegenseitigen Beistands gewähren. Vgl. BUNDESGESETZBLATT 1957, Teil II, S. 840–843.

stehender Standpunkte der französischen und der übrigen fünf Delegationen, erneut erörtert worden waren und in der die Kommission noch ein Papier zur Ermöglichung eines Kompromisses vorgelegt hatte, wurde gegenstandslos, als Finanzminister Giscard d'Estaing dann dem von den Briten vorgelegten Papier mit einem einzigen Satz zustimmte.[4] Die übrigen Mitgliedstaaten schlossen sich dieser positiven Sicht des Problems, die die Regelung der betreffenden Fragen bis auf die Zeit nach dem Beitritt verschiebt, an. Für die Verhandlungen bleibt danach nur noch die von Großbritannien gewünschte Übergangsregelung beim Kapitalverkehr.

2) Zum Vorschlag der Gemeinschaft für eine Regelung des Zuckerproblems[5] aus Commonwealth-Entwicklungsländern ließ Minister Rippon eine verkürzte Version des Kommuniqués der Londoner Konferenz mit den zuckerproduzierenden Ländern zirkulieren, in der alle an der Konferenz beteiligten Regierungen das Gemeinschaftsangebot dahin interpretieren, daß sie es als feste Zusicherung für einen sicheren und weiterbestehenden Markt der Mengen des Commonwealth Sugar Agreement in der erweiterten Gemeinschaft auffassen und dementsprechend ihre zukünftige Produktion planen werden.[6] Auf Vorschlag der Präsidentschaft wurde diese Erklärung als nur die britische Delegation engagierende und nur zur „Information" der Gemeinschaft bestimmte Interpretation ins Protokoll aufgenommen.

Zu den Zuckereinfuhren aus Indien teilte die Gemeinschaft ihren Standpunkt (siehe internes Dok. Nr. 335) mit, demzufolge die erweiterte Gemeinschaft dieses Problem für die Zeit nach dem Auslaufen des Commonwealth Sugar Agreement[7] unter Berücksichtigung der Vorschläge für die Commonwealth-Entwicklungsländer (siehe oben) durch ihre Organe regeln will. Minister Rippon nahm diesen Vorschlag an.

3) Zu der noch ausstehenden Regelung von Zollkontingenten für Aluminiumoxid und -hydroxyd (siehe internes Dok. Nr. 324) nahm die britische Delegation den Vorschlag der Gemeinschaft an, den GZT bei einem Satz von 5,5 Prozent spätestens ab 1. Januar 1975 auszusetzen und die erste Angleichung bis auf die Hälfte dieses Satzes am 1.1.1976 vorzunehmen.

---

[4] Am 8. Juni 1971 berichtete Botschafter Sachs, Brüssel (EG), zur EG-Ministerratstagung vom Vortag: „Der Rat erörterte für mehr als zwei Stunden den Bericht des Ausschusses der Ständigen Vertreter über seine bisherigen Erörterungen bei der Prüfung der Wirtschafts-, Finanz- und Währungsprobleme, die sich durch die Erweiterung ergeben können [...]. Dabei zeigten sich die bekannten Auffassungsunterschiede zu den drei Hauptpunkten: Kapitalverkehr, Rolle des Pfundes als Reservewährung und Sterlingguthaben, Anwendung des Art[ikels] 108. Die Kommission legte einen Kompromißvorschlag vor [...]. Die französische Delegation beteiligte sich an der Debatte. Finanzminister Giscard d'Estaing wies insbesondere darauf hin, daß die Diskriminierungen im Kapitalverkehr ab Beitritt allmählich progressiv abgebaut werden müßten. Für die Reduktion der Sterlingguthaben sprach er die Hoffnung auf konkrete britische Vorschläge für ein Zeitschema aus. Nach Vorlage der britischen Erklärung [...] und der Zustimmung der Delegationen erklärte die Kommission, sie nehme von der einstimmigen Annahme der Erklärung durch den Ministerrat Kenntnis. Auf Vorschlag der Präsidentschaft soll der Text der britischen Erklärung als Briefwechsel dem Beitrittsvertrag angehängt werden." Vgl. den Drahtbericht Nr. 1751; Referat III A 2, Bd. 309.

[5] Zum Vorschlag des EG-Ministerrats vom 12/13. Mai 1971 vgl. Dok. 169.

[6] Zum Kommuniqué der Konferenz der Mitgliedstaaten des Commonwealth Sugar Agreement vom 2./3. Juni 1971 in London vgl. Dok. 169, Anm. 8.

[7] Das Commonwealth Sugar Agreement vom 21. Dezember 1951 lief am 31. Dezember 1974 aus.

4) Auf den britischen Wunsch nach einer Änderung der gemeinsamen Fischmarktordnung[8] sagte die Gemeinschaft eine beschleunigte Prüfung zu, und zwar unter Berücksichtigung auch der Wünsche der übrigen Beitrittsbewerber[9]. Die Kommission soll dazu Kontakt mit den interessierten Beitrittskandidaten aufnehmen, um nach Möglichkeit bis zum 21./22.6. konkrete Vorschläge zu machen. Minister Rippon nahm diesen Prozedurvorschlag an.

5) Auf britischen Wunsch wird die Gemeinschaft (durch die Ständigen Vertreter) noch in diesem Monat sich mit der Frage beschäftigen, in welcher Weise die Beitrittskandidaten zwischen der Unterzeichnung des Beitrittsvertrags und dessen Inkrafttreten an der Weiterentwicklung der Gemeinschaft – insbesondere bei der Verabschiedung neuer Richtlinien, Verordnungen und bei Beschlüssen über die auswärtigen Beziehungen (z. B. den Verträgen mit den nichtbeitretenden EFTA-Staaten) – beteiligt werden können.

B. Außerhalb der Beitrittskonferenz erörterte der Ministerrat auch die Übergangsregelungen auf dem Gebiet der eigenen Einnahmen und der Milcherzeugnisse aus Neuseeland[10]. Dabei legte die Präsidentschaft besonderes Gewicht darauf, eine mögliche Einigung bis zur nächsten Ministertagung in zwei Wochen zu verschieben. Die Versuche anderer Delegationen, wenigstens bei der Finanzregelung zu einem Vorschlag an die britische Delegation zu gelangen, drangen nicht durch und wurden von letzterer auch nicht in erkennbarer Weise gefördert.

1) Die Gemeinschaft einigte sich darauf, als britischen Anteil am Bruttosozialprodukt der erweiterten Gemeinschaft definitiv und als veränderliche Bemessungsgrundlage für die Beitragsleistung während der Übergangszeit neunzehn Prozent festzulegen. Für die übrigen Kandidatenländer würde es bei den Prozentsätzen des internen Dok. Nr. 347 bleiben.

Zur finanziellen Beteiligung der neuen Mitgliedstaaten sprachen sich die italienische, niederländische, belgische, luxemburgische und deutsche Delegation für neunzig Prozent im Jahre 1977 aus.

Nach italienischer und niederländischer Vorstellung sollte der Finanzbeitrag im ersten Jahr dreißig Prozent betragen. Die Kommission machte auf Drängen aller Delegationen einen Kompromißvorschlag, demzufolge Großbritannien im ersten Jahr einen Beitrag von vierundvierzig oder fünfundvierzig Prozent leisten sollte, was einem britischen Anteil an der Gesamtbelastung der Gemeinschaft von 8,4 bzw. 8,6 Prozent entsprechen würde.

---

[8] In den Beitrittsverhandlungen zwischen den Europäischen Gemeinschaften und Großbritannien auf Stellvertreterebene am 1. Juni 1971 in Brüssel erklärte die britische Delegation, daß die Fischindustrie in Großbritannien große Bedeutung habe: „40 Prozent der angelandeten Fische würden in den Küstengewässern gefangen. Diese würden bereits jetzt soweit befischt, wie dies ohne Gefährdung des Bestands möglich sei. Ein erweiterter Zugang würde entweder die Gefährdung der Bestände oder einen Rückgang der britischen Fänge zur Folge haben. Mit Übergangsmaßnahmen, die den freien Zugang zu den Gewässern innerhalb der Drei-Meilen-Zone beschränken, sei das Problem nicht zu lösen. Eine Anerkennung der Gemeinschaft, daß die gemeinsame Fischereipolitik geändert werden müsse, um den Bedürfnissen der erweiterten Gemeinschaft Rechnung zu tragen, würde für die britische Regierung hilfreich sein." Vgl. den Drahtbericht Nr. 1643 des Botschafters Sachs, Brüssel (EG); Referat III E 1, Bd. 1898.

[9] Dänemark, Irland und Norwegen.

[10] Zu Übergangsregelungen für die Einfuhr von Milcherzeugnissen vgl. zuletzt Dok. 97, besonders Anm. 8, sowie Dok. 150.

Die Kommission schlug außerdem unter Zustimmung von fünf Delegationen vor, nach der Übergangszeit für zwei weitere Jahre die Beitragssteigerungen zu plafondieren (Korrektive). Die französische Delegation verhielt sich in dieser Erörterung einsilbig und lehnte es ab, sich zu konkreten Zahlen zu äußern. Sie wünschte stattdessen eine weitere Diskussion im Ausschuß der Ständigen Vertreter. Dies wurde schließlich beschlossen.

2) In einer kurzen Erörterung der Lieferung von Milchprodukten aus Neuseeland ließ die französische Delegation erstmals ein gewisses Entgegenkommen erkennen. Sie stellte erneut die ungleichen Konkurrenzbedingungen auf dem Markt für pflanzliche und tierische Fette dar und gab die Einführung einer Margarinesteuer oder die Einführung eines Außenschutzes von der Hälfte der Differenz des gegenwärtigen britischen und des Gemeinschaftszollsatzes (Null) zu erwägen. Sie erklärte sich bereit, die Übergangsregelung für Butter um ein bis zwei Jahre zu verlängern, wobei bis Ende 1977 die Lieferungen das Jahres 1972 um drei Viertel abgebaut sein müßten; am Ende der verlängerten Übergangszeit dürften aber keine weiteren präferenziellen Lieferungen in die Gemeinschaft mehr erfolgen. Bei Käse müßten die Lieferungen nach einer fünfjährigen Übergangszeit vollständig abgebaut sein.

Die übrigen Delegationen wiederholten ihre bisherigen Argumente. Vizepräsident Mansholt erklärte eine Margarinesteuer als ungeeignetes Mittel für eine Regelung, erklärte sich aber für die Kommission bereit, dem Ministerrat „in letzter Minute" mit einem Kompromißvorschlag zu Hilfe zu kommen.

Ein Auftrag an die Ständigen Vertreter, dieses Thema weiter zu erörtern, erging nicht.

II. Im einzelnen (ergänzender Bericht folgt[11]).

[Anlage]

1) I put on record at our meeting in May a number of statements which have been made on behalf of Her Majesty's Government on these questions. I would now like to add the following statement.

2) We are prepared to envisage an orderly and gradual run-down of official sterling balances after our accession.

3) We shall be ready to discuss after our entry into the Communities what measures might be appropriate to achieve a progressive alignment of the external characteristics and practices in relation to sterling with those of other currencies in the Community in the context of progress towards economic and monetary union in the enlarged Community, and we are confident that official sterling can be handled in a way which will enable us to take our full part in that progress.

4) In the meantime we shall manage our policies with a view to stabilising the official sterling balances in a way which would be consistent with these longer term objectives.

---

[11] Für den Drahtbericht Nr. 1751 des Botschafters Sachs, Brüssel (EG), vom 8. Juni 1971 vgl. Referat III A 2, Bd. 309. Für Auszüge vgl. Anm. 1 und 4.

5) I hope that the Community will regard this statement as disposing satisfactorily of the question of Sterling and associated matters, leaving only the arrangements for U.K. compliance with the directives relating to capital movements under the Treaty of Rome[12] to be settled in the course of the negotiations.

[gez.] Sachs

Referat III A 2, Bd. 309

202

Aufzeichnung des Staatssekretärs Bahr, Bundeskanzleramt

Geheim 8. Juni 1971[1]

Betr.: Persönliches Gespräch mit StS Kohl am 8. Juni 1971

Ich habe Herrn Kohl erklärt, daß ich die Gelegenheit benutzen wolle, ihm den Text des NATO-Kommuniqués der Sitzung in Lissabon[2] zur Unterrichtung seiner Regierung zu übergeben. Falls seine Regierung den Wunsch hätte, die eine oder andere Frage dazu zu stellen, würden wir dazu bereit sein.

Kohl erklärte sich als nicht überrascht, nachdem die Bundesregierung in zwei früheren Fällen das Kommuniqué fernschriftlich übermittelt habe. Diese Prozedur enthalte freilich den Beigeschmack des „besonderen Verhältnisses" zwischen den beiden Staaten, das die DDR bekanntlich ablehne.

Ich habe Kohl auf die Tatsache aufmerksam gemacht, daß keiner der NATO-Staaten, außer der BRD, die DDR als Staat bezeichnet, so daß die praktische Alternative die sei, die DDR zu ignorieren oder sie aber auf diesem Wege einzubeziehen.

Kohl stellte die Frage, ob diese Übermittlung, wie bisher, im Benehmen mit dem italienischen Außenminister[3] erfolge, die BRD also gewissermaßen gute Dienste leiste. Ich erwiderte, daß er es so verstehen könnte und darin keine Änderung der bisherigen Prozedur zu erblicken brauche.

Er drückte die Hoffnung aus, daß es nicht immer so bleiben werde und erklärte sich bereit, seiner Regierung das Dokument zuzuleiten.

---

[12] Vgl. Anm. 3.

[1] Ablichtung.
  Hat Staatssekretär Frank am 13. Juni 1971 vorgelegen, der die Weiterleitung an Bundesminister Scheel verfügte.
  Hat Scheel am 18. Juni 1971 vorgelegen.
  Hat Vortragendem Legationsrat Blech am 22. Juni 1971 vorgelegen.
[2] Für den Wortlaut des Kommuniqués der NATO-Ministerratstagung am 3./4. Juni 1971 in Lissabon vgl. NATO FINAL COMMUNIQUÉS, S. 258–263. Für den deutschen Wortlaut vgl. EUROPA-ARCHIV 1971, D 350–354.
[3] Aldo Moro.

Auf eine entsprechend besorgte Frage versicherte ich ihm, daß wir keine Formulierung mit Bezug auf das innerdeutsche Verhältnis wählen, sondern neutral formulieren würden, falls wir eine Verlautbarung über die Tatsache der Übermittlung des NATO-Kommuniqués herausgeben würden.

2) Kohl schnitt von sich aus die Frage der Tagung des innerdeutschen Ausschusses[4] an. Er brauche den Ausführungen des sowjetischen Botschafters nichts hinzuzufügen. Aber er wolle auch persönlich die aufrichtige Frage stellen, was man sich auf unserer Seite dabei denke, wenn man in dieser Situation diesen Ausschuß mit dieser Tagesordnung nach Berlin schicke. Er könne es auch persönlich nicht verstehen. Es werde als eine echte Herausforderung der DDR empfunden, durch die „einige Leute bei uns auf die Barrikade getrieben werden". Ich habe ihm unseren Standpunkt dazu erläutert und insbesondere darauf hingewiesen, wie groß die Kluft des Verständnisses für die Lage der jeweils anderen Seite noch sei. Dies sei besonders deutlich durch seine Formulierung, die davon ausgehe, als ob die Regierung nach unserem System einen Ausschuß des Bundestages irgendwohin „schicken" könne. Dies gelte für die Volkskammer, aber nicht für den Bundestag, dessen Ausschuß-Vorsitzende mit Genehmigung des Präsidenten Sitzungen an jeden Ort der Welt außerhalb Bonns einberufen können.

Kohl verwies auf die Ausführungen Abrassimows, daß man gerade nach der Sitzung eines solchen Ausschusses in einer so entscheidenden Phase der Verhandlungen nur die Folgerung ziehen könne, daß man keinen Schlupfwinkel offenlassen dürfe, durch den das künftig noch möglich wäre. Er verstünde offengestanden unser Interesse an einer derartigen Zuspitzung nicht und ging dann zu einer längeren Ausführung über, bei der er sich teilweise auf handschriftliche Notizen stützte.

Der Tagesordnungspunkt Preußischer Kulturbesitz sei besonders geeignet, Verbitterung hervorzurufen. Die DDR bemühe sich seit Jahr und Tag, Kunstwerke zurückzubekommen, für die die Stiftung sich als rechtmäßiger Eigentümer ausgebe. Es handle sich um Schätze, die während des Krieges aus Prenzlau, Weimar, Gotha und anderen Städten „ausgelagert" wurden, wie man das damals genannt habe. Es entspreche absolut internationaler Rechtsauffassung, solche Schätze dem früheren Standort-Museum zurückzugeben. Nun soll „ausgerechnet darüber vor unserer Haustür beraten werden".

Aus der Kunstsammlung von Weimar seien illegal Gemälde in die USA gebracht worden, davon Rembrandts und Tischbeins. Einiges davon sei zur treuhänderischen Verwahrung der BRD übergeben worden.[5] Treuhänderische Ver-

---

[4] Der Ausschuß für innerdeutsche Beziehungen des Bundestags sollte am 10./11. Juni 1971 in Berlin (West) tagen. Dazu wurde am 11. Juni 1971 in der Presse gemeldet: „Der unmittelbar bevorstehende SED-Parteitag in Ost-Berlin dürfte der Grund dafür sein, daß der Bundestagsausschuß für innerdeutsche Beziehungen seine für Donnerstag und Freitag dieser Woche geplante Sitzung in West-Berlin verschoben hat. Ein Sprecher des Bundestages teilte lediglich mit, der Ausschuß habe in Bonn beschlossen, die Berlin-Sitzung am 1. Juli nachzuholen. [...] Das Auswärtige Amt in Bonn bestätigte, Staatssekretär Frank habe den Vorsitzenden des innerdeutschen Ausschusses, Gradl, gebeten, die Sitzung zu verschieben." Vgl. die Meldung „Bundestags-Ausschuß verschiebt Sitzung in Berlin"; FRANKFURTER ALLGEMEINE ZEITUNG vom 11. Juni 1971, S. 1.

[5] Zum Rechtsstreit zwischen der Bundesrepublik und dem Haus Sachsen-Weimar wurde in der Presse gemeldet: „Die drei Gemälde, um die es in diesem mit juristischen Problemen gespickten Rechts-

wahrung von Eigentum der DDR könne doch nur als ein Sonderfall der Alleinvertretung betrachtet werden. Dies veranschauliche das System: Was Kultur angehe, bedarf es der treuhänderischen Verwaltung, bis die Zustände in der DDR beendet sind, Verwahrung also, bis in der heutigen DDR wieder ordentliche Zuständen herrschten, sie also ein Teil der BRD geworden ist. Wir müßten doch verstehen, daß dies viele Leute bei ihm zu Hause zur Weißglut bringe.

Es ginge soweit, daß bei einem Prozeß in New York, der gerade laufe um zwei Dürer-Bilder, die im Juni 1945 aus Weimar entwendet wurden, die Vertreter der BRD darauf hinwirken, daß Vertreter des Weimarer Museums nicht einmal als Prozeßbeobachter zugelassen werden und diese Bilder für sich beanspruchen.[6]

In der Stiftung Preußischer Kulturbesitz befänden sich 1150 Stücke aus der Troja-Sammlung Schliemanns, über 3000 Stücke aus der Ägyptischen Abteilung, 3000 Stücke überwiegend griechische Papyrus-Materialien, antike Bronzen, Gold- und Silberstücke, griechisch-byzantinische Kunst, alte deutsche und niederländische Meister, allein 558 Gemälde ersten Ranges, Dürer-Zeichnungen, Stücke des Kupferstichkabinetts und so fort. Ich habe nur einige Stichworte notiert. Kohl nannte auch einige Wertziffern, die sehr viele Mio. Mark ausmachten, und schloß: „Das muß in Ordnung gebracht werden". Ich habe mich nicht in der Lage erklärt, ihm dazu etwas sagen zu können.[7]

3) Kohl erkundigte sich nach der Dokumentation über Normativ-Akte.[8] Ich sagte ihm eine spätere Antwort zu, da die Prüfung Zeit in Anspruch nehme. Er be-

Fortsetzung Fußnote von Seite 930
streit zwischen dem Mitglied eines ehemaligen deutschen Fürstenhauses und der Bundesrepublik geht, haben eine wechselvolle Geschichte hinter sich. [...] Am 18. April 1921 – bevor die Besitzverhältnisse zwischen dem großherzoglichen Hause und dem Lande Thüringen durch einen Auseinandersetzungsvertrag geregelt worden waren – wurden die drei Gemälde von meuternden Matrosen gestohlen und tauchten erst 1934 im Hafen von New York wieder auf. Der Deutsch-Amerikaner Franz-Leo Ernst erwarb sie für einen Spottpreis von einem Matrosen. Eingerollt lagen sie bis nach dem Zweiten Weltkrieg in seiner Wohnung. Dann ließ seine Frau sie taxieren, und es kam heraus, daß es sich um die gestohlenen Gemälde aus dem Weimarer Museum, dem der Großherzog sie zum Aushang zur Verfügung gestellt hatte, stammten. Die amerikanische Regierung beschlagnahmte die drei Gemälde als ‚privates Feindvermögen'. Sie wurden restauriert, vorübergehend im Museum in Washington gezeigt und 1966 der Bundesrepublik zur Verwahrung bis zur ‚Klärung der Besitzverhältnisse' übergeben. Seitdem liegen die Bilder eingerollt im Safe des Wallraf-Richartz-Museums in Köln, und die Bundesrepublik zahlt Miete für die Aufbewahrung. [...] Seit Übergabe der Gemälde an die Bundesrepublik meldet die Erbgroßherzogin von Sachsen-Weimar Besitzanspruch auf die drei Bilder an." Vgl. den Artikel „Verwickelter Rechtsstreit um Bildnisse von Rembrandt, Tischbein und Terborch"; GENERALANZEIGER vom 13. Januar 1971, S. 4.

6 Am 25. April 1971 teilte Vortragender Legationsrat I. Klasse Hecker der Botschaft in Wien mit: „Die Bundesrepublik Deutschland hat vor einem amerikanischen Gericht in New York Klage gegen Edward I. Elicofou auf Herausgabe von zwei Dürer-Gemälden erhoben, die aus den damaligen staatlichen Kunstsammlungen zu Weimar stammen und 1945 in Deutschland abhanden gekommen sind. Die Klage wird von der amerikanischen Regierung unterstützt. Die Großherzogin von Weimar-Sachsen-Eisenach, die Eigentumsansprüche an den Bildern erhebt, hat in dem Prozeß interveniert. Die gleichfalls an den Bildern interessierten Weimarer Kunstsammlungen haben ihrerseits beantragt, ebenfalls als Kläger in dem Rechtsstreit zugelassen zu werden. Ihre Zulassung hängt von der Rechtsfrage ab, ob sie eine selbständige rechtliche Einrichtung innerhalb der Deutschen Demokratischen Republik sind." Vgl. Referat 514, Bd. 1165.
7 Dieser Absatz wurde von Bundesminister Scheel durch Ausrufezeichen hervorgehoben.
8 Zu der vom Staatssekretär beim Ministerrat der DDR, Kohl, am 21. Mai 1971 übergebenen „Auswahl aus den seit dem Amtsantritt von Bundeskanzler Brandt in Kraft gesetzten innerstaatlichen Normativakten und internationalen Verträgen der BRD, in denen der völkerrechtswidrige Alleinvertretungsanspruch aufrechterhalten wird", vgl. Dok. 184.

merkte, daß nach der auf seiner Seite vorgenommenen Prüfung die DDR sehr vorsichtig formuliert habe. Es werde den Vertretern der BRD, falls man über die Beseitigung der Normen-Kollisionen sprechen werde, sehr schwer fallen, den Nachweis zu führen, daß Normen der DDR kollidierten.

In diesem Zusammenhang fragte er, ob es nicht im Interesse der BRD läge, sich den Gegebenheiten allmählich anzupassen. Costa Rica habe Einreisebestimmungen für Bürger der BRD erlassen. Der Bundesminister des Innern[9] habe daraus Einreisebestimmungen für deutsche Staatsangehörige gemacht. Dies erinnere an die ECE-Angelegenheit[10]. Ich sagte Kohl, ich würde mich danach erkundigen.

4) Er fragte nach dem Kursbuch und dem Faltblatt.[11] Ich hätte sicher festgestellt, daß die DDR öffentlich still geblieben sei, obwohl das Kursbuch auch bei allen ihren Verbündeten vertrieben werde. Aber man könne wohl erwarten, daß wir ein derartiges Faltblatt nicht mehr in Ausstellungen verwendeten. Ich erwiderte mit der Hoffnung, ihm bei unserer nächsten Besprechung dazu etwas sagen zu können.

5) Zur Frage der Internationalen Gesundheits-Konvention[12] erklärte ich, daß wir dies mit allen in Fragen kommenden Partnern konsultierten. Er könne daraus entnehmen, daß wir zu einem positiven Ergebnis zu kommen wünschen.

6) Ich machte Kohl darauf aufmerksam, daß nach unseren Eindrücken der 10. Jahrestag des 13. August[13] in der DDR besonders vorbereitet werde. Er erklärte, keinerlei Informationen darüber zu haben. Ich wies darauf hin, daß die Bundesregierung keinerlei Möglichkeit habe, auf die Medien der freien Meinungsbildung in der Bundesrepublik Einfluß zu nehmen. Dies sei anders als in der DDR. Der 13. August wecke bei uns besondere Gefühle der Erbitterung. Die Regierungen hätten es wohl in der Hand, durch ihre Äußerungen nach Möglichkeit dafür zu sorgen, daß der Kontakt mit anderen politischen Entwicklungen erhalten bleibt. Kohl erklärte, er verstünde dies. Er würde darüber gern weitersprechen, nachdem er gesehen habe, in welcher Weise die Bundesrepublik den 17. Juni begehe[14] und der Bundeskanzler in New York[15] spreche.

---

[9] Hans Dietrich Genscher.
[10] Vom 3. bis 10. Mai 1971 fand in Prag ein Symposium der ECE über Umweltfragen statt. Zur Frage einer Beteiligung der DDR vgl. Dok. 99, Anm. 6.
[11] Zu den Äußerungen des Staatssekretärs beim Ministerrat der DDR, Kohl, zum Kursbuch der Bundesbahn und zum Prospekt einer Ausstellung in Stockholm mit dem Titel „Med DB i Tyskland" vgl. Dok. 184.
[12] Zur Frage eines Beitritts der DDR zu den Internationalen Gesundheitsvorschriften vom 25. Juli 1969 vgl. Dok. 184, Anm. 10.
[13] Am 13. August 1961 begann die DDR, die Westsektoren von Berlin vom Gebiet der DDR abzuriegeln.
[14] Am 17. Juni 1971 hielt Bundestagspräsident von Hassel eine Rede im Bundestag, in der er des Aufstandes vom 17. Juni 1953 in der DDR gedachte. Für den Wortlaut vgl. BT STENOGRAPHISCHE BERICHTE, Bd. 76, S. 7421 f.
[15] Bundeskanzler Brandt hielt am 17. Juni 1971 in einer Feierstunde des American Council on Germany in New York eine Rede zum Gedenken an den 17. Juni 1953. Für den Wortlaut vgl. BULLETIN 1971, S. 967–970.

7) Wir vereinbarten, den Meinungsaustausch am 1. Juli 1971 in Ost-Berlin fortzusetzen.[16]

Pt. 8) s. Ergänzung v. 11.6. (lb).[17]

Bahr[18]

VS-Bd. 4487 (II A 1)

203

Gespräch des Staatssekretärs Bahr, Bundeskanzleramt, mit dem Staatssekretär beim Ministerrat der DDR, Kohl

Geheim 8. Juni 1971[1]

Protokoll des 13. Gesprächs StS Bahr/StS Kohl, Bonn, Bundeskanzleramt, 8. Juni 1971, 12.10 bis 13.15 Uhr, 14.40 bis 16.00 Uhr. Gleiche Teilnehmer wie bisher.

Nach einem persönlichen Gespräch[2] eröffnete Staatssekretär *Bahr* die Sitzung und begrüßte die Delegation der DDR. Er habe vorab mit Staatssekretär Kohl über eine Reihe von Fragen gesprochen, die nicht Thema des eigentlichen Meinungsaustausches gewesen seien. Weiterhin habe man sich geeinigt, die nächste Zusammenkunft am 1. Juli 1971 in Berlin abzuhalten.[3] Er bitte nun Staatssekretär Kohl als Gast, das Wort zu ergreifen.

Staatssekretär *Kohl* dankte für die Begrüßung und führte aus, am 21.5.1971 habe man die Präambel und die Elemente eins bis vier des DDR-Vorschlages[4]

---

[16] Das 14. Gespräch des Staatssekretärs Bahr, Bundeskanzleramt. mit dem Staatssekretär beim Ministerrat der DDR, Kohl, fand am 19. Juli 1971 in Ost-Berlin statt. Vgl. dazu Dok. 250 und Dok. 251.

[17] Dieser Satz wurde von Staatssekretär Bahr, Bundeskanzleramt, handschriftlich eingefügt.
Am 11. Juni 1971 formulierte Bahr folgenden „Nachtrag zum Vermerk über das persönliche Gespräch mit dem Staatssekretär beim Ministerrat der DDR, Kohl, vom 8. Juni 1971: „Punkt 8): Zum Thema Zentrales Bundesregister habe ich Kohl einen vorbereiteten Vermerk übergeben." Vgl. VS-Bd. 4487 (II A 1); B 150, Aktenkopien 1971.

[18] Paraphe.

[1] Ablichtung.
Die Gesprächsaufzeichnung wurde von Vortragendem Legationsrat Eitel, Bundeskanzleramt, gefertigt.
Hat Staatssekretär Frank am 13. Juni 1971 vorgelegen.
Hat Legationsrat I. Klasse Vergau am 15. Juni 1971 vorgelegen, der die Weiterleitung an Ministerialdirektor von Staden verfügte.

[2] Vgl. Dok. 202.

[3] Das 14. Gespräch des Staatssekretärs Bahr, Bundeskanzleramt. mit dem Staatssekretär beim Ministerrat der DDR, Kohl, fand am 19. Juli 1971 in Ost-Berlin statt. Vgl. dazu Dok. 250 und Dok. 251.

[4] Im elften Gespräch mit Staatssekretär Bahr, Bundeskanzleramt, am 30. April 1971 legte der Staatssekretär beim Ministerrat der DDR, Kohl, eine überarbeitete Fassung seiner erstmals im zehnten Gespräch am 31. März 1971 in Ost-Berlin vorgetragenen zehn „Elemente eines Vertrags zwischen der Deutschen Demokratischen Republik und der Bundesrepublik Deutschland über Fragen des Verkehrs" vor. Vgl. dazu Dok. 149.

sozusagen in erster Lesung behandelt.[5] Zur Präambel habe seine Seite einen Formulierungsvorschlag vorgetragen, den Staatssekretär Bahr wegen der knappen Form als gute Gesprächsgrundlage bezeichnet habe. Man habe sich beim letzten Mal weiter darüber verständigt, heute zunächst die Präambel weiter zu erörtern und u.U. zu einer endgültigen Formulierung zu gelangen.

Er sei bereit, den Passus seiner Formulierung „in dem Bestreben, einen Beitrag zur Entspannung in Europa zu leisten" zu ergänzen durch folgende Formulierung: „und normale völkerrechtliche Beziehungen zwischen beiden Staaten zu fördern".

Dies würde eine klare Aussage über das Verhältnis der beiden Staaten zueinander sein. Er sei sich klar darüber, daß der Verkehrsvertrag nicht die Grundlage zur Regelung des Verhältnisses zwischen beiden Staaten legen könne, aber ein dem Völkerrecht gemäßer Verkehrsvertrag könne eine vernünftige Lösung fördern.

Die Formulierung, die Staatssekretär Bahr beim letzten Mal vorgeschlagen habe, erscheine wegen der in ihr anklingenden Konzeption der Sonderbeziehungen zwischen den beiden Staaten nicht realistisch. Er wolle nochmals betonen, die Regierung der Bundesrepublik müsse die Beziehungen zur DDR auf eine völkerrechtliche Grundlage stellen. Dies sei der erste Schritt. Ein Verkehrsvertrag müsse dieser Notwendigkeit ausdrücklich oder dem materiellen Inhalt nach Rechnung tragen.

Zu den Elementen eins bis vier habe es bereits eine Annäherung gegeben. Dies gelte besonders für das Element drei, das für den grenzüberschreitenden Verkehr die Geltung innerstaatlichen Rechts vorsehe. Dem habe Staatssekretär Bahr in etwa beim letzten Mal zugestimmt, dabei aber die Einschränkung gemacht, daß der Natur der Sache nach Ausnahmen etwa für das Personalstatut und andere Gebiete gemacht werden müßten. Er wolle in diesem Zusammenhang eine Äußerung Staatssekretär Bahrs, die einige Zeit zurückliege, zitieren und sagen, „Fürchtet Euch nicht".[6] In der Tat bleibe ein Reisender auch im Gastland Staatsbürger seines Heimatstaates. Auch seine Arbeitsrechtsverhältnisse, z.B. sein Arbeitsverhältnis als Fernlastfahrer zu seinem Arbeitgeber, blieben unberührt. Die DDR habe nicht die Absicht, die völkerrechtlichen Regeln betr. die Personalhoheit zu ändern oder aufzuheben. Darum gehe es keinesfalls. Alle Rechtsbeziehungen, die sich beim Aufenthalt eines Bürgers im Gastland zwischen Bürger und Aufenthaltsstaat entwickelten, müßten dem innerstaatlichen Recht unterstehen. Dies gelte für die Bestimmungen betr. Einreise, Gesundheitsschutz und Zivilrecht, aber auch für Strafgesetze, z.B. bei Verkehrsdelikten. Staatssekretär Bahrs Vorschlag, die Geltung innerstaatlichen Rechts auf einige wenige Vorschriften betr. Gesundheit von Mensch, Tier und Pflanze u.ä. zu beschränken, sei daher unrealistisch. Er wolle die früher gestellte Frage wiederholen, was denn in dem übrigen Bereich gelten solle. Sein Element drei entspreche voll den Bedürfnissen der Praxis und den international üblichen Vereinbarungen. Ebenso verhalte sich auch der Vertrag zwischen

---

[5] Vgl. dazu das zwölfte Gespräch des Staatssekretärs Bahr, Bundeskanzleramt, mit dem Staatssekretär beim Ministerrat der DDR, Kohl, in Ost-Berlin; Dok. 180.

[6] Vgl. dazu das fünfte Gespräch des Staatssekretärs Bahr, Bundeskanzleramt, mit dem Staatssekretär beim Ministerrat der DDR, Kohl, am 3. Februar 1971; Dok. 42.

der Bundesrepublik und Österreich vom 17.2.1966, dessen Artikel 19 vorsehe, daß, soweit nichts anderes vereinbart sei, im Hoheitsgebiet eines jeden Vertragsstaates dessen Recht gelte.[7] Ausnahmen von dieser Grundregel müßten gesondert vereinbart werden, wie das in Artikel 7 und 8 des gleichen Vertrages geschehen sei. Artikel 7 sehe vor, daß im Durchgangsverkehr bestimmter Fahrzeuge die für sie ausgestellten amtlichen Urkunden anerkannt würden, während Artikel 8 feststelle, daß es im Durchgangsverkehr genüge, wenn die Fahrzeuge den Vorschriften des Heimat- und nicht des Aufenthaltsstaates entsprächen.[8] Ähnlich sei die Regelung im Vertrag zwischen der Bundesrepublik und Holland vom 22.9.1970, dessen Paragraph 11 ausdrücklich feststelle, daß die innerstaatlichen Vorschriften der beiden Vertragsstaaten unberührt blieben.[9] Ebenso sehe schließlich der Vertrag zwischen der Bundesrepublik und Polen vom 16.2.1971 in Artikel 3 vor, daß Binnenschiffe dem jeweils im Aufenthaltsstaat geltenden Recht unterlägen.[10] Er wolle es mit dieser Aufzählung genug sein lassen, hoffe aber nachgewiesen zu haben, daß Ausnahmen vom Grundsatz der Geltung des innerstaatlichen Rechts, wie die Anerkennung von Papieren oder der Verzicht auf Transitzölle, ausdrücklich vereinbart werden müßten.

Auch der Meinungsaustausch über das zweite Element habe zu einer Annäherung beigetragen. Staatssekretär Bahr habe gesagt, daß man die öffentliche Ruhe und Ordnung nicht gefährden lassen wolle. Er, Kohl, sei der gleichen Auffassung. Seine Forderung sei, daß der grenzüberschreitende Verkehr ausschließlich friedlichen Zwecken dienen dürfe. Zur Erläuterung des Begriffs „friedlich" habe er in dem Bestreben, exakte Begriffe zu verwenden, Staatssekretär Bahrs Aufmerksamkeit bereits beim letzten Mal auf die Genfer Küstenmeerkonvention vom 29.4.1958 gelenkt, in der als friedliche Durchfahrt eine solche Durchfahrt bezeichnet werde, die nicht den Frieden, die öffentliche Ordnung oder die Sicherheit des Küstenstaates beeinträchtige. Die Durchfahrt, so heiße es weiter in der Konvention, müsse diese Interessen des Küstenstaates berücksichtigen.[11] Er hoffe, daß seine Formulierungen zu Element zwei präzise genug seien. Ihr Hauptanwendungsgebiet sei der Transit, sie hätten Geltung aber auch für den Wechselverkehr.

Auch bei Element vier bestehe Übereinstimmung in wesentlichen Punkten. Was Absatz eins betreffe, so habe Staatssekretär Bahr sich zwar nicht positiv zur Festlegung von Verkehrswegen geäußert, aber aus früheren Äußerungen Staatssekretär Bahrs glaube er jedenfalls entnehmen zu können, daß dieser keine wesentlichen Bedenken gegen eine solche Regelung habe. Absatz zwei

---

[7] Für Artikel 19 des Vertrags vom 17. Februar 1966 zwischen der Bundesrepublik und Österreich über den Durchgangsverkehr auf der Roßfeldstraße vgl. Dok. 33, Anm. 14.

[8] Für den Wortlaut der Artikel 7 und 8 des Vertrags vom 17. Februar 1966 zwischen der Bundesrepublik und Österreich über den Durchgangsverkehr auf der Roßfeldstraße vgl. BUNDESGESETZBLATT 1967, Teil II, S. 2087.

[9] Für Paragraph 11 der Verwaltungsvereinbarung vom 22. September 1970 zwischen der Bundesrepublik und den Niederlanden über den grenzüberschreitenden Güterkraftverkehr vgl. Dok. 76, Anm. 16.

[10] Für Artikel 3 der Vereinbarung vom 5. Februar 1971 zwischen dem Bundesministerium für Verkehr und dem polnischen Schiffahrtsministerium über den Binnenschiffsgüterverkehr vgl. Dok. 180, Anm. 22.

[11] Vgl. dazu Artikel 14 Absätze 4 und 5 des Übereinkommens vom 29. April 1958 über das Küstenmeer und die Anschlußzone; Dok. 42, Anm. 6.

stimme inhaltlich mit dem, was Staatssekretär Bahr vorgeschlagen habe, überein. Wenn Staatssekretär Bahr zusätzlich noch die freie Wahl von Verkehrsmitteln erlauben wolle, so sei dies nicht üblich. Im grenzüberschreitenden Verkehr bestehe vielmehr die Genehmigungspflicht der Verkehrsmittel, und dieser Grundsatz schließe die freie Wahl aus.

Beim letzten Gespräch sei dann jedoch deutlich geworden, daß in der entscheidenden Grundfrage verschiedene Standpunkte eingenommen würden. Er meine hier die Weigerung der Bundesregierung, sich bei der Regelung ihrer Beziehungen zur DDR auf den Boden des Völkerrechts zu stellen. Staatssekretär Bahr habe gesagt, man könne bei der ersten vertraglichen Regelung eines Teilgebietes nicht summarisch und undifferenziert sich auf das Völkerrecht berufen, da dies der Versuch sei, ein Schlüsselproblem des Grundsatzverhältnisses vorweg zu lösen. Demgegenüber wolle er noch einmal klarstellen, es gehe darum, die Beziehungen zwischen BRD und DDR nach völkerrechtlichen Normen zu regeln, gleich, um welches Gebiet es sich handele. Die Heranziehung völkerrechtlicher Normen sei eine Notwendigkeit und darüber hinaus eine Rechtspflicht für die Bundesregierung. Letztere sage, die DDR sei ein Staat. Staatssekretär Bahr sage, die Beziehungen zwischen beiden Staaten müßten auf der Grundlage von Gleichberechtigung und Nichtdiskriminierung geregelt werden. Außerdem betrachte die BRD sich als Völkerrechtssubjekt. Daraus folge, daß dann auch die DDR ein Völkerrechtssubjekt sein müsse, da sonst die Worte von der Gleichberechtigung und Nichtdiskriminierung leere Hülsen seien. Wenn aber zwei Völkerrechtssubjekte Beziehungen zueinander aufnähmen, so könne es sich nur um völkerrechtliche Beziehungen handeln. Zwischen Staats- und Völkerrecht gebe es kein Mittelding. Und auch Rechtslehrer in der BRD, wie Doehring, Menzel oder Scheuner würden nichts anderes sagen können.

Staatssekretär *Bahr* wollte das bezweifeln.

Staatssekretär *Kohl* fuhr fort, daß sich logisch oder zwingend ergebe, daß die Beziehungen zwischen den beiden deutschen Staaten völkerrechtlicher Art seien. Es sei nicht möglich, wie Staatssekretär Bahr es durch die Bezugnahme auf einige ausgewählte Rechtsgrundsätze versuche, die Rosinen herauszupicken. Das Völkerrecht müsse als ganzes System geschlossen Anwendung finden.

Er wolle hier auch noch einmal auf die VN-Deklaration über die freundschaftlichen Beziehungen und die Zusammenarbeit der Staaten vom 24.10.1970 hinweisen. Dort heiße es, daß die Prinzipien des Völkerrechts in Auslegung und Anwendung verknüpft seien und jedes Prinzip im Zusammenhang mit den anderen interpretiert werden müsse. Die Deklaration fordere übrigens, alle diese Prinzipien zu befolgen.[12] Artikel 25 des Grundgesetzes verpflichte auch die Bundesregierung, diese Prinzipien zu berücksichtigen.[13] Wenn er sich dagegen

---

12 Zur Resolution Nr. 2625 der UNO-Generalversammlung vom 24. Oktober 1970 vgl. Dok. 76, Anm. 8 und 10.
  In der Resolution wurde ferner festgestellt: „In their interpretation and application the above principles are interrelated and each principle should be construed in the context of the other principles. [...] The principles of the Charter which are embodied in this Declaration constitute basic principles of international law, and consequently appeals to all States to be guided by these principles in their international conduct and to develop their mutual relations on the basis of the strict observance of these principles." Vgl. UNITED NATIONS RESOLUTIONS, Serie I, Bd. XIII, S. 340.
13 Für Artikel 25 des Grundgesetzes vom 23. Mai 1949 vgl. Dok. 33, Anm. 10.

wende, aus dem System des Völkerrechts nur bestimmte Prinzipien auszuwählen, so deshalb, weil die Anwendung des Völkerrechts gerade zwischen Staaten verschiedener Gesellschaftsordnungen eine Grundfrage sei und jede andere Regelung letztlich zur Ungleichheit der vertragschließenden Partner führe. Auch der Verkehrsvertrag müsse auf der Grundlage des Völkerrechts stehen und stelle letztlich Völkerrecht dar. Ebenso sei es auf jedem anderen Gebiet.

Er wolle wiederholen, daß es nicht darum gehe, die grundlegende Regelung vorweg zu nehmen; diplomatische Beziehungen, Gewaltverzicht, Abrüstung, überhaupt eine umfassende Zusammenarbeit auf allen gesellschaftlichen Ebenen, all dies könne nicht schlechthin durch einen Verkehrsvertrag geregelt werden, obwohl eine Regelung wichtig sei.

Zu den wiederholten Hinweisen Staatssekretär Bahrs auf die Vier-Mächte-Rechte wolle er seine Frage wiederholen, welche Vorbehaltsrechte der Anwendung von Völkerrecht zwischen den beiden deutschen Staaten entgegenstünden. Er kenne keine. Im Gegenteil, die DDR sei ausdrücklich zur Aushandelung und zum Abschluß solcher Verträge legitimiert. Auch die Bundesregierung könne sich nicht etwa auf die Pariser Verträge[14] berufen. Er wolle keinesfalls Potsdam[15] und die Vier-Mächte-Verantwortlichkeiten, übrigens auch nicht die Verantwortung von BRD und DDR zur Verwirklichung des Potsdamer Abkommens, vom Tisch wischen.

Sein Exkurs in Rechtsfragen wäre nicht nötig gewesen, wenn die Bundesregierung sich zur Anwendung des Völkerrechts bereitfände. Mit der Erkenntnis, daß die DDR kein Phänomen à la Kiesinger[16] sei, habe sie einen Fuß auf den Boden der Realität gesetzt. Es wäre zweckmäßig und auch bequemer, den anderen Fuß nachzuziehen.

Bei der Diskussion der Elemente fünf bis zehn werde immer wieder deutlich werden, daß das Völkerrecht die Basis sei. Er würde nunmehr dankbar sein, wenn Staatssekretär Bahr zusammenhängend zu diesen Elementen Stellung nehme. Da seine Delegation heute zeitlich etwas beschränkt sei, werde er dann nicht sofort antworten, sondern Staatssekretär Bahrs Ausführungen zuhause überdenken.

Staatssekretär *Bahr* erwiderte zunächst auf die letzten Ausführungen Staatssekretär Kohls und sagte, mit dem letzten Punkt beginnend, daß das Stehen auf einem Fuß bislang noch nicht unbequem geworden sei und daß man noch eine ganze Weile so stehen bleiben könne. Das Sonderverhältnis zwischen beiden Staaten – auf diesen Begriff sei er nicht festgelegt, was immer Staatssekretär Kohl gefalle zur Beschreibung dieses Sonderverhältnisses, akzeptiere er gern – das Sonderverhältnis jedenfalls sei Teil der gegenwärtigen Situation. Er habe das früher schon ausführlich begründet und könne sich eine Begründung hier jetzt schenken. Staatssekretär Kohls Bemerkung, er wolle die Vorbehalts-

---

[14] Für den Wortlaut der Pariser Verträge vom 23. Oktober 1954 vgl. BUNDESGESETZBLATT 1955, Teil II, S. 213–576.
[15] Für den Wortlaut des Kommuniqués vom 2. August 1945 über die Konferenz von Potsdam (Potsdamer Abkommen) vgl. DzD II/1, S. 2102-2148.
[16] Zu den Ausführungen des Bundeskanzlers Kiesinger am 13. Oktober 1967 im Bundestag vgl. Dok. 112, Anm. 9.

203   8. Juni 1971: Gespräch zwischen Bahr und Kohl

rechte[17] nicht vom Tisch wischen, könne er nur unterstreichen. Diese Rechte müßten unbedingt in Rechnung gestellt werden.

Zu den Ausführungen Staatssekretär Kohls über die verschiedenen Standpunkte in einer wesentlichen Grundfrage wolle er einen Hinweis geben, der ihm hierzu eingefallen sei, den er noch nicht gründlich überdacht habe und deshalb hier mit allen Vorbehalten vortragen wolle. Es gebe doch Verhandlungen, wo beide Seiten sich ihre Rechtsauffassung reservierten und dadurch dann in praktischen Fragen zu Übereinkünften gelangten. Das sei eine praktikable Methode, durch die man Rechtsauffassungen, die heute oder morgen nicht miteinander zu vereinbaren sein würden, unangetastet lassen und gleichwohl zu Vereinbarungen kommen könne.

Staatssekretär *Kohl* warf ein, dies sei aber nicht möglich, wenn die reservierten Rechtsauffassungen die Qualität des Vertrages beträfen.

Staatssekretär *Bahr* räumte dies ein und sagte, ein solcher Vertrag müsse, wie zwischen Staaten üblich, abgeschlossen und auch verbindlich sein.

Staatssekretär *Kohl* meinte, dies bedeute doch, daß der Vertrag dem Völkerrecht unterliege.

Staatssekretär *Bahr* erwiderte, daß diese Frage offenbleiben könne. Er habe den Fall erlebt, wo in Papiere, die von beiden Seiten vorgelegt worden seien, Rechtsauffassungen eingeflossen seien, die der jeweils anderen Seite nicht hätten aufgedrängt werden können. Dieser Zustand habe gedroht, zu einer Blockierung der Verhandlungen, von denen er spreche, zu führen. Die Frage sei daher, ob nicht auch im Falle der hier stattfindenden Gespräche als Ergebnisse dieser Überlegungen ein Vertrag unter Wahrung der Rechtspositionen möglich sei.

Staatssekretär *Kohl* hielt Staatssekretär Bahrs Beispiel nicht für überzeugend; denn in jenem Fall gebe es keinen Zweifel darüber, daß das Ergebnis, zu dem man dort hoffentlich bald gelangen werde, ein völkerrechtliches Agreement sein werde. Jeder der dort Beteiligten würde schockiert sein, wenn eine Seite behaupten würde, daß dieses Argument nach Völkerrecht nicht verbindlich sein solle.

Staatssekretär *Bahr* sagte, daß Deutsche im Ausland einen gewissen Ruf dafür hätten, gern Prinzipien zu wahren, auch wenn die Welt dabei zugrunde gehe.

Ein bißchen von diesem Nationalcharakter sei in den beiden deutschen Staaten hängengeblieben. Man sei sich einig darüber, daß das grundsätzliche Verhältnis zwischen BRD und DDR nicht durch einen Verkehrsvertrag geregelt werden könne. Staatssekretär Kohl sage, daß noch viel zwischen dem jetzigen Zustand und einer Regelung dieses Grundverhältnisses liege, daß man aber einen Punkt, und zwar den der Völkerrechtlichkeit, jetzt schon beim Verkehr regeln könne. Er, Bahr, wende demgegenüber ein, daß es schon bei der Regelung dieses einen Punktes bis auf den tiefsten Grund des Verhältnisses zwischen den beiden Staaten gehe oder jedenfalls gehen könne. Staatssekretär Kohl sei nun der Ansicht, daß dieses Teilgebiet „völkerrechtlich" nunmehr geregelt werde,

---

17 Vgl. dazu Artikel 2 Satz 1 des Vertrags vom 26. Mai 1952 über die Beziehungen zwischen der Bundesrepublik Deutschland und den Drei Mächten in der Fassung vom 23. Oktober 1954 (Deutschland-Vertrag); Dok. 154, Anm. 10.

alles andere aber zurückgestellt werden müsse. Dies sei in Wahrheit die Praxis des Herauspickens einer Rosine.

Staatssekretär Kohl habe nach den Vorbehaltsrechten gefragt. Er, Bahr, könne leicht sich über das Grundgesetz verbreiten und dieses mit den Vorbehaltsrechten in Verbindung bringen. Dies würde aber wegen der politischen Gegebenheit nicht weiterführen. Es sei nun einmal so, daß Regierungen auch Regierungen bleiben wollten und sich deshalb in der politischen Landschaft umschauten, um zu erkennen, was machbar sei und was nicht. Es habe doch keinen Sinn, wenn Staatssekretär Kohl hier erreiche, daß er, Bahr, einen Punkt zugestehe, der sich dann nicht in die Wirklichkeit umsetzen lasse.

Staatssekretär *Kohl* meinte, das wolle er auch gar nicht.

Staatssekretär *Bahr* sagte, dann komme man eben dahin, sich damit zu begnügen, daß die Beziehungen in einer für beide Seiten verbindlichen Weise und in der Sache befriedigend geregelt werden müßten.

Staatssekretär *Kohl* sagte, er müsse daran festhalten, daß auch der Verkehr nur in der zwischen Staaten üblichen Form geregelt werden könne. Das bedeute nicht den Versuch einer Vorwegnahme der Regelung des Grundverhältnisses. Es gehe doch nur darum, daß nicht einige Fragen völkerrechtlich und andere nicht-völkerrechtlich, sondern daß alles völkerrechtlich geregelt werden müsse. Letztlich könne es ihm und seiner Regierung gleichgültig sein, was die Bundesregierung über die Pariser Verträge denke. Daß die DDR über das Verkehrsabkommen nicht auch das Grundsatzverhältnis regeln wolle, werde an einigen Beispielen deutlich, so den Abkommen, die die DDR mit der VAR vor der Aufnahme diplomatischer Beziehungen[18] geschlossen habe; natürlich seien diese Abkommen völkerrechtliche Verträge gewesen. Das gleiche gelte für Verträge, die die Sowjetunion in den ersten Jahren nach ihrer Gründung vor der Aufnahme diplomatischer Beziehungen z. B. mit Großbritannien[19] geschlossen habe. Auch hier habe es sich selbstverständlich um völkerrechtliche Verträge gehandelt. Was immer geregelt worden sei oder geregelt werde, sei eine völkerrechtliche Regelung. Man könne nicht einzelne Prinzipien, wie etwa die Nicht-Diskriminierung, herausgreifen. Interessant sei hier auch das Kommuniqué, das zum Abschluß des Besuchs von Bundespräsident Heinemann in Rumänien veröffentlicht worden sei und in dem es heiße, daß in den Beziehungen zwischen allen Staaten von der Souveränität, der Gleichberechtigung, der Nicht-Einmischung und – interessanterweise – vom gegenseitigen Vorteil auszugehen sei.[20]

---

[18] Die DDR und die VAR nahmen am 11. Juli 1969 diplomatische Beziehungen auf.
[19] Großbritannien und die UdSSR nahmen am 8. Februar 1924 diplomatische Beziehungen auf.
[20] Bundespräsident Heinemann hielt sich vom 17. bis 20. Mai 1971 zu einem Staatsbesuch in Rumänien auf. Im Kommuniqué wurde u.a. ausgeführt: „Beide Seiten führten einen ausführlichen und nützlichen Meinungsaustausch über internationale Fragen, insbesondere über diejenigen, die den Frieden und die Sicherheit in Europa betreffen. Sie bekräftigten ihre Überzeugung, daß in den Beziehungen zwischen allen Staaten die Achtung der Grundsätze der nationalen Unabhängigkeit und Souveränität, der Gleichberechtigung und der Nichteinmischung in innere Angelegenheiten sowie des gegenseitigen Vorteils wesentliche Voraussetzungen für die Schaffung einer Atmosphäre des Vertrauens und der Zusammenarbeit in der Welt ist." Vgl. BULLETIN 1971, S. 830.

Er könne auch argumentieren, daß im Moskauer Vertrag und mehr noch im Warschauer Vertrag[21] der Grundsatz aufgestellt sei, die Souveränität aller Staaten zu achten. Das müsse also auch gegenüber der DDR gelten. Zwar seien diese Verträge noch nicht in Kraft, aber es sei anerkanntes Völkerrecht und als solches auch in der Wiener Vertragsrechtskonvention niedergelegt, daß eine Regierung nicht gegen abgeschlossene, aber noch nicht ratifizierte Verträge handeln dürfe.[22] Dies müsse auch für das gegenwärtig hier erörterte Problem gelten.

Staatssekretär *Bahr* sagte, er habe auch gar nicht bestritten, daß bei der Regelung der Beziehungen zur DDR von den Grundsätzen auszugehen sei, die das von Staatssekretär Kohl angeführte Kommuniqué aufzähle. Er setze nur einen Punkt hinzu: Da das Verhältnis der beiden deutschen Staaten zueinander völlig einzigartig sei, entziehe es sich jeder Vergleichsmöglichkeit. Es gebe nämlich keinen Friedensvertrag, dafür aber bestimmte, andauernde Kompetenzen der Vier Mächte. Wenn Staatssekretär Kohl dies ebenfalls berücksichtige – auf ein weiteres Element der Beziehungen zwischen den beiden deutschen Staaten, nämlich die Einstellung der in den beiden Staaten lebenden Menschen, wolle er hier gar nicht eingehen – dann habe er das Verhältnis der beiden Staaten korrekt umschrieben.

Staatssekretär *Kohl* erwiderte, wenn Staatssekretär Bahr von einem Sonderverhältnis zwischen den beiden Staaten ausgehe, so müsse er doch grundsätzlich und zunächst davon ausgehen, daß das Verhältnis der beiden Staaten auf allgemein anerkanntem Völkerrecht beruhe, so wie auch das Verhältnis zu dritten Staaten. Erst danach komme dann als besondere Qualifizierung – immer nach Staatssekretär Bahrs Auffassung – die Vier-Mächte-Verantwortlichkeit. Wo nun, er komme wieder darauf zurück, stehe geschrieben, daß BRD und DDR keinen völkerrechtsgemäßen Verkehrsvertrag schließen dürfen?

Staatssekretär *Bahr* antwortete, daß dies für den Bereich der Regelung sachlicher Fragen nicht gelte. Erst die grundsätzliche Deduktion, die Staatssekretär Kohl vornehme, und in die er das Völkerrecht einführe, und durch die er das Völkerrecht zum Maßstab für die Beziehungen zwischen den beiden Staaten mache, zwinge dazu, dann auch den anderen Faktor hinzuzunehmen, nämlich die Vier-Mächte-Verantwortlichkeiten. Daher müsse man, wenn man den einen Faktor erwähne, auch den anderen anführen; man könne aber auch beide auslassen; eine dritte Lösung würde die Bundesregierung nicht mitmachen können.

Staatssekretär *Kohl* sagte, es gehe doch nicht, daß man zunächst einen Verkehrsvertrag schließe und Staatssekretär Bahr dann auftrete und erkläre, der

---

[21] Vgl. dazu Absatz 5 der Präambel des Vertrags vom 7. Dezember 1970 zwischen der Bundesrepublik und Polen über die Grundlagen der Normalisierung ihrer gegenseitigen Beziehungen; Dok. 33, Anm. 8.

[22] Vgl. dazu Artikel 18 des Wiener Übereinkommens vom 23. Mai 1969 über das Recht der Verträge: „Ein Staat ist verpflichtet, sich aller Handlungen zu enthalten, die Ziel und Zweck eines Vertrags vereiteln würden, a) wenn er unter Vorbehalt der Ratifikation, Annahme oder Genehmigung den Vertrag unterzeichnet oder Urkunden ausgetauscht hat, die einen Vertrag bilden, solange er seine Absicht nicht klar zu erkennen gegeben hat, nicht Vertragspartei zu werden, oder b) wenn er seine Zustimmung, durch den Vertrag gebunden zu sein, ausgedrückt hat, und zwar bis zum Inkrafttreten des Vertrags und unter der Voraussetzung, daß sich das Inkrafttreten nicht ungebührlich verzögert." Vgl. BUNDESGESETZBLATT 1985, Teil II, S. 933 f.

Verkehrsvertrag sei kein völkerrechtlicher Vertrag, während er, Kohl, zur gleichen Zeit auftrete und erklären werde, daß dieser Vertrag natürlich ein völkerrechtlicher sei.

Staatssekretär *Bahr* räumte ein, daß dies wirklich nicht gehe und daß er daher gern eine Sprachregelung vereinbaren möchte, die diese beiden Erklärungen vermeide.

Hier wurde die Sitzung für das Mittagessen unterbrochen.

Staatssekretär *Bahr* fuhr dann fort, daß Staatssekretär Kohls Hinweis auf die VN-Deklaration wohl nicht ganz einschlägig sei, da die VN bei ihrer Abfassung sicher nicht an die beiden deutschen Staaten gedacht hatten. Im übrigen hätte er es richtig gefunden, wenn Staatssekretär Kohl zunächst einmal die Genugtuung darüber ausgedrückt hätte, daß die Bundesregierung als erste von fast allen westlichen Staaten die DDR als Staat anerkannt habe. Die Staatseigenschaft der DDR sei dadurch doch nicht mehr zu bestreiten.

Staatssekretär *Kohl* entgegnete, daß, wenn die Bundesregierung sich im Ausland mehr zurückgehalten hätte, viele Staaten schon früher bereit gewesen wären, mit der DDR auf der Basis des Völkerrechts zu kooperieren.

Staatssekretär *Bahr* erwiderte, daß die Lage nun mal so sei.

Was Staatssekretär Kohls Forderung anbetreffe, einen Passus über die Friedlichkeit des Verkehrs in das Abkommen aufzunehmen, so sei dazu zu sagen, daß man einen entsprechenden Passus bislang in den Verkehrsabkommen der DDR vergeblich gesucht habe.

Staatssekretär *Kohl* erwiderte, man habe auch noch nicht einen Verkehrsvertrag mit einem Staat abgeschlossen, dessen Verhältnis zur DDR so unfriedlich sei wie im Falle der Bundesrepublik.

Staatssekretär *Bahr* begrüßte, daß Staatssekretär Kohl selbst auf Charakteristika des Sonderverhältnisses zwischen BRD und DDR hinweise.

Staatssekretär *Kohl* meinte, daß dann die Normalisierung auf der Basis des Völkerrechts um so wichtiger sei.

Staatssekretär *Bahr* sagte, dann brauche man aber die Friedlichkeit nicht zu erwähnen.

Staatssekretär *Kohl* sagte, über eine solche Regelung (d. h. Normalisierung auf völkerrechtlicher Basis, ohne Erwähnung der Friedlichkeit) könne seine Seite echt nachdenken.

Staatssekretär *Bahr* wandte sich dann der Geltung innerstaatlichen Rechts zu und erklärte, Staatssekretär Kohls Bemerkung „Fürchtet Euch nicht" reiche hier nicht aus. Staatssekretär Kohl selbst habe gesagt, daß das Arbeitsverhältnis des Reisenden im Aufenthaltsstaat nicht dessen innerdeutschem Recht unterliege. Es gelte mithin nicht das gesamte innerstaatliche Recht, sondern nur der Teil, der auf den Verkehr Bezug habe. Er lege Staatssekretär Kohl auch die Frage vor, warum die DDR 1969 in ihrem Entwurf[23] es für richtig gehalten habe, nicht einfach die Geltung innerstaatlichen Rechts zu verlangen, sondern

---

[23] Am 26. November 1969 übergab das Ministerium für Verkehrswesen der DDR dem Bundesministerium für Verkehr den Entwurf für einen Vertrag über den grenzüberschreitenden Verkehr. Für den Entwurf vgl. Referat II A 1, Bd. 360. Vgl. dazu ferner AAPD 1969, II, Dok. 378.

einige Rechtsgebiete aufzuführen. Wenn dies damals sinnvoll gewesen sei, warum heute nicht? Er jedenfalls wolle keine unbegrenzte und unbegrenzt auslegungsfähige, sondern eine klar fixierte und definierte Regelung, die die Einschränkung deutlich mache, daß die Geltung innerstaatlichen Rechts sich auf das Verkehrsgebiet beschränke. Man wolle doch seine Bürger nicht allen Regeln unterwerfen, auch solchen, die auf den Wechselverkehr keine Anwendung fänden. Man solle sich auch darüber einigen, wie bei Zwischenfällen z. B. Unfällen, eine Regelung durch einen noch zu erörternden Mechanismus getroffen werden könne.

Er wolle jetzt nicht weiter auf Staatssekretär Kohls Bemerkungen vom heutigen Tage eingehen, sondern zur Präambel kommen.

Staatssekretär Kohls Textvorschlag biete eine günstige Voraussetzung für das Gespräch. Er, Bahr, schlage folgenden Text in leichter Abwandlung des Kohl'schen Vorschlags vor:

„Präambel

Die Regierung der Bundesrepublik Deutschland und die Regierung der Deutschen Demokratischen Republik

– in dem Bestreben, einen Beitrag zur Entspannung in Europa zu leisten,

– in der Absicht, Beziehungen beider Staaten zu einander zu entwickeln,

sind übereingekommen, als ersten Schritt auf dem Gebiete des Verkehrs das folgende Abkommen zu schließen".

Diese Formulierung entspreche in klarer, einfacher Form dem, was Staatssekretär Kohl vorgeschlagen habe. Die Ergänzung, die dieser heute morgen gewünscht habe, sei jedoch nicht akzeptabel. Die Begründung dafür habe er ebenfalls schon heute morgen gegeben.

Staatssekretär *Kohl* regte an, den Verkehr doch als grenzüberschreitenden zu bezeichnen. Diese Bezeichnung finde sich auch im Protokoll zwischen der BRD und der DDR vom 9.9.1964[24] und vielen anderen Abkommen, etwa über Fahrpläne u. ä.

Staatssekretär *Bahr* erwiderte, er wolle nicht bestreiten, daß der Verkehr grenzüberschreitend sei, habe auch nichts dagegen, dieses Adjektiv in Element I oder vielleicht auch in der Präambel zu erwähnen, er sei aber gegen eine Wiederholung stereotyper Formulierungen und wolle dieses Adjektiv allenfalls an einer Stelle.

Er komme nun zum Element V, der Gestaltung des grenzüberschreitenden Verkehrs. Staatssekretär Kohl verbinde den Grundsatz der Verkehrserleichterung mit zwei allgemeinen Prinzipien. Die Bezugnahme auf die im zwischenstaatlichen Verkehr übliche Praxis erscheine ihm, Bahr, denkbar, wenn man sich da-

---

[24] Im Protokoll vom 9. September 1964 über die Neuregelung im Eisenbahngüterverkehr zwischen der Deutschen Bundesbahn und dem Ministerium für Verkehrswesen der DDR wurde festgestellt, daß die Bevollmächtigten „über die Regelung der Übernahme von Frachten, die für Westberlin bestimmt sind, und der Übergabe von Frachten Westberliner Versender nach der Bundesrepublik Deutschland durch die Deutsche Reichsbahn und über die Festlegung der Grenzbahnhöfe für diesen grenzüberschreitenden Verkehr verhandelt" hätten. Ferner wurden in Punkt 4 die „Grenzübergabebahnhöfe für den durch diese Vereinbarung geregelten grenzüberschreitenden Güterverkehr" festgelegt. Vgl. DzD IV/10, S. 964 f.

rüber einig sei, daß beide Teile den materiellen Standard anstrebten, wie er im zwischenstaatlichen Verkehr in Europa üblich sei. Hier gebe es aber eine Schwierigkeit. Westeuropa habe teilweise einen anderen Standard als Osteuropa und innerhalb des Gemeinsamen Marktes gelte eine weitere Präferenzierung. Er gehe daher davon aus, daß die bestehenden tatsächlichen Verhältnisse nicht verschlechtert, sondern nur verbessert werden sollten. Es dürfe also nicht der schlechteste Standard als Maßstab dienen, also kein Rückschritt gegenüber dem gegenwärtigen Stand erfolgen.

Die Bezugnahme auf das Wohl der Bürger sei prinzipiell richtig. Es sei selbstverständlich, daß alle Regelungen dem Wohl der Bürger dienten. Aber warum solle dieser Grundsatz gerade und ausschließlich im Zusammenhang mit den Verkehrserleichterungen erwähnt werden? Es leuchte ihm nicht ein, und er wolle daher zurückkommen auf eine frühere Anregung, daß man eine Reihe von Punkten, die Staatssekretär Kohl wichtig seien, ja in einer Absichtserklärung beider Regierungen aufnehmen könne[25]; dies gestatte, sich in der Präambel und im übrigen Vertrag auf die sachliche Regelung zu beschränken.

Man stimme auch im Prinzip überein, was den Grundsatz der möglichst zweckmäßigen und einfachen Gestaltung des Verkehrs angehe. Er sei sich nur über die systematische Stellung dieser Vorschrift im Rahmen des Kohl'schen Vorschlages nicht im klaren. Welches Verhältnis habe sie zu Ziffer I, in der der Grundsatz des größtmöglichen Verkehrsumfanges postuliert werde? Stünden diese Grundsätze nicht in einem engen Ziel/Mittel-Zusammenhang und sollten daher auch so geregelt werden?

Er sei dann allerdings der Auffassung, daß die Festlegung solcher Grundsätze nicht ausreiche, sondern daß die Regelungen des Wechselverkehrs ebenfalls in dem Text des Abkommens gehörten. Auch das entspräche der Übung, dem internationalen Standard und seinen Vorschlägen. Er halte es nicht für richtig, wenn man nur über Prinzipien verhandele, ohne dabei die praktischen Auswirkungen vor Augen zu haben.

Hinsichtlich der Kohl'schen Vorschläge für Transitfragen könne er sich auf frühere Ausführungen beziehen. Auf sie brauche er im Augenblick nicht einzugehen.

Im Zusammenhang mit der Frage der gegenseitigen Anerkennung von Dokumenten (Element VI), insbesondere von Reisepässen, habe Staatssekretär Kohl eine recht interessante und grundsätzliche Frage aufgeworfen. Immer wieder stoße man bei den Gesprächen auf die Symptome des ungeregelten Grundverhältnisses zwischen beiden Staaten. Er, Bahr, frage sich, ob man, solange man noch nicht zu einem grundlegenden Vertrag gelangt sei, Teilregelungen auf sachlich begrenzten Gebieten erschwere oder gar blockiere, wenn man in diese Teilregelung mit hineinbaue, was sie trennen könnte.

Das Problem der Anerkennung der Pässe hänge nun einmal mit den Staatsangehörigkeitsfragen zusammen. Und die könne man nicht in einem Verkehrsvertrag bereinigen. Das Problem lasse sich nicht von heute auf morgen ausräumen. Es gehe um Fragen, die in der BRD eine verfassungsändernde Mehr-

---

[25] Zum Vorschlag des Staatssekretärs Bahr, Bundeskanzleramt, im zehnten Gespräch mit dem Staatssekretär beim Ministerrat der DDR, Kohl, am 31. März 1971 vgl. Dok. 112.

heit brauchten, wie Staatssekretär Kohl wohl wisse. Die notwendige Mehrheit werde man nicht bei einem Verkehrsvertrag, vielleicht nicht einmal bei einem Grundvertrag erreichen. Er wolle an seine Ausführungen von heute morgen erinnern. Es müsse eine Lösung gefunden werden, mit der beide Seiten leben können. Dieses Problem dürfe nicht der Kernpunkt werden, sonst könnte alles blockiert werden. Er wolle aber ausdrücklich sagen, daß man in der BRD das Problem erkannt habe und daß man sich auch damit beschäftigen müsse und werde. Dies sei sogar sein Vorschlag. Er glaube aber nicht, daß man jetzt gehindert sei, wenn man das Gespräch, Staatssekretär Kohls Vorschlag folgend, zunächst auf Verkehrsfragen beschränke, für die pragmatische Lösungen zu stimmen, die das Paßproblem auf moderne Weise und entsprechend der zwischen so vielen Staaten üblichen Praxis löste, indem man nämlich entsprechend seinem, Bahrs, Vorschlag, den Paß- und Visumzwang zwischen beiden Staaten gänzlich beseitige. Dabei sehe er die Schwierigkeiten, die dieses Problem für die DDR aufwerfe. Es gehe ihm aber darum, Hindernisse wegzuräumen, Schritt für Schritt. Es wäre doch für die DDR vielleicht nicht uninteressant, in einem Vertrag mit der Bundesrepublik das Prinzip der Visaerteilung bestätigt zu erhalten, indem man sage, daß beide Staaten einander das Recht attestierten, für Durchgangs-, Wechselverkehr und Aufenthalt Visa zu verlangen und daß dann beiderseits auf Visaerteilung verzichtet werde.

Staatssekretär *Kohl* meinte, dieser Vorschlag sei ihm nicht neu, sondern aus anderem Zusammenhang bekannt.

Staatssekretär *Bahr* sagte, sein Vorschlag habe damit nichts zu tun, da es sich hier um Wechselverkehr handele.

Staatssekretär *Kohl* sagte, dies gelte nur für Staatssekretär Bahr.

Staatssekretär *Bahr* fuhr fort, das, was die Bundesregierung in diesem Stadium einseitig habe tun können, habe sie, wie Staatssekretär Kohl ja wisse, veranlaßt.

Sein Vorschlag, wonach Verkehrsteilnehmer aus den Gebieten der Vertragspartner sich beim Grenzübertritt durch ein amtliches Personaldokument ausweisen müßten, sei zunächst selbstverständlich, laufe aber darauf hinaus, daß es einem jeden der beiden Staaten überlassen bleibe, was für ein Personaldokument – Reisepaß oder Personalausweis – er für seine Bürger bei der Ausreise als ausreichend bzw. erforderlich ansehe. Dieses, nach den Vorschriften des einen Staates für seine Bürger ausgestellte amtliche Personaldokument erkenne der andere Staat bei der Einreise und Wiederausreise zur Identifikation des Reisenden als ausreichend an. Damit müßten Staatssekretär Kohls Bedenken doch eigentlich ausgeräumt sein. Obwohl er, Bahr, hinzufügen könne, daß nach dem neueren internationalen Standard man in Europa mit dem Personalausweis, er glaube mit Ausnahme Spaniens, überall hinreisen könne.

Die gegenseitige Anerkennung von Fahrerlaubnisscheinen bei Kraftfahrzeugen entspreche der im zwischenstaatlichen Verkehr üblichen Praxis. Aber warum nur für Angehörige der beiden Vertragsstaaten? Die BRD gebe auch Führerscheine an andere Personen aus, z. B. an Gastarbeiter als LKW-Fahrer. Deshalb müßten, entsprechend seinem Vorschlag, alle nach dem Recht der beiden Vertragspartner gültigen Fahrerlaubnisscheine gegenseitig anerkannt werden.

Bei Binnenschiffen habe Staatssekretär Kohl Einwendungen gegen die Anerkennung der Befähigung der Besatzungsmitglieder geltend gemacht. Es sei richtig, daß sich die Binnenschiffahrtspatente jeweils nur auf bestimmte Wasserstraßensysteme bezögen. Für die gegenseitige Anerkennung interessierten hier nur die Stromsysteme, an denen die beiden Länder beteiligt seien, d.h. die Elbe und das Kanalsystem. Auf der Elbe seien bisher die Befähigkeitszeugnisse gegenseitig anerkannt worden. Übrigens auch im Verhältnis zur ČSSR. Das sei sehr vernünftig und solle es bleiben. Für das Kanalsystem gelte entsprechendes. Für daran anschließende Systeme müssen ebenfalls entsprechende Regelungen gefunden werden.

Weiter bitte er um Erläuterung, was Staatssekretär Kohl unter den „für den Transport erforderlichen Dokumenten" verstehe.

Die gegenseitige Anerkennung der „Dokumente für die auf seinem Gebiet zugelassenen Fahrzeuge" sei wohl eine sprachlich schlechte Fassung, die vielmehr meine „auf dem Gebiet der anderen Vertragspartei". Früher habe Staatssekretär Kohl nur von Fahrzeugzulassungspapieren gesprochen. Dabei könne es sich selbstverständlich nur um Zulassung nach den gesetzlichen Vorschriften der Vertragsparteien handeln. Was also sei der besondere Grund für die umständliche Formulierung?

Die beim vorletzten Mal[26] erklärte Bereitschaft der DDR, auch Dokumente über Bau und Ausrüstung von Binnenschiffen in die Anerkennung einzubeziehen, sei zu begrüßen. Er habe sich sagen lassen, daß Bau und Ausrüstung von Binnenschiffen im sog. Schiffsattest dokumentiert würden. Darin werde aber auch die Mindestzahl der Besatzungsmitglieder festgelegt. Darauf basierten seine Vorschläge auf die gegenseitige Anerkennung. Er nehme an, daß Staatssekretär Kohl mit dieser Erweiterung einverstanden sein könne.

Bei der Erhebung von Zöllen, Gebühren und Abgaben (Element VII) wolle er die Frage von Transitzöllen unerwähnt lassen; aber sei es überhaupt nötig, im Rahmen eines Verkehrsvertrages über Zölle zu sprechen?

Hinsichtlich der Gebühren und Abgaben sei der Vorschlag der DDR ebenso unbestimmt wie unbefriedigend. Auch Staatssekretär Kohls Argumentation vom 30.4. habe ihn nicht überzeugt.

Es gehe dabei hauptsächlich um das Problem der Wegekosten. Soviel er sehe, sei es in Europa üblich, diese Wegekosten auf In- und Ausländer nach gleichen Maßstäben umzulegen. In der BRD erhebe man von Inländern Kfz-Steuern und für LKW den sogenannten Leberpfennig[27], von Ausländern eine anteilige Kfz-Steuer, die sogenannten Tagessätze und gleichfalls den Leberpfennig. Ähnliche Systeme bestünden in anderen europäischen Ländern, auch in Osteuropa.

---

[26] Zum elften Gespräch des Staatssekretärs Bahr, Bundeskanzleramt, mit dem Staatssekretär beim Ministerrat der DDR, Kohl, am 30. April 1971 vgl. Dok. 148 und Dok. 149.

[27] Am 22. September 1967 stellte Bundesminister Leber vor der Presse ein verkehrspolitisches Programm vor, das u.a. eine Neuregelung der Beförderungssteuer vorsah. Danach sollten Motorfahrzeuge mit einer zulässigen Nutzlast von unter 4 t von der Beförderungssteuer befreit, solche mit einer Nutzlast von über 4 t mit einer gestaffelten Steuer zwischen 4 und 6 Pfennig je Tonnenkilometer belegt werden. Als weitere Maßnahme wurden Lastkraftwagen über 4 t Nutzlast im gewerblichen Güterfernverkehr mit einer Steuer in Höhe von 1 Pfennig je Tonnenkilometer belegt. Für den Wortlaut der Erklärung vgl. BULLETIN 1967, S. 881–888.

Dabei sei es möglich, daß zwischen zwei Staaten gegenseitig auf die Erhebung von Tagessätzen verzichtet werde. Wo sonst noch Straßenbenutzungsgebühren erhoben werden, wie z. B. auf italienischen Autobahnen, müßten sie von allen Benutzern, Inländern und Ausländern bezahlt werden. Die DDR sei, soweit er sehe, das einzige europäische Land, das je nach Herkunft der Fahrzeuge unterschiedliche Straßenbenutzungsgebühren erhebe. Dabei mache sie noch innerhalb der Ausländer Unterschiede, indem von Fahrzeugen einiger osteuropäischer Länder keine Straßenbenutzungsgebühren verlangt würden.

Nun seien formale Diskriminierungen nicht absolut verwerflich, wenn in der Sache eine Gleichbehandlung gegeben sei. Man könne sagen, daß die Straßenbenutzungsgebühren der DDR an Stelle der „Tagessätze" erhoben würden. Dann müsse man allerdings in Betracht ziehen, daß die BRD von Fahrzeugen der DDR keine Tagessätze erhebe und daß es unter dem Gesichtspunkt der Gegenseitigkeit naheliege, daß die DDR auf die Erhebung der entsprechenden Straßenbenutzungsgebühren verzichte. Dazu bestehe um so mehr Anlaß, als im Wechselverkehr – und in diesem Zusammenhang wirke es sich zum Vorteil der DDR aus, daß er ja nur über Wechselverkehr spreche – sehr viel mehr DDR-Fahrzeuge in die BRD führen, als umgekehrt.

In der Annahme, daß Staatssekretär Kohl ihm den „Leberpfennig" entgegenhalten werde, der für DDR-Fahrzeuge, auch wenn keine Tagessätze erhoben würden, zu einer ähnlichen Belastung wie die Straßenbenutzungsgebühren führe, wolle er sagen, daß der Leberpfennig Ende dieses Jahres auslaufe. Ihm sei nicht klar, welche Regelung ihn ablösen werde, möglicherweise eine Erhöhung von KFZ- und Mineralölsteuer. Um so mehr würde es dann an der Zeit sein, daß die DDR unter dem Gesichtspunkt der Gegenseitigkeit auf die Straßenbenutzungsgebühren verzichte.

Er bitte Staatssekretär Kohl daher zu prüfen, ob man nicht die gegenseitige Freistellung von Wegekosten ins Auge fassen könne, gerade wie dies auch zwischen anderen Staaten üblich sei.

Was die erforderlichen Genehmigungen (Element VIII) anlange, so sei er der Meinung, daß der derzeitige genehmigungsfreie Zustand beim Straßen-Güterverkehr für beide Seiten von großem Vorteil sei und ein Übergang zum Genehmigungsverfahren einen Rückschritt bedeuten würde.

Im Bereich der Binnenschiffahrt sei die derzeitige Rechtslage anders. Aber auch hier müsse man versuchen, einen analogen Zustand herzustellen. Er sei zu entsprechenden Bemühungen bereit.

Auf die Frage Staatssekretär Kohls nach der Bedeutung der „sonstigen Verkehrsrechte" antwortete er, daß damit die Genehmigungen für den gewerblichen Personenverkehr gemeint seien (Omnibus-Gelegenheits-Verkehr, Taxifahrten).

Zur Haftpflichtversicherung (Element IX) wolle er vorschlagen, daß für Fahrzeuge im Gebiet des einen Vertragspartners, die in das Gebiet des anderen Vertragspartners einreisen, eine ausreichende Haftpflichtversicherung bestehen müsse. Jeder Vertragspartner müsse die nach den Bestimmungen des anderen Vertragspartners vorgeschriebene Haftpflichtversicherung als ausreichend anerkennen.

Ersatzleistungen würden sichergestellt durch das Schadenregulierungsabkommen zwischen der Deutschen Versicherungsanstalt Berlin sowie der Vereinigten Groß-Berliner Versicherungsanstalt, Berlin, einerseits und dem Verband der Haftpflicht-, Unfall- und Kraftverkehrsversicherer e.V., Hamburg, andererseits.

Das bestehende Abkommen von 1956 habe sich bewährt. Schwierigkeiten seien nicht bekannt geworden. Es bestehe daher kein Anlaß, von dieser bewährten Regelung abzugehen. Im übrigen würde die Ablösung des bestehenden Abkommens das Transferproblem berühren. Man habe jetzt eine gut funktionierende Regelung im Rahmen des Berliner Abkommens[28]. Jede Änderung würde Probleme im Bereich des Verrechnungsverkehrs aufwerfen.

Für die Verwirklichung eines Verkehrsvertrages sei im übrigen ein intensiver Konsultationsmechanismus (Element X) hilfreich. Staatssekretär Kohls Vorschlag dazu sei ein bißchen allgemein. Man könne aber auf diesen Punkt später zurückkommen.

Damit sei er am Ende seiner Stellungnahme zu den von Staatssekretär Kohl vorgelegten Vorschlägen. Er habe sich dabei zunächst an dessen Text orientiert, sei allerdings der Ansicht, daß diese Vorschläge nicht zu einer erschöpfenden Diskussion der anstehenden Probleme ausreichten. Er wolle daher seine Stellungnahme nicht schließen, ohne Staatssekretär Kohl noch einmal die Vorschläge in Erinnerung zu bringen, die im Kohl'schen Vorschlag keine Entsprechung gefunden hätten:

1) Man müsse zu Regelungen kommen, die eine Intensivierung des Reiseverkehrs erlaubten. Dabei denke er u.a. an die Zulassung von Individual- und Gruppenreisen im Rahmen des Tourismus.

2) Die Einzelregelungen für die vier Verkehrsbereiche müßten im Abkommen selbst festgelegt werden. Das heiße:

– Für den Eisenbahnverkehr

Im Eisenbahngüterverkehr würden die handelsrechtlichen Beziehungen der CIM[29] angewandt. Das mache wieder eine durchgehende Abfertigung mit einheitlichem Frachtbrief möglich. Zwischen den beiden Eisenbahnverwaltungen könnten direkte Tarife vereinbart werden.

Im Eisenbahnpersonenverkehr sei auf der Grundlage der bestehenden Regelungen zu prüfen, in welchem Umfang Verbesserungen und Fahrpreiserleichterungen eingeführt werden könnten.

Die Errichtung neuer Übergänge und der Ausbau bestehender Übergangsbahnhöfe solle im Prinzip beschlossen werden und von dem Verkehrsbedürfnis abhängen.

---

[28] Für den Wortlaut des Abkommens vom 20. September 1951 über den Handel zwischen den Währungsgebieten der Deutschen Mark (DM-West) und den Währungsgebieten der Deutschen Mark der Deutschen Notenbank (DM-Ost) (Fassung vom 16. August 1960) vgl. DOKUMENTE DES GETEILTEN DEUTSCHLAND, I, S. 218–222.

[29] Für den Wortlaut des Internationalen Übereinkommens über den Eisenbahnfrachtverkehr (CIM) vom 7. Februar 1970 vgl. BUNDESGESETZBLATT 1974, Teil II, S. 381–455.

Der Reise-Güterzugverkehr solle beschleunigt und die Grenzabfertigung in den schnellfahrenden Reisezügen entsprechend der international üblichen Praxis während der Fahrt vorgenommen werden.

Bei plötzlich auftretendem Verkehrsaufkommen solle die Übernahme zusätzlicher Züge vereinbart werden. Dies sei in der Praxis schon kein Problem mehr, eine solche Festlegung aber gehöre hierhin.

Dienst-Fernsprechverbindungen zwischen Betriebsleitstellen benachbarter Eisenbahndirektionen sollten geschaltet und schließlich die Ausweise für das Fahr- und Zugbegleitpersonal gegenseitig anerkannt werden.

– Für den Straßenverkehr sollte auch nach Verbesserung des Wechselverkehrs die Zahl der Übergänge dem wachsenden Verkehrsbedürfnis angepaßt werden.

Die gegenseitige Anerkennung von Verkehrsrechten bedeute nicht, daß gewerbliche Transporte ausschließlich im Gebiet der anderen Seite durchgeführt werden dürften.

– Bei der Binnenschiffahrt sei allen Binnenschiffen, die in einem amtlichen Schiffsregister der anderen Seite eingetragen seien, die Frachtschiffahrt auf allen Binnenwasserstraßen sowie der Güterumschlag in den Häfen zu ermöglichen, wobei die Voraussetzungen für einen wirtschaftlichen, schnellen und reibungslosen Schiffsumlauf zu gewährleisten seien. Der Schiffsverkehr bedürfe keiner besonderen Genehmigung, wobei auch hier Transporte ausschließlich im Gebiet der anderen Seite unzulässig seien.

Jeder Schiffsführer habe an den Übergangsstellen lediglich vorzuweisen:

1) die Mannschaftsliste einschließlich der amtlichen Personaldokumente

2) die Ladungspapiere sowie

3) die nach den Schiffahrtspolizei-Verordnungen mitzuführenden Urkunden.

– Für die Seeschiffahrt schlage er noch keine Einzelregelungen vor, weil sie unproblematisch sein dürften. Er gehe davon aus, daß der Grundsatz der Nichtdiskriminierung und Gleichbehandlung, der freien Wahl der Flagge sowie der gegenseitigen Anerkennung der Schiffsdokumente maßgeblich sein sollten.

Er wolle ferner an die Verkehrskommission erinnern, der wichtige Aufgaben für die praktische Durchführung des Abkommens aufgetragen werden könnten. Sie solle weitere Maßnahmen zur Erleichterung des Eisenbahnverkehrs prüfen, gemeinsam interessierende Fragen des Straßenbaus einschließlich der Öffnung neuer Übergänge beraten sowie im Bereich der Binnenschiffahrt Fragen des Wasserstraßenausbaus und andere Verkehrsfragen von gegenseitigem Interesse erörtern.

Staatssekretär Kohl sei bisher nicht auf diesen Katalog von Einzelregelungen für die vielen Verkehrsbereiche eingegangen und habe ausdrücklich nur einen Austausch von Straßenzustandsberichten und Schiffahrtssperren aufgegriffen.

Schließlich seien noch die beiden letzten Punkte offen, nämlich, erstens, das Inkrafttreten des Abkommens. Dies sollte erfolgen, nachdem beide Seiten mitgeteilt hätten, daß die verfassungsrechtlichen Voraussetzungen seines Wirksamwerdens erfüllt seien.

Hinsichtlich zweitens der Geltungsdauer solle das Abkommen für fünf Jahre mit automatischer Verlängerung um jeweils zwei weitere Jahre abgeschlossen werden, wenn es nicht sechs Monate vor Ablauf des jeweiligen Geltungszeitraums gekündigt werde.

Abschließend wolle er noch einen Punkt nachtragen, den er schon einmal aufgebracht und zu dem Staatssekretär Kohl schon einmal dezidert und ablehnend Stellung genommen habe: Er werfe die Frage des kleinen Grenzverkehrs auf, um Staatssekretär Kohl die Überlegung nahezubringen, daß auch eine Teil- oder eine begrenzte oder auch eine Versuchsregelung auf diesem Teilgebiet bei der Gesamtbeurteilung für die Entwicklung der Beziehungen zwischen beiden Staaten von Bedeutung seien. Man müsse darauf achten, daß das, was die beiden Delegationen hier erarbeiteten, nicht mit Indifferenz oder Achselzucken draußen aufgenommen werde. Es müsse vielmehr auch etwas dabei herauskommen, worunter die Menschen draußen sich etwas vorstellen könnten, was Einfluß habe auf ihr Leben, was hinausgehe über das feingesponnene Netz der Paragraphen – etwas, von dem die Leute sofort sähen, daß es einen Sinn habe. Staatssekretär Kohl möge sich dies doch bitte durch den Kopf gehen lassen. Auch kleine Gesten könnten mehr bedeuten als das, was sie eigentlich aussagten.

Staatssekretär *Kohl* dankte Staatssekretär Bahr für die nüchterne und sachliche Form, in der dieser zu den Elementen fünf bis zehn Stellung genommen habe. Was den Katalog der zusätzlichen Punkte angehe, so werfe doch Staatssekretär Bahr ihm gerade vor, daß er das Fundament so breit anlegen wolle, durch das Beharren auf einer völkerrechtlichen Regelung; Staatssekretär Bahr demgegenüber wolle nun auf einem viel engeren, fragwürdigeren Fundament den Katalog der zu regelnden Fragen ausweiten in eine Richtung auf Punkte, die nicht oder nur sehr bedingt in einer Beziehungen zum Inhalt eines Verkehrsvertrages stünden. Das könne kaum weiterführen. Er warne vor der Illusion, daß es eine Zustimmung geben könne zu Vorschlägen, die das innerdeutsche Konzept der Bundesregierung unterstützten. Was den kleinen Grenzverkehr oder die Ausweitung des Reiseverkehrs betreffe, so sei sein Standpunkt bekannt. Es fehlten hierfür die Voraussetzungen, solange die Bundesrepublik nicht bereit sei, und diese fehlende Bereitschaft habe sich doch auch wohl heute erwiesen, ordnungsgemäße völkerrechtliche Beziehungen, sei es auch nur auf dem Gebiete des Verkehrswesens, mit der DDR herzustellen. Hier gebe es einen Kausalzusammenhang, den man nicht übersehen dürfe. Im übrigen wolle er auf weitere Einzelfragen jetzt nicht eingehen, da er ja terminlich gebunden sei. Das bedeute aber natürlich nicht, daß er mit dem, was Staatssekretär Bahr vorgetragen habe, einverstanden sei. Er werde darauf beim nächsten Mal zurückkommen.

Dann einigte man sich auf folgende Pressemitteilung:

„Der Staatssekretär im Bundeskanzleramt der Bundesrepublik Deutschland, Egon Bahr, und der Staatssekretär beim Ministerrat der Deutschen Demokratischen Republik, Dr. Michael Kohl, kamen am 8. Juni 1971 in Begleitung ihrer Delegationen zu einem erneuten Treffen zusammen. Sie setzten die intensiven Sachgespräche über Fragen des Verkehrs fort. Die Zusammenkunft, die im

Bundeskanzleramt in Bonn stattfand, begann um 10.30 Uhr; sie wurde um 16.00 Uhr beendet."[30]

Es wurde vereinbart, die Besprechungen zwischen den Regierungsdelegationen der Bundesrepublik Deutschland und der Deutschen Demokratischen Republik am 1. Juli 1971 in Berlin fortzusetzen.

VS-Bd. 4487 (II A 1)

204

Gespräch des Staatssekretärs Frank mit WEU-Generalsekretär Heisbourg

I A 1-87.20/1   11. Juni 1971[1]

Staatssekretär *Frank* hieß den Generalsekretär Heisbourg, der in Begleitung des stellvertretenden Generalsekretärs Fraser erschienen war, willkommen.[2] Bei dem etwa halbstündigen Gespräch, an dem von deutscher Seite Botschafter von Hase und Dg I A[3] teilnahmen, wurde eine Reihe von Fragen über die Zukunft der WEU erörtert.

Staatssekretär Frank hob eingangs die Bedeutung der WEU in den vergangenen Jahren als Klammer zu Großbritannien hervor.[4] Zur Tätigkeit des Rüstungskontrollamts betonte er die Notwendigkeit, in Zukunft etwas mehr Flexibilität zu zeigen. Man sollte sich bemühen, nicht noch zusätzliche Schwierigkeiten dort zu machen, wo der Wille zu Verteidigungsanstrengungen vorhanden sei. Die Bundesregierung sei bereit, im Rahmen des ihr Möglichen zum Gelingen der Arbeit der WEU beizutragen.[5]

Generalsekretär *Heisbourg* dankte für den Empfang und warf die Frage auf, was mit der WEU geschehen werde, wenn die Erweiterung der Europäischen Gemeinschaften erfolgt sei. Hierzu gebe es viele Ideen und Pläne. Aus seinem Gespräch mit Außenminister Harmel habe er den Eindruck, daß dieser Kom-

---

[30] Vgl. dazu die Meldung „Treffen Kohl–Bahr in Bonn"; NEUES DEUTSCHLAND vom 9. Juni 1971, S. 1.

[1] Ablichtung.

[2] WEU-Generalsekretär Heisbourg hielt sich am 11. Juni 1971 zum Antrittsbesuch in Bonn auf.

[3] Klaus Simon.

[4] Nach dem Scheitern der Verhandlungen am 28./29. Januar 1963 über einen britischen Beitritt zur EWG wurde der Kontakt zwischen Großbritannien und der EWG über die WEU aufrechterhalten. Vgl. dazu AAPD 1963, I, Dok. 60 und Dok. 79.

[5] Am 21. Juni 1971 notierte Vortragender Legationsrat I. Klasse Hansen, daß Bundesminister Scheel am 11. Juni 1971 gegenüber WEU-Generalsekretär Heisbourg über die Zukunft der WEU die Ansicht geäußert habe, „man müsse zwar einen Weg finden, um zu vermeiden, daß dieselben Beteiligten mehrfach in verschiedenen Organisationen dieselben Themen behandelten, man dürfe aber auf keinen Fall vorzeitig aufgeben, was man vielleicht noch brauchen könne". Vgl. VS-Bd. 1706 (201); B 150, Aktenkopien 1971.

plex bei der bevorstehenden Ministerratstagung in London erörtert werden soll.[6] Nach dem Beitritt der vier Kandidaten[7] zu den Europäischen Gemeinschaften werde nach belgischer Ansicht die WEU möglicherweise an Auszehrung auf dem Gebiet der politischen Konsultationen leiden.

Auf die Frage von Staatssekretär *Frank*, wie er selbst die Zukunft der WEU in der Perspektive der Erweiterung der EG sehe, antwortete *Heisbourg*, daß die WEU als existente, vertraglich fest gegründete Organisation für Aufgaben der europäischen Zusammenarbeit disponibel sei. Man solle das bereits Vorhandene nicht voreilig in Frage stellen. Es erhebe sich die Frage, ob Norwegen und Dänemark, vielleicht auch Irland Mitglieder der WEU werden könnten.[8] Auf dem Verteidigungsgebiet stelle die WEU den harten Kern in Europa dar. In der Eurogroup sei Frankreich nicht vertreten. Vielleicht würde die WEU auf diesem Gebiet noch eine Rolle spielen müssen, insbesondere wenn es im Zuge der weiteren Entwicklung möglicherweise zu amerikanischen Truppenreduzierungen kommen sollte.

Auf dem Gebiet der politischen Konsultationen hätten sich die Außenminister der Sechs bzw. Zehn bisher auf wenige Themen wie Nahost und KSE konzentriert und eine sehr gründliche Erörterung vorgenommen.[9] In der WEU werde dagegen ein breiterer Themenkreis angesprochen. Hier sei Gelegenheit, Probleme wie die Lage in Pakistan[10], Lateinamerika usw. zu erörtern, ohne allzu tief in die Materie einzusteigen. Auf diesem Gebiet könne die WEU Nützliches leisten. Auf dem Gebiet der Verteidigung bleibe seiner Meinung nach die Kompetenz bestehen.

Staatssekretär *Frank* erklärte, er würde hinsichtlich der militärischen Kompetenz dem Generalsekretär zustimmen, wenn sich Frankreich im Rahmen der WEU zu effektiver Zusammenarbeit und Leistung bereit erklärte. Es komme hierbei nicht auf die optische Geschlossenheit sondern auf die Effektivität an. Frankreich habe sich aus der militärischen NATO-Integration vor allem des-

---

6 Am 1. Juli 1971 berichtete Ministerialdirigent Simon, z. Z. London, über die WEU-Ministerratstagung, daß die Frage der zukünftigen Rolle der WEU „nur beiläufig" erörtert worden sei: „Douglas-Home, Harmel und de Koster wiesen auf Rolle der WEU bei politischer Einigung Europas hin. Douglas-Home sah in WEU Beweis, daß man schon bei Beginn europäischer Integration eigenständige europäische Zuständigkeit auf Verteidigungsgebiet ins Auge gefaßt habe. Harmel bezeichnete Brüsseler Vertrag als besten und vollständigsten der Verträge europäischer Zusammenarbeit, der weiterhin Daseinsberechtigung habe." Vgl. den Drahtbericht Nr. 1562; Referat I A 1, Bd. 102374.

7 Dänemark, Großbritannien, Irland und Norwegen.

8 Am 14. Juni 1971 faßte Legationsrat von Jagow ein Gespräch des Ministerialdirigenten Simon mit WEU-Generalsekretär Heisbourg vom 11. Juni 1971 zusammen: „Zur Frage der künftigen Verhältnisse der EG-Beitrittskandidaten zur WEU bemerkte Generalsekretär Heisbourg, nach seiner Meinung wäre es die eleganteste Lösung, die drei Kandidaten träten der WEU bei. Er habe aber Zweifel, ob das realisierbar sei. Im Gespräch wurde auf die Schwierigkeiten hingewiesen, die sich für Irland und die beiden skandinavischen Länder ergeben, wobei die automatische Beistandsverpflichtung des WEU-Vertrages ein wesentliches Hindernis bedeuten würde. Generalsekretär Heisbourg erwähnte den pazifistischen Zug in der Politik Norwegens und Dänemarks und meinte im übrigen, diese Länder seien z. Z. ganz auf die Beitrittsfrage konzentriert und auf weitere Probleme nicht ansprechbar." Vgl. VS-Bd. 1706 (201); B 150, Aktenkopien 1971.

9 Zur Konferenz der Außenminister der EG-Mitgliedstaaten im Rahmen der Europäischen Politischen Zusammenarbeit am 13./14. Mai 1971 und zur Erörterung der Lage im Nahen Osten auf der Konferenz der Außenminister der EG-Mitgliedstaaten mit den Außenministern der vier Beitrittskandidaten am 18. Mai 1971 in Paris vgl. Dok. 174.

10 Zum Ost-Pakistan-Konflikt vgl. Dok. 135.

halb zurückgezogen, weil es eine Automatik im Bündnis ablehne.[11] In der WEU gebe es eine automatische Beistandspflicht.[12] Er könne sich nicht recht vorstellen, daß die Franzosen wegen dieses Aspekts sich an einer effektiven militärischen Zusammenarbeit in diesem Rahmen beteiligen würden.

Staatssekretär Frank vertrat ferner die Meinung, daß die NATO auch für die absehbare Zukunft nichts von ihrer Bedeutung einbüßen würde. Eine einseitige Truppenreduzierung unter der gegenwärtigen Nixon-Administration sei nicht wahrscheinlich. Selbst wenn aber unter politischem Druck eine Reduzierung um 10% nicht zu vermeiden sei, werde die NATO nicht an Bedeutung verlieren. Sie werde im Gegenteil an Bedeutung gewinnen. Frankreich, das früher ein gewisses Disengagement der Vereinigten Staaten in Europa gefordert habe, sei heute gegen alle konkreten Schritte einer Verringerung der amerikanischen Präsenz und auch gegen MBFR. Die militärischen Perspektiven der WEU solle man nicht zu stark unter dem Gesichtspunkt einer Verringerung der NATO-Bedeutung sehen. Die Frage der weiteren Bedeutung der WEU müsse auch unter dem Aspekt der zeitlichen Beanspruchung der Außenminister geprüft werden.

Die Eurogroup sei aus der Notwendigkeit entstanden, auf dem Gebiet der militärischen Zusammenarbeit die europäischen Anstrengungen zu erhöhen.[13]

Zur weiteren Entwicklung des Verhältnisses von WEU und der politischen Zusammenarbeit der Sechs bzw. Zehn sei zu sagen, daß hierbei auch die Notwendigkeit einer engeren Abstimmung zwischen der EG und den politischen Konsultationen nach dem Luxemburger Bericht[14] im Auge behalten werden müsse. Es bestünde u. U. die Gefahr einer Auseinanderentwicklung der Zehnergemeinschaft und der WEU.

Generalsekretär *Heisbourg* meinte dazu, daß ab 1972/73 die Gemeinschaften so mit der Integrierung der neuen Mitgliedsländer beschäftigt sein und darüber hinaus die Fragen der Wirtschafts- und Währungsunion eine solche Bedeutung erlangen würden, daß der Ministerrat in Brüssel wahrscheinlich nicht auch noch den gesamten politischen Komplex mit übernehmen könnte. Man könnte auf die WEU und ihre Instrumente zurückgreifen.

---

[11] Frankreich schied zum 1. Juli 1966 aus der militärischen Integration der NATO aus.

[12] Vgl. dazu Artikel V des WEU-Vertrags vom 23. Oktober 1954: „Sollte einer der Hohen Vertragschließenden Teile das Ziel eines bewaffneten Angriffs in Europa werden, so werden ihm die anderen Hohen Vertragschließenden Teile im Einklang mit den Bestimmungen des Artikels 51 der Satzung der Vereinten Nationen alle in ihrer Macht stehende militärische und sonstige Hilfe und Unterstützung leisten." Vgl. BUNDESGESETZBLATT 1955, II, S. 286.

[13] Vor dem Hintergrund amerikanischer und britischer Vorschläge aus den Jahren 1967 und 1968 für eine engere europäische Zusammenarbeit im Bereich der Verteidigung bildete sich Anfang 1969 ein informeller Gesprächskreis, an dem Belgien, die Bundesrepublik, Dänemark, Großbritannien, Italien, Luxemburg, die Niederlande und Norwegen teilnahmen. Auf ihrem ersten Treffen am 15. Januar 1969 beschlossen die acht Staaten, daß die „Eurogroup" allen europäischen NATO-Partnern offenstehen solle, insbesondere Frankreich, das der Einladung zur Teilnahme nicht gefolgt war. Eine Institutionalisierung sollte nicht stattfinden. Als Hauptaufgabe der Gruppe wurde die Wahrung der europäischen Interessen bei den bevorstehenden SALT-Gesprächen bezeichnet. Vgl. dazu AAPD 1969, I, Dok. 27.

[14] Für den Wortlaut des am 27. Oktober 1970 auf der EG-Ministerratstagung in Luxemburg verabschiedeten Berichts der Außenminister der EG-Mitgliedstaaten vom 20. Juli 1970 über mögliche Fortschritte auf dem Gebiet der politischen Einigung (Davignon-Bericht) vgl. EUROPA-ARCHIV 1970, D 520–524.

Generalsekretär Heisbourg streifte die Frage einer Rüstungskooperation im Rahmen der WEU. Die WEU habe auf diesem Gebiet bisher versagt. Man müsse heute prüfen, ob man mehr tun könne.

Auf die Frage des Generalsekretärs, wie Staatssekretär *Frank* die weitere Entwicklung auf dem Gebiet der im WEU-Vertrag vorgesehenen Kompetenzen beurteile, antwortete dieser, daß durch die Haager Gipfelkonferenz[15] die WEU-Entwicklung in gewisser Weise überholt worden sei. Die Prozedur der Außenministerkonsultationen auf der Grundlage des Luxemburger Berichts sei sehr realistisch, weil diese Konsultationen ihre Basis in den Außenministerien der Mitgliedsstaaten hätten. Nicht auszuschließen sei, daß sich das Politische Komitee mit der Zeit ein Sekretariat zulege. Die Frage nach der weiteren Entwicklung der WEU könne derzeitig nicht beantwortet werden. Der Gesichtspunkt der Arbeitsökonomie für die Außenminister sei jedoch sehr gewichtig. Generalsekretär *Heisbourg* meinte abschließend, daß der „double emploi" bei den Parlamentariern der WEU-Versammlung ebenfalls zu vielfachen Klagen Anlaß gebe.

VS-Bd. 1706 (II A 7)

205

Aufzeichnung des Staatssekretärs Freiherr von Braun

St.S. 344/71 VS-vertraulich   11. Juni 1971[1]

Betr.: Israel

In der Kabinettssitzung vom 9. Juni 1971 wurde auch kurz über einige Aspekte des Israel-Problems gesprochen.

Dabei machte Bundesminister Schmidt Ausführungen darüber, daß Israel für Deutschland auch unter Verteidigungsgesichtspunkten ein wichtiger Staat sei. In einem sonst eher sowjetisch-orientierten Erdteil, der für die Verteidigung des Mittelmeeres und damit für die Verteidigung ganz Europas eine wichtige Rolle spiele, sei Israel der einzige stramm westlich-orientierte Staat. Neben allen anderen, was uns Israel gegenüber besondere Verpflichtungen auferlege, sei dies ein zentraler, praktisch-politischer Gesichtspunkt.

Hiermit Herrn D Pol[2]

Braun

VS-Bd. 500 (Büro Staatssekretär)

---

15 Am 1./2. Dezember 1969 fand in Den Haag eine Konferenz der Staats- und Regierungschefs der EG-Mitgliedstaaten statt. Vgl. dazu AAPD 1969, II, Dok. 385.

1 Durchschlag als Konzept.
2 Berndt von Staden.

206

Runderlaß des Ministerialdirigenten Müller

I B 5-82.21-92.12 Aufgabe: 11. Juni 1971, 11.27 Uhr[1]
Fernschreiben Nr. 2941 Plurex

Betr.: Besuch des indischen Außenministers in Bonn[2]

1) Indischer Außenminister hielt sich im Rahmen einer Reise in mehrere Hauptstädte am 9. und 10. Juni aus Moskau kommend[3] in Bonn auf, um der Bundesregierung den Standpunkt der indischen Regierung in der Ostpakistan- und Flüchtlingsfrage[4] darzulegen und ihre Unterstützung zur Lösung des Problems zu erbitten. Er wurde am 10.6. zu einer längeren Aussprache durch den Herrn Bundesminister und den Herrn Bundeskanzler empfangen. Außerdem hatte er am Abend des 9.6. einen umfassenden Meinungsaustausch mit Staatssekretär Frank.

2) Sowohl dem Herrn Bundeskanzler als auch dem Herrn Bundesminister gegenüber legte Swaran Singh in eindringlichen Worten Ursachen und Entwicklung der gegenwärtigen Krise dar. Er dankte für das deutsche Verständnis in der Flüchtlingsfrage und für die von Deutschland gewährte Hilfe.[5]

Sehr nachdrücklich wies der indische Außenminister auf die Gefahren hin, die sich durch die großen Flüchtlingsströme („Civil invasion by our neighbour") im indischen Grenzgebiet auf politischem, wirtschaftlichem und sozialem Sektor für Indien ergäben. Außerdem zeigte er die Gefahr der Radikalisierung und einer Vietnamisierung auf, falls keine politische Lösung des Ostpakistan-Pro-

---

[1] Der Runderlaß wurde von Legationsrat I. Klasse Hoffmann konzipiert.
[2] Gesandter Werner, Neu Delhi, teilte am 29. Mai 1971 mit, der Staatssekretär im indischen Außenministerium, Banerjee, habe ihn um umgehende Übermittlung folgender Nachricht gebeten: „Auf besonderen Wunsch von Indira Gandhi soll Außenminister Swaran Singh im Rahmen einer Rundreise durch mehrere europäische Staaten am 9. und 10. Juni [...] zu Gesprächen dem Herrn Bundeskanzler und dem Herrn Außenminister zur Verfügung stehen, um sie persönlich nicht nur über den Ernst des Flüchtlingsproblems, sondern auch über die Notwendigkeit einer politischen Lösung des Ostpakistan-Konflikts zu unterrichten und hierfür insbesondere bei den Konsortialstaaten um Unterstützung zu bitten." Vgl. den Drahtbericht Nr. 435; Referat I B 5, Bd. 596.
[3] Der indische Außenminister Swaran Singh hielt sich vom 6. bis 8. Juni 1971 in Moskau auf.
[4] Zur indischen Haltung im Ostpakistan-Konflikt vgl. Dok. 135.
Am 7. Juni 1971 berichtete Gesandter Werner, Neu Delhi, von einem Gespräch mit dem indischen Kabinettssekretär Swaminathan und dem Staatssekretär im Verteidigungsministerium, Lall, über das Flüchtlingsproblem: „Am 4.6. habe die Flüchtlingszahl 4,6 Mio. überschritten. Wenn bis 15.4. ca. 80% der Flüchtlinge Moslems, vom 15.4. bis 15.5. 45% Moslems und 55% Hindus gewesen seien, so sei das Verhältnis seit dem 15.5. 75% Hindus zu nur 25% Moslems. [...] Indien beabsichtige nicht, Flüchtlinge zu integrieren und wehre sich daher auch, sie in andere Landesteile abzutransportieren." Vgl. den Drahtbericht Nr. 463; Referat I B 5, Bd. 596.
[5] Am 8. Juni 1971 notierte Referat I C 1-9, die Bundesregierung habe als ersten Beitrag zur UN-Hilfsaktion für die ostpakistanischen Flüchtlinge „dem Flüchtlingskommissar der Vereinten Nationen am 1. Juni aus dem hierfür bestimmten Titel des Auswärtigen Amts eine Million DM überwiesen. Die überplanmäßige Bereitstellung von Mitteln für weitere Beiträge für Hilfsmaßnahmen für pakistanische Flüchtlinge in Indien und die notleidende Bevölkerung Ostpakistans wird das Kabinett am 9. Juni entscheiden. Fünf Mio. DM sollen mit Kabinettsentscheidung zur Verfügung gestellt werden." Außerdem seien Hilfsaktionen des DRK, der Caritas und des Diakonischen Werkes angelaufen. Vgl. Referat I B 5, Bd. 596.

blems gefunden werde. Nach den Worten Swaran Singhs hat das Flüchtlingsproblem den ursprünglich innerpakistanischen Konflikt internationalisiert, bürde dem indischen Staat untragbare Lasten auf und könne letztlich nur gelöst werden, wenn der Flüchtlingsstrom gestoppt werde und die Rückführung der Flüchtlinge ermöglicht werde. Allein in den letzten vier Tagen seien 300 000 neue Flüchtlinge gekommen, so daß die Gesamtzahl die fünf Mio.-Grenze übersteige. Die meisten von ihnen seien Hindus. Schon jetzt werde das indische Budget schätzungsweise 300 Mio. DM im nächsten halben Jahr zur Minimalversorgung der Flüchtlinge aufbringen müssen.

3) Swaran Singh trug folgende Bitten der indischen Regierung vor: Internationale Einwirkung auf die pakistanische Regierung mit dem Ziel, daß die Flüchtlingsbewegung aufhöre und solche politischen Bedingungen in Ostpakistan hergestellt würden, die die Rückkehr der Flüchtlinge ermöglichten. Indien sei nur zur temporären Beherbergung der Flüchtlinge in der Lage. Was Not tue, sei eine unzweideutige Erklärung der Völkergemeinschaft. Ausschweigen diene letztlich auch nicht dem pakistanischen Interesse, es werde vielmehr den pakistanischen Führern den Eindruck vermitteln, daß die Welt die Entwicklung in Ostpakistan hinnehme. Außerdem müsse man auf die pakistanische Regierung durch Aussetzen der Wirtschaftshilfe einwirken; nur so würde sie zum Einlenken bewegt. Gegen humanitäre Hilfe bestünden keine Bedenken, dagegen habe er Einwendungen gegen alles, was letztlich der Stärkung der militärischen Macht Pakistans diene. Prinzipiell sei Indien wegen seinem Interesse an der Stabilität der Region an einem starken Pakistan interessiert.

4) In seiner Entgegnung betonte Bundesminister, daß niemand mehr Verständnis für Flüchtlingsprobleme aufbringen könne als wir. Daher die spontane Hilfe der Bevölkerung, daher die Hilfe der Bundesregierung. Eigentlicher Kern des Problems sei allerdings die Notwendigkeit, die politischen Verhältnisse in Ostpakistan zu normalisieren. Eine politisch vernünftige Lösung müsse durch alle Beteiligten in Pakistan erreicht werden. Dies sei eine innere Angelegenheit der Pakistaner.

Bundesminister wies auf die besondere Rolle der Weltbank und des Pakistan-Konsortiums[6] hin, die Einfluß nehmen könnten, ohne etwa politischen Druck auszuüben. Er gehe davon aus, daß wirtschaftliche Investitionen nur sinnvoll seien, wenn die Zukunftsaussichten des Empfängerlandes ermutigend seien. Politischer Druck auf Pakistan von außen sei nach seiner Einschätzung eher

---

[6] Am 4. Juni 1971 informierte Vortragender Legationsrat Jungfleisch über eine Sondersitzung des Konsortiums zur Vergabe von Kapitalhilfe an Pakistan vom 30. April 1971. Sie habe sich mit einem Aide-mémoire vom 27. April 1971 befaßt, in dem Pakistan ein sechsmonatiges Moratorium für den Schuldendienst für die im Rahmen des Pakistan-Konsortiums gewährte Finanzhilfe einschließlich Kapitalhilfe und Lieferantenkrediten erklärt habe. Die Geberländer des Pakistan-Konsortiums – Belgien, die Bundesrepublik, Frankreich, Großbritannien, Italien, Japan, Kanada, die Niederlande, Norwegen, Schweden und die USA – hätten sich „einstimmig dafür ausgesprochen, a) das von Pakistan einseitig erklärte ‚Moratorium' per 1. Mai 1971 ablehnend zur Kenntnis zu nehmen, b) die Weltbank und den IWF zu bitten, Bericht über die tatsächliche wirtschaftliche und finanzielle Situation Pakistans zu erstatten und die Voraussetzungen zu klären, unter denen die Konsortialländer ein Moratorium mit Pakistan abschließen können. [...] Die meisten Konsortialländer sind bis jetzt nur bereit, humanitäre Maßnahmen zu ergreifen, unter diesem Gesichtspunkt auch die Beschaffung von Küsten- und Binnenschiffen für den Transport von Nahrungsmitteln in Ostpakistan in Erwägung zu ziehen." Vgl. Referat I B 5, Bd. 596.

kontraproduzent. Notwendig sei eine positive Zusammenarbeit mit dem Ziel der Beeinflussung. Die Bundesregierung werde alles in ihrer Macht Stehende tun, zu einer möglichst schnellen Lösung beizutragen.

Unter besonderem Hinweis auf das internationale Prestige des Bundeskanzlers bat Swaran Singh, der Bundeskanzler möge das Ostpakistan-Problem mit Präsident Nixon erörtern, was der Bundesminister zusagte.

5) Bundesminister gab einen Überblick über die Ergebnisse der NATO-Ministerratskonferenz in Lissabon[7] und legte die Deutschland- und Entspannungspolitik der Bundesregierung unter besonderem Hinweis darauf dar, daß in der gegenwärtigen Phase eine Aufwertung des internationalen Status der DDR den Entspannungsbemühungen hinderlich sei. Der indische Außenminister gab der Bewunderung seiner Ministerpräsidentin und der indischen Regierung für die Politik der Bundesregierung Ausdruck. Er versicherte die Bundesregierung des Verständnisses der indischen Regierung und erklärte, daß Indien diese Politik nicht behindern oder verzögern werde.

6) Im Gespräch mit dem Herrn Bundeskanzler, in dem der indische Außenminister erneut für die indische Haltung warb und einen Bericht über die Entwicklung des Landes nach den indischen Parlamentswahlen[8] gab sowie die besonderen Wünsche von Frau Gandhi übermittelte, bestätigte der Herr Bundeskanzler die Bereitschaft der Bundesregierung, im Rahmen unserer Möglichkeiten zur Lösung beizutragen, und sagte zu, das Pakistan-Problem mit Präsident Nixon aufzunehmen[9] und im Rahmen des Konsortiums[10] und der WEU[11] erörtern zu lassen. Über das Ergebnis werde die indische Regierung unterrichtet.

Müller[12]

Referat I B 5, Bd. 596

---

[7] Zur NATO-Ministerratstagung am 3./4. Juni 1971 in Lissabon vgl. Dok. 197.

[8] Die indischen Parlamentswahlen fanden vom 1. bis 10. März 1971 statt. Ministerpräsidentin Gandhi wurde im Amt bestätigt und mit der neuen Regierung am 18. März 1971 vereidigt.

[9] Zum Gespräch des Bundeskanzlers Brandt mit Präsident Nixon am 15. Juni 1971 in Washington vgl Dok. 208.

[10] Das Pakistan-Konsortium trat am 21. Juni 1971 in Paris zu einer Sondersitzung zusammen. Der Vorsitzende des Konsortiums, Cargill, berichtete über eine Informationsreise nach Pakistan, „Ostpakistan sei praktisch ein besetztes Land". Das Transport- und Verteilungssystem sei zusammengebrochen, die Städte seien „praktisch leer". Die Mitgliedstaaten erklärten sich bereit „zu humanitären Hilfsmaßnahmen und waren – wie die Weltbank – der Ansicht, daß gegenwärtig die Voraussetzungen für ein Stabilisierungsprogramm und ein Entwicklungsprogramm noch nicht gegeben seien. Einige der Geberländer waren darüber hinaus der Meinung, daß eine befriedigende politische Lösung die Voraussetzung für jegliche Hilfe an Pakistan sei. [...] Die Weltbank selbst beabsichtigt, bei Einstellung des Schuldendienstes durch Pakistan alle Auszahlungen zu sperren." Die Geberländer wollten „gegebene Zusagen, soweit sie vertraglich fixiert sind, einhalten, jedoch vorläufig keine neuen Kreditverträge abschließen". Vgl. die Aufzeichnung des Hilfsreferenten Schmidt vom 24. Juni 1971; Referat III B 7, Bd. 562.

[11] Ministerialdirektor Herbst übermittelte der Botschaft in London am 12. Juli 1971 eine Sprachregelung zum Thema Pakistan für die Sitzung des Rats der WEU am 13. Juli 1971: „Was Abwicklung und Erfüllung bereits zugesagter Entwicklungshilfe, insbesondere für 1970/71, angeht, steht Bundesregierung zu ihren vertraglichen Verpflichtungen." Neue Vorhaben der Entwicklungshilfe sowie die Gewährung von Infrastrukturhilfe würden – wie am 21. Juni 1971 in Paris abgesprochen – von der Haltung des Pakistan-Konsortiums abhängig gemacht. Allerdings gebe es Berichte, „wonach amerikanische Regierung von einer Verquickung wirtschaftlicher und politischer Gesichtspunkte hinsichtlich der Gewährung neuer Entwicklungshilfe distanzierte und sich dahin äußerte, daß sie die Gewährung von Entwicklungshilfe ausschließlich von wirtschaftlichen, nicht aber von

207

**Gespräch des Staatssekretärs Frank
mit dem sowjetischen Botschafter Falin**

II A 1-84.20/11-845/71 geheim 14. Juni 1971[1]

Über Herrn Dg II A[2] und Herrn D Pol[3] Herrn Staatssekretär[4]

Herr Staatssekretär Frank empfing am 14. Juni 1971 den sowjetischen Botschafter Falin zu einem Gespräch, um das der Staatssekretär gebeten hatte. Anwesend waren auf sowjetischer Seite Botschaftsrat Boronin, auf deutscher Seite VLR Dr. Blech und Dolmetscher Hartmann. Das Gespräch dauerte von 17.10 bis 18.05 Uhr und wurde in deutscher Sprache geführt.

Herr Staatssekretär *Frank* eröffnete das Gespräch mit einem Wort des Danks an Botschafter Falin dafür, daß er dem Wunsch nach einer Begegnung so schnell nachgekommen sei. Er wolle zwei Fragen mit dem Botschafter besprechen, und zwar zunächst das Thema Berlin. Er beabsichtige hierzu nicht etwa eine Demarche, er wolle vielmehr die Gelegenheit zu einem Gespräch nutzen.

Er habe gehört, daß das letzte Treffen der Botschaftsräte am 9. Juni enttäuschend verlaufen und entgegen unseren Erwartungen Kwizinskij auf Positionen sei, die wir überwunden geglaubt hätten. Kwizinskij habe wohl selbst der Ansicht nicht widersprochen, daß es sich um ein Zurückgehen auf Positionen des sowjetischen Papiers vom 26.3.[5] gehandelt habe.[6] Botschafter Falin habe si-

---

Fortsetzung Fußnote von Seite 956
   politischen Bedingungen abhängig mache. [...] Es wäre von Interesse zu erfahren, wie Großbritannien und andere WEU-Länder zur Frage des angedeuteten Zusammenhangs von Wirtschaftshilfe und politischer Lösung stehen." Vgl. den Drahterlaß Nr. 1683; Referat III B 7, Bd. 562.
   Botschafter von Hase, London, berichtete am 13. Juli 1971, der Unterstaatssekretär im britischen Außenministerium, Brimelow, habe auf der Sitzung des Rats der WEU ausgeführt, „daß Großbritannien keine neuen Entwicklungshilfezusagen geben werde, solange nicht in Ostpakistan geordnete politische Verhältnisse wiederhergestellt seien. [...] Die übrigen Ratsvertreter äußerten sich zu der Frage des Zusammenhangs Wirtschaftshilfe – politische Lösung nicht." Vgl. den Drahtbericht Nr. 1674; Referat III B 7, Bd. 562.
12 Paraphe.
1 Die Gesprächsaufzeichnung wurde von Vortragendem Legationsrat Blech am 15. Juni 1971 gefertigt.
2 Hat dem Vertreter des Ministerialdirigenten Lahn, Vortragendem Legationsrat I. Klasse Blumenfeld, am 16. Juni 1971 vorgelegen.
3 Hat Ministerialdirektor von Staden am 16. Juni 1971 vorgelegen.
4 Paul Frank.
5 Zum sowjetischen Entwurf vom 26. März 1971 für eine Berlin-Regelung vgl. Dok. 110 und Dok. 131.
6 Vortragender Legationsrat Blech äußerte sich am 10. Juni 1971 zum Vier-Mächte-Gespräch über Berlin auf Botschaftsratsebene: „In Begegnung vom 9. Juni, die sich am 10. Juni fortsetzen sollte, zeigte sowjetische Seite bei Behandlung anstehender Themen – Präambel, Teil I, Außenvertretung – wenig Bereitschaft zu Kompromißformulierung und ging teilweise auf Formulierungen aus sowjetischem Papier vom 26. März zurück. Da keine Annäherung der Standpunkte, vertagten sich Botschaftsräte am Abend des 9. auf den 22. Juni. Sowjetische Seite gab zu erkennen, daß sie aufgrund strikter Weisungen handle. Möglicherweise werde sie, wenn man aufgrund negativer alliierter Reaktion nicht weiterkomme, flexiblere Instruktionen erhalten. Alliierte brachten ihre Enttäuschung zum Ausdruck und warnten sowjetische Seite, daß allgemeine Verhärtung sowjetischer Position Konsequenzen in anderen Bereichen der Ost-West-Beziehungen haben müßte." Vgl. VS-Bd. 4521 (II A 1); B 150, Aktenkopien 1971.

cher gemerkt, daß die Enttäuschung über die Verhärtung der sowjetischen Haltung einen publizistischen Niederschlag gefunden habe.[7]

Im letzten Gespräch, das er, der Herr Staatssekretär, mit Falin vor der NATO-Konferenz in Lissabon[8] geführt habe[9], habe er gesagt, man werde sich dort bemühen, den sachlichen Zusammenhang zwischen einer befriedigenden Berlin-Regelung und der Ratifizierung des Moskauer Vertrages so positiv, so ermutigend wie möglich zu formulieren. Er glaube, daß man Wort gehalten habe und dies gelungen sei. In dem traditionellen Vierergespräch des deutschen Außenministers mit den drei westlichen Außenministern am Vorabend der Konferenz habe man sich um gemeinsame Formulierungen bemüht, insbesondere der französische Außenminister, aber auch sein amerikanischer und britischer Kollege.[10] Diese Formulierungen hätten sodann die allgemeine Unterstützung im Plenum der Ministertagung gefunden. Sie besagten, daß man ohne Verzug in die multilaterale Vorbereitung einer KSE gehen könne, wenn eine befriedigende Berlin-Regelung bis zur nächsten NATO-Ministertagung im Dezember d. J.[11] vorliege.[12] Damit sei eine positive Perspektive zweifelsfrei aufgezeigt worden. – Auch in anderer Hinsicht habe man Wort gehalten: Es sei gesagt worden, daß andere Punkte, die wie im Kommuniqué von Brüssel vom Dezember 1970[13] als Vorbedingungen einer KSE erscheinen könnten, wegfallen würden; other ongoing talks sollten nichts mit der Ratifikation des Moskauer Vertrags und mit der Multilateralisierung der KSE-Vorbereitungen zu tun haben.

---

[7] Vgl. dazu die Berichterstattung in der Tageszeitung „Die Welt", die am 14. Juni 1971 meldete, daß nach dem Vier-Mächte-Gespräch über Berlin auf Botschaftsratsebene am 9. Juni 1971 weitere Expertentreffen „auf unbestimmte Zeit verschoben" worden seien, da ein Einvernehmen über die zu behandelnde Sachmaterie nicht habe erzielt werden können. Die UdSSR weigere sich nach wie vor, die Vier-Mächte-Verantwortung für die Zugangswege nach Berlin (West) bindend anzuerkennen, und sei auch in der Frage der Außenvertretung von Berlin (West) nur dazu bereit, die außenpolitische Vertretung durch die Bundesregierung in den westlichen Staaten anzuerkennen: „Eines der wesentlichsten Probleme bei den laufenden Berlin-Verhandlungen ist die Bezeichnung des Verhandlungsgegenstandes. Westliche Diplomaten betonen, daß auch Lösungen von Teilbereichen praktisch wertlos seien, solange nicht Einvernehmen über die Definition des Verhandlungsobjekts gefunden sei, da dies für die Formulierung der grundsätzlichen Vier-Mächte-Übereinkunft, vor allem aber für die Schlußakte, von entscheidender Bedeutung sei." Vgl. den Artikel „Experten-Gespräch über Berlin vertagt"; DIE WELT vom 14. Juni 1971, S. 2.
[8] Zur NATO-Ministerratstagung am 3./4. Juni 1971 in Lissabon vgl. Dok. 197.
[9] Für das Gespräch am 27. Mai 1971 vgl. Dok. 188.
[10] Zum Gespräch des Bundesministers Scheel mit den Außenministern Douglas-Home (Großbritannien), Rogers (USA) und Schumann (Frankreich) am 2. Juni 1971 in Lissabon vgl. Dok. 196.
[11] Die NATO-Ministerratstagung fand am 9./10. Dezember 1971 in Brüssel statt. Vgl. dazu Dok. 439.
[12] Vgl. dazu Ziffer 9 des Kommuniqués der NATO-Ministerratstagung am 3./4. Juni 1971 in Lissabon: „Ministers, having reviewed the prospects for the establishment of multilateral contacts relating to the essential problems of security and co-operation in Europe, again emphasized the importance they attach to the successful conclusion of the negotiations on Berlin. They noted with satisfaction that these negotiations have entered into a more active phase and have enabled progress to be registered in recent weeks. They hope that before their next meeting the negotiations on Berlin will have reached a successful conclusion and that multilateral conversations intended to lead to a conference on security and co-operation in Europa may then be undertaken. In this spirit they invited the Council in Permanent Session to continue, in the framework of its normal consultations on the international situation, its periodic review of the results achieved in all contacts and talks relative to security and co-operation in Europe so that it could without delay take a position on the opening of multilateral talks." Vgl. NATO FINAL COMMUNIQUÉS, S. 259 f. Für den deutschen Wortlaut vgl. EUROPA-ARCHIV 1971, D 351 f.
[13] Vgl. dazu Ziffer 10 des Kommuniqués der NATO-Ministerratstagung am 3./4. Dezember 1970; Dok. 11, Anm. 12.

Nun gebe es sehr verschiedene Spekulationen über die Ursachen der Verhärtung der sowjetischen Position in den Berlin-Verhandlungen. Einige Leute sagten, dies sei nichts anderes als der Erfolg des positiv gehaltenen Kommuniqués von Lissabon. Wir seien nicht genügend hart gewesen; jetzt ziehe die sowjetische Seite die Schrauben an. Wir müßten also auch jetzt härter werden. Andere meinten, das sowjetische Entgegenkommen vor Lissabon sei nur taktisch bestimmt gewesen. Es habe darauf abgezielt, daß in Lissabon der Zusammenhang zwischen einer befriedigenden Berlin-Regelung und der Vorbereitung einer KSE falle und dann eine Situation eintrete, in der Berlin in den Hintergrund, die KSE jedoch in den Vordergrund rücke. Wieder andere führten die sowjetische Haltung darauf zurück, daß Falin nicht mehr in Moskau sei und niemand mehr klare Weisungen gebe. Andere setzen die sowjetische Haltung in Zusammenhang mit dem SED-Parteitag in Berlin[14] und glaubten, Breschnew müsse zunächst Gelegenheit haben, seine Position mit Honecker zu erörtern. Es gebe auch noch andere Meinungen. Sicher sei, daß auch Kwizinskij eine Verhärtung der sowjetischen Haltung nicht geleugnet habe. Er, der Herr Staatssekretär, wolle dies zum Anlaß eines offenen Gesprächs nehmen.

Dabei wolle er aber nicht auf die Tatsache zu sprechen kommen, daß, aus der Natur der Sache sich ergebend, ein Zusammenhang zwischen einer befriedigenden Berlin-Regelung und der Ratifikation des Moskauer Vertrags bestehe. Daß dies so sei, sei in den Gesprächen des Herrn Bundeskanzlers mit Kossygin und Breschnew[15] klar zum Ausdruck gekommen. Selbst wenn die Bundesregierung diesen Zusammenhang beseitigen wolle, stehe es nicht in ihrer Macht, das Parlament zur Ratifikation des Moskauer Vertrags zu zwingen.

Er, der Herr Staatssekretär, wolle indessen auf einen anderen Gesichtspunkt hinweisen, nämlich auf den Zeitplan, den sich die Bundesregierung für die zukünftige Entwicklung als optimal vorstelle. Es seien in der Zukunft einige Faktoren zu berücksichtigen, zu denen im Jahre 1973 die Wahlen in der Bundesrepublik Deutschland[16] und 1972 in den Vereinigten Staaten[17] gehörten. Die Konklusionen, die sich aus der zeitlichen Konstellation von Berlin-Regelung, Ratifizierung, deutschen und amerikanischen Wahlen ergebe, wolle er so charakterisieren: Wenn es uns nicht gelänge, bis Ende des Jahres eine Einigung der Vier über Berlin zu erzielen, und wenn es in den folgenden zwei bis drei Monaten nicht zu einer Einigung zwischen den beiden deutschen Staaten über die Details der Zugangsregelung im Rahmen des Vier-Mächte-Abkommens komme – mit anderen Worten: wenn man bis Frühjahr 1972 nicht die gesamte Berlin-Regelung durch Unterzeichnung der Schlußakte habe, dann werde man auch nicht vor der Sommerpause des Parlaments im Sommer 1972 zur Ratifikation schreiten können. Dann werde eine Verschlechterung der Situation eintreten, die nicht in unserer Macht liege.

---

14 Der VIII. Parteitag der SED fand vom 14. bis 20. Juni 1971 in Ost-Berlin statt.
15 Für die Gespräche am 12. und 13. August 1970 in Moskau anläßlich der Unterzeichnung des Moskauer Vertrags vgl. AAPD 1970 II, Dok. 387, Dok. 388, Dok. 390 und Dok. 401.
16 Die Wahlen zum Bundestag fanden am 19. November 1972 statt.
17 Am 7. November 1972 fanden in den USA die Präsidentschaftswahlen sowie Wahlen zum Repräsentantenhaus, Teilwahlen zum Senat und Gouverneurswahlen statt.

Er wolle der sowjetischen Seite gewissermaßen einen „Freundschaftsdienst" erweisen, indem er ihre Aufmerksamkeit hierauf ziehe – in der Annahme, daß die sowjetische Regierung an der Ratifikation des Moskauer Vertrags genau so wie die Bundesregierung interessiert sei, und anknüpfend an Äußerungen Kossygins in einer Moskauer Wahlveranstaltung über die Absichten des Bundeskanzlers.[18] Falin habe sicher in den Wochen, die er nun in der Bundesrepublik Deutschland sei, feststellen können, daß die Bundesregierung an ihren Absichten festhalte und alles tue, um im Parlament, in den Parteien und in der Öffentlichkeit Verständnis für ihre Politik zu schaffen. Er hege deshalb die Hoffnung, daß sein Hinweis auf den objektiven Zeitablauf für die sowjetische Regierung von Interesse sei. Wenn erst einmal der Wahlkampf im Gange sei, dann gebe es nicht mehr die ruhige Atmosphäre, die für die Berlin-Verhandlungen notwendig sei. Insofern seien wir alle, die die Ratifikation wünschten, unter Zeitdruck.

Unter diesem Gesichtspunkt werde die Bundesregierung auch alle Ausführungen, die Breschnew am 16. Juni in seiner Rede in Ostberlin mache[19], mit größtem Interesse zur Kenntnis nehmen. Sie würde, wenn dies angezeigt erschiene, gern Stellung hierzu nehmen[20] und wäre daher für möglichst schnelle Übermittlung des Textes der Rede durch den Botschafter, der hierzu sicher rascher und zuverlässiger als die Agenturen in der Lage sei, dankbar. Die erforderliche Reaktion der Bundesregierung solle möglichst so schnell erfolgen, daß sie Breschnew noch in Ostberlin erreiche. Wir hofften, daß das, was Breschnew in Berlin sage, für den Fortgang der Berlin-Gespräche nützlich sei.

Botschafter *Falin* antwortete mit der Bitte um Präzisierung, welche Punkte im einzelnen Anlaß zu dem Urteil, die sowjetische Haltung habe sich verhärtet, gegeben hätten, und in welcher Stellungnahme Kwizinskij geäußert habe, daß es sich um einen Rückschritt handle.

Der Herr *Staatssekretär* verwies darauf, daß am 9. Juni in erster Linie die Präambel, der I. Teil und die Vorschriften über Außenvertretung behandelt worden seien. Kwizinskij habe sich nicht in der Lage gesehen, Kompromißformeln zu besprechen. Dies habe wie ein Schock gewirkt.

---

[18] Ministerpräsident Kossygin führte am 9. Juni 1971 in einer Rede in Moskau aus: „Der sowjetisch-westdeutsche Vertrag gründet sich, wie der Vertrag zwischen Polen und der BRD, auf die Notwendigkeit, von jener realen Lage auszugehen, die durch den Zweiten Weltkrieg und durch die Nachkriegsentwicklung entstanden ist. Gerade deshalb stoßen die Verträge bei den Gegnern einer Entspannung auf erbitterten Widerstand; diese bemühen sich mit aller Kraft, die Ratifizierung dieser Verträge und ihr Inkrafttreten zu verhindern. Wir teilen die von Bundeskanzler Brandt kürzlich geäußerte Meinung, daß diese Verträge ein Beispiel dafür sind, wie auf eine gleichberechtigte Partnerschaft in der Sache des Friedens hinarbeitet." Vgl. den Artikel „Wahlen zu Sowjets–Zeugnis der Einheit der UdSSR-Völker"; NEUES DEUTSCHLAND vom 10. Juni 1971, S. 6.

[19] Für den Wortlaut der Rede des Generalsekretärs des ZK der KPdSU, Breschnew, vgl. NEUES DEUTSCHLAND vom 17. Juni 1971, S. 3 f. Für einen Auszug vgl. Dok. 251, Anm. 24.

[20] Zur Reaktion der Bundesregierung wurde in der Presse gemeldet: „Die Bundesregierung hat am Donnerstag mit großer Genugtuung auf die Rede des sowjetischen KP-Chefs vor dem Ost-Berliner SED-Parteitag reagiert. Regierungssprecher von Wechmar begrüßte vor allem ‚die nachdrücklich bekundete Bereitschaft der Sowjetunion, sich um einen erfolgreichen Abschluß der zur Zeit in Berlin stattfindenden Verhandlungen zu bemühen'. Auch der Bundesregierung gehe es darum, versicherte von Wechmar mit den gleichen Worten wie Breschnew, daß ‚eine effektive Vereinbarung erzielt und verwirklicht' werde." Vgl. den Artikel „Bonn zeigt sich nach Breschnews Rede optimistisch"; FRANKFURTER ALLGEMEINE ZEITUNG vom 18. Juni 1971, S. 1.

Falin bemerkte, auch er habe Informationen über den Verlauf der Gespräche am 9. Juni. Er sei sich nicht wirklich sicher, ob die Vertreter der Westmächte Grund hätten, Kwizinskijs Position so einzuschätzen, wie sie es täten. Schließlich habe es sich nur um eine erste Erörterung der Präambel und des Teils I gehandelt, wobei die Positionen der drei Westmächte noch sehr weit von denjenigen der Sowjetunion entfernt gewesen seien. Insbesondere hätten die drei westlichen Botschaftsräte[21] wieder von ganz Berlin zu sprechen versucht und damit Formulierungen verwendet, die dem westlichen Papier vom 5. Februar[22] und der westlichen Position vom November 1970 nahe gewesen seien. Er, Falin, schätze dies so ein, daß hier taktischer Druck auf die Sowjetunion ausgeübt werden sollte. Dies entspreche durchaus der Tradition britischer Diplomatie. Ihm scheine, dies stehe im Zusammenhang mit dem, was der Herr Staatssekretär über den zeitlichen Zusammenhang von Berlin-Regelung, Ratifikation und KSE gesagt habe. Die Westmächte versuchten immer wieder deutlich zu machen, daß die Zeit für die Ratifizierung ziemlich knapp sei; sie täten dies in der Absicht, diese Zeit auszunutzen, um Druck auf die sowjetische Seite auszuüben. Auf sowjetischer Seite habe man mehr Grund, von Rückschritten zu sprechen, als die drei westlichen Vertreter. Der Herr Staatssekretär kenne die Vorschläge, die insbesondere von französischer Seite bezüglich des Schlußprotokolls gemacht worden seien, in dem man Begriffe wie „Sanktionierung" und „Obhut" der Vier Mächte verwendet habe. Man habe darüber auf verschiedenen Ebenen mit den Westmächten gesprochen, insbesondere auch mit Schumann in Moskau[23], und habe Grund zu der Annahme gehabt, es bestehe Klarheit darüber, daß für die sowjetische Seite diese Ausdrücke „Sanktion" oder „Obhut" inakzeptabel seien. Dennoch habe man sie erneut in der Diskussion vorgeschlagen. Gleiches gelte für die schon erwähnte Erwähnung des Wortes „Berlin" in der Präambel. Wenn die drei Westmächte über Berlin insgesamt sprechen wollten, werde es keine Berlin-Regelung geben. Dies sei immer klar gewesen und sei es noch heute. Auch beim Gespräch über die Außenvertretung hätten die drei westlichen Vertreter bereits abgestimmte Positionen wieder aufgegeben, nämlich einmal hinsichtlich der Frage, wer West-Berlin in der DDR vertreten und zweitens in der Frage der Erteilung von Pässen, durch welche den Westberlinern die Eigenschaft westdeutscher Bürger gegeben werden solle. An einen weiteren Punkt, der hier noch zu nennen sei, erinnere er sich im Augenblick nicht mehr. Bei all dem handele es sich um eine alte Methode der britischen Diplomatie. Man stelle Einverständnis her, daß der Text noch nicht endgültig sei; wenn die westlichen Vertreter ihn dann zu ändern wünschten, so sei das recht, wenn der sowjetische Vertreter so etwas täte, wäre es nicht gut. So etwas könne man machen, wenn man viel Zeit habe; fair sei es nicht. Er, Falin, könne demgegenüber autoritativ versichern, daß die sowjetische Position so bleibe, wie sie gewesen sei, und daß sie keinen taktischen Schwankungen unterworfen sei, wie es für andere gelte. Die Sowjetunion werde alles tun, um eine schnelle Regelung über Berlin zustande zu bringen.

---

21 Christopher Audland (Großbritannien), Jonathan Dean (USA) und René Lustig (Frankreich).
22 Für den Entwurf der Drei Mächte vom 5. Februar 1971 für eine Berlin-Regelung vgl. Dok. 52.
23 Zum Besuch des französischen Außenministers Schumann vom 4. bis 7. Mai 1971 in Moskau vgl. Dok. 165, Anm. 13.

Wenn jetzt die Zeitungen von Fortschritten in den Verhandlungen über Berlin sprächen, dann sei dies in erster Linie auf das sowjetische Entgegenkommen in der Zugangsfrage (Falin wörtlich: beim Transit) zurückzuführen. Hier sei man sich bereits zu 80 bis 90% einig. Auch was die Außenvertretung und die Besuche von Westberlinern in der DDR anbetreffe, seien sich die beiderseitigen Positionen in der Substanz nahe; lediglich die Formulierungen machten noch Schwierigkeiten. Das Hauptproblem sei jedoch die politische Bundespräsenz, die noch kaum diskutiert sei. Präambel und I. Teil wiederum seien eigentlich auch nur Formulierungsfragen. Bei ihrer Lösung sollte man aber davon ausgehen, daß die Nähe einer Formulierung zu denjenigen des sowjetischen Papiers vom 26. März nicht an sich schon ein Kriterium sein könne, ob diese Formulierung schlecht oder gut sei.

Im letzten Gespräch mit dem Herrn Bundesminister[24] habe er, Falin, schon die Vorahnung ausgesprochen, daß es gefährlich sei, zwei verschiedene Fragen miteinander zu verbinden. Dies sei schon der Methode wegen gefährlich, denn wenn man auf westlicher Seite den Eindruck gewinne, daß man damit bei der sowjetischen Seite Erfolg habe, werde man dieses Verfahren immer wieder anwenden. Er meine damit nicht die Bundesrepublik; die drei Westmächte in Berlin seien dieser Methode jedoch sehe nahe.

Der Herr *Staatssekretär* entgegnete, der Zusammenhang zwischen einer befriedigenden Berlin-Regelung und der Ratifizierung des Moskauer Vertrags sei von deutscher Seite, nicht von den westlichen Alliierten hergestellt worden. Der Grund hierfür sei ganz einfach. Es sei unvorstellbar, daß die Bundesregierung mit Verträgen vor das Parlament gehe, die zwar den geographischen Gesamtbereich der Auswirkungen des Zweiten Weltkriegs betreffen, Berlin aber aussparen würden. Man könne von der Bundesregierung nicht verlangen, daß sie sich vor dem Parlament dann darauf berufe, sie sei für Berlin nicht zuständig. Dies werde ihr nicht abgenommen.

Auch glaube er nicht, daß die Alliierten wirklich Druck ausüben wollten. Er glaube dies deshalb nicht, weil unser Interesse an den offenen Fragen – Außenvertretung, Präsenz – größer sei als das der Alliierten. Es gebe bei diesen durchaus Leute, die sagten, man solle sich in diesen Bereichen an dem ausrichten, was die Deutschen wollten.

Im übrigen halte er nichts von taktischen Zügen, wenn die Großmächte im Spiel seien. Er selbst wolle hier keinen Druck ausüben, sondern nur auf objektive Faktoren aufmerksam machen. Er erinnere sich daran, daß Falin ihn in Moskau als einen Mann bezeichnet habe, der verhandle, als befände er sich auf einer Südseeinsel, die nur alle drei Monate von einem Dampfer angelaufen werde. Er glaube, daß man auf diese Weise den Moskauer Vertrag hätte aushandeln können, ohne daß dies von Nachteil gewesen wäre. Dies gelte aber nicht für eine Berlin-Regelung. Hier fahre einmal der letzte Dampfer ab und dann sei nichts mehr zu machen.

Falin bemerkte hierzu, er verstehe die Denkweise des Herrn Staatssekretärs gut; er verstehe, was er sagen wolle und warum er es sage.

---

[24] Für das Gespräch des Bundesministers Scheel mit dem sowjetischen Botschafter Falin am 27. Mai 1971 vgl. Dok. 189.

Zunächst wolle er darauf aufmerksam machen, daß viel von dem, was man jetzt in der Öffentlichkeit als Fortschritt oder Rückschritt herausstelle, aus taktischen Gründen so bezeichnet werde. Was Bundespräsenz und Außenvertretung anbetreffe, so handle es sich hier um verschiedene Fragen, die nicht nur als zwei Aspekte ein und desselben Problems behandelt werden könnten. Sie seien auch im Leben verschieden. Die Alliierten könnten doch nicht sagen, wer Berlin in der Sowjetunion vertrete; sie würden dadurch sowjetische Rechte verletzen.

Es sei doch so, daß die Sowjetunion die Augen zudrücke und gleichzeitig mit den Händen die bestehenden Vier-Mächte-Abmachungen revidiere. Schließlich könne man nicht, wie die Fluglotsen, streng nach den bestehenden Regeln vorgehen. Man könne sich natürlich streiten, was in Westberlin rechtmäßig gewesen sei und was nicht. Es gehe aber doch darum, für die Zukunft ganz exakte Entscheidungen zu treffen, nach denen fast alles anders gemacht werde, als es bis heute gewesen sei. Die Sowjetunion sei dabei, wie gesagt, bereit, ein Auge zuzudrücken. Es müsse aber klar sein, daß die reale Situation, von der man ausgehe, nicht nur das umfasse, was für den Westen günstig sei, sondern auch solches, das für die Sowjetunion günstig sei. Damit, daß man sich mit Begriffen, wer härter oder weicher sei, attackiere, komme man auch nicht weiter.

Der Herr *Staatssekretär* warf hier ein, daß er auch nicht an den Wert solcher taktischer Winkelzüge glaube.

Falin sagte sodann, er räume ein, daß Kwizinskij in einer Beziehung nicht richtig gehandelt habe. Er sei dem Vorschlag seines amerikanischen Kollegen, kein bestimmtes Datum für das nächste Treffen der Botschaftsräte festzulegen, nicht gefolgt. Dabei hätte er aus dem amerikanischen Vorschlag ersehen müssen, daß die westliche Seite beim nächsten Gespräch am 22. Juni[25] noch keine neuen Instruktionen haben könnte. Kwizinskij sei zwar ein intelligenter jüngerer Beamter, aber noch nicht genügend erfahren. Von Moskau aus habe er, Falin, jederzeit direkt mit ihm telefonisch sprechen können; von Bonn aus könne er ihn nur noch indirekt beraten.

Falin gab sodann der Hoffnung Ausdruck, daß die Situation so eingeschätzt werde, wie sie tatsächlich sei. Die sowjetische Seite jedenfalls wolle ohne taktische Umschweife an das Ziel herangehen. Sie wisse, was sie wolle, sie wisse, was sie könne, sie kenne ihre eigene Position, sie kenne die Position ihrer Freunde und sie kenne auch die Möglichkeiten und Grenzen dieser Position. Sicher sei eine Regelung bezüglich Berlins möglich, wenn die andere Seite nicht Forderungen erhebe, die eine solche Regelung ausschlössen.

Was die Bitte bezüglich der Rede Breschnews anbetreffe, so werde er, Falin, versuchen, den Text möglichst schnell zu beschaffen. Allerdings sei die Eigenschaft des Redners, bis zuletzt am Wortlaut zu arbeiten, in Rechnung zu stellen. Er sei daher nicht sicher, ob wir nicht den Text auf andere Weise schneller erhalten könnten. Auf jeden Fall werde er versuchen, den authentischen Wortlaut der Passagen betreffend Berlin und die Beziehungen zur Bundesrepublik mitzuteilen. Er könne schon jetzt sagen, er wisse genau, daß das, was Bre-

---

[25] Zum Vier-Mächte-Gespräch über Berlin auf Botschaftsratsebene am 22./23. Juni 1971 vgl. Dok. 223.

schnew zu Berlin und zu den Beziehungen zwischen der Sowjetunion und der Bundesrepublik sagen werde, sehr gute Worte sein würden.

Der Herr *Staatssekretär* wiederholte das deutsche Interesse daran, unmittelbar auf die Rede Breschnews zu reagieren, wenn der Inhalt es nahelege. Er betrachte es im Augenblick als besonders wichtig, Zeichen der Ermutigung zu setzen. Wir seien in einer entscheidenden Phase des gesamten Konzepts, von dem der Moskauer Vertrag einen Teil bilde. Dies sei der Grund, weshalb er auf den Zeitfaktor hinweise. Für jede Sache gäbe es einen optimalen Zeitpunkt. Für uns sei dies das Frühjahr 1972.

Falin betonte, er verstehe dies. Auch die Sowjetunion wolle mit der Politik, für die der Vertrag ein Ausdruck sei, etwas erreichen – sie wolle nicht ihre Archive bereichern, sondern eine in die Zukunft führende Entwicklung einleiten.

Der Herr *Staatssekretär* bemerkte, noch ein Wort zu Lissabon sagen zu wollen. Er sei beeindruckt gewesen, wie sehr die deutsche Ost-West-Politik im Mittelpunkt der Ost-West-Politik des Bündnisses stehe und wie groß die Übereinstimmung bezüglich der Prinzipien und Absichten dieser Politik unter allen Mitgliedern des Bündnisses sei, auch wenn es da einige Nuancen gebe. So lege der eine oder andere mehr Wert auf die KSE oder MBFR. Es sei für den Herrn Bundesminister, wie für ihn selbst, ein Anlaß tiefer Genugtuung gewesen, zu sehen, wie sehr die deutsche Politik den Kern der Politik des Bündnisses darstelle, eingebettet in dessen Zustimmung. Daher befänden wir uns jetzt in einer entscheidenden Phase. Wenn es gelänge, aus dieser gegenwärtigen Disposition heraus etwas Positives zu erreichen, so sei dies sehr gut. Es wäre daher verhängnisvoll, wenn das Kommuniqué von Lissabon negativ interpretiert würde. Im Klartext gelesen bedeute es nichts anderes, als daß alle 15 Mitglieder des Bündnisses bereit und entschlossen seien, die Chancen einer Entspannung aktiv wahrzunehmen. Der Herr Bundesminister habe dies im Gespräch mit Falin ja so ausgedrückt, daß es, sei es einmal zu einer Berlin-Regelung gekommen, in Richtung auf eine KSE kein Halten mehr gebe. Würden die Erwartungen jedoch enttäuscht, so wäre auf lange Zeit eine große Chance vertan.

Falin antwortete hierauf, man müsse zunächst einmal abwarten. Er hoffe, daß nach der Rückkehr des amerikanischen Botschafters[26] aus den Vereinigten Staaten und nach den Gesprächen des Herrn Bundeskanzlers mit Präsident Nixon[27] auch bisher noch nicht geklärte Fragen mit größerer Produktivität besprochen werden könnten.

Der Herr *Staatssekretär* gab demgegenüber der gleichen Hoffnung und Erwartung bezüglich der Rückkehr Breschnews aus Ostberlin Ausdruck.

Falin meinte sodann, es gebe manche Fragen, die nicht leicht seien, auch nicht leicht für die Freunde der Sowjetunion. Er könne aber aus eigener Erfahrung sagen, daß keine dieser Fragen unlösbar sei. Die Freunde der Sowjetunion seien kooperativ, obwohl sie gewisse Schwierigkeiten und vorgefaßte Meinungen[28]

---

[26] Kenneth Rush.
[27] Bundeskanzler Brandt hielt sich vom 14. bis 18. Juni 1971 in den USA auf. Zum Gespräch mit Präsident Nixon am 15. Juni 1971 in Washington vgl. Dok. 208.
[28] An dieser Stelle Fußnote in der Vorlage: „Diese Übersetzung trifft das von Falin hier ausnahmsweise benutzte russische Wort am besten; Boronin hatte zunächst mit ‚Voreingenommenheiten‘, Falin sodann mit ‚Vorurteilen‘ übersetzt."

hätten, die sich aus ihren schlechten Erfahrungen mit der Bundesrepublik ergäben.

Der Herr *Staatssekretär* sagte, die Vorurteile zwischen den beiden Teilen Deutschlands würden uns wohl noch sehr lange, vielleicht 20 bis 30 Jahre beschäftigen.

Falin bemerkte, er hoffe, daß sich eine Lösung in kürzerer Zeit finden lasse. Der Herr Staatssekretär und er müßten einmal ein ganz freies, offenherziges Gespräch ohne Protokolle – vielleicht nach Abschluß der Vier-Mächte-Beratungen, die den innerdeutschen Verhandlungen über den Berlin-Zugang vorangehen – führen.

Der Herr *Staatssekretär* erklärte, hierfür zur Verfügung zu stehen. Es sei von deutscher Seite immer betont worden, wie sehr uns nach der Unterzeichnung des Moskauer Vertrags an einem Dialog liege. Dies sei der Fehler der Entwicklung nach 1955[29] gewesen, daß es zu einem echten Dialog nicht gekommen sei, lediglich zu einem Dialog unter Taubstummen.

Falin meinte, daß, was nach 1955 stattgefunden habe, seien zwei Monologe, jedoch nicht ein Dialog gewesen.

Der Herr *Staatssekretär* schloß das Gespräch mit der Bemerkung, daß nach der Ratifikation des Moskauer Vertrags die Voraussetzungen wesentlich günstiger wären.

Am Ende seiner einführenden Darlegung war der Herr Staatssekretär auf die Demarche des Gesandten Bondarenko vom 1. April d.J. betreffend die Ratifikation des Nichtverbreitungsvertrages[30] durch die Bundesrepublik zu sprechen gekommen. Er nahm zu dieser Demarche durch Verlesung des als Anlage beigefügten Aide-mémoire[31] Stellung, das er Botschafter Falin sodann übergab.

Im Verlauf des Gesprächs dankte *Falin* für die Mitteilung und drückte allgemein die Hoffnung aus, daß eine Lösung der Ratifikation des Nichtverbreitungsvertrages im Wege stehenden Fragen bald gefunden werde.

Das Thema wurde im Gespräch sonst nicht vertieft.

VS-Bd. 4521 (II A 1)

---

[29] Die Bundesrepublik und die UdSSR nahmen am 13. September 1955 diplomatische Beziehungen auf.
[30] Für den Wortlaut des Nichtverbreitungsvertrags vom 1. Juli 1968 vgl. EUROPA-ARCHIV 1968, D 321–328.
[31] Dem Vorgang beigefügt. In dem Aide-mémoire betonte die Bundesregierung ihre Absicht, den Nichtverbreitungsvertrag vom 1. Juli 1968 zu ratifizieren. Sie erläuterte dazu: „In Artikel III Absatz 4 des NV-Vertrages ist vorgesehen, daß ein Nichtkernwaffenstaat auch gemeinsam mit anderen Staaten Sicherungsübereinkünfte mit der IAEO schließen kann. Wie der sowjetischen Regierung bekannt ist, haben die fünf Nichtkernwaffenstaaten von EURATOM ihre Absicht bekundet, ein solches gemeinsames Abkommen anzustreben. Die Bundesregierung hält an dieser Absicht fest und bemüht sich daher, im Rahmen von EURATOM die nötigen Voraussetzungen dafür zu schaffen, daß möglichst bald die Verhandlungen mit der Internationalen Atomenergie-Organisation beginnen können. Aufgrund ihrer Bindungen in der Europäischen Atomgemeinschaft sieht sich die Bundesregierung genötigt, die Ratifizierung des NV-Vertrages bis zu dem Zeitpunkt zurückzustellen, an dem ein Verifikationsabkommen mit der IAEO geschlossen worden ist, dessen Vereinbarkeit mit dem Vertrag über die Gründung der Europäischen Atomgemeinschaft feststeht. Im übrigen hält sich die Bundesrepublik Deutschland schon jetzt an den Nichtverbreitungsvertrag." Vgl. VS-Bd. 4521 (II A 1); B 150, Aktenkopien 1971.

208

Aufzeichnung des Bundeskanzlers Brandt

Geheim   15./16. Juni 1971[1]

Vermerk über Gespräch mit Präsident Nixon in Washington am 15. Juni 1971[2]

1) Berlin

Nixon begann mit diesem Thema und meinte, wenn keine unerwartete Wendung von sowjetischer Seite komme, würde man bei dieser Phase durchkommen. Er zeigte großes Interesse für meinen Hinweis, daß die jetzt vorgesehene Berlin-Regelung weit mehr beinhalte als das, was 1959 in Genf besprochen wurde[3] und in der Substanz auch mehr als die drei Essentials Kennedys (1961)[4].

---

[1] Durchdruck.
Die Aufzeichnung wurde von Legationsrat I. Klasse Schilling, Bundeskanzleramt, am 22. Juni 1971 an Vortragenden Legationsrat I. Klasse Hofmann übermittelt. Dazu vermerkte er: „Der Herr Bundeskanzler stellt es in die Entscheidung Ihres Herrn Ministers, ob und inwieweit die Herren Staatssekretäre Ihres Hauses Kenntnis erhalten sollen."
Hat Hofmann am 23. Juni 1971 vorgelegen.
Hat Bundesminister Scheel vorgelegen.
Hat laut Vermerk des Legationsrats I. Klasse Vergau vom 25. Juni 1971 Staatssekretär Frank vorgelegen.
Hat Staatssekretär Freiherr von Braun am 26. Juni 1971 vorgelegen.
Hat laut Vermerk des Vortragenden Legationsrats Dunker vom 30. Juni 1971 Parlamentarischem Staatssekretär Moersch vorgelegen.

[2] Bundeskanzler Brandt hielt sich im Anschluß an einen Besuch am 12./13. Juni 1971 in Jamaika vom 14. bis 16. Juni 1971 in Washington und am 17./18. Juni 1971 in New York auf.
Zum Gespräch mit Nixon vgl. BRANDT, Begegnungen, S. 389–391.

[3] Vom 11. Mai bis 20. Juni und vom 13. Juli bis 5. August 1959 fand in Genf eine Konferenz der Außenminister der Vier Mächte statt.

[4] Am 25. Juli 1961 führte Präsident Kennedy in einer Rundfunk- und Fernsehansprache zur Situation in Berlin aus: „We are there as a result of our victory over Nazi Germany – and our basic rights to be there, deriving from that victory, include both our presence in West Berlin and the enjoyment of access across East Germany. These rights have been repeatedly confirmed and recognized in special agreements with the Soviet Union. Berlin is not a part of East Germany, but a separate territory under the control of the allied powers. Thus our rights there are clear and deep-rooted. But in addition to those rights is our commitment to sustain – and defend, if need be – the opportunity for more than two million people to determine their own future and choose their own way of life." Vgl. PUBLIC PAPERS, KENNEDY 1961, S. 533.
Am 30. April 1971 stellte Referat II A 1 in einer Aufzeichnung für das Bundeskanzleramt fest: „An den von Kennedy als wesentlich aufgestellten Grundsätzen haben die Alliierten in den laufenden Berlin-Verhandlungen festgehalten. In dem Bemühen, zu praktischen Verbesserungen der Lage in und um Berlin zu gelangen, sind diese ‚essentials' von der westlichen Seite jetzt konkretisiert worden und haben ihren klaren Ausdruck in dem Vertragsentwurf vom 5.2.1971 gefunden. [...] In verschiedenen Punkten gehen die Forderungen der Alliierten mit Unterstützung der Bundesregierung heute über die westlichen Positionen des Jahres 1961 hinaus. 1) Wichtig ist vor allem, daß die Westmächte heute eine Vier-Mächte-Vereinbarung anstreben, in der die für die Lebensfähigkeit Berlins (West) unerläßlichen Bindungen zwischen der Stadt und der Bundesrepublik auch durch die Sowjetunion respektiert werden. 2) Die Frage der innerstädtischen Verbindungen, die erst seit dem Mauerbau am 13.8.1961 aktuell ist, ist zu einem Hauptpunkt der Verhandlungen gemacht worden. Der Westen hat hier detaillierte Wünsche für eine praktische Verbesserung vorgetragen. Die östliche Seite hat auch bereits insoweit einige Zugeständnisse gemacht. 3) Das Problem der Außenvertretung, das u. a. Konsularschutz, Ausstellung von Reisepässen, Einbeziehung in internationale Verträge und Teilnahme von Westberlinern am internationalen Austausch der Bundesrepublik Deutschland einschließt, ist zu einem wichtigen Gegenstand der Gespräche gemacht worden. Allerdings haben die Alliierten deutlich gemacht, daß es sich hierbei um die Delegation einer alliier-

Der Präsident maß der Tatsache keine zu große Bedeutung zu, daß die Russen in ihrer öffentlichen Haltung weiter von einer besonderen politischen Einheit sprechen. Er habe es so verstanden, daß die Russen uns zu zwei Dritteln entgegengekommen seien. Dies sei ein guter Deal. Sie hätten wesentliche Konzessionen in der Zugangsfrage gemacht. Jetzt seien Außenvertretung und sowjetische Dienststelle offen.

Nixon hörte sich meine Überlegungen zum Thema einer sowjetischen Dienststelle in West-Berlin[5] an: daß wir schon während meiner Berliner Jahre mit einigen sowjetischen Büros hätten leben müssen und daß es unter dem Gesichtspunkt der Sicherheit leichter sei, die legale Spitze des Eisbergs zu kontrollieren. Es sei ein psychologischer Vorteil, wenn Berliner Visa in Westberlin bekommen können. Dies bezeichnete Nixon als einen interessanten Punkt.

Er wolle die deutsche Position stärken. „Wir wollen eine Vereinbarung, Sie wollen sie"; man solle weitermachen, ohne aus taktischen Gründen zu drängen. Die USA seien bereit, eine harte Linie in der Bundespräsenz einzunehmen. Berlin bleibe Test. Wenn man die Spannungen reduziere, könne man auch Truppen reduzieren. Das sei eine logische Verbindung, ohne daß man es ein Junktim nenne.

2) Deutsche Ostpolitik

Einzelheiten wie Ratifizierung und Verhältnis zur DDR wurden im Gespräch mit Nixon nicht erörtert. Ich stellte fest, daß wir mit dem Ergebnis der NATO-Außenministerkonferenz in Lissabon[6] zufrieden seien.

3) MBFR

Ich bezeichnete die von den Außenministern vorgesehene Prozedur (NATO-Rat, stellvertretende Außenminister, ein oder mehrere Unterhändler) als vernünftig. Wichtig seien natürlich territoriale Ausdehnung und sachlicher Umfang. Eine symbolische Kürzung als erster Schritt sei durchaus erwägenswert. Nachdem Laird eine amerikanische Studie angekündigt habe, könnte es nützlich sein, hierüber rechtzeitig einen bilateralen Gedankenaustausch zu haben.

N. hielt es für sinnvoll, einen solchen Meinungsaustausch – still und inoffiziell – zu führen.[7] Die Allianz müsse im übrigen eng zusammenwirken. Im Gespräch mit Rogers ergab sich, daß dieser den Gedanken eines möglichen ersten „symbolischen" Schrittes auf die beiden Weltmächte bezog.[8]

Rogers ergänzte am Abend des 16. Juni: Dobrynin sei nachmittags bei ihm gewesen und habe gesagt, seine Regierung sei mit Truppenabbau-Gesprächen vor einer Europäischen Konferenz einverstanden. Auch damit, daß Gespräche sich nicht nur auf Stationierungs-, sondern auch auf einheimische Streitkräfte zu

---

Fortsetzung Fußnote von Seite 966
ten Zuständigkeit handelt. In diesem Punkt haben sich die Sowjets zu einigen wesentlichen Zugeständnissen bereit erklärt." Für die am 3. Mai 1971 von Ministerialdirektor von Staden weitergeleitete Aufzeichnung vgl. VS-Bd. 4520 (II A 1); B 150, Aktenkopien 1971.
5 Zur Frage der Errichtung eines sowjetischen Generalkonsulats in Berlin (West) vgl. zuletzt Dok. 160 und weiter Dok. 215.
6 Zur NATO-Ministerratstagung am 3./4. Juni 1971 vgl. Dok. 197.
7 Botschafter Roth hielt sich am 30. Juni und 1. Juli 1971 zu MBFR-Konsultationen in Washington auf. Vgl. dazu Dok. 227.
8 Zum Gespräch des Bundeskanzlers Brandt mit dem amerikanischen Außenminister Rogers am 15. Juni 1971 vgl. Dok. 209.

beziehen haben würden. Dobrynin habe auch nichts dagegen einzuwenden gehabt, daß beide Seiten einen oder mehrere Unterhändler benennen.[9]

4) KSE

Thema wurde bei N. nicht behandelt. Rogers erklärte Einverständnis mit der in Lissabon vereinbarten Prozedur, machte aber keinen Hehl daraus, daß er von einer solchen Konferenz nicht viel halte.

5) SALT

Nixon: Auch wenn dies nicht nach außen so erscheine, gebe es eine Verbindung zwischen ABM und Offensivwaffen. Offizielle ABM-Verhandlungen würden im Juli beginnen.[10] Man sei jetzt schon in vertraulicher Vorbereitung und hofft, bis zum Ende des Jahres zu einem Ergebnis zu kommen. ABM könne Berlin helfen, Berlin könne ABM helfen.

6) Europa–USA

An diesem Thema war N. diesmal viel stärker interessiert als vor 14 Monaten.[11] Ich legte dar: Die Europäer verstärkten ihre Verantwortlichkeit in der Allianz. EDIP sei sehr wichtig im Prinzip. Solche Maßnahmen zeigten der amerikanischen Bevölkerung unsere Bemühungen. Was vor einem Jahr theoretisch erschien, sei heute vor der Verwirklichung, nur die Briten selber könnten Eintritt noch stoppen. Es sei unwahrscheinlich: Heath werde Mehrheit haben.[12] Die Gemeinschaft der Zehn werde noch offener sein für den Welthandel als die der Sechs. Nach all den Jahren der Stagnation komme auch politische Zusammenarbeit, wenngleich nicht nach dem Konzept der 50er Jahre. Es komme nun darauf an, sowohl auf wirtschaftlichem wie auf politischem Gebiet organische Verbindungen zwischen der Gemeinschaft und den USA zu entwickeln.

N. unterstützte das lebhaft. Die einzelnen Staaten hätten ihre nationale Identität. Er wisse nicht einmal, ob Supranationalität gut sein würde. Die Zeit sei vorbei, wo die USA dominiert oder nahezu diktiert haben. Europas Zukunft wird von Europa bestimmt. Er verfolge die Entwicklung mit großem Interesse. Es gebe Sorge vor der europäischen Einheit, besonders auf dem Gebiet der Wirtschaft. Er teile diese Auffassung nicht, sondern glaube, daß dieses Europa für die Weltpolitik stabilisierend sein könne. Die Sorgen entsprächen dem Denken des 19. Jahrhunderts, aber es werde für ihn in diesem Land nicht einfach sein. Stimmen: Laßt uns nicht die drittstärkste Wirtschaftsmacht unterstützen (wenn man andere Belastungen abziehe, könne es auch die erste sein). Man muß das in der notwendigen Zeit sich entwickeln lassen.

Ich: Die USA brauchten keinen wirtschaftlichen Preis zu zahlen. Handel habe mit EWG mehr zugenommen, als mit EFTA-Ländern und dem Rest der Welt. Die größere Gemeinschaft werde noch weltoffener sein. Wir müßten herausfin-

---

[9] Zum Gespräch des amerikanischen Außenministers Rogers mit dem sowjetischen Botschafter in Washington, Dobrynin, am 16. Juni 1971 vgl. Dok. 210, Anm. 4.

[10] Die fünfte Runde der Strategic Arms Limitations Talks (SALT) zwischen den USA und der UdSSR begann am 8. Juli 1971 in Helsinki.

[11] Bundeskanzler Brandt und Präsident Nixon führten 10./11. April 1970 in Washington Gespräche. Vgl. dazu AAPD 1970, I, Dok. 153.

[12] Zur Abstimmung im britischen Parlament am 28. Oktober 1971 über den Beitritt Großbritanniens zu den Europäischen Gemeinschaften vgl. Dok. 379.

den, ob die bestehenden Kontakte EWG–USA ausreichten oder ob sie verstärkt und verbessert werden müßten. Dies gilt auch für die außenpolitische Zusammenarbeit, für die wir selbst erst noch eine geeignete Abstimmung mit den nationalen Entscheidungsorganen finden müßten. Für die Erörterung ökonomischer Fragen werde die OECD möglicherweise an Gewicht zunehmen. Wir würden bereit sein, uns auch wegen solcher Fragen abzustimmen, die sich z. B. aus der japanischen Handelspolitik ergeben.

(Aus Gespräch mit Rogers ergab sich, daß dieser es für sehr erwünscht hält, unabhängig von OECD die besonderen Verbindungen zwischen EWG und USA zu verstärken.)

N.: Japan sei ein schweres Problem. „Sie verkaufen ihre Transistoren und lassen ihre Wagen rollen." Die Japaner seien etwas ähnlich wie die Deutschen, was Fleiß und Energie angehe. Im Laufe der Zeit würden sie vielleicht etwas fetter werden und mehr zu den Geishas gehen. Die Japaner wendeten nur 1–2 % Ausgaben für die Verteidigung auf.

Im Zusammenhang hiermit wurde, auf China–Japan bezogen, die NPT-Problematik kurz erwähnt.

Am Rande kam auch – etwas ausführlicher gegenüber Rogers – die Notwendigkeit zur Sprache, geeignete Regelungen zwischen erweiterter EWG und den übrigbleibenden EFTA-Ländern zu treffen. Bei Abkommen mit außereuropäischen Ländern würden wir besonders darauf achten, daß eine Beeinträchtigung amerikanischer Interessen nach Möglichkeit vermieden werde. Ich erwähnte meinen Besuch in Jamaika und ein kürzliches Gespräch mit dem Premierminister von Neuseeland.[13]

7) Frankreich

Ich berichtete über die gute Zusammenarbeit mit Pompidou. Auch über unser Bemühen, Frankreich pragmatisch wieder enger an den militärischen Zusammenhang in der Allianz heranzuführen.[14]

N.: Auch sein Verhältnis zu Pompidou sei gut. Franzosen dürfen sich nicht isoliert fühlen. Pompidou könne sich nur bedingt über die traditionelle gaullistische Politik hinwegsetzen.

8) Lage im Senat

N.: Die Mansfield-Bewegung werde wieder hochkommen.[15] Das Weiße Haus habe gewonnen mit dem Argument, daß andere ihren Teil tragen und daß MBFR eine Chance habe. Hauptsache sei der Geist der Gemeinsamkeit. Das gelte auch für die Bundesrepublik. Der Vorwurf sei, die Administration tue nicht genug, um die Lasten zu teilen.

Ich: Man brauche bilaterale Erkundungen, dann multilaterale Aktionen. Es könne nicht allein eine Sache zwischen den Vereinigten Staaten und der Sowjetunion sein.

---

[13] Für das Gespräch des Bundeskanzlers Brandt mit Ministerpräsident Holyoake am 30. April 1971 vgl. Dok. 150.
[14] Frankreich schied zum 1. Juli 1966 aus der militärischen Integration der NATO aus.
[15] Zum Antrag des amerikanischen Senators Mansfield vom 11. Mai 1971 vgl. Dok. 179, Anm. 3.

N. stimmte im Prinzip zu. Wer das meiste tue, müsse allerdings auch die stärkste Stimme haben. Hier gelte nicht das UN-Prinzip. Aber in keinem Stadium denke er an nur bilaterale Methodik.

Ich erklärte mich damit einverstanden, daß es ganz allgemein darauf ankommt, den Senatoren und der amerikanischen Öffentlichkeit das Gefühl zu vermitteln, daß die Europäer ihrer Verantwortung gerecht werden.

9) Devisenausgleich

N. erwähnte diesen Gegenstand nur ganz kurz, gab der Hoffnung auf eine positive Fortführung der Expertengespräche Ende Juni in Bonn[16] Ausdruck und unterstrich, für ihn sei noch wichtiger, daß allgemeine Kooperationsbereitschaft der Europäer (militärisch, handelspolitisch etc.) zu verzeichnen sei.

Ich: Was Offset angehe, so seien die militärischen Ausgaben als Beitrag akzeptiert. Es stimme allerdings nicht, daß wir ein Ergänzungsflugzeug unbedingt in den USA kaufen müßten. Dies bringe uns jedenfalls Ärger mit den Franzosen ein. Die Erweiterung des Haushaltsbeitrags sei schwierig und prinzipiell zweifelhaft; Burden-sharing sei Allianz-Sache. Man könne durch die Expertengespräche vielleicht näherkommen, wenn man spezifiziere, was begrenzte Entlastungen über den Haushalt bedeuten. Wir könnten z. B. bereit sein, einem langjährigen Verlangen der US-Armee entsprechend zur Renovation der Kasernen beizutragen. Wir würden ein Konto einrichten zur Disposition durch die Armee für diesen Zweck. Die Bundesbank habe vielleicht Ideen in Verbindung mit dem Defizit der amerikanischen Zahlungsbilanz. Was den Gedanken eines Kredits angehe, so könnte man vielleicht über besonders günstige Bedingungen reden.[17]

Mir war angekündigt worden, daß N. möglicherweise versuchen würde, mich für das Flugzeug SST zu interessieren, für das der Kongreß die Mittel gestrichen hat.[18] N. warf diese Frage nicht auf, wohl aber bat mich Rogers, mich

---

[16] Zur dritten Runde der deutsch-amerikanischen Verhandlungen über einen Devisenausgleich am 28./29. Juni 1971 vgl. Dok. 222.

[17] Am 16. Juni 1971 berichtete Botschafter Pauls, Washington, daß der Unterstaatssekretär im amerikanischen Außenministerium, Samuels, gegenüber Bundeskanzler Brandt am Vortag „die Sprache auf die Verhandlungslücke beim Devisenausgleichsabkommen" gebracht habe: „Ohne in Einzelheiten eintreten zu wollen, bezeichnete Samuels es als das grundlegende Problem des gegenwärtigen Verhandlungsstandes, daß etwa 300 Mio. Dollar nicht durch devisenwirksame Leistungen gedeckt seien, um den 80%igen Ausgleich zu erzielen. Der Bundeskanzler entgegnete, auch Präsident Nixon habe in seinem Gespräch mit ihm am Vormittag des 15.6. dieses Problem berührt, habe aber zum Ausdruck gebracht, daß man die Annäherung der gegenseitigen Standpunkte den Experten überlassen solle. Er habe entgegnet, daß die in der Senatsdebatte vorgetragenen Argumente für ihn wenig überzeugend gewesen seien. Er stehe dem Prinzip der Budgetleistungen aus verschiedenen Gründen kritisch gegenüber. Dennoch könne er sich vorstellen, daß man in der nächsten Verhandlungsrunde bestimmte spezifische Vorschläge erörtern könne, die sich auf die Frage der Kasernenverbesserung erstrecken. Außerdem könne über Kredite der Bundesbank ein zusätzliches Element gefunden werden, wobei die Verzinsung kein Problem darstellen sollte." Vgl. den Drahtbericht Nr. 1375; VS-Bd. 8778 (III A 5); B 150, Aktenkopien 1971.

[18] Am 3. Dezember 1970 lehnte der amerikanische Senat die Bewilligung der zweiten Tranche in Höhe von 290 Mio. Dollar für die Entwicklung eines Überschallverkehrsflugzeuges („Supersonic Transport Program") ab. Vgl. dazu den Artikel „Senate Refuses More Funds to Help Build American SST"; INTERNATIONAL HERALD TRIBUNE vom 4. Dezember 1971, S. 1.

Am 12. Mai 1971 sprach sich das Repräsentantenhaus dafür aus, das Verfahren zur Bewilligung wieder aufzunehmen. Der Senat lehnte am 19. Mai 1971 jedoch endgültig die Finanzierung des SST-Programms ab, nachdem bekannt geworden war, daß die Entwicklung des Überschallflugzeugs

durch unsere Sachverständigen hierüber informieren zu lassen. Am Abend des 16. Juni sagten Senatoren in Gegenwart von Rogers, das Projekt sei nicht wert, weiterverfolgt zu werden.

10) Währungsprobleme

N.: Zahlungsbilanzproblem dürfe nicht so stark werden, daß es Sicherheitsfragen überschattet.

Ich erläuterte, daß das Floaten der Mark[19] nicht gegen den Dollar gerichtet war. Es werde nicht allzu lange dauern. Niemand könne garantieren, daß wir zum selben Kurs zurückkehren; aber wir brauchten Annehmbarkeit in der Gemeinschaft. Einströmen von Dollars war gegen diesen gerichtet und behinderte unser Ringen um Stabilität.

N.: Die Kritik von verschiedenen Seiten war mehr gegen den Prozeß bis zur Maßnahme gerichtet. Es ist ein Problem für die seriösen Leute, wenn Spekulanten die Gelegenheit ausnützen können. Man sollte zu engeren Konsultationen darüber kommen. Interesse, die Situation abzukühlen und nicht den Eindruck einer großen Krise zu erwecken.

Mark und Dollar und auch Pfund seien heute wichtiger als andere Währungen. Wir sollten engen Kontakt halten. Unsere Beziehungen sind so wichtig, sogar für die ganze freie Welt, daß nichts zwischen uns kommen darf.

11) China

N.: Europa wird Zeit brauchen, aber die Deutschen werden eine größere Rolle in der Welt spielen für den Rest des Jahrhunderts. Sie seien stark, auch wirtschaftlich. Wir wollen nichts Negatives gegen andere sagen. Aber wenn man 15–20 Jahre vorausschaue: Niemand kann zulassen, daß 800 Mio. isoliert bleiben. Die USA müssen eine Rolle spielen, damit China eine normale Rolle in der Welt spielen kann. Es gehe ihm nicht darum, daß China heute oder in sechs Monaten in die UN komme. Die Sowjetunion ist beunruhigt über China, aber auch Japan. Jeder Staat sieht auf seine Interessen. Auch Westeuropa werde eine Rolle spielen, besonders die Deutschen. Das Bild der Hand mit fünf Fingern. Dies mag sich später ändern. Aber für unsere Generation: Leben und leben lassen, im Verhältnis dieser Fünf. Wir sind Realisten wie Sie.

Ich: An Ihrer Stelle würde ich es nicht anders machen. Aber von uns aus gesehen, wenn man auf die Karte blickt und weiß, daß wir keine Weltmacht, sondern ein mittelgroßer Staat im geteilten Europa sind, wollen wir nach Möglichkeit alles vermeiden, was die Russen als feindlich gegen sie gerichtet ansehen. Erst die Russen, dann China. China versuchte übrigens, mit Ost-Berlin zu spielen.

N.: Er verstehe völlig, daß für uns die Russen Priorität haben. Er würde es auch so machen. Für Amerika gelte: Sie machten tausendmal mehr mit den Russen als mit den Chinesen. „Das große Spiel für uns ist das mit den Russen."

Fortsetzung Fußnote von Seite 970

Mehrkosten von bis zu einer Milliarde Dollar verursachen könnte. Vgl. dazu die Artikel „House Votes to Revive SST; Project Again Faces Senate" und „Senate Buries SST Issue With Decisive 58–37 Vote"; INTERNATIONAL HERALD TRIBUNE vom 13. bzw. 21. Mai 1971, S. 1 bzw. S. 3.

[19] Zu den währungspolitischen Maßnahmen der Bundesregierung vom 9./10. Mai 1971 vgl. Dok. 157, Anm. 6, und Dok. 167, Anm. 15.

12) Vietnam

Bei Tisch berichtete N. im einzelnen über seine Bemühungen, den Rückzug planmäßig fortzuführen.[20] Er gehe davon aus, daß dies möglich sein werde.

13) Pakistan

Ich berichtete über den Brief von Mrs. Gandhi und den Besuch des indischen Außenministers[21] (der am gleichen Abend in Washington eintraf[22]). Ob wir über das Pakistan-Konsortium[23] und auf andere Weise dahin wirken könnten, daß den Flüchtlingen die Rückkehr ermöglicht werde?

N.: Starkes Interesse an Flüchtlingen, aber alles vermeiden, was als Parteinahme gegen Pakistan erscheint.

14) Naher Osten

Thema wurde bei N. nur gestreift. Rogers berichtete im einzelnen: Man sei nicht sicher, ob der Vertrag zwischen Sowjetunion und Ägypten[24] die Lage wirklich verändert habe. Jedenfalls werde man weiter an einem ersten Schritt hin zur Friedenslösung arbeiten und rechne mit der Möglichkeit eines Erfolges.

15) 25 Jahre Marshall-Plan

Ich berichtete N. über Vorschläge, aus Anlaß der 25. Wiederkehr der Verkündung des Marshall-Plans[25] einen Marshall-Memorial-Fund zu schaffen, damit einen American Council for Europe zu verbinden und European Studies zu finanzieren.[26] N. hielt dies für eine begrüßenswerte Idee.

gez. Brandt

VS-Bd. 10091 A (Ministerbüro)

---

[20] Vgl. dazu die Ankündigung des Präsidenten Nixon vom 9. April 1971 über den Abzug amerikanischer Truppen aus Vietnam; Dok. 64, Anm. 11.

[21] Zum Besuch des indischen Außenministers Swaran Singh am 9./10. Juni 1971 vgl. Dok. 206.

[22] Der indische Außenminister Swaran Singh hielt sich vom 15. bis 17. Juni 1971 in Washington auf.

[23] Zum Pakistan-Konsortium vgl. Dok. 206, Anm. 6 und 10.

[24] Zum Vertrag vom 27. Mai 1971 zwischen der UdSSR und der VAR über Freundschaft und Zusammenarbeit vgl. Dok. 197, Anm. 15.

[25] Am 5. Juni 1947 schlug der amerikanische Außenminister Marshall in einer Rede an der Harvard-Universität die Schaffung eines Hilfsprogramms für die europäischen Staaten vor. Das nach ihm benannte European Recovery Program (ERP) diente in den Jahren 1948 bis 1952 dem Wiederaufbau der europäischen Wirtschaft. Bis zum Auslaufen der Hilfe flossen ca. 13 Mrd. Dollar nach West-Europa. Davon entfielen auf die Bundesrepublik ca. 1,7 Mrd. Dollar. Für den Wortlaut der Rede vgl. DEPARTMENT OF STATE BULLETIN, Bd. 16 (1947), S. 1159 f. Für den deutschen Wortlaut vgl. EUROPA-ARCHIV 1947, S. 821.

[26] Am 11. Juni 1971 vermerkte Bundesminister Ehmke für Bundeskanzler Brandt, daß hinsichtlich des 25. Jahrestages der Rede des amerikanischen Außenministers Marshall bislang „nichts Spektakuläres" geplant sei: „Amerikanische Freunde raten zu einer Überprüfung dieser Position. In der augenblicklichen psychologischen Lage einer Europa-Müdigkeit in den USA mit den Nebenthemen Truppenreduzierung und Verhältnis zur EWG könne man mit wenig Geld vielleicht psychologisch viel erreichen." So habe der Professor an der Harvard-Universität, Goldman, die Einrichtung eines „Marshall Memorial Fund" zur Förderung von „Europäischen Studien" vorgeschlagen. Ehmke regte an, das Thema mit Präsident Nixon zu erörtern. Vgl. Referat I A 5, Bd. 344.
Am 21. Juli 1971 stimmte das Kabinett der Errichtung einer Stiftung zu. Hinsichtlich der Finanzierung sollte die Bundesrepublik eine Spende von zehn Mio DM jährlich über einen Zeitraum von 15 Jahren bereitstellen mit dem Ziel der Bildung eines Stiftungsvermögens. Vgl. dazu die Aufzeichnung des Referats L 1 vom 29. Juli 1971; Referat I A 5, Bd. 344.
Vgl. dazu weiter Dok. 452, Anm. 35.

209

Staatssekretär Bahr, Bundeskanzleramt, z. Z. Washington, an Bundesminister Scheel

Z B 6-1-12256/71 geheim Aufgabe: 16. Juni 1971, 01.05 Uhr
Fernschreiben Nr. 1371 Ankunft: 16. Juni 1971, 06.57 Uhr
Citissime

Nur für Minister, Staatssekretär[1], D Pol[2], Dg II B[3]

Betr.: Bundeskanzlerbesuch in USA[4]
  hier: Thema MBFR

1) In einer etwa einstündigen Besprechung mit dem Bundeskanzler, die sich an das Arbeitsessen im Department of State am 15.6. anschloß, äußerte sich Außenminister Rogers zum Thema MBFR wie folgt:

Die Vereinigten Staaten beabsichtigten nicht, mit der Sowjetunion in bilaterale Verhandlungen einzutreten. Die amerikanische Regierung sei daran interessiert, eine beiderseitige ausgewogene Truppenverminderung in Angriff zu nehmen, nicht zuletzt, da sie wegen der Debatte um das Mansfield Amendment[5] in einen Zugzwang geraten sei und erste Schritte in Richtung auf eine MBFR den Druck des Kongresses auf einseitige Truppenreduzierung zu vermindern verspreche („We are interested, but not frantic").

Die Idee einer umfassenden substantiellen Verminderung auf beiden Seiten sei nur schwer durchführbar. Auch bestünde über die sowjetischen Vorstellungen noch keine Klarheit. Man müsse daher mit kleinen Schritten beginnen und graduelle Reduzierungen ins Auge fassen. Eine erste Reduzierung etwa in der Größenordnung von 5 bis 10 % werde keinen destabilisierenden Effekt haben und werde möglicherweise den Bedürfnissen beider Seiten entgegenkommen. Er hoffe, einen solchen Schritt bis Ende des Jahres vereinbaren zu können.

Außenminister Rogers ließ keinen Zweifel daran, daß er symbolische Reduzierungen der amerikanischen und sowjetischen Streitkräfte im Auge hatte. Diese, so meinte er, seien dann auch asymmetrisch, da die Sowjets größere Verbände in dem betreffenden Raum unterhielten als die USA (500 000 gegenüber 300 000).

Auch bei den SALT-Verhandlungen habe man mit ehrgeizigen umfassenden Modellen begonnen und sei schließlich zu der Überzeugung gelangt, daß man mit weniger umfassenden Maßnahmen auf Teilgebieten in kleinen Schritten eher zu Rande komme. Es komme darauf an, eine positive Haltung gegenüber Verhandlungen an sich einzunehmen, ohne das Verhandlungsziel von Beginn an breit abzustecken und zu definieren.

---

[1] Hat Staatssekretär Frank am 17. Juni 1971 vorgelegen.
[2] Berndt von Staden.
[3] Hellmuth Roth.
[4] Bundeskanzler Brandt hielt sich im Anschluß an einen Besuch am 12./13. Juni 1971 in Jamaika vom 14. bis 16. Juni 1971 in Washington und am 17./18. Juni 1971 in New York auf.
[5] Zum Antrag des amerikanischen Senators Mansfield vom 11. Mai 1971 vgl. Dok. 179, Anm. 3.

Der Bundeskanzler pflichtete dem amerikanischen Außenminister bei, daß ein umfassendes Verhandlungsziel viel Zeit für den Verhandlungsprozeß erfordere. Auch er sei mit einem begrenzten ersten Schritt einverstanden. Ernsthaftere Verhandlungen müßten indes nationale wie ausländische Streitkräfte umfassen. Sie würden nicht nur Probleme im Ost-West-Verhältnis, sondern auch Probleme innerhalb der westlichen Allianz sowie in Beziehung zu den ungebundenen Staaten aufwerfen (Schweden, Jugoslawien, Schweiz).

Die Frage nach den amerikanischen Vorstellungen hinsichtlich der Territorien, auf die sich MBFR erstrecken soll, wollte der amerikanische Außenminister nicht präzise beantworten.

2) Im Gespräch des Bundeskanzlers mit dem amerikanischen Präsidenten wurde eine Fortsetzung der bilateralen Konsultation (AA–BMVg) vorgesehen, die Anfang Juli stattfinden soll.[6]

Im Unterschied zu den Ausführungen von Rogers unterstrich Präsident Nixon im Vier-Augen-Gespräch mit Bundeskanzler, daß er in der MBFR-Frage noch keine Präferenzen festgelegt habe. Laird äußerte sich in Tischgespräch ähnlich.

[gez.] Bahr

VS-Bd. 9823 (I A 5)

210

Gespräch des Staatssekretärs Bahr, Bundeskanzleramt, mit dem Abteilungsleiter im amerikanischen Außenministerium, Hillenbrand, in Washington

Geheim   16. Juni 1971[1]

Aufzeichnung über die Besprechung im State Department am 16. Juni 1971, 9.30 Uhr bis 11.00 Uhr.[2]

Teilnehmer: Auf deutscher Seite: Herr Staatssekretär Bahr, Herr MinDir. Dr. Wieck, Herr Ministerialdirigent van Well, Herr VLR Dr. Eitel, Herr BR I La-

---

[6] Zum Gespräch des Bundeskanzlers Brandt mit Präsident Nixon am 15. Juni 1971 in Washington vgl. Dok. 208.
Zu den MBFR-Konsultationen des Botschafters Roth am 30. Juni und 1. Juli 1971 in Washington vgl. Dok. 227.

[1] Die Gesprächsaufzeichnung wurde von Botschaftsrat I. Klasse Lahusen, Washington, am 16. Juni 1971 gefertigt und über Gesandten Noebel, Washington, an Botschafter Pauls, Washington, geleitet „mit der Bitte um Weiterleitung an Herrn StS Bahr [...], der diese Aufzeichnung angefordert hat".
Hat Noebel am 16. Juni 1971 vorgelegen.
Hat Pauls vorgelegen.
Hat Staatssekretär Bahr vorgelegen.

[2] Staatssekretär Bahr, Bundeskanzleramt, hielt sich vom 14. bis 17. Juni 1971 anläßlich des Besuchs des Bundeskanzlers Brandt in Washington auf. Zum Gespräch mit dem Sicherheitsberater des amerikanischen Präsidenten, Kissinger, am 17. Juni 1971 vgl. Dok. 214 und Dok. 215.

husen; auf amerikanischer Seite: Mr. Hillenbrand, Mr. Sutterlin (teilweise), Mr. Ledsky.

Betr.: MBFR

Es wurde eine Stunde lang über MBFR gesprochen.[3]

Mr. *Hillenbrand*: Außenminister Rogers hat Botschafter Dobrynin für heute nachmittag einbestellt, um mit ihm über die MBFR zu sprechen. Die SU hält offenbar nicht mehr an der Position fest, daß MBFR erst nach einer KSE behandelt werden könne, jedenfalls können wir dies als realistische Arbeitshypothese annehmen.[4]

Bald nach der Außenministerstellvertreter-Konferenz[5] werden demnach wahrscheinlich Verhandlungen mit den Sowjets beginnen können. In diesem Sommer wird innerhalb der Allianz sehr intensiv gearbeitet werden müssen, um zu einer gemeinsamen Position in den Substanzfragen zu gelangen.

[3] Staatssekretär Bahr, Bundeskanzleramt, und der Abteilungsleiter im amerikanischen Außenministerium, Hillenbrand, erörterten ferner die Vier-Mächte-Gespräche über Berlin und die innerdeutschen Gespräche über den Abschluß eines Verkehrsvertrags. Vgl. dazu Dok. 211.

[4] Am 22. Juni 1971 vermerkte Vortragender Legationsrat Ruth, daß nach Auskunft der amerikanischen Botschaft der amerikanische Außenminister Rogers dem sowjetischen Botschafter in Washington am 16. Juni 1971 folgende Fragen gestellt habe: „1) Welche zeitlichen Vorstellungen hat die Sowjetunion für MBFR-Verhandlungen? 2) Wie sieht die Sowjetunion die Verbindung zu KSE? 3) Schließen sowjetische Vorstellungen Stationierungs- und einheimische Streitkräfte ein? 4) Wie steht die Sowjetunion dazu, daß die Reduzierung nicht nur die Personalstärken, sondern auch die Waffensysteme betreffen sollen? Dobrynin habe geantwortet: 1) Verhandlungen sollen so früh wie möglich stattfinden. 2) Truppenverminderungen könnten entweder in einem Organ der KSE oder unabhängig von einer KSE verhandelt werden. 3) Sowohl Stationierungs- wie einheimische Streitkräfte sollen betroffen sein. 4) Zur Frage der Waffensysteme habe er keine Instruktionen, doch meine er, daß auch sie in die Verhandlungen eingeschlossen werden könnten." Im einzelnen habe das Gespräch sinngemäß folgenden Verlauf genommen: „Dobrynin: In Lissabon wurde eine Verbindung zwischen MBFR und Berlin hergestellt. Dies ist für die Sowjetunion nicht akzeptabel. Rogers: Eine KSE gebe es nicht ohne eine Berlin-Regelung. MBFR sei nicht mit einer Berlin-Regelung verbunden. Dobrynin: Kann der Vorschlag, eine Konferenz der Ministerstellvertreter einzuberufen, die Verhandlungen bis 1972 verzögern? Rogers: Wenn die exploratorischen Gespräche befriedigend verlaufen, können Verhandlungen schon im Oktober oder November beginnen. Dobrynin: Zur Frage der Kriterien von Rom verhalte sich die Sowjetunion vorsichtig. Über einige Ausdrücke bestehe Unklarheit, z. B. über den Ausdruck ‚balanced'. Rogers: ‚Balanced' berücksichtige die Tatsache, daß symmetrische Situationen die eine oder andere Seite benachteiligen würden. Der Ausdruck weist darauf hin, daß Reduktionen in ihrer Abfolge und zeitlich so angelegt sein müssen, daß sie sich nicht zum militärischen Nachteil einer Seite auswirken. Die Grundsätze von Rom sind keine Vorbedingungen, sondern sie zeigen einen Weg auf, der am ehesten fruchtbar wäre. Wir würden Gegenvorschläge begrüßen. Dobrynin: Die Sowjetunion könnte die Grundsätze von Rom nicht ohne zusätzliche Definierung annehmen, aber sie habe nichts dagegen, daß diese Grundsätze in Verhandlungen zur Diskussion gestellt werden. Dobrynin: Frage, ob ein Explorateur ernannt sei. Rogers: Eine Möglichkeit sei, daß die NATO und der Warschauer Pakt je einen Vertreter oder eine Gruppe von Vertretern benennen, die Vorgespräche führen würden. Dobrynin: Wann? Rogers: Es wäre leichter, wenn es nach der Konferenz der Ministerstellvertreter wäre, aber es ist auch früher denkbar. Dobrynin: Sollen es Vertreter der Sowjetunion oder der USA sein? Rogers: Wir sind hinsichtlich der Identität nicht festgelegt. Die Vereinigten Staaten könnten in einem Team teilnehmen. Das Wichtige sei, daß der Vertreter im Auftrag der Allianz verhandele und nicht bilateral zwischen der Sowjetunion und den USA. Dobrynin: Soll es eine Person oder eine Gruppe sein? Rogers: Die Vereinigten Staaten ziehen einen Vertreter vor. Dobrynin: In dieser Hinsicht ist die NATO, die über einen Generalsekretär verfüge, in einer besseren Lage als der Warschauer Pakt, wenn es darum gehe, einen Vertreter zu benennen." Vgl. VS-Bd. 4556 (II B 2); B 150, Aktenkopien 1971.

[5] Zum Vorschlag einer Konferenz der stellvertretenden Außenminister der NATO-Mitgliedstaaten vgl. Dok. 197, Anm. 4.
Die Konferenz fand am 5./6. Oktober 1971 in Brüssel statt. Vgl. dazu Dok. 348.

In der Presse findet sich viel Interesse für die gestrige Bemerkung des Herrn Bundeskanzlers über einen ersten symbolischen Schritt.[6] Hier darf nicht der Eindruck entstehen, daß damit eine in der Substanz mehr oder weniger bedeutungslose Operation gemeint sei. Symbolisch muß vielmehr heißen, daß es ein erster Schritt ist als Ausdruck einer weiterführenden Absicht; dann ist die Formel gut. Wir werden in ein oder zwei Tagen nach Erörterung mit Außenminister Rogers amerikanischerseits öffentlich klarstellen, was symbolisch für uns bedeutet, damit in der Öffentlichkeit nicht falsch spekuliert wird. Die Regierung ist insbesondere empfindlich gegenüber Attacken aus dem Senat.

Morgen wird eine Sitzung des Nationalen Sicherheitsrats über MBFR stattfinden, es ist zu hoffen, daß die amerikanischen Positionen im Juli in der NATO dargelegt werden können.

Es ist sehr verlockend, sich für die MBFR einen ähnlichen einleitenden Prozeß zu denken, wie bei den SALT (Bausteinverfahren[7]). Es gibt hierüber aber noch keine endgültige amerikanische Position. Ein solcher Prozeß würde vielleicht keine genügend rasche Bewegung erlauben[8], so daß wir eher an einen symbolischen ersten Schritt denken sollten. Auch schließt das eine das andere nicht aus. Dies muß in der NATO diskutiert werden.

Auch müssen in der NATO-Diskussion die nicht brauchbaren und nicht verhandlungsfähigen Modelle ausgeschieden werden. Die Zahl der Modelle muß reduziert, das Konzept der NATO gestrafft (streamlined) werden.

Staatssekretär *Bahr*: Ich glaube, daß die Russen noch nicht auf eine klare Unterscheidung zwischen MBFR–KSE festgelegt sind. Insofern ist der Zeitpunkt für uns günstig. Vom deutschen Standpunkt aus steht fest: Wenn es eine KSE gibt, kann man keinem Teilnehmer[9] verbieten, über Fragen der Sicherheit, d.h. auch[10] über MBFR, zu sprechen. Damit setze ich schon voraus, daß MBFR früher in Gang kommt als die KSE. Ich vermute, es wird zuerst zu MBFR kom-

---

[6] Zu den Überlegungen hinsichtlich einer „symbolischen" Reduzierung amerikanischer und sowjetischer Streitkräfte vgl. Dok. 209.
  Am 15. Juni 1971 erklärte Bundeskanzler Brandt vor dem Woodrow Wilson International Center for Scholars in Washington: „Auch der Erwägung Ihres Außenministers, man könne unter Umständen mit einem symbolischen Schritt beginnen, stehe ich aufgeschlossen gegenüber. Dabei muß klar bleiben, daß wir unsere Sicherheit keinen Augenblick vernachlässigen und daß es sich bei der Reduktion von Bürden um eine gemeinsame Reduktion zu handeln haben wird. Das heißt: beiderseitig und ausgewogen nicht nur zwischen Ost und West, sondern ausgewogen und gemeinsam auch bei uns im Westen. Es wird nicht möglich sein, daß nur die Vereinigten Staaten wesentliche Reduktionen vornehmen, sondern man wird den Zusammenhang mit den europäischen Streitkräften sehen müssen. Es wird aus mehr als einem Grund kaum möglich sein, das Stärkeverhältnis der europäischen Partner untereinander wesentlich zu verändern. Und wenn die westeuropäischen Partner ihre Aufgabe auch noch so ernst nehmen: nichts kann darüber hinwegtäuschen, daß letztlich die Vereinigten Staaten das militärische und politische Gewicht haben, um das Gleichgewicht gegenüber der Sowjetunion zu erhalten. Das große Konzept einer ausgewogenen Reduktion steht logisch im Widerspruch zu einseitigen Reduktionen." Vgl. BULLETIN 1971, S. 962.
[7] Vgl. dazu den Entwurf vom 16. März 1971 für ein „MBFR-Bausteinkonzept", der am 22. März 1971 im Politischen Ausschuß auf Gesandtenebene vorgelegt wurde; Dok. 95.
[8] Der Passus „Ein solcher Prozeß ... erlauben" ging auf Streichungen und handschriftliche Einfügungen des Staatssekretärs Bahr, z. Z. Washington, zurück. Vorher lautete er: „Vielleicht erlaubt ein solcher Prozeß keine genügend rasche Bewegung".
[9] Die Wörter „keinem Teilnehmer" wurden von Staatssekretär Bahr, z. Z. Washington, handschriftlich eingefügt. Dafür wurde gestrichen: „dem Teilnehmer nicht".
[10] Dieses Wort wurde von Staatssekretär Bahr, z. Z. Washington, handschriftlich eingefügt.

men. Etwas später wird kein Grund mehr bestehen, eine KSE länger aufzuschieben; ich rechne mit ihr im ersten Halbjahr 1972. Auf der KSE wird dann auch MBFR behandelt werden, vielleicht auch schon auf der Basis inzwischen erzielter erster Ergebnisse von MBFR-Verhandlungen.

Die Ausführungen von Außenminister Rogers habe ich gestern nicht ganz verstanden. Ich entnehme Mr. Hillenbrands Bemerkungen, daß er etwas positiver über das Bauen von Modellen denkt. Es ist gut zu wissen, wohin man geht, bevor man anfängt zu laufen.

Was allerdings Außenminister Rogers über eine 5–10%ige Reduzierung gesagt hat und seine Erwartung, bis Ende des Jahres zu einer ersten Vereinbarung zu gelangen, machen es wohl fast unausweichlich, daß dieser erste Schritt im wesentlichen sowjetische und amerikanische Truppen umfassen soll. Hier muß ich mit sehr großem Nachdruck folgendes anmelden: In dem Augenblick, in dem es einen bemerkenswerten Prozentsatz für Reduzierungen[11] gibt, darf sich dieser nicht nur auf fremde Truppen beschränken, sondern nationale Truppen müssen mit einbezogen werden. Das Prinzip der Teilung der Bürden muß gelten, sowohl, wenn man gezwungen ist, Truppen zu vermehren, als auch, wenn man sie verringern kann.

Der Herr Bundeskanzler hat gestern darauf hingewiesen, daß das Ausbalancieren von Truppen nicht nur ein Ost-West-Vorgang, sondern auch ein West-West-Vorgang innerhalb der Allianz sein muß. Dies ist so aus vielen Gründen. Unter anderem würden auch unsere Verbündeten es nicht gern sehen, wenn die Relation so geändert wird, daß der Bundeswehr eine größere Rolle zufällt.[12]

---

[11] Die Wörter „für Reduzierungen" wurden von Staatssekretär Bahr, z. Z. Washington, handschriftlich eingefügt. Dafür wurde gestrichen: „zur Reduzierung".

[12] Am 21. Juni 1971 nahm Ministerialdirektor Oncken Stellung zum Gespräch des Staatssekretärs Bahr, Bundeskanzleramt, mit dem Abteilungsleiter im amerikanischen Außenministerium am 16. Juni 1971 in Washington. Zu diesem Satz führte er aus: „1) Stellungnahme: a) Dem Planungsstab ist bekannt, daß die Einbeziehung nationaler Truppen in MBFR NATO-Position ist und daß dieses Projekt, schon aus Gründen der Lastenverteilung, auch einen innerwestlichen Vorgang darstellen würde. Es kann gewiß nicht unser Ziel sein, durch prinzipiellen Ausschluß der Bundeswehr den Eindruck mangelnder Entspannungsbereitschaft, evtl. gar als ‚Torpedierer' des MBFR-Projekts, zu erwecken. b) Andererseits dürfen folgende Konsequenzen einer Einbeziehung der Bundeswehr in MBFR nicht übersehen werden: (i) Durch eine geographische Beschränkung des MBFR-Gebiets auf die Bundesrepublik Deutschland (im Westen) würden wir uns nach den uns allein betreffenden Rüstungsbegrenzungen des WEU-Vertrages von 1954 und nach den Bestimmungen des NV-Vertrages von 1969 einem weiteren diskriminatorischen Statut unterwerfen. (Die Hinzunahme der Benelux-Länder würde diesen Tatbestand kaum mildern.) Die Bundeswehr wäre formal schlechter gestellt als irgendeine andere alliierte Streitmacht. In diesem Zusammenhang ist darauf hinzuweisen, daß sie als ein Instrument zur Überwindung der Beschränkungen unserer Souveränität geschaffen wurde. [...] (ii) Eine Verringerung des relativen Gewichts der Bundeswehr innerhalb der Allianz (vor allem gegenüber Frankreich und Großbritannien) könnte die Möglichkeiten einer faktischen Sperrminorität reduzieren, die uns bisher kraft des Gewichts der Bundeswehr bei jeder Krisenkontrolle in Europa zukam. (iii) Die Bundeswehr ist im Vergleich mit der NVA – ganz abgesehen von den paramilitärischen Einheiten der sich stetig militarisierenden DDR – relativ kleiner, wenn man ausgeht von der Länge der zu schützenden Grenzen: für uns die Demarkationslinie plus Grenze zur ČSSR (und Österreich); dem Truppenbestand im Verhältnis zur Einwohnerzahl. (iv) Die politische Konfrontation im Mittelabschnitt der NATO und die dortige Konzentration militärischen Potentials gehen jedenfalls nicht von der Bundeswehr aus, sondern vor allem vom Überhang an sowjetischen Streitkräften in der DDR und ČSSR (27 Divisionen). Es geht vor allem um eine Verringerung dieser Truppen. Da sowjetische Truppen aber voraussichtlich nur gegen den Rückzug amerikanischer Truppen vermindert werden dürften, würde der Bundeswehr im Verlaufe von MBFR eine noch steigende Bedeutung nicht nur für unsere nationale, sondern auch für die gesamt-

Wenn der symbolische Schritt einen Akt des guten Willens bedeutet, der besagen will, daß wir danach auf dem eingeschlagenen Wege weiter voranschreiten werden, und wenn er sich im Abzug einiger Musikkapellen ausdrückt, geht das ohne deutsche Beteiligung. Wenn aber ein bemerkenswerter Prozentsatz von Kampftruppen reduziert wird, wie z.B. 5%, dann sollten auch die nationalen Truppen dabei sein. Ich glaube, daß auch die Russen inzwischen Geschmack am Einschluß nationaler Truppen gewonnen haben. Denn es gibt zwar mehr sowjetische als amerikanische Truppen im Reduzierungsgebiet. Die Bundeswehr ist aber wesentlich stärker als die Volksarmee. Welches Modell man immer wählt, ergibt sich – wenn auch Truppen schwer vergleichbar sind – die interessante Tatsache, daß die Bundeswehr stärker ist. Dieses Argument kann man den Sowjets gegenüber verwenden, falls sie Schwierigkeiten machen sollten, in eine prozentuale Reduzierung einzuwilligen.

Zur Frage des Reduzierungsgebietes: Wir würden uns seiner Beschränkung auf die BRD und die DDR widersetzen müssen wegen des nachteiligen politisch-psychologischen Charakters einer auf Deutschland beschränkten Maßnahme. Theoretisch könnte man sich eine sehr große Zone unter Einschluß Frankreichs und der westlichen Teile der SU denken. Das wäre wohl kaum[13] realistisch. Zwischen dem nicht akzeptablen und dem nicht realistischen Extrem gibt es eine Reihe möglicher Zwischenlösungen. In jedem Fall sollte die Tschechoslowakei einbezogen werden. Dafür gibt es viele Gründe. Ein Reduzierungsgebiet, das die BRD, die DDR und die Tschechoslowakei umfaßt, hätte in sich ein gewisses Gleichgewicht, wäre aber noch nicht die beste denkbare Lösung. Wir werden durchrechnen müssen, welche Länder zweckmäßigerweise mit einbezogen werden sollten, etwa die Beneluxstaaten, Dänemark, Italien, Polen, Ungarn, Rumänien, Bulgarien?[14]

Wir müssen uns auch die Frage stellen, ob die nukleare Komponente eingeschlossen werden soll. Ich halte dies für unausweichlich, sobald substantielle Reduzierungen amerikanischer Truppen in Frage stehen. Denn die amerikanische Regierung würde dann große[15] Lager nuklearer Sprengköpfe nicht im Reduzierungsgebiet lassen können, wollen oder dürfen.

Ich verstehe den amerikanischen Außenminister gut, wenn er sagt, daß der erste Schritt nicht zu schwierig gestaltet werden darf, damit einmal ein Anfang gemacht wird. Man muß aber wenigstens wissen, wohin dann die Reise geht. Ein kleiner Schritt wird eine ungeheure psychologische Wirkung haben. Dies wäre wohl das erste Mal seit Kriegsende, daß zwischen Ost und West eine Reduzierung militärischer Mittel vereinbart wird.

Fortsetzung Fußnote von Seite 977
westliche Sicherheit und schließlich nicht zuletzt für unser relatives politisches Gewicht im westlichen und ost-westlichen Zusammenhang zukommen. 2) Anregung: Da es nicht unsere Politik sein kann, auf eine Verminderung der Bedeutung der Bundesrepublik Deutschland im Konzert vor allem der westlichen Staaten hinzuwirken, sollte die praktische Einbeziehung der Bundeswehr in MBFR nur so weit ins Auge gefaßt werden, als es sich um eine Conditio sine qua non für die Fortsetzung eines bereits in Gang gesetzten Abbaus der sowjetischen militärischen Präsenz in der DDR und in der ČSSR handelt." Vgl. VS-Bd. 11570 (Planungsstab); B 150, Aktenkopien 1971.

[13] Die Wörter „wohl kaum" wurden von Staatssekretär Bahr, z. Z. Washington, handschriftlich eingefügt. Dafür wurde gestrichen: „allerdings nicht".

[14] Dieses Fragezeichen wurde von Staatssekretär Bahr, z. Z. Washington, handschriftlich eingefügt.

[15] Dieses Wort wurde von Staatssekretär Bahr, z. Z. Washington, handschriftlich eingefügt. Dafür wurde gestrichen: „die großen".

Wir sind nicht besorgt um unsere Sicherheit, sofern die Reduzierung ausbalanciert ist. Die amerikanische Regierung wird nicht befürchten müssen, daß wir anfangen zu zittern und fragen: „Liebt ihr uns immer noch?" Wir haben ein[16] psychologisches Problem, weil die deutsche Bevölkerung glaubt, ihre Sicherheit hänge ab von der Zahl der amerikanischen Truppen. Wir müssen sie mit der Vorstellung vertraut machen, daß ihre Sicherheit durch den Reduzierungsprozeß nicht beeinträchtigt wird. Dafür brauchen wir Zeit. Dieser psychologische Faktor ist für uns gleichzeitig ein Zeitfaktor.

Als Ziel einer Reduzierung, die auf beiden Seiten ausgewogen ist, sehen wir eine Situation[17], in der[18] es physisch unmöglich wird, aus dem Stand heraus einen großen Angriff[19] durchzuführen. Hierzu wäre der Warschauer Pakt gegenwärtig in der Lage. Eine kleine Reduktion bringt für uns zunächst ein größeres Sicherheitsrisiko.[20] Objektiv gesehen wird unsere Sicherheitssituation bei nur geringen Reduzierungen schwieriger. Die Verteidigungslinie ist sehr dünn. Wenn man sie weiter verdünnt, könnte sie irgendwo reißen. Eine kleine Reduzierung wirkt bei uns stärker als auf der anderen Seite, weil deren Möglichkeit, aus dem Stand heraus zu operieren, groß genug bleibt[21]. Es entsteht eine schwierige Lage, wenn wir durch eine geringe Reduktion einerseits ein größeres Sicherheitsrisiko eingehen, andererseits eine nicht gerechtfertigte Euphorie auslösen. Ich glaube allerdings nicht, daß die Russen eine solche Situation mißbrauchen würden; dafür wäre ihr Risiko immer noch zu groß. In einer Entwicklung, die auf Abbau der Konfrontation zielt, mindert sich das Risiko auch insofern, als man die Absichten der anderen Seite besser kalkulieren kann.

Ein erster Schritt muß in Wahrheit ein erster sein, dem weitere folgen, bis die Sicherheit wieder voll balanciert ist. Damit meine ich, bis eine Reduzierung

---

[16] Dieses Wort wurde von Staatssekretär Bahr, z. Z. Washington, handschriftlich eingefügt. Dafür wurde gestrichen: „aber ein gewisses".

[17] Die Wörter „eine Situation" wurden von Staatssekretär Bahr, z. Z. Washington, handschriftlich eingefügt. Dafür wurde gestrichen: „ein Stadium".

[18] Korrigiert aus: „dem".

[19] Die Wörter „großen Angriff" wurden von Staatssekretär Bahr, z. Z. Washington, handschriftlich eingefügt. Dafür wurde gestrichen: „Großangriff".

[20] In einer Stellungnahme vom 21. Juni 1971 zum Gespräch des Staatssekretärs Bahr mit dem Abteilungsleiter im amerikanischen Außenministerium am 16. Juni 1971 in Washington führte Ministerialdirektor Oncken zu diesem Satz aus: „1) Stellungnahme: Die NATO hat bisher bewußt nur eine prozentual ausgewogene – also nicht etwa prozentual gleichgroße – Truppenverminderung angeboten, um ein Sicherheitsrisiko bei MBFR auszuschließen. Durch Beachtung der Ausgewogenheit nach Umfang und zeitlichem Ablauf soll sichergestellt werden, daß sich das Kräfteverhältnis in keiner Phase zuungunsten der NATO noch weiter verschlechtert, und zwar trotz des zahlenmäßigen Übergewichts der Streitkräfte des Warschauer Pakts in der Ausgangslage und trotz der geographischen Distanz des Hauptverbündeten der NATO. Wenn die Inkaufnahme eines Sicherheitsrisikos bei MBFR erwähnt wird, dann könnte daraus u. U. von unseren Gesprächspartnern geschlossen werden, daß wir bereit sind, unter Abweichung vom NATO-Standpunkt den Gesichtspunkt der Ausgewogenheit zu vernachlässigen und evtl. sogar auf die prozentual gleichgroße Verringerung ungleicher Größen (westliches/östliches konventionelles Potential) einzugehen. Damit würde der Grundgedanke von MBFR in Frage gestellt: MBFR zur Erhöhung, nicht zur Verringerung unserer Sicherheit! 2) Anregung: Wir sollten die theoretische Möglichkeit eines Sicherheitsrisikos für uns nicht ansprechen und ein praktisches Sicherheitsrisiko nicht akzeptieren." Vgl. VS-Bd. 11570 (Planungsstab); B 150, Aktenkopien 1971.

[21] Die Wörter „groß genug bleibt" wurden von Staatssekretär Bahr, z. Z. Washington, handschriftlich eingefügt. Dafür wurde gestrichen: „vielleicht größer wird".

um einen wesentlich höheren Prozentsatz, mehr als 5, 10 oder 20%, durchgeführt wird.

Mr. *Hillenbrand*: Der amerikanische Außenminister hatte bei seinen gestrigen Ausführungen mehr die praktische Entwicklung im Auge. Er hat nicht gemeint, daß wir den gesamten Prozeß der Analysierung und des Baues von Modellen einstellen sollten. Aber wir müssen unser Konzept straffen (streamline) und uns jetzt bald darauf einigen, was wir vorschlagen wollen. Unser Vorschlag darf nicht zu kompliziert werden.

Ich verstehe gut, daß die Bundesregierung aus innen- und außenpolitischen Gründen unter Druck gerät, wenn die Reduzierung nur ausländische Truppen umfaßt. Wir sind immer davon ausgegangen, daß die Reduzierung ausländischer Truppen mit der nationaler Truppen in eine Verbindung (linkage) gebracht werden muß.

Zum Reduzierungsgebiet: Ich sehe eine gewisse Logik in der Beschränkung auf die Rapacki-Zone, d. h. auf Bundesrepublik, DDR, Polen, ČSSR.[22] Wenn die andere Seite dieses nicht akzeptiert, könnten wir vielleicht die Einbeziehung der Benelux-Staaten anbieten. In der ersten Phase wird es sicherlich um Mitteleuropa gehen, so daß Skandinavien und Italien zunächst nicht in Betracht kommen.

Die Crux des Problems ist der Gedanke, den Herr Staatssekretär Bahr zum Schluß seiner Ausführungen gebracht hat. Wir haben einige überschlägige Kalkulationen angestellt. Danach würde eine 10%ige Reduzierung von ausländischen und nationalen Streitkräften in der Rapacki-Zone dem Westen am M-Tage eine leichte Verbesserung bringen. Allerdings würde sich die Lage für den Westen im Laufe der folgenden Wochen verschlechtern. Bei einer 30%igen Reduzierung würde der Vorteil für den Westen am M-Tage noch größer. In den folgenden Wochen würde die Situation auch hier wieder umschlagen.

Wir müssen nicht so sehr an die Quantität denken als an die wirksame Abschreckung (operational deterrent), die nicht nur aus konventionellen Streitkräften besteht, sondern verschiedene Eskalationsleitern vorsieht, so daß die NATO einen Angriff auf jeder Ebene wirksam erwidern kann.

Durch eine Vielzahl an sich berechtigter, aber einander widersprechender Überlegungen ist der Bau von Modellen hoffnungslos kompliziert worden, daher mein Appell zur Straffung (streamline). Bisher haben wir in einer mehr akademischen Atmosphäre gearbeitet und haben bezweifelt, daß MBFR ein politisches Problem wird.[23] Jetzt müssen wir uns auf Verhandlungen praktisch vor-

---

[22] Am 2. Oktober 1957 unterbreitete der polnische Außenminister Rapacki vor der UNO-Generalversammlung in New York den Vorschlag, eine aus Polen, der ČSSR und den beiden Teilen Deutschlands bestehende kernwaffenfreie Zone zu schaffen. Am 14. Februar 1958 erläuterte er seine Vorstellungen ausführlich in einem Memorandum. Weitere modifizierte Versionen des Rapacki-Planes, in denen der Gedanke einer Verminderung der konventionellen Streitkräfte hinzutrat, wurden am 4. November 1958 und am 28. März 1962 vorgelegt. Für den Wortlaut der letztgenannten Fassung vgl. DOCUMENTS ON DISARMAMENT 1962, S. 201–205.
Am 14. Dezember 1964 wiederholte Rapacki seine Vorschläge vor der UNO-Generalversammlung in New York und empfahl die Einberufung einer Europäischen Sicherheitskonferenz. Vgl. dazu auch AAPD 1964, II, Dok. 398, und AAPD 1965, I, Dok. 152.

[23] Der Passus „und haben bezweifelt ... Problem wird" wurde von Staatssekretär Bahr, z. Z. Washington, handschriftlich eingefügt.

bereiten. Ich hoffe auf eine rasche Arbeit in der NATO auf einer realistischeren Grundlage. Die Partner sollten sich bilateral und im NATO-Rahmen gegenseitig ihre Vorstellungen vermitteln. Die Deutsche Botschaft in Washington kann immer mit uns darüber sprechen, wie wir es mit ihr tun werden. Im Vordergrund wird allerdings nicht die Arbeit in der NATO stehen. Ich hoffe, daß sich in den nächsten Monaten klare Optionen herausschälen, so daß die Außenministerstellvertreter-Konferenz im Herbst dann über das gemeinsame Vorgehen und vielleicht schon[24] die Substanz Entscheidungen treffen kann.

In keiner Weise will die amerikanische Regierung zu einem Prozeß einer psychologischen Erosion beitragen. Entscheidend ist die Beibehaltung einer wirksamen Abschreckung.

Staatssekretär *Bahr*: Ich kann mir nicht vorstellen, wie das „streamlining" und ein Reduzierungsergebnis bis Ende d. J. zustande kommen können, wenn der ungeheuer komplizierte Prozeß der Konsultation unter 14 oder 15 Partnern mit Rückfragen in den Hauptstädten eingeleitet wird. Gehen die amerikanischen Vorstellungen dahin, daß man nach einer gewissen Abstimmung in der NATO bilateral mit den Sowjets verhandeln will?

Mr. *Hillenbrand*: Wir haben nicht die Vorstellung, dieses Thema bilateral mit den Russen zu verhandeln. Anders als bei den SALT sind die europäischen Alliierten hier in einem zu großen Umfang direkt mitbetroffen. Wir halten eine bilaterale amerikanisch-sowjetische Behandlung daher nicht für wünschenswert. Wir werden daher die Außenministerstellvertreter-Konferenz über ein Gremium (Konferenz oder Ausschuß) beschließen lassen, das die Verhandlungen führt, ohne daß es Schwierigkeiten wegen des DDR-Problems gibt. Allerdings dürfen wir nicht den Eindruck geben, als ob wir die Verhandlungen verschleppen wollten. Nicht unter allen Umständen muß bis Jahresende ein Erfolg erzielt werden. Vielleicht laufen aber die Berlin-Verhandlungen und die Bemühungen um eine KSE in der weiteren Entwicklung durchaus mit MBFR-Verhandlungen zusammen. Bis zur Außenministerstellvertreter-Konferenz werden wir auch größere Klarheit haben, wie es um Berlin steht.

Staatssekretär *Bahr*: Es hat mich sehr beeindruckt, als Präsident Nixon gestern sagte[25], es könne sein, daß MBFR den Berlin-Verhandlungen helfe, es könne aber auch sein, daß ein Berlin-Abkommen uns in Sachen MBFR weiterhelfe.

MD Dr. *Wieck*: Erstrecken sich Überlegungen über collateral measures der Verifikation und der Verpflichtung, abgezogene Truppen nicht wieder zurückzuführen, nach der amerikanischen Vorstellung auch auf den symbolischen Schritt?

Mr. *Hillenbrand*: Wir schließen die Möglichkeit nicht aus, daß ein erster Schritt von Maßnahmen zur Festigung des gegenseitigen Vertrauens begleitet wird oder daß diese ihm vorangehen. Es gibt aber Meinungsverschiedenheiten in der amerikanischen Regierung, ob irgendeine Art von Verifikation, abgesehen von Verifikation mit nationalen Mitteln, für die Sowjets akzeptabel wäre. Wir

---

24 Dieses Wort wurde von Staatssekretär Bahr, z. Z. Washington, handschriftlich eingefügt. Dafür wurde gestrichen: „auch über".
25 Vgl. dazu das Gespräch des Bundeskanzlers Brandt mit Präsident Nixon am 15. Juni 1971 in Washington; Dok. 208.

haben jetzt die Möglichkeit zur Verifikation mit nationalen Mitteln, um eine Umgehung getroffener Vereinbarungen in größerem Umfang zu verhindern. Man müsse abwarten, auf was die Allianz sich einigt und was mit den Sowjets verhandelt werden kann. Die von Herrn Wieck erwähnten Maßnahmen brauchen nicht Vorbedingung für irgendein Übereinkommen mit den Sowjets zu sein, da wir jetzt die nationalen Verifikationsmittel haben. Es gibt in dieser Frage noch keine feste Position der amerikanischen Regierung.

Ministerialdirigent *van Well*: Wie steht es mit der Haltung der Franzosen?

Mr. *Hillenbrand*: Ich habe bei Gesprächen am Rande der kürzlichen OECD-Tagung in Paris[26] und am Rande der Lissabonner NATO-Konferenz[27] den Eindruck gewonnen, daß jedenfalls im französischen Außenministerium der Wunsch verbreitet ist, sich bei der Außenminister-Stellvertreter-Konferenz über MBFR vertreten zu lassen. Ob dieser Wunsch sich realisiert und was er im einzelnen bedeutet, müssen wir abwarten.

Ministerialdirigent *van Well*: Auch wir haben in den deutsch-französischen Konsultationen bemerkt, daß die französische Regierung einer kooperativeren Haltung zuneigt.[28]

Hillenbrand und Bahr stimmten überein, daß man die Dinge sich entwickeln lassen könne, in der Erwartung, daß sich die Franzosen zuletzt nicht ausschließen lassen werden.[29]

VS-Bd. 9823 (I A 5)

---

[26] Die zehnte Jahrestagung der OECD fand am 7./8. Juni 1971 in Paris statt.
[27] Zur NATO-Ministerratstagung am 3./4. Juni 1971 vgl. Dok. 197.
[28] Für die deutsch-französischen Konsultationsbesprechungen am 25./26. Januar 1971 in Paris vgl. Dok. 27–32.
    Am 24. Juni 1971 berichtete Botschafter Ruete, Paris, über ein Gespräch mit dem französischen Außenminister: „Schumann sagte zum Thema der MBFR, wir sollten uns keine Illusionen machen; unsere Positionen seien nicht die gleichen. Er verstehe das deutsche Interesse, Reduzierungen der amerikanischen Truppen zu vermeiden, denn die deutsche Ostpolitik sei nur möglich bei hinreichender Sicherung durch amerikanische Truppenpräsenz. [...] Die französische Regierung gehe bei der Betrachtung des Problems der MBFR von zwei Überlegungen aus: a) Wenn man symmetrische Truppenreduzierungen vorschlage, würde dies zum Nachteil des Westens gereichen, schlage man jedoch asymmetrische Truppenreduzierungen vor, würde die Sowjetunion nicht mitmachen. Man verstehe das Argument des Bundeskanzlers, daß die Bundesregierung jeden Eindruck vermeiden möchte, daß sie die stärkste Militärmacht auf dem Kontinent sei. Auch deshalb sei es erforderlich, daß amerikanische Truppen auf dem Kontinent blieben. b) Ziel der Entspannung sei es, die Konfrontation der Blöcke abzubauen und durch einen Dialog der Nationen zu ersetzen. Diejenigen osteuropäischen Staaten, die für eine Europäische Sicherheitskonferenz seien, hofften mit diesem Mittel, ihren Satellitenstatus überwinden zu können; sie seien der Ansicht, daß nach einer Europäischen Sicherheitskonferenz ein zweites Prag nicht mehr möglich sein werde. Die MBFR würde aber zu einer Verdichtung des Blockdenkens führen. Es könne im Osten nichts geschehen, was nicht von Moskau sanktioniert würde. Außerdem sei die französische Regierung der Ansicht, daß ein Bestehen auf der Reduktion der in den osteuropäischen Ländern stationierten sowjetischen Truppen gleichzeitig die Legitimierung von deren Anwesenheit enthalte. Eine derartige Legitimierung sei aber schädlich und sollte vermieden werden. Diese Auffassung berühre dagegen nicht die Anwesenheit amerikanischer Truppen in Deutschland, wo wir es aufgrund der Besatzungssituation mit einer besonderen Lage zu tun hätten. Als der Gedanke der MBFR 1968 in Reykjavik verabschiedet wurde, sei alle Welt dafür gewesen, weil man geglaubt habe, die Gefahr, daß die Sowjets diese Vorschläge annähmen, sei gering. Jetzt habe sich die Sowjetunion dieses Gedankens bemächtigt. Sie werde damit ein Instrument in die Hand bekommen, mit dem sie unerfreuliche Entwicklungen einleiten könne." Vgl. den Drahtbericht Nr. 1869; VS-Bd. 9790 (I A 1); B 150, Aktenkopien 1971.
[29] Dieser Satz wurde von Staatssekretär Bahr, z. Z. Washington, handschriftlich eingefügt.

211

Gespräch des Staatssekretärs Bahr, Bundeskanzleramt, mit dem Abteilungsleiter im amerikanischen Außenministerium, Hillenbrand, in Washington

Geheim 16. Juni 1971[1]

Gespräch im State Department am 16. Juni 1971 um 10.30 Uhr.[2]

Teilnehmer: Auf deutscher Seite: Herr Staatssekretär Bahr, Herr MinDir. Dr. Wieck, Herr MinDirig. van Well, Herr VLR Dr. Eitel, Herr BR I Lahusen;

auf amerikanischer Seite: Mr. Hillenbrand, Mr. Sutterlin, Mr. Ledsky.

Staatssekretär *Bahr* sagte, er teile die Auffassung von Botschafter Rush, daß die Vier-Mächte-Verhandlungen binnen vier Wochen beendet sein könnten. Allerdings müsse man mit zeitlichen Prognosen sehr vorsichtig sein. Wenn ohne Sommerpause verhandelt werde, könnten die Vier-Mächte-Verhandlungen aber wohl bis Ende August abgeschlossen sein. Dann würden die innerdeutschen Berlin-Verhandlungen beginnen, die im günstigsten Fall acht Wochen dauern würden. Es könnten aber auch vier Monate daraus werden. Er versuche zu erreichen, daß der allgemeine Verkehrsvertrag mit der DDR ratifizierungsbedürftig werde. Damit könne man dann einen gewissen Druck auf die DDR ausüben. Es komme darauf an, die DDR von ihrem Konzept abzubringen, daß der Berlin-Verkehr in einem Anhang zum allgemeinen Verkehrsvertrag statt in einem Anhang zur Vier-Mächte-Vereinbarung über Berlin zu regeln sei.

In der Sache gehe es nicht darum, der DDR Rechte im zivilen Berlin-Verkehr einzuräumen, sondern die wenigen Ausnahmen zu ihren Gunsten von einem völlig freien Verkehr derart einzugrenzen, daß sie die Möglichkeit zu Schikanen verliere. Die Verhandlungen hierüber würden außergewöhnlich kompliziert sein. Denn man könne sich dabei nicht auf ähnliche Vereinbarungen der Bundesrepublik oder sonst aus dem internationalen Bereich berufen. Wir brauchten eine Lösung, die man zwar nicht Korridor nennen dürfe, die in der Sache aber fast einer Korridorlösung für den zivilen Zugang nach Berlin gleichkomme.

Wir wüßten nicht, inwieweit die Russen bereit seien, Druck auf die DDR auszuüben. Es könne sein, daß Moskau erklären werde, mit der Bereitschaft, eine sowjetische Zugangsverantwortung zu übernehmen und außerdem die Bundesregierung für den Berliner Senat verhandeln zu lassen, habe man sowjetischer-

---

[1] Die Gesprächsaufzeichnung wurde von Botschaftsrat I. Klasse Lahusen, Washington, am 16. Juni 1971 gefertigt und über Gesandten Noebel, Washington, an Botschafter Pauls, Washington, geleitet „mit der Bitte um Weitergabe an Herrn StS Bahr."
Hat Noebel am 16. Juni 1971 vorgelegen.
Hat Pauls vorgelegen.
Hat Staatssekretär Bahr vorgelegen.

[2] Staatssekretär Bahr, Bundeskanzleramt, hielt sich vom 14. bis 17. Juni 1971 anläßlich des Besuchs des Bundeskanzlers Brandt in Washington auf. Zum Gespräch mit dem Sicherheitsberater des amerikanischen Präsidenten, Kissinger, am 17. Juni 1971 vgl. Dok. 214 und Dok. 215.
Bahr erörterte mit dem Abteilungsleiter im amerikanischen Außenministerium, Hillenbrand, ferner das Thema MBFR. Vgl. dazu Dok. 210.

seits genug getan. Die „Kleinigkeiten" müßten nun der DDR überlassen werden. Dann werde die DDR uns spüren lassen, wie stark sie sei. Im Falle einer solchen Entwicklung sei er entschlossen, es zu einer richtigen Krise kommen zu lassen, um die Russen wieder auf den Plan zu rufen. Jedenfalls könne man in Washington unseres Interesses sicher sein[3], nach Abschluß der Vier-Mächte-Vereinbarung so rasch wie möglich eine innerdeutsche Berlin-Vereinbarung zu erzielen. Wir wären auch daran interessiert, noch in diesem Jahr den Ratifizierungsprozeß für den Moskauer Vertrag einzuleiten. Am allerwichtigsten sei es uns aber, daß die Berlin-Regelung auch vom Mann auf der Straße akzeptiert werden könne, d. h., von ihm als Verbesserung gegenüber dem bisherigen Zustand empfunden werde.

Mr. *Hillenbrand* sagte, nach seiner Auffassung gehe es beim Abschluß der ersten Phase nicht nur um die Zugangsregelung, sondern auch um das Schlußprotokoll, die durch die vier Botschafter[4] unterzeichnet oder paraphiert werden müßten.

Staatssekretär *Bahr* wies darauf hin, daß dies der sowjetischen Seite bekannt sei.[5] Die Lage habe sich jetzt dahin entwickelt, daß die vier Botschafter nach Abschluß ihrer Verhandlungen auf den Abschluß der innerdeutschen Berlin-Verhandlungen warten müßten. Wenn diese sich komplizieren sollten, werde er nicht zögern, an die Drei Mächte und an die Sowjetunion zu appellieren.

Mr. *Hillenbrand* war der Meinung, daß die vier Botschafter die Methode des gelegentlichen Zusammentretens in Berlin nicht wieder aufgeben würden.

Er hoffte im übrigen, bald Instruktionen herausgeben zu können, die ermöglichen sollten, daß bei der nächsten Sitzung über Berlin[6] auch über die sowjetische Präsenz[7] gesprochen werden könne.

Man könne nur wünschen, daß die Verhandlungen sich jetzt rasch entwickelten, deren historische Bedeutung im zunehmenden Maße auch in der Presse gewürdigt werde.

Staatssekretär *Bahr* fragte, ob nach Abschluß der Verhandlungen unter den vier Botschaftern über den Gesamttext einschließlich des Schlußteils und nach Paraphierung ein Kommuniqué herausgegeben und ob die Texte dann veröffentlicht werden sollten.

MinDirig. *van Well* wies darauf hin, daß der erste Teil unterzeichnet werden soll.

Mr. *Hillenbrand* sagte, er könne sich nicht vorstellen, daß man diese Texte einige Monate lang werde geheimhalten können. Die Veröffentlichung sei für den

---

[3] Der Passus „Jedenfalls könne ... sicher sein" wurde von Staatssekretär Bahr handschriftlich eingefügt. Dafür wurde gestrichen: „Hieraus erkläre sich auch unser Interesse".
[4] Pjotr A. Abrassimow (UdSSR), Roger Jackling (Großbritannien), Kenneth Rush (USA) und Jean Sauvagnargues (Frankreich).
[5] Der Passus „dies der ... bekannt sei" ging auf Streichungen und handschriftliche Einfügungen des Staatssekretärs Bahr zurück. Vorher lautete er: „er dies auch Botschafter Abrassimow klargemacht habe".
[6] Das 22. Gespräch der Vier Mächte über Berlin fand am 25. Juni 1971 statt. Vgl. dazu Dok. 223.
[7] Zur Frage der Errichtung eines sowjetischen Generalkonsulats in Berlin (West) vgl. zuletzt Dok. 160 und weiter Dok. 215.

Westen vielleicht auch von Vorteil, weil die Sowjets damit zusätzlich gebunden würden.

Staatssekretär *Bahr* erläuterte, daß der erste Teil unterzeichnet, der Schlußteil dagegen zunächst nur paraphiert werden könne. Seine Unterzeichnung sei erst dann möglich, wenn der deutsche Teil des Abkommens fertiggestellt sei.

Staatssekretär Bahr regte sodann an zu erwägen, ein permanentes Organ, über dessen Einsetzung die KSE vielleicht beschließen werde, nach Berlin zu verlegen.

Mr. *Hillenbrand* erwiderte, er würde dies gern anregen, habe aber Zweifel, ob die Sowjets und insbesondere die DDR Berlin als Sitz eines KSE-Organs akzeptieren würde.

VS-Bd. 9823 (I A 5)

212

Botschafter Gehlhoff, New York (UNO), an das Auswärtige Amt

Z B 6-1-12279/71 geheim Aufgabe: 16. Juni 1971, 21.15 Uhr[1]
Fernschreiben Nr. 611 Ankunft: 17. Juni 1971, 03.44 Uhr
Citissime

Auf Plurex Nr. 2979 vom 14. Juni[2] und Plurex 3030 vom 16.6.1971[3]

Betr.: Treffen des VN-Generalsekretärs mit den Außenministern der beiden deutschen Staaten

1) Bei meiner am 16.6.1971 weisungsgemäß ausgeführten Demarche hat Generalsekretär U Thant es als schwierig, ja unmöglich bezeichnet, seine Entschei-

---

[1] Hat Vortragendem Legationsrat Rötger am 18. Juni 1971 vorgelegen.
[2] Ministerialdirektor von Staden wies den Beobachter bei der UNO in New York an, UNO-Generalsekretär U Thant „persönlich aufzusuchen und ihn nochmals daran zu erinnern, daß die auch von ihm angestrebte Entspannung in Europa erschwert wird, wenn er vorzeitig mit Herrn Winzer Fühlung nimmt". Gehlhoff könne sich auf die Ablehnung des Antrags der DDR auf Mitgliedschaft in der WHO beziehen und auf die „zeichensetzende Bedeutung" eines solchen Treffens verweisen. Weiterhin könne er damit argumentieren, daß auch der private Rahmen des Treffens die „sensationelle Wirkung" des Gesprächs, die ihren Niederschlag in der Presse finden werde, nicht wesentlich mindern könne. Abschließend machte Staden darauf aufmerksam, daß die drei Westmächte von der Absicht U Thants unterrichtet und um entsprechende Demarchen beim UNO-Generalsekretär gebeten worden seien. Vgl. VS-Bd. 9843 (I C 1); B 150, Aktenkopien 1971.
[3] Vortragender Legationsrat I. Klasse von Hassell teilte dem Beobachter bei der UNO in New York mit, daß am 16. Juni 1971 der französische Vertreter in der Bonner Vierergruppe zugesagt habe, Frankreich werde die „Bemühungen um eine Verhinderung des Treffens zwischen dem VN-Generalsekretär und Herrn Winzer bei U Thant" unterstützen, „wenn dies auch von seiten der britischen und der US-Delegation geschehe". Allerdings erscheine es der französischen Regierung nicht opportun, „von dem VN-Generalsekretär die Rücknahme der Einladung zu fordern, wenn diese bereits schriftlich an Winzer übermittelt sein sollte". Hassel fügte hinzu, daß auch die britische Seite ihre Unterstützung des Vorhabens der Bundesregierung von der Haltung der USA und Frankreichs abhängig machen wolle. Vgl. VS-Bd. 9843 (I C 1); B 150, Aktenkopien 1971.

dung, DDR-Außenminister Winzer zu einem Frühstück am 7. Juli 1971 in Genf im Hause von Winspeare einzuladen, zu überprüfen.

2) Demarche nahm im einzelnen folgenden Verlauf:

a) Unter Verwendung der in Vorberichten und im Bezugserlaß vom 14.6. genannten Argumente erläuterte ich Generalsekretär die von Bundesregierung eingeleitete Entspannungspolitik in der Mitte Europas und unser Ziel, zu gegebener Zeit unsere VN-Mitgliedschaft bei gleichzeitiger Hinnahme DDR-Mitgliedschaft zu beantragen. Ich erläuterte ferner, wenn diese Politik erfolgreich sein solle, müßten ihre einzelnen Phasen in der logischen und notwendigen Reihenfolge vorgenommen und dürften nicht von außen gestört werden. Bundesregierung sei dankbar für das Verständnis, das der Generalsekretär und die Völkergemeinschaft dieser Politik bisher entgegengebracht hätten. Jahresversammlung der WHO habe noch letzten Monat mit großer Mehrheit beschlossen, DDR-Mitgliedschaft in WHO jetzt nicht zu behandeln, sondern Entscheidung um ein weiteres Jahr zu vertagen.[4] Meine Regierung befürchte, daß ein Treffen des Generalsekretärs mit Außenminister Winzer die Haltung Ostberlins verhärten und damit die notwendige Regelung zwischen den beiden deutschen Staaten erschweren würde. Im Auftrag meiner Regierung bäte ich daher, Generalsekretär möge seine Entscheidung hinsichtlich eines Zusammentreffens mit Außenminister Winzer überprüfen. Auch der Bundeskanzler, der diese Frage mit mir am 15.6.1971 in Washington[5] erörtert habe, sei besorgt, daß seine Politik durch das beabsichtigte Treffen U Thants mit Winzer im gegenwärtigen Augenblick gestört werde. Deshalb wäre auch Bundeskanzler dankbar, wenn Generalsekretär seine Entscheidung überprüfen könnte.

U Thant erwiderte, er sei erstmals im Jahre 1969 von sowjetischem VN-Botschafter[6] gebeten worden, den DDR-Außenminister offiziell zu empfangen. Er habe dies nach Konsultation mit Bundesregierung abgelehnt. Auch den seither wiederholten sowjetischen Aufforderungen, darunter der im vergangenen Jahr vorgebrachten Bitte, den DDR-Außenminister zur 25-Jahresfeier der VN nach New York einzuladen[7], sei er nicht gefolgt. Aufgrund seines Gesprächs mit Bundesaußenminister Scheel im letzten Februar[8] habe er davon Abstand genommen, im April 1971 mit Winzer in Genf zusammenzutreffen. Eine weitere Verschiebung habe er jedoch nicht mehr als möglich angesehen, da seine Amtszeit in diesem Jahr auslaufe und er Ende Juni/Anfang Juli 1971 seine letzte Reise als Generalsekretär nach Genf unternehme.

Dies sei mithin die letzte Gelegenheit für ihn, als Generalsekretär einen eigenen Beitrag zur Entspannung in Europa zu leisten. Nach Besprechungen, die er im vergangenen April mit Winspeare und Stanovnik in Genf und Bern führte, habe er deshalb Winzer für den 7. Juli 1971 zu einem Frühstück im Hause

---

[4] Zur Abstimmung am 13. Mai 1971 auf der 24. Weltgesundheitsversammlung in Genf vgl. Dok. 62, Anm. 7.
[5] Bundeskanzler Brandt hielt sich vom 14. bis 18. Juni 1971 in den USA auf. Vgl. dazu Dok. 208.
[6] Jakow Alexandrowitsch Malik.
[7] Zu Überlegungen des UNO-Generalsekretärs U Thant, im September 1970 den Außenminister der DDR, Winzer, in New York zu empfangen, vgl. AAPD 1970, III, Dok. 441.
[8] Zum Gespräch am 19. Februar 1971 vgl. Dok. 70.

Winspeares eingeladen. Er habe der DDR durch Winspeare klargemacht, daß es sich um ein „social meeting" und nicht um eine politische Zusammenkunft handeln würde, daß er von drei oder vier seiner hohen Beamten (Narasimhan, Winspeare, Stanovnik, evtl. Guyer) begleitet sein werde und daß es Winzer freistehe, einige seiner Mitarbeiter zu dem Frühstück mitzubringen.

Endgültige Reaktion Winzers auf diesen Vorschlag stehe noch aus. Sowjetischer VN-Botschafter Malik habe 11. Juni nochmals darauf gedrängt, daß Treffen U Thant/Winzer im Palais des Nations stattfinde. Hierzu sei er (U Thant) auf keinen Fall bereit. Nachdem er Einladung an Winzer aber bereits ausgesprochen habe, sei es technisch und in der Sache schwierig, ja unmöglich, seine Entscheidung zu überprüfen. (U Thant gebrauchte einmal den Ausdruck „difficult", zweimal den Ausdruck „impossible"). U Thant fügte hinzu, daß er für die Person und die Politik von Bundeskanzler Brandt hohe Wertschätzung habe. Wenn er den Bundeskanzler am 18. Juni in New York offiziell empfange[9] und ihm ein Frühstück gebe (als dem bisher einzigen Regierungschef eines Landes, das zwar Mitglied der Sonderorganisation, aber nicht der VN sei), wenn er den deutschen Außenminister bei jedem Besuch offiziell in New York gesehen habe, so müsse für jedermann deutlich sein, daß er durch seine Bereitschaft zu einem Zusammentreffen mit Winzer lediglich in einem Privathaus keine Gleichsetzung zwischen der Bundesrepublik Deutschland und der DDR vollziehe.

c) U Thant war im weiteren Verlauf des 35 Minuten währenden, in Gegenwart von Guyer geführten Gesprächs und trotz ergänzend von mir vorgebrachter Argumente sowie insbesondere meiner Gegenargumentation zu seinem „Entspannungsbeitrag" nicht bereit, von seiner Haltung abzuweichen. Er bat mich, seine Haltung dem Bundeskanzler zu erläutern, und erklärte von sich aus, daß er mit dem Bundeskanzler über dieses Thema sprechen würde.

Im übrigen erklärte U Thant, daß er in Verfolg früher gemachter Vorschläge gern bereit wäre, auch mit Bundesaußenminister zu einem Frühstück in Genf zusammenzutreffen.[10] Er würde, wenn Bundesaußenminister zustimme, hierfür den 2. Juli 1971 vorschlagen, er würde von demselben Kreis seiner Beamten begleitet sein. Ich habe mich zu diesem Vorschlag rezeptiv verhalten und lediglich Unterrichtung Bundesaußenministers zugesagt.

3) Heute (16.6.) vormittag ergab eine Abstimmung mit unseren drei Verbündeten, daß diese Weisung erhalten haben, unsere Demarche durch eigene Demarchen bei U Thant zu unterstützen.

Amerikanischer Botschafter[11] und französischer Geschäftsträger[12] werden Demarche voraussichtlich 17.6., britischer Geschäftsträger[13] voraussichtlich am Rande eines am 17.6. stattfindenden Sicherheitsrats-Frühstücks ausführen.[14]

---

9 Zum Gespräch vgl. Dok. 216.
10 Vgl. dazu die Einladung des UNO-Generalsekretärs U Thant an Bundesminister Scheel vom 8. Juni 1970; AAPD 1970; II, Dok. 252.
11 George H. Bush.
12 François de la Gorce.
13 Kenneth Douglas Jamieson.
14 Am 18. Juni 1971 teilte Botschafter Gehlhoff, New York (UNO), mit: „Demarchen wurden durch unsere drei Verbündeten gestern bei U Thant durchgeführt. Den Argumenten unserer Alliierten

Die Sitzung mit den drei Verbündeten ließ erkennen, daß sie unsere Besorgnis über die Auswirkungen eines Treffens von U Thant mit Winzer teilen, daß sie in ihren Demarchen aber vermeiden wollen, bei U Thant den Eindruck einer westlichen „over-reaction" hervorzurufen und ihn dadurch eher zu verärgern, als von seinem Plan abzubringen.[15]

Von amerikanischer Seite erfuhren wir bei dieser Gelegenheit mit der Bitte um vertrauliche Behandlung, daß U Thant bei der Besprechung seiner Reise nach Moskau[16] gegenüber amerikanischen Gesprächspartnern geäußert habe, er wisse nicht, ob die ernste Lage im ostpakistanisch-indischen Raum[17] seine Reise überhaupt erlauben würde. Ob er dabei nur an seinen Besuch in Moskau oder auch an sein übriges Reiseprogramm, insbesondere an seinen Besuch in Genf, gedacht habe, sei nicht klar geworden. Über Ergebnis der Vorsprachen unserer drei Verbündeten werde ich umgehend berichten.

[gez.] Gehlhoff

VS-Bd. 9843 (I C 1)

Fortsetzung Fußnote von Seite 987
    begegnete U Thant mit der gleichen Unnachgiebigkeit und der gleichen Begründung wie im Gespräch mit mir. Im wesentlichen berief sich U Thant auch bei diesen Demarchen darauf, daß er sich bereits durch die von ihm ausgesprochene Einladung zum Mittagessen im Hause Winspeare am 7.7. festgelegt habe." Gehlhoff berichtete weiter, er habe inzwischen erfahren, „daß die DDR das Mittagessen in Genf angenommen, zugleich aber gebeten hat, vor dem Mittagessen ein offizielles Gespräch mit U Thant im Palais des Nations zu führen." Diese Bitte habe U Thant abgelehnt. Vgl. den Drahtbericht Nr. 634; VS-Bd. 9843 (I C 1); B 150, Aktenkopien 1971.

[15] Am 7. Juli 1971 erläuterte Vortragender Legationsrat I. Klasse von Hassel: „Generalsekretär U Thant hat seine für Anfang Juli 1971 nach Genf geplante Reise aus Gesundheitsgründen abgesagt. Damit ist das für diesen Aufenthalt in Genf in Aussicht genommene Treffen mit dem Außenminister der DDR entfallen. Nach Berichten aus Genf muß aber damit gerechnet werden, daß der VN-Generalsekretär in der ersten Septemberwoche zum Beginn der Atomenergie-Konferenz nach Genf fährt und hierbei den Gedanken eines Treffens mit Winzer wieder aufgreift." Vgl. VS-Bd. 4475 (II A 1); B 150, Aktenkopien 1971.

[16] UNO-Generalsekretär plante einen Besuch in der UdSSR vom 23. bis 28. Juni 1971. Am 21. Juni 1971 wurde bekanntgegeben, daß der Besuch wegen einer Krankheit von U Thant abgesagt werden müsse. Vgl. dazu UN MONTHLY CHRONICLE, Bd. VIII, Nr. 7, S. 25 f.

[17] Zum Ostpakistan-Konflikt vgl. zuletzt Dok. 206.

213

Ministerialdirigent van Well, z. Z. Washington, an das Auswärtige Amt

Z B 6-1-12288/71 geheim
Fernschreiben Nr. 1395

Aufgabe: 17. Juni 1971, 13.00 Uhr[1]
Ankunft: 17. Juni 1971, 19.13 Uhr

Auch für Buka-Amt (MD Sahm)

Betr.: Bundeskanzlerbesuch[2];
hier: Beamtengespräche

Es folgt Niederschrift über Besprechung im State Department am 15.6.1971 unter Vorsitz von Hillenbrand:

I. DDR und internationale Organisationen

Mr. Spiro (Planungsstab des State Departments) fragte nach den deutschen Zeitvorstellungen für die Verwirklichung des 20. der Kasseler Punkte[3].

Herr van Well bezog sich in seiner Antwort zunächst auf die in Lissabon von den vier Außenministern beschlossene Überprüfung der Studie der Bonner Vierergruppe.[4] Hierbei werde man sich insbesondere mit dem zeitlichen Verhältnis zwischen den einzelnen Vorgängen in den Ost-West-Beziehungen befassen müssen, zumal West und Ost unterschiedliche Zusammenhänge zwischen einzelnen Komplexen hergestellt hätten. Wenn er sehr optimistisch sein wolle, würde er sagen:

– Im Laufe des Sommers könnten die Vier Mächte grünes Licht für die innerdeutschen Berlin-Verhandlungen geben. Die Vier Mächte hätten bereits mehr selbst erledigt, als wir erwartet hätten, so daß die innerdeutsche Phase günstigenfalls etwa zwei Monate brauchen werde.

– Im Oktober oder November könnten dann die gesamten Berlin-Verhandlungen abgeschlossen werden.

– Dann werde der Ratifizierungsprozeß des Moskauer und Warschauer Vertrages eingeleitet werden. Im Herbst – September oder Oktober – werde der Bundesminister des Auswärtigen möglicherweise nach Moskau reisen.[5] Der Ratifizierungsprozeß werde etwa drei Monate dauern. Wir hofften, daß die Drei Mächte, wie wir es auch planten, bilateral auf Moskau einwirken würden, damit während der Dauer des Ratifizierungsprozesses Kollisionen mit der DDR im internationalen Bereich möglichst vermieden würden.

---

[1] Hat Vortragendem Legationsrat I. Klasse Schönfeld am 18. Juni 1971 vorgelegen, der die Weiterleitung an Referat I A 5 verfügte.
Hat Vortragendem Legationsrat I. Klasse Wimmers am 18. Juni 1971 vorgelegen.
[2] Bundeskanzler Brandt hielt sich vom 14. bis 18. Juni 1971 in den USA auf. Vgl. dazu Dok. 208.
[3] Für Punkt 20 der Vorschläge der Bundesregierung vom 21. Mai 1970 („20 Punkte von Kassel") vgl. Dok. 192, Anm. 23.
[4] Vgl. dazu das Gespräch des Bundesministers Scheel mit den Außenministern Douglas-Home (Großbritannien), Rogers (USA) und Schumann (Frankreich) am 2. Juni 1971 in Lissabon; Dok. 196.
[5] Bundesminister Scheel hielt sich vom 25. bis 30. November 1971 in der UdSSR auf. Vgl. dazu Dok. 416–420.

- Mit der Verwirklichung der Moskauer Absichtserklärungen[6] wollten wir warten, bis der Moskauer Vertrag ratifiziert sei. Dabei müßten die Positionen der Drei Mächte und der Bundesrepublik gegenüber der DDR durch einen noch auszuhandelnden Disclaimer abgesichert werden.
- Die Verhandlungen mit der DDR würden wohl sehr schwierig sein und vielleicht nicht sofort zu einem umfassenden Grundvertrag, sondern zu einer Reihe von nacheinander folgenden Vereinbarungen führen. Eventuell werde es nach der Vereinbarung über den Berlin-Verkehr und im Zusammenhang mit einem allgemeinen Verkehrsvertrag nur zu einem Austausch von Absichtserklärungen kommen. Bevor die Bundesrepublik einen Antrag auf Aufnahme in die Vereinten Nationen stelle, müsse der Bundestag ein entsprechendes Gesetz beschließen. Jedoch könnte die für die UNO-Aufnahme notwendige Vier-Mächte-Vereinbarung und die innerdeutsche Absprache über die Modalitäten des Beitritts schon vorher getroffen werden.

Mr. Skoug fragte, ob das erste innerdeutsche Abkommen nur den 20. der Kasseler Punkte und allenfalls noch einige Absichtserklärungen umfassen solle.

Herr van Well erwiderte, daß in dem Abkommen jedenfalls auch einige das innerdeutsche Verhältnis betreffende Fragen geregelt werden müßten, die zu menschlichen Erleichterungen führen würden. Er verwies auf eine Regelung des Besucherverkehrs im Verkehrsvertrag, die der Besuchsregelung im Berlin-Abkommen ähnlich sein würde.

II. Stockholmer Umweltkonferenz[7]

Mr. Hillenbrand sagte, man sei im State Department über den Verlauf der Prager Umweltkonferenz nicht besonders glücklich gewesen, weil ihr ursprünglicher Zweck durch die Auseinandersetzung mit der DDR völlig verfälscht worden sei.[8] Die amerikanischen Umweltexperten befürchteten sehr, daß sich eine solche unerfreuliche Entwicklung bei der Stockholmer Konferenz wiederholen könnte. Allerdings seien die Voraussetzungen der beiden Konferenzen sehr verschieden. Bis zum nächsten Frühjahr könne sich auch hinsichtlich der DDR einiges geändert haben. Auf jeden Fall wäre es zweckmäßig, rechtzeitig auf das VN-Generalsekretariat einzuwirken, damit es die bisherige Einladungspraxis nicht ändere.

Herr van Well erklärte, es sei das Beste, an der Wiener Formel[9] festzuhalten. Man müsse sich aber darauf einstellen, daß die Vereinten Nationen, sicherlich aber die Schweden, sich um Kompromißvorschläge bemühen würden. Vielleicht sei es ratsam, die Entscheidung über die Einladung auf die nächste ECOSOC-Konferenz[10] zu vertagen; damit würde man Zeit gewinnen.

---

[6] Für den Wortlaut der Leitsätze 5 bis 10 vom 20. Mai 1970 für einen Vertrag mit der UdSSR („Bahr-Papier"), die bei den Moskauer Verhandlungen vom 27. Juli bis 7. August 1970 als Leitsätze 1 bis 6 zu „Absichtserklärungen" zusammengefaßt wurden, vgl. BULLETIN 1970, S. 1097 f.

[7] Zur geplanten Umwelt-Konferenz der UNO in Stockholm vgl. Dok. 192, Anm. 17.
Zur Frage einer Teilnahme der DDR an der Konferenz vgl. Dok. 254.

[8] Vom 3. bis 10. Mai 1971 fand in Prag ein Symposium der ECE über Umweltfragen statt. Zur Frage einer Beteiligung der DDR vgl. Dok. 99, Anm. 6.

[9] Für Artikel 48 des Wiener Übereinkommens vom 18. April 1961 über diplomatische Beziehungen („Wiener Formel") vgl. Dok. 133, Anm. 7.

[10] Die 51. Sitzung des Wirtschafts- und Sozialrats der UNO (ECOSOC) fand vom 5. bis 30. Juli 1971 in Genf statt.

Überhaupt solle man im Herbst versuchen, die Sowjets für eine Stillhalte-Absprache in der Frage der Zulassung der DDR zu internationalen Organisationen und Konferenzen zu gewinnen. Sie könnten dann vielleicht daran interessiert sein, wenn der Ratifizierungsprozeß für den Moskauer Vertrag zur gleichen Zeit anlaufe, den sie wohl kaum besonders stören und belasten wollten.

Im übrigen sei damit zu rechnen, daß es Ende d. J. im Zusammenhang mit einer Berlin-Regelung, mit KSE und MBFR Bewegung um die DDR geben werde. Vielleicht könnten wir im Frühjahr tatsächlich von einer anderen Basis aus operieren.

III. Berlin

Mr. Hillenbrand fragte, wie wir die ziemlich harte Haltung der Sowjets beim letzten Botschaftsrats-Gespräch[11] beurteilten. Er habe auch sonst russische Signale erhalten, daß man mit einer Beschleunigung der sowjetischen Verhandlungsführung nicht rechnen könne. Man müsse sich fragen, ob dies ein weiteres Beispiel bekannter sowjetischer Verhandlungsmethoden sei, ob ein Zusammenhang mit dem SED-Parteitag[12] bestehe oder ob der Weggang Falins aus Moskau tatsächlich eine Rolle spiele. Sein Gesamteindruck sei, daß man mit einem baldigen Abschluß der Verhandlungen kaum rechen könne.

MDg van Well wies darauf hin, daß man das Botschaftsrats-Treffen am 26. bis 28.5.[13] auf westlicher Seite vielleicht zu optimistisch beurteilt habe. Er habe es auch für einen Fehler gehalten, im NATO-Kommuniqué von „Fortschritt" zu sprechen[14], weil die Sowjets dann denken könnten, sie hätten schon zu viel gegeben. In der letzten Botschaftsratssitzung hätten weder West noch Ost neues zu bieten gehabt. Der Vorgang zeige, daß man zwischen zwei Sitzungen ausreichend Zeit zur Vorbereitung brauche. Er bitte die amerikanische Seite, bilateral auf die Sowjets einzuwirken, damit sich ähnliches nicht wiederhole. Hierum seien auch die Briten und die Franzosen gebeten worden. StS Frank werde in diesem Sinne mit Botschafter Falin sprechen.

Insgesamt gesehen seien in der Zugangsfrage wesentliche Fortschritte erzielt worden. In der Frage der Außenvertretung lägen die Standpunkte aber noch weiter auseinander.[15] Die Sowjets zielten hier auf einen offenen Dissens im Vertrage ab, auf eine „eingebaute Konfrontation", die dem Zweck des Vertrages widerspreche. Sie hätten erklärt, es gebe hier zwei verschiedene, aber gleichberechtigte Standards. Sie würden natürlich überall dafür eintreten, daß der sowjetische Standard sich durchsetze. Wir hielten es für das beste, nur einen generell gültigen Standard der Außenvertretung anzustreben, der von allen vier Vertragspartnern zugrunde gelegt werden müsse. Vielleicht sei es möglich, im Text die Bezugnahme auf das allgemeine Prinzip der Außenvertretung durch

---

[11] Zum Vier-Mächte-Gespräch über Berlin auf Botschaftsratsebene vom 9. Juni 1971 vgl. Dok. 207, Anm. 6.

[12] Der VIII. Parteitag der SED fand vom 14. bis 20. Juni 1971 in Ost-Berlin statt.

[13] Zu den Vier-Mächte-Gesprächen über Berlin auf Botschaftsratsebene Ende Mai 1971 vgl. Dok. 196, Anm. 5.

[14] Vgl. dazu Ziffer 9 des Kommuniqués der NATO-Ministerratstagung am 3./4. Juni 1971 in Lissabon; Dok. 207, Anm. 12.

[15] Vgl. dazu den gemeinsamen Entwurf der Vier Mächte vom 28. Mai 1971 für ein Abkommen über Berlin in der Fassung vom 23. Juli 1971 vgl. Dok. 226.

die Bundesrepublik fallen zu lassen, wenn ihr Gesamtinhalt im einzelnen so definiert werde, daß die jetzige Praxis voll gedeckt werde.

Wir würden hier aber kein sowjetisches Einlenken erreichen können, wenn wir nicht in der Frage der sowjetischen Präsenz in West-Berlin entgegenkämen.[16] Man könne dieses Problem nicht bis zum Ende der Verhandlungen zurückstellen. Das habe der Herr Bundeskanzler Botschafter Rush gesagt; er werde es hier in Washington wiederholen.

Mr. Hillenbrand wies darauf hin, daß eine Verbesserung der sowjetischen Präsenz in West-Berlin von der Berliner Bevölkerung übel aufgenommen werden und eine sehr nachteilige psychologische Wirkung haben werde, wenn nicht gleichzeitig die westlichen Rechte in Ost-Berlin verbessert würden. Dies sein ein wesentlicher Grund für die amerikanische Zurückhaltung; tatsächlich häuften sich Anzeichen in dieser Richtung aus West-Berlin selbst.

StS Bahr habe wiederholt erklärt, daß die innerdeutschen Verhandlungen äußerst schwierig und langwierig sein würden und daß man daher viel Zeit brauchen werde, um „das Gesamtpaket zu schnüren". „Grünes Licht" für die innerdeutschen Verhandlungen könne es doch wohl erst geben, wenn die vier Botschafter die erste Phase der Verhandlungen insgesamt erledigt und unterschrieben hätten; auch müsse schon die Schlußakte paraphiert sein. Stimme die deutsche Seite damit überein?

Herr van Well antwortete, wir seien hier nicht festgelegt, sondern paßten uns den Entwicklungen an. Zunächst hätten wir gedacht, für das „grüne Licht" brauchten die vier Botschafter nur ein paar Prinzipien zu fixieren und ein Kommuniqué darüber herauszugeben. Dann habe man sich auf den Standpunkt gestellt, daß nur der Zugangsteil sowie der Teil über die innerstädtischen Verbindungen unter den vier Botschaftern abgeschlossen sein müsse. Bei der letzten Vierer-Konsultation in London[17] habe StS Bahr erklärt, daß die Sowjets eher bereit seien, vieles auf der Vier-Mächte-Ebene zu klären als die DDR bereit sei, Zugeständnisse auf der innerdeutschen Ebene zu machen. So ständen gegenwärtig die Vier-Mächte-Verhandlungen ganz im Mittelpunkt; es wäre ein Fehler, hieran etwas zu ändern.

Wir seien jetzt aber bezüglich der Haltung der DDR nicht mehr so skeptisch wie vor vier Wochen in London. Darum hätten wir auch so großen Wert darauf gelegt, daß ein erfolgreicher Abschluß der Berlin-Verhandlungen sämtliche Berlin-Verhandlungen, nicht etwa nur die der Vier Mächte, einschließen müsse. Nach außen hin empfehle es sich allerdings, die These aufrechtzuerhalten, daß wir sehr beunruhigt seien über die Haltung der DDR.

Mr. Hillenbrand fragte, warum wir die Haltung der DDR jetzt wieder etwas positiver einschätzten. Lägen uns konkrete Nachrichten über eine Änderung vor?

Herr van Well verwies auf die Bereitschaft der DDR, die Aufnahme einer Zugangsverpflichtung durch die Sowjets zuzulassen. Moskau habe uns auch wis-

---

[16] Zur Frage der Errichtung eines sowjetischen Generalkonsulats in Berlin (West) vgl. zuletzt Dok. 160 und weiter Dok. 215.
[17] Zur Sondersitzung der Bonner Vierergruppe auf Direktorenebene am 17./18. Mai 1971 in London vgl. Dok. 173, Anm. 6, sowie Dok. 192, Anm. 11 und 15.

sen lassen, daß die DDR folgen werde, wenn die Sowjetunion eine Verpflichtung eingehe.

[gez.] van Well

VS-Bd. 9823 (I A 5)

214

Ministerialdirigent van Well an die Botschaft in Washington

II B 2-81.30/2-867/71 geheim
Fernschreiben Nr. 647   Aufgabe: 18. Juni 1971, 19.15 Uhr[1]

Betr.: Gespräch Staatssekretär Bahr/Kissinger am 17.6. im Weißen Haus[2];
hier: MBFR

Das Gespräch, an dem noch die Herren Sutterlin, Sonnenfeldt und van Well teilnahmen, verlief in der MBFR-Frage wie folgt:

Staatssekretär Bahr verwies einleitend auf die Ausführungen des Herrn Bundeskanzlers gegenüber Außenminister Rogers über die Problematik einer auf amerikanische und sowjetische Truppen beschränkten ersten Reduzierung.[3] Wenn sie über einen unwesentlichen symbolischen Prozentsatz hinausginge, müsse sie auch einheimische Truppen umfassen.

Auf Kissingers Frage nach den Gründen führte Staatssekretär Bahr an, daß es einmal innenpolitische Schwierigkeiten geben würde, wenn die eigenen Verteidigungslasten nicht entsprechend verringert werden würden, und daß es zum anderen vermieden werden müsse, daß die Bundeswehr einen überproportionalen Umfang im Verhältnis zu den übrigen westlichen Truppen in Mitteleuropa erhält.

Kissinger bemerkte, daß er diese Gründe verstehe und den zweitgenannten Grund sogar selbst seit längerem ins Feld führe. Die Schwierigkeiten gingen vor allem dahin, daß Reduzierungen von einheimischen Truppen besonders große Verifikationsprobleme aufwürfen. Diese Truppen müßten wohl demobilisiert werden. Zum anderen sei es vorteilhaft, wenn der Westen sich zunächst auf

[1] Hat Ministerialdirektor von Staden am 20. Juni 1971 vorgelegen.
Hat Botschafter Roth am 21. Juni 1971 vorgelegen.
Hat Ministerialdirigent Lahn am 22. Juni 1971 vorgelegen.
Hat Vortragendem Legationsrat I. Klasse Freiherr von Groll am 24. Juni 1971 vorgelegen.
[2] Staatssekretär Bahr, Bundeskanzleramt, hielt sich vom 14. bis 17. Juni 1971 anläßlich des Besuchs des Bundeskanzlers Brandt in Washington auf. Für das Gespräch mit dem Abteilungsleiter im amerikanischen Außenministerium, Hillenbrand, am 16. Juni 1971 vgl. Dok. 210 und Dok. 211.
Bahr und der Sicherheitsberater des amerikanischen Präsidenten, Kissinger, erörterten ferner die Frage der Errichtung eines sowjetischen Generalkonsulats in Berlin (West) und die polnischsprachigen Programme des Senders „Radio Free Europe". Vgl. dazu Dok. 215, sowie Dok. 245, Anm. 2.
[3] Zum Gespräch des Bundeskanzlers Brandt mit dem amerikanischen Außenminister Rogers am 15. Juni 1971 in Washington vgl. Dok. 209.

eine Verringerung der sowjetischen Streitkräfte konzentrieren würde, weil diese auf der Ostseite die größte Offensivkraft darstellten. Ferner sei es der amerikanischen Innenpolitik förderlich, wenn die Relationen zwischen den in Europa stationierten amerikanischen und den westeuropäischen Truppen etwas in Richtung auf den westeuropäischen Beitrag korrigiert würden.

Dieser Fragenkomplex werde, so sagte Kissinger, am 17.6. im Nationalen Sicherheitsrat erörtert, Entscheidungen würden jedoch nicht getroffen. Es handele sich zunächst darum, die Argumente für und gegen die Reduktionsmethodik und die verschiedenen Optionen einer ersten Prüfung zu unterziehen.

Staatssekretär Bahr schnitt dann die Frage der zeitlichen Aufeinanderfolge von MBFR-Schritten an. Soll es sich bei der ersten Reduktion nur um einen symbolischen Schritt handeln, der mehr auf die psychologische Wirkung abstellt und keine Folgen für die Sicherheitslage haben würde? Sei das Ziel hierbei hauptsächlich die amerikanische Innenpolitik?

Schließlich warf Staatssekretär Bahr die Frage nach dem Reduzierungsraum auf. Kissinger warf ein, daß auch dieses Problem am 17.6. im Nationalen Sicherheitsrat besprochen werde. Herr Bahr hob hervor, daß man sich nicht auf Bundesrepublik und DDR beschränken dürfe. Auch Kissinger hielt dies für eine inakzeptable Option. Herr Bahr wies darauf hin, daß es schon gefährliche präjudizielle Folgen haben könne, wenn man beim ersten Schritt ausschließlich amerikanische Truppen aus der Bundesrepublik und sowjetische aus der DDR abzöge. Kissinger stimmte dem voll zu. Deutschland sei ein zu schmaler Reduzierungsraum. Man könne an den Rapacki-Raum[4] oder an die „NATO Guideline Area"[5] denken. Jedenfalls, so betonte Kissinger, werde die amerikanische Regierung in keiner dieser Fragen einseitig vorgehen.

Staatssekretär Bahr gab zu, daß für den amerikanischen Hausgebrauch sicherlich am wirkungsvollsten eine Verringerung der amerikanischen und sowjetischen Truppen sei, aber wir müßten darauf Wert legen, daß auch die Bundeswehr einbezogen werde, allein schon aus Gründen der gerechten Lastenverteilung. Kissinger erwiderte, daß nach amerikanischer Ansicht bisher die Lasten zum Nachteil der Vereinigten Staaten disproportional verteilt seien. Hierauf erwiderte Staatssekretär Bahr, daß schon jetzt 90 Prozent der Landstreitkräfte von der Bundeswehr gestellt würden, aber nur 75 Prozent der Luftstreitkräfte. Man müsse auch die qualitativen Proportionen im Auge behalten. So habe er beim Abendessen im Weißen Haus am 15.6. Senator Mansfield nachdenklich gestimmt, als er ihn fragte, was denn nun aus den taktischen Nuklearwaffen werde, wenn die amerikanischen Truppen reduziert würden. Eine Übergabe an deutsche Truppen stünde ja wohl nicht zur Debatte.

---

[4] Zu den zwischen 1957 und 1964 vorgelegten Abrüstungsvorschlägen des polnischen Außenministers Rapacki vgl. Dok. 210, Anm. 22.

[5] Vgl. dazu Artikel 6 des NATO-Vertrags vom 4. April 1949: „Im Sinne des Artikels 5 gilt als bewaffneter Angriff auf eine oder mehrere Parteien jeder bewaffnete Angriff auf das Gebiet einer der Parteien in Europa oder Nordamerika, auf die algerischen Departements Frankreichs, auf die Besatzungsstreitkräfte einer Partei in Europa, auf der Gebietshoheit einer Partei unterstehenden Inseln im nordatlantischen Gebiet nördlich des Wendekreises des Krebses oder auf die Schiffe oder Flugzeuge einer der Parteien in diesem Gebiet." Vgl. BUNDESGESETZBLATT 1955, Teil II, S. 290.

Staatssekretär Bahr kam schließlich auf die Gefahr zu sprechen, daß ein geringer Reduzierungssatz eine Euphorie erzeuge, die Forderungen nach weiteren Reduktionen auslösen könnte, wobei angesichts der dünnen westlichen Verteidigungslinie schon geringe Prozentsätze die Sicherheitslage beeinträchtigen würden.

Kissinger meinte, daß relativ kleine Sätze wie 4 bis 6 Prozent die Verteidigungslage wohl nicht wesentlich berühren würden. Anders wäre es über 10 Prozent. Dann beginne der Rückführungszeitraum für Amerika kritisch zu werden. Er erwähnte bei 10 Prozent M plus 3 Wochen, bei 30 Prozent würde es noch schlechter (M plus 60 Tage). Hinzu käme für den Westen der Nachteil, daß der Verteidiger immer den gesamten Frontabschnitt decken müsse, während der Angreifer seine Truppen massieren kann. Größere Reduzierungssätze seien daher für den Westen sehr riskant.

[gez.] van Well[6]

VS-Bd. 4556 (II B 2)

215

Ministerialdirigent van Well an die Botschaft in Washington

II A 1-84.20/11-868/71 geheim   Aufgabe: 18. Juni 1971, 19.15 Uhr[1]
Fernschreiben Nr. 649

Betr.: Gespräch Staatssekretär Bahr/Kissinger am 17.6. im Weißen Haus[2];
   hier: Berlin

Staatssekretär Bahr warf das Thema der sowjetischen Präsenz in Westberlin auf.[3] Er habe Zweifel, ob man bei den Verhandlungen, über deren sonstige Aspekte auf westlicher Seite Einvernehmen bestünde, ohne baldige Eröffnung der Diskussion der sowjetischen Präsenzfrage weiterkommen könne. Wir hielten den Gedanken eines sowjetischen Generalkonsulats nicht für so schlecht, wie er auf den ersten Blick erscheinen möge. Der Bundeskanzler habe Präsident Nixon gesagt, daß man die Sowjets in Westberlin am besten unter Kontrolle

---

[6] Paraphe vom 18. Juni 1971.
[1] Hat Ministerialdirektor von Staden am 20. Juni 1971 vorgelegen.
[2] Staatssekretär Bahr hielt sich vom 14. bis 18. Juni 1971 anläßlich des Besuchs des Bundeskanzlers Brandt in den USA auf. Für das Gespräch mit dem Abteilungsleiter im amerikanischen Außenministerium, Hillenbrand, am 16. Juni 1971 vgl. Dok. 210 und Dok. 211.
Bahr und der Sicherheitsberater des amerikanischen Präsidenten, Kissinger, erörterten ferner die Themen MBFR und die polnischsprachigen Programme des Senders „Radio Free Europe". Vgl. dazu Dok. 214, sowie Dok. 245, Anm. 2.
[3] Zur Frage der Errichtung eines sowjetischen Generalkonsulats in Berlin (West) vgl. Dok. 160.

halten könne, wenn sie sich dort als Konsulat etablierten.[4] Das zeige ja auch, daß sie in Westberlin keine vierte Besatzungsmacht seien.[5]

Kissinger antwortete, daß die Frage des Generalkonsulats bisher bei ihm nicht anhängig sei. Er habe noch keine feste Meinung. Wichtig sei, daß das Arrangement nicht Teil des Vier-Mächte-Abkommens würde. Denn sonst könnten die Sowjets, falls die Westmächte aus gegebenem Anlaß gegen das sowjetische Konsulat Repressalien ergreifen würden, das Berlin-Abkommen in Frage stellen.

Sutterlin und Kissinger stellten abschließend fest, daß es sich im gegenwärtigen Zeitpunkt noch nicht um eine Diskussion über die Zulassung eines sowjetischen Generalkonsulats handeln könne. Die Überlegungen seien noch nicht weit genug gediehen. Botschafter Rush werde jetzt Instruktionen bekommen, um beim Botschafter-Gespräch am 25. Juni die sowjetische Präsenz unterhalb der offiziellen Regierungspräsentation mit den Sowjets diskutieren zu können.[6]

van Well[7]

VS-Bd. 4521 (II A 1)

---

[4] Vgl. dazu das Gespräch des Bundeskanzlers Brandt mit Präsident Nixon am 15. Juni 1971 in Washington; Dok. 208.

[5] Am 8. Juni 1971 vermerkte Vortragender Legationsrat I. Klasse Blumenfeld für Referat V 1, daß Referat II A 4 an seinen grundsätzlichen Bedenken hinsichtlich der Errichtung eines sowjetischen Generalkonsulats in Berlin (West) festhalte: „Eine genaue Abgrenzung zwischen der konsularischen Tätigkeit des Konsuls und der Wahrnehmung von Aufgaben, die als Ausübung der Vier-Mächte-Rechte gedeutet werden können, läßt sich nicht ziehen. So heißt es in Art[ikel] 16 Abs[atz] II des deutsch-sowjetischen Konsularvertrags, daß der Konsul zur Festigung der freundschaftlichen Beziehungen zwischen den Vertragspartnern beiträgt. Kontakte zum Senat werden ihm bei dieser Umschreibung seiner Kompetenz auch in politisch relevanten Fragen nur schwer versagt werden können. Sind diese Kontakte erst einmal fest etabliert, könnten die Sowjets leichter darangehen, ihren niemals aufgegebenen Anteil an den Vier-Mächte-Rechten auch formell auf das Generalkonsulat zu übertragen. [...] Die Errichtung eines Generalkonsulats würde es also den Sowjets auf lange Sicht sehr erleichtern, sich auf behutsame, notfalls aber auch sehr dezidierte Weise eine zunehmende Mitsprache oder gar ein behauptetes Mitspracherecht in Berlin (West) zu sichern." Vgl. VS-Bd. 4646 (II A 4); B 150, Aktenkopien 1971.

Am 24. Juni 1971 antwortete Vortragender Legationsrat I. Klasse von Schenck, daß die Drei Mächte möglichen sowjetischen Bestrebungen, einem sowjetischen Generalkonsul in Berlin (West) unter Berufung auf den Konsularvertrag vom 25. April 1958 zwischen der Bundesrepublik und der UdSSR ihren Anteil an den Vier-Mächte-Rechten für Berlin formell zu übertragen, durch Hinweis auf die bestehenden Vier-Mächte-Vereinbarungen zu begegnen. Danach gebe es „nur einen Vier-Mächte-Status für ganz Berlin. Die Wiederherstellung der Vier-Mächte-Verwaltung ‚Groß-Berlins' könnte jederzeit durch Rückkehr des sowjetischen Vertreters in die Alliierte Kommandantur Berlin erfolgen. Einen auf West-Berlin begrenzten Vier-Mächte-Status, in dessen Rahmen eine sowjetische Präsenz in den drei westlichen Sektoren gerechtfertigt wäre, gibt es indessen nicht." Darüber hinaus würden die Drei Mächte „Versuche eines sowjetischen Generalkonsuls, politische Beziehungen zum Senat von Berlin aufzunehmen oder gar Kontrollbefugnisse unter Berufung auf den Vier-Mächte-Status auszuüben, jederzeit unterbinden können. Denn die Beziehungen Berlins zu auswärtigen Staaten gehören zu den Sachgebieten, auf denen sich die Drei Mächte die Ausübung ihrer – auf der obersten Gewalt in Berlin (West) beruhenden – Kompetenz ausdrücklich vorbehalten haben." Vgl. VS-Bd. 4646 (II A 4); B 150, Aktenkopien 1971.

[6] Zum 22. Vier-Mächte-Gespräch über Berlin vom 25. Juni 1971 vgl. Dok. 223.

[7] Paraphe vom 18. Juni 1971.

216

Botschafter Gehlhoff, New York (UNO), an das Auswärtige Amt

Fernschreiben Nr. 635 Aufgabe: 18. Juni 1971, 23.00 Uhr
Cito Ankunft: 19. Juni 1971, 04.55 Uhr

Betr.: Zusammentreffen des Bundeskanzlers mit VN-Generalsekretär
 U Thant[1]

Bundeskanzler Brandt wurde 18.6. von Generalsekretär U Thant zu einem etwa 45 Minuten währenden Gespräch empfangen. U Thant war von Untergeneralsekretär Guyer und zwei weiteren Mitarbeitern begleitet, der Bundeskanzler von den Staatssekretären Bahr und Ahlers sowie dem Unterzeichneten.

1) Der Bundeskanzler erklärte einleitend, daß die Bundesregierung die Aufgaben und die Arbeit der Vereinten Nationen mit Interesse verfolge und in allen Sonderorganisationen der VN aktiv mitarbeite. Unser Schwergewicht liege auf dem Gebiet der Entwicklungshilfe. Es wäre für uns wichtig, wenn das Generalsekretariat einen allgemeinen und verbesserten Schutz für Experten und Entwicklungshelfer in Entwicklungsländern ausüben könnte.

Zur gegenwärtigen Lage in Europa und der Politik der Bundesregierung führte der Bundeskanzler aus:

Die von der Bundesregierung verfolgte Entspannungspolitik, vor Jahresfrist von mancher Seite noch als sensationell empfunden, sei heute allgemein akzeptiert. Es bestehe eine vernünftige Hoffnung auf eine befriedigende Regelung des Berlinproblems.

Daran anschließend könnte die Ratifizierung der Verträge mit Moskau und Warschau[2] eingeleitet werden. Die Kontakte mit Ostberlin, die durch die beiden Treffen in Erfurt und Kassel eingeleitet wurden[3], seien bisher nur wenig vorangekommen. Sobald aber durch eine Grundsatzvereinbarung der Vier Mächte über Berlin grünes Licht gegeben sei, könnten Gespräche mit der DDR über technische Einzelheiten aufgenommen werden.

Im Westen Europas habe man sowohl wirtschaftlich wie politisch gute Erfolge für eine engere Zusammenarbeit und Einigung erzielt. Zusammen mit den anderen Ländern Westeuropas leisteten wir unseren Beitrag zur Entspannung. Wir ordneten uns damit in die allgemeine Entwicklung ein, die u. a. durch SALT und MBFR gekennzeichnet sei. Nach Zustandekommen einer Berlin-Regelung könne man auch an die multilaterale Vorbereitung einer KSE herangehen.

---

[1] Bundeskanzler Brandt hielt sich im Anschluß an einen Besuch am 12./13. Juni 1971 in Jamaika vom 14. bis 16. Juni 1971 in Washington und am 17./18. Juni 1971 in New York auf.

[2] Für den Wortlaut des Vertrags vom 12. August 1970 zwischen der Bundesrepublik und der UdSSR vgl. BULLETIN 1970, S. 1094.
Für den Wortlaut des Vertrags vom 7. Dezember 1970 zwischen der Bundesrepublik und Polen über die Grundlagen der Normalisierung ihrer gegenseitigen Beziehungen vgl. BULLETIN 1970, S. 1815.

[3] Bundeskanzler Brandt und der Vorsitzende des Ministerrats, Stoph, trafen am 19. März in Erfurt und am 21. Mai 1970 in Kassel zusammen. Vgl. dazu AAPD 1970, I, Dok. 124, bzw AAPD 1970, II, Dok. 226.

Es sei unser ernsthaftes Bemühen, die Probleme, die zwischen den beiden Staaten auf deutschem Boden bestehen, einer Lösung näherzubringen. Wir wollten vermeiden, die internationalen Organisationen, an ihrer Spitze die Vereinten Nationen, zur Bühne für „querelles allemandes" zu machen. Die Bundesregierung sei bereit, Regelungen auf der Grundlage des gleichen Rechts, der Souveränität und der Nichteinmischung zu treffen. Die angestrebten Verträge würden die gleiche Rechtsgültigkeit haben wie Verträge im Völkerrecht. Dagegen sei es uns nicht möglich, die Teilung Deutschlands völkerrechtlich anzuerkennen, auch wenn wir wüßten, daß wir mit der Teilung, die nicht auf unsere eigene Entscheidung zurückgehe, bis auf weiteres leben müßten. Auf Seiten der DDR allerdings werde noch ein Kurs starker Abschirmung verfolgt. Offenbar befürchtet man in Ostberlin, daß jeder Zuwachs an Verbindungen zur Bundesrepublik die Grundlagen der DDR-Herrschaft gefährden könne. Eine deutsche Mitgliedschaft in den Vereinten Nationen sei in Punkt 20 der Kasseler Punkte[4] aufgeführt. Diese Reihenfolge ergebe sich von selber, denn einerseits wollten wir die internationalen Organisationen nicht mit zusätzlichen Problemen belasten und andererseits würde die notwendige Regelung zwischen den beiden deutschen Staaten wahrscheinlich nur erschwert, wenn wir den dritten Schritt vor dem ersten täten. Wegen dieser Zusammenhänge müßten wir unsere Freunde und Partner überall in der Welt bitten, Verständnis für unsere Politik und unser Vorgehen aufzubringen und uns hierbei nicht zu stören.

2) Generalsekretär U Thant beglückwünschte den Bundeskanzler zu der von ihm eingeleiteten und erfolgreich geführten Politik. Er sprach ferner seinen aufrichtigen Dank für die großzügige Hilfe aus, die die Bundesregierung den Aktivitäten der VN, nicht nur auf wirtschaftlichem Gebiet, stets habe zukommen lassen. Er habe verschiedentlich, sowohl privat wie öffentlich, seinen großen Respekt vor der kühnen und mutigen Politik des Bundeskanzlers ausgesprochen. Da das eigentliche Problem der Gegenwart sei, den Unterschied zwischen den reichen und den armen Ländern zu überwinden, sei es im Sinne der Politik des Bundeskanzlers ganz besonders wichtig, Gegensätze zwischen Ost und West abzubauen.

U Thant bedankte sich für die Anregungen der Bundesregierung zu einem verbesserten Schutz von Experten und Entwicklungshelfern. Er stehe hierüber mit seinen Rechtsberatern in Gedankenaustausch. Eines Tages müßte dieses Thema von der Vollversammlung behandelt werden.

Eingehend äußerte sich U Thant zu der Krise in Ostpakistan und dem daraus resultierenden Flüchtlingsproblem.[5] Er stehe in ständiger Verbindung mit der pakistanischen und der indischen Regierung. Aufgrund der letzten ihm zugegangenen Nachrichten bestehe zwar noch kein Anlaß, optimistisch zu sein, doch sei er auch nicht mehr ganz pessimistisch. Das Problem Ostpakistan sei nicht mehr durch eine Amnestie, sondern nur durch die volle Wiederherstellung der Zivilverwaltung und Übergabe der Macht in der einen oder anderen Form an die Awami-Liga zu lösen. Die VN würden durch ihre Organisationen das größtmögliche Maß an Hilfe leisten, könnten aber nicht selber, wie es gele-

---

4 Für Punkt 20 der Vorschläge der Bundesregierung vom 21. Mai 1970 („20 Punkte von Kassel") vgl. Dok. 192, Anm. 23.

5 Zum Ostpakistan-Konflikt vgl. zuletzt Dok. 206.

gentlich verlangt werde, die Verteilung aller Hilfsgüter bis ins letzte Dorf vornehmen.

3) Im Anschluß an das Gespräch gab der Generalsekretär zu Ehren des Bundeskanzlers ein Frühstück, an dem einige hohe VN-Beamte, die Vertreter der Vier Mächte, die Vertreter Belgiens, Italiens und Polens (europäische, nichtständige Mitglieder des Sicherheitsrats) sowie die Begleiter des Bundeskanzlers, mein Ständiger Vertreter[6] und ich teilnahmen. Das Essen verlief in aufgelockerter Weise. Reden wurden nicht gewechselt.

4) Der Besuch des Bundeskanzlers bei den Vereinten Nationen fand in VN-Kreisen starke Beachtung. Hierin spiegelt sich auch die hohe Einschätzung wider, die der Person und der Politik des Bundeskanzlers in den Vereinten Nationen entgegengebracht wird.

[gez.] Gehlhoff

Referat I A 5, Bd. 330

217

Gespräch des Bundeskanzlers Brandt mit Ministerpräsident Laraki

21. Juni 1971[1]

Vermerk über die Gespräche des Herrn Bundeskanzlers mit dem marokkanischen Ministerpräsidenten am 21.6.1971 von 12.30 Uhr bis 13.15 Uhr und von 19.15 bis 20.15 Uhr in seinem Arbeitszimmer.[2]

Von marokkanischer Seite nahmen der Generalsekretär des marokkanischen Außenministeriums, Herr Skalli, von deutscher Seite Botschafter Hendus, MinDirig. Dr. Sanne, MinDirig. Dr. Müller und die Dolmetscherin Frau Bouverat teil.

Der *Premierminister* stellte die Auffassungen seiner Regierung zum Nahost-Konflikt dar. Die Lösungsversuche seien zur Zeit in einer Sackgasse.[3] Präsi-

---

[6] Edgar von Schmidt-Pauli.

[1] Durchdruck.
Die Gesprächsaufzeichnung wurde am 22. Juni 1971 im Bundeskanzleramt gefertigt.
Hat Ministerialdirigent Müller am 28. Juni 1971 vorgelegen, der handschriftlich vermerkte: „Leider hat sich Botschafter Hendus nicht – wie abgespr[ochen] – am 25. bei mir gezeigt; ich hatte vor, ihn bei der Abfassung des Informationserlasses heranzuziehen. Wir sollten wohl – falls nicht durch Ortex geschehen – unsere Missionen kurz unterrichten. M. E. genügt Schrifterlaß plus Kommuniqué."
Außerdem verfügte Müller die Weiterleitung an Referat I B 4 und vermerkte dazu: „Unter besonderem Hinweis auf meinen eigenen Vermerk über das Vormittagsgespräch füge ich auf S. 4 eine Ergänzung ein." Vgl. Anm. 12.

[2] Ministerpräsident Laraki hielt sich vom 21. bis 25. Juni 1971 in der Bundesrepublik auf.

dent Sadat wolle einen ehrenvollen Frieden mit dem Staat Israel. Er habe ihn, Laraki, gebeten, erneut mit Präsident Nixon zu sprechen. Er habe dies abgelehnt, denn was könne er dem amerikanischen Präsidenten anderes sagen, als das, was er ihm bei seinem Besuch vor sechs Wochen[4] schon vorgetragen habe.

Israel sperre sich gegen eine Lösung. Wenn Washington und Moskau wirklich wollten, könnten sie sowohl den Israelis wie den Arabern eine Lösung auferlegen. Da sie aber offenbar nicht dazu bereit seien, müsse versucht werden, alle Regierungen, die freundschaftliche Beziehungen zu Israel unterhalten, zur Einflußnahme auf Tel Aviv zu bewegen. Die arabische Seite habe alle ihre möglichen Konzessionen angeboten. Sie könne nichts weiteres tun. Wenn Israel die zur Zeit gegebene Chance verpasse, werde im Nahen Osten eine kriegerische Auseinandersetzung beginnen, die Generationen dauern könne.

Der *Bundeskanzler* erklärte die Bedeutung des Versuchs der EG-Staaten, zu einer gemeinsamen Haltung in den Nahost-Fragen zu kommen. Dies sei nicht überall richtig verstanden worden. Das eigentlich Neue sei nicht der Inhalt des Nahost-Papiers der Sechs[5], sondern der Versuch, zu einer gemeinsamen Außenpolitik zu gelangen.

Die Bundesregierung wolle tun, was sie könne, um im Nahost-Konflikt mäßigend auf die einzuwirken, die es angehe. Sie habe das auch schon sowohl bei den Russen wie bei den Israelis versucht. Ihr Einfluß sei jedoch begrenzt, zumal sie mit einer Reihe arabischer Staaten keine diplomatischen Beziehungen habe.[6]

Er würde es vorziehen, wenn eine Lösung nicht durch die Supermächte auferlegt, sondern mit der Zustimmung aller Beteiligten zustande kommen würde. In diesem Zusammenhang interessiere ihn, ob die marokkanische Regierung sich etwas von der Wiederaufnahme der Vermittlungstätigkeit von Botschafter Jarring[7] verspreche.

Der *Premierminister* antwortete, Marokko habe Herrn Jarring immer wieder ermutigt, glaube aber, daß er in diesem Stadium überfordert sei. Deshalb hiel-

---

Fortsetzung Fußnote von Seite 999

3 Vgl. dazu den Vorschlag des Sonderbeauftragten der UNO für den Nahen Osten, Jarring, vom 8. Februar 1971; Dok. 64, Anm. 13.
Zur Reaktion der ägyptischen und der israelischen Regierung vgl. Dok. 64, Anm. 14, bzw. Dok. 70, Anm. 19 und 20.

4 Ministerpräsident Laraki hielt sich am 15. April 1971 zu einem privaten Besuch in Washington auf.

5 Für den im Rahmen der Europäischen Politischen Zusammenarbeit der EG-Mitgliedstaaten verabschiedeten Nahost-Bericht vom 13./14. Mai 1971 vgl. Dok. 143.
Zu den Konsultationen vgl. Dok. 174.

6 Zum Abbruch der diplomatische Beziehungen durch neun arabische Staaten zwischen dem 12. und 16. Mai 1965 vgl. Dok. 23, Anm. 26.
Mit Jordanien wurden die diplomatischen Beziehungen am 27. Februar 1967 wieder aufgenommen, mit der Arabischen Republik Jemen am 15. Juli 1969. Vgl. dazu AAPD 1967, I, Dok. 63, und AAPD 1969, II, Dok. 228.

7 Zur Mission des Sonderbeauftragten der UNO für den Nahen Osten, Jarring, vgl. Dok. 43, Anm. 3, und Dok. 64, Anm. 13.
Am 25. März 1971 unterbrach Jarring die Bemühungen um eine Vermittlung im Nahost-Konflikt und kehrte auf seinen Posten als schwedischer Botschafter in Moskau zurück. Am 12. Mai 1971 nahm er die Tätigkeit in New York als Sonderbeauftragter wieder auf.

te es seine Regierung für besser, wenn die Gespräche zwischen den Außenministern Rogers und Gromyko fortgeführt würden.[8]

Der Premierminister erkundigte sich, ob die Bundesregierung ihm einen Ratschlag geben könne, was von arabischer und insbesondere marokkanischer Seite noch zur Lösung der Fragen beigesteuert werden könnte.

Der *Bundeskanzler* erklärte, daß er auf diese Frage gerne am nächsten oder übernächsten Tag zurückkommen und dann eine Antwort geben würde.[9]

Der *Premierminister* kam dann auf die Lage im Maghreb zu sprechen und schilderte die Entwicklung der Beziehungen Marokkos zu seinen Nachbarn seit 1968. Mit Mauretanien und Algerien seien die wichtigsten Probleme praktisch gelöst. Mit Algerien werde demnächst ein Vertrag über den Grenzverlauf und die gemeinsame Ausbeutung von Erzvorkommen im Grenzgebiet unterzeichnet. Die marokkanische Regierung hoffe auf deutsches Kapital bei der Erschließung der 1,2 Mio. t Erzvorräte. Mit Spanien seien die Beziehungen leicht verbessert worden, doch scheine in Madrid in dieser Übergangsperiode niemand grundsätzliche Entscheidungen fällen zu wollen. Marokko sei nicht wegen der Phosphatvorkommen an der spanischen Sahara interessiert, sondern aus strategischen und geopolitischen Gründen. Europa könne kein Interesse haben, daß sich nach dem von Spanien angekündigten Rückzug aus der Sahara[10] dort ein

---

[8] Der amerikanische Außenminister Rogers und sein sowjetischer Amtskollege Gromyko führten vom 22. bis 30. September 1969 Gespräche über eine Lösung des Nahost-Konflikts.

[9] Dazu vermerkte Ministerialdirigent Müller, er habe „auf eine Frage des Herrn Bundeskanzlers im Anschluß an das Gespräch Bundeskanzler–Laraki eine sofortige Prüfung des Problems der Einschaltung Larakis zugesagt" und vorgeschlagen, „man möge den Besuch des Herrn Bundesministers in Israel abwarten". Vgl. die Aufzeichnung vom 21. Juni 1971; Referat I B 4, Bd. 564.
Mit Schreiben vom 22. Juni 1971 legte Bundeskanzler Brandt Ministerpräsident Laraki noch einmal die Haltung der Bundesrepublik zum Nahost-Konflikt dar und hob hervor, daß die Bundesrepublik alle Friedensbemühungen unterstütze: „Wir sind jedoch auch bereit, nach der Wiederherstellung des Friedens alles in unserer Macht Stehende zu tun, um zur sozialen und wirtschaftlichen Stabilisierung im Nahen Osten beizutragen." Ohne Lösung des Problems der Palästina-Flüchtlinge werde „auch eine politische Nahost-Lösung keinen Bestand haben". Vgl. Referat I B 4, Bd. 564.

[10] Am 16. Dezember 1969 nahm die UNO-Generalversammlung eine Resolution an, in der das Recht der Bevölkerung der Spanischen Sahara auf Selbstbestimmung bekräftigt wurde und Konsultationen der spanischen Regierung über ein Referendum angemahnt wurden. Für den Wortlaut der Resolution Nr. 2591 vgl. UNITED NATIONS RESOLUTIONS, SERIE I, Bd. XII, S. 281 f.
Ansprüche auf das Gebiet erhoben neben Marokko auch Algerien und Mauretanien. Am 17. September 1970 informierte Botschafter Hendus, Rabat, über die Konferenz des Königs Hassan II. mit den Präsidenten Boumedienne und Daddah am 14. September 1970 in Nouadibhou: „Eine Interessenabgrenzung unter den drei teilnehmenden Staaten scheint auch diesmal nicht erfolgt zu sein." Das Kommuniqué enthalte nicht mehr als die Bekräftigung der „Einheitsfront gegenüber Spanien". Vgl. den Drahtbericht Nr. 229; Referat I B 4, Bd. 566.
Am 20. Januar 1971 berichtete Hendus, daß Marokko und Spanien um eine einvernehmliche Lösung bemüht seinen, zumal „die Bemühungen Marokkos um eine Allianz mit Algerien und Mauretanien zur Unterstützung des marokkanischen Anliegens angesichts der eigenen algerischen und mauretanischen Intessen nicht den Erfolg gehabt haben, den man sich hier davon versprochen hat." Jedoch werde sich Spanien mit einem Referendum wohl Zeit lassen: „Es erscheint zweifelhaft, daß Madrid seinen in Rabat bekannten Standpunkt, nach dem nur etwa 56 000 Einwohner als echte Sahaouis anerkannt werden, entscheidend modifizieren wird. Von dieser Einwohnerzahl würden etwa 10 000 wahlberechtigt sein. Marokko wird sich kaum mit seiner extremen Forderung durchsetzen können, als Saharoui der Spanischen Sahara jeden anzuerkennen, der sich durch Namen, Religion, Sprache und Brauchtum legitimiert." Vgl. den Schriftbericht Nr. 47; Referat I B 4, Bd. 566.

kommunistischer Satellitenstaat bilde. Man müsse eine regionale Lösung für das Problem in Zusammenarbeit mit Europa finden.

Bedauerlich seien die derzeit schlechten Beziehungen zwischen Algerien und Frankreich. König Hassan habe mehrfach versucht, die Kontakte wieder herzustellen. Marokko wolle nicht, daß Boumedienne in gleicher Weise wie Nasser 1964 in die Arme des Ostens gedrängt werde. Für die Entwicklung in Tunesien sei nicht die Haltung Libyens wichtig, sondern das, was in Algerien passiere. Wenn Algerien sich zu stark an den Ostblock anlehne, sitze Tunis zwischen Hammer und Amboß. Der Westen dürfe Algerien nicht in eine Isolierung treiben.

Der *Bundeskanzler* dankte dem Premierminister für diese Darstellung und erläuterte seinerseits den Stand der Bemühungen der Bundesregierung um eine Normalisierung der Beziehungen zur Sowjetunion, den osteuropäischen Staaten und insbesondere der DDR. Er erläuterte, warum die Bundesregierung daran interessiert sei, bei ihren Bemühungen um einen Modus vivendi im innerdeutschen Verhältnis nicht durch dritte Staaten gestört zu werden.[11] Auf Sicherheitsfragen übergehend äußerte er die Meinung, daß es zwar im nächsten oder übernächsten Jahr zu einer ESK kommen könne, daß aber wohl das Problem der MBFR schon zu einem früheren Zeitpunkt verhandlungsfähig sein werde.

Zur Frage der Beziehungen Marokkos zum Gemeinsamen Markt gab der *Premierminister* dem Wunsch seiner Regierung Ausdruck, die bisherigen vertraglichen Beziehungen weiter auszubauen. Marokko habe eine politische Option vorgenommen, als es 1969 den Vertrag mit Brüssel schloß.[12] Wichtig sei für sein Land die weitere Entwicklung, damit über den kommerziellen Bereich hinaus auch eine Zusammenarbeit auf den Gebieten der Technik, der Finanzen und des Einsatzes der Arbeitskräfte eingeleitet werden könne.

Der *Bundeskanzler* erklärte, er sei überzeugt, daß die Teilassoziierung Marokkos vom Jahre 1969 nur eine erste Etappe gewesen sei. Die Bundesregierung werde sich für die Interessen der Assoziierten einsetzen. Die erweiterte Gemeinschaft werde eine weltoffene Haltung einnehmen. Marokko könne jederzeit auf diplomatischem Wege das Gespräch mit der Bundesrepublik über etwaige Probleme aufnehmen. Die deutsche Seite werde mit Offenheit antworten und alle ihr möglichen Anstrengungen unternehmen.

Das Gespräch wandte sich zuletzt den bilateralen Problemen zu. Hier bat der *Premierminister* hauptsächlich um deutsche Hilfe für die Erfüllung des marokkanischen Fünfjahresplans und Maßnahmen zur Verbesserung der Handelsbeziehungen.

---

[11] Dieser Satz wurde von Ministerialdirigent Müller hervorgehoben. Dazu vermerkte er handschriftlich: „Laraki kam auf diesen Punkt am Abend zurück und sagte: Marokkos Politik sei Rußland u[nd] gegenüber seinen Freunden zuverlässig." Vgl. Anm. 1.

[12] Das Abkommen über eine Assoziierung von Marokko mit der EWG wurde am 31. März 1969 in Rabat unterzeichnet und trat am 1. September 1969 in Kraft. Es hatte eine Laufzeit von fünf Jahren und sah vor, daß nach drei Jahren über ein neues Abkommen auf breiterer Grundlage verhandelt werden sollte. Vgl. dazu DRITTER GESAMTBERICHT 1969, S. 371 f.

Der *Bundeskanzler* wies darauf hin, daß der Premierminister am nächsten Tage Gespräche mit dem Bundeswirtschafts- und Finanzminister[13] sowie mit dem Bundesminister für wirtschaftliche Zusammenarbeit[14] haben werde. Er bäte ihn, mit diesen Kabinettsmitgliedern die Fragen im einzelnen zu besprechen, müsse allerdings jetzt schon auf gewisse Haushaltsschwierigkeiten hinweisen, die die finanzielle Leistungsfähigkeit der Bundesregierung in den nächsten Jahren beschränken würden.

Der *Premierminister* bat außerdem um Fortführung der Militärhilfe.[15]

Der *Bundeskanzler* wies auf die starke Strömung im Parlament hin, Ausrüstungshilfe künftig überhaupt nicht mehr zu gewähren. Er könne noch nicht sagen, wie die Diskussion mit den Ausschüssen enden werde, halte aber persönlich die bisherige Zusammenarbeit zwischen Marokko und der Bundesrepublik auf diesem Gebiet für vernünftig.

Von sich aus nahm der Bundeskanzler die Frage der illegalen marokkanischen Arbeiter in der Bundesrepublik auf.[16]

Der *Premierminister* wies darauf hin, daß seine Regierung alles tue, um schon die Ausreise Illegaler zu verhindern. Es gebe aber in Frankreich eine halbe Million Marokkaner, und es sei schwierig, seinen Landsleuten in Marokko zu verbieten, ihre Verwandten in Frankreich zu besuchen. Wenn sie dann von dort aus nach Deutschland weiterreisten, könne die marokkanische Regierung dagegen nichts tun. Er bitte aber die Bundesregierung darum, das bisher gezeigte Verständnis für die Probleme der marokkanischen Arbeiter weiterhin zu beweisen und Maßnahmen wie Ausweisungen und dergleichen nach Möglichkeit zu verhindern.

Referat I B 4, Bd. 564

---

[13] Das Gespräch mit Bundesminister Schiller fand am 22. Juni 1971 statt. Erörtert wurden „das angebliche marokkanische Defizit im Außenhandel mit der Bundesrepublik" und die Kapitalhilfe. Vgl. die Aufzeichnung des Ministerialdirigenten Lebsanft vom 23. Juni 1971; Referat I B 4, Bd. 564.

[14] Erhard Eppler.

[15] Das Wort „Militärhilfe" wurde von Ministerialdirigent Müller gestrichen. Dafür fügte er handschriftlich ein: „Ausrüstungshilfe, die im wesentlichen den Sanitätssektor betreffe".

[16] Am 26. Mai 1971 informierte Vortragender Legationsrat Bindewald die Botschaft in Rabat über eine Ausländerkonferenz von Vertretern des Bundesministeriums des Innern und der Innenministerien der Länder. Nordrhein-Westfalen etwa bestehe darauf, „jeden illegalen Marokkaner" abzuschieben, und habe den „Einwand, daß Landesverweisungen von Gruppen von 51 Illegalen spektakuläre Massenabschiebungen darstelle", nicht gelten lassen: „Unser Eindruck: Hoffnungsloses Unterfangen, auf Innenministerium von NRW einzuwirken. Verstimmung auch wegen aufgelaufener, von Marokko nicht bezahlter Rückführungskosten von ca. 400 000 DM." Vgl. Referat I B 4, Bd. 565.

218

Runderlaß des Gesandten Poensgen

III E 2-84.00/2 Aufgabe: 23. Juni 1971, 16.06 Uhr[1]
Fernschreiben Nr. 3120 Plurex
Cito

Betr.: Verhandlungen EG–Großbritannien[2]

1) Nach über 30-stündigen Verhandlungen haben sich EG und britische Delegation heute in den frühen Morgenstunden über die entscheidenden Beitrittsprobleme geeinigt. Damit ist in fast einjährigen Verhandlungen[3] – unter deutschem und französischem Vorsitz in EG – entsprechend Haager Zielsetzung und Zeitplan[4] Weg zur Erweiterung frei. Zugleich ist auch dem britischen Wunsch entsprochen, vor der Sommerpause Klarheit über die wesentlichen Beitrittsbedingungen zu haben.

Verhandlungserfolg beruhte auf festem politischen Willen aller Beteiligten, den Durchbruch zu erzielen. Insbesondere französische Delegation (Minister Schumann und Giscard) hat sich in der Schlußphase weitgehend den Positionen der fünf Partner angenähert und damit den Kompromiß EG–Großbritannien ermöglicht. Kommission hat erheblich zum guten Ausgang beigetragen.

2) Erzieltes Ergebnis entspricht unseren Vorstellungen und kommt britischen Wünschen weit entgegen.

In den wichtigsten Bereichen (Einfuhr von Milcherzeugnissen aus Neuseeland[5]; britischer Beitrag zur Gemeinschaftsfinanzierung[6]) sind endgültige Regelungen

---

[1] Der Runderlaß wurde von Vortragendem Legationsrat I. Klasse Lautenschlager konzipiert.

[2] Die achte Verhandlungsrunde des EG-Ministerrats mit Großbritannien fand vom 21. bis 23. Juni 1971 in Luxemburg statt.

[3] Die Beitrittsverhandlungen der Europäischen Gemeinschaften mit Großbritannien wurden am 30. Juni 1970 eröffnet. Vgl. dazu AAPD 1970, II, Dok. 289.

[4] Vgl. dazu Ziffer 13 des Kommuniqués der Konferenz der Staats- und Regierungschefs der EG-Mitgliedstaaten am 1./2. Dezember 1969 in Den Haag; Dok. 31, Anm. 8.

[5] Am 23. Juni 1971 berichtete Botschafter Sachs, Brüssel (EG), die Europäischen Gemeinschaften und Großbritannien seien sich darüber einig gewesen, daß die Regelungen für Neuseeland „Ausnahmecharakter" trügen: „Am Ende der Übergangszeit 1977 wird die Mengengarantie für Butter 80% und für Käse 20% der vor der Übergangszeit garantierten Mengen betragen. Das Neuseeland garantierte Preisniveau wird dem gleichen, das es auf dem Markt des Vereinigten Königreichs im Durchschnitt der Jahre 1969 bis 1972 erzielte. Ab 1978 gibt es für Käse keine mengenmäßige Garantie mehr, während 1975 die Organe der erweiterten Gemeinschaft die Lage bei Butter im Lichte von Angebot und Nachfrage in den wichtigsten Erzeuger- und Verbraucherländern der Welt, insbesondere in der Gemeinschaft und in Neuseeland, überprüfen werden; darauf wird der Rat die Maßnahmen beschließen, die geeignet sind, die Ausnahmeregelung für Neuseeland über den 31.12.1977 hinaus aufrecht zu erhalten und die Modalitäten dafür festzulegen." Vgl. den Drahtbericht Nr. 75; Referat III A 2, Bd. 309.

[6] Über die Einigung hinsichtlich der Übergangsmaßnahmen im Finanzbereich informierte Botschafter Sachs, Brüssel (EG): „Die britische Delegation nahm den nach längeren Erörterungen auch von den Delegationen der Mitgliedstaaten gebilligten Kompromißvorschlag der Kommission an, demzufolge der britische Beteiligungssatz 1973: 45%, 1974: 56%, 1975: 67,5%, 1976: 79,5% und 1977: 92% vom jeweiligen Basissatz (BSP-Anteil plus Margen) betragen wird. Dies entspricht einer Beteiligung am Gesamthaushalt der Gemeinschaft von 8,64%, 10,85%, 13,34%, 16,02% und 18,92%. Hinsichtlich der Korrektive wurde beschlossen, daß die Kommission am Ende des Jahres 1977 den Bei-

gefunden worden. Auf anderen Gebieten sind Verfahrensentscheidungen getroffen, die eine Einigung über die noch offenen bedeutenden materiellen Fragen erwarten lassen (insbesondere Fischerei[7]).

3) Wir erwarten, daß sich ein vergleichbarer Stand der Verhandlungen auch mit den anderen drei Beitrittsanwärtern noch vor der Sommerpause erreichen läßt, so daß die Beitrittsverhandlungen bis zum Jahresende abgeschlossen sein können. Bis dahin werden jedoch noch eine Reihe schwieriger Probleme zu bewältigen sein.[8]

4) Gemeinschaft hat erneut ihre Fähigkeit bewiesen, eine große politische Aufgabe zu bewältigen. Ein wesentliches, seit Jahren verfolgtes Ziel unserer Integrationspolitik ist greifbar nahe.

Heutiges Ergebnis wird sich auch förderlich auf die Fortentwicklung der Gemeinschaft zur Wirtschafts- und Währungsunion auswirken.

5) Das Verhandlungsergebnis ist fair und ausgewogen. Die Gemeinschaft hat ihren Beitrag geleistet, damit die britische Regierung die bevorstehenden Erörterungen der Beitrittsfrage in Parlament und Öffentlichkeit Großbritanniens bestehen kann.

6) Einzelerlasse zur weiteren Information bleiben vorbehalten.

Poensgen[9]

Referat III A 2, Bd. 309

Fortsetzung Fußnote von Seite 1004
trag errechnen soll, den Großbritannien in dem Jahr gezahlt hätte, wenn das System der eigenen Mittel in vollem Umfang auf es angewandt worden wäre. Im ersten auf die Übergangszeit folgenden Jahr wird der britische Beitrag nur um 2/5, im folgenden Jahr um 4/5 des Unterschieds zwischen dem britischen Beitrag 1977 und dem von der Kommission berechneten Beitrag erhöht. Der volle Beitrag wird 1980 geleistet." Vgl. den Drahtbericht Nr. 75 vom 23. Juni 1971; Referat III A 2, Bd. 309.

[7] In der achten Verhandlungsrunde des EG-Ministerrats mit Großbritannien vom 21. bis 23. Juni 1971 in Luxemburg wurde eine Einigung darüber erzielt, „daß die gemeinsame Fischereipolitik der besonderen Art des Fischfangs, insbesondere auch hinsichtlich seiner sozialen Struktur und der natürlichen Disparitäten zwischen den einzelnen Regionen, Rechnung tragen muß". Die Europäischen Gemeinschaften erklärten sich bereit, die bestehende Fischerei-Struktur-Verordnung, die den Grundsatz des freien Zugangs zu den Küstengewässern der EG-Mitgliedstaaten regelte, mit Blick auf den Schutz der Küstenfischerei der Beitrittskandidaten für eine noch festzulegenden Übergangszeit zu prüfen. Vgl. dazu die Aufzeichnung des Bundesministeriums für Ernährung, Landwirtschaft und Forsten vom 29. Juni 1971; Referat III A 2, Bd. 309.

[8] In den Verhandlungen mit den Europäischen Gemeinschaften am 7. Juni 1971 in Luxemburg akzeptierten Dänemark und Irland die zwischen den Europäischen Gemeinschaften und Großbritannien vereinbarten Übergangsregelungen im Agrarbereich und die Ausnahmeregelungen für die Einfuhr von Milcherzeugnissen aus Neuseeland. Offen blieb noch die Regelung der Fischereifrage. In der Sitzung der Ständigen Vertreter der EG-Mitgliedstaaten mit Dänemark am 29. Juni 1971 erteilte die dänische Regierung ferner ihre Zustimmung zur Finanzierung der Gemeinschaftspolitik und zum System der Eigenmittel auf der Basis der mit Großbritannien erzielten Einigung. Vgl. dazu BULLETIN DER EG 8/1971, S. 80–82.
Am 21. Juni 1971 erklärte sich die norwegische Delegation in den Beitrittsverhandlungen mit den Europäischen Gemeinschaften in Luxemburg bereit, die Vereinbarungen zwischen den Europäischen Gemeinschaften und Großbritannien hinsichtlich der Einfuhr von Zucker aus den Commonwealth-Staaten sowie von Milcherzeugnissen aus Neuseeland zu akzeptieren. Sie billigte ferner die Vorschläge zur Finanzierung der Gemeinschaftspolitik und der Eigenmittel, forderte jedoch weitere Verhandlungen in den Bereichen Landwirtschaft und Fischerei. Vgl. dazu BULLETIN DER EG 8/1971, S. 82.

[9] Paraphe.

219

Aufzeichnung des Ministerialdirektors von Staden

II B 1-81.14/0-52/71 streng geheim 28. Juni 1971[1]

Zur Unterrichtung des Staatssekretärs[2] und Ministers[3]

Betr.: Bewertung der Erklärung zu SALT, die gleichlautend und gleichzeitig in Washington (durch Präsident Nixon) und in Moskau (durch TASS) am 20. Mai 1971 verlautbart wurde

Bezug: 1) Aufzeichnung vom 25.2.71 – II B 1-81.14/0-22/71 str. geh.[4]
2) Aufzeichnung Dg II B vom 21.5.71 – II B 1-81.14/1-710/71 geh.[5]

Vorbemerkung: Diese Bewertung erfolgt im Nachgang zu einer ersten, dem Staatssekretär am 21.5.71 kurzfristig vorgelegten Aufzeichnung.[6] Sie ist ausführlicher und mit dem BMVg abgestimmt.

Ergebnis: Die Bewertung kommt zum gleichen Ergebnis wie die Bezugsaufzeichnung zu 2) und wie – in der Substanz – die Bezugsaufzeichnung zu 1):

Das in der amerikanisch-sowjetischen Erklärung[7] bekanntgegebene Verhandlungsziel verringert, falls verwirklicht, weder die Abschreckung zugunsten der NATO im ganzen noch schmälert es spezifische Belange der europäischen NATO-Partner.

1) Vorgeschichte

1.1) Die amerikanische Regierung unterbreitete im August 1970 der Sowjetunion einen nach Systemen und Mengen spezifizierten Vorschlag für eine Begrenzung offensiver und defensiver strategischer Waffen. Dieser Vorschlag erstreckte sich auf landgestützte interkontinentale Raketen (ICBMs[8]), Polaris- bzw. Poseidon-U-Boote (SLBMs[9]) und Fernbomber aus dem Bereich der offensiven Systeme sowie, was die defensiven Systeme angeht, auf entweder ein völliges Verbot von Abwehrraketen (ABMs[10]) oder ihre Beschränkung auf den Schutz der nationalen Kommandozentralen beider Seiten.

---

[1] Die Aufzeichnung wurde von Vortragendem Legationsrat I. Klasse Menne, Vortragendem Legationsrat Waiblinger und von Legationsrat I. Klasse Ziegler konzipiert.
[2] Hat Staatssekretär Frank am 17. Juli 1971 vorgelegen.
[3] Hat Bundesminister Scheel am 17. August 1971 vorgelegen.
[4] Vortragender Legationsrat I. Klasse Menne berichtete über die Ausführungen des Leiters der amerikanischen Abrüstungsbehörde, Smith, in der Sitzung des Ständigen NATO-Rats am 24. Februar 1971. Vgl. VS-Bd. 3603 (II B 1); B 150, Aktenkopien 1971. Für einen Auszug vgl. Dok. 56, Anm. 9.
[5] Botschafter Roth legte eine erste Stellungnahme der Erklärung des Präsidenten Nixon vom 20. Mai 1971 vor. Dazu vermerkte er, daß seine Bewertung „aus Zeitgründen weder im Hause noch mit dem BMVg" habe abgestimmt werden können. Nach entsprechender Abstimmung werde eine endgültige Fassung vorgelegt werden. Vgl. VS-Bd. 4540 (II B 1); B 150, Aktenkopien 1971. Für Auszüge vgl. Anm. 15, 26 und 27.
[6] Vgl. Anm. 5.
[7] An dieser Stelle Fußnote in der Vorlage: „Wortlaut ist unter 2) wiedergegeben."
[8] An dieser Stelle Fußnote in der Vorlage: „ICBM = Intercontinental Ballistic Missile".
[9] An dieser Stelle Fußnote in der Vorlage: „SLBM = Submarine Launched Ballistic Missile".
[10] An dieser Stelle Fußnote in der Vorlage: „ABM = Anti-Ballistic Missile Missile".

1.2) Diesem Vorschlag haben die Sowjets nicht zugestimmt, da er nicht alle Offensiv-Systeme erfaßte, mit denen Zielen auf sowjetischem Territorium nuklearer Schaden zugefügt werden kann. Gemeint war damit die Nichterfassung derjenigen amerikanischen Systeme, die nicht vom amerikanischen Staatsgebiet aus, sondern von vorgeschobenen Basen im europäischen Raum aus operieren (Forward Based Systems = FBS), und deren Ersatz für die Sowjets den gleichen Eskalationsgrad wie ein Einsatz der zentralen Systeme repräsentieren würde, da sie sowjetisches Territorium erreichen können. Bekanntlich bewertet die NATO die FBS anders.

1.3) Darüber hinaus kann angenommen werden, daß der sowjetischen Ablehnung folgende Überlegung zugrunde lag: Bei vertraglicher Begrenzung der „zentralen" offensiven Systeme (das sind ICBM, SLBM, Fernbomber) könnte die Sowjetunion im Falle einer Vermehrung der amerikanischen FBS insofern in eine Zwangslage geraten, als eine Reaktion in gleicher Münze mangels entsprechender Basen nicht möglich sein würde. Eine Reaktion jedoch etwa durch Vermehrung des eigenen Mittelstreckenpotentials (Raketen (IR/MRBMs[11]) und Bomber) dürfte nach sowjetischer Ansicht der Gleichwertigkeit aus dem doppelten Grunde entbehren, daß dieses Potential zwar Westeuropa, nicht aber die Vereinigten Staaten erreicht und daß seine Vermehrung Westeuropa gegenüber wenig sinnvoll erscheint.

1.4) Zusätzlich dürfte für die sowjetische Ablehnung der Eindruck fehlender Beiderseitigkeit im amerikanischen Vorschlag ursächlich sein: Während das Gravamen der SU, nämlich die amerikanischen FBS, unbegrenzt bliebe, sollte das westliche Gravamen, nämlich das sowjetische Mittelstreckenpotential, aus Verifikationsgründen immerhin gewissen Beschränkungen unterworfen werden (Verbot der Härtung und Beweglichmachung von IR/MRBM).

1.5) Die Sowjets forderten dementsprechend, die FBS entweder von ihren Basen in amerikanisches Staatsgebiet zurückzuziehen oder sie auf die Zahl der amerikanischen zentralen Systeme anzurechnen oder, bei teilweisem Abzug, den verbleibenden Teil anzurechnen. Gleichzeitig lehnten sie es ab, auf das westliche Gravamen einzugehen.

1.6) Dem der sowjetischen Forderung zugrundeliegenden Prinzip, ein Vertragspartner dürfe nicht Opfer einer wie immer beschaffenen Asymmetrie werden, versagten die Amerikaner ihr Verständnis nicht. Indem sie es nunmehr auf die Gravamina beider Seiten anwandten, entwickelten sie kurz nacheinander zwei Vorschläge in der Absicht, damit sowohl den Sowjets entgegenzukommen als auch der Vermehrung des Westeuropa bedrohenden sowjetischen Mittelstreckenpotentials einen Riegel vorzuschieben:

– (Dezember 1970) „Erst nachdem alle Hauptelemente eines ersten Abkommens über zentrale strategische Systeme ausgearbeitet sein werden, würden wir es für möglich erachten, gemeinsam zu prüfen, auf welche befriedigende Art und Weise Aktionen einer Seite hinsichtlich anderer Kernwaffenträger daran gehindert werden können, die strategische Balance zu beeinträchtigen."

---

[11] An dieser Stelle Fußnote in der Vorlage: „IR/MRBM = Intermediate-Range/Medium-Range Ballistic Missile".

- (Februar 1971) „Ein mehr allgemein gehaltener Lösungsversuch für nichtbegrenzte Systeme: Eine Formel im Sinne eines solchen Lösungsversuchs würde beide Seiten gleichermaßen betreffen und ... daran hindern, wesentliche Veränderungen an nicht-begrenzten Systemen vorzunehmen, die als Umgehung der Wirksamkeit des Abkommens und als Gefährdung seiner Haltbarkeit (viability) angesehen werden könnten." (Sog. „generalized approach")

1.7) Beide Vorschläge führten nicht zur Ausräumung der sowjetischen Bedenken. Vielmehr schoben die Sowjets nunmehr den Gedanken eines auf Raketenabwehr beschränkten Begrenzungsabkommens („ABM only"-Abkommen) in den Vordergrund. Dabei gingen sie vermutlich von folgenden Überlegungen aus:

- die Partner waren sich stets darüber einig, daß ein SALT-Abkommen eine Begrenzung der ABM enthalten solle;
- die Spezifikationen einer ABM-Begrenzung nach System und Zahl würde keine nennenswerten Schwierigkeiten bereiten;
- die im amerikanischen Kongreß und Publikum herrschende Stimmung schien die Negotiabilität zu begünstigen;
- ein solches Abkommen ließe der Sowjetunion freie Hand, auf eine etwaige Vermehrung amerikanischer FBS durch Vermehrung von Offensivsystemen ihrer Wahl zu reagieren.

Als Krönung dieser verhandlungstaktischen Alternative legte die sowjetische Delegation am 19. März einen Entwurf für ein ABM-Begrenzungsabkommen vor.

1.8) Demgegenüber haben die USA – auch angesichts des sowjetischen ABM only-Vorschlags – betont, für sie käme nur eine zugleich offensive und defensive Systeme umfassende Regelung in Betracht: so zuletzt noch in der NATO-Konsultation vom 1. April 1971.

1.8.1) Gegenüber der Auslegungsmöglichkeit, daß unter dieser Position die unterschiedslose Erfassung aller offensiven Systeme zu verstehen sei, ergibt sich aus einer Äußerung Botschafter Smiths ein differenzierteres Bild. Er hatte am 24.2.71 vor dem NATO-Rat erklärt, ein auf defensive Systeme beschränktes Abkommen sei nicht annehmbar, weil es die „korrespondierende Bedrohung durch Offensivwaffen" ungeregelt lasse.[12]

Smith zielte damit offenbar auf die Interdependenz von Raketenabwehr und der überschweren Komponente (SS-9) der sowjetischen offensiven Systeme hin. (Die SS-9 gilt als von den Sowjets zur Ausschaltung amerikanischer ICBM entwickelte Waffe.)

1.8.2) Wie uns in bilateralen Gesprächen von den Amerikanern angedeutet wurde, gedachten sie, dieser Interdependenz ggf. dadurch Rechnung zu tragen, daß ein ABM-Abkommen durch zusätzliche Maßnahmen zur Begrenzung der

---

12 Der Leiter der amerikanischen Abrüstungsbehörde, Smith, erläuterte in der sich seinen Ausführungen anschließenden Diskussion gegenüber dem Ständigen NATO-Rat am 24. Februar 1971 zur Frage eines separaten ABM-Abkommens, er habe dem sowjetischen Stellvertretenden Außenminister Semjonow erklärt, „daß die defensive wie die offensive Seite der Gleichung eingefroren werden müsse. Seine Delegation werde einer einseitigen Regelung nur für ABM nicht zustimmen." Vgl. die Aufzeichnung des Vortragenden Legationsrats I. Klasse Menne vom 1. März 1971; VS-Bd. 3603 (II B 1); B 150, Aktenkopien 1971.

offensiven strategischen Systeme angereichert wird („ABM plus"-Abkommen statt „ABM only"-Abkommen).

2) Wortlaut der am 20.5.1971 gleichzeitig und gleichlautend in Washington und Moskau abgegebenen Erklärung

„Die Regierungen der USA und der SU sind nach Überprüfung des Verlaufs ihrer Gespräche über die Begrenzung der strategischen Rüstung übereingekommen, sich in diesem Jahr auf die Ausarbeitung einer Vereinbarung über die Begrenzung des Aufbaus von Raketenabwehrsystemen (ABMs) zu konzentrieren. Sie kamen ferner überein, zusammen mit einem Abkommen über die Begrenzung der ABMs auch gewisse Maßnahmen im Hinblick auf die Beschränkung der strategischen Offensivwaffen zu vereinbaren. Beide Seiten beschreiten diesen Weg in der Überzeugung, daß dadurch günstigere Voraussetzungen für folgende Verhandlungen über eine Begrenzung aller strategischen Rüstung geschaffen werden. Diese Verhandlungen werden aktiv fortgesetzt."[13]

3) Nächste Sitzungsphase

Die Fortsetzung der Gespräche wurde inzwischen auf den 8. Juli festgelegt.[14] Der Verzicht auf das sonst übliche mehrmonatige Intervall manifestiert die Entschlossenheit der SALT-Partner, das gemeinsam verkündete Programm energisch in Angriff zu nehmen.

4) Bewertung der gemeinsamen Erklärung[15]

4.1) Bedeutung für das amerikanisch-sowjetische strategische Kräfteverhältnis und seine mögliche Entwicklung

4.1.1) Gemessen am derzeitigen Zustand des völligen Fehlens rüstungssteuernder Regelungen für den Bereich strategischer Waffen ist es zu begrüßen, wenn

---

[13] Die Erklärung wurde von Präsident Nixon in einer Radio- und Fernsehansprache abgegeben. Für den Wortlaut vgl. PUBLIC PAPERS, NIXON 1971, S. 648.
Für den russischen Wortlaut vgl. den Artikel „K sovetsko-amerikanskim peregovoram po voprosam ograničenija strategičeskich voorzenij"; PRAVDA vom 21. Mai 1971, S. 5.

[14] Die vierte Runde der Strategic Arms Limitations Talks (SALT) zwischen den USA und der UdSSR in Wien wurde am 28. Mai 1971 beendet. Die fünfte Gesprächsrunde begann am 8. Juli 1971 in Helsinki.

[15] Am 21. Mai 1971 kam Botschafter Roth zu folgender Bewertung der amerikanisch-sowjetischen Erklärung vom Vortag: „a) Beide Großmächte sind nach wie vor daran interessiert, SALT fortzuführen und nicht in eine Sackgasse geraten zu lassen. b) Das angestrebte Abkommen (ABM plus) zeigt, daß beide Seiten einander entgegenzukommen bereit sind. Die USA erklären sich bereit, den sowjetischen Vorstellungen eines Teilabkommens entgegenzukommen, die Sowjetunion ist offensichtlich bereit, ein ABM-Abkommen mit bestimmten Maßnahmen zur Begrenzung offensiver strategischer Waffen zu verbinden, wobei offen bleibt, ob diese Maßnahmen unmittelbar Teil des Abkommens oder zusätzliche Absprachen sein werden. c) Der Umfang einer Begrenzung der ABM liegt weitgehend fest: Auf beiden Seiten werden nur 100 ABM-Abschußrampen einschließlich der dazugehörenden Abfangraketen sowie der erforderlichen Ortungs- und Leitsysteme zugelassen. (Die Sowjetunion bevorzugt dabei den Schutz Moskaus, die USA den Schutz der Minuteman-Basen). d) Wie die begrenzenden Maßnahmen für offensive strategische Waffen im einzelnen gedacht sind, ist uns bisher nicht bekannt. Aus dem besonderen Interesse der Vereinigten Staaten an einer Eingrenzung der sowjetischen überschweren ICBM (SS-9), ihrem Drängen auf ein Abkommen über offensive strategische Systeme sowie ihren Vorstellungen über die Verifizierbarkeit eines jeden Abkommens läßt sich der wesentliche Inhalt solcher vorläufiger begrenzender Maßnahmen abschätzen. Zum Beispiel könnte an eine zeitlich begrenzte freiwillige Einschränkung beim weiteren Aufbau bestimmter Waffensysteme und an ein Einbeziehen strategischer Offensivwaffen in verifizierende Maßnahmen eines ABM-Abkommens gedacht werden." Vgl. VS-Bd. 4540 (II B 1); B 150, Aktenkopien 1971.

durch die erklärte Absicht, sich auf ein „ABM plus"-Abkommen zu konzentrieren, eine erste Eindämmung des strategischen Wettrüstens in Aussicht gestellt wird. Diese Eindämmungswirkung dürfte durch die ins Auge gefassten „gewissen Maßnahmen zur Beschränkung der strategischen Offensivwaffen" verstärkt werden. Um wieviel, kann erst geschätzt werden, wenn Näheres über die „gewissen Maßnahmen" bekannt wird.

4.1.2) Gemessen an der vorletzten amerikanischen Position ist ein amerikanischer Schritt in Richtung auf die sowjetischen Vorschläge zu verzeichnen, dem allerdings – und erst das führt zum Gesamtbild – mit der Zustimmung zur Vereinbarung „gewisser Maßnahmen" bei den Offensivwaffen ein sowjetischer Schritt gegenübersteht. Eine Untersuchung darüber, wessen Schritt der größere war bzw. wieweit die beiderseitigen Interessen übereinstimmten, erscheint wenig sinnvoll, zumal angesichts des Widerstandes in Kongreß und öffentlicher Meinung gegen „Safeguard"[16] (das amerikanische, die ICBM schützende Pendant zum sowjetischen ABM-Ring um Moskau) auch die amerikanische Regierung davon profitieren würde, wenn zunächst eine ABM-Regelung im Vordergrund steht.

4.1.3) Im übrigen haben die Amerikaner ihre Verhandlungsposition vom August 1970 insofern gewahrt, als die Formel von den „certain measures" ihnen die Möglichkeit gibt, die entscheidende Komponente ihres Verhandlungszieles im Bereich der Offensivwaffen durchzusetzen: die Begrenzung der sowjetischen SS-9, in der die USA eine vitale Bedrohung ihrer ICBM erblicken.

4.1.4) Die Frage drängt sich allerdings auf, ob im Zuge des „Verhandlungs-Menuetts"[17] eine beiderseitige Bewegung zur Mitte hin nicht auch durch ein Angebot an die Sowjets hätte erreicht werden können, ihren Bedenken wegen der FBS deutlicher als zuvor Rechnung zu tragen. Das hätte dadurch herbeigeführt werden können, daß man in das Abkommen zur Begrenzung der zentra-

---

[16] Am 12. August 1970 lehnte der Senat eine Vorlage des republikanischen Senators Cooper (Kentucky) und des demokratischen Senators Hart (Michigan) ab, die den Ausbau des Raketenabwehrsystems „Safeguard" über die bereits im August 1969 bewilligten Mittel zum Bau von Stellungen in Montana und North Dakota hinaus verhindern sollte. Dazu berichtete Botschafter Pauls, Washington, am selben Tag: „Dieses Abstimmungsergebnis ist eine wichtige Vorentscheidung für den weiteren Ausbau der ABM-Kapazität zum Schutz der Minuteman-ICBM-Stellungen. [...] Das zumindest von der Opposition nicht erwartete Abstimmungsergebnis ist ein bedeutsamer Erfolg der Administration. Das eigentliche Ziel der Opposition, die völlige Einstellung des ABM-Programms, war wegen der Bedeutung dieses Systems als Verhandlungsgegenstand (,bargaining chip') in den SALT in diesem Jahr ohnehin nicht zu erreichen. Die Opposition hatte erwartet, durch einen taktischen Rückzug auf die Cooper-Hart-Position zumindest den weiteren Ausbau von Safeguard verhindern und einen Sieg in der laufenden Auseinandersetzung mit der Regierung erzielen zu können." Vgl. den Drahtbericht Nr. 1636; Referat II A 7, Bd. 1558.
Am 9. März 1971 legte der amerikanische Verteidigungsminister Laird dem Kongreß den Verteidigungshaushalt für das Jahr 1972 vor. Darin waren für den Ausbau des Safeguard-Programms 1,278 Mrd. Dollar vorgesehen. Mit den Mitteln sollte der Bau der Stellungen Grand Forks Air Force Base, North Dakota, und Malmstrom Air Force Base, Montana, fortgesetzt sowie der Bau der Stellung Whiteman Air Force Base, Missouri, begonnen werden. Die Stellungen sollten 1974 und 1975 bzw. 1976 einsatzfähig sein. Schließlich sollten Schritte eingeleitet werden zur Errichtung einer vierten Stellung in Wyoming oder Washington D.C. Vgl. dazu DOCUMENTS ON DISARMAMENT 1971, S. 144–147.
[17] An dieser Stelle Fußnote in der Vorlage: „Vokabel aus einem Hintergrundgespräch von Henry Kissinger, Alexis Johnson und Gerald Smith mit der Presse am 20.5.71."

len Systeme eine Klausel aufnahm, die seine Gültigkeit von der Nichtmanipulierung nicht-zentraler Systeme abhängig machte. Ein dahingehender, in der NATO-Ratssitzung am 17.5.71 gemachter deutscher Vorschlag fand weitgehende Zustimmung.[18] Offenbar haben die Amerikaner jedoch angesichts der konkreten Verhandlungslage in Wien geglaubt, schneller zu einem ersten Abkommen zu gelangen, wenn sie – unter gleichzeitiger Anreicherung auf „ABM plus" – den sowjetischen Gedanken einer ABM-Regelung aufgriffen.

4.1.5) Entscheidend für die Bewertung des am 20. Mai verlautbarten Verhandlungskurses ist die Frage, ob die Abschreckungskapazität der Vereinigten Staaten durch ein „ABM plus"-Abkommen verringert werden würde.

4.1.5.1) Die beabsichtigte Begrenzung der ABM

Die operativen oder in absehbarer Zeit einsatzfähigen ABM-Systeme beider Seiten, für die in der einen oder anderen Weise eine Regelung durch Begrenzung avisiert wird, stellen sich als eine – die defensive – Komponente der zentralen Systeme dar, die zu ihrem überwiegenden Teil aus Offensivsystemen bestehen. Diese Defensivkomponente absorbiert je nach ihrer quantitativen und qualitativen Ausgestaltung einen mehr oder minder großen Teil der Offensivkomponenten. In der ins Auge gefaßten Größenordnung[19] vermögen die beiderseitigen Defensivkomponenten die offensiven Systeme in ihrer Wirksamkeit nur marginal zu beeinflussen.

4.1.5.2) Die beabsichtigte Begrenzung nur eines Teils der Offensivsysteme

Der verlautbarte Verhandlungskurs

– schränkt entweder mit Hilfe der „gewissen Maßnahmen" die Möglichkeit einer stabilitätsgefährdenden Vermehrung der offensiven Systeme mehr oder weniger ein

– oder läßt es, soweit er eine solche Einschränkung nicht herbeiführt, den SALT-Partnern unbenommen, auf eine Vermehrung des gegnerischen offensiven Potentials in gleicher Münze zu antworten.

Das bedeutet, daß der gemeinsam formulierte Verhandlungskurs, falls verwirklicht, das Risiko einer Minderung der Zweitschlagskapazität jedenfalls nicht vergrößert und somit die Wirksamkeit der bestehenden Abschreckung nicht verringert.

---

[18] Am 12. Mai 1971 bat Botschafter Roth die Ständige Vertretung bei der NATO in Brüssel, in der Sitzung des Ständigen NATO-Rats am 17. Mai 1971 hinsichtlich der Einbeziehung von nicht-zentralen nuklearen Mittelstreckenwaffen in ein SALT-Abkommen auszuführen: „Wir haben unser Augenmerk vor allem auf die Sachfragen gerichtet, die sich für uns Europäer aus einer Situation ergeben könnten, in der bei vertraglicher Begrenzung der zentralen Systeme eine Beeinträchtigung der strategischen Stabilität dadurch eintritt, daß nicht-zentrale Systeme manipuliert werden. Unsere Überlegungen haben uns dahin geführt, daß wir als den zentralen Punkt jeder wie auch immer ausgestalteten Regelung dieses Problems erkannt haben, daß im Zusammenhang mit einem SALT-Abkommen über zentrale Systeme für eine Verkoppelung des Schicksals der zentralen mit dem der nicht-zentralen Systeme gesorgt werden muß." Vgl. den Drahterlaß Nr. 198; VS-Bd. 4539 (II B 1); B 150, Aktenkopien 1971.

[19] An dieser Stelle Fußnote in der Vorlage: „Den erhaltenen Mitteilungen zufolge sind für jede Seite etwa 100 ABM-Rampen mit je einer Rakete ins Auge gefaßt."

4.2) Bedeutung für das politische Verhältnis zwischen USA und SU

Es wird nicht übersehen werden dürfen, daß die hier untersuchte gemeinsame Erklärung von mehreren Bekundungen wachsender sowjetischer Gesprächsbereitschaft umgeben ist:

- das augenfällige Einlenken der Sowjets (Entwurf vom 30. März 1971[20]) in Genf auf die amerikanische Präsenz, zunächst ein Begrenzungsabkommen nur für B-Waffen zu schließen und die Begrenzung der C-Waffen einem späteren Zeitpunkt zu überlassen (mag auch ihr Hauptbeweggrund für diesen Schritt das Interesse am Fortbestand einer funktionsfähigen CCD[21] gewesen sein);
- Breschnews „Signal von Tiflis" vom 14.5.71 betreffend Truppenreduzierungen in Europa[22], das inzwischen dem kanadischen Premierminister gegenüber in veränderter Form wiederholt wurde[23];
- die kürzlich erklärte sowjetische Bereitschaft, über die Vermeidung von Zwischenfällen auf See zu verhandeln[24];
- der Vorschlag einer Konferenz der fünf Atommächte.[25]

---

[20] Am 30. März 1971 legte der Leiter der sowjetischen Delegation bei der Konferenz des Abrüstungsausschusses in Genf, Roschtschin, im Namen von neun Ostblock-Staaten den Entwurf eines Übereinkommens über das Verbot der Entwicklung, Herstellung und Lagerung von bakteriologischen Waffen und Giftstoffen sowie über deren Vernichtung vor. Dazu führte Roschtschin aus: „[The socialist States] have arrived at the conclusion that, in view of the reluctance of the United States and other Western Powers to renounce chemical means of warfare, there is unfortunately at present no prospect of a more or less speedy achievement of a comprehensive agreement in this field. Desiring to extricate the solution of the problem from the deadlock, the socialist countries declare their readiness and propose now, as a first step towards solving this problem, to reach agreement on the prohibition of bacteriological means of warfare and toxins only". Vgl. DOCUMENTS ON DISARMAMENT 1971, S. 186.
Für den Wortlaut des Entwurfs vgl. DOCUMENTS ON DISARMAMENT 1971, S. 190–194.

[21] An dieser Stelle Fußnote in der Vorlage: „CCD = Conference of the Committee on Disarmament: der Genfer Abrüstungsausschuß".

[22] Zur Rede des Generalsekretärs des ZK der KPdSU, Breschnew, vgl. Dok. 181, besonders Anm. 2.

[23] Ministerpräsident Trudeau hielt sich vom 17. bis 28. Mai 1971 in der UdSSR auf.
Zu den Ausführungen des Ministerpräsidenten Kossygin vom 18. Mai 1971 vgl. Dok. 181, Anm. 10.

[24] Am 11. Juni 1971 erklärte der Generalsekretärs des ZK der KPdSU, Breschnew, auf einer Wahlkundgebung in Moskau: „Die amerikanische Propagandamaschine hat eine große Kampagne hinsichtlich der sowjetischen Kriegsflotte entfaltet. In Washington sieht man sozusagen eine Gefahr darin, daß unsere Kriegsschiffe im Mittelmeer, im Indischen Ozean und auf anderen Meeren erscheinen. Andererseits betrachten es die amerikanischen Politiker als normal und natürlich, daß sich ihre Sechste Flotte ständig im Mittelmeer aufhält, also sozusagen vor der Nase der Sowjetunion, und daß ihre Siebente Flotte vor den Küsten Chinas und Indochinas stationiert ist. Wir waren nie der Ansicht und sind es auch heute nicht, daß es ideal sei, wenn die Kriegsflotten von Großmächten lange Zeit hinter den sieben Meeren weitab von ihren Küsten kreuzen. Wir sind bereit, dieses Problem zu lösen, aber auf der Grundlage der Gleichberechtigung. Auf der Grundlage solcher Prinzipien ist die Sowjetunion bereit, beliebige Vorschläge zu erörtern." Vgl. EUROPA-ARCHIV 1971, D 354.

[25] Am 15. Juni 1971 schlug die UdSSR Frankreich, Großbritannien, den USA und der Volksrepublik China die Einberufung einer Konferenz vor: „Such a conference should consider questions of nuclear disarmament as a whole. The understanding that would result from the negotiations could cover both the entire range of measures relating to nuclear disarmament and the individual steps progressively leading to the achievement of that end. [...] The Soviet Government proposes that there should be initiated, through the diplomatic channel, an exchange of views on questions relating to the date and place of the conference, the agenda and procedure. [...] Should it be the general view, the Soviet Government would also not be opposed to the establishment of a preparatory committee to discuss the convening of the conference." Vgl. DOCUMENTS ON DISARMAMENT 1971, S. 314 f.

Im Rahmen dieser Aufzeichnung wird es mit dem bloßen Hinweis sein Bewenden haben müssen.

4.3) Bedeutung für die europäischen NATO-Partner

4.3.1) Zur Prozedur

4.3.1.1.) Daß nunmehr versucht werden soll, auf dem Wege eines „ABM plus"-Abkommens weiterzukommen, kam nicht unerwartet. Allerdings hatten die NATO-Partner eher in der zweiten Jahreshälfte mit einer Entscheidung der Amerikaner gerechnet, ggf. das „umfassende" Konzept aufzugeben. Überrascht hat jedoch, daß der neue Anlauf mit den Sowjets abgestimmt und als gleichlautende Erklärung gleichzeitig in Washington (dort in recht spektakulärer Weise) und Moskau veröffentlicht wurde.

4.3.1.2) Diese Manifestation der Gemeinsamkeit beider SALT-Partner in ihren Verhandlungsabsichten konnte um so weniger vorausgesehen werden, als

— amerikanischerseits noch im März 1971 erklärt worden war, ein „ABM plus"-Abkommen sei nicht aktuell[26], und als

— in den letzten Wochen im Bündnis die Erörterungen sich auf die Frage konzentrierten, in welcher Weise eine gewisse Einbindung der nicht-zentralen Systeme beider Seiten, die ja nicht unter ein Begrenzungsabkommen für die zentralen Systeme fallen würden, möglich sein könnte.

4.3.1.3) Es sollte indessen nüchternerweise von den Bündnispartnern verstanden werden, daß die Erarbeitung der gleichlautenden Absichtserklärung zweifellos delikat war und eine Indiskretion möglicherweise nicht überlebt hätte.

Die Verbündeten sollten ferner in Rechnung stellen, daß die amerikanische Motivation zu dem spektakulären Schritt nicht so sehr in einer Hinwendung zu den Sowjets – mit möglicherweise entsprechender Abwendung von den Alliierten – gelegen haben dürfte als in der Rücksichtnahme auf eine diffizile Situation bei sich zu Hause: Ein etwaiges „ABM plus"-Abkommen würde der erwähnten Opposition gegen „Safeguard" weitgehend den Boden entziehen und der amerikanischen Regierung die Möglichkeit eröffnen, für hier erzielte Einsparungen Haushaltsmittel für ihr wichtig erscheinende Entwicklungsvorhaben bei den offensiven Systemen zu erhalten.

4.3.1.4) Gleichwohl bleibt ein gewisser Rest von Verstimmung, dessen Ummünzung in Klagen jedoch kontraproduzent sein könnte. Es sollte vielmehr versucht werden, das jetzige Übergangenwordensein zu gegebener Zeit für eine Intensivierung der Konsultation nutzbar zu machen.

---

[26] Am 21. Mai 1971 vermerkte Botschafter Roth in einer ersten Stellungnahme zur amerikanisch-sowjetischen Erklärung vom Vortag: „Der Inhalt der Erklärung ist nicht überraschend. Überrascht hat, daß die Absicht, eine solche Erklärung abzugeben, mit den Bündnispartnern nicht besprochen worden war. Die Frage eines möglichen ABM-plus-Abkommens war bei unseren bilateralen Gesprächen in Washington (10./11. März 1971) als nicht aktuell bezeichnet worden. Ein Mitglied der amerikanischen SALT-Delegation erklärte bei diesen Gesprächen vielmehr, die amerikanische Delegation stehe nicht unter Zeitdruck, die Vereinigten Staaten hätten nicht die Absicht, irgendein Abkommen zu schließen, sondern ein Abkommen zur Begrenzung beider Kategorien." Vgl. VS-Bd. 4540 (II B 1); B 150, Aktenkopien 1971.
Zu den Gesprächen von Roth in Washington vgl. Dok. 91.

4.3.2) Zur Substanz

4.3.2.1) Vorab ist festzuhalten, daß ein „ABM plus"-Abkommen die Wirksamkeit der Abschreckung nicht vermindert (siehe 4.1.5)) und insofern zugleich der NATO zugute kommt.

4.3.2.2) Allerdings bleibt zu prüfen, ob das verkündete Verhandlungsziel im Falle seiner Verwirklichung spezifische Belange der europäischen NATO-Partner schmälern würde, insbesondere ob es die für die europäischen NATO-Staaten im SALT-Zusammenhang entscheidende Problematik des „de-coupling" (d. h. die nukleare Verteidigung der Bündnispartner durch die Führungsmacht hört unterhalb des Einsatzes zentraler (interkontinentaler) Systeme auf) ins Spiel bringt.

4.3.2.2.1) Diese Prüfung wird besonders sorgfältig vorgenommen werden müssen. Die SALT haben nämlich wiederholt gezeigt, daß sie wie ein Scheinwerfer Fragen ins Licht rücken, die konkret oder latent bereits vorgegeben waren und nicht erst durch SALT aufgeworfen wurden. Die Prüfung eines jeglichen vertraglichen Vorhabens wird also zu trennen haben zwischen den Konsequenzen des Vorhabens selbst und den Auswirkungen anderer Faktoren. Als solche stellen sich im Hinblick auf das Risiko des „de-coupling" z. B. dar:
– Unbehagen über die Tatsache, daß überhaupt bilaterale Gespräche der Supermächte über strategische Fragen stattfinden;
– Unbehagen über isolationistische Tendenzen in den USA;
– Befürchtungen, die aus der sich anbahnenden Parität auf dem Gebiet der Nuklearrüstung der Sowjetunion und der USA herrühren.

4.3.2.2.2) Sowohl der ursprüngliche amerikanische Plan einer umfassenden Begrenzung der zentralen Waffensysteme als auch der jetzige gemeinsame Verhandlungskurs sehen keine Begrenzung der nicht-zentralen Systeme vor. Die Nichtbegrenzung der nicht-zentralen Systeme bei gleichzeitiger Begrenzung der zentralen Systeme ist im Zusammenhang des ursprünglichen amerikanischen Plans Gegenstand analytischer Überlegungen gewesen. Durch die differenzierende Unterwerfung nur eines Teils der Nuklearwaffen, nämlich der zentralen Systeme, unter ein Begrenzungsabkommen könnte eine Neigung auf seiten der Sowjets verstärkt werden, ein amerikanisches Zögern hinsichtlich des Einsatzes der zentralen Systeme zur Abwehr eines Angriffs auf das Bündnis – mit anderen Worten: eine Entwicklung in Richtung „de-coupling" – zu unterstellen. Die Verstärkung einer solchen von den Sowjets gehegten Neigung könnte dann bei ihnen zu einer geringeren Einschätzung des in Gestalt von Eskalation zu erwartenden Risikos führen.

Während die Problematik des „de-coupling" auch im Falle einer Konzentrierung auf ein „ABM plus"-Abkommen grundsätzlich ungelöst bleibt, würde sie immerhin zunächst entaktualisiert werden, wie im folgenden, getrennt nach den Gravamina des Westens und des Ostens, dargelegt wird:

Westen: Das auf die europäischen NATO-Partner gerichtete sowjetische Mittelstreckenpotential könnte unabhängig davon, ob ein SALT-Abkommen alle zentralen Systeme oder nur einen Teil davon erfaßt, jederzeit intensiviert werden; was die IR/MRBM betrifft, allerdings wohl nur mit mehrjährigem Anlauf. Die

Wirkung jedoch, die sich daraus u. a. angesichts der bestehenden und im Bewußtsein vorhandenen konventionellen Unterlegenheit vor allem im psycho-politischen Bereich ergeben könnte, dürfte in dem Maße geringer ausfallen, als die Vereinigten Staaten frei sein würden, auf eine solche Intensivierung mit einer entsprechenden Intensivierung zentraler offensiver Systeme zu reagieren. Dagegen würde diese dämpfende Wirkung von einer Intensivierung westlicher nicht-zentraler Systeme schon deswegen nicht erwartet werden können, weil eine solche Maßnahme angesichts eines durch Begrenzung der zentralen Systeme hervorgerufenen amerikanischen Handicaps weithin als das Einsetzen des „de-coupling"-Prozesses empfunden werden würde. Es war in der Absicht, derartige Entwicklungen zu vermeiden, daß die Formel entwickelt wurde, wonach die Gültigkeit eines Abkommens über zentrale Systeme von der Nichtmanipulierung nicht-zentraler Systeme abhängig sein sollte.

Osten: Die im europäischen Raum stationierten vorgeschobenen amerikanischen nicht-zentralen Systeme, die Randgebiete sowjetischen Staatsgebietes zu erreichen vermögen, können natürlich ebenfalls unabhängig davon intensiviert werden, ob ein SALT-Abkommen alle zentralen Systeme oder nur einen Teil davon erfaßt. Der Unterschied, den es für die Sowjetunion ausmacht, ob sie für ihre Reaktion auf eine solche Intensivierung die Option einer Vermehrung ihrer ICBM besitzt oder nicht, wurde bereits unter 1.2.1) aufgezeigt.

4.3.2.2.3) Unter den europäischen NATO-Partnern ist für Frankreich und Großbritannien eine ABM-Begrenzung der SALT-Mächte insofern grundsätzlich willkommen, als sie eine Abwertung ihrer Kernwaffensysteme durch eine Vermehrung der sowjetischen ABM nicht mehr in Rechnung zu stellen haben würden.

4.4) Bedeutung für China

Die obige Aussage gilt in verstärktem Maße auch für China, das offenbar an eine weitergreifende Vermehrung seines Offensivpotentials denkt.

4.5) Bedeutung für die nicht-nuklearen Staaten der bündnisfreien Welt

Diese Staatengruppierung dürfte in der Erklärung einen – wenn auch nur beschränkten – Ansatz der Weltmächte zur Nichtweitervermehrung ihrer strategischen Waffen sehen und sie daher im Prinzip begrüßen.

5) Zusammenfassung[27]

Das in der amerikanisch-sowjetischen Verlautbarung erklärte gemeinsame Verhandlungsziel würde – seine Verwirklichung vorausgesetzt – in aller Wahrscheinlichkeit

---

[27] In einer ersten Stellungnahme zur amerikanisch-sowjetischen Erklärung vom 20. Mai 1971 kam Botschafter Roth zu dem Ergebnis: „Die Bedeutung eines vorgezogenen ABM-plus-Abkommens ist im Gesamtzusammenhang der strategischen Stabilität zwischen den beiden Weltgroßmächten nur begrenzt. Die entscheidenden Fragen einer Destabilisierung des strategischen Gleichgewichts durch ein Fortschreiten des Rüstungswettlaufs auf dem Gebiet der strategischen Offensivwaffen bleiben ungelöst. Die US-Regierung hat selbst davor gewarnt, die jetzt erzielte Übereinstimmung mit zu großem Optimismus zu bewerten, da noch sehr schwierige und langwierige Verhandlungen bevorstünden. Wir sollten den Beschluß der beiden Großmächte, sich zunächst auf ein ABM-plus-Abkommen zu konzentrieren – trotz aller Einschränkungen – positiv bewerten, da er ein Festfahren von SALT vermeidet und die Hoffnung auf weitere Fortschritte bestehen läßt." Vgl. die Aufzeichnung vom 21. Mai 1971; VS-Bd. 4540 (II B 1); B 150, Aktenkopien 1971.

- nicht zu einer Verringerung der die NATO im ganzen schützenden Abschreckung führen,
- auch anderweitig die spezifischen Belange der europäischer NATO-Partner nicht schmälern,
- zu einem ersten Akt der Eindämmung des strategischen Wettrüstens und damit, wenn auch nur in bescheidenem Maße, zu einer Erhöhung der Stabilität führen.[28]

Hiermit über Herrn Staatssekretär Herrn Minister mit der Bitte um Kenntnisnahme vorgelegt. Eine Kurzfassung ist beigefügt.[29]

Staden

VS-Bd. 3603 (II B 1)

---

[28] Am 30. Juni 1971 übermittelte Vortragender Legationsrat I. Klasse Menne der Ständigen Vertretung bei der NATO in Brüssel und der Botschaft in Washington eine englische Übersetzung der Aufzeichnung. Sie solle den NATO-Vertretungen Belgiens, Frankreichs, Großbritanniens, Italiens, Luxemburgs und der Niederlande als Arbeitspapier für SALT-Konsultationen zu siebt am 6. Juli 1971 vorgelegt werden. Der amerikanischen Regierung solle sie „als Fixierung der jüngsten deutschen Überlegungen" übergeben werden. Vgl. den Drahterlaß Nr. 3233; VS-Bd. 3603 (II B 1); B 150, Aktenkopien 1971.
Am 7. Juli 1971 vermerkte Menne zu den SALT-Konsultationen zu siebt vom Vortag in Brüssel, daß das Arbeitspapier der Bundesregierung unterschiedlich aufgenommen worden sei: „Der italienische, belgische und luxemburgische Vertreter begrüßten es fast enthusiastisch, der französische sehr interessiert, der britische Vertreter freundlich, während der holländische es nicht erwähnte. Die Aussprache ergab folgende Gruppierung: Frankreich zeigte sich interessiert und beteiligte sich auch an der Diskussion, vermied aber eine Festlegung; Italien und Belgien teilen unsere Sicht des ‚De-coupling'-Problems und würden gerne einen Gedankenaustausch darüber pflegen, wie dem ‚De-coupling'-Risiko zu begegnen sei; Großbritannien diskutierte am lebhaftesten. Es vertrat die bemerkenswerte Auffassung, daß es das ‚De-coupling'-Risiko für infinitesimal halte, dagegen erhebliche Bedenken gegen jedwede Begrenzung der FBS hege. Da es auch kein anderes Vehikel für eine Verkoppelungsklausel als eine – wenn auch noch so allgemein formulierte – Begrenzung der nicht-zentralen Systeme sehe, falle eine Abwägung der Werte ‚Nichtbegrenzung der FBS' und ‚Ausschluß des De-coupling-Risikos' zugunsten des ersteren aus; Holland, das den Eindruck nur geringer Sachvertrautheit machte, erklärte kryptisch, die europäischen Verbündeten sollten den Amerikanern keine Schwierigkeiten mit den FBS bereiten und damit u. U. den Abschluß eines SALT-Abkommens erschweren." Vgl. VS-Bd. 3603 (II B 1); B 150, Aktenkopien 1971.

[29] Dem Vorgang beigefügt. Für die von Vortragendem Legationsrat I. Klasse Menne gefertigte Kurzfassung vgl. VS-Bd. 3603 (II B 1); B 150, Aktenkopien 1971.

220

Aufzeichnung des Ministerialdirektors von Staden

II A 5-82.00/94.20 28. Juni 1971[1]

Dem Herrn Staatssekretär[2] zur Unterrichtung

Betr.: Deutsch-polnischer Meinungsaustausch in Warschau am 21. und 22. Juni 1971

I. Äußerer Ablauf, Teilnehmer

DPol führte am 21. und 22. Juni in Warschau einen politischen Meinungsaustausch mit dem polnischen Vizeaußenminister Willman, der auf einen gemeinsamen Wunsch beider Seiten zurückgeht.[3]

Gesprächsteilnehmer: DPol, begleitet von je einem Beamten der Politischen und der Rechtsabteilung, Botschafter Emmel und zwei weitere Beamte der Handelsvertretung Warschau. Auf polnischer Seite: Willman; der Leiter der Konsularabteilung, Roszak; Botschafter Dobrowolski und vier weitere Beamte, zeitweise der Leiter der polnischen Handelsvertretung in Köln, Piątkowski.

Einem Vieraugengespräch DPol/Willman folgten zwei Plenarsitzungen der beiden Delegationen mit Willman, eine Sitzung unter Vorsitz von Botschafter Roszak. DPol wurde vom Vizeaußenminister Czyrek zu einem längeren Gespräch empfangen. Zwei gesellschaftliche Veranstaltungen (Abendessen Willman, Gegeneinladung Emmel) gaben Gelegenheit zu weiteren Gesprächen.

Die deutsche Delegation war Gast der polnischen Regierung.

II. Gesprächsergebnisse

1) Internationale Fragen

Im Mittelpunkt standen KSE, MBFR und die allgemeine Abrüstungspolitik. Die Polen nehmen das Lissabonner NATO-Kommuniqué[4] günstig auf und sehen darin ein weiteres Element einer sich abzeichnenden Annäherung auf dem Weg zu der im Prinzip allseitig akzeptierten KSE. Sie lehnen den westlichen Berlin-Vorbehalt[5] weiterhin formell ab (keine Vorbedingungen) und drängen

---

[1] Die Aufzeichnung wurde von Vortragender Legationsrätin I. Klasse Finke-Osiander und von Vortragendem Legationsrat Gorenflos konzipiert.

[2] Hat Staatssekretär Frank am 17. Juli 1971 vorgelegen.

[3] Am 12. Mai 1971 bat Ministerialdirektor von Staden die Handelsvertretung in Warschau, im polnischen Außenministerium „ein allgemeines politisches Gespräch" vorzuschlagen. Gegenstand sollten die bilateralen Gespräche über die Erweiterung der Befugnisse der Handelsvertretungen sein. Die Bundesregierung habe den Eindruck, „daß diese Gespräche hinsichtlich der Frage des Personenkreises, für den die angestrebte Vereinbarung gelten soll, an einem toten Punkt angelangt sind, der in diesen Gesprächen selbst schwer überwindbar erscheint". Für den am 11. Mai 1971 konzipierten Drahterlaß Nr. 178 vgl. VS-Bd. 8968 (II A 5); B 150, Aktenkopien 1971.

[4] Für den Wortlaut des Kommuniqués der NATO-Ministerratstagung am 3./4. Juni 1971 in Lissabon vgl. NATO FINAL COMMUNIQUES, S. 258–263. Für den deutschen Wortlaut vgl. EUROPA-ARCHIV 1971, D 350–354.

[5] Vgl. dazu Ziffer 10 des Kommuniqués der NATO-Ministerratstagung am 3./4. Dezember 1970; Dok. 11, Anm. 12.
Der Berlin-Vorbehalt wurde bekräftigt in Ziffer 9 des Kommuniqués der NATO-Ministerratstagung am 3./4. Juni 1971 in Lissabon; Dok. 207, Anm. 12.

auf sofortige oder zumindest parallele Multilateralisierung der Vorbereitung. In der Sache nehmen sie jedoch den Berlin-Vorbehalt als nicht mehr diskussionsbedürftiges Faktum gelassen hin. Die Gespräche machten deutlich, wie sehr sich das Verständnis für die zentrale Rolle der Berlin-Frage durchgesetzt hat. Die polnische Reaktion gegenüber der jüngsten MBFR-Entwicklung ist aufgeschlossen, jedoch in der Sache wenig konkret. Dagegen betonten die Gesprächspartner weiterhin den Vorrang nuklearer Abrüstung und drängten auf rasche Ratifizierung des NV-Vertrages[6] insbesondere durch BRD, die sie als unerläßlich für einen Dialog über Teilabrüstungsmaßnahmen bezeichneten. Im übrigen wiederholte die polnische Seite ihre bekannten Positionen, ohne daß sich grundsätzlich neue Gesichtspunkte ergaben.

Der Gesamteindruck war, daß Polen sich streng innerhalb Warschauer-Pakt-Linie hält und gegenwärtig keine eigenen darüber hinausgehenden Initiativen entfaltet.[7]

2) Bilaterale Beziehungen

a) Die Frage der Ratifikation des Warschauer Vertrags, wurde in fast allen Gesprächsetappen, auch in Tischreden, angesprochen. Sie ist für Polen unverändert der entscheidende Faktor auf dem Weg zur vollen Normalisierung, die als komplexer und langfristiger Prozeß verstanden wird. D Pol erläutert den deutschen Standpunkt:

– Entschlossenheit, so rasch wie möglich zu ratifizieren;

– Ratifizierung jedoch erst nach Berlin-Lösung gesichert;

– Ratifizierung nicht isoliert, d. h. nicht vor dem Moskauer Vertrag.

Die polnische Seite bestätigte, daß sie an einer isolierten Ratifizierung des Warschauer Vertrags nicht interessiert sei (Willman und Czyrek). Unsere Auffassung zum Berlin-Zusammenhang teilt sie nicht, gab aber zu erkennen, daß sie die Berlin-Bindung hinnimmt.

---

[6] Für den Wortlaut des Nichtverbreitungsvertrags vom 1. Juli 1968 vgl. EUROPA-ARCHIV 1968, D 321–328.

[7] Am 24. Juni 1971 vermerkte Ministerialdirektor von Staden ergänzend über ein Gespräch mit dem polnischen Stellvertretenden Außenminister Czyrek am 21. Juni 1971 in Warschau: „1) Auf die Frage, ob sich der Warschauer Pakt zum NATO-Kommuniqué schon abgestimmt habe, erhielt ich keine eindeutige Antwort. [...] 3) Das NATO-Kommuniqué wurde generell nicht kritisiert, nur beanstandete Czyrek, daß man der Sowjetunion den Procès d'intention mache, wenn man erkläre, daß man sich über ihre Absicht erst noch erkundigen müßte. Auf Einwendungen meinerseits führte Herr Czyrek in diesem Zusammenhang aus, daß Breschnew in Tiflis das Wort ‚ausgeglichen' zwar nicht erwähnt, wohl aber betont habe, daß die beiderseitigen Truppenreduktionen die Sicherheit keiner Seite beeinträchtigen dürften. Dies käme doch im Grunde auf das gleiche heraus. 4) In Fortsetzung dieses Gedankengangs unterstrich Czyrek, daß das Verhältnis der Truppenstärken und daher auch die Art der Truppenreduktionen [nicht] so entscheidend sei, denn in Wahrheit käme es auf das globale Kräfteverhältnis an. Sollte in Europa etwas passieren, dann löse dies einen Weltkonflikt aus. 5) Anzumerken ist ferner, daß Herr Czyrek weder auf die Multilateralisierung der KSE noch auf die Vorschläge zu sprechen kam, die Minister Jędrychowski soweit bekannt in Helsinki gemacht hatte, noch auch gegen den Berlin-Zusammenhang in Verbindung mit KSE polemisierte. 6) Insgesamt bestätigte das Gespräch den Eindruck, daß die Polen zur Zeit keine Möglichkeit dazu sehen, konkret zu werden oder eigene Ideen zu entwickeln. Die hauptsächliche Erklärung dafür dürfte sich aus der einleitenden Äußerung von Czyrek ergeben, daß man in Warschau – wie er sich ausdrückte – voll Ungeduld sei im Hinblick auf die innenpolitische Entwicklung, bei der man sich viel vorgenommen habe. Auch bestünde ein Zusammenhang zwischen Innenpolitik und Außenpolitik." Vgl. VS-Bd. 4606 (II A 3); B 150, Aktenkopien 1971.

Willman bestätigte, daß Polen bereit sei, „sofort nach Ratifizierung die diplomatischen Beziehungen aufzunehmen".

b) Erweiterung der Befugnisse der Handelsvertretungen auf konsularischem Gebiet[8]

DPol legte dar, daß er kein Verhandlungsmandat habe. Man könne aber eine Zwischenbilanz ziehen und prüfen, in welcher Richtung die Verhandlungen fortgeführt werden könnten. Die bisher angesteuerte Lösung einer sehr weitgehenden Vereinbarung sei offenbar zu ambitiös. Während man sich über Art und Umfang der Befugnisse praktisch geeinigt habe, stünden sich in der Frage des personellen und geographischen Geltungsbereich unvereinbare Auffassungen gegenüber. Der polnische Standpunkt (Beschränkung des Geltungsbereichs auf Inhaber deutscher Reisepässe oder anderer Ausweispapiere) sei für uns juristisch und politisch unannehmbar.[9] Wir seien nach wie vor für jeden Lösungsvorschlag im bisherigen Verhandlungsrahmen aufgeschlossen. Angesichts der bestehenden Schwierigkeiten beschränkten sich unsere Überlegungen jedoch zunächst auf eine kleinere und bescheidenere Lösung, die das Problem zu umgehen suche. Man könne eine Reihe von Einzelbefugnissen für eine beschränkte Vereinbarung herauskristallisieren, z.B. die Erteilung von Sichtvermerksbefugnissen, die Beglaubigung und Legalisierung von Urkunden, Zu-

---

[8] Vom 22. bis 24. April 1970 fanden in Warschau Vorgespräche über die Erweiterung der Befugnisse der Handelsvertretungen statt, in deren Verlauf die polnische Delegation den Entwurf einer Vereinbarung in Aussicht stellte, der am 25. Mai 1970 in Bonn übergeben wurde. Die Verhandlungen wurden vom 6. bis 9. Juli 1970 in Warschau aufgenommen. Vgl. dazu AAPD 1970, I, Dok. 191 und AAPD 1970, II, Dok. 262.
Die zweite Verhandlungsrunde fand vom 13. bis 17. November 1970 in Bonn statt. Für den dabei erarbeiteten Entwurf einer Vereinbarung über die Erweiterung der Befugnisse der Handelsvertretung vgl. Referat V 2, Bd. 654.
In der dritten Verhandlungsrunde vom 18. bis 21. Januar 1971 in Warschau „konnten für den rein konsularischen Teil der in Aussicht genommenen Vereinbarung bereits im wesentlichen übereinstimmende Formulierungen erreicht werden, die von einem Redaktionsausschuß in Warschau im Februar 1971 sprachlich aufeinander abgestimmt wurden. Strittig blieben jedoch noch folgende zwei Fragen: a) die Definition des Begriffs ‚Angehörige des Entsendestaates'; b) die Einbeziehung Berlins. Angesichts dieser Sachlage wurde der Leiter der polnischen Delegation, Ministerialdirigent Mickiewicz, über die deutsche Handelsvertretung in Warschau Anfang März dieses Jahres unterrichtet, daß die hiesigen Vorbereitungen für eine neue Gesprächsrunde noch nicht abgeschlossen werden konnten und sich die deutsche Delegation wegen einer neuen Terminvereinbarung mit der polnischen Seite in Verbindung setzen werde, sobald die notwendigen Vorbereitungen für die vierte Gesprächsrunde abgeschlossen sind." Vgl. die Aufzeichnung des Ministerialdirigenten von Keller vom 16. Juni 1971; Referat II A 5, Bd. 1356.
[9] Am 4. Juni 1971 informierte Botschafter Emmel, Warschau, zur Frage der Staatsangehörigkeit in den Verhandlungen zwischen der Bundesrepublik und Polen über die Erweiterung der Befugnisse der Handelsvertretungen: „Hinsichtlich des persönlichen Geltungsbereichs schlägt die deutsche Seite die international übliche Formulierung ‚Angehörige des Entsendestaates' ohne weitere Definition vor, während die polnische Seite darauf besteht, daß Personen mit doppelter Staatsangehörigkeit von den Befugnissen der Handelsvertretungen ausdrücklich ausgeschlossen werden, es sei denn, der Doppelstaatler besitzt einen Paß des Entsendestaates. Auf diese Weise soll verhindert werden, daß die in Polen verbliebenen deutschen Staatsangehörigen durch die Handelsvertretung der Bundesrepublik konsularisch betreut oder vertreten werden." Vgl. Referat V 2, Bd. 655.
Dazu erläuterte Ministerialdirektor von Staden, z.Z. Warschau, gegenüber dem Abteilungsleiter im polnischen Außenministerium, Roszak, am 22. Juni 1971: „Unsere Bedenken seien juristisch und politisch. Juristisch: Gruppen, die die deutsche Staatsangehörigkeit haben könnten, ex definitione auszuschließen, sei mit unserer Rechtsordnung einschließlich des Grundgesetzes nicht vereinbar. Politisch: Eine Erörterung der Problematik, wenn sie der Öffentlichkeit oder politischen Kreisen bekannt würde, habe negative Auswirkungen auf die Ratifikation des Warschauer Vertrages; das Basisproblem sei juristisch." Vgl. die Gesprächsaufzeichnung; Referat V 2, Bd. 655.

gang der Handelsvertretungen zu Gerichten und örtlichen Behörden. Unsere Prüfung derartiger Möglichkeiten sei jedoch noch nicht abgeschlossen.

Die in früheren deutsch-polnischen Vereinbarungen gelöste Frage der Einbeziehung Berlins sei wohl auch in diesem Zusammenhang lösbar.

Die polnische Seite hielt ebenfalls an ihrem Standpunkt fest. Sie erklärte sich bereit, unsere konkreten Vorschläge für eine kleinere Lösung zu prüfen. Gleichzeitig zeigte sie sich interessiert, an weiteren Bemühungen um eine Lösung, die eine umfassende Vereinbarung ermöglicht.

Man einigte sich darauf, daß wir zunächst unsere Vorschläge für eine kleinere Lösung übermitteln werden.

c) Umsiedlung

Das Problem wurde in verschiedenen Phasen der Gespräche (Vieraugengespräche, Plenarsitzungen) erörtert. Dabei ging es im wesentlichen um folgende Fragen:

aa) Rhythmus der Umsiedlung

DPol bezeichnete die bisherigen Umsiedlerzahlen als unbefriedigend.[10] Bei Fortsetzung des bisherigen Rhythmus sei 1971 nur mit etwa 20 000 Umsiedlern zu rechnen. Dieses Tempo erlaube nicht, wie vorgesehen, die Umsiedlung in der Hauptsache innerhalb eines absehbaren Zeitraums abzuschließen. Die öffentliche Meinung in der BRD habe sehr positiv auf die Anfang 1971 vorübergehend angestiegene Umsiedlerzahl reagiert. Wenn sich die Bilanzzahl 1971 nicht deutlich von früheren Jahren unterscheide, bestehe die Gefahr einer Enttäuschung, die sich auch ungünstig auf die Ratifizierungsdiskussion auswirken könne. Die Situation Ende 1971 sei für alle Beteiligten entscheidend. Wir wünschten, daß sich der Rhythmus wesentlich erhöhe. Dies sei nicht als Beschwerde sondern als Ausdruck einer gewissen Sorge über die bisherige Entwicklung aufzufassen.

Die polnische Seite betonte, sie sei mit großem Ernst an die Ausführung der Information[11] herangegangen. 1971 seien 16 416 Ausreisegenehmigungen erteilt worden. Nach ihrer Berechnung würden 1971 bei Fortsetzung des bisherigen Rhythmus etwa 40 000 Personen Ausreisegenehmigungen erhalten. Da die Umsiedler nach der Genehmigung vier Monate Zeit bis zur Ausreise hätten, würden sich die Genehmigungen erst nach einer gewissen Zeit in wachsenden Umsiedlerzahlen auswirken.

Willman erklärte: „Ich betone, daß die polnische Regierung die Information in allen Punkten durchführen wird." (Plenarsitzung am 22.6.). Man müsse jedoch auch die psychologischen und menschlichen Probleme berücksichtigen, die in Polen durch die Umsiedlung aufgeworfen werden (Konflikte in den Familien; Un-

---

[10] Zum Stand der Umsiedlung stellte Botschafter Emmel, Warschau, am 4. Juni 1971 fest: „Von Januar bis Mai 1971 sind in Friedland 8000 Umsiedler eingetroffen. Nach polnischen Angaben wurden im gleichen Zeitraum 15 000 Ausreiseanträge genehmigt. Verglichen mit den Vorjahren stellen diese Zahlen eine merkliche Verbesserung dar. Hinter den beim DRK in Hamburg bis April 1971 eingegangenen Umsiedlungsanträgen für 170 000 Personen bleiben sie allerdings erheblich zurück." Vgl. Referat V 2, Bd. 655.

[11] Für den Wortlaut der „Information über Maßnahmen zur Lösung humanitärer Probleme" vgl. BULLETIN 1970, S. 1696 f. Für Auszüge vgl. Dok. 6, Anm. 8 und 11.
Für den vertraulichen Teil der „Information" vgl. AAPD 1970, III, Dok. 551, Anm. 4.

ruhe und Unsicherheit in ganzen Dörfern, ob man ausreisen solle; engere Bindung vieler Umsiedlungswilliger an Polen als an Deutschland; Rückkehr von enttäuschten Umsiedlern aus der BRD).

bb) Umsiedlung von Angehörigenlosen[12]

D Pol begrüßte, daß durch den polnischen Verzicht auf eine Einladung für diese Personengruppen eine wichtige Erleichterung geschaffen worden sei. Das Polnische RK habe jedoch den unmittelbaren Schriftverkehr des DRK mit Personen in Polen untersagt. Dadurch sei eine Beratung und Unterrichtung gerade dieser Personengruppe, die ein besonderes Informationsbedürfnis habe, kaum noch möglich. Die Argumentation des PRK (Berufung auf das Territorialitätsprinzip) sei im Hinblick auf die internationale Praxis nicht zwingend. Im übrigen handle es sich bei der Ausführung der Information um eine besondere Situation, die nicht allein nach Rot-Kreuz-Grundsätzen zu beurteilen sei. Man solle den Meinungsaustausch über die Lösung dieses dringenden Problems fortsetzen und dabei die Möglichkeit der Aufhebung des Verbots unmittelbarer Korrespondenz für das DRK und verbesserter Besetzung des amerikanischen Travel Permit Office[13] in Warschau, evtl. durch deutsche Mitarbeiter, zur Beratung und Unterrichtung der Antragsteller prüfen.

Die polnische Seite erwiderte, sie müsse auf der bisherigen Praxis bestehen – ausschließliche Zuständigkeit der polnischen Behörden und des PRK. Dies würde die Ausreisemöglichkeiten nicht beeinträchtigen. Alle zur Ausreise berechtigten Personen könnten ausreisen. Die Durchführung sei jedoch eine polnische Angelegenheit. Man werde auch in Zukunft begründete Anträge von Angehörigenlosen positiv entscheiden (Willman). Mit der direkten Korrespondenz des DRK habe man schlechte Erfahrungen gemacht (angeblich agitatorischer Inhalt der Rundbriefe). Das DRK habe jedoch zugesagt, künftig den Inhalt der Rundbriefe mit dem PRK abzustimmen. Das DRK könne unter Vermitt-

---

[12] Am 6. Mai 1971 berichtete Botschafter Emmel, Warschau, über die Ergebnisse der dritten Gesprächsrunde zwischen dem Deutschen Roten Kreuz (DRK) und dem Polnischen Roten Kreuz (PRK) am 28./29. April 1971: „1) Die polnische Seite hat durch den Vertreter des Außenministeriums bestätigt, daß auch solche Deutsche Polen verlassen können, die keine Angehörigen in der Bundesrepublik haben. Dies ergibt sich zwar aus der Information, war aber in der letzten Verhandlungsrunde bestritten worden. 2) Die polnische Seite hat zugestimmt, daß bei Personen nach Ziffer 2 Abs[atz] 1 der Information eine Einladung entfallen und durch ein Bestätigungsschreiben des PRK ersetzt werden kann. Dies ist ein erheblicher Fortschritt gegenüber der bisherigen Lage, da nach dem polnischen Paßrecht eine Ausreise ohne Einladung nicht möglich ist und eine strikte Beachtung dieser Vorschrift das DRK in Verlegenheit gebracht hätte. 3) Andererseits hat das DRK nach langem Widerstand dem PRK zugestanden, daß alle Ausreiseanträge der Personengruppe nach Ziff[er] 2 Abs[atz] 1 der Information ausschließlich vom Polnischen Roten Kreuz bearbeitet werden. Anträge von Umsiedlungswilligen wären demnach unmittelbar an das PRK zu richten und die beim DRK in Hamburg bereits eingegangenen und noch eingehenden Anträge an das PRK abzugeben. [...] 4) Hinsichtlich der sogenannten Promesse oder Visumszusage vertrat die polnische Seite die Ansicht, daß dies eine Angelegenheit des Travel Permit Office (TPO) und der deutschen Seite sei." Vgl. den Drahtbericht Nr. 280; Referat V 6, Bd. 1669.

[13] Die „Travel Permit Offices" bzw. „Bureaux de Circulation" führten aufgrund besonderer, von der Bundesrepublik jeweils mit den Botschaften der USA, Großbritanniens oder Frankreichs abgeschlossener Schutzmachtverträge in Staaten, mit denen die Bundesrepublik keine diplomatische Beziehungen unterhielt, Aufgaben des Paß- und Sichtvermerkswesens aus. In Polen wurde diese konsularische Tätigkeit zunächst von der französischen, später von der amerikanischen Botschaft in Warschau übernommen. Vgl. dazu die undatierte Aufzeichnung des Legationsrats I. Klasse Knikkenberg über seine Dienstreise nach Warschau vom 24. Juni bis 1. Juli 1957; Referat 513, Bd. 1677.

lung des PRK mit interessierten Personen in Verbindung treten. Im übrigen werde man die deutschen Vorschläge prüfen.

d) Zusammenarbeit der Rot-Kreuz-Gesellschaften

DPol forderte eine Verbesserung der Zusammenarbeit im Sinne der Information. Es gäbe noch keine Rückinformation der PRK über die Behandlung der vom DRK vorgelegten Listen, insbesondere über Ablehnungsfälle. Der bisherige Zustand sei nicht befriedigend.

Willman erwiderte, bis Ende Mai seien über 16 000 Genehmigungen erteilt worden, denen DRK-Listen über 20 000 Personen gegenüberständen. Dies zeigte die Parallelität der Bemühungen. Die ersten Mitteilungen über die Behandlung der vorliegenden Listen seien an das DRK abgesandt.

e) Reiseverkehr

Die polnische Seite erklärte, die Zahl der Besucher aus der BRD habe sich in der ersten Hälfte 1971 gegenüber dem Vorjahr verdoppelt (allein im Mai 7000 deutsche Touristen). Die BRD habe unter allen westlichen Ländern die stärkste Besucherzahl erreicht.

Wir bestätigten die verbesserte Möglichkeit zu Gruppenreisen, monierten aber, daß Einzelreisen, insbesondere Besuchsreisen, jedoch weiterhin sehr restriktiv gehandhabt würden und baten, auch vor der Ratifizierung möglichst weitgehende Erleichterungen zu gewähren,

f) Ortsbezeichnungen in deutschen Pässen

Dieses Randproblem war Anlaß einer langen Diskussion, bei der es nur durch behutsame Gesprächsführung gelang, einen plötzlichen Umschlag der guten Gesprächsatmosphäre zu verhindern.

Die polnische Militärmission verweigert Sichtvermerke

- im Widerspruch zu einer Ende 1970 getroffenen Abrede[14]
- in Einzelfällen, wenn der Antragsteller nach 1945 in den Oder-Neiße-Gebieten geboren ist und im Paß hinter die heutige polnische Ortsbezeichnung in Klammern die frühere deutsche Bezeichnung gesetzt wird;

[14] Zur Frage der Ortsbezeichnungen in deutschen Pässen vermerkte Referat II A 5 am 8. Juni 1971: „Seit Anfang 1970 hat die polnische Militärmission in Berlin in zunehmender Zahl die Erteilung eines Einreisesichtvermerks nach Polen abgelehnt, wenn der deutsche Antragsteller in den 1945 unter polnische Verwaltung gestellten Gebieten geboren war und der Geburtsort mit der deutschen Ortsbezeichnung im Reisepass eingetragen war." Nach wiederholten Interventionen des Auswärtigen Amts „erklärte schließlich der Vizedirektor der Rechtsabteilung des polnischen Außenministeriums, Mickiewicz, unserer Handelsvertretung am 30.12.1970 folgendes: ‚Die polnische Seite stimmt mit deutscher Seite dahingehend überein, daß Frage der Ortsbezeichnungen nicht zu unnötigen Behinderungen des Reiseverkehrs Anlaß geben sollte. Eine schriftliche Weisung in dieser Angelegenheit könne allerdings den polnischen Stellen nicht erteilt werden, da es an einer Rechtsgrundlage im polnischen Recht fehle. Die Militärmission in Berlin sei jedoch mündlich dahingehend unterrichtet worden: a) In allen Fällen der Geburt bis zum Ende des Zweiten Weltkrieges die deutsche Ortsbezeichnung im Reisepaß anzuerkennen, b) bei Geburt nach 1945 in den in Frage stehenden Gebieten zu dulden, daß nach der Bezeichnung in polnischer Sprache die deutsche Ortsbezeichnung in Klammern hinzugesetzt wird.' Aufgrund der polnischen Zusage hat das BMI den Innenministerien der Länder empfohlen, die deutschen Richtlinien über die Eintragung des Geburtsortes in Reisepässen entsprechend zu ändern. In der Folgezeit sind die Schwierigkeiten zurückgegangen. Wir stellen jedoch immer wieder Fälle fest, in denen die polnische Militärmission in Berlin absprachewidrig Visumanträge zurückweist, wenn bei Personen, die nach 1945 geboren sind, hinter der polnischen Ortsbezeichnung die frühere deutsche Ortsbezeichnung eingefügt wird." Vgl. Referat II A 5, Bd. 1356.

– grundsätzlich bei Verwendung des Namens Hindenburg (statt Zabrze).

Unter Hinweis auf Beschwerden, die auch schon im Bundestag zur Sprache gekommen sind[15], moniert D Pol die polnischen Sichtvermerksablehnungen.

Willman bestätigte die allgemeine Abrede, stellte jedoch „Hindenburg" in die Reihe deutscher Namensgebung wie Litzmannstadt und Gotenhafen, die Ausdruck deutscher Erorberungspolitik seien.[16] Daß Zabrze schon bei den polnischen Teilungen zu Preußen gekommen sei, mache für einen polnischen Patrioten keinen Unterschied. Mit Recht habe de Gaulle Zabrze „die schlesischste aller schlesischen und die polnischste aller polnischen Städte" genannt.[17]

D Pol erläuterte, daß völkerrechtlich und historisch Hindenburg nicht mit der Namensgebung des Zweiten Weltkrieges zu vergleichen sei.[18]

Willman sagte zu, den deutschen Wunsch zu prüfen.

g) Rechtsschutzfragen

D Pol dankte für die Begnadigung von Frau Reimitz[19] und die vorzeitige Haftentlassung von Herrn Scheicza. Die Bitte, auch im Fall Niepalla nach Möglichkeit zu helfen, lehnte Willman unter Hinweis auf das bald zu erwartende Urteil ab.[20]

---

[15] Am 30. April 1971 stellte der CDU-Abgeordnete Freiherr von Fircks im Bundestag die Frage, ob der Bundesregierung bekannt sei, „daß die polnische Militärmission in West-Berlin die Erteilung von Besucherreisevisen an Bundesbürger und Westberliner z.T. ablehnt, wenn im deutschen Reisepaß der Geburtsort des Antragstellers auch bei vor 1945 geborenen Personen in Übereinstimmung mit der Geburtsurkunde in der deutschen (statt der polnischen) Ortsbezeichnung eingetragen ist, und welche geeigneten Schritte zur Abhilfe wird die Bundesregierung ggf. unternehmen?" Staatssekretär Moersch antwortete: „Der Bundesregierung ist bekannt, daß in der Vergangenheit derartige Schwierigkeiten aufgetreten sind. Inzwischen soll die Ortsbezeichnung maßgebend sein, wie sie sich aus der Geburtsurkunde ergibt." Vgl. BT STENOGRAPHISCHE BERICHTE, Bd. 76, S. 6844.

[16] 1918 wurde Zabrze in Hindenburg, 1939 Łódź und Gdynia in Litzmannstadt bzw. Gotenhafen umbenannt.

[17] Am 9. September 1967 erklärte Staatspräsident de Gaulle bei einer folkloristischen Vorführung in Zabrze (Hindenburg): „Vive Zabrze, la ville la plus silésienne de toutes les villes silésiennes, donc la ville la plus polonaise de toutes les villes polonaises." Vgl. die Aufzeichnung des Referats I A 3 vom 14. September 1967; Referat I A 3, Bd. 610. Vgl. dazu ferner François SEYDOUX, Dans l'intimité franco-allemande. Une mission diplomatique, Paris 1977, S. 99 f.

[18] Zur Ortsbezeichnung „Hindenburg" vermerkte Referat II A 5 am 8. Juni 1971: „Nach unserer Auffassung handelt es sich bei Hindenburg um eine historische Ortsbezeichnung, die 40 Jahre lang gültig war und in keinem Zusammenhang mit der nationalsozialistischen Aggression gegen Polen steht. Dieser Fall liegt anders als typisch nationalsozialistische Namensgebungen wie Gotenhafen und Litzmannstadt, bei denen wir die polnischen Einwände anerkennen. Hindenburg fällt deshalb unter die vom polnischen Außenministerium gegebene Zusage, daß die früheren deutschen Ortsbezeichnungen in der erwähnten zeitlichen Begrenzung nicht beanstandet werden sollen." Vgl. Referat II A 5, Bd. 1356.

[19] Am 3. Mai 1971 teilte Botschafter Emmel, Warschau, mit, daß nach Angaben des polnischen Außenministeriums „Frau Reimitz von Staatsrat begnadigt und bereits aus Haft entlassen" worden sei. Bei der Entscheidung habe auch ein entsprechendes Schreiben des Bundesministers Scheel an den polnischen Außenminister Jędrychowski „eine Rolle gespielt". Vgl. dazu den Drahtbericht Nr. 268; Referat II A 5, Bd. 1331.

[20] Dazu stellte Referat V 4 fest: „Der deutsche Regierungsangestellte Viktor Niepalla, geboren am 23. Dezember 1919 im Regierungsbezirk Oppeln, wurde beim Besuch seiner in Polen lebenden Mutter und Geschwister am 25. Februar 1971 unter dem Verdacht der Spionage verhaftet. Er hat nach seiner Aussiedlung aus Polen in die Bundesrepublik Deutschland im Jahre 1965 auf einer Befragungsstelle in Stuttgart auf deren Verlangen über seine frühere Heimat gemacht, die aus unserer Sicht harmlos erscheinen, aus östlicher Sicht jedoch bereits unter den Spionagebegriff zu fallen scheinen (Mitteilung, daß sich in Krappitz anstelle der früheren Munitionsfabrik heute eine polnische Kaserne befinde.)" Vgl. Referat II A 5, Bd. 1356.

h) Radio Free Europe

Willman erklärte, er habe die „bittere Pflicht", den Brief Jędrychowskis an den Bundesminister Scheel[21] zu interpretieren und zu ergänzen:

- RFE gebe sich als polnische Station aus (polnische Hymne zu Beginn und Ende der Sendungen) und führe dadurch die Hörer in Polen irre;
- der Sender übe eine Diversionstätigkeit aus;
- der Sender betreibe Spionage- und Agententätigkeit;
- es bestehe eine Verbindung zwischen RFE und der gegen den Warschauer Vertrag und die Politik der Regierung gerichteten Tätigkeit revisionistischer Gruppen in der BRD.

Polen wünsche, „daß diese Quelle der Vergiftung beseitigt wird und daß sie vom Hoheitsgebiet der BRD verschwindet". Es gebe keine Normalisierung, bevor die Tätigkeit des Senders eingestellt sei.

D Pol verwies auf das am 23.7.1970 übermittelte Schriftstück.[22] Die Frage sei sehr vielschichtig und berühre die Gesetzgebung und Verfassung ebenso wie

---

[21] Mit Schreiben vom 26. Mai 1971 an Bundesminister Scheel wies der polnische Außenminister Jędrychowski darauf hin, daß die Tätigkeit des Senders „Radio Free Europe" ein „eklatantes Überbleibsel der Periode des Kalten Krieges" darstelle: „Die in dieser Frage von der westdeutschen Seite erlangten Erläuterungen können nicht als zufriedenstellend anerkannt werden. Man kann sich nämlich nicht auf die ‚Freiheit der Information' und den ‚privaten Charakter des Senders' berufen, wenn es um die Tätigkeit eines Senders geht, der CIA-Zuwendungen erhält, mit Zustimmung der Regierung der BRD auf ihrem Territorium operiert, gegen Polen gerichtet ist und den eingeleiteten Normalisierungsprozeß zwischen den beiden Ländern schädigt. Die Regierung der Volksrepublik Polen unterstreicht mit allem Nachdruck, daß die Haltung der Regierung der BRD zum Bestehen des Senders ‚Free Europe' auf ihrem Territorium für uns einen Prüfstein des tatsächlichen Willens der Regierung der BRD nach der vollen Normalisierung der Beziehungen mit der Volksrepublik Polen bilden wird. Die Diversions-Tätigkeit des Senders ‚Free Europe' gewinnt darüber hinaus besondere Bedeutung in der Perspektive der bevorstehenden Olympischen Spiele in München. [...] Die Leitung des polnischen Sports hat bei der Annahme der Einladung zur Teilnahme an den Spielen die Aufmerksamkeit des Vertreters des Organisations-Komitees der Olympiade auf die Gefahren gelenkt, die für sie aus der schädlichen Tätigkeit des Senders ‚Free Europe' erwachsen und die Überzeugung geäußert, daß das Komitee seinerseits alle Bemühungen unternehmen wird, um die Tätigkeit des Senders ‚Free Europe' aus München, der Stadt der Olympischen Spiele 1972, auszuschalten." Schließlich trügen die Sendungen „einen nachrichtendienstlichen, diversiven und umstürzlerischen Charakter": „Unter dem Aushängeschild einer ‚privaten' Institution führt der Sender ‚Free Europe' eine Tätigkeit zugunsten des amerikanischen Nachrichtendienstes CIA, durch den er fast völlig finanziert, gesteuert und kontrolliert wird." Jędrychowski drückte die Hoffnung aus, „daß die Regierung der Bundesrepublik Deutschland diese Auffassung teilt und in diesem Zusammenhang die unerläßlichen Schritte unternehmen wird, um der Tätigkeit des Senders ‚Free Europe' ein Ende zu setzen." Vgl. Referat II A 3, Bd. 1234.

[22] In einer der polnischen Regierung am 23. Juli 1971 übergebenen schriftlichen Stellungnahme stellte die Bundesregierung fest: „Radio Free Europe wird von einer amerikanischen Privatgesellschaft, die in der Bundesrepublik als rechtsfähiger Verein anerkannt ist, dem Free Europe Committee Inc., betrieben. Die Befugnisse der Regierung der Bundesrepublik Deutschland über auf ihrem Gebiet befindliche Rundfunksender sind verfassungsrechtlich begrenzt. Sie bestehen im wesentlichen aus der technischen Kontrolle und der Überwachung der Frequenzen. Auf die Programmgestaltung der Rundfunksender kann die Bundesregierung in keinem Fall einwirken. Dies gilt für die deutschen Rundfunksender ebenso wie für den Sender Radio Free Europe. Auch er ist durch die bei uns bestehende freiheitlich-demokratische Grundordnung, besonders durch das Recht der Meinungsfreiheit, geschützt." Vgl. die Aufzeichnung des Vortragenden Legationsrats I. Klasse Pommerening vom 7. August 1970; Referat II A 3, Bd. 1233.

unsere Außenbeziehungen. Er wolle in kleinerem Kreise weiter Stellung nehmen (vgl. hierzu gesonderte Aufzeichnung D Pol, II A 3-86.70/1-2111/71 VS-V).[23]

III. Bewertung

Die Gespräche in Warschau waren der erste politische Meinungsaustausch mit Polen nach Unterzeichnung des Warschauer Vertrags. Sie waren ein Test der deutsch-polnischen Beziehungen.

Die Aufnahme der deutschen Besucher war gastfreundlich und sehr zuvorkommend, um nicht zu sagen herzlich. Die Gespräche wurden in einer guten, offenen und aufgeschlossenen Atmosphäre geführt. Es hat sich als möglich erwiesen, über alle Fragen, auch dort, wo ernste Gegensätze bestehen und die schweren Lasten der Vergangenheit fortwirken, nüchtern und sachlich zu sprechen und auch an kritischen Punkten den Umschlag ins Emotionale zu vermeiden. Es war spürbar, in welchem Maße bei den professionellen Kontaktpersonen des Außenministeriums das noch im letzten Jahr dominierende Mißtrauen abgetragen ist. Wir können aber nicht damit rechnen, daß dieser Erosionsprozeß auf anderen Ebenen, mit denen wir nicht unmittelbar in Berührung kommen, im selben Maße voranschreitet.

Die schwierige innenpolitische Lage Polens trägt dazu bei, daß die Unsicherheit gegenüber uns nur langsam abnimmt. Polen hat im Dezember letzten Jahres eine tiefe Erschütterung erlebt, von der es sich noch nicht erholt hat.[24] Die neue polnische Führung hat die Vertrauenskrise, in die Gomułkas starre und unvernünftige Politik das Land getrieben hatte, noch nicht überwunden. Die durch fehlerhafte und widersprüchliche Führungsmethoden ruinierte Wirtschaft liegt danieder. Eine weite Durststrecke ist zu durchlaufen, bis die jetzt eingeleiteten Reformen[25] wirksam werden können. Man versucht, sie mit Unterstützung der SU, der ČSSR[26] und der DDR[27] zu überbrücken. Dies führt zu

---

[23] Am 23. Juni 1971 vermerkte Ministerialdirektor von Staden, er habe gegenüber dem polnischen Stellvertretenden Außenminister Willman am 22. Juni 1971 in Warschau klargemacht, „daß die Bundesregierung – von extremen Fällen wie Kriegshetze und Beleidigung eines Staatsoberhaupts [abgesehen] – keine direkte Einwirkungsmöglichkeit habe und demnach auch keine Verantwortung für die Sendungen akzeptieren könne. Zum vermittelnden Gespräch seien wir aber bei konkreten Gravamina bereit. Beweise für eine nachrichtendienstliche Tätigkeit des Senders lägen uns nicht vor. Ich sei auch überzeugt, daß dergleichen zumindest in der jüngeren Vergangenheit nicht vorgekommen sei. Hinsichtlich der Lizenz müsse ich sagen, daß ich keine Möglichkeit sähe, diese Frage vom Grundsätzlichen her aufzurollen und den polnischen Wünschen zu entsprechen. Einmal stünden wir auf dem Standpunkt, daß Nachrichtengebung, soweit sie objektiv und sachlich sei, grundsätzlich nicht beanstandet werden könne. Zweitens berühre diese Frage unsere Beziehungen zu einem wichtigen Alliierten und damit vitale Interessen meines Landes." Vgl. VS-Bd. 4616 (II A 3); B 150, Aktenkopien 1971.

[24] Zur Krise in Polen vgl. Dok. 32, Anm. 30.

[25] Am 19. März 1971 beschloß das polnische Parlament Änderungen des Wirtschaftsplans mit dem Ziel einer Erhöhung der Reallöhne und der Verbesserung der Marktversorgung. Ferner waren eine Erhöhung der Sozialausgaben sowie Maßnahmen zur strukturellen Veränderung der Landwirtschaft und der Konsumgüterindustrie vorgesehen. Vgl. dazu AdG 1971, S. 16238.

[26] Am 2. März 1971 unterzeichneten Polen und die ČSSR ein Abkommen über den Handels- und Zahlungsverkehr mit einer Laufzeit von vier Jahren. Es sah die verstärkte Lieferung von Konsumgütern sowie von Industrieanlagen für die Energiewirtschaft vor. Vgl. dazu AdG 1971, S. 16112.

[27] Am 25. Januar 1971 unterzeichneten die DDR und Polen ein Handelsabkommen. Danach sollte die DDR verstärkt Werkzeugmaschinen, Erzeugnisse der Elektrotechnik und der chemischen Industrie, Schienen- und Straßenfahrzeuge sowie technische Konsumgüter liefern. Im Gegenzug verpflichtete sich Polen zur Lieferung von Bau- und Werkzeugmaschinen, von Erzeugnissen der

verstärkter Abhängigkeit und Rücksichtnahme, während gerade jetzt ein besonderes Maß an eigenem Spielraum erforderlich wäre.

Auf dem Hintergrund der inneren Lage muß wohl auch die Tatsache gesehen werden, daß die polnische Seite das kritische Thema Radio Free Europe in bisher wohl kaum erreichter Schärfe hochgespielt hat. Sie versucht offenbar, den für uns empfindlichen Zusammenhang mit der Normalisierung als einen neuen Hebel zur Durchsetzung einer alten Forderung in einer für sie ebenfalls sehr sensiblen Frage zu benutzen.

Die sachlichen Gesprächsergebnisse in den beiden uns besonders interessierenden bilateralen Fragen sind trotz fortbestehender Schwierigkeiten nicht ungünstig:

– In der Frage der konsularischen Befugnisse war ein deutliches Interesse an einem positiven Ergebnis und die Bereitschaft, nach pragmatischen Lösungen zu suchen, erkennbar. Es wird an uns liegen, diese Bereitschaft bald durch konkrete Vorschläge auf die Probe zu stellen.

– Auf dem Gebiet der Umsiedlung erscheint es noch zu früh, die polnische Praxis abschließend zu beurteilen. Die Information hat weithin Unruhe und Unsicherheit ausgelöst, die die großen inneren Schwierigkeiten des Regimes noch vermehren. Es ist schwer zu beurteilen, inwieweit die administrativen Probleme der Ausführung der Information schon gelöst sind. Bei der erheblichen Vorlaufzeit des Ausreiseverfahrens können sich die nach polnischer Darstellung eingeleiteten Maßnahmen erst in den nächsten Monaten spürbar auswirken. Aus den Gesprächen selbst ergab sich kein Anlaß zum Zweifel an der Absicht der Polen, die Information durchzuführen. Unsere Erwartungen wurden ihnen erneut deutlich gemacht. In zwei bis drei Monaten wird sich abzeichnen, ob die Polen ihnen entsprechen werden. Im Verzugsfall werden wir uns auch auf die jetzt in Warschau erneuerten Zusicherungen berufen können.

Die Tatsache der Gespräche, Verlauf und Atmosphäre haben gezeigt, daß wir auch in der Übergangsphase bis zur Ratifizierung greifbare Fortschritte in der Normalisierung erreichen können. Beide Seiten waren sich einig in der positiven Beurteilung der Gespräche und in dem Wunsch, sie zu gegebener Zeit fortzusetzen.

Staden

Referat II A 5, Bd. 1356

Fortsetzung Fußnote von Seite 1025
　　Elektrotechnik, des Automobilbaus und der Automatisierungstechnik sowie von Kohle, Koks und Schwefel. Vgl. dazu AUSSENPOLITIK DER DDR, XIX, S. 392–394.

221

Aufzeichnung des Botschafters Roth

II B 2-84.20/9-924/71 geheim   28. Juni 1971

Herrn D Pol[1]

Betr.: MBFR; Niederschrift über das Ergebnis der Sitzung des Bundessicherheitsrats am 28. Juni 1971 (noch nicht mit Protokollführer abgestimmt)

A. Zu folgenden Fragen wurde eine gemeinsame Auffassung erzielt:

1) Die Bundesregierung könnte es nicht hinnehmen, daß MBFR sich zu einem bilateralen Dialog zwischen den beiden Großmächten entwickeln würde.

2) Es soll versucht werden, in bilateralen Gesprächen vor allem mit der britischen Regierung (Telegrammwechsel Schmidt–Heath), aber auch mit Frankreich und anderen Verbündeten eine gemeinsame europäische Linie in diesem Sinne zu entwickeln. (Botschafter Krapf berichtet, daß sich im Rat der Widerstand gegen einen Bilateralismus der Großmächte verstärkt.[2])

3) Die Bundesregierung geht davon aus, daß die Kriterien von Rom[3] gemeinsame Grundlage des Bündnisses für alle weiteren Überlegungen sind. Sie hält an ihren Vorschlägen für ein integrales MBFR-Programm nach dem Bausteinkonzept fest, die am 22. März 1971 im Rat eingebracht wurden.[4]

4) Sie ist der Auffassung, daß die Festlegung von Reduzierungsräumen verfrüht ist, solange Vorschläge für erste Reduzierungsschritte und ihre Bewertung noch nicht vorliegen. Ein Raum kleiner als Bundesrepublik und Beneluxstaaten auf westlicher Seite sei nicht akzeptabel, da er eine Sonderstellung der Bundesrepublik im Bündnis zur Folge haben würde.

5) Erste Reduzierungsschritte müssen Stationierungs- und einheimische Streitkräfte umfassen. Die Frage, welcher Prozentsatz für einen ersten Schritt akzeptiert werden könnte, bedürfe noch sehr gründlicher Überlegungen. Die Bun-

---

[1] Hat Ministerialdirektor von Staden am 29. Juni 1971 vorgelegen, der die Weiterleitung an Staatssekretär Frank verfügte.
Hat Frank vorgelegen.

[2] Am 22. Juni 1971 berichtete Botschafter Krapf, Brüssel (NATO), über Reaktionen der Ständigen Vertreter bei der NATO auf das Gespräch des amerikanischen Außenministers Rogers mit dem sowjetischen Botschafter in Washington, Dobrynin, vom 16. Juni 1971. Es sei die Befürchtung geäußert worden, „daß Allianz als Ganzes hinter der Entwicklung zurückbleibe, wenn weitere bilaterale Sondierungsgespräche ähnlich konkrete Formen und sogar Festlegungen erbrächten wie das Rogers-Dobrynin-Gespräch. [...] Brosio machte darauf aufmerksam, daß die innerhalb der Allianz latent vorhandene Furcht vor einem amerikanisch-sowjetischen Alleingang durch das Rogers-Dobrynin-Gespräch wieder aufgelebt sei. Er selbst werde, wie er es ja auch Rogers getan habe, einer solchen Entwicklung immer mit aller Entschiedenheit entgegentreten. Ähnlich äußerte sich der italienische Vertreter." Vgl. den Drahtbericht Nr. 612; VS-Bd.4556 (II B 2); B 150, Aktenkopien 1971.

[3] Vgl. dazu Ziffer 3 der „Erklärung über beiderseitige und ausgewogene Truppenreduzierung" der Minister der am integrierten NATO-Verteidigungsprogramm beteiligten Staaten vom 27. Mai 1970; Dok. 56, Anm. 4.

[4] Für den Entwurf vom 16. März 1971 für ein „MBFR-Bausteinkonzept", der am 22. März 1971 im Politischen Ausschuß auf Gesandtenebene vorgelegt wurde, vgl. Dok. 95.

desregierung warte hier vor allem auch auf amerikanische Papiere zu dieser Frage.

6) Die Bundesregierung hält die Beauftragung eines oder mehrerer Explorateure für zweckmäßig. Die Entscheidung hierüber brauche jetzt noch nicht getroffen zu werden. Sie ist vom Fortgang der weiteren Beratung im Bündnis und vor allem von der Entwicklung einer ersten Verhandlungsposition des Bündnisses abhängig. Auf eine Person ist die Bundesregierung nicht festgelegt. Es sollte jedoch ein Europäer sein.[5]

7) Keine der vorgenannten Fragen darf vor der Konferenz der Minister-Stellvertreter[6] entschieden werden. Die Entscheidungsfreiheit der Teilnehmer dieser Konferenz darf nicht eingeengt werden.

8) Es soll keine Unterrichtung der Presse über die Sitzung stattfinden. Meine Reise[7] wird nicht bekanntgegeben. (Ausdrücklicher Wunsch des Herrn Bundeskanzlers, StS Ahlers war anwesend.) Falls die Reise bekanntwerden sollte, wird eine mit der amerikanischen Regierung abgestimmte Sprachregelung an die Presse gehen. (Bilaterale Routinebesprechung über Abrüstungsfragen.)

B. Begründungen zu einzelnen Punkten aus der Diskussion

1) Die Haltung der US-Regierung wird als noch beeinflußbar angesehen, auf jeden Fall müsse dies versucht werden. Sollte sich in den nächsten Wochen herausstellen, daß eine Entwicklung eintritt, wie das Auswärtige Amt sie befürchtet, so würde über eine Rückfallposition im Bundessicherheitsrat beraten werden.

Keinesfalls darf jetzt angedeutet werden, daß die Bundesregierung sich auf einen solchen Fall bereits einstellt. Unsere Überlegungen hierfür fortsetzen.

---

[5] Am 28. Juni 1971 informierte Ministerialdirektor von Staden über die Ergebnisse der Sitzung des Bundessicherheitsrats. Zur Frage des Explorateurs teilte er mit: „1) Wir begrüßen es, daß in der Allianz die Auffassung an Boden gewinnt, daß ein Beauftragter der Allianz nicht vor der Herbst-Konferenz benannt werden sollte. Hätte sich dieser Vorschlag durchgesetzt, wäre die wichtigste Aufgabe der Herbstkonferenz, eben die Benennung eines Explorateurs, vorweggenommen worden, und die Allianz hätte unter Zeitdruck über eine der wichtigsten Weichenstellungen der MBFR-Politik entscheiden müssen. 2) Ein oder mehrere Beauftragte: Die Mehrheit der Verbündeten neigt offenbar dazu, einen Beauftragten zu benennen, und auch wir sehen die Vorzüge dieser Lösung. Jedenfalls sollten nicht mehr als zwei Beauftragte ernannt werden. [...] Für den Fall, daß sich die Allianz für einen Beauftragten entscheiden sollte, müßte es sich nach unserer Auffassung dabei um einen Europäer handeln, damit allen Befürchtungen, es könne sich von Beginn an ein Bilateralismus der Großmächte analog zu SALT entwickeln, der Boden entzogen wird. 3) Nach unserer Auffassung könnte dem Beauftragten eine Beratergruppe der Allianz zur Verfügung stehen. Die Begleitung des Beauftragten kann von Fall zu Fall geregelt werden. Jedenfalls sollte die Begleitung des Beauftragten nach Zahl und Rang so gewählt werden, daß die Gefahr einer nicht gewollten Multilateralisierung ausgeschlossen wird." Über das Mandat des Explorateurs solle auf der Tagung der stellvertretenden Außenminister der NATO-Mitgliedstaaten entschieden werden, jedoch könnte er folgende Aufgaben haben: „Sondierungen der Vorstellungen des Warschauer Pakts; Erläuterung der Vorstellungen der Allianz über einen MBFR-Prozeß (Erklärung von Reykjavik); Erläuterung der Umrisse einer Grundsatzvereinbarung (Kriterien von Rom); Erläuterung stabilisierender Maßnahmen als Teil eines ersten oder zweiten Schrittes." Vgl. den Drahterlaß Nr. 3195; VS-Bd. 4565 (II B 2); B 150, Aktenkopien 1971.

[6] Zum Vorschlag einer Konferenz der stellvertretenden Außenminister der NATO-Mitgliedstaaten vgl. Dok. 197, Anm. 4.
Die Konferenz fand am 5./6. Oktober 1971 in Brüssel statt. Vgl. dazu Dok. 348.

[7] Botschafter Roth hielt sich am 30. Juni und 1. Juli 1971 zu MBFR-Konsultationen in Washington auf. Vgl. dazu Dok. 227.

2) Die Bundesregierung kann sich zur Zeit auf wichtige Fragen (siehe A, Ziffer 4 bis 6) noch nicht festlegen, da wichtige Bewertungsgrundlagen noch fehlen. (Fortgang Berlin, Entwicklung des amerikanischen Entscheidungsprozesses, Prüfung von Reduzierungsquoten. Zum letzten Punkt vertrat BM Schmidt die Auffassung, daß 5% als erster Schritt noch akzeptabel sein könnten, 10% nicht mehr.) Zum Berlin- und DDR-Problem wurde ich ermächtigt, den vorletzten Satz der Ziffer 2 und die Ziffer 3 des Abschnitts VI der Vorlage[8] vorzutragen.

3) Begründungen für die Einbeziehung von Stationierungs- und einheimischen Streitkräften von Beginn an wurden vor allem von BM Schmidt gegeben.

– Erster Schritt, nur amerikanische und sowjetische Truppen, würde auf einige europäische Regierungen sehr starken innenpolitischen Druck auf eigene Reduzierungen ausüben;
– eine politische und militärische Aufwertung der Bundeswehr muß vermieden werden;
– kein Interesse an finanzieller Entlastung nur der Großmächte. (Bei den Überlegungen klang die Sorge von BM Schmidt über die personellen und finanziellen Probleme der Bundeswehr an.)

Der Bundeskanzler stimmte der Meinung des BMVg im allgemeinen zu, meinte aber, er selbst würde vorsichtiger formulieren, das Interesse der Allianz und die Gesamtzusammenhänge für die weitere Entwicklung in den Vordergrund stellen.

4) Ich wurde ermächtigt, den amerikanischen Gesprächspartnern die Gründe und Ziele unserer MBFR-Konzeption weiter zu erläutern und zu diskutieren. Hinweis vor allem auf kalkulierbaren Prozeß und Bedeutung stabilisierender Maßnahmen. Initiativen, aber auch sorgfältige zeitliche Steuerung müsse in der Hand des Bündnisses bleiben. (Die Bundesregierung kooperativ, aktiv, initiativ, aber sorgfältige Vorbereitung, um Ergebnisse zu erzielen – keine Bremswirkung erkennen lassen.)

5) Es fand eine kurze Aussprache über die französische Haltung statt. Bundeskanzler vertrat die Auffassung, daß die französische Haltung – Vorzug für KSE – mit der Absicht zusammenhinge, osteuropäische Staaten, vor allem Rumänien und Jugoslawien, Frankreich als besten Vertreter ihrer Interessen im Westen darzustellen.

---

[8] Abschnitt VI Ziffern 1 bis 3 der Ausführungen des Parlamentarischen Staatssekretärs Moersch in der Sitzung des Bundessicherheitsrats am 28. Juni 1971: „1) Der Beginn des konkreten MBFR-Dialogs darf sich nicht hemmend auf die Berlin-Verhandlungen auswirken. Die Berlin-Regelung ist ein Test für die Bereitschaft zur Regelung schwieriger umfassenderer Fragen unter Berücksichtigung beiderseitiger Interessen. Erfolgreiche multilaterale MBFR-Verhandlungen sind nicht denkbar, ohne daß diese Bereitschaft besteht. Der Zusammenhang zwischen MBFR und Berlin ist nicht ein förmliches Junktim, sondern eine Frage des Timings. Deshalb sollten vor multilateralen Gesprächen die Berlin-Verhandlungen abgeschlossen sein. 2) Die DDR-Problematik hängt mit den Berlin-Verhandlungen zusammen. Die Frage der Teilnahme der DDR an multilateralen Erörterungen wird sich nach befriedigenden Berlin-Regelungen anders stellen als jetzt. 3) Im Zusammenhang der Deutschland-Problematik muß verhindert werden, daß die beiden Großmächte oder eine Gruppe von Staaten unter Ausschluß der beiden Staaten in Deutschland über die Reduzierung von Truppen auf deutschem Boden verhandeln." Vgl. den am 25. Juni 1971 von Botschafter Roth vorgelegten Entwurf der Ausführungen; VS-Bd. 4565 (II B 2); B 150, Aktenkopien 1971.

PStS Moersch trug ihre Bewertung aus der letzten Studiengruppensitzung vor.[9]

6) Die Bildung einer MBFR-Arbeitsgruppe wurde als Tatsache festgestellt, Einzelheiten sollte das Auswärtige Amt mit BMVg vereinbaren.[10] Bundeskanzler wies auf Beteiligung BMB hin, wenn Berlin- und DDR-Fragen zu beraten seien.

Roth

VS-Bd. 4565 (II B 2)

---

[9] In der Sitzung der deutsch-französischen Studiengruppe über Sicherheitsfragen am 24. Juni 1971 führte der französische Gesandte Jurgensen zu MBFR aus: „Verhandlungen zwischen den Blöcken über MBFR brächten das technische Problem mit sich, daß die französischen Streitkräfte nicht in die gemeinsame NATO-Verteidigung integriert seien. Frankreich habe insofern eine besondere Position, die es allerdings nicht notwendig daran hindern würde, an MBFR-Verhandlungen teilzunehmen, falls die französische Regierung eine politische Entscheidung in diesem Sinne treffe. Frankreich sei gegen das Konzept der Reduktion nur ausländischer Streitkräfte. Endziel des MBFR-Prozesses, das man stets im Auge behalten müsse, sollte ein quantitatives und qualitatives Gleichgewicht sein. Mit den Grundsätzen der Erklärung von Rom sei Frankreich einverstanden. Was das Reduzierungsgebiet anbetreffe, dürfe kein diskriminierender Status – wie zum Beispiel bei einer Beschränkung auf die beiden Teile Deutschlands – entstehen. Nach französischer Ansicht sei folgendes Vorgehen denkbar: Zunächst Einfrieren der Streitkräfte und Untersuchung der Grundsätze und Verfahren des Westens für künftige MBFR-Verhandlungen. Dabei müsse auch untersucht werden, ob MBFR an einer KSE aufgehängt werden sollte. Danach ein erster Schritt konventioneller Reduktionen, die zu einem Abbau des konventionellen Übergewichts der Sowjetunion führen müßten. In einem späteren Stadium könne man auch an Reduktionen taktischer Nuklearwaffen denken. Sodann Festlegung des Endplafonds und der westlichen Mindestschwelle, bis zu der Reduktionen vorgenommen werden können. Im nächsten Stadium Vereinbarung von ‚collateral measures' wie zum Beispiel Beobachtungsposten, Austausch von Manöverbeobachtern usw. Schließlich progressive Reduzierung bis zum Endplafond. Zur Taktik: Es sei noch offen, ob Frankreich an der Konferenz der stellvertretenden Außenminister teilnehmen werde. Es werde möglicherweise durch einen Beobachter vertreten sein. Frankreich müsse sich eine gewisse Einwirkungsmöglichkeit erhalten, um sich die Entscheidung offenzuhalten, ob es später an Verhandlungen teilnehmen werde. Wegen des besonderen Status der französischen Truppen seien in einem solchen Fall bei Verhandlungen zwischen den Blöcken zusätzliche Verhandlungen mit Frankreich notwendig. Frankreich sei wenig erbaut über die Idee, auf jeder Seite einen Verhandlungspartner zu benennen." Vgl. die Aufzeichnung des Vortragenden Legationsrats I. Klasse Behrends vom 15. Juli 1971; VS-Bd. 1844 (201); B 150, Aktenkopien 1971.

[10] Am 23. Juli 1971 vermerkte Vortragender Legationsrat Rückriegel, daß der Bundessicherheitsrat am 28. Juni 1971 beschlossen habe: „Der Bundessicherheitsrat beauftragt die Arbeitsgruppe MBFR, bestehend aus Auswärtigem Amt, BMVg und Bundeskanzleramt, die Haltung der Bundesrepublik zu allen im Zusammenhang mit MBFR stehenden Fragen zu analysieren, Optionen auszuarbeiten und dem Bundessicherheitsrat den Entwurf einer Instruktion an den deutschen Vertreter bei der Konferenz der stellvertretenden Außenminister zur Billigung vorzulegen. Bei Fragen, die die DDR und NVA betreffen, soll das Bundesministerium für innerdeutsche Beziehungen Gelegenheit zur Stellungnahme erhalten." Vgl. VS-Bd. 4565 (II B 2); B 150, Aktenkopien 1971.

222

Runderlaß des Vortragenden Legationsrats I. Klasse Mühlen

III A 5-85.00-91.36-1457/71 VS-vertraulich   Aufgabe: 30. Juni 1971, 16.43 Uhr[1]
Fernschreiben Nr. 3231 Plurex

Betr.: Devisenausgleich

Verhandlungen haben noch nicht zu Abschluß neuen Abkommens geführt.[2]

Mr. Samuels wiederholte Wunsch nach massiver Aufstockung unserer Budgethilfe, diesmal allerdings, ohne sich auf Zahlen festzulegen. Falls sich Bundesregierung angesichts der angespannten Haushaltslage dazu nicht imstande sehe, schlage er vor, daß Bundesbank Budgethilfe vorfinanziert. Kredit der Bundesbank komme nur in Frage, wenn er zinslos gewährt werde.

MD Herbst erwiderte, Aufstockung der von uns angebotenen Budgethilfe in der amerikanischerseits gewünschten Größenordnung[3] komme nicht nur aus Haushaltsgründen, sondern auch aus rechtlichen (Truppenstatut[4]), politischen („Burden sharing" Sache aller NATO-Staaten) und psychologischen Gesichtspunkten („Besatzungskosten") nicht in Betracht. Ein zinsloser Kredit sei für Bundesbank aus grundsätzlichen Erwägungen ausgeschlossen. Sie sei jedoch bereit, angebotenen 2-Mrd.-DM-Kredit zu etwa 4 Prozent, also weit unterhalb des Marktzinses, zu gewähren und auch bei den anderen Konditionen (Liquidisierungsklausel) auf amerikanische Wünsche einzugehen.

Mr. Samuels erklärte dieses Angebot für inakzeptabel. Da er bei seiner harten Linie blieb, bestand auch auf unserer Seite zu weiterem Entgegenkommen kein Anlaß.

Weil Einigung in der Grundsatzfrage nicht zu erzielen war, wurden technische Fragen im Zusammenhang mit Kasernensanierungsprogramm erörtert. Dabei machte Mr. Samuels erneut deutlich, wie sehr es den Amerikanern darauf ankommt, daß für dieses Programm keine Gelder aus Rüstungskonto II verwendet werden: Anderenfalls komme durch den Rücktransfer nach Deutschland eine Art „negativer Devisenausgleich" zustande.

Immerhin scheinen sich Amerikaner inzwischen damit abgefunden zu haben, daß die von uns angebotene Budgethilfe voll aus Konto II bestritten wird. Um aber auch devisenwirksame Budgetleistungen zu erhalten, zeigten sie erstmalig

---

[1] Drahterlaß an die Botschaft in Washington, das Bundesministerium für Verteidigung, das Bundesministerium für Wirtschaft und Finanzen sowie das Bundeskanzleramt.
Der Drahterlaß wurde von Legationsrat I. Klasse von Uthmann konzipiert.
[2] Die dritte Runde der deutsch-amerikanischen Verhandlungen über einen Devisenausgleich fand am 28./29. Juni 1971 statt.
[3] Zum Angebot der Bundesregierung, Mittel aus dem Bundeshaushalt für den Devisenausgleich zur Verfügung zu stellen, sowie zur amerikanischen Forderung vgl. Dok. 187.
[4] Für den Wortlaut des Abkommens vom 19. Juni 1951 zwischen den Parteien des Nordatlantikvertrags über die Rechtsstellung ihrer Truppen (NATO-Truppenstatut) und für die Zusatzvereinbarungen vom 3. August 1959 vgl. BUNDESGESETZBLATT 1961, Teil II, S. 1190–1385.

Interesse am Abschluß eines längerfristigen Abkommens. MD Herbst begrüßte dieses Interesse.[5]

Abschließend wurde zwischen beiden Delegationen eine „Denkpause" vereinbart. Vertagung fand in beiderseitigem Einvernehmen statt. Verhandlungsatmosphäre freundschaftlich und ohne Schärfe. Amerikanische Seite ersichtlich ebensowenig wie wir daran interessiert, Situation zu dramatisieren. Beide Seiten einig, daß nach Ablauf des gegenwärtigen Abkommens[6] keine zeitliche Lücke entstehen, sondern daß der abzuschließende Vertrag rückwirkend ab 1. Juli gelten soll. Nächte Verhandlungsrunde Ende Juli/Anfang August in Washington.[7]

Mühlen[8]

VS-Bd. 8778 (III A 5)

---

[5] Am 23. Juni 1971 ermächtigte das Kabinett Ministerialdirektor Herbst, in den deutsch-amerikanischen Verhandlungen über einen Devisenausgleich das Angebot zur Bereitstellung von Mitteln aus dem Bundeshaushalt um bis zu 300 Mio. DM zu erhöhen. Ferner könnte eine Verbesserung der Bedingungen des Kredits in Höhe von zwei Mrd. DM durch die Bundesbank in Aussicht gestellt werden. Vgl. dazu die Aufzeichnung des Referats L 1 vom 28. Juni 1971; VS-Bd. 8778 (III A 5); B 150, Aktenkopien 1971.
Am 30. Juni 1971 vermerkte Ministerialdirektor Herbst, daß er dem Unterstaatssekretär im amerikanischen Außenministerium, Samuels, in einem Vier-Augen-Gespräch am Rande der Verhandlungen „ohne Obligo für Bundesregierung und Bundesbank" folgenden Vorschlag unterbreitet habe: „1) Senkung des Zinssatzes für den 2-Mrd.-DM-Kredit der Bundesbank auf 2,5%; 2) Aufstockung unserer Budgetleistungen im Rahmen von Rüstungskonto II einmal zum Ausgleich der Differenz zwischen den 2,5 Prozent für den Bundesamerikaner und dem von den Amerikanern gewünschten Nullzins, der nach amerikanischem Eindruck vom Bundeskanzler bei seinem Besuch in Washington als möglich angedeutet worden ist; zum anderen zur Finanzierung des Kasernensanierungsprogramms, für das nach den Schätzungen deutscher Experten angesichts der Baukonjunktur in den nächsten zwei Jahren allenfalls 200 Mio. DM verbraucht werden könnten. Um diese beiden Beträge devisenwirksam zu machen, könne man daran denken, sie aus dem Verteidigungshaushalt aufzubringen und dafür die entsprechende Summe aus dem Rüstungskonto II für militärische Beschaffungen zu verwenden. [...] Abschließend habe ich Mr. Samuels gesagt, er solle unser Gespräch als nicht geführt ansehen, falls sich die amerikanische Regierung zu der von mir à titre personnel vorgetragenen Regelung, die ich als äußerste Möglichkeit unseres Beitrags ansehe, nicht entschließen könne." Vgl. VS-Bd. 8778 (III A 5); B 150, Aktenkopien 1971.

[6] Zum Abkommen über einen Devisenausgleich zwischen der Bundesrepublik und den USA vom 9. Juli 1969, das am 30. Juni 1971 auslief, vgl. Dok. 64, Anm. 28.

[7] Ministerialdirektor Herbst und der Unterstaatssekretär im amerikanischen Außenministerium, Samuels, trafen sich am 3./4. August 1971 zu einem informellen Gespräch in Washington. Dazu notierte Herbst am 5. August 1971, es habe sich gezeigt, „daß man sich auf amerikanischer Seite bereits Gedanken über eine abschließende Kompromißlösung gemacht habe. Die amerikanische Regierung sei, wenn auch nur mit großem Zögern, bereit, ihre Forderung nach einem zusätzlichen Haushaltsbeitrag von 1,3 Mrd. DM zu ermäßigen. Um den amerikanischen guten Willen zu zeigen, wolle man uns hier bis auf die Hälfte des bisher geforderten zusätzlichen Betrages entgegenkommen. Damit verbleibe – nur noch – eine zusätzliche amerikanische Forderung von etwa 650 Mio. DM. Diese Summe könne einmal als reine Aufstockung des Haushaltsbeitrages gezahlt werden. Sinnvoller sei es wohl, daß sich die Bundesregierung [...] an den Entwicklungskosten der Northrop P 530 mit jährlich 30 Mio. Dollar beteilige." Ferner werde gefordert, „einen zusätzlichen Betrag für die vollständige Abdeckung der Zinsen der Bundesbankanleihe" vorzusehen. Samuels „befürchte Schwierigkeiten mit dem Kongreß, wenn die Regierung nicht darauf hinweisen könne, daß die Anleihe der Bundesbank für die amerikanische Seite praktisch zinslos sei, wie dies anläßlich des Besuchs des Herrn Bundeskanzlers angedeutet worden sei". Vgl. VS-Bd. 8778 (III A 5); B 150, Aktenkopien 1971.

[8] Paraphe vom 30. Juni 1971.

223

Runderlaß des Vortragenden Legationsrats Blech

II A 1-84.20/11-2149/71 VS-vertraulich 30. Juni 1971[1]

Betr.: Stand der Berlin-Gespräche

1) 22. Botschafter-Treffen fand am 25. Juni in Berlin statt. Botschaftsräte hatten zuvor am 9. und 22./23.6. verhandelt.

2) Bei Begegnung der Botschaftsräte hatten Sowjets zunächst, vor allem am 9.6.[2], keine konstruktive Haltung an den Tag gelegt. Mehrere mögliche Erklärungen: SED-Parteitag 14. bis 20.6.[3], Ausarbeitung neuer Instruktionen nach Konsultationen sowjetischer und ostdeutscher Führung, Abwarten, bis westliche Seite Position zur Frage sowjetischer Interessen in West-Berlin (insbesondere sowjetische Forderung eines Generalkonsulats[4]) entwickelt hat.

Am 22.6. nachmittags modifizierten Sowjets jedoch Haltung und erklärten sich bereit, mit westlicher Seite Kompromißtexte für Präambel, Teil I (Allgemeine Bestimmungen) und Schlußprotokoll in der Weise auszuarbeiten, wie dies Ende Mai bereits für Teil II (Zugangsregelung, Beziehungen Bund–Berlin (West) außer Außenvertretung, innerstädtischer Verkehr) und Teil III (Schlußbestimmungen) geschehen ist. Somit liegt gegenwärtig fast umfassender gemeinsamer Textentwurf zukünftigen Viererabkommens nebst Schlußprotokoll vor.[5] Er ersetzt als gemeinsame Arbeitsgrundlage die beiderseitigen Entwürfe vom 5.2.[6] bzw. 26.3.1971[7]. Jedoch ist zu beachten:

– Entwurf ist zwar fast umfassend, jedoch keineswegs vollständig. Kontroverse Fragen sind durch Lücken und/oder Fußnoten, die beiderseitige Positionen wiedergeben, kenntlich gemacht. Sie zeigen, daß über zahlreiche wichtige Sachfragen, darunter die schwierigsten, noch keine Einigung besteht. Entwurf ist insoweit eher Gerüst als durchgehender Text eines Abkommens. Bezüglich schwierigen Komplexes der Außenvertretung West-Berlins durch Bundesgebiet liegt überhaupt noch kein gemeinsamer Text dieser Art vor.

– Vorhandener Text gilt als zwischen Botschaftsräten vereinbart, wird von Botschaftern[8] aber erst genehmigt, wenn er vollständig ist. Änderungen, die Gleichgewicht von Gewinnen und Konzessionen sicherstellen sollen, sind in späteren Stadien also noch möglich.

---

[1] Durchschlag als Konzept.
[2] Zum Vier-Mächte-Gespräch über Berlin auf Botschaftsratsebene am 9. Juni 1971 vgl. Dok. 207, Anm. 6.
[3] Der VIII. Parteitag der SED fand in Ost-Berlin statt.
[4] Zur Frage der Errichtung eines sowjetischen Generalkonsulats in Berlin (West) vgl. zuletzt Dok. 215.
[5] Vgl. dazu den gemeinsamen Entwurf der Vier Mächte vom 28. Mai 1971 für ein Abkommen über Berlin in der Fassung vom 23. Juli 1971 vgl. Dok. 226.
[6] Für den Entwurf der Drei Mächte vom 5. Februar 1971 für eine Berlin-Regelung vgl. Dok. 52.
[7] Zum sowjetischen Entwurf vom 26. März 1971 für eine Berlin-Regelung vgl. Dok. 110 und Dok. 131.
[8] Pjotr A. Abrassimow (UdSSR), Roger Jackling (Großbritannien), Kenneth Rush (USA) und Jean Sauvagnargues (Frankreich).

Gemeinsame Arbeit der Botschaftsräte am 22./23.6. brachte in diesem Rahmen in erster Linie prozedurale, sachlich jedoch nur geringfügige Fortschritte. Bestreben sowjetischer Seite, Verhandlungsatmosphäre nicht zu belasten und Kompromisse in wichtigen Fragen nicht von vornherein zu verbauen, war indessen unverkennbar.

3) Botschafter-Gespräch vom 25.6. vertiefte nicht einzelne Sachfragen. Es führte zu Ergebnis, daß

- es nächste Aufgabe der Botschaftsräte sein wird, zunächst die Teile zu bearbeiten, die noch nicht Status gemeinsamer Formulierungen wie andere Teile erreicht haben,
- sie sich deshalb bei nächsten Begegnungen mit dem noch in Anfängen steckenden Schlußprotokoll, mit der Außenvertretung und mit der nach sowjetischen Vorstellungen damit zusammenhängenden Frage der sowjetischen Interessen in West-Berlin beschäftigen solle (wobei letztere nach westlicher Vorstellung nicht im Abkommen selbst geregelt werden sollte),
- die Punkte, über die keine Einigung erzielt wird, sodann von Botschaftern geprüft und aufgrund dessen in weiterem Durchgang durch Text von Botschaftsräten erneut diskutiert werden.

Botschafter erörterten in allgemeiner Weise Schlußprotokoll. Über dieses besteht insoweit Übereinstimmung, als es Bestimmungen enthalten soll, die

- gleichzeitige Inkraftsetzung eigentlichen Viererabkommens (sog. erste Stufe) und innerdeutschen Ausführungsabkommens (sog. zweite Stufe) vorsehen,
- erste und zweite Stufe als einheitliches Ganzes charakterisieren,
- Wille der vier Regierungen, die künftige Anwendung des Gesamtarrangements im Wege von Viererkonsultationen zu gewährleisten.[9]

Im einzelnen gibt es jedoch noch wichtige Unterschiede in den Positionen, vor allem bezüglich Konsultationsklausel und bezüglich des Verhältnisses von Viererabkommen und innerdeutschem Abkommen. Dabei wird sowjetisches Bemühen deutlich, Konstruktionen und Formulierungen zu vermeiden, die den Eindruck der Über- und Unterordnung der beiden Abkommenskategorien erwecken könnten. Entsprechendes gilt für Formulierungen im ganzen Abkommen, die sich ausdrücklich auf Berlin als Ganzes beziehen.

Abrassimow betonte im übrigen, Sowjetunion habe bereits – vor allem in Zugangsfrage – ihre Konzession gemacht und könne jetzt Gegenleistungen erwarten. Westliche Botschafter traten der Auffassung, sie hätten bisher überwiegend sowjetische Leistungen empfangen, entgegen; bezüglich der Möglichkeiten westlicher Gegenleistungen möge sowjetische Seite keine übertriebenen Erwartungen hegen.

4) Nächstes Botschaftertreffen findet am 8. Juli statt.[10] Mehrere weitere Begegnungen im Laufe des Juli sind ins Auge gefaßt. Nächste Verhandlung der

---

[9] Unvollständiger Satz in der Vorlage.
[10] Zum 23. Vier-Mächte-Gespräch über Berlin vgl. Dok. 242.

Botschaftsräte 30.6. und 2.7.[11] wird zeigen, ob sowjetische Seite größeren Spielraum eingeräumt bekommen hat, der größere sachlichen Fortschritte ohne weitere Verzögerungen erlaubt. Bisher sprechen überwiegende Anzeichen dafür, daß sowjetisches Kurztreten im Juni vorübergehende, z.T. taktisch bedingte Phase ist, die nicht zur Revision der Annahme grundsätzlicher sowjetischer Bereitschaft, zu Regelung zu kommen, Anlaß gibt.

Blech[12]

VS-Bd. 4522 (II A 1)

224

Staatssekretär Bahr, Bundeskanzleramt, an den Sicherheitsberater des amerikanischen Präsidenten, Kissinger

30. Juni 1971[1]

Top Secret

To: Henry Kissinger, White House, Washington

From: Egon Bahr

1) Zwei Besprechungen zu dritt am 28. und 29. Juni erbrachten bzw. bestätigten Einigung über Präambel, die Komplexe Zugang und Besuche von West-Berlinern einschließlich Exklave[2] und Teltow-Kanal[3] und Teil III (Final Provisions).

---

[11] Zu den Vier-Mächte-Gesprächen über Berlin auf Botschaftsratsebene führte Ministerialdirigent van Well am 3. Juli 1971 aus: „Am 30. Juni und 2. Juli 1971 hatten die Botschaftsräte eine eingehende Diskussion über die sowjetische Präsenz in West-Berlin und die Außenvertretung. Das gesamte westliche Konzept ist dabei auf den Tisch gelegt worden. Die Sowjets haben in der Frage ihrer Präsenz in West-Berlin Klarstellungen gegeben, die eine Einigung in den Sachfragen unterhalb der Ebene des G[eneral]k[onsulat]s möglich erscheinen lassen. Schwierig ist hier nur noch die Form der Verbindlichkeit der westlichen Zusage (die Sowjets verlangen eine irgendwie geartete Verbindung mit dem Vier-Mächte-Abkommen, was die Westmächte vermeiden möchten, da sie sich hinsichtlich der Kontrolle der sowjetischen Tätigkeit in West-Berlin keine großen Beschränkungen auferlegen lassen wollen). In der Frage der Außenvertretung kennen die Sowjets nunmehr im Detail unseren Forderungskatalog. Sie wissen, daß wir zwei konkurrierende Standards der Außenvertretung nicht akzeptieren. Ihr Interesse scheint sich jetzt vor allem darauf zu konzentrieren, die Regelung der Außenvertretung als Vier-Mächte-Regelung erscheinen zu lassen. Ferner werden uns weitere Schwierigkeiten in der Paßfrage machen. Die Alliierten haben die Verbindung zwischen Einräumung eines Generalkonsulats und sowjetischem Eingehen auf unsere Vorstellungen in der Außenvertretung deutlich gemacht, so daß die Sowjets jetzt wohl erkennen, daß hier eine neue politische Entscheidung in der Frage der Außenvertretung erfolgen muß. Die Diskussion der beiden Themen machte deutlich, daß noch intensive Arbeit nötig ist, um zu gemeinsamen Formulierungen zu kommen." Vgl. VS-Bd. 5825 (V 1); B 150, Aktenkopien 1971.

[12] Paraphe.

[1] Ablichtung.

[2] Die Exklave Steinstücken war ein zum Bezirk Zehlendorf (amerikanischer Sektor) gehörender Teil von Berlin (West).

[3] Innerstädtische Wasserstraße zwischen Spree und Havel, die durch Ost-Berlin, Berlin (West) und den Regierungsbezirk Potsdam läuft.

Nicht besprochen sind die Komplexe Außenvertretung und sowjetische Interessen in West-Berlin[4].

Über das Schlußprotokoll (Final Act) erfolgte ein Gedankenaustausch ohne Formulierungen.

Beim Thema Bundespräsenz erfolgte eine Teilformulierung, gleichzeitig haben sich dabei aber die Fronten versteift. Dies wird der schwierigste Punkt.

Soweit die Texte vorliegen, bringe ich sie gleichzeitig an Sie auf den Weg.

2) Falin ist heute nach Moskau bestellt und will am Sonntag[5] zurückkehren. Die nächste Besprechung ist für Dienstag nachmittag, den 6. Juli, vereinbart.

Die Verschärfung ist auf die persönliche Intervention Gromykos zurückzuführen. Falin sei zu nachgiebig. Es ist auch etwas Eifersucht im Spiel: Gromyko möchte einer Berlin-Regelung seinen persönlichen Stempel aufdrücken und liebt es nicht, daß Falin Vollmachten hat und auf höherer politischer Ebene abgedeckt wird. Es wird erst nach Falins Rückkehr abzusehen sein, ob wir ein Stadium der Verhärtung oder der Krise zu durchschreiten haben.

Die dafür nötige Zeit muß meines Erachtens aufgebracht werden.

Rush und ich haben andererseits Falin den Eindruck vermittelt, daß wir bereit sind, schnell zu einem Ergebnis zu kommen.

3) Die Zuspitzung beim Komplex Bundespräsenz zeigt sich vor allem in der sowjetischen Forderung, daß Ausschüsse und Fraktionen nur auf Einladung des Senats begrenzt nach Berlin kommen sollen. Falin trug vor, daß es einen sichtbaren Unterschied zur augenblicklichen Situation geben muß und daß es Sache der Drei Mächte sein würde, dies im einzelnen zu regulieren, wobei zeitliche Perioden von sehr geringen Besuchen, annähernd Null, vorgesehen seien.

Dies ist für die deutsche Seite unakzeptabel. Ich habe darauf hingewiesen, daß für uns keine Regelung annehmbar sei, durch die der prozedurale Ablauf von Sitzungen von Ausschüssen und Fraktionen außerhalb Bonns (Einladung und Festsetzung des Termins durch die Vorsitzenden) verändert werde.

4) Ausführlich wurde über die Methodik gesprochen, wie die Ergebnisse unserer Verhandlungen auf die offizielle Ebene zu übertragen sind. Einzelheiten darüber mitzuteilen wird erst nach Rückkehr Falins sinnvoll sein.

5) Für den Schlußakt hat Falin keinen Zweifel gelassen, daß die französischen Vorstellungen für seine Seite völlig unannehmbar seien, wonach die Vier Mächte die deutschen Vereinbarungen billigen sollen und damit selbst eine höhere Rechtsebene einnehmen. Rush und ich sind uns einig, daß im Schlußprotokoll die deutschen Vereinbarungen integriert werden müssen, dadurch in Kraft gesetzt und der Vier-Mächte-Konsultation unterworfen werden, falls bei kleineren Schwierigkeiten die Konsultation auf deutscher Ebene nicht funktioniert. Wir versuchen, entsprechend auf die Franzosen einzuwirken, wozu sich beim Pompidou-Besuch[6] eine gute Gelegenheit ergibt.

---

[4] Zur Frage der Errichtung eines sowjetischen Generalkonsulats in Berlin (West) vgl. zuletzt Dok. 215.
[5] 4. Juli 1971.
[6] Für die deutsch-französischen Konsultationsbesprechungen am 5./6. Juli 1971 vgl. Dok. 228– Dok. 230, Dok. 232, Dok. 233 und Dok. 235.

6) Dieser Besuch wird nicht einfach, da wir mit einem Versuch rechnen, das Phantom-Geschäft zu reduzieren. Der Kanzler bleibt bei dem, was er dem Präsidenten gesagt hat.[7]

7) Die DDR hat angeboten, inoffiziell über eine Erweiterung der Telefon- und Telegrafen-Verbindungen und die Einrichtung einer Fernsehübertragungsleitung mit dem Ziel einer offiziellen Vereinbarung zu sprechen.

Herzlichen Gruß
[Bahr]

Archiv der sozialen Demokratie, Depositum Bahr, Box 439

225

Aufzeichnung des Staatssekretärs Frank

St.S. 380/71 geheim　　　　　　　　　　　　　　　　　　　　　　　　2. Juli 1971

Betr.: Wiedergutmachung Jugoslawien;
　　　hier: Gespräch mit dem stellvertretenden Außenminister Vratuša

Am 25. Juni 1971 habe ich mit Vratuša unter vier Augen über das Wiedergutmachungsproblem gesprochen. Ich sagte ihm, daß der Zweck dieses Gespräches sei, die Wiedergutmachungsverhandlungen wieder in Gang zu bringen.[1] Uns schiene dies möglich, wenn man in die Verhandlungen neben den Komplexen „Wiedergutmachung" und „Kapitalhilfe" auch den Komplex „Stabilisierungskredit" einbeziehe. Diesen drei Komplexen sei gemeinsam, daß sie beachtliche wirtschaftliche Leistungen an Jugoslawien darstellen. Es komme nicht so sehr darauf an, was jeder einzelne Titel bringe, sondern was die Bundesrepublik global für Jugoslawien leiste. Wir seien auf diese Lösung gestoßen, weil es der Bundesregierung nicht möglich sei, den Plafond für Wiedergutmachung und Kapitalhilfe über das hinaus zu erhöhen, was ihm bekannt sei.

---

[7] Bundeskanzler Brandt führte am 15. Juni 1971 gegenüber Präsident Nixon in Washington aus: „Was Offset angehe, so seien die militärischen Ausgaben als Beitrag akzeptiert. Es stimme nicht, daß wir sie (Phantom) unbedingt in den USA tätigen müßten. Dies habe uns Kosten sogar mit den Franzosen eingebracht." Vgl. Archiv der sozialen Demokratie, Depositum Bahr, Box 440.

[1] Zur Unterbrechung der Verhandlungen mit Jugoslawien über eine Wiedergutmachung vgl. Dok. 178. Ministerialdirektor Herbst vermerkte am 21. Juni 1971, der jugoslawische Botschafter Čačinović habe ihm gegenüber am 19. Juni 1971 ausgeführt: „Auf jugoslawischer Seite wünsche man, die unterbrochenen Verhandlungen über die Wiedergutmachung, die man als fällige rechtliche Verpflichtung der Bundesrepublik ansehe, so bald wie möglich fortzusetzen. Auch über eine die Wiedergutmachung ergänzende Kapitalhilfe möchte man bald mit uns verhandeln. Einen Grund für die Verschiebung dieser Verhandlungen könne man in Belgrad nicht erkennen. Insbesondere wünsche man nicht, die Verhandlungen über Wiedergutmachung und Kapitalhilfe, die in einem gewissen inneren Zusammenhang stünden, mit den völlig anders gearteten Verhandlungen über finanzielle Stützungsmaßnahmen zu verbinden." Herbst stellte dazu fest, die Äußerungen Čačinovićs hätten nicht überrascht: „Die Trennung der verschiedenen Verhandlungskomplexe liegt eindeutig im jugoslawischen, nicht in unserem Interesse." Vgl. VS-Bd. 8780 (III A 5); B 150, Aktenkopien 1971.

Vratuša reagierte sehr enttäuscht. Er stellte sogleich die Frage, wie hoch die Bundesregierung beim Stabilisierungskredit einsteigen wolle. Ich antwortete, daß es sich um eine internationale Aktion handele, die mit dem IWF abgestimmt sei, so daß die Bundesregierung noch nicht wisse, mit welchem Betrag sie sich daran beteiligen könne. Wenn es gelinge, Wiedergutmachung, Kapitalhilfe und Stabilisierungskredit zusammenzufassen, so werde der Anteil der Bundesrepublik am Stabilisierungskredit sicher günstig beeinflußt werden.

Wir sind so verblieben, daß Vratuša seiner Regierung berichtet und uns in nicht allzu ferner Zeit eine Nachricht zukommen läßt.[2]

Hiermit über Herrn Staatssekretär von Braun[3] Herrn D III[4].

Frank

VS-Bd. 8780 (III A 5)

---

[2] Vortragende Legationsrätin I. Klasse Finke-Osiander teilte der Botschaft in Belgrad am 27. Juli 1971 mit, Staatssekretär Frank habe gegenüber dem jugoslawischen Botschafter erklärt, die Bundesregierung erwarte nach wie vor eine Antwort auf seine Vorschläge an den jugoslawischen Stellvertretenden Außenminister Vratuša vom 25. Juni 1971. Dem habe Čačinović entgegnet, die Bundesregierung hätte „die drei Komplexe Wiedergutmachung, Kapitalhilfe und Stützungskredite in ultimativer Form verknüpft, so daß die jugoslawische Seite darauf kaum antworten könne." Frank habe erwidert, „daß wir den Vorschlag gemeinsamer Verhandlungen über die drei Komplexe in der Annahme gemacht hätten, dadurch die Dinge für die jugoslawische Seite innenpolitisch vielleicht zu erleichtern. Es handele sich dabei um einen Verfahrensvorschlag, nicht um ein Ultimatum. Wir machten die Aufnahme von Verhandlungen über Stützungskredite nicht von der Annahme unserer Vorschläge zum Procedere abhängig. Zunächst erwarteten wir jedoch eine jugoslawische Stellungnahme zu diesen Vorschlägen." Vgl. den Drahterlaß Nr. 199; VS-Bd. 8307 (V 7); B 150, Aktenkopien 1971.

Botschafter Jaenicke, Belgrad, teilte am 28. Juli 1971 mit, seines Erachtens werde es „größte Schwierigkeiten" bereiten, die jugoslawische Regierung zu einer Reaktion auf das Angebot Franks an Vratuša zu veranlassen, „solange wir [...] noch nicht Höhe und Modalitäten des von uns angebotenen Stabilisierungskredits mitteilen können. Unsere gegenwärtige Konzeption, die einzelnen Teile unserer Leistungen zu einem ‚Paket' zusammenzufassen, scheint mir den Sinn zu haben, die Jugoslawen durch Angebot eines substantiellen Kreditbetrages zur Annahme von uns angebotener Wiedergutmachungslösung zu bewegen. Diesen Effekt werden wir uns billigerweise allenfalls dann erwarten können, wenn jug[oslawische] Seite Klarheit über gesamten Umfang unseres ‚Paketes' erlangt hat. Ich muß allerdings hierbei pflichtgemäß darauf hinweisen, daß wir aufgrund jug[oslawischen] Prestigebedürfnisses auch im Falle befriedigenden Kreditangebotes kaum Hoffnung auf Annahme von uns vorgeschlagener Wiedergutmachungslösung machen können." Vgl. den Drahtbericht Nr. 314; VS-Bd. 10073 (Ministerbüro); B 150, Aktenkopien 1971.

[3] Hat Staatssekretär Freiherr von Braun am 8. Juli 1971 vorgelegen.

[4] Hat dem Vertreter von Ministerialdirektor Herbst, Ministerialdirigent Robert, am 9. Juli 1971 vorgelegen.
Hat Herbst nach Rückkehr am 13. Juli 1971 vorgelegen.

226

Aufzeichnung des Legationsrats I. Klasse Kastrup

II A 1-84.20/11-956/71 geheim 2. Juli 1971[1]

Betr.: Berlin-Gespräche der Vier Mächte
hier: Gemeinsamer Textentwurf nach dem Stand 23.6.1971

An Hand der von der amerikanischen Botschaft übermittelten Gesprächsprotokolle wurde hier das gemeinsame Arbeitspapier vom 28.5.[2] auf den Stand vom 23.6. gebracht.

Der Textentwurf, der nunmehr bis auf die Außenvertretung[3] alle Teile des künftigen Vier-Mächte-Abkommens umfaßt, wird als Anlage vorgelegt.

Kastrup[4]

[Anlage][5]

Quadripartite Agreement

The Governments of the French Republic, the USSR, the UK of Great Britain and the USA, represented by their ambassadors, who held a series of meetings from March 26, 1970[6] to (date), in the building formerly occupied by the Allied Control Council in the US-Sector of Berlin[7],

On the basis of their ...[8] rights and responsibilities resulting from the outcome[9] of the Second World War, as reflected in the corresponding war-time and post-war agreements and decisions of the Four Powers, which remain unaffected,

Having considered their respective viewpoints on the situation in the Berlin area[10],

---

[1] Durchschlag als Konzept.
Hat Vortragendem Legationsrat Blech am 5. Juli 1971 vorgelegen.
[2] Vgl. Teil II und III sowie die Annexe I, II und IV.
Vgl. dazu auch Dok. 223.
[3] Die Frage der Außenvertretung von Berlin (West) sollte in einem Annex III geregelt werden.
[4] Paraphe vom 2. Juli 1971.
[5] In der Vorlage sind Unterschiede zwischen den Formulierungen in der Fassung der Drei Mächte und in der Fassung der UdSSR in Fußnoten ausgewiesen. Hier im Abdruck wiedergegeben ist die von den Drei Mächten vorgeschlagene Fassung. Abweichungen der sowjetischen Fassung werden in den Anmerkungen erläutert. In Fällen, in denen die Fußnoten der Vorlage Erläuterungen zu beiden Fassungen geben, werden sie aus der Vorlage übernommen.
[6] Zum ersten Vier-Mächte-Gespräch über Berlin vgl. AAPD 1970, I, Dok. 135.
[7] In der sowjetischen Fassung sollte der Passus „represented by ... US-Sector of Berlin" entfallen.
[8] An dieser Stelle Fußnote in der Vorlage: „Soviet version: ;Quadripartite'. Allied side has reserved its position."
[9] In der sowjetischen Fassung sollten die Wörter „responsibilities resulting from the outcome" ersetzt werden durch: „responsibilities; Proceeding from the outcome". Mit dem Wort „Proceeding" sollte ein neuer Absatz beginnen.
[10] In der sowjetischen Fassung sollte der Passus „having considered ... Berlin area" ersetzt werden durch: „taking into account the existing situation".

Guided by the desire without prejudice to their legal positions to promote practical improvements in the situation in the Berlin area[11],

Have agreed on the following provisions[12]:

Part I
General Provisions

1) The Four Governments will strive for the elimination of tension and the prevention of complications in the Berlin area.[13]

2) The Four Governments will be guided by the purposes and principles in the Charter of the United Nations. In Accordance with Article 2[14] thereof, they will settle their disputes by peaceful means and refrain from the threat or use of force in this area.[15]

3) The Four Governments will mutually respect their individual and joint rights and responsibilities, which remain unaffected.[16]

28 May 1971[17]

Part II
Provisions Relating to the Western Sectors of Berlin

A. The Government of the USSR affirms[18] that surface ...[19] traffic by road, rail and waterways of civilian persons and goods between the Western Sectors of Berlin and the FRG will be ...[20] unimpeded; that such traffic will be facilitated so as to take place in the simplest and most expeditious manner; and that it will receive preferential treatment.

Detailed arrangements concerning this civilian traffic, as set forth in Annex I, will be agreed on by the appropriate[21] German authorities.

---

[11] In der sowjetischen Fassung sollte der Passus „Guided by the desire ... Berlin area" ersetzt werden durch: „Guided by the desire to promote through practical improvements in the situation the elimination of tension and the prevention of complications in relations between the Four Powers and between other interested parties".

[12] In der sowjetischen Fassung sollte dieses Wort entfallen.

[13] In der sowjetischen Fassung sollte Absatz 1) entfallen, da sein Inhalt Teil der Präambel werden sollte. Vgl. Anm. 11.

[14] Vgl. dazu Artikel 2 Absätze 3 und 4 der UNO-Charta vom 26. Juni 1945; Dok. 52, Anm. 9, und Dok. 16, Anm. 4.

[15] In der sowjetischen Fassung sollte der Passus „will be guided ... in this area" ersetzt werden durch: „are of the unanimous view that, in the area the situation of which was considered during the negotiations between their respective representatives, it is necessary to ensure the observance of the UN Charter and to exclude the use or the threat of force".

[16] An dieser Stelle sollte in der sowjetischen Fassung ein Absatz 4) eingefügt werden: „The Four Governments are of the unanimous view that, irrespective of existing views on political-legal questions, the status which has developed in this area should not be changed unilaterally."

[17] Ablichtung.

[18] In der sowjetischen Fassung sollte dieses Wort ersetzt werden durch: „states".

[19] An dieser Stelle Fußnote in der Vorlage: „Soviet version: There should be reference to transit. Allied version: There should be no reference to transit."

[20] An dieser Stelle Fußnote in der Vorlage: „Soviet version: Mention of generally accepted international practice or rules. Allied version: There should be no mention of this concept."

[21] In der sowjetischen Fassung sollte dieses Wort ersetzt werden durch: „competent".

B. 1) The Governments of the French Republic, the UK and the USA affirm[22], in the exercise of their rights and responsibilities, that the Western Sectors of Berlin are not to be regarded as a Land[23] of the FRG and are not governed by it, and that the special[24] ties between the Western Sectors and the FRG will be maintained and developed[25].

Detailed arrangements concerning the relationship between the Western Sectors and the FRG are set forth in Annex II.

2) The representation abroad of the Western Sectors of Berlin will be exercised as set forth in Annex III.[26]

C. The Government of the USSR affirms[27] that communications with (areas contiguous[28]) to the Western Sectors of Berlin will be improved and that permanent residents of the Western Sectors will be able to travel to and visit these areas for compassionate, family, religious, cultural, or commercial reasons, or as tourists, under conditions comparable to those applying to other visitors and travellers entering these areas.

The problems of the following small areas may be solved by an exchange of territories (list to be specified).

Detailed arrangements concerning travel, communications and the exchange of territory will be agreed on by the appropriate[29] German authorities, as set forth in Annex IV.

Part III

Final Provisions

1) This Agreement will enter into force on the date specified in an Final Quadripartite Protocol to be concluded when the measures envisaged in Part II of this Quadripartite Agreement and in its Annexes have been agreed and are ready to be applied[30].

2) The arrangements set forth in the Annexes, which constitute integral parts of the Quadripartite Agreement, will be respected.[31]

---

[22] In der sowjetischen Fassung sollte dieses Wort ersetzt werden durch: „state".
[23] In der sowjetischen Fassung sollten die Wörter: „are not to be regarded as a Land" ersetzt werden durch: „are not included in the territorial or state structure".
[24] In der sowjetischen Fassung sollte dieses Wort entfallen.
[25] In der sowjetischen Fassung sollten die Wörter „and developed" in Klammern stehen. Die Klammern sollten nur entfallen können, wenn die in Anm. 23 wiedergegebene sowjetische Fassung Anwendung fände. Die sowjetische Fassung sah an dieser Stelle ferner vor, das Wort „accordingly" hinzuzufügen.
[26] An dieser Stelle Fußnote in der Vorlage: „N.B. Whereas Part II B paragraph 1 and Annex II are agreed common language at the Counsellors' level, subject to the differences specifically noted, paragraph 2 and Annex III represent the first draft of a possible compromise proposal to be further discussed on the Counsellors' level."
[27] In der sowjetischen Fassung sollte dieses Wort ersetzt werden durch: „states"
[28] An dieser Stelle Fußnote in der Vorlage: „This formulation is subject to Soviet confirmation."
[29] Dieses Wort sollte in der sowjetischen Fassung ersetzt werden durch: „competent".
[30] In der sowjetischen Fassung sollten die Wörter „and are ready to be applied" entfallen.
[31] In der sowjetischen Fassung sollte Absatz 2) entfallen.

Done at the building formerly occupied by the ACC in the US Sector of Berlin, this ... day of ... 1971, in four copies each in the English, French, and Russian languages.

(Four signatures)

Annex I
Communication from the Government of the USSR to the Governments of France, the UK and the USA

The Government of the USSR, with reference to Part II A of the Quadripartite Agreement of this date, after consultation and agreement with the Government of the GDR, has the honour to inform the Governments of the French Republic, the United Kingdom, and the United States of America, that:

1) Surface ...[32] traffic by road, rail and waterways of civilian persons and goods between the Western Sectors of Berlin and the FRG will be ...[33] unimpeded; that such traffic will be facilitated so as to take place in the simplest and most expeditious manner; and that it will receive preferential treatment.

2) Accordingly,

a) Conveyances sealed before departure may be used for the transport of civilian goods by road, rail and waterways between the Western Sectors and the FRG without customs or other examination except for inspection of seals.[34]

b) Through trains and buses may be used for travel between the Western Sectors of Berlin and the FRG without formalities other than inspection of travel tickets.[35]

c) Persons identified as through travellers using individual vehicles between the Western Sectors and the FRG on routes designated for through traffic will not be subject to search of their persons or hand baggage ...[36] or payment of individual tolls and fees.[37] Procedures applied for such travellers shall not involve delay. Such travellers will use the designated routes for the purposes of through traffic only and will observe generally applicable

---

[32] An dieser Stelle Fußnote in der Vorlage: „Soviet version: There should be reference to transit. Allied version: There should be no reference to transit."

[33] An dieser Stelle Fußnote in der Vorlage: „Soviet version: Mention of generally accepted international practice or rules. Allied version: There should be no mention of this concept."

[34] An dieser Stelle Fußnote in der Vorlage: „Soviet view is that, as a rule, there would be examination of seals; there may be selective inspection of goods on individual occasions when required to avoid difficulties for traffic."

[35] In der sowjetischen Fassung sollten die Wörter „inspection of travel tickets" ersetzt werden durch: „inspection of travel documents and tickets".

[36] An dieser Stelle Fußnote in der Vorlage: „Soviet qualification: not yet explained."

[37] An dieser Stelle Fußnote in der Vorlage: „Soviet version: Visa fees should be paid individually. Allied version: All fees should be covered by the lump sum payment."

public health and motor traffic[38] regulations. General categories of persons restricted from travel will not be established.[39]

d) Appropriate compensation for feed and tolls, and for costs related to traffic on the communication routes between the Western Sectors and the FRG, including the maintenance of adequate routes, facilities and installations used for traffic, may be made in the form of an agreed annual lump sum paid by the FRG to the GDR.

e) Arrangements implementing the above provisions will be agreed by the authorities of the Federal Republic of Germany ...[40] and the German Democratic Republic.

Annex II

Communication from the Governments of France, the UK and the USA to the Government of the USSR

The Governments of the French Republic, the UK and the USA, with reference to Part II B of the Quadripartite Agreement of this date and after consultation with the Government of the FRG, have the honour to inform the Government of the USSR that:

1) They affirm[41], in the exercise of their rights and responsibilities, that the Western Sectors of Berlin are not to be regarded as a Land[42] of the FRG and are not governed by it, and that the special[43] ties between the Western Sectors and the FRG will be maintained and developed[44].

2) Accordingly,

a) The Three Powers have suspended[45] the provisions of the Basic Law of the FRG[46] and the Constitution in effect in the Western Sectors[47] which contradict paragraph 1 above. These provisions will remain suspended[48].

---

[38] In der sowjetischen Fassung sollten die Wörter: „public health and motor traffic" ersetzt werden durch: „public order".

[39] An dieser Stelle Fußnote in der Vorlage: „Soviet version: Reserve position until issues of NPD and demilitarization are resolved."

[40] An dieser Stelle Fußnote in der Vorlage: „Soviet version: the Senat should be covered in some way. Allied version: There should be no negotiations on access with the Senat."

[41] In der sowjetischen Fassung sollte dieses Wort ersetzt werden durch: „state".

[42] In der sowjetischen Fassung sollten die Wörter: „are not to be regarded as a Land" ersetzt werden durch: „are not included in the territorial or state structure".

[43] In der sowjetischen Fassung sollte dieses Wort entfallen.

[44] In der sowjetischen Fassung sollten die Wörter „and developed" in Klammern stehen. Die Klammern sollten nur entfallen können, wenn die in Anm. 42 wiedergegebene sowjetische Fassung Anwendung fände. Die sowjetische Fassung sah an dieser Stelle ferner vor, das Wort „accordingly" hinzuzufügen.

[45] An dieser Stelle Fußnote in der Vorlage: „Russian translation of ‚suspended' remains to be clarified."

[46] Zur Suspendierung der Artikel 23 und 144 Absatz 2 des Grundgesetzes vom 23. Mai 1949 durch Schreiben der Drei Mächte vom 12. Mai 1949 vgl. Dok. 3, Anm. 13.

[47] Zur Suspendierung des Artikels 1 Ziffer 2 und 3 der Verfassung von Berlin vom 1. September 1950 durch Schreiben der Alliierten Kommandantur vom 29. August 1950 vgl. Dok. 3, Anm. 14.

[48] An dieser Stelle Fußnote in der Vorlage: „Russian translation of ‚suspended' remains to be clarified."

b) The Federal President, the Federal Chancellor, the Federal Cabinet ...[49], the Bundesversammlung and the Bundestag and Bundesrat in plenary session will not perform in the Western Sectors official constitutional acts[50].

c) ... [51] Committees of the Bundestag and the Bundesrat and Fraktionen of the Bundestag may meet ...[52] in the Western Sectors of Berlin only on matters connected with legislation applied or intended for application in those Sectors or on the following matters[53]: (list to be specified[54]).

d) The Federal Government will be represented in the Western Sectors of Berlin to the authorities of the three Governments and to the Senat by a liaison agency, headed by the Federal Plenipotentiary, the departments of which are charged with the liaison functions in their respective fields ...[55].

Annex IV
Communication from the Government of the USSR
to the Governments of France, the UK and the USA

The Government of the USSR, with reference to Part II C of the Quadripartite Agreement of this date, and after consultation and agreement with the Government of the German Democratic Republic, has the honour to inform the Governments of the French Republic, the United Kingdom and the United States of America, that:

1) Communications with (areas contiguous[56]) to the Western Sectors of Berlin will be improved and that permanent residents of the Western Sectors will be able to travel to and visit these areas for compassionate, family, religious, cultural, or commercial reasons, or as tourists, under conditions comparable to those applying to other visitors and travellers entering these areas.

The problems of the small areas referred to in Part II C of the Quadripartite Agreement may be solved by an exchange of territory.

2) Accordingly,

a) In order to facilitate visits and travel by permanent residents of the Western Sectors as described above, additional crossing points will be opened as needed[57].

---

[49] An dieser Stelle sollte in der sowjetischen Fassung eingefügt werden: „and its members".

[50] An dieser Stelle sollte in der sowjetischen Fassung eingefügt werden: „and other acts which would signify the extension of their competence to the Western Sectors".

[51] An dieser Stelle sollte in der sowjetischen Fassung eingefügt werden : „Single".

[52] An dieser Stelle sollte in der sowjetischen Fassung eingefügt werden: „in individual cases".

[53] In der sowjetischen Fassung sollte der Passus „matters connected with ... following matters" ersetzt werden durch: „the following matters connected with the Western Sectors of Berlin".

[54] An dieser Stelle Fußnote in der Vorlage: „Both sides consider that it should be possible to agree upon a specific list but this has not yet been prepared."

[55] An dieser Stelle sollte in der sowjetischen Fassung eingefügt werden: „This liaison agency will be the only permanent body which is authorised to speak or act on behalf of the Federal Republic of Germany in the Western Sectors of Berlin. e) During visits to the Western Sectors of Berlin, official representatives of the Federal Republic of Germany will comport themselves in accordance with the principles set forth in paragraph 1 above. f) Federal German legislation as such is not applied in the Western Sectors of Berlin."

[56] An dieser Stelle Fußnote in der Vorlage: „This formulation is subject to Soviet confirmation."

[57] In der sowjetischen Fassung sollten die Wörter „as needed" entfallen.

b) Telephonic, telegraphic, transport and other external communications of the Western Sectors will be expanded on a mutually acceptable basis.

c) The Western end of the Teltow canal[58] will be opened to navigation.[59]

d) Exchanges of territory will be carried out to solve the problems of small areas referred to in Part II C of the Quadripartite Agreement.

e) Arrangements implementing the above provisions will be agreed by the German authorities[60].

VS-Bd. 4522 (II A 1)

227
Aufzeichnung des Botschafters Roth

II B 2-84.30/13-966/71 geheim   3. Juli 1971[1]

Betr.: MBFR;
  hier: Deutsch-amerikanischer Gedankenaustausch

I. In Übereinstimmung mit der Vereinbarung zwischen dem Bundeskanzler und dem amerikanischen Präsidenten in der Frage MBFR, anstehende Probleme bilateral zu erörtern[2], habe ich mich am 30. Juni und 1. Juli 1971 zu Besprechungen über MBFR in Washington aufgehalten. Ich wurde von VLR Dr. Ruth sowie Oberst Steiff vom Bundesministerium der Verteidigung begleitet. Die amerikanische Delegation wurde von Assistant Secretary Hillenbrand geleitet. An den Gesprächen nahmen die zuständigen Referenten aus dem State Department und der ACDA sowie ein Vertreter des Verteidigungsministeriums teil.[3]

---

[58] Innerstädtische Wasserstraße zwischen Spree und Havel, die durch Ost-Berlin, Berlin (West) und den Regierungsbezirk Potsdam läuft.
[59] In der sowjetischen Fassung sollte Absatz c) entfallen.
[60] In der sowjetischen Fassung sollten die Wörter „German authorities" ersetzt werden durch: „the authorities of the GDR and the Senat".

[1] Hat Legationsrat I. Klasse Vergau am 12. Juli 1971 vorgelegen, der die Weiterleitung an Staatssekretär Frank verfügte.
Hat Frank vorgelegen, der handschriftlich für Vergau vermerkte: „Bitte Mappe MBFR anlegen."
[2] Vgl. dazu das Gespräch des Bundeskanzlers Brandt mit Präsident Nixon am 15. Juni 1971 in Washington; Dok. 208.
[3] Zum Gespräch des Botschafters Roth mit dem Mitarbeiter im amerikanischen Außenministerium Sutterlin führte Botschaftsrat Sönksen, Washington, am 2. Juli 1971 aus: „Botschafter Roth wies in dem 1½ stündigen Gespräch zu Beginn darauf hin, daß im Verhältnis MBFR–Berlin das Timing eine wichtige Rolle spiele. Der Bundesregierung gehe es darum, in MBFR-Ost-West-Verhandlungen erst nach erfolgreichem Abschluß der Berlin-Verhandlungen einzutreten, während er den Eindruck habe, daß die USA aus innenpolitischen Gründen (Kongreß, Präsidentenwahlen) möglichst frühzeitig Ost-West-Verhandlungen beginnen möchten. Deshalb komme es entscheidend darauf an, die gegenseitigen Wünsche im Rahmen des Bündnisses abzustimmen." Ferner habe Roth ausgeführt, auch die Frage einer Teilnahme der DDR an den MBFR-Verhandlungen erscheine eher lösbar, wenn ein befriedigendes Ergebnis der Berlin-Verhandlungen vorliege. Er habe betont, daß die Bundesregierung Verhandlungen „ausschließlich über stationierte Truppen nicht zustimmen"

Zum Abschluß meines Aufenthalts in Washington führte ich noch ein Gespräch mit Mr. Sonnenfeldt im Weißen Haus.[4]

Die Gespräche dienten der Klärung der beiderseitigen Positionen und auf unserer Seite dem Versuch, auf den Entscheidungsprozeß der amerikanischen Regierung im Sinne unserer MBFR-Vorstellungen einzuwirken. Die Gespräche fanden in sehr freundschaftlicher und offener Atmosphäre statt. Allerdings bleibt abzuwarten, wie weit es dabei gelungen ist, die amerikanischen Gesprächspartner von den riskanten Folgen eines nicht voll kontrollierten Verhandlungs- und Reduzierungsprozesses zu überzeugen, d. h., die amerikanische MBFR-Politik der nächsten Wochen und Monate tatsächlich zu beeinflussen.

II. Bei den Unterredungen wurde folgende Haltung der Vereinigten Staaten deutlich:

1) Die amerikanische Regierung hat sich hinsichtlich der Substanz künftiger MBFR-Verhandlungen noch nicht festgelegt. Sie wird im Juli in der NATO ein Arbeitspapier über MBFR-Kriterien und zwei Arbeitspapiere über MBFR-Elemente zirkulieren.[5] Dasjenige Papier aber, das die bevorzugten amerikanischen Lösungsvorschläge prozeduraler und substantieller Natur enthält, wollen die

---

Fortsetzung Fußnote von Seite 1045
    könne: „In jeder Phase der Verhandlungen müsse gleichzeitig auch über nationale Streitkräfte eine Einigung erzielt werden." Hinsichtlich des „Reduzierungsraums" sei die Minimal-Vorstellung der Bundesregierung „auf westlicher Seite die Bundesrepublik einschließlich der Benelux-Staaten. Der Rapacki-Raum genüge nicht." Vgl. die Aufzeichnung; VS-Bd. 4568 (II B 2); B 150, Aktenkopien 1971.

[4] Zum Gespräch am 1. Juli 1971 notierte Botschaftsrat Sönksen, Washington, am 13. Juli 1971, daß Botschafter Roth die Bedeutung von MBFR als politisches Instrument im Entspannungsprozeß zwischen Ost und West hervorgehoben habe. Roth habe ausgeführt, daß die Vorbereitungsarbeit innerhalb der NATO wichtig sei, „damit künftige MBFR-Verhandlungen und anschließende Maßnahmen in jeder Phase kontrolliert und kalkuliert blieben". Der Mitarbeiter im Stab des Nationalen Sicherheitsrats, Sonnenfeldt, habe zugestimmt, daß multilaterale MBFR-Verhandlungen erst nach Abschluß der Vier-Mächte-Gespräche über Berlin beginnen sollten. Die Bedeutung von MBFR für den bevorstehenden Wahlkampf in den USA rangiere hinter der des Vietnam-Krieges, von SALT und der Berlin-Frage. Vgl. die Aufzeichnung; VS-Bd. 4568 (II B 2); B 150, Aktenkopien 1971.

[5] Vgl. dazu das amerikanische Papier „MBFR – Some Assumptions, Models and Implications" vom 23. Juli 1971; VS-Bd. 4557 (II B 2).
Dazu führte Referat I A 7 am 2. September 1971 aus: „Nach den bisher vorliegenden Untersuchungen bedeutet eine Verminderung des konventionellen NATO-Streitkräfte-Potentials schon um 5–10 % ein erhöhtes militärisches Risiko. Angesichts der Fähigkeit des WP, seine ebenfalls verminderten Truppen mit großer Schnelligkeit in den Reduzierungsraum zurückzuführen, fallen zahlenmäßig höhere, etwa durch ein gemäßigtes asymmetrisches oder symmetrisches Modell erzielte WP-Reduzierungen militärisch nicht ins Gewicht. Durch die strategisch-nukleare Parität erhält das taktisch-nukleare Potential für die Abschreckung höchste Bedeutung, und zwar schon deshalb, weil ein strategisch-nuklearer US-Einsatz erst nach intensivem taktisch-nuklearem Schlagabtausch vorstellbar ist. Eine Reduzierung dieses Potentials ist daher nicht nur im Hinblick darauf zu beurteilen, ob sie die zur Durchführung einer kontrollierten Eskalation notwendige Variationsbreite an Einsatzmitteln und Sprengköpfen unterschiedlicher yields vermindert. Da schon der Zahl der Träger oder Sprengköpfe selbst Abschreckungswirkung zukommt, ist bereits eine Minderung dieser Zahl als solche bedenklich. [...] Nach alledem kann Referat I A 7 die Schlußfolgerungen des Bezugspapiers, daß ‚die im vergangenen Jahrzehnt auf beiden Seiten häufig eingetretenen Schwankungen des Streitkräfteniveaus die Sicherheit und Stabilität im künftigen Reduzierungsraum nicht wesentlich beeinträchtigt haben' und ‚daß eine durch MBFR herbeizuführende Senkung des Streitkräfteniveaus nicht per se destabilisierend wirken würde', nicht unterschreiben. [...] Nach Auffassung von Referat I A 7 ist bisher noch nicht überzeugend dargetan, daß das mit MBFR verfolgte Ziel einer ‚undiminished security' für die NATO erreicht werden kann." Vgl. VS-Bd. 1524 (I A 7); B 150, Aktenkopien 1971. Vgl. dazu ferner Dok. 289, Anm. 5.

USA erst Mitte September in der NATO vorlegen, d. h. kurz vor der Konferenz der Ministerstellvertreter[6].

2) Die amerikanische Regierung erwartet, daß der innenpolitische Druck in Richtung Truppenverminderung anhält und daß deshalb in absehbarer Zeit konkrete Verhandlungen beginnen müßten. Diese Verhandlungen sollen jedoch nicht vor einer Explorationsrunde des auf der Oktober-Konferenz der Ministerstellvertreter zu benennenden Beauftragten der Allianz beginnen.

3) Die amerikanische Regierung betrachtet Befürchtungen in der Allianz, daß die Vereinigten Staaten zu bilateralen Verhandlungen über Truppenverminderung mit der Sowjetunion bereit seien, als schädlich. Solche Befürchtungen entsprächen weder den Tatsachen noch den Absichten der amerikanischen Regierung. Es wurde festgestellt, daß auch für die amerikanische Regierung MBFR eine Sache der Allianz insgesamt ist.

4) Die amerikanische Regierung mißt der Konferenz der Ministerstellvertreter im Oktober zentrale Bedeutung zu: Nach amerikanischer Auffassung muß diese Konferenz entscheiden:

a) die Anzahl der Beauftragten: Die Vereinigten Staaten sind grundsätzlich flexibel, ziehen aber die Verwendung eines Beauftragten vor;

b) die Person des Beauftragten: Die amerikanische Regierung ist bereit, einen Mehrheitsvorschlag der Allianz zu akzeptieren;

c) das Mandat des Beauftragten: In Übereinstimmung mit § 16 des Kommuniqués von Lissabon[7] soll er Gespräche über Zeit, Ort, Fora und Tagesordnung von MBFR-Verhandlungen führen, das Mandat solle vor allem prozedurale Fragen betreffen;

d) die Bewertung der bis zur Oktober-Konferenz erarbeiteten substantiellen Überlegungen für MBFR-Verhandlungen.

5) Die amerikanische Regierung zieht die Benennung eines Beauftragten auf der Oktober-Konferenz vor, betont jedoch, daß sie sich dem Gedanken eines vor der Oktober-Konferenz zu ernennenden „Präexplorateurs"[8] nicht verschließen werde, falls die Allianz dies wünsche. Allerdings dürfe ein „Präexplorateur" nicht mit Aufgaben betraut werden, die dem Mandat des eigentlichen Explorateurs vorbehalten sind.

6) Für die amerikanische Regierung ist das Hauptziel von MBFR eine maximale Reduzierung sowjetischer Streitkräfte. Die Verminderung einheimischer Streitkräfte schon im ersten Schritt wird nicht grundsätzlich ausgeschlossen. Sie besteht jedoch darauf, daß ein erster Schritt nicht nur einheimische Streitkräfte umfassen darf. Die Frage, ob einheimische und stationierte Streitkräfte gleichzeitig oder in einem vereinbarten Programm reduziert werden, blieb offen, jedoch gaben die Amerikaner zu erkennen, daß ihre gegenwärtigen Über-

---

[6] Zum Vorschlag einer Konferenz der stellvertretenden Außenminister der NATO-Mitgliedstaaten vgl. Dok. 197, Anm. 4.
Die Konferenz fand am 5./6. Oktober 1971 in Brüssel statt. Vgl. dazu Dok. 348.

[7] Für Ziffer 16 des Kommuniqués der NATO-Ministerratstagung am 3./4. Juni 1971 vgl. Dok. 197, Anm. 4.

[8] Der Passus „eines vor der Oktober-Konferenz ... ‚Präexplorateurs'" wurde von Staatssekretär Frank unterschlängelt. Dazu vermerkte er handschriftlich: „Nein".

legungen den Beginn der Reduzierungen nur mit Stationierungsstreitkräften ins Auge fassen.

7) Weitere amerikanische Überlegungen

a) Die Begrenzung der Wiederzuführungsmöglichkeiten für sowjetische Streitkräfte soll in einem MBFR-Verhandlungsprozeß durch absichernde Maßnahmen (constraints) gewährleistet werden.

b) Das Reduzierungsgebiet soll nicht auf Deutschland beschränkt sein. Die amerikanische Regierung erkennt die darin liegenden Probleme für uns an. Dies gilt auch hinsichtlich einer Begrenzung auf den Rapacki-Bereich[9], wenn dieser auch militärische Vorteile hat. Die Vereinigten Staaten sind noch nicht festgelegt.

c) Die Auswirkungen von MBFR auf den Mittelmeerraum müssen berücksichtigt werden.

d) Die Reaktion der osteuropäischen Staaten, insbesondere Rumäniens Abneigung gegen Block-zu-Block-Verhandlungen, müssen mit erwogen werden.

8) Nach amerikanischer Auffassung hat Frankreich nicht die Absicht, sich völlig von MBFR zu distanzieren. Man rechnet damit, daß an der Herbstkonferenz mindestens ein französischer Beobachter teilnehmen wird. Besonders im französischen Verteidigungsministerium sei der Argwohn gegen Abrüstungsmaßnahmen groß, doch sei im ganzen eine Nuancierung der französischen MBFR-Überlegungen festzustellen.

III. Wertung

1) Die amerikanische Regierung betrachtet MBFR zur Zeit vor allem als innenpolitisch verwertbares Instrument und möchte dieses Instrument pragmatisch benützen. Wir haben demgegenüber unsere MBFR-Konzeption[10] dargestellt: MBFR muß ein längerfristiger Prozeß in Richtung auf ein neues vereinbartes Streitkräfteniveau sein und stets im Zusammenhang mit dem Versuch zunehmender Ost-West-Normalisierung gesehen werden. Es kam uns darauf an, diese Konzeption zu diesem Zeitpunkt noch einmal nachdrücklich zu unterstreichen.

2) Die Haltung der amerikanischen Regierung gegenüber MBFR wird besonders im Zusammenhang mit den Forderungen Senator Mansfields[11] nach einseitiger Reduktion amerikanischer Streitkräfte aus Europa deutlich. MBFR ist für die amerikanische Regierung keine Frage von prinzipiellem Rang, sondern hat vornehmlich taktische Bedeutung. Diese Bedeutung wird dann zur Geltung kommen, wenn im Senat im Zusammenhang mit der finanziellen Belastung des amerikanischen Haushalts durch die Stationierung von Truppen in Europa die Themen Lastenverteilung im Bündnis, Offset und einseitige Truppenverminderung zur Sprache kommen. Insofern kann das Thema jederzeit

---

[9] Zu den zwischen 1957 und 1964 vorgelegten Abrüstungsvorschlägen des polnischen Außenministers Rapacki vgl. Dok. 210, Anm. 22.

[10] Vgl. dazu das Arbeitspapier des Auswärtigen Amts vom 16. März 1971 über Elemente künftiger MBFR-Verhandlungsoptionen („Bausteinkonzept"); Dok. 95.

[11] Zum Antrag des amerikanischen Senators Mansfield vom 11. Mai 1971 vgl. Dok. 179, Anm. 3.

virulent werden und den Präsidenten unter Zeitdruck stellen. Es ist auch davon auszugehen, daß MBFR im Wahlkampf[12] eine Rolle spielen wird.

Unter dem Gesichtspunkt der amerikanischen Innenpolitik tritt MBFR jedoch an Bedeutung hinter Vietnam und SALT zurück.

3) In der gegenwärtigen Situation kommt es der US-Regierung darauf an, daß in der amerikanischen Öffentlichkeit nicht der Eindruck entsteht, man versuche, MBFR schleppend zu behandeln. Im einzelnen sind die zeitlichen Vorstellungen der Amerikaner über die Herbst-Konferenz der Ministerstellvertreter hinaus noch nicht festgelegt. Nach dem gegenwärtigen Stand soll im Blick auf die innenpolitische Lage zumindest sichergestellt werden, daß Vorbereitung und Ablauf der Ministerstellvertreter-Konferenz eine ernsthafte, konkrete und zügige Weiterführung des MBFR-Projekts gewährleisten. Ob es bei dieser Begrenzung bleiben kann, wird von der innenpolitischen Diskussion abhängen. Die amerikanischen Gesprächspartner haben sich jedenfalls nicht endgültig festgelegt.

4) Zum Mandat eines Explorateurs der Allianz: Hinsichtlich des Auftrags zur Erörterung prozeduraler Fragen bestand weitgehende Übereinstimmung. Wir legten jedoch Wert darauf, daß der Beauftragte instand gesetzt werden muß, auch schon über substantielle Fragen zu sprechen; z.B. über die Notwendigkeit, eine etwaige Vereinbarung über einen ersten Reduzierungsschritt mit einer Vereinbarung über Prinzipien, Intentionen und absichernde Maßnahmen zu koppeln. Dabei stützten wir uns auf die Tatsache, daß im Explorateur-Abschnitt des Lissabonner Kommuniqués die Bereitschaft zur Festlegung einer Tagesordnung für MBFR-Verhandlungen angesprochen wird; schon dies impliziert, daß der Explorateur ein begrenztes Mandat zur Erörterung von Substanzfragen haben müsse; das hinwiederum erfordere eine entsprechende bündnisinterne Einigung in der Sache.

5) Die hauptsächliche Meinungsverschiedenheit bestand hinsichtlich der Frage der Verknüpfung von Stationierungs- und einheimischen Streitkräften in einem ersten Schritt. Wir wiesen entsprechend dem Beschluß des Bundessicherheitsrats vom 28. Juni 1971[13] mit Nachdruck darauf hin, daß jeder erste tatsächliche Reduzierungsschritt stationierte und einheimische Streitkräfte umfassen müsse. Die Amerikaner, die daran interessiert sind, mit einer Reduzierung stationierter Streitkräfte zu beginnen, wollten wissen, wie wir uns die Verknüpfung vorstellen: Ob beides gleichzeitig

– verhandelt

– vereinbart

– vollzogen

werden müsse. Als weitere Möglichkeit wurde von den Amerikanern der Gedanke der Übereinkunft über einen nächsten Verhandlungsschritt genannt. Wir erwiderten, die Bundesregierung gehe davon aus, es werde sichergestellt, daß im Vollzug eines ersten Reduzierungsschrittes stationierte und einheimische

---

[12] Am 7. November 1972 fanden in den USA die Präsidentschaftswahlen sowie Wahlen zum Repräsentantenhaus, Teilwahlen zum Senat und Gouverneurswahlen statt.
[13] Zur Sitzung des Bundessicherheitsrats vom 28. Juni 1971 vgl. Dok. 221.

Streitkräfte inbegriffen sind. (Wir müssen zu dieser Frage detailliert Stellung nehmen, wenn wir die Diskussion in der NATO nachhaltig beeinflussen wollen. Der Zeitpunkt für eine solche Stellungnahme müßte vor der Einbringung des entscheidenden amerikanischen Papiers mit den Verhandlungspräferenzen liegen, d. h. bis Mitte August.)

6) Die amerikanischen Gesprächspartner äußerten sich nicht verbindlich zu unserer Absicht, an den Beginn des Verhandlungsprozesses eine gemeinsame (Ost-West-) Erklärung über Intentionen, Prinzipien und Kriterien des MBFR-Prozesses zu stellen oder einen ersten Reduzierungsschritt mit einer solchen gemeinsamen Erklärung zu koppeln. Wir rechnen damit, daß sie dem Gedanken zustimmen werden, wenn er ausreichende Unterstützung in der Allianz findet. Jedenfalls werden wir bald einen Entwurf einer solchen Erklärung vorlegen müssen. Dabei sollten die Ergebnisse der am 5. Juli 1971 in Brüssel anlaufenden Erörterungen über MBFR-Kriterien[14] verarbeitet werden.

7) Die zeitlichen Überlegungen der Amerikaner zum Verhandlungsbeginn sind im wesentlichen durch innenpolitische Daten bestimmt. Unsere Vorstellungen hingegen gehen von dem Abschluß der Berlin-Verhandlungen aus. Solange und soweit zwischen diesen beiden Daten eine Lücke besteht, werden unterschiedliche Auffassungen über den Beginn konkreter multilateraler Verhandlungen zwischen uns und den USA bestehen. Es liegt in unserem Interesse, in dieser Frage enge Verbindung mit den Amerikanern zu halten, um ein möglichst koordiniertes Vorgehen zu erreichen. Die Amerikaner sind hierzu grundsätzlich bereit.

8) Die Amerikaner legten großen Wert darauf, daß anerkannt wird, daß sie ihre Vorstellungen über MBFR im Rahmen der Allianz verwirklichen und in der Allianz koordinieren wollen. Aus diesem Grunde liegt ihnen auch daran, den Schwerpunkt der Meinungsbildung in den Rahmen der Allianz zu stellen. Dies schließt Gespräche, wie die eben in Washington geführten, nicht aus; insbesondere dann nicht, wenn sie geeignet sind, den Prozeß der Meinungsbildung in der Allianz zu erleichtern.[15]

Roth

VS-Bd. 4568 (II B 2)

---

[14] Am 9. Juli 1971 berichtete Botschafter Krapf, Brüssel (NATO), daß am selben Tag im Politischen Ausschuß auf Gesandtenebene ein „erster Meinungsaustausch über MBFR-Verhandlungsgremien" stattgefunden habe. Dabei seien drei Problemkreise deutlich geworden: „Zusammensetzung und Klassifizierung der Teilnehmerstaaten an MBFR-Verhandlungen; Zusammenhang der Forumsfragen mit einer Berlin-Regelung und dem Statusproblem [der] DDR; Ort der Verhandlungen." Vgl. den Drahtbericht Nr. 678; VS-Bd. 4606 (II A 3); B 150, Aktenkopien 1971.

[15] Am 6. Juli 1971 zog Botschafter Roth folgenden Schluß aus seinen Gesprächen in Washington: „Für uns wird es darauf ankommen, in den nächsten Wochen und Monaten a) eigene Entwürfe für eine erste minimale Verhandlungsposition vorzulegen (Grundsatzerklärung, erster Reduzierungsschritt von einheimischen Streitkräften gemeinsam mit Stationierungsstreitkräften, begleitende Maßnahmen zur Absicherung eines ersten Reduzierungsschritts); b) im Bündnis darauf zu drängen, auf der Grundlage unseres MBFR-Konzepts ein längerfristiges Verhandlungskonzept zu entwickeln, das initiativ, kalkulierbar und im Ablauf kontrollierbar bleibt." Vgl. VS-Bd. 4557 (II B 2); B 150, Aktenkopien 1971.

228

Gespräch des Bundeskanzlers Brandt mit Staatspräsident Pompidou

Z A 5-63.A/71 geheim 5. Juli 1971[1]

Am 5. und 6. Juli 1971 führte der Herr Bundeskanzler mit dem Präsidenten der Französischen Republik, Herrn Georges Pompidou, drei Gespräche unter vier Augen.

Erstes Gespräch, 5. Juli, 11.15 Uhr, an Bord MS Loreley.[2]

Der Herr *Bundeskanzler* erinnerte zunächst an das Treffen vom Januar 1971[3], bei dem Präsident Pompidou dargelegt habe, was im Laufe des Jahres 1971 alles geschehen könne. Seine Vorhersage, Großbritannien werde der Gemeinschaft beitreten, habe sich als richtig erwiesen; der Herr Bundeskanzler wolle Präsident Pompidou zu dem entscheidenden Beitrag gratulieren, den das Gespräch Pompidou–Heath[4] dazu erbracht habe. Über weitere Vorhersagen – mögliche Berlin-Regelung mit den sich daraus ergebenden Folgen für die Ostverträge der Bundesregierung (der Bundeskanzler halte nach wie vor für möglich, daß die Regelung noch 1971 gefunden werde), Fortschritte in der Lösung der Nahost-Krise – wolle man noch sprechen. Für die Gesprächsführung schlage er vor, im Laufe des Vormittags Europafragen, einschließlich der schwierigen Währungsprobleme, am Nachmittag sodann Fragen des Ost-West-Verhältnisses zu besprechen.

Vorweg könne er zu seiner eigenen Freude sagen, daß eine bilaterale Frage, nämlich die des Unterrichts der französischen Sprache in der BRD, eine günstige Wendung genommen habe. Mit Zustimmung aller Ministerpräsidenten der Länder werde das Hamburger Abkommen so geändert, daß als erste Fremdsprache künftig auch Französisch gelehrt werden könne.[5]

Präsident *Pompidou* dankte dem Herrn Bundeskanzler für diese Mitteilung. Die Änderung des Hamburger Abkommens beseitige eine Benachteiligung der französischen Sprache. Er dankte dem Herrn Bundeskanzler in besonderer Weise für dessen persönliche Bemühungen in dieser Angelegenheit. Mit der vorgeschlagenen Gesprächsführung sei er einverstanden.

Der Herr *Bundeskanzler* bemerkte zu der Sprachenfrage noch, er wolle das Ergebnis in der morgigen Plenarsitzung[6] vortragen. Falls Präsident Pompidou ein-

---

[1] Durchdruck.
Die Gesprächsaufzeichnung wurde von Vortragendem Legationsrat Merten am 8. Juli 1971 gefertigt.
[2] Für das zweite und dritte Gespräch vgl. Dok. 229 und Dok. 232.
[3] Vgl. dazu die Gespräche des Bundeskanzlers Brandt mit Staatspräsident Pompidou am 25./26. Januar 1971 in Paris; Dok. 27 und Dok. 31 und Dok. 32.
[4] Zum Besuch des Premierministers Heath vom 19. bis 21. Mai 1971 in Paris vgl. Dok. 186.
[5] Zur Änderung des Paragraphen 13 des Abkommens vom 28. Oktober 1964 zwischen der Ländern der Bundesrepublik zur Vereinheitlichung auf dem Gebiet des Schulwesens („Hamburger Abkommen") vgl. Dok. 194, Anm. 13.
[6] Am 6. Juli 1971 fand im Rahmen der deutsch-französischen Konsultationsbesprechungen eine Plenarsitzung beider Delegationen statt. Für das Protokoll vgl. VS-Bd. 9790 (I A 1).

verstanden sei, könnte Ministerpräsident Filbinger dann anwesend sein; dieser solle die Frage mit dem französischen Erziehungsminister[7] weiterverhandeln.

Was Europa anbelange, bitte er den Präsidenten, aus dessen Sicht zu sagen, wo man zur Zeit stehe und worauf man sich in erster Linie nunmehr konzentrieren solle.

Präsident *Pompidou* erwiderte, seines Erachtens solle man etwas über den Beitritt Englands sagen, sodann die derzeitig aktuellen Schwierigkeiten, nämlich die Währungsfragen ansprechen, dann erst von der Zukunft reden.

Zu Großbritannien: Der Herr Bundeskanzler habe ihm geschrieben, er wünsche, daß es zu einem Gespräch Pompidou–Heath komme.[8] Ähnliche Wünsche hätten die Herren Colombo und Luns geäußert. Er (Pompidou) sei natürlich zu einem solchen Gespräch bereit gewesen, freilich habe er abwarten wollen, bis die Gewißheit eines positiven Verlaufs gegeben war. Ein Scheitern habe er vermeiden wollen.

Das Gespräch habe ergeben, daß Heath Großbritannien ohne Hintergedanken Europa zuwenden wolle. Einen Zusammenhang zwischen dem Zeitpunkt des Gesprächs und der Affäre der Mark[9] gebe es nicht. Die wesentlichen Ergebnisse habe Heath im Unterhaus vorgetragen.[10] Der längere Teil des Gespräches sei den Fragen der Rolle des Pfunds und der britischen Zahlungsbilanz gewidmet gewesen. Heath habe dazu gesagt, das Pfund müsse den gleichen Status wie alle anderen Währungen in Europa haben, müsse also seine Rolle als Reservewährung verlieren. In der Frage der Bilanz glaube er, daß man zu Heath Vertrauen haben könne; es sei nicht erforderlich, auf die Vorlage von Zahlenmaterial zu dringen.

Sei Großbritannien erst einmal Mitglied des Gemeinsamen Marktes, laufe alles schneller. Man müsse die dann einsetzende Entwicklung in der Perspektive der Finalität, nämlich der politischen Finalität Europas sehen. Großbritannien müsse dann eine Mutation seiner traditionellen Politik vornehmen, d.h., präferentielle Bindungen zu Europa suchen, an Stelle seiner alten Bindungen zum Commonwealth und zu den USA.

Es seien auch Verteidigungsprobleme erörtert worden. Allerdings wolle man diesen nicht wieder wie 1963 in Rambouillet[11] Vorrang beimessen; die Folge sei Nassau/Bahamas (Polaris-Raketen) gewesen.[12] Großbritannien sei nunmehr

---

[7] Olivier Guichard.
[8] Für das Schreiben des Bundeskanzlers Brandt an Staatspräsident Pompidou vom 6. April 1971 vgl. Dok. 125.
[9] Zu den währungspolitischen Maßnahmen der Bundesregierung vom 9./10. Mai 1971 vgl. Dok. 157, Anm. 6, und Dok. 167, Anm. 15.
[10] Für den Wortlaut der Ausführungen von Premierminister Heath am 24. Mai 1971 im Unterhaus vgl. HANSARD, Bd. 818, Sp. 31–47. Für einen Auszug vgl. Dok. 186, Anm. 14.
[11] Premierministers Macmillan hielt sich am 15./16. Dezember 1962 zu Gesprächen mit Staatspräsident de Gaulle in Rambouillet auf. Vgl. dazu MACMILLAN, End of the Day, S. 345-355. Für den Wortlaut des Kommuniqués vgl. LE MONDE vom 18. Dezember 1962, S. 2. Für den deutschen Wortlaut vgl. EUROPA-ARCHIV 1963, D 30.
[12] Vom 18. bis 21. Dezember 1962 trafen in Nassau (Bahamas) Präsident Kennedy und Premierminister Macmillan zusammen. Sie kamen überein, die für den Einsatz in britischen V-Bombern vorgesehene Skybolt-Rakete nicht weiterzuentwickeln. Stattdessen sollte Großbritannien amerikanische Polaris-Raketen zur Ausrüstung von U-Booten erhalten. Für den Wortlaut des Kommuniqués und der gemeinsamen Erklärung von Kennedy und Macmillan („Nassau-Abkommen") vom 21. De-

durch Verträge an die USA gebunden, und weder könne noch wolle es sich[13] aus diesen Verträgen lösen. Er und Heath seien jedoch der Auffassung gewesen, daß der Tag komme, an dem dieses Problem – einschließlich der Verträge mit den USA – sich stellen werde. Zur Zeit sei die Frage der Verteidigung vertagt.

Im Anschluß an sein Gespräch mit Heath habe er dann der französischen Delegation die Weisung gegeben, gemeinsam mit dem Partner die Lösung der technischen Probleme ohne Pfennigfuchserei zu betreiben. Die Sechs hätten gewiß ein Interesse daran, daß der Beitrag, den Großbritannien zu Beginn leisten müsse, nicht zu niedrig liege.[14] Anderseits wolle man Großbritannien nicht in parlamentarische Schwierigkeiten, z. B. in der Butterfrage[15], bringen. Natürlich werde der Beitritt Probleme und Änderungen mit sich bringen, die man sehen müsse. Habe man jedoch Vertrauen zu sich selbst und zur Regierung Heath, werde man Lösungen für die Schwierigkeiten finden, die sich zwangsläufig alle drei oder sechs Monate einstellen werden.

Der Herr *Bundeskanzler* bemerkte, es könne als sicher gelten, daß trotz andauernden Streits um die Frage des Beitritts, die Regierung Heath zwar keine überwältigende, aber eine sichere Mehrheit finden werde. Im übrigen sei es britische Tradition, daß die überwiegende Mehrheit der Bevölkerung sich auf den Boden einer einmal getroffenen parlamentarischen Entscheidung stelle. Er sei ebenfalls – wie auch Präsident Pompidou – sich dessen gewiß, daß Heath und seine Regierung nicht nur wirtschaftliche, sondern auch politische Bindungen mit uns suche. Sicher würden die Engländer ihre eigene Denkweise in die Gemeinschaft einbringen; dies werde uns aber nicht zurückwerfen. Die Orientierung zu einem Europa, das – ohne Feindseligkeit gegen irgend jemand – sich selbst darstelle, werde von Heath getragen.

Der Beitritt Großbritanniens werfe vier Fragen auf:

1) Wie kommen wir mit den drei anderen beitrittswilligen Ländern[16] zu Rande? Es gebe ein sehr ausgeprägtes, aus der Struktur des Landes gewachsenes Problem Norwegens, das aber lösbar sei. Was könne man hinsichtlich der anderen EFTA-Länder[17] tun? Eine einheitliche Lösung sei schwer, man habe aber kein Interesse, durch den Wegfall der EFTA neue Barrieren zu schaffen.

2) Wie soll sich das weitere Verhältnis zu den USA gestalten? Ein Vergleich der Eindrücke aus der Reise, die er vor vier Wochen nach den USA gemacht habe[18], mit denen aus der Reise, die vor 14 Monaten stattfand[19], erbringe Erstaunliches. Auch damals habe man über das Verhältnis zwischen der Gemeinschaft und den USA gesprochen; die Frage sei aber mehr auf theoretisches Inter-

Fortsetzung Fußnote von Seite 1052
zember 1962 vgl. DEPARTMENT OF STATE BULLETIN, Bd. 48 (1963), S. 43–45; Für den deutschen Wortlaut vgl. EUROPA-ARCHIV 1963, D 30–32.

13 Korrigiert aus: „wolle sich".
14 Zur Regelung der Übergangsmaßnahmen im Finanzbereich vgl. Dok. 218, besonders Anm. 6.
15 Zur Regelung der Einfuhr von Milcherzeugnissen aus Neuseeland vgl. Dok. 218, besonders Anm. 5.
16 Zum Stand der Verhandlungen der Europäischen Gemeinschaften mit Dänemark, Irland und Norwegen vgl. Dok. 218, Anm. 8.
17 Island, Österreich, Portugal, Schweden und die Schweiz. Finnland war seit 1961 assoziiertes Mitglied.
18 Bundeskanzler Brandt hielt sich vom 14. bis 18. Juni 1971 in den USA auf. Vgl. dazu Dok. 208.
19 Bundeskanzler Brandt hielt sich vom 4. bis 11. April 1970 in den USA auf. Vgl. dazu AAPD 1970, I, Dok. 151, Dok. 153 und Dok. 156.

esse gestoßen. Heute sei dies ganz anders: manche hätten sich davon überzeugt, daß die Europäer nicht nur die Erweiterung, sondern auch Ausbau und Vertiefung der Gemeinschaft ernsthafter betreiben.

Er denke – wie auch der Präsident – daß man hinsichtlich der eigenen Autonomie wachsam bleiben müsse, aber weiterhin ein freundschaftliches Verhältnis zu den USA wahren solle. Freilich könnten aus Freundschaft auch Schwierigkeiten erwachsen. Die Amerikaner sähen dies ein – oder müßten dies noch lernen. Auf Klagen habe er gesagt, daß die Steigerung des Handels der USA seit 1958 mit der Gemeinschaft größer war, als mit jedem anderen Teil der Welt. Er wisse nicht, ob das Instrumentarium der Kommission schon ausreiche, um bestimmte Konsequenzen zu vermeiden. Darüber sollte man einmal auf hoher Ebene sprechen.

3) Fragen der politischen Zusammenarbeit und Struktur Europas: Was die politische, also die außenpolitische Zusammenarbeit anbelange, sei es, angesichts der jahrelangen Stagnation, erstaunlich festzustellen, welche Fortschritte in den letzten sechs Monaten zu einigen wichtigen Themen gemacht wurden. Man müsse diese Zusammenarbeit in der Weise ermutigen, daß nicht nur – wie er dies als Außenminister noch habe tun müssen – Berichte verfaßt würden; vielmehr sollten die Mitarbeiter dazu angehalten werden, Probleme abzustecken, zu prüfen, wo eine gemeinsame Haltung zu bestimmten Fragen erarbeitet werden könne. Diese Arbeit müsse noch der nationalen Methodik der Regierungsarbeit angepaßt werden. Sodann stelle sich die Frage, wann man wichtige Partner, wie z. B. die USA, in das, was die Sechs oder die Zehn tun, einbeziehen oder ihnen davon Kenntnis geben wolle.

Zur Struktur: Der Präsident habe ihm im Januar bei einer Pressekonferenz darüber gesagt – wobei sich die Frage stelle, wie er dies heute sehe –, man solle dieses Thema erst nach dem Beitritt Großbritanniens erörtern.

Der Bundeskanzler glaube, ohne dazu festgefügte Auffassungen zu haben, daß man weiterhin versuchen solle, zu so etwas wie einer europäischen Regierung zu kommen. Konkret bedeute dies, daß der Ministerrat der Gemeinschaft effizienter werden müsse; die Erweiterung werde dieses Problem noch aktualisieren. Des weiteren müsse man darauf achten, daß die Kommission eine gute Zusammensetzung behalte, obwohl in den kommenden Jahren der Ministerrat noch das kompetente Organ der Gemeinschaft bleibe.

4) Zur militärischen Seite (Verteidigung): Er sei, wie der Präsident, der Auffassung, es sei sinnlos, die Dinge zu forcieren. Wenn aber die Gemeinschaft wachse und über die wirtschaftliche Zusammenarbeit hinaus auch die politische schaffe, liege es in der Logik der Dinge, daß es dann auch zu einem engeren Zusammenrücken auf dem Gebiet der Verteidigung kommen müsse.

Leider sei die Ausgangslage beider Länder in der Praxis unterschiedlich. Dennoch müsse man weiterkommen. Bekanntlich gehöre die Bundeswehr zum integrierten Teil der NATO, und man bemühe sich – in lockerer Form –, die europäischen Partner zusammenzufassen.

Er wisse, daß Frankreich seine grundsätzliche Stellung nicht aufgebe; dennoch sollte Frankreich ein Interesse daran haben, sich auch mit den integrierten europäischen Partnern zu beraten, über die bilateralen deutsch-französischen

Kontakte, die man pflegen werde, hinaus. Deutscherseits habe man in der „Eurogroup" initiativ mit daran gewirkt, eine – erforderliche – gemeinsame europäische Position in der NATO zu entwickeln.

Präsident *Pompidou* erwiderte, was die anderen beitrittswilligen Länder anbelange, habe der Herr Bundeskanzler auf das spezifische Problem Norwegens hingewiesen. Der Herr Bundeskanzler kenne Norwegen besser als er selbst; im übrigen habe die Bundesrepublik mehr – auch wirtschaftliche – Beziehungen zu Norwegen als Frankreich.

Aus der Distanz gesehen, hätte er es für besser gehalten, daß Norwegen sich eine Position wie etwa Schweden verschaffe. Wenn es jedoch beitreten wolle, werde man dies nicht ablehnen. Das norwegische Fischfangproblem stelle sich auch wesentlich im Verhältnis Norwegens zu Großbritannien.

Was die nicht beitrittswilligen EFTA-Länder anbelange, sei klar, daß man nicht zurückgehen könne: Es dürfe nicht zu neuen Barrieren zwischen den EFTA-Ländern und den vier beitrittswilligen kommen.

Eines aber müsse klar sein: Das Problem der Barriere sei eine Sache, die Erweiterung der Gemeinschaft eine andere. Schwierige, möglicherweise differenzierte Lösungen – Schwedens Probleme etwa seien nicht mit den Problemen der Schweiz identisch – müßten gefunden werden. Dabei müsse man Vorsicht walten lassen. Aus einem Gespräch mit dem schwedischen Botschafter[20] habe er den Eindruck gewonnen, daß Schweden sich an den Institutionen der Gemeinschaft beteiligen wolle, ohne Mitglied zu sein. Dies gehe freilich nicht, Europa könne schließlich nicht zu einer Art Sammeltopf werden, irgendwo müsse eine Grenze gezogen werden.

Hinsichtlich des Verhältnisses zu den USA sei klar, daß die Amerikaner bis jetzt nicht viel Aufmerksamkeit darauf verwendet hätten. Nunmehr rücke ihnen diese Frage näher, beunruhige sie. Sie würden – so oder so – versuchen, Handelsvorteile von der Gemeinschaft zu erlangen. Vor 18 Monaten habe er mit Präsident Nixon gesprochen[21], der ihm gesagt habe, er (Nixon) kenne die sich ergebenden Schwierigkeiten, wisse aber auch, daß Europa seine Probleme lösen müsse. Er (Pompidou) habe ferner dargelegt, Europa verhalte sich weit weniger protektionistisch als die USA. Nach dem Beitritt Großbritanniens könne man prüfen, ob der Zeitpunkt für eine zweite „Kennedy-Runde"[22] gekommen sei; dabei habe man es aber nicht eilig.

Was die Frage der Struktur anbelange, sei er für die Fortentwicklung der politischen Zusammenarbeit. Hinsichtlich der Frage, von wann ab Großbritannien zu beteiligen sei, glaube er, daß dies nicht möglich erscheine, solange der Vertrag nicht unterzeichnet sei. Schließlich sei es auch fast indiskret, einer Ent-

---

20 Gunnar Hägglöf.
21 Staatspräsident Pompidou hielt sich vom 23. Februar bis 3. März 1970 in den USA auf.
22 Die als Kennedy-Runde bezeichnete Verhandlungsserie im Rahmen des GATT hatte das Ziel, durch umfangreiche Zollsenkungen eine Liberalisierung des Welthandels herbeizuführen. Die Verhandlungen der GATT-Vertragsparteien begannen am 4. Mai 1964 und wurden mit der Unterzeichnung der Schlußakte am 30. Juni 1967 abgeschlossen. Für den Wortlaut vgl. GENERAL AGREEMENT ON TARIFFS AND TRADE. BASIC INSTRUMENTS AND SELECTED DOCUMENTS. Fifteenth Supplement. Protocols, Decisions, Reports 1966-1967 and Twenty-fourth Session, Genf 1968, S. 4–35.
Zum Abschluß der Kennedy-Runde vgl. auch AAPD 1967, II, Dok. 170.

scheidung des britischen Parlaments[23] vorzugreifen – was Heath auch hinderlich wäre. Wichtige politische Fragen könnten zwar mit Großbritannien erörtert werden, mit den anderen Kandidaten sei dies schwieriger. Irland gehöre nicht zur Allianz; Diskussionen zu zehnt seien immer schwierig. Für die politische Zusammenarbeit solle man keine Institutionen schaffen – er liebe Institutionen ohnehin nicht –, sondern eine Art „Formalismus" für den Ablauf der Konsultationen.

Der Herr Bundeskanzler habe dies mit den Institutionen der Gemeinschaft verquickt. Nun müsse man bei allem Ehrgeiz – den man gemeinsam habe – praktisch bleiben. Er habe nichts gegen die Rolle der Kommission, die in zweifacher Hinsicht wichtig sei: Sie habe Vorschläge zu erarbeiten und stimulierend zu wirken, ferner habe sie eine permanente Rolle in der Durchführung von Beschlüssen.

Man müsse aber aufpassen, daß nicht der Eindruck entstehe, wir seien in der politischen Planung so weit, daß bei der Kommission das Gefühl aufkomme, sie werde übergangen, wodurch sie sich dann ständig bemüßigt fühle zu intervenieren.

Er erinnere an die unglücklichen Vorkommnisse mit dem Europäischen Sozialfonds.[24] Es gebe einen solchen Fonds; was dort geschehe, habe aber mehr regionale oder lokale Bedeutung, nationale Auswirkungen könne er nicht sehen. Man solle sich in jedem Falle davor hüten, nach Art kleinerer Verwaltungen (petites administrations) Planstellenbesorgung zu betreiben.

Die Aufnahme von Europaministern in die Regierungen[25] werfe für alle Beteiligten interne Fragen auf wie die der Ausgewogenheit der Aufgabenverteilung zwischen Europaministern und Außenministern. Seines Erachtens sei es besser, solche Fragen erst nach dem Beitritt Großbritanniens zu prüfen, auf jeden Fall aber solle man sich im nächsten Jahr mit diesen Fragen befassen. Dabei halte er auch den Gedanken, die Ständigen Vertreter in die Regierung aufzunehmen, zunächst für keinen schlechten Gedanken. Ende 1972 oder 1973 sollten sich alle Beteiligten treffen, um über diese Probleme zu sprechen.

Was die Verteidigungsfragen anbelange, habe man gleiche Interessen, aber verschiedene Ausgangslagen. Die amerikanische Unterstützung sei gewiß unerläßlich, andererseits müsse man der Tatsache ins Auge sehen, daß die Verteidigung Europas von einer Entscheidung des amerikanischen Präsidenten abhängig sei. Dies sei zugleich ärgerlich und traurig. Man stehe halt inmitten

---

[23] Das britische Parlament stimmte am 28. Oktober 1971 über den Beitritt Großbritanniens zu den Europäischen Gemeinschaften ab. Vgl. dazu Dok. 379.

[24] Seit 1965 bemühte sich die EG-Kommission um eine Reform des Europäischen Sozialfonds (ESF) nach Artikel 126 b des EWG-Vertrags vom 25. März 1957. Dazu unterbreitete sie am 11. Juni 1969 Vorschläge mit dem Ziel, den ESF zu einem wirksamen Instrument der gemeinschaftlichen Wirtschafts- und Konjunkturpolitik zu machen. Am 27. Juli 1970 einigte sich der EG-Ministerrat grundsätzlich über die Reform. Vgl. dazu BULLETIN DER EG 9-10/1970, S. 32–34.
Am 1. Februar 1971 verabschiedete der EG-Ministerrat in Brüssel die Reform des ESF. Danach konnte der Fonds auf Beschluß des Rats und auf Vorschlag der Kommission tätig werden, um Gefährdungen der Beschäftigungslage in der Folge von Maßnahmen der Gemeinschaftspolitik zu begegnen (Artikel 4) bzw. sich indirekt aus dem Funktionieren des Gemeinsamen Marktes ergebende Auswirkungen auf bestimmte Wirtschaftszweige oder Unternehmen auszugleichen (Artikel 5). Für den Beschluß vgl. Referat I A 2, Bd. 1734.

[25] Zum Vorschlag des Staatspräsidenten Pompidou vom 21. Januar 1971 vgl. Dok. 111, Anm. 3.

zweier Fakten: Das Bündnis sei unerläßlich, die Entscheidungen fielen jedoch außerhalb Europas. Deshalb plädiere er dafür, daß die Europäer sich mehr Gewicht gäben. Die Bundesrepublik sei nach Osten stärker exponiert als Frankreich; Frankreich komme im Falle des Falles erst 48 Stunden später dran, daher messe er dem zweiten Aspekt, den er erwähnt habe, mehr Gewicht bei. Er glaube auch, daß bei einer vollständigen Integration das Risiko gegeben sei, daß die Sowjets und die Amerikaner sich dahingehend verständigen, uns alle zu neutralisieren. Frankreich sei dem Bündnis sehr treu geblieben, habe aber seine Originalität wahren wollen. Dies sei keine Eitelkeit, sondern Ausdruck der eigenen Freiheit und des Willens, sich gegenüber den USA darzustellen. Daß Frankreich aus der Integration der NATO ausgeschieden sei[26], nicht jedoch aus der Allianz, verpflichte im übrigen die USA auch dazu, stärker auf europäische Belange zu achten.

Der Herr *Bundeskanzler* ging noch einmal auf die politischen Konsultationen ein. Seines Erachtens sollten dabei zwei Themen nicht zu kurz kommen. Es handle sich um zwei Fragen, über die die Außenminister möglicherweise auch sprechen sollten. Es handele sich einmal darum, daß man gemeinsam versuche, eine ungünstige Entwicklung der Lage in Malta[27] zu verhindern. Diese Frage sei zwar nicht für den Tag gestellt, aber von größter Bedeutung. Man müsse prüfen, wie sich die Lage in Jugoslawien gestalten werde, wenn Tito nicht mehr die Regierungsverantwortung trage. Es sei damit zu rechnen, daß die Sowjetunion versuche, das Land wieder in die Hand zu bekommen. Diese Frage müsse man mit der Gesamtproblematik der Lage im Mittelmeer untersuchen.

Hinsichtlich der Gemeinschaftsorgane glaube er, daß man sich darüber einig sei, daß, wie die Erfahrungen lehren, die Arbeit des Ministerrates schon zu sechst nicht gerade von exemplarischer Effizienz gewesen sei. Die Außenminister seien halt überlastet. Zu zehnt werde dieses Problem noch schwieriger. Gerade wegen der zentralen Rolle, die der Ministerrat zu spielen habe, müsse man versuchen, seine Arbeit effizienter zu gestalten. Er habe sowohl über die Möglichkeit des Einbaus von Europaministern als auch die Aufnahme der Ständigen Vertreter in die nationalen Regierungen nachgedacht. Nach dem deutschen Denkmodell sollten Europaminister koordinierende Funktionen ausüben, jedoch keinen eigenen Verwaltungsapparat an die Hand bekommen. Man sei bereit, weiterhin über diese Fragen nachzudenken und würde deutsch-französische Kontakte dazu begrüßen.

Über die Rolle der USA in Europa werde man noch sprechen müssen, wenn die Fragen einer europäischen Konferenz und der Truppenreduzierung an die Reihe kämen. Er könne dazu jedoch jetzt schon folgendes sagen: In Washington habe er sehr deutlich gemacht, daß die Sicherheit Europas kein alleiniges bilaterales Verhandlungsthema für die Supermächte sein könne. Wie er glaube, habe Präsident Nixon dies eingesehen. Allerdings hieße es, sich Illusionen hingeben, wollte man glauben, daß es nicht auch andere Einflüsse in Washington gebe. Es sei klar, daß man bestimmte Fragen nicht im Rahmen eines verkleinerten Völkerbundes verhandeln könne. Man müsse sich auf eine Formel eini-

---

[26] Frankreich schied zum 1. Juli 1966 aus der militärischen Integration der NATO aus.
[27] Zur von Malta angestrebten Neuregelung der künftigen Stationierung britischer und NATO-Truppen auf Malta vgl. Dok. 255.

gen, nach der die Supermächte mit einigen anderen Ländern gemeinsam verhandelten, wobei diese Länder europäische Länder sein müßten.

Er glaube, wenn der Erweiterungsvorgang hinter uns liege, sei der Zeitpunkt gekommen, die im Haag beschlossenen Bemühungen um den Ausbau und die Vertiefung[28] in der dann erweiterten Gemeinschaft fortzuführen. Er bitte daher den Präsidenten, über einen geeigneten Zeitpunkt im nächsten Jahre nachzudenken, an dem man eine Konferenz der zehn Regierungschefs abhalten könne.[29] Dabei wäre dann zu prüfen, was von den im Haag geäußerten Absichten übrig bleibe und welche Richtlinien man für die kommenden Jahre geben solle. Dies sei keine Frage, die jetzt schon in der Öffentlichkeit erörtert werden solle, man müsse sie aber im Auge behalten.

Präsident *Pompidou* erwiderte, daß die letzte Anregung des Herrn Bundeskanzlers gewissermaßen schon halböffentlichen Charakter habe, denn er habe darüber bereits Veröffentlichungen in der Presse gelesen. Er sei aber auch der Auffassung, daß man, wolle man weiterkommen, sich auf höchster Ebene treffen müsse. Die Initiative dazu wolle er gerne ergreifen, und zwar in Absprache mit dem Herrn Bundeskanzler. Vorher aber müsse Großbritannien seine Entscheidung treffen, ferner müsse man das Terrain freilegen. Dies bedeute, daß bestehende Schwierigkeiten wie die auf dem Währungsgebiet beseitigt sein müßten.

Der Herr *Bundeskanzler* entgegnete, dies sei wohl der Zeitpunkt, über die Währungsfragen zu sprechen. Er wolle dazu ausführen, daß es ihm zunächst leid täte, wenn Präsident Pompidou über den Ablauf der Ministerratssitzung vom Mai[30] zu sehr überrascht gewesen sei. Er selbst habe unter dem Eindruck gestanden, daß schon im Verlauf der Finanzministerkonferenz in Hamburg[31], die zwei Wochen vor der Ministerratskonferenz stattgefunden habe, in präziser Weise klar geworden sei, daß die Bundesregierung etwas tun müsse, wenn man sich nicht auf gemeinsame Beschlüsse einigen könnte. Er gebe zu, daß einige bei uns die Sache nicht gut gespielt hätten, Ende April habe man aber handeln müssen. Zu diesem Zeitpunkt habe man bereits 30 Mio. an Liquidität stillgelegt. Als Anfang Mai 40 Mio. fremder Liquidität ins Land kamen, sei die

---

28 Am 1./2. Dezember 1969 fand in Den Haag eine Konferenz der Staats- und Regierungschefs der EG-Mitgliedstaaten statt. Vgl. dazu AAPD 1969, II, Dok. 385.
29 Diesen Vorschlag äußerte Bundeskanzler Brandt bereits am 2. Juli 1971 gegenüber dem französischen Regierungssprecher Hamon. Brandt führte aus: „Im kommenden Jahr, jedenfalls vor dem 1.1.73, sollten die Regierungschefs der erweiterten Gemeinschaft erneut zu einer Konferenz – entweder zu siebt, dann nach der Entscheidung des britischen Unterhauses, oder etwas später zu zehnt – zusammentreffen; die Initiative komme dem französischen Regierungschef zu. Der Ausgangspunkt dieser Konferenz wäre derselbe wie bei der Haager Konferenz, Themen wären der dann erreichte Entwicklungsstand in der Wirtschafts- und Währungsunion sowie in der politischen Zusammenarbeit." Weiter schlug Brandt vor, das Europäische Parlament stärker einzubeziehen, „indem die Regierungschefs sich vor oder nach ihren Treffen jeweils mit ihren die anstehenden Fragen bearbeitenden Parlamentariern beraten und deren Anregungen entgegennehmen. [...] Auf diese Weise könne vielleicht die bestehende Unzufriedenheit aufgefangen und die Frage einer Lösung näher gebracht werden, wie das bestehende Europäische Parlament vernünftigerweise stärker herangezogen werden könne." Vgl. die Gesprächsaufzeichnung; Bundeskanzleramt, AZ: 21-30100 (56), Bd. 36; B 150, Aktenkopien 1971.
30 Zur EG-Ministerratstagung am 8./9. Mai 1971 in Brüssel vgl. Dok. 157, Anm. 6.
31 Zur Tagung der Wirtschafts- und Finanzminister sowie der Notenbankpräsidenten der EG-Mitgliedstaaten am 26./27. April 1971 in Hamburg vgl. Dok. 144, Anm. 8.

Lage noch explosiver geworden. Dies aber gehöre zur Vergangenheit. Nunmehr müsse man sich fragen, wo wir jetzt stehen. Zunächst bitte er den Präsidenten, nicht daran zu zweifeln, daß die Bundesregierung weiterhin zu den Haager Beschlüssen und unverändert auch zu dem steht, was der Ministerrat über den Ausbau der EWG zu einer Wirtschafts- und Währungsunion beschlossen habe.[32] Er habe sich seinerseits auch darüber gefreut, daß die Finanzminister unserer beiden Länder[33] – leider nicht auch alle anderen – sich darauf geeinigt hätten, daß durch Erarbeitung von Orientierungsdaten für 1972 Harmonisierungsschritte für Löhne, Preise und Budgets erfolgen sollen. Von der Notwendigkeit solcher Schritte müsse man auch die anderen Partner überzeugen, da solche Bemühungen für die Wirtschafts- und Währungsunion unerläßlich seien. Nach der Ministerratssitzung vom Freitag seien die von der Kommission beschlossenen administrativen Maßnahmen zur Lenkung internationaler Kapitalströme[34] nicht mehr umstritten.[35] Die Bundesregierung sei auch bereit, als eigene administrative Maßnahme die Einrichtung von Bardepots für Nichtbanken zusätzlich zum Verzinsungsverbot für ausländische Geldanlagen selbständig nach der Sommerpause verabschieden zu lassen.[36] Wenn er ferner rich-

---

[32] Zur EG-Ministerratstagung am 8./9. Februar 1971 in Brüssel vgl. Dok. 59.

[33] Karl Schiller und Valéry Giscard d'Estaing.

[34] Am 23. Juni 1971 legte die EG-Kommission gemäß Ziffer 3 des Beschlusses des EG-Ministerrats vom 9. Mai 1971 den Entwurf einer „Richtlinie zur Steuerung der internationalen Finanzströme und zur Neutralisierung der unerwünschten Wirkungen auf die binnenwirtschaftliche Liquidität" vor. Danach sollten die EG-Mitgliedstaaten unverzüglich Vorkehrungen ergreifen, damit den Währungsbehörden folgende Instrumente zur Verfügung stehen: „a) Für die effektive Steuerung der internationalen Finanzströme: Vorschriften für Geldmarktanlagen und die Verzinsung der Einlagen von Gebietsfremden; Regulierung der nicht mit Handelsgeschäften oder der Erbringung von Dienstleistungen verbundenen Kreditaufnahme von Gebietsansässigen im Ausland [...]. b) Zur Neutralisierung der als unerwünscht betrachteten Wirkungen, welche die internationalen Finanzströme auf die binnenwirtschaftliche Liquidität ausüben: Regulierung der Nettoauslandsposition der Kreditinstitute; Festsetzung von Mindestreservesätzen, namentlich für Guthaben von Gebietsfremden." Vgl. den Drahtbericht Nr. 1980 des Ministerialrats Kittel, Brüssel (EG), vom 25. Juni 1971; Referat III A 1, Bd. 594.

[35] Am 1./2. Juli 1971 erörterten die Wirtschafts- und Finanzminister der EG-Mitgliedstaaten in Brüssel den Entwurf vom 23. Juni 1971 für eine Richtlinie der EG-Kommission. Die Bundesregierung strebte eine Kombinationslösung an und setzte sich über die in der Richtlinie vorgesehenen administrativen Maßnahmen hinaus dafür ein, im Internationalen Währungsfonds (IWF) gemeinsam eine Erweiterung der Bandbreiten der Wechselkurse anzustreben und diese im Außenverhältnis der EG-Mitgliedstaaten anzuwenden. Im Innenverhältnis sollten gleichzeitig die Bandbreiten entsprechend den Vereinbarungen im Bericht an Rat und Kommission über die stufenweise Verwirklichung der Wirtschafts- und Währungsunion vom 8. Oktober 1970 schrittweise verringert werden. Dazu teilte das Bundesministerium für Wirtschaft und Finanzen am 2. Juli 1971 mit, daß der Richtlinienentwurf zwar bei allen Delegationen Zustimmung gefunden habe, „der von fünf Delegationen und der Kommission bejahte Zusammenhang zwischen beiden Themen wurde jedoch von französischer Seite nicht anerkannt". Frankreich habe den Richtlinienentwurf als ausreichend betrachtet: „Nachdem trotz vielfältiger Kompromißbemühungen auch ein vom italienischen Ratspräsidenten vorgelegter Minimalvorschlag zur Bandbreitenfrage [...] nicht die Zustimmung der französischen Delegation fand, erklärte die deutsche Seite ihrerseits, unter diesen Umständen den Richtlinienvorschlag nicht verabschieden zu können. Um jedoch die deutsche Bereitschaft zur Mitarbeit an einer Gemeinschaftslösung erneut unter Beweis zu stellen, erklärte Minister Schiller, daß die Bundesregierung auch ohne Gemeinschaftsrichtlinie im vorgesehenen Sinne handeln und deshalb nach den Parlamentsferien einen Gesetzentwurf zur Einführung der Bardepots einbringen werde." Vgl. Referat III A 1, Bd. 594.

[36] Am 21. Juli 1971 beschloß das Kabinett, das Bundesministerium für Wirtschaft und Finanzen mit der Ausarbeitung eines Gesetzentwurfs zur Einführung einer Bardepotpflicht für Nichtbanken zu beauftragen. Die Bundesregierung sollte dadurch ermächtigt werden, „vorzuschreiben, daß bei Geld- und Kapitalzuflüssen aus dem Ausland durch solche Gebietsansässige, die nicht der Mindestreser-

tig verstanden habe, was man in Brüssel beraten habe, sei man sich auch darüber einig, daß die Sechs anläßlich der Tagung des Internationalen Währungsfonds im September in Washington mit gemeinsamen Auffassungen auftreten sollten.[37] Dann habe man nämlich die Chance – unter der Voraussetzung, daß man ein geeignetes Instrumentarium finden könne –, unsere Position gegenüber dem Dollar selbständig darzustellen und damit auch die Autonomie der Gemeinschaft zu betonen. Über diese vier Fragen sei man sich, wie er glaube, einig.

Für die Vorbereitung der Tagung des Währungsfonds im September bliebe dann noch folgendes: Es sei verabredet worden, daß zur Vorbereitung für die Finanzminister noch einmal der Währungsausschuß[38] und der Rat der Gouverneure der Zentralbanken[39] tagen sollen. Falls der Herr Präsident dem zustimme, wolle er anregen, daß man vor dem Treffen in Washington auch noch einmal bilaterale Konsultationen im Hinblick auf die Vorbereitung eines gemeinsamen Vorgehens der Sechs abhalten möge. Für den Präsidenten sei dabei die entscheidende Frage, ob er sich mit der Erweiterung der Bandbreiten nach außen und der Verengung der Bandbreiten nach innen befreunden könne oder nicht. Der französische Finanzminister habe diese Formel schon einmal für nicht uninteressant gehalten.[40] Eine eigentliche Meinungsäußerung aus Paris stehe aber noch aus.

Fortsetzung Fußnote von Seite 1059
vepflicht unterliegen, ein unverzinsliches Bardepot bei der Deutschen Bundesbank in Höhe eines Vom-Hundert-Satzes der aufgenommenen und prolongierten Mittel zu halten ist. Erfaßt würden alle nach einem bestimmten Stichtag im Ausland aufgenommenen Kredite sowie die Ausstattung von Unternehmen, Zweigniederlassungen und Betriebsstätten im Inland mit Finanzmitteln durch Gebietsfremde." Dazu wurde in der Kabinettsvorlage des Bundesministeriums für Wirtschaft und Finanzen vom 14. Juli 1971 erläutert: „Durch das Bardepot würden die Kreditaufnahmen der Wirtschaft im Ausland nicht verboten, sondern nur verteuert werden. Betroffen würden vor allem die durch Zinsdifferenzen induzierten Geld- und Kapitalzuflüsse. Spekulativen Zuflüssen, die auf der Erwartung von Wechselkursänderungen beruhen, könnte durch das vorgesehene Bardepot nur sehr begrenzt begegnet werden. Da die Liquiditätszuflüsse über den Bankenapparat durch die der Bundesbank zur Verfügung stehenden Instrumente ausreichend beeinflußt werden können, geht es nur darum, die Aufnahme von Auslandskrediten sowie vergleichbare Transaktionen solcher Gebietsansässiger, die nicht der Mindestreservepflicht unterliegen, in Grenzen zu halten." Vgl. Referat III A 1, Bd. 586.

[37] Zur Jahrestagung des Internationalen Währungsfonds (IWF) vom 27. September bis 1. Oktober 1971 vgl. Dok. 349, Anm. 3.

[38] Der EG-Währungsausschuß beschäftige sich am 20. Juli 1971 mit der Festlegung einer gemeinsamen Haltung in der Währungsfrage. Am 17. August 1971 erörterte er die währungspolitischen Beschlüsse der amerikanischen Regierung vom 15. August 1971. Vgl. dazu BULLETIN DER EG 9-10/1971, S. 96.

[39] Zur Konferenz der Wirtschafts- und Finanzminister sowie der Notenbankpräsidenten der Zehnergruppe am 15./16. September 1971 in London vgl. Dok. 276, Anm. 8.

[40] Mit Schreiben vom 2. Juli 1971 informierte das Bundesministerium für Wirtschaft und Finanzen über den Verlauf der EG-Ministerratstagung am 1./2. Juli 1971 in Brüssel: „Die Beratungen haben insgesamt gezeigt, daß der bisher nur von Italien und der Bundesrepublik bejahte Gedanke einer Bandbreitenerweiterung – mit Ausnahme Frankreichs – inzwischen von allen anderen Mitgliedstaaten und der Komission grundsätzlich befürwortet wird. Hinsichtlich der Größenordnung bestehen allerdings noch Unterschiede (Niederlande, Belgien, Luxemburg und Kommission treten für etwa +/– 2%, Italien und die Bundesrepublik für etwa +/– 3% ein). Minister Giscard d'Estaing erkannte zwar am Schluß der Diskussion gewisse ‚technische Vorteile' einer Bandbreitenerweiterung an; er zeigte sich aber nach wie vor grundsätzlich mißtrauisch gegenüber jeglicher Flexibilisierung des internationalen Währungssystems. Über die Bandbreitenfrage kann jedoch nach seinen Worten erst entschieden werden, wenn Klarheit darüber herrscht, ‚unter welchen Umständen und auf welchem

Wenn man gemeinsam so vorgehen wolle, bedeute dies, daß man sich über Prozentsätze, Zeitpunkte, gemeinsame Verfahren und gemeinsame Interventionen verständigen müsse. Was den letzten Punkt anbelange, habe Minister Schiller in Brüssel bereits dargelegt, daß wir bereit sind, die Schaffung des nach dem Werner-Plan vorgesehenen Reservefonds[41] vorzuziehen und damit nicht bis zur zweiten Hälfte des Jahres 1972 zu warten.

Er komme nunmehr zu der Frage, die den Präsidenten vermutlich am meisten interessiere. Wenn es in Washington zu einem gemeinsamen Handeln komme, gehöre dazu für die Bundesregierung die Simultanität der Aufhebung des Floatings der Mark. Er wolle keinen Tag nennen, aber auf die Simultanität hinweisen. Er bitte den Präsidenten, auch nicht daran zu zweifeln, daß, falls in Washington keine Ausnahmeregelung für ein gemeinsames Vorgehen der Gemeinschaft gegen fremde Währungen, z. B. eine Bandbreitenerweiterung nach außen und eine Verengung der Bandbreiten nach innen, gegeben werde, das Floating auch dann nicht lange fortgesetzt werde. Man habe nicht die Absicht, aus dem Floating eine langfristige Politik zu machen. Ein festes Datum für das Aussetzen des Floatings könne er beim besten Willen nicht nennen. Dies hänge auch von den Erfahrungen mit der eigenen Wirtschaft ab. Mit den getroffenen Maßnahmen habe man bereits neun Mrd. aus dem Lande rausgepumpt. Dazu komme eine Erhöhung der Mindestreserven um fünf Mrd. Mark. Ein partieller Erfolg sei also gegeben. Allerdings wisse man nicht, wenngleich man nicht damit rechne, ob im Spätsommer sich nicht rezessive Erscheinungen in der Wirtschaft zeigen könnten, als Übergang zu mehr Stabilität. Es stelle sich dann die Frage, ob eine Rückkehr zur alten Parität richtig sei, oder ob es zu einer maßvollen Anhebung des Werts der D-Mark komme. Dies wisse man noch nicht. Jedenfalls sei nicht mehr an ein längeres Floating gedacht. Über all dem wünsche man sich bessere Kontakte zwischen beiden Ländern, als dies leider in der Vergangenheit manchmal der Fall gewesen sei.

Präsident *Pompidou* bedankte sich für diese Klarstellungen und bemerkte, er wolle nunmehr ganz offen sagen, wie er das Problem der Mark sehe.

Er sei der Auffassung, daß die Entscheidung der Bundesregierung, den Wechselkurs der Mark freizugeben, aus internen Gründen getroffen worden sei, und zwar mit dem Ziel, eine gewisse Aufwertung der Mark vorzubereiten. Er habe nie daran geglaubt, daß man zur alten Parität zurückkehren wolle. In einer normalen Sicht der Dinge, beispielsweise in der Sicht des Verhältnisses zwischen

---

Fortsetzung Fußnote von Seite 1060
Niveau die Bundesrepublik und die Niederlande wieder zur Parität zurückkehren'." Vgl. Referat III A 1, Bd. 594.

41 Im Bericht an Rat und Kommission über die stufenweise Verwirklichung der Wirtschafts- und Währungsunion vom 8. Oktober 1970 wurde hinsichtlich der Zusammenarbeit in der externen Währungspolitik vorgeschlagen: „Zur rechtzeitigen Vorbereitung der Endstufe sollte so bald wie möglich unter der Verantwortung der Zentralbanken ein ‚Europäischer Fonds für währungspolitische Zusammenarbeit' geschaffen werden. Sofern die für die erste Stufe vorgesehenen [...] Interventionstechniken auf den Devisenmärkten normal und reibungslos funktionieren und eine ausreichende Konvergenz der Wirtschaftspolitik erreicht ist, kann der Fonds eventuell schon in der ersten Stufe errichtet werden. Jedenfalls sollte er aber im Verlauf der zweiten Stufe geschaffen werden." Vgl. EUROPA-ARCHIV 1970, D 544.
Vgl. dazu die Entschließung des EG-Ministerrats und der Vertreter der Regierungen der EG-Mitgliedstaaten vom 9. Februar 1971 über die stufenweise Verwirklichung der Wirtschafts- und Währungsunion; Dok. 59, Anm. 4.

Preisen und Außenhandelsbilanz, könne man auch keine Gründe für solche Maßnahmen finden. Die Außenhandelsbilanz der Bundesrepublik liege Anfang 1971 fast bei den gleichen Werten wie im Vorjahr.[42] Im deutsch-französischen Handel sei es sogar so, daß das traditionelle französische Defizit sich im Jahre 1970 verringert habe.[43] Das Problem, vor das sich die Bundesregierung gestellt sah, sei somit das flottierende Kapital als Ergebnis der amerikanischen Zahlungsbilanz gewesen. Große multinationale Gesellschaften hätten immer das Bestreben, das angesammelte Kapital abhängig von den besten Gewinnmöglichkeiten anzulegen. Französischerseits glaube man, daß es andere Mittel und Wege gebe, dagegen anzukämpfen, beispielsweise durch eine Verringerung der Zinssätze, durch ein Verzinsungsverbot oder sogar, wie auch die Schweiz dies betreibe, durch das Mittel der Negativzinsen. In dieser Richtung sei die Bundesregierung auch vorgegangen, dennoch habe sie das Floating als Einleitung einer möglichen Aufwertung der Mark gewollt.

Er bitte doch, die Sorgen zu sehen, die sich daraus für Frankreich und für den Agrarmarkt der Gemeinschaft ergeben. Das Funktionieren des Agrarmarktes setze die Stabilität der Währung voraus. Komme es zu einer Aufwertung der Mark, hätten Satz und Modalitäten dieser Aufwertung größte Bedeutung für Frankreich und für die Gemeinschaft. Der Agrarmarkt sei nämlich ein wesentlicher Teil der Gemeinschaft. Werde er bedroht, könne es zu einer schrittweisen Auflösung der Gemeinschaft kommen. Die Partner in der Gemeinschaft seien auch schon wegen der Bedeutung der deutschen Wirtschaftskraft in eine schwierige Lage versetzt worden. Die Holländer hätten wider Willen die Wechselkurse des Gulden freigegeben[44], fast hätten auch die Belgier nachgezogen. Er wolle auch auf etwas aufmerksam machen, was bisher noch nicht angeklungen sei. Das Floating und eine mögliche Aufwertung der Mark könnten für Frankreich inflationistische Konsequenzen haben. Vergrößere sich der Abstand im Lohnniveau zwischen beiden Ländern, müsse man damit rechnen, daß die französischen Gewerkschaften stärkere Lohnforderungen anmelden. Des weiteren könne man zwischen Frankreich und Deutschland nicht mehr so räsonieren, als ob es die Gemeinschaft nicht gebe. Die Handelsströme zwischen beiden Ländern hätten ein Verhalten hervorgebracht, das so beschaffen sei, als seien beide Länder ein Land. Wenn ein französischer Industrieller in Deutschland eine Maschine bestelle und der Preis dieser Maschine um 5 v. H. teurer werde, sei es eben nicht so, daß dieser Industrielle dann die Maschine in Stockholm, Chicago oder Oslo bestelle. Vielmehr sage er sich, gut, das Ding kostet eben 5 v. H. mehr, und sein Verhalten sei dann ähnlich der Verhaltensweise einer Hausfrau, die beim Markteinkauf feststelle, daß die Pfirsiche teurer geworden sind. Sie werde dann dennoch diese Pfirsiche kaufen, nach Hause gehen und dem Ehemann sagen, er müsse mehr Lohn fordern, weil die Lebenshaltungskosten gestiegen sind. So müsse man die Auswirkungen der deutschen Maß-

---

[42] Der Außenhandelsüberschuß der Bundesrepublik betrug 1969 15,584 Milliarden DM, 1970 15,670 Milliarden DM und 1971 15,892 Milliarden DM. Vgl. dazu STATISTISCHES JAHRBUCH 1972, S. 285.

[43] Das Außenhandelsdefizit von Frankreich gegenüber der Bundesrepublik betrug 1969 2,42 Milliarden DM und ging 1970 auf 1,581 Milliarden DM zurück. Vgl. dazu STATISTISCHES JAHRBUCH 1972, S. 305.

[44] Die niederländische Regierung beschloß am 9. Mai 1971 eine vorübergehende Freigabe des Wechselkurses des Gulden.

nahmen sehen. Auf den Hinweis, Frankreich solle doch wie die Bundesrepublik vorgehen, müsse er antworten, daß man die eigenen Entscheidungen nicht von den Maßnahmen anderer Regierungen abhängig machen könne und daß man ferner glaube, daß der Wert des Franken richtig bemessen sei. Die Lage des französischen Handels sei auch keinesfalls exzessiv; es gebe also keinen Grund zur Aufwertung.

Aus der entstandenen Lage müsse man aber rauskommen. Nun sage der Herr Bundeskanzler, man müsse für die Tagung des Internationalen Währungsfonds eine gemeinsame europäische Front aufbauen, und dies könne dadurch geschehen, daß man dem Gedanken einer Erweiterung der Bandbreiten zustimme. Dazu wolle er bemerken, daß beide Regierungschefs wohl wüßten, daß die USA schon immer eine Erweiterung der Bandbreiten gewünscht haben. Unter diesen Umständen finde er es ein bißchen lächerlich, eine gemeinsame Front der Europäer dadurch aufzubauen, daß man einer amerikanischen Bitte entspreche. Im übrigen hänge auch alles von dem Ausmaß der Erweiterung der Bandbreiten ab. Komme es, wie Minister Schiller und auch die Italiener dies vorschlagen, zu einer Erweiterung von plus minus drei Punkten, ergäben sich daraus sowohl internationale als auch innergemeinschaftliche Nachteile.

Internationale Nachteile deshalb, weil seines Erachtens bei solchen Bandbreiten es immer Währungen gebe, die nach oben gezogen würden und solche, die nach unten gedrückt würden. Man müßte also mit maximalen Kursschwankungen von 6 v. H. rechnen. Ein solches Regime könne man nicht lange aufrechterhalten, weil es sonst zu einer Serie von ständigen Auf- und Abwertungen komme. Amerikanische Theoretiker hätten ein solches System schon lange als Perspektive hingestellt. Wolle man dem zustimmen, bedeute dies, das man die Unordnung institutionalisiere. Der Dollar wäre dann nicht nur Reservewährung, sondern praktisch die einzige Währung, in der Handelsabschlüsse getätigt würden, weil niemand sich mehr in den ständigen Auf- und Abwertungen der anderen Währungen auskenne. Er wolle dafür ein Beispiel zitieren, das dem Herrn Bundeskanzler vielleicht unbekannt sei. Er wisse, daß es zwischen holländischen und deutschen Firmen in der letzten Zeit wegen des Floatings beider Währungen zu Abschlüssen in Dollarbeträgen gekommen sei, obwohl der Gulden und die Mark gesunde Währungen seien. Die Firmen hätten aber dennoch in Dollar abgeschlossen, weil sie nicht Opfer des Floatings werden wollten.

In der Gemeinschaft sei es so, daß bei zehn Währungen mit verschiedener Solidität und weniger starken Bandbreiten nach innen als nach außen Interventionen aus dem Reservefonds ständig erforderlich wären. Immer wenn es zu einer Aufwertung der Mark oder zu einer Abwertung der Lira oder des französischen Franken komme, müsse man enorme Mittel aus dem Reservefonds in Anspruch nehmen.

Angesichts dieser ständigen Nachteile müsse man auf alle Fälle eine Lösung finden. Vielleicht könne man sie in einer mäßigen Aufwertung der Mark, gegebenenfalls auch in einer mäßigen Veränderung der Bandbreiten finden. Er halte es aber für überhaupt nicht sinnvoll, bei der Tagung des Internationalen Währungsfonds den Amerikanern auf einem Silberteller das anzubieten, was sie seit langem wollen, und dies dann als gemeinsame Front der Europäer hinzustellen.

Für Frankreich sei es von Bedeutung, daß man deutscherseits verstehe, daß es sich hier nicht um ein simples Wirtschaftsproblem, sondern um eine Frage der Gemeinschaftsmoral handle. Jede Regierung müßte die Möglichkeit haben, den eigenen Schwierigkeiten entgegenzutreten, dies aber in der Weise tun, daß das eigene Konzept in ein Gemeinschaftskonzept eingebaut werden könne, welches es zur Zeit allerdings noch nicht gebe. Es sei eben so, daß man beiderseits die Schwierigkeiten durchaus kenne, aber keine Lösung finde.

Es wurde abschließend vereinbart, zu dem Gespräche am Nachmittag die beiden Herren Finanzminister hinzuzuziehen.

Bundeskanzleramt, AZ: 21-30 100 (56), Bd. 36

229

Gespräch des Bundeskanzlers Brandt mit Staatspräsident Pompidou

5. Juli 1971[1]

Zweites Gespräch, 5. Juli, 15 Uhr, an Bord MS Loreley.[2]
Die Herren Minister Schiller und Giscard d'Estaing sind anwesend.

Präsident *Pompidou* teilte dem Herrn Bundeskanzler zunächst mit, er habe darum gebeten, daß der deutsche Dolmetscher Herrn Minister Schiller während des Essens über das informiere, was er (Pompidou) zum Thema Währungsproblem am Vormittag gesagt habe. Es sei interessant zu erfahren, wie Minister Schiller darauf reagiere.

Minister *Schiller* wies auf das hin, was er bereits bei Tische gesagt habe, daß es nämlich bei dem System der größeren Bandbreiten[3] nicht darum gehe, Jahr für Jahr die Dollarparität aufzuwerten, sondern darum, daß die ganze Gemeinschaft größere Bandbreiten nach außen, geringere Bandbreiten nach innen zur Verfügung habe. Dies heiße nicht, daß ein Land alleine die ganze Bandbreite etwa im Minusfeld ausnutzen könne, vielmehr müsse man beieinander bleiben. Er glaube auch, daß dies die gute Methode des Vorgehens gegen inflationistische Tendenzen aus dem Dollarraum darstelle. Es handle sich um eine flexible Politik innerhalb gemeinsam fixierter Margen, die auch den Tendenzen im Internationalen Währungsfonds entspreche, wie dies von den Exekutivdirektoren

---

[1] Durchdruck.
   Die Gesprächsaufzeichnung wurde von Vortragendem Legationsrat Merten am 9. Juli 1971 gefertigt.
[2] Für das erste und dritte Gespräch vgl. Dok. 228 und Dok. 232.
[3] Zum Vorschlag der Bundesregierung, im Internationalen Währungsfonds (IWF) für eine Erweiterung der Bandbreiten der Wechselkurse einzutreten, vgl. Dok. 228, Anm. 35.

des Fonds in Kopenhagen ausgedrückt worden sei.[4] Er wolle noch folgendes hinzufügen: Wenn es gelänge, in Washington[5] zu Sechs ein solches Modell zu vertreten, hätte man eine reelle Chance, dieses Modell in der Zehnergruppe und im Internationalen Währungsfonds durchzusetzen. Man könnte dann bei uns in der Gemeinschaft die nötigen Maßnahmen treffen. Dies wäre auch ein Schritt auf die Wirtschafts- und Währungsunion. Bezüglich der erforderlichen Interventionen habe er selber schon gesagt, daß Schritte, die eines Tages erfolgen müßten, jetzt schon vorgezogen werden könnten, wie man auch bereit sei, den erst für später vorgesehenen Reservefonds[6] jetzt schon anlaufen zu lassen. Insgesamt gesehen bedeute eine Erweiterung der Bandbreiten nach außen größere Flexibilität, die Verringerung der Bandbreiten nach innen größere Stabilität.

Präsident *Pompidou* erklärte dazu, er habe heute vormittag dem Herrn Bundeskanzler in aller Offenheit dargelegt, wie man französischerseits die durch die deutschen Maßnahmen[7] entstandene Lage bewerte. In französischer Sicht sei klar, daß die Entscheidung auf Freigabe der Wechselkurse der Mark eine Vorbereitung auf die dritte Aufwertung der Mark[8] darstelle. Nun habe Minister Schiller erklärt, daß es nicht darum gehe, Jahr für Jahr die Dollarparität neu festzusetzen. Für ihn liege nicht auf der Hand, daß jemand, der dreimal nacheinander aufgewertet habe, plötzlich dem Mittel der Aufwertung den Rücken zukehre. Es sei denkbar, daß die Erweiterung der Bandbreiten die Lösung der Probleme eines Landes mit sich bringe. Gleichfalls könne man sagen, daß aus sehr starren Bandbreiten vermeidbare Krisen herrühren könnten. Bei einer möglichen Erweiterung der Bandbreiten müßte man dann aber mit engen Margen operieren, weil man sonst in ein ständiges System der Auf- und Abwertung hineingerate. Er könne sich auch nicht vorstellen, wie man mit zehn Währungen in der Gemeinschaft ein System extrem enger Breiten nach innen bei größter Außenbreite ohne ständige Stützung aus dem Fonds aufrechterhalten könne. Man müsse befürchten, daß es zu einem ständigen Wirrwarr der

---

[4] Die Jahrestagung des Internationalen Währungsfonds (IWF) fand vom 21. bis 25. September 1970 in Kopenhagen statt. Eine Woche zuvor übermittelten die Exekutivdirektoren des IWF dem Gouverneursrat einen Bericht mit dem Titel „The Role of Exchange Rates in the Adjustment of International Payments", in dem sie sich mit Vorschlägen für eine Reform des Weltwährungssystems auseinandersetzten. Sie sprachen sich gegen folgende drei Lösungswege aus: 1) völlige Freigabe der Wechselkurse; 2) feste Währungsparitäten mit einer größeren Bandbreite von +/– 5%; 3) ein System automatischer Paritätsänderungen nach festgelegten Formeln („crawling peg"). Dagegen kamen sie zu dem Ergebnis, daß an dem bestehenden System fester Paritäten grundsätzlich festgehalten, aber eine größere Elastizität angewendet werden solle. Dazu schlugen sie drei Möglichkeiten vor: 1) schnellere, aber kleinere Anpassungen der Paritäten; 2) eine moderate Erweiterung der Bandbreiten; 3) eine befristete Freigabe des Wechselkurses. Vgl. dazu den Artikel „Revolution No, Progress Yes in IMF Studies"; INTERNATIONAL HERALD TRIBUNE vom 22. September 1970, S. 9.

[5] Zur Jahrestagung des Internationalen Währungsfonds (IWF) vom 27. September bis 1. Oktober 1971 vgl. Dok. 349, Anm. 3.

[6] Zur Schaffung eines „Europäischen Fonds für währungspolitische Zusammenarbeit" vgl. Dok. 228, Anm. 41.

[7] Zu den währungspolitischen Maßnahmen der Bundesregierung vom 9./10. Mai 1971 vgl. Dok. 157, Anm. 6, und Dok. 167, Anm. 15.

[8] Die Bundesregierung beschloß am 3. März 1961 eine Aufwertung der DM um 4,76% mit Wirkung vom 6. März 1971; die Parität gegenüber dem Dollar änderte sich von 4,20 DM auf 4 DM.
Am 24. Oktober 1969 beschloß die Bundesregierung eine Aufwertung der DM gegenüber dem Dollar um 9,3%; die Parität änderte sich damit von 4 DM auf 3,66 DM. Vgl. dazu AAPD 1969, II, Dok. 323.

Währungskurse komme und gleichzeitig zu einer Stärkung der Dollarzone, weil jeder sich dann in der Kreisbahn des Dollars bewege. In der Gemeinschaft müsse dies Spannungen zwischen den starken und schwächeren Währungen mit sich bringen, was letzten Endes zu einer Krise der Gemeinschaft führen könne. Er habe dem Herrn Bundeskanzler bereits gesagt, daß sich aus der Aufwertung der Mark inflationistische Tendenzen in Frankreich ergeben können. Dies gelte für Löhne wie für Preise. Dabei sehe er die Notwendigkeit einer Aufwertung der D-Mark nicht ein, diese sei nicht unterbewertet. Das Problem liege auch nicht in der Außenhandelsbilanz der Bundesrepublik, sondern im Zufluß fremden Kapitals. Er wolle ganz offen sagen, daß er sich 50 andere Mittel der Bekämpfung eines solchen Zuflusses vorstellen könne, ohne dabei die Währungsverhältnisse zu stören. Welches Interesse sollten die Europäer daran haben, sich auf eine Formel zu einigen, welche die Lage noch schlimmer gestaltet?

Minister *Schiller* erwiderte, alle westeuropäischen Länder seien seit vorigem Jahr – mit Unterschieden – in eine besondere Inflation hineingeraten. Dies rühre nicht nur aus heimischen Kostensteigerungen, sondern aus dem festgestellten Riesendefizit der amerikanischen Zahlungsbilanz. Daraus sei Liquidität frei geworden, die neue inflationistische Tendenzen mit sich brachte. Er wolle das Beispiel der Schweiz zitieren, die bis zum Zeitpunkt der Aufwertung eine Preissteigerung von 7 v. H. erlebt habe. Gleiches hätten auch andere Länder in unterschiedlichem Umfange durchmachen müssen. Gegen einen Zufluß amerikanischen Kapitals könne man sich direkt wenden, aber diese Beeinflussung von uns aus sei nur in sehr engen Grenzen möglich, man müsse das als Europäer tun. Eine Herabsetzung des Werts des Dollars heiße den Weg zu größerer Flexibilität beschreiten. Wir Deutsche wollten nicht allein diese amerikanische Herausforderung auf uns nehmen. Europa müsse als Ganzes darauf reagieren. Deshalb rede er einer größeren, aber kontrollierten Flexibilität nach außen das Wort, weil wir sonst das Zahlungsbilanzdefizit der USA finanzierten. Schon werde behauptet, daß die europäische Inflation die Funktion habe, den Vietnam-Krieg der Amerikaner zu finanzieren. Solche krassen Auffassungen teile er nicht, man müsse aber etwas tun, um eine Antwort auf die schwierigen Probleme zu finden. Bliebe es bei der bisherigen Praxis, zeige sich die Inflation stärker in dem einen als dem anderen Land der Gemeinschaft. Damit sei wiederum eine Erosionsgefahr für die ganze Gemeinschaft gegeben. Dies könne niemand wollen. Deshalb glaubten wir, daß unser Vorschlag auch dem Ziel diene, Europa eine stärkere Eigenpersönlichkeit auf monetärem Gebiet zu geben. Wenn dies nicht gelinge, käme es nicht zu einer Wirtschafts- und Währungsunion, sondern lediglich zu einer Harmonisierung der Inflationsraten.

Zu dem aktuellen Bezug des Präsidenten wolle er bemerken, daß am 9. Mai keine Aufwertung der D-Mark zu einem festen Satz zu erreichen war. Er habe damals seinem französischen Kollegen unter vier Augen gesagt, daß niemand in der Bundesrepublik angesichts der besonderen Konjunktursituation das Risiko auf sich nehmen könne, den rechten Aufwertungssatz zu berechnen. Deshalb habe man mit Hilfe des Floating Druck aus dem Lande lassen müssen.

Unser Vorschlag gehe nun dahin, daß für die Wirtschafts- und Währungsunion die Möglichkeit geschaffen werde, unser Instrumentarium durch größere Bandbreiten nach außen zu stärken und nach innen den Zentralbanken die Möglichkeit zu geben, ihre Instrumente einsetzen zu können, damit sie nicht durch überseeische Ereignisse unterlaufen werden.

Hinsichtlich der deutschen Maßnahmen habe der Herr Bundeskanzler bereits gesagt, daß man nicht darlegen könne, wann man zu welcher Parität der D-Mark komme. Die Situation sei noch undurchsichtig. Einzelne positive Aspekte der getroffenen Maßnahmen seien bereits sichtbar.

Minister *Giscard d'Estaing* ergänzte sodann die Bemerkungen Präsident Pompidous mit folgenden Hinweisen: Im internationalen Währungssystem gebe es seit langem zwei Problemkreise, nämlich erstens ein europäisches Problem: Wie soll das europäische Währungssystem organisiert werden? Zweitens habe man es mit den periodisch auftretenden Krisen des internationalen Währungssystems zu tun. Diese habe man 1967[9], 1968[10] und 1971 erlebt.

Bis vor drei Monaten habe man die Absicht gehabt, beide Probleme verschieden voneinander zu behandeln. Im Frühjahr sei es nun zu einer neuen Krise gekommen, die Bundesregierung habe sich für das Floating der Mark entschieden. Er lege Wert auf die Feststellung, daß es in seinen Diskussionen mit dem Kollegen Schiller nie zu einem Antagonismus gekommen sei, er schätze durchaus die intellektuelle Qualität seiner Unterredungen mit Minister Schiller. Wenn jetzt von deutscher Seite erklärt werde, daß das Floating der Mark nur vorübergehend sei, daß man aber die von ihm genannten zwei Problemkreise nunmehr im Zusammenhang behandeln wolle, wenn man sage, daß man zu einer festen Parität erst zurückkehren könne, wenn eine Entscheidung hinsichtlich des internationalen Währungssystems gefallen sei, dann stelle das für Frankreich etwas Neues dar. Dies erkläre auch die abwartende Haltung der französischen Regierung, die der Auffassung sei, daß es europäische Probleme gibt, die man unter uns lösen könne durch eine Annäherung an realistische Paritäten, ohne daß man dies von der Lösung der internationalen Fragen abhängig machen müsse. Den internationalen Lösungen Vorrang beimessen, könne eine Abkehr von der Gemeinschaft bedeuten.

Was die internationalen Krisen anbelange, gebe es seit Jahren Diskussionen unter den Fachleuten über das Thema Bandbreitenveränderung. Vor zwei Jah-

---

[9] Am 18. November 1967 gab die britische Regierung als Maßnahme zur Verbesserung ihrer Zahlungsbilanz eine Abwertung des Pfund Sterling um 14,3 % von 2,80 Dollar auf 2,40 Dollar bekannt. Am selben Tag erklärte Präsident Johnson, daß die USA sich auch weiterhin verpflichte, Gold zum bestehenden Preis von 35 Dollar je Unze zu kaufen und zu verkaufen, nachdem zuvor bekannt geworden war, daß Frankreich bereits seit sechs Monaten seine Mitarbeit in dem von den Zentralbanken zur Regulierung der Preisschwankungen am Londoner Goldmarkt getragenen Goldpool eingestellt hatte. Weitere Meldungen, denen zufolge andere Staaten dem französischen Schritt folgen wollten und Staatspräsident de Gaulle nach der Abwertung des Pfund Sterling sein Ziel einer Abwertung des Dollar durch eine Erhöhung des Goldpreises erreichen wolle, führten zu umfangreichen spekulativen Goldkäufen. Am 7. Dezember 1967 gab das amerikanische Finanzministerium bekannt, daß Gold im Gegenwert von 475 Mio. Dollar an den Goldpool überwiesen worden sei. Die amerikanischen Goldreserven zur Deckung der Währung sanken damit auf den tiefsten Stand seit 1937. Vgl. dazu AdG 1967, S. 13552 und S. 13589.

[10] Spekulationen über eine Aufwertung der DM und eine Abwertung des französischen Franc führten im November 1968 zu einer internationalen Währungskrise. Auf einem ad hoc einberufenen Treffen der Wirtschafts- und Finanzminister sowie der Notenbankpräsidenten der Zehnergruppe vom 20. bis 22. November 1968 in Bonn lehnte die Bundesregierung eine von Frankreich, Großbritannien und den USA geforderte Aufwertung der DM ab. Vgl. dazu AAPD 1968, II, Dok. 389.

ren in Washington[11] sei dieses Thema sehr à la mode gewesen, während man vor kurzem in Kopenhagen weniger davon gehört habe. Nunmehr stelle man eine Erweiterung der Bandbreiten als Kampfmittel gegen die Inflation hin. Dazu wolle er folgendes sagen: Zunächst könne er keinen Unterschied in der Lage der Länder, die Floating betreiben, und derjenigen, die dies nicht tun, feststellen. Sodann stelle man fest, daß die Länder, deren Währungen im Floating begriffen seien wie der kanadische Dollar[12], der Gulden[13] oder die D-Mark gar nicht auf die alte Parität zurückkehren wollten, sondern eine höhere Parität anstrebten. Daraus ergebe sich, daß das Floating nicht als technischer Schutz gegen Inflation, sondern als Vorbereitung auf eine Aufwertung gedacht sei. Es sei ersichtlich, daß es zu einer Anhebung der Parität des kanadischen Dollars und der deutschen Mark im Verhältnis zum US-Dollar kommen werde. Die Ereignisse in der Bundesrepublik ließen erkennen, daß man im Mai vielleicht noch keine Aufwertung wollte, der Zwang der Dinge jedoch eine solche produziere. Durch das Floating werde das große internationale Problem, das Defizit der amerikanischen Zahlungsbilanz, nicht gelöst. Im übrigen frage er sich noch einmal, warum man internationalen Fragen Priorität zumesse, wenn es vorher darum gehe, Probleme der Gemeinschaft zu lösen.

Der Herr *Bundeskanzler* äußerte sodann seine Befürchtung, man könne in diesem Gespräch nicht mehr weit kommen. Vielleicht ergebe sich am morgigen Vormittag[14] Gelegenheit, noch einmal über diese Fragen zu sprechen. In jedem Falle halte er es für notwendig, ein Verfahren bilateraler Konsultationen als Vorbereitung auf die September-Tagung in Gang zu setzen. Er rege dies in der Hoffnung an, daß sich die Standpunkte noch einander annähern können, ohne daß man dies dem Rat der Gouverneure oder dem Währungsausschuß überlassen müsse.

Präsident *Pompidou* entgegnete, er wünsche ebenfalls, daß besonders in diesen Fragen enge Kontakte zwischen den beiden Regierungen aufrechterhalten blieben. Auch er wolle noch einmal betonen, was Minister Giscard d'Estaing vorgetragen habe, daß es nämlich ärgerlich sei, feststellen zu müssen, daß europäische Probleme in Abhängigkeit von einer Tagung des Internationalen Währungsfonds gelöst werden sollten. Fände die Tagung des Internationalen Währungsfonds beispielsweise erst im nächsten April statt, würde dies bedeuten, daß bis dahin neun Monate lang Floating betrieben würde. Er halte dies im Hinblick auf den europäischen Gedanken für schädlich. Er hoffe, daß es noch

---

[11] Auf der Jahrestagung des Internationalen Währungsfonds (IWF) vom 29. September bis 3. Oktober 1969 in Washington wurde die Frage einer größeren Flexibilität der Währungsparitäten eingehend erörtert. Bundesbankpräsident Blessing sprach sich u. a. gegen eine unbegrenzte Flexibilität der Wechselkurse aus. Er regte aber an, „die Frage einer größeren Elastizität von Wechselkurskorrekturen innerhalb vorbestimmter Limiten zu prüfen, allerdings unter Aufrechterhaltung der Charakteristiken des gegenwärtigen Systems". Vgl. den Artikel „Abschluß der Plenargespräche an der Washingtoner Währungskonferenz"; NEUE ZÜRCHER ZEITUNG, Fernausgabe vom 4. Oktober 1969, S. 13.

[12] Die kanadische Regierung gab am 31. Mai 1970 den Wechselkurs des kanadischen Dollar frei. Der Handel an den Devisenbörsen führte daraufhin zu einer Bewertung des kanadischen im Verhältnis zum amerikanischen Dollar, die einer Aufwertung um ca. 5 % entsprach.

[13] Die niederländische Regierung beschloß am 9. Mai 1971 eine vorübergehende Freigabe des Wechselkurses des Gulden.

[14] Am 6. Juli 1971 fand im Rahmen der deutsch-französischen Konsultationsbesprechungen eine Plenarsitzung beider Delegationen statt. Für das Protokoll vgl. VS-Bd. 9790 (I A 1).

im Sommer zu einem Meinungsaustausch komme, auch wenn dabei nicht völlige Einstimmigkeit mit Minister Schiller erzielt werden könne. Der Wille zu einer gemeinsamen Verständigung sei aber gegeben.

Minister *Schiller* fügte abschließend, als Fußnote, noch eine Bemerkung an: Als man über den Werner-Plan[15] diskutiert habe und am 9. Februar 1971 einen Beschluß gefaßt habe[16], habe man nicht nur über europäische Währungsprobleme, sondern auch die internationalen Fragen gesprochen und deren Verbindung mit der Gemeinschaft durchaus gesehen. Es sei damals gesagt worden, daß, sollte es im internationalen System zu einer Bandbreitenerweiterung kommen, die Relationen unter den Währungen der Gemeinschaft dann nicht ausgeweitet werden sollten. Genau dies sei auch die Linie unseres Vorschlags für Washington.

Ende des Gesprächs beim Anlegen des Schiffes in Koblenz.

Bundeskanzleramt, AZ: 21-30 100 (56), Bd. 36

230

Gespräch des Bundeskanzlers Brandt mit dem französischen Premierminister Chaban-Delmas

Z A 5-65.A/71 VS-vertraulich   **5. Juni 1971**[1]

Aufzeichnung über das Gespräch des Herrn Bundeskanzlers mit dem französischen Premierminister Chaban-Delmas am 5. Juli 1971 um 18.00 Uhr.

Der Herr *Bundeskanzler* unterrichtete den französischen Premierminister kurz über Inhalt und Stand der im Laufe des Tages mit dem französischen Präsidenten geführten Gespräche.[2]

Er gab Premierminister Chaban-Delmas sodann Kenntnis von der beschlossenen Abänderung des Hamburger Abkommens.[3]

Premierminister *Chaban-Delmas* dankte für diese Maßnahme, die zur Erreichung einer echten Annäherung der Bevölkerung und insbesondere der Jugend beider Länder ein wesentlicher Schritt sei.

---

[15] Zum Bericht vom 8. Oktober 1970 an Rat und Kommission über die stufenweise Verwirklichung der Wirtschafts- und Währungsunion in den Europäischen Gemeinschaften („Werner-Bericht") vgl. Dok. 27, Anm. 3.

[16] Zur EG-Ministerratstagung am 8./9. Februar 1971 in Brüssel vgl. Dok. 59.

[1] Die Gesprächsaufzeichnung wurde von Dolmetscherin Siebourg gefertigt.

[2] Für die Gespräche mit Staatspräsident Pompidou vgl. Dok. 228 und Dok. 229.

[3] Zur Änderung des Paragraphen 13 des Abkommens vom 28. Oktober 1964 zwischen den Ländern der Bundesrepublik zur Vereinheitlichung auf dem Gebiet des Schulwesens („Hamburger Abkommen") vgl. Dok. 194, Anm. 13.

Der Herr *Bundeskanzler* ging dann auf zwei Themen ein, die schon bei den Januar-Konsultationen[4] erwähnt worden waren:

1) Technologie-Politik

Verstärkte Zusammenarbeit auf diesem Gebiet sei wünschenswert, damit auch dieser Bereich in der Gemeinschaft weiterentwickelt und in die Bemühungen um eine Gemeinschaftspolitik zunehmend einbezogen werden könne. In Frankreich bestehe offensichtlich – und verständlicherweise – eine gewisse Neigung, Fragen der Technologie nicht vorzeitig aus der nationalen Zuständigkeit an die Gemeinschaft abzugeben. Infolgedessen schlage er vor, die zuständigen Fachminister beider Länder[5] zu ermächtigen, miteinander zu erarbeiten, welche Bereiche aus diesem Gesamtgebiet für europäisches oder bilaterales Vorgehen geeignet seien, welche vorerst nationalem Vorgehen vorbehalten bleiben sollten. Die Fachminister könnten sodann über ihre Beratungen berichten, damit man des gemeinsamen Einvernehmens sicher sei und in Brüssel entsprechend vorgehen könne.

Premierminister *Chaban-Delmas* stimmte diesem Vorschlag zu.

2) Umweltschutz

Der Herr *Bundeskanzler* überreichte hierzu einen Vermerk[6] und erläuterte, es werde darin die Bildung einer Arbeitsgruppe für Fragen des Umweltschutzes vorgeschlagen, mit der Absicht – abgesehen von Einzelkontakten verschiedener Minister, in deren Zuständigkeit Teilgebiete dieses Komplexes fallen – einen einheitlichen Rahmen und ein ständiges Organ zu schaffen.[7]

Premierminister *Chaban-Delmas* erwiderte, er halte dies für sehr wichtig, um so mehr als dieser Themenbereich sich in Zukunft sicherlich noch auf weitere Gebiete ausdehnen werde und somit eine Gesamtzuständigkeit bei einem ständigen Organ notwendig werde. In Frankreich werde diese dem Minister für Umweltfragen zufallen.

Der Herr *Bundeskanzler* erwähnte anschließend begrüßenswerte Teilergebnisse im Gebiet der bilateralen wirtschaftlichen Zusammenarbeit (vier Projekte), die sich erfreulicherweise inzwischen über eine Zusammenarbeit in den benachbarten Regionen an den Landesgrenzen hinausentwickle.

---

[4] Für die deutsch-französischen Konsultationsbesprechungen am 25./26. Januar 1971 in Paris vgl. Dok. 27–32.

[5] Hans Leussink und François Xavier Ortoli.

[6] Bundeskanzler Brandt übergab Ministerpräsident Chaban-Delmas eine Aufzeichnung zum Thema „Deutsch-französische Zusammenarbeit in Umweltfragen", in der der Stand der bilateralen Kooperation dargelegt wurde und Vorschläge für deren Ausweitung unterbreitet wurden. Abschließend hieß es: „Es erscheint wünschenswert und sinnvoll, zur Koordinierung der bereits vereinbarten Kontakte und zur Organisation der Zusammenarbeit insgesamt einen deutsch-französischen Arbeitsausschuß für Umweltfragen zu errichten, wobei die zwischen dem Bundesinnenministerium und dem französischen Ministerium für Naturschutz und Umweltschutz bestehende Lenkungsgruppe einbezogen werden sollte. Erste Aufgabe dieses Ausschusses könnte die Gegenüberstellung des deutschen Umweltgesamtprogrammes mit entsprechenden französischen Programmen sein; bis zur nächsten deutsch-französischen Staats- bzw. Regierungschefkonsultation könnte er eine Auswertung über die auf beiden Seiten bestehenden Probleme, die Zielsetzungen und mögliche gemeinsame Aktivitäten vorlegen." Für die undatierte Aufzeichnung vgl. Referat III A 8, Bd. 479.

[7] Mit Note vom 13. Juli 1971 stimmte die französische Regierung dem Vorschlag der Bundesregierung zu und benannte vier Mitglieder des deutsch-französischen Arbeitsausschusses für Umweltfragen. Vgl. dazu Referat III A 8, Bd. 479.

Premierminister *Chaban-Delmas* trug ein französisches Anliegen vor:

Entsprechend einem Vertrag von 1956 werde Saar-Kohle nach Frankreich eingeführt.[8] Angesichts der Veränderungen auf dem Energiemarkt und dadurch eingetretener interner Schwierigkeiten mit den Bergleuten stellten sowohl der Preis als auch die Quantitäten dieser Importe für Frankreich ein Problem dar. Zwar sei dieser Vertrag seinerzeit auf Wunsch Frankreichs in der vorliegenden Form konzipiert worden; dennoch sehe sich die französische Regierung heute veranlaßt, den Wunsch vorzutragen, den Vertrag vorzeitig auslaufen zu lassen (in einer Spanne von zwei bis drei Jahren), für diese verbleibende Vertragszeit geringere Einfuhrquoten zu vereinbaren und den Preis (der bisher auf den sehr hohen Gestehungskosten aufbaut) dem internationalen Preis anzugleichen, wobei Frankreich dann bei Kohle-Importen jeweils der Saar-Kohle den Vorzug geben werde.

Da der Vertrag den Wirtschaftsministern die Zuständigkeit zuschreibe, könnten diese sich miteinander über diese Frage verständigen und dann ihre nationalen Behörden jeweils von ihrer Absprache verständigen.

Der Herr *Bundeskanzler* erklärte sein Einverständnis damit, daß die Wirtschaftsminister[9] diese Frage erörtern und zu lösen versuchen. Er erklärte abschließend, in weiteren noch offenen Fragen, insbesondere den währungspolitischen Fragen, gebe es bereits Berührungspunkte, es bedürfe aber noch weiterer Gespräche der Fachleute. Diese Gespräche sollten schon bald fortgesetzt werden, damit im September möglichst schon Resultate vorliegen.

Das Gespräch endete gegen 18.40 Uhr.

Bundeskanzleramt, AZ: 21-30 100 (56), Bd. 36

---

[8] In Artikel 83 des deutsch-französischen Abkommens vom 27. Oktober 1956 zur Regelung der Saar-Frage (Saar-Abkommen) verpflichtete sich Frankreich zur jährlichen Abnahme von 33% der zum Verkauf verfügbaren Saarkohle. Für den Wortlaut vgl. BUNDESGESETZBLATT 1956, Teil II, S. 1632. Bereits seit der Jahreswende 1966/67 forderte die französische Regierung, die Bundesregierung solle sich an der daraus für Frankreich resultierenden finanziellen Belastung beteiligen. Mit Kabinettsbeschluß vom 19. Februar 1969 erklärte sich die Bundesregierung schließlich bereit, ca. 30% der französischen Verluste zu übernehmen. Vgl. dazu die Aufzeichnung des Referats III A 5 vom 28. Februar 1969; Referat III A 5, Bd. 697. Vgl. dazu auch AAPD 1969, I, Dok. 7.

[9] Karl Schiller und Valérie Giscard d'Estaing.

231
Aufzeichnung des Ministerialdirigenten van Well

II A 1-84.20/11-959/71 geheim 5. Juli 1971[1]

Betr.: Berlin-Verhandlungen

Am 4. Juli fand auf Wunsch der Botschafter der drei Westmächte eine Besprechung im Hause von Staatssekretär Frank statt, zu der die drei Botschafter von den Herren Dean, Lustig und Audland begleitet wurden. Auf deutscher Seite nahmen neben Staatssekretär Frank Staatssekretär Bahr und MDg van Well teil.

Sir Roger Jackling eröffnete das Gespräch mit dem Thema des künftigen Verlaufs der Berlin-Verhandlungen. Die Gespräche müßten beschleunigt werden. Der bisherige Rhythmus von zweiwöchigen Botschaftertreffen reiche nicht mehr aus. Man solle sich jetzt jede Woche treffen. Die Botschaftsräte sollten möglichst die Arbeitstage der Woche in Berlin sein und dort umschichtig mit den Russen verhandeln und mit der Vierergruppe konsultieren. Man solle dieses beschleunigte Verfahren beginnen, falls die Sowjets beim nächsten Botschaftertreffen am 8. Juli[2] positiv reagieren.

Botschafter Rush meinte, es sei jetzt ein Stadium erreicht, in dem die Arbeit der Berater beschleunigt werden sollte. Um Dean von seinen übrigen Aufgaben in der Botschaft freizumachen, habe Washington den Botschaftsrat Anderson von der NATO nach Bonn abgeordnet. Dean könne sich jetzt also ausschließlich auf Berlin konzentrieren. Er sei damit einverstanden, daß die Botschafter sich künftig jede Woche oder alle zehn Tage träfen. Allerdings sei es erforderlich, daß den Botschaftern von den Beratern ein vollständiger Text eines Berlin-Abkommens, mit den entsprechenden offenen Punkten, vorgelegt werde, ehe die Botschafter selbst an die Verhandlungen herangehen könnten. Zum Schluß könnten die Botschafter ein paar Tage hintereinander tagen, um die letzten offenen Punkte zu erledigen. Er selbst, Rush, werde sich die nächsten zwei Monate für die Berlin-Verhandlungen völlig freihalten.

Sauvagnargues hielt auch eine Beschleunigung der Arbeiten für angezeigt, meinte jedoch, man solle die Methode nur ändern, wenn die Gespräche selbst entsprechende Fortschritte aufwiesen. Wichtig sei es, einen Gesamttext zu erhalten, selbst wenn er noch mit vielen offenen Punkten und Fußnoten versehen sei. Vielleicht sei es nützlich, wenn die Botschafter schon vor der eigentlichen Schlußphase selbst in die Detailverhandlungen eingriffen, um besondere Probleme zu bereinigen, wie zum Beispiel die Frage, die sich jetzt stelle, ob man den Sowjets bei ihrem Wunsch, die Außenvertretung durch einen Briefwechsel zu regeln, entgegenkommen soll. Im Gegensatz zu Rush meinte Sauvagnargues, daß die Botschafter wahrscheinlich mehrere Male ein paar Tage hintereinander würden tagen müssen.

---

[1] Hat Vortragendem Legationsrat Blech und Ministerialdirigent Lahn am 6. Juli 1971 vorgelegen.
[2] Zum 23. Vier-Mächte-Gespräch über Berlin vgl. Dok. 242.

Staatssekretär Frank verwies auf sein Gespräch mit Falin am 14. Juni[3], in dem er ihn auf die objektiven Zeitfaktoren im Zusammenhang mit der Ratifikation des Moskauer Vertrags aufmerksam gemacht hatte. Das Vier-Mächte-Abkommen (erste Etage) müsse bis spätestens Ende dieses Jahres abgeschlossen sein; dann müßten die deutschen Verhandlungen beginnen und so rechtzeitig abgeschlossen werden, daß das Ratifikationsverfahren in der ersten Hälfte des Jahres beendet werden kann, sonst würde der Moskauer Vertrag in die Wahlauseinandersetzungen[4] hineingezogen.

Staatssekretär Bahr verwies darauf, daß er am gleichen Morgen mit dem Bundeskanzler gesprochen habe, der ebenfalls der Meinung sei, daß die Gespräche etwas beschleunigt werden könnten, ohne jedoch den Eindruck zu erwecken, als ob wir unter Zeitdruck stünden. Unsere Planung, ohne eine Sommerpause durchzuverhandeln, habe nur Sinn, wenn wir das Vier-Mächte-Abkommen, erste Etage, in den nächsten Wochen unter Dach und Fach bringen könnten. Die Botschaftsräte müßten jetzt schnellstens einen vollständigen Text mit den entsprechenden offenen Punkten bringen, damit die Botschafter hintereinander diese offenen Punkte in mehrtägigen Sitzungen ausräumen.

Sauvagnargues hielt es für erwägenswert, die Verhandlungen bis ungefähr zum Ende weiterzutreiben und dann, wenn die schwierigsten Punkte übrig bleiben, eine Denkpause einzuschalten, um der anderen Seite die Möglichkeit zu geben einzulenken.

Rush sagte, die bestehenden Unterschiede sollten so weit wie möglich reduziert werden. Er halte es jedoch für falsch, einzelne Teilbereiche völlig abzuschließen, ehe nicht das gesamte Abkommen fertig sei. Denn sonst sei die Gefahr von Indiskretionen und einer unerfreulichen Pressediskussion sehr groß. Man solle vielmehr in allen Abschnitten des Abkommens ungefähr gleichmäßig weiterkommen, um erst in der Schlußsitzung alles fertigzumachen.

Sir Roger schlug vor, die nächste Botschaftersitzung am 8. Juli zu benutzen, um den Beratern präzise Instruktionen für gewisse offene Punkte in Teilbereichen zu erteilen, zum Beispiel bei dem Bündel Zugang–Bundespräsenz.

Sauvagnargues hielt wöchentliche Botschaftersitzungen für erforderlich, um den Botschaftsräten genügend Instruktionen erteilen zu können, damit diese die offenen Punkte bis auf sechs oder sieben reduziert hätten, wenn die Schlußphase Anfang August erreicht sei.

Staatssekretär Frank hielt es für wichtig, die Botschaftergespräche erst in eine konferenzähnliche Phase überzuleiten, wenn die offenen Streitpunkte auf ein Minimum reduziert sein würden.

Es wurde dann Einvernehmen zwischen den vier Seiten erzielt, häufiger in der gestrigen Besetzung zusammenzukommen. Das nächste Treffen solle nach dem 8. Juli vorgesehen werden.[5]

---

[3] Für das Gespräch vgl. Dok. 207.
[4] Die Wahlen zum Bundestag fanden am 19. November 1972 statt.
[5] Vgl. dazu das Gespräch des Staatssekretärs Frank und des Staatssekretärs Bahr, Bundeskanzleramt, mit den Botschaftern Jackling (Großbritannien), Rush (USA) und Sauvagnargues (Frankreich) am 29. Juli 1971; Dok. 260.

Es wurde ferner Einvernehmen erzielt, daß die Botschaftsräte sich darauf konzentrieren, zunächst die Texte über die sowjetischen Interessen in Westberlin, über Außenvertretung und über das Schlußprotokoll auf den Stand des Textes vom 28. Mai über Teil II[6] zu bringen.

Anschließend entwickelte sich eine Diskussion darüber, wie dann weitergemacht werden solle. Sir Roger setzte sich dafür ein, den zweiten Durchgang mit Zugang und Bundespräsenz zu beginnen. Die Botschafter Rush und Sauvagnargues wandten sich gegen diesen Gedanken. Sie hielten die Frage der Bundespräsenz für das schwierigste Thema, das man, nicht zuletzt wegen der Gefahr von Indiskretionen, möglichst bis zum Schluß aufbewahren sollte, zumal in dieser Frage wenig Spielraum sei. Sauvagnargues schlug vor, daß dann zunächst die offenen Einzelheiten des Zugangs erörtert werden. Rush hielt das jedoch nicht für ein großes Problem.

Die Diskussion wandte sich dann der Frage des Schlußprotokolls zu, die – so Sauvagnargues – sich doch als schwieriger herausstelle als ursprünglich erwartet. Botschafter Rush meinte, der Westen müsse hier in zwei Punkten Rücksichten nehmen: a) Der Westen solle sich darauf einstellen, bei Zugangsschwierigkeiten nicht eine Vierer-Kompetenz für die Lösung von Streitfragen in Aussicht zu nehmen, sondern die Verantwortung der Sowjetunion. b) Der Westen solle nicht versuchen, zwischen den Vierer-Abmachungen und den deutschen Vereinbarungen ein Über- und Unterordnungsverhältnis herzustellen; auch der Westen solle von der gleichen rechtlichen Qualität der beiden Vertragskategorien ausgehen.

Hinsichtlich der Frage, ob in dem Vier-Mächte-Abkommen auch ein Hinweis auf Konsultationen der deutschen Seiten aufgenommen werden solle, war man sich nach einiger Diskussion einig, daß es besser wäre, keinen solchen Hinweis im Vier-Mächte-Abkommen zu haben. Eine solche Klausel gehöre in die deutschen Vereinbarungen, allerdings müsse im Schlußprotokoll der Vier Mächte sichergestellt werden, daß, falls die deutschen Konsultationen fehlschlagen, die Streitfrage auf die Ebene der Vier Mächte gebracht werden kann.

Sauvagnargues setzte sich dann stark dafür ein, daß im Schlußprotokoll die Verantwortung der Sowjetunion in direkter Weise, nicht nur indirekt, für die Durchführung der deutschen Vereinbarungen zum Ausdruck gebracht wird. Man solle weiterhin energisch auf die Formel drängen, daß die Vier Mächte die deutschen Vereinbarungen „mit Zustimmung zur Kenntnis nehmen", das Minimum sei „mit Befriedigung zur Kenntnis nehmen". Die zwei übrigen Botschafter stimmten diesem Vorgehen zu. Auch hielten sie es für erforderlich, daß im Schlußprotokoll die Durchführung der deutschen Vereinbarungen als wesentlich für die Durchführung des Gesamtarrangements bezeichnet wird. Alle drei Botschafter lehnten ferner die sowjetische Tendenz ab, Vierer-Konsultationen nur „im Rahmen der jeweiligen Kompetenzen" vorzusehen.

Die Diskussion wandte sich dann der Außenvertretung zu. Staatssekretär Bahr stellte einleitend fest, daß wir unsere Bedenken gegen die Erwähnung der Konsultation der Bundesregierung im Annex über die Bundespräsenz zurückstel-

---

[6] Für den gemeinsamen Entwurf der Vier Mächte vom 28. Mai 1971 für ein Abkommen über Berlin in der Fassung vom 23. Juni 1971 vgl. Dok. 226.

len. Allerdings müsse dann auch die Konsultation der Bundesregierung im Annex über die Außenvertretung erwähnt werden. Staatssekretär Bahr fuhr dann fort, daß unser Hauptanliegen sei: kein doppelter Standard für die Außenvertretung. Wenn das klar durchgeführt werde, dann sei es von geringerer Bedeutung, ob die Außenvertretung nur in einer einseitigen Mitteilung der Drei Mächte an die Sowjetunion erwähnt werde oder in einem Briefwechsel. Falls die Sowjets das Prinzip eines einheitlichen Standards ablehnen, würde eine kritische Lage eintreten. Es sei entscheidend wichtig, daß in der sowjetischen Antwort keine Punkte enthalten seien, die einen neuen Standard für die Außenvertretung etablierten. Die Sowjets müßten also akzeptieren, was die Drei Mächte für die Außenvertretung vorsehen. Man könne ihnen jedoch aus Gründen der sowjetischen Gesichtswahrung entgegenkommen, indem man es ihnen überlasse, positive Aussagen über die Akzeptierung der Außenvertretung durch die Bundesregierung zu machen. Negative, einschränkende Aussagen, die über den Standpunkt der Drei Mächte hinausgingen, sollten in der sowjetischen Antwort nicht erscheinen. Er könne sich zum Beispiel vorstellen, daß es für die Sowjets schwierig sei, ein Diktum der Drei Mächte in der Paßfrage zu akzeptieren. Vielleicht sei es besser, wenn der Westen diese Frage nicht ausdrücklich in seiner Mitteilung anspreche, sondern daß die Sowjets Bundespässe für Westberliner in ihrer Antwort konzedieren.

Sauvagnargues war skeptisch, ob wir mit unserer neuen Methode in der Behandlung der Außenvertretung weiterkommen würden. Staatssekretär Bahr erwiderte, daß den Sowjets klar gemacht werden müsse, daß auch in der Frage der Außenvertretung die Reibungsflächen ausgeräumt werden müssen. Botschafter Rush war der Auffassung, daß hier ein do ut des stattfinden müsse. Man solle den Sowjets schlicht und einfach sagen, sie könnten ihre Wünsche in der Frage ihrer Präsenz in Westberlin weitgehend realisieren, wenn sie unseren Erfordernissen in der Außenvertretung entsprechen würden. Er hielt es sogar für möglich, daß man ihnen dafür ein Generalkonsulat in Westberlin einräumt.[7]

Nicht besonders klar wurde, wie nun letztendlich das nächste Botschaftergespräch am 8. Juli ablaufen soll. Sir Roger plädierte dafür, den Botschaftsräten präzise Instruktionen für ihre weitere Arbeit zu geben und Abrassimow zu ei-

---

[7] Zur Frage der Errichtung eines sowjetischen Generalkonsulats in Berlin (West) vgl. zuletzt Dok. 215. Am 5. Juli 1971 faßte Vortragender Legationsrat I. Klasse von Schenck den Stand der Erörterungen zusammen. Der sowjetische Botschaftsrat Kwizinskij habe am 30. Juni 1971 die Bereitschaft der UdSSR erklärt, „den Generalkonsul bei den drei Sektorenkommandanten zu akkreditieren". Die sowjetische Regierung wolle zudem „alle in Westberlin in Kraft befindlichen Regelungen für konsularische Vertretungen befolgen". Allerdings könne sie „diejenigen alliierten Anordnungen nicht für sich akzeptieren, die eine Beteiligung der Bundesregierung vor Erteilung des Exequaturs an einen ausländischen Konsul in Westberlin vorsehen". Da die UdSSR das Wiener Übereinkommen vom 24. April 1963 über konsularische Beziehungen nicht unterzeichnet habe, wolle sie Bestimmungen über Rechte und Pflichten des Generalkonsuls im Wege bilateraler Konsularverträge mit den Drei Mächten regeln. Dazu stellte Schenck fest: „Der Abschluß einer Konsularvereinbarung zwischen den Alliierten und der Sowjetunion ist für uns nicht akzeptabel, da sie die sowjetische These von der selbständigen politischen Einheit Westberlin unterstützen und die rechtliche Verbundenheit zwischen dem Bund und Berlin beeinträchtigen würde. Der Anwendung des W[iener] Ü[bereinkommens über] K[onsularische Beziehungen] sollten wir nur soweit zustimmen, wie Gegenseitigkeit für West-Berliner in der Sowjetunion gewährt wird." Vgl. VS-Bd. 4522 (II A 1); B 150, Aktenkopien 1971.

ner Sachdiskussion über gewisse schwierige Punkte zu bewegen. Rush wandte sich gegen dieses Verfahren. Abrassimow werde ohnehin nicht über das hinausgehen, was Moskau ihm vorschreibe. Wenn man ihn daher zu hart bedränge wegen Instruktionen für die Berater, dann könne das kontraproduktiv[8] wirken. Auch solle man ihn nicht drängen, die besonders schwierigen Punkte zu diskutieren. Abrassimow könne dann dazu gezwungen werden, sich vorzeitig negativ festzulegen.

Auch blieb offen, ob man mit Abrassimow die westlichen Zeitvorstellungen diskutieren solle. Sauvagnargues meinte, die Botschaftsräte sollten versuchen, bis zum 15.7. den Gesamttext mit den entsprechenden offenen Punkten und Fußnoten fertig zu haben. Die zweite Lesung des Textes könnte dann am 20.7. beginnen.[9] Sauvagnargues stellte zur Diskussion, ob man Abrassimow diese Vorstellungen unterbreiten solle. Eine abschließende Einigung der Botschafter hierüber erfolgte jedoch nicht.

van Well

VS-Bd. 4522 (II A 1)

232

Gespräch des Bundeskanzlers Brandt mit Staatspräsident Pompidou

Geheim 6. Juli 1971[1]

Drittes Gespräch, 6. Juli 1971, im Bundeskanzleramt.[2]

Zu Beginn dankte der Herr *Bundeskanzler* dafür, daß die vorgesehene Gesprächszeit um 30 Minuten verlängert wurde. Präsident *Pompidou* stimmte sodann dem Vorschlag zu, ab 10.30 Uhr neben Premierminister Chaban-Delmas auch die beiden Finanzminister[3] zu dem Gespräch hinzuzuziehen.

Zum Thema Ost-West-Fragen, das man am Vortage noch nicht berührt hatte, führte der Herr *Bundeskanzler* aus, das Berlin-Problem sei wohl gestern Gegenstand der Erörterungen der Außenminister[4] gewesen. Meinungsdivergenzen

---

[8] Korrigiert aus: „kontraproduzent".
[9] Zu den Vier-Mächte-Gesprächen über Berlin auf Botschaftsratsebene vom 20. bis 23. Juli und am 27./28. Juli 1971 vgl. Dok. 257, Anm. 3 und 7.
[1] Die Gesprächsaufzeichnung wurde von Vortragendem Legationsrat Merten am 12. Juli 1971 gefertigt.
[2] Für das erste und zweite Gespräch des Bundeskanzlers Brandt mit Staatspräsident Pompidou am 5. Juli 1971 vgl. Dok. 228 und Dok. 229.
[3] Karl Schiller und Valérie Giscard d'Estaing.
[4] Die Berlin-Frage wurde von Bundesminister Scheel und dem französischen Außenminister Schumann am 5. Juli 1971 während der Fahrt mit dem Rheinschiff „MS Loreley" von Mainz nach Koblenz erörtert. Vgl. dazu den Artikel „Brandt und Pompidou auf der ‚Loreley'"; SÜDDEUTSCHE ZEITUNG vom 6. Juli 1971, S. 1.

bestünden in dieser Frage nicht. Natürlich wisse man nicht, ob es noch zu großen Schwierigkeiten kommen könne. Er stehe unter dem Eindruck, daß die Chance, zu einer guten Regelung zu gelangen, noch in diesem Jahre gegeben sei. Es bestehe keine Notwendigkeit, die Ansichten der beiden Regierungen noch einmal abzustimmen.

Leider habe man überhaupt kein Anzeichen dafür, daß das Verhältnis zur DDR leichter werde. Es gebe Beamtenkontakte; nach seinem Eindruck werde man dabei Wesentliches nicht erreichen. Allerdings höre die neue Führung der DDR[5] stärker auf Moskau als die alte – was vom deutschen Standpunkt aus nicht ideal sei. Andererseits aber werde Honecker, wenn die Sowjetunion wirklich eine Regelung wolle, folgen. Wenn es zu einer Regelung käme, wäre sie zwischen der Sowjetunion und der DDR so abgestimmt, daß es in den Gesprächen zwischen der Bundesrepublik und der DDR keine unüberwindlichen Schwierigkeiten geben sollte. Wenn die Frage des Zugangs zu Berlin geregelt sei, könnte es erforderlich sein, ein Verkehrsabkommen – als ersten technischen Rahmen – abzuschließen. Er bleibe aber unter dem Eindruck, daß das Verhältnis zur DDR schwieriger als zu den anderen Staaten des Warschauer Pakts bleibe.

Präsident *Pompidou* entgegnete, er glaube wie der Herr Bundeskanzler, daß eine Berlin-Regelung möglich sei. Es habe den Anschein, daß die Sowjetunion die Ratifizierung der Ostverträge wünsche und eingesehen habe, daß die Bedingung dafür die Berlin-Regelung sei. Er glaube auch, daß die Phase der Spannungen in den Gesprächen ihrem Ende zugehe. Die Sowjetunion versuche, ein Maximum an Gegenleistungen zu erlangen. Eine unbekannte Komponente sei die Haltung des amerikanischen Vertreters[6], der manchmal sehr hart verhandle, manchmal hinwiederum den Eindruck erwecke, er sei bereit, nachzugeben. Ein Ergebnis sollte aber, sofern nichts Außergewöhnliches eintritt, möglich sein.

Die Beziehungen zwischen der Bundesrepublik und der DDR müßten in zweifacher Hinsicht immer spezieller Natur sein: Einerseits gebe es enge wirtschaftliche und auch geistige Verbindungen, politisch jedoch bestehe schon wegen der Unterschiedlichkeit der Regime ein Spannungsverhältnis. Für die Sowjetunion sei die Aufrechterhaltung des kommunistischen Regimes in der DDR eine vitale Frage.

Er nehme an, daß man die Haltung des französischen Botschafters in Bonn bei den Gesprächen zu schätzen wisse. Botschafter Sauvagnargues habe mehrfach gute Gedanken in die Gespräche eingebracht. Es bestehe jedenfalls eine gute Zusammenarbeit.

Der Herr *Bundeskanzler* erwiderte, daß man für die Haltung des französischen Botschafters und die engen Kontakte, die bestünden, sehr dankbar sei.

Präsident *Pompidou* bemerkte, er habe erfahren, daß Botschafter Abrassimow neuer sowjetischer Botschafter in Paris werden solle. Vielleicht sei es daher Abrassimows Wunsch, die Gespräche schnell zu beenden.

---

5 Am 3. Mai 1971 nahm das ZK der SED einstimmig den Rücktritt Walter Ulbrichts vom Amt des Ersten Sekretärs „aus Altersgründen" entgegen und wählte ihn zum Ehrenvorsitzenden. Nachfolger wurde das Mitglied des Politbüros des ZK der SED, Honecker. Vgl. dazu das Kommuniqué; NEUES DEUTSCHLAND vom 4. Mai 1971, S. 1.

6 Kenneth Rush.

Der Herr *Bundeskanzler* entgegnete, Botschafter Abrassimow sei ein interessanter Mann, kulturell sehr interessiert, keineswegs der Typ des Apparatschik. Im Westen kenne er aber nur Westberlin. Zwar habe er einmal Minister Gromyko zu einer Versammlung der UNO begleitet, im übrigen aber sei ihm der Westen unbekannt.

Der Herr Bundeskanzler ging dann auf Fragen der europäischen Sicherheit, auf MBFR und das Projekt einer europäischen Konferenz ein und führte dazu folgendes aus: Als er vor drei Wochen in Washington gewesen sei[7], habe es der Zufall gewollt, daß am Tage vor seinen eigenen Besprechungen in Washington der sowjetische Botschafter Außenminister Rogers aufgesucht habe, um darzutun, daß die Sowjetunion unabhängig vom Projekt einer KSE Interesse daran habe, über die Frage der stationierten Truppen und deren möglicher Begrenzung zu sprechen.[8] Für die Amerikaner stellte dies etwas Neues dar. Man ging bisher davon aus, daß die Sowjetunion darüber erst im Anschluß an eine Konferenz sprechen wolle.

Für uns Deutsche sei in dieser Frage ein kurz- und ein langfristiger Aspekt gegeben. Kurzfristig erblicke man in dieser Diskussion ein Mittel, mit dem man, wenn man Glück hat, einen zu weitgehenden und zu rasch erfolgenden Abzug der amerikanischen Streitkräfte aus Europa auffangen könne. In Gesprächen mit amerikanischen Senatoren habe er bemerkt, daß hier ein starkes Argument gegen die gegeben sei, die einen einseitigen Abzug der Amerikaner wollen. Er selbst gebe sich keinen Illusionen hin. Er glaube, daß Ende der siebziger Jahre, vielleicht sogar in ein paar Jahren schon, nur noch ein Teil der amerikanischen Streitkräfte, die zur Zeit sich in Europa befinden, noch anwesend sein werden. Die nukleare Abschreckung mit aller Problematik, die damit verbunden sei, bleibe, die physische Präsenz jedoch werde reduziert. Unser Interesse liege darin, diese Tendenz zu verlangsamen, damit es bei mehr als einer symbolischen Präsenz bleibe. Zwar habe Senator Mansfield seine Entschließung nicht durchgebracht[9], dies könne jedoch die Tatsache nicht verhehlen, daß es im Senat im Grunde eine Mehrheit für eine wesentliche Reduzierung der Streitkräfte gebe. Von unseren Freunden hörten wir, daß wir bei den anstehenden Offset-Verhandlungen[10] weitgehend Entgegenkommen zeigen sollten und notfalls auch Haushaltsmittel einsetzen sollten, was im Grunde dem Gedanken eines Offset zuwiderläuft. Zwar sei man hier zu einem Höchstmaß an Zusammenarbeit bereit, glaube aber nicht, daß man dadurch den Trend der Entscheidung auf die Dauer durch den Einsatz von ein paar Millionen Mark bremsen könne. Der kleinen Mehrheit, die es im Senat für die Reduzierung der Truppen gebe, könne man die Meinung nicht abkaufen. Man werde sich aber kooperativ verhalten. Dem Argument, man könne eine Verminderung des amerikanischen Engagements durch einen Ausbau des deutschen Verteidigungsbeitrags kompensieren, müsse man entgegenhalten, daß dies nicht nur aus wirtschaftlichen

---

[7] Bundeskanzler Brandt hielt sich vom 14. bis 18. Juni 1971 in den USA auf. Zum Gespräch mit Präsident Nixon am 15. Juni 1971 in Washington vgl. Dok. 208.

[8] Vgl. dazu das Gespräch des amerikanischen Außenministers Rogers mit dem sowjetischen Botschafter in Washington, Dobrynin, am 16. Juni 1971; Dok. 210, Anm. 4.

[9] Zum Antrag des amerikanischen Senators Mansfield vom 11. Mai 1971 vgl. Dok. 179, Anm. 3.

[10] Zur dritten Runde der deutsch-amerikanischen Verhandlungen über einen Devisenausgleich am 28./29. Juni 1971 vgl. Dok. 222.

und finanziellen Beweggründen, die im übrigen für alle Partner gelten, unmöglich sei, sondern auch aus politischen Gegebenheiten heraus. Nicht nur im Hinblick auf die Ost-West-Beziehungen, sondern auch hinsichtlich der Beziehungen innerhalb des Westens halte er es für undenkbar, daß der deutsche Verteidigungsbeitrag erhöht werde. Es habe sich hier eine spezifische Größe herausgebildet, die das Verhältnis zwischen Ost und West und die Beziehungen in Westeuropa beeinflusse. Er glaube im übrigen, daß das Thema MBFR uns noch eine Reihe von Jahren beschäftigen werde.

Präsident *Pompidou* legte dazu dar, er glaube wie der Herr Bundeskanzler, daß man beide Themen nicht in Korrelation miteinander bringen solle. Im übrigen sehe die französische Seite beide Themen aus einer anderen Sicht. Was die Frage des Truppenabzugs zunächst anbelange, sei er über das Gespräch des sowjetischen Botschafters mit Außenminister Rogers nicht erstaunt. Auch er habe Gespräche darüber mit Russen gehabt. Seines Erachtens hätten die Russen keine festgelegte Doktrin. Breschnew habe mit seiner Anregung nur auf die Signale der Allianz[11] geantwortet.[12] Es bleibe aber die Frage, ob man über dieses Thema vor einer KSE oder am Rande einer KSE sprechen wolle. Die Sowjetunion habe bisher immer behauptet, daß ein solches Thema nicht zum Gegenstand einer KSE gemacht werden solle. Er glaube, daß die Sowjetunion sich über das richtige Forum einer solchen Diskussion noch nicht im klaren sei. Französischerseits stehe man diesen Fragen ohnehin mißtrauisch gegenüber. Allerdings sehe er ein, daß eine solche Diskussion den Abzug der Amerikaner aus Europa verzögern könnte. Er glaube, wie auch der Herr Bundeskanzler, daß die USA ihre Streitkräfte in Europa in jedem Falle verringern werden. Allerdings dürfte dabei auch nach Auffassung amerikanischer Stellen nicht so weit gegangen werden, daß die amerikanische Präsenz nur noch als symbolisch zu werten sei. Die Amerikaner müßten bei einem solchen Vorgehen mit innenpolitischen Reaktionen rechnen. Er sei jedenfalls der Auffassung, daß das Problem durch finanzielle Aspekte nicht geändert werde. In der Frage der MBFR befürchte Frankreich, daß es letzten Ende zu einem Tête-à-tête der Sowjetunion mit den USA komme. Dies zeige dann deutlich die Ohnmacht Europas.

Hinsichtlich der nationalen Streitkräfte teile er im Hinblick auf die Bundeswehr die Sorgen des Herrn Bundeskanzlers. Frankreich sehe diese Fragen allerdings in einer anderen Optik, da man im militärischen Bereich in einer Umwandlung begriffen sei. Frankreich leide jetzt noch unter den Auswirkungen des Algerienkriegs, was die Organisation seiner Streitkräfte anbelange. Frankreich habe sich seine Atomwaffen mit eigenen Mitteln ohne Hilfestellung der USA aufbauen müssen. Dies sei schwierig gewesen. Die Neuorganisation der französischen Streitkräfte erstrecke sich auch auf den Atombereich; dort bereite

---

11 Vgl. dazu die Erklärung der Außenminister und Vertreter der am NATO-Verteidigungsprogramm beteiligten Staaten vom 25. Juni 1968 („Signal von Reykjavik"); Dok. 46, Anm. 7.
Vgl. dazu ferner die „Erklärung über gegenseitige und ausgewogene Truppenreduzierung" der Minister der am integrierten NATO-Verteidigungsprogramm beteiligten Staaten vom 27. Mai 1970 in Rom; NATO FINAL COMMUNIQUES, S. 237 f. Für den deutschen Wortlaut vgl. EUROPA-ARCHIV 1970, D 318 f. Für einen Auszug vgl. Dok. 56, Anm. 4.
12 Vgl. dazu die Ausführungen des Generalsekretärs der KPdSU, Breschnew, am 30. März 1971 auf dem XXIV. Parteitag der KPdSU in Moskau und am 14. Mai 1971 in Tiflis; Dok. 172, Anm. 9, und Dok. 181, besonders Anm. 2.

man den Übergang zum thermonuklearen Bereich vor. Dies werde Jahre in Anspruch nehmen. Man habe nicht die Absicht, die eigenen Bemühungen zu verringern. Acht Jahre lang habe es an finanziellen Mitteln für die Organisation der Streitkräfte gefehlt. Dem sei jetzt nicht mehr so. Deshalb könne man sich auch nicht in sowjetisch-amerikanischen Verhandlungen engagieren, die eines schönen Morgens Frankreich zur Reduzierung seiner Streitkräfte verpflichten könnten. Deshalb wünsche man kein sowjetisch-amerikanisches Tête-à-tête; aus nationalen Gründen wolle man die eigenen militärischen Anstrengungen nicht reduzieren. Merkwürdig sei, daß die Sowjetunion immer wieder betone, sie wolle keine Block-zu-Block-Verhandlungen. Hier aber scheine sie diese Absicht zu hegen. Frankreich unterhalte gute Beziehungen zur Sowjetunion auf vielen Gebieten. Er könne aber zu all dem nur sagen, daß sein Mißtrauen wach bleibe.

Der Herr *Bundeskanzler* erwiderte, er stimme darin mit dem Präsidenten überein, daß diese Frage nicht zum Gegenstand isolierter Verhandlungen zwischen der Sowjetunion und den USA gemacht werden könnte, wozu bei beiden die Versuchung groß sei. Aus all dem, was der Präsident aber gesagt habe, könne man zusätzliche Beweggründe dafür finden, daß Frankreich sich trotz seiner besonderen Stellung an diesen Erörterungen beteiligen solle. Dies könne in einer Form geschehen, die Frankreich zusage. Es wäre auch eine Hilfe für alle Partner, da Europa dann bei solch wichtigen Erörterungen, die zunächst exploratorisch sein dürften, präsent wäre.

Dazu erklärte Präsident *Pompidou*, er kenne zwar die Mechanik, die man sich in Lissabon ausgedacht habe[13], nicht gut, fürchte aber, daß bei all dem die Möglichkeit von Verhandlungen unter den Blöcken in der leuchtendsten Form herauskommen könne. Er wolle niemand kritisieren, schon gar nicht die Bundesrepublik, er betone nur noch einmal, daß er allen diesen Fragen mißtrauisch gegenüberstehe. Vielleicht habe der deutsche Botschafter bei der NATO[14] berichtet, daß er (Pompidou) in Brüssel gesagt habe, daß er deshalb mißtrauisch bleibe, weil die Allianz und der Westen viel verlieren könnten. Er sei davon überzeugt, daß alle diese Gedanken auf die Wiederauflage eines Rapacki-Planes[15], also auf die Neutralisierung Europas hinausliefen. Für die Sowjetunion wäre dies ein Idealzustand, wohl auch für die USA. Dies sei aber nicht die Position Frankreichs.

Der Herr *Bundeskanzler* erwiderte, bei den Kontakten, die man mit der Sowjetunion seit Unterzeichnung des Vertrages[16] habe, sei demgegenüber bemerkenswert, daß die Sowjetunion nicht mehr den Versuch unternehme, uns auf die eigene Stellung in der Allianz anzusprechen. Früher sei es so gewesen, daß man nicht nur mit den Mitteln der Propaganda, sondern auch bei den damals weniger zahlreichen Kontakten immer wieder versucht habe, uns gegen die

---

[13] Zur Frage des Übergangs von exploratorischen Gesprächen über eine MBFR zu Verhandlungen vgl. Ziffer 15 des Kommuniqués der NATO-Ministerratstagung am 3./4. Juni 1971 in Lissabon; Dok. 197, Anm. 4.
[14] Franz Krapf.
[15] Zu den zwischen 1957 und 1964 vorgelegten Abrüstungsvorschlägen des polnischen Außenministers Rapacki vgl. Dok. 210, Anm. 22.
[16] Für den Wortlaut des Vertrags vom 12. August 1970 zwischen der Bundesrepublik und der UdSSR vgl. BULLETIN 1970, S. 1094.

USA oder gegen die Allianz auszuspielen. Jetzt habe man den Eindruck, daß die Sowjetunion es akzeptiere, daß wir Mitglied der Allianz sind. Er halte dies für interessant.

Was den Gedanken einer KSE anbelange, habe Präsident Pompidou vorhin durch eine Randbemerkung angedeutet, daß man aus der Haltung der Sowjetunion nicht recht schlau werde. In der Tat sei es so, daß die Sowjetunion, wenn sie mit ihren Partnern Erklärungen abgebe, den Eindruck erwecke, daß sie die KSE am liebsten morgen oder wenn möglich schon gestern stattfinden lassen wolle. Rede die Sowjetunion aber individuell, z. B. mit Großbritannien oder mit uns, schneide sie diese Frage gar nicht an. Dies sei eine Erfahrung, die man öfter gemacht habe. Er frage sich, ob dies Ausdruck der Tatsache sei, daß die Sowjetunion gegenüber ihren Partnern ein anderes Spiel betreibe als gegenüber dem Westen. Allerdings könne dies auch Ausdruck von Meinungsdivergenzen in der russischen Führung sein. Deutscherseits glaube man, daß man dies an ein paar Punkten festgestellt habe. Präsident Pompidou wisse aber auch, daß die Rumänen – die es jedem sagen, der es hören will –, die Jugoslawen, die dem Warschauer Pakt nicht angehören, aber auch die Polen und Ungarn – wenngleich weniger lautstark – eine KSE wollen, weil sie glauben, daß diese Konferenz ihnen ein zusätzliches Maß an Sicherheit dadurch bringt, daß man auch außerhalb des Konferenzsaales zusammensitzen kann. Damit bietet sich für diese Länder die Möglichkeit von Kontakten. Dies sei ein Grund, aus dem die Bundesrepublik für die Konferenz sei.

Wie stelle sich Frankreich den Ablauf einer Konferenz vor, wenn es im nächsten Jahre dazu komme? Sollten in einer ersten Runde die Außenminister, dann die Botschafter tagen und dann in einer Schlußrunde eine Zusammenfassung erfolgen, ohne daß eine Dauereinrichtung geschaffen werde? Sei die französische Regierung auch der Auffassung, daß da, wo es schon Einrichtungen gibt, nicht künstlich neue geschaffen werden sollten? In Genf zum Beispiel gebe es die ECE, die in den 50er Jahren gute Ansätze erbracht habe. Seines Erachtens sollte man solchen Einrichtungen Leben einhauchen, statt neue Tätigkeiten in Gang zu setzen oder bestehende Einrichtungen zu duplizieren.

Präsident *Pompidou* bemerkte, auf die KSE habe man in Frankreich von Anfang an günstig reagiert, vielleicht stärker als andere Länder wie zum Beispiel die USA. Dies sei geschehen aus eben den Gründen, die auch der Herr Bundeskanzler angeführt habe, nämlich die Interessenlage etwa Rumäniens, Ungarns, Polens. Ein solches Treffen würde es der Sowjetunion auch schwieriger machen, sich mit Machtmitteln durchzusetzen, wie dies seinerzeit in der Tschechoslowakei geschehen sei. Wenngleich er davon überzeugt sei, daß bei Auftreten schwerwiegender Probleme für die Sowjetunion diese nicht zögern würde, in ein Land einzumarschieren, könne man doch davon ausgehen, daß der sowjetische Druck auf Länder wie die genannten sich dann mindern müßte, wenn diese Länder, gestützt auf Kontakte mit dem Westen, die durch die Konferenz zustande kommen, kluge Entscheidungen treffen. Schwierige West-Ost-Beziehungen könnten sich dann enger gestalten, was ein gewisses Freiwerden für alle bedeute. Er glaube, daß der Herr Bundeskanzler den möglichen Ablauf der Konferenz richtig gesehen habe, wobei man sich allerdings nicht starr auf eine Formel festlegen wolle. Seines Erachtens sei im Jahre 1972 eine gute Chance dafür gegeben, daß man eine KSE abhält oder ihre Abhaltung beschließt. Freilich dürfe eine solche Konferenz nicht nur dem Vorlesen von vorbereiteten Texten gewidmet sein, weil sonst das Interesse der Öffentlichkeit daran verlorengehe. Hier müsse man vor allen Dingen an die Öffentlichkeit der Ostländer denken, die ja verfolge, was bei einer solchen Konferenz vor sich geht.

Für neue Institutionen sei er gewiß nicht. Es gebe schon zuviel. Man habe aber genügend Zeit darüber nachzudenken.

Der Herr *Bundeskanzler* schnitt im Zusammenhang mit dem Ost-West-Verhältnis noch zwei Fragen an. Zur Lage in Südostasien bemerkte er, er habe den Eindruck, daß Präsident Nixon entschlossen sei, sich aus Vietnam zurückzuziehen. Ob alle politischen Rechnungen, die damit verbunden sind, dabei aufgehen, sei allerdings sehr die Frage. Die Absicht sei jedoch klar. Freilich erlaube die durch die Veröffentlichung der bekannten Papiere[17] entstandene Krise es wohl nicht, die Dinge so geordnet ablaufen zu lassen, wie Präsident Nixon das wünsche.

Für die Bundesrepublik stelle sich das China-Problem anders als für viele andere Länder. Er habe Präsident Nixon gesagt, daß er an dessen Stelle sich bemühen würde, die Beziehungen zu China zu entlasten mit dem Ziel, zu einem ausgewogenen Verhältnis zu gelangen. Vielleicht hätte man dies schon früher tun können. Es habe aber keinen Zweck, über den Schnee des vergangenen Jahres zu diskutieren. Präsident Nixon habe ihm gesagt, daß er die deutsche Haltung gegenüber diesem Problem verstehe. Die Bundesrepublik betreibe keine feindselige Politik gegen China. China stelle ein großes Volk dar, das eine Rolle in der organisierten Familie der Nationen spielen müsse. Zur besseren Illustrierung der deutschen Einstellung gegenüber diesem Problem wolle er eine Anekdote erzählen: Gegen Ende des letzten Krieges habe ein Vater in Berlin seinem Sohn die Weltkarte gezeigt und darauf die Umrisse Deutschlands beschrie-

---

[17] Am 13. Juni 1971 begann die Tageszeitung „The New York Times" mit der Veröffentlichung von Artikeln, die auf der vom amerikanischen Verteidigungsminister McNamara 1967 in Auftrag gegebenen internen Darstellung unter dem Titel „History of US Decision Making Process on Vietnam-Policy" basierte. Die 47 Bände der sogenannten „Pentagon Papers" umfaßten ca. 3000 Seiten Darstellung, der rund 4000 Seiten an Dokumenten beigefügt waren, und behandelten das amerikanische Engagement in Indochina vom Ende des Zweiten Weltkriegs bis Mai 1968. Nach den ersten drei Artikeln erwirkte das amerikanische Justizministerium eine einstweilige Verfügung gegen die Fortsetzung des Abdrucks. Am 30. Juni 1971 entschied der Oberste Gerichtshof der USA, daß die Veröffentlichung der Artikelserie fortgesetzt werden dürfe. Im Juli 1971 erschien die Artikelserie als Buch. Vgl. dazu THE PENTAGON PAPERS AS PUBLISHED BY THE NEW YORK TIMES. Based on Investigative Reporting by Neil Sheehan. Written by Neil Sheehan, Hedrick Smith, E.W. Kenworthy and Fox Butterfield. Articles and Documents edited by Gerald Gold, Allan M. Siegal and Samuel Abt, Toronto/New York/London 1971.
Botschafter Pauls, Washington, berichtete am 1. Juli 1971, daß sich der amerikanische Staat aufgrund der Veröffentlichung dieser internen Dokumente „in einer tiefen Krise, die seine Bündnisqualität nicht unberührt läßt", befinde. Pauls stellte die Überlegung an, wie sich dieser Vorgang auf die internationale Vertrauenswürdigkeit der amerikanischen Regierung auswirken könne: „In den vorliegenden 47 Bänden werden 34 ausländische Regierungen erwähnt bzw. besprochen. Deutschland ist nicht darunter, aber man stelle sich die Auswirkungen auf die deutsch-amerikanischen Beziehungen vor, wenn beispielsweise eines Tages neun Bände Berlin-Politik von 1962 bis '71 veröffentlicht würden. Der von Europa Beobachtende mag in dem, was zur Zeit in den Vereinigten Staaten geschieht, geradezu Auflösungserscheinungen der staatlichen Existenz zu erkennen glauben. [...] Was jetzt hier geschieht, wird die Bereitschaft der amerikanischen Öffentlichkeit, den Vietnamkrieg noch weiter zu ertragen, mindern und wird die Moral der in Indochina stehenden Truppen angreifen." Vgl. den Drahtbericht Nr. 1483; VS-Bd. 9817 (I A 5); B 150, Aktenkopien 1971.

ben. Der Sohn schaute sich das an und fragte dann den Vater, weiß das der Führer auch?

Er (der Herr Bundeskanzler) wolle damit sagen, daß wir wissen, wo Deutschland liegt, und daß wir ebenfalls wissen, daß es aus unserer Lage heraus erforderlich wird, erst zu einem Mehr an Normalisierung unserer Beziehungen zur Sowjetunion zu gelangen, bevor wir unser Verhältnis zu China normalisieren können. Anders ausgedrückt wolle er nicht den Verdacht erwecken, daß man Gegensätze ausnutzen wolle. Dies wäre auch töricht, nicht einmal so sehr vom moralischen, als einfach vom Standpunkt der praktischen Politik. Man versuche, China wissen zu lassen, daß die deutsche Politik nicht gegen China gerichtet ist. Es gebe Handel mit China in gewissem Umfange. Es liege im deutschen Interesse, zunächst die Normalisierung der Beziehungen mit der Sowjetunion stärker zu betreiben, bevor man an China denken könne.

Präsident *Pompidou* entgegnete, er teile die Auffassung des Herrn Bundeskanzlers hinsichtlich des Vietnam-Kriegs. Auch für ihn sei diese Angelegenheit erledigt, wenngleich das Ende wohl noch nicht morgen kommen werde. Die Entscheidungen seien jedoch getroffen. Er habe Präsident Nixon vor 18 Monaten gesprochen[18] und sei anschließend bei einer Pressekonferenz von Journalisten kritisiert worden, weil er gesagt habe, er sei davon überzeugt, daß Präsident Nixon sich aus Vietnam zurückziehen wolle. Nunmehr sei diese Lage eingetreten. Man wisse auch, daß Nordvietnam, zu dem man gute Beziehungen unterhalte, entschlossen sei, dem Krieg ein Ende zu setzen. Diese Entschlossenheit sei wohl auch nicht unbeeinflußt von der neuen Politik Chinas. Im Pentagon stelle man noch ein gewisses Zögern fest, könne aber wohl insgesamt davon ausgehen, daß die Sache erledigt sei.

Er verstehe auch durchaus die Haltung der Bundesregierung gegenüber China. China durchlaufe zur Zeit eine „Krise des netten Tons", dies könne sich ändern. Er verweise auf Pressezitate, in denen noch zwei bis drei Kulturrevolutionen gefordert würden; was eine neuerliche Änderung der chinesischen Politik anbelange, könne man also Hoffnung haben. Zur Zeit aber seien die Chinesen mit allen Leuten nett. Im übrigen sei die Sowjetunion in immer stärkerem Maße von ihrem Chinaproblem in Anspruch genommen. Dies sei gut für Europa. Die Einstellung der USA gegenüber China entwickle sich ziemlich schnell.

Präsident *Pompidou* ging sodann auf den Nahost-Konflikt ein. Er verwies auf die von den Sechs gemeinsam erarbeitete Position[19], die sowohl in Israel als auch bei den Arabern unangenehme Reaktionen hervorgerufen habe. Was den Nahost-Konflikt anbelange, glaube er nicht, daß eine Lösung wie im Falle des Vietnamkrieges bald anstehe. Den amerikanischen Außenminister Rogers halte er für einen Optimisten. Rogers sei davon überzeugt, daß man vor Ende 1971 noch entscheidende Fortschritte in der Frage der Wiedereröffnung des Suez-Kanals[20] verzeichnen könne. Er (Pompidou) frage sich, ob dem wirklich so sei. Zwar seien sowohl die Ägypter als auch die Sowjetunion, die USA und auch Is-

---

18 Präsident Pompidou hielt sich vom 23. Februar bis 3. März 1970 in den USA auf.
19 Für den im Rahmen der Europäischen Politischen Zusammenarbeit der EG-Mitgliedstaaten verabschiedeten Nahost-Bericht vom 13./14. Mai 1971 vgl. Dok. 143.
20 Zur Sperrung des Suez-Kanals vgl. Dok. 64, Anm. 16.

rael für die Wiedereröffnung, man dürfe die Schwierigkeiten dabei jedoch nicht unterschätzen.

Minister Scheel werde nach seiner Informationsreise nach Israel[21] genaueres berichten können. Er (Pompidou) habe den Eindruck, daß Israel immer stärker in einen Zustand der inneren Spannung gerate. Daraus erwüchsen Angstgefühle; man habe zu niemand mehr Vertrauen, weder zu den USA noch zu Europa noch zur UNO. Man vertraue nur auf sich selbst, auf die Waffen und die Leute, die man einsetzen wolle, um die neuen Grenzen zu halten.

Der Herr *Bundeskanzler* erwiderte, er habe vor ein paar Monaten Frau Golda Meir getroffen.[22] Sie habe eine sehr kämpferische Haltung an den Tag gelegt und das Bild vermittelt, daß Israel allein stehe, keine Freunde habe und notfalls bis zum letzten Mann kämpfen wolle. Von Freunden habe er gehört, daß Mosche Dajan eine etwas kritischere Einstellung habe. Nach dem israelischen Parteiensystem könne Mosche Dajan aber nicht erster Mann des Landes werden. Dies sei sein Nachteil. Sein Vorteil sei, daß man gerade ihm weder Nachgiebigkeit noch Feigheit vorwerfen könne. Einer der Freunde des Herrn Bundeskanzlers habe ihn auf diese Frage angesprochen. Dajan habe erwidert, warum er innenpolitische Konflikte austragen solle, solange niemand stark genug Druck auf Israel ausübt. Der Herr Bundeskanzler verstehe, daß Israel Modifikationen fordere, die seinen Sicherheitsinteressen entsprechen. Wie aber könne man verhindern, daß im Herbst von ägyptischer Seite aus geschossen wird? Wieviel Zeit werde dann vergehen, bis man von einem Diktatfrieden spreche?

Präsident *Pompidou* entgegnete: „Viel Zeit!"

Der Herr *Bundeskanzler* regte dann an, vor Hinzuziehung der Fachminister noch einmal auf die schwierigen monetären Fragen einzugehen. Wenn uns in der verbleibenden Stunde bis zur Plenarsitzung[23] nicht mehr ganz neue Dinge einfielen, habe man Übereinstimmung nur darin vorzuweisen, daß man enge bilaterale Kontakte halten wolle. Es wäre seines Erachtens gut, wenn man nach außen dies mit der Feststellung von ein paar Punkten verbinden könnte, über die man sich einig sei: Man wolle weiter an der Wirtschafts- und Währungsunion arbeiten, wobei gerade unsere beiden Länder sich um eine Harmonisierung der Wirtschaft bemühen sollten. Ferner könne die Bundesregierung erklären, daß sie in absehbarer Zeit zu einer Rückkehr zu festen Paritäten[24] gelangen wolle. Für den internen Gebrauch könne er dem Präsidenten die Zusicherung geben, daß er sich mit seinen Kollegen bemühen werde, Zeitpunkt und Inhalt dieser Rückkehr abzustimmen und dabei den Rat unserer Freunde möglichst voll einbeziehen wolle. Er sehe nicht, wie man heute noch sehr viel weiterkommen könne.

---

[21] Bundesminister Scheel besuchte vom 7. bis 10. Juli 1971 Israel. Vgl. dazu Dok. 237, Dok. 238 und Dok. 243.

[22] Bundeskanzler Brandt und Ministerpräsidentin Meir trafen sich im Rahmen der Tagung der „Sozialistischen Internationale" vom 25. bis 27. Mai 1971 in Helsinki. Vgl. dazu BRANDT, Begegnungen, S. 590 f.

[23] Am 6. Juli 1971 fand im Rahmen der deutsch-französischen Konsultationsbesprechungen eine Plenarsitzung beider Delegationen statt. Für das Protokoll vgl. VS-Bd. 9790 (I A 1).

[24] Zum Beschluß der Bundesregierung vom 9. Mai 1971 zur vorübergehenden Freigabe des Wechselkurses der DM vgl. Dok. 157, Anm. 6.

Präsident *Pompidou* entgegnete, dies sei auch seine Auffassung. Er habe gestern abend noch einmal mit Minister Schiller gesprochen. Minister Schiller sei zutiefst davon überzeugt, daß er recht habe. Präsident Pompidou glaube, daß wirtschaftlich und politisch gesehen die von Minister Schiller betriebene Methode wie jede andere Erfolg haben könne. Nach außen hin erbringe sie aber klare Nachteile sowohl für die Gemeinschaft als solche wie auch die Nachbarländer, mit denen die Bundesrepublik Handel treibe, somit auch für Frankreich. Er könne nicht leugnen, daß Schillers Politik aus deutscher Sicht logisch sei; der Erklärung des Herrn Bundeskanzlers könne er zustimmen.

Wolle man in der Gemeinschaft zu einer gemeinsamen monetären Position gelangen, könne man nur sagen, daß man zur Zeit nicht an das internationale System rühren dürfe. Man könne es berichtigen, verändern, aber es gebe eben in der Gemeinschaft ein Problem, das durch den Dollarzufluß hervorgerufen worden sei. Auf die USA könne man nicht mit dem Ziel einwirken, die zuständigen Stellen sollten für die Gesundung der Zahlungsbilanz Sorge tragen. Dies gehe uns auch nichts an, genau so wenig wie die Frage, wie die USA ihre Sonderziehungsrechte oder ihre Anleihen finanziere. Europa aber müsse zu einem klassischeren System zurückkehren, und die USA müßten mit uns über diese Fragen reden. Möglicherweise würden die USA dies aber nicht tun, weil sie den derzeitigen Zustand ganz angenehm finden.

Bei dem folgenden etwa 30minütigen Gespräch mit den Finanzministern wurde auf Anweisung des Herrn Bundeskanzlers wegen der fortgeschrittenen Zeit simultan gedolmetscht (Flüsterdolmetschen). Daher kann darüber keine Dolmetscheraufzeichnung vorgelegt werden.

Ende des Gesprächs 11.05 Uhr.

Bundeskanzleramt, AZ: 21-30 100 (56), Bd. 36

233

Gespräch des Bundesministers Scheel mit dem französischen Außenminister Schumann

Z A 5-64.A/71 VS-vertraulich 6. Juli 1971[1]

Aufzeichnung über ein Gespräch zwischen dem Herrn Minister und dem französischen Außenminister Schumann, das am 6. Juli 1971 um 9 Uhr 30 in Anwesenheit des Politischen Direktors im Quai d'Orsay, M. de Beaumarchais,

---

[1] Die Gesprächsaufzeichnung wurde am 7. Juli 1971 von Dolmetscherin Bouverat gefertigt.
Hat Vortragendem Legationsrat Hallier am 12. Juli 1971 vorgelegen.
Hat Vortragendem Legationsrat I. Klasse Schönfeld und Legationsrat I. Klasse Vergau am 13. Juli 1971 vorgelegen.
Hat Ministerialdirektor von Staden am 14. Juli 1971 vorgelegen.
Hat Botschafter Roth am 15. Juli 1971 vorgelegen, der die Aufzeichnung an die Referate II B 2 und II B 1 weiterleitete.
Hat den Vortragenden Legationsräten I. Klasse Menne und Mertes am 15. Juli 1971 vorgelegen.

sowie Staatssekretär Frank und MD von Staden im Auswärtigen Amt stattgefunden hat.

Der Herr *Minister* sprach einleitend den Wunsch aus, die Erörterung über die MBFR-Frage vom Vortage² im kleineren Kreis fortzusetzen.

Anknüpfend an die Erklärung von M. Schumann, daß Frankreich bereit sei, an den vorbereitenden Gesprächen über die MBFR in dem dazu bestimmten NATO-Komitee teilzunehmen, führte der Herr Minister aus, für die Bundesrepublik sei es entscheidend, daß Frankreich sich nicht nur an den Arbeiten des Komitees, sondern auch an der für den kommenden Herbst geplanten Konferenz (der Vizeaußenminister)³ beteilige. Welcher Art diese Beteiligung sein werde – ob in beobachtender Funktion oder mit Einflußmöglichkeit –, sei eine zweite Frage. Auf deutscher Seite habe man seit Jahren den Gedanken an eine MBFR positiv vertreten, jedoch immer von dem Prinzip der Ausgewogenheit der beiderseitigen militärischen Positionen ausgehend. Die möglicherweise ausgehandelten militärischen Maßnahmen sollten auch von einer politischen Entspannungsphase flankiert werden. Eine derartige Ausgewogenheit könne aber nur erreicht werden, wenn die MBFR sorgfältig behandelt werde und⁴ ihr Tempo nicht außer Kontrolle gerate.

In den letzten Wochen habe er (der Herr Minister) den Eindruck gewonnen, daß einige sich der MBFR als politisches Instrument bedienen wollten, um anderes in Gang zu bringen. Auch werde seiner Auffassung nach auf die MBFR zu viel Einfluß von Personen ausgeübt, die zu wenig militärische Verantwortung trügen.⁵ Die Teilnahme Frankreichs erscheine wegen deren besonderer Position⁶ sehr wichtig, weil dadurch eine vorsichtige Behandlung der Fragen gewährleistet wäre. Von deutscher Seite halte man eine Teilnahme Frankreichs mit Einflußmöglichkeit in allen Phasen auch für erforderlich, weil man sich eine wirksame MBFR, die sich nicht auf den französischen Raum erstrecken würde, nicht vorstellen könne; und Frankreich werde sicher nicht zulassen, daß eine für die französische Sicherheit entscheidende Entwicklung ohne seine Beteiligung beschlossen werde. Er wiederhole, daß die Bundesregierung in der MBFR ein Instrument sehe, das supplementär zur KSE eine Rolle spielen könne, aber – ausgehend von dem Grundsatz der Ausgewogenheit – könne sie nur in Etappen entwickelt werden, die sehr sorgfältig kontrollierbar sein müßten.

Der Herr Minister verwies dann auf das amerikanische Interesse an der MBFR: Man könne darüber rätseln, ob die USA die MBFR unter dem Gesichtspunkt ihrer Globalstrategie betrachteten oder als innenpolitisches Instrument, das ge-

---

2 Am 5. Juli 1971 führten Bundesminister Scheel und der französische Außenminister Schumann Gespräche während der Fahrt mit dem Rheinschiff „MS Loreley" von Mainz nach Koblenz. Vgl. dazu den Artikel „Brandt und Pompidou auf der ‚Loreley'"; SÜDDEUTSCHE ZEITUNG vom 6. Juli 1971, S. 1.

3 Zum Vorschlag einer Konferenz der stellvertretenden Außenminister der NATO-Mitgliedstaaten vgl. Dok. 197, Anm. 4.
Die Konferenz fand am 5./6. Oktober 1971 in Brüssel statt. Vgl. dazu Dok. 348.

4 Korrigiert aus: „behandelt und".

5 Dieser Satz wurde von Botschafter Roth angeschlängelt. Dazu vermerkte er handschriftlich: „In der Vergangenheit war es eher umgekehrt. Hier wird das Verhältnis Politik–militärisches Instrument angesprochen! Was bedeutet: Primat der Politik?"

6 Frankreich schied zum 1. Juli 1966 aus der militärischen Integration der NATO aus.

eignet sein könnte, den Druck von Senator Mansfield und anderer[7] aufzufangen, möglicherweise nur vorübergehend bis zur Wahl[8]. Auf jeden Fall könne man sich nicht verhehlen, daß in den USA die Tendenz bestehe, ihre Präsenz in der Welt – und daher auch in Europa – abzubauen. Sicherlich würden eines Tages die amerikanischen Truppen ganz aus Europa abgezogen, da es unnatürlich sei, daß eine Nation für unabsehbare Zeit Truppen in einer anderen Region beließe. Auf deutscher Seite sei man der Ansicht, daß kein allzu enger Zusammenhang zwischen der allgemeinen Entwicklung und der MBFR gemacht werden sollte. Auch sollte diese nicht als „europäisches Plazet" für innenpolitische Maßnahmen der USA benutzt werden. Andererseits sei es auch den USA klar, daß Verhandlungen über die MBFR sich sehr lange hinziehen würden und daß das Verbleiben der Amerikaner in Europa ein entscheidendes Element für den Frieden in Europa sei, das nicht im Wege der MBFR abgebaut werden könne.

In diesem Zusammenhang möchte er – der Herr Minister – an M. Schumann die allgemeine Frage richten, ob Frankreich mittelfristige oder langfristige Pläne über die Verteidigungspolitik für Europa ausgearbeitet habe, auch unter Berücksichtigung eines schwindenden Engagements der USA: Frankreich habe zwar in den letzten Jahren eine „gewisse Reservestellung" in der Verteidigungspolitik eingenommen, er glaube aber, daß es die Zeit genutzt habe, um eigene Vorstellungen für die Verteidigungsstruktur zu entwickeln.

Außenminister *Schumann* wies darauf hin, daß er zunächst auf die letzte Frage des Herrn Ministers antworten werde, die „sehr stichhaltig sei und die gesamte Debatte dominiere". Zum Standpunkt Frankreichs in bezug auf die globale Verteidigung habe er zweierlei zu bemerken: Frankreich habe nicht den Wunsch, daß die USA sich „über einen bestimmten Punkt hinaus" aus Europa zurückzögen. Man habe in Paris immer vorausgesehen, daß die Amerikaner in Europa „nicht ewig präsent" sein würden, möchte jedoch, daß – wie Präsident Pompidou es formuliert habe – die amerikanische Präsenz auf einem „niveau significatif" belassen werde. Erklärungen dieser Art seien aber nicht ausreichend, Europa müsse selbst einen Beitrag dazu leisten. Auch den innenpolitischen Argumenten in den USA zugunsten eines Truppenabzugs könne man am besten begegnen, wenn man sich zu einer entsprechenden Anstrengung bereit erkläre. In Lissabon[9] habe er – Schumann – dies nicht deutlich zu sagen gewagt; es sei aber eine Tatsache, daß in Europa nur Deutschland und Frankreich zu derartigen Anstrengungen, die von „kapitaler Bedeutung" seien, gewillt seien. Die beste Antwort an Senator Mansfield sei die Bereitschaft, sich an den Verteidigungsanstrengungen zu beteiligen. Präsident Pompidou habe ihn – Schumann – ermächtigt, in Lissabon, auch vor der Presse, zu erklären, daß Frankreich bisher einen bestimmten Prozentsatz seines Haushalts für Verteidigungszwecke aufwende und nicht die Absicht habe, diesen Anteil herabzusetzen.[10]

---

[7] Vgl. dazu die Anträge der amerikanischen Senatoren Mansfield und Nelson vom 11. bzw. 19. Mai 1971; Dok. 179, Anm. 3.

[8] Am 7. November 1972 fanden in den USA die Präsidentschaftswahlen sowie Wahlen zum Repräsentantenhaus, Teilwahlen zum Senat und Gouverneurswahlen statt.

[9] Zur NATO-Ministerratstagung am 3./4. Juni 1971 in Lissabon vgl. Dok. 197.

[10] Der Passus „daß Frankreich bisher ... diesen Anteil herabzusetzen" wurde von Botschafter Roth hervorgehoben. Dazu vermerkte er handschriftlich: „Diese Herabsetzung ist jedoch 1970 erfolgt."

Nixon habe Präsident Pompidou gesagt, eine derartige Erklärung sei das beste Argument gegen Mansfield. Deutschland habe offenbar auch nicht die Absicht, einen bestimmten Punkt zu unterschreiten, andererseits dränge es aber auch wieder mit Nachdruck darauf, daß im Rahmen der MBFR gleichzeitig die ausländischen und die nationalen Truppen abgebaut werden. Dies sei „etwas verwirrend". Vielleicht erkläre sich diese Haltung im wesentlichen aus politischen Motiven, und zwar aus dem Wunsch, den deutschen Anteil an der Globalverteidigung nicht zu erhöhen.[11]

Der Herr *Minister* bemerkte, es gebe für die Bundesrepublik „nicht nur Ost-West-Probleme, sondern auch West-West-Probleme" im Zusammenhang mit der Struktur der Verteidigungskräfte.

M. *Schumann* führte weiter aus, die zweite Antwort sei „delikater": Bei den Verhandlungen zwischen den USA und der SU habe es bisher in zwei Punkten Meinungsverschiedenheiten zwischen den beiden Mächten gegeben: Erstens in der Frage, ob die Defensiv- und die Offensivwaffen in den Abbau mit einbezogen werden sollten. Jetzt habe die SU zugestimmt und sich damit einverstanden erklärt, diese Entscheidung in das Kommuniqué aufzunehmen[12]; zweitens habe ein noch bedeutungsvollerer Meinungsunterschied in der Frage bestanden, ob die „advanced systems" in Europa ebenfalls abgebaut werden sollten.[13] In diesem Punkt – heiße es – hätten die USA nicht den Sieg davongetragen; die Russen seien nicht von ihrem Standpunkt abgewichen, aber „die Frage sei geklärt" (s. Erklärung von Gerard Smith in Brüssel v. 27.5.[14] und amerikanisch-sowjetisches Kommuniqué vom 30.5.71[15]).[16] Dies beunruhige ihn – Schumann –, da er nicht wisse, was es zu bedeuten habe. Er könne sich nicht vorstellen, daß die Russen in beiden Fragen (Abbau der Offensiv- und Defensivwaffen und

---

[11] Zu diesem Satz vermerkte Botschafter Roth handschriftlich: „Ein wichtiger Grund ist, Einfluß auf den ‚Prozeßablauf' zu behalten."

[12] Vgl. dazu die gemeinsame amerikanisch-sowjetische Erklärung vom 20. Mai 1971; Dok. 219.

[13] Der Passus „Erstens in der Frage ... abgebaut werden sollten" wurde von Botschafter Roth angeschlängelt. Dazu vermerkte er handschriftlich: „Die USA wollten beides, die Sowjets haben sich in diesem Punkt also z. T. durchgesetzt! Es geht nun um den Abbau, zudem um Plafondierung."

[14] Korrigiert aus: „24.5."
Am 28. Mai 1971 führte Vortragender Legationsrat I. Klasse Menne zu den SALT-Konsultationen im Ständigen NATO-Rat am Vortag aus: „Der Rat tagte in Sondersitzung, um die Erklärung des amerikanischen SALT-Delegationsleiters, Botschafter Smith, zu der jüngsten SALT-Entwicklung (gemeinsame amerikanisch-sowjetische Absichtserklärung vom 20.5.71) zu hören. [...] Botschafter Smith bezeichnete die gemeinsame Erklärung als eine nüchterne Anerkennung dessen, was durch die SALT-Verhandlungen zunächst erreicht werden könne. Die Absichtserklärung lasse die Umrisse eines Abkommens erkennen, das klare Vorteile für die ganze Allianz haben werde. Es sei die Absicht seiner Delegation, die Vereinbarungen über Abwehrraketen und über ‚gewisse Maßnahmen zur Begrenzung offensiver Systeme' gleichzeitig in Kraft treten zu lassen. Hauptgegenstand der ‚gewissen Maßnahmen' seien die sowjetischen überschweren SS-9-Raketen. Die Problematik der nicht-zentralen Systeme (FBS und sowjetisches Mittelstreckenpotential) verliere infolge der neuen Entwicklung an akuter Bedeutung; die begonnenen Studien brauchten z. Z. nicht weitergeführt zu werden. Die Wiener Phase habe ferner zu Fortschritten hinsichtlich der direkten Fernmeldeverbindung und hinsichtlich der Entwicklung vorbeugender Verfahren zur Verhütung eines nichtgenehmigten oder versehentlichen Nukleareinsatzes geführt." Vgl. VS-Bd. 3603 (II B 1); B 150, Aktenkopien 1971.

[15] Dieses Datum wurde von Botschafter Roth gestrichen. Dafür wurde handschriftlich eingefügt: „20.5.71".

[16] Der Passus „die Russen seien nicht ... 30.5.71)" wurde von Botschafter Roth angeschlängelt. Dazu vermerkte er handschriftlich: „Nein: Smith hat gesagt, die Frage würde ‚ausgeklammert'."

Abbau der „advanced arms") zurückgesteckt hätten. Möglicherweise impliziere das Einverständnis zwischen den Russen und den Amerikanern die Tatsache, daß diese Waffensysteme im Zusammenhang (frz. „à la faveur") mit der MBFR behandelt werden sollten.

Nach einem Hinweis des Herrn *Ministers* auf die russischen Mittelstreckenraketen betonte M. *Schumann*, daß ein bloßes Zurückziehen der nach dem Westen gerichteten 700 russischen Raketen nicht viel bedeuten würde.

Der Herr *Minister* hob nochmals die Bedeutung der Ausgewogenheit bei den Truppenreduzierungen und Abrüstungsmaßnahmen hervor, während M. *Schumann* erklärte, seine Hauptsorge bei etwaigen Verhandlungen sei die Tatsache, daß die Sowjets ein „droit de regard" über das gesamte westliche Verteidigungssystem erhalten würden: Frankreich habe aber nicht die Absicht, in bezug auf seine „force de dissuasion" ein derartiges Recht einzuräumen, denn im Falle eines Abzugs der Amerikaner wäre sie das einzige Abschreckungsmittel, was von dem Herrn Minister bestätigt wurde. Unter diesem Blickwinkel werde man auf deutscher Seite besser verstehen, warum Frankreich sich an den eigentlichen Verhandlungen nicht beteiligen wolle. Außerdem würden derartige Verhandlungen auch im Widerspruch zu der französischen Ablehnung des „Von-Block-zu-Block-Verhandelns" stehen. Wenn die Allianz einen oder mehrere Vertreter benennen würde, wäre dies ein Musterbeispiel des „bloc-à-bloc"-Verfahrens. Frankreich werde sich also nicht an den Verhandlungen beteiligen, jedoch an der ersten vorbereitenden Phase. Zu dem deutschen Wunsch nach einer französischen Teilnahme an der Konferenz der „Vizeaußenminister" könne er – Schumann – nichts sagen, da seine Regierung sich bisher weder dafür noch dagegen entschieden habe. Er werde sie aber von dem deutschen Wunsch unterrichten.

Nachdem der Herr Minister nochmals sein diesbezügliches Interesse bekundet hatte, wies M. *de Beaumarchais* darauf hin, daß die Vize-Außenminister-Konferenz drei Ziele habe:

a) bilaterale Sondierungen auszuwerten,

b) eine oder mehrere Personen für Kontakte zum Osten benennen und

c) die Verhandlungsposition auszuarbeiten.

Hierzu bemerkte M. *Schumann*, daß Frankreich bei b) und c) nicht mitwirken könnte.[17]

---

[17] Am 5. Juli 1971 legte der französische Verteidigungsminister gegenüber Bundesminister Schmidt seine Haltung zu MBFR dar. Debré führte aus, „er sei in bezug auf MBFR sehr skeptisch. Schon der Ansatz sei falsch. Wenn man die ungleiche Kräfteverteilung betrachte, sei schon der Begriff ‚ausgewogene Kräfteverringerung' nicht zu verstehen. Das sei auch einer der Gründe, weshalb er wenig Vertrauen in eine Einflußnahme auf die USA habe. [...] Er könne nicht sagen, welches letztlich die Haltung der französischen Regierung sein werde. Er persönlich sei der Auffassung, man müsse den USA sagen, welche Auswirkungen sich in Europa ergeben würden, die Konsequenzen daraus müßten die Amerikaner selbst ziehen. Er glaube auch nicht an die Brüsseler Konferenz. Bei den Partnerländern bestehe der Wunsch, die Militärausgaben zu verringern. Sie seien gegenüber den USA in einer sehr schlechten Situation, weil sie selbst z. T. weitergehen wollten, als es die Amerikaner von ihnen verlangten. [...] Die jetzige Lage erfülle ihn mit großer Sorge, denn man könne eine europäische Politik doch wohl nicht auf einem Verzicht aufbauen." Vgl. die Gesprächsaufzeichnung; VS-Bd. 1524 (I A 7); B 150, Aktenkopien 1971.

Der Herr *Minister* wiederholte, daß eine Teilnahme Frankreichs an allen Phasen der Vorbereitung wichtig sei, ganz gleich in welcher Rolle.

Staatssekretär *Frank* führte ergänzend aus, daß auf der Konferenz nicht nur die gemeinsame Position für die Verhandlungen entwickelt, sondern auch das Datum, der Ort und das Verfahren festgelegt werden müßten. Er sei der Auffassung, daß diese Punkte vorher eingehend mit Frankreich erörtert werden sollten, das im Kontext der Entspannung eine stabilisierende Rolle einnehmen könne.

Außenminister *Schumann* fragte anschließend nach den Motiven der russischen Haltung in Tiflis[18]: Es seien verschiedene Interpretationen möglich: 1) daß die SU ein echtes Interesse an der Entspannung und Abrüstung habe; 2) daß sie ihre Westfront angesichts einer möglichen Bedrohung durch China stabilisieren wolle, und 3) – was Deutschland unmittelbar betreffen würde –, daß es das Berlin-"préalable" umgehen wolle.

Der Herr *Minister* antwortete, welches auch immer die Motive seien, könne man nicht übersehen, daß ein russisches Interesse an MBFR in direktem Zusammenhang mit SALT bestehe, und daß die SU gleichzeitig Vorschläge über die Seestreitkräfte[19] und eine Konferenz der fünf Atommächte gemacht habe.[20] Dies deute auf eine bestimmte Richtung der russischen Globalstrategie hin. Seiner Auffassung nach glaube die SU ihr Ziel erreicht zu haben; im militärischen Bereich als gleichrangig mit den USA gewertet zu werden, und aus dieser Situation heraus habe sie weltweite Initiativen der erwähnten Art eingeleitet. M. *Schumann* schloß sich dieser Betrachtungsweise an und schlug dann – um 10 Uhr 15 – vor, im erweiterten Kreis der Delegationen noch einige bilaterale Fragen zu behandeln.[21]

VS-Bd. 4567 (II B 2)

---

[18] Zur Rede des Generalsekretärs des ZK der KPdSU, Breschnew, am 14. Mai 1971 in Tiflis vgl. Dok. 181, besonders Anm. 2.
[19] Vgl. dazu die Rede des Generalsekretärs des ZK der KPdSU, Breschnew, am 11. Juni 1971 in Moskau; Dok. 219, Anm. 24.
[20] Zum sowjetischen Vorschlag vom 15. Juni 1971 betreffend einer Abrüstungskonferenz der fünf Atommächte vgl. Dok. 219, Anm. 25.
[21] Am 6. Juli 1971 fand im Rahmen der deutsch-französischen Konsultationsbesprechungen eine Plenarsitzung beider Delegationen statt. Für das Protokoll vgl. VS-Bd. 9790 (I A 1).

234

Aufzeichnung des Ministerialdirektors von Staden

II B 2-81.30.2-969/71 geheim 6. Juli 1971

Vermerk für Herrn Staatssekretär Frank[1] mit dem Vorschlag der Vorlage beim Herrn Minister[2]

Betr.: MBFR

Die deutsch-französischen Konsultationen[3] und die Exploration von Botschafter Roth in Washington[4] geben mir Anlaß zu folgenden Überlegungen:

1) Der französische Widerstand gegen MBFR scheint im wesentlichen sicherheitspolitischer Natur zu sein. Es bestätigt sich, daß Frankreich seine Stellung in der NATO als Sonderstellung begreift[5] und mit der deutschen Bindung an die Organisation sowie der amerikanischen Präsenz im Grunde sehr einverstanden war. Die Verminderung dieser Präsenz, vor allem aber die Furcht, in einen multilateralen Prozeß mit einbezogen zu werden, sind die Hauptmotive des Widerstandes gegen MBFR.

Für uns wird es darauf ankommen, die Franzosen an das MBFR-Verfahren nahe genug heranzubringen, um ihrer Stimme Gewicht zu geben. Ihre Argumentation dürfte teilweise der unseren entsprechen und kann nur wirksam sein, wenn sie nicht völlig abseits bleibt. Den größten Unterschied zu unserer Position sehe ich in der französischen Ablehnung, einheimische Truppen in die Reduzierung einzubeziehen.[6] In dieser Frage sehe ich aber auch den schwächsten Punkt unserer eigenen Position.

2) Das Ergebnis der Mission Roth hat m.E. bestätigt, daß Präsident Nixon einen Reduktionserfolg will und daß die Maschinerie der amerikanischen Administration die Grundlagen dafür mit einer Effizienz liefern wird, der wir vergleichbar nichts entgegensetzen können. Wenn Hillenbrand betont, daß man im Rahmen der Allianz bleiben wolle, ist das sicher aufrichtig gemeint, nur fragt es sich, was es praktisch bedeutet.

---

[1] Hat laut Vermerk des Legationsrats I. Klasse Vergau vom 6. Juli 1971 Staatssekretär Frank vorgelegen.
[2] Hat Bundesminister Scheel am 6. Juli 1971 vorgelegen.
[3] Die deutsch-französischen Konsultationsbesprechungen fanden am 5./6. Juli 1971 statt. Zur Erörterung von MBFR vgl. Dok. 232 und Dok. 233.
[4] Zu den Gesprächen des Botschafters Roth am 30. Juni und 1. Juli 1971 vgl. Dok. 227.
[5] Frankreich schied zum 1. Juli 1966 aus der militärischen Integration der NATO aus.
[6] Am 2. Juli 1971 führte Vortragender Legationsrat I. Klasse Behrends aus, „die französische Haltung habe sich seit der letzten Sitzung der Studiengruppe insoweit geklärt, als nunmehr entschieden sei, daß die französischen Streitkräfte in den MBFR-Prozeß nicht einbezogen werden würden. Die französische Regierung sei entschlossen, keine weitere Verminderung der französischen Streitkräfte, die in den letzten zehn Jahren aus Haushaltsgründen stark reduziert worden seien, zuzulassen. Die Stärke und die mögliche Reduzierung der in Deutschland stationierten französischen Streitkräfte gehöre nicht zur Zuständigkeit der NATO, sondern sei ein ausschließlich bilaterales deutsch-französisches Problem. Eine Verminderung dieser Streitkräfte könne nur das Ergebnis deutsch-französischer Vereinbarungen sein." Vgl. VS-Bd. 4567 (II B 2); B 150, Aktenkopien 1971.

Wenn wir darauf bestehen, in die erste Phase einheimische Truppen einzubeziehen, die Grundsätze von Rom[7] durch den Warschauer Pakt indossieren zu lassen und kollaterale Maßnahmen schon in dieser Phase vorzusehen, dann werden wir – so fürchte ich – von den Ereignissen überrollt werden und müssen uns womöglich mit stark verwässerten Formeln begnügen, die dann ein für allemal feststehen. Zugleich impliziert diese Position, daß von Anfang an multilateral verhandelt werden muß, und da die USA bald verhandeln wollen, besteht die Gefahr, daß die multilaterale MBFR-Verhandlung über die innerdeutsche Entwicklung und Berlin hinwegrollt.

Zu all diesen Gründen müßten wir uns die folgende Frage stellen:

Das eigentliche Politikum für die Sowjetunion ist die multilaterale Konferenz als solche, die den Weg für die internationale Anerkennung der DDR ohne Einschränkung freilegt und die gesamteuropäische Konferenz vorwegnimmt. MBFR wird hier gleichsam zum vorgezogenen Tagesordnungspunkt der KSE.

Das eigentliche Politikum für die USA ist der Nachweis einer effektiven Reduktion in Europa gegenüber Kongreß und öffentlicher Meinung, verbunden mit einer allianzkonformen Prozedur.

Unsere Interessen laufen Gefahr, übergangen zu werden, wenn die beiden Großmächte versuchen, einen gemeinsamen Nenner zu finden.

Es fragt sich deshalb, ob wir nicht sowohl gegenüber den beiden Großmächten als auch gegenüber Frankreich in einer besseren Position wären und unsere Interessen leichter wahren könnten, wenn wir einer bilateralen amerikanisch-sowjetischen Verhandlung über einen ersten stark begrenzten Schritt unter der einzigen Bedingung zustimmten, daß weitere Schritte lediglich auf der Basis einer umfassenden Konzeption in Betracht kommen.[8]

Staden

VS-Bd. 4556 (II B 2)

---

[7] Vgl. dazu Ziffer 3 der „Erklärung über beiderseitige und ausgewogene Truppenreduzierung" der Minister der am integrierten NATO-Verteidigungsprogramm beteiligten Staaten vom 27. Mai 1970; Dok. 56, Anm. 4.

[8] Der Passus „wenn wir einer bilateralen ... in Betracht kommen" wurde von Bundesminister Scheel hervorgehoben. Dazu vermerkte er handschriftlich: „Bitte R[ücksprache]".
Hat Staatssekretär Frank erneut am 13. Juli 1971 vorgelegen, der handschriftlich für Botschafter Roth vermerkte: „B[itte] R[ücksprache]".
Hat Roth am 14. Juli 1971 vorgelegen, der die Aufzeichnung an Ministerialdirektor von Staden weiterleitete und handschriftlich vermerkte: „Erh[alten] 14.7., 16.00 [Uhr]. Entscheidung StS: Diese Überlegungen als ein Element unseres zukünftigen Verhaltens im Kopf zu behalten, zunächst jedoch den Versuch zu unternehmen, eine gemeinsame Linie des Bündnisses für die St[ell]v[ertreter]-Konferenz zu erreichen, die unserem MBFR-Konzept entspricht."
Hat Staden erneut am 15. Juli 1971 vorgelegen.

235
Aufzeichnung des Vortragenden Legationsrats I. Klasse Hansen

I A 1-80.11-373/71 geheim 6. Juli 1971

Über Herrn Dg I A[1] Herrn D Pol[2]/D Pol 2[3]

Betr.: Deutsch-französische Konsultationen der Staats- bzw. Regierungschefs am 5./6. Juli in Bonn[4];
hier: Parallelgespräche der Außenminister zum Berlin-Problem

Botschafter Sauvagnargues gab einen kurzen Überblick über den gegenwärtigen Stand der Verhandlungen und betonte, man habe im letzten Monat beträchtliche Fortschritte erzielt.[5] Nun müsse man das Schlußprotokoll mit Priorität behandeln. Weitere aktuelle Punkte seien die Außenvertretung und die Vertretung der sowjetischen Interessen in West-Berlin.

Außenminister Schumann stellte fest, gegenüber dem Ergebnis seiner letzten Unterredung mit Gromyko[6] sei eine Akzentverschiebung zu konstatieren.

Folgende Punkte wurden im einzelnen behandelt:

1) Sowjetische Vertretung in West-Berlin[7]

Der Herr Minister bemerkte dazu, die SU scheine bereit zu sein, diesen Punkt außerhalb des eigentlichen Abkommens zu regeln. Nun stelle sich die Frage, welche Art von Vertretung die drei Westmächte der SU anbieten werden oder zugestehen könnten. Die Meinungen dazu gingen noch sehr auseinander und reichten vom Intourist-Büro bis zum Generalkonsulat. Außenminister Schumann erwiderte, wichtig sei, was die SU als Gegenleistung zuzugestehen bereit sei. Es bestünde eine Verbindung zwischen dieser Frage und dem Problem der Außenvertretung.

2) Außenvertretung

Auf Frage des Herrn Ministers bemerkte Botschafter Sauvagnargues, in der Frage der Reisepässe seien die Sowjets zwar hart: Sie seien jedoch nunmehr offenbar bereit, über das Thema zu sprechen. Sie wollten für die West-Berliner Pässe mit dem Stempel und unter der Autorität der drei Westmächte.

Zum Problem der Vertretung Berlins in den internationalen Organisationen kam von französischer Seite der Gedanke, Berlin könne in der UNO-Vollver-

---

[1] Hat Ministerialdirigent Simon am 7. Juli 1971 vorgelegen.
[2] Hat laut Vermerk vom 12. Juli 1971 Ministerialdirektor von Staden „n[ach] R[ückkehr]" vorgelegen.
[3] Hat Ministerialdirigent van Well am 7. Juli 1971 vorgelegen.
[4] Für die deutsch-französischen Konsultationsbesprechungen am 5./6. Juli 1971 vgl. Dok. 228– Dok. 230, Dok. 232 und Dok. 233.
[5] Für den gemeinsamen Entwurf der Vier Mächte vom 28. Mai 1971 für ein Abkommen über Berlin in der Fassung vom 23. Juni 1971 vgl. Dok. 226.
[6] Der französische Außenminister Schumann hielt sich vom 4. bis 7. Mai 1971 in der UdSSR auf. Zu seinem Gespräch mit dem sowjetischen Außenminister Gromyko vgl. Dok. 165, Anm. 13.
[7] Zur Frage der Errichtung eines sowjetischen Generalkonsulats in Berlin (West) vgl. Dok. 231, Anm. 7.

sammlung durch die BRD vertreten werden, im Sicherheitsrat aber durch die Drei Mächte. Staatssekretär Dr. Frank äußerte dagegen Bedenken. Man könne hier nicht nach Organen differenzieren. Auch sei die Abgrenzung der Zuständigkeit der Organe schwierig. Beide Seiten waren sich darüber einig, daß man der SU den von ihr geforderten „doppelten Standard" nicht zugestehen dürfe. Staatssekretär Frank wies darauf hin, daß die sowjetische Formel zu einer neuen Konfrontation zwischen der BRD und der DDR führen müsse. Das wollten wir vermeiden. Die französische Seite bezweifelte jedoch, ob man von der SU eine Anerkennung der bisher im Westen geübten Praxis der Außenvertretung erlangen könne.

Anschließend wurden die möglichen Formeln einer Regelung der Außenvertretung erörtert:
- Brief der drei Westmächte an die SU, den diese unbeantwortet läßt,
- Brief der SU an die Westmächte,
- Briefwechsel.

Botschafter Sauvagnargues warf den Gedanken auf, ob man nicht auf die Form des Briefwechsels zurückkommen solle, da Staatssekretär Bahr die Auffassung vertreten habe, in einem einseitigen Brief der SU dürfe nur eine positive Formel und kein Vorbehalt gegen die derzeit gehandhabte Form der Außenvertretung enthalten sein.

3) Zugang

Beide Seiten waren der Auffassung, man solle dieses Problem erst wieder aufgreifen, wenn ein gemeinsamer Text über den Gesamtkomplex der Berlin-Regelung erarbeitet sei.

Zur Kontrolle des Zugangs durch die DDR meinte Botschafter Sauvagnargues, es sei ein wenig utopisch, die totale Abschaffung der Kontrolle anzustreben. Man müsse vielmehr eine Formel finden, um die Kontrolle möglichst stark zu beschränken. Was den Begriff „Transit" angehe, so könne man akzeptieren, daß ihn die SU in ihrem Brief als Adjektiv verwende. Im vereinbarten Text dürfe aber nur von „Verkehr" gesprochen werden.

Außenminister Schumann fügte hinzu, man müsse hier im Bereich des Mehrdeutigen bleiben. Wenn man davon abweiche, so geschehe das zu unseren Ungunsten. Die Enumeration wäre für uns eine Falle.

4) Verhältnis Berlins zum Bund

Staatssekretär Frank betonte, von allen vorgeschlagenen Formeln sei für uns nur eine akzeptabel: „Berlin ist kein Land der Bundesrepublik".

5) Bundespräsenz

Der Herr Minister unterstrich, wir müßten an dem Recht festhalten, daß Ausschüsse und Fraktionen des Bundestags in Berlin tagen dürfen. Es müsse sichergestellt sein, daß auf der Tagesordnung der Ausschußsitzungen alle Gesetzesmaterien stehen dürfen, deren Regelung von Berlin übernommen werden könne, außerdem die Fragen, welche die Bindungen Berlins an den Bund beträfen. Bei den Sitzungen der Fraktionen könne man von denselben Kriterien ausgehen. Außenminister Schumann fragte, ob für uns der Gedanke akzeptabel sei, daß in Berlin nur ein einziger, für Berlin-Fragen zuständiger Ausschuß tagen dürfe.

Darauf antwortete der Herr Minister, dies würde praktisch bedeuten, daß man in Berlin nur Fragen der Bindung Berlins an die Bundesrepublik behandeln dürfe. Eine solche Regelung könne man dem Bundestag nicht vorschlagen. – Außerdem sei für uns auch eine „allgemeine Wohlverhaltensklausel" nicht akzeptabel.

6) Zeitplan

Staatssekretär Frank berichtete von seiner kürzlichen Demarche gegenüber Botschafter Falin, den er auf einen objektiv bestehenden Zeitplan für die Berlin-Regelung und die Ratifizierung der Ostverträge hingewiesen habe.[8] Wenn sich die vier Botschafter[9] in diesem Herbst nicht einigten, so könnten die Verhandlungen der beiden deutschen Staaten nicht vor Ende dieses Jahres beendet werden. Dann aber könnten die Verträge nicht im Frühjahr dem Parlament zugeleitet und vor Beginn der Sommerpause ratifiziert werden. Im Sommer 1972 sei aber mit dem Beginn des Wahlkampfes in der Bundesrepublik[10] zu rechnen. Dies schaffe eine den Verhandlungen nicht günstige Atmosphäre.

Beide Seiten waren darüber einig, daß die Einhaltung des Zeitplans weitgehend von der Haltung der DDR abhänge. Das Interesse der SU an einer Berlin-Regelung und an der Ratifizierung der Verträge bestehe fort.

7) Gespräche BRD–DDR

Auf Frage von Außenminister Schumann bestätigte der Herr Minister, daß sich in den innerdeutschen Gesprächen kein Fortschritt zeige. Trotzdem erhielten wir den Dialog aufrecht, weil er uns die Möglichkeit gebe, allgemeine Fragen zu erörtern. Man trete aber auf der Stelle, weil die DDR nicht bereit sei, die allgemeinen Verkehrsfragen vom Problem des Zugangs nach Berlin zu trennen. Wir müßten uns jetzt aber in jedem Fall auf die Berlin-Regelung konzentrieren.

Nach der Ablösung von Ulbricht[11] sei noch keine Veränderung in der Haltung der DDR erkennbar; es gebe auch keine Anzeichen für einen stärkeren Einfluß der SU. Jedoch sei bemerkenswert, daß man in bezug auf Berlin nun nicht mehr von einer selbständigen politischen Einheit, sondern von einem besonderen politischen Status spreche und sich damit näher an Moskau anlehne.

8) Verfahrensfragen

Beide Seiten waren darin einig, daß die Verhandlungspartner zunächst zu einer Übereinstimmung über den Gesamtkomplex der Berlin-Regelung kommen müßten, bevor sie sich über die Einzelfragen endgültig einigten. Die Vereinbarung auf der „ersten Stufe" solle von den vier Botschaftern, erst das Schlußpro-

---

[8] Vgl. dazu das Gespräch vom 14. Juni 1971; Dok. 207.
[9] Pjotr. A. Abrassimow (UdSSR), Roger W. Jackling (Großbritannien), Kenneth Rush (USA) und Jean Sauvagnargues (Frankreich).
[10] Die Wahlen zum Bundestag fanden am 19. November 1972 statt.
[11] Am 3. Mai 1971 nahm das ZK der SED einstimmig den Rücktritt Walter Ulbrichts vom Amt des Ersten Sekretärs „aus Altersgründen" entgegen und wählte ihn zum Ehrenvorsitzenden. Nachfolger wurde das Mitglied des Politbüros des ZK der SED, Honecker. Vgl. dazu das Kommuniqué; NEUES DEUTSCHLAND vom 4. Mai 1971, S. 1.

tokoll von den Außenministern[12] unterzeichnet werden. Würde man, wie die SU vorschlage, schon auf der ersten Stufe die Minister unterzeichnen lassen, so hätte die andere Seite kein Interesse mehr an einer raschen Einigung auf der zweiten und dritten Stufe.

Aus dem gestrigen Gespräch zwischen den drei Botschaftern und Staatssekretär Frank[13] wurde festgehalten: Die Verhandlungen seien nun in eine so entscheidende Phase getreten, daß sich die Botschafter nun noch intensiver einschalten müßten als bisher. Die drei westlichen Botschafter sollten sich wöchentlich mit Staatssekretär Frank und Staatssekretär Bahr treffen.

Abschließend wurde mit Befriedigung festgestellt, daß man in sämtlichen Punkten einer Meinung sei.

Hansen

VS-Bd. 9790 (I A 1)

236

Vortragender Legationsrat Thönnes an die Botschaft in Paris

I B 5-82.00/92.15-1478I/71 VS-vertraulich 6. Juli 1971[1]

Betr.: Deutsch-laotische Beziehungen[2]
Bezug: ohne

1) Bei dem Abschiedsbesuch des deutschen Geschäftsträgers in Laos[3] äußerte Ministerpräsident Prinz Souvanna Phouma die Hoffnung, daß der neue laotische Botschafter in Paris, Chao Sopsaisana, auch in Bonn akkreditiert werden könne. Selbstverständlich müsse der geeignete Zeitpunkt gefunden werden. Wahrscheinlich werde der laotische Botschafter in Paris à titre personnel einmal Bonn besuchen.

---

[12] Alexander F. Douglas-Home (Großbritannien), Andrej A. Gromyko (UdSSR), William P. Rogers (USA) und Maurice Schumann (Frankreich).
[13] Zum Gespräch vom 5. Juli 1971 vgl. Dok. 231.

[1] Durchdruck.
[2] Nach einem Übereinkommen mit der laotischen Regierung wurden die Interessen beider Staaten nur auf der Ebene von Geschäftsträgern durch den Stellvertreter des laotischen Gesandten in Paris bzw. den Stellvertreter des Botschafters der Bundesrepublik in Bangkok wahrgenommen. Dazu notierte Vortragender Legationsrat Fischer am 13. September 1966: „Die Bundesrepublik Deutschland hat im Anschluß an die Genfer Laos-Konferenz 1962 freiwillig darauf verzichtet, in Vientiane einen Gesandten zu akkreditieren, um es der durch die Genfer Koalitionsabkommen zu strenger Neutralität verpflichteten Regierung zu ermöglichen, entgegen der Absicht ihres kommunistischen Partners keine diplomatischen Beziehungen zur SBZ herzustellen." Vgl. Referat I B 5, Bd. 253.
Die Bundesrepublik leistete gegenüber Laos in erster Linie humanitäre Hilfe, vor allem zur Unterstützung von Flüchtlingen. Vgl. dazu den Schriftbericht des Botschafters von Rhamm, Bangkok, vom 7. Mai 1971; Referat I B 5, Bd. 609.
[3] Wilfried Vogeler.

Auch der stellv. Außenminister von Laos, Khamphan Panya, brachte zum Ausdruck, daß es die laotische Regierung begrüßen würde, wenn durch die Präsenz einer Botschaft der Bundesrepublik in Vientiane die regen deutsch-laotischen Beziehungen weiter intensiviert werden würden. Die sowjetische Botschaft unternehme in regelmäßigen Abständen den Versuch, die laotische Regierung zur Zulassung einer offiziellen DDR-Vertretung in Vientiane zu bewegen. Andererseits sei die Sowjetunion, wie man dies besonders deutlich in Vientiane beobachten könne, daran interessiert, die weitere Ausbreitung des rotchinesischen Einflusses in der Welt einzudämmen. Es erscheine ihm deshalb denkbar, daß die sowjetische Regierung bereit wäre, die Eröffnung einer deutschen Botschaft in Vientiane hinzunehmen, ohne in absehbarer Zeit die Zulassung der DDR zu fordern, falls die Bundesregierung ihrerseits zusichere, in der absehbaren Zeit – er denke an einen Zeitraum von vier bis fünf Jahren – auf die Aufnahme diplomatischer Beziehungen zu Peking zu verzichten.

2) Die Botschaft Bangkok wurde gebeten, die Anfrage der laotischen Regierung im Sinne der nachstehenden Ausführungen zu beantworten:

a) An eine Aufwertung unserer Beziehungen zu Laos – durch Einrichtung einer Botschaft in Vientiane oder durch Doppelakkreditierung unseres Botschafters in Bangkok – wird zur Zeit aus folgenden Gründen nicht gedacht:

Die laotische Regierung dokumentiert bei jeder sich bietenden Gelegenheit, daß sie an der Neutralität von Laos aufgrund der Genfer Vereinbarungen von 1962[4] festzuhalten wünscht. Eine Anhebung unserer Beziehungen zu Laos würde zu wesentlich stärkerem Druck der DDR und anderer osteuropäischer Staaten, insbesondere der Sowjetunion, auf die laotische Regierung führen, die dann der DDR kaum die Aufnahme diplomatischer Beziehungen verweigern könnte. Dies liegt nicht in unserem Interesse. Wir sollten daher alles unterlassen, was zu einer Veränderung der jetzigen Haltung der laotischen Regierung in der Deutschland-Frage führen könnte.

Die vom stellv. Außenminister Khamphan Panya erwähnte Möglichkeit, die Sowjetunion könnte bereit sein, die Eröffnung einer deutschen Botschaft in Vientiane hinzunehmen, ohne in absehbarer Zeit die Zulassung der DDR zu fordern, falls die Bundesregierung ihrerseits auf die Aufnahme diplomatischer Beziehungen zu Peking verzichten würde, ist nicht realistisch.

b) Wir sollten versuchen, unsere Kontakte zur laotischen Regierung im Rahmen der zur Zeit bestehenden Beziehungen zu intensivieren. Es wäre wünschenswert, wenn der laotische Botschafter in Paris à titre privé Bonn besuchen würde. Auch regelmäßige Besuche in Bonn des in Paris residierenden laotischen Geschäftsträgers[5] zwecks politischen Meinungsaustausches erscheinen nützlich. Die Laoten zeigten sich in dieser Hinsicht bisher sehr zurückhaltend.

Im Auftrag
gez. Thönnes

VS-Bd. 9802 (I A 3)

---

4 Für den Wortlaut des Protokolls vom 23. Juli 1962 über die Neutralität von Laos, mit dem die seit 16. Mai 1961 in Genf tagende 14-Mächte-Konferenz über Laos ihre Arbeit abschloß, vgl. EUROPA-ARCHIV 1962, D 399–405.
5 Khe Tang.

237

Gespräch des Bundesministers Scheel
mit Ministerpräsidentin Meir in Tel Aviv

I B 4-82.20/92.19-1768[I]/71 VS-vertraulich 7. Juli 1971[1]

Betr.: Gespräch des Herrn Bundesministers mit Ministerpräsidentin Frau Golda Meir am 7. Juli 1971[2]

Nach einleitenden Begrüßungsworten erklärte der Herr *Minister*, daß er die Gelegenheit zu einem ausführlichen Gedankenaustausch mit der israelischen Regierung außerordentlich begrüße, da die Dynamik der politischen Entwicklung einen regelmäßigen und häufigeren Dialog nötig mache. Als Minister verschiedener früherer Kabinette sei er an der Gestaltung der deutsch-israelischen Beziehungen maßgeblich beteiligt gewesen und kenne deshalb die stetige positive Entwicklung des beiderseitigen Verhältnisses. Er wisse auch, daß die deutsche öffentliche Meinung diese Entwicklung stets begrüßt habe und im Hinblick auf die Vergangenheit die Kontinuität wünsche. Grundlage des deutsch-israelischen Verhältnisses müsse es bleiben, daß diese Vergangenheit nicht vergessen werden könne. Er habe vor seiner Reise ein längeres Gespräch mit dem Herrn Bundeskanzler über unsere Politik geführt, mit dem er völlig übereinstimme. Die Frage stelle sich jetzt, wie man die Zukunft zwischen beiden Ländern gestalten könne. Er sei vor allem gekommen, um zu hören.

Frau *Meir* erwiderte, mit dem „Nichtvergessen" habe der Herr Minister einen entscheidenden Punkt angeschnitten. Die Vergangenheit und Geschichte des jüdischen Volkes lebe in jedem Israeli noch heute. Was Israel versuche, sei, endlich ein sicheres Leben zu finden. Schon einmal sei ein jüdischer Staat zerstört worden. Israel sei entschlossen, zu verhindern, daß dies ein zweites Mal geschehe. Das Grundproblem Israels bestehe darin, daß seine Nachbarn seine Existenz heute noch nicht akzeptieren wollten. Sie müßten die Hoffnung aufgeben, daß sie die Israelis wieder vertreiben können. Israel erwarte von seinen Nachbarn keine Freundschaft, aber die Anerkennung des Rechts auf Rückkehr in das Land. Dieser grundlegende Wunsch Israels werde bei seinen Freunden oft nicht verstanden. Das einzige Ziel Israels sei es, einen Friedensvertrag (peace agreement) zu erreichen, der den Arabern die Illusion nehme, das israelische Volk noch einmal vertreiben zu können, und in dem sie sich verpflichten, Israel zu akzeptieren.

Die Araber hätten Israels Grenzen angegriffen und verlangten nun die Rückkehr gerade zu den Grenzen, die es ihnen ermöglicht hätten, die Illusion von der Zerstörung Israels aufrechtzuerhalten. Israels Philosophie von den „sicheren Grenzen" sei nichts anderes als der Wunsch nach Grenzen, die den Arabern jede Illusion dieser Art nehmen. Wenn Israel die Golan-Höhen habe, wer-

---

[1] Die Gesprächsaufzeichnung wurde von Vortragendem Legationsrat I. Klasse Redies am 13. August 1971 gefertigt.
Hat Ministerialdirektor von Staden am 16. August 1971 vorgelegen.
[2] Bundesminister Scheel hielt sich von 7. bis 10. Juli 1971 in Israel auf. Vgl. dazu auch Dok. 238 und Dok. 243.

de es die Syrer nicht angreifen. Israel verstehe nicht, warum die Welt das nicht verstehe. Dieselbe Welt, die 1967[3] die Gefahr begriffen habe, aber Israel nicht helfen konnte, verlange heute die Rückkehr zu den alten Grenzen. Dies könne Israel nicht annehmen. Diesmal müßten Grenzen im Verhandlungswege gefunden werden, die soviel Sicherheit wie möglich geben. Heute müsse Israel sehen, daß der arabische Block und der sowjetische Block gegen Israel eingestellt seien und Israels Freunde bestenfalls neutral blieben. Dies gelte auch für Europa. Israel begrüße die europäische Einheit und hoffe auf Verständnis gerade dort. In dieser Hinsicht sehe es sich jedoch enttäuscht. Es sei oft leichter, seine Feinde zu bekämpfen, als von seinen Freunden verstanden zu werden.

Der Herr *Minister* erwiderte, es sei nicht richtig, daß Israel in Europa zu wenig Verständnis finde. Wir seien fest an Israels Seite, wenn es darum gehe, daß es in Sicherheit leben wolle. Jede Politik, die auf die Zerstörung Israels gerichtet sei, werde nachdrücklich abgelehnt, das Recht Israels auf ein Leben in sicheren Grenzen allgemein anerkannt. Es stelle sich allerdings die Frage, wie die Garantien für die Sicherheit Israels und sein Staatsgebiet am besten zu erreichen seien. Grenzen könnten in dieser Zeit mit ihrer Waffenentwicklung allein keine Sicherheit geben, aber sie müßten frei nach vernünftigen Gesichtspunkten ausgehandelt werden, sonst seien sie nur Ursache neuer Konflikte.

Zu den Nahost-Beratungen im Rahmen der politischen Zusammenarbeit der EG-Länder erschiene es ihm wichtig, einige allgemeine Bemerkungen zu machen. Für die Bundesregierung sei die Fortsetzung des europäischen Einigungsprozesses ein ganz besonderes Anliegen. Die Zielsetzung richte sich auf die Erweiterung der EG (Großbritannien u. a.), die Intensivierung der wirtschaftlichen Integration (Währungsunion) und die Einleitung einer engeren politischen Zusammenarbeit. Europa wolle künftig seine Verantwortung übernehmen und mit einer Stimme sprechen. Diese Stimme könne nicht die eines einzelnen Landes sein, sondern nur eine neue gemeinsame Haltung. Das gelte auch für die Konsultationen über den Nahost-Konflikt. Wir betrachteten den Konflikt unter zwei Gesichtspunkten: als Lebensbedrohung Israels, aber auch als Bedrohung der vitalen Interessen Europas.

Die politische Zusammenarbeit solle mehr sein als nur eine bloße Unterhaltung. Es solle sich um eine qualifizierte Konsultation handeln, deren Ergebnisse jeweils festgehalten würden. So sei das Arbeitspapier entstanden.[4] Es sei eine Zusammenstellung der verschiedenen Gesichtspunkte der Referentenpapiere und von den Außenministern einstimmig akzeptiert worden. Da es sich um einen Meinungsbildungsprozeß handele, sei eine Beteiligung Dritter nicht möglich. Das Ergebnis sei korrekterweise durch Außenminister Schumann der Öffentlichkeit mitgeteilt worden.[5] Die israelische Reaktion habe uns etwas überrascht.[6] Einmal sei bekanntlich die Haltung Frankreichs zum Nahost-Konflikt

---

[3] Zum „Sechs-Tage-Krieg" im Juni 1967 vgl. Dok. 64, Anm. 16.

[4] Für den im Rahmen der Europäischen Politischen Zusammenarbeit der EG-Mitgliedstaaten verabschiedeten Nahost-Bericht vom 13./14. Mai 1971 vgl. Dok. 143.

[5] Zur Konferenz der Außenminister der EG-Mitgliedstaaten im Rahmen der Europäischen Politischen Zusammenarbeit am 13./14. Mai 1971 in Paris sowie zur Erklärung des französischen Außenministers Schumann vom 13. Mai 1971 vgl. Dok. 174.

[6] Am 18. Mai 1971 teilte Botschafter von Puttkamer, Tel Aviv, mit: „Heutige israelische Presse berichtet ausführlich kritisch über das EWG-Papier zu Nahost-Frage sowie zur deutschen Beteiligung

sehr pro-arabisch gewesen, und diese Haltung sei zumindest abgeschwächt worden. Im Vergleich zu den Vorarbeiten bestehe ein bemerkenswerter Unterschied zur ursprünglichen französischen Meinung. Dies erschiene als ein Vorteil für Israel. Zum anderen hätten die Außenminister das Arbeitspapier bewußt nicht veröffentlicht, um die laufenden Friedensbemühungen nicht zu stören. Veröffentlicht sei bekanntlich das Kommuniqué, gegen das Israel wohl kaum Einwendungen habe. Das letztliche Ziel der europäischen Überlegungen sei es, nach einem Friedensabschluß einen Beitrag zur Stabilität im Nahen Osten zu leisten, und hierauf sollten die Konsultationen vorbereiten. Europa könne insoweit mehr tun als andere. Die europäischen Regierungen seien sich nicht unbedingt in jeder Hinsicht einig, wollten aber doch eine gemeinsame Politik anstreben. Die Diskussionen würden deshalb auch fortgesetzt werden.

Frau *Meir*: Sie könne zu anderen Ländern nicht anders sprechen als zu ihrem eigenen Volk. Formulierungen könnten die Probleme nicht lösen, aber sie könnten sie hemmen. Israel liege leider in einem politisch sehr sensiblen Gebiet, aber dafür könne es nichts. Was beunruhige Europa wirklich? Es sei wohl der seit 1955 zu beobachtende sowjetische Imperialismus in diesem Raum und die damit gegebene Gefahr einer Konfrontation. An den Willen der Sowjets zur friedlichen Koexistenz könne sie nicht glauben. Den Sowjets sei Recht nur, was ihnen nütze, Wahrheit nur, was sie für richtig hielten. Wenn der Westen ebenfalls hart bliebe, wäre dies gut. Eine falsche, zu positive Sicht der sowjetischen Politik aber führe zu nichts. Illusionen dienten nicht dem Frieden.

Die Europäer glaubten nun also, sich eine Meinung darüber bilden zu können, wie Israels Sicherheit bewahrt werden könne. Mit der Anerkennung der Notwendigkeit besonderer Maßnahmen für Israels Sicherheit gäben die Europäer indirekt zu, daß die Araber nicht mit Israel in Frieden leben wollten, sondern ein neuer Konflikt durch Maßnahmen von außen her verhindert werden müsse. Wo gebe es das sonst in der Welt, daß die Nachbarn sagen, sie wollten selbst die Existenz dieses Staates nicht. Daß andere, d.h. die Zehn[7], ausdächten, was für Israels Sicherheit gut sei, bedeute einen Status der Inferiorität. Israel verstehe auch, daß die Europäer Ölinteressen haben oder ihr Interesse an den Wasserwegen, oder daß sie die arabische Welt für wichtiger halten als das kleine Israel.

Aber Israel sei nun einmal das einzige Land des jüdischen Volkes. Ohne Israel könne das jüdische Volk nicht existieren. Israel müsse auch für die Juden in der Sowjetunion offen bleiben. Sie selber müsse immer an ihre ersten Kindheitserinnerungen in Rußland, an die Pogrome denken. Israel wolle die Verantwortung für seine Sicherheit selber tragen und sich nicht von den Europä-

---

Fortsetzung Fußnote von Seite 1099
    an seinem Zustandekommen. ‚Jerusalem Post' (Außenministerium nahestehend) meldet auf Frontseite unter Überschrift: ‚Eban breaks Precedence with Bonn Envoy', Außenminister Eban habe gestern mit mir den Zorn Jerusalems über Bonns plötzlichen Bruch des Versprechens zum Ausdruck gebracht, gegen den ‚Schumann-Plan' auf Außenministerkonferenz Veto einzulegen. […] Im Gegensatz zu italienischem Außenminister Moro habe Außenminister Scheel keine ernsthaften Bedenken gegen den Plan erhoben. Er habe sich vielmehr einem Kompromißplan Luxemburgs angeschlossen." Vgl. den Drahtbericht Nr. 382; Referat I A 1, Bd. 753.

[7] Vgl. dazu die Erörterung der Lage im Nahen Osten auf der Konferenz der Außenminister der EG-Mitgliedstaaten mit den Außenministern der vier Beitrittskandidaten am 18. Mai 1971 in Paris; Dok. 174, Anm. 12.

ern vorschreiben lassen, was sichere Grenzen seien. Israel könne auch internationale Garantien nicht akzeptieren. Es habe mit internationalen Garantien 23 Jahre lang gelebt und drei Kriege[8] durchgestanden, ohne einen Tag Frieden zu haben. Hinzu komme die Erfahrung von 1967. Niemand, auch der Sicherheitsrat nicht, habe Israel geholfen. Für Israel sei jetzt entscheidend, daß nie mehr wieder eine Zerstörung des jüdischen Staates möglich wäre. Die Europäer könnten über den Nahost-Konflikt sprechen, aber Israel wolle konsultiert werden. Bis heute sei Israel nicht über die Meinung der Sechs unterrichtet. Israel sei jedoch der Auffassung, seine Freunde in Europa täten besser daran, den Arabern zu sagen, daß sie mit Israel endlich direkt ohne Vorbedingungen verhandeln sollten.

Der Herr *Minister* erwiderte, es sei ein Irrtum zu glauben, daß man das Nahost-Problem in Europa unter dem Gesichtspunkt betrachte, daß Israel die Ölinteressen oder ähnliches störe. Die Lage im Nahen Osten beunruhige deshalb zutiefst, weil sie leicht zu einer Kriegsgefahr für die ganze Welt werden könne. Man solle daher jede Chance nutzen, wenn die Großmächte bereit seien, den Konflikt abzubauen. Hinzu komme, daß Ägypten zum erstenmal bereit zu sein scheine, Israels Existenz anzuerkennen. Europas Interesse gehe dahin, daß ein dauerhafter Friede geschlossen werde. Er teile die Auffassung, daß dies nur bei einer definitiven und formellen Anerkennung Israels durch die arabischen Staaten möglich sei.

Frau *Meir*: Sadat habe gesagt, die Anerkennung Israels sei der erste Schritt, um Israel auf die Grenzen von 1967 zurückzubringen. Dann komme der zweite Schritt. Die EG-Mitglieder gingen davon aus, daß zwischen Grenzproblemen und Anerkennung der Integrität Israels ein festes Verhältnis bestehe. Hinzu komme die Garantie. Garantien seien aber kein Ersatz für Selbstverteidigung.

Der Herr *Minister*: Die europäischen Regierungen hätten die Grenzfrage nicht isoliert betrachtet, sondern verlangten eine Ausgewogenheit zwischen der Grenzregelung und der Herstellung eines wirklichen Friedens. Die Garantien von außen sollten nicht die Verantwortung der unmittelbar Beteiligten einschränken, sondern lediglich ein zusätzliches Element sein. Auch die Grenzen müßten im Rahmen der Friedensvereinbarungen letztlich frei ausgehandelt werden. Wenn wir von Grenzen gesprochen hätten, dann nur in dem Sinn, daß sie Grundlage für die Verhandlungen des VN-Vermittlers seien. Wir bejahten die Resolution 242/67 einschließlich der Präambel.[9] Unsere Position sei seit 1967 gewesen, daß Grenzen – allerdings im begrenzten Umfang – anders ausgehandelt werden könnten als vor 1967. Er sei befriedigt zu hören, daß Israel die Grenzfrage nicht unter den Gesichtspunkten des Gebietserwerbs, sondern lediglich der Sicherheit betrachte.

Europa verstehe Israels Sorge um seine Freiheit. Aber auch Israel solle verstehen, daß Europa sich um den Frieden im Nahen Osten Sorgen mache und nicht die Entwicklung nur den Großmächten überlassen wolle.

Abschließend sagte der Herr Minister, er wolle noch auf ein besonderes Problem zu sprechen kommen. Die Bundesregierung sei bedrückt über die zuweilen

---

[8] Palästinakrieg (1948/49), Suezkrieg (1956) und Sechs-Tage-Krieg (1967).
[9] Zur Resolution Nr. 242 des UNO-Sicherheitsrats vom 22. November 1967 vgl. Dok- 70, Anm. 15.

sehr negative Haltung der israelischen Öffentlichkeit ihr gegenüber im Vergleich zur früheren Bundesregierung. Die Bundesregierung habe in mancher praktischer Hinsicht wesentlich mehr für Israel getan als ihre Vorgängerinnen. Die israelische Regierung wisse auch, daß die Bundesregierung den Weg des Ausbaus der Beziehungen fortsetzen wolle und weder die Ostpolitik noch andere Fragen diese Haltung beeinflussen würden. Die öffentliche Meinung Israels laufe Gefahr, an dieser Wirklichkeit vorbeizuleben.

Frau *Meir* sagte, diese Bemerkung überrasche sie. Sie habe den Eindruck, daß die Mehrheit der israelischen Presse der Bundesregierung gegenüber positiv eingestellt sei, und gewiß gelte dies für die israelische Regierung selber.

VS-BD. 9870 (I B 4)

238

Gespräche des Bundesministers Scheel mit dem israelischen Außenminister Eban in Tel Aviv

I B 4-82.20/92.19-1772/71 VS-vertraulich 7./8. Juli 1971[1]

Einleitend wurde abgesprochen, in der Arbeitssitzung am 7. Juli die allgemeinen Fragen und in der Sitzung am 8.7. die bilateralen Einzelprobleme zu besprechen.[2] Außenminister Abba *Eban* bat den Herrn Minister sodann, als erster das Wort zu ergreifen.

Der Herr *Minister* sagte, er wolle zunächst einige kurze Bemerkungen darüber machen, wie wir die deutsch-israelischen Beziehungen sehen.

Die Bundesrepublik habe mit der Aufnahme von diplomatischen Beziehungen im Jahre 1965[3] den Versuch eingeleitet, die Zusammenarbeit mit Israel zu formalisieren und enger zu gestalten. Alle Bundesregierungen hätten seither die Pflege der Beziehungen zu Israel für ein wichtiges Anliegen gehalten. Das gleiche gelte für die jetzige Bundesregierung. Wir seien deshalb etwas überrascht und enttäuscht, daß auf der israelischen Seite immer wieder Zweifel und Kritik an unserer Politik geäußert würden, allerdings mehr in der Öffentlichkeit als seitens der Regierung. Wir hätten deshalb genau geprüft, woran dies liegen könne. Dabei seien wir zu dem Ergebnis gekommen, daß die jetzige Bundesregie-

---

[1] Die Gesprächsaufzeichnung wurde von Vortragendem Legationsrat I. Klasse Redies am 12. Juli 1971 gefertigt.
Hat Ministerialdirektor von Staden am 12. Juli 1971 vorgelegen, der die Gesprächsaufzeichnung an Staatssekretär Frank weiterleitete und handschriftlich vermerkte: „M[eines] E[rachtens] zutreffende Wiedergabe."
Hat Frank vorgelegen.

[2] Bundesminister Scheel besuchte vom 7. bis 10. Juli 1971 Israel. Vgl. dazu auch Dok. 237 und Dok. 243.

[3] Die Bundesrepublik und Israel nahmen am 12. Mai 1965 diplomatische Beziehungen auf. Vgl. dazu AAPD 1965, II, Dok. 200.

rung in mancher Hinsicht sehr viel mehr für Israel getan habe als frühere Regierungen. Die Ursachen für die Zweifel müßten also woanders liegen.

Verschiedentlich sei dabei die neue Ostpolitik genannt worden. Die Befürchtung, die Ostpolitik werde zu Lasten unserer Israel-Beziehungen gehen, sei jedoch unbegründet. Der Bundeskanzler habe dies kürzlich verschiedentlich nachdrücklich betont. Es sei im übrigen in unseren Gesprächen mit Ostblockstaaten auch niemals der geringste Versuch in dieser Richtung gemacht worden. Unsere Ostpolitik sei ein Teil der gesamtwestlichen Entspannungspolitik, die auch für den Nahen Osten den Frieden bringen solle.

Des weiteren sei die Vermutung geäußert worden, die Bundesregierung fühle sich in den Berlin-Verhandlungen von Frankreich abhängig und richte deshalb ihre Ostpolitik nach diesem Land aus. Auch dieser Gedanke sei abwegig. Frankreich habe ebenfalls keinerlei Versuche in der Richtung gemacht.

Ein weiteres Thema seien die EG-Nahost-Konsultationen.[4] Hier seien jedoch nicht etwa neun Länder bereit gewesen, sich der Meinung des zehnten Landes anzupassen. Vielmehr sei in monatelanger Arbeit der Versuch gemacht worden, zu einer gemeinsamen Haltung zu kommen. Die eingeleitete politische Zusammenarbeit, die ein wichtiger Bestandteil des europäischen Integrationsprozesses bilde, ziele darauf ab, zu einer eigenen Meinung Europas zu allen wichtigen Problemen zu führen. Die Entwicklung im Nahen Osten spiele dabei eine besonders wichtige Rolle, weil die Frage von Krieg und Frieden in diesem Raum Europa unmittelbar berühre.

Außenminister Abba *Eban* erwiderte, er sei erfreut, zu hören, daß auch die jetzige Bundesregierung beabsichtige, ihre Beziehungen zu Israel fortzuentwickeln. Es sei richtig, daß in Israel in dieser Hinsicht einige Befürchtungen geäußert worden seien. Das Wort von der Normalisierung habe in Israel gestört. Aber der Herr Minister habe in seinen Interviews und Erklärungen ja bereits zum Ausdruck gebracht, daß die Bundesregierung die besonderen Faktoren der Vergangenheit als weiterhin wesentlich betrachte.[5] Hinsichtlich der Ostpolitik sei er durch die Erklärungen der Bundesregierung ebenfalls beruhigt, halte es aber doch für möglich, daß die Sowjetunion künftig Versuche unternehmen werde, die deutsche Haltung zu beeinflussen. Er glaube ferner, daß die westliche Welt einschließlich der Bundesregierung die ständigen sowjetischen Waffenlieferungen an die Araber stärker öffentlich kritisieren sollten.

---

4 Zur Konferenz der Außenminister der EG-Mitgliedstaaten im Rahmen der Europäischen Politischen Zusammenarbeit am 13./14. Mai 1971 sowie zur Erörterung der Lage im Nahen Osten mit den Außenministern der vier Beitrittskandidaten am 18. Mai 1971 in Paris vgl. Dok. 174, besonders Anm. 12.

5 Im Vorfeld des Israel-Besuchs wurde in der Presse über eine Äußerung des Bundesministers Scheel berichtet. Demzufolge habe er ausgeführt: „In Israel sei die Besorgnis aufgetaucht, daß die Ostpolitik der Bundesregierung deren eigene Handlungsfreiheit beeinflussen könnte. Hier wolle er in Israel in Gesprächen zur Beruhigung beitragen, denn diese Politik diene langfristig auch anderen Ländern. [...] Es sei im übrigen richtig, daß die deutsch-israelischen Beziehungen einen besonderen Charakter hätten. Man wolle als Partner ohne Komplex die Zukunft gestalten. Die Bundesregierung könne und wolle jedoch nicht die Vergangenheit aus ihrem Bewußtsein drängen." Vgl. den Artikel „Scheel will in Israel behutsam auftreten"; FRANKFURTER ALLGEMEINE ZEITUNG vom 5. Juli 1971, S. 3.
Zum Einfluß der jüngsten Vergangenheit auf die deutsch-israelischen Beziehungen äußerte sich Scheel auch bei seiner Ankunft in Israel und in einer Tischrede am 7. Juli 1971. Vgl. BULLETIN 1971, S. 1173 und 1175.

Hinsichtlich der französischen Haltung und ihrer möglichen Auswirkungen sei die israelische Regierung allerdings nach wie vor beunruhigt. Gerade jetzt habe ein französischer Minister Erklärungen abgegeben, was die Bundesregierung anläßlich des Besuchs in Israel sagen solle.[6] Für die israelische Regierung sei es deshalb wichtig zu wissen, welche eigene Haltung die Bundesregierung habe. Israel verfolge die europäische Integrationsbewegung mit großer Sympathie. Das von den Sechs erstellte Arbeitspapier[7] erfülle die israelische Regierung aber mit großer Sorge. Wenn die Bundesregierung sich der französischen Nahost-Politik anschließe, sei eine Belastung der deutsch-israelischen Beziehungen unvermeidlich.

Er wolle aus dem Arbeitspapier nur zwei Punkte erwähnen, und zwar zunächst die Grenzfrage. Israel verlange das Recht auf freie Verhandlungen der Grenzen. Die Grenzen von 1948 seien, soweit es sich um Waffenstillstandslinien gehandelt habe, ohnehin niemals anerkannt worden, auch nicht von den Arabern. Außerdem hätten gerade diese Grenzen zu einer unsicheren Lage geführt. Israel lege den UN-Grundsatz des Nichterwerbs von Gebiet durch Kriege[8] so aus, daß direkte Eroberungen ausgeschlossen seien, Grenzen jedoch frei verhandelt werden könnten. Niemand könne verlangen, daß Israel die Golan-Höhen zurückgebe oder ein getrenntes Jerusalem zulasse, wobei Israel an eine internationale Regelung für die Heiligen Stätten denke. Für Sharm-el-Sheik verlange Israel zumindest eine militärische Präsenz. Gegenüber internationalen Garantien bleibe Israel ablehnend, und die Vorstellung, daß eine internationale Kontrolle durch die vier Großmächte einschließlich der Sowjetunion und Frankreich erfolge, sei völlig abwegig. Frankreich habe 1950 Garantien für Israel abgegeben[9], diese jedoch 1967 nicht eingehalten. Sharm-el-Sheik sei für Israel lebenswichtig für die freie Ölzufuhr, den Schutz des Negev und die Freiheit des

---

[6] Am 9. Juli 1971 berichtete Botschafter von Puttkamer, Tel Aviv, über die Reaktion des Bundesministers Scheel. Dieser sei „von der Erklärung des französischen Sprechers nach dem Treffen der beiden Ministerpräsidenten äußerst überrascht gewesen. (In seiner Erklärung hatte der französische Sprecher im Vorhinein gesagt, was Walter Scheel den Israelis bei seinen Gesprächen während seines offiziellen Besuches in Israel erklären würde)." Vgl. den Drahtbericht Nr. 557; Referat I B 4, Bd. 460.

[7] Für den im Rahmen der Europäischen Politischen Zusammenarbeit der EG-Mitgliedstaaten verabschiedeten Nahost-Bericht vom 13./14. Mai 1971 vgl. Dok. 143.

[8] Vgl. dazu Artikel 2 Absatz 4 der UNO-Charta vom 16. Juni 1945; Dok. 16, Anm. 4.
Vgl. dazu ferner die „Declaration on Principles of International Law Concerning Friendly Relations and Co-operation among States in Accordance with the Charter of the United Nations" der UNO-Generalversammlung vom 24. Oktober 1970, in der u. a. ausgeführt wurde: „The territory of a State shall not be the object of acquisition by another State resulting from the threat or use of force. No territorial acquisition resulting from the threat or use of force shall be recognized as legal"; UNITED NATIONS RESOLUTIONS, Serie I, Bd. XIII, S. 339.

[9] Am 25. Mai 1950 erklärten Frankreich, Großbritannien und die USA ihre Bereitschaft sowohl Israel als auch den arabischen Staaten Waffen und Kriegsmaterial zum Zweck der Gewährleistung ihrer inneren Sicherheit, für ihre legitime Selbstverteidigung sowie zur Teilnahme an der Verteidigung des gesamten Gebietes zu liefern. Ferner wurde erklärt: „The three Governments take this opportunity of declaring their deep interest in and their desire to promote the establishment and maintenance of peace and stability in the area and their unalterable opposition to the use of force or threat of force between any of the states in that area. The three Governments, should they find that any of these states was preparing to violate frontiers or armistice lines, would, consistently with their obligations as members of the United Nations, immediately take action, both within and outside the United Nations, to prevent such violation." Vgl. DEPARTMENT OF STATE BULLETIN, Bd. 22 (1950), S. 866. Für den deutschen Wortlaut vgl. EUROPA-ARCHIV 1955, S. 8007.

Handels mit Asien. Es gebe auch andere Fälle, wo eine militärische ausländische Präsenz für längere Zeit festgelegt worden sei, wie Okinawa oder der US-Stützpunkt auf Kuba.

Neben der Grenzfrage wolle er aus dem Arbeitspapier die Flüchtlingsfrage erwähnen. Das Arbeitspapier sage nichts über die Rechte Israels in dieser Hinsicht. Es gebe den Flüchtlingen das Recht auf freie Rückkehr oder Entschädigung. Israel sei aber ein souveräner Staat und müsse zumindest gefragt werden. Insgesamt seien die Vorstellungen des Arbeitspapiers für Israel eine Erschwerung der Resolution 242[10]. Israel habe von den USA im November 1967 die Zusicherung erhalten, daß die Resolution des Sicherheitsrats nicht den Rückzug aus allen Gebieten bedeute.[11]

Der israelischen Regierung liege zu den EG-Konsultationen ein Brief des belgischen Außenministers Harmel vor, in dem es heiße, daß die israelische Regierung sich hinsichtlich der Haltung der Sechs lediglich an das veröffentlichte Kommuniqué vom 13./14. Mai[12] halten solle. Die Frage stelle sich, wie die Haltung der Bundesregierung sei, und wie man dieser Haltung Ausdruck geben könne.

Der Herr *Minister* erwiderte, Harmel habe recht, wenn er sage, daß die Entscheidung der sechs Außenminister[13] so sei, wie sie in dem veröffentlichten Kommuniqué zum Ausdruck komme. Hinsichtlich des Arbeitspapiers hätten die sechs Außenminister entschieden, daß es Grundlage für die Gesprächsführung der Auslandsvertretungen der Sechs sein solle sowie für eine Unterrichtung UN-Generalsekretärs U Thant. Vielleicht könne es zur Klärung von Mißverständnissen beitragen, wenn er den inneren Mechanismus der Konsultationen erläutere. Die sechs Außenminister wollten im Rahmen der politischen Zusammenarbeit nicht nur eine allgemeine Unterhaltung, sondern „gehaltvolle" Konsultationen. Die Konsultationen hätten nur dann Sinn, wenn sie, wie innerhalb eines Ministeriums, gut vorbereitet würden und hierfür zu allen Punkten ein Arbeitspapier erstellt würde. So sei auch beim Nahost-Thema vorgegangen und das Arbeitspapier von den Außenministern später einstimmig akzeptiert worden. Auf dieser Grundlage hätten die Außenminister ihre Entscheidung getroffen, wie sie im veröffentlichten Kommuniqué zusammengefaßt worden sei. Bei dieser Entscheidung hätten die Außenminister berücksichtigt, daß die EG-Regierungen nicht die laufenden Friedensbemühungen stören soll-

---

10 Zur Resolution Nr. 242 des UNO-Sicherheitsrats vom 22. November 1967 vgl. Dok. 70, Anm. 15.
11 Im Rückblick führte dazu Dean Rusk aus: „Unfortunately, both sides have departed from 242 in important ways. There was much bickering over whether that resolution should say from ‚the' territories or from ‚all' territories. In the French version, which is equally authentic, it says withdrawal de territory, with de meaning ‚the'. We wanted that to be left a little vague and subject to future negotiation because we thought the Israeli border along the West Bank could be ‚rationalized'; certain anomalies could easily be straightened out with some exchanges of territory, making a more sensible border for all parties. We also wanted to leave open demilitarization measures in the Sinai and the Golan Heights and take a fresh look at the old city of Jerusalem. But we never contemplated any significant grant of territory to Israel as a result of the June 1967 war. On that point we and the Israelis to this day remain sharply divided." Vgl. RUSK, As I Saw It, S. 333.
12 Zum Kommuniqué vom 13. Mai 1971 über die Nahost-Konsultationen der Außenminister der EG-Mitgliedstaaten im Rahmen der Europäischen Politischen Zusammenarbeit vgl. Dok. 174.
13 Pierre Harmel (Belgien), Joseph Luns (Niederlande), Aldo Moro (Italien), Walter Scheel (Bundesrepublik), Maurice Schumann (Frankreich) und Gaston Thorn (Luxemburg).

ten. Außerdem habe der Gesichtspunkt, daß die Entwicklung weitergehe (Gedanke einer Suez-Kanal-Teillösung), dazu beigetragen, daß man von der Veröffentlichung von Einzelheiten abgesehen habe.

Für die EG-Regierungen sei es aber wichtig, schrittweise zu einer eigenen europäischen Politik zu gelangen. Die EG-Regierungen würden sich deshalb auch weiterhin mit dem Thema beschäftigen, und man habe den Mitarbeitern den Auftrag gegeben, das Arbeitspapier zu erweitern und ihm neue Elemente hinzuzufügen. Was im einzelnen mit den Gedanken des Arbeitspapiers geschehe, sei eine zweite Frage. Wenn man eine gemeinsame Haltung habe, müsse man sie auch benutzen. Wenn die sechs Minister von einer Veröffentlichung der einzelnen Gedanken des Arbeitspapiers bisher abgesehen hätten, so deshalb, weil dies in der jetzigen Lage niemandem gedient hätte. Die vorgekommenen Indiskretionen seien zweifellos bedauerlich.

Zum Inhalt des Arbeitspapiers im einzelnen wolle er nur sagen, daß dieses von der Ausgewogenheit der Resolution 242 ausgehe, d. h. von der Regelung der Grenz- und Rückzugsfrage nur im Zusammenhang mit dem Recht Israels auf Anerkennung und einem echten ausgehandelten Frieden. Wir hätten gehofft, Israel werde es als ein positives Faktum ansehen, daß im Arbeitspapier die französische Haltung sich nicht widerspiegele. Im ganzen hätten die EG-Regierungen sich der amerikanischen und britischen Position angenähert, die in der Grenzfrage jeweils von den Linien vom 4. Juni 1967 ausginge, abgesehen von „insubstantial changes" (USA) oder „minor rectifications" (Großbritannien). Zur französischen Haltung wolle er immerhin sagen, daß auch Frankreich jedenfalls davon ausgehe, daß Israel im Nahen Osten der Bedrohte sei.

Abschließend wolle er noch auf einen weiteren Punkt eingehen, der eingangs bei den israelischen Befürchtungen über unsere Politik nicht erwähnt worden sei, nämlich der möglichen Folgen einer Verbesserung der Beziehungen zu den arabischen Staaten. Für uns sei es wichtig, die Beziehungen zu den arabischen Staaten zu gegebener Zeit wiederherzustellen.[14] Dies bringe es mit sich, daß unsere Nahost-Politik nach beiden Seiten ausgewogen bliebe. Bessere Beziehungen zu den arabischen Staaten sollten jedoch den Charakter der Beziehungen zu Israel nicht verändern.

Außenminister Abba *Eban* warf ein, daß Israel das EG-Arbeitspapier und seine Ergebnisse weiterhin ablehne. Israel wolle nicht, daß freie Verhandlungen zwischen Israel und den arabischen Staaten präjudiziert würden. Israel wünsche nicht nur Zusätze zum jetzigen Arbeitspapier, sondern eine Änderung, da es die Gedanken des Papiers als eine erhebliche Beeinträchtigung seiner Interessen betrachte.

Der Herr *Minister* erwiderte, daß, auch wenn eine Konsultation dritter Staaten zu den Themen der politischen Zusammenarbeit nicht möglich sei, die einzelnen EG-Regierungen bei ihren Stellungnahmen die Auffassung unmittelbar betroffener anderer Regierungen gewiß berücksichtigen würden. Dies gelte im vor-

---

14 Zum Abbruch der diplomatische Beziehungen durch neun arabischen Staaten zwischen dem 12. und 16. Mai 1965 vgl. Dok. 23, Anm. 26.
Mit Jordanien wurden die diplomatischen Beziehungen am 27. Februar 1967 wieder aufgenommen, mit der Arabischen Republik Jemen am 15. Juli 1969. Vgl. dazu AAPD 1967, I, Dok. 63, und AAPD 1969, II, Dok. 228.

liegenden Falle auch für die Meinung Israels, und wir hofften auf eine Verstärkung der diplomatischen Kontakte zwischen unseren Außenministerien in dieser Hinsicht.

Außenminister Abba *Eban* setzte die Erörterung des Themas nicht weiter fort, sondern schlug vor, der deutschen Seite nunmehr eine Schilderung der Lage im Nahen Osten aus israelischer Sicht zu geben.

Nach israelischer Auffassung sei es das Ziel der sowjetischen Politik in der Region, die europäische Sicherheit vom Süden her zu bedrohen und die US-Präsenz im Mittelmeer aufzuweichen sowie den eigenen Einfluß auch auf den Indischen Ozean auszudehnen. Der arabisch-israelische Konflikt sei nur das Vehikel, um dieses Ziel zu erreichen. Ständig werde die sowjetische Flotte im Mittelmeer verstärkt, überall Flottenstützpunkte eingerichtet, die Waffenlieferungen an die arabischen Staaten fortgesetzt und die militärische Präsenz in Ägypten ausgebaut. Im Nahen Osten zeige sich, daß es keinen Sinn habe, die Koexistenz herbeizureden.

Hieraus solle Europa die Folgerung ziehen, daß die Zusammenarbeit zwischen Europa und Israel auf dem Gebiet der Sicherheit enger und stärker werden müsse, und das gelte auch für die Zusammenarbeit zwischen der Bundesrepublik und Israel. Jede Stärkung Israels bedeute eine Stärkung der westlichen Position und umgekehrt.

Erfreulicherweise gebe es in der Entwicklung aber auch stabilisierende Elemente. Der Waffenstillstand[15] bestehe nunmehr seit beinahe einem Jahr und habe gute Aussichten anzudauern. Die Drohungen mit dem erneuten Ausbrechen eines Krieges seien nicht ernst zu nehmen. Außerdem sei das Nachlassen der Guerilla-Tätigkeit zu erwähnen. In den besetzten Gebieten gestalte sich die Zusammenarbeit mit den Arabern einfacher, viele gingen in Israel zur Arbeit. Insgesamt habe die Spannung seit dem Sommer 1970 nachgelassen, sei aber eindeutig noch zu groß.

Die Jarring-Gespräche[16] seien nach israelischer Auffassung auf einem toten Punkt angelangt. Ägypten habe einem „peace agreement" zugestimmt[17], jedoch verlange Ägypten nach wie vor den völligen Rückzug Israels aus den besetzten Gebieten, eine Regelung der Flüchtlingsfrage auf der Grundlage der UN-Resolution von 1949[18] und bei der Regelung der Freiheit der Schiffahrt im Suez-Kanal eine Berücksichtigung der Konvention von Konstantinopel[19]. Israel sei nicht bereit zu irgendwelchen „prior commitments", sondern wolle über alles in

---

[15] Zum Waffenstillstand zwischen Israel und der VAR vgl. Dok. 32, Anm. 6, Dok. 43, Anm. 4, und Dok. 101, Anm. 2.
[16] Zur Mission des Sonderbeauftragten der UNO für den Nahen Osten, Jarring, vgl. Dok. 217, Anm. 7.
[17] Zur Antwort der ägyptischen Regierung vom 15. Februar 1971 auf den Vorschlag des Sonderbeauftragten der UNO für den Nahen Osten, Jarring, vom 8. Februar 1971 für eine Lösung des Nahost-Konflikts vgl. Dok. 64, Anm. 14.
[18] Für den Wortlaut der Resolution 302 der UNO-Generalversammlung vom 8. Dezember 1949 vgl. UNITED NATIONS RESOLUTIONS, Serie I, Bd. II, S. 303–305.
[19] Für den Wortlaut der Konvention vom 29. Oktober 1888 zur Garantierung der freien Benutzung des Suez-Kanals zu allen Zeiten und durch alle Staaten (Konvention von Konstantinopel) vgl. Vgl. NOUVEAU RECEUIL GÉNÉRAL DE TRAITÉS ET AUTRES ACTES RELATIFS AUX RAPPORTS DE DROIT INTERNATIONAL. Continuation du grand Receuil de G. Fr. de Martens par Felix Stoerk. Serie II, Bd. XV, Göttingen 1891, S. 557–566. Für den deutschen Wortlaut vgl. EUROPA-ARCHIV 1956, S. 9181–9183.

den Verhandlungen sprechen. Für Israel bleibe es in diesem Zusammenhang auch wichtig, zu wissen, was mit den geräumten Gebieten geschehe. Im Gegensatz zu 1968 scheine Ägypten heute nicht mehr zur Einräumung größerer entmilitarisierter Zonen bereit zu sein.

So bleibe derzeit die Hoffnung auf die Möglichkeit von Teillösungen (auf Suez-Kanal) gerichtet. Im Gegensatz zu USA sei Israel auch hier skeptisch. Israel habe nichts von der Öffnung des Kanals, und nach israelischer Auffassung sei die Öffnung für den Westen zumindest von zweifelhaftem Wert, da der Sowjetunion auf diese Weise der Weg in den Indischen Ozean erleichtert werde. Immerhin sei eine Teillösung sicher ein stabilisierender Faktor und werde stimulierend in Richtung auf weitere Friedensbemühungen wirken.

Für Israel dürfe eine Teillösung jedoch nicht zu nachteilig sein. Wenn Israel von den Kanalgrenzen weggehe, dürfe seine Sicherheit nicht beeinträchtigt werden, und die Teillösung müsse wirklich stabilisierend wirken. Aus diesem Grunde sei Israel hierzu nur dann bereit, wenn der Waffenstillstand langfristig verlängert wird und nicht die ägyptische Armee den Kanal überschreitet. Hinsichtlich der israelischen Rückzugsgrenze sei über Einzelheiten noch nicht gesprochen worden. Israel sei jedenfalls bereit zu erklären, daß diese Rückzugslinie nicht etwa die endgültige Grenze sei, deren Festlegung vielmehr dem Friedensabkommen überlassen bleiben solle. Schließlich verlange Israel u. a., daß israelische Schiffe den Kanal ebenfalls durchfahren können, daß keine Brücken über den Kanal gebaut werden, daß Ägypten den Kanal innerhalb von sechs Monaten auch tatsächlich eröffne, und daß sichere Vereinbarungen über die Einhaltung des Waffenstillstands getroffen würden.

Die ägyptische Reaktion auf die israelischen Vorstellungen sei zunächst positiv gewesen, dann habe sich, wie bekannt, die innere Lage in Ägypten geändert[20], und jetzt seien die ägyptischen Bedingungen wieder härter. Ägypten verlange, daß Militär den Kanal überschreiten dürfe, und bringe die Forderung vor, Israel müsse sich bei dieser Gelegenheit grundsätzlich zum Rückzug aus allen besetzten Gebieten verpflichten. Der ägyptisch-sowjetische Vertrag[21] werfe außerdem die Frage auf, ob Ägypten in seiner Haltung überhaupt noch frei sei. Die Sowjetunion sei zwar kaum gegen eine Teillösung und Öffnung des Suez-Kanals, wolle aber keinesfalls im Nahen Osten eine Pax Americana, sondern eine Pax Sowjetica. Israel werde den Dialog über die Teillösung aber nicht von sich aus abbrechen.

Der Herr *Bundesminister* äußerte hierzu, nach unserem Eindruck betrachteten die USA das Problem unter den Gesichtspunkten ihrer Globalstrategie. Die USA glaubten, daß man jetzt in manchen Bereichen mit den Sowjets eher sprechen könne. Wir selber hätten bisher die Auffassung vertreten, daß die Erörterung einer Teillösung Aufschluß darüber geben werde, ob weitere Regelungen möglich seien.

---

[20] Nach dem Tod von Präsident Nasser am 28. September 1970 wurde Vizepräsident Sadat in einer Volksabstimmung mit rund 90 % der Stimmen als neuer Präsident bestätigt. Am 20. Oktober 1970 ernannte er Mahmoud Fawzi zum Ministerpräsidenten.

[21] Zum ägyptisch-sowjetischen Vertrag vom 27. Mai 1971 über Freundschaft und Zusammenarbeit vgl. Dok. 197, Anm. 15.

In der Sitzung vom 8. Juli faßte Außenminister Abba *Eban* eingangs die Ergebnisse der Arbeitssitzung vom Vortage wie folgt zusammen:

1) Die israelische Seite habe mit Befriedigung gehört, daß die Ostpolitik der Bundesregierung keine Auswirkungen auf die deutsch-israelischen Beziehungen haben werde.

2) Das gleiche gelte für die deutsche Erklärung, daß der Bundesregierung die Pflege ihrer Beziehungen zu Israel ein besonderes Anliegen sei.

3) Die israelische Seite habe wiederholt, daß sie nichts gegen die Bemühungen der Bundesregierung um die Normalisierung der deutsch-arabischen Beziehungen habe, sofern hierdurch israelische Interessen nicht beeinträchtigt würden.

4) Die israelische Seite habe die Erklärung begrüßt, daß der arabisch-israelische Konflikt durch Verhandlungen und Abkommen gelöst werden solle und daß beide Seiten es für wichtig gehalten haben, über die EG-Haltung einen Gedankenaustausch zu führen. Sie habe von der Erklärung der deutschen Seite Kenntnis genommen, daß Israel sich an das veröffentlichte Kommuniqué halten solle und daß das Arbeitspapier lediglich als Grundlage für die im Kommuniqué veröffentlichte Entscheidung zu betrachten sei.

5) Schließlich sei die israelische Seite beeindruckt gewesen von der Erklärung, daß die deutsch-israelischen Beziehungen von Besonderheiten bestimmt werden und daß diese Besonderheiten nicht durch Faktoren von außen beeinträchtigt werden sollten.

Außenminister Abba Eban wies ferner darauf hin, daß nach seiner Auffassung bei weiteren Konsultationen der EG jedenfalls keine solchen Entscheidungen getroffen werden sollten, die die Interessen Israels beeinträchtigten. Die israelische Seite sei jederzeit bereit, uns ihre Auffassung zu den anstehenden Fragen darzulegen. Als Beispiel erwähnte der Außenminister die vorgesehene Debatte der Jerusalem-Frage im Sicherheitsrat[22], die nichts anderes zum Ziele habe, als die Politik der Isolierung Israels fortzusetzen.

Der Herr *Bundesminister* erwiderte, daß Außenminister Abba Eban die Ergebnisse der Gespräche des Vortages gut zusammengefaßt habe und daß er dem zustimme. Soweit die Bundesregierung an einer Erörterung im Rahmen der Sechs zur Vorbereitung der Sicherheitsratssitzung beteiligt sei, werde sie gewiß die beim Besuch in Israel gemachten Erfahrungen einfließen lassen. Der Versuch, für Abstimmungen wie die im Sicherheitsrat eine gemeinsame Haltung zu entwickeln, gehöre aber gerade zu den Bemühungen, Europa auch in politischen Fragen zu einer Einheit zu bringen.

Im weiteren Verlauf der Sitzung wurden Einzelprobleme der bilateralen Beziehungen auf wirtschaftlichem und kulturellem Gebiet und zum Verhältnis der EG zu Israel erörtert. Hierzu werden besondere Aufzeichnungen angefertigt.

VS-Bd. 9870 (I B 4)

---

[22] Die Debatten zur Jerusalem-Frage im UNO-Sicherheitsrat fand vom 16. und 25. September 1971 statt. Vgl. dazu YEARBOOK OF THE UNITED NATIONS 1971, S. 183.

239
Aufzeichnung des Staatssekretärs Freiherr von Braun

St.S. 403/71 geheim   8. Juli 1971

Betr.: Weißbuch 1971 über die Sicherheit der Bundesrepublik Deutschland[1]

Aus der Debatte im Kabinett vom 7. Juli zum geheimen Teil des Weißbuchs 1971 über die Sicherheit der Bundesrepublik Deutschland[2] halte ich folgendes fest:

1) Bundesminister Schmidt: Nixon müsse seine Wiederwahl[3] als Friedenspräsident betreiben, sonst werde er abgewählt. Daher die amerikanische Haltung in SALT, MBFR, Vietnam.[4]

2) Alle bisherigen NATO-Übungen haben zum Schluß mit einer nuklearen Zerstörung wesentlicher Städte der BRD geendet, da eine konventionelle Gegenwehr nicht in ausreichender Höhe zur Verfügung gestellt werden konnte.

3) Die nukleare Planungsgruppe sei daher angewiesen, ein Manöver anzusetzen, das nicht mit diesem Ergebnis ende.

4) Die Starfighter-Unfallrate sei 1970 gut gewesen, 1971 aber wieder schlecht und werde in Zukunft noch schlechter werden; 1970 habe die Bundeswehr im Vergleich zur Unfallrate anderer NATO-Verbündeter sehr gut abgeschnitten, im Vergleich zu den geflogenen Kilometern von der vorletzten auf die zweite Stelle aufgerückt.

Es wurde die Frage aufgeworfen, ob das Kabinett unter diesen Umständen noch die Verantwortung für das Weiterfliegen der Starfighter tragen könne.

Die ältesten Starfighter sind bereits verschrottet worden. Materialermüdung. Schon jetzt könnten die Starfighter nur bei gutem Wetter geflogen werden.

Hiermit dem Herrn Minister[5] vorgelegt.

                                                                                    Braun

VS-Bd. 502 (Büro Staatssekretär)

---

[1] Vgl. WEISSBUCH 1971/72: Zur Sicherheit der Bundesrepublik Deutschland und zur Lage der Bundeswehr. Im Auftrag der Bundesregierung herausgegeben vom Bundesminister der Verteidigung, [Bonn 1971].

[2] Für die geheimen Anlagen zum Weißbuch 1971/72 zur Sicherheit der Bundesrepublik und zur Entwicklung der Bundeswehr vgl. VS-Bd. 1685 (I A 7).

[3] Am 7. November 1972 fanden in den USA die Präsidentschaftswahlen sowie Wahlen zum Repräsentantenhaus, Teilwahlen zum Senat und Gouverneurswahlen statt.

[4] Am 5. Juli 1971 gab Bundesminister Schmidt gegenüber dem französischen Verteidigungsminister Debré folgende Einschätzung der amerikanischen Politik: „Man müsse davon ausgehen, daß Präsident Nixon 1972 als Friedenspräsident dastehen wolle. Deshalb schenke er den SALT-Gesprächen, den Vier-Mächte-Besprechungen über Berlin und dem MBFR-Problem seine besondere Aufmerksamkeit. Von der amerikanischen Öffentlichkeit und besonders auch im Senat werde ein verstärkter Druck auf Verringerung der amerikanischen Präsenz in Europa und im Mittelmeer ausgeübt. Deshalb brauche Nixon, vor allem auch aus innenpolitischen Gründen Erfolge in bezug auf MBFR." Vgl. VS-Bd. 1524 (I A 7); B 150, Aktenkopien 1971.

[5] Hat Bundesminister Scheel am 10. Juli 1971 vorgelegen.

240

Gesandter Wickert, London, an das Auswärtige Amt

Z B 6-1-12588/71 geheim Aufgabe: 9. Juli 1971, 18.20 Uhr
Fernschreiben Nr. 1645 Ankunft: 9. Juli 1971, 21.54 Uhr

Betr.: MRCA – Bedeutung des Projekts aus britischer Sicht

I. Seit Bekanntwerden der Haushaltskürzungen durch die Bundesregierung[1], insbesondere im Verteidigungsbereich, mehren sich in Großbritannien Stimmen der Besorgnis, ob möglicherweise auch das MRCA-Projekt den Einsparungsmaßnahmen zum Opfer fallen könnte.

Eine Fortdauer der Unsicherheit und Zweifel über die Haltung der Bundesregierung zu diesem größten Projekt deutsch-britischer Zusammenarbeit würde nicht nur dem Ruf unserer Seriosität und Zuverlässigkeit schaden, sondern sich überhaupt störend auf das bilaterale Verhältnis auswirken.

Durch den Konkurs von Rolls-Royce im Februar 1971 und die Unsicherheit um das Triebwerk RB 211 für Lockheed[2] hat das MRCA-Triebwerk RB 199 eine besondere Bedeutung für die britische Luftfahrtindustrie gewonnen. Eine Aufgabe des MRCA-Projekts würde daher nachteilige Folgen im politischen, wirtschaftlichen, militärischen und wehrtechnischen Bereich haben, die zur Zeit nicht abgesehen werden können.

II. Bereits in der Planungsphase waren sich die Partnerländer darüber im klaren, daß die Kosten des MRCA höher sein würden als vergleichbare andere Entwicklungen (z. B. in den USA). Dennoch entschied man sich im Interesse einer europäischen Zusammenarbeit und der Entwicklung eines europäischen Kampfflugzeugs für dieses Projekt. Die MRCA-Entscheidung lag also von Anfang an weniger im wirtschaftlichen als vielmehr im politischen und militärischen Bereich.

Das MRCA-Projekt ist das größte bilaterale (wenn man den Anteil Italiens unberücksichtigt läßt) und zugleich das größte europäische Entwicklungs- und Fertigungsprogramm schlechthin. Es nimmt wirtschaftlich aber auch politisch den britischen Beitritt zu den Europäischen Gemeinschaften in mancher Hinsicht vorweg. Es kann nicht in unserem Interesse liegen, zu einem Zeitpunkt, wo wir Europa politisch, technologisch und wirtschaftlich stärken und zusammenführen wollen, einer derart zukunftsorientierten Industrie durch Aufgabe des MRCA-Projekts die Entwicklungschance drastisch zu beschneiden, wenn nicht gar zu nehmen. Würde die Bundesregierung vom MRCA-Projekt zurücktreten, so würde das Vertrauen auf uns als Partner und auf unser Durchhaltevermögen in kritischen Phasen erheblich leiden. Die jetzige Regierung hatte früher oft das „Instant Government" Wilsons angegriffen, d. h. die ständigen Kurswechsel, Neuorientierungen usw. Im Gegensatz dazu hatten die Tories versprochen,

---

[1] Am 9. Mai 1971 beschloß das Kabinett Maßnahmen zur Einschränkung der öffentlichen Ausgaben in der Bundesrepublik. Vgl. dazu BULLETIN 1971, S. 709 f.
[2] Zum Konkurs der Firma Rolls-Royce Ltd. sowie zum Liefervertrag mit Lockheed vgl. Dok. 47, Anm. 2 und 3.

nicht von Tag zu Tag zu regieren und zu regieren, sondern eine langfristig orientierte Politik und weitgestreckte Ziele, auch wenn sich Schwierigkeiten ergeben, zäh weiter zu verfolgen. Sie haben das Versprechen bisher auch eingehalten, obwohl die Versuchung zu Kurskorrekturen angesichts wirtschaftlicher oder politischer Zwänge manchmal groß war, nicht zuletzt in der Beitrittspolitik.

Die konsequente Haltung hat Heath auch bei seinen Gegnern Achtung verschafft und der Regierung wieder Vertrauen eingebracht. Die Regierung vertraut uns und glaubt, daß man gemeinsam mit uns auch große, langfristig angelegte Projekte durchführen kann. Gegen diesen Hintergrund gesehen würde eine Aufgabe des MRCA-Projekts sehr schlecht wirken.

Ferner würde die seit Jahren besonders gut funktionierende bilaterale strategische, militär-taktische und wehrtechnische Zusammenarbeit allgemein entmutigt werden. Dies könnte als weitere Folge eine verstärkte Hinwendung Großbritanniens zu Frankreich nach sich ziehen und sich auf viele Bereiche des deutsch-britischen Verhältnisses und der Zusammenarbeit negativ auswirken.

Hinzu kommt, daß die Relation zwischen hohem Aufwand der britischen Luftfahrtindustrie und ihrem Anteil am Bruttosozialprodukt ebenso wie in anderen Ländern ungünstig ist. Die britische Luftfahrtindustrie braucht daher für ihre technologische Forschung und Entwicklung, zur Fortsetzung der Produktion und zur Sicherung der Arbeitsplätze mit Anreiz für die junge Ingenieurgeneration einen multinationalen Absatz- und Kapitalmarkt. Dieser kann nur in Europa liegen.

Wenn wir von dem MRCA-Projekt zurückträten, wäre das Wasser auf die Mühle der Beitrittsgegner. Besonders die Labour-Abgeordneten, die für den Beitritt sind, vor allem Healey, der sich persönlich energisch für das Projekt eingesetzt hat, kämen dadurch in eine schwierige Lage. Das Echo auf eine Aufgabe des MRCA-Plans wäre sehr groß, die Wirkung im politischen Bereich schwer abzusehen.

Von hier aus gesehen sprechen daher alle Gründe dafür, das Projekt nicht nur am Leben zu halten, sondern auch zu fördern und alle Zweifel über unsere Haltung auszuräumen.[3]

[gez.] Wickert

VS-Bd. 9833 (I A 5)

---

[3] Am 9. September 1971 teilte das Bundesministerium der Verteidigung mit, daß die Bundesrepublik, Großbritannien und Italien eine Fortsetzung des MRCA-Projekts beschlossen hätten: „Die erste Phase war für 3 ½ Jahre geplant und führte zum Erstflug des ersten Prototyps. Die Überprüfung ist durchgeführt und hat bestätigt, daß die Erwartungen hinsichtlich Leistung, Termin und Kosten erfüllt wurden. Die geschätzten Flugzeug-Bedarfszahlen wurden nicht verändert. Auf Grund des zufriedenstellenden Ergebnisses der Überprüfung haben alle drei Regierungen einer Fortsetzung der gemeinsamen Entwicklungsarbeit an diesem Projekt zugestimmt, ohne die Arbeits- und Kostenteilung zu verändern. Dieses Programm bleibt für die zukünftige Ausrüstung der drei Luftwaffen und der deutschen Marine von größter Bedeutung." Vgl. AdG 1971, S. 16525.

241

Gespräch des Staatssekretärs Frank
mit dem französischen Botschafter Sauvagnargues

I B 4-82.20/92.19-1782/71 VS-vertraulich　　　　　　　　　　12. Juli 1971[1]

I. Der *französische Botschafter* suchte Herrn Staatssekretär Dr. Frank wegen der angeblichen Äußerungen des Herrn Bundesministers gegenüber der Presse in Israel im Zusammenhang mit dem EG-Nahost-Papier[2] und einer diesbezüglichen Äußerung des Regierungssprechers vom 9. Juli 1971[3] zu einem etwa einstündigen Gespräch auf.

Er legte eingangs auf die Feststellung Wert, daß es sich um eine Vorsprache aus eigener Initiative handele. Der französische Außenminister habe ihn angewiesen, im Bundeskanzleramt vorzusprechen, er habe jedoch vorgezogen, sich zunächst Erläuterungen im Auswärtigen Amt geben zu lassen, bevor er weitere Schritte in Erwägung ziehe.

Zur Sache stellte er fest, daß das Interview des Herrn Ministers in der Zeitung „Jerusalem Post" und die Erklärung des Sprechers der Bundesregierung vom 9. Juli eine „crise sérieuse" in den deutsch-französischen Beziehungen ausgelöst haben, die Auswirkungen auf die gesamte politische Zusammenarbeit in Europa haben könnte, umso mehr, als keine offiziellen Dementis erfolgt seien. Diese Krise sei ihm aus anderen Gründen höchst unwillkommen (Berlin?) und geselle sich zu dem monetären Problem in Europa („we agreed to disagree").

Außenminister Schumann sei, wie er Herrn Staatssekretär Frank persönlich mitteilen wolle, „outragé"[4], weil sich der Herr Bundesminister kurz zuvor bei

---

[1] Die Gesprächsaufzeichnung wurde von Vortragendem Legationsrat Bente am 13. Juli 1971 gefertigt.
Hat Staatssekretär Frank am 13. Juli 1971 vorgelegen.

[2] Bundesminister Scheel hielt sich von 7. bis 10. Juli 1971 in Israel auf. Zu den Gesprächen mit Ministerpräsidentin Meir und Außenminister Eban vgl. Dok. 237, Dok. 238 und Dok. 243.
Für den im Rahmen der Europäischen Politischen Zusammenarbeit der EG-Mitgliedstaaten verabschiedeten Nahost-Bericht vom 13./14. Mai 1971 vgl. Dok. 143.

[3] In der Presse wurde über Äußerungen des Staatssekretärs Ahlers, Presse- und Informationsamt, berichtet: „In Bonn hat Regierungssprecher Ahlers laut dpa vor Journalisten erklärt, die Bundesregierung interpretiere die Resolution des Sicherheitsrats zum Nahost-Konflikt im Sinne des englischen Textes. Die englische Version sagt, daß Israel seine Truppen ‚aus besetzten Gebieten' zurückziehen soll. Die französische Fassung hingegen, auf die Paris pocht, besagt: ‚Aus den besetzten Gebieten.' Ahlers unterstrich, daß die Bundesregierung ‚immer den englischen Text zugrundegelegt' habe. ‚Darüber hat es nie einen Streit gegeben.'" Vgl. den Artikel „Scheel betont die wachsende Freundschaft mit Israel"; FRANKFURTER ALLGEMEINE ZEITUNG vom 10. Juli 1971, S. 6.

[4] Dazu berichtete Botschafter Ruete, Paris, am 9. Juli 1971: „Außenminister Schumann bestellte mich heute abend und empfing mich mit allen Zeichen höchster Erregung. Er sagte, er bedaure, mich mit einer äußerst unangenehmen Mission betrauen zu müssen in einer Angelegenheit, die nicht nur ihn persönlich, sondern die gesamte fr[an]z[ösische] Regierung sehr errege. Er komme gerade aus dem Elysée, wo man seine Ansichten in vollem Umfange teile. Es handele sich um die Erklärungen des Herrn Bundesministers während seines Israel-Besuchs zum Nahost-Papier der Sechs. [...] Der Herr Bundesminister habe noch bei den Gesprächen in Bonn ausführlich zum Ausdruck gebracht, daß die Bundesregierung sich voll mit dem Papier identifiziert, gleichzeitig habe Minister Schumann dem Minister versichert, daß auch die fr[an]z[ösische] Regierung voll zu dem Nahost-Papier stehe. Es handele sich keineswegs um ein Arbeitspapier, sondern das Arbeitspapier sei nach Annahme des gemeinsamen Textes durch die Minister ein Regierungspapier geworden. Dieses ha-

den deutsch-französischen Konsultationen⁵ erboten habe, die Haltung der Sechs in Tel Aviv zu verteidigen, und Minister Schumann auch nicht die geringsten Zweifel gehegt habe, daß er dies tun würde.

Die Veröffentlichung in der „Jerusalem Post" und die Erklärung von Staatssekretär Ahlers hätten demgegenüber auf französischer Seite den Eindruck erweckt, daß a) entgegen den klaren Ausführungen des EG-Nahost-Papiers in der Grenzfrage: „Rückzug aus den besetzten Gebieten" wir die Nahost-Entschließung des Sicherheitsrates⁶ nunmehr nach dem englischen Wortlaut interpretierten: „Rückzug aus Gebieten", b) daß gegenüber der israelischen Regierung der Eindruck erweckt worden sei, daß ein klarer Gegensatz in der deutschen und französischen Haltung in bezug auf das EG-Papier bestünde. Dies aber widerspreche der Tatsache, daß es von den Ministern der Sechs angenommen worden sei und damit verbindlichen Charakter für die beteiligten Regierungen erhalten habe.

Er sei zwar kein Nahost-Experte, aber seines Wissens habe die französische Regierung niemals den Standpunkt vertreten, der Rückzug der israelischen Truppen aus den besetzten Gebieten sei eine Voraussetzung (précondition) zu allen weiteren Maßnahmen, sondern er sei selbstverständlich an die Erfüllung gewisser Schritte auch seitens der arabischen Staaten gebunden. Festzuhalten sei doch, daß die Nahost-Resolution des Sicherheitsrates vom November 1967 den Erwerb großer Teile des heute von Israel besetzten Gebietes im Austausch gegen Friede und anerkannte Grenzen für Israel verhindern möchte, was, wie alle Großmächte betonen, die „rectifications mineures" der Grenzen ausschlösse. Differenzen zwischen Frankreich und Deutschland könnte es eigentlich nicht in bezug auf die Rückzugsfrage geben, sondern allenfalls eines Tages in der Frage: „Was sind ‚rectifications mineures'?"

Weder er noch sein Minister verstünden daher die bekannt gewordenen deutschen Stellungnahmen.

II. Herr Staatssekretär *Frank* begann seine Erwiderung zunächst mit der Bemerkung, er sei über die Vorsprache des Herrn Botschafters keineswegs erstaunt. Er habe Herrn Bundesminister Ehmke im Zusammenhang mit der Berichterstattung der Öffentlichkeitsmedien über die Reise des Herrn Bundesministers nach Israel erklärt: „Wenn dies so weiter geht, dann zerstören Fernsehen und Presse die auswärtige Politik." Er könne dem Botschafter förmlich versichern – und dies wiederholte er mehrere Male –, daß der Herr Bundesminister der Zeitung „Jerusalem Post" kein Interview gewährt habe; lediglich die auf der Pressekonferenz vor der Öffentlichkeit gemachten Ausführungen⁷ hät-

Fortsetzung Fußnote von Seite 1113

be man auch bei den Gesprächen in Bonn bestätigt." Schumann vertrat die Ansicht, daß Bundesminister Scheel „Frankreich desavouiert" habe. Bislang habe er „mit dem Herrn Bundesminister gerne und aufs engste zusammengearbeitet. Diese Angelegenheit werfe aber die Frage nach der Möglichkeit der weiteren politischen Zusammenarbeit auf." Vgl. den Drahtbericht Nr. 2025; VS-Bd. 9785 (I A 1); B 150, Aktenkopien 1971.

5 Für die deutsch-französischen Konsultationsbesprechungen am 5./6. Juli 1971 vgl. Dok. 228– Dok. 230, Dok. 232, Dok. 233 und Dok. 235.

6 Zur Resolution Nr. 242 des UNO-Sicherheitsrats vom 22. November 1967 vgl. Dok. 70, Anm. 15.

7 Am 9. Juli 1971 hielt Bundesminister Scheel eine Pressekonferenz in Jerusalem ab. Auf die Frage: „What is your government's position towards the American conception that peace in the Middle East requires Israel's readiness to evacuate all territories, except for minor changes? In view of your

ten verbindlichen Charakter. Was die Erklärungen von Herrn Staatssekretär Ahlers anbelangt, so müßten Mittel und Wege gesucht werden, um zukünftig zu verhindern, daß Erklärungen von Persönlichkeiten abgegeben werden, die nicht am Verhandlungsort selbst zugegen sind (hieran knüpfte der Herr Staatssekretär noch einige persönliche Bemerkungen).

Er erläuterte hierauf die Maßnahmen, die von unserer Seite ergriffen worden sind, um die beteiligten Regierungen schnellstens über die Tatsachen zu unterrichten (Schreiben an Außenminister Schumann[8] etc.). Botschafter Sauvagnargues zeigte sich sichtlich erleichtert, insbesondere, weil in diesem Schreiben auch darauf hingewiesen wird, daß die „Jerusalem Post" kein Interview des Herrn Bundesministers erhalten hat.

Herr Staatssekretär Frank wies in seinen weiteren Ausführungen auf die Komplexität dieses ersten offiziellen deutschen Besuches in Israel hin und die ungeheuren psychologischen Schwierigkeiten, die mit ihm verbunden gewesen wären. Er illustrierte dies an der unvorhergesehenen vierzigminütigen Anspra-

---

Fortsetzung Fußnote von Seite 1114
support for the Jarring mission, does it mean that your government will welcome a favorable reply of Israel to this mission?" antwortete Scheel: „Zu Frage 1 kann ich wiederholen, was ich zum Problem Jerusalem gesagt habe: Ich halte es für unangemessen, in diesen Einzelfragen öffentlich Meinungen zu diskutieren, es sei denn von denen, die direkt beteiligt sind. Aus diesem Grunde haben die sechs Minister der EWG und die zehn Minister der erweiterten EWG sich zu diesen Einzelfragen ebenfalls in der Öffentlichkeit nicht geäußert. Wir unterstützen die Jarring-Mission und wünschen, daß man ihren Erfolg erleichtert." Vgl. BULLETIN 1971, S. 1178.

8 In dem Schreiben vom 12. Juli 1971 nahm Bundesminister Scheel Bezug auf den Bericht des Botschafters Ruete über sein Gespräch mit dem französischen Außenminister Schumann vom 9. Juli 1971. Scheel führte aus: „Ich habe dem Bericht des Botschafters entnommen, daß Sie, lieber Herr Kollege, die gesamte französische Regierung und der Herr Präsident der Französischen Republik sehr erregt seien über das, was Sie die Desavouierung der französischen Regierung nennen. Diese soll durch meine angeblichen Erklärungen in Israel über die politische Zusammenarbeit der sechs EWG-Staaten zum Nahost-Problem erfolgt sein. Lassen Sie mich in aller Offenheit sagen, daß ich überrascht bin, daß Sie Ihre Äußerungen unserem Botschafter gegenüber auf eine Pressemeldung gegründet haben, die meine Äußerungen zu dem Bericht der politischen Direktoren weder in den Verhandlungen noch in meiner Pressekonferenz korrekt wiedergibt. Betroffen bin ich von Ihrer Äußerung, daß Sie, wie mir Botschafter Ruete berichtete, keinen Zweifel an der Richtigkeit der Wiedergabe der Meldung (durch die ‚Jerusalem Post') hegten, bevor Sie meine Darstellung der Gespräche kannten." Scheel fügte dem Schreiben eine Aufzeichnung über seine Gespräche in Israel bei und betonte: „Auch Ihnen gegenüber, lieber Kollege, stellt der beigefügte vertrauliche Vermerk die verbindliche Unterrichtung dar. Nach dessen Lektüre werden Sie mir sicherlich darin zustimmen, daß meine Gespräche mit der israelischen Regierung einen konstruktiven Beitrag zu einer ausgewogenen und ruhigen Behandlung dieses schwierigen und gefährlichen Problems im Interesse des Friedens darstellen." Vgl. den Drahterlaß Nr. 3417; VS-Bd. 9870 (I B 4); B 150, Aktenkopien 1971.
In der beigefügten Aufzeichnung wurde erläutert: „Der Bundesaußenminister hat demgegenüber den deutschen Standpunkt auf der Basis des veröffentlichten Beschlusses der Sechs vom 14. Mai d. J. und des zugrunde liegenden gemeinsamen Arbeitspapiers dargelegt, dessen einstimmige Billigung durch die sechs Außenminister er sowohl gegenüber seinen Gesprächspartnern als auch in seiner abschließenden Pressekonferenz hervorgehoben hat. Diese Arbeitsgrundlage selbst hat er natürlich nicht diskutiert, da die israelische Regierung, die sich übrigens gut unterrichtet zeigte, keine offizielle Kenntnis von ihr hat. Der Bundesaußenminister hat besonderen Wert darauf gelegt zu betonen, daß die Sechs das Prinzip der Regelung durch Verhandlungen bejahten, daß das Recht Israels auf eine gesicherte staatliche Existenz allerseits anerkannt werde und daß die Haltung der Sechs in der Grenzfrage der britischen und amerikanischen sehr ähnlich sei (die ja unbedeutende – minor – oder unwesentliche – unsubstantial – Grenzänderung als Verhandlungsziel einschließt)." Vgl. VS-Bd. 9870 (I B 4); B 150, Aktenkopien 1971.

che des Herrn Gideon Hausner in Yad Vashem und dem Erfordernis einer sofortigen, unvorbereiteten Stellungnahme des Herrn Bundesministers.[9]

Der Herr Bundesminister habe sich trotz dieser großen Schwierigkeiten seiner Aufgabe mit großer Würde unterzogen. Er habe gehalten, was er zugesagt habe, nämlich das EG-Papier verteidigt und sich nicht von ihm distanziert, sondern lediglich darauf hingewiesen, daß die Haltung der Sechs in der Grenzfrage der britischen und amerikanischen sehr ähnlich sei. Dies sei etwas anderes als die angebliche Erklärung, wir machten den englischen Wortlaut der Nahost-Resolution zur Grundlage unserer Nahost-Politik. Es sei also keineswegs der Eindruck erweckt worden, daß ein Gegensatz zwischen der deutschen und der französischen Haltung bestünde.

Die Diskussion territorialer Fragen habe der Herr Bundesminister trotz israelischen Drängens (Hinweis auf die Wiedervereinigung Jerusalems, die Nichtverhandlungsfähigkeit der Golan-Höhen und Sharm-el-Sheiks) strikt abgelehnt. Alles, was sonst von dritter Seite als Meinungsäußerung des Herrn Ministers zu diesem Fragenkomplex gesagt oder geschrieben worden sei, treffe nicht zu.

Bemerkenswert seien zur Frage der Sicherheit Israels im übrigen die Ausführungen der Frau Meir gewesen, die den Herrn Staatssekretär außerordentlich beeindruckt haben. Sie habe bei aller persönlicher Gelassenheit klar zu erkennen gegeben, daß es die tiefe Sorge um den Fortbestand des israelischen Staates sei, die sie in ihrer Politik leite.

Hieran anschließend äußerte Herr Staatssekretär Frank sein Erstaunen darüber, daß der französische Außenminister seine Demarche beim deutschen Botschafter in Paris ausschließlich auf Presseinformationen gestützt und nicht zunächst eine amtliche Information von deutscher Seite abgewartet hätte. Man hätte sich doch auf verschiedenen Konferenzen kennen- und schätzengelernt. Ein solches Vorgehen entspräche eigentlich weder dem Stand der deutsch-französischen noch der persönlichen Beziehungen. Wenn sich in diesem Zusammenhang vielleicht auch noch nicht die Frage des Vertrauens stellte, sei dies doch sehr bemerkenswert.

Botschafter *Sauvagnargues* warf hier entschuldigend ein, daß die Demarche durch einen Drahtbericht der französischen Botschaft in Bonn ausgelöst worden sei, mit dem seinem Minister der Wortlaut der Erklärung des Regierungssprechers vom 9. Juli übermittelt worden sei und die Wirkung des „feu au poudre" gehabt hätte. Möglicherweise wäre es dazu nicht gekommen, wenn er, Sauvagnargues, zum Zeitpunkt der Erklärung Ahlers' in Bonn gewesen wäre.

---

[9] Dazu wurde in der Presse gemeldet: „Mr. Gideon Hausner, M.K., chairman of the Yad Vashem Council, addressed the visitor with a fervent declaration that Germany's only way to repent for its crimes and for the death of six million Jews was to assure Israel's survival and to support its security. Stressing that Israel could have expected better understanding of its problems and needs by the German Government, Mr. Hausner said that Germany should let Israel decide for herself what her secure boundaries should be. [...] Mr. Hausner, who was the chief persecutor at the Eichmann trial in Jerusalem 10 years ago, also pointed out that a considerable number of Nazi war criminals had not been brought to trial and that, in many cases where trials had taken place, the sentences passed had been ridiculously light. [...] Mr. Scheel agreed that he would have liked to see justice done, but explained the difficulties in bringing people to trial after so many years." Vgl. den Artikel „Scheel Starts Israel Visit at Yad Vashem"; THE JERUSALEM POST vom 8. Juli 1971, S. 8.

Es entspann sich noch eine Diskussion darüber, durch wen die israelische Regierung Kenntnis von dem Inhalt des EG-Papiers erhalten haben könnte. Herr Staatssekretär *Frank* wies in diesem Zusammenhang auf die weitgehende Unterrichtung des UN-Generalsekretärs[10] durch den französischen UN-Botschafter[11] hin.

Der Abgeordnete Birrenbach habe außerdem bei einem Besuch in Tel Aviv berichtet, daß ihm aus einem allerdings älteren französischen Papier zitiert worden sei. Botschafter *Sauvagnargues* ließ demgegenüber durchblicken, daß man auf französischer Seite annehme, die Deutschen hätten Botschafter Ben-Horin ins Bild gesetzt. In diesem Zusammenhang kam Staatssekretär *Frank* auf den mangelnden Informationsaustausch der EG-Regierungen untereinander zu sprechen, der aber im Grunde eine erforderliche Ergänzung für eine gedeihliche politische Zusammenarbeit in Europa sei. „Wer weiß zum Beispiel," so führte Herr Staatssekretär aus, „was etwa die italienische Regierung in Tel Aviv oder in Kairo zu den nahöstlichen Problemen erklärt?"

Nach einer nochmaligen kurzen Unterhaltung über den Inhalt des EG-Papiers, bei der übereinstimmend festgestellt wurde, daß ein Dissens wegen seiner klaren Formulierungen eigentlich nicht möglich sei, unterstrich Herr Staatssekretär Frank nachdrücklich den Erfolg des Ministers in Israel, dem es gelungen sei, die grundsätzlichen Bedenken der israelischen Regierung gegenüber der Beratung der Sechs zu verringern und sie insbesondere von der Furcht zu befreien, Europa versuche Israel politisch zu isolieren und trete für ein Friedensdiktat ein. Dies sei nach seiner Auffassung ein eindeutiger Erfolg.

VS-Bd. 9870 (I B 4)

---

[10] Sithu U Thant.
[11] Jacques Kosciusko-Morizet.

242

Aufzeichnung des Ministerialdirigenten van Well

II A 1-84.20/11-1006/71 geheim   12. Juli 1971[1]

Herrn Staatssekretär[2]

Betr.: Berlin-Verhandlungen
hier: 23. Treffen der Botschafter[3] am 8. Juli 1971

Zur Unterrichtung

I. Wesentliche Ergebnisse:

1) Beim Treffen der Botschafter am 8.7.1971 wurden, wie nicht anders erwartet, keine wesentlichen sachlichen Fortschritte erzielt. Die Botschafter erörterten hauptsächlich drei Fragen: sowjetische Interessen in Berlin (West), Außenvertretung und Schlußprotokoll.

2) Zur Frage sowjetischer Interessen in Berlin (West) betonten die Alliierten ihre Bereitschaft, eine konstruktive Haltung gegenüber den sowjetischen Wünschen einzunehmen, allerdings mit der Einschränkung, daß keine allgemeinen Grundsätze aufgestellt werden könnten, sondern allenfalls eine Entscheidung über jeden Einzelfall in Betracht komme. Was den sowjetischen Wunsch nach einem Generalkonsulat[4] anbetreffe, so bestünden die Zweifel und Bedenken auf westlicher Seite fort und die Angelegenheit sei zur Entscheidung noch nicht reif. Voraussetzung für ein westliches Entgegenkommen bleibe nämlich in jedem Fall, daß die Sowjets Kompromißbereitschaft in der Frage der Außenvertretung zeigten.

Abrassimow bedauerte demgegenüber mangelnde westliche Bereitschaft, den legitimen sowjetischen Forderungen und Wünschen Rechnung zu tragen.

In der Frage des Generalkonsulats hätten die Sowjets bisher noch keine Antwort erhalten, obwohl die westlichen Botschafter sicherlich einsähen, daß dies der wichtigste Punkt im Bereich sowjetischer Interessen in Berlin (West) sei. Die westlichen Argumente, daß es nicht möglich sei, der Sowjetunion im Handel mit Berlin (West) die Meistbegünstigung einzuräumen, seien nicht begründet.

3) Zur Frage der Außenvertretung wiesen die Alliierten darauf hin, die Sowjets versuchten, einen doppelten Standard („double standard") durchzusetzen und westliche Zustimmung zu einem System zweifacher Vertretung („dual representation") zu erhalten, bei dem die Außenvertretung je nach betroffener Materie oder Organisation verschieden geregelt sei. Dem könne die westliche Seite nicht zustimmen, da die sowjetischen Vorschläge geeignet seien, in Zukunft neue Komplikationen zu schaffen. Falls die Sowjets bereit seien, den westlichen

---

[1] Die Aufzeichnung wurde von Vortragendem Legationsrat Blech und von Legationsrat I. Klasse Kastrup konzipiert.
[2] Hat Staatssekretär Frank vorgelegen.
[3] Pjotr. A. Abrassimow (UdSSR), Roger W. Jackling (Großbritannien), Kenneth Rush (USA) und Jean Sauvagnargues (Frankreich).
[4] Zur Frage der Errichtung eines sowjetischen Generalkonsulats in Berlin (West) vgl. Dok. 231, Anm. 7.

Vorstellungen in der Substanz Rechnung zu tragen, werde man über die Form (einseitige Mitteilung oder zwei Mitteilungen) mit sich reden lassen. Abrassimow erwiderte, der neue westliche Vorschlag zur Außenvertretung (einseitige Mitteilung der drei Alliierten an die Sowjetunion) stelle keinen nützlichen Beitrag zur Regelung der Frage dar und verbaue den Weg zu einem möglichen Kompromiß. Man müsse gemeinsam prüfen, inwieweit in der Sache selbst die Chance einer Einigung gegeben sei („Es ist besser, den Inhalt einer Flasche zu kosten, als über das Etikett zu streiten"). Er, Abrassimow, halte nicht für ausgeschlossen, sich in der Mitte („golden mean") zu treffen.

4) Zum Schlußprotokoll schlug Abrassimow vor, folgenden Satz einzufügen: „The Quadripartite Agreement and all Arrangement referred to in the Final Quadripartite Protocol shall be in force together." Damit wolle man den westlichen Wünschen entgegenkommen und zeigen, daß zwischen dem Vier-Mächte-Abkommen und den innerdeutschen Vereinbarungen eine innere Verbindung („interdependance") bestehe.

Botschafter Sauvagnargues bezeichnete den sowjetischen Vorschlag als Fortschritt. Falls die Sowjets in dem Vier-Mächte-Schlußprotokoll das Konzept einfügen könnten, daß das Vier-Mächte-Abkommen und die innerdeutschen Vereinbarungen zusammengenommen die Lösung der Fragen darstellten, welche von den vier Botschaftern erörtert worden seien, würde dies sehr eng an eine Einigung über den Text des Schlußprotokolls herankommen.

5) Die Botschafter vereinbarten weitere Treffen für den 16.[5] und wahrscheinlich 23. Juli.[6]

II. Bewertung

1) Was die äußere Form anbetrifft, so wird das Botschaftergespräch von den Alliierten in mancher Hinsicht für bemerkenswert gehalten:

– Ungewöhnlich lange Dauer. Zum ersten Mal seit Beginn der Gespräche setzten die Botschafter nach dem Mittagessen ihre Verhandlungen fort.

– Keine Beschränkung auf vorbereitete Erklärungen, sondern echte Diskussion über Sachfragen in freier Wechselrede. Auf Botschafterebene wurde erstmals von Abrassimow ein Formulierungsvorschlag in die Verhandlungen eingeführt.

– Bestreben auf beiden Seiten, nunmehr möglichst rasch zu einem erfolgreichen Abschluß der Verhandlungen zu gelangen. Dies zeigt sich auch in der Einigung der Botschafter, die nächsten Treffen im Abstand von einer Woche abzuhalten.

2) Von der Sache her ist ein gewisser Optimismus erlaubt, daß bei den nächsten Gesprächen weitere Kompromisse in einigen Fragen möglich sind:

– Der neue westliche Vorschlag zur Außenvertretung ist von den Sowjets nicht a limine abgelehnt worden. Er bleibt auf dem Tisch.

– Wenn Abrassimow die Frage eines sowjetischen Generalkonsulats so hochspielt, so kann das für uns nur vorteilhaft sein, da wir bei westlichem Nach

---

[5] Am 16. Juli 1971 fand das 24. Vier-Mächte-Gespräch über Berlin statt.
[6] Zum 25. Vier-Mächte-Gespräch über Berlin am 22. Juli 1971 vgl. Dok. 257.

geben in dieser Frage unsere Forderungen bei der Außenvertretung umso nachdrücklicher vertreten können.
- Beim Schlußprotokoll ist eine nachgiebigere Haltung der Sowjets festzustellen. Welche Bedeutung und Tragweite dem sowjetischen Formulierungsvorschlag genau zukommt, muß allerdings erst noch ausgelotet werden.

III. Weiteres Procedere

Die Botschaftsräte wollen sich bemühen, in ihren nächsten Sitzungen[7] Fortschritte in der Frage sowjetischer Interessen in Berlin (West) zu erzielen, einen gemeinsamen Text mit Fußnoten für die Außenvertretung zu erarbeiten und die Kompromißformulierungen für das Schlußprotokoll auf den Stand der übrigen Teile des Arbeitspapiers zu bringen. Sodann soll der gesamte Entwurf in zweiter und gegebenenfalls auch dritter Lesung noch einmal durchgegangen werden[8], bevor die Verhandlungen in die Schlußphase eintreten, in der die Botschafter über die besonders schwierigen Fragen, möglicherweise als „package deal", entscheiden. Wir sind darauf vorbereitet, daß bei einem intensiven Verhandlungsrhythmus in den kommenden Wochen die Konsultationen der Bonner Vierergruppe auch öfter in Berlin stattfinden.

van Well

VS-Bd. 4522 (II A 1)

243

Aufzeichnung des Ministerialdirigenten Lebsanft

III B 6-84.02/92.19-1538/71 geheim 12. Juli 1971[1]

Betr.: Israel-Besuch des Herrn Ministers[2];
hier: Zweite Arbeitsbesprechung am 9.7.1971

I. Die zweite Arbeitsbesprechung am 9.7. – rd. zwei Stunden – war den bilateralen, im wesentlichen den wirtschaftlichen Fragen gewidmet; zu letzteren ist folgendes festzuhalten:

1) Unter Vorsitz von Außenminister Abba Eban schilderte der stellvertretende Minister für Finanzen, Handel und Industrie, Dr. Tzwi Dinstein, in einem eindrucksvollen Exposé den Stand der israelischen Wirtschaft und die Ziele der Wirtschafts- und Finanzpolitik.

---

[7] Vgl. dazu die Vier-Mächte-Gespräche über Berlin auf Botschaftsratsebene vom 20. bis 23. Juli 1971; Dok. 257, Anm. 3.
[8] Vgl. dazu die Vier-Mächte-Gespräche über Berlin auf Botschaftsratsebene am 27./28. Juli 1971; Dok. 257, Anm. 7.
[1] Durchdruck.
[2] Bundesminister Scheel hielt sich vom 7. bis 10. Juli 1971 in Israel auf. Vgl. dazu auch Dok. 237 und Dok. 238.

Die israelische Volkswirtschaft sei einzigartig in der Welt insofern, als Israel drei ganz verschiedene Aufgaben gleichzeitig lösen wolle und müsse:
− „Nation-building" und die Formung eines Staates, der offen für die Einwanderung sei;
− Sicherung seiner Existenz durch eine ungeheure Verteidigungsanstrengung;
− Verwirklichung weitestgehender sozialer Gerechtigkeit.

Hierzu im einzelnen:

2) 25% des BSP würden für die Verteidigung benötigt, 22−24% der Beschäftigten arbeiteten für sie direkt oder indirekt. Kein Land der Welt wende hierfür einen so großen Anteil seines BSP auf.

Die wirtschaftliche Entwicklung sei zufriedenstellend. Man rechne wie bisher mit einem Wachstum des BSP von 8−10% jährlich. Die Ausfuhr habe 1,7 Mrd. $ erreicht, die Einfuhr 2,7−2,8 Mrd. $ (einschl. der Importe für die Verteidigung in Höhe von rd. 1,25 Mrd. $).

Israel habe keine natürlichen Hilfsquellen, Ausgangsbasis sei die Wüste gewesen. Heute habe man eine Landwirtschaft, die mehr exportiere, als an landwirtschaftlichen Erzeugnissen eingeführt werde; 80−90% des eigenen Bedarfs erzeuge man selber, nur rd. 10% würden noch importiert.

Eine dynamische Wirtschaftsentwicklung sei die Voraussetzung für steigende Investitionen, diese aber seien wiederum Voraussetzung dafür, daß der Anteil der Aufwendungen für die Verteidigung am BSP allmählich sinken könne.

Investieren müsse man vor allem in der Infrastruktur für die industrielle und soziale Entwicklung.

Die Einwanderung sei für Israel eine wesentliche Bedingung seiner Existenz. Die Einwanderer − 50 000 jährlich − seien ein wichtiger Aktivposten der Volkswirtschaft, aber enorme Summen würden für ihre Eingliederung benötigt. Große Investitionen für Arbeitsplätze, Wohnungsbau, Kindergärten, Ausbildung und Erziehung seien erforderlich. Israel sei zugleich ein hochentwickeltes und ein völlig unterentwickeltes Land (zahlreiche Analphabeten!). Daher müsse Israel mehr als jedes andere Land für das Erziehungswesen tun als Voraussetzung sozialer Gerechtigkeit und Stabilität.

3) Aus dieser einmaligen Situation ergäben sich als wichtigste Bedingungen des weiteren wirtschaftlichen Fortschritts, daß auch künftig der
− Zufluß von Kapital und „Know how" sowie der
− Zufluß von Menschen
gewährleistet seien.

Bei der Einwanderung sehe man keine Schwierigkeiten, sogar aus den USA habe man eine beträchtliche Zuwanderung zu verzeichnen. Gewisse Besorgnisse hege man aber hinsichtlich der anderen beiden Faktoren.

Israel sei ein exportorientiertes Land, nirgendwo sonst sei der Export pro Kopf der Bevölkerung so groß. Die EWG sei der nächstgelegene Markt. Man verfolge daher weiterhin das Ziel, assoziiertes Mitglied zu werden. Die Beitrittskandidaten[3] seien wichtige Wirtschaftspartner. Israel suche Verständnis und Hilfe da-

---

[3] Dänemark, Großbritannien, Irland und Norwegen.

für, daß sich aus dem Beitritt keine künstlichen Hindernisse für den Wirtschaftsaustausch ergeben. In diesem Zusammenhang sei man betrübt, daß sich die Präferenzen aufgrund arabischer Pression nur auf die Gruppe der 77 erstreckten und Israel ausgeschlossen worden sei.[4]

Zum freien Kapitalzufluß: Israel mache die größten Anstrengungen, um Investitionen ins Land zu ziehen. Es brauche kapitalintensive, insbesondere verarbeitende Industrien (mangels natürlicher Hilfsquellen) mit moderner Technologie, wobei ihm nur die entwickelten Länder helfen könnten. Zu diesen gehöre die Bundesrepublik.

Ein deutsch-israelischer Investitionsföderungsvertrag sei ein notwendiges Instrument, um mehr deutsche Investitionen nach Israel zu bringen. Man wisse, daß wir einen ausgebauten Mechanismus zur Förderung von Auslandsinvestitionen hätten. Dafür unternähmen wir viel, aber eben doch nur halben Herzens, verschämt; wir kämen damit nicht offen heraus. So höre man es von der deutschen Wirtschaft. Israel aber wünsche die offene Billigung der Bundesregierung, die offene Kooperation.

4) An Problemen unmittelbar zwischen den Regierungen seien drei zu erwähnen:

a) Wirtschaftshilfe

Man habe Kenntnis von der Haushaltssperre[5], könne sich aber nicht vorstellen, daß internationale Verpflichtungen davon betroffen seien. Die Wirtschaftshilfe sei ein wichtiger Ansporn für andere Dinge. Als Finanzminister appelliere er an den Außenminister, sie bald in Gang zu bringen.

b) Die „Post 65"-Fälle[6]

Dies sei fast das einzige noch offene Problem, das irgendwie gelöst werden müsse. Man sollte einen Fonds schaffen wie für die „Post 53er". Das erfordere keine größeren Beträge, aber es handele sich um ein menschliches Problem. Vor ei-

---

[4] Zur Einbeziehung Israels in das Angebot der EG bezüglich der Gewährung eines allgemeinen Präferenzsystems führte Referat III A 3 am 24. Juni 1971 aus: „Die Bundesregierung hat sich in den EG nachdrücklich für ein großzügiges Angebot bezüglich des Kreises der Empfängerländer eingesetzt; insbesondere trat sie für die Präferenzgewährung an Israel sowie an die OECD-Entwicklungsländer (Spanien, Portugal, Türkei, Griechenland) ein. Wir verfolgen dieses Ziel auch weiterhin. Der EG-Ministerrat konnte sich am 30. März 1971 zunächst nur darauf einigen, die Länder der ‚Gruppe der 77' der Welthandelskonferenz – d. h. insbesondere die wirtschaftlich schwachen Entwicklungsländer Afrikas, Asiens und Lateinamerikas – zu begünstigen. Er beauftragte jedoch die EG-Kommission, die Erweiterung des Kreises der Empfänger und damit auch den Einschluß Israels zu prüfen; eine Ratsentscheidung soll vor dem 1.7.1972 getroffen werden." Vgl. Referat III E 1, Bd. 1803.

[5] Am 9. Mai 1971 beschloß das Kabinett Maßnahmen zur Einschränkung der öffentlichen Ausgaben in der Bundesrepublik. Vgl. dazu BULLETIN 1971, S. 709 f.

[6] Das Gesetz vom 29. Juni 1956 zur Entschädigung für Opfer der nationalsozialistischen Verfolgung (Bundesentschädigungsgesetz) sah Entschädigungen für Opfer vor, die mit Stichtag des 1. Oktober 1953 ihre Heimat verlassen oder den Status von Flüchtlingen bzw. Staatenlosen hatten. Vgl. dazu die Paragraphen 4, 150 und 160; BUNDESGESETZBLATT 1956, Teil I, S. 563 f. und S. 585 f.
Für Verfolgte, die nach dem 1. Oktober 1953 und bis spätestens 31. Dezember 1965 die osteuropäischen Staaten verlassen hatten („Post-fifty-three-Fälle"), wurde durch Artikel V des Zweiten Gesetzes vom 14. September 1965 zur Änderung des Bundesentschädigungsgesetzes (BEG-Schlußgesetz) ein Sonderfonds in Höhe von 1,2 Mrd. DM geschaffen. Vgl. dazu BUNDESGESETZBLATT 1965, Teil I, S. 1335–1337.
Somit bestand für Opfer, die erst nach dem 31. Dezember 1965 die osteuropäischen Staaten verlassen hatten, kein Anspruch auf Entschädigung („Post-sixty-five-Fälle").

nigen Monaten sei ihm gesagt worden, man möge warten, bis das Problem mit anderen Ländern gelöst worden sei.

c) Dinstein-Abkommen[7]

100 Mio. DM seien gezahlt worden. Weitere 170 (–250) Mio. DM seien erforderlich. Seine Bitte sei, die Wartefrist möglichst abzukürzen.

Abschließend: Israel sei dabei, eine Nation aufzubauen – wir sollten helfen! Er wisse, wir seien dazu bereit, aber wir hätten Angst davor; wir sollten – im Gegenteil – stolz darauf sein!

Außenminister Eban ergänzte, das Präferenz-Abkommen zwischen Israel und der EWG[8] habe man immer nur als eine erste Phase betrachtet. Der britische Beitritt werde die Lage verändern. Israel werde mit Großbritannien und den Sechs über die Auswirkungen des britischen Beitritts sprechen, und das sei dringlich.

II. Der Herr Minister beglückwünschte Herrn Dinstein zu seinem brillanten Vortrag. Er verstehe, daß der Kapitalzufluß für Israel lebensnotwendig sei, und sei beeindruckt von der Wachstumsrate (höher als in Europa) und von den Exportleistungen, die eine solide Basis hätten und nicht nur Ausfluß einer günstigen Konjunktur seien.

Die Bundesrepublik werde ihre Bemühungen fortsetzen, ihre wirtschaftlichen Interessen mit denen Israels in Einklang zu bringen.

Zu den einzelnen Bereichen wolle er folgendes sagen:

1) Beziehungen Israel–EWG

Er sehe die wirtschaftliche Zukunft Israels nur in Europa, und für Europa sei Israel ein wichtiger Partner. Die bisherigen vertraglichen Beziehungen mit der EWG sollten weiterentwickelt werden. Wenn es nur an uns läge, wäre Israel längst Mitglied, aber andere dächten darüber anders. Das Präferenz-Abkommen sei aber eine gute Grundlage, die es auszuschöpfen gelte. Für die Fortentwicklung spiele natürlich die militärisch-politische Lage in Nahost eine Rolle. Ohne Zweifel behindere sie eine schnelle Entwicklung – umgekehrt sei es bei einer Friedensregelung.

Er unterstreiche die Bemerkung von Minister Eban. Der britische Beitritt verändere die Situation zugunsten Israels.

Er wolle aber auch daran erinnern, daß man das Präferenz-Abkommen nur erreicht habe, weil die übrigen Partner sich zu Parallelismus (mit VAR, Liba-

---

[7] Dazu erläuterte Vortragender Legationsrat I. Klasse Hoffmann am 28. Juni 1971: „In dem deutsch-israelischen Vertrag von 1952 hat die israelische Regierung es übernommen, für die Gesundheitsschäden israelischer Verfolgter in Israel grundsätzlich selbst aufzukommen. Wie sich später herausstellte, war die Zahl dieser Gesundheitsgeschädigten weitaus größer als die Israelis bei Abschluß des Vertrages angenommen hatten. Aus diesem Grunde hat sich die Bundesregierung im Februar 1970 auf starkes Drängen Israels schließlich bereit erklärt, in einem geheimen Abkommen (Dinstein-Abkommen) einen Teil dieser Rentenzahlungen bis zur Höhe vom 100 Mio. DM zu übernehmen. In diesem Abkommen wurde weiter vereinbart, daß der Härtefonds nach dem Bundesrückerstattungsgesetz zu gegebener Zeit erneut überprüft und freiwerdende Beträge zu dem genannten Zweck an Israel gezahlt werden sollten. Verhandlungen hierüber könnten frühestens im Frühjahr 1972 aufgenommen werden." Vgl. VS-Bd. 9870 (I B 4); B 150, Aktenkopien 1971.

[8] Für den Wortlaut des Abkommens vom 29. Juni 1970 zwischen der EWG und Israel vgl. AMTSBLATT DER EWG, Nr. 183 vom 17. August 1970, S. 2–217.

non)⁹ bereit erklärten. Hätten wir das nicht getan, dann gäbe es vielleicht bis heute noch kein Präferenz-Abkommen mit Israel, das aber erst ein Anfang sein sollte.

2) Präferenzangebot

Darüber habe es eine lange Diskussion gegeben, die Bundesrepublik sei für den Einschluß Israels eingetreten. Der Ministerrat habe sich in einer ersten Phase dann nur auf die Gruppe der 77 einigen können. Wir hätten aber den Antrag gestellt, die Kommission solle die Einbeziehung weiterer Länder, insbesondere Israels, prüfen. Bei einer Gruppe sei die Stimmung durchaus positiv, auch hier werde aber ein Parallelismus nötig sein. Wir hofften auf eine so rechtzeitige Entscheidung, daß die Erweiterung am 1.7.1972 in Kraft treten könne.

3) Kapitalverkehr

a) Investitionsförderungsvertrag

Der Herr Minister bemerkte, er wundere sich doch etwas über die irrationale Kritik an unserer Haltung. IFV sei eine vornehme Umschreibung für den Schutz deutschen Kapitals, die er seinerzeit erfunden habe, weil Kapitalschutzvertrag nicht mehr zeitgemäß gewesen sei, wie man ja auch nicht mehr von unterentwickelten Ländern spreche. Wenn wir einen IFV schlössen, sei das ein Indiz für eine gewisse Unsicherheit – mit der Schweiz, Frankreich oder Schweden z.B. dächten wir doch nicht an einen solchen Vertrag. Israel und die Bundesrepublik sollten darüber keine öffentliche Diskussion führen.

Das Problem der Kooperation werde hier nicht getroffen, aber auch darüber wolle er ganz offen sprechen:

b) Offene Kooperation

Er sei kein Freund von Camouflage, er sage überall das gleiche. Es sei ihm auch nie sympathisch gewesen, daß die Bundesrepublik etwas getan habe, aber als verschämter Freund. Vielleicht unterscheide sich die jetzige Bundesregierung hier von ihren Vorgängern.

Dennoch müsse er sagen, daß es bei uns ein Interesse in der ganzen Region gebe, außerhalb der deutsch-israelischen Beziehungen. Wir müßten allmählich zur Wiederaufnahme normaler Beziehungen mit den arabischen Ländern kommen, die seinerzeit mit uns abgebrochen hätten.¹⁰

Eine Ausgewogenheit sei notwendig. Dabei dürften die Beziehungen zu Israel nicht eingeschränkt, aber auch nicht soweit offengelegt werden, daß diese Ausgewogenheit unmöglich werde. Wir könnten also nach beiden Seiten nicht unlimitiert operieren. Israel werde uns gewiß nicht zumuten, einen nochmaligen

---

9 Die Europäischen Gemeinschaften verhandelten mit der VAR und dem Libanon über den Abschluß von Präferenzabkommen. Am 21. Juli 1971 äußerte Vortragender Legationsrat Freiherr von Stein dazu die Ansicht, daß „über den Inhalt der Abkommen mit beiden Ländern im wesentlichen Einigung zu erzielen sein wird." Seit November 1970 hätten sich die Gespräche allerdings „auf eine für beide Seiten annehmbare Regelung der Boykottfrage" konzentriert. Vgl. Referat III E 1, Bd. 1981.

10 Zum Abbruch der diplomatische Beziehungen durch neun arabische Staaten zwischen dem 12. und 16. Mai 1965 vgl. Dok. 23, Anm. 26.
Mit Jordanien wurden die diplomatischen Beziehungen am 27. Februar 1967 wieder aufgenommen, mit der Arabischen Republik Jemen am 15. Juli 1969. Vgl. dazu AAPD 1967, I, Dok. 63, und AAPD 1969, II, Dok. 228.

Bruch mit den arabischen Ländern zu riskieren. Über gewisse Grenzen müßten wir uns also offen im klaren sein.

Man müsse auch daran denken, daß bei einer Veröffentlichung gewisser Abmachungen das Bild Israels in der Öffentlichkeit schlechter würde. Auch eine gewisse andere Zusammenarbeit[11] könne man nicht öffentlich verkünden.

Dagegen seien die Wirtschaftsanleihen nicht geheim, obwohl die Araber sofort nachrechneten, und zwar per capita und seit 1965! Unsere Haltung dazu sei: Wenn wir die Beziehungen wieder aufnehmen, reden wir über nichts.

In diesem Zusammenhang wolle er auch noch erwähnen, daß er auch der Erfinder des „Geschäftsfreunds"[12] sei. Ganz wohl sei ihm dabei nicht gewesen, es sei ihm klar gewesen, daß das geändert werden müsse.

c) Direktinvestitionen

Der Herr Minister sagte, er habe den Eindruck, private Investitionen in Israel müßten von uns nicht einmal ermuntert werden. Es kämen viele Investoren, nicht aus Gefühl (beim Geld höre die Gemütlichkeit auf), sondern angezogen durch die Stabilität, das wirtschaftliche Wachstum, die Sicherheit und die Gewinnchancen, die sie hier vorfinden.

Nur zum Geldanlegen gehe niemand nach Israel, daher könne das Entwicklungshilfe-Steuergesetz[13], das ebenfalls seine Erfindung sei, dem Investor auch nur den letzten Push geben.

d) Wirtschaftshilfe 1971

Der Herr Minister sagte zu, die Frage der Haushaltssperre nach seiner Rückkehr möglichst bald zu klären. Er glaube, wir werden auch dieses Jahr im alten Sinne verhandeln können.[14]

e) Dinstein-Abkommen

In diesem Punkt sei man früher nie zu einem Ergebnis gekommen. Die jetzige Bundesregierung habe dann eine Summe vereinbart – das sei erledigt.

[11] Zur Zusammenarbeit mit Israel auf dem Rüstungssektor vgl. Dok. 127.
[12] Bundeskanzler Adenauer und der israelische Ministerpräsident führten am 14. März 1960 ein Gespräch im Waldorf-Astoria-Hotel in New York. Die von Ben Gurion geäußerten konkreten Wünsche nach Krediten führten zur Aktion „Geschäftsfreund". Adenauer erklärte sein grundsätzliches Einverständnis, Israel finanziell zu unterstützen, legte sich aber nicht in Einzelheiten fest. Von israelischer Seite wurde jedoch die Haltung des Bundeskanzlers als konkrete Zusage gewertet, daß die Bundesrepublik Israel eine Entwicklungshilfe auf kommerzieller Basis in Form eines Darlehens von jährlich 200 Mio. DM für zehn Jahre gewähren werde. Vgl. dazu AAPD 1966, I, Dok. 120. Vgl. dazu ferner BEN GURION UND ADENAUER, S. 330–344.
Die Bundesrepublik zahlte in halbjährlichen Tranchen zwischen 1961 und 1965 im Rahmen der Aktion „Geschäftsfreund" 629,4 Mio. DM an Israel. Seit 1966 gewährte die Bundesrepublik Israel eine jährlich neu zu verhandelnde Kapitalhilfe. Vgl. dazu die Aufzeichnung des Staatssekretärs Lahr vom 3. Mai 1966; VS-Bd. 445 (Büro Staatssekretär); B 150, Aktenkopien 1966.
[13] Für den Wortlaut des Gesetzes vom 15. März 1968 über steuerliche Maßnahmen zur Förderung von privaten Kapitalanlagen in Entwicklungsländern (Entwicklungshilfe-Steuergesetz 1968) vgl. BUNDESGESETZBLATT 1968, Teil I, S. 217–221.
[14] Zu Punkt II 3 d) der Aufzeichnung erläuterte Ministerialdirigent Lebsanft am 12. Juli 1971: „Herr StS Dr. Frank hat in einem kurzen Gespräch in Jerusalem der Auffassung zugestimmt, daß die Zusage des Herrn Ministers dazu benutzt werden sollte, so bald als möglich eine Entscheidung über die 30%-Sperre bei der Kapital-Hilfe-Verpflichtungsermächtigung insgesamt herbeizuführen. Mit Rücksicht auf die Fälle Türkei, Indien, Jordanien und andere, die demnächst zu entscheiden sind, sollte eine Vorzugsbehandlung Israels – Vorabentscheidung – vermieden werden." Vgl. VS-Bd. 8839 (III B 6); B 150, Aktenkopien 1971.

Darüber hinaus hätten wir uns bereit erklärt, zu untersuchen, ob aus gewissen Fonds noch etwas mobilisiert werden könne. Vor dem Frühjahr 1972 werde aber ein Überblick kaum möglich sein. Herr Goldmann habe wohl mit Staatssekretär Dr. Frank und auch mit dem Bundeskanzler Gespräche darüber geführt.

Nächstes Jahr könnten wir darüber sprechen. Auf entsprechende israelische Frage erklärte der Herr Minister, daß das Auswärtige Amt nicht dagegen sein werde, wenn das BMWF schon früher zu einem positiven Ergebnis kommen sollte.

f) „Post 65er"

Der Herr Minister bedauerte, daß er hierzu nichts sagen, keinerlei Hoffnungen machen könne. Er sei darüber besonders betrübt, weil es dabei viele menschliche Probleme gebe, aber eine Gesetzesänderung sei nicht möglich.

Wenn wir mit Osteuropa Beziehungen aufnähmen, stelle sich das Problem in ganz anderer Größenordnung. Die Bundesregierung habe beschlossen, keine Zahlungen zu leisten (mit Ausnahme der Fälle pseudo-medizinischer Versuche, wo über das IRK in Genf individuell etwas getan werde). Er bitte um Verständnis, daß wir von dieser Entscheidung auch Israel gegenüber nicht abweichen können. Er habe die strikte Aufgabe des Finanzministers[15] mitbekommen, dazu kein Wort zu sagen.

III. Herr Dinstein dankte für die offenen Darlegungen des Herrn Ministers und erwiderte kurz zu folgenden Punkten:

1) EWG

Israel verlasse sich auf die wohlwollende Haltung der Bundesrepublik, die im Gemeinsamen Markt ein entscheidendes Gewicht habe.

2) Privatinvestitionen

Israel habe noch nicht das Image eines Investitionsplatzes. Die Wirtschaft wolle einen IFV sehen, als zusätzliches Element. Er räume ein, daß ein IFV in der Substanz nichts Neues bringe.

Er müsse auch erwähnen, daß es trotz unserer Förderungsmaßnahmen im Einzelfall viele Schwierigkeiten gebe, die Dinge liefen nicht reibungslos (Schiffsinvestitionen[16]). Hierzu der Minister: Wenn Israel keine Schwierigkeiten hätte, wäre es diskriminiert, denn alle anderen hätten Schwierigkeiten.

---

[15] Karl Schiller.
[16] Botschaftsrat I. Klasse Hensel, Tel Aviv, informierte am 25. März 1971 über israelische Aufträge zum Bau von Schiffen durch Werften in der Bundesrepublik. Während derzeit „zwei Supertanker von je 230 000 tdw bei den Kieler Howaldswerken" gebaut würden, sei ein Auftrag über zwei Container-Schiffe bei „einer anderen deutschen Werft" daran gescheitert, daß keine „deutsche Regierungsunterstützung gemäß den ‚Richtlinien für die Gewährung von Werfthilfen für den Export-Schiffbau' des BMWi vom 13.8.1969" erteilt worden sei, „weil Israel nicht auf der Liste derjenigen Länder stehe, für die eine solche Hilfe gewährt werden könne". Hensel fragte an, „warum Israel bei der Gewährung von Werfthilfen offenbar nicht als Entwicklungsland klassifiziert ist, während auf anderen Gebieten (Entwicklungshilfe, allgemeine Zollpräferenz) Israel als Entwicklungsland fungiert". Vgl. den Schriftbericht; Referat III B 6, Bd. 676.
Am 17. Mai 1971 führte das Bundesministerium für Wirtschaft dazu aus, daß Israel nach den Bestimmungen des Werfthilfeprogramms durchaus als Entwicklungsland gelte und „daher grundsätzlich auch bei Geschäften mit israelischen Reedereien Werfthilfen gewährt werden" können. Vgl. Referat III B 6, Bd. 676.

3) Offene Kooperation

Herr Dinstein bemerkte, wenn er gesagt habe, wir sollten stolz darauf sein, so bedeute das nicht, alles in der Öffentlichkeit zu behandeln. Immerhin wolle er aber noch sagen, auch durch Neutralität könne man Unrecht tun in der täglichen Arbeit, so z. B. in der Boykottfrage.

Außenminister Eban ergänzte zu diesem Punkt, daß die Araber um so nachgiebiger würden, je offener wir mit Israel zusammen arbeiteten, denn dies lasse ihr Interesse steigen.

Eban bedankte sich für unsere Unterstützung beim Abschluß des Präferenz-Abkommens mit der EWG sowie in der Frage der Einbeziehung Israels in die Generalpräferenzen und sprach zum Schluß noch die deutsch-israelische Zusammenarbeit im Bereich der Technischen Hilfe an, worauf der Herr Minister folgendes erwiderte:

Vor drei oder vier Jahren habe er erstmals mit israelischen Herren darüber diskutiert. Später habe er versucht, so etwas in Gang zu bringen. Das habe sich aber nicht bewährt; es sei das schwierig aus der Materie heraus; lediglich finanzieren könnten wir nicht im Hinblick auf die öffentliche Meinung.

Die Ausbildung von Angehörigen von Entwicklungsländern in Israel sei dagegen ein geeigneter Weg, wenn es sich um den Erwerb von Fähigkeiten handele, die bei uns nicht gelernt werden können. Darüber also könnten wir sprechen.

gez. Lebsanft

VS-Bd. 9870 (I B 4)

244

Staatssekretär Frank an die Botschaft in Paris

I B 4-82.05/92-1796/71 VS-vertraulich   Aufgabe: 13. Juli 1971, 18.49 Uhr[1]
Fernschreiben Nr. 3446 Plurex
Citissime

Betr.:   Nahost-Konsultationen der Sechs
Bezug: DB 2036 VS-v vom 12.7.1971[2]

Sie werden gebeten, AM Schumann sobald als möglich aufzusuchen und ihm zu sagen, daß auch der Bundesaußenminister die Unklarheiten bedauert, die

---

[1] Hat Ministerialdirektor von Staden am 13. Juli 1971 vorgelegen.
   Durchdrucke wurden laut handschriftlichem Vermerk des Staatssekretärs Frank an Staatssekretär Bahr, Bundeskanzleramt, und an Staatssekretär Ahlers geleitet.
[2] Botschafter Ruete, Paris, berichtete von der Übergabe des Schreibens des Bundesministers Scheel vom 12. Juli 1971 an den französischen Außenminister: „Schumann unterstrich, daß er infolge der Ausführungen der fr[an]z[ösischen] und der deutschen Presse in eine äußerst schwierige Situation geraten sei. Dazu hätten die Indiskretionen der deutschen Presse noch beigetragen, die das bisher

durch die öffentliche Kommentierung seiner Gespräche in Israel³ entstanden sind.

Zu den drei Punkten, die AM Schumann im Hinblick auf seine Beantwortung der Anfrage von Senator Lecanuet erwähnt, bitte ich Sie, wie folgt zu antworten:

1) Der Bericht der Politischen Direktoren zur Nahost-Frage⁴ ist auch nach Auffassung des Bundesaußenministers von den sechs Außenministern einstimmig gebilligt worden und stellt damit ein gemeinsames Dokument der Sechs dar. Bitte wiederholen Sie den Hinweis darauf, daß der Bundesaußenminister dies sowohl in seinen Gesprächen mit Frau Meir und Herrn Eban als auch in seiner Pressekonferenz in Jerusalem⁵ ausdrücklich festgestellt hat.

2) Die Veröffentlichung der Grenzpassage aus dem Bericht der Politischen Direktoren würde dem Beschluß der sechs Außenminister vom 14. Mai d.J.⁶ widersprechen. An diesen Beschluß hat sich auch der Bundesaußenminister bei seinen Erklärungen während und im Zusammenhang seines Besuches in Israel gehalten.

3) Die Auffassung, daß sich die Bundesregierung mit dieser Passage auf den französischen Wortlaut der Resolution 242 des Sicherheitsrats⁷ festgelegt habe, wird vom Bundesaußenminister nicht geteilt. Es trifft zu, daß die sechs Politischen Direktoren sich bei ihren Beratungen des französischen Textes bedient haben, und zwar deshalb, weil auch die Vertreter der nicht-französisch-sprachigen Länder sich bei diesen Beratungen aus Gründen der Arbeitsrationalität, d.h. als ein Entgegenkommen gegenüber den französisch-sprachigen Ländern der französischen Sprache bedienen. Hieraus den Schluß abzuleiten, daß

Fortsetzung Fußnote von Seite 1127

geheim gehaltene Dokument veröffentlicht hätte. Er habe bisher nach außen geschwiegen, um dem deutsch-französischen Verhältnis keinen Schaden zuzufügen, sei aber nun durch eine schriftliche Anfrage des Senators Lecanuet gezwungen, öffentlich Stellung zu nehmen. Er stehe dann vor der Alternative, die deutsche Darstellung unwidersprochen zu lassen und sich damit selbst dem Verdacht der Unwahrheit auszusetzen oder den Beweis der Wahrheit anzutreten. Da seine Ehre auf dem Spiele stehe, könne er nicht anders, als dem Senator Lecanuet wahrheitsgemäß zu antworten: 1) Der Bericht der Politischen Direktoren zur Nahost-Frage sei von den Ministern gebilligt worden und stelle daher ein gemeinsames Dokument der Sechs dar. 2) In diesem Bericht sei über den Rückzug der Streitkräfte folgendes gesagt worden: (siehe Vorbericht Nr. 2025 vom 9.7. geheim). 3) Auch die Bundesregierung habe sich damit auf den franz[ösischen] Wortlaut der Resolution 242 des Sicherheitsrats festgelegt, da bei den Beratungen der Sechs überhaupt nur der fr[an]z[ösische] Text verwandt und nicht mit dem englischen Text gearbeitet worden sei." Schumann habe darum gebeten, daß „der Herr Minister in einer öffentlichen Erklärung seine Ausführungen in Israel entsprechend interpretiere, denn die Ausführungen in dem Vermerk, der dem Brief des Herrn Bundesministers beigefügt sei, hätten vertraulichen Charakter und könnten nicht zur Beantwortung einer parlamentarischen Anfrage verwandt werden." Vgl. VS-Bd. 9785 (I A 1); B 150, Aktenkopien 1971.

Zum Drahtbericht Nr. 2025 des Botschafters Ruete, Paris, vom 9. Juli 1971 vgl. Dok. 241, Anm. 4.

3 Bundesminister Scheel hielt sich vom 7. bis 10. Juli 1971 in Israel auf. Für die Gespräche mit Ministerpräsidentin Meir und dem israelischen Außenminister Eban am 7. Juli 1971 vgl. Dok. 237, Dok. 238 und Dok. 243.

4 Für den im Rahmen der Europäischen Politischen Zusammenarbeit der EG-Mitgliedstaaten verabschiedeten Nahost-Bericht vom 13./14. Mai 1971 vgl. Dok. 143.

5 Zur Pressekonferenz des Bundesministers Scheel am 9. Juli 1971 vgl. Dok. 241, Anm. 7.

6 Zur Konferenz der Außenminister der EG-Mitgliedstaaten im Rahmen der Europäischen Politischen Zusammenarbeit am 13./14. Mai 1971 in Paris vgl. Dok. 174.

7 Zur Resolution Nr. 242 des UNO-Sicherheitsrats vom 22. November 1967 vgl. Dok. 70, Anm. 15.

sie sich damit auf den französischen Text der Resolution festgelegt haben, erscheint dem Bundesaußenminister nicht zulässig. Die Bundesregierung nimmt vielmehr den Standpunkt ein, daß die Resolution 242 in ihrer Gesamtheit als Grundlage für die Erarbeitung einer ausgewogenen Regelung dienen sollte, und hat in den Beratungen der Sechs keinen Versuch gemacht oder akzeptiert, die unterschiedliche Fassung des englischen und französischen Textes zu interpretieren. Sie hat vielmehr, von der Grundlage der Resolution ausgehend, im Bericht der Politischen Direktoren einem Text zugestimmt, der weder mit der englischen noch mit der französischen Fassung der Resolution identisch ist, sondern vielmehr eine eigene, im Wege langwieriger Verhandlungen zustande gekommene Formel darstellt. Diese Formel übernimmt in der französischen Fassung des Berichts der Politischen Direktoren in ihrem ersten Teil den Wortlaut der französischen Version der Resolution und ergänzt ihn durch die Feststellung, daß kleinere Grenzkorrekturen vorgesehen werden können, die von den Parteien vereinbart werden. Diese Ergänzung ist in der Resolution nicht enthalten.

Der Bericht der Politischen Direktoren unterstellt diese Formulierung ferner dem Begriff des Abschlusses eines allgemeinen Abkommens (conclusion d'un accord général) und bringt damit zum Ausdruck, daß es sich hierbei um ein Element einer verhandelten Lösung handeln müsse. Auch dies stellt im Vergleich zur Resolution 242 eine Erweiterung dar, da diese lediglich von der Errichtung eines gerechten und dauerhaften Friedens im Mittleren Osten spricht (l'établissement d'une paix juste au Proche-Orient).

Im Hinblick auf den vorstehenden Sachverhalt hat der Bundesaußenminister in seinen Gesprächen mit Frau Meir und Herrn Eban darauf hingewiesen, daß die von den Sechs erarbeitete Position der britischen und der amerikanischen ähnlich sei. Beide Positionen schließen bekanntlich kleinere Grenzänderungen ein.

Bitte teilen Sie Herrn Schumann mit, daß der Bundesaußenminister sich bereits am 11.7. nach seiner Rückkehr aus Israel dahingehend entschieden hat, im Rahmen der Bundestagsdebatte über Europa-Politik und Europäische Politische Zusammenarbeit am 19.7. vor dem Deutschen Bundestag auch eine Erklärung zu seinen Gesprächen in Israel abzugeben. Der Bundesaußenminister wird diese Gelegenheit wahrnehmen, um die von ihm in Israel vertretene Haltung noch einmal öffentlich und unzweideutig klarzulegen.[8]

---

[8] Am 19. Juli 1971 führte Bundesminister Scheel im Bundestag aus: „Meine Damen und Herren, der von den Direktoren der sechs europäischen Außenministerien erarbeitete Bericht [...] wurde – das möchte ich hier unterstreichen – von den sechs Außenministerien einstimmig gebilligt. Er stellt somit ein gemeinsames Dokument der Sechs dar. Was die leider so häufig diskutierte Frage anlangt, ob den Beratungen die Nahost-Entschließung des Sicherheitsrats im englischen oder im französischen Wortlaut zugrunde lag, so möchte ich sie wie folgt beantworten. EWG-Nahostpapier und Sicherheitsratsentschließung sind klar zu unterscheiden; es sind zwei verschiedene Dinge. Das letzte ist eine Empfehlung an den Generalsekretär der Vereinten Nationen, das erste ein Arbeitspapier der an der politischen Zusammenarbeit der europäischen Staaten beteiligten Regierungen. Es enthält nicht eine Auslegung der Nahost-Resolution des Sicherheitsrats, sondern eine eigene, auf der Resolution aufbauende Konzeption der Sechs, die sich insbesondere von der inneren Ausgewogenheit der Nahost-Entschließung des Sicherheitsrats leiten läßt." Vgl. BT STENOGRAPHISCHE BERICHTE, Bd. 76, S. 7759.

Die Auffassung, daß die Bezeichnung des Berichts der Politischen Direktoren als Arbeitspapier unexakt sei, kann der Bundesaußenminister nicht teilen. Es ist am 14.5. einstimmig beschlossen worden, diesen Bericht nicht zu veröffentlichen, sondern sein Ergebnis dem Generalsekretär der Vereinten Nationen[9] ohne Übergabe mitzuteilen und ihn im übrigen als Gesprächsgrundlage für die diplomatischen Missionen der sechs Mitgliedstaaten in den interessierten Hauptstädten zu verwenden. Der damit gegebene Charakter des Papiers wird nach deutschem amtlichen Sprachgebrauch durch den Begriff „Arbeitspapier" vollständig gedeckt. Daß es sich dabei um ein von den Ministern gemeinsam gebilligtes Arbeitspapier handelt, wurde bereits hervorgehoben.

Die Veröffentlichung von Auszügen des Papiers in einer deutschen Zeitung[10] geht auf unbekannte Quellen zurück. Der Sprecher des Auswärtigen Amts[11] hat jeden Kommentar dazu mit dem Bemerken abgelehnt, daß es sich bei der Veröffentlichung um die angebliche Wiedergabe eines vertraulichen Dokuments handele, was jede Stellungnahme seitens der Bundesregierung ausschließe.[12]

Sofern AM Schumann Sie auf die Frage ansprechen sollte, wie die Fortsetzung der Arbeiten zu beurteilen ist und welche Schlüsse sich daraus auf den endgültigen Charakter des ersten Berichts der sechs Direktoren ergeben, erwidern Sie bitte in folgendem Sinne: Der Beschluß der sechs Außenminister, die Arbeiten des Politischen Komitees fortsetzen zu lassen, bedeutet auch nach unserer Auffassung nicht, daß der einstimmig gebilligte Bericht nachträglich abgeändert werden soll. Dies schließt natürlich nicht aus, daß Teile dieses Berichts durch die weitere Entwicklung faktisch überholt werden könnten.

Nach unserer Auffassung ist die Fortsetzung der Arbeiten jedoch in dem Sinne zu verstehen, daß der erste Bericht noch nicht alle Elemente einer möglichen Regelung, die ein in sich ausgewogenes Ganzes sein muß, ausreichend beleuchtet. Dies bezieht sich insbesondere auf die Feststellung des Berichts, daß die beiden Hauptpunkte des Rückzugs und der Friedensverpflichtungen in Respektierung des Gleichgewichts der VN-Resolution gleichzeitig behandelt werden müssen. Ein Bedürfnis, den Bericht durch weitere Arbeiten zu ergänzen, besteht insoweit hauptsächlich im Hinblick auf die Friedensverpflichtungen. Wir glauben uns hierin mit der französischen Seite einig und haben es deshalb

---

[9] Sithu U Thant.
[10] Bereits am 11. Juli 1971 berichtete die Wochenzeitung „Welt am Sonntag" über den Inhalt des im Rahmen der Europäischen Politischen Zusammenarbeit der EG-Mitgliedstaaten verabschiedeten Nahost-Berichts vom 13./14. Mai 1971. Vgl. dazu den Artikel „CDU: Kopfschütteln über Scheel-Besuch"; WELT AM SONNTAG vom 11. Juli 1971, S. 1 f.
Für die auszugsweise Veröffentlichung des Nahost-Berichts vgl. den Artikel „Der Wortlaut des ‚Nahost-Papiers' der sechs EWG-Mitgliedsstaaten"; DIE WELT vom 14. Juli 1971, S. 5.
[11] Guido Brunner.
[12] In der Presse wurde berichtet: „Das Auswärtige Amt hat es abgelehnt, zu der Veröffentlichung der ‚Welt am Sonntag' Stellung zu nehmen, die am Sonntag unter Berufung auf eine zuverlässige Quelle erstmals Einzelheiten aus dem EWG-Papier zur Israel-Politik veröffentlicht hat. Ein Sprecher sagte, da dieses Arbeitspapier nicht veröffentlicht worden sei und auch nicht veröffentlicht werde, könne er sich zu Einzelheiten nicht äußern." Vgl. den Artikel „Israel mit Scheels Besuch zufrieden"; FRANKFURTER ALLGEMEINE ZEITUNG vom 12. Juli 1971, S. 3.

um so mehr begrüßt, daß gerade die französische Seite dieses Thema in die weiteren Beratungen eingeführt hat.[13]

Frank[14]

VS-Bd. 9868 (I B 4)

245

Staatssekretär Frank an die Botschaft in Washington

II A 3-86.70/1-2180[I]/71 VS-vertraulich 13. Juli 1971[1]
Fernschreiben Nr. 718 Aufgabe: 15. Juli 1971, 20.14 Uhr

Betr.: Radio Free Europe

Bezug: Drahterlaß 648 vom 18.6.71 – II A 3-86.70/1-869/71 geh.[2]

Sie werden gebeten, mit Herrn Kissinger Kontakt aufzunehmen und unter Bezugnahme auf sein Gespräch mit StS Bahr über RFE am 17.6.71 etwa das Folgende auszuführen:

---

[13] Am 15. Juli 1971 berichtete Botschafter Ruete, Paris, daß der französische Außenminister Schumann vorgeschlagen habe, den im Rahmen der Europäischen Politischen Zusammenarbeit der EG-Mitgliedstaaten verabschiedeten Nahost-Bericht vom 13./14. Mai 1971 angesichts seiner auszugsweisen Veröffentlichung in der Tageszeitung „Die Welt" vom 14. Juli 1971 vollständig zu publizieren. Bei dieser Gelegenheit sollte in einer gemeinsamen Erklärung in Übereinstimmung mit den Ausführungen im Kommuniqué vom 14. Mai 1971 daran erinnert werden, „daß die sechs Minister ihre Zustimmung zu diesem ‚ersten' Bericht erteilt hätten, der ihnen vom Politischen Komitee vorgelegt worden sei". Ferner solle darauf hingewiesen werden, „daß die sechs Minister – immer entsprechend den Ausführungen des Kommuniqués vom 14. Mai – das Politische Komitee beauftragt haben, die Arbeiten fortzusetzen und zu beenden, wobei sie der laufenden Entwicklung der Situation im Nahen Osten Rechnung tragen müßten". Schumann habe weiterhin betont, „daß zur Veröffentlichung des Berichts selbstverständlich ein entsprechender Beschluß der Sechs notwendig sei, über dessen Herbeiführung wir uns aber zunächst bilateral verständigen müßten. Die Abstimmung innerhalb der Sechs über den gemeinsamen Text müßte dann möglichst bald auf diplomatischem Wege erfolgen." Vgl. den Drahtbericht Nr. 2068; VS-Bd. 9785 (I A 1); B 150, Aktenkopien 1971.

[14] Paraphe vom 13. Juli 1971.

[1] Der Drahterlaß wurde von Legationssekretär Boden konzipiert.
Hat Legationsrat I. Klasse Dahlhoff, Ministerialdirigent Lahn und Ministerialdirektor von Staden am 13. Juli 1971 vorgelegen.

[2] Ministerialdirigent van Well informierte die Botschaft in Washington über ein Gespräch des Staatssekretärs Bahr mit dem Sicherheitsberater des amerikanischen Präsidenten, Kissinger, am 17. Juni 1971 in Washington zu den polnischsprachigen Programmen des Senders „Radio Free Europe". Bahr habe unter Hinweis auf das Schreiben des polnischen Außenministers Jędrychowski vom 26. Mai 1971 an Bundesminister Scheel darauf hingewiesen, daß die polnische Regierung hinsichtlich der Tätigkeit des Senders „zum ersten Mal in derart ausdrücklich offizieller Form das Thema gegenüber der Bundesregierung zur Sprache gebracht habe". Kürzlich hätten sich auch die Tschechen in der Öffentlichkeit zu der Frage sehr scharf geäußert. Wir nähmen die Drohung, eventuell nicht an den Olympischen Spielen in München teilzunehmen, nicht ernst. Dem polnischen und tschechischen Druck würden wir nicht nachgeben. Irgendwie handele es sich wohl um einen öffentlichen Stellvertreterkrieg im Äther. Partner seien die Sowjetunion und die Vereinigten Staaten. Es stelle sich die Frage, ob die amerikanische Seite nicht bei Gelegenheit diese Frage im Gespräch mit der Sowjetunion aufwerfen solle. Die Bundesrepublik könne das Problem nicht lösen. Es sei jedoch un-

Nach unseren Feststellungen ist ein Teil der polnischen RFE-Sendungen geeignet, das um das Vertrauen der Bevölkerung kämpfende Regime Gierek in Schwierigkeiten zu bringen. Es ist zwar nicht Aufgabe unserer Entspannungspolitik, die innere Entwicklung in Polen zugunsten der neuen Parteiführung zu beeinflussen. Wir können aber nicht verkennen, daß die Vermehrung innenpolitischer Schwierigkeiten durch die RFE-Sendungen die Bewegungsfreiheit der neuen polnischen Führung zur Normalisierung der deutsch-polnischen Beziehungen einengt. Die Fortsetzung unserer gemeinsamen Politik gegenüber Osteuropa wird dadurch beeinträchtigt.

Wir sind der Meinung, daß die polnischen Sendeprogramme von RFE diesen Aspekt unserer Politik stärker als bisher berücksichtigen sollten. Zu diesem Zweck schlagen wir vor:

a) die amerikanischen und deutschen Interessen in der Frage der polnischen RFE-Sendungen aufeinander abzustimmen;

b) die RFE-Sendedirektion in geeigneter Form im Sinne dieser Abstimmung zu verpflichten.

Wir wären dankbar für eine Mitteilung, mit wem das Gespräch zu a) gegebenenfalls geführt werden könnte und ob uns Termine dafür etwa im September genannt werden könnten. Unsererseits könnten wir hierzu gegebenenfalls den Leiter der Unterabteilung Ost der Politischen Abteilung des Auswärtigen Amts mit einem weiteren Beamten nach Washington entsenden.[3]

Frank[4]

VS-Bd. 4616 (II A 3)

Fortsetzung Fußnote von Seite 1131

sere Auffassung, daß die Sender sich der allgemeinen Politik unserer beiden Regierungen anpassen müßten. Sie dürften sich nicht in direkten Widerspruch zur Politik der Bundesregierung setzen. Andererseits halte er nichts von dem Gedanken, eine Vorzensur einzuführen. Auf die Frage Kissingers, was man denn tun könne, erwiderte Staatssekretär Bahr, man müsse den Verantwortlichen bei den Sendern eben deutlich ins Gewissen reden und sie an ihre Verantwortung erinnern. Wir würden uns mit der Beantwortung des polnischen Schreibens Zeit lassen und die Antwort mit der amerikanischen Seite abstimmen. Staatssekretär Bahr fragte dann, ob sich nach dem Inkrafttreten des vorgesehenen neuen Gesetzes über die beiden Sender im Prinzip etwas ändern werde. Kissinger meinte, wohl kaum, da sich die Kritik der osteuropäischen Regierungen ja nicht gegen die Finanzierung der Sender, sondern gegen die Existenz der Sender selbst richte. Die amerikanische Regierung möchte die Sender beibehalten. Er schlage vor, daß man die Angelegenheit im Frühjahr erneut prüfe. Eventuell könne man dann mit der Sowjetunion sprechen und sie fragen, was sie als Preis für eine Verlegung der Sender zu zahlen bereit sei. Vielleicht könne man mit den Sowjets in einem größeren Zusammenhang ein derartiges Gespräch führen." Vgl. VS-Bd. 9823 (I A 5); B 150, Aktenkopien 1971.

3 Dieser Absatz wurde von Ministerialdirektor von Staden handschriftlich eingefügt.
Am 19. Juli 1971 teilte Botschafter Pauls, Washington, mit, daß er die Demarche im amerikanischen Außenministerium ausgeführt habe. Der stellvertretende Abteilungsleiter Davies habe dem Vorschlag der Bundesregierung „im Prinzip sogleich" zugestimmt, sich jedoch hinsichtlich des Zeitpunktes und des Teilnehmerkreises von Gesprächen nicht festgelegt: „In der Sache selbst teilt Davies unsere Ansicht, es sei weder im deutschen noch im amerikanischen Interesse, die polnische Bevölkerung durch Sendungen wie die in Frage stehenden gegen ihre Führung aufzuhetzen, anstatt sie sachlich zu informieren." Vgl. den Drahtbericht Nr. 1601; VS-Bd. 4616 (II A 3); B 150, Aktenkopien 1971.
Am 9. November 1971 vermerkte Ministerialdirigent Diesel, daß das Bemühen der Bundesregierung, mit der amerikanischen Regierung zu einer Absprache zu gelangen, bisher ohne Ergebnis geblieben sei. In einer Hausbesprechung am 19. August 1971 sei beschlossen worden, „daß ich im Oktober/November zu vorklärenden Gesprächen nach Washington fahren sollte. Es erscheint mir je-

246

**Ministerialdirektor von Staden
an die Ständige Vertretung bei der NATO in Brüssel**

II A 1-80.51/1/MBFR-2327/71 VS-vertraulich 14. Juli 1971[1]
Fernschreiben Nr. 3507 Plurex Aufgabe: 15. Juli 1971, 20.01 Uhr

Betr.: MBFR
hier: Deutschland- und Berlin-Problematik
Bezug: DE vom 12.7.1971 – II B 2-81.30/2-2296/71 VS-v[2]

I. Sie werden gebeten, in NATO-Gremien sich erforderlichenfalls wie folgt zu äußern:

Die Frage der Beteiligung der DDR an multilateralen MBFR-Gesprächen wird in die Bonner Vierergruppe in Kürze eingebracht werden. Wir wollen dadurch eine einheitliche Position der Bundesrepublik und der für Deutschland als Ganzes verantwortlichen Mächte erreichen. Sie soll dann in der NATO zur Erörterung gestellt werden.

II. Wir lassen uns bei den Erörterungen in der Vierergruppe von folgenden Erwägungen leiten, die Sie vorbehaltlich der oben angekündigten[3] gemeinsamen Haltung[4] im Gespräch informell verwenden können:

Fortsetzung Fußnote von Seite 1132
doch inopportun, die ohnehin durch die Währungskrise und das ausstehende Offset-Abkommen komplizierten deutsch-amerikanischen Beziehungen nun noch zusätzlich durch eine spektakuläre RFE-Demarche zu belasten. [...] Zu unserem weiteren Vorgehen mache ich den folgenden Vorschlag: 1) Der für RFE zuständige Referatsleiter II A 3 greift eine seit längerem vorliegende Einladung zu einem Informationsbesuch bei RFE in München auf, um dort mit den Verantwortlichen des Senders unsere Gravamina zu besprechen. Gesprächspunkte sollten insbesondere sein: Einstellen des Abspielens der polnischen Nationalhymne; die von Vizeaußenminister Willman überreichte schriftliche polnische Beschwerde über RFE; Frage der Einrichtung einer senderinternen Vorkontrollstelle, analog der Regelung bei Radio Liberty." Vgl. VS-Bd. 4616 (II A 3); B 150, Aktenkopien 1971.
4 Paraphe vom 15. Juli 1971.
1 Der Drahterlaß wurde von Vortragendem Legationsrat Blech am 14. Juli 1971 konzipiert.
Hat Vortragendem Legationsrat I. Klasse Menne am 15. Juli 1971 vorgelegen, der handschriftlich vermerkte: „Der Erlaß aufgrund des Ergebnisses der Besprechungen in der Sitzung der MBFR-Arbeitsgruppe am 9.7.71."
Hat Ministerialdirigent van Well und Botschafter Roth am 15. Juli 1971 vorgelegen.
2 Vortragender Legationsrat I. Klasse Mertes bat die Ständige Vertretung bei der NATO in Brüssel, bei einer Erörterung der Frage künftiger MBFR-Verhandlungsgremien auf folgendes zu achten: „Dem Versuch, unter dem Motto ‚Die Sicherheit aller europäischen Staaten wird durch MBFR berührt' etwaige MBFR-Verhandlungen in eine Ersatz-KSE umzuwandeln, muß auch bei der Vorerörterung der Gremien a limine entgegengewirkt werden. Auch unerwünschte deutschlandpolitische Wirkungen etwaiger multilateraler MBFR-Verhandlungen können durch die Begrenzung auf Mitglieder beider Bündnisse vermieden werden: a) Die Teilnahme der DDR ergäbe sich aus der militärtechnischen Natur des Verhandlungsgegenstandes, b) innerhalb der westlichen Verhandlungsteilnehmer wäre eine Disclaimer-Einigung leicht zu erreichen." Vgl. VS-Bd. 4606 (II A 3); B 150, Aktenkopien 1971. Für weitere Auszüge vgl. Anm. 9, 10 und 14.
3 Die Wörter „oben angekündigten" wurden durch Ministerialdirigent van Well handschriftlich eingefügt. Dafür wurde gestrichen: „zu gegebener Zeit einzubringenden".
4 An dieser Stelle wurde von Ministerialdirigent van Well gestrichen: „nach I."

1) Die Bundesregierung hat die Absicht, an allen multilateralen MBFR-Gesprächen und -Verhandlungen nach Form und Sache voll mitzuwirken. Sie ist sich klar darüber, daß damit – abgesehen von einem sachlichen Interesse an ihrer Einbeziehung – die Beteiligung der DDR praktisch unvermeidlich wird. Der daraus sich ergebenden Gefahr einer vorzeitigen[5] internationalen Aufwertung Ostberlins in anderen Bereichen muß jedoch mit allen vorhandenen Möglichkeiten begegnet werden. Die Bundesregierung geht davon aus, daß sie dabei von ihren Verbündeten wie bisher voll unterstützt wird.

2) Eine befriedigende Berlin-Regelung darf durch den Beginn konkreter MBFR-Gespräche nicht gehemmt werden (Bundessicherheitsrat am 28.6.1971[6]). Aus der Natur der Sache ergibt sich, daß nur durch eine Berlin-Regelung der hinlängliche Nachweis geführt werden kann, daß Bemühungen um weiterreichende Entspannungsmaßnahmen unter Berücksichtigung der beiderseitigen Interessen Erfolg haben können. Gerade bei dem Stand, den die Berlin-Verhandlungen bereits erreicht haben, würde ihr schließliches Scheitern den Schluß aufdrängen, daß die Sowjetunion die bislang gezeigten Ansätze echter Entspannungsbereitschaft zurücknimmt. Dies müßte auch den Sinn konkreter MBFR-Vorbereitungen in Frage stellen. Bei dieser Sachlage halten wir es für überflüssig, wie seinerzeit im Zusammenhang mit der KSE[7] ausdrücklich die Forderung zu stellen, daß eine Berlin-Regelung konkreten MBFR-Gesprächen vorgehen müsse. Wir gehen dabei davon aus, daß unsere Verbündeten die Tatsachen in gleicher Weise einschätzen und, ebenfalls entsprechend den im Zusammenhang mit KSE-Vorbereitungen entwickelten Grundsätzen, eine Einbeziehung der DDR, in welcher Form auch immer, in multilaterale Gespräche vor einer Berlin-Regelung für unerwünscht halten. Den Weg, vor Abschluß der Berlin-Verhandlungen eine Expertenkonferenz nach Art des ECE-Umweltsymposiums[8] abzuhalten, erscheint uns bei dem unterschiedlichen Gewicht von MBFR-Fragestellung und Umweltproblemen nicht gangbar (vgl. Ziff. 8 b) des Bezugserlasses[9]).

3) Im übrigen halten wir es für unwahrscheinlich, daß die Aufnahme multilateraler MBFR-Verhandlungen überhaupt aktuell werden könnte, bevor eine Berlin-Regelung zustande gekommen ist (vgl. Ziff. 8 a) des Bezugserlasses[10].

---

[5] Dieses Wort wurde von Ministerialdirigent van Well handschriftlich eingefügt.

[6] Zur Sitzung des Bundessicherheitsrats vgl. Dok. 221.

[7] Vgl. dazu Ziffer 10 des Kommuniqués der NATO-Ministerratstagung am 3./4. Dezember 1970 in Brüssel; Dok. 11, Anm. 12.

[8] Vom 3. bis 10. Mai 1971 fand in Prag ein Symposium der ECE über Umweltfragen statt. Zur Frage einer Beteiligung der DDR vgl. Dok. 99, Anm. 6.

[9] Ziffer 8 b) des Drahterlasses des Vortragenden Legationsrats I. Klasse Mertes vom 12. Juli 1971 an die Ständige Vertretung bei der NATO in Brüssel: „Umweltfragen haben ein politisch unvergleichlich geringeres Gewicht als die militärische Sicherheit der Staaten. Die Symposiumslösung entspräche weder dem Kern des politischen Anliegens unserer bisherigen MBFR-Politik noch der Absicht, konkrete Vereinbarungen zu erstreben. Im übrigen ist anzunehmen, daß – wenn auch aus anderen Gründen – die UdSSR wahrscheinlich einer Symposiumslösung nicht zustimmen würde." Vgl. VS-Bd. 4606 (II A 3); B 150, Aktenkopien 1971.

[10] Ziffer 8 a) des Drahterlasses des Vortragenden Legationsrats I. Klasse Mertes vom 12. Juli 1971 an die Ständige Vertretung bei der NATO in Brüssel: „Ausgehend von Ziffer 9 des Lissabonner Kommuniqués halten wir die Hypothese von multilateralen MBFR-Verhandlungen vor einer Berlin-Regelung für unrealistisch. Die NATO-Außenminister-Stellvertreterkonferenz wird die nächste Gelegenheit zu einer gemeinsamen Prüfung der zeitlichen Entwicklung der Berlin-Verhandlungen

Multilaterale Verhandlungen sind voraussichtlich erst nach Abschluß der frühestens Mitte Oktober beginnenden Explorateurphase, also nicht vor Ende des Jahres, realisierbar. Hat man zu diesem Zeitpunkt sich noch nicht über Berlin einigen können, wäre dies mit hoher Wahrscheinlichkeit einem Scheitern der Verhandlungen gleichzusetzen. Dies müßte zu einer kritischen Entwicklung und zu einer Überprüfung der der Vorbereitung multilateraler Verhandlungen zugrunde gelegten Annahmen führen.

4) Mit ihrer Einbeziehung in mehr oder weniger institutionalisierte multilaterale MBFR-Verhandlungen kommt die DDR einer Anerkennung durch die anderen Teilnehmer sehr nahe. Eine solche wollen wir im Prinzip so lange ausgeschlossen sehen, wie ein ausreichender innerdeutscher Modus vivendi die Voraussetzung für die Freigabe der Außenbeziehungen der DDR nicht geschaffen hat. Wenn wir diese Einbeziehung wie bei KSE-Vorbereitungen bereits nach einer Berlin-Regelung hinzunehmen bereit sind, lassen wir eine weitere Ausnahme von jenem Grundsatz zu, die seine Glaubwürdigkeit gegenüber dritten Ländern schwächen muß. Wir legen daher zur Vermeidung unzutreffender Schlußfolgerungen großen Wert auf die Klarstellung, daß eine Berlin-Regelung nicht die entscheidende Voraussetzung für eine umfassende internationale Aufwertung der DDR sein kann. Wir halten vielmehr daran fest, daß es zu ausreichenden Regelungen des Verhältnisses zwischen den beiden deutschen Staaten kommen muß, bevor der DDR der Weg zur allgemeinen internationalen Anerkennung eröffnet wird.

Unter diesen Umständen ist es besonders notwendig, den Ausnahmecharakter der Einbeziehung der DDR in MBFR-Verhandlungen so augenfällig wie möglich zu machen.

5) Uns liegt deshalb auch nach einer Berlin-Regelung daran, daß die DDR im Stadium des Explorateurs so wenig wie möglich in Erscheinung tritt.

a) Wir neigen daher zu der Ansicht, daß jede Seite nur einen Explorateur stellen soll. Es ist für uns nicht entscheidend, auf westlicher Seite dieses Amt mit einem Deutschen besetzt zu sehen. Würde jede Seite mehr als einen Explorateur stellen, müßten wir, um unser politisches und militärisches Gewicht im MBFR-Zusammenhang (Zugehörigkeit zum Reduzierungsraum, Konzentration der Stationierungsstreitkräfte, politische und militärische Exponiertheit, Gewicht und Problematik der Bundeswehr)[11] angemessen zur Geltung zu bringen, zumindest den dritten für uns beanspruchen. Dann müßten wir auch mit der Ernennung eines DDR-Angehörigen als Explorateur auf der anderen Seite rechnen. Umgekehrt nehmen wir nicht an, daß der Warschauer Pakt die DDR mit der Position eines einzigen Explorateurs oder einer Position von zweien dieser Art betrauen würde.

b) Es wäre uns unerwünscht, wenn ein westlicher Explorateur nach Ost-Berlin reisen würde. Der Explorateur sollte entweder nur einige Hauptstädte besuchen oder an einem Ort wirken, wo er dem Explorateur der anderen Seite begegnen oder Vertreter der Regierung empfangen kann. Es käme auch eine

Fortsetzung Fußnote von Seite 1134
und eines möglichen konkreten Schrittes in Richtung auf MBFR-Verhandlungen sein." Vgl. VS-Bd. 4606 (II A 3); B 150, Aktenkopien 1971.

[11] Der Passus „MBFR-Zusammenhang ... Bundeswehr)" wurde von Ministerialdirigent van Well handschriftlich eingefügt. Dafür wurde gestrichen: „MBFR-Bereich".

Mehrzahl solcher Begegnungsorte in Frage, solange keiner von ihnen in der DDR liegt.

c) Insbesondere bei Treffen an neutralen Orten hätten wir keine Einwendungen, wenn dem Stabe des östlichen Explorateurs Experten aus der DDR angehören würden. Finden Besuche in den Hauptstädten statt, sollten die Explorateure nur mit kleinen und nicht hochrangigen Stäben reisen.

d) Vor allem dann, wenn die Stäbe den Explorateur in die Hauptstädte der Gegenseite begleiten, sollten ihnen nur Zivilisten angehören. Es wäre uns unerwünscht, wenn der östliche Explorateur in westlichen Hauptstädten von hohen DDR-Offizieren begleitet würde.

6) Auch wir sind der Ansicht, daß der westliche Explorateur nicht in die Lage geraten sollte, Fragen zur Beteiligung der DDR an multilateralen Verhandlungen völlig ausweichen zu müssen. Der sachliche Inhalt seiner Antworten bedarf jedoch sehr sorgfältiger Vorbereitung, die der Entwicklung der Berlin-Frage und der Bemühungen um eine innerdeutschen Modus vivendi Rechnung tragen müssen.[12]

7) Wird eine vorzeitige[13] Beteiligung der DDR an der Phase multilateraler Verhandlungen unvermeidlich, so wären Disclaimer-Erklärungen unentbehrlich, durch welche die Teilnahmestaaten, die die DDR noch nicht anerkannt haben, ihr Festhalten an der Nichtanerkennung klarstellen und dadurch den in der Anwesenheit der DDR liegenden Aufwertungseffekt und seine politische Ausstrahlung reduzieren. Es wäre uns unerwünscht, wenn Konferenzteilnehmer, die dem Warschauer Pakt nicht angehören oder ihm nicht nahestehen, zu solchen Disclaimers nicht oder nur in schwacher Form bereit wären. Damit ist in erster Linie bei Neutralen zu rechnen, deren Verhalten insoweit uns nachteilige Präzedenzwirkungen außerhalb Europas haben könnte. Dagegen erwarten wir von unseren Bündnispartnern einheitlich klare Stellungnahmen.[14]

---

[12] Der Passus „ ‚die der Entwicklung ... Rechnung tragen müssen" wurde von Ministerialdirigent van Well handschriftlich eingefügt.
An dieser Stelle wurde von Ministerialdirektor von Staden gestrichen: „7) Auch wenn für uns die volle Mitwirkung der Bundesrepublik an MBFR-Verhandlungen unabdingbar ist, bedeutet dies nicht, daß sie in jedem Organ einer Konferenz, über deren Gestaltung wir noch nichts genaues wissen, vertreten sein muß. Entscheidend hierfür werden jedoch allein an der MBFR- und Sicherheitsproblematik orientierte Kriterien, nicht aber die bloße Absicht, hierdurch die DDR fernzuhalten, sein können. Wir erwarten allerdings auch, daß die DDR auf einer Konferenz keine größere Rolle spielen kann als wir."

[13] Die Wörter „7) Wird eine vorzeitige" wurde von Ministerialdirektor von Staden handschriftlich eingefügt. Dafür wurde gestrichen: „8) Ist die".

[14] An dieser Stelle wurde von Ministerialdirektor von Staden gestrichen: „Dies spricht aus deutschlandpolitischer Sicht dafür, daß für unmittelbare Beteiligung wenigstens im ersten Stadium multilateraler Verhandlungen nur Angehörige der Bündnisse (,betroffene Staaten') in Frage kommen (vgl. Ziff. 3 Bezugserlaß)."
Ziffer 3 des Drahterlasses des Vortragenden Legationsrats I. Klasse Mertes vom 12. Juli 1971 an die Ständige Vertretung bei der NATO in Brüssel: „Wir sehen folgende Ländergruppen, die als Teilnehmer bzw. Beobachter o.ä. Status in Frage kommen: a) betroffene Staaten (auf sie beziehen sich die Erklärungen von Reykjavik und Rom) – unmittelbar betroffene Staaten: Länder, deren Truppen reduziert werden, sowie Länder, die zum Reduzierungsraum gehören; mittelbar betroffene Staaten: alle übrigen Bündnismitglieder. b) Interessierte Staaten (auf sie bezieht sich die Erklärung von Rom, Punkt 4): europäische Staaten, deren politisch-militärische Interessen durch MBFR unmittelbar oder mittelbar berührt werden und die von sich aus auf die Berücksichtigung ihrer Interessen in MBFR-Verhandlungen Wert legen." Vgl. VS-Bd. 4606 (II A 3); B 150, Aktenkopien 1971.

8)[15] Wir halten es nicht für sinnvoll, die Erörterung des Verhandlungsforums auf Modelle wie das Genfer Modell (nur Beobachter beider Teile Deutschlands)[16], das Berlin-Modell (nur vier[17] Siegermächte), und das Stationierungsmacht-Modell zu erstrecken. Sie laufen auf eine Minderstellung der Bundesrepublik Deutschland hinaus. Auch Verhandlungen zwischen Vertretern der beiden Allianzen und zwischen Co-Chairmen mit wechselnder zusätzlicher Beteiligung, mit welchen eine solche Minderstellung nicht notwendig verbunden sein muß, erscheinen uns nicht als geeignete Wege zur Lösung der DDR-Problematik. Nimmt die Bundesrepublik in diesen Konstruktionen im Einzelfall den ihr sachlich angemessenen Platz ein (worauf sie nicht verzichten will), so wird voraussichtlich[18] die DDR in entsprechender Position auf der anderen Seite erscheinen.

III. Um Stellungnahme zu den unter II. aufgeführten Erwägungen aus dortiger Sicht wird gebeten.[19]

Staden[20]

VS-Bd. 4470 (II A 1)

---

[15] Diese Ziffer wurde von Ministerialdirektor von Staden handschriftlich eingefügt. Dafür wurde gestrichen: „9)".
[16] Auf der Außenministerkonferenz der Vier Mächte vom 13. Mai bis 20. Juni bzw. vom 13. Juli bis 5. August 1959 in Genf waren Beobachterdelegationen aus der Bundesrepublik und der DDR im Konferrenzraum anwesend.
[17] Dieses Wort wurde von Ministerialdirigent van Well handschriftlich eingefügt.
[18] Dieses Wort wurde von Ministerialdirigent van Well handschriftlich eingefügt.
[19] Am 20. Juli 1971 antwortete Botschafter Krapf, Brüssel (NATO): „Die Frage der DDR-Beteiligung an MBFR-Gesprächen ist in den zuständigen NATO-Gremien bisher im wesentlichen unter dem begrenzten Aspekt der Reiseroute des NATO-Beauftragten und des dem NATO-Beauftragten zu erteilenden Mandats, das sich nach übereinstimmender Auffassung auch auf MBFR-Fora beziehen muß, betrachtet worden. Wie die Erörterungen gezeigt haben, sind sich unsere Verbündeten darin einig, daß es vor einer befriedigenden Berlin-Regelung darauf ankommt, in der exploratorischen Phase die DDR auszusparen, also den Beauftragten auch nicht nach Ost-Berlin reisen zu lassen, und in dieser Phase nach Möglichkeit jeglichen Aufwertungseffekt zu verhindern. In diesem Punkt können wir mit der Unterstützung unserer Verbündeten rechnen. [...] Davon zu unterscheiden ist die Frage der Beteiligung der DDR an multilateralen MBFR-Verhandlungen, die sich nach Abschluß einer befriedigenden Berlin-Lösung an die exploratorische Phase anschließen. Die Allianzpartner sind mit uns der Ansicht, daß bei einer der Form und Sache nach vollen Teilnahme der Bundesrepublik die Beteiligung der DDR unvermeidlich wird. Es kann auch nicht damit gerechnet werden, daß der Vorschlag, mit MBFR-Verhandlungen bis zum Zustandekommen eines ausreichenden innerdeutschen Modus vivendi zu warten, in der Allianz eine hinreichende Unterstützung finden würde. [...] Wenn wir im Rahmen von MBFR-Verhandlungen eine Aufwertung der DDR bis zur Regelung des innerdeutschen ‚Modus vivendi' auch nach dem Abschluß der Berlin-Gespräche verhindern wollen, sollten wir unseren Verbündeten erläutern, was wir unter dem befriedigenden Abschluß der Berlin-Gespräche verstehen (Abschluß der drei Teile oder sogar Ratifikation) und welchen inneren deutschen ‚Modus vivendi' wir darüber hinaus als erforderlich ansehen, um eine volle Multilateralisierung von MBFR-Verhandlungen freigeben zu können. Aus hiesiger Sicht besteht die Gefahr, daß wir uns in dieser Frage isolieren, wenn wir nicht rechtzeitig und deutlich im Bündnis auf die Problematik aufmerksam machen." Vgl. den Drahtbericht Nr. 720; VS-Bd. 4606 (II A 3); B 150, Aktenkopien 1971.
[20] Paraphe vom 15. Juli 1971.

247

Gespräch des Staatssekretärs Frank mit dem luxemburgischen Botschafter Hommel

V 7-82.03/1-94.15-928/71 VS-vertraulich 15. Juli 1971[1]

Am 15. Juli empfing Staatssekretär Frank in meinem Beisein den luxemburgischen Botschafter Dr. Hommel, der um diese Unterredung gebeten hatte.

Der *luxemburgische Botschafter* erkundigte sich im Auftrag seines Ministers[2] nach dem Verlauf des Gesprächs, das, wie man in Luxemburg zu wissen glaubte, der Bundesaußenminister mit dem französischen Außenminister anläßlich der letzten Konsultation in Bonn[3] über die Entschädigungsforderungen der elsaß-lothringischen Zwangsrekrutierten[4] geführt hat. Staatssekretär *Frank* teilte dem Botschafter mit, daß er mit Außenminister Schumann in Anwesenheit des Bundesaußenministers über das Thema gesprochen habe.[5] Er habe erklären müssen, daß für eine irgendwie geartete Erfüllung der Forderungen der elsaß-lothringischen Zwangsrekrutierten keinerlei Aussicht bestehe. Wie der französischen Regierung wohl bekannt sei, hat sich die Bundesregierung seit mehreren Jahren ernsthaft bemüht, für die luxemburgischen Zwangsrekrutierten – trotz aller juristischen Bedenken – eine indirekte Lösung zu finden. Nachdem sich aber die belgische und die französische Regierung eingeschaltet hätten, habe das Problem für uns ein sehr gefährliches Ausmaß angenommen. Jede Regelung setze nunmehr das Londoner Schuldenabkommen[6] aufs Spiel und

---

[1] Die Gesprächsaufzeichnung wurde von Vortragendem Legationsrat I. Klasse Rumpf am 15. Juli 1971 gefertigt.
Hat Ministerialdirigent von Keller am 16. Juli und Ministerialdirektor Groepper am 19. Juli 1971 vorgelegen.

[2] Gaston Thorn.

[3] Für die deutsch-französischen Konsultationsbesprechungen am 5./6. Juli 1971 vgl. Dok. 228 – Dok. 230, Dok. 232, Dok. 233 und Dok. 235.

[4] Nach der Besetzung Luxemburgs durch deutsche Truppen am 10. Mai 1940 wurden circa 12000 luxemburgische Staatsangehörige zwangsweise zum Dienst in der Wehrmacht verpflichtet. Zur Frage einer Entschädigung der Zwangsrekrutierten vgl. AAPD 1970, II, Dok. 195 und Dok. 273, sowie AAPD 1970, III, Dok. 415.

[5] Am 5. August 1971 führte Staatssekretär Frank aus, daß der französische Außenminister Schumann am 5. Juli 1971 gegenüber Bundesminister Scheel die Forderungen der während des Zweiten Weltkriegs zwangsrekrutierten luxemburgischen Staatsangehörigen angesprochen habe: „Der Herr Minister hat mich zu dem Gespräch hinzugezogen und mir Gelegenheit gegeben, unsere Haltung Herrn Schumann gegenüber darzulegen. Ich habe ihm unumwunden erklärt, daß eine Entschädigung der Zwangsrekrutierten im Hinblick auf die Bestimmungen des Londoner Schuldenabkommens nicht in Frage kommen könne. Wir hätten zwar früher den Versuch unternommen, für die luxemburgischen Zwangsrekrutierten den Weg einer indirekten Entschädigung zu finden, aber auch dies habe uns nach Ansicht des Finanz- und Justizministeriums in die Nähe einer Kollision mit dem Londoner Schuldenabkommen gebracht. Als dann Luxemburg, Belgien und Frankreich eine Kollektivdemarche unternommen hätten, sei es nicht mehr möglich gewesen, den Anschein einer indirekten Lösung aufrechtzuerhalten. Damit sei auch die Möglichkeit, für Luxemburg etwas zu tun, verbaut worden. Es sei besser, in diesem Zusammenhang die Tatsachen rechtzeitig klarzulegen und nicht unmögliche Hoffnungen zu wecken. Herr Schumann schien diese Darlegung einzusehen; jedenfalls hat er ihr nicht widersprochen." Vgl. VS-Bd. 8305 (V 1); B 150, Aktenkopien 1971.

[6] Für den Wortlaut des Abkommens vom 27. Februar 1953 über deutsche Auslandsschulden (Londoner Schuldenabkommen) vgl. BUNDESGESETZBLATT 1953, Teil II, S. 333–485.

übersteige bei weitem unsere finanziellen Möglichkeiten. Er habe hinzugefügt, die Bundesregierung sei durch die Erfahrung zu der Einsicht gekommen, daß es besser ist, solchen Forderungen von Anfang an ein klares Nein entgegenzusetzen, als sie jahrelang hinzuschleppen, wodurch die Unruhe und Agitation niemals ein Ende finden würden.

Botschafter *Hommel* warf dann die Frage auf, ob nicht durch die inzwischen sich abzeichnende juristische „Umstrukturierung Deutschlands" das Schuldenmoratorium des Londoner Schuldenabkommens[7], das auf einen Friedensvertrag in absehbarer Zeit abstellt, obsolet geworden sei. Hierauf erwiderte Staatssekretär *Frank*: Wenn auch die Bundesregierung seit ihrer Regierungserklärung vom Oktober 1969 von der Existenz zweier Staaten in Deutschland ausgehe[8], so halte sie doch an dem Ziel der Wiedervereinigung und damit auch an dem Gedanken an einen Friedensvertrag für ganz Deutschland fest. Schon aus diesem Grunde könne man die Regelung des Londoner Schuldenabkommens keineswegs als überholt ansehen. Selbst wenn sich aber der gegenwärtige Zustand Deutschlands mit den gegenwärtigen Grenzen, der Existenz zweier Staaten und der besonderen Lage Berlins verfestigen würde, wäre dies für die Bundesregierung keinesfalls ein Anlaß, nunmehr als alleiniger Schuldner für die Verbindlichkeiten des Deutschen Reiches einzutreten, vielmehr würde das unsere politische Haltung dem Reparationsproblem gegenüber grundlegend ändern. Die Bundesrepublik würde sich jedenfalls nicht als Alleinschuldner für das Deutsche Reich behandeln lassen, wenn sie sich mit der Teilung Deutschlands abfinden müßte.

Auf die Frage von Botschafter *Hommel*, ob nicht eine Normalisierung der innerdeutschen Beziehungen auch dazu führen könne, daß sich beide deutsche Staaten über die gemeinsame Reparationslast einigten, meinte Staatssekretär *Frank*, daß eine solche Überlegung zur Zeit völlig irreal sei. Botschafter *Hommel* stimmte dem zu.

Am Schluß spielte Herr Hommel auf den seit langem fälligen Besuch des Bundespräsidenten in Luxemburg an, der angesichts der unbefriedigten Forderungen der Zwangsrekrutierten unter einem ungünstigen Vorzeichen stehen würde. Zur Zeit könne ein solcher Besuch seines Erachtens keinen Erfolg versprechen. Der *Staatssekretär* stimmte dieser Auffassung zu.

In einer persönlichen Bemerkung mir gegenüber nach der Besprechung beim Staatssekretär räumte Botschafter *Hommel* ein, daß der Verband der luxemburgischen Zwangsrekrutierten sich unvernünftig verhalten habe, da er seine

---

[7] In Artikel 5 Absatz 2 des Abkommens vom 27. Februar 1953 über deutsche Auslandsschulden (Londoner Schuldenabkommen) war festgelegt: „Eine Prüfung der aus dem Zweiten Weltkriege herrührenden Forderungen von Staaten, die sich mit Deutschland im Kriegszustand befanden oder deren Gebiet von Deutschland besetzt war, und von Staatsangehörigen dieser Staaten gegen das Reich und im Auftrage des Reichs handelnde Stellen oder Personen, einschließlich der Kosten der deutschen Besatzung, der während der Besetzung auf Verrechnungskonten erworbenen Guthaben sowie der Forderungen gegen die Reichskreditkassen, wird bis zur endgültigen Regelung der Reparationsfrage zurückgestellt." Vgl. BUNDESGESETZBLATT 1953, Teil II, S. 340.

[8] Zur Regierungserklärung des Bundeskanzlers Brandt vom 28. Oktober 1969 im Bundestag vgl. Dok. 178, Anm. 2.

Forderungen überspannt und keine Kompromißbereitschaft gezeigt habe. Seine Regierung sei über diese Entwicklung sehr unglücklich.

VS-Bd. 8305 (V 7)

248

Staatssekretär Frank an die Botschaft in Moskau

II A 4-82.00/KSE/94.29-2380/71 VS-vertraulich   16. Juli 1971[1]
Fernschreiben Nr. 673   Aufgabe: 21. Juli 1971, 12.02 Uhr

Betr.: Demarche des deutschen Botschafters[2] im sowjetischen Außenministerium zu Fragen des Zusammenhangs von KSE, MBFR und Berlin-Regelung

I. Sie werden gebeten, um ein Gespräch mit Außenminister Gromyko oder seinem Vertreter[3] nachzusuchen und folgendes auszuführen:

„Botschafter Falin habe Ende Mai Gespräche mit dem Minister[4] und StS Frank[5] gehabt. Anläßlich seiner Demarche bei StS Frank habe er ein Aide-mémoire der sowjetischen Regierung zu Fragen der KSE hinterlassen[6], das im übrigen in gleicher Form auch anderen westlichen Regierungen überreicht worden sei. Die Bundesregierung begrüße das Gespräch mit der sowjetischen Regierung. Eine eingehende Beantwortung des Aide-mémoire, das eine Fülle von Fragen enthalte, die das westliche Bündnis als Ganzes betreffen, könne von uns nicht erwartet werden. Das Aide-mémoire bilde jedoch den Gegenstand eingehender Prüfung im Bündnis unter aktiver Teilnahme der Bundesrepublik Deutschland. Die Bundesregierung wolle jedoch in Erwiderung der Demarche Botschafter Falins von Ende Mai das Gespräch zwischen den beiden Regierung, das geeignet sei, Mißverständnisse zu vermeiden und die Beziehungen zu vertiefen, fortsetzen. Dies sei der Sinn des heute von Ihnen erbetenen Gespräches.[7]

---

[1] Der Drahterlaß wurde von Legationsrat I. Klasse Stabreit konzipiert.
Hat Vortragendem Legationsrat I. Klasse Blumenfeld und Ministerialdirektor von Staden am 19. Juli 1971 vorgelegen.
[2] Helmut Allardt.
[3] Wassilij Wassilijewitsch Kusnezow.
[4] Für das Gespräch des Bundesministers Scheel mit dem sowjetischen Botschafter Falin am 27. Mai 1971 vgl. Dok. 189.
[5] Für das Gespräch des Staatssekretärs Frank mit dem sowjetischen Botschafter Falin am 27. Mai 1971 vgl. Dok. 188.
[6] Zum sowjetischen Aide-mémoire vom 27. Mai 1971 vgl. Dok. 188, Anm. 2.
[7] An dieser Stelle wurde von Staatssekretär Frank gestrichen: „Im übrigen werde das vorgesehene Treffen des Herrn Ministers mit Außenminister Gromyko zweifellos dem deutsch-sowjetischen Dialog neue Impulse verleihen.".

II. 1) Seit Mai seien nunmehr bereits zwei Monate verstrichen, in denen Wichtiges geschehen sei. Die NATO-Ministerkonferenz in Lissabon habe sich mit den Äußerungen führender sowjetischer Politiker zur Frage eventueller Truppenreduzierungen befaßt.[8] Die Bundesregierung begrüße es, daß von sowjetischer Seite in der Frage der Truppenverminderung positiv auf bereits seit Jahren auf dem Tisch liegende Vorschläge der NATO, an deren Ausarbeitung wir maßgeblich beteiligt gewesen seien, eingegangen wurde. Die Bundesregierung habe auch wesentlich zu dem Ergebnis von Lissabon beigetragen, das von der UdSSR positiv gewertet werden sollte. Selbstverständlich sei die Frage einer gegenseitigen ausgewogenen Truppenverminderung in Europa zu kompliziert, als daß man sofort in förmliche Verhandlungen eintreten könne. Aber das Kommuniqué von Lissabon[9] zeige den Weg, der auch uns als der einzig gangbare erscheine. Es betone außerdem, daß die sowjetischen Reaktionen, die einer weiteren Klärung bedürfen, größte Aufmerksamkeit von seiten des Atlantischen Bündnisses finden. Zunächst einmal sollten eingehende bilaterale Sondierungen zwischen den beteiligten Regierungen weitere Klarheit über die gegenseitigen Standpunkte erbringen. Auf eine solche Periode intensiver Sondierungen könnten erste Gespräche folgen, für die die westliche Bündnisorganisation einen oder mehrere Vertreter benennen würde und die dann zu gegebener Zeit in echte Verhandlungen überleiten könnten.

Was das Verhältnis des Vorschlags von gegenseitigen ausgewogenen Truppenreduzierungen[10] zum Plan einer KSE[11] anbetreffe, so sei vorauszuschicken, daß die Bundesregierung beide Komplexe in den allgemeinen Rahmen einer Entspannungspolitik in Europa einordne, die im Grunde genommen unteilbar sei. Gespräche über eine Truppenreduzierung seien ohne den Rahmen einer KSE, keineswegs aber eine KSE ohne eine Behandlung des Themas einer ausgewogenen Truppenreduzierung denkbar. Man wolle hier flexibel bleiben und einstweilen offenlassen, ob MBFR etwa als Teil einer KSE-Tagesordnung oder in besonderen Kommissionen oder parallel zu oder schon vor einer KSE behandelt werden solle.

2) Wie Herr StS Frank bereits Botschafter Falin erklärt habe, stehe die Bundesregierung dem Gedanken einer KSE positiv gegenüber. Wir wollten sogar einen Schritt weitergehen: Wenn der Moskauer Vertrag den Sinn haben solle, den wir ihm gäben, nämlich Voraussetzung zu sein für eine Entspannung in Europa, dann sei die KSE die logische Fortsetzung dieser Politik, die im Vertrag ihren Niederschlag gefunden habe. Die Bundesregierung sei entschlossen, auf einer KSE die Rolle zu spielen, die der Bundesrepublik Deutschland als hoch-

---

[8] Zur NATO-Ministerratstagung am 3./4. Juni 1971 vgl. Dok. 197.

[9] Für den Wortlaut des Kommuniqués der NATO-Ministerratstagung am 3./4. Juni 1971 in Lissabon vgl. NATO FINAL COMMUNIQUES, S. 258–263. Für den deutschen Wortlaut vgl. EUROPA-ARCHIV 1971, D 350–354.

[10] Vgl. dazu die Erklärung der Außenminister und Vertreter der am NATO-Verteidigungsprogramm beteiligten Staaten vom 25. Juni 1968 („Signal von Reykjavik"); Dok. 46, Anm. 7.
Vgl. dazu ferner die „Erklärung über gegenseitige und ausgewogene Truppenreduzierung" der Minister der am integrierten NATO-Verteidigungsprogramm beteiligten Staaten vom 27. Mai 1970 in Rom; NATO FINAL COMMUNIQUES, S. 237f. Für den deutschen Wortlaut vgl. EUROPA-ARCHIV 1970, D 318f. Für einen Auszug vgl. Dok. 56, Anm. 4.

[11] Zum Vorschlag der Staaten des Warschauer Pakts vom 17. März 1969 über die Einberufung einer Europäischen Sicherheitskonferenz („Budapester Appell") vgl. Dok. 13, Anm. 5.

industrialisiertem Staat in Mitteleuropa zukomme. Es bedürfe keiner Betonung, daß das Interesse hochindustrialisierter Staaten am Frieden noch stärker als das anderer Länder sei. Ihre positive Haltung und die Bereitschaft, sich für die Vorbereitung und erfolgreiche Durchführung einer solchen Konferenz einzusetzen, habe die Bundesregierung u. a. in der Regierungserklärung vom 28. Oktober 1969[12], in der Absichtserklärung Nr. 6 zum Moskauer Vertrag vom 12. August 1970[13] und im Kommuniqué anläßlich der Unterzeichnung des deutsch-polnischen Vertrages vom 8. Dezember 1970[14] zum Ausdruck gebracht. Diese erklärte Bereitschaft setze die Bundesregierung auch in praktische Maßnahmen um. Sie diskutiere das Thema bei bilateralen Konsultationen, auch mit Regierungen außerhalb des Atlantischen Bündnisses. Sie sei schließlich Initiator zahlreicher Erörterungen innerhalb der NATO und Befürworter einer aufgeschlossenen Haltung des Bündnisses, wie sie u. a. im Kommuniqué von Brüssel[15] zum Ausdruck gekommen sei.

Prozedural sollten zunächst einmal die bilateralen Kontakte weitergehen. Eine Multilateralisierung erscheine uns nach wie vor erst dann wünschenswert, wenn die Berlin-Gespräche ein[16] befriedigendes Ergebnis gebracht hätten. Was für den Zusammenhang zwischen MBFR und KSE gesagt worden sei, daß nämlich beide unter dem Aspekt der Entspannung in Europa der Natur der Sache nach eine Einheit bildeten, gelte in noch stärkerem Maße für die Berlin-Frage. Auch sie sei einzuordnen in die verschiedenen Bemühungen, in Europa Entspannung zu schaffen. Sie sei infolgedessen vielleicht in ihrer Dimension anders als die KSE zu beurteilen, nicht hingegen in ihrer zentralen Bedeutung.[17]

Häufig werde der Vorwurf erhoben, der Westen mache die Berlin-Frage zu einer Vorbedingung für die KSE; doch sei dies in dieser Form nicht richtig. Für uns sei die Berlin-Frage einfach der Test dafür, ob eine Zusammenarbeit über-

---

[12] Am 28. Oktober 1969 erklärte Bundeskanzler Brandt im Bundestag: „Zur Thematik einer Konferenz, die der europäischen Sicherheit dienen soll, bekräftigt die Bundesregierung die Haltung, die in dem am 12. September dieses Jahres in Helsinki übergebenen Memorandum eingenommen worden ist. Eine derartige Konferenz kann nach sorgfältiger Vorbereitung eine wichtige Etappe auf dem Wege zu größerer Sicherheit bei geringerer Rüstung und zu Fortschritten zwischen den Partnern Ost- und Westeuropas werden." Vgl. BT STENOGRAPHISCHE BERICHTE, Bd. 71, S. 31 f.

[13] Punkt 6 der „Absichtserklärungen" zum Vertrag vom 12. August 1970 zwischen der Bundesrepublik und der UdSSR, der wortgleich mit Leitsatz 10 vom 20. Mai 1970 („Bahr-Papier") war: „Die Regierung der Bundesrepublik Deutschland und die Regierung der Union der Sozialistischen Sowjetrepubliken begrüßen den Plan einer Konferenz über Fragen der Festigung der Sicherheit und Zusammenarbeit in Europa und werden alles von ihnen Abhängende für ihre Vorbereitung und erfolgreiche Durchführung tun." Vgl. BULLETIN 1970, S. 1098.

[14] Im Kommuniqué über den Besuch des Bundeskanzlers Brandt vom 6. bis 8. Dezember 1970 in Warschau wurde ausgeführt: „Beide Seiten führten einen ausführlichen Meinungsaustausch über eine Reihe von aktuellen Problemen der gegenwärtigen internationalen Lage. Sie bekennen sich zu dem Prinzip der friedlichen Zusammenarbeit der Staaten zu gegenseitigem Nutzen, unbeschadet unterschiedlicher Gesellschaftsordnungen. Sie treten für eine weitere Entspannung ein und werden sich für die Vorbereitung und erfolgreiche Durchführung einer Konferenz über Fragen der Sicherheit und Zusammenarbeit in Europa einsetzen." Vgl. EUROPA-ARCHIV 1971, D 32.

[15] Vgl. dazu die Erklärung der NATO-Mitgliedstaaten vom 5. Dezember 1969 über Fragen der europäischen Sicherheit, die dem Kommuniqué der NATO-Ministerratstagung am 4./5. Dezember 1969 in Brüssel beigefügt war; NATO FINAL COMMUNIQUÉS, S. 229–232. Für den deutschen Wortlaut vgl. EUROPA-ARCHIV 1970, D 79–82.

[16] An dieser Stelle wurde von Staatssekretär Frank gestrichen: „greifbares und".

[17] Die Wörter „ihrer zentralen Bedeutung" wurden von Staatssekretär Frank handschriftlich eingefügt. Dafür wurde gestrichen: „ihrem Charakter".

haupt reale Chancen habe, verwirklicht zu werden. Sie sei eine Art logischer Voraussetzung für den Erfolg multilateraler Verhandlungen. Man müsse sich in der Tat fragen, wozu die Zusammenarbeit zwischen Ost und West überhaupt imstande sei, wenn nicht einmal eine befriedigende Berlin-Regelung erreicht werden könne. Die Themen einer KSE seien von großer Tragweite. Umso entscheidender sei es, daß eine solche Konferenz in einer Atmosphäre gegenseitigen Vertrauens stattfinde, die wohl am besten durch ein gutes Ergebnis der Berliner Verhandlungen geschaffen werden könne. Eine parallele Behandlung der Themen, wie sie von der sowjetischen Regierung vorgeschlagen werde, würde das Risiko einschließen, daß die ungelösten Probleme Deutschlands und Berlins zu zentralen Themen einer Konferenz würden, was möglicherweise ihren Ablauf stören und sie zum Scheitern bringen könnte. Falle der Berliner Test für die Aussichten auf Entspannung in Europa positiv aus, so könne sich die sowjetische Regierung darauf verlassen, daß von der Bundesregierung kein Hindernis aufgerichtet werde, den Weg der Entspannung fortzusetzen.[18] Eine nicht unwesentliche Rolle spiele hierbei der Zeitfaktor. Sowohl im Hinblick auf die Ratifizierung der Verträge[19] als auch bezüglich der Multilateralisierung der KSE-Vorbereitungen hoffen wir zu Beginn des nächsten Jahres konkrete Schritte unternehmen zu können.

Die Bundesregierung weise darauf hin, daß nicht zuletzt auf ihr Betreiben der diesbezügliche Passus des Lissabonner Kommuniqués sehr positiv ausgefallen sei. Nicht nur sei dort – völlig zu Recht im übrigen – festgestellt worden, daß die Berlin-Verhandlungen in eine aktivere Phase eingetreten seien und in letzter Zeit auch Fortschritte verzeichnet hätten.[20] Die Minister hätten darüber hinaus dem Zeitfaktor Rechnung getragen und ihre Hoffnung ausgedrückt, daß die Verhandlungen über Berlin bis zu ihrem nächsten Zusammentreffen im Dezember dieses Jahres[21] zu einem erfolgreichen Abschluß gelangt seien und sodann multilaterale Gespräche mit dem Ziel aufgenommen werden könnten, zu einer Konferenz über Sicherheit und Zusammenarbeit in Europa zu führen. Es sei unsere feste Überzeugung, daß das Bündnis nach einer Berlin-Regelung nicht zögern werde, für die Multilateralisierung der Kontakte zur Vorbereitung der KSE grünes Licht zu geben.

Auch erwarteten wir, daß eine Berlin-Regelung dem Dialog zwischen beiden deutschen Staaten neue Impulse verleihen werde. Auf diese Weise, so hoffen wir, werde sich unser Verhältnis zur DDR auf eine neue Grundlage stellen lassen. Unabhängig davon sollten wir im deutsch-sowjetischen Gespräch mit dem für uns Wichtigen zuerst beginnen: Der Meinungsaustausch über Zusammenarbeit und die Entspannung in Europa, über Truppenreduzierungen, über Umweltschutz, über die Frage der Energie und des Verkehrs, die Sauberhaltung der

---

[18] Die Wörter „Weg der Entspannung fortzusetzen" wurden von Staatssekretär Frank handschriftlich eingefügt. Dafür wurde gestrichen: „weiteren Weg zu beschreiten".
[19] Für den Wortlaut des Vertrags vom 12. August 1970 zwischen der Bundesrepublik und der UdSSR vgl. BULLETIN 1970, S. 1094.
Für den Wortlaut des Vertrags vom 7. Dezember 1970 zwischen der Bundesrepublik und Polen über die Grundlagen der Normalisierung ihrer gegenseitigen Beziehungen vgl. BULLETIN 1970, S. 1815.
[20] Vgl. dazu Ziffer 9 des Kommuniqués der NATO-Ministerratstagung am 3./4. Juni 1971 in Lissabon; Dok. 207, Anm. 12.
[21] Zur NATO-Ministerratstagung am 9./10. Dezember 1971 in Brüssel vgl. Dok. 439.

Meere – dies seien konkrete Probleme großer Dringlichkeit. Wir sollten uns aber ersparen, die Bemühungen um die Lösung solcher Probleme zur Durchsetzung anderer, in andere Zusammenhänge einzuordnende Fragen zu benutzen. So sollte ein Projekt von kontinentaler Tragweite wie die KSE nicht dazu dienen[22], um uns, die wir ausgewogene und vernünftige Regelungen anstreben, vor ein Fait accompli zu stellen.

Die Bundesregierung betrachte die Entwicklung mit Zuversicht. Es komme jetzt darauf an, zügig zu handeln, ohne jedoch die zweckmäßige Reihenfolge der Dinge außer Acht zu lassen. Die Sowjetunion könne sich darauf verlassen, daß wir zu unseren Worten ständen. Wir würden es im übrigen begrüßen, wenn dieser – bilaterale – Gedankenaustausch fortgesetzt werden könne."[23]

Frank[24]

VS-Bd. 4629 (II A 4)

249

Botschafter Allardt, Moskau, an das Auswärtige Amt

Z B 6-1-12700/71 geheim Aufgabe: 18. Juli 1971, 11.11 Uhr[1]
Fernschreiben Nr. 1426 Ankunft: 18. Juli 1971, 09.39 Uhr

Betr.: Deutsch-tschechische Gespräche[2]

Bezug: DE Nr. 655 vom 15.7. – II A 5-82.00-94.27-1023-71 geheim[3]

I. In längerer Unterhaltung mit Botschafter Chnoupek habe ich ihm den Inhalt des Bezugserlasses erläutert.

---

[22] Die Wörter „dazu dienen" wurden von Ministerialdirektor von Staden handschriftlich eingefügt. Dafür wurde gestrichen: „als taktisches Mittel benutzt werden".

[23] Vgl. dazu das Gespräch des Botschafters Allardt, Moskau, mit dem sowjetischen Außenminister Gromyko am 28. Juli 1971; Dok. 259.

[24] Paraphe vom 21. Juli 1971.

[1] Hat Vortragender Legationsrätin I. Klasse Finke-Osiander am 19. Juli 1971 vorgelegen.

[2] Am 14. Juli 1971 teilte Botschafter Allardt, Moskau, mit, daß ihn der Botschafter der ČSSR in Moskau, Chnoupek, auf eine Fortsetzung der Gespräche mit der Bundesrepublik über eine Verbesserung des bilateralen Verhältnisses angesprochen habe: „In Prag habe man gehofft, daß das nächste Gespräch im Juli stattfinden werde, doch sei es auf unseren Wunsch auf September verschoben worden. Man bedaure diese Entscheidung, da sie zu der Schlußfolgerung führe, in Bonn habe man offenbar weniger Interesse an einer deutsch-tschechischen Einigung als in Prag." Vgl. den Drahtbericht Nr. 1400; VS-Bd. 8977 (II A 5); B 150, Aktenkopien 1971.

[3] Vortragende Legationsrätin I. Klasse Finke-Osiander antwortete auf den Drahtbericht Nr. 1400 des Botschafters Allardt, Moskau, vom 14. Juli 1971: „Die von tschechoslowakischer Seite gegebene Darstellung hinsichtlich der Terminfrage ist nicht zutreffend. Wir haben Fortsetzung der Gespräche in zweiter Julihälfte vorgeschlagen. Tschechosl[owakisches] Außenministerium hat jedoch mitgeteilt, daß Termin weder in zweiter Juli- noch in erster Augusthälfte möglich sei und seinerseits Termin Ende August vorgeschlagen. Zu diesem Zeitpunkt ist jedoch StS Frank in Urlaub. Daraus hat sich Verschiebung auf September ergeben. Wir wünschen unverändert Normalisie-

Seine Reaktion zeigte deutlich, daß man in Prag offenbar fürchtet, „den Zug zu verpassen": Da die Berlin-Verhandlungen sich, wie Chnoupek meint, wohl rasch ihrem Ende näherten, bestehe die Gefahr, daß mit der Ratifizierung der Verträge mit der Sowjetunion[4] und Polen[5] das Interesse der Bundesrepublik an einem Gespräch mit der ČSSR nachlasse.

Seine, des Botschafters, Regierung sei seines Wissens bereit, feierlich zu erklären, daß sie aus der Vergangenheit keine Reparationsansprüche herleiten werde, doch könne sie auf die ex-tunc-Formel schwerlich verzichten.

Ich erwiderte, daß es ohne eine in diesem Punkt flexiblere Haltung der tschechoslowakischen Seite nicht viel Sinn habe, auf rasche Fortsetzung der Gespräche zu dringen.

Diese Forderung der ČSSR sei nicht mit der Tatsache zu vereinbaren, daß gewisse juristische Folgen des Münchener Abkommens nicht aus der Welt zu schaffen seien.

Chnoupek, der heute für einige Tage nach Prag gereist ist, sagte, er wolle mich nach Rückkehr zur Fortsetzung des Gesprächs aufsuchen.

„Sie wissen, den letzten beißen bekanntlich die Hunde."

II. Es ist denkbar, daß sich die oben geäußerten Befürchtungen weniger auf ein bei uns erwartetes Desinteresse (nach Regelung der deutsch-sowjetischen Beziehungen) als auf nachlassende Unterstützung durch die Sowjet-Regierung beziehen.

[gez.] Allardt

VS-Bd. 8977 (II A 5)

Fortsetzung Fußnote von Seite 1144

   rung der Beziehungen zur ČSSR. Unsererseits besteht keine Absicht, Verhandlungen zu vertagen. Einigung setzt nach unserer Auffassung jedoch voraus, daß zur Frage der Ungültigkeit des Münchener Abkommens (Zeitpunkt) Formulierungen gefunden werden, die den Standpunkten beider Seiten Rechnung tragen. Wir sind zu klarer moralischer und politischer Distanzierung vom Münchener Abkommen bereit. Juristisch ist für uns jedoch der ex-tunc-Standpunkt nicht annehmbar." Vgl. VS-Bd. 8977 (II A 5); B 150, Aktenkopien 1971.

4 Für den Wortlaut des Vertrags vom 12. August 1970 zwischen der Bundesrepublik und der UdSSR vgl. BULLETIN 1970, S. 1094.

5 Für den Wortlaut des Vertrags vom 7. Dezember 1970 zwischen der Bundesrepublik und Polen über die Grundlagen der Normalisierung ihrer gegenseitigen Beziehungen vgl. BULLETIN 1970, S. 1815.

250

Aufzeichnung des Staatssekretärs Bahr, Bundeskanzleramt

Geheim 19. Juli 1971[1]

Betr.: Persönliches Gespräch am 19. Juli 1971 mit StS Kohl

1) Ich eröffnete Kohl auf seine Fragen, daß ich ihm eine Stellungnahme zur Frage des Beitritts der DDR zu der Gesundheitskonvention[2] und zu den Normativakten[3] noch nicht geben könne.

Zu letzterem betonte er, daß es doch möglich sein müsse zu verhindern, daß ständig Neues geschieht. Zu der Gesundheitskonvention wies er darauf hin, daß dies praktische Bedeutung für die Verhandlungen über Verkehrsfragen haben werde.

2) StS Kohl beklagte sich über die Politik der Nadelstiche und nannte die Sitzung des Wissenschaftsrates am 23. Juli und die Anwesenheit des Bundesministers für innerdeutsche Beziehungen am heutigen Tage.[4]

Ich sprach meine Verwunderung darüber aus, daß er sich über eine Geste zugunsten einer antifaschistischen Bewegung beklage, und wies seine Bemerkung zur Tagung des Wissenschaftsrates mit Argumenten zurück, die ihn zu der Be-

---

[1] Ablichtung.
Hat Staatssekretär Frank am 21. Juli 1971 vorgelegen.
Hat Vortragendem Legationsrat Blech am 22. Juli 1971 vorgelegen.

[2] Zur Frage eines Beitritts der DDR zu den Internationalen Gesundheitsvorschriften (IGV) vom 25. Juli 1969 vgl. Dok. 184, Anm. 10.
Am 4. Juli 1971 erörterten Staatssekretär Frank und Staatssekretär Bahr, Bundeskanzleramt, „wie man die Bitte Kohls, der DDR den Beitritt zu den IGV zu ermöglichen, weiter behandeln solle". Während Frank auf schwerwiegende amerikanische Bedenken und auf die Gefahr hinwies, daß ein solcher Schritt, wenn er von der Bundesregierung befürwortet werde, als Anzeichen für einen grundsätzlichen Wandel in der Politik der Bundesregierung mißdeutet werden würde, erläuterte Bahr, „er habe sich auf die Prüfung eines DDR-Beitritts zu den IGV nicht zuletzt deshalb eingelassen, weil Staatssekretär Frank seit einiger Zeit, insbesondere auch während der Direktoren-Konsultation der Vierergruppe in London, den Standpunkt vertrete, man müsse allmählich in der Frage der DDR-Zulassung zu den internationalen Konventionen und Organisationen etwas flexibler werden, damit die DDR ihrerseits flexibler in den Berlin-Verhandlungen operiere. [...] Auch liege eine gewisse Logik in der Argumentation von Kohl. Er sagte, daß wir zwar zur Vermeidung der weitergehenden DDR-Forderung nach Respektierung der öffentlichen Ordnung der DDR bei der Regelung der Verkehrsbeziehungen bereit seien, gewisse spezifische Bereiche wie z. B. die Gesundheitsvorschriften im Verkehrsvertrag zu erwähnen. Man könne aber nicht dieses wollen und andererseits den Beitritt der DDR zu eben diesen Gesundheitsvorschriften blockieren." Frank stimmte zu, regte aber an, mit Zugeständnissen bis zum Abschluß des Vier-Mächte-Abkommens über Berlin zu warten, „damit wir von der DDR bei den innerdeutschen Verhandlungen Gegenkonzessionen verlangen könnten". Vgl. die Aufzeichnung des Ministerialdirigenten van Well vom 5. Juli 1971; VS-Bd. 9840 (I C 1); B 150, Aktenkopien 1971.

[3] Zu der vom Staatssekretär beim Ministerrat der DDR, Kohl, am 21. Mai 1971 übergebenen „Auswahl aus den seit dem Amtsantritt von Bundeskanzler Brandt in Kraft gesetzten innerstaatlichen Normativakten und internationalen Verträgen der BRD, in denen der völkerrechtswidrige Alleinvertretungsanspruch aufrechterhalten wird", vgl. Dok. 184.

[4] Bundesminister Franke hielt sich zu den Feierlichkeiten aus Anlaß des Jahrestages des 20. Juli 1944 in Berlin (West) auf. Vgl. dazu den Artikel „Beispielhafte Gesinnung des Dienens"; FRANKFURTER ALLGEMEINE ZEITUNG vom 21. Juli 1971, S. 6.

merkung veranlaßten: Er stelle fest, wie eng wir mit den Drei Mächten konsultierten.

Kohl machte die Bemerkung, man habe beschlossen, sich durch den Besuch von BM Franke nicht provozieren zu lassen. Ich habe ihm empfohlen, einen solchen Standpunkt des öfteren einzunehmen.

3) Die Erhöhung der Postgebühren[5] habe ich als Maßnahme bezeichnet, die bei uns große Verbitterung geschaffen habe, die völlig unverständlich sei.

Nachdem Kohl zunächst versucht hatte, einem Gespräch darüber auszuweichen, weil er dafür nicht beauftragt sei, hat er dann doch folgende Argumente gebracht:

Die DDR habe jahrelang hingenommen, daß die Bundespost sehr viel höhere Gebühren erhoben habe. Das gelte zum Teil noch heute. Die Gebührenhoheit sei schließlich nicht zu bestreiten, ebensowenig, daß es sich bei dem Telefonieren von Ost nach Westberlin um einen grenzüberschreitenden Verkehr handle. Ich habe ihn auf die Absurdität dieser Haltung hingewiesen, die nicht ohne Folgen bleiben werde.

4) Zur Frage des Strafregister-Gesetzes[6] erklärte Kohl zur Stellungnahme des BMJ: Sie könne nicht befriedigen und gehe am Kern der Sache vorbei, wenn behauptet werde, daß die DDR im Grunde das gleiche tue. In dem zentralen Registergesetz würden die Bürger als Staatsbürger der BRD erfaßt, während nach dem entsprechenden Gesetz vom 11. Juni 1968[7] Bürger der DDR erfaßt würden und Straftaten nach dem Territorialprinzip, sofern Bürger anderer Staaten vor dem Gericht der DDR stünden. Verurteilungen außerhalb der DDR würden nur erfaßt, wenn der Wohnsitz oder Aufenthaltsort der betreffenden Person in der DDR liegt und er gleichzeitig auch die Staatsbürgerschaft der DDR besitze und nach den Gesetzen der DDR strafbare Handlungen begangen habe. Dies sei international üblich und nicht mit dem Gesetz der BRD vergleichbar, die nach dem Staatsbürgergesetz von 1913[8] handle.

Es handle sich nicht um ein Erfordernis der modernen Verbrechensbekämpfung, sondern um ein Relikt der Alleinvertretung. Er müsse deshalb bei seiner Auffassung bleiben: die Hoheitsgewalt muß auf das Staatsgebiet begrenzt und nicht auf Bürger der DDR erstreckt werden.

---

5 Seit dem 1. Juli 1971 erhob die DDR im Briefverkehr mit der Bundesrepublik Auslandsporto. Dazu wurde in der Presse gemeldet: „Nach der bereits seit längerem angekündigten Gebührenneuregelung wird das Porto für den ‚grenzüberschreitenden Verkehr' für einen Brief nach den ‚kapitalistischen europäischen Ländern einschließlich der Bundesrepublik, nach West-Berlin sowie den Ländern in Übersee' einheitlich 35 Pfennig betragen. [...] Außerdem werden mit Wirkung vom 1. Juli an die Gebühren im grenzüberschreitenden Fernmeldeverkehr nach der Bundesrepublik und West-Berlin, ‚entsprechend den geltenden Bestimmungen und Empfehlungen des Internationalen Fernmeldevereins nach einheitlichen Grundsätzen neugestaltet.'" Vgl. dazu den Artikel „Bonn bedauert erhöhte DDR-Postgebühren"; FRANKFURTER ALLGEMEINE ZEITUNG vom 28. Juni 1971, S. 5.

6 Für den Wortlaut des Gesetzes vom 18. März 1971 über das Zentralregister und das Erziehungsregister vgl. BUNDESGESETZBLATT 1971, Teil I, S. 243–255.

7 Für den Wortlaut des Gesetzes vom 11. Juni 1968 über die Eintragung und Tilgung im Strafregister der Deutschen Demokratischen Republik (Strafregistergesetz) vgl. GESETZBLATT DER DDR 1968, Teil I, S. 237–241.

8 Für den Wortlaut des Reichs- und Staatsangehörigkeitsgesetzes vom 22. Juli 1913 vgl. REICHSGESETZBLATT 1913, S. 583–593.

5) Ich habe ihm einige Änderungen im künftigen Kursbuch[9] und bei Bundesbahnkarten erläutert, die er mit Befriedigung zur Kenntnis genommen hat. Allerdings scheue sich die BRD immer noch, nach diesen Erläuterungen, konsequent zu sein.

6) Kohl erklärte, die DDR werde den 13. August nicht als Staatsfeiertag begehen, obwohl sie, ähnlich wie die BRD den 17. Juni, ihn nicht übergehen könne.

7) Kohl wollte die nächste Zusammenkunft bereits am 28. Juli haben; wir vereinbarten den 5. August 1971.[10]

Bahr

VS-Bd. 4487 (II A 1)

251

Gespräch des Staatssekretärs Bahr, Bundeskanzleramt, mit dem Staatssekretär beim Ministerrat der DDR, Kohl, in Ost-Berlin

Geheim 19. Juli 1971[1]

Protokoll des 14. Gesprächs Staatssekretär Bahr/Staatssekretär Dr. Kohl, Berlin, Haus des Ministerrats, 19. Juli 1971, 11.00 bis 13.05 Uhr, 14.35 bis 14.45 Uhr. Gleiche Teilnehmer wie bisher.

Staatssekretär *Kohl* eröffnete die Delegationssitzung und sagte, daß man soeben in einem persönlichen Gespräch über vielfältige Fragen, vielleicht auch mit einigem praktischen Erfolg, gesprochen habe.[2] Es sei Einigung darüber erzielt worden, daß das nächste Gespräch am 5. August 1971 um 10.30 Uhr in Bonn stattfinden werde.[3] Man werde, wie gewöhnlich, auf dem Flugwege kommen und vorher auch noch fernschriftlich die übliche Meldung übersenden.

---

[9] Vgl. dazu die Äußerungen des Staatssekretärs beim Ministerrat der DDR, Kohl, zum Kursbuch der Bundesbahn am 21. Mai 1971; Dok. 184.

[10] Für das 15. Gespräch des Staatssekretärs Bahr, Bundeskanzleramt, mit dem Staatssekretär beim Ministerrat der DDR, Kohl, vgl. Dok. 265.

[1] Ablichtung.
Die Gesprächsaufzeichnung wurde von Vortragendem Legationsrat Eitel, Bundeskanzleramt, am 19. Juli 1971 gefertigt.
Hat Staatssekretär Frank am 21. Juli 1971 vorgelegen, der die Aufzeichnung an Ministerialdirektor von Staden weiterleitete.
Hat Staden am 21. Juli 1971 vorgelegen, der die Aufzeichnung an Ministerialdirigent van Well und Referat II A 1 weiterleitete.
Hat van Well und Vortragendem Legationsrat Bräutigam am 22. Juli 1971 vorgelegen.

[2] Vgl. Dok. 250.

[3] Für das 15. Gespräch des Staatssekretärs Bahr, Bundeskanzleramt, mit dem Staatssekretär beim Ministerrat der DDR, Kohl, vgl. Dok. 265.

Bei der letzten Begegnung am 8. Juni 1971[4] habe Staatssekretär Bahr zu den Elementen V bis X[5] und dem Präambel-Entwurf[6] gesprochen. Darauf wolle er heute erwidern.

Er gehe davon aus, daß auch in der BRD die Berichterstattung über den VIII. Parteitag der SED aufmerksam gelesen worden sei. Die dort zum Verhältnis der beiden deutschen Staaten zueinander getroffenen Feststellungen seien eine wertvolle Hilfe zur Klärung der Position seiner Delegation.[7] Es sei dort klargestellt worden, daß diese Beziehungen allein solche der friedlichen Koexistenz entsprechend den Regeln des Völkerrechts sein könnten. Beziehungen anderer Art, insbesondere sogenannte innerdeutsche Beziehungen, könne es nicht geben. Die Absurdität solcher innerdeutscher Beziehungen habe Außenminister Winzer kürzlich in Rostock unterstrichen.[8] Er habe dort den Bundeskanzler mit einer Erklärung zitiert, die dieser in den USA abgegeben habe und die dahin gehe, daß die NATO A und O der Gesamtpolitik der Bundesrepublik sei. Wie könne es dann innerdeutsche Beziehungen zur DDR geben, die Mitglied des Warschauer Paktes sei? Hier bestehe ein nicht zu lösender Widerspruch.

Auf dem VIII. Parteitag sei das Angebot erneuert worden, normale völkerrechtliche Beziehungen zur BRD aufzunehmen. Die DDR gehe von dem Grundsatz aus, daß die Souveränität anderer Staaten genau so wie die der DDR zu achten sei. Zwischen DDR und BRD könne es – unabhängig von dem jeweiligen Sachbereich – nur völkerrechtliche Beziehungen geben. Auch ein Verkehrsvertrag habe den entsprechenden internationalen Normen – und das seien völkerrechtliche Normen – zu entsprechen.

Staatssekretär Bahr habe am 8. Juni 1971 gesagt, daß er, Kohl, sich mit seiner Bezugnahme auf das Völkerrecht eine Rosine aus dem Kuchen herauspicke; das sei nicht möglich; demgegenüber wolle er, Kohl, die Bundesregierung darauf aufmerksam machen, daß mit einer völkerrechtlichen Regelung der Verkehrsbeziehungen zwischen den beiden deutschen Staaten nicht etwa die DDR ein-

---

[4] Zum 13. Gespräch des Staatssekretärs Bahr, Bundeskanzleramt, mit dem Staatssekretär beim Ministerrat der DDR, Kohl, vgl. Dok. 203.

[5] Im elften Gespräch mit Staatssekretär Bahr, Bundeskanzleramt, am 30. April 1971 legte der Staatssekretär beim Ministerrat der DDR, Kohl, eine überarbeitete Fassung seiner erstmals im zehnten Gespräch am 31. März 1971 in Ost-Berlin vorgetragenen zehn „Elemente eines Vertrags zwischen der Deutschen Demokratischen Republik und der Bundesrepublik Deutschland über Fragen des Verkehrs" vor. Vgl. dazu Dok. 149.

[6] Vgl. dazu die Vorschläge des Staatssekretärs Bahr, Bundeskanzleramt, und des Staatssekretärs beim Ministerrat der DDR, Kohl, vom 21. Mai 1971 für eine Präambel zu einem Vertrag zwischen der Bundesrepublik und der DDR über Fragen des Verkehrs; Dok. 180.

[7] Der VIII. Parteitag der SED fand vom 14. bis 20. Juni 1971 in Ost-Berlin statt. Im Bericht des ZK der SED wurde ausgeführt: „Die Deutsche Demokratische Republik tritt weiterhin für die Aufnahme normaler Beziehungen entsprechend den Regeln des Völkerrechts auch zur BRD ein." Vgl. den Artikel „Bericht des ZK an den VIII. Parteitag der SED"; NEUES DEUTSCHLAND vom 16. Juni 1971, S. 4.

[8] Im Rahmen einer Pressekonferenz am 12. Juli 1971 im Rostocker Rathaus betonte der Außenminister der DDR, Winzer: „Würde man auf innerdeutsche Beziehungen eingehen, [...] so würde die Grenze zwischen den beiden deutschen Staaten zu einer offenen Wunde Europas werden, an der sich jederzeit ein tödlicher Kriegsbrand entzünden kann. Darum können zwischen diesen beiden Staaten nur die gleichberechtigten Beziehungen hergestellt werden wie zwischen anderen europäischen Staaten, die die europäische Sicherheit wollen, nämlich völkerrechtliche Beziehungen der friedlichen Koexistenz." Vgl. den Artikel: „Wer solche Ziele hat, braucht den Frieden'„; NEUES DEUTSCHLAND vom 13. Juli 1971, S. 6.

seitige Vorteile erlange, wofür sie noch zu bezahlen habe, sondern daß eine solche Bezugnahme auf das Völkerrecht auch im Interesse der BRD liege; eine völkerrechtsgemäße Ausgestaltung des Wechsel- und Transitverkehrs – und bei letzterem wolle er an eine bestimmte Transitrelation erinnern – sei wertvoll gerade für die Bundesrepublik. Nicht ohne Grund sei die Bundesregierung an völkerrechtlichen Verpflichtungen der DDR gerade in jener Frage interessiert. Ein Vertrag, der auf der Grundlage innerstaatlichen Rechts der DDR oder BRD geschlossen werde, würde von Anfang an nichtig sein. Ein solcher Vertrag sei eben nur auf der Grundlage des Völkerrechts möglich. Diesbezügliche Rechtsauffassungen könnten auch nicht ausgeklammert werden; die Frage der Qualität des gesamten Vertrages könne nicht ungeklärt bleiben. Das Wesen eines völkerrechtlichen Vertrages werde durch seinen materiellen Inhalt und den Charakter des Vertrages als völkerrechtlicher Vereinbarung bestimmt. Zum Beispiel bei der Haftpflichtversicherung gebe es ein gleichartiges Interesse der zwei Staaten daran, daß Kraftfahrzeuge hinreichend versichert seien. Eine völkerrechtliche Verpflichtung entstehe aber erst aus einer Einigung über den völkerrechtlichen Charakter einer entsprechenden Vereinbarung. Ausgehend hiervon definiere die Wiener Vertragsrechts-Konvention (WVK) in ihrem Art. 2[9] einen Vertrag als internationales Abkommen, das schriftlich zwischen Staaten abgeschlossen und vom Völkerrecht bestimmt werde, gleichviel ob es aus einem oder mehreren Dokumenten bestehe und wie auch seine besondere Bezeichnung sein möge. Praxis und Theorie stimmten darin überein, daß Staaten bei Abschluß eines Vertrages, der Rechte und Pflichten begründen solle, sich über den völkerrechtlichen Charakter der Vereinbarung einigten.

Außenminister Winzer habe in Rostock auch an Äußerungen des Bundeskanzlers in Helsinki über die Selbständigkeit und souveräne Gleichheit aller Staaten erinnert.[10] Das umfasse dann doch auch die DDR. Vor der Jahresversammlung der Deutschen Gesellschaft für Auswärtige Politik habe der Bundeskanzler am 25. Juni erklärt, daß die DDR ein Faktor in der politischen Landschaft Europas sei, den die Bundesregierung zu berücksichtigen habe und zu berücksichtigen bereit sei.[11] Der Bundeskanzler habe auch in Kassel von den Regeln des zwischenstaatlichen Rechts gesprochen.[12] Ähnlich habe sich auch Herr

---

[9] Vgl. dazu Artikel 2 Absatz 1 a) des Wiener Übereinkommens vom 23. Mai 1969 über das Recht der Verträge: „1) Im Sinne dieses Übereinkommens a) bedeutet ‚Vertrag' eine in Schriftform geschlossene und vom Völkerrecht bestimmte internationale Übereinkunft zwischen Staaten, gleichviel ob sie in einer oder in mehreren zusammengehörigen Urkunden enthalten ist und welche besondere Bezeichnung sie hat". Vgl. BUNDESGESETZBLATT 1985, Teil I, S. 928 f.

[10] Auf Anfrage eines finnischen Journalisten nahm der Außenminister der DDR, Winzer, auf einer Pressekonferenz am 12. Juli 1971 im Rostocker Rathaus Stellung zu Äußerungen des Bundeskanzlers Brandt auf der Tagung der „Sozialistischen Internationale" vom 25. bis 27. Mai 1971 in Helsinki: „Brandt habe dort von friedlicher Koexistenz mit sozialistischen Ländern gesprochen – nicht aber mit der DDR. Der Hinweis auf geschichtliche Bindungen, die Bonn immer wieder bemüht, ist haltlos." Vgl. den Artikel: „Wer solche Ziele hat, braucht den Frieden',"; NEUES DEUTSCHLAND vom 13. Juli 1971, S. 6

[11] Für die Ausführungen des Bundeskanzlers Brandt vor der Deutschen Gesellschaft für Auswärtige Politik vgl. Willy BRANDT, Aktuelle Fragen der deutschen Außenpolitik, in: EUROPA-ARCHIV 1971, S. 437–442.

[12] Vgl. dazu Punkt 3 der Vorschläge der Bundesregierung vom 21. Mai 1970 („20 Punkte von Kassel"): „Die beiden Staaten sollen ihren Willen bekunden, ihre Beziehungen auf der Grundlage der Menschenrechte, der Gleichberechtigung, des friedlichen Zusammenlebens und der Nichtdiskriminierung als allgemeine Regeln des zwischenstaatlichen Rechts zu ordnen"; BULLETIN 1970, S. 670.

Wehner in Zeitungsinterviews geäußert. Warum aber gebe es immer nur Worte? In Klammern wolle er auch auf Fichtes Rechtslehre hinweisen, wonach jedem Volk in staatlicher Verfassung ein Zwangsrecht auf Anerkennung durch andere Staaten zustehe.[13] Wenn die Bundesrepublik ihren Widerstand gegen die Regelung der Beziehungen zwischen den beiden Staaten des Völkerrechts aufgebe, so werde ein entscheidender Schritt getan sein.

Seine Delegation habe am 21. Mai 1971 folgenden Präambel-Text vorgeschlagen:
– „Die DDR und die BRD sind in dem Bestreben, einen Beitrag zur Entspannung in Europa zu leisten und geleitet von dem Wunsch, Fragen des grenzüberschreitenden Verkehrs von Bürgern und Gütern beider Staaten zu regeln, übereingekommen"

Man habe dann in der Besprechung vom gleichen Tage überlegt, eine Ergänzung des Wortlauts
– „und normale völkerrechtliche Beziehungen zwischen beiden Staaten zu fördern"

dem Passus über die Entspannung in Europa anzuschließen. Es würde angemessen sein, die Förderung der normalen völkerrechtlichen Beziehungen in der Präambel zu erwähnen. Staatssekretär Bahr habe demgegenüber für die beiden letzten Anstriche vorgeschlagen
– „in der Absicht, Beziehungen beider Staaten zueinander zu entwickeln"
– „sind überein gekommen, als ersten Schritt das folgende Abkommen zu schließen."

Wenn Staatssekretär Bahr nicht bereit sei, das Völkerrecht in der Präambel zu erwähnen, warum beschränke man sich dann nicht auf die beiden Absätze, die er am 21. Mai ursprünglich vorgeschlagen habe? Damit könnten unnötige Streitpunkte vermieden werden.

Zum Element V habe Staatssekretär Bahr sich seinerzeit nicht gegen „im zwischenstaatlichen Verkehr übliche Praxis", „das Wohl der Bürger" und die „möglichst zweckmäßige und einfache" Gestaltung des Verkehrs gewandt. Wenn sein Vorschlag in Element I vom größtmöglichen Umfang des Verkehrs spreche, so sei die Konzeption gewesen, in Element I die allgemeinen Rechtsgrundlagen und das Ziel des Vertrages anzugeben; in Element V hingegen die praktischen Gesichtspunkte, die Art und Weise der praktischen Durchführung. Sicherlich bestehe zwischen den Elementen I und V ein Zusammenhang. Wenn man sich über den Inhalt geeinigt habe, werde die Einigung über die Ziffern schnell folgen.

Element VI werfe insbesondere die Frage der gegenseitigen Anerkennung der Reisepässe auf. Staatssekretär Bahr habe hierzu gesagt, daß hiermit Staatsangehörigkeitsprobleme entstünden, die nicht im Verkehrsvertrag gelöst werden könnten, die im übrigen auch eine verfassungsändernde Mehrheit in den gesetzgebenden Gremien der BRD brauchten. Und letztere werde nicht zu be-

---

13 Johann Gottlieb Fichte führte im Kapitel Völkerrecht, Paragraph 6, seiner Rechtslehre aus: „Jedes Volk, das nur nicht im Naturstande lebt, sondern eine Obrigkeit hat, sie sei beschaffen, wie sie wolle, hat ein Zwangsrecht auf die Anerkennung durch die benachbarten Staaten". Vgl. Johann Gottlieb FICHTE, Rechtslehre. Vorgetragen von Ostern bis Michaelis 1812, hrsg. von Hans Schulz, Leipzig 1920, S. 160.

kommen sein. Demgegenüber wolle er, Kohl, bemerken, daß der damit angezogene Art. 116 des Grundgesetzes (GG)[14] im Widerspruch zur Rechts- und Sachlage stehe. Es gehe doch nicht an, daß alles, was innerhalb der alten Reichsgrenzen lebe, als Bürger der Bundesrepublik in Anspruch genommen werde. Art. 25 GG[15] statuiere den Vorrang des Völkerrechts. Demnach müsse auch eine völkerrechtsgemäße Regelung im Bundestag möglich sein. Aber selbst wenn er auch einmal von Art. 116 GG ausgehe, so nehme dieser doch auch Bürger der Sowjetunion, der Volksrepublik Polen und der ČSSR als Deutsche in Anspruch. Gleichwohl würden aber Reisepässe dieser Staaten anerkannt. Hier brauche es also offenbar keine verfassungsändernde Mehrheit? Was hindere die Anwendung der gleichen Rechtsauffassung gegenüber der DDR? Er wolle nicht mit der Frage der Reisepässe „alles blockieren", wie Staatssekretär Bahr befürchtet habe. Es könne aber auf die Lösung gewisser Fragen nicht verzichtet werden. Die Reisepässe der DDR müßten anerkannt und diskriminierende Praktiken eingestellt werden. Der von Staatssekretär Bahr vorgeschlagene Visaverzicht setze darüber hinaus ein gutes und vertrauensvolles Verhältnis voraus, das zwischen der BRD und der DDR leider noch nicht bestehe. Staatssekretär Bahrs Vorschlag, daß jeder Staat für seine Bürger die Ausreisepapiere bestimme und der Einreise-Staat diese Papiere dann anzuerkennen habe, könne nicht akzeptiert werden. Sicher würden Bürger der Bundesrepublik dann lediglich mit ihrem Personalausweis kommen. Außerdem gebe es in der Binnenschiffahrt noch die überholte Praxis der temporary navigation permits, an denen die Bundesrepublik festhalte. Das könne seine Seite nicht mitmachen. Er glaube, im übrigen verstanden zu haben, daß die Bundesregierung bereit sei, im Wechselverkehr DDR-Papiere anzuerkennen. Gelte das auch im Transit, etwa in der Schweiz? Werde etwa der Reisepaß-Ersatz, den DDR-Bürger in der Bundesrepublik annehmen müßten, wegfallen? Hier werde er für eine Erläuterung dankbar sein.

Staatssekretär Bahrs Frage, ob sich die gegenseitige Anerkennung von Dokumenten für zugelassene Fahrzeuge nur auf Kraftfahrzeuge beziehe, beantworte er, daß sein Element VI auch Binnenschiffe einschließe.

Zu Element VII habe Staatssekretär Bahr die Frage gestellt, ob sein Absatz 1 nicht überflüssig sei. Er, Kohl, habe dieses Element nur vorgeschlagen, um den bestehenden Zustand zu regeln. Vielleicht sei das wirklich nicht notwendig. Wenn man die Anwendung innerstaatlicher Vorschriften verabrede, dann würden darunter ja auch Zölle fallen. Hinsichtlich der Gebühren und Abgaben habe Staatssekretär Bahr eine Befreiung für den Wechselverkehr vorgeschlagen. Dies sei bedenkenswert. Wie aber sei es beim Transitverkehr? Hier müsse das

---

[14] Artikel 116 des Grundgesetzes vom 23. Mai 1949: „1) Deutscher im Sinne dieses Grundgesetzes ist vorbehaltlich anderweitiger gesetzlicher Regelung, wer die deutsche Staatsangehörigkeit besitzt oder als Flüchtling oder Vertriebener deutscher Volksangehörigkeit oder als dessen Ehegatte oder Abkömmling in dem Gebiete des Deutschen Reiches nach dem Stande vom 31. Dezember 1937 Aufnahme gefunden hat. 2) Frühere deutsche Staatsangehörige, denen zwischen dem 30. Januar 1933 und dem 8. Mai 1945 die Staatsangehörigkeit aus politischen, rassischen oder religiösen Gründen entzogen worden ist, und ihre Abkömmlinge sind auf Antrag wieder einzubürgern. Sie gelten als nicht ausgebürgert, sofern sie nach dem 8. Mai 1945 ihren Wohnsitz in Deutschland genommen haben und nicht einen entgegengesetzten Willen zum Ausdruck gebracht haben." Vgl. BUNDESGESETZBLATT 1949, S. 15 f.

[15] Für Artikel 25 des Grundgesetzes vom 23. Mai 1949 vgl. Dok. 33, Anm. 10.

ungleiche Volumen des jeweiligen Transitverkehrs durch die DDR und die BRD berücksichtigt werden, und jedem Vertragsstaat müsse das Recht unbenommen bleiben, für diese Verkehrsart die entstehenden Unkosten durch die Erhebung von Abgaben und Gebühren zu decken. Da Staatssekretär Bahr beim letzten Mal mit den Straßenbenutzungsgebühren der DDR so ins Gericht gegangen sei, wolle er sich den Hinweis auf entsprechende Überlegungen innerhalb der EWG gestatten. Auch dort werde die Einführung entsprechender Gebühren erwogen.

Zu Element VIII habe Staatssekretär Bahr die Einführung von Beförderungsgenehmigungen als Rückschritt bezeichnet. Diese Auffassung könne er, Kohl, nicht teilen. Auch die Bundesrepublik habe gerade in der jüngsten Zeit Abkommen mit Großbritannien[16] und Polen[17] abgeschlossen, in denen Beförderungsgenehmigungen vereinbart seien. Was zwischen fast allen europäischen Staaten gelte, müsse auch zwischen BRD und DDR gelten.

Im Element IX bestehe offenbar Einigkeit über den ersten Absatz, wonach Kraftfahrzeuge im grenzüberschreitenden Verkehr haftpflichtversichert sein müßten. Im übrigen habe Staatssekretär Bahr erklärt, daß sich das Haftpflicht-Abkommen von 1950 bewährt habe und es daher bei diesem Abkommen bleiben solle. Er, Kohl, halte jedoch an dem vorgeschlagenen zweiten Absatz des Elements IX fest.

Eine kurze Durchsicht nämlich des Abkommens zeige, daß es 1) der veränderten Situation nicht mehr gerecht werde und 2) ungerechtfertigte ökonomische Nachteile für die DDR mit sich bringe.

Zu 1) wolle er darauf aufmerksam machen, daß in dem Abkommen von „Deutschland einschließlich des Saarlandes" gesprochen werde. Nun, da es feststehe, daß es zwei Staaten in Deutschland gebe, müsse dieser Tatsache auch Rechnung getragen werden.

---

[16] Vgl. dazu § 1 der Vereinbarung vom 2. Juni 1967 zwischen dem Bundesministerium für Verkehr und dem britischen Verkehrsministerium über den internationalen Straßengüterverkehr: „1) Unternehmer, deren Kraftfahrzeuge nach den Gesetzen im Vereinigten Königreich zum gewerblichen Straßengüterverkehr zugelassen sind, bedürfen zur Beförderung von Gütern auf der Straße zwischen dem Vereinigten Königreich und der Bundesrepublik Deutschland oder im Transit durch die Bundesrepublik Deutschland deutscher Genehmigungen. Diese Genehmigungen werden im Vereinigten Königreich nach den §§ 5 und 7 dieser Vereinbarung ausgegeben. 2) Unternehmer, deren Kraftfahrzeuge nach den Gesetzen der Bundesrepublik Deutschland zum gewerblichen Straßengüterverkehr zugelassen sind, bedürfen zur Beförderung von Gütern zwischen der Bundesrepublik Deutschland und dem Vereinigten Königreich oder im Transit durch das Vereinigte Königreich keiner weiteren britischen Güterverkehrsgenehmigung, wenn an sie Genehmigungen nach den §§ 5 und 7 dieser Vereinbarung in der Bundesrepublik Deutschland ausgegeben sind." Vgl. BUNDESANZEIGER Nr. 135 vom 22. Juli 1967, S. 2.

[17] Vgl. dazu Artikel 3 Absatz 1 und Artikel 4 Absatz 1 der Vereinbarung zwischen der Bundesrepublik und Polen vom 11. September 1969 über den internationalen Straßenpersonen- und -güterverkehr: „Zur Durchführung eines grenzüberschreitenden Linienverkehrs mit Kraftomnibussen in oder durch das Gebiet des anderen Landes bedürfen Unternehmer der vorherigen Genehmigung der zuständigen Behörde dieses Landes. Die Genehmigung wird nach den innerstaatlichen Rechtsvorschriften dieses Landes erteilt. [...] Unternehmer des gewerblichen Güterkraftverkehrs und des Werkverkehrs bedürfen zum grenzüberschreitenden Straßengüterverkehr zwischen dem Land, in dem das verwendete Kraftfahrzeug zugelassen ist, und dem anderen Land sowie zum Transitverkehr durch das andere Land für jede Beförderung einer Genehmigung der anderen Vertragspartei gemäß Artikel 6." Vgl. BUNDESANZEIGER Nr. 191 vom 14. Oktober 1969, S. 2.

Zu 2) wolle er nur darauf hinweisen, daß das Verkehrsvolumen bundesrepublikanischer Fahrzeuge in der DDR ungleich größer als umgekehrt sei. Wenn Haftpflichtabgaben erhoben werden würden, würde die DDR einen erheblichen Mehrbetrag bekommen. Dieser Tage habe z. B. Italien für einreisende Kraftfahrzeuge, deren Fahrer nicht im Besitz der Grünen Karte seien, eine Kurzversicherung für 7000 Lire – DM 42,- – eingeführt. Im Verhältnis DDR[18]/Bundesrepublik gebe es keine Haftpflichtbeträge. Er wolle aber auf das Abkommen zwischen der Bundesrepublik und der Schweiz von diesem Jahre[19] hinweisen, dessen Regelung als Vorbild genommen werden könne.

Bei dieser Gelegenheit wolle er die Frage stellen, ob die Bundesregierung bereit sei, ihren Widerstand gegen eine gleichberechtigte Mitgliedschaft der DDR in der Konvention über die Grüne Karte aufzugeben. Das würde zu einer zufriedenstellenden Lösung führen.

Zu Element X habe Staatssekretär Bahr gesagt, daß er später darauf zurückkommen wolle.

Dann habe Staatssekretär Bahr noch einen Katalog von Detailvorschlägen vorgetragen. Teilweise stelle dies eine Konkretisierung der von ihm, Kohl, vorgetragenen Elemente dar. So z. B. der Punkt, daß zum Gebrauch und Verbrauch durch Fahrzeuginsassen und Schiffsbesatzungen bestimmte Gegenstände, auch Treibstoff, abgabenfrei eingeführt werden sollten.

Dies könnte Abs. 3 im Element VII werden.

Der Austausch von Verkehrsberichten und ähnlichem, der dazu beitrage, den Verkehr einfach und zweckmäßig abzuwickeln, sei in Ordnung; damit sei er einverstanden.

Hinsichtlich des Pannendienstes könne vereinbart werden, daß die zuständigen Organe und Betriebe nach den innerstaatlichen Vorschriften die erforderliche Hilfe gewähren.

Er sehe aber nicht die Notwendigkeit, direkte Fernsprechverbindungen bei Betriebsstellen benachbarter Eisenbahndirektionen einzurichten. Solche Verbindungen bestünden bereits zwischen dem Ministerium für Verkehrswesen in Berlin und der Bundesbahnhauptverwaltung in Frankfurt/Main sowie zwischen allen acht Grenzbahnhöfen. Da die betroffenen Ämter ohnehin nur beschränkte Befugnisse hätten, sei die Herstellung solcher direkter Leitungen überflüssig. Auch in dem Abkommen zwischen der Bundesrepublik und der ČSSR vom 25. April 1964[20] seien solche direkten Verbindungen nur zwischen den Grenzbahnhöfen vereinbart worden.[21]

---

[18] Korrigiert aus: „BRD".
[19] Für den Wortlaut des Vertrags vom 30. Mai 1969 zwischen der Bundesrepublik und der Schweiz über die Schadendeckung bei Verkehrsunfällen, der am 22. Juli 1971 in Kraft trat, vgl. BUNDESGESETZBLATT 1971, Teil II, S. 91.
[20] Korrigiert aus: „15. April 1964".
[21] Am 25. April 1964 wurde eine Vereinbarung zwischen der Deutschen Bundesbahn und den Tschechoslowakischen Staatsbahnen „über den Grenzübergang der Eisenbahnen" geschlossen. Vgl. dazu das Schreiben des Bundesministers für Verkehr vom 14. Januar 1965; Referat III A 4, Bd. 575.
Am 24. September 1964 erläuterte das Bundesministerium für Verkehr auf Anfrage des Auswärtigen Amts: „Auf dem Gebiet des Eisenbahnverkehrs sind bilaterale Abkommen zwischen der Bundesrepublik Deutschland und Staaten des europäischen Ostblocks nicht abgeschlossen worden. [...] Ergänzend ist darauf hinzuweisen, daß zwischen der Hauptverwaltung der Deutschen Bundesbahn

Was die Fahrpreisermäßigungen betreffe, so lägen diese schon weit über der internationalen Norm. Ein weiterer Nachlaß sei daher nicht möglich.

Für die Beilegung von Streitigkeiten schlage er nach wie vor die Verhandlungen von Beauftragten vor, die, falls sie keine Klärung erreichten, ihren Regierungen berichten sollten. Diese sollten dann ihrerseits sich um eine Einigung bemühen.

Zu Staatssekretär Bahrs übrigen Vorschlägen habe er schon früher Stellung genommen.

Nachdem man damit jetzt sozusagen die erste Lesung beendet habe, schlage er vor, an die Hauptprobleme heranzugehen. Dazu biete sich die Präambel an. Vielleicht habe Staatssekretär Bahr dazu etwas zu sagen.

Staatssekretär *Bahr* erklärte, heute zu den Details nicht Stellung nehmen zu wollen. Dies werde nach einer sorgfältigen Prüfung beim nächsten Mal geschehen. Er wolle aber seinen Eindruck nicht verhehlen, daß Staatssekretär Kohls Ausführungen bei einigen Punkten Wiederholungen enthalten hätten, bei anderen recht negativ ausgefallen seien. Unter Vorbehalt genauer Prüfung sei so bei ihm zuweilen der Eindruck entstanden, als wolle man Erschwerungen schaffen, Probleme herausarbeiten oder Regelungen in Frage stellen, die sich eingespielt hätten. Wenn der Verkehr teurer werde, könne man schwerlich von einer Erleichterung oder Verbesserung sprechen. Sollte sich dieser Eindruck bei einer näheren Prüfung bestätigen, so sehe er es als sehr schwierig an, in dieser Form die Gespräche weiter zu führen.

Die anfänglichen grundsätzlichen Ausführungen Staatssekretär Kohls verstehe er nur schwer. Hier werde auf Pappkameraden geschossen. Ein großer Teil Staatssekretär Kohls Ausführungen habe sich gegen eine Weigerung der Bundesrepublik gerichtet, mit der DDR verbindliche Abkommen zu schließen.

Staatssekretär *Kohl* warf ein, völkerrechtlich verbindlich.

Staatssekretär *Bahr* fuhr fort, das Gegenteil sei der Fall. Er habe zu wiederholten Malen erklärt, daß die zu treffenden Vereinbarungen verbindlich sein sollen. Früher einmal habe er in diesem Raum gesagt, daß der sachliche Gehalt und die Form eines Abkommens völkerrechts-ähnlich oder völkerechts-entsprechend sein müßten. Staatssekretär Kohl habe diese Erklärung seinerzeit sehr begrüßt.

Staatssekretär *Kohl* warf ein, daß er sich freue, daß Staatssekretär Bahr auf diesen Ansatz zurückkomme. Später habe Staatssekretär Bahr so gesprochen, als ob schon der Terminus Völkerrecht eine Injurie sei.

Staatssekretär *Bahr* entgegnete, Staatssekretär Kohl habe noch nicht Stellung genommen zu dem, was er, Bahr, damals gesagt habe, nämlich, daß, wenn alles andere klar sei, das hier erörterte Problem lediglich eine Bezeichnungsfrage werde. Er habe schon früher darauf hingewiesen, daß es kein Zufall und auch nicht von der kleinen Bundesrepublik der Sowjetunion „aufgedrückt" worden

Fortsetzung Fußnote von Seite 1154
und den einzelnen Eisenbahnverwaltungen der Ostblockstaaten Vereinbarungen über die Durchführung des grenzüberschreitenden Eisenbahnverkehrs bestehen." Vgl. Referat III A 4, Bd. 542.

sei, wenn in den Moskauer Absichtserklärungen[22] das Wort völkerrechtlich vermieden werde. Dies sei vielmehr das Ergebnis langer, wohlüberlegter und gleichberechtigter Verhandlungen. Er habe weiter schon früher gesagt, daß, wenn man sich in der Substanz einig sei, dann auch im Vertragstext die Worte „völkerrechtlich" und „innerdeutsch" vermieden werden könnten. Er wolle noch einmal mit Nachdruck sagen, daß die Konzeption von den innerdeutschen oder besonderen Beziehungen keinerlei Unterordnung oder Bevormundung des Einen oder Anderen zum Inhalt habe. Solche Unterstellungen weise er entschieden zurück. Sie würden auch durch häufige Wiederholung nicht richtiger.

Staatssekretär *Kohl* fragte, wie es denn etwa mit den Bemühungen der Bundesregierung bestellt sei, den Beitritt der DDR zur Weltgesundheits-Organisation[23] zu verhindern. Ob das nicht eine Bevormundung sei?

Staatssekretär *Bahr* erwiderte, daß er schon oft gesagt habe, daß die Frage des praktischen Verhaltens der Bundesregierung im Ausland sehr vom Verlauf der hier geführten Gespräche abhänge. Außerdem arbeite ja auch die DDR bei ihren Freunden gegen die Aufnahme diplomatischer Beziehungen mit der Bundesrepublik.

Staatssekretär *Kohl* meinte, dies sei ein Irrtum. Breschnew habe vor einiger Zeit darauf hingewiesen, was die Folgen der Ratifizierung der bekannten Ostverträge sein werden.[24] Im übrigen sei das Festhalten der ČSSR an ihrer Auffassung, daß das Münchner Abkommen von Anfang an nichtig gewesen sei, legitim.

Staatssekretär *Bahr* sagte, in Kassel und Erfurt[25] habe die DDR ganz offen davon gesprochen, daß sie die Außenbeziehungen der BRD blockiere. Habe diese Politik sich jetzt geändert? Könne man jetzt darüber reden? Habe Staatssekretär Kohl dafür jetzt Vollmacht? Dann könne auch eine Änderung im Verhalten der Bundesregierung eintreten.

Staatssekretär *Kohl* antwortete, daß er auf diesen Punkt zurückkommen werde.

Staatssekretär *Bahr* sagte, er wolle noch einmal darauf hinweisen, daß das Verhältnis der Bundesrepublik zur DDR nicht nur von der Tatsache der Selbständigkeit der beiden Staaten, sondern auch noch durch zwei weitere Grund-

---

[22] Für den Wortlaut der Leitsätze 5 bis 10 vom 20. Mai 1970 für einen Vertrag mit der UdSSR („Bahr-Papier"), die bei den Moskauer Verhandlungen vom 27. Juli bis 7. August 1970 als Leitsätze 1 bis 6 zu „Absichtserklärungen" zusammengefaßt wurden, vgl. BULLETIN 1970, S. 1097 f.

[23] Zur Abstimmung am 13. Mai 1971 auf der 24. Weltgesundheitsversammlung in Genf vgl. Dok. 62, Anm. 7.

[24] Der Generalsekretär des ZK der KPdSU, Breschnew, führte am 16. Juni 1971 auf dem VIII. Parteitag der SED in Ost-Berlin aus: „Treten die Verträge der Sowjetunion und Polens mit der BRD in Kraft, so wird das in vieler Hinsicht eine neue politische Atmosphäre in Europa schaffen. Es ist anzunehmen, daß dies die Voraussetzungen für die Anbahnung normaler Beziehungen der BRD zu den europäischen sozialistischen Ländern, für die Entwicklung einer fruchtbaren Zusammenarbeit zwischen den Ländern des Ostens und des Westens Europas überhaupt, für die Lösung der wichtigen europäischen Sicherheitsprobleme bedeutend verbessern wird." Vgl. den Artikel „Der VIII. Parteitag der SED – ein bedeutender Markstein beim sozialistischen Aufbau der DDR"; NEUES DEUTSCHLAND vom 17. Juni 1971, S. 4.

[25] Bundeskanzler Brandt und der Vorsitzende des Ministerrats, Stoph, trafen am 19. März in Erfurt und am 21. Mai 1970 in Kassel zusammen. Vgl. dazu AAPD 1970, I, Dok. 124, bzw AAPD 1970, II, Dok. 226.

sätze bestimmt werde, die er seinerzeit dargelegt habe. Wenn Staatssekretär Kohl glaube, den zweiten Grundsatz vernachlässigen zu können, so sei das sicherlich nicht klug. Der dritte Grundsatz aber müsse einfach berücksichtigt werden. Das Verhältnis der Bundesrepublik und der DDR zueinander werde von dem ersten und dem dritten Grundsatz bestimmt, und auch dem zweiten müsse Rechnung getragen werden.

Er habe den Eindruck, daß Staatssekretär Kohls heutige Ausführungen eine Verhärtung darstellten, die der Situation nicht angemessen sei.

Wenn der Bundeskanzler für die Bundesrepublik gesagt habe, was Staatssekretär Kohl für die DDR im Hinblick auf den Warschauer Pakt erkläre, so sei dies ein Hinweis auf den von ihm eben erwähnten dritten Grundsatz.

Staatssekretär Kohl habe vorhin die WVK zitiert, die ja übrigens auch besondere Bezeichnungen vorsehe. Er werde darauf noch zurückkommen.

Auch den Grundsatz der souveränen Gleichheit habe er, Bahr, genauso betont wie auch der Bundeskanzler in Helsinki. Die Bundesregierung sei auch bereit, Verträge zu schließen, die das ausdrückten. Er habe immer gesagt, daß in ihren Beziehungen zueinander die beiden deutschen Staaten sich als durchaus Gleiche gegenüberstünden.

Staatssekretär Kohl habe dann erneut die Reisepässe erwähnt. Hier befinde er sich in einem sachlichen Irrtum. DDR-Bürger brauchten für den Transitverkehr keinen Paßersatz. Lediglich in Fällen, in denen keine gültigen Papiere vorhanden seien, werde mit einem Dokument ausgeholfen, das aber kein Paß sei, das auch den Betreffenden nicht als Bürger der Bundesrepublik in Anspruch nehme.

Staatssekretär *Kohl* bezeichnete dies als eine große Neuigkeit. Er werde Dokumente, aus denen das Gegenteil hervorgehe, vorlegen.

Staatssekretär *Bahr* sagte dann, daß Staatssekretär Kohl gewünscht habe, nicht den zweiten Schritt vor dem ersten zu tun. Heiße dies, daß beide Seiten die Papiere gegenseitig anerkennen und danach erklären könnten, daß im gegenseitigen Verkehr auf die Vorweisung dieser Papiere verzichtet werde? In einer solchen Regelung werde nämlich der zweite wirklich nach dem ersten Schritt getan.

Was die übrigen Elemente angehe, so werde man sie einer genauen Prüfung unterziehen.

Staatssekretär *Kohl* kam noch einmal auf die WVK zurück, verlas deren Artikel 2 und meinte, daß demnach eine völkerrechtliche Charakterisierung einer zu treffenden zwischenstaatlichen Vereinbarung notwendig sei.

Staatssekretär *Bahr* erwiderte, daß der Passus – „wie auch seine besondere Bezeichnung sein mag" – doch nur so zu verstehen sei, daß selbst wenn man einen Verkehrsvertrag „innerdeutsch" nenne, dies die rechtliche Qualifizierung des Vertrages nicht ändere.

Staatssekretär *Kohl* entgegnete, daß sich aus den Vorarbeiten zur WVK ergebe, daß der von Staatssekretär Bahr angezogene Passus sich lediglich auf Benennung wie Konvention, Regierungsabkommen, Vertrag und ähnliches beziehe. Dies stehe schon so bei Lauterpacht.[26]

Immerhin sei aber heute in Staatssekretär Bahrs Ausführungen einiges gewesen, was seine Seite sorgfältig prüfen werde. Während Staatssekretär Bahr früher einmal gesagt habe, daß die Vermeidung des Wortes „Völkerrecht" am Gehalt einer Vereinbarung nichts ändern könne und daher eine Sache der Kosmetik sei, habe er auf Grund Staatssekretär Bahrs späteren Ausführungen Zweifel daran bekommen, ob die Bundesregierung überhaupt bereit sei, Beziehungen zur DDR zu regeln, die ihrer Substanz nach völkerrechtlicher Natur seien. Heute habe Staatssekretär Bahr dann aber wieder die souveräne Gleichheit erwähnt. Deshalb komme er zu der Feststellung, daß es seiner Seite genüge, wenn man beim Abschluß eines Verkehrsvertrages von den Prinzipien und Grundsätzen des Völkerrechts ausgehe. Er stelle daher die Frage, ob die Bundesregierung bereit sei, einen dem Völkerrecht gemäßen Vertrag zu schließen. Staatssekretär Bahrs Hinweis auf die Vorbehaltsrechte der Alliierten[27] mache manchmal den Eindruck, daß er nur ausweichen wolle. Auf die Frage, welche dieser Rechte die Bundesregierung hinderten, einen völkerrechtsgemäßen Verkehrsvertrag abzuschließen, habe er bislang noch keine Antwort bekommen. Er betone, daß auch die DDR die Rechte und Verpflichtungen der ursprünglich drei, nach Beitritt Frankreichs dann vier Mächte der Anti-Hitler-Koalition voll anerkenne und hoch achte.

Staatssekretär *Bahr* sagte, er könne nur wiederholen, daß die Bundesregierung zu einem Verkehrsvertrag bereit sei, wie „er zwischen Staaten üblich ist."

Staatssekretär *Kohl* fragte, ob dies nicht gleichbedeutend sei mit einer in der WVK genannten völkerrechtlichen Vereinbarung.

Staatssekretär *Bahr* erwiderte, er habe erstens dieses Gleichheitszeichen von der Substanz her immer akzeptiert. So sei nie ein Zweifel daran gelassen worden, daß ein Verkehrsvertrag dem Bundestag vorgelegt und gegebenenfalls die Billigung der gesetzgebenden Körperschaften eingeholt werden müsse; zweitens werde die Bundesregierung keinen Verkehrsvertrag abschließen, der faktisch die Dinge erschwere, anstatt sie zu erleichtern, der also die Theorie der Abgrenzung in die Praxis umsetze. Einen Verkehrsvertrag, der den Verkehr erschwere, haben keinen Sinn und sei schlechter als ein vertragsloser Zustand. Drittens würde die DDR-Delegation gut beraten sein, wenn sie neben der Formvollendung, an der ihr so viel liege, berücksichtige, daß die Bewohner der beiden deutschen Staaten mehr miteinander verkehren wollen als die Bewohner der beiden Staaten mit Bewohnern dritter oder vierter Staaten. Viertens seien die alliierten Rechte in abstracto Teil des für die beiden deutschen Staaten verbindlichen Völkerrechts. Er gebe zu, daß dies mit einem generellen Verkehrsvertrag nichts zu tun habe und freue sich, daß Staatssekretär Kohl zum ersten Mal beschränkt auf einen allgemeinen Verkehrsvertrag argumentiert habe, denn die alliierten Vorbehaltsrechte seien von Bedeutung

---

[26] Vgl. dazu INTERNATIONAL LAW. Being the Collected Papers of Hersch Lauterpacht. Bd. 4, Cambridge/London/New York/Melbourne 1978, S. 128–139.

[27] Vgl. dazu Artikel 2 Satz 1 des Vertrags vom 26. Mai 1952 über die Beziehungen zwischen der Bundesrepublik Deutschland und den Drei Mächten in der Fassung vom 23. Oktober 1954 (Deutschland-Vertrag); Dok. 154, Anm. 10.

a) für das Grundverhältnis und
b) für die besondere Verkehrsrelation,
die Staatssekretär Kohl doch ständig im Hinterkopf habe.

Staatssekretär *Kohl* sagte, daß er nicht ohne Grund die WVK zitiert habe, wonach es sich bei einem völkerrechtlichen Vertrag auch um mehrere Dokumente handeln könne.

Staatssekretär *Bahr* sagte, das sei klar. Jedenfalls beschäftigen sich die Vier Mächte mit der eben genannten besonderen Verkehrsrelation. Auf sie das allgemeine Völkerrecht anzuwenden, werde nicht möglich sein.

Staatssekretär *Kohl* meinte, die Vier Mächte würden sich sicher aufs Völkerrecht berufen.

Staatssekretär *Bahr* entgegnete, daß dies aber nicht für das allgemeine Völkerrecht gelte, sondern nur für die aus der Besetzung Deutschlands fließenden Recht.

Staatssekretär *Kohl* meinte, das Potsdamer Abkommen sei der Ausgangspunkt der Vier-Mächte-Rechte.

Staatssekretär *Bahr* lud Staatssekretär Kohl ein, das Potsdamer Abkommen einmal einer Prüfung an Hand der WVK zu unterziehen. Staatssekretär Kohl werde an dem Ergebnis sicherlich keine Freude haben.

Staatssekretär *Kohl* entgegnete, dies sei eben der Unterschied: Die DDR gehe seit jeher davon aus, daß das Potsdamer Abkommen, das Nürnberger Statut[28] und die Satzung der Vereinten Nationen[29] die Grundlage der Vier-Mächte-Rechte seien. Demgegenüber habe die Bundesregierung durch ihren Vertreter im KPD-Prozeß[30] das Potsdamer Abkommen als leere Hülse bezeichnen lassen und damit 1950 abgelehnt, was sie jetzt häufig geradezu beschwöre.

Staatssekretär *Bahr* sagte, wenn Staatssekretär Kohl sich auf das Potsdamer Abkommen berufe, dann müsse er es sich auch schon ganz zu eigen machen. Dann müsse auch Deutschland als Einheit behandelt werden etc.

Staatssekretär *Kohl* fragte, ob man sich denn nicht darüber einigen könne, zwischen die beiden Ausdrücke „zwischen Staaten üblich" und „völkerrechtlich im Sinne des Art. 2 der WVK" ein Gleichheitszeichen zu setzen.

---

[28] Für den Wortlaut des Statuts vom 8. August 1945 für den Internationalen Militärgerichtshof vgl. IMT, Bd. 1, S. 10–18.

[29] Für den Wortlaut der UNO-Charta vom 26. Juni 1945 vgl. CHARTER OF THE UNITED NATIONS, S. 675–699.

[30] Am 16. November 1951 beschloß das Kabinett, beim Bundesverfassungsgericht einen Antrag auf Feststellung der Verfassungswidrigkeit der Kommunistischen Partei Deutschlands (KPD) zu stellen. Für den Wortlaut der Begründung vgl. BULLETIN 1951, S. 61.
Am 17. August 1956 entschied das Bundesverfassungsgericht: „1) Die Kommunistische Partei Deutschlands ist verfassungswidrig. 2) Die Kommunistische Partei Deutschlands wird aufgelöst. 3) Es ist verboten, Ersatzorganisationen für die Kommunistische Partei Deutschlands zu schaffen oder bestehende Organisationen als Ersatzorganisationen fortzusetzen. 4) Das Vermögen der Kommunistischen Partei Deutschlands wird zugunsten der Bundesrepublik Deutschland zu gemeinnützigen Zwecken eingezogen." Vgl. ENTSCHEIDUNGEN, Bd. 5, S. 86f.
Vertreter der Bundesregierung im KPD-Prozeß war Staatssekretär Ritter von Lex, Bundesministerium des Innern.

Staatssekretär *Bahr* sagte, er werde die Vokabel „völkerrechtlich" nicht benutzen. Er halte daran fest, daß eine Vereinbarung getroffen werden müsse, wie sie zwischen Staaten üblich sei unter Berücksichtigung der bestehenden Vier-Mächte-Rechte.

Staatssekretär *Kohl* fragte, wenn man das Wort völkerrechtlich vermeiden wolle, ob man dann nicht sagen könne „Vertrag nach Art. 2 WVK"?

Staatssekretär *Bahr* entgegnete, wenn die WVK das Verhältnis zwischen der BRD und der DDR, so wie er es mit den drei Grundsätzen gekennzeichnet habe, also insbesondere mit den bestehenden Vier-Mächte-Rechten, decke, könne er mit ja antworten, sonst müsse er einen Vorbehalt machen.

Staatssekretär *Kohl* fragte, ob der Moskauer Vertrag ein völkerrechtlicher Vertrag sei.

Staatssekretär *Bahr* erwiderte, daß dies selbstverständlich der Fall sei. BRD und DDR könnten selbstverständlich mit dritten Staaten völkerrechtliche Beziehungen eingehen. Die einzige Besonderheit liege im Verhältnis der beiden Staaten zueinander. Aber auch da seien sie gleichberechtigt, etwa in der Begrenzung ihrer Souveränität. Sofern die Vier-Mächte-Rechte nicht berührt würden, sei ein völkerrechtsgemäßer Vertrag möglich. Wenn er vom Berlin-Verkehr absehe, dann sehe er bei einem allgemeinen Verkehrsvertrag mit der DDR keine Berührung der Vier-Mächte-Rechte, ebensowenig wie bei Vereinbarungen über einen Kultur-Austausch, über eine Erweiterung des Handels, über den Verrechnungsverkehr oder gar über eine Währungseinheit. In all diesen Fällen sehe er keine Berührung der Vier-Mächte-Rechte.

Staatssekretär *Kohl* sagte, dann handele es sich bei solchen Vereinbarungen also um solche gemäß Art. 2 der WVK. Was stehe dann der Völkerrechtsgemäßheit des bewußten Annexes entgegen? Als Teil eines völkerrechtsgemäßen Vertrages habe doch auch er völkerrechtsgemäßen Charakter. Etwas anderes wolle und könne seine Seite sich nicht vorstellen.

Staatssekretär *Bahr* sagte, er glaube gern, daß Staatssekretär Kohl nicht wolle. Wie aber stehe es mit dem Können? Er wolle nur auf den früher von der DDR gemachten Vorschlag einer Konföderation[31] hinweisen. Was halte Staatssekretär Kohl heute davon?

Staatssekretär *Kohl* erwiderte, der Vorschlag sei in der zweiten Hälfte der 50er Jahre gemacht worden, heute aber unvereinbar mit einer Politik der Bundesregierung, die in der NATO das A und O ihrer Gesamtpolitik sehe. Im übrigen sei auch die Konföderation ein völkerrechtliches Verhältnis, und nur darum gehe es doch jetzt.

---

31 Am 30. Dezember 1956 schlug der Generalsekretär des ZK der SED, Ulbricht, erstmals die Bildung einer Konföderation zwischen der Bundesrepublik und der DDR als Zwischenlösung vor, bis es möglich sei, „die Wiedervereinigung und wirklich demokratische Wahlen zur Nationalversammlung zu erreichen". Dieser Vorschlag wurde in Verlauf des Jahres 1957 dahingehend konkretisiert, daß nach einem Ausscheiden von Bundesrepublik und DDR aus der NATO bzw. dem Warschauer Pakt und nach einem Abzug der Truppen der Vier Mächte ein völkerrechtlicher Vertrag zwischen der Bundesrepublik und der DDR geschlossen und ein paritätisch besetzter Gesamtdeutscher Rat geschaffen werden sollte. Nachdem dieser Vorschlag den bei der DDR akkreditierten Diplomaten am 27. Juli 1957 offiziell mitgeteilt worden war, wurde er auch zum Bestandteil der sowjetischen Deutschlandpolitik. Für den Wortlaut der Erklärung vom 27. Juli 1957 vgl. DzD III/2, S. 1009.

Staatssekretär *Bahr* erwiderte, die Konföderation sei jedenfalls ein besonders enges Verhältnis. Er habe schon früher gesagt, daß eine Konföderation nicht schlecht sei. Wichtig sei die Zielrichtung, ob sie eine über sich selbst hinausgehende Orientierung habe oder Endzustand sein solle. Die DDR wolle eine Formalisierung des Verhältnisses zwischen den beiden deutschen Staaten bei gleichzeitiger Abgrenzung. Die Bundesregierung wolle eine Formalisierung, damit man einander näher komme und das Zusammenleben leichter werde.

Staatssekretär *Kohl* sagte, daß der Bundeskanzler vor der Gesellschaft für Auswärtige Politik auch von der Notwendigkeit der ideologischen Abgrenzung gesprochen habe. Diese Abgrenzung sei richtigerweise die andere Seite der friedlichen Koexistenz. Im übrigen sei seine Seite ja durchaus bereit, bestehenden Realitäten Rechnung zu tragen. So habe man ja in Element V durchaus vorgesehen, daß für bestimmte Transit-Relationen, in denen der Verkehr besonders umfangreich sei, in Anlagen Erleichterungen eingeplant werden könnten. Es gehe doch jetzt darum, daß auch diese Anlagen völkerrechtsgemäß sein müßten. Gegenüber Staatssekretär Bahrs Vorwurf, die DDR wolle die Verkehrsbeziehungen erschweren, mache er nur darauf aufmerksam, daß sie im Gegenteil bereit sei, den Verkehr im größtmöglichen Umfang zum beiderseitigen Vorteil, zum Wohl der Bürger etc. auszugestalten. Das seien doch seine Vorschläge.

Staatssekretär *Bahr* sagte, daß es dem Wohl der Bürger aber nicht entspreche, mehr zu zahlen.

Staatssekretär *Kohl* wies demgegenüber auf die Regelung bei der Haftpflichtversicherung hin. Das alte Abkommen passe nicht mehr in die Landschaft. Die sprunghafte Steigerung des Verkehrs zwischen den Jahren 1958 und 1971 müsse doch berücksichtigt werden. Hier könne es doch nicht bei einer paritätischen Regelung bleiben, wenn etwa auf sechs Unfälle von BRD-Fahrzeugen in der DDR ein Unfall eines DDR-Fahrzeuges in der BRD komme. Zu dem, was er vorhin über die Reisepässe gesagt habe, habe er jetzt ein Dokument, nämlich einen Reisepaß-Ersatz zum Übertritt in die Schweiz und Österreich zur Hand, das er verlesen wolle:

„Reise-Ausweis – Reisepaß-Ersatz für einmalige Ausreise und Einreise ..."

Dies sei die traurige Realität.

MD *Weichert* erklärte, daß seines Wissens diese Regelung seit vorigem Jahr nicht mehr in Kraft sei.

Staatssekretär *Kohl* sagte, er werde das prüfen. Im übrigen habe man einen guten Schritt vorwärts getan, wenn man sich über den völkerrechtlichen Charakter der zu treffenden Verkehrsvereinbarung einig sei. Hinsichtlich des Wortes Völkerrecht sei er kein Fetischist. Ein völkerrechtsgemäßer Verkehrsvertrag sei auch keine Rosine, die die DDR sich aus dem Kuchen herauspicke, sondern gerade für die BRD in Hinblick auf die schon mehrfach erwähnte besondere Verkehrs-Relation von besonderem Interesse. Er könne schließen mit dem Psalm 91, Vers 10, wobei er das biblische Du in ein höfliches Sie umwandeln wolle: „Es wird Ihnen kein Übel begegnen, keine Plage wird sich Ihrem Hause nahen."

Hier wird die Sitzung für das Mittagessen unterbrochen.

Anschließend nahm Staatssekretär *Bahr* das Wort und stellte fest, daß man sich bei der Präambel wohl über die Einleitungsformulierung bis einschließlich „einen Beitrag zur Entspannung in Europa zu leisten" einig sei. Danach schlage Staatssekretär Kohl den Passus über die völkerrechtlichen Beziehungen, er, Bahr, den Passus über die Entwicklung der Beziehungen und den ersten Schritt vor. Staatssekretär Kohl werde nicht überrascht sein, daß er, Bahr, die Völkerrechtlichkeit nicht im Vertrag verankert sehen wolle. Er glaube, daß sein Vorschlag mit dem Hinweis auf die Entwicklung der Beziehungen und den ersten Schritt sinnvoll sei. Er habe hierzu auch noch keine Gegenargumente gehört. Vielleicht könne man sich heute darüber einigen. Er jedenfalls sehe keinen Dissens über die Struktur der Präambel. Der grenzüberschreitende Verkehr sollte gegebenenfalls im ersten operativen Artikel erwähnt werden. Er sei gegen Wiederholung von Passagen, insbesondere bei dem Wort grenzüberschreitend.

Staatssekretär *Kohl* sagte, es bestehe also keine grundlegende Meinungsverschiedenheit über den Inhalt des zweiten Absatzes der Präambel (grenzüberschreitender Verkehr), sondern über seine Stellung im Zusammenhang mit einem späteren Artikel 1. Ein anderer Punkt sei, daß in der Einleitung der Präambel Staatssekretär Bahr von den Regierungen der beiden Staaten spreche. Dies sei ein Vorgriff, denn man wisse ja noch nicht, ob es sich in der Tat um ein Regierungsabkommen oder um ein Abkommen höherer Kategorie handeln werde. Man solle daher jetzt nur die Partner benennen und die Präzisierung später vornehmen.

Staatssekretär *Bahr* erklärte sich hiermit einverstanden.

Staatssekretär *Kohl* sagte dann, daß Staatssekretär Bahrs Formulierung, er wolle die Völkerrechtlichkeit nicht im Vertrag verankert sehen, einen Schritt zurück darstelle. Man könne nicht sagen, der Vertrag gehe nicht von der Völkerrechtlichkeit aus, denn dann wäre er ja innerstaatlich, was nicht angehe. Es könne sich also doch nur um die Erwähnung oder Nichterwähnung des Wortes Völkerrecht handeln. Was den von Staatssekretär Bahr vorgeschlagenen Passus über die Entwicklung der Beziehungen beider Staaten betreffe, so werde seine Seite über diesen Vorschlag nachdenken. Er halte also fest, daß in der Präambel zunächst einmal eingangs nur die BRD und die DDR erwähnt würden bei späterer Einigung über die Kategorie des Abkommens, daß zweitens über den Passus betreffend die Entspannung in Europa Einigkeit bestehe, daß drittens über eine weitere Ergänzung der Präambel beim nächsten Mal gesprochen werde und daß viertens der Schluß so, wie vorgeschlagen, akzeptiert sei bei späterer Einigung darüber, ob er Aufnahme finde in der Präambel oder in einem ersten operativen Artikel.

Staatssekretär *Bahr* erklärte sich hiermit einverstanden mit der Ergänzung, daß die Schlußformel der Präambel so zu formulieren sei, daß ein Bezug zu dem noch offenen Passus über die Entwicklung der Beziehungen dadurch hergestellt werde, daß man die Aussicht auf den Abschluß weiterer Abkommen in den Text aufnehme.

Staatssekretär *Kohl* sagte, daß man darüber das nächste Mal sprechen werde.

Abschließend einigte man sich auf folgende Pressemitteilung:

"Der Staatssekretär im Bundeskanzleramt der Bundesrepublik Deutschland, Egon Bahr, und der Staatssekretär beim Ministerrat der Deutschen Demokratischen Republik, Dr. Michael Kohl, kamen am 19. Juli 1971 in Begleitung ihrer Delegationen zu einem erneuten Treffen zusammen. Sie setzten die intensiven Sachgespräche über Fragen des Verkehrs fort. Die Zusammenkunft, die im Hause des Ministerrats der DDR stattfand, begann um 10.00 Uhr und wurde um 15.00 Uhr beendet.

Es wurde vereinbart, die Besprechungen zwischen den Beauftragten der Regierung der BRD und der Regierung der DDR am 5. August 1971 in Bonn fortzusetzen."[32]

VS-Bd. 4487 (II A 1)

252

Botschafter Pauls, Washington, an das Auswärtige Amt

Z B 6-1-12718/71 geheim   Aufgabe: 19. Juli 1971, 20.05 Uhr[1]
Fernschreiben Nr. 1600   Ankunft: 20. Juli 1971, 02.53 Uhr

Außenminister Rogers empfing mich heute, nachdem er vorher den englischen[2] und französischen Botschafter[3] gesehen hatte, zu einer Unterredung über die amerikanische China-Politik[4]. Er führte aus:

Kissingers Besuch[5] habe zunächst einmal den Boden geebnet für ein besseres Verständnis zwischen Peking und Washington (ground-work has been done). Seine Unterredungen mit Tschou En-lai, die nicht ganz 20 Stunden ausgemacht hätten, seien durchaus exploratorischer Natur gewesen. Zunächst sei sehr viel Zeit mit Übersetzen und dann auch mit dem Erläutern des grundsätzlichen Standpunktes der einen und der anderen Seite vergangen. Kissinger habe sehr gespürt, wie weit vorn man anfangen müsse, einen solchen Kontakt zu eröff-

---

[32] Vgl. die Meldung „Treffen Kohl–Bahr"; NEUES DEUTSCHLAND vom 20. Juli 1971, S. 1

[1] Hat Vortragendem Legationsrat Hallier am 20. Juli 1971 vorgelegen, der handschriftlich vermerkte: „Herrn Minister. (Wird schon von L 4 vorgelegt)."
[2] George Rowland Stanley Baring, Earl of Cromer.
[3] Charles Lucet.
[4] Am 15. Juli 1971 gab Präsident Nixon im amerikanischen Fernsehen bekannt, daß er eine Einladung des Ministerpräsidenten Tschou En-lai zu einem Besuch in der Volksrepublik China, der bis spätestens Mai 1972 stattfinden sollte, angenommen habe. Nixon erläuterte zur amerikanischen China-Politik: „Our action in seeking a new relationship with the People's Republic of China will not be at the expense of our old friends. It is not directed against any other nation. We seek friendly relations with all nations. Any nation can be our friend without being any other nation's enemy. I have taken this action because of my profound conviction that all nations will gain from a reduction of tensions and a better relationship between the United States and the People's Republic of China." Vgl. PUBLIC PAPERS, Nixon 1971, S. 820.
[5] Der Sicherheitsberater des amerikanischen Präsidenten, Kissinger, hielt sich vom 9. bis 11. Juli 1971 in der Volksrepublik China auf. Vgl. dazu KISSINGER, Memoiren, S. 789–804.

nen, wenn 20 Jahre überhaupt nicht miteinander gesprochen wurde. Es seien keinerlei Übereinkommen erzielt worden (no agreements reached). Es sei auch noch keine Agenda für den Besuch aufgestellt worden, man sei sich lediglich einig, daß man über a) eine Normalisierung der Beziehungen, b) wechselseitige Interessen sprechen wolle. Wenn man bei diesem Besuch zu Absprachen gelangen könne, könnten sich weitreichende Folgerungen ergeben (far reaching implications), die zumindest eine viel bessere Atmosphäre schüfen. Er, Rogers, habe der Regierung von Taiwan versichert, daß die amerikanische Regierung den amerikanisch-national-chinesischen Beistands- und Verteidigungspakt[6] nach wie vor als voll in Kraft betrachte und sich auch für weitere wirtschaftliche Unterstützung (investments) einsetzen werde.

Zur amerikanischen UNO-Politik sagte Rogers, daß endgültige Entscheidungen noch nicht gefallen seien, mit der einen Ausnahme, daß man Taiwan unterstützen wolle, nicht aus der UNO ausgewiesen zu werden. Mehr stehe für den Augenblick noch nicht fest. Ich antwortete Rogers hierauf, daß seine Ausführungen mich nicht ganz klar sehen ließen, denn ich könne mir schwer vorstellen, daß der Entschluß zu einem Besuch des Präsidenten der Vereinigten Staaten in Peking gefaßt werde, ohne daß die bisherigen Kontakte zu den wichtigsten politischen Fragen Resultate in Aussicht stellten, die einem solchem Besuch einen gewissen Erfolg sicherten. So habe Kissinger doch zweifellos mit Tschou En-lai über die Komplexe: UNO, Vietnam, Taiwan und diplomatische Beziehungen gesprochen. Mit der Besuchsankündigung räume Washington ja Peking eine sehr starke Position ein, nämlich durch mehr oder weniger Eingehen auf amerikanische Bedürfnisse den Besuch zu einem Erfolg oder Mißerfolg zu machen oder bei besonderer Intransigenz sogar schon vorher scheitern zu lassen. Sei daher der Schluß zutreffend, – so meine Frage – daß Kissingers Gespräche über die bezeichneten Komplexe so ermutigend und vielversprechend (encouraging and promising) verlaufen seien, daß man die Besuchsankündigung glaubte wagen zu können? Zweitens glaube er, daß es zu diplomatischen, d.h. zu normalen Beziehungen zwischen Peking und Washington kommen könne bei Aufrechterhaltung des Beistandsabkommens mit Taiwan? Rogers erwiderte, zu meiner ersten Frage könne er sagen, daß meine Konklusion generell richtig sei, das bedeute allerdings nicht, daß man eine Art amerikanisch-chinesisches Zusammenspiel zur Beendigung des Vietnam-Krieges erwarten dürfe. Wohl aber gebe er zu, daß die Existenz veränderter amerikanisch-chinesischer Beziehungen für Hanoi sehr viel bedeuten könne. Ob die Eröffnung diplomatischer Beziehungen unter Beibehalt der bisherigen amerikanischen Politik gegenüber Taiwan möglich sein werde, müsse man abwarten. Der Präsident verstehe die Frage der Normalisierung nicht formell, sondern sehr stark inhaltlich. Aus dem, was er auf mein weiteres Insistieren zur UNO-Frage sagte, ergab sich mehr oder weniger, daß die Amerikaner, was nicht neu ist, auf den Antrag „zur wichtigen Frage"[7] verzichten werden und den Dingen im übrigen vermut-

---

[6] Für den Wortlaut des Vertrags vom 2. Dezember 1954 zwischen den USA und der Republik China (Taiwan) über Verteidigungshilfe vgl. UNTS, Bd. 248, S. 214–216. Für den deutschen Wortlaut vgl. EUROPA-ARCHIV 1955, D 7254 f.

[7] Zu den jährlichen Abstimmungen in der UNO-Generalversammlung über die Vertretung Chinas durch die Republik China (Taiwan) vgl. Dok. 192, Anm. 20.

lich ihren Lauf lassen wollen.[8] Meine Bemerkung, daß die Nixon-Reise nach Peking ja schlecht denkbar sei, wenn die Amerikaner sich vorher der Aufnahme Pekings in die UNO widersetzt hätten, widersprach er nicht. Zu meiner Bemerkung, den Zeitpunkt „bis Mai 1972" habe ich als im Zusammenhang mit dem Ablauf des Vietnam-Krieges empfunden, widersprach Rogers. Auch als ich ihn darauf hinwies, daß der republikanische Fraktionsvorsitzende im Senat, Scott, dies gestern in „Meet the Press" erwähnt habe.[9] Mai 1972 sei ausschließlich als „dead-line" gesetzt worden, um den Besuch aus dem dann sich entwickelnden Wahlkampf[10] herauszuhalten. Obwohl Rogers dies möglichst glaubhaft zu versichern versuchte, halte ich es für eine Façon de parler, auf die das White House Wert legen wird, die aber sachlich nicht recht fundiert wirkt. Ich habe Rogers dazu erwidert, es sei doch nicht zu leugnen, daß der Präsident in Peking freier sprechen könnte und die Chinesen ihn auch leichter empfangen könnten, wenn der Vietnam-Krieg sich deutlich, vor allem, was das amerikanische Engagement anbetreffe, seinem Ende zuneige, als wenn noch eine Schlacht tobe. Dem stimmte er zu. Auf eine dahingehende Frage versicherte er, daß noch sehr viel vorbereitende Arbeit geleistet werden müsse. Als ich ihn auf eine Bemerkung Kissingers, der gesagt hätte, ein ergebnisloses Treffen könne ein erhebliches „set back" sein, ansprach, schwächte er das ab und meinte, dem Präsidenten komme es vor allem darauf an, mit seinem Besuch sichtbar die Volksrepublik China in die Gemeinschaft der Völker einzuführen. Auch wenn zunächst keine festen Abmachungen erreicht wurden, könne der Besuch trotzdem zu einem großen Erfolg werden. Nach seinen immer wieder ins allzu allgemeine abgleitenden Erläuterungen fragte ich ihn, welche Auswirkungen auf Mos-

---

[8] Am 2. Juni 1971 übermittelte Botschafter Pauls, Washington, Äußerungen von Gesprächspartnern im amerikanischen Außenministerium zur China-Politik der USA: „1) Die Verschiebungen in der Haltung der Mitglieder der VN in dieser Frage seien so erheblich, daß nicht mehr zuverlässig mit der Annahme des amerikanischen Standardantrags, die Aufnahme Pekings zur wichtigen Frage zu erklären, gerechnet werden könne. Wenn von amerikanischer bzw. westlicher Seite keine spezifischen Schritte unternommen würden, sei die Annahme des albanischen Antrags auf Zuerkennung des chinesischen VN-Sitzes an Peking bei gleichzeitigem Ausscheiden Taipehs wahrscheinlich. Dies geschehen zu lassen sei eine der Optionen der amerikanischen Regierung, wobei es verschiedene Möglichkeiten des Procedere gebe, das Endresultat jedoch feststehe. 2) Die zweite Option sei die, in irgendeiner Form auf eine Doppelvertretung (dual representation) Chinas in den VN hinzusteuern. Auch hier gebe es eine ganze Reihe verschiedener Möglichkeiten des Vorgehens." Die Aufnahme der Volksrepublik China in die UNO sei als wünschenswert bezeichnet worden, „da ihr Fernbleiben die Glaubwürdigkeit der VN als weltweites Forum untergrabe. Schwierigkeiten, die durch ihre Mitgliedschaft entstehen könnten, seien demgegenüber zweitrangig." Die Gesprächspartner hätten betont, daß Taiwan ein „integrierender Bestandteil Chinas" sei. Vgl. den Drahtbericht Nr. 1234; VS-Bd. 9834 (I C 1); B 150, Aktenkopien 1971.

[9] Der amerikanische Senator Scott äußerte sich in der Sendung „Issues and Answers" des Fernsehsenders ABC. Dazu wurde in der Presse berichtet: „In optimistic terms, Sen[ator] Scott speculated on the beneficial relationship between the President's proposed trip to China and his efforts to settle the war in Indochina, though the senator did not assert that a private bargain has already been struck to end the fighting. ‚Certainly no conclusion has been reached on terms of peace with the other side', the senator said. ‚I would think, however, that the fixing of May, 1972, as the latest date when the President would visit mainland China would indicate that by that time we would probably have no combat troops in Southeast Asia and possibly no forces except those necessary to carry out such agreements as, hopefully, have been made.'" Vgl. den Artikel von William Greider, „GIs Seen Leaving Vietnam Before Nixon Visits Peking"; THE INTERNATIONAL HERALD TRIBUNE vom 20. Juli 1971, S. 2.

[10] Am 7. November 1972 fanden in den USA die Präsidentschaftswahlen sowie Wahlen zum Repräsentantenhaus, Teilwahlen zum Senat und Gouverneurswahlen statt.

kau er bisher festgestellt habe und ob er mit Dobrynin hier und Beam mit Gromyko gesprochen habe. Er sagte, bisher habe Moskau sich außerordentlich zurückgehalten. Er habe Dobrynin noch nicht gesehen und Beam auch nicht Gromyko oder einen seiner Stellvertreter. Auf SALT erwarte er keine negativen Auswirkungen, auch ansonsten nicht. Er könne sich eher denken, daß die Russen dazu neigten, die europäischen Dinge nun möglichst schneller zu klären, als ihr bisheriges Zeitmaß vorgesehen habe, aber das müsse man abwarten. Auf meine Frage nach der japanischen Reaktion meinte er, daß die Initiative Nixons durchaus im Sinne Japans liege und Satos bisherige Bemühen zu unterstützen vermöge. Allerdings könne er unter einen gewissen Zeitdruck geraten, d.h., die bisher schon laut gewordene Kritik, er gehe zu langsam vor gegenüber Peking, könne sich vielleicht noch unter dem Eindruck des amerikanischen Entschlusses verstärken. Auf jeden Fall habe er den Eindruck, daß Tokio engste Fühlung mit Washington halten wolle, und daran liege seiner Regierung auch viel. Auf meine Bemerkung, nach seinen Ausführungen hätte ich den Eindruck, daß noch sehr viel getan werden müsse, um das Risiko, das der Besuch Nixons bei einer anderen Weltmacht, mit der noch keine Beziehungen und kaum Kontakte bestünden, bedeute, auf ein erträgliches Maß herunterzuschrauben und andererseits zweifellos darin liegende Chancen auszunutzen, antwortete Rogers: So sei es. Die Beziehungen mit einem Besuch des Präsidenten, die sonst am Ende solcher Prozeduren lägen, zu eröffnen, sei sicher riskant, und es brauche viel Arbeit und auch noch Zeit, bis der Besuch werde stattfinden können. Obwohl schon seit Wochen in den geheimen Kontakten der Besuch im Mittelpunkt der Gespräche gestanden habe, müsse zu seiner politischen Vorbereitung noch viel getan werden. Er könne kein Datum nennen. Andererseits ging aus dem, was er sagte, hervor, daß es bestimmt nicht vor Dezember, wahrscheinlich aber erst Anfang n.J. so weit sein kann. Rogers bat sodann um Verständnis dafür, daß wir nicht früher, wie übrigens alle Regierungen, unterrichtet oder konsultiert worden seien. Als man sich zu dieser Politik entschlossen habe, sei es klar gewesen, daß sie nur bei absoluter Geheimhaltung so weit hätte gefördert werden können, wie es jetzt geschehen sei. Er versicherte erneut, daß sich in dem deutsch-amerikanischen Verhältnis und überhaupt in der amerikanischen Bündnispolitik nicht das mindeste ändern werde und fragte dann nach unserer Reaktion. Ich sagte ihm, daß wir dem amerikanischen Verbündeten wie immer sehr herzlich Glück und Erfolg wünschten, besonders bei einer solchen Friedensinitiative und einem so wagemutigen Unternehmen, das mit Gelingen oder Mißlingen eine Auswirkung auf die Mächtekonstellation haben könne, die man noch nicht abzuschätzen vermöge.

Hier warf Rogers ein, daß sich die neue China-Politik gegen niemand, vor allem nicht gegen Moskau richte. Ich erwiderte ihm, wir seien von der Ehrlichkeit dieser Versicherung überzeugt und hofften, daß die Russen es gleichfalls seien, damit eine wahrhaft friedenssichernde Wirkung davon ausgehe. Für unsere China-Politik werde sich vorerst nichts ändern. Wir sähen nach wie vor die Dinge, wie der Bundeskanzler es neulich hier erläutert habe[11]: Für uns „first things first". Wenn die ersten Dinge einmal getan seien, in diesem Zusammen-

---

[11] Bundeskanzler Brandt hielt sich vom 14. bis 18. Juni 1971 in den USA auf. Zum Gespräch mit Präsident Nixon am 15. Juni 1971 in Washington vgl. Dok. 208.

hang unser Verhältnis zur Sowjetunion und den osteuropäischen Staaten, seien wir sicherlich auch zu einer Normalisierung der Beziehungen zu Peking bereit, in dem Maße wie auch Peking daran Interesse zeige. Das sei bisher nicht der Fall.

Die amerikanisch-chinesischen und deutsch-chinesischen Beziehungen unterschieden sich durch so weite Welten, daß man von jedem Vergleich absehen müsse. Rogers stimmte dem zu.

Nach dieser Unterredung bzw. Diskussion mit dem Außenminister, dessen zunächst gegebene Erläuterungen nicht sonderlich aufschlußreich noch überzeugend waren, hatte ich mehr denn je seit Nixons Ankündigung vom Donnerstag, dem 15. Juli den Eindruck, daß diese mit einem riskanten Aplomb eingeführte Politik mehr innen- als außenpolitisch motiviert bzw. daß der Aplomb, die Ankündigung des Präsidenten-Besuchs an den Anfang und nicht an das Ende zu setzen, wo sie normalerweise hingehört, stark innenpolitisch begründet ist.

[gez.] Pauls

VS-Bd. 8523 (Ministerbüro)

253

Gespräch des Bundeskanzlers Brandt mit dem stellvertretenden libyschen Ministerpräsidenten Jalloud

20. Juli 1971[1]

Der Herr Bundeskanzler empfing am 20. Juli 1971, 10.30 Uhr, den stellvertretenden libyschen Ministerpräsidenten[2], der von dem libyschen Botschafter in Bonn[3] begleitet wurde. An dem Gespräch nahmen ferner MDg. Müller, LR I Dr. Schilling und der Unterzeichnete[4] teil.

Der *Bundeskanzler* begrüßte den stellvertretenden Ministerpräsidenten. Er sei über die bisherigen Unterredungen[5] unterrichtet und glaube, daß man in den praktischen Fragen ohne große Schwierigkeiten vorankommen könne. Er wolle die von Minister Eppler erklärte grundsätzliche Bereitschaft auf dem Gebiete der technischen Zusammenarbeit ausdrücklich unterstreichen. Ebenfalls sei er einverstanden, daß man sich bemühe, auf dem Gebiete der wirtschaftlichen Zu-

---

[1] Ablichtung.
  Die Gesprächsaufzeichnung wurde von Ministerialdirigent Sahm, Bundeskanzleramt, am 20. Juli 1971 gefertigt.
[2] Der stellvertretende libysche Ministerpräsident Jalloud hielt sich vom 18. bis 20. Juli 1971 in Bonn auf.
[3] Jalal Mohammed Daghely.
[4] Ulrich Sahm.
[5] Der stellvertretende libysche Ministerpräsident Jalloud traf in Bonn mit den Bundesministern Scheel und Eppler sowie mit Parlamentarischem Staatssekretär Moersch zusammen.

sammenarbeit voranzukommen, wobei er vor allem an die Verbürgung deutscher Exporte und angemessenen Schutz von Investitionen denke. Es wäre gut, wenn diese Übereinstimmung in geeigneter Weise festgehalten würde.

Aus den Unterhaltungen des stellvertretenden Ministerpräsidenten mit Außenminister Scheel hätte sich ergeben, daß man einige Fragen unterschiedlich sähe. Man müsse aber darüber sprechen. Er wolle dies nicht vertiefen, aber doch sagen, wie sehr wir aus unserer Sicht bestrebt seien, der Existenz und der Sicherheit aller Völker, zumal der Völker in jener Region, Rechnung zu tragen, und daß eine großzügige und gerechte Lösung für die Flüchtlinge zu jeder Friedensregelung dazu gehören müsse.

Der stellvertretende Ministerpräsident *Jalloud* begrüßte dankbar die Gelegenheit, Deutschland zu besuchen und den Bundeskanzler zu treffen. Der Regierungswechsel in der Bundesrepublik[6] hätte in der arabischen Welt große Aufmerksamkeit gefunden. Er sei von Präsident Ghadafi und den Mitgliedern des Revolutionsrates mit einer politischen und einer wirtschaftlichen Mission beauftragt worden. Aus Zeitgründen könne er jedoch nicht auf alle Einzelheiten eingehen.

Nach der Revolution in Libyen[7] sei das Augenmerk der Regierung mehr als je zuvor auf Deutschland und insbesondere auf Bundeskanzler Brandt gerichtet worden, der eine bemerkenswerte Vergangenheit im Bezug auf das Hitler-Regime gehabt hätte und jetzt als Sozialdemokrat eine bedeutende Rolle spiele. Er und das libysche Volk hofften, daß es dem deutschen Volke gelingen werde, aus einem Zustande der Unklarheit zu einer klaren Linie zu gelangen und daß die bedeutende Rolle des deutschen Volkes voll zum Zuge komme. Man wisse in Libyen, daß die Bundesrepublik einen schweren Kampf austrage, und man hoffe, daß es ihr gelingen werde, sich von jeglichem Einfluß oder von Pressionen (sei es seitens der USA, Israels oder anderer) zu lösen. Er könne sich nicht vorstellen, daß die Bundesregierung eine Politik ähnlich jener der USA betreibe, in der das Kräftepotential zu politischen Zwecken mißbraucht werde. Die Interessenlage der Bundesrepublik sei im Bezug auf die Energieversorgung anders als die der USA, da sie nicht über genügend Versorgungsmöglichkeiten verfüge. Während die USA eine einseitige pro-israelische Politik betreiben, lägen die Versorgungsquellen der Bundesrepublik vorwiegend auf arabischem Gebiete; sie müsse daher eine andere Politik einschlagen als die USA.

Die arabische Welt sei durch gegensätzliche Tendenzen gespalten. Falls die Bundesrepublik danach trachten sollte, diese Situation zu ihrem Vorteil auszunutzen, so solle man nicht vergessen, daß diese Lage, die etwa derjenigen Europas im Mittelalter entspreche, sich ändern werde. Wenn die Gegensätze einmal überbrückt sein würden, dann würde sich eine negative Haltung gegenüber der Bundesrepublik ergeben, falls diese versuchen sollte, Profit aus den derzeitigen Gegensätzen zu ziehen. Es sei schwierig, ja unmöglich, politische und ökonomische Fragen voneinander zu trennen. Wenn man die wirtschaftlichen Interessen der Bundesrepublik in Israel mit denen in den arabischen Län-

---

[6] Nach den Bundestagswahlen am 28. September 1969 übernahm am 21. Oktober 1969 eine von SPD und FDP getragene Bundesregierung unter Bundeskanzler Brandt die Regierung.
[7] Zum Machtwechsel in Libyen am 1. September 1969 vgl. Dok. 124, Anm. 20.

dern vergleiche, so lägen diese ungleich stärker im arabischen Raume. Die Araber verlangten weder von den USA noch von der Bundesrepublik, daß sie die von Israel besetzen Gebiete zurückeroberten; dies würden die Araber zu gegebener Zeit selber tun. Was sie aber verlangten, sei, daß diese Staaten sich auf die Seite von Recht und Gerechtigkeit stellen. Es könne nicht angehen, daß die wirtschaftlich stärkere Bundesrepublik unter Führung des Bundeskanzlers, eines Repräsentanten der sozialistischen Kräfte, die hitlerisch-zionistischen Kräfte stütze und wirtschaftlich fördere. Zwei Prinzipien dürfte es in der Politik nicht geben:

– die gewaltsame Besetzung fremden Territoriums und
– die Verwendung einer solchen Besetzung zur politischen Durchsetzung einseitig gestellter Bedingungen.

Israel sei ein widernatürliches Gebilde und werde eines Tages verschwinden, selbst wenn dies einhundert oder zweihundert Jahre dauern sollte. Die Araber seien im Augenblick wirtschaftlich, technologisch und auf anderen Gebieten im Rückstand; letztlich würden sie aber die Kraft aufbringen, auch die militärische, um die Lage zu ändern. Die Bundesrepublik solle sich nicht einseitig solidarisieren. Die Libyer hätten Vertrauen auf das technische Können und die wirtschaftlichen Möglichkeiten der Deutschen. Eine Zusammenarbeit müsse aber von gegenseitigem Verständnis begleitet werden. Libyen besitze ein großes Erdölreservoir, bei seiner Ausbeutung gäbe es Möglichkeiten für weitreichende Zusammenarbeit. Dies gelte auch auf dem Gebiete des Erdgases und der Petrochemie. Man könne auch an gemeinsame Anlagen in Europa denken oder an eine Zusammenarbeit mit der EWG, um zu größerer, enger verflochtener Zusammenarbeit zu gelangen. (Der stellvertretende Ministerpräsident entwickelte anschließend ins einzelne gehende Gedanken über die Möglichkeit wirtschaftlicher Zusammenarbeit.) Zusammenfassend wolle er erklären, daß Libyen weitgehend bereit sei zu einer wirtschaftlichen Zusammenarbeit mit der Bundesrepublik, die über das normale Maß hinauswachse.

Abschließend wolle er noch einen Sonderwunsch zum Ausdruck bringen:

Es sei wünschenswert, daß der Bonner Mission der Arabischen Liga die diplomatischen Vorrechte gewährt würden. Er hätte seinen Botschafter beauftragt, sich mit den zuständigen Behörden deswegen in Verbindung zu setzen.

Der *Bundeskanzler* erklärte, er sei interessiert gewesen, die Gedanken des stellvertretenden Ministerpräsidenten kennenzulernen, und bat ihn, Präsident Ghadafi und seinen Kollegen im Revolutionsrat Grüße zu übermitteln. Er hätte mit Aufmerksamkeit die Pläne, die Politik und die Anstrengungen des libyschen Revolutionsrates verfolgt und wisse das Interesse an der Bundesrepublik zu schätzen. Diese hätte schwere Zeiten hinter sich und hätte sich mit manchem abfinden müssen, was nicht als natürlich angesehen werden könne. Auch bemühten wir uns um eine unabhängige Politik, wir seien jedoch in zwei Aspekte europäischen Zusammenwirkens einbezogen:

Wir seien Partner der EWG und pflegten ein gutes Verhältnis zu den USA, mit denen wir ja auch im Bündnis vereint seien, hätten aber auch Hoffnung auf Fortschritte beim Abbau der Spannungen und der militärischen Konfrontation.

Der andere Aspekt der europäischen Politik stelle das Bemühen dar, das Verhältnis zur Sowjetunion und zu den anderen Mitgliedstaaten des Warschauer Paktes zu verbessern und an solchen Bestrebungen teilzunehmen, die die Teile Europas zur Zusammenarbeit bringen sollen.

Wir seien sehr daran interessiert, die Zusammenarbeit nicht nur mit Libyen zu fördern, sondern unsere Beziehungen auch mit der arabischen Welt zu verbessern. Dabei könne nicht die Rede davon sein, daß wir etwa Meinungsverschiedenheiten unter den Arabern ausnutzen wollten; dies wäre kurzsichtig. Dennoch bleiben schwierige Fragen offen. Dies sollte uns jedoch nicht daran hindern, das zu tun, was im beiderseitigen Interesse nötig sei, wie noch stärkere wirtschaftliche Zusammenarbeit, aber auch Beiträge zu einem Dialog, der es ermöglicht, die gegenseitigen politischen Positionen klarer zu machen und Gebiete gemeinsamer Interessen deutlicher abzustecken.

Er sei sehr interessiert an den wichtigen Hinweisen für die Möglichkeiten bilateraler und EWG-bezogener wirtschaftlicher Zusammenarbeit. Man sollte die zuständigen Stellen beider Regierungen sowie auf unserer Seite die Kreise der unabhängigen Wirtschaft ermutigen, die Anregungen auf ihre Konkretisierung zu prüfen.

Die Frage der Rechte des Büros der Arabischen Liga werde er gerne mit dem Bundesaußenminister besprechen.

Jalloud bat noch, einen Punkt hinzufügen zu können: Es sei im gegenwärtigen Augenblick für ihn peinlich gewesen, in die Bundesrepublik zu fahren. Dies sei auf die Äußerungen des Bundesaußenministers[8] und die Haltung der Bundesrepublik zur israelischen Aggression zurückzuführen. Man müsse annehmen, daß die Bundesregierung die israelische Aggression unterstütze und die gewaltmäßige Besetzung arabischen Gebietes befürworte. Er wolle daher ganz klar fragen, ob die Bundesregierung der amerikanischen Linie folge oder einer anderen Interessenlage.

Der *Bundeskanzler* verwies darauf, daß der Bundesminister des Auswärtigen in der gestrigen Sitzung des Bundestages erklärt hätte, der Haltung der Bundesregierung liege die Sicherheitsresolution Nr. 242[9] zu Grunde.[10] Minister Scheel hätte ihm ja auch über die gemeinsamen Überlegungen mit den Außenministern der anderen EWG-Staaten berichtet, die eindeutig darauf hinausliefen, daß Gebietserwerb als Ergebnis kriegerischer Handlungen nicht Grundlage einer gedeihlichen Entwicklung sein könne.

Auf die Bitte von Jalloud, in einer Verlautbarung über das Gespräch auf die Palästina-Flüchtlinge hinzuweisen, stimmt der Kanzler zu und erinnerte an seine einleitenden Ausführungen zu diesem Punkte.

Referat I B 4, Bd. 412

---

[8] Bundesminister Scheel hielt sich von 7. bis 10. Juli 1971 in Israel auf. Vgl. dazu Dok. 237, Dok. 238 und Dok. 243.
Zu angeblichen Äußerungen von Scheel über den im Rahmen der Europäischen Politischen Zusammenarbeit der EG-Mitgliedstaaten verabschiedeten Nahost-Bericht vom 13./14. Mai 1971 vgl. Dok. 241 und Dok. 244.

[9] Zur Resolution Nr. 242 des UNO-Sicherheitsrats vom 22. November 1967 vgl. Dok. 70, Anm. 15.

[10] Zur Erklärung des Bundesministers Scheel vom 19. Juli 1971 vgl. Dok. 244, Anm. 8.

254

Aufzeichnung des Ministerialdirektors von Staden

I C 1-80.24/10/1/SB-1883/71 VS-vertraulich 22. Juli 1971[1]

Herrn Staatssekretär[2]

Betr.: Umweltkonferenz der Vereinten Nationen in Stockholm (Juni 1972)[3]
hier: Beteiligung der DDR

Zweck der Vorlage:

Zur Entscheidung, auf welche Teilnahmeformel für die VN-Umweltkonferenz wir hinwirken und wie wir zu diesem Zweck verfahren wollen.

Entscheidungsvorschlag:

Abteilung Pol schlägt vor:

a) in Konsultationen mit den drei Hauptverbündeten festzustellen, wie sie die Möglichkeiten beurteilen, auf der diesjährigen (XXVI.) VN-Vollversammlung[4] die Wiener Formel[5] als Teilnahmelösung für die Stockholmer Umweltkonferenz durchzusetzen;

b) für den Fall, daß die Verbündeten unsere Besorgnis teilen, die innerdeutsche Willensbildung zum Abschluß zu bringen mit dem Ziel, eine Rahmenentscheidung zu erhalten, die es uns erlaubt,[6] eine Kompromißlösung anzustreben, wonach der DDR in Stockholm die Mitarbeit, nicht aber die volle Teilnahmeberechtigung eingeräumt wird;

c) anschließend unsere Entscheidung sowie das weitere Vorgehen mit den drei Hauptverbündeten, zunächst in Bonn, später in New York, abzustimmen.

Sachdarstellung:

I. 1) Wir haben davon auszugehen, daß die diesjährige (XXVI.) Vollversammlung der Vereinten Nationen über den Kreis der Teilnehmer an der VN-Umweltkonferenz, die im Juni 1972 in Stockholm stattfinden soll, entscheiden wird. Tendenzen, die Entscheidung in der VN-Vollversammlung erst dem im Frühjahr 1972 wieder zusammentretenden ECOSOC oder einem besonderen ad hoc-Ausschuß zuweisen zu lassen, werden sich kaum durchsetzen,

– da die Bestimmung des Teilnehmerkreises für bedeutende VN-Konferenzen traditionsgemäß von der Vollversammlung vorgenommen wird,

---

[1] Durchschlag als Konzept.
Die Aufzeichnung wurde von Vortragendem Legationsrat I. Klasse von Hassell und von Legationsrat I. Klasse Kleiner konzipiert.
Hat Vortragendem Legationsrat Blech am 21. Juli 1971 zur Mitzeichnung vorgelegen.
[2] Paul Frank.
[3] Zur geplanten Umwelt-Konferenz der UNO in Stockholm vgl. Dok. 192, Anm. 17.
[4] Die XXVI. UNO-Generalversammlung fand vom 21. September bis 22. Dezember 1971 statt.
[5] Für Artikel 48 des Wiener Übereinkommens vom 18. April 1961 über diplomatische Beziehungen („Wiener Formel") vgl. Dok. 133, Anm. 7.
[6] Der Passus „eine Rahmenentscheidung ... uns erlaubt," wurde von Ministerialdirektor von Staden handschriftlich eingefügt.

– da der ECOSOC sein Votum bezüglich der Beteiligung 1969[7] bereits im Sinne der Wiener Formel abgegeben hat[8],

– da sich der Osten gegen eine erneute Beauftragung des für den Westen günstig zusammengesetzten ECOSOC wehren wird,

– da sich über die Zusammensetzung eines ad hoc-Ausschusses kaum Einigung erzielen lassen wird.

Wir sollten auch nicht von uns aus auf eine Übertragung der Entscheidung auf ein anderes VN-Organ hinwirken. Der geringe Zeitgewinn für den innerdeutschen Dialog rechtfertigt nicht das Risiko, das mit jeder Verzögerung der Zeitdruck uns ungünstige Kompromißlösungen fördert.

2) Wir können nicht damit rechnen, auf der diesjährigen Vollversammlung die Wiener Formel und den daraus folgenden Ausschluß der DDR von der Stockholmer Umweltkonferenz ohne Einschränkung durchzusetzen.

Gründe:

– Die Entscheidung der Vollversammlung steht unter dem Zeichen einer Neigung zur Erweiterung des Teilnehmerkreises.

Zwar hat der ECOSOC auf seiner 47. Sitzung im August 1969 eine Resolution verabschiedet, die den Teilnehmerkreis für die Stockholmer Konferenz nach der Wiener Formel bestimmt. Wir sahen uns aber bereits auf der XXIV. Vollversammlung[9] angesichts der sich abzeichnenden ungünstigen Mehrheitsverhältnisse gezwungen, einen schwedischen Entwurf hinzunehmen, der die Regelung des Teilnehmerkreises ausklammerte.[10]

Dieser Vorgang wird von vielen Delegationen als Verzicht der Vollversammlung auf die Wiener Formel verstanden.

---

[7] Korrigiert aus: „1968".

[8] Am 6. August 1969 verabschiedete die 47. ECOSOC-Konferenz den Entwurf einer Resolution für die UNO-Generalversammlung, in deren Paragraphen 7 und 11 die „Mitgliedstaaten der VN und die Mitglieder der Sonderorganisationen und der IAEO" zur aktiven Vorbereitung und späteren Teilnahme an der Konferenz eingeladen wurden. Vgl. dazu ECONOMIC AND SOCIAL COUNCIL, Official Records, 47th Sesseion, S. 219 f.

[9] Die XXIV. UNO-Generalversammlung fand vom 16. September bis 17. Dezember 1969 statt.

[10] Am 10. November 1969 teilte Ministerialdirektor Frank dem Beobachter bei der UNO in New York mit: „Der schwedische Botschafter übergab Staatssekretär den Text einer Erklärung, die Botschafter Aström am 10. November im 2. Ausschuß der XXIV. UN-Vollversammlung vortragen wird. Zweck der Erklärung ist es, den von dem ECOSOC am 5. August 1969 mit 23 gegen 3 Stimmen (Sowjetunion, Bulgarien und Sudan) verabschiedeten Resolutionsentwurf für die Umweltkonferenz durch einen neuen Text zu ersetzen. Der neue schwedische Text enthält nicht mehr die in Ziffer 11 des ECOSOC-Resolutionsentwurfes enthaltene Wiener Formel für die Einladung zur Umweltkonferenz. Stattdessen geht die schwedische Vorstellung dahin, daß die Vollversammlung in die Lage versetzt werden soll, in ihrer 25. und 26. Sitzung die Vorbereitung der Umweltkonferenz weiter zu behandeln und dabei auch den Teilnehmerkreis festzulegen. [...] Das deutsche Interesse geht unverändert dahin, die Wiener Formel für den Teilnehmerkreis an der Umweltkonferenz bereits jetzt durch die Vollversammlung festlegen zu lassen." Vgl. den Drahterlaß Nr. 4428; Referat I C 1, Bd. 502.

Am 12. November 1969 meldete dazu Botschafter Böker, New York (UNO): „Angelegenheit wurde heute morgen erneut mit französischer, britischer und amerikanischer Delegation besprochen, die es als aussichtslos bezeichneten, den Versuch zu unternehmen, die ursprüngliche ECOSOC-Resolution noch durchzusetzen oder die Wiener Formel in den schwedischen Resolutionsentwurf einzufügen. Daraufhin hat Beobachtermission nicht weiter insistiert. Schwedischer Entwurf wurde heute abend vom 2. Ausschuß einstimmig gebilligt." Vgl. den Drahtbericht Nr. 1304; Referat I C 1, Bd. 502.

Auf der vorjährigen (XXV.) Vollversammlung[11] wurden die deutschlandpolitisch kontroversen Themen auf Grund eines amerikanisch-sowjetischen Einverständnisses nicht behandelt. Bezüglich der Umweltkonferenz wird darin von vielen Delegationen ein Nachlassen des westlichen Eintretens für die Wiener Formel gesehen.

- Die Sowjets drohen, bei einem Ausschluß der DDR von der Stockholmer Umweltkonferenz ihre eigene Teilnahme zu überprüfen. Die Sowjets verleihen ihrer Drohung auch dadurch erheblichen Nachdruck, daß sie auf ihre Nichtteilnahme am Vorbereitenden Ausschuß zur Zweiten Entwicklungsdekade[12] verweisen. (Dem Ausschuß gehörte gegen sowjetischen Willen die BRD, aber nicht die DDR an).

- Der Westen und insbesondere die Industriestaaten haben ein entscheidendes Interesse am Zustandekommen und am Erfolg der Stockholmer Umweltkonferenz. Dies gilt vor allem für die USA und das Veranstalterland Schweden. Demgegenüber ist das östliche Interesse an einer internationalen Behandlung der Umweltprobleme – wie auch das Prager Umweltsymposium[13] gezeigt hat – geringer. Der Osten lehnt die mit dem Umweltschutz zu verbindenden Kontrollen und Eingriffe in die Souveränität ab. Bei den Entwicklungsländern überwiegt die Sorge vor Einschränkungen ihres Aufbaues die Hoffnung auf Entwicklungshilfe.

- Bei seinem Verlangen nach einer Beteiligung der DDR in Stockholm kommt dem Osten die allgemein wachsende Überzeugung zugute, daß die Umweltprobleme zu den nur universell lösbaren Fragen gehören (vgl. Konventionen aus dem Bereich der Abrüstung und des Weltraums).

- Das Gefälle zugunsten des Vordringens der DDR im multilateralen Bereich ist stärker geworden, wie die Abstimmung auf der Weltgesundheitsversammlung im Mai d. J.[14] gezeigt hat.

- Bilaterale Anerkennungen der DDR wirken sich zusätzlich auch in den internationalen Organisationen zugunsten der DDR aus.

1) Folgende Möglichkeiten bieten sich für unser Verhalten an:

- Wir nehmen die vollberechtigte Teilnahme der DDR an der Stockholmer Umweltkonferenz hin.

- Wir bemühen uns, eine Beschränkung des Teilnehmerkreises auf VN-Mitglieder durchzusetzen, d. h. schließen mit der DDR auch uns selbst von der Teilnahme aus.

- Wir arbeiten auf eine Kompromißlösung hin, die der DDR die Mitarbeit an der Konferenz, aber nicht die volle Teilnahmeberechtigung einräumt.

---

11 Die XXV. UNO-Generalversammlung fand vom 15. September bis 17. Dezember 1970 in New York statt.
12 Zur Zweiten Entwicklungsdekade der UNO vgl. Dok. 142, Anm. 8.
13 Vom 3. bis 10. Mai 1971 fand in Prag ein Symposium der ECE über Umweltfragen statt. Zur Frage einer Beteiligung der DDR vgl. Dok. 99, Anm. 6.
14 Zur Abstimmung am 13. Mai 1971 auf der 24. Weltgesundheitsversammlung in Genf vgl. Dok. 62, Anm. 7.

2) Der Vollversammlung stehen verschiedene Varianten zur Verfügung, um der DDR die vollberechtigte Teilnahme zu ermöglichen; sie könnte als Teilnahme-Formel beschließen

- eine Allstaaten-Klausel,
- eine Wiener Formel, ergänzt durch eine Teilnahmeberechtigung für alle Staaten, die eines der VN-Abkommen unterzeichnet haben, das – wie z. B. der Teststopp-Vertrag[15] – auch von der DDR unterzeichnet wurde,
- eine Wiener Formel mit zusätzlichem Einladungsrecht, von dem die Vollversammlung dann anschließend gegenüber der DDR Gebrauch macht.

Die vollberechtigte Teilnahme der DDR an der Stockholmer Umweltkonferenz hätte einschneidende Folgen:

- Das Eindringen der DDR in das VN-System wäre nicht mehr einzugrenzen.
- Noch während der XXVI. Vollversammlung ist dann damit zu rechnen, daß der Osten seine Anträge vom vergangenen Jahr, die Vollversammlung solle die DDR zur Teilnahme an der Wiener Vertragsrechtskonvention[16] und der VN-Konvention über Sondergesandtschaften[17] einladen[18], wiederbelebt und durchsetzt. Damit könnte z. B. der Außenminister der DDR[19] zur Unterzeichnung (evtl. noch während der Vollversammlung) nach New York fahren.
- Die Wiener Formel wäre von da an bei der Teilnahmeregelung im VN-Bereich allgemein nicht mehr durchsetzbar.
- Die Weltgesundheitsversammlung (Mai 1972) würde wegen des zeitlichen und sachlichen Zusammenhanges mit der Stockholmer Umweltkonferenz (Juni 1972) sich kaum noch bereitfinden, die Aufnahme der DDR in die WHO nochmals zu vertagen. Nach Aufnahme der DDR in die WHO wirkt die Wiener Formel zu ihren Gunsten.
- Die DDR würde in die von der Stockholmer Konferenz verabschiedeten oder vorbereiteten Konventionen einbezogen werden und in denjenigen VN-Gremien mitarbeiten können, die nach der Konferenz auf dem Gebiet des Umweltschutzes die Konferenzarbeit fortsetzen.

---

[15] Für den Wortlaut des Vertrags vom 5. August 1963 über das Verbot von Kernwaffenversuchen in der Atmosphäre, im Weltraum und unter Wasser (Teststopp-Abkommen) vgl. DOCUMENTS ON DISARMAMENT 1963, S. 291–293. Für den deutschen Wortlaut vgl. EUROPA-ARCHIV, D 151–153.

[16] Für den Wortlaut des Wiener Übereinkommens vom 23. Mai 1969 über das Recht der Verträge vgl. UNTS, Bd. 1155, S. 332–353.

[17] Für die Konvention Nr. 2530 der UNO-Generalversammlung vom 8. Dezember 1969 „Convention on Special Missions and Optional Protocol Concerning the Compulsory Settlements of Disputes" vgl. UNITED NATIONS RESOLUTIONS, Serie I, Bd. XII, S. 305.

[18] Am 16. September 1970 berichtete Botschafter Böker, New York (UNO), daß der Lenkungsausschuß der XXV. Vollversammlung in seiner ersten Sitzung am 16. September 1970 auf amerikanischen Antrag beschlossen habe, „die beiden für die Deutschlandpolitik besonders wichtigen Tagesordnungspunkte 92 (Erklärung über universelle Beteiligung an der Wiener Vertragsrechtskonvention) und 93 (Ausstellung besonderer Einladungen an Staaten, die nicht von der Wiener Formel erfaßt werden, zum Beitritt zur Konvention über Sondergesandtschaften) nicht in die Tagesordnung der XXV. Vollversammlung aufzunehmen, sondern sie auf das nächste Jahr zu verschieben". Vgl. den Drahtbericht Nr. 987; Referat I C 1, Bd. 493.

[19] Otto Winzer.

– Die DDR hätte damit – selbst wenn es ihr im Mai 1972 noch nicht gelänge, in die WHO aufgenommen zu werden – gute Aussichten, ihr Verlangen nach einer Präsenz in New York durchzusetzen.

Unter der Voraussetzung, daß in den innerdeutschen Beziehungen bis zur Vollversammlung (Beginn 21. September 1971) keine wesentlichen Änderungen eingetreten sind, können wir uns mit der Hinnahme der vollen Teilnahme der DDR an der Stockholmer Umweltkonferenz nicht abfinden.

3) Eine Beschränkung des Teilnehmerkreises auf VN-Mitglieder würde bedeuten, daß nicht nur die DDR, sondern auch die BRD nicht an der Stockholmer Umweltkonferenz teilnehmen kann. Solche Regelung würde allerdings kaum auf die dafür notwendige Zustimmung des Ostens stoßen. Die günstige Möglichkeit, eine Teilnahme der DDR im VN-Bereich zu erreichen, wird der Osten nicht ohne Gegenleistung fallenlassen.

Wir sollten aber auch von uns aus nicht auf eine derartige Formel hinwirken,
– weil wir uns selbst von der Mitarbeit auf einem wichtigen und zukunftsträchtigen Gebiet im Rahmen der VN ausschließen;
– weil wir die Präzedenzwirkung für ähnliche, von den VN neu in Angriff zu nehmende Gebiete (wie z. B. Technologie) fürchten müssen;
– weil unser Ausschluß dem fachlichen Interesse der Industrieländer widerspricht.

4) Eine Kompromißlösung muß einerseits der DDR in Stockholm die Teilnahme ermöglichen, andererseits die Folgen dieser Teilnahme auf andere Bereiche ausschließen oder einschränken.

a) Die von der Beobachtermission New York erwogene gesamtdeutsche Lösung geht von einer gemeinsamen Vertretung beider deutscher Staaten auf der Stockholmer Umweltkonferenz aus; sie ist für die DDR unannehmbar und wegen ihrer provozierenden Wirkung auch als taktischer Vorschlag nicht verwendbar.

b) Die Symposiumslösung (entsprechend dem Modell der Prager Umweltkonferenz nehmen Experten aus der DDR auf Einladung der schwedischen Gastgeber selbständig teil) scheidet aus, weil die Stockholmer Konferenz sich ihrem Umfang nach nicht zu einem bloßen Expertentreffen herabstufen läßt. Der Herabstufung steht der von den VN in die Konferenz bereits investierte Aufwand entgegen; die Konferenz soll Erklärungen, Empfehlungen, und Konventionen verabschieden. Dies wäre bei einem Symposium nicht möglich.

Wichtige westliche Staaten wie die USA und Schweden würden der Umwandlung daher nicht zustimmen. Auch andere Staaten würden wegen der Gefahr einer Schmälerung des Ansehens der VN widersprechen.

c) Erwägenswert ist nur eine „modifizierte Prager Lösung", d. h. die Stockholmer Veranstaltung wird wie vorgesehen als volle VN-Konferenz durchgeführt, die DDR wird aber zusätzlich von der schwedischen Regierung eingeladen und kann als Gast dieser Regierung (wie in Prag) mitarbeiten.

aa) Bei der „modifizierten Prager Lösung" würde die Vollversammlung den Teilnehmerkreis der Stockholmer Umweltkonferenz nach der Wiener Formel bestimmen; außerdem müßte aber eine zusätzliche Einladungsmöglichkeit durch die schwedischen Gastgeber vorgesehen werden, und zwar durch

- Gentleman's Agreement,
- eine unwidersprochene Erklärung im Zweiten Ausschuß oder in der Vollversammlung; die Erklärung könnte z.B. abgegeben werden von dem schwedischen Delegierten oder von dem Präsidenten,
- eine ausdrückliche Formulierung in der Resolution zum Teilnehmerkreis.

bb) Eine Bewertung dieser Lösung zeigt zunächst folgende Nachteile:
- Die DDR würde zum ersten Mal auf einer VN-Konferenz mitarbeiten können.
- Dies würde die Ausgangsposition der DDR für die Zulassung zum multilateralen Bereich wesentlich verbessern.
- Die DDR wäre aus ähnlichen Veranstaltungen praktisch nicht mehr auszuschließen.

Dem stehen folgende Vorteile gegenüber:
- Der Status der DDR wird rechtlich nur wenig verändert.
- Rechtlich ließe sich der Positionsgewinn der DDR dem Umfang nach begrenzen.
- Der Erfolg der DDR wird erst auf der Umweltkonferenz selber, also im Juni nächsten Jahres, augenfällig.
- Formell bleibt die Wiener Formel intakt und läßt sich eventuell auch weiterhin in anderen VN-Gremien (wie dem ECOSOC) durchsetzen.
- Wir halten die Möglichkeit offen, uns im nächsten Jahr – wenn es der Stand der innerdeutschen Beziehungen verlangen sollte – gegen eine Aufnahme der DDR in die WHO trotz verschlechterter Ausgangsposition noch zu sperren.
- Wir demonstrieren unsere Bereitschaft, der DDR eine praktische, nicht statusverändernde Mitarbeit im multilateralen Bereich einzuräumen.
- Wir haben Grund zur Annahme, daß von dieser Lösung ebensowenig wie seinerzeit von dem für die Prager Umweltveranstaltung gefundenen Modell schädliche Auswirkungen auf den innerdeutschen Dialog ausgehen.

cc) Für die Durchsetzbarkeit dieser Lösung wird es in erster Linie darauf ankommen, ob der Osten bereit ist, sich mit einem begrenzten Gewinn für die DDR zufrieden zu geben. Diese Frage läßt sich nicht mit Sicherheit beurteilen. Immerhin deuten einige Anzeichen daraufhin, daß der Osten eine derartige Lösung akzeptieren könnte:
- Während des ECE-Umwelt-Symposiums in Prag hat der Sprecher aus Weißrußland angedeutet, er könne sich denken, daß die für die Beteiligung der DDR in Prag gefundene Lösung eine Basis auch für die Stockholmer Umweltkonferenz sein könne.
- Dasselbe hat im Mai d.J. der zweite sowjetische VN-Botschafter in New York gegenüber dem italienischen Vorsitzenden der Arbeitsgruppe zur Vorbereitung der Umweltkonferenz angedeutet.[20]

---

[20] Am 4. Juni 1971 berichtete Botschafter Gehlhoff, New York (UNO), über ein Gespräch des italienischen Gesandten Migliuolo mit dem stellvertretenden sowjetischen UNO-Botschafter Sacharow. Migliuolo habe darauf hingewiesen, „daß seines Wissens die Position der Bundesregierung und damit auch des ganzen Westens unverändert sei und daß nur die Wiener Formel eine Chance habe, als Einladungsformel angenommen zu werden. Darauf habe Sacharow entgegnet: ‚In diesem Fall

— Botschafter Nesterenko (Leiter der Handelspolitischen Abteilung des sowjetischen Außenministeriums) hat während der gegenwärtigen ECOSOC-Tagung in Genf[21] gegenüber dem amerikanischen VN-Botschafter Bush angedeutet, daß die Sowjetunion bereit sei, zusammen mit den Amerikanern nach praktischen Lösungen zu suchen, durch die der Ausschluß der DDR von der Stockholmer Konferenz vermieden werden könne.[22]

dd) Allerdings kann nicht ausgeschlossen werden, daß der Osten mit solchen Hinweisen nur auf eine Auflockerung der westlichen Haltung zielt, um die Durchsetzung der gleichberechtigten Teilnahme der DDR an der Stockholmer Konferenz zu erleichtern.

Ebenso besteht die Gefahr, daß selbst nach einer Einigung über die modifizierte Prager Lösung die Teilnahme-Resolution in der VN-Vollversammlung, z. B. von dritter Seite so abgeändert wird, daß auch die Bundesrepublik Deutschland nur auf Einladung der schwedischen Regierung teilnehmen kann. Hierfür braucht nur in der Teilnahme-Resolution die Wiener Formel durch eine auf die VN-Mitgliedstaaten beschränkte Regelung ersetzt und das Einladungsrecht der schwedischen Regierung erhalten werden.

Diesen Gefahren gegenüber ist die Stellung des Westens schwach oder jedenfalls nicht so stark wie in der ECE bei der Diskussion über die Beteiligung der DDR an der Prager Umweltkonferenz. In der VN-Vollversammlung

— verfügt der Westen nicht über eine sichere Mehrheit,

— muß der Westen Vorschläge von Staaten aus der Dritten Welt in Rechnung stellen.

— können die westlichen Länder als die an der Stockholmer Umweltkonferenz in erster Linie interessierten Staaten nicht so weit gehen, daß sie ihre eigene Teilnahme in Frage stellen.

Fortsetzung Fußnote von Seite 1176
muß die ganze Stockholmer Konferenz wie in Prag in ein Symposium ungewandelt werden.'" Gehlhoff äußerte dazu die Meinung: „Ich halte den Gedanken einer Umwandlung der Konferenz in ein Symposium weiterhin für bedenklich und darüber hinaus insbesondere auch für Skandinavier unannehmbar. Sacharows Einlassung scheint mir jedoch bemerkenswert, weil sie ein Zurückweichen von der ursprünglichen sowjetischen Boykottdrohung und als Tasten nach einer Kompromißformel andeuten könnte." Vgl. den Drahtbericht Nr. 576; Referat III A 8, Bd. 417.

21 Die 51. ECOSOC-Konferenz fand vom 5. bis 20. Juli 1971 in Genf statt.

22 Am 9. Juli 1971 leitete Botschafter Schnippenkötter, Genf (Internationale Organisationen), die Mitteilung des amerikanischen UNO-Botschafters Bush weiter, daß der sowjetische Delegationsleiter beim ECOSOC, Nesterenko, folgenden Vorschlag unterbreitet habe: „Nesterenko said that participation in conference should be available to all countries and although refraining from mentioning East Germany made point quite clear that their exclusion would cause serious problems for Soviet Union. Nesterenko said if GDR excluded from conference then USSR would be obliged to reconsider whether Soviet Union would be prepared to participate. [...] Nesterenko said he understood big question of principle which this problem raised for US and requested that ‚modalities' be found to avoid GDR exclusion. Nesterenko said this was practical problem to be faced for specific situation and he was not proposing consideration of basic change in fundamental policy US has been maintaining on this question. [...] In response to US query, Nesterenko stated clearly that issue need not be dealt with at ECOSOC. It was in fact understood that issue could be left undecided, but the Soviets stated that time was running out and before end of next G[eneral]A[ssembly] session modalities would have to be found. USSR delegation said they would have to make usual statement for record on this question regarding German participation in the environment conference at ECOSOC meeting, and expected usual reply from US, but issue would be left to be dealt with later." Vgl. den Drahtbericht Nr. 831; VS-Bd. 9836 (I C 1); B 150, Aktenkopien 1971.

5) Dennoch lohnt – da nach Auffassung der Abteilung Pol die uneingeschränkte Wiener Formel nicht mehr durchsetzbar sein dürfte – der Versuch, zusammen mit unseren Hauptverbündeten auf eine modifizierte Prager Lösung für die Mitarbeit der DDR in Stockholm hinzuwirken, um dadurch die volle Teilnahme der DDR noch zu vermeiden.

Eine solche Kompromißlösung bedarf zumindest der Duldung durch den Osten. Die Boykottdrohung des Ostens muß ausgeräumt werden. Um unsere Kompromißbereitschaft keinem Mißverständnis auszusetzen, sollten wir gegenüber allen anderen Ländern einstweilen weiterhin mit Nachdruck für die Wiener Formel als die erwünschte Teilnahmelösung für die Stockholmer Konferenz eintreten.

III. Für das weitere Verfahren schlägt Abteilung Pol folgendes vor:

1) Zunächst sollten wir in der hiesigen Vierergruppe – eventuell ergänzend in London, Paris und Washington – abschließend festzustellen versuchen, wie unsere drei Hauptverbündeten die Möglichkeiten beurteilen, auf der diesjährigen VN-Vollversammlung die Wiener Formel als Teilnahmelösung für die Stockholmer Umweltkonferenz durchzusetzen.[23]

2) Wenn diese Ermittlungen ergeben, daß die Verbündeten unsere skeptische Einschätzung teilen, sollte die Willensbildung innerhalb der Bundesregierung über die daraus zu ziehenden Konsequenzen zum Abschluß gebracht werden, d. h. eine Rahmenentscheidung zu erhalten, auf deren Grundlage wir prozedieren können.[24] Dabei ist zu berücksichtigen, daß sich die Beschlußfassung in der Vollversammlung letztlich unserem Einfluß entzieht.

3) Falls bei der Willensbildung innerhalb der Bundesregierung der Gedanke gebilligt wird, die Beteiligung der DDR an der Stockholmer Umweltkonferenz auf der Basis einer modifizierten Prager Lösung anzustreben, sollte dieser Lösungsvorschlag zunächst mit den drei Hauptverbündeten in der hiesigen Vierergruppe abgestimmt werden. Die Vierergruppe könnte dabei durch Fachleute aus den Außenministerien oder aus den VN-Missionen verstärkt werden.

4) Sobald hier in Bonn eine grundsätzliche Einigung erzielt ist, kann die Taktik im einzelnen dann von den Missionen der Vier in New York ausgearbeitet werden. Erst in diesem Stadium sollten auch die Schweden eingeschaltet werden.

---

[23] Am 12. August 1971 erläuterte Ministerialdirigent Diesel, daß die Drei Mächte auf der Sitzung der Bonner Vierergruppe am Vortag zur Frage einer Teilnahme der DDR an der Umweltkonferenz der UNO in Stockholm vorgeschlagen hätten, „eine Alternativlösung zur Wiener Formel" auszuarbeiten: „Diese Alternative soll auf der Teilnahme von DDR-Experten an den Ausschüssen – nicht aber an dem Plenum – und ohne Stimmrecht basieren." Der Vertreter der Bundesregierung habe sich demgegenüber für die Wiener Formel eingesetzt. Vgl. VS-Bd. 9836 (I C 1); B 150, Aktenkopien 1971.
Auf dem Treffen der Bonner Vierergruppe am 6. September 1971 wurde seitens der Bundesregierung darauf hingewiesen, „daß eine Einladung der DDR durch den schwedischen Gastgeber zu einer Beteiligung an der Stockholmer Umweltkonferenz von der Bundesregierung als die Form einer DDR-Teilnahme angesehen werde, die am ehesten die Wiener Formel als Einladungsformel erhalten könnte. Es wurde weiter vorgetragen, daß wir dabei die Frage des Rederechts und des Stimmrechts – welch letzteres wir der DDR nicht einräumen möchten – und die Frage der Plazierung der DDR-Delegation für wichtiger halten als die Frage, welche Experten aus der DDR in Stockholm anwesend sind." Vgl. die Aufzeichnung des Vortragenden Legationsrats Rötger vom 6. September 1971; VS-Bd. 9836 (I C 1); B 150, Aktenkopien 1971.

[24] Der Passus „d. h. eine Rahmenentscheidung ... prozedieren können" wurde von Ministerialdirektor von Staden handschriftlich eingefügt.

Das vorgeschlagene Vorgehen hat zur Folge, daß wir auf der Sitzung des NATO-Rats am 29.7.71, die der Vorbereitung der diesjährigen VN-Vollversammlung dient, unsere Kompromißbereitschaft noch nicht erkennen lassen können. Solange die Willensbildung innerhalb der Bundesregierung und die Abstimmung mit den drei Hauptverbündeten noch nicht erfolgt sind, können wir im NATO-Rat nur unser unverändertes Interesse darlegen, unsere Entspannungs- und Deutschlandpolitik nicht durch verfrühte Entscheidungen über die Teilnahme der DDR im VN-Bereich gefährden zu lassen. Wir sollten dann die Bitte an unsere Verbündeten anknüpfen, uns auch während der XXVI. VN-Vollversammlung zu unterstützen. Zugleich könnten wir ankündigen, daß wir unsere Vertretungen in allen befreundeten Ländern zu entsprechenden Demarchen anweisen werden. Abschließend sollten wir in der NATO aber bezüglich der Frage des Teilnehmerkreises für die Stockholmer Umweltkonferenz die Notwendigkeit späterer Konsultationen im Kreis der NATO-Verbündeten betonen.

Abteilung III hat mitgezeichnet.[25]

Staden[26]

VS-Bd. 9836 (I C 1)

255

Botschafter von Hase, London, an das Auswärtige Amt

Z B 6-1-12778/71 geheim   Aufgabe: 23. Juli 1971, 12.47 Uhr
Fernschreiben Nr. 1765   Ankunft: 23. Juli 1971, 13.40 Uhr
Citissime

Betr.: Malta[1]

Auf einem Abendessen beim Gouverneur der Bank von England, Sir Leslie O'Brien, ergab sich Gelegenheit, ein Wort mit dem Premierminister über Malta zu sprechen. Edward Heath meinte einleitend mit etwas ironischem Unterton,

---

[25] Hat Ministerialdirigent Robert am 22. Juli 1971 vorgelegen.
[26] Paraphe vom 21. Juli 1971.

[1] Vom 12. bis 14. Juni 1971 fanden auf Malta Parlamentswahlen statt, aus denen die Labour Party als Sieger hervorging. Am 21. Juni 1971 wurde der Vorsitzende der Labour Party, Mintoff, als Ministerpräsident vereidigt. Die neue Regierung strebte eine Neuregelung der Stationierung von britischen und NATO-Streitkräften auf Malta an. Am 25. Juni 1971 verließ der Befehlshaber der NATO-Seestreitkräfte in Südeuropa, Birindelli, auf Wunsch der maltesischen Regierung Valletta. In einer Erklärung vom 30. Juni 1971, die in Kopie dem UNO-Sicherheitsrat übermittelt wurde, bezeichnete sie das britisch-maltesische Abkommen von 1964 über Verteidigung und gegenseitige Hilfe als „verfallen". Das Abkommen sei bereits vom früheren Ministerpräsidenten Borg Olivier „für nichtig erklärt und in der Folge durch verbale Vereinbarungen ersetzt worden. Diese Abmachungen könnten, wie die Regierung Mintoff in ihrer Erklärung festhält, durch eine ‚einfache Mitteilung' (simple notice) widerrufen werden. Es stelle sich deshalb gar nicht die Frage einer einseitigen Kündigung des Abkommens mit London." Vgl. den Artikel „Maltas Druck auf London"; NEUE ZÜRCHER ZEITUNG, Fernausgabe vom 3. Juli 1971, S. 3.

wenn die Bundesrepublik 30 Mio. Pfund Sterling ausgeben und die Verantwortung für die Beschäftigung von 7500 Dockarbeitern tragen wolle, so würde das auf keine britischen Bedenken stoßen. Für das Vereinigte Königreich seien die Forderungen Mintoffs (30 Mio. Pfund bei exklusiver und 20 Mio. Pfund bei Nutzung mit anderen) völlig unannehmbar.[2] Auch schon deshalb, weil eine Annahme der Mintoffschen Forderung die finanziellen Abmachungen, die Großbritannien in Zypern und Singapur habe (keine Nutzungsgebühren, sondern Verteidigungshilfe) negativ präjudizieren würde.

Auf meine Frage, ob man britischerseits die Verhandlungsposition durch unser Vorgehen[3] beeinträchtigt sehe, meinte Heath, er wolle zunächst feststellen, daß man sich gegenseitig gut und vollständig unterrichtet habe. Auch der Bundeskanzler habe ja mit ihm über Malta gesprochen.[4] Wenn wir den britischen Platz einnehmen wollten – was ich sofort verneinte –, könnten wir das ohne weiteres tun. Er glaube nicht, daß Mintoff eine sowjetische Präsenz in Malta akzeptieren könne, da die maltesische Kirche das niemals zulassen würde. Er glaube auch nicht, daß Libyen mit einer verstärkten Einflußnahme der Sowjetunion in Malta einverstanden sein würde (das jüngste Ereignis des gekidnappten sudanesischen Flugzeuges in Libyen sei ein Beweis für die libysche Zurückhaltung gegenüber der Sowjetunion). Natürlich könne Libyen an Malta Geld geben[5], aber niemals genug, und Libyen verfüge auch über kein techni-

---

[2] Am 21. Juli 1971 berichtete Botschafter Freiherr von Wendland, Valletta, daß Ministerpräsident Mintoff Bundesminister Scheel über den Besuch einer britischen Delegation auf Malta folgendes ausrichten lasse: „Mintoff verlangt von Großbritannien bei exklusiver Benutzung Maltas für die nächsten fünf bis sechs Jahre jährlich Pfund Sterling 30 Millionen, bei nicht exklusiver Benutzung jährlich Pfund Sterling 20 Millionen. Nicht exklusiv bedeutet außer England auch andere Länder, ausschließlich Mitglieder des Warschaupaktes. Mintoff ist soweit gegangen, daß er bei Nichteinigung mit Großbritannien dieses, wie er wörtlich sagte, ‚vor die Tür setzen muß'." Wendland fügte hinzu: „Scheitern die Verhandlungen mit Großbritannien, so treten wir gewollt oder ungewollt an die entscheidende Stelle, wobei wir uns vor allem die Unterstützung und Mitwirkung der EWG-Länder sichern sollten, nicht zuletzt wegen Frankreichs und Italiens Stellung im Mittelmeerraum. Italiens und Englands Mißtrauen gegen uns müßte abgebaut werden." Vgl. den Drahtbericht Nr. 71; VS-Bd. 9808 (I A 4); B 150, Aktenkopien 1971.

[3] Nach Konsultationen mit Großbritannien am Rande der WEU-Ministerratstagung am 1. Juli 1971 in London reiste eine Delegation der Bundesregierung unter Leitung des Staatssekretärs Mommsen, Bundesministerium der Verteidigung, vom 10. bis 12. Juli 1971 nach Malta. Dazu berichtete Mommsen, z. Z. Valletta, am 12. Juli 1971, Ministerpräsident Mintoff habe als Ziel seiner Außenpolitik angegeben, „Unabhängigkeit zu wahren und daher ‚zu' enge einseitige Bindungen zu vermeiden. Dies gilt auch gegenüber Sowjetunion und Libyen". Die Hilfe der Bundesrepublik sei in folgenden Bereichen besonders erwünscht: „a) Konkrete Vorschläge zur Nutzung der Docks für Reparatur, Neubau und Ingenieurberatung; b) Anregungen, welche Mittelindustrie primär im Dockgelände nach Freiwerden durch Rationalisierung angesiedelt werden kann, sowie Förderung Industrialisierung allgemein und Fremdenverkehr; c) gegebenenfalls Hilfe bei Prüfung, ob die drei maltesischen Inseln im Interesse wirtschaftlicher Rationalisierung durch einen Damm verbunden werden können. [...] Premierminister wurde erbetene Lieferung von einigen unbewaffneten Zollkontrollbooten, Hubschraubern und Fahrzeugen zur Bekämpfung von Schmuggel, Drogenmißbrauch und Verschmutzung grundsätzlich zugesagt." Vgl. den Drahtbericht Nr. 66; VS-Bd. 9808 (I A 4); B 150, Aktenkopien 1971.

[4] Bundeskanzler Brandt und Premierminister Heath führten am 5./6. April 1971 Gespräche. Vgl. dazu Dok. 120 und Dok. 123.

[5] Am 9. Juli 1971 traf der libysche stellvertretende Ministerpräsident Jalloud zu einem Besuch auf Malta ein. Dazu berichtete Botschaftsrat Müller-Chorus am 10. Juli 1971, Jalloud habe bei seiner Ankunft erklärt, „der Machtwechsel in Malta sei von arabischer Welt und Völkern Anrainerstaaten Mittelmeers begrüßt worden. Völker wünschten nicht, Lärm der Flugzeuge über ihrem Lande zu hören. Es sei von Interesse für Malta und sein Volk, die fremden Stützpunkte loszuwerden. Li-

sches Know-how. Er glaube nicht, daß Mintoff eine echte Alternative gegenüber einer Bindung und Orientierung Maltas zum Westen habe. Auch der Westtourismus spiele dabei eine Rolle. Mintoff drohe mit dem Osten, um uns zu erpressen. Wenn der Westen allerdings zu vernünftigen und tragbaren Regelungen mit Mintoff kommen wolle, so sei es notwendig, daß er Solidarität zeige. In diesem Zusammenhang werde Mintoff natürlich durch eine Hilfe von uns oder anderen vor Abschluß eines Abkommens mit Großbritannien in die Lage versetzt, solche Hilfsaktionen Dritter taktisch und innenpolitisch zu seinem Vorteil auszuspielen. Als ich einwandte, daß wir mit unserer geringen technischen und auf die besonderen allgemeinen Bedürfnisse Maltas zugeschnittenen Hilfe (Boote, Helikopter, Werftberatung) nur verhüten wollten, daß Mintoff sich den Sowjets in die Arme werfe, und daß es bedauerlich sein würde, wenn als Ergebnis einer zu strikt gehandhabten NATO-Solidarität Mintoff in einer Art Kurzschlußreaktion plötzlich doch engeren Anschluß an die Sowjets suchen würde, wiederholte Heath seine Auffassung, daß Mintoff wegen der Kirche, der Sorge um den Westtourismus etc. die sowjetische Karte nicht ernsthaft spielen könne. Ich wandte hierauf noch einmal ein, das setze voraus, daß Mintoff rational handele. Ich sei nicht sicher, ob man das bei ihm gerade auch nach der Beurteilung, die er in Großbritannien in Stil und Inhalt als Unterhändler genieße, voraussetzen könne. Heath erwähnte hier, daß Mintoff in der Tat einen – "to put it mildly" – sehr unkonventionellen Stil habe.

Ich stellte schließlich noch einmal den Charakter unserer Hilfeleistung und unserer Absicht, auf keinen Fall Swan & Hunter durch eine deutsche Werft zu ersetzen, heraus und verwies auf die Persönlichkeit des deutschen Unterhändlers, Staatssekretär Mommsen, der dem Premierminister bekannt sei. Abschließend meinte der Premierminister – etwas scherzhaft –, wenn wir Malta übernähmen, würden wir uns zwischen den britischen Stützpunkten auf Zypern und Gibraltar sicher sehr wohlfühlen können. Ich wies darauf hin, daß man erwägen solle, die Frage noch einmal gründlich in der NATO zu diskutieren, was Heath als nützliche Möglichkeit bestätigte.[6]

Mein Eindruck ist, daß der Premierminister der Malta-Angelegenheit bisher im Rahmen der derzeitigen britischen Gesamtsorgen mit Sicherheit keine Top-Priorität beimißt und daß er als beste Lösung begrüßen würde, wenn die NATO-Solidarität dazu führen würde, ein Abkommen Malta/Großbritannien zu einem erträglichen Preis und unter Wahrung der NATO-Interessen zu schließen. Deut-

Fortsetzung Fußnote von Seite 1180
byen habe Räumung fremder Militärbasen durchgesetzt, nicht um sie durch andere zu ersetzen." Vgl. Referat I A 4, Bd. 458.
Am 13. Juli 1971 informierte Ministerialdirigent Simon die Botschaften in London und Rom sowie die Ständige Vertretung bei der NATO in Brüssel: „Libyen ist offenbar sehr stark an Malta interessiert, wobei die Interessen sicher nicht nur wirtschaftlicher Natur sind. Da die libyschen Angebote an Malta sehr spontan erfolgten, liegt Schluß nahe, daß sie nicht als direkte oder indirekte Auswirkungen sowjetischer Aktionen betrachtet werden können. Aus den Gesprächen mit Mintoff wurde in diesem Zusammenhang zweierlei deutlich: Er möchte eine zu starke einseitige Abhängigkeit von Libyen wie von allen anderen Staaten vermeiden. Sollten dagegen seine Bemühungen um eine verstärkte Zusammenarbeit mit westlichen Staaten nicht zu dem gewünschten Ergebnis gelangen, muß wegen der prekären wirtschaftlichen Situation damit gerechnet werden, daß dann eine starke Stützung Maltas auf Libyen unausweichlich würde mit auch politischen Konsequenzen, deren Tragweite sich im Moment nicht genau abschätzen läßt." Vgl. den Drahterlaß Nr. 3440; VS-Bd. 9808 (I A 4); B 150, Aktenkopien 1971.
[6] Zur Erörterung der Malta-Frage im Ständigen NATO-Rat vgl. Dok. 258.

sche Hilfe vor Abschluß eines solchen Abkommens sieht er zumindest nicht als hilfreich für die britischen Bemühungen um ein Abkommen an. Die Vorstellung, wir könnten in eine Art Gesamtverantwortung für Malta hineinschliddern, „scheint ihn eher leicht schadenfroh zu stimmen" als politisch ernsthaft zu beunruhigen.

Ich möchte aus hiesiger Sicht nochmals empfehlen, unser weiteres Vorgehen so zu gestalten, daß wir Mintoff die Möglichkeit nehmen, unter Berufung auf bereits sichtbare deutsche Hilfe die Öffentlichkeit von Malta auf die Entbehrlichkeit der Briten hinweisen zu können.

[gez.] Hase

VS-Bd. 9808 (I A 4)

256
Gespräch des Staatssekretärs Frank mit dem sowjetischen Botschafter Falin

V 1-80.24/2-989/71 geheim 26. Juli 1971[1]

Herr Staatssekretär Dr. Frank traf am 26. Juli 1971 um 18.00 Uhr mit Botschafter Falin in dessen Residenz zusammen, um mit ihm das in der Hausbesprechung vom 19. Juli 1971 in Aussicht genommene Sondierungsgespräch zu führen. An der Besprechung nahmen auf sowjetischer Seite Botschaftsrat Boronin, auf unserer Seite VLR I Dr. von Schenck teil.

Nach einigen einleitenden Bemerkungen über den gegenwärtigen Stand der deutsch-sowjetischen Beziehungen und ihre weiteren Perspektiven brachte der Herr *Staatssekretär* das bei den Luftverkehrsverhandlungen bisher ungelöste Problem der Einbeziehung Berlin-Tegels[2] zur Sprache. Man könne vielleicht der Meinung sein, daß zunächst die Berlin-Regelung abgewartet werden sollte, ehe das Problem Tegel bei den Luftverkehrsverhandlungen zu lösen sei. Doch wisse man noch nicht, wann die Berlin-Regelung zustandekommen und wie sie aussehen werde. Wir wollten im übrigen unsere Beziehungen zur Sowjetunion im Rahmen des Möglichen und ohne Präjudiz für die den Gegenstand der Berlin-Verhandlungen bildenden Fragen bereits jetzt konkret weiterentwickeln, wie dies z. B. gerade kürzlich durch den Notenaustausch über die Errichtung von Generalkonsulaten in Leningrad und Hamburg und einige andere konsu-

---

[1] Die Gesprächsaufzeichnung wurde von Vortragendem Legationsrat I. Klasse von Schenck am 27. Juli 1971 gefertigt.
Hat Staatssekretär Frank am 27. Juli 1971 vorgelegen, der handschriftlich für Schenck vermerkte: „Bitte eine Kopie an St.S. Bahr."
Hat Legationsrat I. Klasse Vergau am 28. Juli 1971 vorgelegen, der handschriftlich vermerkte: „Erledigt."
[2] Zur Einbeziehung des Flughafens Berlin-Tegel in ein Luftverkehrsabkommen mit der UdSSR vgl. Dok. 108, besonders Anm. 4.

larische Fragen geschehen sei.[3] Deshalb wolle er durch sein heutiges Gespräch mit dem Botschafter gern klären, ob nicht das Problem Tegel schon vor dem Zustandekommen der Berlin-Regelung so gelöst werden könne, daß die Luftverkehrsverhandlungen zum Abschluß geführt werden könnten. Auf unserer Seite bestehe Klarheit darüber, daß von einer sofortigen Anfliegbarkeit Tegels für Flugzeuge der Lufthansa wohl noch keine Rede sein könne. Denn hierüber müsse einmal mit den drei Westmächten Einverständnis erzielt werden[4], die auf dem Gebiet des Luftverkehrs nach Berlin ihre besonderen Rechte hätten; zum anderen würden wir auch mit der DDR über deren Überfluggenehmigung verhandeln müssen, was sicherlich nicht leicht sein werde. Wir rechneten auch nicht damit, daß Berlin in das deutsch-sowjetische Luftverkehrsabkommen regelrecht einbezogen werden könne. Es gehe uns aber – und dies sei das Ziel des heutigen Gesprächs – um die Klärung, welche Haltung die Sowjetunion in der Frage Tegel grundsätzlich einnehme und welche Schwierigkeiten auf ihrer Seite in diesem Punkt bestünden.

Botschafter *Falin* erwiderte, daß die sowjetische Seite nach zwei Seiten hin Rücksichten zu nehmen habe. Einmal gebe es über den Luftverkehr nach Berlin gewisse Vier-Mächte-Vereinbarungen[5]; die Sowjetunion könne daher bezüglich der Einbeziehung Berlin-Tegels in den deutsch-sowjetischen Luftverkehr keine Zusagen geben, über die nicht zuvor ein Einvernehmen mit den drei Westmächten erzielt sei. Die Sowjetunion verhalte sich auf diesem Gebiet den drei Westmächten gegenüber sehr korrekt; sie nehme auf deren Interessen sogar auch insofern Rücksicht, als sie – obgleich sie dazu an sich berechtigt wäre – keine Ansprüche darauf erhebe, daß auch sowjetische Flugzeuge die Luftkorridore nach Berlin benutzen könnten. Zum anderen würden durch eine Einbeziehung Berlin-Tegels die Interessen und das Mitspracherecht der DDR berührt. Man müsse für die Empfindlichkeit eines Staates, der nicht allgemein anerkannt sei, besonderes Verständnis haben. Kein Staat schätze es im übrigen, von einem anderen Staat durch vertragliche Zusagen gegenüber einem dritten Staat in seinen Interessen berührt zu werden. Gleichwohl habe sich die sowjetische Seite bei den Luftverkehrsverhandlungen grundsätzlich bereit erklärt, einen Brief der deutschen Seite entgegenzunehmen, der die Absicht einer späteren Einbeziehung Tegels zum Ausdruck bringe.[6] Hierauf habe sich die so-

---

[3] Zu den Verhandlungen mit der UdSSR über die Errichtung von Generalkonsulaten in Hamburg und Leningrad sowie zum Notenaustausch vom 22. Juli 1971 vgl. Dok. 132.

[4] Am 17. Juli 1971 legte Ministerialdirigent van Well dar, daß die von der Bundesregierung angestrebte begrenzte Öffnung des Flughafens Berlin-Tegel für die Luftfahrtgesellschaften einiger NATO-Staaten auf britische Ablehnung gestoßen sei. Die britische Regierung befürchte eine Beeinträchtigung der Drei-Mächte-Verantwortung für die Luftkorridore von und nach Berlin (West) und finanzielle Verluste für die britische Luftfahrtgesellschaft BEA. Damit sei „die begrenzte Öffnung Berlins für die Fluggesellschaften einiger NATO-Partner praktisch auf unbestimmte Zeit verschoben". Vgl. VS-Bd. 4531 (II A 1); B 150, Aktenkopien 1971.

[5] Vgl. dazu den Bericht des Luftfahrtdirektorats über die Schaffung eines Systems von Luftkorridoren, das vom Koordinierungskomitee am 27. November 1945 gebilligt und vom Alliierten Kontrollrat am 30. November 1945 bestätigt wurde; DOKUMENTE ZUR BERLIN-FRAGE, S. 42–45.
Vgl. dazu ferner die Flugvorschriften für Flugzeuge, die die Luftkorridore in Deutschland und die Kontrollzone Berlin befliegen, in der vom Luftfahrtdirektorat verabschiedeten zweiten abgeänderten Fassung vom 22. Oktober 1946; DOKUMENTE ZUR BERLIN-FRAGE, S. 48–58.

[6] Zum sowjetischen Vorschlag vom März 1971 einer einseitigen Erklärung der Bundesregierung vgl. Dok. 108.

wjetische Seite eingelassen, obgleich sie – nachdem von unserer Seite für sowjetische Flugzeuge, die Berlin-Schönefeld anfliegen, auf dem Weiterflug nach Frankfurt am Main der Umweg über Eger verlangt worden sei[7] – in einem bestimmten Zeitpunkt der Verhandlungen unter dem Eindruck gestanden habe, daß wir es hierbei bewenden lassen und eine Einbeziehung Tegels nicht mehr verlangen würden; allerdings sei dieser Eindruck vielleicht nicht ganz „präzise" gewesen.

Nach dieser grundsätzlichen Darlegung der beiderseitigen Positionen wurde übereinstimmend festgestellt, auf unserer wie auf sowjetischer Seite bestehe Klarheit darüber, daß ohne eine Zustimmung der drei Westmächte einerseits, der DDR andererseits der Flughafen Berlin-Tegel von Flugzeugen der Lufthansa nicht angeflogen und tatsächlich in den deutsch-sowjetischen Luftverkehr einbezogen werden könne; andere grundsätzliche Schwierigkeiten bestünden dagegen offenbar nicht. Staatssekretär *Frank* stellte die Frage, ob es nicht möglich sei, den grundsätzlichen Konsens über Tegel entweder in einem Artikel des Vertrages oder in einem Briefwechsel zu formulieren. Botschafter *Falin* bezeichnete es daraufhin als möglich, daß in den Fluglinienplan, der zu den Luftverkehrsabkommen gehören werde, eine Feststellung etwa folgenden Inhalts aufgenommen werde: Die Bundesrepublik beabsichtige, für Flugzeuge der Lufthansa noch einen weiteren Zwischenlandepunkt vorzusehen, über den sie der Regierung der UdSSR eine Mitteilung gemacht habe. Diese Mitteilung könne – so wurde weiter besprochen – in einem entsprechenden Brief der Bundesregierung an die sowjetische Regierung bestehen, wonach die Bundesregierung Berlin-Tegel benennen werde, sobald die Voraussetzungen hierfür durch Verhandlungen mit dritten Ländern hergestellt seien.

Staatssekretär *Frank* verblieb mit Botschafter Falin abschließend dahin, daß wir entsprechende Formulierungsvorschläge ausarbeiten und dem Botschafter zuleiten würden.[8]

Botschafter *Falin* bemerkte hierzu, daß er Ende dieser Woche nach Moskau reisen und unsere Vorschläge dorthin mitnehmen könne.

---

[7] Vgl. dazu das Einverständnis der UdSSR, die internationale Luftstraße UA-19 über Eger zu benutzen; Dok. 7.

[8] Am 30. Juli 1971 legte Vortragender Legationsrat I. Klasse von Schenck den Entwurf für einen Abschnitt IV des Fluglinienplans vor: „Die Regierung der Bundesrepublik Deutschland beabsichtigt, für die von ihr bezeichneten Unternehmen einen weiteren Punkt zu benennen, über den sie der Regierung der Union der Sozialistischen Sowjetrepubliken eine besondere Mitteilung hat zugehen lassen." Schenck fügte den Entwurf eines Schreibens an den sowjetischen Außenminister bei: „Herr Minister, ich habe die Ehre, Ihnen im Zusammenhang mit der heutigen Unterzeichnung des Abkommens über den Luftverkehr zwischen der Regierung der Bundesrepublik Deutschland und der Regierung der Union der Sozialistischen Sowjetrepubliken und unter Bezugnahme auf den Notenwechsel, der über den Fluglinienplan zu dem Abkommen vollzogen werden wird, mitzuteilen, daß die Regierung der Bundesrepublik Deutschland gemäß Abschnitt IV des Fluglinienplans für die von ihr bezeichneten Unternehmen Berlin-Tegel benennen wird, sobald die Voraussetzungen hierfür durch Verhandlungen der Bundesregierung mit den Regierungen dritter Länder hergestellt sind." Vgl. VS-Bd. 5846 (V 1); B 150, Aktenkopien 1971.
Am 11. August 1971 teilte der sowjetische Botschafter Falin Staatssekretär Frank seine Zustimmung zum vorgeschlagenen Abschnitt IV des Fluglinienplans und zum Entwurf des Schreibens der Bundesregierung an den sowjetischen Außenminister mit. Er bat jedoch darum, in dem Schreiben den Passus „mit den Regierungen dritter Länder" durch die Formulierung „mit den Regierungen der entsprechenden Staaten" zu ersetzen. Vgl. die Aufzeichnung des Vortragenden Legationsrats I. Klasse Blumenfeld vom 12. August 1971; VS-Bd. 5846 (V 1); B 150, Aktenkopien 1971.

Die Besprechung, an die sich ein von Botschafter Falin gegebenes Abendessen im gleichen kleinen Kreise anschloß, verlief in ruhiger und sachlicher Form; die Atmosphäre war gelöst.

VS-Bd. 5846 (V 1)

257

Aufzeichnung des Vortragenden Legationsrats Blech

II A 1-84.20/11-1093/71 geheim 26. Juli 1971[1]

Herrn Staatssekretär[2]

Betr.: Berlin-Verhandlungen
hier: Botschaftergespräch am 22. Juli 1971

Zur Unterrichtung

I. Wesentliche Ergebnisse

1) Das Treffen der Botschafter war ziemlich kurz. Beide Seiten beschränkten sich im wesentlichen auf Stellungnahmen zu den von den Botschaftsräten ausgearbeiteten Arbeitspapieren über Außenvertretung und sowjetische Präsenz in Berlin (West).[3] Einen breiten Raum nahmen dabei die Erörterungen über

---

[1] Die Aufzeichnung wurde von Legationsrat I. Klasse Kastrup konzipiert.
[2] Hat laut Vermerk des Legationsrats I. Klasse Vergau vom 30. Juli 1971 Staatssekretär Frank vorgelegen.
[3] Für die Entwürfe vom 20./21. Juli 1971 vgl. VS-Bd. 4522 (II A 1).
Ministerialdirigent van Well, z. Z. Berlin, führte dazu am 21. Juli 1971 aus: „Die Besprechungen der Botschaftsräte am 20. und 21. Juli 1971 beendeten die erste Lesung eines gemeinsamen Entwurfs für ein Vier-Mächte-Abkommen. Sie konzentrierten sich auf den Abkommensteil über die Außenvertretung und auf die in Aussicht genommenen Nebenabreden über die sowjetischen Interessen in West-Berlin. Hierzu wurden gemeinsame Texte ausgearbeitet, die etwa 50 % der Substanzfragen regeln, während der Rest, in Fußnoten aufgeführt, noch der Entscheidung bedarf. [...] Den Vertretern der Drei Mächte ist es gelungen, bei der Außenvertretung gemeinsam Formulierungen durchzusetzen, die einen Briefwechsel mit identischen Sachinhalten ermöglichen. Es bleibt das westliche Ziel, einen doppelten Standard für die Außenvertretung zu verhindern. Ein wichtiger Fortschritt wurde in der Formulierung über die Erstreckung bilateraler und multilateraler Verträge der Bundesrepublik Deutschland auf Westberlin erzielt. Sie erlaubt die Übernahme der bisherigen westlichen Praxis durch den Osten. Erstmals kam auch eine gemeinsame Formulierung über die Teilnahme von Westberlinern am internationalen Austausch von Organisationen und Vereinigungen der BRD zustande. Sie bedarf jedoch weiterer Präzisierung. Der Grundsatz scheint jedoch gesichert zu sein. Offen blieb die Frage der vollen Übernahme der konsularischen Vertretung Westberlins durch die BRD (Sowjets bleiben hartnäckig in der Paßfrage) und die Übernahme der westlichen Formel betreffend die Vertretung Westberlins in internationalen Organisationen und Konferenzen durch [die] Bundesrepublik. Im letzteren Falle handelt es sich jedoch im wesentlichen nur um Formulierungsschwierigkeiten, die Sowjets scheinen den Grundsatz zu akzeptieren und auch nicht mehr auf einer Doppelvertretung in den Vereinten Nationen zu bestehen. Allerdings bleibt der schon immer bestehende Grundsatz aufrechterhalten, daß die drei Westmächte Angelegenheiten, die die Sicherheit und den Status Berlins angehen, selbst vertreten. [...] Das Thema des sowjetischen Generalkonsulats erscheint in dem gemeinsamen Text lediglich als sowjetische und westliche Fußnoten. In der letzteren wird ausgeführt, daß man in dieser Frage große Schwierigkeiten sieht,

den sowjetischen Wunsch nach Errichtung eines Generalkonsulats[4] und die Frage von Bundespässen für Westberliner ein.

2) Abrassimow „protestierte" gegen die angeblich am gleichen Tage stattfindende Sitzung des Wissenschaftsrates, der ein offizielles Organ der Bundesrepublik darstelle. Seine westlichen Kollegen hätten ihm gegenüber unaufrichtig gespielt und ihn in Kenntnis des Tagungstermins veranlaßt, einem Botschaftertreffen an diesem Tage zuzustimmen. Die Alliierten wiesen diese Unterstellung zurück und stellten klar, daß es sich um die Sitzung eines Unterausschusses handele, der nur aus Wissenschaftlern und anderen Privatpersonen bestehe. Im übrigen habe der Wissenschaftsrat das Recht, in Berlin zu tagen, wie dies in der Vergangenheit oft geschehen sei und wahrscheinlich auch in Zukunft geschehen werde.

3) Zu dem Arbeitspapier über die Außenvertretung bemerkten die westlichen Botschafter, sie seien nicht sicher, ob das gegenwärtig vorliegende Konzept sich als fruchtbar erweisen würde. Sie würden einer einseitigen westlichen Mitteilung nach wie vor den Vorzug geben. Der Frage von Bundespässen für Westberliner mäßen sie im Hinblick auf die öffentliche Meinung in Berlin eine große Bedeutung bei.

Die Gründe, die die Sowjets für ein Bedürfnis nach Errichtung eines Generalkonsulats in Berlin (West) vorgebracht hätten, seien nicht überzeugend gewesen. Es müsse auch in Rechnung gestellt werden, daß die Stimmung in der Öffentlichkeit gegen ein Generalkonsulat wachse.

4) Das nächste Treffen der Botschafter wurde für den 30. Juli vereinbart.[5]

II. Stand der Verhandlungen

Die Botschaftsräte haben am 20. und 21. Juli erste Entwürfe zu den Fragen der Außenvertretung und sowjetischer Interessen in Berlin (West) erarbeitet, die – auch abgesehen von den Fußnoten – noch sehr provisorischen Charakter tragen. In einer weiteren Sitzung am 23. Juli wurde das Papier über die Außenvertretung nochmals durchgegangen, ohne daß jedoch bedeutsame Änderungen erzielt werden konnten.

1) Außenvertretung

a) Beide Seiten hatten zunächst einen eigenen Textentwurf vorgelegt. Der sowjetische Vorschlag lehnte sich in Sachfragen eng an die des Papiers vom 26.3.1971[6] an und ging teilweise sogar hinter die seinerzeitigen Positionen zurück. Insgesamt liefen die Formulierungen auf den Versuch der Sowjets hinaus, sich bei der Außenvertretung die gleichen Rechte wie die Alliierten zu verschaffen und damit eine Vier-Mächte-Verantwortung in dieser Frage zu begründen. Die Alliierten wiesen demgegenüber nachdrücklich darauf hin, daß die Vertretung West-Berlins im Ausland allein ihre Rechte betreffe. Kwizinskij er-

---

Fortsetzung Fußnote von Seite 1185
    daß sie jedoch weiter geprüft werde. Bei den hiesigen Beratungen der Bonner Vierergruppe zeichnete sich eine Tendenz ab, sich von der Idee des Generalkonsulats zu entfernen und ein ‚Visum Office' unter einem Konsul ins Auge zu fassen." Vgl. VS-Bd. 4522 (II A 1); B 150, Aktenkopien 1971.

[4] Zur Frage der Errichtung eines sowjetischen Generalkonsulats in Berlin (West) vgl. Dok. 231, Anm. 7.

[5] Zum 26. Vier-Mächte-Gespräch über Berlin vgl. Dok. 262.

[6] Zum sowjetischen Entwurf vom 26. März 1971 für eine Berlin-Regelung vgl. Dok. 110 und Dok. 131.

klärte sich schließlich bereit, über Änderungen des sowjetischen Vorschlags zu verhandeln.

b) Der sodann erarbeitete Text folgt dem sowjetischen Vorschlag eines Austauschs von Mitteilungen beider Seiten. Gegenüber der sowjetischen Forderung, die in den beiderseitigen Mitteilungen beschriebene Praxis solle sich auf die Notifizierung der jeweils in den Ländern der Alliierten und der Sowjetunion geübten Handhabung beschränken, haben sich die Alliierten ihre Stellung vorbehalten. Am Schluß der Sitzung meldet der sowjetische Vertreter einen allgemeinen Vorbehalt zu dem Papier an und macht die Stellungnahme der sowjetischen Seite von einer befriedigenden Lösung der Frage der sowjetischen Präsenz in Berlin (West) abhängig.

c) Besonders unnachgiebig zeigte sich Kwizinskij in der Frage der Pässe. Er wies wiederholt darauf hin, daß die Sowjetunion die Benutzung von Bundespässen durch Westberliner nicht akzeptieren werde. Über diesen Punkt könne nicht verhandelt werden; dies sei eine Entscheidung, die auf höchster Ebene getroffen worden sei.

d) Kwizinskij war ferner nicht bereit, einer Formulierung zuzustimmen, durch die eine zweifache Vertretung („dual representation") West-Berlins in internationalen Organisationen, Konferenzen und in bilateralen Beziehungen vermieden wird. Die Sowjets wünschen eine Formel, die es ihnen erlaubt, die Alliierten zu ersuchen, ihre vorbehaltenden Rechte und Verantwortlichkeiten in Angelegenheiten, die sich auf Sicherheit und Status von Berlin (West) beziehen, selber auszuüben.

2) Sowjetische Präsenz in Berlin (West)

a) Das Arbeitspapier deckt den ganzen Bereich sowjetischer Forderungen, wobei die von den Alliierten nicht oder noch nicht konzedierten Punkte als Fußnoten erscheinen. Wie erwartet, unterstrich die sowjetische Seite wiederum die Bedeutung, die sie der Errichtung eines Generalkonsulats beimißt. Darüber hinaus bekräftigte sie nochmals ihren Wunsch nach Gewährung der Meistbegünstigung im Handel mit Berlin (West).

b) Die Alliierten machten klar, daß

– eine alliierte Verpflichtung in dieser Frage nur außerhalb des formellen Rahmens des schriftlichen Vier-Mächte-Abkommens eingegangen werden könne,

– die Durchführung der von westlicher Seite zugestandenen Maßnahmen erst einige Zeit nach Unterzeichnung des Abkommens, und zwar in bestimmten Phasen erfolgen könne.

III. Bewertung

1) In den letzten Sitzungen haben sich zwei Fragen als harte sowjetische Punkte herausgestellt:

– Errichtung eines sowjetischen Generalkonsulats in Berlin (West)

– Ablehnung von Bundespässen für Westberliner.

Auf alliierter Seite bestehen Bedenken, ob bei einer Verbindung beider Fragen für ein „trade-off" die Zulassung eines sowjetischen Generalkonsulats nicht eine zu gewichtige Gegenleistung allein für die Anerkennung von Bundespässen durch die Sowjets darstellt. Insbesondere die Briten wären nicht bereit, einem derartigen quid pro quo zuzustimmen, sondern würden es für angemessen halten, bei einem substantiellen Entgegenkommen der westlichen Seite in der Frage der sowjetischen Präsenz in Berlin (West) weitergehende Konzessionen, auch auf anderen Gebieten als dem der Außenvertretung, zu verlangen.[7]

2) Bei den Alliierten wächst unter dem Eindruck negativer Presseberichte in der Bundesrepublik die Neigung, ihre Position hinsichtlich eines Generalkonsulats zu überprüfen. Die Sowjets dürften indes kaum bereit sein, sich mit einer Dienststelle minderen Status zufriedenzugeben und dafür bedeutsame westliche Forderungen zu akzeptieren.

IV. Weiteres Procedere

Die Botschaftsräte werden in dieser Woche mit einer zweiten Lesung des gesamten Textes[8] beginnen.[9] Die westlichen Botschafter halten es für zweckmäßig, dabei zunächst Teil II zu behandeln und Teil I und das Schlußprotokoll den Botschaftern zur weiteren Erörterung vorzubehalten. Abrassimow würde es demgegenüber bevorzugen, zu Beginn Präambel und Teil I wieder vorzunehmen und sodann die Bundespräsenz zu erörtern. Die westliche Seite bereitet sich auf die Behandlung des gesamten Abkommens vor. Das taktische Vorgehen im einzelnen wird in der Bonner Vierergruppe noch abgestimmt werden.

---

[7] Von seiten der USA wurde erwogen, von der sowjetischen Regierung die Einrichtung eines amerikanischern Kulturzentrums in Ost-Berlin zu verlangen. Botschafter Pauls, Washington, berichtete dazu am 8. Juli 1971, daß die amerikanische Regierung in zunehmenden Maße die Notwendigkeit erkenne, „im Falle einer Vermehrung der sowjetischen Präsenz in Westberlin, über die in den Verhandlungen bereits gesprochen werde, auch eine amerikanische Präsenz in Ostberlin durchzusetzen". Dieser Vorschlag empfehle sich auch aus verhandlungstaktischen Gründen: „Man könne sich unter Berufung darauf leichter gegen sowjetische Wünsche nach vermehrter Präsenz in Westberlin zur Wehr setzen." Vgl. den Drahtbericht Nr. 1531; VS-Bd. 4522 (II A 1); B 150, Aktenkopien 1971.
Dieser Vorschlag wurde vom amerikanischen Botschaftsrat Dean am Rande des Vier-Mächte-Gesprächs über Berlin am 13. Juli 1971 angesprochen und stieß dabei auf britische und französische Bedenken sowie auf sowjetische Ablehnung. Ministerialdirigent van Well teilte dazu Botschafter Pauls, Washington, mit: „Das Auswärtige Amt ist ebenso wie die Briten und Franzosen der Auffassung, daß die amerikanische Initiative geeignet ist, die Berlin-Verhandlungen zu komplizieren." Van Well bat Pauls, im amerikanischen Außenministerium anzuregen, „daß die Initiative nicht weiter verfolgt wird". Vgl. den Drahterlaß Nr. 3508 vom 15. Juli 1971; VS-Bd. 4522 (II A 1); B 150, Aktenkopien 1971.

[8] Für den gemeinsamen Entwurf der Vier Mächte vom 28. Mai 1971 für ein Abkommen über Berlin in der Fassung vom 23. Juni 1971 vgl. Dok. 226.

[9] Am 29. Juli 1971 berichtete Ministerialdirigent van Well, z.Z. Berlin, über das Vier-Mächte-Gespräch auf Botschaftsratsebene am 27./28. Juli 1971: „Die Botschaftsräte führten eine vertiefte Diskussion über die Abkommensteile betreffend Zugang und Verhältnis Bund–Berlin. Die vorliegenden Texte wurden nicht geändert, obwohl eine Reihe neuer Gesichtspunkte bis zur Formulierungsnähe durchgesprochen wurde. Am Schluß der Beratungen meinte der sowjetische Vertreter, man solle nunmehr die zweite Lesung der Texte als abgeschlossen betrachten und die Schlußfassung den Botschaftern überlassen. Diese sowjetische Auffassung wird auf westlicher Seite nicht geteilt. Zu viel ist noch offen, als daß man bereits in die Phase konferenzähnlicher Botschaftergespräche eintreten könnte. Andererseits haben sich über die vorliegenden Texte hinausgehend, gewisse wichtige Konzepte in den Abkommensteilen über Außenvertretung, Zugang und Bundespräsenz in der Diskussion so herauskristallisiert, daß man zu Formulierungen übergehen könnte. Auf westlicher Seite besteht der Eindruck, daß die Position des sowjetischen Botschaftsrats Kwizinskij geschwächt ist und daß Abrassimow die Dinge selbst mehr in die Hand nehmen möchte." Vgl. den unnumerierten Drahtbericht; VS-Bd. 4523 (II A 1); B 150, Aktenkopien 1971.

Kwizinskij hat erklärt, daß er bereit sei, alle Teile des Abkommens zu behandeln.

Blech

VS-Bd. 4523 (II A 1)

258

Ministerialdirektor von Staden an die Ständige Vertretung bei der NATO in Brüssel

I A 7-81.04/94.35-2702/71 geheim 28. Juli 1971[1]
Fernschreiben Nr. 3730 Aufgabe: 28. Juli 1971, 17.22 Uhr
Cito

Betr.: Malta;
hier: Konsultation in der NATO

Bezug: 1) DB Nr. 732 vom 23.7.71[2]
2) DB Nr. 739 vom 26.7.71[3]

Es wird gebeten, bei der Diskussion im NATO-Rat von folgender mit dem BMVg abgestimmten Weisung auszugehen:

1) Wir würden es begrüßen, wenn Mittel und Wege gefunden werden könnten, um den britischen Streitkräften das Verbleiben in Malta zu ermöglichen:

Die strategische Bedeutung Maltas hat sich nach unserer Beurteilung infolge des Nahost-Konflikts, der sowjetischen Mittelmeerpolitik, der Anwesenheit der Eskadra und insbesondere nach dem Verlust der britischen und amerikanischen

---

[1] Der Drahterlaß wurde von Vortragendem Legationsrat Rückriegel konzipiert. Dazu vermerkte er: „I A 4 und III A 5 haben im Entwurf mitgezeichnet. Der Erlaß ist außerdem mit dem BMF abgestimmt. Vor Abgang Herrn Staatssekretär m[it] d[er] Bitte um Kenntnisnahme vorgelegt."
Hat Staatssekretär Frank am 28. Juli 1971 vorgelegen.

[2] Botschafter Krapf, Brüssel (NATO), berichtete über die Konsultationen im Ständigen NATO-Rat am 23. Juli 1971 zum weiteren Vorgehen gegenüber Malta. In Ziffer 1) des Drahtberichts faßte er die Stellungnahme des britischen NATO-Botschafters Peck zusammen: „Die Haltung der Bündnispartner zu einer Beteiligung an etwaigen künftigen britischen Zahlungen, sei es direkt oder über den NATO-Haushalt, sei für seine Regierung von großer Wichtigkeit. [...] Feste Entwicklungshilfezusagen durch NATO-Partner vor dem Abschluß der britisch-maltesischen Verhandlungen könnten die britische Verhandlungsposition schwächen." Vgl. VS-Bd. 1692 (201); B 150, Aktenkopien 1971.

[3] Botschafter Krapf, Brüssel (NATO), teilte mit, daß nach Mitteilung des britischen NATO-Botschafters Peck die britische Regierung die NATO-Mitgliedstaaten bis zum 5. August 1971 um Mitteilung darüber bitte, „ob sie grundsätzlich bereit seien, sich an einer britischen Zahlung zu beteiligen und g[e]g[ebenen]f[al]ls mit welchen Beträgen. Der britische Botschafter nannte keinen Betrag, den die britische Regierung von sich aus an Malta zu zahlen bereit sei. Er ließ jedoch erkennen, daß man eher an einen Betrag unter fünf Millionen Pfund denke." Vgl. VS-Bd. 1692 (201); B 150, Aktenkopien 1971.

Stützpunkte in Libyen[4] nicht vermindert. Von Malta aus kann der Schiffsverkehr zwischen westlichem und östlichem Mittelmeer und ein Großteil der nordafrikanischen Küste kontrolliert werden.

Je mehr es den Sowjets gelingen mag, aus der VAR heraus ihren militärischen und politischen Einfluß entlang der nordafrikanischen Küste nach Westen auszudehnen, umso wichtiger bleibt der Besitz der Positionen Gibraltar, Malta, Kreta und Zypern für die NATO. Letztere können einen gewissen Ersatz für den Verlust der Gegenküste Europas in Nordafrika darstellen.

2) Nachdem die maltesische Regierung ihre Beziehungen zur NATO als solcher und deren physische Präsenz in Malta (NAVSOUTH) zu beenden wünscht[5], können, nicht zuletzt auch auf Grund der historischen und faktischen Gegebenheiten, die militärischen Interessen des Bündnisses dort allein durch Großbritannien wahrgenommen werden. Allen übrigen Maßnahmen wie bilateraler, wirtschaftlicher und technischer Hilfe kommt dagegen nur subsidiäre Bedeutung zu. Zu der britischen militärischen Präsenz sehen wir unter dem Aspekt der Sicherheitspolitik der Allianz keine Alternative.

3) Bei den der maltesischen Regierung zugesagten Hilfsmaßnahmen[6] handelt es sich um dem Umfang nach begrenzte Vorhaben. Über die Einzelheiten wurde der NATO-Rat unterrichtet.[7] Abgesehen von den gemachten Zusagen sind weitere in der Größenordnung über die in den vergangenen Jahren für Malta übliche Wirtschaftshilfe – einschließlich der 1969 zugesagten zwei Mio. DM Kapitalhilfe, die Malta bei Benennung eines geeigneten Projekts auf Abruf zustehen[8] – hinausgehende bilaterale Zusagen nicht in Behandlung (zur Beant-

---

[4] Nach der Machtübernahme in Libyen durch Einheiten der Armee und der Bildung einer neuen Regierung unter Präsident Ghadafi am 8. September 1969 fanden vom 8. bis 13. Dezember 1969 Verhandlungen zwischen Großbritannien und Libyen u. a. über die Auflösung britischer Militärbasen statt. Aufgrund der dabei getroffenen Vereinbarungen zog Großbritannien am 28. März 1970 seine letzten Truppen von den libyschen Basen Tobruk und El Adem ab. Vgl. dazu den Schriftbericht Nr. 241 des Botschafters Turnwald, Tripolis, vom 1. April 1970; Referat I B 4, Bd. 413.
Am 23. Dezember 1969 vereinbarten die USA und Libyen den Abzug der amerikanischen Truppen vom Stützpunkt Wheelus. Die letzten Einheiten verließen Libyen am 11. Juni 1970. Vgl. dazu den Artikel „U.S. Evacuates Libya Base As Demanded by New Regime"; INTERNATIONAL HERALD TRIBUNE vom 12. Juni 1970, S. 3.

[5] Am 22. Juli 1971 berichtete Botschafter Krapf, Brüssel (NATO), daß der britische NATO-Botschafter Peck den Ständigen NATO-Rat über die Gespräche des britischen Verteidigungsministers, Lord Carrington, mit dem maltesischen Ministerpräsidenten vom 19. bis 21. Juli 1971 informiert habe: „Mintoff habe betont, daß er dem Verbleiben der bisherigen NATO-Einrichtungen auf der Insel auf keinen Fall zustimmen werde. Auch werde es keinerlei Verhandlungen zwischen der maltesischen Regierung und der NATO selbst geben. Bilaterale Kontakte mit einzelnen Mitgliedstaaten des Bündnisses seien jedoch möglich, desgleichen eine Übernahme eines Teils der von Großbritannien erwarteten jährlichen Zahlungen durch die NATO." Vgl. den Drahtbericht Nr. 725; VS-Bd. 9811 (I A 4); B 150, Aktenkopien 1971.

[6] Zu den Hilfsmaßnahmen der Bundesrepublik für Malta vgl. Dok. 255, Anm. 3.

[7] Botschafter Krapf, Brüssel (NATO), unterrichtete den Ständigen NATO-Rat am 15. Juli 1971 über den Besuch einer Delegation aus der Bundesrepublik vom 10. bis 12. Juli 1971 auf Malta. Vgl. dazu den Drahtbericht Nr. 701 vom 15. Juli 1971; VS-Bd. 9811 (I A 4); B 150, Aktenkopien 1971.

[8] Am 18. Juli 1968 beschloß die Bundesregierung, Malta eine Kapitalhilfe in Höhe von zwei Millionen DM zur Förderung eines noch zu bestimmenden Projekts zu gewähren. Am 15. Juni 1971 stellte Botschafter Freiherr von Wendland, Valletta, fest: „Das deutsche Angebot für eine Kapitalhilfe über zwei Mio. DM ist der maltesischen Regierung seit nunmehr zwei Jahren bekannt, ohne daß bislang ein Projektvorschlag unterbreitet worden wäre. Wie bereits früher berichtet, hatte die maltesische Regierung das Zehnfache der bewilligten Summe erwartet." Vgl. den Schriftbericht Nr. 306; Referat III A 5, Bd. 764 b.

wortung von Ziffer 1 Ende des Bezugsberichts[9]). D. h., die jüngst gemachten Zusagen stellen nicht den Beginn einer Hilfe in größerem Stile dar, noch sollen sie gar den Beginn einer eigenen physischen Präsenz in Malta begründen.

Die deutschen Hilfsmaßnahmen entspringen vielmehr der Sorge um die politische und militärische Sicherheit an der Südflanke der Allianz. Mit ihnen ist beabsichtigt, einen Dialog zwischen maltesischer Regierung und westlichen Allianzpartnern – wenn auch nur auf bilateraler Ebene – offenzuhalten. Wir hatten bei unseren Kontakten mit der maltesischen Seite stets die Interessen der Allianz im Auge. Wir sind nach wie vor der Auffassung, daß diejenigen Allianzpartner, die Anrainer des Mittelmeers sind bzw. dort eine militärische Präsenz unterhalten, in erster Linie dazu ausersehen sind, der gegenwärtigen Situation entsprechende Maßnahmen vorzuschlagen.

4) Eine Zusage zu einer evtl. Beteiligung an den Kosten für die weitere Aufrechterhaltung der britischen militärischen Präsenz können wir in diesem Stadium[10] nicht abgeben, und es ist auch nicht zu erwarten, daß wir bis zum 5.8. hierzu in der Lage sein werden. Die Entscheidung, die von der Bundesregierung getroffen werden müßte, wird letztlich davon abhängen, ob eine gemeinsame Aktion zustande kommt und ob überhaupt[11] Mittel für eine deutsche Beteiligung bereitgestellt werden können, was ganz ungewiß[12] ist. Die hiervon zu unterscheidende[13] Sachprüfung setzt eine Beantwortung folgender Fragen voraus:

a) Sind die Forderungen Mintoffs – 20 bzw. 30 Mio. britische Pfund[14] – als Ausgangspunkt der Verhandlungen zu betrachten, oder hat er diese exorbitant hohen Summen genannt, um der britischen Seite eine negative Antwort nahezulegen und auf diese Weise die Verhandlungen von vornherein zum Scheitern zu verurteilen?

b) Welche Partner, außer Italien, sehen sich in der Lage, einen solchen Beitrag zu leisten?

c) Welche Möglichkeiten sieht die britische Seite zur Erhöhung ihrer bisherigen Zahlungen von rd. fünf Mio.?

d) Wären die NATO-Partner bereit, bilaterale Hilfsmaßnahmen für Malta unter der Bedingung zu erwägen, daß solche Hilfsmaßnahmen auf die zwischen der britischen und maltesischen Seite auszuhandelnde Endsumme angerechnet werden? (Es müßte sich um „zusätzliche" Leistungen in dem Sinne handeln, daß sie ohne den Abschluß eines neuen britisch-maltesischen Vertrags nicht gewährt würden. Die britische Seite könnte ermächtigt werden, dies bei ihren Verhandlungen mit Malta zu erklären.) Ein derartiges Vorgehen wäre nach unserer Auffassung jedoch nicht unproblematisch und müßte in seinem Für und Wider sorgfältig abgewogen werden. Bei der Präsentation wäre Vorsicht geboten, um keinen Anlaß zu der Behauptung zu geben, die NATO-Partner machten Wirt-

---

[9] Vgl. Anm. 2.
[10] An dieser Stelle wurde von Ministerialdirektor von Staden gestrichen: „noch".
[11] Dieses Wort wurde von Ministerialdirektor von Staden handschriftlich eingefügt.
[12] Die Wörter „ganz ungewiß" wurden von Ministerialdirektor von Staden handschriftlich eingefügt. Dafür wurde gestrichen: „noch offen".
[13] Die Wörter „hiervon zu unterscheidende" wurden von Ministerialdirektor von Staden handschriftlich eingefügt.
[14] Zur Forderung des Ministerpräsidenten Mintoff vgl. Dok. 255, Anm. 2.

schaftshilfe von der Aufrechterhaltung eines militärischen Stützpunktes abhängig. Die Bedenken des niederländischen und dänischen Vertreters in dieser Hinsicht halten wir insofern für berechtigt. Diese Bedenken erhalten noch weiteres Gewicht durch die Tatsache, daß sich Malta mit einem Schreiben vom 30. Juni 1971, in dem versucht wird, Großbritannien und die NATO auf die Anklagebank zu setzen, bereits an den Präsidenten des Sicherheitsrates der Vereinten Nationen gewandt hat.[15]

e) Welche Haltung nimmt die amerikanische Regierung ein?

f) Die Frage, welcher Modus bei einer positiven Einstellung der NATO-Partner zu einer Beteiligung (direkte Zahlung an Großbritannien; über den NATO-Militär- oder Infrastrukturhaushalt; Konsortium/Interessengemeinschaft) in Betracht kommt, ist nach unserer Auffassung im gegenwärtigen Zeitpunkt von untergeordneter Bedeutung. Der nächste Schritt sollte nach unserer Meinung darin bestehen festzustellen, ob die übrigen Allianzpartner eine Stützungsaktion für Großbritannien für den Fall ins Auge fassen würden, daß eine gemeinsame Aktion der NATO zustandekommt.

II. Nur zur eigenen Unterrichtung:

Wir müssen uns in der Behandlung der Malta-Frage im Prinzip so verhalten, wie unsere Partner es in bezug auf den Mittelabschnitt der NATO tun. Eine gemeinsame Aktion zur Stützung der britischen Präsenz in Malta sollte[16] primär Sache der im Mittelmeer präsenten Allianzpartner sein. Wir sollten[17] hier nicht vorangehen wie bei EDIP, sondern eher[18] mitziehen, wenn andere die Initiative ergreifen. Wir können keinesfalls den bei EDIP angewandten Schlüssel für etwaige Leistungen unsererseits akzeptieren.[19] Unsere Beteiligung müßte eher von marginaler Bedeutung sein.

Eine erste Prüfung hat ergeben, daß den deutschen Möglichkeiten, sich an einer gemeinsamen Aktion zu beteiligen, enge Grenzen gezogen sind. Außer der bereits kurzen Finanzdecke für den Verteidigungsetat, bei dem keine Einsparungen für einen Malta-NATO-Pool vorgenommen werden können, kommen wegen des Offsetabkommens mit den USA und des noch verbleibenden EDIP-Rests von $ 29 Mio. weitere Forderungen an den Bundeshaushalt auf uns zu. Eine Beteiligung wird weiterhin erschwert durch die Tatsache, daß es sich um einen Präzedenzfall handeln würde, dem eines Tages andere Forderungen folgen könnten. Außerdem würde es sich um periodisch wiederkehrende jährliche Zahlungen handeln.

Im übrigen erbringt die Bundesrepublik wohl als einziger NATO-Partner außer den USA bereits Leistungen für militärische und Ausrüstungs-Hilfe im Mit-

---

[15] Zur Erklärung des Ministerpräsidenten Mintoff vom 30. Juni 1971 vgl. Dok. 255, Anm. 1.
[16] Dieses Wort wurde von Ministerialdirektor von Staden handschriftlich eingefügt. Dafür wurde gestrichen: „muß daher".
[17] Dieses Wort wurde von Ministerialdirektor von Staden handschriftlich eingefügt. Dafür wurde gestrichen: „können".
[18] Dieses Wort wurde von Ministerialdirektor von Staden handschriftlich eingefügt. Dafür wurde gestrichen: „sollten nur".
[19] Zur Schaffung eines „European Defense Improvement Program" (EDIP) sowie zu den Bemühungen der Bundesregierung, Großbritannien im Rahmen einer Regelung des Devisenausgleichs zu beteiligen, vgl. Dok. 48.

telmeer auf Grund der entsprechenden NATO-Empfehlungen.[20] Diese Hilfe ist jedoch sowohl dem Umfang wie dem Empfänger nach konkret festgelegt, so daß Mittel hieraus für eine Malta-Aktion nicht freigemacht werden können.

Die Bemerkung des britischen Botschafters (Bezug zu 2, Ziffer 2[21]), wonach seine Regierung eher an einen Betrag unter 5 Mio. Pfund denke, sollten wir überhören und unsere Frage wie unter Ziffer 4 c) dieses Erlasses (Erhöhung des britischen Beitrages) stellen.

[gez.] Staden[22]

VS-Bd. 1692 (201)

259

Botschafter Allardt, Moskau, an das Auswärtige Amt

Z B 6-1-12832/71 VS-vertraulich   Aufgabe: 28. Juli 1971 Uhr[1]
Fernschreiben Nr. 1493   Ankunft: 28. Juli 1971, 17.25 Uhr

Betr.: Demarche bei Außenminister Gromyko im Zusammenhang mit KSE, MBFR und Berlin

Bezug: DE Nr. 673 vom 21. Juli[2] sowie Nr. 687 vom 26. Juli 1971[3] – II A 4 I.

In obenbezeichneter Angelegenheit empfing mich Gromyko heute zu der erbetenen Unterredung, die durchweg in offener, angenehmer Atmosphäre ver-

---

[20] Die Bundesrepublik leistete Verteidigungshilfe für Griechenland und die Türkei im Rahmen jährlicher Empfehlungen des NATO-Ministerrats.
[21] Vgl. Anm. 3.
[22] Paraphe vom 28. Juli 1971.

[1] Hat Vortragendem Legationsrat I. Klasse Blumenfeld am 29. Juli 1971 vorgelegen.
Hat Vortragendem Legationsrat I. Klasse Mertes am 9. August 1971 vorgelegen, der handschriftlich über Botschafter Allardt vermerkte: „Geht am 18.8.71 in Urlaub, ist ab 6.10.71 wieder in Moskau."
[2] Für den am 16. Juli 1971 konzipierten Drahterlaß vgl. Dok. 248.
[3] Staatssekretär Frank übermittelte Erläuterungen zu dem am 16. Juli 1971 konzipierten Drahterlaß Nr. 673: „Eine förmliche Beantwortung des von Botschafter Falin am 27. Mai d. J. überreichten Aide-mémoire zu Fragen der KSE ist von keinem der Staaten, die Adressat dieses Schriftstücks waren, beabsichtigt. In jedem Falle wären hierfür eingehende Konsultationen innerhalb der NATO notwendig, da die Allianz zu einer Reihe der von den Sowjets aufgeworfenen Fragen noch keine abschließende Meinung gebildet hat. Der Bundesminister hat bei diesem Anlaß gegenüber Botschafter Falin geäußert, es wäre zweckmäßig, der sowjetischen Regierung eine schriftliche Stellungnahme zu den genannten Problemen (KSE, Truppenreduzierung, Berlin-Frage und ihre Interdependenzen) zu geben. [...] Diese Stellungnahme soll durch Ihre mündliche Démarche erfolgen. Entsprechend waren die Amerikaner durch eine Gegendémarche Botschafter Beams bei Gromyko in Moskau verfahren. Da sich unser Standpunkt in den vergangenen zwei Monaten nicht geändert hat, deckt sich die Démarche weitgehend mit den Ausführungen des Herrn Ministers vom 27. Mai und meinen eigenen Ausführungen vom gleichen Tag. [...] Der in 1) des Bezugsberichts angesprochene Passus des Erlasses vom 21.7. ist so zu interpretieren, daß die Multilateralisierung

lief. Neben zwei Dolmetschern waren BR Dr. Alexy sowie Gesandter Bondarenko anwesend.

Ich trug den Inhalt des Bezugserlasses zu 1) vor, ohne von Gromyko unterbrochen zu werden.

Anschließend bemerkte Gromyko, er begrüße die Fortsetzung des Dialogs und entschuldigte sich, daß seine Zeit knapp sei (der aus Washington zurückgekehrte Botschafter Beam suchte ihn auf), gab aber der Erwartung Ausdruck, daß das Gespräch nach meiner Rückkehr aus Bonn fortgesetzt werden könne.

Im einzelnen nahm er dann zu dem von mir Gesagten wie folgt Stellung:

1) Er entnehme meinen Ausführungen, daß die grundsätzliche Einstellung der Bundesregierung zu KSE und MBFR erfreulich positiv sei. Trotzdem wolle er nicht verschweigen, daß wir nach wie vor beide Fragen mit gewissen Vorbehalten belasteten, die die Vorbereitungen negativ beeinflussen müßten.

2) Truppenverminderung sei ein ebenso dringliches Problem wie KSE. Er habe mich dahingehend verstanden, daß wir bezüglich der Prozedur flexibel seien. Da es der Kompliziertheit des Force reduction-Problems wegen untunlich sei, die KSE-Agenda damit zu belasten, biete sich als zweckmäßige Lösung die Schaffung eins Spezialorgans innerhalb der KSE an. Auf eine Zwischenfrage sagte er, daß alle Teilnehmerstaaten der KSE auch in diesem Spezialorgan vertreten sein sollten. Selbst wenn die Arbeit dadurch schwerfälliger würde, ziehe die Sowjetregierung diese Lösung schon deshalb vor, weil sie Blockgespräche vermeiden möchte. Allerdings sei dann auch damit zu rechnen, daß verschiedene Staaten die Schaffung eines solchen Spezialorgans ablehnen würden. In diesem Fall müßte man parallel zur KSE prozedieren. Auf meine weitere Frage, was er damit meine, erläuterte er, daß dann eben – je nach der Lage und gegebenenfalls „unabhängig und selbständig" von der Konferenz und ihrer Thematik – die zur Teilnahme bereiten Staaten dieses Organ ins Leben rufen könnten. Wenn man aber vorziehe, den Fragenkomplex der Truppenverminderung (auf die von mir mehrfach gebrauchte Formel „mutual balance" ging er nicht ein) vor einer KSE zu lösen bzw. in Angriff zu nehmen, sei er auch damit einverstanden, vorausgesetzt, daß man die erfolgreiche Beendigung der einen Konferenz nicht zur Vorbedingung der Einberufung der anderen mache. Komme man im Verlaufe der Sondierungen zur Überzeugung, die eine Konferenz könne nun beginnen, dann solle man damit auch nicht länger warten. Auf eine weitere Frage von mir sagte er, seine Regierung habe bezüglich der beiden Alternativen – Force reduction vor oder innerhalb KSE – keine Präferenz.

Übrigens möchte er betonen, daß seine Regierung an einer Verminderung so-

---

Fortsetzung Fußnote von Seite 1193

der KSE-Vorbereitung ebenso wie die KSE selbst angesichts zu lösender wichtiger Probleme einen eigenen Wert haben und nicht dazu mißbraucht werden sollten, völkerrechtliche Aufwertung der DDR durchzusetzen. Sollte es unter Mitwirkung Ost-Berlin zu einer befriedigenden Berlin-Regelung kommen, so würden wir hierin bereits einen Beitrag der DDR zur innerdeutschen Entspannung sehen, der die Tür zu einer Multilateralisierung der KSE-Vorbereitungen öffnet. [...] Zu 2) des Bezugsberichts können Sie darauf hinweisen, daß unsere Haltung konsequent ist: Die logische Reihenfolge, in der wir den Ablauf von Berlin-Regelung und Multilateralisierung der KSE-Vorbereitung sehen, entspringt ebenso wie unser Bemühen, das Verhältnis der beiden deutschen Staaten nicht zum Streitgegenstand auf der Konferenz werden zu lassen, dem Wunsch, der Konferenz zu einem Erfolg zu verhelfen." Vgl. VS-Bd. 4604 (II A 3); B 150, Aktenkopien 1971.

wohl der ausländischen, in Territorien dritter Staaten stationierten Truppen wie der nationalen Truppen interessiert sei.

3) Über meinen weisungsgemäß deutlich vorgetragenen Hinweis, daß die befriedigende Lösung des Berlin-Problems für uns ein Testfall für die Chancen westlich-östlicher Kooperation überhaupt sei, ging er ebenso hinweg wie über die Bemerkung, wir wünschten nicht, daß bilaterale Verhandlungen über gemeinsam uns interessierende weitere Probleme zur Durchsetzung solcher Ansprüche benutzt würden, die unserer Meinung nach noch nicht reif seien und auch in andere Zusammenhänge gehörten. Er bestätigte lediglich, er habe zur Kenntnis genommen, was ich gesagt hätte, sehe aber keine Notwendigkeit, den uns bekannten Berlin-Standpunkt seiner Regierung noch einmal zu erläutern. Es sei richtig, wenn ich bemerkt hätte, daß in den vergangen Wochen in die Berlin-Gespräche einige „Lichtungen geschlagen" seien. Wenn auch unsere Alliierten Einsicht zeigten, sei eine baldige Lösung durchaus denkbar.

Trotzdem sei uns ja wohl bekannt, daß sich an der Ablehnung des von uns zwischen dem Berlin-Problem und anderen Fragen hergestellten „Junktims" durch seine Regierung nichts geändert habe. Es sei aber wohl nicht nötig, diese Frage zu vertiefen.

Zum Schluß betonte Gromyko nochmals die Nützlichkeit solcher Gespräche. „Uns gefällt, daß die Bundesregierung so viel Interesse an der Lösung all dieser Probleme und insbesondere auch dem der Truppenverminderung zeigt." Er stehe, wie bereits gesagt, zur Fortsetzung zur Verfügung.

II. Angesichts der temperamentgeladenen Aufgeschlossenheit Gromykos, aus der mir hervorzugehen schien, daß er auf ein solches Gespräch – zumal über Force reduction – gewartet hatte (vgl. DB Nr. 1414 vom 16.7.71 – II B 2[4]), möchte ich anregen, mich zu bevollmächtigen, das Gespräch entsprechend seiner wiederholten Einladung nach meiner Rückkehr aus Bonn fortzusetzen.

Ein solches zweites Gespräch müßte sich dann wohl im Rahmen zweckdienlicher Vorbereitung der NATO-Oktober-Konferenz einigen präzise formulierten Fragen der MBFR und KSE zuwenden, und zwar möglichst solchen, deren Beantwortung nach dem heutigen Gespräch erwartet werden darf.

[gez.] Allardt

VS-Bd. 4546 (II B 2)

---

[4] Botschafter Allardt, Moskau, übermittelte Informationen des französischen Botschafters in Moskau, Roger Seydoux, aus einem Gespräch mit dem sowjetischen Außenminister. Danach habe Gromyko gegenüber Seydoux ausgeführt, die KSE sei für die sowjetische Regierung „mindestens ebenso wichtig wie alle übrigen Themata. Sie werde nicht nachlassen, auf eine möglichst rasche Einberufung zu drängen. Wenn die MBFR-Gespräche zur Zeit eine gewisse Priorität genössen, dann lediglich deshalb, weil hier die Kontakte schon etwas weiter gediehen seien. Sie dürften aber keinesfalls dazu führen, von dem Prinzip der Parallelität aller Ost-West-Gespräche, also Berlin, KSE, MBFR etc. abzuweichen und etwa den Beginn des einen von dem Erfolg des anderen abhängig zu machen. [...] Block-zu Block-Verhandlungen kämen ebensowenig in Frage wie etwa Verhandlungen zwischen zwei Systemen. Es müsse sich um bilaterale bzw. multilaterale Verhandlungen zwischen solchen souveränen Staaten handeln, die am Rückzug ausländischer und an der Verminderung ihrer nationalen Truppen interessiert seien. [...] Die SU sei bereit, mit allen interessierten Staaten alsbald in Gedankenaustausch einzutreten." Allardt gab zu bedenken, daß diese Äußerung auf eine Bereitschaft der sowjetischen Regierung hinweisen könnte, Konsultationen mit der Bundesregierung aufzunehmen. Vgl. VS-Bd. 4604 (II A 3); B 150, Aktenkopien 1971.

260

Aufzeichnung des Ministerialdirigenten van Well

II A 1-84.20/11-1257/71 geheim	30. Juli 1971[1]

Betr.: Berlin-Verhandlungen;
hier: Arbeitsessen der drei Westbotschafter mit den Staatssekretären Frank und Bahr am 29. Juli 1971 in Berlin

Bei dem Arbeitsessen, das der Vorbereitung des Botschaftertreffens der Vier Mächte am 30. Juli[2] diente, machte der amerikanische Botschafter etwa folgende Ausführungen: Seine Regierung habe sichere Anhaltspunkte dafür, daß die Sowjetunion in Kürze das Berlin-Abkommen abschließen möchte. Abrassimow habe ihm gesagt, am 10. August werde es „Bewegung geben", und bis zum 15. August könne man fertig sein. Mr. Rush wies darauf hin, daß Kwizinskij dasselbe gestern Dean gesagt habe.[3] Die Sowjets hätten ausgeführt, daß eine Fortsetzung der Botschaftsrats-Gespräche keinen Zweck mehr habe, die Botschafter sollten jetzt an die Arbeit gehen.

Rush drängte dann sehr darauf, daß die westliche Seite dem sowjetischen Wunsch entspreche, den Hinweis auf die „Konsultation und Zustimmung der DDR" in den Vier-Mächte-Teil über den Zugang aufzunehmen.[4] Er begründete seine Haltung damit, daß die DDR unter allen Umständen mitverpflichtet werden müsse. Wenn einmal die Berlin-Regelung zustande gekommen und der Moskauer Vertrag ratifiziert sei, dann würden die Bundesrepublik und die DDR bald in die Vereinten Nationen aufgenommen, und dann würden auch die drei Westmächte in Ostberlin Botschaften errichten. (Hier warf Staatssekretär Frank ein, Botschafter Rush sei da etwas optimistisch, immerhin gebe es den Deutschland-Vertrag mit seinem Artikel 7[5].) Die Frage der Anerkennung der DDR werde sich also ohnehin früher oder später stellen. Man solle sie jetzt für den freien Zugang in Pflicht nehmen. Überhaupt werde eine Berlin-Regelung nur dann ihren Zweck erfüllen, wenn sie von allen Beteiligten, auch von der DDR, voll akzeptiert werde.

Der französische Botschafter[6] wandte sich lebhaft gegen den Vorschlag. Damit würde der Rechtsposition des Westens in der Zugangsfrage Abbruch getan. Die

---

[1] Hat Staatssekretär Frank am 31. Juli 1971 vorgelegen, der handschriftlich vermerkte: „Dem H[errn] Minister vorzulegen."
Hat laut Vermerk vom 23. August 1971 Bundesminister Scheel vorgelegen.
Hat Ministerialdirektor von Staden am 24. August 1971 vorgelegen, der die Aufzeichnung an Vortragenden Legationsrat Blech weiterleitete.
Hat Blech am 24. August 1971 vorgelegen.
[2] Zum 26. Vier-Mächte-Gespräch über Berlin vgl. Dok. 262.
[3] Zum Vier-Mächte-Gespräch über Berlin auf Botschaftsratsebene am 27./28. Juli 1971 vgl. Dok. 257, Anm. 9.
[4] Vgl. dazu den gemeinsamen Entwurf der Vier Mächte vom 28. Mai 1971 zu einem Abkommen über Berlin in der Fassung vom 23. Juni 1971; Dok. 226.
[5] Für Artikel 7 des Vertrags vom 26. Mai 1952 über die Beziehungen zwischen der Bundesrepublik und den Drei Mächten in der Fassung vom 23. Oktober 1954 (Deutschlandvertrag) vgl. Dok. 154, Anm. 2.
[6] Jean Sauvargnargues.

Sowjets könnten behaupten, daß sie ihre Erklärung über die Zugangsprinzipien lediglich als Briefträger für die DDR abgegeben hätten. Seine Regierung werde diesen Vorschlag ablehnen.

Sir Roger Jackling bezog eine mittlere Position, hatte Verständnis für die Argumente von Rush, meinte jedoch schließlich, man solle es beim alten Text belassen.

Die Staatssekretäre Frank und Bahr hatten keine grundsätzlichen Bedenken gegen den sowjetischen Vorschlag, sie hielten es demgegenüber für entscheidend, daß die eigenständige sowjetische Verantwortung für die Zugangsprinzipien durch die Erwähnung der DDR nicht beeinträchtigt wird.

Botschafter Rush setzte sich dann mit gleicher Verve für den sowjetischen Vorschlag ein, den Teil über die Bundespräsenz radikal zu kürzen. Er meinte, man solle den Sowjets bei ihrem Bedürfnis, das Gesicht zu wahren, so weit wie irgend möglich entgegenkommen. Der Westen andererseits sollte auf Fragen des Gesichts und der Form keinen entscheidenden Wert legen. Man sollte überlegen, ob nicht die Frage der Ausschuß- und Fraktionssitzungen, um es den Sowjets leichter zu machen, aus dem Vierer-Abkommen herausgenommen und in den Brief der Drei Mächte an die Bundesregierung, der mit den Sowjets abzustimmen wäre, aufgenommen werden könne. Dem Westen müsse es auf die wirklichen Substanzfragen ankommen. Er sei sicher, daß er von den Sowjets bekommen würde:

- Bundespässe für Westberliner,
- Vertretung Westberlins in den internationalen Organisationen durch die Bundesrepublik,
- Teilnahme von Westberlinern am internationalen Austausch von Organisationen der Bundesrepublik,
- die Zustimmung zur Abhaltung internationaler Konferenzen in Berlin,
- den unbehinderten Zugang nach Berlin,
- plombierte Transporte,
- durchgehende Züge und Busse etc.

Gegen die Anerkennung der Aufrechterhaltung und Weiterentwicklung der Bindungen zwischen Berlin und Bund sollten wir als Gegenstück den Satz akzeptieren, daß Westberlin kein Teil der BRD ist und nicht zu ihr gehört. (Hier unterbrachen die Staatssekretäre Frank und Bahr den Botschafter Rush und bezeichneten diesen Satz als unannehmbar.)

Rush meinte auch, daß der sowjetische Vorschlag, im Vierer-Abkommen Amtshandlungen von Bundesorganen in Berlin zu verbieten, die dem Obersatz (Aufrechterhaltung der Bindungen, aber kein Teil der BRD und nicht zu ihr gehörig) widersprächen, nicht von vornherein abgelehnt werden sollte. Daraus ließe sich etwas machen. Auch hier warfen die Staatssekretäre Frank und Bahr ein, daß das nicht akzeptabel sei.

Der britische Botschafter äußerte gegenüber Botschafter Rush die Vermutung, daß er, Rush, sich offenbar schon weitgehend mit Abrassimow geeinigt habe. Rush wich diesem Hinweis mit einem Scherz aus. (Audland sagte mir anschließend, jetzt begreife er, warum Kwizinskij Dean gestern gesagt habe, er hoffe, daß die Briten und die Franzosen nunmehr auch bessere Weisungen bekommen würden.)

Das Gespräch hinterließ den Eindruck, daß Amerikaner und Sowjets nunmehr einen energischen Versuch machen wollen, in Kürze durch Kompromisse eine Berlin-Regelung zu erreichen. Die nächste Woche wird für die Ausarbeitung der westlichen Positionen, vor allen Dingen für die Berücksichtigung der vitalen Interessen der Bundesrepublik und Berlins, entscheidend sein.

van Well

VS-Bd. 4523 (II A 1)

261

Staatssekretär Bahr, Bundeskanzleramt, an den Sicherheitsberater des amerikanischen Präsidenten, Kissinger

30. Juli 1971

Top Secret

To: Henry Kissinger, White House, Washington

From: Egon Bahr

1) Ich werde heute dem Bundeskanzler in seinem Urlaubsort[1] die Ergebnisse der Besprechungen zu dritt vorlegen.

2) Wir sollten an der Position festhalten, daß ein sowjetisches Generalkonsulat nur akzeptiert wird, wenn die Sowjets die Bundespässe für die Berliner akzeptieren.

3) Wir sollten – wie hier im einzelnen besprochen – versuchen, das Ganze auf die offizielle Ebene in einer Sitzungsfolge ab 10.8. zu übertragen. Es könnte erforderlich sein, daß Sie Bedenken dagegen in Washington überwinden helfen.

4) Die Russen haben sich an unsere Absprachen gehalten und erklärt, daß man auf der Beraterebene nicht mehr weiterkönne. Ken[2] hat gestern abend sehr eindrucksvoll Sauvagnargues und Jackling darauf vorbereitet, daß er den Versuch machen wolle, in einer Sitzungsfolge ab 10. August zum Abschluß zu kommen.[3]

---

[1] Bundeskanzler Brandt hielt sich seit dem 23. Juli 1971 zu einem dreiwöchigen Erholungsurlaub auf Sylt auf.

[2] Kenneth Rush.

[3] Zum Gespräch des Staatssekretärs Frank und des Staatssekretärs Bahr, Bundeskanzleramt, mit den Botschaftern Jackling (Großbritannien), Rush (USA) und Sauvargnargues (Frankreich) am 29. Juli 1971 vgl. Dok. 260.

Die Engländer werden mitgehen. Der Franzose ist auch für die Botschafterebene, aber skeptisch über die Erfolgschance und kritisch gegen einige sowjetische Formulierungs-Vorschläge, die in die Richtung des mit Falin Vereinbarten gehen, aber aus taktischen Gründen verschärft wurden.

Die ganze Operation wird nicht unkompliziert. Ich werde mit Ken insbesondere darüber reden, daß eine gewisse Vorsicht nötig ist, um der Vermutung nicht Vorschub zu leisten, die Sache sei bereits zwischen den Russen und Amerikanern vorgeklärt.

5) Wir sind uns auf westlicher Seite einig, daß praktisch eine Nachrichtensperre ab heute verhängt wird.[4]

6) Der Bundeskanzler hat mit Barzel ein Vier-Augen-Gespräch gehabt und ihm die Positionen der Bundesregierung für die Berlin-Regelung genauestens erläutert. Die Punkte, die Barzel zu berücksichtigen gebeten hat, werden durch die vorgesehene Vereinbarung voll gedeckt.[5]

Herzlichen Gruß
[Bahr]

Archiv der sozialen Demokratie, Depositum Bahr, Box 439

---

[4] Am 3. August 1971 teilte Staatssekretär Frank Bundesminister Ehmke mit, im Gespräch mit den Botschaftern der Drei Mächte, Jackling (Großbritannien), Rush (USA) und Sauvagnargues (Frankreich) am 29. Juli 1971 sei vereinbart worden, „daß bis Mitte August keine Mitteilungen über den Gang der Berlin-Verhandlungen mehr an die Presse herangetragen werden sollten". Rush habe im 26. Vier-Mächte-Gespräch über Berlin am 30. Juli 1971 eine entsprechende Mitteilung gemacht. Er, Frank, rege an, auch die „beteiligten deutschen Stellen" anzuweisen, „ab sofort nichts mehr über den gegenwärtigen Stand und die weitere Entwicklung der Berlin-Gespräche nach außen verlauten zu lassen". Vgl. VS-Bd. 4523 (II A 1); B 150, Aktenkopien 1971.

[5] Zu seinem Gespräch mit CDU/CSU-Fraktionsvorsitzendem Barzel am 22. Juli 1971 notierte Bundeskanzler Brandt: „1) Ich unterrichtete B[arzel] aufgrund meines beiliegenden Sprechzettels. Er bedankte sich für die Unterrichtung, betonte den vertraulichen Charakter des Gesprächs und teilte mit, daß er auch während seines Urlaubs für weitere bzw. offizielle Unterrichtung zur Verfügung stehe. 2) B[arzel] widersprach zu keinem der von mir dargelegten Punkte. Er wies darauf hin, in seiner Fraktion werde besonders darauf geachtet werden, ob das Bundesverwaltungsgericht in Berlin bleibe und ob weiterhin Fraktionssitzungen in Berlin stattfinden könnten (,Dollpunkte'). Er würde es begrüßen, wenn das Festschreiben des Tatbestandes, daß Berlin nicht durch den Bund regiert wird, unter Hinweis auf die seinerzeitigen alliierten Suspensionen erfolge, d. h. Nichtschaffung eines neuen Tatbestandes. Auch würde er es für wichtig halten, daß die Sowjets die Alliierten über die Verpflichtungen der DDR in einer Form unterrichten, die es dieser nicht gestatten, nach ein paar Jahren eine ganz andere Haltung einzunehmen." Vgl. Archiv der sozialen Demokratie, Depositum Bahr, Box 160.

262

Aufzeichnung des Ministerialdirigenten van Well

II A 1-84.20/11-1160/71 geheim 4. August 1971[1]

Herrn Staatssekretär[2]

Betr.: Berlin-Verhandlungen
hier: Treffen der Botschafter am 30. 7. 1971

Zur Unterrichtung

I. Wesentliche Ergebnisse

1) In vorbereiteten Erklärungen kommentierten die Botschafter den Stand der Verhandlungen nach der zweiten Lesung durch die Botschaftsräte[3] und legten ihre Vorstellungen zum weiteren Verfahren dar.

2) Abgesehen von einigen unwesentlichen Punkten, in denen sich eine leichte Änderung der sowjetischen Haltung andeutete, waren beide Seiten bemüht, vor dem Eintritt in die Schlußphase keine Position in wichtigen Sachfragen zu räumen.

3) Die Botschafter vereinbarten, zu einer intensiven Sitzung, die sich gegebenenfalls über mehrere Tage erstrecken kann, am 10. August zusammenzukommen.[4] Treffen der Botschaftsräte werden in der Zwischenzeit nicht stattfinden.

II. Im einzelnen

1) Zur Lage der Verhandlungen allgemein bemerkte der französische Botschafter in Übereinstimmung mit seinen westlichen Kollegen, der zweite Durchgang sei nicht sehr erfolgreich gewesen. Die Botschaftsräte hätten keine weiteren Fortschritte erzielen können, da die Parteien jetzt zu den wesentlichen Fragen vorgestoßen seien. Die Verhandlungen müßten nunmehr von den Botschaftern unmittelbar übernommen werden. In diesem Stadium sei es notwendig, sich das Ziel der Gespräche noch einmal vor Augen zu führen: Endziel sei, Spannungen zu verringern und nicht neue Elemente in die Situation einzuführen. Dies könne nur erreicht werden, wenn beide Seiten davon Abstand nähmen, dem anderen Verhandlungspartner seine politischen Ansichten aufzwingen zu wollen. Wenn man jetzt daran gehe, das Skelett des gemeinsam erarbeiteten Textentwurfs[5] mit Fleisch anzufüllen, müsse man sehr vorsichtig sein, daß nicht das Rückgrat gebrochen werde.

---

[1] Durchdruck.
Die Aufzeichnung wurde von Vortragendem Legationsrat Blech und Legationsrat I. Klasse Kastrup konzipiert.
[2] Paul Frank.
[3] Zum Vier-Mächte-Gespräch über Berlin auf Botschaftsratsebene am 27./28. Juli 1971 vgl. Dok. 257, Anm. 9.
[4] Zum 27. Vier-Mächte-Gespräch über Berlin vgl. Dok. 271.
[5] Für den gemeinsamen Entwurf der Vier Mächte vom 28. Mai 1971 für ein Abkommen über Berlin in der Fassung vom 23. Juni 1971 vgl. Dok. 226.

Auch Abrassimow erklärte, daß der Versuch der Botschaftsräte, in der zweiten Lesung die Zahl der noch offenen Fragen zu reduzieren, kein Erfolg gewesen sei. Der Grund dafür sei allerdings nach seiner Auffassung darin zu suchen, daß die westliche Seite neue Punkte aufgebracht habe und die Botschaftsräte anscheinend Weisung gehabt hätten, sich nicht zu beeilen.

2) Detaillierte Stellungnahmen wurden zu noch offenen Fragen hinsichtlich Zugang, Verhältnis BRD/Berlin (West), Außenvertretung, sowjetische Interessen in Berlin (West) sowie zum weiteren Procedere abgegeben. Davon ist folgendes bemerkenswert:

a) Zugang

Die von den Sowjets in den letzten Botschaftsratssitzungen erhobene Forderung, auch in Teil II (also nicht nur im entsprechenden Annex) auf Konsultationen mit der DDR Bezug zu nehmen, wurde von Sauvagnargues als „für die französische Delegation" gänzlich unannehmbar zurückgewiesen. Durch einen solchen Zusatz würde die sowjetische Verpflichtung hinsichtlich des Zuganges erheblich abgeschwächt.

Abrassimow bemerkte dazu, die drei Westmächte würden an irgendeinem Punkt die DDR anerkennen müssen. Die westliche Position würde gestärkt, falls die UdSSR und die DDR sich vorher über den „Transit" geeinigt hätten.

b) Verhältnis BRD/Berlin (West)

Der britische Botschafter betonte, die alliierte Seite könne ihre Rechtsauffassung über das Verhältnis BRD/Berlin (West) nicht ändern. Es sei bereits ein Zugeständnis, wenn der Sowjetunion gegenüber zum ersten Mal eine Feststellung hierüber gemacht werde. Zu Sitzungen von Bundestags- und Bundesratsausschüssen sowie von Fraktionen führte Jackling aus, die westliche Seite sei bereit festzustellen, daß Fraktionen und Ausschüsse nur einzeln („single") zusammentreten würden. Für Ausschüsse müsse jedoch eine Ausnahme gemacht werden, die es erlaube, daß bis zu drei Ausschüsse zusammen oder gleichzeitig tagen könnten, falls die Materie es erforderlich mache.

Abrassimow wiederholte den sowjetischen Standpunkt, daß die Westsektoren kein Teil der BRD seien, nicht zu ihr gehörten und nicht von ihr regiert würden. Die Sowjets seien aber bereit, in dem betreffenden Abschnitt des Vier-Mächte-Teils zunächst die Bindungen zu erwähnen, die „aufrechterhalten und entwickelt" werden könnten. Es müsse allerdings klar sein, daß Bundesbehörden, der Bundespräsident, der Kanzler, das Kabinett, Ausschüsse des Bundestages und Bundesrats, Fraktionen des Bundestages und Regierungsbeamte („state officials") kein Recht hätten, in West-Berlin Tätigkeiten auszuüben, die mit dem von ihm erwähnten Prinzip unvereinbar seien.

c) Außenvertretung

Botschafter Rush stellte folgende Richtlinien auf, die den kommenden Erörterungen zugrunde liegen sollten:

– Unterschiedliche Standards müßten vermieden werden, um künftige Schwierigkeiten auszuschließen.

– Falls die westliche Seite in Abweichung von der Konstruktion der anderen operativen Teile des Abkommens sich zu einem Austausch von Mitteilungen

bereit finden sollte, so könne dies jedoch nicht bedeuten, der Sowjetunion die gleichen Rechte wie den drei Westmächten bei der Entscheidung der Frage einzuräumen, wie die Westsektoren im Ausland vertreten werden.
- Eine Verminderung der gegenwärtigen westlichen Praxis komme nicht in Betracht. Die Alliierten seien insoweit durch vertragliche Verpflichtungen gegenüber der Bundesrepublik gebunden.[6]
- Eine zweifache Vertretung der Westsektoren durch die BRD und die Drei Mächte bei Verträgen, internationalen Organisationen oder Konferenzen, je nach der betroffenen Materie, müsse vermieden werden.

Ein vernünftiger Kompromiß könne wie folgt aussehen:
Die westliche Seite stelle zunächst fest, daß die drei Westmächte sich ihre Rechte und Verantwortlichkeiten auf diesem Gebiet, einschließlich Angelegenheiten bezüglich Sicherheit und Status, vorbehielten. Dem solle sie aber die Mitteilung anschließen, daß sie die Vertretung der Interessen und der Einwohner West-Berlins nach außen an die BRD delegiert hätten. Die sowjetische Vorstellung, jede Seite solle sich auf die Beschreibung der Praxis in ihren jeweiligen Ländern beschränken, sei nicht akzeptabel.

Was die Benutzung von Bundespässen durch Westberliner anbetreffe, so sei dies ein zentraler Punkt für die westliche Seite. Er, Rush, könne dessen Bedeutung nicht überbetonen. Um den Sowjets entgegenzukommen, seien die Alliierten bereit, Form und Art der Ausstellung zu ändern.

Abrassimow antwortete, die Vier Mächte würden in der Frage der Außenvertretung nicht zu einer Einigung gelangen, falls sie dem Weg folgten, den Rush vorgeschlagen habe. Es sei ferner gänzlich ausgeschlossen, daß die Sowjetunion Bundespässe für Westberliner anerkennen werde.

d) Weiteres Procedere

Die westlichen Botschafter erklärten übereinstimmend, daß nunmehr der Zeitpunkt gekommen sei, selbst die Verhandlungen zu übernehmen. Abrassimow stimmte dem zu. Die Arbeit solle, wie er erklärte, so lange und so intensiv wie möglich fortgesetzt werden, um eine Einigung zustande zu bringen. Seiner Meinung nach sollten auf Botschafterebene zunächst die schwierigsten Fragen geregelt werden. Danach könnten andere noch offene Punkte von den Botschaftsräten erörtert werden.

III. Bewertung

1) Es fällt auf, daß die westlichen Botschafter nicht – wie in grundsätzlichen Fragen während der letzten Treffen – den Sowjets unisono gegenübertraten, sondern getrennte Erklärungen abgaben, die vor der Sitzung wohl nicht bis in Einzelheiten miteinander abgestimmt waren. Dennoch besteht kein Grund zu der Annahme, daß unter den Alliierten Meinungsunterschiede in Kernfragen westlicher Interessen bestehen. Gewisse Nuancen in der Einschätzung des Stel-

---

6 Im Schreiben der drei Hohen Kommissare vom 26. Mai 1952 an Bundeskanzler Adenauer über die Ausübung des den Drei Mächten vorbehaltenen Rechts in bezug auf Berlin erklärten McCloy, Kirkpatrick und François-Poncet, „ihr Recht in bezug auf Berlin in einer Weise auszuüben, welche [...] den Bundesbehörden gestattet, die Vertretung Berlins und der Berliner Bevölkerung nach außen sicherzustellen". Vgl. das Schreiben Nr. X in der Fassung vom 23. Oktober 1954; BUNDESGESETZBLATT 1955, Teil II, S. 500.

lenwertes des einen oder anderen Punktes hat es im Laufe der Verhandlungen immer wieder gegeben, ohne daß darunter die Einheitlichkeit der Haltung gegenüber der östlichen Seite gelitten hätte. Insgesamt haben die Alliierten auch in dieser Sitzung vor der entscheidenden Verhandlungsphase den westlichen Standpunkt mit Nachdruck und Festigkeit in einer Weise vertreten, die unseren Wünschen in vollem Umfang gerecht wird.

2) Der Übergang der Verhandlungen auf die Ebene der Botschafter könnte im gegenwärtigen Stadium als verfrüht erscheinen. Demgegenüber ist jedoch zu bedenken, daß die Botschaftsräte über die noch offenen Fragen in extenso diskutiert haben, ohne weitere Kompromißformeln zu finden. Da nach dem Eindruck der Alliierten der sowjetische Botschaftsrat[7] einen äußerst engen Spielraum für die Fortführung der Gespräche erhalten hatte, waren auf der Botschaftsratsebene keine Fortschritte mehr zu erwarten. Im Interesse eines zügigen Fortgangs der Verhandlungen sollten deshalb etwaige Bedenken gegen den Zeitpunkt von Verhandlungen durch die Botschafter zurücktreten. Wir müssen jedoch darauf bedacht sein, die kommenden Gespräche sehr sorgfältig vorzubereiten.

gez. van Well

VS-Bd. 4523 (II A 1)

263

Aufzeichnung des Vortragenden Legationsrats Bräutigam

II A 1-84.20/11-1158/71 geheim 4. August 1971[1]

Betr.: Berlin-Verhandlungen

In einer Besprechung bei StS Frank, an der auch MDg van Well, Leitender Senatsrat Meichsner (LV Berlin), VLR Dr. Bräutigam und LR I von Richthofen teilnahmen, berichtete StS Bahr über seine kürzlichen Gespräche mit dem Bundeskanzler und Bundesminister Scheel an deren Urlaubsorten. Die Gespräche hätten, so sagte StS Bahr, folgendes Ergebnis gehabt:

1) Die sowjetische Forderung, daß die Zustimmung der DDR zur Zugangsregelung in Teil II A[2] erwähnt werde, könne akzeptiert werden, wenn sichergestellt sei, daß die unmittelbare und eigenständige Verpflichtung der Sowjetunion dadurch nicht beeinträchtigt werde.

---

[7] Julij Alexandrowitsch Kwizinskij.

[1] Hat Staatssekretär Frank am 6. August 1971 vorgelegen.

[2] Für den gemeinsamen Entwurf der Vier Mächte vom 28. Mai 1971 für ein Abkommen über Berlin in der Fassung vom 23. Juni 1971 vgl. Dok. 226.

MDg van Well erklärte dazu, daß vor allem auf französischer Seite erhebliche Bedenken gegen die Annahme des sowjetischen Vorschlags bestünden. Dabei müsse man bedenken, daß möglicherweise auch die Konsultationsklausel durch eine solche Konstruktion entwertet werde. Man könne nicht ausschließen, daß sich die Sowjets später nur noch als Zwischenträger zur DDR betrachten würden.

2) Die sowjetische Formel, Berlin sei kein Teil der Bundesrepublik und gehöre nicht zu ihr, sei für die Bundesregierung unter keinen Umständen akzeptabel. Der zweite Halbsatz sei dabei noch bedenklicher als der erste.

MDg van Well sagte, man müsse damit rechnen, daß uns die alliierten Botschafter[3] zu einer Überprüfung der deutschen Position (Berlin sei nicht als Land der Bundesrepublik anzusehen) auffordern werden. Man dürfe in diesem Punkt jetzt keinen Zweifel daran lassen, daß wir in dieser Frage keinen Spielraum haben.

StS Bahr stimmte dem zu, meinte aber, man solle doch prüfen, ob die Alliierten früher einmal eine andere Formel für das Verhältnis Berlin/Bundesrepublik gebraucht hätten als unsere jetzige Position. Entscheidend sei, daß der Westen nicht über seine bisherige Position hinausgehe.

3) Der Bundeskanzler und Bundesminister Scheel seien damit einverstanden, wenn man den Abschnitt „Verhältnis Berlin/Bundesrepublik" kürzer als bisher vorgesehen fasse, unter der Voraussetzung allerdings, daß später kein Streit über die Auslegung entstehe. Deshalb sei eine verbindliche Interpretation notwendig. Uns könne es nur recht sein, wenn dies durch einen Brief der Drei Mächte an die Bundesregierung geschehe, dessen Inhalt mit den Sowjets abgestimmt sei und der ihnen anläßlich der Unterzeichnung übermittelt werde. Mit der Annahme dieses Briefes könne die Sowjetunion der darin niedergelegten Interpretation nicht mehr widersprechen. Davon zu trennen sei ein Brief der Drei Mächte an die Bundesregierung, in dem die früheren alliierten Vorbehalte noch einmal aufgeführt würden. Dieser letztere Brief sei natürlich nicht zur Übermittlung an die Sowjetunion geeignet.

Das Schreiben der Drei Mächte an die Bundesregierung über die Interpretation der Bestimmungen zur Bundespräsenz solle so kurz wie möglich gehalten sein. Es genüge, darin nur die Beschränkungen aufzuführen und anschließend festzustellen, daß alles, was nicht verboten ist, erlaubt sei.

4) Der Bundeskanzler habe sich für eine unterschiedliche Regelung der Ausschuß- und Fraktionssitzungen ausgesprochen. Er sei einverstanden, wenn Gegenstand der Ausschußberatungen in Berlin nur die Verpflichtungen des Bundes und die zur Übernahme vorgesehene Gesetzgebung sei. Bei den Fraktionssitzungen seien dagegen solche beschränkenden Auflagen nicht möglich. Die Fraktionen berieten auch über die Tagesordnung künftiger Sitzungen, über die Behandlung kleiner und großer Anfragen etc.; das könne man nicht ausschließen. Die Fraktionssitzungen in Berlin sollten nicht Sitzungen besonderer Art werden.

---

3 Pjotr A. Abrassimow (UdSSR), Roger W. Jackling (Großbritannien), Kenneth Rush (USA) und Jean Sauvagnargues (Frankreich).

MDg van Well erklärte, daß es sehr schwer sein werde, in diesem Stadium noch zusätzliche Forderungen einzubringen. Bisher hätten wir stets den Standpunkt vertreten, daß für die Beratungsgegenstände der Fraktionen die gleichen Beschränkungen gelten sollten wie für die Ausschüsse. Auch der Vorsitzende der CDU/CSU-Fraktion[4] habe sich mit einer solchen Regelung einverstanden erklärt.

5) Der Bundeskanzler und Bundesminister Scheel seien übereinstimmend der Auffassung, daß wir auf eine Anerkennung der Bundespässe durch die Sowjetunion nicht verzichten könnten.

StS Bahr räumte ein, daß die Sowjets diese Forderung bisher immer kategorisch abgelehnt hätten. Vielleicht müsse man den Sowjets jetzt sagen, so meinte StS Bahr, daß sich der Westen ohne Anerkennung der Bundespässe nicht mit einem sowjetischen Generalkonsulat in Westberlin[5] einverstanden erklären könne. Dies werde vielleicht die schwierigste Frage in der Schlußphase der Verhandlungen sein.

MDg van Well unterrichtete die Staatssekretäre davon, daß die Amerikaner jetzt offenbar bereit seien, die Errichtung des Generalkonsulats im Vier-Mächte-Abkommen selbst zu erwähnen. Wegen der Einzelheiten solle auf einen besonderen Briefwechsel verwiesen werden.

StS Frank und StS Bahr sahen keine Bedenken, so zu verfahren. Die geeignete Stelle für eine Erwähnung des Generalkonsulats sei im Annex über die Außenvertretung, und zwar am besten hinter der Bestimmung über die Ausübung der konsularischen Funktionen für Westberliner. Einen besonderen Annex über das Generalkonsulat solle es nicht geben.

Bräutigam

VS-Bd. 4523 (II A 1)

---

[4] Rainer Barzel.
[5] Zur Frage der Errichtung eines sowjetischen Generalkonsulats in Berlin (West) vgl. Dok. 231, Anm. 7.

264

Botschafter Pauls, Washington, an Bundesminister Scheel

Z B 6-1-12935/71 geheim Aufgabe: 4. August 1971, 13.45 Uhr
Fernschreiben Nr. 1714 Ankunft: 4. August 1971, 19.25 Uhr

Für Bundesaußenminister, Staatssekretär[1] und D Pol[2]

Betr.: Beziehungen Washington–Peking

Inhalt:

1) Bedeutung Taiwans

2) US-japanische Beziehungen

3) Moskaus Reaktion

4) Hanoi

5) Mögliche weltpolitische Auswirkungen

6) Mögliche Gestaltung der US-chinesischen Beziehungen

Kissinger, den ich gestern ausführlich sprach, beurteilte die ersten Auswirkungen der amerikanischen China-Initiative[3] zurückhaltend. Es werde zu keinen guten Beziehungen zwischen Washington und Peking kommen. Sie würden auf eine schwer abzusehende Zeit sicher schlechter bleiben als zwischen Washington und Moskau. Der Antagonismus werde fortdauern, aber aus der Isolation auf das Feld der Kontakte gebracht werden. Taiwan bleibe eine wichtige und unentbehrliche Position in dem pazifischen Bündnissystem der USA[4], und die amerikanische Politik gegenüber Taiwan werde natürlich von den übrigen asiatischen pazifischen Verbündeten Amerikas scharf beobachtet. Es ergebe sich schon aus der unverzichtbaren Position Taiwans eine Begrenzung für die mögliche Entwicklung der Beziehungen zwischen Washington und Peking, wie immer die UN-Frage sich entwickeln werde. Das könne, auch nachdem die amerikanische Regierung ihre beabsichtigte Politik verdeutlicht habe[5], noch niemand übersehen. Für Japan sei wohl Ankündigung des Nixon-Gesprächs zunächst ein Schock gewesen. Es sei dem Weißen Haus sehr schwer gefallen, Tokio nicht vorher zu unterrichten, aber dann hätte man vor allem Taiwan vorher unterrichten müssen, und der ganze Approach wäre mit Sicherheit dadurch entscheidend gestört worden. Inzwischen habe er den Eindruck, daß die ame-

---

[1] Hat Staatssekretär Frank am 5. August 1971 vorgelegen, der die Weiterleitung an Ministerialdirektor von Staden verfügte.

[2] Hat Ministerialdirektor von Staden am 5. August 1971 vorgelegen.

[3] Zur Ankündigung des Präsidenten Nixon vom 15. Juli 1971, der Volksrepublik China einen Besuch abzustatten, vgl. Dok. 252, Anm. 4.

[4] Zu den Bündnisverträgen zwischen den USA sowie Australien, Japan, Neuseeland, den Philippinen und der Republik China (Taiwan) vgl. Dok. 285.

[5] Am 2. August 1971 gab der amerikanische Außenminister Rogers in einer Pressekonferenz in Washington die Richtlinien der künftigen amerikanischen Politik hinsichtlich einer Vertretung Chinas in der UNO bekannt. Er führte dazu aus: „The United States accordingly will support action at the General Assembly this fall calling for seating the People's Republic of China. At the same time the United States will oppose any action to expel the Republic of China or otherwise deprive it of representation in the United Nations." Vgl. DEPARTMENT OF STATE BULLETIN, Bd. 65 (1971), S. 193.

rikanisch-japanische Zusammenarbeit eine Tendenz zeige, sich noch mehr zu vertiefen als vor der Ankündigung. Das Interesse dafür liege auf beiden Seiten. Amerika nehme seine Bündnisverpflichtungen und Zusammenarbeit mit Japan sehr ernst, und die Japaner sehen das genauso. Niemandem sei an einer unabhängigen und eigenständigen Militärpolitik Japans gelegen, die die pazifische und asiatische Lage noch zusätzlich komplizieren könne. Aus Moskau sei noch kaum eine Reaktion spürbar. Mit einer Auswirkung auf SALT sei nicht zu rechnen. Vielleicht mit einem noch wachsenden Interesse Moskaus, die europäischen Dinge zu entspannen und zu konsolidieren. Im Augenblick sei das bemerkenswerteste, daß noch kaum eine Reaktion sich abzeichne. Auch Hanoi habe noch kaum reagiert, in Paris am Verhandlungstisch[6] sei nichts spürbar. Soviel eine amerikanisch-chinesische Annäherung für Hanoi bedeuten müsse, wisse es natürlich, daß es zu keiner amerikanisch-chinesischen Kollusion zur Beendigung des Vietnam-Krieges kommen werde. Natürlich sei die Besuchsankündigung ein Ereignis, daß die Ablösung des weltpolitischen Dualismus durch ein Dreiecksverhältnis Washington–Moskau–Peking vorantreibe, und in dieser Konstellation werde auch das engere Dreieck Washington–Tokio–Peking interessanter werden, um so mehr als die gegenwärtige amerikanische Politik die Japaner natürlich antreibe, ihr eigenes Verhältnis zu Peking zu verbessern. Wie sich jedoch dieses Dreiecksverhältnis gestalte, sei noch gar nicht abzusehen. Die amerikanische Regierung werde um eine Verbesserung ihrer Beziehungen zur Sowjetunion bemüht sein, um dieser auch praktisch zu verdeutlichen, daß sie ihre Initiative gegenüber Peking nicht als gegen Moskau gerichtet betrachte. Auf der anderen Seite sei durchaus damit zu rechnen, daß sowohl Moskau wie Peking Anstrengungen unternehmen, um ihre eigenen Schwierigkeiten wenn nicht auszuräumen, so doch herunterzuspielen. Die längste Landgrenze der Erde zwischen beiden sei für beide eine nicht ausräumbare Belastung, aber biete natürlich auch Möglichkeiten, angespannte Beziehungen zu entspannen und zu verbessern. Meine Frage nach den diplomatischen Beziehungen zwischen Washington und Peking beantwortete Kissinger etwas ausweichend. Er meinte, zwei Staaten könnten diplomatische Beziehungen haben und trotzdem könnten ihre Beziehungen herzlich schlecht sein. Auf der anderen Seite könne es auch bei Fehlen diplomatischer Beziehungen Kontakte und Zusammenarbeit geben. Dafür gebe es eine Reihe Beispiele. Seine Antwort ließ mehr oder weniger erkennen, daß er nicht mit der Aufnahme diplomatischer Beziehungen als einem Ergebnis der Reise Nixons rechne. Als ich ihn daraufhin fragte, ob er folgendes Resultat der Reise als befriedigend ansehen würde: eine Erklärung Nixons und der chinesischen Regierung, man habe sich ausgesprochen und beschlossen, die Kontakte fortzusetzen. Der Präsident habe Tschou En-lai zu einem Besuch nach Washington eingeladen, und dieser habe angenommen, meinte er, der erste Teil sei nützlich. Daß es zu einer Einladung Tschous schon bei Gelegenheit des Nixon-Besuchs kommen werde, glaube er kaum. Er glaube nicht, daß Tschou Washington in irgendeiner schon abzusehenden Zeit besuchen werde. Aus einer Nebenbemerkung gewann ich den Eindruck, daß für den Entschluß Nixons, nach Peking zu fahren und dies jetzt

---

[6] Seit dem 10. Mai 1968 verhandelten die USA und die Demokratische Republik Vietnam (Nordvietnam) in Paris über eine Beendigung des Vietnam-Kriegs.

schon in einer relativ ungeklärten Lage bekanntzugeben, nicht ohne Einfluß gewesen ist, daß das Weiße Haus über schon recht weit gediehene Reisepläne von Muskie und Edward Kennedy unterrichtet war, deren Reisen, wenn sie noch stattfinden sollten, durch die Nixon-Ankündigung natürlich relativiert sind, während sie ohne diese eine Sensation bedeutet hätten.

Ich darf anregen, diesen Bericht dem Herrn Bundeskanzler vorzulegen.

[gez.] Pauls

VS-Bd. 9883 (I B 5)

265

Gespräch des Staatssekretärs Bahr, Bundeskanzleramt, mit dem Staatssekretär beim Ministerrat der DDR, Kohl

Geheim 5. August 1971[1]

Protokoll des Gespräches StS Bahr/StS Dr. Kohl, Bundeskanzleramt, Bonn, am 5. August 1971, 10.30 Uhr bis 12.45 Uhr. Delegationen wie bisher.

StS *Bahr* begrüßte die Delegation der DDR und bat StS Kohl als Gast zu beginnen.

StS *Kohl* erklärte, er habe beim letzten Mal[2] die Vorstellungen seiner Seite zu grundsätzlichen Fragen des grenzüberschreitenden Verkehrs zwischen der BRD und der DDR erläutert und zu StS Bahrs Ausführungen betreffend die Elemente V und X[3] Stellung genommen. Hierzu habe StS Bahr sich seinerseits noch nicht wieder geäußert, vielmehr in Aussicht gestellt, dies heute im einzelnen zu tun. Er schlage daher vor, daß StS Bahr jetzt den Standpunkt seiner Regierung darlege.

StS *Bahr* sagte, man habe sich beim letzten Mal darüber verständigt, eine Art zweiten Durchgang vorzunehmen. Seine Seite habe die bisherigen Ergebnisse geprüft und dabei die Elemente, die nach seiner Vorstellung noch Teil des Vertrages, nach Vorstellung StS Kohls jedoch in Annexe aufgenommen werden sollten, über X hinaus numeriert. Dies sei aber eine Formfrage ohne Bedeutung.

---

[1] Ablichtung.
Die Gesprächsaufzeichnung wurde von Vortragendem Legationsrat Eitel, Bundeskanzleramt, gefertigt.
Hat Staatssekretär Frank vorgelegen, der die Weiterleitung an Bundesminister Scheel verfügte.
Hat laut Vermerk des Vortragenden Legationsrats Hallier vom 12. August 1971 Scheel vorgelegen.

[2] Zum 14. Gespräch des Staatssekretärs Bahr, Bundeskanzleramt, mit dem Staatssekretär beim Ministerrat der DDR, Kohl, am 19. Juli 1971 in Ost-Berlin vgl. Dok. 250 und Dok. 251.

[3] Im elften Gespräch mit Staatssekretär Bahr, Bundeskanzleramt, am 30. April 1971 legte der Staatssekretär beim Ministerrat der DDR, Kohl, eine überarbeitete Fassung seiner erstmals im zehnten Gespräch am 31. März 1971 in Ost-Berlin vorgetragenen zehn „Elemente eines Vertrags zwischen der Deutschen Demokratischen Republik und der Bundesrepublik Deutschland über Fragen des Verkehrs" vor. Vgl. dazu Dok. 149.

Die Überlegungen auf seiner Seite hätten aber ergeben, daß es gerade dann, wenn man Formulierungen versuche, fraglich werde, ob Fortschritte trotz des Dissenses über den Anwendungsbereich des Vertrages möglich seien. Man habe bisher in Kenntnis der beiderseitigen verschiedenen Standpunkte versucht, Sachpunkte zu klären. Aber wenn man an die Formulierung herangehe, dann zeige es sich, daß bei vielen Formulierungsversuchen der Dissens ans Licht komme oder entschieden werden müsse. StS Kohl werde selbst bei seinen Formulierungen darauf gestoßen sein.

Man sei sich in einem sehr frühen Stadium schon einig gewesen, Fragen des Verkehrs zwischen der BRD und Berlin dann vorrangig zu behandeln, wenn der Stand der Vier-Mächte-Gespräche das erlaube. Damit sei klar – jedenfalls seiner Ansicht nach –, daß der hier zu besprechende Verkehrsvertrag den Berlin-Verkehr bislang ausklammere. Dies habe nicht mit StS Kohls Auffassung übereingestimmt. Er, Bahr, habe jetzt den Versuch gemacht, ein Element zu formulieren, das er, um nicht mit den übrigen Nummern in Verwirrung zu geraten, A nenne, und das beispielsweise zwischen der Präambel und dem Element I stehen könne. Sinn dieses Elementes A sei die Feststellung, daß Gegenstand dieses Abkommens der grenzüberschreitende Verkehr von Personen und Gütern der beiden vertragsschließenden Partner in und durch ihr Hoheitsgebiet sei. Satz 2 des Elementes A müsse dann festlegen, daß dieses Abkommen nicht für den Verkehr zwischen der BRD und Berlin (West) gelte. Wenn hier von einem Abkommen gesprochen werde, so wolle er sofort klarstellen, daß es sich dabei um einen Vertrag zwischen zwei Staaten handeln solle und daß im Falle von Schwierigkeiten oder Zweifeln bei Anwendung oder Auslegung dieses Abkommens man sich von den in der Wiener Vertragsrechtskonvention[4] zum Ausdruck kommenden Grundsätzen leiten lassen könne. Es solle ferner offen bleiben, ob es sich um einen Staatsvertrag oder ein Regierungsabkommen handele. Er sei sich darüber im klaren, daß mit dem Element A eine Reihe grundsätzlicher Fragen im Hinblick auf die Struktur angesprochen, andererseits eine gewisse thematische Nähe zu den Vier-Mächte-Verhandlungen erreicht werde.

Erstens: Wenn man von einem Element A ausgehe, so sei man sehr viel freier, sowohl bei den Grundsätzen als auch bei den Sachlösungen, bei denen man bislang darunter gelitten habe, daß gefundene Formulierungen zu Mißverständnissen führen könnten.

Zweitens berücksichtige das Element A den Gesichtspunkt, daß das Abkommen zwischen der BRD und der DDR über den Berlin-Verkehr die Ergänzung des Vier-Mächte-Ergebnisses sein solle und daher gesondert von dem Allgemeinen Verkehrsabkommen erörtert und abgeschlossen werden müsse.

Er gehe davon aus, daß auf der Seite der DDR die Konsultationen ebenso umfassend Stand und Thematik der Vier-Mächte-Besprechungen zur Kenntnis der DDR-Stellen brächten wie auf unserer Seite. Danach sei StS Kohl sicher klar, daß eine Vereinbarung der Vier Mächte, für die das deutsche Abkommen ein unerläßlicher Teil sei, ein Regierungsabkommen werden solle, mithin nicht der Zustimmung der gesetzgebenden Körperschaften bedürfe. Es sei im gemein-

---

[4] Für den Wortlaut des Wiener Übereinkommens vom 23. Mai 1969 über das Recht der Verträge vgl. UNTS, Bd. 1155, S. 332–353. Für den deutschen Wortlaut vgl. BUNDESGESETZBLATT 1985, Teil II, S. 927–960.

samen Interesse der beiden deutschen Staaten, daß von deutscher Seite keine Form gewählt werde, durch die ein Verzögerungsfaktor in die Berlin-Regelung gebracht werde. Andererseits habe StS Kohl doch wohl die Bereitschaft der Bundesregierung gesehen, einen Vertrag mit der DDR abzuschließen, wie er zwischen Staaten üblich sei, der der Zustimmung der gesetzgebenden Körperschaften bedürfe und der Form nach alle Notwendigkeiten berücksichtige. Es sei auch, was Gewicht und Formalisierung dieses Vertrages angehe, keine Diskriminierung der DDR beabsichtigt. Das gelte übrigens auch für ein Abkommen über den Berlin-Verkehr, das nach Charakter und Form dem Abkommen der Vier Mächte entsprechen müsse.

StS *Kohl* warf ein: Verkehr nach und von West-Berlin.

StS *Bahr* fuhr fort: Der vorgeschlagene Satz 2 des Elementes A bedeute also eine klare Trennung zwischen Verkehrsvertrag und dem, was StS Kohl so gerne die besondere Transitrelation BRD/Berlin (West) nenne. Durch eine solche Trennung werde man schneller vorwärts kommen. Keinesfalls sei sein Vorschlag darauf gerichtet, durch diese Trennung auch einen größeren zeitlichen Abstand zwischen dem Abschluß des Berlin-Abkommens und dem des allgemeinen Verkehrsvertrages zu erreichen. Er sei durchaus bereit, die Arbeit auch an dem Allgemeinen Verkehrsabkommen so zu fördern, daß kein allzu großer zeitlicher Unterschied zwischen dem Abschluß der beiden Übereinkünfte bestehe. Er wolle darüber hinaus sagen, daß er sogar daran interessiert sei, keine größere zeitliche Unterbrechung eintreten zu lassen. Weiterhin sei seine Seite daran interessiert, über die Verkehrsfragen hinaus die Beratungen über grundsätzliche Fragen des Verhältnisses der beiden Staaten zueinander fortzusetzen. Ein Blick auf die internationale Situation zeige, daß so etwas nahe läge. Damit eile er aber der Entwicklung weit voraus; ihm habe nur daran gelegen, seine Vorstellungen in einem Gesamtzusammenhang zu stellen.

StS *Kohl* erwiderte, er sei StS Bahrs Ausführungen aufmerksam gefolgt. Er wolle zunächst noch einen Punkt erwähnen, der ihm wichtig sei: Auf StS Bahrs Insistieren hin habe man sich darauf geeinigt, keine „Verhandlungen" zu führen und diesen Begriff auch in den Presseverlautbarungen zu vermeiden. Er frage nun, wie sich dies vereinbaren ließe mit dem Verhalten westdeutscher Diplomaten in dem Teile der Welt, wo sie mit diesem besonderen Anliegen bei Staaten und internationalen Organisationen noch Gehör fänden. Diese Diplomaten würden nämlich draußen vorstellig, behaupteten, die Staatssekretäre Bahr und Kohl führten intensive Verhandlungen, deren Ergebnis man noch abwarten möchte, ehe man daran gehe, sein Verhältnis zur DDR zu normalisieren. StS Bahr werde sicherlich zugeben, daß dies – gelinde gesagt – der Versuch einer groben Irreführung der betreffenden Staaten und internationalen Organisationen sei. Seine Gespräche mit StS Bahr hätten eigentlich mit grundsätzlichen Fragen nichts zu tun, und bis vor kurzem habe man sich noch nicht einmal darüber einigen können, daß auch Regelungen auf Teilbereichen nur durch völkerrechtsgemäße Absprachen zu treffen seien. Im übrigen würden solche behaupteten Verhandlungen für dritte Staaten in ihren Beziehungen zur DDR aber auch irrelevant sein.

In der letzten Zusammenkunft habe er einen Hoffnungsschimmer dahingehend zu erkennen geglaubt, daß die Bundesregierung bereit sei, in der Frage des

Charakters der Beziehungen zwischen den beiden deutschen Staaten zu realistischeren Positionen überzugehen. StS Bahr habe gesagt, daß keine Bevormundung oder Unterordnung der DDR gewollt sei, daß beide Staaten durchaus souverän gleich seien, daß eine Vereinbarung zwischen den beiden Staaten so wie zwischen den beiden und dritten Staaten sein müsse und einen dem Völkerrecht entsprechenden Charakter haben werde, sowie schließlich, daß ein Allgemeiner Verkehrsvertrag keine Vier-Mächte-Rechte berühre. Heute habe StS Bahr im Element A sich einen Verkehrsvertrag vorstellen können, dessen Gegenstand der grenzüberschreitende Verkehr von Personen und Gütern der DDR und der BRD in und durch ihr Hoheitsgebiet wäre. StS Bahr habe heute weiter gesagt, daß der Vertrag eindeutig ein zwischenstaatliches Abkommen sei und daß bei seiner Auslegung man sich auf die Wiener Vertragsrechtskonvention beziehen könne und müsse. Er frage nun, ob die Bundesregierung, was diesen Gegenstand anbelangt, zum Abschluß eines völkerrechtlichen Vertrages bereit sei. Dies sei eine wichtige Frage, deren positive Beantwortung Hindernisse aus dem Wege räumen werde. Dabei verstehe er unter völkerrechtlichem Vertrag einen Vertrag, der vom Prinzip der souveränen Gleichheit der Vertragspartner ausgehe und die Nichteinmischung und Nichtdiskriminierung berücksichtige. Hinsichtlich des Wortes „Völkerrecht" sei er kein Fetischist.

Was ihn überrasche und was er nicht verstehe, sei, daß StS Bahr den Transit westdeutscher Bürger und Güter nach und von Berlin (West) aus einem solchen Vertrag ausgeklammert wissen möchte, obwohl gerade jetzt aus Bonn eine Fülle von Äußerungen vorliege, daß der Stand der Vier-Mächte-Verhandlungen über diesen Gegenstand bald Verhandlungen zwischen den beiden deutschen Staaten erforderlich machen werde. Ohne sachliches oder juristisches Motiv reiße StS Bahr hier Transitrelationen auseinander, was um so unverständlicher sei, als gerade die Bundesregierung doch an einer speziellen Transitrelation besonderes Interesse habe. Warum also spreche man nicht über einen umfassenden Verkehrsvertrag? Er habe ursprünglich nur über einen Transitvertrag sprechen wollen, sei dann aber StS Bahr entgegengekommen und habe auch den Wechselverkehr einbezogen. Ein Anhang zum Vertrag könne dann dem Interesse der BRD an der besonderen Transitrelation Rechnung tragen. Er verkenne nicht, daß die BRD ein besonderes Interesse an der speziellen Transitrelation habe wegen des ausnehmend starken Verkehrs, aber die Grundlagen seien doch die gleichen. Dazu könne er Dutzende von Bestimmungen zitieren.

StS Bahr habe gesagt, daß das deutsche Abkommen nach Charakter und Form dem Vier-Mächte-Abkommen entsprechen müsse. Das sei richtig. Aber gerade die Vier Mächte seien daran interessiert, daß die West-Berlin-Regelung auf einer bindenden völkerrechtlichen Vereinbarung als Grundlage beruhe. Ebenso sei es auch das Interesse der Bundesregierung, daß die West-Berlin-Regelung völkerrechtlich verbindlich sei. Warum also dann die Trennung? Trotz des großen Umfanges einer Relation seien doch alle Transitrelationen das gleiche. Gehe nicht StS Bahrs Vorschlag dahin, das Allgemeine Verkehrsabkommen völkerrechtsgemäß abzuschließen? Warum versuche er dann eine Ausweichregelung? Was hätte denn die Bundesregierung von einer sogenannten innerdeutschen Berlin-Verkehrsregelung, wenn diese nicht völkerrechtlich bindend sei? Er könne sich nicht vorstellen, daß die Vier Mächte, die ein verbindliches Fundament legen wollten, interessiert daran seien, einen Teil in einer minder verbindlichen Form zu halten. Dies gefährde die Stabilität des Ganzen.

Jedenfalls begrüße er den Hinweis auf den völkerrechtlichen Charakter und die Bezugnahme auf die Wiener Vertragsrechtskonvention in StS Bahrs Ausführungen. Dies sei ein Fortschritt seitens der Bundesregierung. Er sähe aber noch nicht, warum es für den West-Berlin-Verkehr eine Sonderregelung geben müsse. Wo seien da die Unterschiede zwischen Transit aus der BRD oder aus West-Berlin nach Polen? Warum solle nicht alles gleichzeitig vorbereitet werden? Warum wolle StS Bahr schematisch sezieren? Er sei dafür, daß der Körper eine Einheit bleibe.

StS *Bahr* stellte mit Verwunderung fest, daß StS Kohl ihm jetzt – im übrigen ebenso unbegründet wie die Opposition – beinahe Hektik vorwerfe.

StS *Kohl* meinte, davon sei keine Rede gewesen. Er wolle nur nicht in eine Situation kommen, wo man dann überstürzt verhandeln müsse.

StS *Bahr* sagte, er habe das verstanden. – Er unterstelle, beide Staaten hätten ein Interesse daran, den Abschluß eines Berlin-Abkommens zu unterstützen, und daran, daß der zeitliche Verzögerungsfaktor der deutschen Verhandlungen klein gehalten werde. Damit rede er nicht Verhandlungen bis zur Erschöpfung in Tag- und Nachtsitzungen das Wort, sondern schlage zu gegebener Zeit eine größere Intensität der Gespräche als bisher vor.

Im übrigen halte er StS Kohls Ausführungen für nützlich, da sie eine intensive Auseinandersetzung ermöglichen. – Er schenke sich allerdings eine Polemik über die Frage von Verhandlungen oder Nicht-Verhandlungen und das Verhalten der Diplomaten im Auslande und wolle zum Wesentlichen kommen.

Zunächst einmal sei es völlig richtig, daß keine Unterordnung oder Bevormundung der DDR gewollt sei. Eine vertragliche Abmachung werde nur ohne Diskriminierung und auf der Basis der Gleichberechtigung möglich sein. Wenn StS Kohl angedeutet habe, daß durch die deutschen Verhandlungen die Verantwortlichkeit der Vier Mächte nicht berührt werden könnte, sollte und dürfte, so träfe dies zu, und er werde StS Kohl dankbar sein, wenn auch er sich expressis verbis zu dieser Auffassung bekenne. Denn hier liege ein wichtiger Punkt des Unterschiedes.

StS Kohl habe recht, wenn er sage, daß der allgemeine Verkehr zwischen den beiden deutschen Staaten – um es einmal grob zu sagen – die Vier Mächte nichts angehe. Aber über das, was StS Kohl die besondere Transitrelation nenne, verhandelten die Vier Mächte. Das gehe sie also etwas an. Wie erkläre StS Kohl dies? Es bleibe doch nur festzustellen, daß in einer Frage, die später auch Gegenstand der hier geführten Gespräche sein werde, andere verhandelten und verbindliche Vereinbarungen träfen. Was StS Kohls Hinweis auf den Transitverkehr nach Polen angehe, so sei dies eine Frage, über welche die Vier Mächte keine Vereinbarungen träfen. Hier werde also wiederum der Unterschied deutlich. Daher verstehe er StS Kohls Überraschung nicht gegenüber seinem, Bahrs, Vorschlag, den Berlin-Verkehr auszuklammern.

Nach einem kurzen Wortwechsel über die Bezeichnungen Berlin, West-Berlin, Berlin/Hauptstadt der DDR, Land Berlin fuhr StS Bahr fort, daß klar sei, daß der Berlin-Verkehr sofort vorgezogen und vorrangig behandelt werde, wenn der Stand der Vier-Mächte-Verhandlungen dies gestatte, und daß StS Kohls

Einverständnis zu dieser Behandlung doch voraussetze, daß auch er eine Trennung der Verkehrskomplexe durchaus erwäge.

StS Kohl sei bei dem Vortrag seines Konzeptes über einen Allgemeinen Verkehrsvertrag mit Anhängen nicht auf den Zeitfaktor eingegangen. Nach der Erörterung der Elemente werde StS Kohl klar sein, daß zwar keine Einigkeit über Formulierungen bestehe, daß man sich aber doch ziemlich einig sei, welche Sachpunkte geregelt werden sollten. Einige – darauf habe StS Kohl hingewiesen – bedürften der Zustimmung durch die gesetzgebenden Körperschaften. Das sei richtig. Die Regelung zwischen den beiden deutschen Staaten solle so sein wie mit dritten Staaten. Jede andere Regelung, die eine indirekte Diskriminierung der DDR bedeuten würde, werde von StS Kohl ja auch zurückgewiesen. StS Kohls Konzept würde aber Konsequenzen für den Zeitablauf haben. Ein Allgemeiner Verkehrsvertrag brauche die Zustimmung der gesetzgebenden Körperschaften in der BRD und in der DDR. In der BRD bedeute dies ein Minimum von drei bis vier Monaten. Nach StS Kohls Vorstellungen müßte dann eine Berlin-Regelung bis dahin warten. Außerdem entstünde dann die seltsame Situation, daß von der Zustimmung der Volkskammer und des Deutschen Bundestages abhängen werde, ob die Vereinbarungen der Vier Mächte in Kraft träten oder nicht. Bei den Vier Mächten werde eine solche Situation sicherlich keine große Begeisterung hervorrufen. Dies sei ein weiterer Grund, warum eine Trennung der besonderen Transitrelation nach Kohlschem Sprachgebrauch von dem Allgemeinen Verkehrsvertrag erforderlich sei.

Die Vier-Mächte-Vereinbarung werde durch Unterzeichnung der Schlußakte in Kraft treten. Diese Unterzeichnung werde nicht ohne die deutsche Vereinbarung möglich sein, denn durch die Schlußakte träten ja alle Vereinbarungen in Kraft, auch die deutsche. Es werde nicht möglich sein, und darüber sei man sich doch schon ganz früh klar gewesen, daß es nur ein Vier-Mächte-Abkommen ohne deutsche Vereinbarung geben werde. Umgekehrt sei auch eine deutsche Vereinbarung ohne Vier-Mächte-Abkommen undenkbar. Es sei allen Beteiligten klar, daß es entweder alles oder nichts gäbe. Hier sei also der Punkt, wo er StS Kohl nicht verstehe. Man könne sich vielleicht vorstellen, daß die Vier Mächte sich über die besondere Transitrelation – er benutze dieses Etikett, damit StS Kohl ihn verstehe – ohne die beiden deutschen Staaten verständigen, aber es sei doch denkbar, daß auch ein Allgemeiner Verkehrsvertrag als Funktion des Vier-Mächte-Abkommens in Kraft gesetzt werde. Damit hänge man dann zusätzlich in Fragen von den Vier Mächten ab, für die diese gar nicht zuständig seien. Sei dies im Sinne des Erfinders?

Er stimme StS Kohl zu, daß das Vier-Mächte-Abkommen und das Abkommen zwischen den beiden deutschen Staaten exakt die gleichen Verbindlichkeiten haben müßten wie Abkommen mit dritten Staaten. Die formelle Rechtsverbindlichkeit beider Abkommen müsse gleich sein, nur mit einer Einschränkung: Der Senat von Berlin, für den er hier nicht spreche, sei kein völkerrechtliches Subjekt. Dort werde es bei der bisherigen oder einer ähnlichen Regelung bleiben. Dies habe bei den Passierscheinabkommen[5] übrigens die Verbindlichkeit nicht eingeschränkt.

---

[5] Zwischen 1963 und 1966 wurden zwischen dem Berliner Senat und der DDR vier Vereinbarungen über die Ausgabe von Passierscheinen geschlossen, mit denen Einwohner von Berlin (West) zu

StS Kohl habe dann gefragt, ob die Bundesregierung für den Berlin-Verkehr eine Ausweichregelung suche. Hierzu könne er sagen, daß dies nicht der Fall sei. Die betreffende Regelung müsse vielmehr voll verbindlich sein. Beide Seiten könnten aber nicht leugnen, daß a) die Vier Mächte über die besondere Transitrelation sprächen und b) die deutsche Vereinbarung durch den Schlußakt mit in Kraft gesetzt werde.

Es sei daher keine Ausweichregelung, sondern liege im gemeinsamen Interesse, den Allgemeinen Verkehrsvertrag vom Berlin-Verkehr getrennt zu behandeln. Damit seien alle genannten Probleme gelöst.

Was schließlich die Völkerrechtlichkeit angehe, so beziehe er sich auf das, was er beim letzten Male gesagt habe. Er habe keine Bedenken, wie die DDR den Vertrag beurteilen werde, solange das Wort „Völkerrecht" nicht im Text auftauche und der Inhalt klar sei. Die Definition könne man ruhig den Wissenschaftlern überlassen. Er wiederhole, der Vertrag müsse so sein, wie es zwischen Staaten üblich sei.

StS *Kohl* warf ein: Zwischen souveränen Staaten.

StS *Bahr* fragte, ob die DDR denn voll souverän sei. Jedenfalls seien beide deutschen Staaten in gleicher Weise souverän. Er wolle nur StS Kohls Vermutung entkräften, daß die Bundesregierung der DDR einen Minderstatus zuweisen möchte. Das sei nicht der Fall. Seine Seite berücksichtige vielleicht etwas mehr als die DDR die Vier-Mächte-Vorbehalte, aber das hindere nicht, gleichberechtigte Verträge zu schließen. Worauf es ankomme, sei doch, daß ein solcher Vertrag die gleiche Verbindlichkeit besitze wie Verträge und Vereinbarungen, die die BRD oder die DDR mit anderen Staaten abschließen, und daß die Anwendung der für eine Normalisierung des Verhältnisses zwischen BRD und DDR notwendigen allgemein anerkannten Normen des zwischenstaatlichen Rechtes materiell nicht ausgeschlossen werde.

Schließlich wolle er noch einmal klarstellen, daß er, wenn er von der besonderen Transitrelation gesprochen habe, StS Kohls Etikett benutzt habe, ohne damit dessen Vorstellung zu akzeptieren, die von der seinigen abweiche.

StS *Kohl* antwortete, StS Bahrs Ausführungen seien interessant gewesen. Er habe mit Befriedigung registrieren können, daß die Bundesregierung offenbar nunmehr bereit sei, einen Allgemeinen Verkehrsvertrag mit der DDR abzuschließen, der sowohl Transit- als auch Wechselverkehr umfasse, und von den allgemein anerkannten zwischenstaatlichen Normen, also dem Völkerrecht, auszugehen. Dies stelle eine deutliche Erleichterung dar; schließlich habe man ja lang und breit darüber gestritten und gerechtet.

Ferner habe auch StS Bahr akzeptiert, daß in vielfältigen Grundfragen die Transitrelationen, gleich welcher Richtung einheitliche Grundlagen hätten und einer einheitlichen Regelung bedürften. Er verstehe nicht, warum man die Zeit nicht nutze und einen generellen Transit- und Wechselverkehrsvertrag bespreche. Das dabei Besprochene könne dann auch nutzbar gemacht werden für

Fortsetzung Fußnote von Seite 1213

Weihnachten, Ostern und Pfingsten zum Besuch von Verwandten nach Ost-Berlin reisen konnten. Für den Wortlaut der Vereinbarungen vom 17. Dezember 1963, 24. September 1964, 25. November 1965 und 7. März 1966 vgl. DzD IV/9, S. 1023–1027, DzD IV/10, S. 987–990, DzD IV/11, S. 953–955 sowie DzD IV/12, S. 291–294.

die spezielle Transitrelation BRD/Berlin (West). Was habe man vom Ausklammern? Es komme der Tag, wo auch StS Bahr über die besondere Transitrelation sprechen müsse, und dann habe man nichts vorbereitet und lege das, was man erreicht habe, sogar beiseite, obwohl es vielfach nutzbar gemacht werden könnte. Sei es nicht besser, man verständige sich in einem Allgemeinen Verkehrsvertrag über Wechsel- und Transitverkehr und mache am Tage X dies für eine solide Regelung der besonderen Transitrelation nutzbar, die man durchaus im Rahmen dieses Gesamtvertrages mitregeln könnte, entweder als Teil des Vertrages oder als Annex. Auch die Ratifikations- oder Zustimmungsbedürftigkeit schließe dies nicht aus. Man wisse noch nicht, wie die beiden Abkommen in Einzelheiten aussehen werden, aber es liege doch im Rahmen der Kompetenzen beider Delegationen, sich zu einigen, wie das Bestätigungsverfahren vor sich gehen solle. So sei es denkbar, daß das Gesamtabkommen bestätigungsbedürftig sei, bestimmte Teile aber nicht. Eine schematische Separierung sei nicht zwingend. Man solle doch jetzt weiter den Allgemeinen Verkehrsvertrag besprechen, wobei er davon ausgehen werde, daß alle Transitrelationen darin enthalten seien, StS Bahr aber die bekannte Ausnahme mache. Gleichwohl aber schaffe man Terrain.

Wenn man die Elemente durchgehe, fände sich eine ganze Reihe auch in der Transitrelation BRD/Berlin (West) wieder. Wenn StS Bahr diese Beziehung zur Zeit noch unerwähnt lassen möchte, so sei das hinnehmbar. Trotzdem solle man doch aber nicht auf die nützliche Vorarbeit verzichten.

Er wolle noch eine Bemerkung zur Art eines solchen Transit-Vertrages machen, der auch den Transit zwischen der BRD und Berlin (West) erfasse. Sicherlich sprächen die Vier Mächte über diesen Transit. Er führe aber über das Territorium der DDR; die BRD und die DDR müßten daher in eigener Zuständigkeit zu einer vertraglichen Regelung kommen. Sonst könnten ja die Vier Mächte allein ein solches Abkommen schließen. Aber gerade weil dieser Transit über DDR-Territorium führe, gingen die Vier Mächte davon aus, daß die DDR – und auch die BRD – mitmachen müßten.

Man solle doch an die Formulierung einzelner Punkte gehen, und wenn die Vier Mächte Verhandlungen erlaubten, prüfen, wie diese Punkte verwertet werden könnten und welche besondere Regelung wegen des speziellen Interesses der Bundesregierung an der besonderen Transitrelation noch zusätzlich erforderlich sein wird. Dies sei denkbar. Man solle also mit der Präambel[6] beginnen.

StS *Bahr* erwiderte, er wolle ein paar mögliche Mißverständnisse ausräumen. Es sei nicht seine Absicht, eine Verzögerung eintreten zu lassen. Er wolle nicht durch die Einführung des Elementes A eine Regelung schwerer machen oder hinausschieben, sondern im Gegenteil die Arbeit erleichtern und flüssiger machen. Er sei auch bereit, jetzt in die Erörterung der Präambel einzutreten, wol-

---

[6] Zu den Vorschlägen des Staatssekretärs Bahr, Bundeskanzleramt, und des Staatssekretärs beim Ministerrat der DDR, Kohl, vom 21. Mai 1971 für eine Präambel zu einem Vertrag zwischen der Bundesrepublik und der DDR über Fragen des Verkehrs vgl. Dok. 180.
Die Erörterung über die Präambel wurde im 14. Gespräch zwischen Bahr und Kohl fortgesetzt. Vgl. dazu Dok. 251.

le aber auch, falls dies gewünscht werde, StS Kohl zunächst Gelegenheit geben, die heutigen Ausführungen in Ruhe zu prüfen.

Jedenfalls, wenn keine Einigkeit bestehe über den Anwendungsbereich des Verkehrsvertrages, dann komme man in große Schwierigkeiten. Der Dissens sei bislang ausgeklammert gewesen. StS Kohl habe den Berlin-Verkehr in die Anhänge oder Annexe oder auch in einen Teil des Abkommens verweisen wollen, während er, Bahr, den Berlin-Verkehr a) jetzt nicht besprechen wolle und b) auch eine andere Vorstellung von der Struktur des Abkommens habe, dies aber der Zukunft überlassen wolle. Sobald die Bundesregierung dazu in der Lage sei, werde man sich den Berlin-Verkehr vorrangig vornehmen. Dabei werde man sich manches dessen, was bislang besprochen worden sei, nutzbar machen können.

Er wolle jetzt ein Beispiel geben: StS Kohls Vorschlag zu Element IV und V sähe die Festlegung von Verkehrswegen im Transitverkehr sowie die Bereitschaft vor, Erleichterungen in bestimmten Transitrelationen zu gewähren. Demgegenüber habe er, Bahr, gesagt, daß er dazu nicht Stellung nehmen könne. Wenn man jetzt ohne Klärung des Dissenses weitermache, komme man doch sofort wieder dahin.

StS *Kohl* meinte, daß sei nicht der Fall. StS Bahr könne über ein Allgemeines Verkehrsabkommen ohne Berlin-Verkehr, er, Kohl, über ein solches mit Verkehr auf der betreffenden Transitrelation sprechen. Wenn man über den allgemeinen Transitverkehr spreche, dann könne man sich doch auch über die Festlegung gewisser Strecken unterhalten. Da sähe er keine Schwierigkeiten.

StS *Bahr* erwiderte, das sei nur dann richtig, wenn der Berlin-Verkehr ausgeschlossen sei. Wenn StS Kohl behaupte, daß für alle Transitrelationen die Grundfragen einer einheitlichen Regelung bedürften, so sei dies der Punkt, wo man sich trenne. Und wenn StS Kohl sage, daß die Bundesregierung an einer Transitrelation ein besonderes Interesse wegen der Quantität habe, so sage er, Bahr, demgegenüber, daß das Interesse der Bundesregierung aus der besonderen Qualität des betreffenden Verkehrs herrühre, da er Gegenstand der Vier-Mächte-Verhandlungen ist.

StS *Kohl* warf hier ein „Aha" ein.

StS *Bahr* fuhr fort: Die Vier Mächte sprechen allein über den Berlin-Verkehr, nicht über den Transit nach Polen oder aus der DDR durch die BRD in die Schweiz. Deshalb sei der Verkehr aus der BRD nach West-Berlin und umgekehrt nicht quantitativ, sondern qualitativ ein anderer. Im marxistischen Sprachgebrauch könne man sagen, daß hier der Sprung von der Quantität zur Qualität vollzogen sei.[7]

Es komme noch ein weiterer Punkt hinzu: StS Kohl habe gesagt, die Delegationen seien kompetent, sich über die Form eines Abkommens zu verständigen. Das könne er, Bahr, nicht. Durch Gesetz sei zwingend vorgeschrieben, was durch Bundestag und Bundesrat bestätigt werden müsse. Er könne also nicht sagen, daß eine bestimmte Regelung nicht in den Bundestag gehe, eine andere dagegen doch. Man könne auch nicht eine Konstruktion erfinden, wonach der

---

[7] Der Passus „Deshalb sei der Verkehr ... zur Qualität vollzogen sei." wurde von Staatssekretär Frank hervorgehoben. Dazu Fragezeichen.

Bundestag den Vertrag zu billigen habe, aber der Teil oder ein Anhang oder Annex des Vertrages, auf den sich das größte Interesse des Bundestages konzentriere, dessen Jurisdiktion entzogen werde. Man könne nicht sagen, ein Vertrag sei nur teilweise zustimmungsbedürftig. Dies sei nicht machbar.

Im übrigen werde man sich in dem Berlin-Verkehrsabkommen doch auch auf das Vier-Mächte-Abkommen beziehen.

StS *Kohl* erwiderte: Ja, sicher. Wir wollen uns doch nicht in Gegensatz zu den Vier Mächten stellen.

StS *Bahr* fuhr fort, es könne aber sein, daß das Abkommen der Vier Mächte nicht mit allen Grundsätzen des allgemeinen Verkehrsvertrages vereinbar sei. Zusammenfassend wolle er sagen, daß er nichts gehört habe, was StS Kohls Konzept der Einheit der beiden Abkommen bestätige, sondern daß alles nur gegen eine solche Einheit und für eine Trennung spräche.

StS *Kohl* sagte, der Hinweis auf den Sprung von der Quantität zur Qualität erinnere ihn an die Regierungserklärung der Bundesregierung[8], die Optimisten auch so hätten verstehen können, als ob die Alleinvertretungsanmaßung aufgegeben werden sollte. Inzwischen habe sich aber die Zahl der Demarchen der westdeutschen Diplomaten im Auslande gehäuft und diese Quantität sei umgeschlagen in die Qualität der Scheel-Doktrin[9], die eine dem veränderten Kräfteverhältnis angepaßte Variante der früheren Politik sei. Dies belaste die Gespräche.

Auf eine Reihe von Punkten sei bislang von beiden Seiten nicht eingegangen worden. Diese wolle man sich für das nächste Mal überlegen. Festhalten wolle er: Wenn man schon zusammensitze, dann auch mit dem Maximum-Effekt. Da im Rahmen der West-Berlin-Regelung auch der Transit eine bedeutende Rolle spiele, sollte man hier auch über diese Transitrelation sprechen. Auf notwendige Besonderheiten könne man sich durchaus einrichten. An dem Grundtatbestand, daß es sich um einen Transitverkehr durch das Territorium der souveränen DDR gemäß Völkerrecht handele und daß die Interessen der souveränen DDR berücksichtigt werden müßten, werde sich nichts ändern. Es gebe aber breite Parallelen zu den allgemeinen Transitregelungen. Man sei doch einig, daß das, was hier erarbeitet werde, von Bedeutung sei für das Ganze und für Teile des Ganzen.

Was die Bestätigung durch die gesetzgebenden Körperschaften angehe, so wisse man jetzt noch nicht, wie dies vor sich gehen werde. Was er jetzt sage, sei kein Vorschlag, sondern lediglich einmal ein Gedanke: Es gäbe viele Fälle, in denen ein grundsätzlicher Verkehrsvertrag geschlossen und dem Parlament vorgelegt werde, und in Auswirkung dieser Verträge würden dann Regierungsabkommen getätigt, die nicht vorgelegt würden.

StS *Bahr* wandte ein, daß man ein Regierungsabkommen zur Durchführung aber nur nach Inkrafttreten des Hauptvertrages abschließen könne. Die von ihm befürchtete Verzögerung würde also nicht überwunden.

---

[8] Für den Wortlaut der Regierungserklärung des Bundeskanzlers Brandt vom 28. Oktober 1969 vgl. BT STENOGRAPHISCHE BERICHTE, Bd. 71, S. 20–34.

[9] Vgl. dazu den Runderlaß des Bundesministers Scheel vom 30. Oktober 1969; Dok. 62, Anm. 15.

StS *Kohl* meinte, daß man trotzdem die Zeit nutzen und sich über generelle Grundsätze verständigen sollte. Der Gedanke, den man im Februar einmal erörtert habe, nämlich das Modell eines Transitvertrages zu besprechen[10], sei nicht schlecht gewesen.

Abschließend kam StS Kohl auf die Präambel zu sprechen. Er führte aus, dabei brauche er nicht noch einmal zu betonen, daß er auch in der Präambel von Wechsel- und Transitverkehr ausgehe. Sein Vorschlag sei also, im ersten Satz nur von den beiden Staaten zu sprechen, da noch nicht klar sei, ob es ein Staatsvertrag oder ein Regierungsabkommen werde; dann den zweiten Satz über das „Bestreben" anzufügen. Der Passus über den grenzüberschreitenden Verkehr sei heute durch StS Bahrs Ausführungen (in Element A) präzisiert worden. Auch er halte weiter daran fest, daß das Wort „grenzüberschreitend" nicht zu oft vorkommen solle, obwohl andere Stellen der Bundesregierung in früheren Abkommen nicht so ängstlich gewesen seien. Es sei dann noch offen, welche Stellung der Verkehrsvertrag in den Beziehungen zwischen den beiden Staaten haben solle. Er gehe davon aus, daß normale völkerrechtliche Beziehungen gefördert werden sollten, während StS Bahrs Vorschlag, die Beziehungen zu entwickeln, nicht sage, in welcher Richtung entwickelt werden solle. Wegen StS Bahrs Bedenken gegen das Wort „Völkerrecht" habe seine Seite noch einmal nachgedacht und möchte jetzt, unbeschadet des generellen Standpunktes, einmal unverbindlich den folgenden Vorschlag im Rahmen der Gesamtpräambel machen:

„Die Deutsche Demokratische Republik und die Bundesrepublik Deutschland

– sind in dem Bestreben, einen Beitrag zur Entspannung in Europa zu leisten

– und normale Beziehungen beider Staaten zueinander zu entwickeln, wie sie entsprechend den allgemein anerkannten Normen des zwischenstaatlichen Rechtes zwischen allen souveränen Staaten üblich sind,

– und geleitet von dem Wunsche, Fragen des grenzüberschreitenden Verkehres von Bürgern und Gütern beider Staaten in und durch das Hoheitsgebiet des jeweiligen Vertragspartners zu regeln,

– übereingekommen, den folgenden Vertrag abzuschließen."

Man könne auch Kürzungen vornehmen.

StS *Bahr* erklärte, StS Kohl habe den Stand der Besprechungen sehr korrekt zusammengefaßt. Wenn in seinem, Kohls, Vorschlage auch das Wort „Völkerrecht" fehle, so könne ihn dieser neue Vorschlag natürlich nicht begeistern. Die ausdrückliche Hineinnahme in die Präambel dessen, was er, Bahr, durch das Element A habe ausschließen wollen, sei so nicht machbar. Außerdem solle das Wort „grenzüberschreitend" entweder in der Präambel oder in einem Element, am besten im Element A, vorkommen. Gerade weil in früheren Verträgen dieses Wort so häufig aufgetaucht sei, sei es nun nicht notwendig, es immer wieder zu wiederholen.

Außerdem habe er in Erinnerung, daß StS Kohl seinerzeit noch das „Wohl der Bürger" habe berücksichtigen wollen. Diesem Wunsche wolle er nach neuerli-

---

[10] Zum Vorschlag des Staatssekretärs beim Ministerrat der DDR, Kohl, vom 17. Februar 1971, das Modell eines Transitvertrags zu erörtern, vgl. Dok. 66.

chen Überlegungen gerne entgegenkommen. Danach wolle er vorschlagen – natürlich auch unverbindlich – etwa so zu formulieren:

„Die Regierung der Bundesrepublik Deutschland und die Regierung der Deutschen Demokratischen Republik (fraglich sei in der Tat, ob es sich um ein Regierungsabkommen oder um einen Staatsvertrag handeln werde)
- in dem Bestreben, einen Beitrag zur Entspannung in Europa zu leisten,
- in der Absicht, normale Beziehungen beider Staaten zueinander zum Wohle ihrer Bürger und wie zwischen Staaten üblich zu entwickeln,
- und geleitet von dem Wunsche, die Fragen des grenzüberschreitenden Verkehrs von Bürgern und Gütern beider Staaten zu regeln,
- sind übereingekommen, als ersten Schritt über Fragen des Verkehrs zwischen beiden Staaten das folgende Abkommen zu schließen."

Wenn das Wort „grenzüberschreitend" in der Präambel sei, dann werde die Frage des Hoheitsgebietes schwierig. Ferner sei dann auch noch der zweite Satz des Elementes A unerledigt.

StS *Kohl* fragte, warum man sich denn scheue, die Souveränität beider Staaten zu erwähnen. Das würde ein reinigendes Element sein. Das „Wohl der Bürger" sähe er lieber an dem Orte, wo er es vorgeschlagen habe, nämlich später in dem entsprechenden Element. Schließlich habe er Vorbehalte gegen eine Politik der kleinen Schritte und damit auch gegen den „ersten Schritt". Er schlage daher eine entsprechende Kürzung vor. Was den Gegenstand des Vertrages betreffe, so sei er einverstanden, jedoch mit dem ausdrücklichen Vorbehalt, daß der Verkehr von und nach Westberlin nicht ausgeschlossen werde.

Er schlage vor, es für heute hiermit bewenden zu lassen.

StS *Bahr* erwiderte, daß der von Kohl erwähnte Vorbehalt in umgekehrter Form auch für ihn gelte.

Abschließend einigte man sich auf die folgende Pressemitteilung:

„Der Staatssekretär im Bundeskanzleramt der Bundesrepublik Deutschland, Egon Bahr, und der Staatssekretär beim Ministerrat der Deutschen Demokratischen Republik, Dr. Michael Kohl, kamen am 5. August 1971 in Begleitung ihrer Delegationen zu einem erneuten Treffen zusammen. Sie setzten die intensiven Sachgespräche über Fragen des Verkehrs fort. Die Zusammenkunft, die im Bundeskanzleramt in Bonn stattfand, begann um 10.30 Uhr; sie wurde um 14.30 Uhr beendet.

Es wurde vereinbart, die Besprechungen am 1. September 1971 in Berlin fortzusetzen."[11]

VS-Bd. 4487 (II A 1)

---

[11] Vgl. BULLETIN 1971, S. 1274.
Die Gespräche des Staatssekretärs Bahr, Bundeskanzleramt, mit dem Staatssekretär beim Ministerrat der DDR, Kohl, wurden am 26. August 1971 in Ost-Berlin fortgesetzt. Vgl. dazu Dok. 283 und Dok. 284.

266

Aufzeichnung des Botschafters Roth

II B 2-81.30/0-2511/71 VS-vertraulich 6. August 1971[1]

Über Herrn D Pol[2] dem Herrn Staatssekretär[3] vorgelegt.
Betr.: MBFR;
　　　hier: Entwurf einer gemeinsamen Grundsatzerklärung
　　　(Diskussionspapier)

Vorschlag:

1) den in der Anlage vorgelegten Entwurf für eine gemeinsame Erklärung über Ziele und Grundsätze künftiger Verhandlungen über beiderseitige und ausgewogene Truppenverminderungen in Europa zu billigen;

2) der alsbaldigen Zirkulierung dieses Entwurfs in der NATO[4] zuzustimmen.

1) Der in der Anlage vorgelegte Entwurf wurde von der MBFR-Arbeitsgruppe (bestehend aus Vertretern des Auswärtigen Amts und des Bundesministeriums der Verteidigung unter Beteiligung des Bundeskanzleramts) unter Federführung des Auswärtigen Amts erarbeitet und am 30. Juli 1971 in der Arbeitsgruppe verabschiedet. Er wird nunmehr gleichzeitig der Leitung des Auswärtigen Amts und des Bundesministeriums der Verteidigung zur Billigung und dem Bundeskanzleramt zur Unterrichtung vorgelegt. Die Arbeitsgruppe empfahl Billigung des Entwurfs auf Staatssekretärsebene.

2) Es ist vorgesehen, den Erklärungsentwurf sofort nach Billigung durch die Staatssekretäre des Auswärtigen Amts und des Bundesministeriums der Verteidigung[5] im NATO-Rat zu zirkulieren. Wir verfolgen damit die Absicht, im Anschluß an unseren Stufenvorschlag vom 22. März 1971[6] die Diskussion des Inhalts einer möglichen ersten Stufe eines integralen MBFR-Programms zunächst NATO-intern zu konkretisieren.

3) Über den Inhalt eines ersten MBFR-Schritts besteht in der NATO noch keine Einigung. Insbesondere kennen wir noch nicht die amerikanischen Vorstellungen hinsichtlich eines ersten Reduzierungsschritts. Wir müssen damit rechnen, daß sie erst in der zweiten Septemberhälfte vorliegen.

---

[1] Durchdruck.
　Die Aufzeichnung wurde von Vortragendem Legationsrat I. Klasse Mertes und von Vortragendem Legationsrat Ruth konzipiert.
[2] Berndt von Staden.
[3] Paul Frank.
[4] Zur Vorlage des Papiers vom 30. Juli 1971 betreffend einen Entwurf für eine gemeinsame Erklärung über Ziele und allgemeine Grundsätze künftiger Verhandlungen über beiderseitige und ausgewogene Truppenverminderungen in Europa am 30. August 1971 im Politischen Ausschuß auf Gesandtenebene vgl. Dok. 289.
[5] Johannes Birckholtz.
[6] Zum Entwurf vom 16. März 1971 für ein „MBFR-Bausteinkonzept", der am 22. März 1971 im Politischen Ausschuß des NATO-Ministerrats auf Gesandtenebene vorgelegt wurde, vgl. Dok. 95.

Mit der Zirkulierung unseres Papiers wollen wir sicherstellen, daß die Allianz zu gegebener Zeit auf Verhandlungen über eine Absichtserklärung vorbereitet ist und daß von vornherein sichergestellt wird, daß sich MBFR nicht in einem punktuellen Reduzierungsschritt erschöpft, sondern daß jeder erste Schritt als der Beginn eines weiterführenden MBFR-Prozesses angelegt wird.

4) Wir beabsichtigen, gleichzeitig mit dem Erklärungsentwurf ein vom Bundesministerium der Verteidigung vorbereitetes und von der MBFR-Arbeitsgruppe verabschiedetes Arbeitspapier (working paper) über die Begrenzung der Disponibilität von Streitkräften (Constraints) zu zirkulieren.[7]

5) Wir halten es für möglich, daß sich eine erste MBFR-Verhandlungsposition aus folgenden Elementen zusammensetzt:

– Grundsätze

– begleitende stabilisierende Maßnahmen (Constraints)

– erster begrenzter Reduzierungsschritt.

Eine Einigung über ein solches „Dreierpaket" im NATO-Rat erscheint möglich.

6) Wir würden es begrüßen, wenn bereits auf der Konferenz der Minister-Stellvertreter im Oktober[8] grundsätzliche Einigung über Zweckmäßigkeit und Inhalt einer Absichtserklärung erzielt werden könnte. Falls dies gelingt, könnte der NATO-Rat mit der Formulierung eines verhandelbaren Erklärungsentwurfs beauftragt und dem im Oktober zu benennenden Beauftragten der Allianz auch das Mandat erteilt werden, in die Erläuterung der Tagesordnung künftiger MBFR-Verhandlungen den Punkt „Grundsatzerklärung" und „Constraints" aufzunehmen.

7) Unsere NATO-Botschaft wird angewiesen werden, bei der Einbringung des Entwurfs darauf hinzuweisen, daß die DDR-Problematik rechtzeitig zur Sprache kommen muß, bevor ein Erklärungsentwurf der anderen Seite zur Kenntnis gegeben wird. Wir sind jedoch bereit, die Erörterung dieser Frage zunächst zurückzustellen.

gez. Roth

---

[7] Für das Papier vom 4. August 1971 über Einschränkungen der Bewegungsfreiheit der Streitkräfte von NATO und Warschauer Pakt vgl. VS-Bd. 4557 (II B 2).
Am 16. August 1971 erläuterte Botschafter Roth dazu: „Die Bedeutung der vorgeschlagenen Maßnahmen liegt darin, daß sie das Streitkräftepotential noch nicht verändern und daher kein militärisches Risiko enthalten; die Realisierbarkeit stabilisierender Maßnahmen zwischen Ost und West anzeigen würden; die Gefahr der Fehleinschätzung der Bedeutung von Truppenbewegungen vermindern und die Krisenbeherrschung in Europa erleichtern würden; es dem Warschauer Pakt erschweren würden, die geographisch-strategischen Vorteile für eventuelle Angriffsvorbereitungen zu nutzen." Vgl. VS-Bd. 4470 (II A 1); B 150, Aktenkopien 1971.
Zur Vorlage des Papiers am 30. August 1971 im Politischen Ausschuß auf Gesandtenebene vgl. Dok. 289.

[8] Zum Vorschlag einer Konferenz der stellvertretenden Außenminister der NATO-Mitgliedstaaten vgl. Dok. 197, Anm. 4.
Die Konferenz fand am 5./6. Oktober 1971 in Brüssel statt. Vgl. dazu Dok. 348.

[Anlage]

Betr.: Deutsches Diskussionspapier für eine gemeinsame Erklärung über Ziele und allgemeine Grundsätze künftiger Verhandlungen über beiderseitige und ausgewogene Truppenverminderungen in Europa

1) Am 22. März 1971 hat der deutsche Vertreter im Politischen Ausschuß auf Gesandtenebene und in der MBFR-Arbeitsgruppe[9] ein Arbeitspapier über „building blocks of future MBFR negotiating options" zirkuliert (AC/276-WP (71) 11 vom 1. April 1971[10]). In diesem Arbeitspapier wurde als erste Stufe eines integralen MBFR-Programms eine Vereinbarung über MBFR-Grundsätze vorgeschlagen (§ 27).

2) In Übereinstimmung mit diesem Papier wird nunmehr als Diskussionspapier ein Entwurf für eine gemeinsame Erklärung über Ziele und Grundsätze künftiger Verhandlungen über beiderseitige und ausgewogene Truppenverminderungen in Europa vorgelegt.

3) Das Diskussionspapier beruht auf den in der Erklärung von Rom vom 27. Mai 1970[11] formulierten Überlegungen (Considerations – Rome criteria)[12] und berücksichtigt die im Bericht des Vorsitzenden des Politischen Ausschusses auf Gesandtenebene (C-M (71) 49 vom 19. Juli 1971)[13] enthaltenen Diskussionsergebnisse. Es berücksichtigt außerdem die in der Erklärung von Reykjavik (Juni 1968)[14] enthaltene Absichtserklärung, daß „ein Prozeß eingeleitet werden sollte, der zu beiderseitigen Truppenverminderungen führt". In unserem Papier sind außerdem bestimmte Formulierungen verarbeitet, die in „der gemeinsamen Erklärung über Grundsätze für Abrüstungsverhandlungen" vom 20. September 1961 (McCloy-Sorin-Erklärung)[15] enthalten sind. Wir haben auf diese Erklärung bereits in unserem o. a. Arbeitspapier vom 22. März 1971 hingewiesen (Fußnote zu § 27). Die McCloy-Sorin-Erklärung wurde auch in den seitherigen Beratungen im NATO-Rat mehrfach angeführt. Unseres Wissens fühlt sich auch die Sowjetunion noch daran gebunden.

4) Unser Papier ordnet sich in die laufenden Erörterungen über MBFR-Grundsätze ein. Es stellt einen Beitrag zur Vorbereitung einer Sondierungs- und ersten Verhandlungsposition des Bündnisses dar.

---

[9] Walter Boss.
[10] Für das NATO-Papier „Building Blocks of Future MBFR Negotiating Options – Note by the German Member of the Working Group" vgl. VS-Bd. 4560 (II B 2).
[11] Korrigiert aus: „28. Mai 1970".
[12] Vgl. dazu Ziffer 3 der „Erklärung über beiderseitige und ausgewogene Truppenreduzierung" der Minister der am integrierten NATO-Verteidigungsprogramm beteiligten Staaten; Dok. 56, Anm. 4.
[13] Für das NATO-Papier C-M (71) 49 „Preparation for the High Level Meeting on Mutual and Balanced Force Reductions" vgl. VS-Bd. 4560 (II B 2).
[14] Zur Erklärung der Außenminister und Vertreter der am NATO-Verteidigungsprogramm beteiligten Staaten vom 25. Juni 1968 („Signal von Reykjavik") vgl. Dok. 46, Anm. 7.
[15] Zur amerikanisch-sowjetischen Grundsatzerklärung vom 20. September 1961 für künftige Abrüstungsverhandlungen vgl. Dok. 95, Anm. 19.

Deutsches Diskussionspapier
betreffend einen Entwurf für eine gemeinsame Erklärung
über Ziele und allgemeine Grundsätze künftiger Verhandlungen
über beiderseitige und ausgewogene Truppenverminderungen in Europa

I. Allgemeine Prinzipien für den Inhalt einer Präambel:

In einer Präambel könnten die Unterzeichner feststellen,

- daß sie sich ihrer Verantwortung für die Sicherung des Friedens bewußt sind;
- daß sie die Notwendigkeit, den eingeschlagenen Weg der Entspannung weiterzuführen, erkennen;
- daß sie beabsichtigen, die Konzentration der militärischen Kräfte in Europa schrittweise abzubauen und im Interesse größerer Sicherheit nach Möglichkeiten der Zusammenarbeit zu suchen;
- daß sie hoffen, damit zur Stabilität in Europa und in der Welt beizutragen.

Die Unterzeichner könnten abschließend feststellen, daß sie übereingekommen sind, beiderseitige und ausgewogene Verminderungen der Streitkräfte in Europa anzustreben.

II. Mögliche Formulierungen der gemeinsamen Ziele der Unterzeichner:

Die Unterzeichner einer solchen Erklärung könnten feststellen, daß es das Ziel künftiger MBFR-Verhandlungen sein soll, die Stabilität des Friedens durch Vereinbarungen auf dem Gebiet der militärischen Sicherheit zu festigen und das Niveau der Streitkräfte in Europa zu reduzieren.

Im Blick auf dieses Ziel könnten sich die Unterzeichner zu einigen versuchen,

- einen Prozeß in Richtung auf ein vermindertes, vereinbartes Streitkräfteniveau in Gang zu setzen;
- diesen Prozeß so anzulegen, daß dieses neue Streitkräfteniveau in einer vereinbarten Folge stufenweise erreicht wird;
- durch begleitende Maßnahmen die Lage in Verbindung mit dem verminderten Streitkräfteniveau zusätzlich zu stabilisieren;
- sicherzustellen, daß der Übergang zur jeweils nächstfolgenden Stufe erst dann erfolgt, wenn die zur vorangegangenen Stufe gehörenden Reduzierungsmaßnahmen durchgeführt wurden und die begleitenden Maßnahmen sich als wirksam erwiesen haben.

III. Grundsätze für künftige MBFR-Verhandlungen

Die Unterzeichner einer solchen Erklärung könnten versichern, daß sie sich bei diesen Verhandlungen von folgenden Grundsätzen leiten lassen:

- vereinbarte Truppenverminderungen sollen auf beiden Seiten gleichzeitig durchgeführt werden;
- alle Maßnahmen sollen so ausgeglichen sein, daß kein Staat oder keine Gruppe von Staaten während irgendeiner Reduzierungsphase einen militärischen Nachteil erleidet und daß die Sicherheit für alle Beteiligten in gleicher Weise gewährleistet bleibt;

- Vereinbarungen über Truppenverminderungen müssen die geographischen und sonstigen Ungleichheiten berücksichtigen;
- zu vereinbarende MBFR-Maßnahmen sollten im Reduzierungsgebiet stationierte und einheimische Streitkräfte und ihre Waffensysteme umfassen;
- durch begleitende Maßnahmen soll sichergestellt werden, daß die Gefahr von Fehleinschätzungen und von Überraschungsangriffen eingeschränkt, wenn nicht beseitigt wird;
- die Reduzierungen von Streitkräften und ihrer Waffensysteme dürfen sich nicht zu einer zusätzlichen Bedrohung in anderen Regionen auswirken;
- die Verwirklichung der MBFR-Vereinbarungen muß auf jeder Stufe angemessen verifiziert werden. Dabei richten sich die Modalitäten und das Ausmaß der Verifikation jeweils nach der Art und dem Umfang der vereinbarten MBFR-Maßnahmen.

IV. Zum Schluß könnten die Unterzeichner einer solchen Erklärung ihre Absicht bekunden, unter Berücksichtigung der dargelegten Ziele und Grundsätze mit Verhandlungen über beiderseitige und ausgewogene Truppenverminderungen in der mittleren Region Europas zu beginnen und sie durch verbindliche Vereinbarungen zu verwirklichen.

VS-Bd. 4470 (II A 1)

267

Staatssekretär Frank an den CDU/CSU-Fraktionsvorsitzenden Barzel, z. Z. Praia da Rocha

St.S. 864/71 geheim   6. August 1971[1]

Streng vertraulich

Sehr geehrter Herr Dr. Barzel!

Herr Dr. Ackermann hat dem Auswärtigen Amt Ihren Wunsch nahegebracht, über den derzeitigen Stand der Berlin-Verhandlungen unterrichtet zu werden. Nach Rücksprache mit dem Herrn Bundesminister des Auswärtigen bin ich in

---

[1] Ablichtung.
Am 6. August 1971 übermittelte Staatssekretär Frank Bundesminister Scheel, z. Z. Hinterthal, den Wortlaut des Schreibens. Dazu führte er aus: „Die Unterrichtung ist mit Bundesminister Ehmke und Staatssekretär Bahr abgestimmt. Sie wird morgen durch Legationssekretär Merten als Kurier an den Urlaubsort von Herrn Dr. Barzel in Südportugal überbracht und gegen Quittung übergeben. Falls Sie zu dem einen oder anderen Punkt noch Bedenken haben, ist bis heute abend Gelegenheit zur Korrektur geboten." Vgl. den Drahterlaß Nr. 14; VS-Bd. 502 (Büro Staatssekretär); B 150, Aktenkopien 1971.
In einem Antwortschreiben an Staatssekretär Frank vom 7. August 1971 führte der CDU/CSU-Fraktionsvorsitzende Barzel, z. Z. Praia da Rocha, handschriftlich aus: „Soeben, 22.45 Uhr, überbrachte mir Herr Merten Ihren streng vertraulichen Brief vom 6. August, für den ich danke. Ich sehe mich außerstande, dieses Dokument hier ständig – am Strand und beim Baden – bei mir zu tragen

der Lage, die von Herrn Dr. Ackermann in Ihrem Auftrag übermittelten drei Fragen wie folgt zu beantworten:

1) Wie ist das vermutliche Procedere für die Weiterführung der Berlin-Verhandlungen?

Die Botschafter der Vier Mächte[2] haben bei ihrem letzten Gespräch am 30. Juli[3] vereinbart, am 10. August wieder zusammenzutreffen[4] und aufgrund eventuell einzuholender neuer Weisungen den ernsthaften Versuch zu machen, in einer zusammenhängenden Serie von Sitzungen das Vier-Mächte-Abkommen im Entwurf fertigzustellen. Allerdings war man sich klar darüber, daß dies nur ein Versuch und eine Hoffnung sein könne und daß es keinesfalls sicher ist, ob man so schnell fertig werden würde. Deshalb wollten die vier Botschafter auch jeden Eindruck vermeiden, als ob die fortbestehenden Divergenzen bereits so eingeengt sind, daß eine Einigung wahrscheinlich ist.

Leider ist in gewissen Teilen der Presse[5] die Auffassung zum Ausdruck gebracht worden, als sei es ziemlich sicher, daß die vier Botschafter bis zum 15. August ihre Beratungen abschließen würden. Das Auswärtige Amt muß dahinter ein großes Fragezeichen setzen. Die Expertengespräche in der vergangenen Woche[6], die sich auf die Bundespräsenz und die Zugangsregelung erstreckten, haben nicht zur Bereinigung der offenen Punkte und Fußnoten, die in dem Ihnen vorliegenden Arbeitspapier vom 28. Mai[7] enthalten sind, geführt. Es bleibt also noch viel zu tun. Alles wird davon abhängen, was Abrassimow an neuen Instruktionen mitbringt.

Fortsetzung Fußnote von Seite 1224
    und hoffe insofern nicht auf Zynismus, sondern auf ein Mißverständnis! Ihren Brief habe ich in Anwesenheit des Herrn Merten gelesen, mit Bemerkungen versehen und Herrn Merten zurückgegeben. Ich würde es begrüßen, diesen Brief in Bonn im Original zurückzuerhalten, da ich hier die vorschriftsmäßige Verwahrung nicht sichern kann. Bitte verschonen Sie mich künftig mit solchen Aktionen unter ‚Streng vertraulich' und ‚mit Kurier' nur für mich, wenn – wie hier geschehen – weniger der Information als der Regierungsmeinung gedient werden soll." Vgl. VS-Bd. 502 (Büro Staatssekretär); B 150, Aktenkopien 1971.
    Darauf antwortete Frank am 10. August 1971: „Ihre Zeilen vom 7. August 1971 und meinen mit Randbemerkungen versehenen Brief habe ich durch Herrn Merten erhalten. Da ich anfangs nächster Woche für einige Tage ausspannen möchte, werde ich den Brief in einem verschlossenen Umschlag für Sie hier bereit halten, so daß Sie ihn jederzeit abrufen können. Offen gestanden, ich habe Ihre Frage in bezug auf ‚Zynismus' oder Mißverständnis sowie den Hinweis, daß weniger der Information als der Regierungsmeinung gedient werden soll, nicht ganz verstanden. Ihr Wunsch, unterrichtet zu werden, ist von Herrn Dr. Ackermann an uns herangetragen worden. Die Entsendung von Herrn Merten als Kurier hängt mit dem Termin der Fertigstellung der Unterrichtung und mit dem Wunsch nach größtmöglicher Sicherheit in diesen Tagen zusammen. An anderes habe ich nicht gedacht." Vgl. VS-Bd. 502 (Büro Staatssekretär); B 150, Aktenkopien 1971.

2 Pjotr A. Abrassimow (UdSSR), Roger W. Jackling (Großbritannien), Kenneth Rush (USA) und Jean Sauvagnargues (Frankreich).

3 Zum 26. Vier-Mächte-Gespräch über Berlin vgl. Dok. 262.

4 Zum 27. Vier-Mächte-Gespräch über Berlin vgl. Dok. 271.

5 Die Wörter „in gewissen Teilen der Presse" wurden vom CDU/CSU-Fraktionsvorsitzenden Barzel, z. Z. Praia da Rocha, unterschlängelt. Dazu Fragezeichen und handschriftliche Bemerkung: „Das war der Herr Bu[ndes]ka[nzler], niemand sonst!"

6 Zum Vier-Mächte-Gespräch über Berlin auf Botschaftsratsebene am 27./28. Juli 1971 vgl. Dok. 257, Anm. 9.

7 Für den gemeinsamen Entwurf der Vier Mächte vom 28. Mai 1971 für ein Abkommen über Berlin in der Fassung vom 23. Juni 1971 vgl. Dok. 226.

Falls sich in der nächsten Woche keine wesentlichen Fortschritte ergeben, wird auf westlicher Seite eine längere Pause erwogen. Wenn und wann immer die Botschafter einen Text fertigstellen, würden sie den Abkommensentwurf zunächst ihren Regierungen zur Billigung vorlegen. Ebenso würde die Bundesregierung den Text erhalten. Dann ist – seit langem – vorgesehen, daß[8] das Kabinett und die Fraktionsvorsitzenden zusammentreten. Die Unterzeichnung durch die Botschafter würde sich anschließen. Alsdann würden die drei Westmächte das unterzeichnete[9] Abkommen der Bundesregierung, die Sowjetunion dasselbe der DDR notifizieren, so daß diese dann ihre Verhandlungen gemäß Annex I (Zugangsregelung) aufnehmen können. Entsprechend würde hinsichtlich der Verhandlungen Senat–DDR wegen der innerstädtischen Erleichterungen[10] verfahren. Bekanntlich tritt das Abkommen erst mit Unterzeichnung des Vier-Mächte-Schlußprotokolls in Kraft, d.h. nach Abschluß der innerdeutschen Verhandlungen. Allerdings werden die vier Botschafter den Wortlaut dieses Schlußprotokolls bereits bei Unterzeichnung[11] des Vier-Mächte-Abkommens feststellen.

2) Welche Auffassung vertritt die westliche Seite jetzt in der Frage der Bundespräsenz?

In der Frage der Bundespräsenz vertritt die westliche Seite nach wie vor die Haltung, die sich aus dem Ihnen vorliegenden Arbeitspapier vom 28. Mai 1971 ergibt. Die Sowjets haben sich damit einverstanden erklärt, daß der Passus über die Aufrechterhaltung und Weiterentwicklung der Bindungen zwischen

---

[8] Die Wörter „– seit langem – vorgesehen, daß" wurden vom CDU/CSU-Fraktionsvorsitzenden Barzel, z.Z. Praia da Rocha, hervorgehoben. Dazu Fragezeichen und handschriftliche Bemerkung: „Hier nicht bekannt!"

[9] Dieses Wort wurde vom CDU/CSU-Fraktionsvorsitzenden Barzel, z.Z. Praia da Rocha, hervorgehoben. Dazu vermerkte er handschriftlich: „Viel zu spät!"

[10] Seit dem 6. März 1971 führten der Chef der Senatskanzlei des Landes Berlin, Müller, und der Staatssekretär im Ministerium für Auswärtige Angelegenheiten der DDR, Kohrt, Gespräche über eine Passierschein-Vereinbarung. Vgl. dazu Dok. 89, Anm. 11.
Am 26. Juli 1971 fand das sechste Gespräch zwischen Müller und Kohrt über eine Besucherregelung zwischen Berlin (West) und Ost-Berlin in Ost-Berlin statt. Dazu wurde in der Presse berichtet: „Die jetzigen Kontroversen über die Besucherregelung entzünden sich in ihrer derzeitigen Form an politisch umstrittenen Begriffen, die komplizierter Natur sind und mit Hilfe philologischer Deutungen beseitigt werden sollen. [...] So beharrt zum Beispiel Ost-Berlin darauf, daß von ‚Besuchen in der DDR' gesprochen wird. West-Berlin hingegen wünscht eine sprachliche Kombination von ‚Besuchen in Ost-Berlin und in der DDR' nicht. Man befürchtet, daß daraus eine Anerkennung von Ost-Berlin als Teil der DDR werden könnte. Die DDR wiederum lehnt aus gleichen Erwägungen eine getrennte Ansprache von Ost-Berlin und DDR ab. Nunmehr sind Bemühungen im Gange, Formulierungen zu finden, die die gegebene Situation so umschreiben, daß sie auf einem gemeinsam anerkannten Nenner beruht. Wahrscheinlich wird es dann doch von den Grundsatzvereinbarungen der Vier Mächte abhängen, ob es bei der Besucherregelung heißen wird ‚Besuche in der Umgebung von West-Berlin' oder in ‚benachbarten Gebieten und anderen Gebieten der DDR'. Die Auslegungsdifferenzen bei den erwähnten Begriffen waren auf westlicher Seite rechtzeitig gesehen worden. Man befürchtete, daß bei einer unklar bleibenden Umschreibung den DDR-Behörden unbeabsichtigt ein Einfluß bei Reisen von West-Berlinern in andere Ostblockländer eingeräumt würde, wenn der Begriff ‚Umgebung' nicht genau abgegrenzt würde. In Bonn wird außerdem mit Aufmerksamkeit beobachtet, ob und wann es zwischen Senatsdirektor Müller und Staatssekretär Kohrt zu einer Verständigung über den Austausch von unbewohnten West-Berliner Gebietsteilen in der DDR gegen einen Gebietsstreifen zur festen Eingemeindung der Enklave Steinstücken kommen wird." Vgl. den Artikel „Bundesregierung empört über Schüsse an der Mauer"; FRANKFURTER ALLGEMEINE ZEITUNG vom 27. Juli 1971, S. 1 und 5.

[11] Die Wörter „bei Unterzeichnung" wurden vom CDU/CSU-Fraktionsvorsitzenden Barzel, z.Z. Praia da Rocha, hervorgehoben. Dazu vermerkte er handschriftlich: „Viel zu spät!"

den Westsektoren und der Bundesrepublik Deutschland an den Anfang gerückt wird und die konstitutionellen Einschränkungen[12] dann folgen. Der Westen besteht weiterhin auf den Formulierungen, die auf die Instrumente von 1949[13] zurückgehen („Die Westsektoren sind nicht als Land der Bundesrepublik Deutschland[14] anzusehen und werden von ihr nicht regiert"), während die Sowjets nach wie vor auf ihrer Version bestehen („Die Westsektoren sind keine Teile der BRD und gehören nicht zu ihr"). Die Vier Mächte sind sich ferner darin einig, daß Ausschuß- und Fraktionssitzungen in Berlin weiterhin zulässig sind. Der Westen bleibt bei seiner weitgefaßten Beschreibung der möglichen Beratungsgegenstände, die Sowjets scheinen in dieser Hinsicht noch nicht festgelegt zu sein. Auch in der Frage der in Berlin befindlichen Bundesbehörden und sonstigen Bundeseinrichtungen hat sich die Lage nicht verändert. Der Westen beabsichtigt nicht, sich auf irgend etwas einzulassen, was den Abzug der einen oder anderen Stelle nach sich ziehen würde.

In der Frage der Außenvertretung sind in den letzen zwei Wochen wichtige Fortschritte gemacht worden. Allerdings ist es den drei Westmächten nicht gelungen, die Sowjets zur Akzeptierung der Bundespässe für Westberliner zu bringen; hier ist die sowjetische Ablehnung noch härter geworden. Abrassimow hat erstmals unzweideutig die Vertretung Westberlins durch die Bundesrepublik in internationalen Organisationen zugestanden, wobei er wie die Westmächte davon ausgeht, daß in Angelegenheiten, die die Sicherheit und den Status der Stadt betreffen, die Vertretung bei den Westmächten selbst verbleibt. Auch die Erstreckung internationaler Verträge der Bundesrepublik auf Westberlin ist im Rahmen des geltenden Verfahrens (keine Erstreckung von Vertragsbestimmungen, die die Sicherheit und den Status betreffen) zugestanden. Schließlich hat sich Abrassimow einverstanden erklärt, daß Westberliner zusammen in derselben Gruppierung mit Bewohnern der Bundesrepublik an internationalen Austauschvorhaben teilnehmen und daß internationale Organisationen ihre Konferenzen in Westberlin abhalten können.[15] Hier sind allerdings noch die Einzelheiten des Einladungs- und Ausrichtungsverfahrens zu klären. Die westliche Haltung ist auch in dieser Frage unverändert (Einladung durch die BRD mit Zustimmung des Senats und der Drei Mächte).

3) Wo sind noch strittige Punkte und wo muß der Westen zu Zugeständnissen bereit sein, um die Verhandlungen erfolgreich abschließen zu können?[16]

Die schwierigsten offenen Punkte sind folgende:

---

[12] Dieses Wort wurde vom CDU/CSU-Fraktionsvorsitzenden Barzel, z.Z. Praia da Rocha, hervorgehoben. Dazu vermerkte er handschriftlich: „Welche?"
[13] Vgl. dazu Ziffer 4 des Schreibens der Drei Mächte vom 12. Mai 1949; Dok. 3, Anm. 13.
[14] Die Wörter „nicht als Land der Bundesrepublik Deutschland" wurden vom CDU/CSU-Fraktionsvorsitzenden Barzel, z.Z. Praia da Rocha, hervorgehoben. Dazu vermerkte er handschriftlich: „Entspricht nicht der Rechtslage! Stimmt – entgegen diesem Text! – nicht überein mit ‚Status von 1949'."
[15] Dieser Satz wurde vom CDU/CSU-Fraktionsvorsitzenden Barzel, z.Z. Praia da Rocha, durch Ausrufezeichen hervorgehoben.
[16] Dieser Satz wurde vom CDU/CSU-Fraktionsvorsitzenden Barzel, z.Z. Praia da Rocha, hervorgehoben. Dazu vermerkte er handschriftlich: „Diese Frage ist von uns überhaupt nicht gestellt worden!"

Präambel und Teil I:

1) Bezeichnung des geographischen Anwendungsbereichs von Teil I
2) Formulierung des Gewaltverzichts

Zugang

3) Verwendung der Begriffe „Transit" und „internationale Praxis"
4) Stichproben bei versiegelten Gütertransporten
5) Ausweiskontrolle bei durchfahrenden Zügen und Autobussen
6) Abbau der Pkw-Kontrolle
7) Eingrenzung der Verhaftungen und Zurückweisungen auf den Zugangswegen
8) Beteiligung des Senats an der deutschen Durchführungsvereinbarung

Innerstädtische Verbindungen

9) Gewährung von Tagesaufenthaltsgenehmigungen für Westberliner gemäß dem Verfahren bei Westdeutschen

Verhältnis Berlin–Bund

10) Berlin kein Land oder kein Teil[17] der Bundesrepublik
11) Definition der nicht zugelassenen offiziellen Tätigkeit von Bundesorganen in Berlin
12) Umschreibung der Beratungsgegenstände bei Fraktionen und der Anzahl der Simultansitzungen von Ausschüssen in Berlin

Außenvertretung

13) Anerkennung der Bundespässe durch die Sowjetunion
14) Einladungsformel für internationale Tagungen in Berlin

Sowjetische Interessen in Westberlin

15) Sowjetisches Generalkonsulat.[18]

Die drei Westbotschafter sind der Auffassung, daß die Feststellung Abrassimows ernst genommen werden muß, daß ein Berlin-Abkommen nicht zustande kommen wird ohne die Einräumung eines Generalkonsulats in Westberlin[19]. Sie glauben, daß der Westen zur Erreichung weiterer substantieller Verkehrserleichterungen im Zugangsteil ohne Beeinträchtigung der westlichen Rechtsposition das Wort „Transit"[20] und „internationale Praxis" (letztere als subsidiäres Verfahrensmuster) zugestehen kann. Auch wird es kaum möglich sein, bei versiegelten Gütertransporten Stichproben bei begründetem Verdacht des Mißbrauchs (Transport von gefährlichen Gütern, Waffen, Rauschgift) und bei den

---

[17] Die Wörter „kein Teil" wurden vom CDU/CSU-Fraktionsvorsitzenden Barzel, z.Z. Praia da Rocha, hervorgehoben. Dazu vermerkte er handschriftlich: „Wer hat das je für die BRD gesagt? Kein Teil = das Bein ist ab!"
[18] Zur Frage der Errichtung eines sowjetischen Generalkonsulats in Berlin (West) vgl. Dok. 231, Anm. 7.
[19] Der Passus „daß die Feststellung ... Generalkonsulats in Westberlin" wurde vom CDU/CSU-Fraktionsvorsitzenden Barzel, z. Z. Praia da Rocha, durch Pfeil hervorgehoben.
[20] Die Wörter „Wort ‚Transit'" wurden vom CDU/CSU-Fraktionsvorsitzenden Barzel, z.Z. Praia da Rocha, hervorgehoben. Dazu vermerkte er handschriftlich: „Nein!"

durchfahrenden Zügen Ausweiskontrollen im fahrenden Zug (allerdings nur zur Identifizierung und keine Personen- und Gepäckdurchsuchung) abzulehnen.[21]

Die Haltung der Bundesregierung zu diesen Fragen hat sich nicht verändert.[22]

Ich hoffe, sehr geehrter Herr Dr. Barzel, daß diese ausführliche[23] Unterrichtung Ihnen die gewünschte Aufklärung über den derzeitigen Stand der Berlin-Verhandlungen gibt. Ich möchte nicht verhehlen, daß es der Bundesregierung[24] nicht leicht gefallen ist, Ihre Unterrichtung in so detaillierter Form in einem Zeitpunkt fortzusetzen, wo die Bundesregierung von gewissen Kreisen Angriffen wegen der Berlin-Politik ausgesetzt ist, als ob es eine Unterrichtung des Vorsitzenden der CDU/CSU-Bundestagsfraktion niemals gegeben hätte.[25] Ich weiß, daß Ihre Person mit der Art und Weise der Angriffe der letzten Tage nicht identifiziert werden kann, und freue mich deshalb, daß diese ausführliche Unterrichtung, zu deren Übermittlung ich Herrn Legationssekretär Merten als Kurier bestimmt habe, möglich geworden ist.

Mit verbindlichen Empfehlungen und allen guten Wünschen für einen weiteren erholsamen Urlaub bin ich

Ihr sehr ergebener
Frank

VS-Bd. 502 (Büro Staatssekretär)

---

[21] An dieser Stelle vermerkte der CDU/CSU-Fraktionsvorsitzende Barzel, z. Z. Praia da Rocha, handschriftlich: „Das ist die Souveränität der ‚DDR'! Viel zu weitgehend! Berufung? Einstimmig?"
[22] Zu diesem Satz vermerkte der CDU/CSU-Fraktionsvorsitzende Barzel, z. Z. Praia da Rocha, handschriftlich: „Mir nicht bekannt!"
[23] Dieses Wort wurde vom CDU/CSU-Fraktionsvorsitzenden Barzel, z. Z. Praia da Rocha, unterschlängelt. Dazu vermerkte er handschriftlich: „Das ist weniger als nötig!"
[24] Die Wörter „der Bundesregierung" wurden vom CDU/CSU-Fraktionsvorsitzenden Barzel, z. Z. Praia da Rocha, unterschlängelt. Dazu vermerkte er handschriftlich: „Hierzu Kabinettsbeschluß?"
[25] Dieser Satz wurde vom CDU/CSU-Fraktionsvorsitzenden Barzel, z. Z. Praia da Rocha, hervorgehoben. Dazu vermerkte er handschriftlich: „Völlig überflüssige Polemik! Wir haben nicht das Parlament belogen!"

268

**Vortragender Legationsrat I. Klasse Eger
an die Botschaft in Bangui**

I B 3-83.00-90.50-517"/71 geheim   10. August 1971[1]
Fernschreiben Nr. 3893   Aufgabe: 11. August 1971, 12.07 Uhr

Auf Nr. 22 vom 9. August[2]:

I. 1) Staatssekretär Frank empfing 9. August ZAR-Botschafter Sévot. Sévot teilte mit, daß er im Auftrage Präsident Bokassas soeben aus Bangui nach Bonn gekommen sei, um Bundesregierung zu unterrichten, daß ZAR am 13. August Beziehungen zur DDR abbrechen werde.[3] Dieser Schritt sei bereits im Januar gegenüber Ministerialrat Wallner in Bangui angekündigt worden[4], habe sich aber infolge falscher Informationen, die Präsident Bokassa zugeleitet worden waren, leider verzögert. ZAR-Regierung lege Wert darauf, Bundesregierung vor

---

[1] Hat Vortragendem Legationsrat Blech am 10. August 1971 vorgelegen.
Hat Ministerialdirektor von Staden und Staatssekretär Frank am 11. August 1971 zur Mitzeichnung vorgelegen.

[2] Legationsrat I. Klasse Mattes, Bangui, berichtete: „Herr Duschkin von der Salzgitter AG, der gute persönliche und geschäftliche Verbindungen zu Präsident Bokassa unterhält, sagte mir heute vertraulich, Bokassa beabsichtige, am kommenden Nationalfeiertag, dem 13. 8. 1971, Beziehungen zur DDR abzubrechen. [...] Als Gründe würden vor allem ideologische Gesichtspunkte genannt werden." Vgl. VS-Bd. 9859 (I B 3); B 150, Aktenkopien 1971.

[3] Anläßlich eines Besuchs im Sudan schloß Präsident Bokassa am 18. April 1970 mit dem Botschafter der DDR in Khartum, Feister, eine Vereinbarung über die Aufnahme diplomatischer Beziehungen zwischen der DDR und der Zentralafrikanischen Republik. Für den Wortlaut der Vereinbarung und des Kommuniqués vgl. AUSSENPOLITIK DER DDR, Bd. XVIII, S. 546 f.
Am 5. Juni 1970 teilte Ministerialdirigent Gehlhoff der Botschaft in Bangui mit: „Die Bundesregierung ist daran interessiert, ihre Beziehungen zur ZAR korrekt weiterzuführen. Sie beabsichtigt deshalb nicht, eine auf den Abbruch der diplomatischen Beziehungen gerichtete Politik zu führen. [...] Die Bundesregierung beabsichtigt nicht, auf eine Einstellung der entwicklungspolitischen Zusammenarbeit zwischen EWG und ZAR hinzuwirken. Sie wird künftig allerdings sorgfältig prüfen, in welchem Umfang und zu welchen Zeitpunkten sie den einzelnen Projekten im Rahmen dieser Zusammenarbeit zustimmen kann." Vgl. den Drahterlaß Nr. 33; Referat I B 3, Bd. 791.
Am 20. Oktober 1970 notierte Vortragender Legationsrat I. Klasse Eger, der Botschafter der ZAR, Sévot, habe ihm am Vortag mitgeteilt, Präsident Bokassa „bedauere, daß die Anerkennung der DDR durch die ZAR zu einer Belastung der bilateralen Beziehungen geführt habe. Man sei sich seinerzeit über die Folgen dieses Schrittes nicht im klaren gewesen. Die Tatsache, daß die deutsche Regierung die Beziehungen zur ZAR nicht abgebrochen habe, zeige jedoch, daß sich gegenüber früheren Jahren eine Änderung in unserer Haltung durchgesetzt habe. Jetzt gelte es, die früher sehr guten Beziehungen möglichst schnell wieder herzustellen." Auf die Frage, wann mit dem Eintreffen eines Nachfolgers für den kürzlich abberufenen Botschafter Groener zu rechnen sei, habe er, Eger, erwidert, „daß Botschafter Groener gerade erst seinen Heimaturlaub angetreten habe. Eine Entscheidung über seine Nachfolge liege nicht vor. Die Botschaft werde zunächst durch einen Chargé d'affaires geleitet." Vgl. Referat I B 3, Bd. 791.

[4] Am 4. Januar 1971 berichtete Ministerialrat Wallner, Bundesministerium für Wirtschaft, z. Z. Bangui, er sei am 2. Januar 1971 von Präsident Bokassa zu einem längeren Gespräch empfangen worden: „Präsident erklärte mir, er werde diplomatische Beziehungen zur DDR binnen zwei bis drei Monaten abbrechen. Einen ersten Schritt habe er bereits getan, indem er soeben seinen Botschafter in Ost-Berlin zur Berichterstattung zurückgerufen habe. Dieser werde nicht mehr nach Ost-Berlin zurückkehren. [...] Präsident betonte, daß er mit Abbruch diplomatischer Beziehungen zur DDR zur Wiederherstellung freundschaftlicher Beziehungen zur BRD beitragen wolle. [...] Er gehe davon aus, daß BRD in Zukunft ebenso wie in der Vergangenheit entwicklungspolitisch wichtige Projekte finanziere." Vgl. den Drahtbericht Nr. 1; Referat I B 3, Bd. 791.

Bekanntgabe Abbruchs Beziehungen zur DDR zu unterrichten. Präsident Bokassa beabsichtige ferner, auf Staatschefs befreundeter Nachbarländer – VR Kongo und Tschad – einzuwirken, seinem Schritt zu folgen.

Es habe sich gezeigt, daß die DDR nicht in der Lage sei, den Entwicklungsländern wirksam zu helfen und sich auf politische Beeinflussung beschränke. Ereignisse im Sudan[5] zeigten Gefahr kommunistischer Einflußnahme.

ZAR-Regierung hoffe, daß nunmehr volle Wiederherstellung freundschaftlicher Beziehungen mit Entsendung Botschafters, Wiederaufnahme wirtschaftlicher Zusammenarbeit und eventuell Besuch Präsident Bokassas möglich sei.

2) Staatssekretär dankte für Benachrichtigung. Er freue sich, daß Wolken, die Beziehungen zwischen Bundesrepublik und ZAR überschattet hätten, sich auflösen. Es liege in der Natur der Sache, daß sich die Wahrheit durchsetze. In der Tat beschränke sich die DDR weitgehend auf Worte. Auch die anderen Länder würden zu den gleichen Erkenntnissen[6] kommen. Im Falle Kongo-Brazzaville[7] spiele allerdings die sozialistische Option entscheidende Rolle.

Die früher guten Beziehungen würden nunmehr wieder voll hergestellt werden sowohl in bezug auf unsere Vertretung in Bangui als auch hinsichtlich der wirtschaftlichen Zusammenarbeit. Über die Möglichkeit eines Besuches Präsident Bokassas könne zu gegebener Zeit gesprochen werden.

Bitte Präsident Bokassa Grüße und gute Wünsche der Bundesregierung zu übermitteln.

II. In Gesprächen mit Staats- und Regierungsstellen können Sie gemäß I.2) Stellung nehmen.

III. Zur Sprachregelung gegenüber anderen Stellen, wie dortigen Botschaften und Presse, nachdem Abbruch vollzogen ist[8]:

1) Bei dem Abbruch der diplomatischen Beziehungen zur DDR handelt es sich um eine Entscheidung der ZAR, die sie aufgrund ihrer eigenen Interessenlage getroffen hat.

(Im übrigen können Sie auf die Begründung, die die Regierung der ZAR für diesen Schritt gegeben hat, verweisen.)

---

[5] Am 19. Juli 1971 gelangte im Sudan eine Gruppe von Armeeoffizieren unter Führung des Majors al-Ata durch einen Putsch an die Macht. In einer Erklärung vom 20. Juli 1971 kündigte al-Ata an, der Sudan werde „Teil der antiimperialistischen Front werden, die freundschaftliche Bindungen mit den sozialistischen Ländern" unter der Führung der UdSSR habe. Vgl. den Artikel „Nach dem Staatsstreich im Sudan – Revolutionsrat mit starkem Linkskurs"; SÜDDEUTSCHE ZEITUNG vom 21. Juli 1971, S. 1 f.
Am 22. Juli 1971 übernahm der gestürzte Ministerpräsident al-Nimary durch einen Gegenputsch erneut die Macht. Vgl. dazu den Artikel „Gegenputsch im Sudan bringt Numeiri wieder an die Macht"; SÜDDEUTSCHE ZEITUNG vom 23. Juli 1971, S. 1 f.

[6] Dieses Wort wurde von Vortragendem Legationsrat Blech handschriftlich eingefügt. Dafür wurde gestrichen: „Ergebnissen".

[7] Zu den Beziehungen zwischen der Bundesrepublik und der Republik Kongo (Brazzaville) vgl. Dok. 139.

[8] Die Wörter „nachdem Abbruch vollzogen ist" wurden von Staatssekretär Frank handschriftlich eingefügt.

2) Falls Sie auf die Konsequenzen des Abbruchs für das Verhältnis ZAR–BRD angesprochen werden:

BRD bestrebt, zur Entwicklung afrikanischer Staaten nach Kräften beizutragen. Sie ist daher bemüht, mit der ZAR auf allen Gebieten im Rahmen ihrer Möglichkeiten zusammenzuarbeiten.

IV. Zur ergänzenden Information:

Wir wollen Eindruck vermeiden, Bokassa habe sich aufgrund von Pressionen zum Abbruch entschlossen oder habe hierfür die Zusage erheblicher deutscher Entwicklungshilfe erhalten. Dies liegt auch im Interesse Bokassas, der, um nationale Souveränität besorgt, nicht dem Vorwurf der Käuflichkeit ausgesetzt sein möchte.

Bei allen Äußerungen sollten Sie sich zurückhalten und Eindruck eines Triumphes vermeiden.[9]

Eger[10]

VS-Bd. 9859 (I B 3)

---

[9] Am 14. August 1971 berichtete Legationsrat I. Klasse Mattes, Bangui, Bokassa habe am Vortag die „bilateralen Beziehungen zur DDR für suspendiert" erklärt, bis die DDR „ihr Verhältnis zur BRD geklärt habe". Bokassa habe die „mangelnde Bereitschaft von UdSSR und DDR", der Zentralafrikanischen Republik zu helfen, scharf kritisiert. Mattes führte weiter aus: „Ferner bemerkte er, DDR erfülle eingegangene Verträge nicht. Dies veranlasse ihn daher zu eingangs zitierter Konsequenz. Demgegenüber erwähnte er lobend unter großem Beifall unsere Hilfe und bezeichnete uns neben Frankreich und USA als wahre Freunde der ZAR. [...] Abbruch bzw. Suspendierung von Beziehungen zur DDR ist [...] eindeutig, wenn auch in sehr auslegungsfähiger Weise, befristet. Bokassa hat sich hiermit sehr geschickt Spielraum für spätere Initiative offengelassen." Vgl. den Drahtbericht Nr. 23; VS-Bd. 9859 (I B 3); B 150, Aktenkopien 1971.

Botschafter Holubek nahm am 26. Oktober 1971 die Amtsgeschäfte in Bangui auf.

[10] Paraphe.

269

Botschafter Löns, Bern, an das Auswärtige Amt

II A 1-82.SL-0/94.25   10. August 1971[1]
Ber.Nr. 739

Betr.: Beziehungen Schweiz–DDR

2 Doppel

1 Anlage[2] (dreifach)

I. Die Schweiz wird zu einem ihr „richtig" erscheinenden Zeitpunkt – nicht ohne Rücksichtnahme auf uns – unter Voranstellung des eigenen Interesses die DDR anerkennen. Sie wird dies als einer der ersten Staaten des westlichen Europas tun. Wahrscheinlich überlegt sie und wird sie handeln im Kontakt mit anderen neutralen Staaten, sicher mit Wien.

II. Zu diesen Überlegungen bin ich gekommen, als ich nach dem Zusammentreffen unseres Ministers mit seinem Schweizer Amtskollegen[3], an dem ich wegen längerer Erkrankung nicht teilnehmen konnte, das Bedürfnis zu einer gründlichen Bestandsaufnahme empfand. Im übrigen beruht mein Bericht auf zahlreichen persönlichen Eindrücken von mir selbst und meinen Mitarbeitern sowie auf einem kürzlich mit dem Generalsekretär des EPD[4], Botschafter Thalmann, geführten allgemeinen Tour d'horizon, in dem die Dinge auch gestreift wurden. Ein formeller Beschluß des Bundesrates über die einzuschlagende Haltung in der Deutschland-Frage liegt sicherlich nicht vor. Die Schweiz befindet sich vielmehr im Gegenteil in einem Stadium, wo sie, sich von ihren eigenen Interessen leiten lassend, in einem Dauerprozeß das Problem der geteilten Staaten abwägt. Im Augenblick ist ihr Interesse, unsere von ihr begrüßte Entspannungspolitik nicht zu stören, sowie auch ihre Hoffnung auf unsere Unterstützung ihrer Brüsseler Position[5] noch größer als das Eigeninteresse an der

---

[1] Der Schriftbericht wurde von Vortragendem Legationsrat Blech mit Begleitvermerk vom 16. August 1971 über Ministerialdirigenten Diesel und Ministerialdirektor von Staden an Staatssekretär Frank geleitet.
Hat Diesel am 17. August 1971 vorgelegen.
Hat Staden am 18. August 1971 vorgelegen.
Hat Frank am 19. August 1971 vorgelegen, der die Weiterleitung an Bundesminister Scheel verfügte und handschriftlich vermerkte: „Ich bin auch der Meinung, daß das Vorliegen einer befriedigenden Berlin-Regelung ein wichtiger Punkt in unserem bisherigen Verhältnis zur DDR darstellt, den wir richtig nutzen müssen."
Hat Scheel vorgelegen. Vgl. Referat II A 1, Bd. 310.

[2] Dem Vorgang beigefügt. Legationsrat I. Klasse Göttelmann, Bern, faßte am 10. August 1971 die Entwicklung der schweizerischen Position hinsichtlich einer Anerkennung der DDR zusammen. Vgl. dazu Referat II A 1, Bd. 310.

[3] Zum Gespräch des Bundesministers Scheel mit dem schweizerischen Außenminister Graber am 26. Mai 1971 in Oron vgl. Dok. 191.

[4] Eidgenössisches Politisches Departement.

[5] Zu den Gesprächen zwischen der EG-Kommission und der Schweiz über die künftigen Beziehungen sowie zu den zwei Lösungsvorschlägen der EG-Kommission vom 16. Juni 1971 hinsichtlich der Beziehungen der erweiterten Europäischen Gemeinschaften zu den nicht beitrittswilligen EFTA-Mitgliedstaaten vgl. Dok. 191, besonders Anm. 5 und 6.
Am 29. Juli 1971 berichtete Botschafter Löns, Bern, der schweizerische Wirtschaftsminister Brug-

restlosen Durchführung des in auffälliger Weise seit meiner Amtsübernahme[6] immer wieder verkündeten „Universalitätsprinzips".

Unserem Herrn Minister wurde auf Schloß Oron erklärt, daß die Errichtung einer Handelsvertretung der DDR in Zürich mit teilkonsularischen Befugnissen „ein kleiner Schritt" sei.[7] Dies bedeutet einen „kleinen Schritt" zur völkerrechtlichen Normalisierung der Beziehung Schweiz–DDR. Übrigens ist die exploratorische Phase der einschlägigen Besprechungen Anfang Juli beendet worden, wie mir Thalmann sagte. Der Bundesrat werde im Herbst über ein Verhandlungsmandat zu entscheiden haben. Meiner Wiederholung des Hinweises unseres Herrn Ministers auf Wien[8] – keinerlei konsularische Befugnisse – entgegnete er, daß in dieser Beziehung noch keine Festlegung vorliege. Im übrigen habe man nach der Einrichtung einer Handelsvertretung in Zürich gegenüber der DDR zunächst mal „für einige Zeit Ruhe". Ein weiteres Hinauszögern allerdings würde die Erfüllung der bekannten Schweizer Forderung (Vermögensfrage) erschweren. Die Schweiz wolle im übrigen unsere Entspannungsbemühungen nicht stören, könne aber auch nicht am Ende einer Entwicklung stehen, wenn z. B. die Aufnahme der DDR in die UNO bevorstehe.

Daraus ergibt sich, daß die Schweiz auf einen „richtigen Zeitpunkt" – inzwischen ein Terminus technicus für die Durchführung des Universalitätsprinzips geworden – für die Anerkennung der DDR und damit anderer geteilter Staaten wartet. Dies wird wahrscheinlich ein Zeitpunkt sein, wo wir die Anerkennung hinnehmen werden oder müssen ohne langfristige Verstimmung.

Ein solcher Zeitpunkt könnte eine befriedigende Lösung der Berlin-Frage sein. Möglich wäre auch, daß man noch wartet, bis eine befriedigende Regelung des Verhältnisses der Schweiz zur EWG bevorsteht[9], so daß man unserer Unterstüt-

Fortsetzung Fußnote von Seite 1233
ger habe in einer offiziellen Erklärung die Entscheidung des EG-Ministerrats, die zweite Alternative des Vorschlags der EG-Kommission vom 16. Juni 1971 als Verhandlungsgrundlage zu wählen, begrüßt: „Die weiteren Hauptfragen, die zur Vorbereitung eines Verhandlungsmandats nunmehr geklärt werden müßten, bezögen sich auf die Behandlung der Landwirtschaft, wobei jedoch schon jetzt klar zu sein scheine, daß diese aus grundsätzlichen Erwägungen nicht in den Freihandel eingeschlossen werden könne, weil dies die Teilnahme an der EWG-Agrarpolitik voraussetzen würde; ferner die Wettbewerbsregeln und in diesem Zusammenhang die Frage der autonomen Harmonisierung und der Ausgestaltung der Schutzklauseln sowie die Schaffung von allfälligen Ansatzpunkten für die zukünftige Entwicklungsfähigkeit eines Basisabkommens, d. h. die spätere Ausdehnung der Zusammenarbeit auf über den handelspolitischen Bereich hinausgehende Gebiete." Aus der Erklärung von Brugger werde ersichtlich, „daß die weitreichenden schweizerischen Vorstellungen, [...] die insbesondere eine ‚gestaltende Mitwirkung' betreffen, inzwischen einer realistischen Betrachtungsweise Platz gemacht haben. Anstelle eines ursprünglich angestrebten Konsultationsmechanismus wird jetzt nur noch auf die ‚Entwicklungsfähigkeit' des Abkommens Wert gelegt, die in Ansatzpunkten im Abkommen zum Ausdruck kommen soll." Vgl. den Schriftbericht Nr. 724; Referat III E 1, Bd. 1850.

[6] Botschafter Löns nahm am 26. Mai 1970 die Amtsgeschäfte in Bern auf.

[7] Zu den Gesprächen zwischen dem schweizerischen Handels- und Industrieverein und der Außenhandelskammer der DDR über die Errichtung gegenseitiger Vertretungen vgl. Dok. 191, Anm. 2.

[8] Zur Vereinbarung zwischen der DDR und Österreich über die Errichtung einer Vertretung der Bundeskammer der Gewerblichen Wirtschaft Österreichs in Ost-Berlin vom 30. April 1970 vgl. Dok. 191, besonders Anm. 4.

[9] Am 8. November 1971 ermächtigte der EG-Ministerrat die EG-Kommission, Verhandlungen mit den nicht beitrittswilligen EFTA-Mitgliedstaaten aufzunehmen, „um mit jedem dieser Länder Abkommen abzuschließen, die zur gleichen Zeit wie der auf Großbritannien und die übrigen Beitrittsländer anwendbare Beitrittsvertrag in Kraft treten sollen und im wesentlichen den freien Handel mit gewerblichen Erzeugnissen zum Ziel haben". Vgl. BULLETIN DER EG 1/1972, S. 87.
Nachdem der EG-Ministerrat am 29. November 1971 Richtlinien für die Verhandlungsführung der

zung nicht mehr bedarf. Indessen glaube ich nicht mehr, daß „Fortschritte im innerdeutschen Verhältnis" angesichts der klaren Absage der DDR an diesen Begriff in den Schweizer Überlegungen noch eine Reizschwelle bilden.

Unser Gefühl, daß die Berlin-Frage wenigstens in den Planspielen des EPD nicht nur, wie erkennbar, für die KSE, sondern auch in der Anerkennungsfrage eine Rolle spielt, wurde mir indirekt bestätigt durch das auffallende Interesse des Generalsekretärs am gegenwärtigen Stand, wobei er jedoch sorgfältig jeden Zusammenhang mit der Anerkennungsfrage vermied. Er ging, wie von mir befürchtet, von der Richtigkeit der Spekulationen der Massenmedien einer Lösung „frei Haus" zum Herbst aus und vermutete, daß die Gespräche Bahr–Kohl sowie die Gespräche des Berliner Senats[10] bereits die späteren „Auftragsverhandlungen" vorbereiteten. Ich habe die Dinge sorgfältig in die rechte Proportion gerückt (siehe Ortex Nr. 37 vom 3. 8. 71[11]) und ausdrücklich dargelegt, aus welchen politischen, vor allem aber rechtlichen Gründen keine Vorgriffe auf spätere Auftragsverhandlungen erlaubt seien. Über den Zeitablauf könne man überhaupt nichts sagen. Der Generalsekretär dankte mir fast emphatisch für diese Aufklärung. Ich hatte den Eindruck, den von mir gewollten Bremseffekt in den, wenn auch noch abstrakten, Überlegungen des EPD erzielt zu haben.

III. Zur Erleichterung für die Referatsarbeit und zum weiteren Beleg für obige Auffassungen habe ich meinen Mitarbeiter den Gang der Entwicklung anhand der laufenden Berichterstattung dieser Botschaft als Anlage aufzeichnen lassen.

IV. Ich bitte um Vorlage dieses Berichts (ohne Anlage) bei Herrn Staatssekretär Frank, da dieser ein besonderes Interesse an der Schweiz hat.

Löns

Referat II A 1, Bd. 310

Fortsetzung Fußnote von Seite 1234
    EG-Kommission erlassen hatte, nahm diese am 3. Dezember 1971 Verhandlungen zunächst mit der Schweiz sowie bis Ende des Jahres mit allen übrigen nicht beitrittswilligen EFTA-Mitgliedstaaten auf. Vgl. dazu BULLETIN DER EG 2/1972, S. 108 f.

[10] Seit dem 6. März 1971 führten der Chef der Senatskanzlei des Landes Berlin, Müller, und der Staatssekretär im Ministerium für Auswärtige Angelegenheiten der DDR, Kohrt, Gespräche über eine Passierschein-Vereinbarung. Vgl. dazu Dok. 89, Anm. 11, sowie Dok. 267, Anm. 10.

[11] Vortragender Legationsrat I. Klasse Dohms informierte die diplomatischen Vertretungen über den Stand der Vier-Mächte-Gespräche über Berlin. Er führte u. a. aus: „Verhandlungen konzentrieren sich jetzt zunehmend auf schwierige kontroverse Fragen und werden damit – wie vorausgesehen – komplizierter. Prognosen über ihren weiteren Verlauf sind daher nicht möglich. Sie wären – wie in den zu erwartenden Äußerungen der Meinungsmedien – im wesentlichen Spekulation." Vgl. den Runderlaß; VS-Bd. 9848 (L 3); B 150, Aktenkopien 1971.

270
Aufzeichnung des Ministerialdirektors von Staden

I A 7-83.05-2842/71 VS-vertraulich 11. August 1971[1]

Herrn Staatssekretär[2]

Betr.: Deutsche Vorstellungen zur Verstärkung der europäischen Zusammenarbeit im Verteidigungsbereich

Zur Kenntnisnahme und mit der Bitte um Zustimmung

I. Grundlage der Sicherheit Westeuropas in den 70er Jahren bleibt Fortbestand der NATO unter Wahrung der US-Präsenz, die für die Europäer politisch, psychologisch und militärisch unersetzlich ist.

Die in der Frage der Truppenpräsenz auf längere Sicht zu erwartenden inneramerikanischen Entwicklungen (Auswirkungen der „Strategie der realistischen Abschreckung"[3], anhaltender Druck auf US-Administration zur Vornahme von Truppenreduzierungen) machen jedoch unvermeidlich, daß Europäer innerhalb der NATO in Zukunft größere Verantwortung für die gemeinsame Sicherheit übernehmen. Eine engere Zusammenarbeit der europäischen NATO-Partner könnte ihre Verteidigungsanstrengungen so harmonisieren, daß die begrenzten Mittel der Verteidigungshaushalte dem Bündnis am besten nutzen. Außerdem könnte ihr gemeinsames Handeln die europäischen Interessen und Anstrengungen den USA gegenüber besser zur Geltung bringen.

Schon seit längerer Zeit sind wir uns daher mit den meisten europäischen Verbündeten über die Notwendigkeit einer engeren Zusammenarbeit der europäischen NATO-Partner untereinander einig. Um pragmatischen Anfang zu machen, wurde 1969[4] die Eurogroup gegründet, der heute bis auf Frankreich, Portugal und Island alle europäischen NATO-Mitglieder angehören.[5] Diese Zusammenarbeit wird demnächst intensiviert werden müssen.

Mit amerikanischem Einspruch gegen engere europäische Verteidigungszusammenarbeit ist nicht zu rechnen, solange diese die Verbindungen zu den USA nicht lockert. Präsident Nixon hat in einer Botschaft am 25.2.1971 der Einigung Westeuropas zu einem einzigen politischen Gebilde mit gemeinsamer Außen- und Verteidigungspolitik ausdrücklich seine Unterstützung zugesagt.[6]

---

[1] Die Aufzeichnung wurde von den Vortragenden Legationsräten Hartmann und Rückriegel konzipiert.
Hat Bundesminister Scheel vorgelegen.
[2] Hat Staatssekretär Freiherr von Braun am 23. August 1971 vorgelegen.
[3] Zur vom amerikanischen Verteidigungsminister Laird am 9. März 1971 vorgestellten „Nationalen Strategie der realistischen Abschreckung" vgl. Dok. 118.
[4] Korrigiert aus: „1967".
[5] Zur Gründung der Eurogroup vgl. Dok. 204, Anm. 13.
[6] In seinem Bericht an den Kongreß über die amerikanische Außenpolitik führte Präsident Nixon aus: „The further evolution of European unity into other areas of policy is logical and natural; its supporters, including ourselves, have never regarded economic cohesion as an end in itself. [...] Ultimately we may see a single entity making policy for Western Europe in all fields, including diplomacy and defense. We would welcome this, because we believe that Western European and Ame-

II. Den Rahmen engerer europäischer Verteidigungszusammenarbeit könnten abgeben:
- WEU
- Europäische Gemeinschaften
- Eurogroup.

Erste Alternative: Zusammenarbeit in der WEU

WEU ist einzige auf Vertrag gegründete europäische Organisation mit Zuständigkeit für Außen- und Verteidigungspolitik. WEU hatte aber auf dem Gebiet der Verteidigungspolitik bisher keine Erfolge; das zur Intensivierung der Rüstungskooperation zwischen den Partnern geschaffene WEU-Organ, der Ständige Rüstungsausschuß, blieb bedeutungslos. Sonst zugunsten der WEU vorgebrachte Argumente sind nicht durchschlagend:

- Zugehörigkeit Frankreichs: Frankreich ist wohl nicht bereit, sich militärisch in WEU enger zu binden als in NATO.
- „Automatische" Beistandsklausel[7]: Verteidigung Westeuropas ist unabhängig von NATO-Organisation nicht möglich; es kann nicht unbedingt damit gerechnet werden, daß Frankreich sich durch die Klausel stärker als im NATO-Rahmen verpflichtet fühlt.
- Weitgehende Deckungsgleichheit der WEU mit Ländern, die sich am Prozeß der europäischen Einigung beteiligen, dabei – z. B. seitens der WEU-Versammlung – Vorschlag, Norwegen, Dänemark und vielleicht auch Irland aufzunehmen: Vorschlag kaum realisierbar, weil Irland wegen Neutralitäts-Politik, Norwegen und Dänemark im Hinblick auf automatische Bündnisklausel (trotz geringer Bedeutung) zu Beitritt kaum gewillt sein werden. Außerdem: Fernhaltung Griechenlands und der Türkei – die Mitglieder der Eurogroup sind – von europäischer Verteidigungszusammenarbeit hätte politische, militärische und psychologische Nachteile. Wenn daneben Norwegen und Dänemark freiwillig fernbleiben, besteht Gefahr einer Spaltung der europäischen NATO-Verbündeten in Mitglieder und Nicht-Mitglieder der WEU. Mögliche Folgen: Verringerung des NATO-Beitrages dieser Länder, Schwächung der NATO-Flanken und Bedrohung der NATO-Solidarität.

WEU kommt daher als Rahmen kaum in Frage. Folgendes Problem muß zu gegebener Zeit noch gelöst werden:[8]

Rüstungskontrolle: Bundesrepublik wird diskriminiert, weil nur sie Herstellungsverboten und Nichtherstellungskontrollen unterworfen ist.[9] Andererseits

---

Fortsetzung Fußnote von Seite 1236
  rican interests in defense and foreign policy are complementary: In defense, geographic proximity makes the linking of our allies' defense systems logical and feasible; their collective power makes it advantageous. But a coherent strategy of European defense, today and as far into the future as I can see, will require mutual support across the Atlantic. In diplomacy we share basic objectives: Western security, European stability, East-West détente. Two strong powers in the West would add flexibility to Western diplomacy. Two strong powers could increasingly share the responsibilities of decision." Vgl. PUBLIC PAPERS, NIXON 1971, S. 232 f. Für den deutschen Wortlaut vgl. EUROPA-ARCHIV 1971, D 178.

7 Vgl. dazu Artikel V des WEU-Vertrags vom 23. Oktober 1954; Dok. 204, Anm. 12.
8 Dieser Absatz wurde von Bundesminister Scheel hervorgehoben. Dazu vermerkte er handschriftlich: „r[ichtig]". Ferner fügte er handschriftlich hinzu: „Jetzt drückt uns das nicht."
9 Zum Verzicht der Bundesrepublik auf die Herstellung von atomaren, biologischen und chemischen

ist unser im WEU-Vertrag enthaltener einseitiger Verzicht auf Produktion von A-, B- und C-Waffen wichtiges Element unserer Außenpolitik. In bezug auf Herstellungsverbote wäre bei etwaiger Revision des Vertrages wegen außenpolitischer Gesamtsituation vorsichtiges Vorgehen angezeigt. Verzicht auf Produktion von ABC-Waffen überholt, sobald NV-Vertrag[10] durch Verbündete ratifiziert und weltweites Verbot der Herstellung von B- und C-Waffen unter wirksamer internationaler Kontrolle vereinbart ist.

Zweite Alternative: Zusammenarbeit gemäß dem Luxemburger Bericht[11]

Diese könnte später auch Verteidigungspolitik miteinbeziehen („weitere Gebiete"). Vorteil: Außenpolitik und Verteidigungspolitik, die sich nicht immer scharf trennen lassen, könnten in einem Gremium behandelt werden. Freilich besteht der Nachteil der Nichtbeteiligung Griechenlands und der Türkei, die als der EG – wenn auch mit dem Ziel späterer Vollmitgliedschaft – assoziierte Länder an Zusammenarbeit nicht teilnehmen.

Zur Zeit umfaßt Kooperation gemäß Luxemburger Bericht zwar außenpolitische Aspekte sicherheitspolitischer Fragen (KSE), nicht jedoch Sicherheitspolitik im engeren Sinne, d. h. mit Erhaltung und Verbesserung der Verteidigungskraft zusammenhängende Fragen. Eine Ausdehnung der Zusammenarbeit auch auf dieses Gebiet, wie sie z. B. von parlamentarischer Seite häufig gefordert wird, dürfte – insbesondere auch angesichts französischer Zurückhaltung – erst zu erreichen sein, wenn der politische und wirtschaftliche Einigungsprozeß erheblich fortgeschritten ist. Auch Irland bereitet gewisse Probleme.

Dritte Alternative: Zusammenarbeit im Rahmen der Eurogroup

Allein in Eurogroup findet zur Zeit effektive europäische Zusammenarbeit im Verteidigungsbereich statt:

Eurogroup bemüht sich im wesentlichen um

– Harmonisierung der europäischen Verteidigungsmaßnahmen, insbesondere mit dem Ziel, die weitere Präsenz der amerikanischen Truppen in Europa zu sichern;

– Förderung der praktischen Zusammenarbeit.

Bisher wichtigstes Ergebnis ist Europäisches Verteidigungs-Verstärkungsprogramm (EDIP).

Daneben ist Eurogroup

– Gruppe innerhalb der NATO, so daß Gegensätze zu USA kaum zu befürchten sind;

– das einzige europäische Gremium, dem die Verteidigungsminister angehören.

Fortsetzung Fußnote von Seite 1237

sowie bestimmten konventionellen Waffen sowie zu ihrem Einverständnis hinsichtlich der Kontrolle dieses Verzichts durch das Amt für Rüstungskontrolle der WEU vgl. Dok. 23, Anm. 11.

[10] Für den Wortlaut des Nichtverbreitungsvertrags vom 1. Juli 1968 vgl. EUROPA-ARCHIV 1968, D 321–328.

[11] Für den Wortlaut des am 27. Oktober 1970 auf der EG-Ministerratstagung in Luxemburg verabschiedeten Berichts der Außenminister der EG-Mitgliedstaaten vom 20. Juli 1970 über mögliche Fortschritte auf dem Gebiet der politischen Einigung (Davignon-Bericht) vgl. EUROPA-ARCHIV 1970, D 520–524.

Hauptnachteil, daß Frankreich nicht teilnimmt. Auf Grund seines oben (II 2) erwähnten Standpunktes würde es allerdings auch sonst zu multilateraler militärischer Zusammenarbeit in anderer Gruppierung vorerst wohl nicht bereit sein. Bei künftigen Gesprächen sollten wir Franzosen klarmachen, daß schon vor europäischer Einigung Grundstrukturen einer europäischen Verteidigungszusammenarbeit geschaffen werden müssen, auf denen später aufgebaut werden kann. Deutsch-französische Studiengruppe, die bei Gipfelkonsultationen vom 5.–7. Juli d. J.[12] von beiden Außenministern[13] entsprechendes Mandat erhielt, wird sich mit dieser Frage befassen.[14]

Zur Intensivierung der Zusammenarbeit in der Eurogroup haben die Engländer bereits im vergangenen Jahr Institutionalisierung durch Errichtung eines „European Defence Center" vorgeschlagen. Unser damaliger Standpunkt war, ein solcher Schritt sollte erst nach konkreten Erfolgen unternommen werden.[15] Nach dem EDIP wird diese Frage für uns jetzt wieder akut.

III. Ergebnis:

Von den drei Alternativen kommt zur Zeit nur die Eurogroup als Rahmen intensivierter europäischer Verteidigungszusammenarbeit in Frage[16]. Daß Frankreich nicht mitarbeitet, stellt angesichts seiner immer noch prinzipiell negativen Haltung zu multilateraler militärischer Zusammenarbeit keinen ausschlaggebenden Nachteil dar. Wir sollten daher Mitarbeit in Eurogroup im Rahmen des Möglichen verstärken und uns auch einer Institutionalisierung – etwa durch Errichtung eines Sekretariats[17] – nicht länger widersetzen. Im Unterschied zu beiden anderen Alternativen vermeidet diese Politik, soweit heute abzusehen ist, neue Reibungspunkte mit Frankreich und anderen Partnern. Frankreich bleibt eingeladen, sich an der Eurogroup zu beteiligen. Diese Politik schwächt nicht die Bindungen an den militärisch wichtigsten Allianz-Partner, sondern kommt vielmehr der erklärten Politik der USA entgegen, die Stärke und Dauer ihres militärischen Engagements in Europa von entsprechenden Anstrengungen ihrer europäischen Bündnispartner abhängig zu machen (Botschaft Präsident Nixons an den NATO-Rat im Dezember 1970[18]).

Pläne zur Aufwertung der WEU in ihrer gegenwärtigen Form sollten wir nicht fördern.

Einer ausgedehnteren Einbeziehung sicherheitspolitischer Fragen in die Zusammenarbeit nach dem Luxemburger Bericht stehen wir positiv gegenüber[19].

---

12 Zu den deutsch-französischen Konsultationsbesprechungen am 5./6. Juli 1971 vgl. Dok. 228–Dok. 230, Dok. 232, Dok. 233 sowie Dok. 235.
13 Walter Scheel und Maurice Schumann.
14 Die deutsch-französische Studiengruppe für die Probleme der Sicherheit Europas in den siebziger Jahren tagte zu diesem Thema am 25. Januar 1972.
15 Zum britischen Vorschlag vom 16. Januar 1970 sowie zur Reaktion der Bundesregierung vgl. AAPD 1970, I, Dok. 27.
16 Die Wörter „Rahmen intensivierter europäischer Verteidigungszusammenarbeit in Frage" wurden von Bundesminister Scheel hervorgehoben. Dazu vermerkte er handschriftlich: „r[ichtig]".
17 Zur Frage der Errichtung eines Ständigen Sekretariats der Eurogroup vgl. Dok. 358.
18 Zur Mitteilung des Präsidenten Nixon vom 3. Dezember 1970 an den NATO-Ministerrat vgl. Dok. 12.
19 Die Wörter „wir positiv gegenüber" wurden von Bundesminister Scheel hervorgehoben. Dazu vermerkte er handschriftlich: „Langfristig ist das die Lösung."

Ich werde in Kürze eine ergänzende Aufzeichnung im Hinblick auf unsere Haltung bei der – z. B. in der WEU-Versammlung stattfindenden – Erörterung der zukünftigen Rolle der WEU vorlegen.

Der Planungsstab des BMVg hat von dem Inhalt dieser Aufzeichnung vorab zustimmend Kenntnis genommen.

Staden

VS-Bd. 1706 (201)

271

Aufzeichnung des Ministerialdirigenten van Well

II A 1-84.20/11-1224/71 geheim 12. August 1971

Betr.: Arbeitsessen der drei Westbotschafter mit den Staatssekretären Frank und Bahr am 10. August

Die Botschafter unterrichteten die beiden Staatssekretäre über den Verlauf des ca. neunstündigen Vier-Mächte-Gesprächs am gleichen Tage. Botschafter Rush kam sofort auf die Schwierigkeiten zu sprechen, die in der Generalnorm über die Bundespräsenz aufgetreten waren. Es sei jetzt klar, daß die Sowjets den Satz „kein Land der BRD" und den Begriff der Suspendierung[1] nicht akzeptieren würden. Rush drängte sehr darauf, daß die deutsche Seite ihre Haltung nochmals überprüft. Er betonte dabei, er habe strikte Weisung seines Präsidenten[2], in der Frage der Bundespräsenz nicht weiterzugehen als die Bundesregierung akzeptieren könne; wir müßten hier den Weg weisen. Dennoch ließ Rush keinen Zweifel daran, daß er es für den Erfolg der Verhandlungen für erforderlich hält, daß wir die beiden vorgenannten Formeln revidieren. Er verwies mehrmals auf die zahlreichen Gespräche, die er in der letzten Zeit bilateral und im Kreise der Vier Botschafter über diese Fragen mit Abrassimow geführt habe. Er wisse ziemlich genau, wo bei den Sowjets noch Spielraum sei und wo nicht. Rush unterstrich, daß er es zur Wahrung unserer Rechtsposition nicht für notwendig halte, den Begriff der Suspendierung ausdrücklich im Abkommen zu verwenden. Die Formel „the provision ... will continue not to be in effect" drücke dasselbe aus. Sie lasse nur offen, wie das Nichtinkraftsein zustande gekommen sei.

Die beiden anderen Botschafter engagierten sich weniger stark für eine Überprüfung der Formel, ließen jedoch ebenfalls keinen Zweifel daran, daß sie keine Hoffnung für ein Einlenken der Sowjets haben. Auch sie hielten die vorgenannte Ersatzformel für die Suspendierung für ausreichend, um unsere Rechts-

---

[1] Vgl. dazu den gemeinsamen Entwurf der Vier Mächte vom 28. Mai 1971 für ein Abkommen über Berlin in der Fassung vom 23. Juni 1971; Dok. 226.
[2] Richard M. Nixon.

position zu schützen. Jackling schlug statt „kein Land der Bundesrepublik" die Formel vor: „is not a part of the sovereign area (Hoheitsgebiet) of the FRG".

Staatssekretär Bahr unterstrich mit besonderer Deutlichkeit, daß wir keine Formel akzeptieren könnten, die über das bisher Gesagte hinausgehe. Die von den Drei Mächten definierte Rechtslage im Verhältnis Bund–Berlin dürfe nicht verändert werden. Wir seien nicht grundsätzlich gegen eine Überprüfung der Formel „kein Land". Jede neue Formel müsse jedoch schon einmal früher in einer alliierten Mitteilung enthalten gewesen sein. Er könne gegenwärtig noch keinen konkreten Vorschlag machen. Er stände mit dem Bundeskanzler und dem Bundesaußenminister in Verbindung. Wir würden auf die Sache zurückkommen, zunächst müsse an der gegenwärtigen Formel festgehalten werden. Auf Fragen von Sauvagnargues und Jackling meinte Staatssekretär Bahr, man könne gegebenenfalls auf das „regarded as" verzichten. Vielleicht könnten die Botschafter versuchen, ob Abrassimow die Formel „continues not to be a Land of the FRG" akzeptieren. Die Botschafter zeigten sich sehr skeptisch, ob Abrassimow irgendeine Formel mit „Land" akzeptieren würde.

Staatssekretär Frank legte die Bedeutung des Begriffs „Suspendierung" dar. Die alliierten Botschafter bestritten nicht, daß es für die westliche Seite von großem Wert wäre, das Wort „Suspendierung" im Abkommen zu erhalten. Abrassimow habe sich aber so außerordentlich allergisch gezeigt, daß sie keine Hoffnung hätten.[3]

Es wurden dann einzelne Fragen des Interpretationsbriefes erörtert:

– „single committees":

Staatssekretär Bahr meinte, im Deutschen brauche dies nicht zu bedeuten, daß nur jeweils ein Ausschuß tagen könne; „einzelne Ausschüsse", als Mehrzahl, könnten eben mehrere Ausschüsse bedeuten. Jackling erwiderte, im Englischen bedeute das jedoch nur „ein einziger Ausschuß". Staatssekretär Bahr stellte klar, daß mit den Sowjets zumindest ein Understanding erreicht

---

[3] Am 16. August 1971 vermerkte Vortragender Legationsrat Bräutigam über ein Gespräch des Staatssekretärs Frank und des Staatssekretärs Bahr, Bundeskanzleramt, mit den Botschaftern Jackling (Großbritannien), Rush (USA) und Sauvagnargues (Frankreich) am 13. August 1971: „Die Botschafter erklärten sich bereit, die von deutscher Seite vorgeschlagene Formulierung ‚taking into account that these Sectors are not a constituent part of the Federation and not to be governed by it' in die Verhandlungen einzuführen. Sie äußerten allerdings Zweifel, ob diese Formel für die sowjetische Seite akzeptabel sei. Botschafter Rush meinte, daß die Sowjets vor allem an dem Begriff ‚Federation' Anstoß nehmen würden. In der Tat falle es auf, wenn überall von der Bundesrepublik die Rede sei, an dieser entscheidenden Stelle aber ein anderer Begriff gewünscht werde. Er frage sich, wie man dies den Sowjets erklären solle. Staatssekretär Bahr erwiderte, nur der Bund könne Berlin regieren bzw. nicht regieren. Der Begriff der Bundesrepublik, die aus Bund und Ländern bestehe, passe in diesem Zusammenhang nicht. ‚Bund' sei die rechtlich korrekte Bezeichnung. Staatssekretär Frank ergänzte, auch die Alliierten hätten in früheren Dokumenten in diesem Zusammenhang immer den Begriff ‚Federation' gebraucht, so namentlich im Genehmigungsschreiben der drei Militärgouverneure zum Grundgesetz vom Mai 1949 und in der BK/O (52) 35 vom 20. Dezember 1952, betreffend den alliierten Einspruch gegen die Übernahme des Bundesverfassungsgerichtsgesetzes nach Berlin. [...] Die Botschafter und die Staatssekretäre kamen überein, daß als Rückfallposition ‚not a constituent part of the FRG' einbezogen werden könne, wenn die Sowjets den Begriff ‚have been suspended' akzeptieren." Vgl. VS-Bd. 5827 (V 1); B 150, Aktenkopien 1971.

werden müsse, daß auch in Zukunft drei bis vier Ausschüsse gleichzeitig tagen könnten.[4]
- „other state bodies":
 Staatssekretär Bahr hob hervor, was immer die Formulierung des Abkommens und Interpretationsbriefes sei, es müsse zwischen den Parteien völlige Klarheit bestehen, daß nach einem Berlin-Abkommen von uns nicht verlangt werden kann, auch nur eine einzige hier anwesende Dienststelle zu entfernen. Das sei eine ganz eindeutige Position des Bundeskanzlers. Er habe daran weder gegenüber den Sowjets noch gegenüber den Westmächten je einen Zweifel gelassen.
- Beschränkung der Beratungsgegenstände für Ausschüsse und Fraktionen:
 Die drei Botschafter und die beiden Staatssekretäre hielten die von Botschafter Rush in die Verhandlungen erfolgreich eingefügte Formel „in connection with maintaining and developing the ties" für einen großen Fortschritt; sie repräsentiert die weitestgehende Möglichkeit für Ausschüsse. Staatssekretär Bahr machte eine Einschränkung für Fraktionen. Ihre Tagesordnung könne überhaupt nicht begrenzt werden.
- Erwähnung des Bundesbevollmächtigten in der Interpretationsformel für die Verbindungsbehörde:
 Staatssekretär Bahr stellte mit Zustimmung der Übrigen fest, daß der Hinweis auf den Bundesbevollmächtigten, den die Sowjets nicht haben wollten, gestrichen werden könne, da es uns überlassen bleiben müsse, wem wir die Verbindungsbehörde unterstellen.
- Übernahme der Gesetzgebung des Bundes:
 Rush teilte mit, daß Abrassimow die vorgesehene Interpretationsformel ablehne. Er, Rush, schlage folgende neue Formel vor: „established procedures concerning the applicability to the Western Sectors of legislation of the FRG shall remain unchanged". Das erstrecke sich auch auf den Vollzug der Gesetze (im Verwaltungs- und Gerichtswege). Die beiden anderen Botschafter und die beiden Staatssekretäre stimmten der Formel zu.
- Definition der verbotenen Amtshandlungen:
 Nach längerer Diskussion ergab sich, daß die bisherige Verfassungsorgan-Klausel wahrscheinlich nicht durchsetzbar ist. Jackling schlug statt dessen folgende Formel vor: „official acts which contradict para. 1 shall be interpreted to mean acts in exercise of direct governmental authorities over the Western Sectors". Die beiden anderen Botschafter und die beiden Staatssekretäre stimmten zu. Es wurde darauf hingewiesen, daß das Bundesverfassungsgericht eine ähnliche Formel ebenfalls benutzt hat.

---

[4] Am 16. August 1971 vermerkte Vortragender Legationsrat Bräutigam über ein Gespräch des Staatssekretärs Frank und des Staatssekretärs Bahr, Bundeskanzleramt, mit den Botschaftern Jackling (Großbritannien), Rush (USA) und Sauvagnargues (Frankreich) am 13. August 1971: „Der britische Botschafter bestätigte, daß er in der Sitzung vom 11. August die westliche Interpretation des Begriffs ‚single committees' vorgetragen habe. Abrassimow habe diese Interpretation bestätigt und sich einverstanden erklärt, daß der Kanzler auch in der Öffentlichkeit davon Gebrauch machen könne." Vgl. VS-Bd. 5827 (V 1); B 150, Aktenkopien 1971.

Eingehend wurde anschließend erörtert, wie am besten die Bindung der Sowjets an die Interpretationen erreicht werden könne. Es bestand Übereinstimmung, daß es am besten wäre, wenn im Annex des Abkommens ein Hinweis aufgenommen würde, wonach Interpretationen und Klarstellungen von den Drei Mächten der Bundesregierung mitgeteilt werden würden. Ferner bestand Übereinstimmung, daß diese Interpretationen und Klarstellungen den Sowjets vor Unterzeichnung des Abkommens notifiziert werden müßten, und daß die Sowjets Kenntnisnahme bestätigen müßten.

Die alliierten Botschafter fragten Staatssekretär Bahr, ob wir trotz der fortgesetzt negativen Haltung der Sowjets in der Paßfrage an unserer Forderung nach Bundespässen für Westberliner festhalten würden. Staatssekretär Bahr bestätigte dies ohne Einschränkung. Rush meinte, es sei im Zusammenhang mit dem Generalkonsulat wohl erreichbar.

Im Zusammenhang mit der Paßfrage brachte Sauvagnargues die Frage der Staatsangehörigkeit auf. Nach lebhafter Diskussion stellten die deutschen Staatssekretäre mit aller Deutlichkeit klar, daß auf die Staatsangehörigkeitsfrage in dem Abkommen nicht eingegangen werden soll. Es dürfe kein Zweifel auf die deutsche Staatsangehörigkeit der Westberliner fallen.

van Well

VS-Bd. 4523 (II A 1)

272

Aufzeichnung des Vortragenden Legationsrats Spalcke

I A 7-81.02/0-2431/71   13. August 1971

Betr.: Haarwuchs in der Bundeswehr

Berichte von Auslandsvertretungen, Gespräche mit deutschen und ausländischen Offizieren und Besuche bei der Bundeswehr sind für mich der Anlaß, ein buchstäblich haariges Thema aufzugreifen.

1) Es mehren sich die Berichte von Militärattachés, in denen immer wieder besonders „diplomatisch" formulierte Beschreibungen des langhaarigen Zustandes der Bundeswehr auftauchen:

- „Wie bei allen Besuchen deutscher Marineeinheiten der letzten Monate fiel auch hier das veränderte äußere Erscheinungsbild der Mannschaften und Unteroffiziere auf. Der Gewöhnungsprozeß wird bei der hiesigen Bevölkerung vermutlich noch einige Zeit in Anspruch nehmen" (Marineattaché London[1] vom 14.6.71).

[1] Karl-Theodor Raeder.

- „Der zum Teil wild wuchernde Haarwuchs der Soldaten stieß auf französischer Seite und auch bei vielen Deutschen auf Unverständnis" (Marineattaché Paris[2] vom 21.7.71).
- „Es war das erste Mal, daß bei einem Besuch deutscher Einheiten in Spanien Matrosen mit langen Haaren in großer Zahl auftraten. Während im allgemeinen die spanische Presse Meldungen dieser Art mit ironischen Kommentaren versieht, wurde in den Veröffentlichungen der örtlichen Presse zum Flottenbesuch hierüber nichts erwähnt, was mit Sicherheit als ein Zeichen der echten Gastfreundschaft seitens der Spanier den deutschen Soldaten gegenüber aufgefaßt werden kann; denn die Tatsache als solche fand sowohl bei den spanischen Offizieren wie auch beim spanischen Publikum nicht unbeträchtliche Beachtung" (Verteidigungsattaché Madrid[3] vom 28.7.71.).

2) Ein mir aus mehrjähriger Zusammenarbeit bekannter deutscher Offizier hat mir glaubhaft berichtet, daß französische Kommandeure den Kontakt ihrer Soldaten zu einem „langhaarigen" deutschen Flottenbesuch auf das Notwendigste beschränkt haben, um – militärisch gesprochen – „nicht den eigenen Haufen versauen zu lassen".

Bei einschlägigen Anlässen haben hohe NATO-Offiziere mir gegenüber folgende Bemerkungen gemacht:
- „Der Bundesgrenzschutz ist die einzige Truppe der Bundeswehr."
- „Was erwarten Sie im Ernstfall von einer Führung, die bereits vor ihren eigenen Jüngelchen (kids) kapituliert?"

3) Besuche bei der Bundeswehr werden geradezu peinlich, wenn man ausländische Offiziere begleiten muß. Nicht nur die langen Haare, sondern das auch sonst ungepflegte Aussehen der jungen Bundeswehrsoldaten fallen auf und werden – auch bei hohen ausländischen Offizieren – keineswegs durch höfliche Zuvorkommenheit wettgemacht.

Bereits beim Anblick der ersten langhaarigen Wachposten beginnen die ausländischen Besucher erstaunt die Hälse zu recken und die deutschen Begleitoffiziere verlegen zu werden. Man versucht sich mit wahren (!) Anekdoten zu helfen,
- „Ein Bundeswehrsoldat läßt sich am Tage seiner Entlassung die Haare kurz schneiden und antwortet auf eine diesbezügliche Frage: ‚Glauben Sie, Herr Oberst, daß ich mit langen Haaren am Bankschalter sitzen kann?'";

„meckert" auch Ausländern gegenüber,
- „Das Pionierbataillon X war total verlaust und kein Mensch traute sich, richtig durchzugreifen, aber beim Wachbataillon Bonn ist es möglich, einen anständigen Haarschnitt durchzusetzen";

und erklärt spätestens beim zweiten Bier, daß man von „denen da oben" im Stich gelassen werde,
- „Der Schmidt muß eben sein Image bei den Jusos polieren".

Ich hätte dieses haarige militärische Randproblem nicht erwähnt, wenn es nicht allmählich aus dem Rahmen des Erheiternden herauswachsen und zu einem

---

[2] Carl Hoffmann.
[3] Werner Dedekind.

Problem der Glaubwürdigkeit der Bundeswehr würde. Lassen wir uns nicht durch den Verbalismus von der „funktionalen Disziplin" täuschen: Für ausländische militärische Beobachter, die oft auch etwas von Menschenführung verstehen, werden die langen Haare zum Symbol für den auch sonst feststellbaren Verfall der Disziplin in der Bundeswehr.

Obwohl die militärische Haartracht sicherlich keine vorrangige außenpolitische Frage ist, wäre es vielleicht doch zweckmäßig, wenn das Auswärtige Amt das Bundesministerium der Verteidigung und den Wehrbeauftragten[4] auf die außenpolitischen Auswirkungen dieses haarigen Problems hinweisen würde.

Hiermit über Herrn Rückriegel[5] Herrn D Pol[6] vorgelegt.

Spalcke

Ministerbüro, Bd. 504

273

Staatssekretär Bahr, Bundeskanzleramt, an den Sicherheitsberater des amerikanischen Präsidenten, Kissinger

16. August 1971[1]

Top Secret

To: Henry Kissinger, White House, Washington

From: Egon Bahr

Die beiden Besprechungen mit Falin am 13. und 14. haben eine ernste Lage geschaffen. Die unerfüllbaren Forderungen der Engländer für Zugang ohne Kontrolle, die Ken[2] und ich unterstützt haben, hat Falin wie folgt beantwortet:

Er sei bereit, an Änderungen der Form mitzuwirken, aber es würden sehr ernste grundsätzliche Fragen aufgeworfen, wenn unser Verlangen dahin ginge,

---

[4] Fritz-Rudolf Schultz.
[5] Hat Vortragendem Legationsrat Rückriegel am 13. August 1971 vorgelegen, der handschriftlich vermerkte: „Meine persönliche Meinung: Gegen lange Haare ist nichts einzuwenden, solange sie gepflegt sind. Es gibt auch ungepflegte Soldaten mit kurzem Haarschnitt. Im übrigen schadet es nichts, wenn einmal gerade die Deutschen ein Beispiel an Liberalität und Toleranz geben. Im übrigen würde eine Rückkehr zu schärferen ‚Haarbestimmungen' einen Aufruhr hervorrufen."
[6] Hat Ministerialdirektor von Staden vorgelegen, der die Weiterleitung an Staatssekretär Frank verfügte und handschriftlich vermerkte: „M[eines] E[rachtens] ist dies ein ebenso ernstes Thema wie die Frage der Budgetenge und des Geheimnisverrats. Wir setzen die Früchte unserer Ost- und Westpolitik auf's Spiel, wenn wir zugleich ein Bild der Schwäche bieten."
Hat Frank am 16. August 1971 vorgelegen, der die Weiterleitung an Bundesminister Scheel und Parlamentarischen Staatssekretär Moersch verfügte.
Hat Scheel und Moersch vorgelegen.

[1] Ablichtung.
[2] Kenneth Rush.

die Vereinbarung in der Substanz zu ändern, der die höchsten Stellen der drei Beteiligten in der jetzt vorliegenden Form[3] zugestimmt haben.

Hier stellt sich eine Vertrauensfrage bzw. der Verdacht des Doppelspiels.

Die Lage ist weiter verschärft worden durch eine ausführliche Instruktion des State Department, die auch Paris und London übermittelt wurde, und in der teilweise neue Forderungen erhoben werden. Das wird bei den Russen den Verdacht erwecken, daß der Appetit beim Essen kommt und dies die Folge ihres schnellen Entgegenkommens auf den Gebieten der Außenvertretung, des innerstädtischen Verkehrs und der Beziehungen zum Bund in der letzten Woche sei.[4]

Ich bin mit Ken in dauerndem Kontakt, um die Sache unter Kontrolle zu behalten.

Es könnte gut sein, wenn Sie Dobrynin sagen, daß wir im Prinzip zu den getroffenen Absprachen stehen und wie bisher versuchen wollen, im Laufe dieser Woche die entstandene schwierige Lage zu überwinden.

In dieser Woche deshalb, weil der englische Botschafter[5] sich gestern abend vorbehalten hat, seinen Vorschlag auf Unterbrechung der Verhandlungen ohne neues Datum zu wiederholen, falls in der Sitzung am Montag, dem 23., kein Durchbruch erzielt wird.[6]

Es ist ein halbes Wunder zu nennen, daß wir bisher so gut durchgekommen sind. Das wäre ohne die Methode der Verhandlungen zu dritt unmöglich gewesen. Ich hoffe, daß sie uns auch jetzt den Ausweg bringen wird.

Herzlichen Gruß
[Bahr]

Archiv der sozialen Demokratie, Depositum Bahr, Box 439

---

[3] Für den gemeinsamen Entwurf der Vier Mächte vom 28. Mai 1971 für ein Abkommen über Berlin in der Fassung vom 23. Juni 1971 vgl. Dok. 226.
[4] Dazu notierte Egon Bahr im Rückblick: „Es lag in der Natur der Methode, daß die drei Musketiere jeweils schneller waren als die vier Botschafter. Die Übertragung unserer Ergebnisse in Vertragstexte im Gebäude des Kontrollrats wurde um so komplizierter, als Franzosen und Engländer, ermutigt durch erstaunliche Zugeständnisse der Sowjets, Appetit auf mehr verspürten. Daran wäre nichts auszusetzen gewesen, wenn Ken und ich das nicht längst mit Falin getestet hätten. Das State Department entwickelte einen Forderungskatalog, gab ihn Ken Rush als Weisung und den Engländern und Franzosen zur Kenntnis, ohne das Weiße Haus oder die Deutschen zu informieren. Nicht nur Falin witterte ein Doppelspiel; denn Moskau konnte sich schwer vorstellen, daß die Ergebnisse der informellen Ebene, von Präsident, Generalsekretär und Kanzler gebilligt, auf offizieller Ebene in Frage gestellt werden könnten." Vgl. BAHR, Zeit, S. 367.
[5] Roger W. Jackling.
[6] Zum 33. Vier-Mächte-Gespräch über Berlin vgl. Dok. 275, Anm. 6.

274

Staatssekretär Bahr, Bundeskanzleramt, an den Sicherheitsberater des amerikanischen Präsidenten, Kissinger

17. August 1971[1]

Top Secret

To: Henry Kissinger, White House, Washington

From: Egon Bahr

1) Auch im Namen von Ken[2]:
2) Keine Sorge mehr. Relax!
3) Zugang besser als erhofft.[3]
4) Nur noch Generalkonsulat und Bundespässe offen.[4]
5) Wir hoffen, morgen fertig zu werden. Wie das nun möglich wurde, wird Ken berichten.
6) Viele Faktoren mußten zusammenkommen für eine Berlin-Regelung; der gute Draht zwischen uns war vielleicht nicht der unwichtigste.

Dank und Gruß

[Bahr]

Archiv der sozialen Demokratie, Depositum Bahr, Box 439

---

[1] Ablichtung.
[2] Kenneth Rush.
[3] Am 18. August 1971 vermerkte Referat II A 1 über den Stand der Vier-Mächte-Gespräche über Berlin: Bei Zugang ist Ausdruck „Garantie" eliminiert. Offen ist nach wie vor Frage der Stichproben bei versiegelten Transporten, befriedigende Lösung wird aber erwartet." Vgl. VS-Bd. 4523 (II A 1); B 150, Aktenkopien 1971.
[4] Am 18. August 1971 vermerkte Referat II A 1 über den Stand der Vier-Mächte-Gespräche über Berlin: „Außenvertretung: Paßfrage ist noch offen. Über sie wird z. Zt. hart verhandelt, Ausgang ist nicht vorherzusehen. Möglichkeit der Gewährung des Generalkonsulats formell eingeführt; Voraussetzung: befriedigendes Gesamtpaket." Vgl. VS-Bd. 4523 (II A 1); B 150, Aktenkopien 1971.

275

Aufzeichnung des Ministerialdirigenten van Well

II A 1-84.20/11-1233/71 geheim   20. August 1971[1]

Betr.: Berlin-Verhandlungen;
hier: Unterrichtung des Herrn Ministers durch Botschafter Rush am 20. August

1 Anlage

Beiliegend das zusammengefaßte Übersetzungsprotokoll.

Zusätzlich ist folgendes festzuhalten:

Rush stellte fest, daß in der Nachtsitzung vom 18. August alles geklärt werden konnte, mit einer Ausnahme, nämlich der Frage, wie viele Unterschriften unter die innerdeutschen Verkehrsvereinbarungen gesetzt werden sollen. Die Sowjets verlangten drei Unterschriften. Der Westen insistiere auf zwei, wobei die Bundesrepublik gleichzeitig für Westberlin mitzeichne. Der Herr Minister war der Meinung, daß die westliche Auffassung ohne größere Schwierigkeiten durchgesetzt werden könne. Er gehe davon aus, daß das geschehe. Die Sowjets würden jetzt die Dinge nicht mehr in Frage stellen wollen.

Er, Rush, werde am 24. nach Washington fliegen, um mit Außenminister Rogers zu sprechen (der Präsident[2] sei in Kalifornien). Er sei der Auffassung, daß das Berlin-Abkommen weit besser sei, als wir es uns je hätten erhoffen können. Trotzdem gebe es im State Department Juristen, die unglücklich seien, daß sie nicht alle ihre Forderungen erfüllt bekommen hätten. Er werde diese Bedenken zerstreuen. Auch Botschafter Jackling werde am 24. nach London zur Berichterstattung reisen.

Die Unterzeichnung werde wahrscheinlich erst am 2. oder 3. September möglich sein. Die Briten brauchten mindestens zwei Wochen, da eine Kabinettszustimmung erforderlich sei. Auch das State Department habe zwei Wochen als Minimum bezeichnet. Die Franzosen könnten schneller handeln. Nach den Besprechungen in Washington wolle er noch ein paar Tage Urlaub machen.[3]

van Well

---

[1] Hat Ministerialdirektor von Staden am 20. August 1971 vorgelegen.
[2] Richard M. Nixon.
[3] Am 20. August 1971 vermerkte Staatssekretär Bahr, Bundeskanzleramt: „1) Rush ist sehr zufrieden über Gespräch mit Scheel und eine Erklärung, die Scheel über Rundfunk abgegeben hat. 2) Das offizielle Schweigen der Regierungen hat Rush mit Scheel bestätigt." Vgl. Archiv der sozialen Demokratie, Depositum Bahr, Box 436.

[Anlage]

Betr.: Ausführungen des Herrn Ministers in der Besprechung mit dem amerikanischen Botschafter Rush am 20. August 1971 um 10.00 Uhr

Der Herr Minister erklärte, eine erste Durchsicht des Abkommensentwurfs[4] bringe ihn zu der Feststellung, daß wohl niemand ein Abkommen in dieser Form erwartet hätte. Vor zehn, vor fünf oder auch noch vor einem Jahr hätte wohl niemand gehofft, ein derartiges Vier-Mächte-Abkommen über Berlin zu erreichen. Im Namen der Bundesregierung danke er dem Botschafter und natürlich auch seinen beiden Kollegen[5] daher von Herzen für die Art, in der sie die Verhandlungen geführt hätten, Verhandlungen, die sie natürlich in ihrem eigenen Interesse, wesentlich aber im Interesse der Berliner Bevölkerung, der Bundesrepublik und des Zusammenhalts mit Berlin geführt hätten. Diese Verhandlungen seien gewiß nicht einfach gewesen. Von beiden Seiten war Härte zu erwarten. Auf amerikanischer Seite habe jedoch nicht nur Härte, sondern auch Geschick zu einem Abschluß geführt, den seines Erachtens die gesamte deutsche Öffentlichkeit positiv aufnehmen werde. Freilich sei noch nicht alles völlig erledigt, denn am Montag stünden noch einige Fragen der letzten Minute an.[6] Die Bundesregierung sei aber zuversichtlich, daß nach Verabschiedung des Entwurfs niemand erneut daran rütteln wolle, und daß kein russischer Verhandlungspartner etwas Akzeptiertes nur wegen einiger zusätzlicher Fragen wieder aufgeben würde. In der nächsten Woche sei daher die Verhandlungsposition des Westens erheblich besser als die der Sowjets.

Der Herr Minister kam dann auf die Pressebehandlung der Frage zu sprechen und bemerkte, er habe einmal eine kurze Übersicht über die heutige deutsche Morgenpresse zusammenstellen lassen. Selbstverständlich könne jeder anhand zahlreicher Indizien und mittels Kombination erraten, daß etwas in dieser langen Nacht geschehen sein müsse. Die Presseberichterstattung entspreche dieser Tatsache. Glücklicherweise sei sie nicht zu unrichtig. Zum anderen liege die Spekulation nicht weit von der Wahrheit. Erfreulich aber sei, daß keinerlei Textzitate durchgedrungen seien. Natürlich lasse es sich nicht vermeiden, daß ein mit den Tatsachen vertrauter Journalist aufgrund langjähriger Erfahrung heute in etwa wisse, was überhaupt möglich sei. Aufgrund dieses Standes in der öffentlichen Diskussion sei es möglich, die bisherige Informationspolitik auch bis nächste Woche weiterzuverfolgen. Der Sprecher des Auswärtigen Amts werde in der heutigen Pressekonferenz nur einige formale Punkte nennen, jedoch nichts über den Inhalt sagen, sondern lediglich erklären, Botschafter Rush habe dem Bundesaußenminister über den derzeitigen Stand der Verhandlungen

---

[4] Für den Entwurf über ein Vier-Mächte-Abkommen über Berlin in der Fassung vom 20. August 1971 vgl. VS-Bd. 4524 (II A 1).

[5] Roger Jackling (Großbritannien) und Jean Sauvagnargues (Frankreich).

[6] Am 24. August 1971 informierte Vortragender Legationsrat Blech die diplomatischen Vertretungen über das 33. Vier-Mächte-Gespräch über Berlin: „Die Botschafter der Vier Mächte einigten sich am 23.8. über Entwurf eines umfassenden Vier-Mächte-Abkommens, das nunmehr ihren Regierungen zur Prüfung vorgelegt wird. Nach deren Abschluß wird Abkommen von Botschaftern unterzeichnet und veröffentlicht werden. Termin hierfür steht noch nicht fest. Wir rechnen mit ersten Septembertagen, wenn nicht eine der verhandelnden Regierungen nochmals in Sachdiskussion des einen oder anderen Punktes einzutreten wünscht." Vgl. den Runderlaß; Referat II A 1, Bd. 341.

Bericht erstattet. Des weiteren könne man wohl sagen, daß einige Fortschritte erzielt worden seien und im übrigen, daß die Arbeit nächste Woche weitergehe.[7]

Der Herr Minister dankte dem Botschafter noch einmal von Herzen für seine Verhandlungsführung.

VS-Bd. 4523 (II A 1)

276

Ministerialdirigent Bömcke, Brüssel (EG), an das Auswärtige Amt

| Fernschreiben Nr. 2507 | Aufgabe: 20. August 1971, 14.35 Uhr |
| Citissime | Ankunft: 20. August 1971, 16.04 Uhr |

Betr.: EG-Ratstagung über die internationale Währungslage am 19./20.8.1971

I. 1) Nach insgesamt sechzehnstündigen intensiven Beratungen konnte sich der Rat lediglich auf ein Statement verständigen, dessen Text in der nachfolgenden Fassung vom Ratssekretariat auch der Presse übergeben wurde:

„Der Ministerrat der Europäischen Gemeinschaften hat heute die Maßnahmen geprüft, die die amerikanischen Behörden im Hinblick auf die Wiederherstellung des Gleichgewichts der Zahlungsbilanz getroffen haben[1]. Die Minister sind der Auffassung, daß die Aussetzung der Konvertierbarkeit des Dollars und die Einführung der Sonderabgabe von 10 v. H. auf Einfuhren die internationale Währungsordnung und den internationalen Handel tiefgreifend berühren. Diese Maßnahmen zeigen deutlich, daß es notwendig ist, um die Freiheit des internationalen Handels und Zahlungsverkehrs zu gewährleisten, das internationale Währungssystem zu reformieren, wozu auch die Neugestaltung der Paritäten gehört, die erforderlich erscheint. Zu diesem Zweck werden die Mitgliedstaaten in den geeigneten zwischenstaatlichen Gremien, insbesondere im Internationalen Währungsfonds, einer Institution, deren wesentliche Rolle sie unterstreichen, eine gemeinsame Initiative ergreifen.

---

[7] Zur Erklärung des Vortragenden Legationsrats I. Klasse Brunner am 20. August 1971 vor der Presse vgl. den Artikel „Bonn bestätigt positiven Stand der Berlin-Verhandlungen"; FRANKFURTER ALLGEMEINE ZEITUNG vom 21. August 1971, S. 1.

[1] Präsident Nixon verkündete am 15. August 1971 in einer Fernsehansprache mehrere Maßnahmen zur Schaffung von Arbeitsplätzen, einer Begrenzung der Inflation und einer Stabilisierung des Dollar. Neben einer Aussetzung der Konvertibilität des Dollar in Gold oder andere Reservemittel sowie einer zehnprozentigen Importabgabe auf in die USA eingeführte Güter gab Nixon einen zehnprozentigen Steuerkredit für Investitionen in neue Ausrüstungen unter Ausschluß importierter Investitionsgüter („Buy-American-Klausel"), eine Aufhebung der Verkaufssteuer auf Automobile, eine Kürzung der Regierungsausgaben um 4,6 Mrd. Dollar im Haushaltsjahr 1971/72 sowie einen auf 90 Tage begrenzten Lohnpreisstop bekannt. Für den Wortlaut der Erklärung vgl. PUBLIC PAPERS, NIXON, 1971, S. 886–891. Für den deutschen Wortlaut vgl. EUROPA-ARCHIV 1971, D 425–429.

In dem Bewußtsein der Notwendigkeit, daß die Devisenmärkte der Mitgliedsländer am nächsten Montag wieder geöffnet werden[2], ist sich der Rat darüber einig, daß es zweckmäßig ist, Maßnahmen zu treffen, durch die auf dem Devisenmarkt ein geordnetes Funktionieren aufrechterhalten werden soll, bis eine Reform des internationalen Währungssystems erreicht ist. Mit den Behörden des Vereinigten Königreichs sind enge Kontakte hergestellt worden.

Der Rat ist übereingekommen, daß sich die Kurse des US-Dollars weiterhin in einigen Ländern der Gemeinschaft frei auf einem einzigen Devisenmarkt bilden und sich in anderen auf einem gespaltenen Devisenmarkt bilden werden.

Der Rat hat schließlich beschlossen, den Ausschuß der Zentralbankpräsidenten und den Währungsausschuß zu beauftragen, die Entwicklung der Devisenmärkte in den Ländern der Gemeinschaft zu verfolgen, um kurzfristig Vorschläge für Interventionstechniken vorzulegen, die eine schrittweise Verringerung der Bandbreiten zwischen den Gemeinschaftswährungen fördern sollen, denn dies ist geeignet, das ordnungsgemäße Funktionieren des Agrarmarktes zu verbessern, und unerläßlich, um den Prozeß der Verwirklichung der Wirtschafts- und Währungsunion voranzutreiben.

Der Rat tritt am 13. September 1971[3] erneut zusammen."[4]

2) Ein weitergehendes Einvernehmen über die in der Übergangsperiode bis zur Revision des internationalen Währungssystems und zur Neugestaltung der geltenden Paritäten einzuschlagende Währungspolitik konnte im Rat trotz vielfältiger Bemühungen von verschiedenen Seiten nicht erreicht werden. Minister Giscard weigerte sich praktisch von Beginn der Sitzung an und entsprechend der französischerseits bereits am Vortag öffentlich erklärten Verhandlungsposition[5], eine Suspendierung der Bandbreite der Wechselkurse (im Verhältnis

---

[2] Am 16. August 1971 wurden die Devisenmärkte in den EG-Mitgliedstaaten als Reaktion auf die wirtschafts- und währungspolitischen Maßnahmen der USA vom Vortag geschlossen und erst am 23. August 1971 wieder geöffnet.

[3] Auf der EG-Ministerratstagung in Brüssel wurde eine Einigung über Grundsätze für eine gemeinsame Haltung der Mitgliedstaaten in der internationalen Währungspolitik erzielt. Die anstehenden Reformen des internationalen Währungssystems müßten auf der Basis fester Wechselkurse vorgenommen werden, wobei die internationalen Zahlungsbilanzbeziehungen nur in ein ausreichendes Gleichgewicht gebracht werden könnten, „wenn differenziert ein neues Verhältnis zwischen den Paritäten der Währungen der Industrieländer hergestellt" werde. Zugleich sollten Maßnahmen im Bereich der internationalen Kapitalbewegungen ergriffen werden, u. a. „eine begrenzte Erweiterung der Bandbreiten für die Wechselkursschwankungen". Die internationale Liquidität beruhe weiterhin auf Gold sowie zunehmend auf Reserveinstrumenten wie den Sonderziehungsrechten. Schließlich müßten Autorität und Aktionsmöglichkeiten des IWF gestärkt werden. Vgl. die Schlußfolgerungen des EG-Ministerrats; BULLETIN DER EG 9-10/1971, S. 44–46.

[4] Vgl. BULLETIN DER EG 9-10/1971, S. 41.

[5] In einem Kommuniqué vom 18. August 1971 legte die französische Regierung ihre Haltung zur Erklärung des Präsidenten Nixon vom 15. August 1971 über wirtschafts- und währungspolitische Maßnahmen fest: „Le gouvernement français reste attaché au principe de parité fixe fondée sur la définition en or de la valeur des monnaies, tel qu'il a été retenu en 1944 par les négociateurs de Bretton-Woods [...]. L'expérience confirme mon diagnostic, formulé de longue date, suivant lequel le système mondial des parités fixes est incompatible avec l'usage exclusif comme instrument de réserve d'une monnaie liée aux incertitudes d'une conjoncture économique nationale et soustraite aux disciplines de l'équilibre de la balance des paiements. En ce qui le concerne, le gouvernement français confirme le maintien du franc à sa parité de 160 milligrammes d'or fin." Die französische Regierung werde auf der EG-Ministerratstagung am 19./20. August 1971 folgende Maßnahmen vorschlagen: „Afin de ne pas laisser la valeur des monnaies fixée par les lois incertaines de l'offre et de la demande dans un monde parcouru de mouvements spéculatifs, l'accès des marchés des

zu Drittländern) zu akzeptieren und irgendeine Änderung der Bewertung des Franc ins Auge zu fassen.

Alle anderen Delegationen und die Kommission wären dagegen letztlich bereit gewesen, unter gewissen vorwiegend redaktionellen Änderungen sowie nach Einfügen einer von der italienischen Delegation gewünschten Schutzklausel dem als Anlage wiedergegebenen deutschen Vorschlag zuzustimmen. Dieser Vorschlag, der von der Notwendigkeit einer Neuordnung des Weltwährungssystems ausgeht, sieht für eine Übergangszeit ein Sofortprogramm aus folgenden wesentlichen währungspolitischen Elementen vor:

– Bereitschaft zur Vereinbarung von neuen Wechselkursrelationen für Operationen innerhalb der Gemeinschaft,

– feste Wechselkurse innerhalb der Gemeinschaft (Abweichung von den neuen Leitrelationen max. 1,5 v. H.),

– Floaten gegenüber den Währungen von Drittländern mit gewissen Absicherungsmöglichkeiten,

– Bereitschaft, mit anderen Ländern über Teilnahme an einem solchen Arrangement zu verhandeln,

– Tolerierung eines gesonderten Marktes für Kapitaltransaktionen als Mittel zur Spekulationsabwehr in einigen Ländern.

Die italienischerseits gewünschte Schutzklausel hätte eine Überprüfung der Wechselkursrelationen bei erheblichen Schwierigkeiten für ein Land bedeutet.

3) Die Ratsdebatte konzentrierte sich praktisch ausschließlich auf die währungspolitischen Aspekte der durch die US-Maßnahmen aufgeworfenen Probleme.

Handelspolitische Fragen wurden nicht diskutiert. Präsident Malfatti wies lediglich darauf hin, daß handels- und währungspolitische Aspekte nicht zu trennen seien. Deutscherseits wurde in diesem Zusammenhang erreicht, daß in Absatz 1 des eingangs wiedergegebenen Statements des Rats auf die Gewährleistung der Freiheit des internationalen Handels- und Zahlungsverkehrs verwiesen wurde.

Agrarpolitische Fragen wurden ebenfalls nicht vertieft, zumal die jetzt gegebene Lage auch nach Auffassung von Vizepräsident Mansholt keine sofortigen neuen Regelungen erfordert. Mansholt beschwor allerdings die Gefahr, daß das Fehlen einheitlicher währungspolitischer Maßnahmen zu einer Aufspaltung des gemeinsamen Agrarmarktes in sechs verschiedene Märkte führen könnte, und verwies auf die politischen Folgen einer solchen Entwicklung.

Fortsetzung Fußnote von Seite 1251

changes fonctionnant suivant les règles du Fonds monétaire international serait réservé aux transactions portant sur les marchandises. Simultanément seraient organisés des marchés sur lesquels se traiteraient les devises destinées aux autres règlements avec l'étranger. L'action d'intervention des banques centrales sur ces marchés ferait l'objet d'une concertation communautaire. Dans le souci d'une coopération internationale efficace, et par priorité sur le plan européen, le président de la République proposera, le moment venu, aux chefs d'Etat et de gouvernement de la Communauté et des pays qui se préparent à y adhérer que soient organisées des consultations préalables en vue d'une rencontre à leur niveau. Par ses décisions et ses propositions, le gouvernement français a conscience de tenir compte à la fois des exigences de la coopération internationale et du souci de préserver pour la France ses chances de stabilité, d'expansion et de plein emploi." Vgl. LA POLITIQUE ETRANGÈRE 1971, II, S. 76 f.

Ebenfalls nicht erörtert, sondern lediglich von Malfatti in seiner einleitenden Erklärung für die Kommission begrüßt wurde der Gedanke von Staatspräsident Pompidou, zu einem geeigneten Zeitpunkt eine neue Gipfelkonferenz vorzusehen.

4) Die Debatte bestand aus mehreren Phasen. Zunächst versuchte Ratspräsident Aggradi anhand eines von ihm vorgeschlagenen Fragenkatalogs, den Rat zu einer einheitlichen währungspolitischen Ausrichtung zu bringen. Schon bei der ersten (von insgesamt sieben) Fragen, ob nämlich die beim IWF hinterlegten Paritäten unverändert bleiben sollen, die Anwendung der satzungsgemäßen Bandbreiten aber suspendiert werden solle, zeigte sich Giscard nicht bereit, dem Gedanken einer Suspendierung zu folgen. Angesichts dieser Lage trat der Rat in eine Runde allgemeiner Darlegungen ein. Hierbei ging Minister Schiller bei seinen Ausführungen unwidersprochen davon aus, daß die Krise zwar durch die US-Maßnahmen ausgelöst worden sei, daß die eigentliche Ursache der Schwierigkeiten aber das US-Zahlungsbilanzungleichgewicht sei. Angebracht seien sachgerechte Maßnahmen sowohl kürzerfristiger als auch längerfristiger Art, nicht dagegen Kampfmaßnahmen gegen die übrige Welt.

Baron Snoy legte einen Vorschlag der Benelux für eine kürzerfristig einzunehmende Haltung der Gemeinschaft vor; auch Vize-Präsident Barre trug einen derartigen Vorschlag vor. Beide Vorschläge liefen im Prinzip in eine ähnliche Richtung wie der eben erwähnte, später vorgelegte deutsche Vorschlag. Allerdings sah der Benelux-Vorschlag (wie auch der deutsche) im Gegensatz zum Kommissionsvorschlag nicht notwendigerweise ein einheitliches Kontrollsystem für den Kapitalverkehr vor, sondern ließ ein Nebeneinander von Ländern mit einheitlichem und London mit gespaltenem Devisenmarkt zu. Außerdem sah der Benelux-Vorschlag – ebenso wie der deutsche Vorschlag – die Einbeziehung von Drittländern – Beitrittskandidaten, aber auch anderen Ländern – in die zu treffende Regelung vor.

Als über keinen dieser Vorschläge für eine kurzfristige gemeinsame Strategie – in der Diskussion wurden hinsichtlich der Kardinalfragen der Festlegung veränderter innergemeinschaftlicher Kursrelationen und der Höhe der Bandbreitenerweiterung gegenüber dem Dollar seitens der Delegationen auch im engsten Rahmen nur Andeutungen gemacht und Beispiele gebracht – Einvernehmen erzielt wurde, regte Notenbankpräsident Carli für die italienische Delegation ein generelles Statement an, wie es schließlich nach eingehender Redaktion verabschiedet wurde.

5) Allgemeine Zustimmung fand der Vorschlag der Präsidentschaft gemäß den an sie seitens des Vereinigten Königreiches, Dänemarks und Norwegens herangetragenen Wünschen Konsultationen auf Ministerebene mit diesen Ländern abzuhalten. Mit Schatzkanzler Barber wurden diese Konsultationen noch am späten Nachmittag des 19.8.1971 aufgenommen; sie werden am 20.8.1971 vormittags fortgesetzt werden.

Dann werden auch – jeweils getrennt – die Konsultationen mit den beiden anderen genannten Beitrittskandidaten stattfinden (die irische Delegation soll ihrem Wunsche entsprechend nur informiert werden).

Bereits der gestrige Teil der Konsultationen mit Schatzkanzler Barber zeigte eine recht weitgehende Übereinstimmung zwischen der deutschen und der bri-

1253

tischen Auffassung. Barber deutete an, daß er – obwohl Entscheidungen seines Kabinetts noch nicht getroffen seien – keine Paritätsänderung des britischen Pfund erwarte, daß aber die Wechselkursmargen bei Wiedereröffnung der Börsen nicht notwendigerweise die alten sein würden. Zum Problem des gespaltenen Devisenmarktes meinte er, er könne sich die Praktikabilität einer solchen Maßnahme nur schwer vorstellen. Er ergänzte aber auf Frage von Minister Schiller, er halte es für möglich, daß in einigen Ländern solche Systeme angewandt würden.

Über die Fortsetzung der Konsultation mit dem Vereinigten Königreich und die Konsultationen mit Dänemark und Norwegen wird separat berichtet.[6]

6) Zum weiteren Verfahren verständigte sich der Rat darauf, am 13. September 1971 weiter über Währungsfragen zur Vorbereitung der IWF-Jahrestagung[7] zu beraten. Zugleich wird die Gemeinschaft vorschlagen, zu einem noch festzulegenden Zeitpunkt zwischen dem 15. und 17. September 1971 zu einer Sitzung des Zehner-Clubs in einer europäischen Hauptstadt zusammenzutreffen (Barber hatte in der Konsultation angeregt, hierfür London vorzusehen, ohne daß diese Frage in der Konsultation oder unter den Sechs bereits vertieft wurde).[8]

II. Die Atmosphäre blieb auch während der die längste Zeit in sehr engem Rahmen geführten Beratungen durchaus sachlich. Bei der Redaktion des Statements zeigte sich zwar das Bemühen Giscards, zu Formulierungen beizutragen, die den deutschen Wünschen entgegenkamen. Hinsichtlich des deutschen Vorschlags für eine echte Gemeinschaftslösung war die französische Haltung dagegen in der Sache ohne Flexibilität, ja überhaupt ohne große Bereitschaft, Argumente für die Ablehnung dieses Vorschlags ins Feld zu führen, wie sich überhaupt die Rolle Giscards über weite Phasen der Diskussion durch große Enthaltsamkeit auszeichnete. Auch Barre mied es offensichtlich, sich als Arbiter zu engagieren. Präsident Malfatti nahm, abgesehen von einem einleitenden Appell zu gemeinschaftlichem Handeln, insbesondere dann das Wort, wenn zugleich italienische Anliegen zu unterstützen waren.

Bei den anderen Delegationen bestand wie im Rat vom 2.7.1971[9] die Bereitschaft, auf der Basis eines deutschen Vorschlags zu einer Lösung zu kommen.

---

[6] Ministerialdirigent Bömcke, Brüssel (EG), teilte mit, daß in den Konsultationen am 20. August 1971 keine „nähere Sachdebatte" geführt worden sei. Der Präsident des EG-Ministerrats, Ferrari-Aggradi, habe einen allgemeinen Überblick über das Ergebnis der Ministerratstagung gegeben. Sowohl Ferrari-Aggradi als auch die konsultierten Delegationen hätten „die Zweckmäßigkeit und den Nutzen enger Kontakte bei der Lösung der währungspolitischen Fragen" unterstrichen, „die auch bei der weiteren Behandlung auf politischer und technischer Ebene fortgesetzt werden" sollten. Vgl. den Drahtbericht Nr. 2511 vom 20. August 1971; Referat III A 1, Bd. 636.

[7] Zur Jahrestagung des Internationalen Währungsfonds (IWF) vom 27. September bis 1. Oktober 1971 in Washington vgl. Dok. 349, Anm. 3.

[8] Auf der Konferenz der Wirtschafts- und Finanzminister sowie der Notenbankgouverneure der Zehnergruppe am 15./16. September 1971 in London legte der Generaldirektor des Internationalen Währungsfonds, Schweitzer, einen Stufenplan zur Lösung der internationalen Währungskrise vor. Der Plan sah eine Bereinigung der Wechselkurse und des Goldpreises, größere Schwankungsbreiten, Verbesserungen der amerikanischen Zahlungsbilanz sowie Kontrollen des internationalen Kapitalverkehrs vor. Die Stellvertreter der Konferenzteilnehmer wurden beauftragt, bis zu einer erneuten Konferenz der Zehnergruppe am 26. September 1971 ein Arbeitsprogramm auf der Grundlage des Stufenplans auszuarbeiten. Vgl. dazu den Artikel „Stufenplan zur Bereinigung der Währungskrise vorgeschlagen"; FRANKFURTER ALLGEMEINE ZEITUNG vom 17. September 1971, S. 1 und 6.

[9] Zur EG-Ministerratstagung am 1./2. Juli 1971 in Brüssel vgl. Dok. 228, Anm. 40.

Besonders bemerkenswert ist das deutliche Umschwenken der italienischen Delegation auf den deutschen Vorschlag unter der Voraussetzung der Aufnahme der Schutzklausel. Präsident Aggradi zeigte eine ausgleichende, uns gegenüber entgegenkommende Haltung. Im Gegensatz zum 2.7.1971 waren die Benelux-Delegationen und die italienischen Delegation diesmal nicht alle zugleich in der Lage, sich auch der französischen Position anzuschließen.

III. Zu dem schließlich verabschiedeten Statement kann in Anlehnung an die Bewertung durch Bundesminister Schiller in der Pressekonferenz hervorgehoben werden:

– die allgemeine Anerkennung der Reformbedürftigkeit des internationalen Währungssystems einschließlich einer Neugestaltung der Paritäten (entspricht deutschem Vorschlag),
– das Übereinkommen des Rates (le conseil convient), daß die Kurse einiger Länder der Gemeinschaft weiterhin frei auf einem einzigen Devisenmarkt gebildet werden (d.h. weitergehende Zustimmung zum Floaten als in der Tolerierung gem. Ratsentscheidung vom 9.5.1971[10] – echte Koexistenz der Systeme), Vermeidung von im Entwurfsvorschlag der Präsidentschaft enthaltenen, für uns problematischen Formulierungen, die entweder als Druckmittel gegen uns im Sinne einer Aufhebung des Floatens hätten benutzt werden können oder die unsere marktwirtschaftliche Grundausrichtung betroffen hätten.

Allgemein besteht allerdings in den europäischen Institutionen eine auch bereits in den anschließenden Pressekonferenzen deutlich gewordene erhebliche Enttäuschung, daß es nicht gelang, ein über das Statement hinausgehendes gemeinsames Verhalten zu entwickeln. Auch in der Pressekonferenz des Ratspräsidenten ist indessen nicht in Abrede gestellt worden, daß es sich hier um eine von einer bestimmten – der französischen – Delegation zu verantwortende Situation handelt. Die Ratstagung vom 13.9.1971 und die weiteren Beratungen im Zusammenhang mit der IWF-Jahrestagung würden erst deutlicher zeigen, in welchem Maß die Chancen für die Realisierung des Stufenplanes vom 9.2.1971[11] beeinflußt sind.

Folgt Anhang (deutscher Vorschlag):

I. Die jüngsten amerikanischen Maßnahmen haben die Notwendigkeit deutlich gemacht, daß es grundlegender Reformen im Weltwährungssystem bedarf, um die Freiheit des internationalen Handels und Zahlungsverkehrs zu gewährleisten. Diese Neuordnung wird nicht ohne eine generelle Bereinigung der gegenseitigen Wechselkursrelationen zustande kommen können. Die Länder der Europäischen Gemeinschaften werden hierzu in den internationalen Gremien eine gemeinsame Initiative ergreifen.

II. Um in der Zwischenzeit geordnete Verhältnisse auf den Devisenmärkten aufrechtzuerhalten und die Solidarität der EG-Länder zu stärken, haben die Minister sich auf folgendes Sofortprogramm geeinigt:

1) Die Wechselkursoperationen zwischen den Mitgliedswährungen werden auf der Grundlage von Leitsätzen für die gegenseitigen Wechselkursrelationen ab-

---

10 Zur Entschließung des EG-Ministerrats vgl. Dok. 157, Anm. 6.
11 Zu den Beschlüssen der EG-Ministerratstagung am 8./9. Februar 1971 in Brüssel vgl. Dok. 59.

gewickelt, die neu vereinbart werden. Die effektiven Wechselkurse zwischen den Gemeinschaftswährungen sollen sich von diesen Leitrelationen um nicht mehr als 1,5 v. H. entfernen. Die Zentralbanken werden dies durch geeignete Maßnahmen sicherstellen.

2) Gegenüber Währungen von Drittländern werden sich die Wechselkurse am freien Markt bilden, die Zentralbanken der Mitgliedsländer werden eng zusammenarbeiten, um extreme Ausschläge zu vermeiden, falls sich dies als notwendig erweisen sollte.

3) Die Mitgliedsländer halten sich bereit, mit Nicht-Mitgliedsländern, insbesondere mit Ländern, die um Beitritt zur EWG nachgesucht haben, Vereinbarungen zu treffen, sich an dieser Regelung zu beteiligen.

4) Die Mitgliedsländer werden die notwendigen Dispositionen treffen, um zu vermeiden, daß übermäßige Kapitalfluktuationen die Devisenmärkte stören.

Dies kann auch dadurch erfolgen, daß einige Länder einen gesonderten Devisenmarkt für Kapitaltransaktionen einrichten.

5) Der Ausschuß der Zentralbankgouverneure wird beauftragt, alle praktischen Vereinbarungen zu treffen, um das Funktionieren der vorstehenden Bestimmungen sicherzustellen.

6) Um den Erfolg ihrer Gemeinschaftsaktionen zu gewährleisten, werden die Mitgliedstaaten ihre Wirtschafts- und Finanzpolitik stärker koordinieren. Sie werden für eine harmonische Entwicklung ihrer Volkswirtschaften wie auch ihres Außenhandels untereinander und mit den Drittländern Sorge tragen, sie werden jede Einzelaktion vermeiden, die diese Entwicklung behindern könnte.

[gez.] Bömcke

Referat III A 1, Bd. 636

277

Aufzeichnung des
Vortragenden Legationsrats I. Klasse Dietrich

III A 4-83.71/0-94.29-1900^{I}/71 geheim 21. August 1971[1]

Am 20. August 1971 abends empfing Staatssekretär v. Braun den sowjetischen Botschafter Falin zu einem Gespräch über die deutsch-sowjetischen Luftverkehrsverhandlungen. Sowjetische Teilnehmer: Botschaftsrat Boronin. Deutsche Teilnehmer: VLR I Dr. Blumenfeld, VLR I Dr. Dietrich.

[1] Durchdruck.
Die Aufzeichnung wurde mit einer Zusammenfassung des Gesprächsergebnisses von Vortragendem Legationsrat I. Klasse Dietrich am 21. August 1971 an Staatssekretär Freiherr von Braun geleitet.
Hat Braun am 23. August 1971 vorgelegen.

I. Berlin-Tegel nebst sowjetischer „Wohlwollenserklärung"

Staatssekretär v. Braun erklärte das Einverständnis der Bundesregierung mit dem sowjetischen Änderungsvorschlag vom 11. 8. 1971 zum einseitigen deutschen Brief über Abschnitt IV des Fluglinienplans für das Luftverkehrsabkommen: Anstelle von „Verhandlungen mit den Regierungen dritter Länder" – „Verhandlungen mit den Regierungen in Frage stehender oder besser: in Frage kommender Staaten".² (Botschafter Falin bemerkte lächelnd, daß der Ausdruck „in Frage stehend" in einer deutschen Stilkunde von Mackensen zu finden sei.)

Das deutsche Einverständnis sei jedoch nur gegeben, wenn die sowjetische Seite bis zum Abschluß der Luftverkehrsverhandlungen eine Erklärung abgebe, daß sie die Benennung von Berlin-Tegel ebenso positiv aufnehmen werde, wie sie zum Abschluß der Luftverkehrsvereinbarungen bereit sei, und daß sich die Bundesregierung auf diese Erklärung berufen könne.

In seiner Erwiderung verwies Botschafter Falin darauf, daß die sowjetische Seite erst nach entsprechenden Verhandlungen zwischen den Vier Mächten und mit der DDR ihr Einverständnis (zu Tegel) geben könne. Sie sei bereit, das Problem mit ihren in dieser Frage zuständigen Partnern wohlwollend zu erörtern. Für das Luftverkehrregime im Zusammenhang mit West-Berlin gebe es eine Übereinkunft der Vier Mächte.³ Alles, was sich im Zusammenhang mit dem Luftverkehr mit West-Berlin abspiele, vollziehe sich innerhalb der Grenzen dieser Übereinkunft. Hinzu komme, daß in Tegel landende Flugzeuge über Ost-Berlin einfliegen müßten. Die sowjetische Seite müsse über diese Frage verhandeln, weil sie „ja" sagen wolle. Eine vorhergenommene Einverständniserklärung von seiten der Sowjetunion könnte von den drei Westmächten als eine Verletzung der Übereinkunft der vier Alliierten betrachtet werden. Die sowjetische Seite bezeuge ihr Wohlwollen in dieser Frage bereits durch die Annahme von Abschnitt IV des Fluglinienplans und des deutschen Briefes. Eine zusätzliche Erklärung würde den Brief abschwächen. Nötigenfalls werde die sowjetische Seite jedoch nichts anderes sagen als bisher. Allerdings müsse der deutsche Vorschlag präzisiert werden.

Die Erläuterungen der Notwendigkeit einer solchen vorgeschlagenen Erklärung im Zusammenhang mit der Ratifizierung des Luftverkehrsabkommens

---

2 Zu den Entwürfen der Bundesregierung vom 30. Juli 1971 für einen Abschnitt IV des Fluglinienplans für das Luftverkehrsabkommen, einen Brief an die sowjetische Regierung über die Einbeziehung des Flughafens Berlin-Tegel in das Luftverkehrsabkommen sowie zum sowjetischen Änderungsvorschlag vgl. Dok. 256, Anm. 8.
Dazu vermerkte Ministerialdirigent Robert am 20. August 1971: „Dem sowjetischen Änderungsvorschlag, den Botschafter Falin Herrn Staatssekretär Frank am 11. August d. J. übermittelte, haben die westlichen Alliierten in der gestrigen Konsultationssitzung der Bonner Vierergruppe zugestimmt. Am Tage zuvor hatten die Staatssekretäre der beteiligten innerdeutschen Stellen den Änderungsvorschlag gebilligt, jedoch statt der sowjetischen Formulierungen ‚entsprechender' oder ‚in Frage stehender Staaten': ‚in Frage kommender Staaten'." Vgl. VS-Bd. 8776 (III A 4); B 150, Aktenkopien 1971.

3 Vgl. dazu den Bericht des Luftfahrtdirektorats über die Schaffung eines Systems von Luftkorridoren, das vom Koordinierungskomitee am 27. November 1945 gebilligt und vom Alliierten Kontrollrat am 30. November 1945 bestätigt wurde; DOKUMENTE ZUR BERLIN-FRAGE, S. 42–45.
Vgl. dazu ferner die Flugvorschriften für Flugzeuge, die die Luftkorridore in Deutschland und die Kontrollzone Berlin befliegen, in der vom Luftfahrtdirektorat verabschiedeten zweiten abgeänderten Fassung vom 22. Oktober 1946; DOKUMENTE ZUR BERLIN-FRAGE, S. 48–58.

beantwortete der Botschafter damit, daß er keine prinzipiellen Einwände gegen eine Erklärung und ihren Gebrauch habe. Die sowjetische Seite habe auf der Basis ihrer positiven Einstellung während der Luftverkehrsverhandlungen keinen Grund, später eine negative Haltung zu beziehen. Das Interesse der Bundesregierung müsse darin bestehen, daß die sowjetische Regierung einen entsprechenden positiven Standpunkt nicht erst im Moment der Benennung von Berlin-Tegel, sondern schon bei den hierauf abzielenden Verhandlungen zwischen den Vier Mächten und mit der DDR einnehme. Daran anknüpfend schlug der Botschafter folgende Formulierung vor (Frage der deutschen Seite):

„Können wir davon ausgehen, daß die sowjetische Regierung eine wohlwollende Haltung einnehmen wird, wenn die Verhandlungen der Bundesregierung mit den Regierungen in Frage kommender Staaten mit dem Ziele der Benennung Tegels stattfinden werden?"

Staatssekretär v. Braun sagte Prüfung dieses Vorschlags zu.

II. Weitere Fragen von politischer Bedeutung

Auf Vorschlag des Staatssekretärs wurden folgende Fragen von politischer Bedeutung mit dem Ziel angesprochen, sie vor Wiederaufnahme der Luftverkehrsverhandlungen über die sowjetische Botschaft zu klären:

1) Verkehrsrechte für Aeroflot und Lufthansa im Zusammenhang mit dem Flugweg der Aeroflot von Berlin-Schönefeld nach Frankfurt über Eger

Der Staatssekretär bezog sich auf die sowjetische Verbalnote vom 27.10.1970[4] und die deutsche Verbalnote vom 8.1.1971[5], wonach die Aeroflot auf dem Flug von Berlin-Schönefeld nach Frankfurt die UA-19 (über Eger) benutzen soll.

In der sich daran anknüpfenden Diskussion wurde von deutscher Seite bemerkt, daß sich die Bundesregierung hinsichtlich der Gewährung kommerzieller Rechte für die Aeroflot für diesen Streckenabschnitt wohlwollend verhalten werde. Sie erwarte jedoch ein gleiches Wohlwollen der sowjetischen Seite hinsichtlich gleichwertiger kommerzieller Rechte für die Lufthansa, z.B. für den Abschnitt Berlin-Tegel–Moskau zu gegebener Zeit. Botschafter Falin erwiderte, daß die kommerziellen Rechte für die sowjetische Seite erforderlich seien, um die Strecke Schönefeld–Frankfurt wirtschaftlich zu gestalten, da der Flug über Eger einen Umweg von 400 km (?) bedeute. Wenn die Lufthansa über Berlin fliegen werde, werde sie die kommerziellen Rechte für die Strecke Tegel–Moskau wahrscheinlich ebenfalls bekommen. Dies sei eine Frage für die Experten.

2) Transferklausel des Luftverkehrsabkommens

Auf den Hinweis des Staatssekretärs, daß die Bezeichnung der „Deutschen Mark" bei der letzten Verhandlungsrunde[6] für den russischen Text nicht ge-

---

[4] Für die mit Drahterlaß Nr. 2901 des Vortragenden Legationsrats I. Klasse Dietrich am 27. Oktober 1970 übermittelte Note vgl. VS-Bd. 8352 (III A 4); B 150, Aktenkopien 1970. Vgl. dazu ferner AAPD 1970, III, Dok. 496.

[5] Zur Note der Bundesregierung vgl. Dok. 7, Anm. 3.

[6] Die zweite Verhandlungsrunde über ein Luftverkehrsabkommen mit der UdSSR fand vom 10. bis 24. März 1971 in Moskau statt. Vgl. dazu Dok. 108.

klärt werden konnte, erwiderte der Botschafter, diese Frage stelle keine Schwierigkeit dar und könne bei der nächsten Runde[7] leicht geklärt werden.

3) Unterzeichnung des Luftverkehrsabkommens

Der Staatssekretär stellte die Frage, an welchem Ort das Abkommen unterzeichnet werden solle. Die Bundesregierung würde es begrüßen, wenn Außenminister Gromyko nach Bonn kommen würde. Ebensogut könne die Unterzeichnung auch anläßlich eines in Frage kommenden Besuchs von Bundesaußenminister Scheel in Moskau vollzogen werden. Die Bundesregierung habe in dieser Frage keine Präferenzen.

Botschafter Falin erwiderte, seine Regierung habe in dieser Frage noch keine präzisen Vorstellungen. Er werde rückfragen und der Bundesregierung Mitteilung machen.

III. Besondere Ausführungen Botschafter Falins

1) Sowjetischer Rechtsanspruch auf Beteiligung am Berliner Luftsicherheits-Regime

Im Zusammenhang mit der Diskussion über die deutscherseits gewünschte sowjetische „Wohlwollenserklärung" bei der späteren Benennung von Berlin-Tegel wies Botschafter Falin nachdrücklich darauf hin, daß die Grundlage für die Entscheidung der Vier Mächte ihre Übereinkunft über das Regime in Berlin bezüglich Luftsicherheitszone und die Regeln über den Flugverkehr durch die Korridore und deren Umgebung bilde. Die sowjetische Seite als Teilnehmer dieser Übereinkunft müsse über das Problem in Verhandlungen mit den drei Westmächten befinden. Eine einseitige sowjetische Einverständniserklärung könne von den Westmächten als Verletzung der Übereinkunft angesehen werden (s. auch Seite 1).[8]

2) Sowjetischer Anspruch auf Benutzung der Berliner Luftkorridore

Bei der Diskussion über die Luftstraße UA-19 für die Aeroflot als Folge der Benennung von Berlin-Schönefeld durch die sowjetische Seite in der ersten Verhandlungsrunde im Dezember 1968 in Bonn[9] erklärte Botschafter Falin, die

---

[7] Die dritte Verhandlungsrunde über ein Luftverkehrsabkommen mit der UdSSR fand vom 28. September bis 5. Oktober 1971 in Moskau statt. Vgl. dazu den Drahtbericht Nr. 2119 des Gesandten Lueders, Moskau, vom 5. Oktober 1971; VS-Bd. 8776 (III A 4); B 150, Aktenkopien 1971.

[8] Zur Frage einer sowjetischen „Wohlwollenserklärung" vermerkte Ministerialdirigent Robert am 8. September 1971, der sowjetische Botschaftsrat Boronin habe am 1. September 1971 einen Entwurf der Bundesregierung für eine solche Erklärung entgegengenommen, dabei jedoch unter Berufung auf den sowjetischen Botschafter Falin erklärt, die Erklärung „sei überflüssig": „Seine Regierung habe ja bereits dem Abschnitt IV des Fluglinienplans und dem deutschen Brief hierzu zugestimmt. Die sowjetische Botschaft habe darüber hinaus bei der russischen Übersetzung dieses Briefes Formulierungshilfe geleistet. Damit trage dieser deutsche Brief keinen einseitigen Charakter. Schließlich habe sein Botschafter bei der letzten Unterredung mit Herrn Staatssekretär von Braun am 20. August sinngemäß folgendes erklärt: ,Sie können sagen, daß die sowjetische Seite zugesichert hat, daß sie diese Frage (nämlich den Anflug Tegels) wohlwollend betrachten wird. Berufen Sie sich darauf.'" Boronin habe nach Rücksprache mit Falin am 3. September 1971 fernmündlich erklärt, daß er seinen Ausführungen vom 1. September nichts hinzuzufügen habe. Robert kam zu dem Schluß, daß es die Bundesregierung, „im Interesse einer sofortigen Aufnahme der abschließenden Verhandlungen über die noch offenen Luftverkehrsfragen [...], bei der oben angeführten zitierfähigen Äußerung von Botschafter Falin" belassen solle. Vgl. VS-Bd. 8776 (III A 4); B 150, Aktenkopien 1971.

[9] Die erste Verhandlungsrunde über ein Luftverkehrsabkommen mit der UdSSR fand vom 10. bis 17. Dezember 1968 in Bonn statt. Vgl. dazu AAPD 1968, II, Dok. 423.

Sowjetunion habe das Recht, die Luftkorridore zwischen West-Berlin und der Bundesrepublik zu benutzen. Sie wolle jedoch ihre Beziehungen zu der Bundesrepublik nicht auf die Nachkriegssituation, sondern auf die heutige Lage gründen. Wenn sich die Frage der Änderung der Lage bezüglich der Korridore stellen würde, werde man sie ändern (?).

3) Direktflüge des DDR-Staatssekretärs Kohl in die BRD

Im gleichen Zusammenhang (Punkt 2) erwähnte Botschafter Falin, daß die beste Verbindung zwischen Ost-Berlin und der BRD die direkte sei, sie verlaufe über Erfurt. Es sei die Route, die der Staatssekretär der DDR Kohl bereits dreimal habe benutzen dürfen. Bei einem Vergleich der DDR mit der Sowjetunion käme dies 99 Direktflügen sowjetischer Flugzeuge über Erfurt in die BRD gleich, setzte der Botschafter halb im Scherz und halb im Ernst hinzu.[10]

[gez.] Dietrich

VS-Bd. 8776 (III A 4)

278

Aufzeichnung des Ministerialdirektors von Staden und des Ministerialdirigenten Robert

III A 4-81.30/92.19-1821[I]/71 geheim   24. August 1971[1]

Über den Herrn Staatssekretär[2] Herrn Minister[3] mit der Bitte um Entscheidung

Betr.: Deutsche Zulieferungen zu britischen U-Booten für Israel

Vorschlag: Das Auswärtige Amt stimmt einer Ausfuhr der nach dem Außenwirtschaftsgesetz (AWG)[4] genehmigungspflichtigen Zulieferungen nicht zu.

Die britische Regierung hat der Firma Vickers die Genehmigung erteilt, drei 570-t-U-Boote zu bauen und nach Israel auszuführen.[5] Die Firma Vickers be-

---

[10] Das Luftverkehrsabkommen wurde am 11. November 1971 in Bonn von Bundesminister Leber, Staatssekretär Freiherr von Braun, dem sowjetischen Minister für Zivilluftfahrt Bugajew sowie dem sowjetischen Botschafter Falin unterzeichnet. Für den Wortlaut vgl. BUNDESGESETZBLATT 1972, Teil II, S. 1526–1530.

[1] Die Aufzeichnung wurde von den Vortragenden Legationsräten I. Klasse Dietrich und Redies konzipiert.

[2] Hat Staatssekretär Freiherr von Braun am 25. August 1971 vorgelegen.

[3] Hat Bundesminister Scheel am 30. August 1971 vorgelegen, der dazu handschriftlich vermerkte: „R[ücksprache]".
Hat Braun erneut am 1. September 1971 vorgelegen, der dazu handschriftlich vermerkte: „H[err]n Dg III A: Herr Bundesminister hat entschieden gem[äß] Vorschlag."

[4] Für den Wortlaut des Außenwirtschaftsgesetzes vom 28. April 1961 vgl. BUNDESGESETZBLATT 1961, Teil I, S. 481–494.

[5] Am 16. Juni 1971 vermerkte Vortragender Legationsrat I. Klasse Redies, daß der britische Botschafter am 11. Juni 1971 Staatssekretär Freiherr von Braun von der Genehmigung für die Firma

absichtigt, die Boote nach Plänen des deutschen Konstrukteurs Prof. Gabler ab 1972 in zwei bis drei Jahren herzustellen.

Hierbei will die britische Firma deutsche Zulieferungen im Werte von insgesamt 15 Mio. DM (= 30% des geschätzten Verkaufspreises) verwenden. Etwa ein Drittel dieser Zulieferungen sind „sonstige Rüstungsgüter" (keine Waffen), die nach dem Außenwirtschaftsgesetz (AWG) einer Ausfuhrgenehmigung bedürfen (zwei Elektromotoren, Sonargeräte, Kompaß mit Selbststeueranlage, Batterien, handelsübliche Fernschreibsender/-empfänger); der Rest ist nicht genehmigungspflichtig. Die Konstruktionspläne von Prof. Gabler unterliegen der Ausfuhrgenehmigungspflicht nur dann nicht, wenn sie in Großbritannien angefertigt werden. Die Bewaffnung soll ausschließlich aus Großbritannien kommen.

Das BMVg befürwortet die Ausfuhr der deutschen Zulieferungen ausdrücklich. Staatssekretär Mommsen hat in einem Gespräch mit Staatssekretär von Braun geltend gemacht, der Bundessicherheitsrat brauche nicht angerufen zu werden, denn für uns sei der Abnehmer eine britische Firma. Die Tatsache, daß diese Firma die Boote nach Israel liefere, sei in diesem Fall für uns unerheblich.[6]

Die nach dem AWG zuständige Genehmigungsbehörde, der Bundesminister für Wirtschaft und Finanzen, ist mit der Angelegenheit bislang nicht befaßt worden. Ob die vom BMVg geltend gemachte rechtliche Auffassung zutrifft, mag dahingestellt bleiben.

Abteilung Pol ist der Auffassung, daß aus der Sicht unserer Nahost-Politik gegen deutsche Zulieferungen für die U-Boote schwerste Bedenken bestehen. Die geheimen Waffenlieferungen an Israel vor 1964[7] waren eine wesentliche mitwirkende Ursache für den Abbruch der diplomatischen Beziehungen durch die Mehrzahl der arabischen Staaten[8]. Sie vergiften noch heute das deutsch-ara-

Fortsetzung Fußnote von Seite 1260

Vickers zum Bau von drei U-Booten und deren Ausfuhr nach Israel in Kenntnis gesetzt habe. Jackling habe mitgeteilt, es „sei daran gedacht, die Dieselmotoren, Generatoren und Teile des Steuerungssystems von deutschen Firmen zu beziehen. Die Bewaffnung werde ausschließlich aus Großbritannien kommen. Die Firma Vickers denke daran, das U-Boot später in Zusammenarbeit mit den deutschen Firmen auch in anderen Ländern zu verkaufen. Die britische Regierung würde es begrüßen, wenn von deutscher Seite die erforderliche Zustimmung gegeben werde. Mit der israelischen Regierung sei strengste Geheimhaltung vereinbart worden." Redies führte weiter aus, daß General Bensin, Bundesministerium der Verteidigung, am 16. Juni 1971 mitgeteilt habe, Vertreter der israelischen Botschaft hätten im Bundesministerium der Verteidigung „die britische Demarche im Auswärtigen Amt vergeblich zu verhindern versucht [...], da hierdurch nunmehr offenkundig sei, daß die deutschen Zulieferungen zwar nach Großbritannien gingen, der Endverbleib aber Israel sei. Man lege auf israelischer Seite großen Wert auf die deutschen Zulieferungen, da es sich hierbei um erprobte Teile einer U-Boot-Ausrüstung handele." Vgl. VS-Bd. 9876 (I B 4); B 150, Aktenkopien 1971.

[6] Am 5. Juli 1971 notierte Staatssekretär Freiherr von Braun, Staatssekretär Mommsen, Bundesministerium der Verteidigung, habe ihm die Einwilligung des Bundesministeriums der Verteidigung für Zulieferungen der Bundesrepublik zu britischen U-Booten für Israel mitgeteilt. Das Bundesministerium der Verteidigung vertrete die Ansicht, „daß hierfür die Genehmigung des BMWi nach dem Außenwirtschaftsgesetz ausreiche, es handele sich gar nicht um Waffenexport. Die Tatsache, daß die Engländer einen offiziellen Schritt bei uns unternommen haben, sei nicht weiter erheblich." Vgl. VS-Bd. 1917 (201); B 150, Aktenkopien 1971.

[7] Korrigiert aus: „1963".
Zur Militärhilfe für Israel vgl. Dok. 23, Anm. 8.

[8] Zum Abbruch der diplomatischen Beziehungen durch neun arabische Staaten zwischen dem 12. und 16. Mai 1965 vgl. Dok. 23, Anm. 26.

bische Verhältnis und wurden z. B. anläßlich des Besuchs des Herrn Bundesministers in Israel[9] in der Kairoer Presse erneut gegen uns ausgespielt. Wegen des früheren freundschaftlichen Verhältnisses der arabischen Welt zu uns sind die Araber nach ihrer Enttäuschung besonders empfindlich.

Die Bundesregierung hat überdies in ihrer Regierungserklärung vom Oktober 1969 erneut versichert, daß sie keine Waffen in das Spannungsgebiet Nahost liefern werde.[10] Wir sollten im Hinblick auf die Erfahrungen der Vergangenheit streng darauf achten, in dieser Hinsicht eine klare, unseren Erklärungen entsprechende Linie zu wahren.

Abteilung III teilt diese Auffassung. Die Gefahr einer weiteren Verstimmung der arabischen Staaten wird noch dadurch erhöht, daß im Juli d. J. ein Ermittlungsverfahren der Zollfahndungsstelle Stuttgart gegen einen deutschen Geschäftsmann wegen dringenden Verdachts der ungenehmigten Ausfuhr von Rüstungsmaterial über Holland nach Israel eingeleitet worden ist. (Nach den bisherigen Ermittlungen wird angenommen, daß Angehörige der israelischen Botschaft in Bonn zumindest Kenntnis von dem illegalen Rüstungsexport gehabt haben, er u. U. auch auf ihre Veranlassung zustande gekommen ist.) Wenn die Araber von dieser Angelegenheit erfahren, muß damit gerechnet werden, daß sie die Bundesregierung der Kollusion beschuldigen.

Aus allen diesen Gründen wird vorgeschlagen, daß das Auswärtige Amt der Ausfuhr nicht zustimmt.

Falls das Bundesministerium der Verteidigung an seiner gegenteiligen Auffassung festhält, kann es den Bundessicherheitsrat mit der Angelegenheit befassen.[11]

Die Aufzeichnung wird von den Abteilungen III und Pol gemeinsam vorgelegt.

Robert   Staden

VS-Bd. 8773 (III A 4)

---

[9] Bundesminister Scheel hielt sich vom 7. bis 10. Juli 1971 in Israel auf. Vgl. dazu Dok. 237, Dok. 238 und Dok. 243.

[10] In seiner Regierungserklärung vom 28. Oktober 1969 führte Bundeskanzler Brandt dazu im Bundestag aus: „Unter den gegenwärtigen Spannungsherden ist der Konflikt im Nahen Osten besonders besorgniserregend. Die Bundesregierung meint, daß es im Interesse der betroffenen Völker läge, eine Lösung zu finden, wie sie in der Entschließung des Sicherheitsrates der Vereinten Nationen vom 22. November 1967 angeboten wurde. Wir wünschen gute Beziehungen zu allen Staaten dieser Region und bestätigen zugleich die Entschlossenheit, keine Waffen in Spannungsgebiete zu liefern." Vgl. BT STENOGRAPHISCHE BERICHTE, Bd. 71, S. 32.

[11] Am 7. September 1971 vermerkte Vortragender Legationsrat I. Klasse Redies, er habe die britische Botschaft am selben Tag „davon unterrichtet, daß das Auswärtige Amt einer Zulieferung von U-Boot-Teilen nicht zustimmen könne". Vgl. VS-Bd. 9876 (I B 4); B 150, Aktenkopien 1971.

279

**Gespräch des Bundeskanzlers Brandt
mit dem italienischen Botschafter Luciolli**

25. August 1971[1]

Betr.: Gespräch des Herrn Bundeskanzlers mit dem italienischen Botschafter Luciolli

Der Herr Bundeskanzler empfing am 25. August 1971 den italienischen Botschafter Luciolli, der um eine Besprechung gebeten hatte. An dem Gespräch nahmen MD Dr. Sahm und VLR Dr. Schilling teil.

Der *Botschafter* überreichte das in der Anlage beigefügte Schreiben des italienischen Ministerpräsidenten an den Bundeskanzler[2] und fügte folgende, ihm von Ministerpräsident Colombo mündlich übermittelte zusätzliche Bemerkungen hinzu:

Die italienische und die deutsche Position seien fast identisch; dies gelte auch für die Haltung der Benelux. Die noch bestehenden Unterschiede bedeuteten kein Hindernis für eine mögliche Einigung. Ein schwerer Gegensatz bestünde jedoch zwischen dieser Position und der französischen.[3] Colombo fürchte, daß eine nächste Ratssitzung, wenn sie nicht sehr gut vorbereitet sei, wieder zu einem Mißerfolg führen könne. Dies müsse vermieden werden. Deswegen hätte er gewisse Vorbehalte gegen den Benelux-Vorschlag, bereits Anfang September 1971 eine Ratssitzung abzuhalten.[4] Auch der vorgesehene Termin des 13. September könne unter diesen Umständen zu früh sein.[5] Giscard d'Estaing hätte dem italienischen Finanzminister[6] fernmündlich Andeutungen gemacht, wonach die Positionen gar nicht so weit auseinander seien und Kompromisse mög-

---

[1] Die Gesprächsaufzeichnung wurde von Ministerialdirektor Sahm, Bundeskanzleramt, gefertigt und am 25. August 1971 Vortragendem Legationsrat I. Klasse Schönfeld übermittelt mit der Bitte, „den Herrn Bundesminister des Auswärtigen und den Herrn Staatssekretär zu unterrichten".
Hat Staatssekretär Freiherr von Braun vorgelegen. Vgl. Referat III A 1, Bd. 636.
[2] Dem Vorgang beigefügt. Ministerpräsident Colombo äußerte die Ansicht, daß nach der EG-Ministerratstagung am 19./20. August 1971 in Brüssel, die keine einheitliche Haltung der Mitgliedstaaten zur internationalen Währungskrise gebracht habe, nun „eine gemeinsame und wirksame europäische Stimme so schnell wie möglich zum Ausdruck" gebracht werden müsse. Italien sei bereit, einer Vorverlegung der nächsten, für den 13. September 1971 geplanten Ministerratstagung unter der Bedingung zuzustimmen, „daß deren Vorbereitung zur Erzielung positiver konkreter Resultate ausreichend" sei. Auf der Grundlage der Übereinstimmungen, die sich am 19. August 1971 zwischen der Bundesrepublik und Italien gezeigt hätten, schlage er, Colombo, ein Treffen zwischen dem Präsidenten des EG-Ministerrats, Ferrari-Aggradi, sowie Bundesminister Schiller vor. Vgl. Referat III A 1, Bd. 636.
[3] Zur Debatte auf der EG-Ministerratstagung am 19./20. August 1971 in Brüssel über eine Reaktion auf die Erklärung des Präsidenten Nixon vom 15. August 1971 über die Aufgabe der Dollar-Konvertibilität sowie weitere wirtschafts- und währungspolitische Maßnahmen vgl. Dok. 276.
[4] Ministerpräsident Eyskens schlug am 21. August 1971 im Namen der Benelux-Staaten den übrigen EG-Mitgliedstaaten eine Vorverlegung der für den 13. September 1971 geplanten Ministerratstagung vor. Vgl. dazu Dok. 280.
[5] Die EG-Ministerratstagung fand am 13. September 1971 in Brüssel statt. Vgl. dazu Dok. 276, Anm. 3.
[6] Mario Ferrari-Aggradi.

lich schienen. Colombo verstehe diese Bemerkungen nicht, da er bei den gegenwärtigen Positionen keine Kompromißmöglichkeiten erkennen könne.

Der Botschafter schloß mit der Bitte, an den Herrn Bundeskanzler folgende Fragen stellen zu dürfen:

1) Sind der deutschen Seite Symptome bekannt, wonach mit einer Abschwächung der französischen Position und damit auf eine erfolgreiche Ratssitzung gerechnet werden kann?

2) Beabsichtigt die Bundesregierung, neue Vorschläge zu machen?

3) Glaubt der Bundeskanzler, daß die Amerikaner ihre 10%ige Importsteuer[7] abschaffen würden, wenn die Europäer etwas tun? – Beabsichtigen die Amerikaner eine Aufwertung des Goldes?

4) Kann eine bilaterale Konsultation zwischen Italien und Deutschland stattfinden? – Soll dies in Bonn oder Rom geschehen? Falls in Rom, würde Colombo ab 1. September 1971 verfügbar sein, um auch seinerseits Minister Schiller zu sehen.

5) Wie soll die Ratssitzung vorbereitet werden?

Der Herr *Bundeskanzler* dankte für Brief und mündliche Mitteilung. Er hätte nach der heutigen Kabinettssitzung ohnehin mit der italienischen Seite Fühlung genommen. Den Vorschlag bilateraler Kontakte begrüße er. Er werde Herrn Minister Schiller, der seinerseits sicher daran interessiert sei, empfehlen, diesem Vorschlag bald nachzukommen. Besonders wünschenswert sei es, wenn Herr Schiller Gelegenheit haben würde, auch mit Ministerpräsident Colombo zusammenzutreffen, der über besondere Kenntnisse auf diesem Gebiete verfüge. Allerdings sei Minister Schiller vom 1. bis 3. September 1971 wegen Sitzungen des Finanzkabinettes nicht abkömmlich; aus diesem Grunde hätte man, falls es zu einer Ratssitzung auf Grund des Benelux-Vorschlages kommen sollte, hierfür den 4. September 1971 ins Auge gefaßt. Allerdings hätten wir zu diesem Vorschlag – wohl aus ähnlichen Erwägungen wie die Italiener – geäußert, daß der Zeitpunkt vielleicht noch etwas zu früh sei, jedoch seien wir bereit, daran teilzunehmen, wenn die übrigen Partner die Sitzung wünschten. Eine Sitzung der Regierungschefs, die die Belgier wohl anstrebten, käme aber seiner Auffassung nach nicht in Frage.

Über die französische Haltung wüßten wir sehr wenig. Die Angelegenheit sei wohl in Paris noch nicht voll ausdiskutiert, so daß vielleicht noch eine gewisse Manövrierfreiheit bestehe. Colombo habe sicher Recht, wenn er feststelle, daß die Haltung der Fünf nicht weit auseinander sei. Dies helfe jedoch nicht, da die französische Position dazu quer stehe. Aus diesem Grunde hätte er dem französischen Botschafter am vergangenen Samstag unsere Bereitschaft erklärt, an einer Erörterung der beiderseitigen Positionen mitzuwirken.[8] Minister Schil-

---

[7] Vgl. dazu die Erklärung des Präsidenten Nixon vom 15. August 1971 über die Aufgabe der Dollar-Konvertibilität sowie weitere wirtschafts- und währungspolitische Maßnahmen; Dok. 276, Anm. 1.

[8] Am 21. August 1971 erklärte Bundeskanzler Brandt gegenüber dem französischen Botschafter Sauvagnargues, er wolle „Präsident Pompidou seine Bereitschaft übermitteln, mit ihm darüber nachzudenken, ob und welche Mitarbeiter – ohne öffentliches Aufsehen – zusammentreffen sollten, um nach Möglichkeiten einer Annäherung der Standpunkte zu suchen, oder ob eine unkonventionelle Begegnung zwischen dem Präsidenten und ihm in Paris oder anderswo nützlich sei, obwohl jetzt der Zeitpunkt für ein solches Treffen vielleicht noch nicht gekommen sei. Er denke

ler sei allerdings der Auffassung, daß die Chance, Frankreich zu einem Einlenken zu gewinnen, größer sei in einem Rahmen, der über den Kreis der Sechs hinausgehe, z. B. im Zehner-Club. Deswegen hätte Minister Schiller Vorbehalte gegenüber einer Abhaltung der Ratssitzung bereits am 4. September 1971. Es sei besser, wenn die Sitzung des Zehner-Clubs[9] vorverlegt würde.

Die französische Reaktion auf sein Gespräch mit dem französischen Botschafter sei bisher nicht ermutigend gewesen. Er hätte die Franzosen wissen lassen, daß wir bereit seien, die von ihm und Pompidou für das Jahr 1972 in Aussicht genommene Gipfelkonferenz der EWG-Staaten und der Beitrittskandidaten vorzuverlegen, jedoch müßte sie gut vorbereitet sein. Die Bundesregierung sei auch bereit zu deutsch-französischen Kontakten auf jeder Ebene, auch auf der der Regierungschefs, jedoch müßten Kontakte auf darunterliegenden Ebenen vorhergehen. Der französische Botschafter habe dem zugestimmt und die Ebene der Staatssekretäre als zweckmäßig vorgeschlagen. Dann sei die Sache jedoch in Paris öffentlich behandelt worden. Nun sei es wohl richtig, den heutigen Ministerrat in Paris abzuwarten, da es scheine, als ob dort sowohl über die Antwort auf den Benelux-Vorschlag wie auf die Überlegungen des Bundeskanzlers entschieden werde.

In der heutigen Sitzung der Bundesregierung beabsichtige Minister Schiller, gewisse Gedanken über Bewegungsmöglichkeiten zu entwickeln. Wahrscheinlich werde es sich nur um Überlegungen und noch nicht um konkrete Vorschläge handeln. Den Inhalt der Vorstellungen von Minister Schiller kenne er noch nicht. Er könne deshalb auf die Frage des italienischen Botschafters antworten, daß er für einen deutsch-italienischen Kontakt sei. Im übrigen scheine es ihm richtig, wenn er nach der Kabinettssitzung noch einmal mit dem italienischen Botschafter zusammenträfe. Als Termin für dieses Gespräch wurde Donnerstag, der 26. August 1971, 10.30 Uhr, bestimmt.[10]

Referat III A 1, Bd. 636

Fortsetzung Fußnote von Seite 1264
deshalb eher an ein Gespräch der Mitarbeiter als an ein Treffen auf höchster Ebene." Die Kontakte sollten noch vor der EG-Ministerratstagung am 13. September 1971 stattfinden. Vgl. die Gesprächsaufzeichnung; VS-Bd. 8771 (III A 1); B 150, Aktenkopien 1971.

[9] Zur Konferenz der Wirtschafts- und Finanzminister sowie der Notenbankgouverneure der Zehnergruppe am 15./16. September 1971 in London vgl. Dok. 276, Anm. 8.

[10] Bundeskanzler Brandt teilte dem italienischen Botschafter Luciolli unter Bezugnahme auf die Kabinettssitzung am 25. August 1971 mit, daß die Bundesregierung „über die Anregungen des italienischen Ministerpräsidenten sehr erfreut sei. Dem vorgeschlagenen bilateralen Treffen stünden allerdings bei Minister Schiller terminliche Schwierigkeiten entgegen. Er, der Herr Bundeskanzler, schlage deshalb vor, daß der Botschafter sich direkt mit Herrn Schiller in Verbindung setze, um zu vereinbaren, wer sich wo mit wem treffen solle." Hinsichtlich einer deutsch-französischen Abstimmung neige er dazu, „diese Kontakte so ‚technisch' wie möglich zu halten, d. h. durch Bankiers und ähnliche Fachleute des Einen und des Anderen durchsprechen zu lassen". Ferner halte es die Bundesregierung „für besonders wichtig, zu einem Gespräch mit den Amerikanern über die Frage zu kommen, unter welchen Voraussetzungen sie bereit wären, ihre zehnprozentige Importsteuer wieder abzuschaffen. Dieses Gespräch müsse auf europäischer Seite so gemeinschaftlich wie möglich geführt werden. Die Bundesregierung sei einerseits gegen jede Art von Eskalation, andererseits wolle sie klarmachen, daß sie die Maßnahmen der Amerikaner nur als zeitbedingte Notmaßnahmen ansehen könne." Vgl. die Gesprächsaufzeichnung; Bundeskanzleramt, AZ: 21-30 100 (56), Bd. 36; B 150, Aktenkopien 1971.

280
Aufzeichnung des Ministerialdirigenten Robert

III A 1-81.02 25. August 1971[1]

Über den Herrn Staatssekretär[2] und Referat L 1 dem Herrn Minister[3]

Betr.: Sitzung des Bundeskabinetts am 25. August 1971;
   Tagesordnungspunkt: Währungspolitische Lage

Zweck der Vorlage:
Unterrichtung und Vorschlag für eine Verhandlungslinie.

I. 1) Verhandlungsstand von Brüssel

Fünf Partnerländer und die EG-Kommission stimmten am 20. 8. 1971[4] grundsätzlich folgender Kombinationslösung zu:

a) innerhalb der Gemeinschaft:
– Neuordnung der Paritäten innerhalb der EG;
– Sicherung der Bandbreite von 1,5 % durch abgestimmte Zentralbankintervention;

b) nach außen:
– gemeinschaftliches begrenztes Floating gegenüber dem Dollar;
– auf dem Kapitalmarkt Koexistenz von Floating, gespaltenem Wechselkurs und administrativen Kontrollen.

Frankreich lehnte dagegen für den Handelsbereich ein Außenfloating kategorisch ab und beharrte auf der Beibehaltung der Franc-Parität.

2) Gegenwärtige währungspolitische Lage

Das Mehrheitskonzept ist in der Zwischenzeit von den Benelux-Staaten verwirklicht worden.

Zu begrenzten Floatings verschiedener Ausprägung sind darüber hinaus übergegangen, zum Teil gekoppelt mit Maßnahmen, um die Kurse gegenüber den EG-Partnern stabil zu halten: Italien; Großbritannien, Dänemark, Norwegen, Schweden; Österreich und Portugal.

Japan wartet ab, während die Schweiz die Devisenbörsen noch nicht wieder geöffnet hat.

Die Tendenz zu größerer Außenflexibilität gegenüber dem Dollar hat sich damit nicht nur innerhalb der EG, sondern insbesondere auch bei den Beitrittskandidaten weitgehend durchgesetzt. Die französische Position findet damit keine Befürworter mehr.

---

[1] Die Aufzeichnung wurde von Vortragendem Legationsrat I. Klasse von Bismarck-Osten und Vortragendem Legationsrat Jelonek konzipiert.
   Das Datum wurde handschriftlich eingefügt.
[2] Hat Staatssekretär Freiherr von Braun am 24. August 1971 vorgelegen.
[3] Hat Bundesminister Scheel am 25. August 1971 vorgelegen.
[4] Zur EG-Ministerratstagung am 19./20. August 1971 vgl. Dok. 276.

3) Das deutsche Interesse

Unser Interesse ist es, die währungspolitische Uneinigkeit innerhalb der EG so bald wie möglich zu überwinden, die Amerikaner zum Abbau der 10%-Einfuhrsteuer[5] zu bewegen und günstige Voraussetzungen für die Neuordnung des internationalen Währungssystems zu schaffen.

Nahziel ist dabei, die Meinungsunterschiede mit Frankreich im Rahmen der EG abzubauen, um

- eine Verhandlungsposition gegenüber den USA – möglichst auf der Basis des Abbaus der Einfuhrabgabe im Austausch gegen Wechselkurskorrekturen – festzulegen;
- die Fortführung der Verwirklichung der Wirtschafts- und Währungsunion zu ermöglichen;
- Schwierigkeiten des gemeinsamen Agrarmarktes zu vermeiden.

4) Die französische Position

Die französische Regierung hat ihre im EG-Ministerrat eingenommene Haltung bisher nicht geändert. Hinzu kommt, daß Paris keine Zweifel an Richtigkeit und Effizienz seines dirigistischen Kurses hat und die Zeit für ein abgestimmtes währungspolitisches Vorgehen innerhalb der EG noch nicht für gekommen hält.

II. Deutsche Verhandlungslinie

Es wird vorgeschlagen, im Kabinett für folgende Verhandlungslinie einzutreten:

Unser wesentliches Ziel muß es sein, es Frankreich zu erleichtern, sich dem von den Benelux-Staaten angewendeten Verfahren weiter anzunähern. Hierbei dürfte es erforderlich sein, Frankreich das Gefühl der Isolierung zu nehmen und den Gedanken eines „abgekarteten Spiels" der EG-Partner nicht aufkommen zu lassen. Dies sollte durch sachliches Entgegenkommen und geeignete Argumente sowie verfahrensmäßig versucht werden.

1) Materiell:

- Ein begrenztes Floating ist keine Kapitulation gegenüber den Amerikanern, sondern ein Schutz gegen unerwünschte Dollarzuflüsse und ein erster Schritt zur Schaffung gesunder, dauerhafter Verhältnisse im internationalen Währungssystem.
- Eine Neuordnung der Wechselkurse innerhalb der EG nach der erfolgten Aufgabe der Goldkonvertibilität des Dollars ist auch ein erster Schritt auf dem von Frankreich befürworteten Weg zur Schaffung neuer Leitrelationen. Damit wäre auch die Grundlage für eine Normalisierung des Agrarmarktes gegeben.
- Die Neufestsetzung der Wechselkurse innerhalb der EG mit Vorgaben einiger Länder würde französische Einbußen im Export infolge des begrenzten Außenfloating ausgleichen können.

---

[5] Vgl. dazu die Erklärung des Präsidenten Nixon vom 15. August 1971 über die Aufgabe der Dollar-Konvertibilität sowie weitere wirtschafts- und währungspolitische Maßnahmen; Dok. 276, Anm. 1.

– Die Beseitigung der äußeren währungspolitischen Unsicherheit schafft die notwendigen Voraussetzungen zur Festigung und Fortentwicklung der Europäischen Gemeinschaft und zur Verwirklichung der Wirtschafts- und Währungsunion.

– Ein Abbau der Einfuhrsteuer ist nur zu erreichen, wenn die EG gegenüber den USA mit einer Stimme spricht und eine gemeinsame Haltung einnimmt. Als Verfahren bietet sich an, möglichst zusammen mit den Japanern den USA ein Gentlemen's Agreement vorzuschlagen, das auch eine Dollar-Abwertung einschließen könnte. Ein US-Programm zum Abbau der 10%-Zusatzabgabe müßte gekoppelt werden mit einer Anpassung der Wechselkursparitäten der wichtigsten Handelswährungen.

– Bei den Interventionen auf den Devisenmärkten zur Aufrechterhaltung einer geringeren innergemeinschaftlichen Bandbreite könnte man dem französischen Franc eine führende Rolle einräumen (Hauptinterventionswährung).

2) Prozedural:
Der Versuch, die Franzosen für die Mehrheitslinie zu gewinnen, sollte sowohl bilateral als auch im Kreise der Sechs gemacht werden.

– Der Bundeskanzler hat dem französischen Botschafter am 21.8.1971 bilaterale Kontakte auf Minister-, Staatssekretärs- oder Expertenebene angeboten.[6] Eine Reaktion der französischen Seite steht noch aus (das französische Kabinett berät darüber heute). Falls Paris zustimmt, könnten die Gespräche vom deutschen Botschafter[7] und einem leitenden Beamten des BMWF geführt werden.

– Im Namen der Benelux-Staaten hat der belgische Ministerpräsident[8] den EG-Partnern am 21.8.1971 die Vorverlegung der ursprünglich für den 13.9. vorgesehenen Ratstagung auf Anfang September vorgeschlagen. Die Bundesregierung sollte ihre Zustimmung davon abhängig machen, daß sämtliche Mitgliedstaaten mit diesem Vorschlag einverstanden sind.

Auch hierzu steht eine französische Reaktion noch aus.

Die Festlegung der deutschen Marschroute für die eventuelle[9] Ratstagung am 4. September sollte erst erfolgen, wenn das Ergebnis der bilateralen deutsch-französischen Kontakte[10] vorliegt.[11]

Robert

Referat III A 1, Bd. 636

---

[6] Zum Gespräch des Bundeskanzlers Brandt mit dem französischen Botschafter Sauvagnargues vgl. Dok. 279, besonders Anm. 8.
[7] Hans Ruete.
[8] Gaston Eyskens.
[9] Dieses Wort wurde von Ministerialdirigent Robert handschriftlich eingefügt.
[10] Am 31. August 1971 vermerkte Vortragender Legationsrat I. Klasse Bismarck-Osten, daß am Vortag in Paris ein Gespräch der Staatssekretäre Freiherr von Braun und Schöllhorn, Bundesministerium für Wirtschaft, mit dem Abteilungsleiter im französischen Außenministerium, de Beaumarchais, und dem Sonderbeauftragten im französischen Finanzministerium, Pierre-Brosselette, stattgefunden habe. Dieses habe „zu einem besseren Verständnis, aber nicht zu einer Annäherung der Standpunkte" geführt. Auf deutscher Seite sei der Eindruck entstanden, daß „die fran-

281

Aufzeichnung des Referats II A 1

II A 1-84.20/11-1365/71 geheim   25. August 1971

Das Ergebnis der Vier-Mächte-Verhandlungen über Berlin

I. Der gegenwärtige Stand

Die Botschafter der Vier Mächte[1] haben sich über die Texte eines Abkommens und eines Schlußprotokolls geeinigt.[2] Wenn die vier Regierungen diesen Texten zustimmen, soll das Abkommen unterzeichnet und das Schlußprotokoll paraphiert werden. Die Alliierten rechnen damit, daß dies Anfang September geschehen könnte.

Mit diesem Schritt wird die erste Stufe der Berlin-Verhandlungen abgeschlossen und gleichzeitig der Inhalt der dritten und letzten Stufe festgelegt sein, die nach Abschluß der deutschen Ausführungsvereinbarungen zu vollziehen sein wird. In der Zwischenzeit wird die Bundesregierung die Einzelheiten des Berlin-Verkehrs und wird der Senat die Details der Besuchsregelung für die West-Berliner mit der DDR aushandeln. Bevor die Gesamtregelung fertig ist, bleibt also noch einiges zu tun. Mit den grundlegenden Vereinbarungen der Vier

---

Fortsetzung Fußnote von Seite 1268

zösischen Sprecher zwar an der Ablehnung der Aufwertung und der größeren Elastizität nach außen (begrenztes Floating) durch dezidierte Weisung von höchster Stelle ‚fest angebunden' waren, aber – wohl angesichts der ungewissen, mehr in die Richtung des deutschen Vorgehens laufenden weiteren Entwicklung – die deutschen Vorschläge einer sorgfältigen Analyse für wert erachteten; sie erkannten ferner die Notwendigkeit einer baldigen Wiederherstellung der währungspolitischen Übereinstimmung der EG-Partner an, schienen sie aber nicht als besonders eilig anzusehen. Dabei wurde der Wunsch deutlich, mit uns in engem Kontakt – ohne Publizität – zu bleiben." Vgl. VS-Bd. 8771 (III A 1); B 150, Aktenkopien 1971.

11 Die EG-Ministerratstagung fand am 13. September 1971 in Brüssel statt. Vgl. dazu Dok. 276, Anm. 3.

1 Pjotr A. Abrassimow (UdSSR), Roger W. Jackling (Großbritannien), Kenneth Rush (USA) und Jean Sauvagnargues (Frankreich).

2 Zum Ergebnis des 33. Vier-Mächte-Gesprächs über Berlin am 23. August 1971 vgl. Dok. 275, Anm. 6. Für den Wortlaut des Vier-Mächte-Abkommens über Berlin vom 3. September 1971 vgl. EUROPA-ARCHIV D 443–453.
In dem am 3. September 1971 paraphierten Schlußprotokoll, das dem Vier-Mächte-Abkommen über Berlin beigefügt war, führten die Vier Mächte u. a. aus: „1) The four Governments, by virtue of this Protocol, bring into force the Quadripartite Agreement, which, like this Protocol, does not affect quadripartite agreements or decisions previously concluded or reached. 2) The four Governments proceed on the basis that the agreements and arrangements concluded between the competent German authorities (List of agreements and arrangements) shall enter into force simultaneously with the Quadripartite Agreement. 3) The Quadripartite Agreement and the consequent agreements and arrangements of the competent German authorities referred to in this Protocol settle important issues examined in the course of the negotiations and shall remain in force together. 4) In the event of a difficulty in the application of the Quadripartite Agreement or any of the above-mentioned agreements or arrangements which any of the four Governments considers serious, or in the event of non-implementation of any part thereof, that Government will have the right to draw the attention of the other three Governments to the provisions of the Quadripartite Agreement and this Protocol and to conduct the requisite quadripartite consultations in order to ensure the observance of the commitments undertaken and to bring the situation into conformity with the Quadripartite Agreement and this Protocol. 5) This Protocol enters into force on the date of signature." Vgl. EUROPA-ARCHIV 1971, D 453 f.

Mächte sind jedoch die wichtigsten Voraussetzungen für eine Berlin-Regelung geschaffen.

II. Wesentlicher Inhalt der Vier-Mächte-Vereinbarungen

1) Das Gerüst des Vier-Mächte-Abkommens

Das Abkommen besteht aus

- der Präambel,
- dem allgemeinen Teil I,
- dem Hauptteil II mit den praktischen Regelungen für die vier Bereiche: 1) Zugang, 2) Verhältnis West-Berlin/Bundesrepublik Deutschland, 3) Besuchsmöglichkeiten und andere Verbesserungen für West-Berliner, und 4) Außenvertretung,
- dem Teil III, der auf die Notwendigkeit eines die ganze Regelung zusammenbindenden Schlußprotokolls verweist[3] und
- den vier Anlagen mit konkreten Bestimmungen für die einzelnen Bereiche des Hauptteils sowie
- drei begleitenden Dokumenten: 1) dem Interpretationsbrief der Alliierten an die Bundesregierung über das Verhältnis Berlin–BRD[4], 2) dem vereinbarten Verhandlungsprotokoll über Bundespässe für West-Berliner[5], 3) dem weiteren vereinbarten Verhandlungsprotokoll über die sowjetischen Tätigkeiten in West-Berlin[6].

2) Der Status Groß-Berlins und die Stellung der Alliierten in West-Berlin

Die wesentliche Funktion der Präambel und des Teils I besteht darin sicherzustellen, daß der Status Berlins und die Stellung der Besatzungsmächte unberührt bleiben.

Mit der Bezugnahme der Präambel auf die Rechtsgrundlagen[7] sind die Meinungsverschiedenheiten zwischen den Vier Mächten über die rechtlichen Grundsatzfragen nicht beseitigt. Die Verhandlungspartner haben diese Fragen, in denen gegenwärtig keine Einigung zu erreichen ist, ausgeklammert und sich um praktische Regelungen bemüht, die Alliierte und Bundesregierung zugunsten West-Berlins wünschten.

---

[3] Teil III des Vier-Mächte-Abkommens über Berlin vom 3. September 1971: „This Quadripartite Agreement will enter into force on the date specified in a Final Quadripartite Protocol to be concluded when the measures envisaged in Part II of this Quadripartite Agreement, and in its Annexes have been agreed. Done at the building formerly occupied by the Allied Control Council in the American Sector of Berlin this third day of September 1971, in four originals, each in the English, Frnech and Russian languages, all texts being equally authentic." Vgl. EUROPA-ARCHIV 1971, D 445.

[4] Für den Wortlaut des Schreibens der Regierungen der Drei Mächte vom 3. September 1971 an die Bundesregierung betreffend die Interpretation der Anlage II vgl. EUROPA-ARCHIV 1971, D 455–457.

[5] Für den Wortlaut des undatierten Vereinbarten Verhandlungsprotokolls I vgl. EUROPA-ARCHIV 1971, D 457 f.

[6] Für den Wortlaut des undatierten Vereinbarten Verhandlungsprotokolls II vgl. EUROPA-ARCHIV 1971, D 458 f.

[7] Vgl. dazu die Präambel des Vier-Mächte-Abkommens über Berlin vom 3. September 1971, in der u. a. ausgeführt wurde: „Acting on the basis of their quadripartite rights and responsibilities, and of the corresponding wartime and postwar agreements and decisions of the Four Powers, which are not affected". Vgl. EUROPA-ARCHIV 1971, D 443.

Um falsche Schlüsse daraus auf den Status zu verhindern, wurde dem Teil II mit den praktischen Regelungen (für West-Berlin) ein Teil I vorangestellt, der sich ebenso wie die Präambel auf ganz Berlin erstreckt.

Ein gemeinsamer Begriff konnte dafür zwar nicht gefunden werden. Der Anwendungsbereich kommt jedoch mittelbar in dem Präambelsatz zum Ausdruck, der sich auf das „Gebiet" bezieht, von dem die einschlägigen Vier-Mächte-Vereinbarungen handeln[8], d. h. im vorliegenden Zusammenhang Groß-Berlin. Auch dies schafft noch keine Einigung über den geltenden Status. Es stellt jedoch sicher, daß die Rechtsgrundlagen erhalten bleiben, wie sie waren, wobei jede Seite an ihrem Standpunkt festhält. Immerhin ist es ein Fortschritt, daß zum ersten Mal seit langer Zeit alle Beteiligten in einem gemeinsamen Dokument den Fortbestand der Vier-Mächte-Rechte und -Verantwortlichkeiten bestätigt haben. Es dürfte auch kein Zufall sein, daß der Beschluß des DDR-Staatsrats über die Wahlbezirke, der die Reste eines Sonderstatus Ostberlins aufrechterhält, gerade in der Schlußphase der Vier-Mächte-Verhandlungen verkündet wurde.

Zusammenfassend ist zu den Statusfragen zu sagen:

(1) Der Vier-Mächte-Status für ganz Berlin bleibt unberührt, auch wenn konkrete Verbesserungen nur über die westlichen Sektoren Berlins getroffen werden. Die Sowjetunion wird weiter behaupten, daß Ostberlin als Hauptstadt der Souveränität der DDR unterliege. Die Berlin-Regelung enthält jedoch nichts, was diese Behauptung stützen könnte. Die Bezugnahme auf die Rechte und Verantwortlichkeiten der Vier Mächte, die ausdrücklich als unberührt bezeichnet werden, stützt im Gegenteil den westlichen Standpunkt.

(2) Die ursprünglichen Rechtsgrundlagen bleiben auch in den Bereichen ungeschmälert erhalten, in denen konkrete neue Regelungen erfolgt sind, d. h. hinsichtlich des zivilen Landzugangs und der Bewegungsfreiheit innerhalb Berlins; die originären Rechte der drei Westmächte bleiben insoweit unberührt. Die Praxis wird jedoch von den neu vereinbarten Erleichterungen bestimmt werden.

(3) Die Position der drei Westmächte in den Westsektoren wird bestätigt und gestärkt. Die Verpflichtung in Teil I zur Respektierung auch der individuellen Rechte der anderen Mächte[9] bedeutet, daß auch die originären Rechte der Drei Mächte in West-Berlin unberührt bleiben. Die Basis der Sicherheit West-Berlins, die Chruschtschow mit seinem Ultimatum 1958[10] angegriffen hatte, ist

---

[8] Vgl. dazu die Präambel des Vier-Mächte-Abkommens über Berlin vom 3. September 1971, in der u. a. ausgeführt wurde: „Taking into account the existing situation in the relevant area". Vgl. EUROPA-ARCHIV 1971, D 443.

[9] Vgl. dazu Teil I, Absatz 3 des Vier-Mächte-Abkommens über Berlin vom 3. September 1971; EUROPA-ARCHIV 1971, D 444.

[10] Am 27. November 1958 schlug die sowjetische Regierung den Regierungen der Drei Mächte vor, daß „die Frage Westberlin gegenwärtig durch Umwandlung Westberlins in eine selbständige politische Einheit – eine Freistadt – gelöst werde, in deren Leben sich kein Staat, darunter auch keiner der bestehenden zwei deutschen Staaten, einmischen würde". Die „Freistadt" sollte „entmilitarisiert" und es sollten „daselbst keinerlei Streitkräfte stationiert werden". Dieser Status sei durch die Vier Mächte, die UNO oder die beiden deutschen Teilstaaten zu garantieren. Sollten sich die Vier Mächte innerhalb eines halben Jahres nicht auf eine entsprechende Einigung verständigen können, „so wird die Sowjetunion durch Übereinkommen mit der DDR die geplanten Maßnahmen durchführen". Vgl. DzD IV/1, S. 174–176.

damit gefestigt. Auch die übrigen Bestimmungen des Abkommens sind so gefaßt, daß sie die Befugnis der Drei Mächte bestätigen, ihre Besatzungsrechte in West-Berlin und in bezug auf West-Berlin auszuüben.

3) Zugang

Vor der Berlin-Regelung

Der zivile Zugang nach Berlin war seit Kriegsende trotz der ungeschriebenen alliierten Rechte mangels eindeutiger und ausreichender Vier-Mächte-Vereinbarungen unsicher. Der Landverkehr wurde mehr und mehr erschwert. Alliierte und Bundesregierung haben zwar gegen jede Verkehrsbehinderung protestiert, sie aber nicht ausschließen können. Besonders gefährlich wurde die Entwicklung, als sich die DDR mit dem Paß- und Sichtvermerkzwang im Juni 1968[11] ein Instrumentarium schuf, mit dem sie – etwa durch Erhöhung der Visagebühren oder Erschwerung des Visaerteilungsverfahrens den zivilen Landverkehr nach Belieben immer weiter erschweren könnte. Die Berufung auf das Recht auf freien Berlin-Zugang hat nichts daran geändert, daß in Wirklichkeit durch verzögerte Abfertigung, schikanöse Kontrollen, Rotschaltung der Ampeln u. a. der Landzugang für alle Berlin-Reisenden erschwert und für viele durch Zurückweisung unmöglich gemacht wurde. Für die Berliner ergab sich daraus eine bedrückende Unsicherheit, ob die Verbindungen der Stadt zur Außenwelt in Zukunft überhaupt offen bleiben würden. Die Westmächte haben sich in der Vergangenheit immer wieder um eine Verständigung mit den Sowjets über den Zugang bemüht, und waren bereit, dafür weitgehende Zugeständnisse zu machen – auch hinsichtlich der Rolle der DDR –, z. B. 1959 in Genf[12] oder 1962 bei den amerikanisch-sowjetischen Sondierungen[13]. Die So-

---

[11] Am 11. Juni 1968 erließ die DDR Regelungen für den Reise- und Transitverkehr zwischen der Bundesrepublik und der DDR bzw. Berlin (West). Dazu gehörte u. a. die Einführung der Paß- und Visapflicht. Für die Fünfte Durchführungsbestimmung vom 11. Juni 1968 zum Paßgesetz der DDR vom 15. September 1954 vgl. GESETZBLATT DER DDR, Teil II, S. 331 f. Vgl. dazu auch AAPD 1968, I, Dok. 187.

[12] Am 16. Juni 1959 schlugen die Drei Mächte der UdSSR auf der Außenministerkonferenz in Genf ein Interimsabkommen über Berlin vor. Darin sollten die Vier Mächte u. a. erklären, daß „der freie und uneingeschränkte Zugang nach West-Berlin" fortbestehen werde und diesbezüglich die „im April 1959 in Kraft befindlichen Verfahren [...] weiterhin Anwendung" finden sollten: „Unbeschadet bestehender Grundverantwortlichkeiten könnten diese Verfahren jedoch, soweit dies nicht schon der Fall ist, von deutschem Personal ausgeführt werden." Das Abkommen sollte „bis zur Wiedervereinigung Deutschlands in Kraft bleiben". Vgl. DzD IV/2, S. 637.
Am 28. Juli 1959 ergänzten die Drei Mächte ihren Vorschlag um eine Revisionsklausel, die vorsah, daß die Außenminister nach einem Zeitraum von fünf Jahren auf den Wunsch auch nur einer der Vier Mächte erneut zusammentreten sollten, falls die Wiedervereinigung bis dahin nicht zustande gekommen sein sollte. Vgl. dazu DzD IV/2, S. 1106.

[13] In den Jahren 1961/62 fanden mehrere amerikanisch-sowjetische Sondierungsgespräche über die Berlin-Frage statt. Am 25. November 1961 erwähnte Präsident Kennedy in einem Interview mit der sowjetischen Tageszeitung „Izvestija" erstmals den Gedanken einer internationalen Verwaltung der Autobahn von und nach Berlin (West). Für den deutschen Wortlaut des Interviews vgl. DzD, IV/7, S. 985–998.
Am 22. März 1962 griff der amerikanische Außenminister Rusk in einem Gespräch mit dem sowjetischen Außenminister Gromyko den Gedanken eines international kontrollierten Zugangs nach Berlin (West) auf: „The secretary then recalled the US suggestion for an international access authority and stated that it had been made because we believed this was one way of reconciling freedom of access with East Germany's concern for its internal affairs. Noting that the international access authority would involve territories under three jurisdictions – the FRG, East Germany, and West Berlin – the Secretary stated there would be very simple arrangements with regard to jurisdiction to be accepted by the three government authorities. He observed that the very

wjetunion hatte jedoch stets auf die alleinige Zuständigkeit der DDR verwiesen und sich seit Jahren geweigert, mit den Westmächten über den Zugang auch nur zu sprechen.

Nach der Vereinbarung der Vier Mächte

a) Das Vier-Mächte-Abkommen wird, wenn auch Einzelheiten erst noch mit der DDR abgesprochen werden müssen, wesentliche Verbesserungen des Zugangs bringen:

(1) Die Sowjetunion hat eine eigene Verpflichtung dafür übernommen, daß der zivile Berlin-Verkehr auf dem Straßen-, Schienen- und Wasserweg künftig von Behinderungen frei sein wird. Darüber hinaus hat sie verbindlich eine Erleichterung der Abwicklung des Verkehrs zugesichert, die so einfach und beschleunigt wie möglich sein soll; sie gewährleistet damit eine bevorzugte Behandlung des Berlin-Verkehrs. Die Verpflichtung gilt für alle, die von oder nach Berlin reisen wollen; sie kennt keine Ausnahmen.[14]

(2) Im einzelnen sind folgende Erleichterungen vorgesehen:

- Güter können auf dem Straßen-, Schienen- und Wasserweg in versiegelten Transportmitteln befördert werden, wobei die Versiegelung vor der Abfahrt erfolgt, also auf dem Boden der Bundesrepublik Deutschland oder in West-Berlin. Die auf diesem Wege transportierten Güter dürfen nicht von der DDR kontrolliert werden; die DDR-Behörden dürfen lediglich die Siegel und die Begleitpapiere prüfen.[15]
- Bei Transportmitteln, die nicht versiegelt werden können, wie offene Lastwagen, dürfen nur die Papiere geprüft werden. Eine Mißbrauchsklausel sieht vor, daß in besonderen Fällen der Inhalt solcher nicht-versiegelter Transportmittel überprüft werden kann; nämlich dann, wenn begründeter Verdacht besteht, daß sie Material enthalten, das an den Durchgangsstraßen ausgegeben werden soll, oder Personen oder Material, die während der Durchfahrt durch die DDR aufgenommen wurden. Das Verfahren für solche Fälle soll in den Verhandlungen zwischen den deutschen Behörden abgesprochen werden (für versiegelte Transporte gibt es keine entsprechende Klausel).[16]
- Personen können Durchgangszüge oder -busse benutzen. In diesen Zügen und Bussen werden sich Reisende lediglich auszuweisen haben und keinem Kontrollverfahren unterworfen sein.[17]
- Durchgangsreisende, die mit Personenwagen nur von der Bundesrepublik Deutschland nach West-Berlin oder umgekehrt reisen wollen (d. h. nicht in die DDR), werden bevorzugt und – auch bei Andrang – unverzüglich abge-

Fortsetzung Fußnote von Seite 1272
acceptance of such arrangements would be compatible with the notion of sovereignty and that there would be no interference with the day-by-day activities in the FRG, West Berlin, or East Germany." Vgl. FRUS, 1961–1963, XV, S. 66.

14 Vgl. dazu Teil II, Abschnitt A, sowie Anlage I, Absatz 1 des Vier-Mächte-Abkommens über Berlin vom 3. September 1971; EUROPA-ARCHIV 1971, D 444 bzw. 446.

15 Vgl. dazu Anlage I, Absatz 2 a) des Vier-Mächte-Abkommens über Berlin vom 3. September 1971; EUROPA-ARCHIV 1971, D 446.

16 Vgl. dazu Anlage I, Absatz 2 b) des Vier-Mächte-Abkommens über Berlin vom 3. September 1971; EUROPA-ARCHIV 1971, D 447.

17 Vgl. dazu Anlage I, Absatz 2 c) des Vier-Mächte-Abkommens über Berlin vom 3. September 1971; EUROPA-ARCHIV 1971, D 447.

fertigt. Sie brauchen für die Benutzung der Durchgangsstraßen keine Gebühren oder Abgaben zu zahlen und dürfen, ebenso wie ihre Fahrzeuge und ihr persönliches Gepäck, nicht durchsucht, festgehalten oder von der Durchreise ausgeschlossen werden: Auch hier ist eine Mißbrauchsklausel eingefügt, nach der diese Verbote nicht gelten, wenn im Einzelfall begründeter Verdacht besteht, daß jemand die Durchgangsstraßen nicht zum Zwecke der direkten Durchreise benutzen will und dabei gegen allgemein anwendbare Bestimmungen über die öffentliche Ordnung verstößt. Ein Verfahren für solche Mißbrauchsfälle soll auch hier zwischen den deutschen Behörden abgesprochen werden.[18]

– Statt der bisherigen Gebühren, die von den einzelnen zu entrichten waren, kann die Bundesregierung der DDR eine jährliche Pauschale zahlen.[19] Ob die DDR sich bereit finden wird, auch die Visagebühren zu pauschalieren, muß in den deutschen Verhandlungen geklärt werden.

b) Diese Vereinbarung über den Berlin-Verkehr ist der größte Fortschritt, den die Vier Mächte seit der Beendigung der Blockade hinsichtlich des Berlin-Zugangs erzielt haben. Inhaltlich geht sie über die damalige Verständigung (das „Jessup-Malik"-Abkommen)[20], die nur den vorherigen Zustand wiederherstellte, weit hinaus. Sie holt im Jahre 1971 etwas nach, was die Siegermächte bei Kriegsende zu regeln unterließen. Die Westmächte haben dadurch zugunsten Berlins etwas erreicht, worum sie sich seit den ersten Schwierigkeiten auf den Zugangswegen vergeblich bemüht hatten: eine prinzipielle sowjetische Verpflichtung, einen unbehinderten Verkehr zu gewährleisten.

Die Bestimmungen über die einzelnen Verbesserungen sind in der Vier-Mächte-Vereinbarung bereits ziemlich konkret, so daß die DDR in den Ausführungsverhandlungen weitgehend festgelegt sein wird. Die Möglichkeit, versiegelte Transportmittel und Durchgangszüge zu benutzen, die keinen störenden Eingriffen der DDR unterliegen, stellt eine Erleichterung dar, die kaum überschätzt werden kann. Wenn die Regelung in Kraft tritt, werden die von und nach Berlin Reisenden nicht nur von den so oft erlebten Unbequemlichkeiten befreit werden; die Berliner – das ist das wichtigste Ergebnis – werden mit der Gewißheit, daß der Zugang offen und ungestört bleibt, ein Gefühl größerer Sicherheit und Vertrauen in die Zukunft der Stadt gewinnen.

4) Verhältnis West-Berlin–Bundesrepublik Deutschland

Vor der Berlin-Regelung

a) Bei dem Verhältnis Berlins zur Bundesrepublik Deutschland sind verschiedene Formen zu unterscheiden:

– das rechtliche Grundverhältnis (1),

– die weitverzweigten Bindungen und die damit zusammenhängende Präsenz von Behörden und Institutionen des Bundes in Berlin (2),

---

[18] Vgl. dazu Anlage I, Absatz 2 d) des Vier-Mächte-Abkommens über Berlin vom 3. September 1971; EUROPA-ARCHIV 1971, D 447.

[19] Vgl. dazu Anlage I, Absatz 2 e) des Vier-Mächte-Abkommens über Berlin vom 3. September 1971; EUROPA-ARCHIV 1971, D 448.

[20] Zum Kommuniqué der Vier Mächte vom 4. Mai 1949 über den Abschluß der Verhandlungen zwischen dem amerikanischen und dem sowjetischen Botschafter bei der UNO, Jessup und Malik, über eine Beendigung der Berlin-Blockade vgl. Dok. 29, Anm. 26.

– und als ein drittes Element die sog. „demonstrative" Bundespräsenz (3).

(1) Das in Art. 23 GG vorgesehene rechtliche Grundverhältnis, wonach Berlin ein Land der Bundesrepublik Deutschland sein soll, ist durch den Vorbehalt der Besatzungsmächte eingeschränkt, die im Jahre 1949 diese Bestimmung des Grundgesetzes und im Jahre 1950 die entsprechende Bestimmung der Berliner Verfassung suspendiert haben.[21] Die Bundesregierung und der Senat von Berlin haben dies damals als zwangsläufige Folge der internationalen Lage hingenommen und das Verhältnis Berlins zum Bund als „de-facto-Zugehörigkeit" bezeichnet (Erklärung Bundeskanzler Adenauers vom 21. Oktober 1949[22]). Sie haben damals und später berücksichtigt, daß die Sicherheit und Freiheit West-Berlins von der Aufrechterhaltung der besatzungsrechtlichen Grundlagen der alliierten Position in Berlin abhing. In der zweiten Hälfte der 50er Jahre entwickelte sich allerdings auf deutscher Seite eine abweichende Rechtsauffassung, die namentlich in der Rechtsprechung des Bundesverfassungsgerichts ihren Ausdruck fand und sich auf die fortschreitende, von den Alliierten zugelassene rechtliche und politische Verklammerung Berlins mit dem Bund bis zu einem gewissen Grade stützen konnte.

In der deutschen Öffentlichkeit entstand dadurch der Eindruck, als sei Berlin doch ein Land der Bundesrepublik Deutschland. Die Drei Mächte haben jedoch stets an ihren Vorbehalten festgehalten. Sie haben dies mit verschiedenen Formeln ausgedrückt.

(2) Die Bindungen zwischen den Westsektoren von Berlin und der Bundesrepublik Deutschland im wirtschaftlichen, rechtlichen und kulturellen Bereich, die von den Drei Mächten ausdrücklich zugelassen wurden, sind das Kernstück der engen Zusammengehörigkeit. Sie sind entscheidend für die Lebensfähigkeit West-Berlins. Die Anwesenheit einer großen Anzahl von Behörden und Institutionen des Bundes in Berlin ist für West-Berlin ebenfalls von wesentlicher Bedeutung, nicht zuletzt deshalb, weil sie zahlreiche Arbeitsplätze geschaffen hat.

(3) Die Sitzungen des Bundestages, des Bundesrats, des Kabinetts, der Bundesversammlung und die Arbeitswochen der Bundestags-Ausschüsse und -Fraktionen sind nicht unbedingt ein wesentlicher Bestandteil der Lebensfähigkeit West-Berlins. Ihr Sinn war einerseits, den Berlinern in Zeiten der äußeren Bedrängnis die Solidarität des Bundes zu manifestieren, andererseits, die

---

[21] Zur Suspendierung der Artikel 23 und 144 des Grundgesetzes vom 23. Mai 1949 durch die Drei Mächte vgl. Dok. 3, Anm. 13.
Zur Suspendierung des Artikels 1 Ziffer 2 und 3 der Verfassung von Berlin vom 1. September 1950 durch die Alliierte Komandantur der Stadt Berlin am 29. August 1950 vgl. Dok. 3, Anm. 14.

[22] Bundeskanzler Adenauer führte im Bundestag aus: „In Artikel 23 des Grundgesetzes ist niedergelegt, daß Groß-Berlin als zwölftes Land zur Bundesrepublik Deutschland gehören soll. Wenn auch die internationale Lage bei der Genehmigung des Grundgesetzes die Verwirklichung dieses Beschlusses zunächst unmöglich gemacht hat, und wenn die fortdauernde internationale Spannung auch jetzt noch die Durchführung des Artikels 23, vielleicht auch im Interesse Berlins selbst, nicht gestattet, so bleibt der Beschluß des Parlamentarischen Rates, wie er im Artikel 23 niedergelegt ist, nur suspendiert. Der Artikel 23 wird in Wirksamkeit treten, sobald die internationale Lage es gestattet. Bis dahin will Berlin seine Gesetze den Bundesgesetzen anpassen, um so schon jetzt eine de-facto-Zugehörigkeit Berlins zum Bund herbeizuführen." Vgl. BT STENOGRAPHISCHE BERICHTE, Bd. 1, S. 309.

Rolle Berlins als historische Hauptstadt Deutschlands zu demonstrieren. Deshalb sprach man hier von „demonstrativer Bundespräsenz".

b) Die Alliierten haben die Bindungen Berlins an den Bund zum Teil durch formelle Rechtsgrundlagen sanktioniert, zum Teil auch durch stillschweigende Duldung sich in der Praxis entwickeln lassen und im übrigen als Bedingung der Lebensfähigkeit Berlins nachhaltig unterstützt. Die „demonstrativen" Tätigkeiten haben sie nie ausdrücklich und allgemein genehmigt, aber im Einzelfall geschehen lassen und Verständnis dafür gezeigt, soweit sie ihrem Zweck, der Stützung der Moral der Berliner, zu dienen versprachen.

c) Die Sowjetunion hat die engen Bindungen zwischen West-Berlin und der Bundesrepublik Deutschland niemals anerkannt und alle Formen der Bundespräsenz mit zunehmender Schärfe angegriffen, die sich häufenden Verkehrsstörungen der DDR dagegen gedeckt.

d) Für die Berliner wirkten sich die Versuche der Sowjetunion, die Stadt von der Bundesrepublik zu isolieren, als große Belastung aus. Dabei wog das grundsätzliche Bestreiten der Bindungen West-Berlins an den Bund und der administrativen Verzahnung schwerer als die Angriffe auf gewisse Veranstaltungen des Bundes in Berlin, deren Zweckmäßigkeit – z. B. im Falle der letzten Bundesversammlung[23] – selbst in der deutschen Öffentlichkeit umstritten war.

Nach der Vereinbarung der Vier Mächte

a) Die Vier Mächte haben in ihrer Vereinbarung einen Kompromiß erzielt, dessen Kern in folgendem liegt: Es ist Einvernehmen hergestellt, daß die Bindungen (ties) West-Berlins mit der Bundesrepublik Deutschland im Rahmen der fortbestehenden besatzungsrechtlichen Beschränkungen aufrechterhalten bleiben und sich weiter entwickeln können[24]; d. h. Bestand und Entwicklungsmöglichkeiten dieser Bindungen werden von der Sowjetunion akzeptiert. Dafür haben die Westmächte erklärt, daß bestimmte Veranstaltungen des Bundes nicht in Berlin stattfinden sollen.

(1) Die ausdrückliche alliierte Bestätigung und die implizierte sowjetische Anerkennung der Bindungen ist ein erheblicher Gewinn. Damit ist der wesentliche und für die Lebensfähigkeit Berlins entscheidende Bestandteil des Verhältnisses zur Bundesrepublik Deutschland außer Streit. Durch die Form hat die Sowjetunion, die der alliierten Erklärung durch ihre Unterschrift zugestimmt hat, auch die – früher bestrittene – Befugnis der Westmächte zur Zulassung dieser Bindungen anerkannt.

Die Erklärung der Westmächte ist mit der Feststellung verbunden, daß die besatzungsrechtlichen Beschränkungen des Verhältnisses West-Berlins zur Bundesrepublik Deutschland bestehen bleiben. Die Alliierten haben ihre früher gefällte und seitdem beständig aufrechterhaltene Entscheidung wiederholt, daß die Westsektoren Berlins wie bisher kein konstitutiver Teil der Bundesrepublik Deutschland sind und wie bisher nicht von ihr regiert werden, daß die entgegenstehenden Bestimmungen des Grundgesetzes und der Berliner Verfassung suspendiert werden und daher weiterhin nicht wirksam sind. Die Be-

---

[23] Die Bundesversammlung trat am 5. März 1969 in Berlin (West) zusammen.
[24] Vgl. dazu Teil II, Abschnitt B, sowie Anlage II, Absatz 1 des Vier-Mächte-Abkommens über Berlin vom 3. September 1971; EUROPA-ARCHIV 1971, D 444 bzw. 448 f.

zeichnung „kein konstitutiver Teil" bedeutet, daß West-Berlin nicht in die ursprüngliche Verfassungsorganisation der Bundesrepublik einbezogen worden ist und daher nicht die gleiche Stellung hat wie die Bundesländer, in denen die Wahlberechtigten an der direkten Wahl des Bundestages teilnehmen und in denen umgekehrt die deutsche Staatsgewalt unmittelbar und uneingeschränkt ausgeübt wird. Die Alliierten sind mit der ausdrücklichen Wiederholung ihrer Entscheidung der Sowjetunion entgegengekommen, die – unzutreffend – behauptet hatte, die Westmächte hätten Zweifel an der Fortdauer ihrer Vorbehalte aufkommen lassen.

Tatsächlich hat sich nichts an der bisherigen Lage geändert; auch ohne die Vier-Mächte-Vereinbarung hätten die Alliierten ihre Vorbehalte nicht aufgegeben, die sie zur Wahrung ihrer Stellung in Berlin für notwendig halten.

(2) Als Gegenleistung für die sowjetische Anerkennung der Bindungen haben die Alliierten eine Begrenzung der sog. demonstrativen Bundespräsenz zugestanden.[25] Gemessen an der bisherigen Praxis liegt die Beschränkung im wesentlichen darin, daß die – alle fünf Jahre stattfindende – Bundesversammlung, deren letzte Tagung in Berlin in der deutschen Öffentlichkeit heftig umstritten war, jetzt nicht mehr in Berlin zusammentreten kann. Plenarsitzungen des Bundestages und des Bundesrats haben auf alliierten Wunsch schon seit 1969 bzw. 1959 nicht mehr in Berlin stattgefunden. Ausschüsse des Bundestages und Bundesrates können weiter einzeln oder, wenn es der Beratungsgegenstand erfordert, auch mehrere gleichzeitig, in Berlin tagen, sofern ein die Aufrechterhaltung und Entwicklung der Bindungen betreffender Anlaß gegeben ist (wie z.B. die Behandlung der Entwürfe von Bundesgesetzen, die eine Berlin-Klausel erhalten und von Berlin übernommen werden sollen). Ausgeschlossen wird damit nur eine demonstrative Häufung von Sitzungen. Die Fraktionen des Bundestages können sich weiter in Berlin – nur nicht mehrere zur gleichen Zeit – treffen, ohne daß die Beratungsgegenstände eingeschränkt wären.

Diese Auslegung des Abkommens ergibt sich aus dem zwischen den Vier Mächten abgestimmten Interpretationsbrief der Alliierten an die Bundesregierung.[26] Eine Kopie davon wird der sowjetischen Regierung geschickt, die Empfang und Kenntnisnahme bestätigen wird.

Die übrigen, im Abkommen (Anhang II) und im Brief selbst genannten Organe, d.h. Bundespräsident, Bundeskanzler, Kabinett, Bundesminister und Ministerien, sowie ihre Zweigstellen in Berlin, und die Bundesgerichte, werden, wie der Brief klarstellt, keine unmittelbare Staatsgewalt der Bundesrepublik Deutschland über (nicht: in) die Westsektoren ausüben.[27] Da eine solche Ausübung di-

---

25 Vgl. dazu Anlage II, Absatz 2 des Vier-Mächte-Abkommens über Berlin vom 3. September 1971; EUROPA-ARCHIV 1971, D 449.
26 Vgl. dazu das dem Vier-Mächte-Abkommen über Berlin vom 3. September 1971 beigefügten Schreibens der Regierungen der Drei Mächte an die Bundesregierung, in dem u. a. ausgeführt wurde: „b) Meetings of the Bundesversammlung will not take place and plenary sessions of the Bundesrat and the Bundestag will continue not to take place in the Western Sectors of Berlin. Single committees of the Bundesrat and the Bundestag may meet in the Western Sectors of Berlin in connection with maintaining and developing the ties between those Sectors and the Federal Republic of Germany. In the case of Fraktionen, meetings will not be held simultaneously." Vgl. EUROPA-ARCHIV 1971, D 456.
27 Vgl. dazu Absätze a und e des dem Vier-Mächte-Abkommen über Berlin vom 3. September 1971 beigefügten Schreibens der Drei Mächte an die Bundesrepublik; EUROPA-ARCHIV 1971, D 456.

rekter Staatsgewalt – wie auch das Bundesverfassungsgericht ausgeführt hat – kraft besatzungsrechtlicher Entscheidung, nach der Berlin nicht von der Bundesrepublik Deutschland regiert werden darf, schon bisher nicht zulässig war und deshalb auch nicht erfolgte, bringt die Vier-Mächte-Vereinbarung insoweit nichts Neues. Bei dieser Bestimmung wurde berücksichtigt, daß die Sowjetunion ständig behauptet hatte, die Bundesregierung versuche angeblich doch, West-Berlin zu regieren oder gar zu „annektieren".

Der Interpretationsbrief stellt schließlich klar, daß das geltende Verfahren für die Anwendung der Gesetzgebung der Bundesrepublik Deutschland in Berlin unverändert bleibt.[28] Keine Änderung in der Sache bedeutet endlich die Bestimmung über die Verbindungsbehörde der Bundesrepublik Deutschland in West-Berlin[29], d.h. den Bundesbevollmächtigten, der gemäß Erlaß der Bundesregierung vom 30. November 1953[30] die Bundesrepublik Deutschland in Berlin beim Senat und den alliierten Militärbehörden repräsentiert. An der Anwesenheit der Behörden und Institutionen des Bundes in Berlin wird nichts geändert. Keiner der dort Beschäftigten wird Berlin verlassen müssen.

b) Bei der Abwägung von Gewinn und Verlust dieser Vereinbarung sind die Vorteile offenkundig: Das Verhältnis zwischen West-Berlin und der Bundesrepublik Deutschland wird endlich aufhören, ein Streitpunkt zwischen Ost und West zu sein, den die andere Seite in der Vergangenheit ständig zum Anlaß für Pressionen gegen Berlin und die Berliner genommen hat; und diese Verständigung ist auf der Grundlage einer sowjetischen Anerkennung der Bindungen erzielt worden, um die sich die Bundesregierung früher stets vergeblich bemüht hatte.

Demgegenüber waren die alliierten Zugeständnisse eine vertretbare Konzession.

5) Die Bewegungsfreiheit der West-Berliner[31]

Für die West-Berliner schafft das Abkommen, das noch durch Detail-Absprachen des Senats mit der DDR konkretisiert werden muß, seit Auslaufen der letzten Passierscheinvereinbarung im Jahre 1967[32] endlich wieder die Möglichkeit, den Ostteil der Stadt zu besuchen, – und diesmal auf einer dauerhaften und viel allgemeineren Grundlage. Die Berliner werden nicht nur Verwandte besuchen, sondern auch zu Geschäftszwecken oder als Touristen reisen können, und nicht nur nach Ostberlin, sondern auch in die DDR. Außerdem werden die mit der bisher getrennten Lage von Enklaven, wie Steinstücken, verbun-

---

[28] Vgl. dazu Absatz d) des dem Vier-Mächte-Abkommen über Berlin vom 3. September 1971 beigefügten Schreibens der Drei Mächte an die Bundesrepublik; EUROPA-ARCHIV 1971, D 456.

[29] Vgl. dazu Absatz c) des dem Vier-Mächte-Abkommen über Berlin vom 3. September 1971 beigefügten Schreibens der Drei Mächte an die Bundesrepublik: „The liaison agency of the Federal Government in the Western Sectors of Berlin includes departments charged with liaison functions in their respective fields." Vgl. EUROPA-ARCHIV 1971, D 456.

[30] Für den Wortlaut des Erlasses der Bundesregierung über die Aufgaben und Befugnisse des Bevollmächtigten der Bundesrepublik in Berlin vgl. DOKUMENTE ZUR BERLIN-FRAGE, S. 195.

[31] Vgl. dazu Teil II, Abschnitt C, sowie Anlage III des Vier-Mächte-Abkommens über Berlin vom 3. September 1971; EUROPA-ARCHIV 1971, D 444f. bzw. 449f.

[32] Korrigiert aus: „1964".
Für den Wortlaut der Passierschein-Vereinbarung vom 7. März 1966 vgl. DzD IV/12, S. 291–294.

denen Unzuträglichkeiten durch Gebietstausch gelöst werden können. Schließlich sollen die Fernmeldeverbindungen nach außen verbessert werden.

6) Die Vertretung der Westsektoren Berlins nach außen

Vor der Berlin-Regelung

a) Die Sowjetunion und ihre Verbündeten hatten die unter bestimmten Vorbehalten der Bundesrepublik Deutschland erteilte alliierte Ermächtigung, West-Berlin nach außen zu vertreten, immer bestritten, auch wenn die kleineren Ostblockstaaten sich in vielen Fällen doch auf die Einbeziehung Berlins in den Geltungsbereich bilateraler Verträge mit der Bundesrepublik Deutschland einließen.

b) Daraus ergaben sich für die Bundesrepublik Deutschland und Berlin erhebliche Unzuträglichkeiten:

– Eine vertragliche Zusammenarbeit mit der Sowjetunion im Bereich der Wirtschaft, Wissenschaft, Technik, Kultur, des Verkehrs und anderen Gebieten wurde mangels Einigung über eine Berlin-Klausel blockiert.

– Soweit ein Austausch ohne vertragliche Grundlage stattfand, konnte Berlin nicht einbezogen werden.

– Die West-Berliner und ihre Wirtschaft mußten in der Sowjetunion und den mit ihr verbündeten Ländern ohne den konsularischen Schutz durch die Auslandsvertretungen der Bundesrepublik Deutschland auskommen.

– West-Berliner konnten im Ostblock keine Pässe der Bundesrepublik Deutschland benutzen.

– In den internationalen Organisationen und bei multilateralen Verträgen ergaben sich wegen der sowjetischen Einwände gegen die Vertretung West-Berlins durch die Bundesrepublik Deutschland ständig Schwierigkeiten und Reibungen.

– Bei nichtstaatlichen Veranstaltungen wie Messen, Ausstellungen, Konferenzen, Delegationsreisen, sportlichen Wettkämpfen u. a. im Ostblock wurden die Berliner und ihre Wirtschaft ständig diskriminiert, da ihnen nicht gestattet wurde, als Teil der Gruppen aus der Bundesrepublik Deutschland aufzutreten.

– Die Wahl West-Berlins als Tagungsort internationaler Veranstaltungen wurde erheblich eingeschränkt durch die Bemühungen der Sowjetunion und ihrer Verbündeten, die Ausrichtung von Tagungen internationaler Organisationen in West-Berlin zu verhindern, sowie durch ihre eigene Weigerung, an solchen Veranstaltungen teilzunehmen.

c) Die Folge dieser Entwicklung war, daß West-Berlin mehr und mehr vom internationalen Austausch abgeschnitten wurde und seine Rolle als Kongreßstadt und internationales Zentrum für Wissenschaft und Kultur einzubüßen drohte. Da West-Berlin nach dem Verlust seiner Funktion als gesamtdeutscher Regierungssitz seine Rolle als Hauptstadt Deutschlands nicht mehr wahrnehmen konnte, war es für seine Lebensfähigkeit um so wichtiger, seine Attraktivität als Metropole zu bewahren. Diese Möglichkeit wurde durch die Erschwerung der Teilnahme Berlins am internationalen Leben erheblich beeinträchtigt.

Nach der Vereinbarung der Vier Mächte

a) Mit dem Briefwechsel zwischen Westmächten und Sowjetunion, der Teil der Vier-Mächte-Vereinbarung ist[33], wurde über die Praxis bei der Außenvertretung für die Zukunft Einvernehmen erzielt.

Die Alliierten teilen der Sowjetunion die bisherige Regelung mit, d. h., daß sie unter Aufrechterhaltung ihrer grundsätzlichen Vertretungsmacht und unter Vorbehalt des Sicherheits- und Statusbereichs ihre Zustimmung dazu gegeben haben, daß

- die Bundesrepublik Deutschland die konsularischen Aufgaben für die Einwohner der Westsektoren wahrnehmen darf,
- internationale Verträge und Vereinbarungen, die von der Bundesrepublik Deutschland geschlossen werden, gemäß dem festgelegten Verfahren auf die Westsektoren erstreckt werden können, soweit sie nicht die „Sicherheit" oder den „Status" Berlins berühren,
- die Bundesrepublik Deutschland die Westsektoren in internationalen Organisationen und Konferenzen vertreten kann, soweit sie nicht die „Sicherheit" oder den „Status" Berlins berühren,
- die West-Berliner gemeinsam mit den Teilnehmern aus der Bundesrepublik Deutschland am internationalen Austausch (einschl. Ausstellungen) teilnehmen können,
- Veranstaltungen internationaler Organisationen und Konferenzen und Ausstellungen mit internationaler Beteiligung in den Westsektoren stattfinden können.

Die Sowjetunion erklärt in ihrem Antwortschreiben, daß sie künftig gegen alle diese Formen der Außenvertretung der Westsektoren Berlins durch die Bundesrepublik Deutschland keine Einwendungen erheben werde.

Es ist auch Einvernehmen darüber erzielt worden, daß die Bundesregierung zu internationalen Veranstaltungen in Berlin (West) einladen kann. Allerdings wird sich der Senat an den Einladungen beteiligen.

Die Westmächte haben sich bereit gefunden, im Rahmen der Verständigung über die Außenvertretung die Errichtung eines sowjetischen Generalkonsulats in West-Berlin zuzulassen. Die Modalitäten dafür sind in dem zwischen den Vier Mächten vereinbarten Verhandlungsprotokoll niedergelegt.[34]

Die Alliierten hatten sich in der Frage eines sowjetischen Generalkonsulats mit zwei Überlegungen auseinanderzusetzen. (1) Würde der Vier-Mächte-Status berührt und (2) würde der Eindruck besonderer konsularischer Beziehungen zwischen UdSSR und West-Berlin erweckt?

Als Ergebnis wurde für die Regelung eine Form gefunden, die Bedenken in beiden Fragen ausräumt:

---

[33] Vgl. dazu Anlage IV des Vier-Mächte-Abkommens über Berlin vom 3. September 1971; EUROPA-ARCHIV 1971, D 450–453.
[34] Vgl. dazu das dem Vier-Mächte-Abkommen über Berlin vom 3. September 1971 beigefügte Vereinbarte Verhandlungsprotokoll II; EUROPA-ARCHIV 1971, D 458 f.

(1) Für die Einrichtung des sowjetischen Generalkonsulats gelten folgende Modalitäten:
- Es wird den einschlägigen alliierten und deutschen Rechtsvorschriften unterworfen sein;
- seine Tätigkeit wird auf rein konsularische Aufgaben beschränkt; es darf keine politischen Funktionen und keine Aufgaben im Zusammenhang mit den Rechten und Verantwortlichkeiten der Vier Mächte ausüben;
- es wird, wie alle anderen Konsulate, bei den Stadtkommandanten der drei Westsektoren zugelassen.

Damit ist sichergestellt, daß das sowjetische Generalkonsulat keinerlei Sonderstellung erhält, sondern ebenso behandelt wird, wie alle anderen Konsulate und Generalkonsulate, die es schon lange in West-Berlin gibt.

(2) Die Alliierten haben die Zulassung eines sowjetischen Generalkonsulats davon abhängig gemacht, daß die Sowjetunion als Grundlage hierfür die Vertretung West-Berlins nach außen durch die Bundesrepublik Deutschland, insbesondere im konsularischen Bereich, akzeptiert. Nachdem dies geschehen war, konnte die Einrichtung des Generalkonsulats nicht mehr den Eindruck erwekken, als unterhielte die UdSSR getrennte konsularische Beziehungen mit der Bundesrepublik einerseits und West-Berlin andererseits. Um die Verbindung ganz sicherzustellen, wurde die alliierte Zulassung eines sowjetischen Generalkonsulats in die Vereinbarung über die Außenvertretung West-Berlins durch die Bundesrepublik Deutschland mit einbezogen.

In praktischer Hinsicht wird die Errichtung des Generalkonsulats für West-Berliner, die in die Sowjetunion reisen wollen, das notwendige Verfahren erleichtern.

Außerdem werden die Westmächte der Sowjetunion gestatten, eine Reihe bestimmter inoffizieller Handelsniederlassungen mit eigenen Beschäftigten in ihren Sektoren zu errichten, denen bestimmte, eng begrenzte Erleichterungen, aber keine Privilegien und Vorrechte gewährt werden. Die Sowjetunion wird schließlich wieder über ihren Grundbesitz in West-Berlin verfügen dürfen.

Gemäß einem weiteren, ebenfalls zu dem Vier-Mächte-Abkommen gehörenden „Vereinbarten Verhandlungsprotokoll"[35] ist außerdem Einvernehmen erzielt worden, daß West-Berliner auch für Besuche in der Sowjetunion Bundespässe benutzen können. Bei dem Visum-Antrag müssen sie den mit einem besonderen Stempel (nämlich, daß der Paß in Übereinstimmung mit dem Vier-Mächte-Abkommen ausgegeben wurde) ausgestellten Paß und ihren Personalausweis (oder ein entsprechendes Identitätspapier, das den Wohnsitz angibt) vorlegen. In der Sowjetunion brauchen sie dann nur ihren Bundespaß bei sich zu führen. Er wird auch als Grundlage für die Wahrnehmung der konsularischen Aufgaben anerkannt, die die Bundesrepublik durch ihre Vertretungen in der Sowjetunion für West-Berliner ausübt.

b) Die Verständigung mit der Sowjetunion über die Außenvertretung West-Berlins schafft die Voraussetzungen dafür, daß Berlin seine Rolle als interna-

---

35 Vgl. dazu das dem Vier-Mächte-Abkommen über Berlin vom 3. September 1971 beigefügte Vereinbarte Verhandlungsprotokoll I; EUROPA-ARCHIV 1971, D 457 f.

tionales Zentrum wieder spielen und daß es in die Mitarbeit der Bundesrepublik Deutschland in den internationalen Organisationen und die Zusammenarbeit mit den Staaten im Osten einbezogen werden kann, die für Berlin wegen seiner geographischen Lage von besonderer Bedeutung ist. Die enge Zusammengehörigkeit zwischen West-Berlin und der Bundesrepublik Deutschland ist damit auch nach außen bekräftigt.

7) Bedeutung des Schlußprotokolls

Das Vier-Mächte-Abkommen bildet kraft der Rechte und Verantwortlichkeiten der Vier Mächte die Grundlage für die Gesamtregelung, auch in den Fragen des Zugangs und der Bewegungsfreiheit der West-Berliner, deren Einzelheiten noch zwischen den entsprechenden deutschen Seiten abgesprochen werden müssen. Das Schlußprotokoll hat die Funktion, die einzelnen Vereinbarungen unter der Verantwortung der Vier Mächte zu einer Gesamtregelung zusammenzubinden. Sein wichtigster Artikel ist die Konsultationsklausel, die sicherstellt, daß die Vier Mächte die Verantwortung für die Ausführung aller Teile der Gesamtregelung übernehmen, d. h. unter anderem auch für die Erfüllung der von der DDR übernommenen Verpflichtungen sorgen.[36]

8) Was nicht geregelt wurde

Das Vier-Mächte-Abkommen schafft weder einen neuen Berlin-Status noch bringt es eine abschließende Lösung der Berlin-Frage als solcher.

Sein Zweck ist es, durch praktische Regelungen in den Fragen, in denen es Schwierigkeiten gab, die Lage um Berlin zu entspannen und das Leben der Berliner zu erleichtern. Nicht ausdrücklich in die Regelung einbezogen wurden deshalb der Luftzugang und der militärische Landzugang; die alliierten Rechte sind insoweit unangefochten, und ihre Ausübung läuft reibungslos.

Hinsichtlich einer Lösung der Berlin-Frage bleibt es dabei, daß dies erst möglich ist, wenn sich die Siegermächte des Zweiten Weltkrieges auf eine endgültige Regelung der Deutschlandfrage insgesamt einigen können. Die Vier-Mächte-Regelung greift einer solchen Lösung nicht vor und läßt Berlin alle Möglichkeiten für seine Rolle in einem künftigen Deutschland offen. Sie wird den Berlinern die Erleichterungen bringen, die sie heute brauchen.

III. Zusammenfassung

Die Berlin-Regelung ist noch nicht fertig. Das Ergebnis der Verhandlungen mit der DDR bleibt abzuwarten. Es wäre verfrüht, schon jetzt die Auswirkungen zu würdigen, die das Vier-Mächte-Abkommen für das Leben der Berliner, für die Entwicklung zwischen beiden Staaten in Deutschland und für den Entspannungsprozeß in Europa verspricht.

Soviel kann jedoch schon heute gesagt werden: Die Verständigung zwischen den Vier Mächten ist ein großer Schritt vorwärts. Niemand kann behaupten, daß alle Wünsche erfüllt wurden. Das Ergebnis mußte in harten Verhandlungen erzielt werden. Aber die Erwartungen, die vernünftigerweise an den Ausgang der Verhandlungen geknüpft werden konnten, sind übertroffen worden.

---

[36] Vgl. dazu Absatz 4 des Schlußprotokolls des Vier-Mächte-Abkommens über Berlin vom 3. September 1971; Anm. 2.

Die Verbesserungen füllen eine lange Liste. Die Zugeständnisse der Alliierten fallen gegenüber dem Erreichten vertretbar aus.

Bei Beginn der Gespräche[37] schien ein Erfolg in weiter Ferne. Die Ausgangspositionen, die im Sommer 1969 festgelegt wurden[38], sind ein Zeugnis der bescheidenen Erwartungen. In den ersten Monaten gab es auch wenig Grund zum Optimismus. Die Wende begann erst im Herbst 1970, nach Unterzeichnung des Moskauer Vertrages, als allen Beteiligten bewußt wurde, daß Berlin tatsächlich der Testfall für das Gelingen der gesamten Entspannungspolitik geworden war.

Wir haben Grund, mit dem Verhandlungsergebnis zufrieden zu sein und den Alliierten für ihre Verhandlungsführung zu danken. Wenn das Vier-Mächte-Abkommen unterzeichnet und gleichzeitig das Schlußprotokoll paraphiert sein wird, werden wir einer befriedigenden Berlin-Regelung ein erhebliches Stück näher sein.

VS-Bd. 4524 (II A 1)

282

Gesandter Blomeyer-Bartenstein, Paris, an das Auswärtige Amt

Z B 6-1-13182/71 VS-vertraulich   Aufgabe: 25. August 1971, 17.38 Uhr
Fernschreiben Nr. 2438   Ankunft: 25. August 1971, 15.07 Uhr

Betr.: Deutsch-französische Beziehungen im Lichte der Währungskrise

Die Beratungen der Wirtschafts- und Finanzminister am 19.8. in Brüssel[1] geben zu folgenden Überlegungen Anlaß:

1) Die Veröffentlichung der Entscheidungen des französischen Ministerrats in Form eines Kommuniqués am Vorabend der Brüsseler Sitzung[2] war vom europäischen Standpunkt aus nicht nur bedauerlich, weil sie dem französischen Wirtschafts- und Finanzminister die Hände band, ein echtes Sachgespräch unter den Sechs somit unmöglich machte und sofort zu einem deutsch-französischen Gegensatz auch im atmosphärischen Bereich führte; die Anwendung dieser Taktik hatte darüber hinaus wahrscheinlich tiefergehende politische Motive: Indem man uns zu verstehen gab, daß der französische Präsident eine nicht mehr abänderbare politische Position bezogen hatte, wollte man uns möglichst

---

[37] Am 26. März 1970 fand das erste Vier-Mächte-Gespräch über Berlin statt. Vgl. dazu AAPD 1970, I, Dok. 135.
[38] Zu den ersten Sondierungen der Drei Mächte bei der UdSSR hinsichtlich der Aufnahme von Gesprächen zur Verbesserung der Situation von Berlin (West) und der innerdeutschen Verkehrs- und Nachrichtenverbindungen am 6./7. August 1969 in Moskau vgl. Dok. 145, Anm. 9.
[1] Zur EG-Ministerratstagung am 19./20. August 1971 vgl. Dok. 276.
[2] Zum Kommuniqué der französischen Regierung vom 18. August 1971 vgl. Dok. 276, Anm. 5.

auf die französische Seite ziehen und wenigstens verhindern, daß wir der endgültige währungspolitische Antipode Frankreichs in Europa würden. Auch sollten wohl die Beneluxländer und Italien gewarnt werden, mit uns und gegen Frankreich gemeinsame Sache zu machen. Das von der französischen Staatsführung gewählte Verfahren war zugleich ein Eingeständnis der Schwäche. In einer so wichtigen politischen Grundsatzfrage wie der monetären Solidarität unter den Sechs im Gefolge der Nixon-Erklärung[3] kann die Befassung der Öffentlichkeit vor den ersten Beratungen der Sechs nur als ein Versuch gesehen werden, die Schwäche der eigenen Verhandlungsposition zu überdecken.

Diese Politik war nicht erfolgreich; sie hat weder auf uns in dem gewünschten Sinne gewirkt noch auf unsere Partner. Was sie wenigstens erreichen sollte: die französische Isolierung zu verhindern, hat sie auch nicht vermocht; sie hat das jetzige französische Alleinbleiben eher noch mit herbeigeführt.

2) Angesichts von Einzelheiten, die über die französische Ministertagung bekannt geworden sind, wirkt dieser Mißerfolg noch bedeutsamer. So gilt als gesichert, daß Pompidou die vier anschließend veröffentlichten Leitsätze eigenhändig festlegte. Die Vermutung, daß es während des französischen Ministerrats zu Kontroversen kam, die durch die handschriftliche Entscheidung des Präsidenten beendet wurden, liegt daher nahe.

3) Die jetzige Lage ist für Frankreich politisch schwierig. Im Hintergrund steht die Frage, ob es seine währungspolitischen Entscheidungen auch durchstehen kann. Zunächst geht es aber um die Präsentation des bisher Erreichten oder nicht Erreichten. So hat zunächst Giscard d'Estaing in nicht zu übersehender Weise nach seiner Rückkehr aus Brüssel begonnen, eine behutsamere Sprache zu sprechen. Sein Wunsch ist es gewiß, die Entwicklung im Gang zu halten und glättend zu wirken. Mehr noch mußten aber die gewiß lancierten Meldungen auffallen, nach denen wir uns um ein deutsch-französisches Gipfeltreffen bemühten, wie es ursprünglich hieß „unverzüglich", dann aber wenigstens zur Vorbereitung eines Gipfels zu Sieben. Hier zeigten sich Kräfte, die Frankreich von einem nicht ungefährlichen Druck entlasten wollten, der maßlose Artikel von Francescini („Le Monde" vom 21. 8.[4]), der nur mit Zustimmung von Fauvet hat erscheinen können und der uns vorwirft (neben vielem anderen), wir könn-

---

[3] Zur Erklärung des Präsidenten Nixon vom 15. August 1971 über die Aussetzung der Dollar-Konvertibilität sowie weitere wirtschafts- und währungspolitische Maßnahmen vgl. Dok. 276, Anm. 1.

[4] In dem Artikel „Bonn et la manière forte" wurde ausgeführt: „L'âpreté des Allemands dans la négociation, les ergots sur lesquels grimpe M. Schiller à tout propos, comme un professeur coléreux contesté par le fond de sa classe, font évidemment reparler de la ‚surpuissance' du deutschemark et de l',arrogance' teutonne. Il est vrai, comme le disait le président Heinemann, que l'Allemagne est une ‚patrie difficile'; victorieuse, elle révolte; battue, elle dégoûte; humble, elle n'apitoie guère; rétablie, elle inquiète. Il subsiste trop de mauvais souvenirs pour que toute manifestation de force ne ravive pas le prurit. [...] L'attitude cassante de Bonn marque un réveil de la volonté de puissance sensible aussi bien dans le comportement du dernier touriste à deutschemarks sur une plage espagnole que dans l'attitude des négociateurs de Bruxelles. [...] La fameuse parabole du ‚géant économique' et du ‚nain politique' apparaît en fait aujourd'hui pour ce qu'elle est: un jeu de mots sans signification profonde. La République fédérale est un géant politique puisqu'elle dispose – sans parler de son armée, qui est la première d'Europe occidentale – de la possibilité de dicter sa loi au continent. Ce qui inquiète, dans son comportement actuel, n'est pas qu'elle dise haut et clair où vont ses préférences. C'est bien plutôt sa façon d'assener ses certitudes, d'ériger en vérité universelle ses vérités, de faire bon marché de l'opinion d'autrui." Vgl. Le Monde vom 21. August 1971, S. 2.

ten mit der Macht nicht umgehen, ist mehr als nur die Entgleisung eines der bedeutendsten Deutschland-Kenner in der bedeutendsten französischen Tageszeitung. In zynischer Weise verdeutlicht er die tiefe Enttäuschung darüber, daß wir unsere Stellung halten konnten und die französische These nicht zum Zug kam. (Staatssekretär Pons: „Die französische Regierung wird nicht zulassen, daß die Bundesrepublik innerhalb Europas die amerikanischen Gesetze macht." – „Le Monde" vom 25. 8.[5])

4) So wie die Dinge liegen, wird zur Zeit Paris kaum resignieren. Vielmehr scheint man zu hoffen, nach der am 19. 8. in Brüssel verlorenen Runde unter Inanspruchnahme der deutsch-französischen Beziehungen das Spiel doch noch gewinnen zu können. Wir sollten uns daher darauf einstellen, daß die Kontroverse weitergeht. Schon gibt es Stimmen, die weiter ausholen: So wird im Zusammenhang mit dem Währungsproblem die französische Unterstützung der Friedens- und Entspannungspolitik bemüht, und schon wird die führende Rolle Frankreichs bei den erfolgreichen Berlin-Verhandlungen herausgestellt. Diejenigen, die in Frankreich eine Verbesserung des Verhältnisses zur DDR betreiben, werden unter Hinweis auf die deutsche Wirtschafts- und Finanzkraft sich ebenfalls verstärkt zu rühren beginnen.

5) Die Franzosen werden sich bemühen, den politischen Weichenstellungen zu entgehen, die sich aus der Währungsfrage ergeben können und die nicht ihren Zielen entsprechen. Hier spielen die „cauchemars" des deutschen und des amerikanischen Übergewichts ihre Rolle. Zwar wird die Währungsunion samt den dazugehörigen Absprachen bejaht – das deutsche Gewicht darf dabei aber nicht, so wie es ist, zum Tragen kommen. Deswegen wird weder der sogenannte Schiller-Plan gutgeheißen, noch die Benelux-Einigung als Muster übernommen.[6] Frankreich läuft dabei Gefahr, in einen Teufelskreis zu geraten. Denn so wenig eine Lösung der Währungsfragen die deutsche Position begünstigen darf, so wenig möchte man doch auch amerikanische Interessen zum Zuge kommen lassen. Dem Schiller-Plan wird übrigens vorgeworfen, er enthalte zuviel wohlwollende Flexibilität gegenüber den USA, denen sich Deutschland sicherheitspolitisch verpflichtet fühle. Wäre Frankreich in der gegenwärtigen wirtschaftlichen Lage Deutschlands und damit der bedeutendere Wirtschaftsfaktor in Westeuropa, gäbe es hier – so darf wohl unterstellt werden – indessen kaum Stimmen, die den Schiller-Plan nicht idealisieren würden.

6) Gegenüber den USA betreibt Frankreich eine auf den ersten Blick zurückhaltende Politik. Die französische Presse sieht zur Zeit fast nur die europäischen Schwierigkeiten, läßt das Weltwährungsproblem im Hintergrund und das Verhältnis zu den USA nur am Rand erscheinen. Dies ist verständlich, wenn man die stillschweigende Vereinbarung zwischen Pompidou und Nixon vom Januar 70 in die Erinnerung zurückruft, nach der es keine offensive französische Politik gegen den Dollar mehr geben sollte. In diesem Sinne zeigt Frankreich

---

[5] Vgl. die Meldung „M. Bernard Pons: le gouvernement ne se laissera pas faire"; Le Monde vom 25. August 1971, S. 16.
[6] Zum Vorschlag des Bundesministers Schiller sowie zum Vorschlag der Benelux-Staaten auf der EG-Ministerratstagung am 19./20. August 1971 in Brüssel zur Haltung der Mitgliedstaaten in der internationalen Währungskrise vgl. Dok. 276.

eine formale Vertragstreue gegenüber Bretton Woods[7] und bedient sich in der Hauptsache (75 bis 80 Prozent) der einst vereinbarten Kursrelation gegenüber dem jetzt nicht mehr konvertiblen Dollar. Diese formelle Korrektheit vertuscht, daß Frankreich materiell sich gegen die von den USA gewünschte Aufwertung zur Wehr zu setzen versucht; es möchte den Dollar aus seiner Rolle als Zentral- und Reservewährung abtreten sehen und den politischen Einfluß, der sich aus dieser Rolle ergab, beseitigen. Damit wirkt es letztlich dem politischen Ziel Nixons entgegen. Diese Haltung wird wahrscheinlich von der Befürchtung mitbestimmt, die französische Handelsbilanz würde bei einer Aufwertung gerade im Verhältnis zu den USA wesentlichen Schaden nehmen.

7) Die deutsch-französischen Beziehungen sind seit der Bonner Währungskonferenz[8], d. h. seit fast drei Jahren, durch währungspolitische Fragen beeinflußt worden. Diese haben in zu- oder abnehmendem Maße auch zu Belastungen geführt. Nach der Sitzung in Brüssel spricht nunmehr vieles dafür, daß ihre politischen Implikationen sich zu einer Schlüsselfrage für das deutsch-französische Verhältnis entwickeln. Dieses Verhältnis aber ist für den wirtschaftlichen und politischen Ausbau Westeuropas entscheidend und seine Tragfähigkeit für die Entwicklung des Ost-West-Verhältnisses von wesentlicher Bedeutung.

Eine Änderung der französischen Position ist in diesen Tagen kaum zu erwarten. Sie könnte sich vielleicht dann abzeichnen, wenn die wirtschaftliche und finanzielle Entwicklung schneller läuft als die politischen Konsultationen, d. h., wenn die Franzosen etwa erfahren sollten, daß ihre nationale finanzpolitische Verteidigung nicht oder nicht genügend wirksam ist. Es gibt aber auch andere Möglichkeiten, die eventuell die französische Durststrecke zu lang werden lassen könnten. Die Zeit würde dann für uns arbeiten. Es scheint aus hiesiger Sicht deshalb möglich, wenn nicht ratsam, in der Währungsfrage Zurückhaltung zu üben und eher unsere anderen Partner (Benelux, Italien, Großbritannien) politisch gegenüber Frankreich zu Wort kommen zu lassen.

[gez.] Blomeyer

VS-Bd. 8771 (III A 1)

---

[7] Vom 1. bis 23. Juli 1944 fand in Bretton Woods (USA) eine Währungskonferenz der Vereinten Nationen mit dem Ziel einer Neuordnung des Weltwährungssystems statt, an der 44 Staaten teilnahmen. Im Abkommen von Bretton Woods vom 27. Dezember 1945 wurde die Errichtung des Internationalen Währungsfonds und der Internationalen Bank für Wiederaufbau und Entwicklung beschlossen. Für den Wortlaut vgl. UNTS, Bd. 2, S. 39–205.

[8] Vom 20. bis 22. November 1968 fand in Bonn die Konferenz der Wirtschafts- und Finanzminister sowie der Notenbankgouverneure der Zehnergruppe statt. Vgl. dazu AAPD 1968, II, Dok. 389.

283

Aufzeichnung des Staatssekretärs Bahr, Bundeskanzleramt

II A 1-83.10-1338/71 geheim				26. August 1971[1]

Betr.: Persönliches Gespräch StS Bahr/StS Kohl am 26. August 1971

Kohl, der um das Gespräch gebeten hatte, erklärte die Zustimmung seiner Regierung zu den Vereinbarungen der vier Botschafter[2]. Seine Regierung werde alles in ihrer Kraft Stehende tun, um die erforderlichen deutschen Vereinbarungen zügig zu erreichen. Die DDR und die Sowjetunion seien wirklich weit entgegengekommen. Dies sei für die DDR nicht leicht gewesen. Er wolle auf der anderen Seite nicht unterdrücken, daß auch die Drei Mächte und wohl auch die Bundesregierung gewisse Einsichten in die Realitäten gezeigt hätten, aber es sei jedenfalls für die DDR sehr schwer gewesen. Ich wies darauf hin, daß die Situation der DDR nicht schwierig sei, sondern daß die Situation der Bundesregierung schwierig sei.

Kohl schlug vor, daß wir uns in der ersten Hälfte der kommenden Woche wieder treffen, was ich ablehnte. Er schlug dann den 2. September, danach den 3. September vor und akzeptierte schließlich den 6. September.[3] Er drückte dabei ein gewisses Maß von Enttäuschung aus, daß wir nicht unverzüglich beginnen.

Ich schlug ihm vor, daß die Herren Sahm und Seidel während unseres Gesprächs schon die technischen Fragen besprechen, die sich für den Fall eines längeren Aufenthaltes der Delegationen in Bonn bzw. Ost-Berlin ergeben. Kohl war darauf nicht vorbereitet und entnahm daraus unseren guten Willen, was die Unverzüglichkeit angeht. Sahm und Seidel einigten sich über den zu regelnden Fragenkatalog. Kohl teilte nach Rücksprache mit seinem Vorgesetzten mit, daß Seidel am 2. September zur weiteren Besprechung der technischen Fragen nach Bonn kommen könne.

Kohl bot das alte Kronprinzen-Palais als Arbeitsräume und Unterkunft an, die zur Verfügung stehen, falls sie bei länger andauernden Verhandlungen benötigt werden. Anschließend an das Mittagessen besichtigten wir mit den Delegationen das Haus.

Kohl betonte den rechtlichen und sachlichen Zusammenhang zwischen dem allgemeinen Verkehrsabkommen und dem Durchgangsverkehr für Berlin. Er hielt an seinem Konzept eines einheitlichen Vertrages mit Annexen fest. Ich hielt

---

[1] Ablichtung.
Hat laut Vermerk des Legationsrats I. Klasse Vergau vom 14. September 1971 Staatssekretär Frank vorgelegen.
Hat Bundesminister Scheel am 15. September 1971 vorgelegen.

[2] Zum Ergebnis des 33. Vier-Mächte-Gesprächs der Botschafter Abrassimow (UdSSR), Jackling (Großbritannien), Rush (USA) und Sauvagnargues (Frankreich) am 23. August 1971 über Berlin vgl. Dok. 275, Anm. 6, sowie Dok. 281.

[3] Zum 17. Gespräch des Staatssekretärs Bahr, Bundeskanzleramt, mit dem Staatssekretär beim Ministerrat der DDR, Kohl, am 6. September 1971 vgl. Dok. 292 und Dok. 293.

demgegenüber an der rechtlichen Notwendigkeit der Trennung beider Abkommen fest.

Es wurde deutlich, daß die DDR bestrebt ist, die Vorzüge, die sie für den Berlin-Verkehr einzuräumen gezwungen sein wird, möglichst auch in den Verkehrsvertrag aufzunehmen in dem Bestreben, ähnliche Vorzüge unter dem Gesichtspunkt der Gleichberechtigung für den Transitverkehr der DDR durch die BRD zu erhalten.

Diese Schwierigkeit könnte überwunden werden, wenn der Berlin-Verkehr und der allgemeine Verkehrsvertrag gleichzeitig verhandelt und auch etwa gleichzeitig zum Abschluß gebracht werden können. Kohl zeigte sich dafür nicht unzugänglich.

Den Vorschlag, einen Vertreter des Senats in unsere Delegation aufzunehmen, lehnte er rundweg und kategorisch ab.

Zwei Probleme wurden deutlich:

a) Verhandlung eines Abkommens über den Berlin-Verkehr für alle Güter und Personen, die an diesem Verkehr teilnehmen.

b) Die Erstreckung auf Berlin.

Die Frage der Unterschriften wird ein drittes Problem, das nicht berührt wurde.

Zur Zusammensetzung der Delegation erklärte er, daß die DDR lediglich einen weiteren Verkehrs-Experten hinzuziehen werde. Dies aber nicht bereits beim nächsten Mal. Ich habe unsere Position dazu offengehalten.

Es wurde klar, daß Kohl, was die Struktur angeht, sehr unsicher ist. Er hat sich auch nicht zu dem beim letzten Gespräch[4] eingeführten Element A zur Substanz geäußert.

Er sieht die Verhandlungen als sehr schwierig und kompliziert an, drückte aber seine Zuversicht aus, es doch zu schaffen.

Bahr

VS-Bd. 4487 (II A 1)

---

[4] Zum 15. Gespräch des Staatssekretärs Bahr, Bundeskanzleramt, mit dem Staatssekretär beim Ministerrat der DDR, Kohl, am 5. August 1971 vgl. Dok. 265.

284

Gespräch des Staatssekretärs Bahr, Bundeskanzleramt, mit dem Staatssekretär beim Ministerrat der DDR, Kohl, in Ost-Berlin

II A 1-83.10-1339/71 geheim 26. August 1971[1]

Protokoll des 16. Gespräches StS Bahr/StS Dr. Kohl, Ostberlin, Haus des Ministerrates, 26. August 1971, 14.55 bis 15.50 Uhr

Delegationen wie bisher mit der Ausnahme, daß Herr Seidel zeitweise durch seinen Vertreter, Herrn Baumgärtel, abgelöst wurde.

StS *Kohl* begrüßte die Delegation StS Bahrs und bat diesen, verabredetermaßen kurz zusammenzufassen, was man in dem vorangegangenen persönlichen Gespräch[2] besprochen habe.

StS *Bahr* führte aus, daß man übereingekommen sei, die nächste Zusammenkunft der Delegationen am 6. September 1971 in Bonn abzuhalten[3] und die dann folgende Begegnung für den 9. und 10. September 1971 in Berlin (Ost) vorzusehen[4]. Man hoffe, am 6.9. die offiziellen Verhandlungen aufzunehmen. Zusammen habe man die Herren Sahm und Seidel beauftragt, technische Fragen für den Fall zu prüfen, daß die Delegationen an einem Ort längere Zeit zusammenkämen. Hierzu hätten die beiden Herren einen Katalog vorbereitet, den sie bei einem Besuch von Herrn Seidel in Bonn am 2. September 1971 gemeinsam durchgehen wollten; gleichzeitig werde dann wohl die Unterbringung der DDR-Delegation für den Fall längerer Verhandlungen in Bonn erörtert werden. StS Kohl habe freundlicherweise für den Fall längeren Aufenthaltes in Berlin (Ost) das Gästehaus des Magistrats, das ehemalige Kronprinzen-Palais, angeboten. Er, Bahr, habe dieses Angebot angenommen, und man habe ja gerade gemeinsam das Haus besichtigt.

Weiter hätten beide die Genugtuung ihrer jeweiligen Regierung über den Abschluß der alliierten Botschafter-Gespräche[5] zum Ausdruck gebracht und in Aussicht gestellt, daß beide Regierungen ohne Verzug das Ihre tun würden, um zu den notwendigen zusätzlichen Vereinbarungen zu gelangen. Ein bißchen anders, als man es früher gesagt habe, wolle man jetzt auch die Frage eines allge-

---

[1] Ablichtung.
Die Gesprächsaufzeichnung wurde von Vortragendem Legationsrat Eitel, Bundeskanzleramt, gefertigt.
Hat laut Vermerk des Legationsrats I. Klasse Vergau vom 14. September 1971 Staatssekretär Frank vorgelegen.
Hat Bundesminister Scheel am 15. September 1971 vorgelegen.

[2] Vgl. Dok. 283.

[3] Zum 17. Gespräch des Staatssekretärs Bahr, Bundeskanzleramt, mit dem Staatssekretär beim Ministerrat der DDR, Kohl, am 6. September 1971 vgl. Dok. 292 und Dok. 293.

[4] Zum 18. Gespräch des Staatssekretärs Bahr, Bundeskanzleramt, mit dem Staatssekretär beim Ministerrat der DDR, Kohl, am 9. September 1971 in Ost-Berlin vgl. Dok. 299.

[5] Zum Ergebnis des 33. Vier-Mächte-Gesprächs über Berlin am 23. August 1971 vgl. Dok. 275, Anm. 6, sowie Dok. 281.

meinen Verkehrsvertrages nicht beiseite legen, sondern mit dem Berlin-Verkehr parallel erörtern.

StS *Kohl* sagte, er habe dieser Zusammenfassung nichts hinzuzufügen. Es treffe zu, daß man parallel Fragen des allgemeinen Verkehrs und der speziellen Transit-Relation zu behandeln beabsichtige. Beide stünden in einem engen sachlichen und rechtlichen Zusammenhang. Er bedaure, daß StS Bahr nicht ermächtigt sei, jetzt schon auch Transit-Fragen zu behandeln. Diese würden die Delegationen noch beschäftigen; er komme daher jetzt zu dem allgemeinen Verkehrsvertrag.

Seine Seite sei die bisher erörterten Elemente des Verkehrsvertrages[6] noch einmal durchgegangen und habe geprüft, wie diese substantiell angereichert und besser formuliert werden könnten. StS Bahr habe beim letzten Mal ein Element, das er A genannt habe, eingeführt.[7] In Anlehnung an dessen Satz 1 schlage er jetzt eine Bestimmung über den Gegenstand des Vertrages wie folgt vor:

„Gegenstand des Vertrages sind der gegenseitige zivile Transit- und Wechsel-Verkehr von Bürgern und Gütern der Vertragsstaaten auf Straßen und Schienenwegen sowie der gegenseitige zivile Transit- und Wechsel-Verkehr von Gütern der Vertragsstaaten auf Binnenwasserstraßen – im folgenden ‚Verkehr' genannt."

Die Formulierung des Verkehrs auf Binnenwasserstraßen ergebe sich daraus, daß ein Personenverkehr auf Binnenwasserstraßen ja wohl von keiner Seite beabsichtigt sei. Man sei StS Bahr dadurch entgegengekommen, daß man hier das Wort „grenzüberschreitend" vermieden und es in den 2. Absatz der Präambel verwiesen habe.

Als Präambel-Text schlage er hiernach vor:

„Die Deutsche Demokratische Republik und die Bundesrepublik Deutschland"

– man sei sich ja einig, daß mit dieser Formulierung die Form, die ja noch offen sei, nicht präjudiziert werde –

„sind

– in dem Bestreben, einen Beitrag zur Entspannung in Europa zu leisten

– und normale Beziehungen beider Staaten zueinander zu entwickeln, wie sie zwischen souveränen Staaten üblich sind,

– geleitet von dem Wunsche, Fragen des grenzüberschreitenden Verkehrs von Bürgern und Gütern beider Staaten in und durch ihre Hoheitsgebiete zu regeln,

übereingekommen, folgenden Vertrag abzuschließen."

Man habe dann auch StS Bahrs Vorschlag akzeptiert, das Element I, das von der Gegenseitigkeit, dem beiderseitigen Vorteil und dem größtmöglichen Um-

---

[6] Im elften Gespräch mit Staatssekretär Bahr, Bundeskanzleramt, am 30. April 1971 legte der Staatssekretär beim Ministerrat der DDR, Kohl, eine überarbeitete Fassung seiner erstmals im zehnten Gespräch am 31. März 1971 in Ost-Berlin vorgetragenen zehn „Elemente eines Vertrags zwischen der Deutschen Demokratischen Republik und der Bundesrepublik Deutschland über Fragen des Verkehrs" vor. Vgl. dazu Dok. 149.

[7] Für das 15. Gespräch des Staatssekretärs Bahr, Bundeskanzleramt, mit dem Staatssekretär beim Ministerrat der DDR, Kohl, am 5. August 1971 vgl. Dok. 265.

fang entsprechend den internationalen Normen spreche, mit dem Element V, wonach der grenzüberschreitende Verkehr möglichst zweckmäßig und einfach gestaltet werden solle, zu folgendem Element zusammenzuziehen:

„Die Vertragsstaaten verpflichten sich, den Verkehr in und durch ihre Hoheitsgebiete entsprechend der üblichen internationalen Praxis auf der Grundlage der Gegenseitigkeit im größtmöglichen Umfang zu gewähren und möglichst zweckmäßig zu gestalten."

Mit dieser Formulierung komme man StS Bahrs Vorstellung auch in anderen Punkten entgegen. So sei man nunmehr z. B. bereit, statt der internationalen Normen eine Formulierung zu gebrauchen, die StS Bahr sicher aus einem anderen Zusammenhang bekannt sei, nämlich die übliche internationale Praxis. Dabei erwarte er Übereinstimmung darin, daß der Verkehr in und durch das Hoheitsgebiet der DDR auf der Grundlage der souveränen Gleichheit, der Nichteinmischung und Nichtdiskriminierung sowie der territorialen Integrität erfolgen müsse, d. h. eben, wie es in der internationalen Praxis üblich sei.

Nachdem der stellvertretende Vorsitzende der SPD, Herr Wehner, gestern erklärt habe, daß es völkerrechtlich wirksame Regelungen geben müsse und daß diese auch gefunden werden würden[8], hoffe er, Kohl, daß die Bundesregierung sich seiner, Kohls, Seite so angenähert habe, daß die Gleichstellung der internationalen Praxis mit den dahinterstehenden internationalen Normen keine Schwierigkeiten bereiten werde.

Man habe auch davon abgesehen, den gegenseitigen Vorteil aufzuführen; man habe zwar StS Bahrs Argumente gegen diese Klausel nicht verstanden, aber seinem Wunsch Rechnung getragen, diesen Grundsatz nicht zu nennen.

Er habe bereits früher eine Reihe von StS Bahrs Punkten für einen Verkehrsvertrag akzeptiert, z. B. den gegenseitigen Austausch von Informationen über Verkehrsabläufe, die gegenseitige Anerkennung von Dokumenten über Bau und Ausrüstung der Binnenschiffe, den Verzicht auf Abgaben für Güter, die zum Gebrauch und Verbrauch während der Reise bestimmt seien sowie für die mitgeführten Treibstoffvorräte.

Im Interesse einer weiteren Ausgestaltung des Verkehrsvertrages sei er ferner bereit, u. a. auch folgende Punkte von StS Bahr aufzunehmen:

– So könnte man, was zunächst den Eisenbahnverkehr angehe, festlegen, daß zwischen den zuständigen Organen der Vertragsstaaten bei außergewöhnlich umfangreichem Verkehrsaufkommen der Einsatz zusätzlicher Züge vereinbart werden könne,
– daß die Vertragsstaaten auf der Basis der Gegenseitigkeit die Ausweise für das Fahr- und Zugbegleitpersonal der Eisenbahnzüge anerkennten,

---

[8] Am 25. August 1971 äußerte sich der SPD-Fraktionsvorsitzende im deutschen Fernsehen. Dazu wurde in der Presse berichtet, Wehner habe ausgeführt, „es könne nicht nur technische Regelungen geben, sondern es müsse die Tatsache des Nebeneinanders zweier deutscher Staaten respektiert werden, ‚so wenig sie sich miteinander auszugleichen imstande sind, was ihre innere Ordnung und ihre Verhältnisse betreffen'. Es müsse also eine politische und völkerrechtswirksame Regelung gesucht werden, [...] ‚und die wird auch gefunden werden'." Vgl. die Meldung „Wehner: Verkehr mit DDR völkerrechtswirksam regeln"; FRANKFURTER ALLGEMEINE ZEITUNG vom 26. August 1971, S. 3.

– daß für die Durchführung des Eisenbahnverkehrs zwischen den Grenzbahnhöfen der DDR und der BRD die entsprechenden Betriebsvorschriften zwischen dem Verkehrsministerium der DDR in Berlin und dem Bundesverkehrsministerium in Bonn vereinbart werden könnten.

Bei dem Element über die gegenseitige Hilfeleistung – und hier verlasse er den Eisenbahnverkehr – sei folgender Zusatz möglich:

„Jeder Vertragsstaat gewährleistet, daß bei Unfällen und Havarien auf seinem Hoheitsgebiet, an denen Fahrzeuge und Bürger des anderen Vertragsstaates beteiligt sind, die notwendige Hilfe einschließlich medizinischer Betreuung sowie Werft- und Werkstatthilfe durch seine zuständigen Organe und Betriebe geleistet wird."

Eine Reihe von Punkten, die StS Bahr insbesondere zum Kraftfahrzeug- und Binnenschiffsverkehr vorgeschlagen habe, z.B. die gegenseitige Anerkennung von Dokumenten, den Austausch von Informationen, den Pannen- und Abschleppdienst, habe er in den vorliegenden Punkten so formuliert, daß alle Verkehrsarten umfaßt würden.

Er habe also vieles akzeptiert, eines gehe aber nicht: Der kleine Grenzverkehr. Hierüber habe man sich schon unterhalten, und er nehme an, daß StS Bahr dies eingesehen habe.

Er habe auch auf dem Gebiet des Transitverkehrs geprüft, was man StS Bahr vorschlagen könne. In Anlehnung an eine Formulierung, die StS Bahr sicher aus anderem Zusammenhang bekannt sei, schlage er vor:

Der Transitverkehr wird auf die einfachste, schnellste und günstigste Weise in Übereinstimmung mit der internationalen Praxis durchgeführt. Einzelregelungen für bestimmte Transitrelationen können besonders vereinbart werden.

Eine Vereinbarung über die spezielle Transitrelation, er meine den Verkehr von Bürgern und Gütern aus der Bundesrepublik nach und von West-Berlin, könnte entsprechend präzisiert und angereichert werden. Er sei bereit, dies jetzt vorzutragen, verschiebe es aber wohl besser im Hinblick darauf, daß StS Bahr hierüber heute nicht sprechen wolle.

Die allgemeinen Grundsätze, die auf den Transit durch die DDR Anwendung fänden, sollten natürlich auch für den Transit von der DDR durch die Bundesrepublik, etwa nach Frankreich gelten. Auch dieser müsse in einer bevorzugten Form abgewickelt werden, nämlich auf die einfachste, schnellste und günstigste Weise in Übereinstimmung mit den internationalen Normen oder auch der internationalen Praxis. Er hoffe hierzu auf StS Bahrs Zustimmung.

StS *Bahr* dankte für die Ausführungen. Er werde die einzelnen Formulierungen sorgfältig prüfen.

Die Idee, die Elemente I und V zusammenzufassen, halte er für fruchtbar. Im übrigen wolle er zu Einzelformulierungen sich jetzt nicht äußern, auch nicht zu dem Zitat Wehners; StS Kohl könne aber versichert sein, daß es hier keine Meinungsverschiedenheit gebe zwischen dem was er, Bahr, für die Bundesregierung und dem, was Herr Wehner sage. Er habe früher auf die drei Richtpunkte hingewiesen, die das Verhältnis der beiden Staaten zueinander bestimmten. Gestern habe er zufällig mit Herrn Wehner diese Fragen erörtern können, und dieser habe zugestimmt, daß es völlig seiner Auffassung entspreche, daß das Verhältnis der beiden Staaten zueinander von diesen drei Richtpunkten bestimmt werde.

Ohne einer detaillierten Stellungnahme vorzugreifen, wolle er zu dem, was StS Kohl gesagt habe, noch bemerken, daß es bei der Formulierung betreffend den Einsatz zusätzlicher Züge besser wäre, wenn dieser Einsatz nicht vereinbart werden könne, sondern solle oder werde. Die Zustimmung StS Kohls zur Anerkennung der Ausweise des Zugpersonals nehme er mit Befriedigung zur Kenntnis. Was eine Vereinbarung über Betriebsvorschriften zwischen den beiden Verkehrsministerien betreffe, so könne in der Tat eine Prozedur vorgesehen werden.

StS *Kohl* warf hier ein, es handle sich hierbei um technische Fragen, wie die Signalordnung etc., nicht um Fragen politischen Gewichts.

StS *Bahr* fuhr fort, daß hierfür bei uns die Bundesbahn zuständig sei. Immerhin sei es ja Sache der Organisationsgewalt eines jeden Staates, wessen Zuständigkeit er für bestimmte Fragen bestimme.

Bei der Formulierung betreffend die Pannen- und Unfallhilfe störe ihn der Passus der „zuständigen Organe und Betriebe". In der BRD gebe es für so etwas keine Zuständigkeiten. Das nächste Krankenhaus oder der nächste Reparaturbetrieb werden in solchen Fällen tätig. Es müsse also eine Formulierung gefunden werden, die die Verschiedenheit der Systeme berücksichtige. Am besten lasse man den Hinweis auf die Zuständigkeit ganz heraus.

Er wolle sich vorbehalten, auf das Thema zurückzukommen, für welches der „kleine Grenzverkehr" nur ein Beispiel sei. Er habe zur Kenntnis genommen, daß StS Kohl dieses Thema, so bezeichnet, jetzt nicht erörtern wolle. Er erinnere aber in diesem Zusammenhang daran, daß man schon einmal darüber gesprochen habe im Zusammenhang mit einem Verkehrsabkommen, sich auf eine Absichtserklärung beider Regierungen zu einigen. Für eine solche Erklärung sei auch dies ein Thema.

Insgesamt wolle er unter dem Vorbehalt genauer Prüfung sagen, daß StS Kohls Ausführungen geeignet gewesen seien, Fortschritte zu erzielen. Enttäuscht habe ihn andererseits jedoch StS Kohls Stellungnahme zu dem sogenannten Element A. Gerade im Anschluß an StS Kohls letzte Ausführungen und an das, was er, Bahr, früher zu diesem Element gesagt habe, wolle er jetzt noch folgendes bemerken. Nach wie vor halte er es für richtig und für im Interesse beider Seiten liegend, daß man das allgemeine Verkehrsabkommen nicht auch für den Verkehr zwischen der BRD und Berlin-West schließe. Er habe in einem anderen Zusammenhang Gelegenheit gehabt, StS Kohl diesen Gedanken zu erläutern. Wenn vorhin davon gesprochen worden sei, daß man, anders als früher verabredet, eine Vereinbarung über den Berlin-Verkehr parallel zu einem allgemeinen Verkehrsabkommen fördern wolle, so sei das nur eine andere Betrachtungsweise für dieselbe Sache: Er gebe zu, daß zwischen dem allgemeinen und dem Berlin-Verkehr ein sachlicher Zusammenhang bestehe, aber er könne nicht akzeptieren StS Kohls Behauptung, daß auch ein enger rechtlicher Zusammenhang bestehe. Er, Bahr, verstehe es vielmehr so, daß es sich um zwei Themen handle und daraus auch zwei Abkommen würden, d. h., daß der Berlin-Verkehr aus dem allgemeinen Verkehr ausgeklammert werde. Dies sei um so mehr notwendig, als klar sei, daß die Vier Mächte einen rechtlichen Zusammenhang aller zwischen ihnen abgeschlossenen Abkommen mit dem Abkommen sähen, das zwischen den deutschen Seiten über den Berlin-Verkehr abgeschlossen werden solle. Der begreifliche Wunsch der DDR, den allgemeinen Verkehrsvertrag so wie dies üblich sei zu behandeln, das heiße, ihn der Zustimmung der gesetzgebenden Körperschaften zu unterstellen, führe logisch dazu, daß dieser Vertrag von einem Abkommen über den Berlin-Verkehr getrennt werden müsse. StS Kohl werde aus dem Text, der ihm in anderem Zusammenhang bekannt sei, klar sein, daß durch die Unterschrift der Vier Mächte alle im Zusammenhang mit deren Abkommen stehenden Vereinbarungen gleichzeitig in Kraft gesetzt würden. Er, Bahr, halte es für einen untauglichen Versuch, wenn man einen rechtlichen Zusammenhang herstellen wolle zwischen einem Abkommen über den Berlin-Verkehr und einem allgemeinen Verkehrsvertrag. Zu letzterem brauche man keine Zustimmung der Vier Mächte. Es sei daher nicht einzusehen, warum ein rechtlicher Zusammenhang zwischen diesen beiden Abkommen konstruiert werde.

Nachdem StS Bahr einen Einwurf StS Kohls, beim Berlin-Verkehr handle es sich um den Verkehr von und nach West-Berlin, zurückgewiesen hatte, fuhr er fort, im Interesse eines zügigen Vorankommens bei den Verhandlungen über den Verkehr zwischen der Bundesrepublik und West-Berlin bitte er StS Kohl, einiges hierzu zu sagen. Für ihn, Bahr, handle es sich dabei um den Verkehr, der alle zivilen Personen und Güter einschließe und sich nicht beziehe auf Herkommen oder Ursprung, weder der Güter noch der Personen.

StS *Kohl* antwortete, daß die Vorstellungen seiner Seite über einen allgemeinen Verkehrsvertrag und die ergänzende Abmachung über die Transitrelation nach West-Berlin bekannt seien, auch aus persönlichen Gesprächen. Sicherlich müsse man eine Lösung suchen, die den Gegebenheiten Rechnung trage. Er begrüße, daß StS Bahr bestätigt habe, daß zwischen den beiden fraglichen Verkehrsabmachungen ein sachlicher Zusammenhang bestehe; ihm scheine jedoch auch ein rechtlicher Zusammenhang gegeben, denn es handle sich um Fragen in dem allgemeinen Verkehrsabkommen, die für die spezielle Transitrelation nur einer Konkretisierung bedürften, sonst aber deckungsgleich seien. Er verhehle nicht, daß das eine oder andere bei der speziellen Transitrelation weitergehend eingeräumt werden müsse. Aber in der Regel seien die Probleme und übrigens auch die Abkommensparteien gleich, unabhängig davon, in welches System eine einzelne Regelung eingebracht werde. Er wolle ein Beispiel bringen. Ein Lastwagen befinde sich im Transit aus der Bundesrepublik nach West-Berlin und sei zur Hälfte beladen mit Gütern für West-Berlin, zur anderen Hälfte mit Gütern, die für Skandinavien bestimmt seien. Solle es hier zwei völlig voneinander losgelöste Regelungen für die beiden Transitstrecken geben? Die Lage West-Berlins inmitten der DDR bedinge, sie im Zusammenhang zu sehen. Man solle die Situation nicht unnötig komplizieren. Beide Seiten sollten nachdenken, und er sei zuversichtlich, daß ein gangbarer Weg gefunden werde, der dem entspreche, was die Vier Mächte sich vorgestellt hätten und was den Interessen der beiden deutschen Seiten diene.

StS *Bahr* sagte, er wolle noch zu zwei Punkten erwidern.

Erstens sehe er das Beispiel der geteilten Ladung nicht so wie StS Kohl, sondern er habe nicht zufällig gesagt, daß der Durchgangsverkehr von der BRD nach West-Berlin ein Verkehr sei, der keine Unterschiede mache, was Herkunftsort der Personen und Güter angehe, und um dies noch näher zu präzisieren, auch keinen Unterschied mache, was den Bestimmungsort betreffe, das heiße, in dem Augenblick, in welchem die Durchgangsstraße benutzt werde, gelte – gleich woher und wohin – die spezielle Regelung. Um bei StS Kohls Beispiel zu bleiben, es spiele keine Rolle, wohin der Lastwagen von Berlin aus weiterfahre. Er sei der speziellen Durchgangsregelung unterworfen, solange er zwischen der Bundesrepublik und Berlin verkehre und unterliege den sonstigen Transitregelungen, wenn er Berlin in anderer Richtung verlasse.

Zum zweiten habe er volles Verständnis dafür, daß die DDR im Sinne der Gleichberechtigung ihrerseits in den Genuß dessen kommen wolle, was im allgemeinen Transit an bevorzugter Behandlung vereinbart werde, daß heiße, der allgemeine Transit zwischen der Bundesrepublik und Polen werde nicht besser abgewickelt werden als der Transit zwischen der DDR und Frankreich. Auf diesem allgemeinen Transit seien ja auch gewisse Spezialitäten nicht vorgesehen, z. B. werde es keine durchgehenden Personenzüge von Ost-Berlin durch die Bundesrepublik in die Schweiz oder nach Holland geben. Der Bedarf für solche Züge werde nicht viel größer sein als der Bedarf eines durchgehenden Personenzuges von Frankfurt/Main nach Warschau. Damit wolle er sagen, daß Wünsche, die seine Seite im allgemeinen Transit habe, auch der DDR zugebilligt würden. Hier werde man schon einen Weg finden.

StS *Kohl* sagte, er wolle nur noch einmal nachdrücklich den Vorbehalt geltend machen, daß wenn er hier nicht zu StS Bahrs außerordentlich extensiver Interpretation bestimmter Verhältnisse Stellung nehme, so bedeute das nicht, daß er dieser Interpretation zustimme.

Zum Schluß einigte man sich auf die folgende Pressemitteilung:

„Der Staatssekretär im Bundeskanzleramt der Bundesrepublik Deutschland, Egon Bahr, und der Staatssekretär beim Ministerrat der Deutschen Demokratischen Republik, Dr. Michael Kohl, kamen am 26. August 1971 in Begleitung ihrer Delegationen zu einem erneuten Gespräch über Fragen des Verkehrs zusammen. Sie brachten dabei die Genugtuung der Regierung der BRD und der Regierung der DDR über das Ergebnis der Vier-Mächte-Verhandlungen zum Ausdruck.

Die Zusammenkunft, die im Hause des Ministerrates der DDR stattfand, begann um 10.30 Uhr und wurde um 16.00 Uhr beendet. Es wurde vereinbart, am 6. September 1971 in Bonn erneut zusammenzutreffen."[9]

VS-Bd. 4487 (II A 1)

---

[9] Vgl. dazu den Artikel „Bahr: Verhandlungen über Berlin-Verkehr werden schwierig"; FRANKFURTER ALLGEMEINE ZEITUNG vom 27. August 1971, S. 1.

285
Botschafter Pauls, Washington,
an die Bundesminister Scheel und Schmidt

Z B 6-1-13199/71 geheim	Aufgabe: 26. August 1971, 18.24 Uhr
Fernschreiben Nr. 1917	Ankunft: 27. August 1971, 00.57 Uhr

Für Bundesaußenminister, Staatssekretär[1] und D Pol[2] sowie Bundesminister der Verteidigung[3] persönlich

Betr.: These und Praxis amerikanischer Außenpolitik

These

I. Seemachtinteresse
Grundlegender Unterschied der pazifischen und atlantischen Lage
Europäische Verankerung der amerikanischen Weltmachtstellung

Praxis

II. US-Fernostpolitik
Nahost-Konflikt
Innenpolitischer Kontrast zu sachgerechter Außenpolitik
Der präsidentielle Stil

III. Schlußfolgerung für das europäisch-amerikanische Verhältnis

I. In einer kürzlichen Unterhaltung fragte mich Henry Kissinger, wie ich die Lage und Bedingungen der amerikanischen Außenpolitik sehe. Ich skizzierte etwa wie folgt:

Die Tatsache, daß die Vereinigten Staaten nicht ein Land wie andere, sondern ein Kontinent, organisiert als ein Land, seien und keine Probleme über Landgrenzen hätten, trage wesentlich dazu bei, daß die Amerikaner vom Empfinden her zu einer Politik des Auf-sich-selbst-Zurückziehens neigen, die sich leicht isolationistisch auswirken könne, diese Emotion steige an und ebbe ab. Zur Zeit sei sie aufgrund von Enttäuschungen (ob berechtigt oder nicht) im Ansteigen und wirke dem rationalen Interesse der amerikanischen Außenpolitik entgegen, denn dieses habe darauf abzustellen, daß Amerika eine Seemacht sei und daß seine politischen und wirtschaftlichen Interessen und seine Verteidigung sich auf die beiden Weltmeere, Pazifik und Atlantik, abzustützen habe. Im Pazifik verfüge Amerika über ein eigenes insulares Stützpunktsystem, dem ein insulares Bündnissystem von Japan[4] über Taiwan[5] und die Philippinen bis

---

[1] Paul Frank.
[2] Berndt von Staden.
[3] Helmut Schmidt.
[4] Am 19. Januar 1960 schlossen Japan und die USA ein Abkommen über beiderseitige Zusammenarbeit und Sicherheit, das das Sicherheitsabkommen vom 8. September 1951 ersetzte. Für den Wortlaut vgl. UNTS, Bd. 373, S. 179–205. Für den deutschen Wortlaut vgl. EUROPA-ARCHIV 1960, S. 253–276.
[5] Am 2. Dezember 1954 schlossen die USA und die Republik China (Taiwan) ein Verteidigungsabkommen. Für den Wortlaut vgl. UNTS, Bd. 248, S. 214–216. Für den deutschen Wortlaut vgl. EUROPA-ARCHIV 1955, S. 7254 f.

zu Australien und Neuseeland[6] vorgelagert sei. Dem asiatischen Festland gegenüber sei Amerika stärker, wenn es sich ganz auf sein pazifisches System stütze und nicht auf dem Festland selber involviert sei. Nur dann könne es auch den grundlegenden Vorteil, den es in seinem Verhältnis zu China, verglichen mit der Sowjetunion besitze, voll ausnutzen, nämlich keine kontinentale Reibungsfläche zu China zu haben, wohingegen die Sowjetunion nichts an der Tatsache der längsten Landgrenze der Welt, die es China gegenüberstelle, ändern könne. Der Vietnam-Krieg sei von vornherein deshalb ein kapitaler Fehler gewesen, weil er gegen dieses Grundprinzip amerikanischer Außenpolitik gegenüber Asien verstoßen habe. Die atlantische Situation sei für Amerika grundverschieden. Weder gebe es ein insulares Stützpunkt- noch ein insulares Bündnissystem. Die amerikanische Kontrolle des Atlantik hänge neben seiner Luft- und Seemacht von seiner europäischen Position ab. Die Freiheit Westeuropas bedeute für Amerika den Unterschied, seine vorderste Interessenlinie politisch, wirtschaftlich und militärisch entweder entlang des Böhmerwaldes und der Elbe zu verteidigen und den Atlantik zu kontrollieren, oder seine vorderste Linie von Neufundland über Maine nach Florida laufen zu sehen und um den Atlantik kämpfen zu müssen. Nur weil das so sei, stehen die Amerikaner seit Ende des Krieges militärisch in Europa. Allein die Identität des amerikanischen und des europäischen Interesses an dieser so skizzierten europäischen Position habe die NATO so gesund erhalten, daß sie alle Krisen habe überstehen können. Die Wichtigkeit seiner europäischen Position nehme für die Vereinigten Staaten nicht ab, sondern seit einigen Jahren ständig zu, und zwar in dem Maße, wie die sowjetische Macht wachse und das „Crash Program" der sowjetischen Seerüstung die amerikanische Kontrolle des Atlantik herausfordere. Russische Raketen auf Kuba seien 1962[7] eine originale Bedrohung des amerikanischen Festlandes gewesen. Eine russische Basis in Cienfuegos wäre heute nur noch etwas Zusätzliches, denn die Russen operierten ständig mit mehr als einem Dutzend Atom-U-Booten mit Fernraketen im Atlantik, und es sei nicht auszuschließen, daß sie in der zweiten Hälfte der 70er Jahre mit einer atlantischen Flotte erschienen, so wie sie seit 1967 die Eskadra im Mittelmeer ausbauten. Die moderne Flugabwehr und die Eindringtiefe von Land aus operierender Luftwaffenverbände werde mehr und mehr den Vorteil, den die USA durch ihre Angriffsträger hätten, besonders im Mittelmeer, einschränken. Dies um so mehr, als immer mehr Träger eingemottet würden. Eine isolationistische Politik sei heute und in Zukunft unmöglich, weil die Voraussetzung, die Unverwundbarkeit Amerikas, nicht mehr existiere und nie wieder herzustellen sei.

Während meiner Ausführung über die atlantische militärische Lage unterbrach mich Kissinger, um einige optimistisch gestimmte Einwände, wie sie hier üblich sind, zu machen. Ich fuhr fort: Noch wesentlicher als der strategische

---

[6] Mit Australien und Neuseeland waren die USA seit 1951 im ANZUS-Pakt zusammengeschlossen. Für den Wortlaut des Sicherheitsvertrags zwischen Australien, Neuseeland und USA vom 1. September 1951 vgl. UNTS, Bd. 131, S. 84–88. Für den deutschen Wortlaut vgl. EUROPA-ARCHIV 1951, S. 4551 f.
Darüber hinaus wurde am 8. September 1954 von Australien, Frankreich, Großbritannien, Neuseeland, den Philippinen und den USA die SEATO gegründet. Für den Wortlaut des Vertrags von Manila vgl. UNTS, Bd. 209, S. 28–34. Für den deutschen Wortlaut vgl. EUROPA-ARCHIV 1954, S. 6948–6950.

[7] Korrigiert aus: „1967".

Aspekt schiene mir, daß mit der Formierung eines Europas der Zehn auch das wirtschaftliche und vor allem politische Interesse Amerikas an Europa wachsen müsse. Wenn man den Europäern ein Mindestmaß an Vernunft und politischem Common sense zutraue, könne man annehmen, daß sie im Laufe des nächsten Jahrzehnts zu einem wachsenden Maß an Solidarität und Koordination gegenüber den großen weltpolitischen Fragen kämen. Damit werde die europäische Gemeinschaft der Zehn zu einem weltpolitischen Faktor werden können, der zwar keine militärische Weltmacht sei, aber eine eigene Größenordnung gewinne. Die enge Beziehung dieses sich heranbildenden Machtfaktors zu den USA und das Bemühen, ihn dem sowjetischen Einfluß zu entziehen, sei ein vordringliches amerikanisches Interesse. Die entscheidende Verankerung der amerikanischen Weltmachtstellung gegenüber Rußland sei ihre europäische Position. Jede Minderung der amerikanischen Präsenz in Europa bedeute zwar für Europa eine gefährliche Einbuße, besonders aber eine Schwächung der amerikanischen Weltmachtstellung. Verglichen mit diesem pazifisch-asiatischen und atlantisch-europäischen Kraftfeld seien alle anderen außenpolitischen Fragen für die Vereinigten Staaten von nachgeordneter Bedeutung, wobei man den Nahost-Konflikt im unlösbaren Verbund zu der atlantisch-europäischen Situation sehen müsse. Die amerikanische Außenpolitik tue sich schwer und werde sich schwer tun, da sie mehr als in den vergangenen Jahrzehnten gegen diese, außenpolitischen Interessen entgegengesetzten innenpolitischen Strömungen anzukämpfen habe.

Ich berichte dies, weil Kissinger mir darauf erwiderte, er sehe die grundlegenden Bedingungen und Interessen der amerikanischen Außenpolitik genauso und halte diese Skizzierung für zutreffend.

Das alles ist logisch.

II. Die Praxis steht immer im Widerstreit zur Logik. Im Vordergrund der amerikanischen Außenpolitik steht im Augenblick das Bemühen, die durch die beiden Nixon-Erklärungen über die Peking-Reise[8] und die neue amerikanische Wirtschaftspolitik[9] verursachte Störung im pazifischen Bündnissystem beizulegen. Diese Störung berührt – abgesehen von Taiwan – besonders tief die amerikanisch-japanischen Beziehungen, die sich in einer schweren Vertrauenskrise befinden. Die Notwendigkeit, das Vertrauen der pazifischen Verbündeten in die Vereinigten Staaten zu erhalten bzw. wiederherzustellen, und der amerikanische Wunsch, die Beziehungen zu Moskau unter der Annäherung zu Peking nicht leiden zu lassen, was in unserem Interesse liegt, wird den amerikanischen Möglichkeiten gegenüber China vorerst relativ enge Grenzen ziehen, denen das Bestehen Pekings auf seinen bekannten Forderungen zunächst entspricht. Daher auch das Bemühen des Weißen Hauses, die möglichen Auswirkungen seiner China-Politik herunterzuspielen. Wir können die Hindernisse, die einer schnellen Verbesserung der Beziehungen Washingtons zu Peking entgegenstehen, nur begrüßen. Eine rapide Annäherung wäre ohne schnell wachsende Spannung zwischen Washington und Moskau nicht denkbar und dies

---

8 Zur Ankündigung des Präsidenten Nixon vom 15. Juli 1971, der Volksrepublik China einen Besuch abzustatten, vgl. Dok. 252, Anm. 4.

9 Vgl. dazu die Erklärung des Präsidenten Nixon vom 15. August 1971 über die Aufgabe der Dollar-Konvertibilität sowie weitere wirtschafts- und währungspolitische Maßnahmen; Dok. 276, Anm. 1.

könnte leicht auf unsere Kosten gehen. Die durch den Vietnam-Krieg auf die pazifisch-asiatische Szene verursachte Verlagerung des Schwergewichts der amerikanischen Außenpolitik wird auch nach Beendigung des Vietnam-Krieges nicht aufgehoben, sondern besonders durch das Spannungsverhältnis Washington–Tokio–Peking, in dem Taiwan eine wesentliche Rolle spielt, aufrechterhalten werden. Eine Rückverlagerung des außenpolitischen Schwergewichts der USA nach Europa, die sowohl der Präsident wie Kissinger anstreben möchten, wird längere Zeit kaum möglich sein. Die unglückselige einseitige Pakistanpolitik kompliziert die asiatische Lage für die USA noch zusätzlich mit möglichen Folgen, die noch nicht zu übersehen sind.

Die augenblicklich gefährlichste Bedrohung des Friedens, der Nahost-Konflikt und die Mittelmeerlage, werden im Mittelpunkt der amerikanischen Europa-Politik stehen. Dies in einer Situation, die wenig hoffnungsvoll ist. Die amerikanische diplomatische Initiative, die nach den Unterredungen von Rogers und Sisco mit Sadat[10] Aussichten zu eröffnen schien, stagniert völlig. Sadat gerät dadurch in eine schwierige Lage, und es ist fraglich, wie der große Erfolg von Rogers' „Standstill and cease-fire"-Abmachung vom August 1970[11], das Nichtschießen am Kanal, noch aufrechterhalten werden kann. Während der Dauer der UN-Vollversammlung[12] wird wahrscheinlich nichts passieren. Damit werden Monate gewonnen. Darüber hinaus muß man auf die Unmöglichkeit eines ägyptischen Alleingangs und das unverminderte sowjetische Interesse, es nicht zu einem neuen Waffengang kommen zu lassen, hoffen.

Damit ist aber nicht die Gefahr einer Neuauflage des „War of attrition" und lokaler Eskalationen gebannt. Wenn Fortschritte in Richtung auf ein Interimsabkommen von einem amerikanischen Druck auf Israel, seine Politik flexibler zu gestalten, abhängen, dann ist die Lage bis auf weiteres ziemlich düster. Mit dem Blick auf die Präsidentschaftswahl 1972[13] wird die amerikanische Politik diesen Druck nicht über das bisherige Maß der Überredungsversuche hinaus, die ergebnislos geblieben sind, steigern. Die Senatsmehrheit, die gegen das amerikanische „Overcommitment" ankämpft und das amerikanische Engagement in Europa abbauen möchte[14], drängt den Präsidenten in jeder Frage der

---

[10] Der amerikanische Außenminister Rogers hielt sich im Rahmen einer Nahost-Reise am 5./6. Mai 1971 in der VAR auf. Zu seinen Gesprächen mit Präsident Sadat, Ministerpräsident Fawzi und dem ägyptischen Außenminister Riad erklärte Rogers am 6. Mai 1971 vor der Presse: „In all my discussions the primary focus quite naturally was on the need and prospects for a peace settlement in this area and the current status of the Jarring talks. We also discussed and exchanged ideas in a thorough, detailed and concrete way on the specific elements on which agreement will be required in any Suez Canal interim settlement. [...] I said when I arrived in Cairo that we do not underestimate the difficulties that lie ahead on the road to peace. It would be unrealistic to expect those difficulties to be overcome in the course of a brief trip such as I am now taking. But I can report to President Nixon on my return that our efforts over the past months have not been without result and that I found in Cairo a determination – a firm determination – which we share, to continue working for a just and lasting peace settlement based on Security Council Resolution 242 in all its parts." Vgl. DEPARTMENT OF STATE BULLETIN, Bd. 64 (1971), S. 697.

[11] Zum Waffenstillstand zwischen Israel und der VAR vgl. Dok. 32, Anm. 6, Dok. 43, Anm. 4, und Dok. 101, Anm. 2.

[12] Die XXVI. UNO-Generalversammlung fand vom 21. September bis 22. Dezember 1971 statt.

[13] Am 7. November 1972 fanden in den USA Präsidentschaftswahlen statt.

[14] Vgl. dazu die Anträge der Senatoren Mansfield und Nelson vom 11. bzw. 19. Mai 1971; Dok. 179, Anm. 3.

Nahost-Politik zu einem stärkeren Engagement zugunsten Israels. Die „Doves" der amerikanischen NATO-Politik sind die „Hawks" der Nahost-Politik. Die amerikanische Außenpolitik, die in den 60er Jahren noch aus der Position der nuklearen Überlegenheit heraus operieren konnte, muß jetzt die in den letzten Jahren eingetretene bedeutende Machtverschiebung zugunsten der Sowjetunion und deren Wirkung auf die Umwelt einkalkulieren. Hierhin gehört das amerikanische KSE-Dilemma.

Kissingers Vorbild von Außenpolitik ist die englische Balance-Politik des 18. und 19. Jahrhunderts gegenüber dem Kontinent. In diesem Licht strebt er eine weltweite amerikanische Außenpolitik, unterstützt von den Verbündeten der USA, gegenüber Rußland und China an. Frage ist nur, ob die Stärke der USA in den 70er Jahren soviel hergibt.

Erschwerend kommt hinzu, daß Kissinger gar kein und Nixon wenig Gespür hat für die Rolle, die amerikanische Finanz- und Handelspolitik in der Außenpolitik der USA und in der Sicherung ihrer Weltmachtrolle spielen. Die „Laissez-aller-Politik" der vergangenen zwei Jahre und die überhastete Reaktion vor zwei Wochen machen das deutlich genug. Connallys „Fortress America-Politik" verheißt weltpolitisch wenig Konstruktives. Er scheint entschlossen zu sein, die amerikanischen Verteidigungsleistungen zugunsten der Verbündeten als Hebel zur Durchsetzung seiner handelspolitischen Forderungen zu gebrauchen. Er hat sich voll durchgesetzt und dem Weißen Haus die Steuerung der amerikanischen Wirtschafts- und Finanzpolitik, wenn es sie je gegeben hat, aus den Händen genommen.

Die Neigung des Präsidenten zu plötzlichen spektakulären Ankündigungen (SALT[15], Peking-Reise, Wirtschaftspolitik), mit denen er seinen innenpolitischen Gegnern Argumente gegen seine Politik entwindet und seine Wahlchancen verbessern möchte, erschwert durch ihr Haschen nach innenpolitischen Wirkungen die Führung einer langfristig planenden Außenpolitik um außenpolitischer Ziele willen. Die dabei zutagegetretene Rücksichtslosigkeit in der Behandlung von Partnern hat bisher vor allem die asiatischen Freunde und Verbündeten Amerikas getroffen, während seit Nixons Regierungsantritt[16] Konsultation und Koordination mit den europäischen Verbündeten sich wesentlich verbessert haben. Trotzdem muß uns dieses jüngste Verhalten zu denken geben.

Neben den letzten wirtschaftspolitischen Maßnahmen ist der Ton von Nixons Rede, mit der er seine Politik ankündigte, bemerkenswert: Ein hohes Pathos, das sich in einer übertriebenen Weise bereits vor einigen Monaten bei seiner Ankündigung des Finanzausgleichs als Beginn einer neuen amerikanischen Revolution[17] „bemerkbar" machte, dazu eine geradezu nationalistische Selbstgerechtigkeit, mit der er einer Stimmung im Lande weitgehend entgegenkommt, die der verantwortliche Staatsmann einer Weltmacht auch bei Vorbereitung

---

[15] Zur amerikanisch-sowjetischen Erklärung vom 20. Mai 1971 vgl. Dok. 219.

[16] Am 20. Januar 1969 wurde Richard M. Nixon als Präsident der USA vereidigt.

[17] In seiner Botschaft vom 29. Januar 1971 an den Kongreß zum Haushaltsjahr 1971/72 erklärte Präsident Nixon: „This budget expresses our fiscal program for the New American Revolution – a peaceful revolution in which power will be turned back to the people – in which government at all levels will be refreshed, renewed, and made truly responsive. This can be a revolution as profound, as far-reaching, as exciting, as that first revolution almost 200 years ago." Vgl. PUBLIC PAPERS, NIXON, 1971, S. 95.

einer Wahl vielleicht besser nicht durch solches Reden fördern sollte. Das ganze Dollar-Problem erschien als ein finsterer Anschlag der Spekulanten. Kein Wort davon, daß die amerikanische Wirtschafts- und Finanzpolitik seit Jahren der Spekulation überhaupt erst Möglichkeiten verschafft hat. Nicht die Amerikaner, sondern die Ausländer hatten alles falsch gemacht und mußten nun ermahnt werden, sich zu bessern. Ein Bündel von Notmaßnahmen wurde als Beginn einer Ära neuer Prosperität verkündet. Diese letzte Rede Nixons war deswegen deprimierend, weil sie deutlich machte, wie tief Amerika in seine inneren Probleme verstrickt ist, so tief, daß der Präsident der Vereinigten Staaten glaubt, nicht sagen zu können, wie die Dinge wirklich liegen, sondern zu einem verzerrten Bild seine Zuflucht nimmt. Das ist an sich nichts spezifisch Amerikanisches. Aber wenn die Führung der für uns wichtigsten Weltmacht so verfährt, ist es höchst bedenklich, weil es das weltweite Gefüge ihrer Verantwortlichkeit in Mitleidenschaft zieht. Diese inneren Probleme und der dadurch ausgelöste Denkprozeß zur Neudefinierung der amerikanischen Rolle in der Welt werden auf längere Sicht auch die Bündnisqualität der Vereinigten Staaten berühren. Dieser Vorgang wird mit dem Vietnamkrieg nicht zu Ende sein, sondern ihn wahrscheinlich um Jahre überdauern, wenn auch der Vietnamkrieg der Katalysator war. Die Verbündeten der Vereinigten Staaten müssen sich darüber klar sein, daß eine vernünftige, sachgerechte amerikanische Außenpolitik in den kommenden Jahren voraussichtlich gegen eine von Wunschdenken beherrschte öffentliche und Senatsmeinung geführt werden muß. Dazu braucht es eine starke Regierung. Es ist erstaunlich, wie die gegenwärtige innenpolitisch schwache Regierung z. B. ihre vernünftige Europa-Politik bisher durchgehalten hat. Es ist aber fraglich, ob die nächste Administration, selbst wenn es wieder die des Präsidenten Nixon sein sollte, so wird fortfahren können. Zum Beispiel wird der Truppenabzug aus Europa Teil der demokratischen Wahlplattform sein und die Republikanische Partei wird ebenfalls nicht ganz darum herumkommen. Mit einem gewissen Truppenabzug, wer immer der nächste amerikanische Präsident ist und was immer MBFR bringt oder nicht bringt, muß ab 1973 gerechnet werden. Und wenn es zu keinem Offset-Abkommen für die Zeit von Juli 1971 bis Juli 1973 kommt, schon früher. Entscheidend wird sein, unter welchen Modalitäten sich eine Reduzierung der amerikanischen Truppen in Europa vollzieht.

III. Es ist aus hiesiger Sicht unausweichlich, daß den westeuropäischen Mächten die Aufgabe zufällt, ihr wiedergewonnenes Potential auf den Gebieten der Verteidigung, der Außenpolitik, des Finanz- und Wirtschaftswesens stärker als bisher zur Geltung zu bringen. Die wachsende Übernahme von Aufgaben, die von USA nicht mehr wahrgenommen werden, durch westeuropäische Länder wird, wie man es hier sieht, nicht nur gemeinsamen Interessen westlicher Industrienationen, sondern auch dem Eigeninteresse Westeuropas dienen. Wie weit der Prozeß der Aufgabenverlagerung geht, wohin er führt, und ob er sich auf eine geordnete, überschaubare, kontrollierte Weise vollzieht, wird weitgehend von der Haltung der europäischen Mächte selbst abhängen. Die USA sind in ihrer gegenwärtigen Verfassung und mit ihrer gegenwärtigen Regierung für Einwirkungen der europäischen Partner besonders empfänglich und aufgeschlossen. Voraussetzung solcher Einflußnahme ist, daß die Europäer nicht den Eindruck erwecken, passiv zu sein, sondern bei der Wahrnehmung spezifisch und gemeinsamer westlicher Interessen in allen Einzelfällen Aktivität entfalten, entschieden handeln und ihre Aktionen möglichst koordinieren. Auf die Teilnahme aller westeuropäischen Länder wird es dabei weniger ankommen; die Zusammensetzung des Teilnehmerkreises kann von Fall zu Fall wechseln; entscheidend ist, daß ein ausreichendes europäisches Gewicht zustande kommt, das sich hier durchsetzen kann. Wegen des fortbestehenden besonderen britisch-amerikanischen Verhältnisses mag in manchen Fällen ein gemeinsames deutsch-britisches Vorgehen empfehlenswert sein.

Jede derartige Aktion sollte unbedingt die atlantische Partnerschaft als selbstverständlich und nie in Frage zu stellende Basis in Anspruch nehmen. Nichts wäre der Entwicklung der amerikanischen Haltung im Sinne unserer Interessen abträglicher als geäußerter oder auch nur spürbarer Zweifel an der Rolle der USA in der europäisch-amerikanischen Zusammenarbeit.

Rege an, den Bericht dem Herrn Bundeskanzler vorzulegen.

[gez.] Pauls

VS-Bd. 8523 (Ministerbüro)

286

Aufzeichnung des Ministerialdirigenten Simon

I A 4-82.00-94.26-2209/71 VS-v   30. August 1971[1]

Über Herrn D Pol i.V.[2]

Herrn Staatssekretär[3]

mit der Bitte um Genehmigung und Weiterleitung an den Herrn Minister[4]

Betr.: Deutsch-spanische Beziehungen

I. Vorschläge

1) Der Herr Bundesminister möge bei sich bietender Gelegenheit im Kabinett seine Kollegen zu Begegnungen mit spanischen Kabinettsmitgliedern ermutigen, sei es durch die Annahme spanischer Einladungen oder durch Einladungen nach hier.

---

[1] Die Aufzeichnung wurde von Vortragendem Legationsrat I. Klasse Munz sowie Vortragendem Legationsrat Graf von der Schulenburg konzipiert.

[2] Hat Ministerialdirigent van Well am 30. August 1971 vorgelegen.

[3] Hat Staatssekretär Frank am 1. September 1971 vorgelegen.

[4] Mit Begleitvermerk vom 2. September 1971 leitete Vortragender Legationsrat Hallier die Aufzeichnung an Bundesminister Scheel. Dazu vermerkte Hallier handschriftlich: „Vorschlag der Politischen Abteilung: Vortrag in einer der nächsten Kabinettssitzungen."
Hat Scheel am 2. September 1971 vorgelegen, der handschriftlich vermerkte: „Ja." Vgl. Referat I A 4, Bd. 453.

2) Der Herr Parlamentarische Staatssekretär[5] möge in ähnlicher Weise auf die Mitglieder des Bundestages und insbesondere die wichtigen Ausschußvorsitzenden einwirken, die deutschen Parlamentarier sollten auch die spanischen Cortes besuchen.

3) Das Auswärtige Amt sollte eine Einladung des Herrn Bundespräsidenten an den Prinzen von Spanien zu dem frühestmöglichen Zeitpunkt einplanen.

4) Das Auswärtige Amt sollte weiterhin eine grundsätzlich positive Haltung bei spanischen Anträgen auf Kauf von Rüstungsgütern – wie z.B. im Falle Leopard[6] – einnehmen und bei den im Bundessicherheitsrat vertretenen übrigen Bundesministerien auf eine raschere Entscheidung über Exportanträge drängen.

II. Sachstand

1) Thesis und Problematik

a) Spanien hat seine internationale Stellung in den letzten Jahren erheblich verbessert. Die strategische und geographische Lage im Mittelmeerraum macht das Land zu einem immer wichtigeren Partner für den Westen und hat zu einem Umdenken im Osten gegenüber Spanien geführt. Die spanische Diplomatie hat diese Gelegenheit geschickt genutzt.

b) Während die spanischen Beziehungen zu zahlreichen anderen Staaten enger und besser geworden sind, sind wir in den letzten Jahren, insbesondere gegenüber den Vereinigten Staaten und Frankreich, aber auch gegenüber Großbritannien und teilweise sogar den Niederlanden und Belgien, ins Hintertreffen geraten. Diese unterschiedliche Entwicklung der Beziehungen Spaniens zu Drittstaaten und zu uns wirkt sich auf die Dauer zum Nachteil deutscher Interessen aus.

2) Die innenpolitische Lage

a) Die interne Lage des Landes ist durch schnelles Wachstum der Wirtschaft, die Modernisierung der Streitkräfte, das Streben der Mehrheit der Bevölkerung nach ruhiger und kontinuierlicher Weiterentwicklung der Wirtschaft und Sicherung des allmählich breiter gestreuten Wohlstandes, die wachsende Anerkennung der Nachfolgeregelung durch die Nominierung von Prinz Juan Carlos als zukünftigen König, aber auch durch eine gewisse Verhärtung in der Gesetzgebung gekennzeichnet. Innerhalb des Regimes gibt es zahlreiche divergierende Kräfte, deren eigentliches Gewicht erst nach dem Abtreten Francos richtig erkennbar werden dürfte. Eine aktive Opposition gegen das Regime artikuliert sich zunächst nur in kleineren Gruppen.

b) Trotz eines Konjunkturrückganges während der letzten beiden Jahre ist die Wirtschaftsentwicklung insgesamt als positiv anzusehen. Das Bruttosozialprodukt stieg 1970 um 6,4%. Das Pro-Kopf-Einkommen ist von 290 Dollar 1960 auf 818 Dollar 1970 gestiegen.

---

[5] Karl Moersch.

[6] Die Wörter „im Falle Leopard" wurden von Bundesminister Scheel hervorgehoben. Dazu vermerkte er handschriftlich: „Ja."
Zu den spanischen Wünschen nach Lieferung von Panzern des Typs „Leopard" vgl. Dok. 83, Anm. 13.

c) Spanien ist während der letzen Monate der Verwirklichung der demokratischen Öffnung seiner politischen Strukturen nicht wesentlich näher gekommen. Zwar verlangen die meisten das Regime tragenden Gruppen die Zulassung politischer Assoziationen, die Bearbeitung des Gesetzentwurfes selbst jedoch ist in dem Ministerium der Bewegung immer noch nicht abgeschlossen. Ebensowenig sind die geplanten Reformen der Gemeinde- und Provinzialordnung sowie des Wahlgesetztes verwirklicht worden. Hierdurch haben bei den Cortes-Wahlen im kommenden September/Oktober[7] die Kandidaten unter den frei zu wählenden Familienvertretern, die die Unterstützung des Regimes genießen, bessere Aussichten als unabhängige Kandidaten, die sich nicht auf politische Assoziationen stützen können.

Das neue Syndikatsgesetz vom 17. Februar 1971, welches ohnehin keine sehr große Repräsentativität aufweist, ist durch zwei Dekrete des Staatschefs und eine Verordnung des Ministerrates weiter eingeschränkt worden. Bei den Neuwahlen innerhalb der Syndikatsorganisationen im Mai und Juni haben ca. 80% der Wahlberechtigten ihre Vertreter der unteren und mittleren Ebene gewählt, und damit überwiegend der Boykottaufforderung der exilsozialistischen Oppositionsgruppen nicht Folge geleistet. Die in sich selbst gespaltene kommunistische Partei, die von ihr maßgeblich gesteuerten Arbeiterkommissionen und die Sozialisten im Inneren hatten sich in dem Wunsch, vorhandene Einwirkungsmöglichkeiten zu nutzen, an den Wahlen beteiligt.

Das Regime hat die Zeit der Außerkraftsetzung des Artikels 18 der Grundrechte von Mitte Dezember 1970 bis Mitte Juni 1971[8] genutzt, subversive Oppositionsgruppen auszuheben. Von über 2000 während dieser Zeit festgenommenen Personen befanden sich Ende Juni noch 228 in Haft.

---

[7] Am 8. Oktober 1971 teilte Botschafter Meyer-Lindenberg, Madrid, mit: „Am 29. September 1971 sind in Spanien die 104 sogenannten Familienvertreter – für jede der 52 Provinzen zwei – in direkter, gleicher und geheimer Wahl gewählt worden. Die übrigen 457 Cortes-Abgeordneten – die Zahl schwankt etwas – werden im Laufe des Oktober vom Staatschef unmittelbar oder mittelbar bestimmt oder von den in die Cortes entsendenden Gruppen gewählt. [...] Wahlberechtigt waren die Familienoberhäupter und die verheirateten Frauen, insgesamt etwa 60% der ca. 34 Mio. Einwohner des Landes. Wählbar war, wer das 18. Lebensjahr vollendet hat, Familienoberhaupt oder Ehefrau ist, außerdem in der Provinz, die er vertreten will, geboren ist und dort vom Alter von 14 Jahren an wenigstens sieben Jahre gewohnt hat. Kandidat konnte ferner nur sein, wer von mindestens der Hälfte der Mitglieder der jeweiligen Provinzregierung oder von mindestens 5% der stimmberechtigten Einwohner der Provinz vorgeschlagen worden ist. Abgesehen hiervon mußten sich die Kandidaten zu den Grundsätzen der ‚Bewegung‘ bekennen." In einer Bewertung der Wahlen führte Meyer-Lindenberg aus: „Seit längerer Zeit gibt das Regime dem Gedanken der Bestandserhaltung den Vorrang vor dem der sogenannten kontrollierten Demokratisierung, mit deren Hilfe der bestehenden Ordnung eine gewisse demokratische Legitimierung gegeben werden soll. Diese Tendenz wird von manchen als Verhärtung des politischen Kurses gewertet. In Wahrheit dürfte der mit den entsprechenden administrativen und gesetzgeberischen Maßnahmen gesteuerte Kurs indessen den Zweck verfolgen, dem Regime die Mittel an die Hand zu geben, um etwaigen Schwierigkeiten beim Übergang in die Nach-Franco-Zeit besser begegnen zu können oder doch diesen Übergang durch vorzeitige Gewährung vermehrter Freiheiten nicht zusätzlich zu erschweren." Vgl. Referat I A 4, Bd. 449.

[8] Am 14. Dezember 1970 hob die spanische Regierung den Artikel 18 der spanischen Verfassung vom 16. Juli 1945 auf, der vorsah, daß jeder festgenommene Spanier innerhalb von 72 Stunden wieder freigelassen oder dem Richter zugeführt werden mußte. Vgl. dazu den Artikel „Spaniens Polizei hat freie Hand gegen Regimegegner"; FRANKFURTER ALLGEMEINE ZEITUNG vom 16. Dezember 1970, S. 1 und 5.

An den Universitäten ist es in letzter Zeit nicht mehr zu bemerkenswerten Unruhen gekommen. Das Studienjahr ging ohne größere Störungen zu Ende.

Für die Zukunft gibt das neue Gesetz für öffentliche Ordnung vom 20. Juli 1971, welches hohe, durch die Verwaltung und Regierung festzusetzende Geld- und Ersatzhaftstrafen vorsieht, dem Regime ein Instrument zur Festigung bestehender Machtverhältnisse.

Die große Masse der Bevölkerung nimmt an innenpolitischen Auseinandersetzungen kaum Anteil. Sie steht dem sich vermehrt zeigenden Pluralismus, von der jüngeren Generation abgesehen, skeptisch gegenüber. Sie ist an der Bewahrung der inneren Stabilität als Voraussetzung für die weitere Hebung des Lebensstandards interessiert.

Im Gegensatz zu der Unmöglichkeit, sich politisch zu organisieren, sind Meinungs- und Pressefreiheit relativ weitgehend gewährleistet.

d) Der Prinz von Spanien hat an Autorität gewonnen und sich durch seine Reisen ins Ausland und in die Provinz stärker profiliert. Seine Ernennung zum Vertreter des Staatschefs im Falle von dessen Erkrankung oder Abwesenheit ist geeignet, sein Ansehen zu steigern. Seine Äußerungen weisen ihn als einen Anhänger einer weiteren Liberalisierung Spaniens in der Nach-Franco-Ära aus. Zwar kann die Monarchie nicht als populär bezeichnet werden, jedoch sehen immer weitere Kreise bis in die gemäßigte Opposition in ihr die beste Möglichkeit für einen geordneten Übergang.

3) Die Beziehungen Spaniens zum Westen und zur Dritten Welt

a) Die Vereinigten Staaten bemühen sich seit dem Abschluß des Abkommens über Freundschaft und Zusammenarbeit vom 6. August 1970[9] mit großem Nachdruck um die Freundschaft Spaniens. Dies wurde durch den Besuch Präsident Nixons in Madrid[10], den Besuch des Prinzen von Spanien in Washington[11] und die laufenden gegenseitigen Arbeitsbesuche spanischer und amerikanischer Minister, hoher Beamter und Offiziere unterstrichen. Unter den amerikanischen Besuchen in Madrid sind der des Generalstabschefs Moorer[12], der an der Erinnerungsparade der spanischen Streitkräfte an den Sieg im Bürgerkrieg neben Franco stehend teilnahm, sowie durch die Anwesenheit Vizepräsident Agnews bei der Feier des Nationalfeiertages am 18. Juli 1971[13], dem Tage des nationalen Aufstandes von 1936[14], hervorzuheben, da hierdurch amerikanischerseits etwaige Bedenken wegen des Ursprungs und der Art des spanischen Regimes vor aller Öffentlichkeit als unbeachtlich dargestellt werden.

---

9 Für den Wortlaut des Abkommens zwischen Spanien und den USA über Freundschaft und Zusammenarbeit vgl. UNTS, Bd. 756, S. 142–163. Für den deutschen Wortlaut vgl. EUROPA-ARCHIV 1970, D 482–492.
10 Präsident Nixon hielt sich am 2./3. Oktober 1970 in Madrid auf.
11 Prinz Juan Carlos von Spanien besuchte vom 25. bis 31. Januar 1971 die USA.
12 Der amerikanische Generalstabschef Moorer hielt sich vom 5. bis 8. Juni 1971 in Madrid auf.
13 Der amerikanische Vizepräsident Agnew besuchte vom 17. bis 19. Juli 1971 Madrid.
14 Gestützt auf die spanische Fremdenlegion und marokkanische Truppen lösten am 18. Juli 1936 nationalspanische Kräfte unter General Franco mit einem Putsch in Spanisch-Marokko den spanischen Bürgerkrieg aus, der am 28. März 1939 nach der kampflosen Besetzung Madrids mit dem Zusammenbruch der Republik endete.

Es ist Ziel der Vereinigten Staaten, sich mit Spanien einen sicheren Stützpfeiler im spannungsgeladenen Mittelmeerraum zu erhalten und Spanien über die bilateralen Abkommen näher mit dem Verteidigungssystem des Westens zu verbinden. Zu diesem Zwecke werden die spanischen Streitkräfte mit modernen Waffen versehen und die spanische Regierung regelmäßig über NATO-Tagungen informiert und ein gemeinsames spanisch-amerikanisches Militärkomitee ins Leben gerufen.

b) Die Beziehungen zu Frankreich festigen sich ebenfalls fortlaufend. Neben hochrangigen gegenseitigen Besuchen von Ministern wird Spanien aufgrund des Abkommens über militärische Zusammenarbeit vom 22. Juli 1970 mit Mirage-Düsenflugzeugen und AMX-Panzern beliefert. Spanische und französische Streitkräfte führen regelmäßig gemeinsame Manöver durch. Frankreich hat seine Anerkennung der spanischen Nachfolgeregelung durch die Einladung Präsident Pompidous an den Prinzen von Spanien bekundet.

c) Obwohl sich die spanische und britische Haltung zu Gibraltar nicht geändert haben, bemühen sich beide Länder unter Zurückstellung dieser Frage um Verbesserung ihrer Beziehungen. Im Juni dieses Jahres hielt sich der Unterstaatssekretär des Foreign Office, Sir Denis Greenhill, zu von der britischen Botschaft als sehr erfolgreich bezeichneten Gesprächen in Madrid auf.[15] Der britische Transportminister Peyton weilte vor der europäischen Transportministerkonferenz im Juni dieses Jahres[16] zu einem offiziellen Besuch in Madrid[17], der Prinz und die Prinzessin von Spanien auf Einladung von Königin Elizabeth anläßlich des Geburtstages des Herzogs von Edinburgh in Großbritannien[18].

d) Auch Spanien bisher zurückhaltend gegenüberstehende Länder wie Belgien, die Niederlande, Dänemark und Italien bemühen sich um verstärkte Kontakte. Der belgische Außenminister Harmel besuchte nach der NATO-Ministerratstagung in Lissabon[19] Madrid.[20] Nach der ersten Begegnung eines niederländischen Ministers mit einem Minister Francos im April 1970 in Madrid (Lopez Bravo–Luns) erfolgten gegenseitige Besuche der Landwirtschaftsminister[21] und der Besuch einer niederländischen Parlamentariergruppe in Madrid. Im Juli dieses Jahres weilte mit dem Generaldirektor des italienischen Außenministeriums, Roberto Gaja, zum ersten Male seit dem Zweiten Weltkrieg ein hoher italienischer Beamter auf Einladung des Staatssekretärs im spanischen Außenministerium[22] in Madrid, nachdem bereits vorher die Entsendung des sozialistischen Transportministers Viglianaesi zu der Europäischen Transportministerkonferenz im Juni eine gewisse Auflockerung der bisherigen Haltung Italiens sichtbar werden ließ.

---

[15] Am 2./3. Juni 1971 hielt sich der Staatssekretär im britischen Außenministerium, Greenhill, in Madrid auf.
[16] Vom 15. bis 18. Juni 1971 fand in Madrid die 33. Tagung des Ministerrats der Europäischen Konferenz der Verkehrsminister statt.
[17] Der britische Transportminister Peyton hielt sich vom 12. bis 14. Juni 1971 in Madrid auf.
[18] Prinz Juan Carlos und Prinzessin Sophia von Spanien hielten sich am 10. Juni 1971 in London auf.
[19] Zur NATO-Ministerratstagung am 3./4. Juni 1971 in Lissabon vgl. Dok. 197.
[20] Der belgische Außenminister Harmel hielt sich am 5. Juni 1971 in Madrid auf.
[21] Petrus Josephus Lardinois (Niederlande) und Tomás Allende García-Baxter (Spanien).
[22] Gabriel Fernández de Valderrama.

e) Traditionell pflegt Spanien gute Beziehungen zu den arabischen Regierungen und zu den Staaten Lateinamerikas. Mit den meisten arabischen Ländern, insbesondere mit den Maghreb-Staaten und der VAR finden laufende gegenseitige Ministerbesuche statt.

Der spanische Außenminister hat dieses Jahr sämtliche Staaten Südamerikas besucht und überall herzliche Aufnahme gefunden. Für die zweite Hälfte 1971 hat er eine Reise nach Zentralamerika geplant.

f) Die guten Beziehungen Spaniens zu zahlreichen Staaten haben seinen Einfluß in den Vereinten Nationen wachsen lassen, wie die Sitzungsperiode 1970[23] gezeigt hatte, in der Spanien das Präsidium des Weltsicherheitsrates innehatte.

4) Beziehungen zu Osteuropa

a) Die Sowjetunion und die meisten kommunistischen Staaten Osteuropas normalisieren unter Zurückstellung ideologischer Bedenken und Nichtbeachtung der Proteste spanischer Kommunisten ihr Verhältnis zu Spanien. Spanien hat zwischen 1967 und 1971 mit Rumänien, Polen, Ungarn, Bulgarien und der Tschechoslowakei Handels- und Konsularvertretungen ausgetauscht. Die Sowjetunion hat im Sommer 1970 in Madrid eine Handelsschiffahrtsvertretung errichtet. Im Juni 1971 haben Spanien und die Sowjetunion eine erste gemeinsame Gesellschaft, die SOWHISPAN S.A. mit Sitz auf den Kanarischen Inseln, gegründet, deren Kapital zu je 50% von staatlichen sowjetischen Reedereien und spanischen Firmen aufgebracht wird. Die Häfen der Kanarischen Inseln sind Versorgungsbasis der sowjetischen Fischereiflotte und Forschungsschiffe. Zusammenarbeit im Schiffbau ist geplant.

Die staatlichen Nachrichtenagenturen TASS und EFE haben ständige Korrespondenten ausgetauscht. Bezeichnend für die veränderte Haltung der Sowjetunion ist die Anreise eines ukrainischen Balletts zur Teilnahme an den diesjährigen Feiern des 1. Mai durch die spanischen Syndikate, zu der Franco sein Erscheinen zugesagt hatte.

b) Seit Errichtung der Handels- und Konsularvertretungen haben sich die Kontakte mit den anderen Ostblockstaaten verstärkt. Besuche von Delegationen, z.B. von Wissenschaftlern und Wirtschaftsfachleuten, häufen sich. Der Kulturaustausch ist gewachsen. Mit baldiger gegenseitiger diplomatischer Anerkennung wird aber, auch im Falle Rumäniens, nicht gerechnet. Insofern ist in allerletzter Zeit ein gewisser Stillstand in der weiteren Verbesserung der Beziehungen zu den osteuropäischen Ländern eingetreten. Hierzu könnte auf osteuropäischer Seite die immer engere spanisch-amerikanische Zusammenarbeit vor allem in Verteidigungsfragen und auf spanischer Seite Enttäuschung über nicht erfüllte, zu hoch geschraubte Handelserwartungen, aber auch der noch immer starke Einfluß konservativer, gegen Ostkontakte eingestellter Gruppen beigetragen haben. Trotzdem ist die gewandelte Einstellung der Sowjetunion gegenüber Spanien wegen dessen Bedeutung im Mittelmeer unverkennbar.

---

23 Die XXV. UNO-Generalversammlung fand vom 15. September bis 17. Dezember 1970 statt.

5) Deutsch-spanische Beziehungen

a) Sie sind aufgrund eines außerordentlich hohen Vertrauens- und Sympathiekapitals, das die Deutschen in Spanien genießen, gut. Die spanische Regierung hat bei jeder Gelegenheit den deutschen Interessen Rechnung getragen und unseren Standpunkt in der Deutschland- und Berlin-Frage auch international mit Nachdruck vertreten. Spanien hat uns wiederholt seine guten Dienste den arabischen und lateinamerikanischen Staaten gegenüber angeboten.

b) Es ist jedoch nicht zu übersehen, daß bei den Spaniern in zunehmendem Maße der Eindruck entsteht, daß die spanische Aufgeschlossenheit auf deutscher Seite erheblichen Reserven begegnet. Eine Ausnahme bildet in spanischen Augen der gute Kontakt des Herrn Bundesministers mit Außenminister Lopez Bravo. Man vermißt jedoch auf spanischer Seite den wechselseitigen Besucherverkehr auf Fachministerebene, der den engen und dichten Beziehungen zwischen beiden Ländern entsprechen müßte. In jüngster Zeit zum Beispiel: mehrfache Verschiebung des Besuches von Bundesminister Ertl, Fernbleiben von Bundesminister Leber von der Europäischen Transportministerkonferenz. Das gleiche gilt für das Ausbleiben deutscher Parlamentarierdelegationen und die Tatsache, daß einzelne deutsche Parlamentarier, wenn sie einmal nach Spanien kommen, nur Gespräche mit oppositionellen Politikern führen, von der Aufnahme von Verbindungen zu spanischen Abgeordneten und offiziellen Stellen bewußt absehen, schließlich das Ausbleiben einer offiziellen deutschen Einladung an den Prinzen von Spanien zu einem seinem Rang entsprechend protokollarisch ausgestalteten Besuch. Dem wird das Bemühen anderer Staaten um Spanien gegenübergestellt.

c) Durch die Erfolge der spanischen Außenpolitik, die gewachsene militärische Bedeutung und den wirtschaftlichen Aufstieg ist das spanische Selbstbewußtsein gestärkt worden. Dies drückt sich in immer empfindlicheren Reaktionen gegenüber ausländischer Kritik oder ungenügender Beachtung Spaniens aus.

Die häufig einseitige Berichterstattung deutscher Massenmedien über Spanien und die versuchte Beeinflussung spanischer Gastarbeiter gegen ihre Regierung, die, wie im Falle Exprés Español[24], bis zu als Beleidigung aufgefaßten Angriffen auf den spanischen Staatschef und spanische Institutionen geführt haben, haben zu erheblicher Verärgerung auf spanischer Seite geführt.

d) Bei uns ist die Ansicht auch in politischen Kreisen sehr verbreitet, wonach Spanien außenpolitisch isoliert und auf alle Fälle von unserem guten Willen abhängig sei. Dies trifft nicht zu. Aufgrund unserer besonderen geographischen und politischen Lage sind wir zumindest im gleichen Maße auf den spanischen guten Willen angewiesen; und dies nicht nur auf politischem, sondern auch auf wirtschaftspolitischem Gebiet, z. B. in der Einführung des PAL-Farbfernsehens in Spanien.[25]

Spanien wird von uns laufend um Unterstützung in internationalen Organisationen, z. B. in der Interparlamentarischen Union und den Unterorganisationen

---

[24] Zur spanischen Reaktion auf die erste Ausgabe vom Oktober 1970 der in der Bundesrepublik erscheinenden spanischsprachigen Zeitschrift „Exprés Español" sowie zur Verhaftung des verantwortlichen Redakteurs Pardo am 15. Mai 1971 in Madrid vgl. Dok. 199.
[25] Zur spanischen Entscheidung für das Farbfernsehsystem PAL vgl. AAPD 1970, I, Dok. 24.

der Vereinten Nationen für die Durchsetzung deutscher Anliegen gebeten. Wir verlangen in bezug auf die DDR von Spanien Berücksichtigung unserer Interessen und bringen außerdem Sonderwünsche vor, wie nach generellen Überflugrechten für deutsche Militärmaschinen durch den spanischen Luftraum nach Beja/Portugal. Hierdurch entsteht in Madrid der Eindruck, wir seien zwar zu einer gewissen Zusammenarbeit mit Spanien bereit, wo es uns nützlich ist, zögen es jedoch vor, dies wegen des Charakters und Ursprungs des spanischen Regimes unter Ausschluß der Öffentlichkeit zu tun und aus innenpolitischen Rücksichten den Eindruck wirklich freundschaftlicher Beziehungen zu vermeiden.

e) Die Bundesrepublik als Mitglied der westlichen Verteidigungsorganisation und der Europäischen Gemeinschaft hat ein unmittelbares Interesse an der Entwicklung der Lage im Mittelmeerraum. Es darf uns nicht gleichgültig sein, daß an der Südflanke Europas die westlichen Positionen ständig schwächer, gleichzeitig aber der Einfluß und die Präsenz der Sowjetunion immer stärker werden. Wir haben ein vitales Interesse daran, eine aktive Mittelmeerpolitik zu betreiben. Eine solche ist ohne verstärkte Einbeziehung Spaniens nicht möglich.

f) Öffentliche Kritik am Regime und Einmischung in die inneren Angelegenheiten Spaniens sind nicht geeignet, den innenpolitisch wünschenswerten Wechsel der politischen Strukturen zu fördern. Umgekehrt können wir durch den Ausbau der Beziehungen zu Spanien auf allen Gebieten die Öffnung dieses Landes zu Europa nachhaltig fördern.

g) Es besteht gegenwärtig durchaus die Gefahr, daß sich eine gewisse Enttäuschung uns gegenüber verbreitet. Wir müßten darum damit rechnen, daß wir im Vergleich zu anderen uns verbündeten Staaten, insbesondere den Vereinigten Staaten und Frankreich, aber auch Großbritannien, in Spanien an Einfluß verlieren. Dies würde zwangsläufig zu geringerer spanischer Bereitschaft, deutsche Wünsche zu unterstützen, führen. Außerdem besteht die Gefahr, daß unsere erheblichen, auch wirtschaftlichen Interessen durch dieses, zu unserem Nachteil entstehende politische Gefälle leiden könnten.[26]

Simon

Referat I A 4, Bd. 453

---

[26] In der Kabinettssitzung am 6. Oktober 1971 berichtete Bundesminister Scheel, „daß trotz der vielseitigen Beziehungen zwischen der deutschen und der spanischen Bevölkerung die Beziehungen der meisten anderen europäischen Staaten zu Spanien besser seien als unsere". Er bat die Minister, „Gelegenheiten zu offiziellen Besuchen in Spanien wahrzunehmen". Vgl. die Aufzeichnung des Referats L 1 vom 11. Oktober 1971; Referat I A 4, Bd. 453.

287

Aufzeichnung des Staatssekretärs Bahr, Bundeskanzleramt

31. August 1971[1]

Aus dem Gespräch Falin/Barzel höre ich:

Barzel schließt nicht aus, daß die Opposition zuletzt doch eine ablehnende Haltung zu dem Vertrag[2] einnehmen werde. Er wolle keine Festlegung bis zur Schlußabstimmung im Bundestag. In diesem Falle würde der Vertrag keine Mehrheit erhalten.

Er bitte aber, daraus keine falschen Schlußfolgerungen zu ziehen und dies nicht als feindliche Haltung seiner Partei zu betrachten. Sie sei für einen Vertrag mit der SU, und dies sei eine Änderung der Position seiner Partei.

Es sei eine falsche Methode bei der Berlin-Regelung[3] gewählt worden; man hätte dieselbe Methode wie beim Vertrag in Moskau, nämlich die existierende Situation am Tage der Unterzeichnung, auch auf Berlin übertragen sollen. Dennoch sehe er in der Berlin-Regelung ein Positivum.

Er wolle die endgültige Stellungnahme seiner Partei auch deshalb offenhalten, weil sie davon abhänge, ob sich das Verhältnis zwischen den beiden Staaten in Deutschland so entwickle, daß die Opposition dem zustimmen könnte.

Sein persönlicher Eindruck sei, daß die Reaktion der Westberliner auf das Ergebnis der Vier Mächte sehr viel zurückhaltender sei als die aller anderen. Dies liege an den schlechten Erfahrungen. (Hier sah Falin einen ebenso möglichen positiven wie negativen Anhaltspunkt: Die Berliner sollen das letzte Wort haben.) Ich habe ihm gesagt, daß ich Barzels Auffassung in diesem Punkt grundsätzlich teilte. Es sei wichtig, daß die SU einen entsprechenden Einfluß ausübe.

Barzel ist hocherfreut über seine Einladung nach Moskau. Er möchte die Nachricht darüber taktisch ausspielen und möglichst eng an den Parteitag[4] rücken. Er müsse auch noch seine engeren Freunde informieren.

Er fragte, ob er durch entsprechende Persönlichkeiten empfangen würde und auch Gelegenheit bekommen würde, wirtschaftliche Fragen zu besprechen, da seine Partei enge Beziehungen mit potenten Wirtschaftskreisen der BRD unterhalte.

Er wolle mit Frau und Tochter und zwei bis drei Mitarbeitern kommen. Wunsch des Zeitpunktes: zweite Oktober-Hälfte/Anfang November.[5]

Barzel bat, besonders sein Interview am vergangenen Wochenende nach Moskau zu berichten, in dem er gesagt habe, daß die sowjetische Haltung schon Merk-

---

[1] Ablichtung.
[2] Für den Wortlaut des Vertrags vom 12. August 1970 zwischen der Bundesrepublik und der UdSSR vgl. BULLETIN 1970, S. 1094.
[3] Zum Ergebnis der Vier-Mächte-Gespräche über Berlin vgl. Dok. 281.
[4] Der Bundesparteitag der CDU fand am 4./5. Oktober 1971 in Saarbrücken statt.
[5] Der CDU/CSU-Fraktionsvorsitzende Barzel hielt sich vom 10. bis 16. Dezember 1971 in Moskau auf. Vgl. dazu Dok. 444.

male der Entspannung zeige.[6] Dies sei auf seine Reise gemünzt gewesen. Mehr könne er heute nicht sagen.

[Bahr][7]

Archiv der sozialen Demokratie, Depositum Bahr, Box 160

288

Aufzeichnung des Staatssekretärs Bahr, Bundeskanzleramt

1. September 1971[1]

Botschafter Falin, der um einen Termin zur Übermittlung einer wichtigen Mitteilung bat, erklärte dem Herrn Bundeskanzler:

1) Er habe die Grüße der sowjetischen Leitung zu überbringen; man könne sich wohl beiderseits zum Ergebnis der Berlin-Verhandlungen[2] gratulieren.

2) Im August vorigen Jahres sei von beiden Seiten der Wunsch ausgesprochen worden, die[3] damals begonnenen Besprechungen[4] weiterzuführen. Die bevorstehende Unterzeichnung des Vier-Mächte-Abkommens schaffe dafür eine günstige Grundlage. Die Leiter der Sowjetunion lüden den Herrn Bundeskanzler zu diesem Zweck ein, in die SU zu kommen. Sie bäten um diesen Besuch, falls das für den Bundeskanzler akzeptabel ist, im Laufe des September. Während dieser Begegnungen würde es möglich sein, den breiten Kreis der bilateralen Fragen und der Aspekte der internationalen Lage zu besprechen, die für beide Seiten von Interesse seien.

---

[6] Der CDU/CSU-Fraktionsvorsitzende Barzel erklärte am 27. August 1971 zur Einigung der Vier Mächte über ein Abkommen über Berlin gegenüber der Presse, „wenn die Sowjetunion wirklich Entspannung in Mitteleuropa wolle, dürfe dies nicht auf einen ‚Modus vivendi in Berlin' beschränkt bleiben. Dann müsse nicht nur die Lage der Berliner, sondern die Situation der Menschen in ganz Deutschland verbessert werden." Er fügte hinzu, „wenn die Sowjetunion, und es gebe Anzeichen dafür, Entspannung wolle, dürfe diese nicht dort aufhören, wo der Kern des Problems beginne". Er werde der Fraktion raten, „zu einem abschließenden Urteil erst dann zu kommen, wenn auch der zweite Teil der Abmachungen vorliege, das heißt im Ergebnis der innerdeutschen Verhandlungen zwischen den Staatssekretären Bahr und Kohl. Gegenwärtig könne man nur ein Zwischenurteil abgeben. Durch innerdeutsche Konkretisierungen müsse die Vereinbarung erst ‚wasserdicht' gemacht werden." Vgl. den Artikel „Barzel sehr vorsichtig zum Botschafterabkommen"; FRANKFURTER ALLGEMEINE ZEITUNG vom 28. August 1971, S. 1.

[7] Vermuteter Verfasser der nicht unterzeichneten Aufzeichnung.

[1] Durchdruck.
Hat Bundesminister Scheel am 1. September 1971 vorgelegen, der handschriftlich vermerkte: „Ich werde diese Nachricht in der Pressekonferenz am 3.9. bekanntgeben."

[2] Zum Ergebnis des 33. Vier-Mächte-Gesprächs über Berlin am 23. August 1971 vgl. Dok. 275, Anm. 6, sowie Dok. 281.

[3] Korrigiert aus: „ausgesprochen, die".

[4] Bundeskanzler Brandt hielt sich vom 11. bis 13. August 1970 anläßlich der Unterzeichnung des Moskauer Vertrags in Moskau auf. Vgl. dazu AAPD 1970, II, Dok. 387, Dok. 388, Dok. 390 und Dok. 401.

3) Wie dem Herrn Bundeskanzler bekannt sei, sei man im Gespräch für ein Treffen der beiden Außenminister. Die sowjetische Seite lege großen Wert darauf, zu unterstreichen, daß dieses Treffen zustande kommt.[5]

Der Bundeskanzler dankte für die übermittelten Grüße und erwiderte sie. Er werde Gelegenheit haben, auch öffentlich zu erklären, für wie wichtig er die Haltung der sowjetischen Regierung für die Berlin-Regelung einschätze. Er glaube, daß dieser Schritt sowohl bilaterale wie andere europäische Entwicklungen fördern werde.

Er bedankte sich für die Einladung. Es sei gut, bald den Meinungsaustausch vom August vergangenen Jahres fortzusetzen.

Er werde darüber insbesondere mit dem Außenminister sprechen, zumal eine Reihe von Termin-Fragen für den September zu klären seien. Die Fixierung des Termins müsse vorgenommen werden durch einen Vergleich, welche Tage für beide Seiten passend seien. Er könne allerdings nur für einen zeitlich sehr begrenzten Besuch disponieren.

Falin drückte sein Verständnis dafür aus. Er habe den Zeitungen entnommen, daß der Bundesaußenminister seinen Besuch für November plane. Es sei noch nicht entschieden, ob der sowjetische Außenminister nach New York gehen werde.

[gez. Bahr][6]

Ministerbüro, Bd. 515

289

Aufzeichnung des Vortragenden Legationsrats Ruth

II B 2-81.30/2-2801/71 VS-vertraulich   **1. September 1971**[1]

Betr.: Sitzung des Politischen Ausschusses auf Gesandtenebene in Brüssel am 30./31. August 1971;
       hier: Einbringung zweier deutscher Papiere über eine Vereinbarung betreffend Grundsätze[2] und Bewegungsbeschränkungen[3]

Am 30. August 1971 führte ich die beiden deutschen Papiere betreffend Grundsatzvereinbarung und Bewegungsbeschränkungen mit entsprechenden Erläu-

---

[5] Bundesminister Scheel besuchte die UdSSR vom 25. bis 30. November 1971. Für die Gespräche mit dem sowjetischen Außenminister Gromyko am 28. und 29. November 1971 in Moskau vgl. Dok. 416–Dok. 418.

[6] Vermuteter Verfasser der nicht unterzeichneten Aufzeichnung.

[1] Ablichtung.

[2] Für das Papier vom 6. August 1971 betreffend einen Entwurf für eine gemeinsame Erklärung über Ziele und allgemeine Grundsätze künftiger Verhandlungen über beiderseitige und ausgewogene Truppenverminderungen in Europa vgl. Dok. 266.

[3] Für das Arbeitspapier vom 4. August 1971 über Einschränkungen der Bewegungsfreiheit der Streitkräfte von NATO und Warschauer Pakt vgl. VS-Bd. 4557 (II B 2). Vgl. ferner Dok. 266, Anm. 7.

terungen beim Politischen Ausschuß auf Gesandtenebene ein. Die Papiere fanden im ganzen gesehen eine sehr positive Aufnahme.

I. Zum Constraints-Papier haben sich u. a. die amerikanische, britische, holländische, italienische, türkische, griechische und norwegische Delegation geäußert. Es wurde durchweg als interessanter und notwendiger Beitrag zur MBFR-Diskussion bezeichnet.

1) Es wurde gesagt:

a) Stellungnahmen zu dem Constraints-Papier können vorerst nur vorläufigen Charakter haben. Die offizielle Reaktion der einzelnen Regierungen kann erst nach sorgfältiger Prüfung erfolgen.

b) Die militärtechnische Wirkung der im Papier vorgeschlagenen Maßnahmen sei noch nicht genügend geklärt. Das Papier soll daher der MBFR Working Group zugeleitet werden, damit dort die militärischen Aspekte untersucht werden können. Ein Termin ist für die Zeit vor der Oktober-Konferenz vorgesehen.

c) Die Allianz habe im Moment als vordringlichste Aufgaben die Formulierung des Mandats des Beauftragten und die Reinigung des Dokuments C-M (71) 49[4] von Klammern.

d) Bedenken wurden laut, daß die Sowjets Constraints nicht als verhandelbar akzeptieren könnten, da dadurch ihre Bewegungsfreiheit wesentlich beschränkt werde (Kanada).

e) Es müsse auf jeden Fall vermieden werden, Constraints um ihrer selbst willen einzuführen; sie seien immer im Zusammenhang mit den anzustrebenden Reduktionen zu sehen (USA, Kanada).

2) Ich habe deutlich gemacht:

a) daß Constraints eines der wesentlichen Mittel sein können, um die bestehenden Ungleichheiten auszugleichen (vor allem auch die im amerikanischen Papier herausgestellten reinforcement und mobilization capabilities)[5], und daß es daher im Interesse der Allianz liege, Reduktionen mit Constraints zu verbinden;

b) daß alle von uns vorgeschlagenen Maßnahmen mit bewegungsbeschränkender Wirkung eingebettet sind in unserem Prozeßgedanken, der zu Reduktionen führen soll.

3) Unserem Constraints-Papier kommt zugute:

a) das Interesse der Flankenmächte, vor allem Griechenland und Türkei, aber auch Norwegen, Dänemark und im gewissen Sinne Italien, für eine gute Absi-

---

[4] Für das NATO-Papier C-M (71) 49 „Preparation for the High Level Meeting on Mutual and Balanced Force Reductions" vom 19. Juli 1971 vgl. VS-Bd. 4560 (II B 2).

[5] Für das amerikanische Papier „MBFR – Some Assumptions, Models and Implications" vom 23. Juli 1971 vgl. VS-Bd. 4557 (II B 2).
Am 19. August 1971 vermerkte Vortragender Legationsrat I. Klasse Mertes: „Das amerikanische Papier vermag nicht die Bedenken zu zerstreuen, daß nach MBFR die NATO einen unverminderten Grenzverlauf mit verminderten Streitkräften schützen muß, und zwar gegen einen potentiellen Angreifer, der seine Stoßrichtung selbst bestimmen und trotz verminderter Streitkräfte die zum Angriff bestimmten Verbände ohne Mühe verstärken könnte. Dieser Vorteil des Warschauer Paktes müßte durch vereinbarte ‚Constraints' ausgeglichen werden, die unter Berücksichtigung der geographischen Vor- und Nachteile beider Seiten die Bewegungsfreiheit eines Angreifers ungleich stärker beschränken als die des Verteidigers." Vgl. VS-Bd. 4558 (II B 2); B 150, Aktenkopien 1971.

cherung ihrer Position im Rahmen von MBFR zu sorgen. Griechenland und die Türkei haben daher im Anschluß an Punkt 7 unserer Covernote[6] eine spezielle Studie angeregt, wie man negative Auswirkungen auf die Flanken verhindern könnte. Sie haben uns um Hilfestellung gebeten;

b) das Interesse all derer, die an einem kalkulierbaren Ablauf von MBFR interessiert sind, vornehmlich UK, Italien, Niederlande;

c) der Umstand, daß schon in anderem Zusammenhang, so im letzten amerikanischen Papier, aber auch im NATO-Dokument C-M (71) 49 Constraints angesprochen wurden.

4) Im Lichte der Diskussion in der Allianz erscheint es angebracht,

a) daß wir zwar dem Vorschlag zustimmen, daß die militärischen Aspekte unseres Constraints-Papiers in der MBFR Working Group vertieft werden. Wir wollen auf baldigen Beginn und auf zügigen Verlauf der Arbeiten drängen;

b) daß wir aber unabhängig davon versuchen sollten, das der Studie zugrunde liegende Prinzip in das NATO-Dokument C-M (71) 49 zu übertragen und es im Mandat des Beauftragten zu verankern. Das ist durch die in der Anlage beigefügten Änderungsvorschläge zu diesem Dokument[7] eingeleitet.

c) Dabei ist in Rechnung zu stellen, daß auch Länder wie USA, Kanada, Dänemark, die aus verschiedenen Motiven zu gegebener Zeit vor allem über Reduktionen verhandeln wollen, sich unter Umständen gegen die Aufnahme des Constraints-Prinzips in das Mandat sperren werden.

d) Wir müssen daher versuchen, – und das kommt in den Änderungsvorschlägen zum Ausdruck – deutlich zu machen, daß zwischen Constraints und Reduktionen ein enger zeitlicher und sachlicher Zusammenhang hergestellt werden kann; daß weiterhin einerseits der Constraints-Gedanke so allgemein wie möglich formuliert wird, daß aber andererseits die von uns gewünschten Maßnahmen doch erkennbar in die Instruktionen für den Explorateur und sein offenes Sondierungsmaterial (Kriterien) einfließen sollen. Dem entspricht Punkt I der Neuformulierung von C-M (71) 49 zum Thema Bewegungsbeschränkung.

II. Bei der Einbringung des Papiers über eine mögliche Grundsatzerklärung war im Vergleich zum Constraints-Papier eine noch umfassendere Zustimmung in der Diskussion festzustellen.

1) Aus der Diskussion ist die Hervorhebung folgender Argumente für unseren Vorschlag festzuhalten:

a) Er sei ein geeigneter Weg, den Warschauer Pakt zur Stellungnahme zur Substanz zu bewegen (Norwegen).

---

[6] Punkt 7 der Begleitaufzeichnung zum Arbeitspapier vom 14. Juli 1971 über Einschränkungen der Bewegungsfreiheit der Streitkräfte von NATO und Warschauer Pakt: „Die vorgeschlagenen Maßnahmen berücksichtigen nicht Bewegungen an der Peripherie des Vertragsraumes, die eine Bedrohung darstellen können. Es wird vorgeschlagen zu untersuchen, ob auch in dieser Hinsicht Beschränkungen vereinbart werden können, die die freie Verfügbarkeit von Streitkräften einschränken." Vgl. die Anlage zur Aufzeichnung des Botschafters Roth vom 16. August 1971; VS-Bd. 4470 (II A 1); B 150, Aktenkopien 1971.
[7] Dem Vorgang nicht beigefügt.

b) Er könne dem Block-zu-Block Approach entgegenwirken, weil eine Grundsatzerklärung im Prinzip allen an MBFR interessierten europäischen Staaten offenstehen könne (Norwegen).

c) Er biete eine denkbare Möglichkeit, um von einer europäischen Konferenz zum Thema MBFR überzuleiten (Norwegen).

d) Er baut auf dem Schema des McCloy-Sorin-Papier[8] auf und hat einzelne Positionen konstruktiv weiterentwickelt (Niederlande).

e) Er lasse einen positiven Präsentationseffekt erwarten (UK).

2) In der Diskussion wie im privaten Gespräch klangen folgende Reserven an:

a) verbindliche Stellungnahmen zu dem Papier seien erst nach Prüfung durch die Regierungen möglich (UK/Norwegen);

b) das Papier werde in einem Augenblick eingeführt, in dem die Diskussion der Kriterien selbst noch nicht abgeschlossen sei;

c) man werde sich auf alle Fälle im Verlauf von MBFR-Verhandlungen über Grundsätze und Prinzipien einigen müssen; es erhebe sich aber die Frage, ob dies in förmlicher Weise geschehen müsse;

d) der Effekt, damit auch eine Teilnahme der an Reduktionen nicht unmittelbar Beteiligten oder der von ihnen Betroffenen sinnvoll sicherzustellen, sei zu begrüßen, andererseits würde es schwierig sein, nachher die notwendige Differenzierung vorzunehmen;

e) vordringlichere Aufgaben seien zur Zeit das Mandat des Beauftragten und die endgültige Fixierung der Kriterien (Chairman);

f) die Amerikaner machten außerhalb der allgemeinen Diskussion deutlich, daß sie den Gedanken einer solchen Erklärung zwar grundsätzlich unterstützen, daß aber sichergestellt werden müsse, daß davon keine verschleppende Wirkung ausgehe.

3) Bei der Einführung des Papiers bot sich die Gelegenheit:

a) Unser Konzept eines schrittweisen Prozesses nochmals eingehend darzulegen;

b) dieses Konzept durch die Einführung der beiden Papiere wesentlich zu konkretisieren und auch

c) zu zeigen, wie der Phasenprozeß der Kalkulierbarkeit von MBFR dient;

d) zu zeigen, daß eine Grundsatzerklärung ein wichtiges Element einer ersten Verandlungsposition sein kann.

4) Es ist festzuhalten:

a) daß das Papier wegen seines ausschließlich politischen Inhalts im Politischen Ausschuß weiterdiskutiert wird;

b) daß bereits Einigkeit besteht, daß man sich mit der Gegenseite über Grundsätze und Prinzipien wird verständigen müssen, so daß unser Papier zur interen Klärung beiträgt;

---

[8] Zur amerikanisch-sowjetischen Grundsatzerklärung vom 20. September 1961 für künftige Abrüstungsverhandlungen vgl. Dok. 95, Anm. 19.

c) daß unser Papier all denjenigen entgegenkommt, die aus militärischen und politischen Gründen an einem kalkulierbaren Ablauf von MBFR interessiert sind.

5) Wir werden versuchen sicherzustellen,
- daß der Gedanke einer Vereinbarung über Grundsätze im Mandat sichtbar enthalten ist;
- daß die Diskussion über unser Papier fortgesetzt wird
- und daß die Grundsatzerklärung neben Constraints und zu erwartenden Reduzierungsvorschlägen in ein erstes Verhandlungspaket einbezogen wird.

gez. Ruth

VS-Bd. 4607 (II A 3)

290

Aufzeichnung des Staatssekretärs Freiherr von Braun

St.S. 561/71 geheim   2. September 1971

Betr.: Heutige Berlin-Verhandlungen

1) Botschafter Ruete teilte telefonisch mit, Schumann habe ihn heute zu sich gebeten und nach einem Ferngespräch mit Sauvagnargues seine Beunruhigung über die deutsche Absicht mitgeteilt, die Unterzeichnung des Berlin-Abkommens hinauszuschieben, bis Einigkeit über eine deutsche Übersetzung erzielt sei.[1] Er habe hiergegen aus folgenden Gründen Bedenken:

a) Damit werde der DDR ein Quasi-Vetorecht in Angelegenheiten der Vier eingeräumt; die ständigen Versuche, die Sowjets in Verantwortung zu halten, würden dadurch entwertet.

b) Die DDR würde sich auf dem Umweg über die Übersetzung ständig in die Angelegenheiten einmischen.

c) Unangenehme Folgen einer Meinungsverschiedenheit über die Übersetzungen könnten in der sog. dritten Etage (d.h. bei der Transponierung der innerdeutschen Abreden in eine Vier-Mächte-Verantwortung) ausgebügelt werden.

d) Werde mit der angegebenen Begründung die Unterzeichnung verschoben, so werde der Bundesregierung alle Verantwortung zugeschoben werden.[2]

---

[1] Vgl. dazu BAHR, Zeit, S. 368.

[2] Am 2. September 1971 berichtete Botschafter Ruete, Paris, über das Gespräch mit dem französischen Außenminister am selben Tag weiter, er habe Schumann auf dessen Ausführungen geantwortet, daß es besser sei, „jetzt die Unterzeichnung des Abkommens zu verschieben, als die späteren Verhandlungen zwischen Staatssekretär Bahr und Staatssekretär Kohl mit der Einigung über einen deutschen Text zu belasten. Wir seien der Auffassung, daß die Seriosität der Unterschriften der vier Botschafter von der Öffentlichkeit bezweifelt werden würde, wenn sie begleitet sei von deutschen Querelen über einen einheitlichen deutschen Text. Wir glaubten, daß auch die Sowjet-

2) Nach Rücksprache mit dem Herrn Minister habe ich Herrn Ruete gebeten, Herrn Schumann folgendes mitzuteilen:

Wir seien in der Tat der Auffassung, daß Meinungsverschiedenheiten, seien sie zwischen den beiden deutschen Staaten oder den Alliierten, über einen deutschen Text für die Zukunft des Abkommens sehr verderblich sein würden. Die augenblickliche gute Stimmung würde sofort einem Zweifel und gegenseitigen Beschuldigungen Platz machen; innenpolitisch sei ein Streit über Auslegungen für die Bundesregierung äußerst lästig und für die Ratifikation schädlich. Wir müßten daher vor der Unterzeichnung Klarheit über die Texte haben. Im übrigen sei unsere Ansicht vorab mit den Franzosen abgestimmt gewesen. Wir seien uns einig gewesen auch darüber, daß den Sowjets gegenüber keine ultimativen Formeln benutzt werden würden. Auch mit den Russen sei verabredet, daß vor Einigkeit über den deutschen Text keine Unterzeichnung stattfinden werde. Es sei unzweckmäßig, von diesem Standpunkt nunmehr wieder zurückzuweichen. Der Gedanke, in einem späteren Schlußprotokoll die Meinungsverschiedenheiten auszubügeln, sei nicht gut. Er werde nur künftige Belastungen erzeugen.

Im übrigen könne er Herrn Schumann gegenüber auch den französischen Botschafter Sauvagnargues zitieren, nach dessen Ansicht „Verträge erst in den letzten fünf Minuten geschlossen werden". Es komme auf Geduld und Ausdauer an.

Über den Stand der Textvergleiche habe ich ihn wie folgt unterrichtet: Es beständen außer minderen offenen Punkten insbesondere drei größere Differenzen:

a) „ties" werde von uns als Bindungen, von der DDR als Verbindungen übersetzt;

b) „constitutive part" von uns als konstitutiver Teil, von der DDR als Bestandteil;

c) „communications" von uns als Verbindungen, von der DDR als Verkehr.

Die Übersetzung des Wortes „quadripartite" (wir: Vier-Mächte; die DDR: vierseitiges Abkommen) könne ohne Einigung stehen bleiben.[3] Ebenso die Tatsache, daß die DDR die Sowjetunion immer an der ersten Stelle nennt, während wir alternieren.

3) Um 15 Uhr rief Herr Ruete wieder nach einem Telefongespräch mit Schumann an und bat erneut um Mitteilung der Ansicht des Herrn Bundesministers

---

Fortsetzung Fußnote von Seite 1316

union im Grunde ein Interesse daran habe, daß bei der Unterzeichnung ein vereinbarter deutscher Text vorliege." Vgl. den Drahtbericht Nr. 2513; VS-Bd. 4523 (II A 1); B 150, Aktenkopien 1971.

[3] Im Rückblick vermerkte Egon Bahr: „An fast hundert Stellen hatten die beiden Deutschen unterschiedlich übersetzt. Das wurde auf ein Dutzend und schließlich auf zwei reduziert, die blieben, weil nach einem Krimi, in dem Leichtsinn, Sturheit, Täuschung und Ungeduld sich auch heute noch kaum aufklärbar verknoteten, die vier Botschafter am 3. September 1971 das Abkommen paraphierten. Mit dem einen Unterschied konnten wir leben: Der Westen sprach vom Vier-Mächte-Abkommen, der Osten vom vierseitigen Abkommen, was wohl korrekt war. Als politisch gefährlich empfanden wir, daß keine Einigung mehr zustande kam, wie das englische ‚ties' und das russische ‚swasi' zu übersetzen seien. Beide Vokabeln bedeuten ‚Bindungen' wie ‚Verbindungen'. [...] War die Berolina nun gebunden oder für Bonn nur lieb und teuer? In der Praxis stellte sich heraus, daß dieser potentielle Konflikt kein neues Gewitter ankündigte, sondern das Wetterleuchten eines abziehenden war." Vgl. BAHR, Zeit, S. 369.

zu seinen oben unter 1 a) bis d) genannten Auffassungen. Ich habe ihn gebeten, unseren Standpunkt erneut darzulegen, dabei aber einfließen zu lassen, daß die ganze Differenz nunmehr nur noch akademische Bedeutung habe, da inzwischen die Unterzeichnung auf morgen vertagt worden sei mit der Begründung, Rush habe einen Herzanfall erlitten.

Hiermit Herrn D Pol[4]

von Braun[5]

VS-Bd. 4523 (II A 1)

291

Bundeskanzler Brandt an Präsident Nixon

2. September 1971[1]

Lieber Herr Präsident,

Sie haben mich freundlicherweise am 16. August über die Maßnahmen unterrichtet, die Sie am gleichen Tage zum Schutze der Wirtschaft und Währung Ihres Landes getroffen haben.[2] Ich danke Ihnen für diese Unterrichtung und zugleich für die Versicherung Ihrer Bereitschaft zur Zusammenarbeit unserer Länder in den wichtigen Fragen des Welthandels und der Weltwährungsordnung, die uns jetzt vordringlich beschäftigen. Ihre Bemühungen um eine gesunde Weiterentwicklung der amerikanischen Wirtschaft verfolge ich mit Sympathie und wünsche Ihnen Erfolg.

Sie werden verstehen, daß wir den Wirkungen der die internationalen Handelsbeziehungen belastenden Maßnahmen, insbesondere der von Ihnen eingeführten temporären Importsteuer, nicht ohne Sorge entgegensehen. Die deutsche Exportwirtschaft hatte ja bereits vorher die besondere Belastung zu tragen, die sich aus der Entwicklung des Wechselkurses nach der am 9. Mai[3] dieses Jahres notwendig gewordenen währungspolitischen Entscheidung der Bundesregierung[4] ergeben hatte. Mit dieser Entscheidung haben wir auch zur Entlastung des US-Dollars beitragen können.

Zusammen mit den anderen Mitgliedstaaten der Europäischen Gemeinschaft hat sich die Bundesrepublik Deutschland im Interesse der Sicherung eines frei-

---

[4] Hat Ministerialdirektor von Staden vorgelegen.
[5] Paraphe.
[1] Ablichtung.
[2] Vgl. dazu die Erklärung des Präsidenten Nixon vom 15. August 1971 über die Aufgabe der Dollar-Konvertibilität sowie weitere wirtschafts- und währungspolitische Maßnahmen; Dok. 276, Anm. 1.
[3] Korrigiert aus: „10. Mai".
[4] Zur vorübergehenden Freigabe des Wechselkurses der DM durch die Bundesregierung vgl. Dok. 157, Anm. 6.

en internationalen Handels- und Zahlungsverkehrs bereit erklärt, an der notwendigen Reform des internationalen Währungssystems, wozu auch eine Neugestaltung der Paritäten gehört, mitzuwirken.[5]

Ich bin überzeugt, daß unser gemeinsames Interesse an einer krisenfesten Weltwirtschaft uns helfen wird, bald eine Lösung zu finden, in der die Last der Währungsanpassung angemessen verteilt ist und die weitere Entfaltung des Welthandels gesichert bleibt.

Mit freundlichen Grüßen

Ihr Willy Brandt

Willy-Brandt-Archiv, Bestand Bundeskanzler

292

Aufzeichnung des Staatssekretärs Bahr, Bundeskanzleramt

Geheim 6. September 1971[1]

Betr.: Persönliche Gespräche StS Bahr/StS Kohl am 6. September 1971

Zwischen 10.30 und 18.00 Uhr fanden insgesamt drei persönliche Gespräche statt. Sie dienten ausschließlich dem Versuch, eine Einigung über die beiden Punkte des deutschen Textes herzustellen, die in der Fassung von ADN bzw. im „Neuen Deutschland" anders als in der Vereinbarung vom Freitag vormittag wiedergegeben worden sind.[2] Diese Versuche führten nicht zum Erfolg.

StS Kohl beharrte darauf, daß seine Seite, soweit das überhaupt künftig erforderlich sei, die ADN-Fassung benutzen werde, nachdem durch die Veröffentlichung eines Textes durch dpa am Vormittag des 3. September, in der ausdrücklich auf die beiden noch nicht vereinbarten Punkte aufmerksam gemacht wurde, die vereinbarte Vertraulichkeit gebrochen und sich die DDR damit an die Vereinbarung überhaupt nicht mehr gebunden fühle.

---

[5] Vgl. dazu das Kommuniqué des EG-Ministerrats vom 20. August 1971; Dok. 276.
[1] Ablichtung.
[2] Zur Vereinbarung vom 3. September 1971 vgl. Dok. 295.
   Am 4. September 1971 veröffentlichte „Neues Deutschland" eine Übersetzung des Vier-Mächte-Abkommens. Teil II, Absatz B Satz 1 lautete: „Die Regierungen der Französischen Republik, des Vereinigten Königreiches und der Vereinigten Staaten von Amerika erklären, daß die Verbindungen zwischen den Westsektoren Berlins und der Bundesrepublik Deutschland aufrechterhalten und entwickelt werden, wobei sie berücksichtigen, daß diese Sektoren so wie bisher kein Bestandteil der Bundesrepublik Deutschland sind und auch weiterhin nicht von ihr regiert werden." Anlage II, Absatz 1 Satz 1 lautete: „In Ausübung ihrer Rechte und Verantwortlichkeiten erklären sie, daß die Verbindungen zwischen den Westsektoren Berlins und der Bundesrepublik Deutschland aufrechterhalten und entwickelt werden, wobei sie berücksichtigen, daß diese Sektoren so wie bisher kein Bestandteil der Bundesrepublik Deutschland sind und auch weiterhin nicht von ihr regiert werden."
   Vgl. NEUES DEUTSCHLAND vom 4. September 1971, S. 3.

StS Kohl schlug vor, die Verhandlungen aufzunehmen, zumal die beiden in Frage stehenden Punkte für die deutschen Verhandlungen keine Rolle spielen und die DDR durch ihre Veröffentlichung deutlich gemacht habe, daß sie sich an die einzigen autorisierten Texte in Englisch, Französisch und Russisch halten werde.

Alle Vorstellungen der unter Umständen weitreichenden Folgen vermochten nicht, Kohl von einer Linie abzubringen, von der er sagte, sie sei auch mit der SU abgestimmt, und er glaube nicht, daß der Bericht über die Gespräche daran etwas ändern werde.

Es wurde vereinbart, diesen Punkt am Donnerstag in Ost-Berlin wieder aufzunehmen[3], heute im allgemeinen in der zu verlautbarenden Mitteilung über „Verkehrsverhandlungen" zu sprechen[4] und Herrn Kohl Gelegenheit zu geben, seine Auffassungen dazu vorzutragen[5].

Bahr

VS-Bd. 4487 (II A 1)

293

Gespräch des Staatssekretärs Bahr, Bundeskanzleramt, mit dem Staatssekretär beim Ministerrat der DDR, Kohl

Geheim 6. September 1971[1]

Protokoll des 17. Gespräches StS Bahr/StS Dr. Kohl, Bundeskanzleramt, Bonn, am 6. September 1971, Beginn der Delegationssitzung: 18.12 Uhr, Ende 19.30 Uhr.

Delegationen wie bisher, auf seiten der DDR zusätzlich Herr Reichel (Sicherheitsbeamter).

StS *Bahr* begrüßte die Delegation der DDR und bat StS Kohl zu beginnen.

StS *Kohl* dankte für die Begrüßung. Er nahm Bezug auf den Beschluß des Bundeskabinetts, durch den StS Bahr beauftragt worden sei, die Verhandlungen im weitesten Sinne zu führen.[2] Der Ministerrat der DDR habe sich seinerseits

---

[3] Zum 18. Gespräch des Staatssekretärs Bahr, Bundeskanzleramt, mit dem Staatssekretär beim Ministerrat der DDR, Kohl, am 9. September 1971 in Ost-Berlin vgl. Dok. 299.

[4] Zur Pressemitteilung vgl. den Artikel „Kohl legt Vorstellungen für Verkehrsvertrag vor"; FRANKFURTER ALLGEMEINE ZEITUNG vom 7. September 1971, S. 1.

[5] Vgl. Dok. 293.

[1] Ablichtung.
Die Gesprächsaufzeichnung wurde von Vortragendem Legationsrat Eitel, Bundeskanzleramt, gefertigt.

[2] Am 3. September 1971 erklärte die Bundesregierung, daß sie die Regierung der DDR einlade, „in Verhandlungen einzutreten mit dem Ziele, eine Vereinbarung zur Durchführung und Ergänzung von Teil II A des Abkommens der Vier Mächte vom 3. September 1971 sowie des Anhanges I zu

am 24.8.71 mit dem gesamten Ergebnis der Vier-Mächte-Verhandlungen[3] befaßt und mit Genugtuung davon Kenntnis genommen. Das Ergebnis sei geeignet, zur Entspannung im Herzen Europas und zur Sicherung des Friedens beizutragen. Der Ministerrat habe dabei die volle Übereinstimmung mit der SU während der Vier-Mächte-Verhandlungen zum Ausdruck gebracht und die bisherigen mit der SU geführten Gespräche gebilligt.[4] Er, Kohl, sei beauftragt worden, entsprechende Vereinbarungen mit der BRD zu verhandeln.

Die Delegationen der DDR und der BRD hätten schon beim letzten Gespräch am 26.8.71[5] in Aussicht genommen, parallele Verhandlungen über Fragen des Verkehrs und Transitfragen zu führen. Er schlage nun vor, die Gespräche in offizielle Verhandlungen zu überführen.

Trotz der geschilderten Umstände, die Gegenstand des persönlichen Gesprächs[6] gewesen seien, hoffe er, daß es möglich sein werde, schon heute die eine oder andere Formulierung abzustimmen.

Er, Kohl, wolle sich zunächst zu zwei Fragen äußern. StS Bahr habe vor einiger Zeit bei der Erörterung eines allgemeinen Verkehrsvertrages eine Verkehrskommission für die Beilegung von Meinungsverschiedenheiten vorgeschlagen.[7] Er, Kohl, hoffe selbstverständlich, daß es in Zukunft möglichst wenig Meinungsverschiedenheiten geben werde, möchte aber zur Regelung dieses Punktes folgenden Vorschlag unterbreiten:

„1) Die Vertragsstaaten werden eventuell auftretende Meinungsverschiedenheiten über die Anwendung oder Auslegung dieses Vertrages auf der Grundlage

---

Fortsetzung Fußnote von Seite 1320

diesem Teile des Abkommens abzuschließen". Staatssekretär Bahr, Bundeskanzleramt, sei beauftragt worden, die Verhandlungen zu führen: „Die Bundesregierung wünscht, daß diese Verhandlungen zügig durchgeführt werden. Sie ist bereit, mit der Regierung der DDR darauf hinzuwirken, daß das Abkommen der Vier Mächte vom 3. September 1971 zusammen mit den Vereinbarungen der zuständigen deutschen Stellen im Interesse der Entspannung im Zentrum Europas und zum Wohle der Bewohner West-Berlins zu einem möglichst frühen Zeitpunkt in Kraft tritt. Das Kabinett hat ferner Berichte des Bundesministers für innerdeutsche Beziehungen, Egon Franke, und des Staatssekretärs im Bundeskanzleramt, Egon Bahr, über den bisherigen Verlauf des Meinungsaustausches zur Kenntnis genommen, der auf Grund der Absprache vom 29. Oktober 1970 mit Vertretern der DDR über Fragen geführt wurde, deren Regelung der Entspannung im Zentrum Europas dienen würde und die für die beiden Staaten von gemeinsamem Interesse sind. Dieser Meinungsaustausch hat sich zunächst auf Fragen des allgemeinen Verkehrs zwischen der Bundesrepublik Deutschland und der DDR bezogen. Das Kabinett hat Staatssekretär Bahr – auf Vorschlag des Bundesministers für innerdeutsche Beziehungen – ermächtigt, mit Vertretern der DDR in Verhandlungen einzutreten, die zunächst der Vorbereitung eines Abkommens zwischen den beiden Staaten über die Verbesserung des Verkehrs und die Schaffung günstiger Bedingungen für die Verkehrsteilnehmer dienen sollen." Vgl. BULLETIN 1971, S. 1367.

[3] Zum Ergebnis des 33. Vier-Mächte-Gesprächs über Berlin am 23. August 1971 vgl. Dok. 275, Anm. 6, sowie Dok. 281.

[4] Vgl. dazu die „Mitteilung des Presseamtes beim Vorsitzenden des Ministerrats der DDR vom 24. August 1971 zum Entwurf der Vereinbarung der Botschafter der Vier Mächte über die Probleme West-Berlins"; AUSSENPOLITIK DER DDR, Bd. XIX, S. 919f.

[5] Zum 16. Gespräch des Staatssekretärs Bahr, Bundeskanzleramt, mit dem Staatssekretär beim Ministerrat der DDR, Kohl, in Ost-Berlin vgl. Dok. 283 und Dok. 284.

[6] Vgl. Dok. 292.

[7] Zum Vorschlag des Staatssekretärs Bahr, Bundeskanzleramt, vom 26. Januar 1971, eine Verkehrskommission als Konsultationsorgan zur Überwachung und Durchführung eines allgemeinen Verkehrsvertrags einzusetzen, vgl. Dok. 33.

der Wiener Konvention über das Recht der Verträge[8] durch eine paritätisch besetzte Kommission beider Vertragsstaaten auf dem Wege von Verhandlungen klären.

2) Jeder Vertragsstaat wird in der Kommission durch drei Mitglieder vertreten, die unter Leitung eines bevollmächtigten Vertreters des Ministers für Verkehrswesen der DDR bzw. des Bundesministers für Verkehr der BRD stehen.

3) Die Kommission tritt auf Ersuchen eines der beiden Vertragsstaaten zusammen."

Für die Schlußklausel schlage er folgende Formulierung vor:

„Dieser Vertrag wird auf unbestimmte Zeit geschlossen. Er kann fünf Jahre nach seinem Inkrafttreten mit einer Frist von drei Monaten zum Ende des jeweiligen Kalenderjahres gekündigt werden.

Dieser Vertrag soll sobald wie möglich ratifiziert werden. Er tritt am Tage des Austausches der Ratifikationsurkunden, der in ... erfolgen wird, in Kraft.

Geschehen in ... am ... in zwei Urschriften in deutscher Sprache."

Zur Frage der gegenseitigen Hilfe bei Unfällen und Havarien habe er, Kohl, bereits beim letzten Mal einen Vorschlag gemacht. StS Bahr habe dazu bemerkt, daß es besser sei, dabei nicht Bezug zu nehmen auf die „zuständigen Organe und Betriebe". Seine Seite sei damit einverstanden.

StS Kohl übergab dann den Entwurf der DDR für einen Vertrag zwischen der Deutschen Demokratischen Republik und der Bundesrepublik Deutschland über Fragen des Verkehrs.[9]

Bei der Ausarbeitung dieses Entwurfs habe seine Seite nicht nur auf Maximalpositionen verzichtet, sondern auch die Vorstellungen der Bundesrepublik berücksichtigt, um damit den Abschluß eines Vertrages zu erleichtern. Er, Kohl, sei sicher, daß dieser Vorschlag eine Grundlage für die Regelung dieses Komplexes sein könne und sein werde.

Er komme jetzt zum zivilen Transitverkehr. Wie StS Bahr bereits dem Interview des Ersten Sekretärs der SED, Honecker[10], habe entnehmen können, sei man in der Struktur seinen, Bahrs, Vorstellungen entgegengekommen. Man sei bereit, in Ergänzung des Vertrages über den allgemeinen Verkehr, eine Vereinbarung auf Regierungsebene über den zivilen Transitverkehr von Bürgern der BRD und Gütern aus der BRD nach und von Berlin (West) abzuschließen. Er gehe davon aus, daß die Verhandlungen über beide Gegenstände parallel geführt und der Staatsvertrag sowohl wie das Regierungsabkommen am gleichen Tage unterzeichnet werden sollten. Er habe schon beim letzten Mal gesagt, daß zwischen beiden Themen ein enger Sachzusammenhang bestehe. Dem habe auch StS Bahr zugestimmt. Seiner Auffassung nach bestehe darüber hinaus aber auch ein enger rechtlicher Zusammenhang. Dies bestreite StS Bahr; es soll aber auch kein Streitpunkt sein. Er übergebe hiermit den Entwurf seiner

---

[8] Für den Wortlaut des Wiener Übereinkommens vom 23. Mai 1969 über das Recht der Verträge vgl. UNTS, Bd. 1155, S. 332–353. Für den deutschen Wortlaut vgl. BUNDESGESETZBLATT 1985, Teil II, S. 927–960.

[9] Dem Vorgang beigefügt. Vgl. VS-Bd. 4487 (II A 1); B 150, Aktenkopien 1971.

[10] Für den Wortlaut des Interviews „Antwort auf aktuelle Fragen" vgl. NEUES DEUTSCHLAND vom 5. September 1971, S. 3.

Regierung eines Abkommens zwischen der Regierung der DDR und der Regierung der BRD über den zivilen Transitverkehr von Bürgern der BRD und Gütern aus der BRD nach und von Berlin (West).[11] Er bitte, diesen Entwurf zu prüfen und wolle jetzt einige Artikel erläutern. Seine Seite habe darauf verzichtet, Maximalpositionen zu formulieren und sich bemüht, Texte zu finden, die auch für die Bundesregierung akzeptabel seien. Er hoffe, daß auch die Bundesregierung realistisch mitarbeite, um die notwendigen Vereinbarungen zu erleichtern.

Der Entwurf sehe eine kurze Präambel vor, die dem Bestreben beider Regierungen Rechnung trage, einen Beitrag zur Entspannung in Europa zu leisten. Weiter habe man in der Präambel, ausgehend von dem in der internationalen Praxis üblichen Verfahren, den Inhalt des abzuschließenden Abkommens genannt.[12]

Artikel 1[13] nehme StS Bahrs Vorschlag auf, den Gegenstand des Vertrages zu benennen. Dieser sei kurz definiert, so daß im folgenden Wiederholungen vermieden würden. Der zweite Satz gehe vom Text des Vierseitigen Abkommens[14] aus und umschreibe generell das Verfahren. Die konkrete Art und Weise werde in den folgenden Artikeln beschrieben.

Artikel 2 wiederhole im ersten Absatz den im Vierseitigen Abkommen aufgestellten Grundsatz, daß im Transitverkehr die allgemein üblichen Vorschriften bezüglich der öffentlichen Ordnung der DDR einzuhalten seien[15]. Man habe sich in den vergangenen Unterredungen mehrfach über die Geltung innerstaatlichen Rechts unterhalten. Seine Seite wiederhole indes nicht die früher vorgeschlagene Formulierung, sondern halte sich an die des vierseitigen Ab-

---

[11] Dem Vorgang beigefügt. Vgl. VS-Bd. 4487 (II A 1); B 150, Aktenkopien 1971.
[12] Präambel des Entwurfs der DDR vom 6. September 1971 für ein Abkommen zwischen der Bundesrepublik und der DDR über den Transitverkehr zwischen der Bundesrepublik und Berlin (West): „Die Regierung der Deutschen Demokratischen Republik und die Regierung der Bundesrepublik Deutschland sind in dem Bestreben, einen Beitrag zur Entspannung in Europa zu leisten, geleitet von dem Wunsch, Fragen des zivilen Transitverkehrs von Bürgern der BRD und Gütern aus der BRD nach und von Berlin (West) durch das Hoheitsgebiet der Deutschen Demokratischen Republik zu regeln, übereingekommen, dieses Abkommen zu schließen:". Vgl. VS-Bd. 4487 (II A 1); B 150, Aktenkopien 1971.
[13] Artikel 1 des Entwurfs der DDR vom 6. September 1971 für ein Abkommen zwischen der Bundesrepublik und der DDR über den Transitverkehr zwischen der Bundesrepublik und Berlin (West): „Gegenstand des Abkommens ist der zivile Transitverkehr von Bürgern der BRD und Gütern aus der BRD auf Straßen, Schienen- und Wasserwegen durch das Hoheitsgebiet der DDR nach und von Berlin (West) – im folgenden Transitverkehr genannt. Er wird, wie es in der internationalen Praxis vorzufinden ist, erleichtert und ohne Behinderungen sein sowie Begünstigung erfahren, damit er in der einfachsten und schnellsten Weise vor sich geht." Vgl. VS-Bd. 4487 (II A 1); B 150, Aktenkopien 1971.
[14] Vgl. dazu Teil II, Abschnitt A, sowie Anlage I, Absatz 1 des Vier-Mächte-Abkommens über Berlin vom 3. September 1971; EUROPA-ARCHIV 1971, D 444 bzw. 446.
[15] Vgl. dazu Anlage I, Absatz 2 d) des Vier-Mächte-Abkommens über Berlin vom 3. September 1971: „Persons identified as through travellers using individual vehicles between the Western sectors of Berlin and the Federal Republic of Germany on routes designated for through traffic will be able to proceed to their destinations without paying individual tolls and fees for the use of the transit routes. Procedures applied for such travellers shall not involve delay. The travellers, their vehicles and personal baggage will not be subject to search, detention or exclusion from use of the designated routes, except in special cases, as may be agreed by the competent German authorities, where there is sufficient reason to suspect that misuse of the transit routes is intended for purposes not related to direct travel to and from the Western sectors of Berlin and contrary to generally applicable regulations concerning public order." Vgl. EUROPA-ARCHIV 1971, D 447.

kommens. In Absatz 2 seien im beiderseitigen Interesse die Internationalen Gesundheitsvorschriften der WHO[16] sowie die allgemeinen internationalen Abkommen, die den Schutz der Tier- und Pflanzenwelt beträfen, als für den Transitverkehr verbindlich statuiert. Hierbei gehe man davon aus, daß z. B. auch solche internationalen Abkommen, wie das über die Vermeidung des Dengue-Fiebers[17] oder die Internationalen Pflanzenschutzkonventionen vom 6. 12. 1951 und 2. 12. 1961[18] oder die Europäische Satzung betreffend die Bekämpfung von Maul- und Klauenseuche vom 11. 12. 1953[19] Anwendung fänden. Des weiteren sehe dieser Absatz ein Verbot für die Durchfuhr bestimmter Warengattungen wie Rauschgifte und anderer schädlicher Drogen vor. Hier denke er etwa an die internationalen Opiumkonventionen von 1912 und 1925[20] sowie die Konvention über den unerlaubten Handel mit Narkotika und Arzneien vom 13. 3. 1963. Mit StS Bahr habe Einigkeit darüber bestanden, daß international gesuchte Verbrecher den zuständigen Behörden übergeben werden sollten. Daher habe man in dem gleichen Absatz auch noch auf die internationalen Abkommen zur Verbrechensbekämpfung verwiesen.

Absatz 3 lege entsprechend der im Vierseitigen Abkommen gefundenen Regelung fest, daß von den vorgeschriebenen Transitstrecken nicht abgewichen werden dürfe.

Die Absätze 1 und 3 des Artikels 3[21] entsprächen dem Buchstaben 2 c) der Anlage I zum Vierseitigen Abkommen. Der Sinn bestehe darin, die Reisenden auf die einfachste und schnellste Weise zum Ziel zu bringen. Entsprechend z. B. dem zwischen der BRD und Österreich über den „Durchgangsverkehr bei Mittenwald" geschlossenen Vertrag vom 14. 9. 1955, Artikel 6 Absatz 2, seien bei dem Durchgangsverkehr das Ein- und Aussteigen, das Hinauswerfen von Gegenständen etc. verboten.[22] Absatz 4[23] treffe Vorsorge für ungewöhnliche Er-

---

[16] Für den Wortlaut der Internationalen Gesundheitsvorschriften vom 25. Juli 1969 vgl. UNTS, Bd. 764, S. 3–105. Für den deutschen Wortlaut vgl. BUNDESGESETZBLATT 1971, Teil II, S. 868–923.

[17] Für den Wortlaut des Internationalen Abkommens vom 25. Juli 1934 über den gegenseitigen Schutz gegen das Denguefieber vgl. LNTS, Bd. 177, S. 60–69. Für den deutschen Wortlaut vgl. REICHSGESETZBLATT 1936, Teil II, S. 236–241.

[18] Für den Wortlaut des Internationalen Pflanzenschutzübereinkommens vom 6. Dezember 1951 vgl. UNTS, Bd. 150, S. 67–85. Für den deutschen Wortlaut vgl. BUNDESGESETZBLATT 1956, Teil II, S. 948–961.
Für den Wortlaut des Internationalen Pflanzenschutzübereinkommens vom 2. Dezember 1961 vgl. UNTS, Bd. 815, S. 109–127.

[19] Für den Wortlaut der Satzung vom 11. Dezember 1953 der Europäischen Kommission zur Bekämpfung der Maul- und Klauenseuche in der Fassung vom 26. Oktober 1962 vgl. UNTS, Bd. 454, S. 556–565. Für den deutschen Wortlaut vgl. BUNDESGESETZBLATT 1975, Teil II, S. 626–641.

[20] Für den Wortlaut des Internationalen Opiumabkommens vom 23. Januar 1912 vgl. LNTS, Bd. 8, S. 188–239. Für den deutschen Wortlaut vgl. REICHSGESETZBLATT 1921, Teil II, S. 18–28.
Für den Wortlaut des Internationalen Opiumabkommens vom 19. Februar 1925 vgl. LNTS, Bd. 81, S. 317–358. Für den deutschen Wortlaut vgl. REICHSGESETZBLATT 1929, Teil II, S. 408–441.

[21] Artikel 3 Absätze 1 und 3 des Entwurfs der DDR vom 6. September 1971 für ein Abkommen zwischen der Bundesrepublik und der DDR über den Transitverkehr zwischen der Bundesrepublik und Berlin (West): „1) Für den Transitverkehr von Bürgern der BRD können durchgehende Eisenbahnzüge und Autobusse benutzt werden. [...] 3) Die Kontrollverfahren durch die zuständigen Organe der Deutschen Demokratischen Republik in durchgehenden Eisenbahnzügen und Autobussen umfassen außer der Identifizierung von Personen keine anderen Formalitäten." Vgl. VS-Bd. 4487 (II A 1); B 150, Aktenkopien 1971.

[22] Für den Wortlaut des Artikels 6 Absatz 2 des Abkommens zwischen der Bundesrepublik Deutschland und der Republik Österreich über den erleichterten Eisenbahndurchgangsverkehr auf den

eignisse, wie Unfälle, Betriebsstörungen und Naturkatastrophen und sehe im übrigen vor, daß Reisende in durchgehenden Eisenbahnzügen und Autobussen diese nur nach Aufforderung durch die zuständigen Organe der DDR verlassen dürften.

Artikel 4[24] entspreche der Ziffer 2d) der Anlage I des Vierseitigen Abkommens[25].

Artikel 5[26] regle die Anwendung der Visabestimmungen der DDR auf Transitreisende und sehe für durchgehende Züge die Erteilung der Visa in den Zügen vor, um den Aufenthalt an der Grenze zu beschränken.

Artikel 6 solle Ziffer 2e) in Anlage I des Vierseitigen Abkommens[27] entsprechen, in dem eine Pauschalzahlung seitens der Bundesrepublik für Abgaben, Gebühren und Kosten vorgesehen werde, die durch die Unterhaltung der Transitwege und der mit ihnen verbundenen Einrichtungen entstünden.

Die Einzelheiten seien zwischen den beiden Verkehrsministerien zu vereinbaren.

Artikel 7 behandele die Beförderung ziviler Güter unter Zollverschluß und beschränke das Kontrollverfahren solcher Güter auf die Prüfung des Zollverschlusses und der Begleitdokumente. Dabei sei sicherzustellen, daß die entsprechenden Beförderungsmittel auch wirklich zollverschlußsicher eingerichtet seien.

Fortsetzung Fußnote von Seite 1324
Strecken Mittenwald (Grenze)–Griesen (Grenze) und Ehrwald (Grenze)–Vils (Grenze) vgl. BUNDESGESETZBLATT 1957, Teil II, S. 588.

[23] Artikel 3 Absatz 4 des Entwurfs der DDR vom 6. September 1971 für ein Abkommen zwischen der Bundesrepublik und der DDR über den Transitverkehr zwischen der Bundesrepublik und Berlin (West): „Reisende in durchgehenden Eisenbahnzügen und Autobussen dürfen die Züge und Autobusse auf dem Gebiet der Deutschen Demokratischen Republik nur nach Aufforderung durch zuständige Organe der DDR oder bei außergewöhnlichen Ereignissen wie Unfällen, Betriebsstörungen und Naturkatastrophen verlassen." Vgl. VS-Bd. 4487 (II A 1); B 150, Aktenkopien 1971.

[24] Artikel 4 des Entwurfs der DDR vom 6. September 1971 für ein Abkommen zwischen der Bundesrepublik und der DDR über den Transitverkehr zwischen der Bundesrepublik und Berlin (West): „1) Die Kontrollverfahren durch die zuständigen Organe der Deutschen Demokratischen Republik für Reisende, die individuelle Transportmittel im Transitverkehr benutzen, werden keine Verzögerungen mit sich bringen. Die Reisenden, ihre Transportmittel und ihr persönliches Gepäck werden nicht der Durchsuchung oder Festnahme unterliegen oder von der Benutzung der vorgesehenen Transitwege ausgeschlossen werden, außer in besonderen Fällen, in denen hinreichende Verdachtsgründe bestehen, daß ein Mißbrauch der Transitwege für Zwecke beabsichtigt ist, die nicht mit der direkten Durchreise nach und von Berlin (West) in Zusammenhang stehen und die den allgemein üblichen Vorschriften bezüglich der öffentlichen Ordnung zuwiderlaufen. 2) Bürger der BRD, die individuelle Transportmittel benutzen, haben keine individuellen Abgaben oder Gebühren für die Benutzung der Transitwege der DDR zu entrichten." Vgl. VS-Bd. 4487 (II A 1); B 150, Aktenkopien 1971.

[25] Für den Wortlaut der Anlage I, Absatz 2d) des Vier-Mächte-Abkommens über Berlin vom 3. September 1971 vgl. EUROPA-ARCHIV 1971, D 447 f.

[26] Artikel 5 des Entwurfs der DDR vom 6. September 1971 für ein Abkommen zwischen der Bundesrepublik und der DDR über den Transitverkehr zwischen der Bundesrepublik und Berlin (West): „Auf die Transitreisen von Bürgern der BRD finden die Visabestimmungen der Deutschen Demokratischen Republik Anwendung. Die Visa werden an den Grenzübergangsstellen der DDR bzw. in den durchgehenden Eisenbahnzügen gegen Entrichtung der festgelegten Visagebühren erteilt, wobei das Verfahren der Visaerteilung dem Grundsatz der schnellstmöglichen Durchführung des Transitverkehrs Rechnung tragen wird." Vgl. VS-Bd. 4487 (II A 1); B 150, Aktenkopien 1971.

[27] Für den Wortlaut der Anlage I, Absatz 2e) des Vier-Mächte-Abkommens über Berlin vom 3. September 1971 vgl. EUROPA-ARCHIV 1971, D 448.

Im Eisenbahnverkehr solle dabei die Anlage III zum Übereinkommen über die gegenseitige Benutzung von Güterwagen im internationalen Verkehr – RIV –[28] Anwendung finden, dessen Mitglieder die BRD sowohl wie die DDR seien.

Im Straßen- und Binnenschiffahrtsverkehr gebe es ja leider keine gemeinsame Mitgliedschaft in ähnlichen Abkommen, wie z. B. dem TIR[29]. So bleibe nur übrig, als Eckpunkte Abmachungen zu nehmen, denen die DDR einerseits und die Bundesrepublik andererseits beigetreten seien. Bei dem Straßenverkehr seien das das Abkommen über die Zollabfertigung internationaler Autogütertransporte (AGT)[30], dem die DDR, und das TIR-Übereinkommen, dem die BRD angehöre. Beim Binnenschiffahrtsverkehr seien das die einheitliche Zollverschlußordnung für Elbeschiffe[31] (gültig in der DDR) und die Ordnung über Zollverschluß der Rheinschiffe[32] (gültig in der BRD).

Wie StS Bahr wisse, gebe es jetzt schon einen Güterverkehr unter Zollverschluß auf der Straße nach Berlin. Die am Absendeort verschlossenen und verplombten Behältnisse kämen aber oft schon mit defektem Verschluß an der DDR-Grenze an. Hier sei darauf zu achten, daß die westdeutschen Grenzstellen künftig mehr als bisher darauf sähen, daß die Verschlußzeugnisse korrekt und die ihnen angegebenen Verschlüsse intakt seien. Hier lasse die bisherige Praxis sehr zu wünschen übrig, und man solle doch alles tun, um zu vermeiden, daß DDR-Grenzstellen gezwungen seien, Gütertransporte zurückzuschicken.

Absatz V sehe ein denkbar einfaches Verfahren vor, welches im Gegensatz zu der im internationalen Verkehr üblichen Regelung lediglich den Abgangszollstellen der BRD auferlege, auf dem Warenbegleitpapier eine Bestätigung darüber anzubringen, daß die transportierten Güter mit den Angaben im Begleitdokument übereinstimmten.

Bei Artikel 4 und 8[33] habe er auf eine detaillierte Darlegung über die Reaktion seitens der DDR-Stellen auf Mißbrauchstatbestände verzichtet. Seine Seite habe hierzu durchaus eine Vorstellung, wie das korrekte Verfahren aussehen müsse. Das Vierseitige Abkommen fordere die beiden deutschen Staaten auf, dieses

---

[28] Für den Wortlaut des Übereinkommens über die gegenseitige Benutzung von Güterwagen im internationalen Verkehr (RIV) in der Fassung vom 1. Januar 1953 vgl. HAUSTEIN/PSCHIRRER, Eisenbahnrecht, S. 890–959 (Auszug).

[29] Für den Wortlaut des Zollübereinkommens vom 15. Januar 1959 über den internationalen Warentransport mit Carnets TIR („TIR-Übereinkommen") vgl. UNTS, Bd. 348, S. 13–101. Für den deutschen Wortlaut vgl. BUNDESGESETZBLATT 1961, Teil II, S. 650–741.

[30] Für den Wortlaut des Abkommens vom 18. November 1965 über die Zollabfertigung internationaler Autogütertransporte vgl. UNTS, Bd. 609, S. 140–185.

[31] Für den Wortlaut der Einheitlichen Zollverschlußordnung für Elbeschiffe vom 18. September 1959 vgl. GESETZBLATT DER DDR 1960, Teil I, S. 201–209.

[32] Für den Wortlaut der Ordnung für den Zollverschluß der Rheinschiffe vom 1. September 1950 vgl. BUNDESGESETZBLATT 1950, S. 416–418.

[33] Artikel 8 des Entwurfs der DDR vom 6. September 1971 für ein Abkommen zwischen der Bundesrepublik und der DDR über den Transitverkehr zwischen der Bundesrepublik und Berlin (West): „Bei Transportmitteln, die nicht mit Zollverschluß versehen sind bzw. nicht zollverschlußsicher eingerichtet sind, wie zum Beispiel offene Lastkraftwagen, beschränkt sich das Kontrollverfahren auf die Prüfung der Begleitdokumente. In besonderen Fällen, in denen hinreichende Verdachtsgründe dafür vorliegen, daß nicht mit Zollverschluß versehene Transportmittel Materialien enthalten, die zur Verbreitung auf den Transitstrecken bestimmt sind, oder daß sich in ihnen Personen oder Materialien befinden, die auf den Transitstrecken in die Transportmittel aufgenommen worden sind, kann der Inhalt dieser Transportmittel geprüft werden." Vgl. VS-Bd. 4487 (II A 1); B 150, Aktenkopien 1971.

Verfahren zu präzisieren.³⁴ Er sei bereit, die Vorstellung seiner Regierung hierzu vorzutragen, meine aber, daß von der Sache her vielleicht StS Bahr ein größeres Interesse daran habe, zu diesem Gegenstand zunächst die Vorstellungen seiner Regierung zu entwickeln.

Hier wolle er für heute aufhören. Man sei noch nicht mit allen Vorbereitungen fertig und müsse sich das Arbeitspensum schließlich einteilen.

StS *Bahr* erwiderte nur mit einigen Bemerkungen. Zunächst nahm er in aller Form zur Kenntnis, daß StS Kohl beauftragt sei, Verhandlungen über die Fortführung und Ergänzung des Vier-Mächte-Abkommens zu führen über den Verkehr zwischen der Bundesrepublik und Berlin (West). StS Kohls Beauftragung zu Verhandlungen auch über den allgemeinen Verkehr habe er bislang unterstellt, er nehme sie aber jetzt ebenfalls förmlich zur Kenntnis. Die Bundesregierung habe ihrerseits mit Beschluß vom 3.9.1971 ihn, Bahr, beauftragt, über die Ausfüllung des Vier-Mächte-Abkommens und, falls das in diesem Zusammenhang erforderlich sei, auch über Fragen des allgemeinen Verkehrs zwischen den beiden Staaten zu verhandeln.

Was StS Kohls übrige Ausführungen angehe, so hoffe er, daß künftige Verhandlungen nicht von dem Streit bestimmt seien, ob das Abkommen der Vier Mächte über das Problem West-Berlin oder über etwas anderes geschlossen sei; sonst müsse er StS Kohl auf den Unterschied zwischen dem I., d.h. dem allgemeinen, und dem II. Teil des Vier-Mächte-Abkommens hinweisen. Man solle es also künftig mit dem Vier-Mächte-Abkommen halten, ohne dieses weiter zu qualifizieren.

StS Kohl habe richtig wiedergegeben, daß im letzten Gespräch die Möglichkeit ins Auge gefaßt worden sei, über den Verkehr zwischen der BRD und Berlin (West) und über allgemeinen Verkehr parallel zu verhandeln. Er nehme mit Genugtuung zur Kenntnis, daß die DDR nun auch bereit sei, daraus die Konsequenzen zu ziehen und über zwei Abkommen zu sprechen, über ein Regierungsabkommen im Zusammenhang mit dem Vier-Mächte-Abkommen, das auch zusammen mit diesem in Kraft tritt durch die Schlußzeichnung der Vier Mächte, und über einen Staatsvertrag betreffend allgemeine Verkehrsfragen, der den notwendigen Prozeduren unterworfen werde, um die Zustimmung der gesetzgebenden Körperschaften herbeizuführen.

Interessiert habe ihn StS Kohls Bezugnahme im Zusammenhang mit dem allgemeinen Verkehrsvertrag auf die Wiener Vertragsrechtskonvention, weil er sich habe belehren lassen, daß weder die DDR noch ein anderer Ostblockstaat ihr beigetreten sei, daß vielmehr die Ostblockstaaten nicht einmal unterzeichnet und eine Erklärung abgegeben hätten, der Konvention auch nicht beitreten zu wollen.

Was die Streitschlichtungskommission angehe, so halte er es für richtig, sie einzuführen. Er könne aber noch nicht sagen, ob es sinnvoll sei, die an ihr beteiligten Ministerien zu bestimmen. Es müsse den Regierungen überlassen bleiben, wen sie in diese Kommission entsenden, wobei wohl einiges dafür spreche, nicht nur Verkehrsexperten zu benennen. Was den Beginn der offiziellen Ver-

---

34 Vgl. dazu Anlage I, Absatz 2 d) des Vier-Mächte-Abkommens über Berlin vom 3. September 1971; Anm. 15.

kehrsverhandlungen betreffe, so wolle er seine heutigen Ausführungen noch nicht als Beginn dieser Verhandlungen aufgefaßt wissen. Er halte sich an den Beschluß der Bundesregierung, der dahin gehe, daß über die Durchführung und Ergänzung des Vier-Mächte-Abkommens zu verhandeln sei, diese Verhandlungen auf allgemeine Verkehrsfragen aber nur dann ausgedehnt werden sollten, falls dies erforderlich, wünschenswert oder nützlich sei. Zur Erklärung dieses Beschlusses wolle er darauf hinweisen, daß der Meinungsaustausch über allgemeine Verkehrsfragen noch nicht zu einem vorlegbaren Ergebnis geführt habe.

StS *Kohl* erwiderte, die letzte Erklärung StS Bahrs überrasche ihn. Er gehe davon aus, daß man Verhandlungen aufgenommen habe, und habe dieserhalb ja auch Papiere übergeben.[35]

Nach mehrfacher Rede und Gegenrede erklärte StS *Bahr* abschließend, daß er hoffe, bei der nächsten Begegnung[36] Verhandlungen aufnehmen zu können, wenn der Punkt, der heute offengeblieben sei und über den man ausführlich im persönlichen Gespräch gesprochen habe, geklärt sei.

StS *Kohl* kam dann noch auf StS Bahrs Bemerkung über die Stellung der DDR zur Wiener Vertragsrechtskonvention zurück und erklärte, wenn die DDR der Konvention bislang noch nicht beigetreten sei, so allein deshalb, weil die BRD es verhindert habe. Die DDR habe ihre Absicht, der Konvention beizutreten, gegenüber der VN-Vollversammlung ausdrücklich erklärt.[37] Daher müsse man ihr doch wohl auch gestatten, sich auf die Konvention zu berufen.

---

[35] Vortragender Legationsrat Blech vermerkte am 8. September, die vom Staatssekretär beim Ministerrat der DDR am 6. September 1971 übergebenen Entwürfe seien am Vortag in der Bonner Vierergruppe konsultiert worden: „Nach einer ersten Durchsicht stellten die alliierten Vertreter übereinstimmend fest, daß der Entwurf der DDR über den Berlin-Verkehr nicht dem Geist des Vier-Mächte-Abkommens entspreche. Zahlreiche Details seien ungenau oder verfälscht wiedergegeben worden. Ein derart konzipiertes Abkommen werde nicht die Zustimmung der Drei Mächte finden, und vielleicht sei es gut, die DDR in geeigneter Weise von dieser Beurteilung zu unterrichten. Der amerikanische Vertreter ließ durchblicken, daß sie diese Beurteilung auch der Sowjetunion in geeigneter Weise zur Kenntnis bringen würden. Bei der Erörterung von Einzelpunkten vertrat der französische Vertreter die Auffassung, daß die Bestimmungen des Vier-Mächte-Abkommens in dem deutschen Durchführungsabkommen nicht wiederholt werden sollten. Es sei erforderlich, aber auch ausreichend, wenn das Durchführungsabkommen auf das Vier-Mächte-Abkommen Bezug nehme. Der britische Vertreter erklärte, der DDR-Entwurf bestätige den Eindruck, daß die DDR unter Zeitdruck stehe und die Verhandlungen über den Berlin-Verkehr so schnell wie möglich abschließen wolle. Wahrscheinlich dränge die Sowjetunion auf einen schnellen Abschluß, damit die zur Ratifizierung des Moskauer Vertrages erforderlichen Verfahren eingeleitet werden könnten. Für die Bundesregierung sei dies eine günstige Verhandlungslage. Sie werde sicher davon profitieren, wenn sie sich Zeit lasse und ebenso nonchalant vorgehe, wie sie das in den letzten Monaten der Berlin-Verhandlungen getan habe. Die Diskussion machte deutlich, daß die Alliierten unsere Verhandlungen mit der DDR über den Berlin-Verkehr sehr genau und detailliert verfolgen werden und daß sie bereit sind, ggf. auf der Vier-Mächte-Ebene aktiv zu werden, um unsere Verhandlungsposition abzustützen. Sie erwarten allerdings eine genaue Unterrichtung und Konsultation." Vgl. VS-Bd. 4485 (II A 1); B 150, Aktenkopien 1971.

[36] Zum 18. Gespräch des Staatssekretärs Bahr, Bundeskanzleramt, mit dem Staatssekretär beim Ministerrat der DDR, Kohl, am 9. September 1971 in Ost-Berlin vgl. Dok. 299.

[37] Am 17. September 1969 erklärte die DDR ihre „prinzipielle Bereitschaft", das Wiener Übereinkommen vom 23. Mai 1969 über das Recht der Verträge zu unterzeichnen. Die Realisierung einer universellen Teilnahme an der Vertragsrechtskonvention stelle „nach Auffassung der Regierung der Deutschen Demokratischen Republik ein dringendes praktisches Erfordernis bei der Entwicklung der zwischenstaatlichen Vertragsbeziehungen dar" und entspreche „vollinhaltlich den in der Charta der Vereinten Nationen niedergelegten Zielen und Prinzipien des Völkerrechts, insbesondere dem Prinzip der souveränen Gleichheit der Staaten". Vgl. AUSSENPOLITIK DER DDR, Bd. XVII, S. 889.

StS *Bahr* entgegnete, daß das Interesse der DDR als einzigem Ostblockstaat an der Wiener Vertragsrechtkonvention ein interessantes Licht auf das Maß ihrer Unabhängigkeit und Souveränität im Ostblock werfe.

Abschließend einigte man sich auf folgende Pressemitteilung:

„Der Staatssekretär im Bundeskanzleramt der Bundesrepublik Deutschland, Egon Bahr, und der Staatssekretär beim Ministerrat der DDR, Dr. Michael Kohl, nahmen in Begleitung ihrer Delegationen am 6. September 1971 Verhandlungen über Fragen des Verkehrs auf. Staatssekretär Dr. Kohl erläuterte dabei die Vorstellungen der Regierung der Deutschen Demokratischen Republik für einen Vertrag mit der Bundesrepublik Deutschland über Fragen des Verkehrs und für ein Abkommen über den Transitverkehr zwischen der BRD und Berlin (West). Die Zusammenkunft im Bundeskanzleramt in Bonn begann um 10.30 Uhr und wurde um 19.30 Uhr beendet.

Es wurde vereinbart, die Verhandlungen am 9. September 1971 in Berlin fortzusetzen."[38]

VS-Bd. 4487 (II A 1)

294

Gespräch des Bundeskanzlers Brandt mit NATO-Generalsekretär Brosio

I A 7-83.10-3222/71 geheim   7. September 1971[1]

Betr.: Protokoll über die Unterredung des Herrn Bundeskanzlers mit dem Generalsekretär der NATO, Brosio, vom 7.9.1971

Die Unterredung, die von 12.30 Uhr bis 13.15 dauerte, behandelte drei Themen:

1) Verkürzung der Wehrdienstdauer
2) MBFR
3) Berlin-Regelung und KSE

Zu 1) Verkürzung der Wehrdienstzeit[2]

Nach der Begrüßung durch den Herrn Bundeskanzler schnitt Herr *Brosio* die von der Bundesregierung beabsichtigte Verkürzung der Wehrdienstdauer an. Er, Brosio, habe immer noch die Hoffnung, daß die Verkürzung auf 16 Monate beschränkt werde, zumal sich SACEUR und das Military Committee sehr ein-

---

[38] Zur Pressemitteilung vgl. den Artikel „Kohl legt Vorstellungen für Verkehrsvertrag vor"; FRANKFURTER ALLGEMEINE ZEITUNG vom 7. September 1971, S. 1.

[1] Durchdruck.
Die Gesprächsaufzeichnung wurde von Vortragendem Legationsrat I. Klasse Pfeffer gefertigt.
[2] Zur Frage einer Verkürzung der Wehrdienstzeit bei der Bundeswehr vgl. Dok. 9.

deutig gegen eine weitergehende Verkürzung ausgesprochen hätten. Aus seinem Gespräch mit Bundesminister Schmidt habe er jedoch den Eindruck mitgenommen, daß die Bundesregierung 15 Monate avisiere.[3] Er wolle am 8. September 1971 im Defense Planning Committee einen offenen Konflikt vermeiden und werde deshalb, wenn irgend möglich, die Diskussion auf folgende Weise zusammenzufassen versuchen:

1) Die Herabsetzung der Wehrdienstdauer in der Bundeswehr möge so klein wie möglich gehalten werden (die Alternative 15 oder 16 Monate bleibe auf diese Weise unerwähnt).

2) Die Verkürzung sei durch ausgleichende Maßnahmen zu flankieren.

Der *Bundeskanzler* dankte Herrn Brosio für diese Absicht. Er hoffe, daß die Verbündeten Verständnis für diese Entscheidung der Bundesregierung haben würden. Unsere Verteidigungsausgaben würden nicht zurückgehen, die Zuwachsrate des Verteidigungshaushaltes berechnet auf den Gesamthaushalt werde etwa 11% betragen. Für die ausgleichenden Maßnahmen kämen Kosten neu hinzu, die den Anteil auf nahezu 12% brächten.

Generalsekretär *Brosio* erwiderte, General Goodpaster mache sich große Sorgen. Der General habe erheblichen politischen Einfluß in den USA und habe viel dazu beigetragen, den Druck Mansfields[4] abzufangen. Jede unilaterale Reduktion der Kampfkraft eines Verbündeten wirke auf die USA zurück. Auch bestehe die Gefahr, daß die Belgier ihre Truppen in Deutschland reduzierten.

Der Herr *Bundeskanzler* erklärte, Bundesminister Schmidt habe sicher darauf hingewiesen, daß die Zahl der Bundeswehrsoldaten bei der beabsichtigten Verkürzung des Wehrdienstes nicht fallen, sondern steigen werde.[5]

Zu 2) MBFR

Der Bundeskanzler leitete sodann zum Thema MBFR über und stellte die Frage, ob Herr Brosio seine Erfahrungen der Allianz weiter zur Verfügung stellen wolle.[6]

---

[3] Am 2. September 1971 vermerkte Ministerialdirigent Simon, es gebe Anzeichen dafür, daß sich Bundesminister Schmidt für eine Verkürzung der Wehrdienstzeit auf 15 Monate einsetzen werde. Dazu führte er aus: „Einer Herabsetzung auf 15 Monate würden folgende schwerwiegende Bedenken entgegenstehen: Sie würde die Präsenz und folglich den Kampfwert der assignierten Verbände des Heeres vermindern und damit unserer Sicherheit abträglich sein; sie würde den auf anderen Gebieten unternommenen Bemühungen der Europäer zur Verstärkung der Verteidigungskraft des Bündnisses, für die das EDIP-Programm einen ersten Schritt darstellt, zuwiderlaufen und damit die Glaubwürdigkeit der Bekundungen der europäischen NATO-Mitglieder, für die Verteidigung Europas größere eigene Anstrengungen zu unternehmen, schwächen; sie würde von den amerikanischen Kreisen, die eine Reduzierung des amerikanischen Engagements in Europa fordern, dahin ausgelegt werden, daß die Europäer noch mehr als bisher den USA die Hauptlast einer Verteidigung Europas aufbürden wollen; damit würde es der amerikanischen Regierung noch schwerer als bisher gemacht, diesen Kreisen gegenüber eine unverminderte amerikanische Präsenz in Europa durchzusetzen. An dieser Präsenz haben wir jedoch gerade jetzt ein vitales Interesse (MBFR, KSE, deutsche Ostpolitik und Devisenausgleich!)." Vgl. VS-Bd. 1736 (201); B 150, Aktenkopien 1971.

[4] Vgl. dazu den Antrag des amerikanischen Senators Mansfield vom 11. Mai 1971; Dok. 179, Anm. 3.

[5] Am 10. September 1971 beschloß die Bundesregierung, die Wehrdienstzeit bei der Bundeswehr von 18 auf 15 Monate zu verkürzen. Vgl. dazu die Meldung „Wehrdienst nur noch fünfzehn Monate"; FRANKFURTER ALLGEMEINE ZEITUNG vom 11. September 1971, S. 1.

[6] Am 19. Juli 1971 teilte Botschafter Krapf, Brüssel (NATO), mit, daß sich NATO-Generalsekretär Brosio in einem „privaten vertraulichen Gespräch" gegenüber dem belgischen NATO-Botschafter

Herr *Brosio* antwortete, wenn ihm die 14 Mitgliedstaaten die Rolle des Explorateurs anböten, könne er nicht ablehnen. Er brauche dann allerdings „in den Grenzen der Exploration ein substantielles Mandat".

Auf die Frage des *Bundeskanzlers*, welche Hauptstädte ein Explorateur besuchen sollte, meinte Herr *Brosio*, die Beantwortung hänge davon ab, welche Staaten an MBFR-Verhandlungen teilnehmen sollten. Er sehe folgende mögliche Zusammensetzungen:

1) Die unmittelbar betroffenen Staaten und diejenigen Staaten, die in den unmittelbar betroffenen Staaten Stationierungstruppen unterhalten.

2) Alle der NATO und dem Warschauer Pakt angehörigen Staaten.

3) Außer den unter 2) genannten alle interessierten Staaten Europas, also auch die neutralen.

Er neige zur Lösung 1). Aber auch diese Lösung bringe Schwierigkeiten mit sich, weil einige Verbündete ausgeschlossen blieben, die mittelbar ein sehr starkes Interesse an MBFR haben müßten, z. B. Italien und Griechenland. Jedenfalls aber halte er es für sinnlos, Länder zu beteiligen, „deren Streitkräfte nicht zum Gleichgewicht in Europa gehören", wie etwa Schweden und Jugoslawien.

Der Herr *Bundeskanzler* gab zu bedenken, daß auch dem Warschauer Pakt Schwierigkeiten beim Ausschluß gewisser Staaten, z. B. Rumäniens, erwüchsen. Im übrigen dürfe MBFR nicht zu einer Sache der beiden Führungsmächte werden.

Generalsekretär *Brosio* fügte an, von amerikanischer Seite sei der Gedanke lanciert worden, MBFR analog zur Genfer Abrüstungskonferenz zu behandeln. Das bedeute amerikanisch-sowjetische Ko-Partnerschaft. Gegen diesen Gedanken sei große Vorsicht am Platz. Überhaupt stecke MBFR voller Fallen und Schwierigkeiten, nicht zuletzt auf dem Gebiet der Verifikation. Man dürfe sich keine Illusionen machen. Es gebe keine wirklichen Garantien. Ein entscheidender Gesichtspunkt sei, daß man mittels MBFR einen einseitigen Abzug der amerikanischen Truppen aus Europa verhindern wolle.

Der Herr *Bundeskanzler* meinte, wenn es keine Garantien gebe, so würde es doch über die Jahre hinweg, die der MBFR-Prozeß dauern werde, für die Sowjetunion immer schwieriger werden, sich in Südosteuropa expansiv zu verhalten. Jugoslawien sei eine Hauptsorge, größer noch als Rumänien.

Herr *Brosio* warf ein, die Sowjetunion warte offenbar auf Titos Abgang.

Tito habe, so fuhr der Herr *Bundeskanzler* fort, öffentlich von separatistischen Bestrebungen in Jugoslawien gesprochen. Wenn er das öffentlich sage, müßten diese Bestrebungen an einen gefährlichen Punkt gelangt sein. Auch gebe es Nachrichten darüber, daß Exil-Serben in Kontakt mit der Sowjetunion stünden.

Fortsetzung Fußnote von Seite 1330

de Staercke „grundsätzlich bereit erklärt habe, die Aufgabe eines NATO-Beauftragten für MBFR-Explorationen zu übernehmen". Zur Bedingung habe er jedoch gemacht, „daß der Umfang seines Mandats nicht zu sehr eingeengt werde, daß die Nominierung des Beauftragten einstimmig erfolge und daß die Annahme der Explorationsmethode und des Beauftragten durch die Sowjetunion sichergestellt wäre". Vgl. den Drahtbericht Nr. 717; VS-Bd. 4606 (II A 3); B 150, Aktenkopien 1971.

Zu 3) Berlin-Regelung und KSE

Herr *Brosio* beglückwünschte den Herrn Bundeskanzler zum Abschluß der ersten Phase einer Berlin-Regelung[7] und erkundigte sich nach den voraussichtlichen Wirkungen dieses Zwischenergebnisses auf die deutschen Gespräche und auf eine KSE.

Der Herr *Bundeskanzler* erwiderte, man sei auf Kombinationen angewiesen. Als die Sowjetunion sich zur Unterschrift unter die Vier-Mächte-Vereinbarung entschlossen habe, müsse sie sicher gewesen sein, daß ihre Position nicht durch die ostdeutsche Seite in der Folge wieder beeinträchtigt werde. Es sei anzunehmen, daß darüber schriftliche Vereinbarungen zwischen der Sowjetunion und der DDR bestünden. Er glaube, daß die Sowjetunion den Abschluß der zweiten Phase bis zum Oktober wünsche. Dieser Zeitraum erscheine ihm als zu kurz. Die ostdeutsche Seite wolle mehr als nur eine technische Absprache. Ursprünglich habe sie eine umfassende Verkehrsregelung angestrebt, in deren Annex die deutsche Ausfüllung der Vier-Mächte-Regelung hätte figurieren sollen. Nun wolle die DDR wahrscheinlich darauf hinaus, „beides parallel zu verhandeln", um in der Anerkennungsfrage vorwärts zu kommen.

Herr *Brosio* fragte hierzu, ob dann nicht ein allgemeiner Modus vivendi mit der DDR günstiger wäre als ein Verkehrsabkommen, aus dem die DDR sich Nutzen für ihre internationale Anerkennung verspreche.

Der Herr *Bundeskanzler* entgegnete, ein Modus vivendi sei fürs erste zu schwierig. Den Eintritt in die multilaterale Vorbereitungsphase der KSE könne man vielleicht für 1972 erwarten, denn zuerst müsse gemäß dem Schlußkommuniqué der NATO-Ministersitzung in Lissabon die Berlin-Regelung insgesamt abgeschlossen sein.[8] Die sowjetische Führung scheine in bezug auf die KSE noch keine konkreten Auffassungen zu haben. Nur die Franzosen berichteten immer wieder, die KSE sei ein Haupttagesordnungspunkt der Sowjets.

Was die oben bezeichnete Vier-Mächte-Vereinbarung über Berlin angehe, so erscheine ihm noch bemerkenswert, daß die Sowjetunion ihre Vertragsverpflichtungen gegenüber der DDR von 1964[9] (DDR-Souveränität, Zugang) habe abändern müssen, um zu dem vorliegenden Ergebnis zu kommen. Das zeige, wie sehr der Sowjetunion daran gelegen gewesen sei, den Weg für weitere Entwicklungen freizumachen.

VS-Bd. 10091A (Ministerbüro)

---

[7] Für den Wortlaut des Vier-Mächte-Abkommens über Berlin vom 3. September 1971 vgl. EUROPA-ARCHIV 1971, D 443–453. Vgl. dazu ferner Dok. 281.

[8] Vgl. dazu Ziffer 9 des Kommuniqués der NATO-Ministerratstagung vom 3./4. Juni 1971; Dok. 207, Anm. 12.

[9] Für den Wortlaut des Vertrags vom 12. Juni 1964 zwischen der DDR und der UdSSR über Freundschaft, gegenseitigen Beistand und Zusammenarbeit vgl. DzD IV/10, S. 717–720.

295

Aufzeichnung des Vortragenden Legationsrats Bräutigam

VS-vertraulich 7. September 1971[1]

Betr.: Deutsche Übersetzung des Berlin-Abkommens der Vier Mächte[2]

In der Zeit vom 1. bis 3. September 1971 fanden im Gebäude des Ministerrats der DDR in Ost-Berlin Verhandlungen über eine abgestimmte deutsche Übersetzung des Vier-Mächte-Abkommens statt.

Die Delegation der Bundesrepublik setzte sich wie folgt zusammen:

VLR Dr. Bräutigam (II A 1); VLR Dr. von Richthofen (V 1); VLR Buring, Sprachendienst; Fräulein Schäfer, Sprachendienst; Herr Hartmann, Sprachendienst.

Die Delegation der DDR wurde von Herrn Karl Seidel, Abteilungsleiter im Ministerium für Auswärtige Angelegenheiten, geleitet. Er war begleitet von Herrn Dr. Görner, Sektionsleiter in der Rechtsabteilung des Außenministeriums, und drei Dolmetschern.

Die Verhandlungen nahmen folgenden Verlauf:

1. September

16.40 Uhr Wir erhalten Nachricht über Kwizinskij/Dean, daß sich die DDR bereiterklärt hat, den gesamten Text mit uns durchzugehen. Wir werden gebeten, in das Gebäude des Ministerrats in Ost-Berlin zu kommen.

17.00 Uhr Wir erhalten Weisung von StS Bahr aus Bonn, den Vorschlag der DDR zu akzeptieren. Ich richte daraufhin ein Fernschreiben an StS Kohl, in dem ich unter Hinweis auf eine Bitte von westlicher Seite meine Bereitschaft zum Ausdruck bringe, zur Abstimmung der deutschen Übersetzung nach Ost-Berlin zu kommen (Anlage 1)[3].

18.30 Uhr Wir haben noch immer keine Bestätigung aus Ost-Berlin. Schließlich kommt eine Mitteilung von Dean, Kwizinkij habe ihm gesagt, wir würden in Ost-Berlin erwartet. Später erfahren wir, daß Herr Seidel die Antwort nach Bonn übermittelt hat (Anlage 2)[4].

19.00 Uhr Ankunft im Gebäude des Ministerrats der DDR. Ich führe zunächst ein kurzes persönliches Gespräch mit Herrn Seidel, in dem das Prozedere besprochen wird. Wir kommen überein, uns bei dem ersten Durchgang auf die wichtigen Punkte zu konzentrieren und die stilistischen Fragen beiseite zu lassen.

---

[1] Durchschlag als Konzept.
Die Aufzeichnung wurde am 15. September 1971 von Vortragendem Legationsrat Blech an Staatssekretär Frank geleitet. Vgl. den Begleitvermerk; VS-Bd. 4526 (II A 1); B 150, Aktenkopien 1971.
[2] Für den Wortlaut des Vier-Mächte-Abkommens über Berlin vom 3. September 1971 vgl. EUROPA-ARCHIV 1971, D 443–453. Vgl. dazu ferner Dok. 281.
[3] Dem Vorgang nicht beigefügt.
[4] Dem Vorgang beigefügt. Für das Fernschreiben vgl. VS-Bd. 4526 (II A 1); B 150, Aktenkopien 1971.

Zu Beginn der Delegationssitzung betont Herr Seidel die Bedeutung der gemeinsamen Arbeit für die bevorstehenden Verhandlungen. Anschließend überreicht er eine deutsche Übersetzung des Vier-Mächte-Abkommens. Wir übergeben unseren Entwurf. Anschließend unterrichte ich Seidel, daß wir sofort ein Exemplar seines Textes nach West-Berlin übermitteln möchten, damit auch meine Vorgesetzten in der Lage seien, den Text eingehend zu prüfen. Dies werde unsere Arbeit beschleunigen.

Herr Seidel holt Weisung ein. Nach etwa 10 Minuten kehrt er zurück und erklärt sein Einverständnis. Herr Hartmann bringt daraufhin den Text nach West-Berlin ins Bundeshaus. Seidel schlägt vor, bei der Abstimmung der Übersetzung vom DDR-Text auszugehen. Ich bitte zunächst um eine Unterbrechung der Sitzung, um den DDR-Text prüfen zu können.

In dem uns zur Verfügung gestellten Konferenzzimmer gehen wir anschließend den DDR-Text Wort für Wort durch und arbeiten unsere Änderungsvorschläge aus.

23.00 Uhr   Ich erkläre mich bereit, in einer Delegationssitzung mit der gemeinsamen Prüfung der Texte zu beginnen und dabei vom DDR-Text auszugehen. Vorab stelle ich fest, daß Punkte, die nicht diskutiert werden, damit nicht als akzeptiert gelten können. Ich ginge davon aus, daß wir das Ergebnis der ersten Lesung ad referendum unseren Vorgesetzten vortragen würden. Seidel erwidert, auch er sei nicht autorisiert, in diesem Durchgang schon endgültig seine Zustimmung zu Formulierungen zu geben.

In der mehr als dreistündigen Sitzung werden alle sachlich bedeutsamen Punkte durchgesprochen. Die Punkte, in denen wir nicht zu einer Einigung kommen, werden geklammert (eine Niederschrift über die Erörterung der Einzelpunkte erfolgt gesondert).

Wo wir Divergenzen zwischen dem englisch/französischen und dem russischen Text feststellen, frage ich Seidel, ob hier seiner Meinung nach ein sachlich bedeutsamer Unterschied vorliege. Er bejaht dies insbesondere hinsichtlich der Formulierung „bevorrechtigte" oder „begünstigte" Behandlung des Transitverkehrs. Ich frage Seidel, ob ich dies zu Protokoll nehmen könne. Er widerspricht nicht.

2. September

2.00 Uhr   Nach einer dreistündigen Erörterung ist die erste Lesung beendet. Ich fasse die mir besonders wichtig erscheinenden offenen Punkte zusammen und betone, daß hier unbedingt eine Einigung gefunden werden müsse, wobei wir gewisse Termine nicht aus dem Auge verlieren sollten.

Ich weise auf die Möglichkeit hin, bei bestimmten Formfragen (z. B. Reihenfolge der Vertragspartner) oder terminologischen Fragen (z. B. Vier-Mächte-/vierseitiges Abkommen), in denen in der Sache

Übereinstimmung besteht, divergierende Übersetzungen zu vereinbaren. Herr Seidel stimmt dem zu.

Herr Seidel schlägt nach Beendigung des ersten Durchgangs eine Fortsetzung der Besprechungen um 10.00 Uhr vormittags vor. Ich behalte mir vor, gegebenenfalls im Hinblick auf gewisse andere Termine auch einen früheren Termin vorzuschlagen. Herr Seidel erwidert, daß er vor 10.00 Uhr keine neuen Weisungen erhalten könne.

2.30 Uhr Rückkehr nach West-Berlin. Wir unterrichten StS Bahr und die Alliierten. Anschließend stellen wir eine Liste von 19 Punkten zusammen, in denen wir auf einer Änderung des DDR-Textes bestehen. StS Bahr billigt die Liste, die wir anschließend an Dean und Jackson übermitteln.

9.00 Uhr Dean autorisiert mich, dem Vertreter der DDR folgendes zu erklären: Wenn bis 12.00 Uhr die von uns aufgeführten Punkte nicht bereinigt sind und eine befriedigende Abstimmung der deutschen Übersetzung nicht erreicht ist, wird sich die westliche Seite nicht in der Lage sehen, das Vier-Mächte-Abkommen zu dem vereinbarten Termin (2. September, 13.00 Uhr) zu unterzeichnen.

10.00 Uhr Wir fahren zurück nach Ost-Berlin. Ich bitte Seidel sofort um ein persönliches Gespräch und trage ihm anhand der vorbereiteten Liste die Punkte vor, in denen wir eine Korrektur des DDR-Textes verlangen. Seidel akzeptiert sofort ohne jede Diskussion folgende Punkte:

– Regelungen zur Durchführung (Anlage I 3 und Anlage III 5)

– vorgesehene Wege (Anlage I)

– suspendiert (Anlage II 1)

– Verfassungs- oder Amtsakte (Anlage II 2)

– Verbindungsbehörde (Anlage II 3)

– vergleichbar (II C und Anlage III 2)

– Übergangsstellen (Anlage III 2)

– einverstanden erklärt (Anlage IV A 2)

Ich nehme dies zur Kenntnis und stelle fest, daß dies jedoch nicht ausreichend sei. Dann frage ich ihn, ob er noch etwas zu folgenden Punkten sagen könne:

– Bindungen (Teil II B)

– kein konstitutiver Teil (Teil II B)

– internationale Praxis (Anlage I 1)

– Verbindungen (Teil II C und Anlage III 1)

Seidel verneint dies; seine Seite bestehe in diesen Punkten auf ihrer Übersetzung.

Daraufhin erkläre ich anhand einer vorbereiteten Notiz, ich sei von westlicher Seite autorisiert zu erklären, daß die westliche Seite unter diesen Umständen nicht zu dem vorgesehenen Termin zur Unterzeichnung des Vier-Mächte-Abkommens bereit sei. Ich bitte, dies sofort seinen Vorgesetzten zu übermitteln, was geschieht.

Herr Seidel kommt nach etwa 20 Minuten zurück und erklärt, seine Seite sei außerordentlich verwundert über dieses „Ultimatum". Unsere Seite könne nicht erwarten, daß er jetzt sofort unter solchem Druck über die noch offenen Punkte unserer Liste verhandeln werde.

Seine Seite sei jedoch interessiert daran, die sachlichen Verhandlungen fortzusetzen und soweit wie möglich Annäherungen zu fixieren. Ich erwidere, wenn er jetzt nicht in der Lage sei, die noch offenen entscheidenden Punkte zu klären, müsse ich zunächst nach West-Berlin zurückfahren und berichten. Seidel fragt, wann und ob ich zurückkommen werde. Ich erkläre, daß ich das nicht sagen könne, aber ich persönlich nähme dies an.

Seidel fragt ferner, ob auch meine Delegationsmitglieder zurückkehren würden, was ich bejahe.

11.30 Uhr Rückkehr nach West-Berlin, wo ich MDg van Well berichte. StS Bahr und die Alliierten werden telefonisch unterrichtet.

Wir hören, daß Botschafter Rush erkrankt ist.

StS Bahr übermittelt telefonisch folgende Weisung: Die Bundesregierung sei mit der sofortigen Unterzeichnung des Vier-Mächte-Abkommens einverstanden, wenn die DDR

– Bindungen

– kein konstitutiver Teil

– Verbindungen

akzeptiere. Wir könnten mit Bezug auf Transitverkehr „Begünstigung" und „günstigste Weise" zugestehen, wenn die DDR unserer Formulierung bei der Bezugnahme auf die internationale Praxis zustimme.

12.30 Uhr Die Amerikaner teilen uns mit, daß die Unterzeichnung für heute abgesagt sei. In einem Pressekommuniqué werde kein neuer Termin genannt werden.

Auf unsere Anregung erklärt sich Dean damit einverstanden, sofort mit Kwizinkij Kontakt aufzunehmen.

15.00 Uhr Dean berichtet, daß er mit Kwizinkij über die noch offenen Punkte gesprochen habe. Kwizinkij sei bald darauf zurückgekommen und habe mitgeteilt, die DDR werde „Verbindungen" (Teil II C und Anlage III) akzeptieren. Kwizinskij habe ferner zugesagt, sich bei der DDR für unseren Übersetzungsvorschlag hinsichtlich der internationalen Praxis einzusetzen. Wenig später sei Kwizinskij erneut zu ihm gekommen und habe gesagt, die DDR könne den letztgenannten Punkt nicht akzeptieren.

16.00 Uhr Die Amerikaner empfehlen, daß deutsche Delegation nach Ost-Berlin zurückfährt und die zweite Lesung beginnt. StS Bahr stimmt zu. Ich schicke ein Fernschreiben an Herrn Seidel und kündige mein Eintreffen für 17.00 Uhr an.

17.00 Uhr Nach unserem Eintreffen in Ost-Berlin schlägt Herr Seidel vor, sogleich mit der zweiten Lesung des Abkommens und der Anhänge zu beginnen. Auf meine Frage sagt er, seine Seite halte eine Abstimmung des Interpretationsbriefes[5] und der beiden Verhandlungsprotokolle[6] nicht für erforderlich. Ich erwidere, daß unsere Seite nicht auf einer abgestimmten Übersetzung dieser Dokumente bestehe.

Wir einigen uns darauf, daß die abgestimmten Texte im Büro des Ministerrats neu geschrieben, anschließend von Herrn Seidel vorgelesen und dann von uns zu Protokoll bestätigt werden. Dementsprechend wird verfahren.

Herr Seidel akzeptiert in diesem Durchgang u. a. folgende Formulierungen:

– Kommunikationen (statt Verbindungen)
  in II C und Anlage III 1
– staatliche Organe (Anlage II 2)
– Verhältnis (II B)
– ausdrücklich erwähnt (Anlage IV A 2 (b) und B 2 (b))

Ich akzeptiere u. a.

– Transitverkehr und Transitreisende (II A und Anlage I)
– konkrete Regelungen (II A, II B, II C)
– Kontrollverfahren (Anlage I 2)
– konsularische Betreuung (Anlage IV A 2 (a) und B 2 (a))

Wir einigen uns darauf, daß die DDR von „ständigen Einwohnern", die BRD von „Personen mit ständigem Wohnsitz" in den Westsektoren spricht (Anlage IV).

Wir kommen ferner überein, daß in einzelnen Form- bzw. terminologischen Fragen, die sachlich ohne Bedeutung sind, Abweichungen bleiben.

Die zweite Lesung dauert bis etwa 23.00 Uhr.

23.00 Uhr Am Ende dieses Durchgangs sind noch fünf Punkte offen:

1) Bindungen/Verbindungen
2) kein konstitutiver Teil/kein Bestandteil
3) Begünstigung/Bevorrechtigung
4) die Bezugnahme auf die internationale Praxis
5) angemessene/entsprechende Straßen (Anhang I)

---

5 Für den Wortlaut des Schreibens der Regierungen der Drei Mächte vom 3. September 1971 an die Bundesregierung betreffend die Interpretation der Anlage II vgl. EUROPA-ARCHIV 1971, D 455–457.
6 Für den Wortlaut der undatierten Vereinbarten Verhandlungsprotokolle I und II vgl. EUROPA-ARCHIV 1971, D 457–459.

Ich schlage vor, daß wir noch heute einen Versuch machen, das Problem Begünstigung/Bevorrechtigung und internationale Praxis zu lösen. Unser Kompromißvorschlag laute:

Teil II A: Begünstigung

Anhang I: in der günstigsten Weise, wie es in der internationalen Praxis vorzufinden ist.

Erläuternd füge ich hinzu, daß uns dieser Vorschlag sehr schwerfalle, weil wir damit von dem wichtigen Begriff „preferential" in der englischen Fassung abwichen. Dafür erwarteten wir, daß die DDR die in der englischen Fassung eindeutige Formel hinsichtlich der internationalen Praxis akzeptiere.

Ich deute an, daß wir der DDR vielleicht in Punkt 5 entgegenkommen könnten, wenn sie die von uns vorgeschlagene Formel hinsichtlich der internationalen Praxis annehme.

Herr Seidel holt Weisung ein. Gegen 0.30 Uhr akzeptiert er unseren Vorschlag zu den Punkten 3, 4 und 5. Wir einigen uns darauf, daß jede Seite für sich die jetzt vereinbarten Formulierungen in die bereits geschriebenen Texte einfügt. Seidel liest daraufhin die beiden Formulierungen vor und wir bestätigen die Richtigkeit zu Protokoll. Anschließend einigen wir uns darauf, die Besprechungen am nächsten Vormittag um 9.00 Uhr fortzusetzen.

3. September

8.00 Uhr   Ich spreche mit MDg van Well ab, an diesem Vormittag aus Ost-Berlin regelmäßig telefonisch zu berichten und Weisung einzuholen.

9.00 Uhr   Nach unserer Ankunft im Gebäude des Ministerrats findet zunächst eine Delegationssitzung statt. Ich lege noch einmal die Gründe dar, warum die Formulierung der beiden letzten noch offenen Punkte für die Bundesregierung von so entscheidender Bedeutung sei. Die beiden Punkte beträfen das Verhältnis West-Berlins zur Bundesrepublik, für dessen Regelung die Drei Mächte und die Bundesrepublik zuständig seien. Dies sei keine Angelegenheit der DDR. Ferner erinnere ich daran, daß wir der DDR in den terminologischen Fragen des Berlin-Verkehrs weit entgegengekommen seien.

Herr Seidel erwidert, daß diese beiden Punkte auch für die DDR außerordentlich wichtig seien. Die Möglichkeiten der DDR, uns hier entgegenzukommen, seien erschöpft. Ich frage, ob er demnach gar nichts anzubieten habe, was Herr Seidel bestätigt. Daraufhin erkläre ich ihm, daß ich dies sofort meinen Vorgesetzten mitteilen müsse.

9.45 Uhr   Herr van Well nimmt die telefonische Mitteilung entgegen. Er bestätigt noch einmal, daß wir in diesen beiden Punkten keinen Spielraum hätten. Wenn die DDR unsere Übersetzung der beiden Punkte nicht bis 11.00 Uhr akzeptiere, würden die vier Hauptstädte eingeschaltet mit der Folge einer weiteren Verschiebung des Unterzeichnungstermins.

Ich teile Herrn Seidel nach diesem Telefongespräch mit, daß ich keine neuen Weisungen hätte. Er berichtet daraufhin seinen Vorgesetzten.

10.00 Uhr Herr Seidel unterbreitet in einem persönlichen Gespräch folgenden Kompromißvorschlag:
- die DDR akzeptiert „Bindungen"
- die BRD akzeptiert „kein Bestandteil"

Ich erwidere, daß ich diesen Vorschlag sofort telefonisch durchgeben werde. Allerdings müßte ich mit Enttäuschung feststellen, daß seine Seite wiederum kein Adjektiv in Verbindung mit dem Begriff „Bestandteil" angeboten habe. Ein Adjektiv sei für uns unverzichtbar.

Ich gebe den Vorschlag telefonisch an Herrn van Well durch.

Herr Seidel berichtet wieder seinen Vorgesetzten.

10.20 Uhr Herr Seidel unterbreitet jetzt den Vorschlag „kein rechtsbegründender Teil".

Auch diesen Vorschlag gebe ich sofort telefonisch an van Well durch, der eine Antwort für 10.35 Uhr zusagt.

Anschließend erkundige ich mich bei Herrn Seidel unter Hinzuziehung der Rechtsexperten nach der genauen Bedeutung des letzten DDR-Vorschlags. Vorbehaltlich einer genauen Prüfung scheine es mir, daß der Vorschlag politisch so verstanden werden könne, als habe das Ganze (BRD) kein Recht auf den Teil (West-Berlin). Offenbar gehe es der DDR darum, dies festzuschreiben. Das laufe aber auf eine Art Anschlußverbot hinaus und sei schlechterdings nicht akzeptabel. Wir müßten deshalb ein anderes Adjektiv suchen. Ich gebe noch einmal „kein integrierter" bzw. „kein integrierender Teil" (bzw. „Bestandteil" oder „Element") zu erwägen. Diese Begriffe seien auf westlicher Seite früher gelegentlich gebraucht worden und könnten daher von der Bundesregierung gegenüber der Öffentlichkeit eher gerechtfertigt werden.

10.35 Uhr Herr van Well teilt telefonisch mit, ich werde ermächtigt, auf Weisung des Bundeskanzlers und des Bundesaußenministers Herrn Seidel folgendes mitzuteilen:

Die Bundesregierung nehme zur Kenntnis, daß die DDR das Wort „Bindungen" akzeptiere. Dies sei die korrekte Übersetzung des englischen Wortes „ties".

Die englische Formulierung „no constituent part" und „kein Bestandteil" seien nicht inhaltsgleich.

Um der DDR entgegenzukommen, schlage die Bundesregierung folgende Formulierung vor:

„kein Bestandteil (konstitutiver Teil) der Bundesrepublik Deutschland".

Ich bitte Herrn Seidel sofort zu einem persönlichen Gespräch und trage ihm die telefonisch durchgegebene Mitteilung vor. Herr Seidel übermittelt diese sofort seinen Vorgesetzten.

11.05 Uhr Herr Seidel bittet um eine Delegationssitzung. Er bringt zunächst sein Bedauern zum Ausdruck, daß die Bundesregierung den Vorschlag der DDR nicht akzeptiert habe. Im Interesse eines Ergebnisses unserer Bemühungen sei seine Seite jedoch bereit, unseren Vorschlag zu akzeptieren.

Ich bitte ihn, die vereinbarten Formulierungen vorzulesen, damit wir sie zu Protokoll nehmen und in die Texte einfügen können.

Herr Seidel stellt fest, daß an der ersten offenen Stelle auf Seite 3 und Seite 5 (Anlage II) das Wort „Bindungen", an der zweiten offenen Stelle die Worte „kein Bestandteil (konstitutiver Teil)" einzusetzen sind. Ich bestätige das. Jede Seite fügt die Worte handschriftlich in ihre Texte ein.[7]

11.10 Uhr Ich teile Herrn van Well telefonisch mit, daß die DDR den Vorschlag des Bundeskanzlers und des Bundesaußenministers akzeptiert habe. Herr van Well unterrichtet die Alliierten.

Anschließend wird auf unsere Bitte hin in Anlage IV B 2 d) ein Halbsatz ergänzt, der bei der zweiten Lesung am Vorabend versehentlich ausgelassen worden war.

Zum Schluß danke ich Herrn Seidel und seinen Mitarbeitern für die sachlich geführten Verhandlungen. Nach meinem Eindruck hätten beide Seiten für die politischen Probleme des anderen Verständnis gezeigt. Das Ergebnis, das auch im Interesse anderer liege, erscheine mir konstruktiv und hilfreich für die bevorstehenden Verhandlungen. Die zwischen uns abgestimmte deutsche Übersetzung sei zwar kein authentischer Text, aber von großem praktischem und politischem Wert.

11.20 Uhr Ende der Delegationssitzung.

(Eine Kopie des im Büro des Ministerrats hergestellten Textes mit den handschriftlich eingefügten Ergänzungen ist als Anlage 3 beigefügt.)[8]

gez. Bräutigam

VS-Bd. 4526 (II A 1)

---

[7] Teil II, Absatz B Satz 1 lautete: „Die Regierungen der Französischen Republik, des Vereinigten Königreiches und der Vereinigten Staaten von Amerika erklären, daß die Bindungen zwischen den Westsektoren Berlins und der Bundesrepublik Deutschland aufrechterhalten und entwickelt werden, wobei sie berücksichtigen, daß diese Sektoren so wie bisher kein Bestandteil (konstitutiver Teil) der Bundesrepublik Deutschland sind und auch weiterhin nicht von ihr regiert werden." Anlage II, Absatz 1 Satz 1 lautete: „In Ausübung ihrer Rechte und Verantwortlichkeiten erklären sie, daß die Bindungen zwischen den Westsektoren Berlins und der Bundesrepublik Deutschland aufrechterhalten und entwickelt werden, wobei sie berücksichtigen, daß diese Sektoren so wie bisher kein Bestandteil (konstitutiver Teil) der Bundesrepublik Deutschland sind und auch weiterhin nicht von ihr regiert werden." Vgl. EUROPA-ARCHIV 1971, S. 444 und S. 448.

[8] Dem Vorgang beigefügt. Vgl. VS-Bd. 4526 (II A 1); B 150, Aktenkopien 1971.

296

Bundeskanzler Brandt an Präsident Tito

7. September 1971[1]

Sehr geehrter Herr Präsident!

Mein Freund Herbert Wehner, der Vorsitzende der Sozialdemokratischen Fraktion des Deutschen Bundestages, wird Ihnen meine aufrichtigen Wünsche übermitteln.[2] Mir liegt darüber hinaus daran, mit diesen Zeilen an das gute Gespräch anzuknüpfen, das wir am 11. Oktober vergangenen Jahres bei Bonn führten.[3]

Im Mittelpunkt jenes Gespräches standen die europäischen Entwicklungen. Sie sagten mir, welche Bedeutung Ihrer Meinung nach dem Vertrag zukomme, den ich am 12. August in Moskau[4] unterzeichnet hatte. Ohne jenen Vertrag wäre es sicher nicht möglich gewesen, zu der Vier-Mächte-Vereinbarung zu gelangen, die vor wenigen Tagen in Berlin unterschrieben wurde.[5] Gewiß stehen die ergänzenden Abmachungen zwischen uns und der DDR noch aus, aber meiner Meinung nach kann man doch davon ausgehen, daß es nun leichter werden wird, sich mit wichtigen Aspekten der europäischen Sicherheit konkreter zu befassen.

Sie werden wissen, Herr Präsident, daß die westliche Allianz gesagt hat, daß für sie mit einer befriedigenden Berlin-Lösung der Zeitpunkt gekommen sein werde, um in die multilaterale Vorbereitung einer Konferenz über die Sicherheit in Europa einzutreten.[6] Außerdem wird das westliche Bündnis Anfang Oktober darüber beraten, wie Verhandlungen über einen beiderseitigen und ausgewogenen Abbau von Truppenstärken vorbereitet und – wohl wissend, daß man Zeit brauchen wird – sinnvoll geführt werden können.[7]

Dabei ist für mich kein Zweifel daran, daß dies Letztere kein bilaterales Thema für die beiden Supermächte sein kann. Ich habe dies im Juni in Washing-

---

1 Durchdruck.
2 Der SPD-Fraktionsvorsitzende Wehner hielt sich am 7./8. September 1971 in Zagreb auf und traf dort am 8. September 1971 mit Präsident Tito zusammen. Vgl. dazu die Meldung „Wehner bei Tito"; FRANKFURTER ALLGEMEINE ZEITUNG vom 9. September 1971, S. 3.
3 Zum Gespräch des Bundeskanzlers Brandt mit Staatspräsident Tito am 11. Oktober 1970 vgl. AAPD 1970, III, Dok. 461.
4 Für den Wortlaut des Vertrags vom 12. August 1970 zwischen der Bundesrepublik und der UdSSR vgl. BULLETIN 1970, S. 1094.
5 Für Wortlaut des Vier-Mächte-Abkommens über Berlin vom 3. September 1971 vgl. EUROPA-ARCHIV 1971, D 443–453. Vgl. dazu auch Dok. 281.
6 Vgl. dazu Ziffer 10 des Kommuniqués der NATO-Ministerratstagung am 3./4. Dezember 1970 in Brüssel; Dok. 11, Anm. 12.
Der Berlin-Vorbehalt wurde bekräftigt in Ziffer 9 des Kommuniqués der NATO-Ministerratstagung am 3./4. Juni 1971 in Lissabon; Dok. 207, Anm. 12.
7 Zum Vorschlag einer Konferenz der stellvertretenden Außenminister der NATO-Mitgliedstaaten vgl. Dok. 197, Anm. 4.
Die Konferenz fand am 5./6. Oktober 1971 in Brüssel statt. Vgl. dazu Dok. 348.

ton erörtert[8] und werde darauf auch zurückkommen, wenn ich demnächst meinen Meinungsaustausch mit der sowjetischen Führung fortsetze[9].

Sie werden, wenn ich richtig informiert bin, ebenfalls in nächster Zeit einen solchen Meinungsaustausch haben.[10] Ich hoffe, daß sich daraus gute Folgen für Ihr Land ergeben werden. Es liegt auf der Hand, daß die Bemühungen um die europäische Sicherheit einen schweren Rückschlag erleiden müßten, wenn sich in Ihrem Teil der Welt – aus welchen Gründen auch immer – destabilisierende Entwicklungen anbahnen sollten.

Als wir im vorigen Herbst miteinander sprachen, haben wir uns auch mit den bilateralen Beziehungen zwischen unseren beiden Staaten befaßt. Sie haben sich dazu dann in Ihrem Brief vom 10. April 1971[11] geäußert, den ich mit großer Aufmerksamkeit zur Kenntnis genommen habe und dessen Beantwortung ich zunächst zurückgestellt hatte, weil ich hoffte, es würde Fortschritte bei den anberaumten Verhandlungen unserer Delegationen[12] geben.

Ich brauche Ihnen kaum erneut zu versichern, wie sehr mir und meiner Regierung an einer Förderung der Beziehungen zwischen unseren beiden Ländern gelegen ist. Seit der Wiederaufnahme der diplomatischen Beziehungen im Jahre 1968[13] hat die Bundesregierung große Anstrengungen unternommen, um insbesondere auch auf wirtschaftlichem Gebiet zu einer engen Zusammenarbeit zu gelangen. In dieser Zeit wurde von der Bundesrepublik Deutschland finan-

---

[8] Bundeskanzler Brandt hielt sich vom 14. bis 18. Juni 1971 in den USA auf. Vgl. dazu Dok. 208.
[9] Zur Einladung der sowjetischen Regierung an Bundeskanzler Brandt zu einem Besuch in der UdSSR vgl. Dok. 288.
Am 7. September 1971 gab die Bundesregierung bekannt, Brandt habe eine Einladung der sowjetischen Regierung zu einem „baldigen Besuch" angenommen. Der genaue Ort und Termin stünden jedoch noch nicht endgültig fest. Vgl. dazu den Artikel „Brandt noch im September in die Sowjetunion – Spekulationen über den Zweck der Reise"; FRANKFURTER ALLGEMEINE ZEITUNG vom 8. September 1971, S. 1. Vgl. dazu ferner BULLETIN 1971, S. 1416.
Bundeskanzler Brandt hielt sich vom 16. bis 18. September 1971 zu Gesprächen mit dem Generalsekretär des ZK der KPdSU, Breschnew, in Oreanda auf. Vgl. dazu Dok. 310, Dok. 311, Dok. 314 und Dok. 315.
[10] Der Generalsekretär des ZK der KPdSU, Breschnew, besuchte Jugoslawien vom 22. bis 25. September 1971.
[11] In dem Schreiben äußerte Präsident Tito in der Frage von Wiedergutmachungsleistungen Verständnis für „eventuelle Schwierigkeiten, auf die Ihre Regierung bei der Durchführung ihrer Verpflichtungen stoßen könnte", äußerte jedoch die Befürchtung, daß es keine ausreichenden „Aussichten geben wird, die Regelung dieser Frage in absehbarer Zeit und zufriedenstellend zu lösen, wenn sie der Routinearbeit der Verwaltung überlassen bleibt. Dies könnte sich auf die sonst sehr günstige Entwicklung unserer Beziehungen [...] negativ auswirken. Aus diesem Grund erachte ich es für erforderlich, Ihnen meine Überzeugung zum Ausdruck zu bringen, daß unser persönliches Einsetzen notwendig sei, um der jugoslawischen Entschädigungsforderung eine entsprechende Bedeutung beizumessen und demgemäß an ihre Lösung heranzutreten. Meines Erachtens nach wäre es für den Abschluß dieser Verhandlungen sehr vorteilhaft, wenn Sie, Herr Bundeskanzler, für ihren Verlauf Interesse zeigen und durch einen entsprechenden politischen Beschluß Ihrer Regierung Bedeutung und Anregung geben würden, daß diese Frage möglichst schnell und für Jugoslawien akzeptabel gelöst wird." Vgl. VS-Bd. 8949 (II A 5); B 150, Aktenkopien 1971.
[12] Vom 11. bis 25. Mai 1971 hielt sich eine jugoslawische Delegation in der Bundesrepublik auf. Vgl. dazu auch das Gespräch des Staatssekretärs Bahr, Bundeskanzleramt, mit dem jugoslawischen Botschafter Čačinović am 19. Mai 1971; Dok. 178.
Vgl. ferner das Gespräch des Staatssekretärs Frank mit dem jugoslawischen Stellvertretenden Außenminister Vratuša am 25. Juni 1971; Dok. 225.
[13] Korrigiert aus: „1967".
Die Bundesrepublik und Jugoslawien nahmen am 31. Januar 1968 die am 19. Oktober 1957 abgebrochenen diplomatischen Beziehungen wieder auf. Vgl. dazu AAPD 1968, I, Dok. 31.

zielle Förderung in verschiedener Form von insgesamt über 1 Milliarde DM geleistet.

Wir haben uns auch, wie Sie wissen, für eine sachliche Entwicklung der Beziehungen zwischen der EWG und Jugoslawien[14] eingesetzt. Und ich meine, daß auf diesem Gebiet noch manches zu tun ist.

Die bisherige Gestaltung unserer bilateralen Beziehungen gehört zu dem Zusammenhang, in dessen Rahmen wir uns um eine beide Seiten zufriedenstellende Lösung der Frage bemühen sollten, die unter dem vielleicht nicht ganz glücklichen Rubrum „Wiedergutmachung" behandelt wird. Als wir darüber im vorigen Oktober auf der Fahrt zum Flugplatz sprachen, sagte ich Ihnen, daß ich die Niederschrift über Ihr damaliges Gespräch mit Herbert Wehner[15] genau gelesen und daß ich diesen Gegenstand nicht aus dem Auge verloren hätte. Es tut mir leid, daß die Frage als Relikt aus einer unglückseligen Vergangenheit weiterhin auf den deutsch-jugoslawischen Beziehungen lastet. Herbert Wehner wird Ihnen gern erläutern, was unter den gegebenen Umständen für uns möglich ist[16], wobei wir natürlich immer auch an andere bisherige oder künftige Partner zu denken haben.

Die Bundesregierung hat sich um einen Vorschlag bemüht, der über das hinausgeht, was wir – nach bisherigen, für uns wichtig gewordenen, wenn auch für andere nicht immer leicht verständlichen Kriterien – mit anderen Ländern vereinbart haben. Ich würde es daher begrüßen, wenn auf der Grundlage unseres Vorschlags verhandelt und eine beide Seiten zufriedenstellende Einigung erzielt werden könnte.

Lassen Sie mich aber auch hinzufügen, Herr Präsident, daß diese Frage – falls sie offenbliebe – nicht hindernd im Weg stehen sollte, wenn es darum geht, die guten Beziehungen zwischen unseren Ländern weiter zu verstärken.

Mit freundlichen Grüßen

Ihr sehr ergebener
Brandt[17]

Willy-Brandt-Archiv, Bestand Bundeskanzler

---

[14] Seit dem 15. Oktober 1968 verhandelten die Europäischen Gemeinschaften und Jugoslawien über ein Handelsabkommen, das schließlich am 19. März 1970 unterzeichnet wurde und bei einer Laufzeit von drei Jahren u. a. Zollpräferenzen sowie die Einrichtung eines Gemischten Ausschusses vorsah. Dieser trat erstmals am 7./8. Januar 1971 in Belgrad zusammen. Vgl. dazu BULLETIN DER EG 4/1970, S. 17–20, bzw. BULLETIN DER EG 3/1971, S. 74 f.

[15] Der SPD-Fraktionsvorsitzende Wehner hielt sich vom 31. August bis zum 6. September 1970 mit einer siebenköpfigen SPD-Delegation in Jugoslawien auf. Vgl. dazu den Artikel „Ganz wie zu Hause"; DER SPIEGEL, Nr. 38 vom 14. September 1970, S. 32 f.

[16] Das Bundesministerium für Wirtschaft und Finanzen vermerkte am 8. Oktober 1971: „In einer Staatssekretärbesprechung am 6. September unter Vorsitz von Herrn Minister Ehmke ist folgender Vorschlag gebilligt worden: 1) Bereitschaft, über eine 200 Mio. DM-Bürgschaftszusage zur Mobilisierung eines entsprechenden Bankenkredits zur Entlastung der jugoslawischen Rückzahlungsverpflichtungen 2. H[alb]j[ahr] 1971/1973 zu verhandeln (deutscher Stabilisierungsbeitrag); 2) Bereitschaft zur Erhöhung dieser Bürgschaftszusage auf 300 Mio. DM, falls die jugoslawische Seite dadurch erwogen wird, das bisherige Wiedergutmachungs- und Kapitalhilfeangebot zu akzeptieren (Verhandlungspaket). Die jugoslawische Seite hat dieses ‚Verhandlungspaket', das MdB Wehner unterbreitet hat, nicht akzeptiert." Vgl. Referat III A 5, Bd. 745 A.

[17] Paraphe.

297

Aufzeichnung des Ministerialdirigenten van Well

II A 1-84.20/11-2848/71 VS-vertraulich   8. September 1971[1]

Betr.: Gespräch von Bundesminister Scheel mit Herrn Dr. Barzel am 5.9.1971

An dem Gespräch im Hause des Ministers nahmen noch teil: StS Bahr, MdB Dr. Rasner, MDg van Well.

Der Minister verwies einleitend darauf, daß der Bundeskanzler und Herr Minister Franke leider nicht an dem Gespräch teilnehmen könnten, sondern daß sie bei Treffen von Parteigremien anwesend sein müßten.

Das Verhältnis von Regierung und Opposition sei in einer parlamentarischen Demokratie notwendigerweise in einem gewissen Umfang stets ein Spannungsverhältnis. Wenn man sich im Interesse übergeordneter Gesichtspunkte zu einer Zusammenarbeit bereitfinde, dann müsse diese sehr stark auf persönlichem Vertrauen aufgebaut werden. Man könne sich dann auch nicht in der öffentlichen Auseinandersetzung jede Freiheit nehmen und z. B. Strichlisten anfertigen bei Themen der Zusammenarbeit, wo die Opposition öffentlich Zensuren erteilt. Er, der Minister, und der Bundeskanzler hätten es deshalb bedauert, daß Herr Barzel in der letzten Zeit sich die Rolle zugelegt habe, öffentlich Noten zu erteilen in Bereichen, in denen er Zusammenarbeit zugrunde lege. Es ginge nicht an, daß man nach außen immer von Zusammenarbeit spreche, gleichzeitig aber den Partner attackiere.

In der schweren Verhandlungsphase, die jetzt beginne, sollten Regierung und Opposition etwas mehr Solidarität zeigen. Schon in den ersten Stunden nach Unterzeichnung des Vier-Mächte-Abkommens habe es Schwierigkeiten mit der DDR gegeben.[2] Die DDR sei in ernsthaften Regierungsverhandlungen mit Partnern der westlichen Welt unter den Augen der Öffentlichkeit noch unerfahren, und man müsse sie dazu bringen, sich verhandlungskonform zu verhalten.

Er, der Minister, richte die Bitte an Herrn Barzel, daß man gemeinsam den Versuch mache, zu einer echten Teilsolidarität in einem Teilkomplex der Politik zu gelangen. Er habe keinen Zweifel, daß jeder in Deutschland dies begrüßen würde. Er rede keinesfalls einer Fusionierung der Parteien das Wort. Es gäbe immer noch genug Stoff für innenpolitische Auseinandersetzungen.

Herr Barzel begrüßte einleitend, daß man zusammengekommen sei. Er begrüßte die offene Einleitung des Ministers. Es sei für ihn wichtig, daß der Herr Minister gesagt habe, der Bundeskanzler sei lediglich verhindert und daß er grundsätzlich bereit gewesen sei, an dem Gespräch teilzunehmen.

---

[1] Hat Vortragendem Legationsrat Blech am 14. September 1971 vorgelegen, der die Weiterleitung an die Vortragenden Legationsräte Bräutigam und Joetze sowie an Ministerialdirigent Diesel verfügte.
Hat Bräutigam am 15. September 1971 vorgelegen.
Hat Joetze vorgelegen.
Hat Diesel am 17. September 1971 vorgelegen.
[2] Zur Kontroverse um eine deutsche Übersetzung des Vier-Mächte-Abkommens über Berlin vom 3. September 1971 vgl. Dok. 292 und Dok. 295.

Was der Herr Minister über die Notwendigkeit einer persönlichen Vertrauensbasis gesagt habe, sei richtig. Der Bundeskanzler habe ihm seinerzeit versprochen, ihn informiert zu halten. Er, Barzel, sei deshalb aus dem Urlaub vorzeitig zurückgekommen, als er gehört habe, daß sich bei den Berlin-Gesprächen Entscheidungen anbahnten. Der Bundeskanzler habe ihn aber nicht empfangen. Vertrauen setze voraus, daß man vor entscheidenden Entwicklungen unterrichtet werde. So habe er es als schlechte Art empfunden, von dem alliierten Berlin-Papier vom 5.2.71[3] erst nach Übergabe an die Sowjets Kenntnis erhalten zu haben.

Was die Bereitschaft der CDU/CSU-Bundestagsfraktion zur Zusammenarbeit angehe, so sei sie seit der Erklärung im Brief vom 10.8.70[4] unverändert. Man habe sich damals zu vertrauensvollen Gesprächen über die Berlin- und Deutschland-Frage bereit erklärt; diese Bereitschaft bestünde fort.

Der Bundesminister warf hier ein, daß auch die Bundesregierung dazu bereit sei. Er habe bereits die Bildung eines Kontaktausschusses im Bundestag vorgeschlagen[5], der im Verlauf der Verhandlungen mit der DDR begleitend informiert werden solle und begleitend seine Anregungen an die Bundesregierung herantragen könne. Dieser Ausschuß solle nicht die bisherigen Spitzenkontakte ersetzen, er solle vielmehr die Arbeit der Regierungs- und Oppositionsspitzen erleichtern. Die Oppositionsmitglieder im Kontaktausschuß sollten den größten Teil der anfallenden Informationen laufend abfangen. Die Spitzen könnten sich dann aus aktuellem Anlaß ad hoc zu einem besonderen Gespräch zusammenfinden.

Herr Barzel bemerkte hierzu, daß er den Gedanken eines Kontaktausschusses erst noch in dem Gremien seiner Partei vortragen müsse. Er lege größten Wert darauf, daß die bisherigen Spitzenkontakte unbeeinträchtigt fortgeführt werden. Das wollten doch wohl beide Seiten nicht aufgeben.

Der Minister bestätigte, daß das Gespräch im größeren Kreis das Spitzengespräch nicht ersetzen solle.

Herr Barzel erinnerte an die Beschlüsse seiner Partei vom 10.8.70 und 25.8.71[6]

---

3 Für den Entwurf der Drei Mächte vom 5. Februar 1971 für eine Berlin-Regelung vgl. Dok. 52.
4 In dem Schreiben an Bundeskanzler Brandt betonte der CDU/CSU-Fraktionsvorsitzende Barzel den Zusammenhang zwischen den geplanten Verträgen mit der UdSSR, der ČSSR und Polen und einer befriedigenden Berlin-Regelung und erklärte: „Wir sind bereit, in vertraulichen Gesprächen mit der Bundesregierung im einzelnen darzulegen, was nach Meinung der CDU/CSU-Bundestagsfraktion unter befriedigenden Lösungen zu verstehen ist, und eine Verständigung darüber herbeizuführen." Vgl. BULLETIN 1970, S. 1069.
5 Am 3. September 1971 führte Bundesminister Scheel vor der Presse aus: „Hier ist auch ein Wort an die Opposition am Platze. In den letzten Tagen ist von der Zusammenarbeit der Bundesregierung mit ihr immer wieder die Rede gewesen. Ich habe heute dem Fraktionsvorsitzenden der CDU/CSU-Bundestagsfraktion, Herrn Dr. Barzel, im Auftrag der Bundesregierung vorgeschlagen, einen parlamentarischen Kontaktausschuß zu bilden. Ihm sollen ein Mitglied oder mehrere Mitglieder der drei Fraktionen im Bundestag angehören. Der Ausschuß soll über den Verlauf der jetzt beginnenden Verhandlungen mit der DDR ständig informiert werden und seinerseits Anregungen der drei Fraktionen für die Verhandlungsführung übermitteln." Vgl. Bundespresseamt, Pressekonferenz Nr. 99/71.
6 Im Anschluß an eine Sitzung des Vorstands der CDU/CSU-Bundestagsfraktion wurde eine Stellungnahme zum Ergebnis der Vier-Mächte-Gespräche über Berlin veröffentlicht. Dazu wurde in der Presse berichtet: „In dem fünf Punkte umfassenden Votum wird angekündigt, die Opposition werde prüfen, wie weit die jetzt vorliegenden Ergebnisse mit den dem Bundeskanzler 1970 vertrau-

und bekräftigte die Bereitschaft, auch in der nächsten Verhandlungsetappe vertrauensvoll zusammenzuwirken.

Er kam dann auf das Berlin-Abkommen vom 3.9. zu sprechen. Es seien sicherlich Verbesserungen für die Menschen erreicht worden. Jetzt müsse es darum gehen, die Lücken zu schließen. Vor allem müsse die DDR auf den Gewaltverzicht festgelegt werden. Der Schießbefehl müsse verschwinden.

Der Minister erläuterte Herrn Barzel, daß der im Vier-Mächte-Abkommen ausgesprochene Gewaltverzicht[7] sich leider nicht auf die Ausübung der Polizeigewalt auf der DDR-Seite der Grenze erstrecke. Unter den Deutschen müsse noch ein Gewaltverzicht speziell ausgehandelt werden.

Herr Barzel legte größten Wert darauf, daß sich die nun bevorstehenden innerdeutschen Verhandlungen strikt an die Aufträge der Alliierten halten, daß man jetzt nicht mit der Aushandlung des Grundvertrages beginne und vor allem nicht den Punkt 20 des Kasseler Programms[8] vorziehe.

Der Bundesminister erinnerte daran, daß im Kabinettsbeschluß vom 3.9.[9] an Herrn Bahr der Auftrag erteilt worden sei, neben den Durchführungsverhandlungen für den Berlin-Verkehr auch über den allgemeinen Verkehrsvertrag mit der DDR zu verhandeln, wenn dadurch der Abschluß des Regierungsabkommens über den Berlin-Verkehr gefördert werde.

Zur Frage des Punktes 20 des Kasseler Programms und der Aufnahme in die UNO könne er auf das verweisen, was er in seiner Pressekonferenz am 3.9.[10]

Fortsetzung Fußnote von Seite 1345

lich vorgelegten Empfehlungen der Bundestagsfraktion der CDU/CSU übereinstimmen: ‚Die CDU/CSU-Bundestagsfraktion ist bereit, auch in der nächsten Etappe für eine Berlin-Regelung vertraulich mitzuwirken. Sie wird ihr abschließendes Urteil vom endgültigen Ergebnis sowie vom Ausmaß des Zusammenwirkens und der Berücksichtigung der eigenen Vorschläge zu den nun anstehenden Problemen abhängig machen.' Unter Punkt drei wird betont, West-Berlin sei und bleibe für die CDU/CSU ein Teil des freien Deutschland. Weiter heißt es: ‚Die Besorgnisse, welche die Bundestagsfraktion der CDU/CSU im Bundestag und in der deutschen Öffentlichkeit während des Ganges der Verhandlungen geäußert hat, waren sämtlich begründet. Wir stellen fest, daß diese Punkte zu einem bestimmten Teil – dank der konsequenten Haltung der Westmächte und trotz der Nachgiebigkeit der Bundesregierung – jetzt Berücksichtigung gefunden haben.' Die Bundesregierung wird unter Punkt vier aufgefordert, jetzt ihre Bemühungen darauf zu konzentrieren, durch geeignete Vorschläge zu einer Regelung der innerdeutschen Beziehungen und Verhältnisse zu gelangen, durch welche die deutsche Frage in der Substanz offenbleibt und den Menschen das Leben wesentlich erleichtert wird: ‚Unsere Mitbürger in Ost-Berlin und in der DDR werden wir nie abschreiben. Gewaltverzicht muß es auch in Deutschland geben!' Im letzten Punkt bestätigt der Fraktionsvorstand seinen Beschluß vom 10. August 1970 über den Zusammenhang der gesamten Ostpolitik." Vgl. den Artikel „Bahr erhält Richtlinien für Gespräche mit Kohl"; DIE WELT vom 26. August 1971, S. 1 f.

[7] Dazu hieß es in Teil I Absatz 2 des Vier-Mächte-Abkommens über Berlin vom 3. September 1971: „The four Governments, taking into account their obligations under the Charter of the United Nations, agree that there shall be no use or threat of force in the area and that disputes shall be settled solely by peaceful means." Vgl. EUROPA-ARCHIV 1971, D 443.

[8] Für Punkt 20 der Vorschläge der Bundesregierung vom 21. Mai 1970 („20 Punkte von Kassel") vgl. Dok. 192, Anm. 23.

[9] Vgl. dazu Dok. 293, Anm. 2.

[10] Bundesminister Scheel erklärte am 3. September 1971: „Die Aufnahme der beiden Staaten in Deutschland in die UNO könnten wir nicht nach der Berlin-Regelung in die Wege leiten. Dazu bedarf es weiterer Schritte, nämlich einer Regelung noch offenstehender Fragen mit der DDR in anderen Sektoren. Hier kann man natürlich keine festen Daten oder Bereiche nennen, weil die Normalisierung der Beziehungen zwischen der Bundesrepublik und der DDR naturgemäß ein langfristiger, vielleicht ein permanenter Prozeß ist. Das heißt, die Aufnahme der Bundesrepublik und der DDR in die UNO kann erst zu einem Zeitpunkt ins Auge gefaßt werden, zu dem ausgeschlossen ist,

gesagt habe. Die Reihenfolge der Kasseler Punkte sei nicht zufällig. Es sei natürlich, daß erst die bilateralen Beziehungen verbessert werden, damit nicht der internationale Bereich zum Forum innerdeutscher Auseinandersetzungen gemacht werde. Die Beziehungen zwischen BRD und DDR müßten daher einen gewissen Stand erreicht haben, ehe Punkt 20 in Angriff genommen werde. Wann das genau sein werde, sei schwer zu sagen, da es sich hier um einen Prozeß mit vielfältigen Einflüssen und Entwicklungen handele. Der Regierung müsse insoweit ein ausreichender Spielraum gelassen werden. Sie müsse im geeigneten Moment in der Lage sein zu entscheiden. Die Mitgliedschaft in den Vereinten Nationen werde jetzt nicht verhandelt.

Herr Barzel ging dann auf Einzelheiten des Berlin-Abkommens ein. Ohne eine tatsächliche Beseitigung des Schießbefehls könne es keine Zustimmung der CDU zum Berlin-Abkommen geben. Er fragte, ob die Visa-Pflicht aufgehoben würde.[11] Die Zusammengehörigkeit Westberlins und der Bundesrepublik müsse in Form und Inhalt klargestellt sein. Ob die Regelungen für die auswärtige Vertretung durch die Bundesregierung auch für die DDR gelte.

Herr Bahr antwortete: Die DDR sei kein Ausland.

Herr Barzel bezeichnete das als ein interessantes und wichtiges Argument. Er halte nichts davon, über das Berlin-Abkommen eine Bundestagsdebatte zu halten.

Er fragte nach den Texten[12], die Herr Bahr für seine Verhandlungen mit der DDR erhalten habe. Als er ablehnend beschieden wurde, fragte er, ob Herr Bahr denn überhaupt keine Weisungen erhalten habe, ob er ohne Texte in die Verhandlungen gehe oder ob er plein pouvoir erhalte. Falls nein, möchte er die Texte kennen. Wie seien die Verhandlungen von Herrn Müller[13] mit denen von Herrn Bahr koordiniert?

Fortsetzung Fußnote von Seite 1346
daß die UNO ein Forum der Auseinandersetzungen zwischen den beiden Teilen Deutschlands wird. Das wird erst möglich sein nach einem Prozeß der Regelungen über mehr, als jetzt verhandelt wird." Vgl. Bundespresseamt, Pressekonferenz Nr. 99/71.

[11] Zur Einführung der Paß- und Visapflicht für den Reise- und Transitverkehr zwischen der Bundesrepublik und der DDR bzw. Berlin (West) am 11. Juni 1968 vgl. Dok. 145, Anm. 13.

[12] Dieses Wort wurde von Vortragendem Legationsrat Blech hervorgehoben. Dazu Ausrufezeichen.

[13] Zu den Gesprächen des Chefs der Senatskanzlei des Landes Berlin, Müller, mit dem Staatssekretär im Ministerium für Auswärtige Angelegenheiten der DDR, Kohrt, vgl. Dok. 267, Anm. 10.
Das siebte Gespräch zwischen Müller und Kohrt fand am 30. August 1971 in Ost-Berlin statt. Dazu wurde in der Presse berichtet: „Ein Senatssprecher teilte mit, daß es noch keine Verhandlungen über den Zutritt von West-Berlinern in den Ostteil der Stadt und in die DDR gegeben habe. Solche Gespräche könnten erst nach Unterzeichnung der Vereinbarung stattfinden, die für diese Woche erwartet wird. Gefragt, ob die beiden Unterhändler, wie Bahr und Kohl am vergangenen Donnerstag, ‚das Gelände abgesteckt haben, auf dem der Hindernislauf beginnen soll', antwortete der Sprecher: ‚Nein'. Müller erklärte, die Gespräche befänden sich in einer ‚Zwischenphase'." Vgl. die Meldung „Besuchsverkehr noch nicht erörtert"; FRANKFURTER ALLGEMEINE ZEITUNG vom 31. August 1971, S. 1.
Zum achten Gespräch am 6. September 1971 in Berlin (West) wurde berichtet, ein Sprecher des Senats habe mitgeteilt, „die Verhandlungsatmosphäre sei sachlich gewesen. Die ‚angenommenen Schwierigkeiten' hätten sich aber bestätigt. Bei den Verhandlungen könne es sich nicht darum handeln, das Vier-Mächte-Abkommen ‚auszufüllen'. Deshalb könne es auch nicht um beschränkte Besuchsregelungen gehen, sondern – wie das Rahmenabkommen sage – um Besuche ‚unter Bedingungen, die denen vergleichbar sind, die für andere in diese Gebiete einreisenden Personen gelten'. Offensichtlich hat also Kohrt wiederum eine Kontingentierung der Besucher gefordert." Vgl. die Meldung „Schwierigkeiten zwischen Müller und Kohrt"; FRANKFURTER ALLGEMEINE ZEITUNG vom 7. September 1971, S. 1.
Am 9. September 1971 fand das neunte Gespräch zwischen Müller und Kohrt in Ost-Berlin statt.

Herr Bahr antwortete wie folgt: Die Bundesregierung könne für Berlin einen Gewaltverzicht gar nicht verhandeln. Das sei Sache der Vier Mächte, die ja hierüber auch eine Einigung erzielt hätten. Was seine Verhandlungsführung angehe, so habe am Vortage eine ganztägige Klausur der beteiligten Ressorts stattgefunden, an der auch Senator Grabert und Senatsdirektor Müller teilgenommen hätten. Eine enge Koordination seiner Gespräche und der von Herrn Müller sei gewährleistet. Herr Müller werde aufgrund des Auftrags der Drei Mächte lediglich über eine Besuchsregelung und über den Gebietsaustausch verhandeln. Er selbst habe beim letzten Gespräch mit Kohl[14] eine Klausel für den allgemeinen Verkehrsvertrag eingefügt, wonach dieser Vertrag sich nicht auf den Berlin-Verkehr beziehe. Kohl habe vorgeschlagen, dem allgemeinen Verkehrsvertrag drei Annexe beizufügen und zwar über den Wechselverkehr, den allgemeinen Transit und den Berlin-Transit. Diesen Gedanken hätte er, Bahr, jedoch abgelehnt. Er rechne damit, daß beim Treffen mit Kohl am 6.9.[15] vor allem Strukturfragen besprochen werden. Er, Bahr, werde auf zwei separaten Abkommen bestehen, nämlich einem Regierungsabkommen über den Berlin-Verkehr, das nicht der parlamentarischen Zustimmung bedarf, und einem allgemeinen Verkehrsvertrag, der den gesetzgebenden Körperschaften vorgelegt werden müsse. (Herr Barzel warf hier ein, daß er diese Auffassung teile.)

Herr Bahr fuhr fort, daß die Delegation der Bundesregierung in der Sache auch für den Senat verhandeln werde. Das sei der Auftrag der Alliierten. Die DDR wolle demgegenüber noch immer mit dem Senat ein allgemeines Verkehrsabkommen abschließen, das sich neben dem Durchgangsverkehr mit der Bundesrepublik auch auf den Transit generell beziehen solle. Auch in der Unterschrift müsse zum Ausdruck kommen, daß die Delegation der Bundesregierung für den Senat mitverhandelt und mitabgeschlossen habe. Kohl habe einmal eine Andeutung gemacht, daß die DDR zwar das Abkommen über den Berlin-Verkehr mit der Bundesrepublik verhandeln wolle, das Ergebnis jedoch in toto in den Vertrag mit dem Senat übernehmen wolle.

Zum Schluß kam das Gespräch nochmals auf den Kontaktausschuß zurück. Der Herr Minister verwies auf die Präzedenzfälle bei den Pariser Verträgen[16]. Damals habe man verabredet, daß die Mitglieder des Kontaktausschusses auch gegenüber ihren eigenen Fraktionen völliges Schweigen bewahrten, daß sie lediglich gegenüber ihren Fraktionsspitzen berichten würden. So solle man es auch jetzt handhaben. Herr Barzel nahm dies zustimmend zur Kenntnis, vertiefte die Diskussion in dieser Frage jedoch nicht. Das Thema des Kontaktaus-

---

Fortsetzung Fußnote von Seite 1347
Dazu wurde in der Presse berichtet, Müller sei nach nur dreistündigen Verhandlungen zu Gesprächen mit dem Regierenden Bürgermeister Schütz nach Berlin (West) zurückgekehrt. Das ursprünglich für den nächsten Tag vorgesehene nächste Gespräch sei auf den 14. September 1971 verschoben worden. Vgl. dazu den Artikel „Kohl macht Bahr erhebliche Schwierigkeiten. Ost-Berlin beharrt auf abweichendem Vertragstext"; FRANKFURTER ALLGEMEINE ZEITUNG vom 10. September 1971, S. 1.

[14] Zum 16. Gespräch des Staatssekretärs Bahr, Bundeskanzleramt, mit dem Staatssekretär beim Ministerrat der DDR, Kohl, am 26. August 1971 in Ost-Berlin vgl. Dok. 283 und Dok. 284.

[15] Zum 17. Gespräch des Staatssekretärs Bahr, Bundeskanzleramt, mit dem Staatssekretär beim Ministerrat der DDR, Kohl, am 6. September 1971 vgl. Dok. 292 und Dok. 293.

[16] Für den Wortlaut der Pariser Verträge vom 23. Oktober 1954 vgl. BUNDESGESETZBLATT 1955, Teil II, S. 213–576.

schusses behandelte er während des ganzen Gesprächs mit großer Zurückhaltung. Er vermittelte den Eindruck, als ob ihm dieser Gedanke nicht besonders gefalle, daß er sich ihm jedoch nicht werde entziehen können.

Zum Schluß erwähnte Herr Barzel noch, daß seine Fraktion demnächst eine Europa-Debatte vorschlagen möchte. Er wolle dies jedoch erst nach der Entscheidung des britischen Parlaments tun, damit die innenpolitische Diskussion in Großbritannien durch die deutsche Parlamentsdebatte nicht kompliziert wird. Er fragte dann nach den Terminvorstellungen der Engländer. Ihm wurde von Herrn van Well am 6.9. mitgeteilt, daß der TUC zur Zeit tage[17], die Liberale Partei ihren Kongreß Mitte September[18], Labour vom 4. bis 8.10[19], die Konservativen vom 13. bis 16.10[20] halten würden. Die Parlamentsdebatte sei für den 28.10. angesagt und werde voraussichtlich drei Tage dauern. Eine Entscheidung sei daher für den 1. oder 2. November zu erwarten.[21]

van Well

VS-Bd. 4523 (II A 1)

---

[17] Der Jahreskongreß des britischen Gewerkschaftsbundes TUC fand vom 6. bis 10. September 1971 in Blackpool statt.
[18] Der Parteitag der Liberalen Partei fand vom 15. bis 18. September 1971 in Scarborough statt.
[19] Der Parteitag der Labour Party fand in Brighton statt.
[20] Der Parteitag der Konservativen Partei fand in Brighton statt.
[21] Am 28. Oktober 1971 stimmte das britische Unterhaus mit 356 zu 244 Stimmen einem Grundsatzantrag der britischen Regierung für einen Beitritt Großbritanniens zu den Europäischen Gemeinschaften zu. Vgl. dazu Dok. 379.

298

Aufzeichnung des Vortragenden Legationsrats Blech

II A 1-84.20/11-1291/71 geheim 8. September 1971[1]

Herrn D Pol 2[2]

Betr.: Deutsche Übersetzung des Vier-Mächte-Abkommens

In der Sitzung der Bonner Vierergruppe vom 7. September brachte der amerikanische Vertreter Dean erneut die beiden Punkte der deutschen Übersetzung zur Sprache, bei denen die DDR die Absprache mit uns nicht eingehalten hat.[3] Botschafter Rush sei, so sagte Dean, über die Haltung der DDR empört. Der Botschafter habe im Auftrag seiner Regierung das Vier-Mächte-Abkommen erst unterzeichnet, nachdem er aufgrund unserer Unterrichtung annehmen zu können glaubte, daß zwischen den deutschen Seiten Einigung über alle wichtigen Punkte erzielt sei. Werde diese Absprache – unter dem Vorwand einer allerdings sehr bedauerlichen Presseindiskretion – jetzt nicht honoriert, so werde der Unterschrift des Botschafters nachträglich die Geschäftsgrundlage entzogen. Die amerikanische Regierung könne das schon aus prinzipiellen Erwägungen nicht einfach hinnehmen, und sie erwarte bei etwaigen Schritten gegenüber den Sowjets die gleiche Unterstützung von deutscher Seite, wie sie die Bundesregierung in der letzten Phase vor der Unterzeichnung des Vier-Mächte-Abkommens durch die amerikanische Seite erhalten habe.

Dean sagte weiter, seiner Auffassung nach könne es nützlich sein, wenn StS Bahr Kohl noch vor dem nächsten Gespräch[4] in einem Telegramm auffordere, seine Haltung in der Frage der Übersetzung zu überprüfen, und ihn um eine Antwort am Donnerstag (9.9.) bitte. Falls sich dann herausstelle, daß die DDR nicht bereit sei, zu ihrem Wort zu stehen, wäre es vielleicht besser, die Verhandlungen nicht fortzusetzen.

Als möglichen Weg für die DDR, ihre Haltung zu korrigieren, nannte Dean eine Erklärung im nächsten Kommuniqué.

gez. Blech

VS-Bd. 4523 (II A 1)

---

[1] Durchdruck.
 Hat Bundesminister Scheel am 8. September 1971 vorgelegen, der handschriftlich vermerkte: „Ich habe in einem Gespräch mit Herrn BK, BM Ehmke und StS Bahr am 7.9.71 gefordert und vereinbart, daß die Verhandlungen in der Sache nicht aufgenommen werden, bevor die DDR zu der Abmachung über den Text zurückkehrt. Das heißt, daß die DDR uns gegenüber eine verbindliche Erklärung abgeben muß, daß der nach unseren Verhandlungen zu veröffentlichende Text in der vereinbarten Form erfolgt. Auf Verpflichtungen gegenüber Kabinett und Parlament habe ich hingewiesen."

[2] Hat Ministerialdirigent van Well am 13. September 1971 vorgelegen.

[3] Zur Kontroverse um eine deutsche Übersetzung des Vier-Mächte-Abkommens über Berlin vom 3. September 1971 vgl. Dok. 292 und Dok. 295.

[4] Zum 18. Gespräch des Staatssekretärs Bahr, Bundeskanzleramt, mit dem Staatssekretär beim Ministerrat der DDR, Kohl, am 9. September 1971 in Ost-Berlin vgl. Dok. 299.

299

Aufzeichnung des Vortragenden Legationsrats Bräutigam

II A 1-83.10-1301/71 geheim 9. September 1971[1]

Betr.: 18.[2] Gespräch Bahr/Kohl am 9. September in Ostberlin

In dem von Staatssekretär Bahr erbetenen Vier-Augen-Gespräch weigerte sich Staatssekretär Kohl, über die Frage der deutschen Übersetzung des Vier-Mächte-Abkommens überhaupt zu sprechen. Er sei dazu nicht autorisiert. Seine Seite stelle die zwischen beiden Seiten getroffene Abrede[3] nicht in Frage. Da aber die westdeutsche Seite die Vertraulichkeit in den beiden Punkten

– Bindungen
– kein Bestandteil (konstitutiver Teil)

gebrochen habe, fühle sich seine Seite insoweit nicht mehr gebunden. Im übrigen könne man diese beiden Punkte ohne Mühe in den Verhandlungen umgehen, zumal sie ja auch nicht Gegenstand unserer Verhandlungen seien.

StS Bahr bestand auf einer Klarstellung in geeigneter Form. Als seine Bemühungen erfolglos blieben, fuhr er gegen 10.45 Uhr ins Bundeshaus zurück, um Kontakt mit Bonn aufzunehmen.[4] Nach seiner Rückkehr gegen 12.00 Uhr fand erneut ein Vier-Augen-Gespräch statt, das jedoch wiederum ohne Ergebnis blieb. Die Staatssekretäre kamen daraufhin überein, die Sitzung abzubrechen. Zu einem Delegationsgespräch kam es nicht.

In dem anschließend veröffentlichten Pressekommuniqué heißt es, daß StS Bahr und StS Kohl am 9.9. ihre am 6.9. begonnenen Verhandlungen[5] fortsetzten. Ein Termin für die Fortsetzung der Verhandlungen werde in Kürze vereinbart.[6]

---

[1] Durchdruck.
Hat Staatssekretär Frank vorgelegen.
[2] Korrigiert aus: „17.".
[3] Zur Vereinbarung vom 3. September 1971 vgl. Dok. 295.
[4] Bundesminister Ehmke vermerkte dazu am 9. September 1971, Staatssekretär Bahr, Bundeskanzleramt, habe gegen elf Uhr telefonisch über den Verlauf des unmittelbar vorausgegangenen Vier-Augen-Gesprächs mit dem Staatssekretär beim Ministerrat der DDR, Kohl, berichtet: „Auf Grund eines Gesprächs des Bundeskanzlers mit den Herren Ministern Scheel, Franke und mir habe ich Herrn Bahr mitgeteilt, er möge auch die Verhandlungen über allgemeine Verkehrsfragen nicht fortsetzen, sondern zur Berichterstattung nach Bonn kommen. Falls möglich, möge er mit Herrn Kohl einen neuen Besprechungstermin in Bonn vereinbaren, oder aber festhalten, daß ein neuer Termin auf dem gewöhnlichen Wege vereinbart werde. Ferner habe ich Staatssekretär Bahr gebeten, dem Berliner Senat mitzuteilen, daß nach Ansicht der Bundesregierung auch die Sachverhandlungen Berlins mit der DDR nicht fortgesetzt werden sollten. [...] Anschließend habe ich Botschafter Rush telefonisch von dieser Entwicklung unterrichtet. Er war für die Information dankbar und begrüßte, daß Staatssekretär Bahr zur Berichterstattung nach Bonn zurückgerufen worden sei." Er habe auch den sowjetischen Botschafter Falin von der Entwicklung unterrichtet und die Besorgnis der Bundesregierung zum Ausdruck gebracht: „Herr Falin antwortete, Streitigkeiten in der Familie seien immer besonders schwierig. Die ganze Behandlung der Frage des deutschen Textes sei nicht glücklich gewesen, aber man werde schon eine Lösung finden." Vgl. Archiv der sozialen Demokratie, Depositum Bahr, Box 380 B.
[5] Zum 17. Gespräch des Staatssekretärs Bahr, Bundeskanzleramt, mit dem Staatssekretär beim Ministerrat der DDR, Kohl, vgl. Dok. 292 und Dok. 293.
[6] Für den Wortlaut des Kommuniqués vgl. NEUES DEUTSCHLAND vom 10. September, S. 2.

Heute nachmittag wird im Bundeskanzleramt eine Besprechung auf hoher Ebene stattfinden, in der über das weitere Procedere entschieden werden soll. Kohl soll anschließend eine Mitteilung erhalten. StS Bahr hat gegenüber Kohl angedeutet, daß er sich darin ggf. auch zur Übersetzungsfrage äußern werde.

gez. Bräutigam

VS-Bd. 4487 (II A 1)

300

Bundesminister Scheel an den amerikanischen Außenminister Rogers

III A 5-85.00-91.36-1987[II]/71 VS-vertraulich   10. September 1971[1]

Vertraulich!

Sehr geehrter Herr Kollege, lieber Bill!

Wie Ihnen bekannt ist, haben die im März d.J. aufgenommenen Gespräche über den Abschluß eines neuen Abkommens über den Devisenausgleich[2] für die Stationierung amerikanischer Truppen in der Bundesrepublik Deutschland noch nicht zu einem Ergebnis geführt. Ich brauche Ihnen nicht zu bestätigen, daß die Bundesregierung die amerikanische Truppenpräsenz in der Bundesrepublik nach wie vor als entscheidende Voraussetzung der gemeinsamen Sicherheit ansieht und auch aus diesem Grunde unverändert daran interessiert ist, ein zufriedenstellendes Ergebnis herbeizuführen.

Seit dem letzten Gespräch der beiden Delegationsleiter, Unterstaatssekretär Samuels und Ministerialdirektor Herbst, das Anfang August in Washington stattfand[3], sind Ereignisse eingetreten, die Anlaß zu neuen Überlegungen geben.[4] Sie werden mit mir darin übereinstimmen, daß sich die wirtschafts- und

---

[1] Durchdruck.
[2] Zu den Verhandlungen vom 10./11. März 1971 vgl. Dok. 90.
[3] Zum dem Gespräch am 3./4. August 1971 vgl. Dok. 222, Anm. 7.
[4] Referat III A 5 vermerkte am 1. September 1971 zum Stand der Verhandlungen mit den USA über einen Devisenausgleich: „1) Deutsche Ablehnung des US-Vorschlags fällt zeitlich zusammen mit neuen Mansfield-Bemühungen und erfolgt unmittelbar nach Rogers-Erklärung über unveränderte amerikanische Truppenpräsenz. 2) Das letzte deutsche Angebot im Devisenausgleich (3,25 Mrd. militärische Beschaffung; 1,1 Mrd. Haushaltsbeitrag; 2 Mrd. Bundesbankdarlehen zu 2,5%) muß aufrechterhalten bleiben, da durch Gespräch Bundeskanzler/Präsident Nixon fixiert und aus politischen Gründen nicht mehr revozierbar. 3) Die in gestriger Ministerbesprechung unter Leitung des Bundeskanzlers beschlossene vollständige Ablehnung der über 2) hinausgehenden amerikanischen Forderung bringt eine ernste Belastung unseres Verhältnisses mit den USA mit sich. Die politische Konfrontation mit den USA erscheint daher nicht mehr vermeidbar. 4) Um zu erwartenden politischen Schaden so gering wie möglich zu halten, soll deutsche Ablehnung Amerikanern schonend und sukzessive beigebracht werden: a) durch Brief Außenminister an Rogers [...]; b) persönliche Erläuterung des Außenministers an Botschafter Rush vor Übergabe des Briefes; c) Gespräch Außenministers mit Rogers am Rande der UN-Vollversammlung. In diesem Gespräch müß-

währungspolitische Entwicklung im gegenwärtigen Zeitpunkt noch nicht hinlänglich übersehen läßt. Erst wenn wir in diesen Fragen klarer sehen und mögliche Implikationen für das Offset-Problem deutlicher erkennen können, erscheint mir eine Fortsetzung der Verhandlungen zweckmäßig.

Aus diesem Grunde erlaube ich mir vorzuschlagen, den zunächst in Aussicht genommenen Termin geringfügig zu verschieben und die Verhandlungen über den Devisenausgleich gegen Mitte Oktober wieder aufzunehmen.

Ich freue mich jedoch, Ihnen mitteilen zu können, daß die Bundesregierung dieser Tage beschlossen hat, das Beschaffungsprogramm für 175 Phantom-Flugzeuge F-4 F trotz der bestehenden Haushaltsschwierigkeiten durchzuführen. Der Bundesminister der Verteidigung[5] hat die ersten Verträge am 31. August 1971 unterschrieben.[6]

Während somit ein wichtiger Teil des künftigen Devisenausgleichsabkommens bereits festgelegt ist, kann ich es andererseits nicht unterlassen, Ihnen die ernste Sorge der Bundesregierung insbesondere über die unvermindert hohen Erwartungen der amerikanischen Regierung zum Ausdruck zu bringen, die erheblich über das hinausgehen, was die deutsche Seite zu leisten vermag.

Wie der Bundeskanzler anläßlich seines Besuchs im Juni d. J. gegenüber Ihrem Präsidenten[7] zum Ausdruck brachte, haben wir uns überhaupt nur mit großem Zögern und nach Zurückstellung schwerwiegender Bedenken entschlossen, dem amerikanischen Wunsch auf Leistung einer Budgethilfe, die durch die Existenz des Kontos II einmalig möglich und gerade noch tragbar wäre, in begrenztem Umfang zu entsprechen.

Im übrigen erlaube ich mir, daran zu erinnern, daß die Bundesregierung stets den Standpunkt vertreten hat, daß „Burden Sharing" nicht eine bilaterale deutsch-amerikanische Angelegenheit, sondern Sache des gesamten Atlantischen Bündnisses ist.

Ich werde mich voraussichtlich anläßlich des Beginns der Vollversammlung der Vereinten Nationen[8] etwa eine Woche in New York aufhalten[9] und hoffe

---

Fortsetzung Fußnote von Seite 1352
    te die definitive Ablehnung der amerikanischen Vorschläge bekanntgegeben und begründet werden." Vgl. VS-Bd. 8778 (III A 5); B 150, Aktenkopien 1971.

[5] Helmut Schmidt.

[6] Am 31. August 1971 unterzeichneten die Bundesregierung und die amerikanische Regierung einen Vertrag über den Kauf von 175 Phantom-Düsenjägern des Typs „F-4 F". Dazu teilte das Bundesministerium der Verteidigung mit, daß die Gesamtkosten „im Rahmen der vom Verteidigungsausschuß des Bundestages verbindlich festgesetzten Höchstgrenze von vier Milliarden Mark" liege. Die Kaufsumme werde voraussichtlich 3,8 bis 3,9 Milliarden DM betragen: „Von dieser Summe gehen Aufträge im Wert von ungefähr 2,6 Milliarden Mark über die Regierung in Washington an die amerikanische Luftfahrtindustrie.[...] Außerdem ist vorgesehen, daß Teile im Wert von etwa 800 Millionen Mark unmittelbar bei der deutschen Industrie beschafft und im Rahmen des Regierungsabkommens als Zulieferung in das Gesamtprogramm einbezogen werden." Vgl. den Artikel „Fast vier Milliarden für die Phantom"; FRANKFURTER ALLGEMEINE ZEITUNG vom 3 September 1971, S. 3.

[7] Bundeskanzler Brandt hielt sich vom 14. bis 18. Juni 1971 in den USA auf. Zum Gespräch mit Präsident Nixon am 15. Juni 1971 in Washington vgl. Dok. 208.

[8] Die 26. UNO-Generalversammlung fand vom 21. September bis 22. Dezember 1971 statt.

[9] Bundesminister Scheel hielt sich vom 26. September bis 3. Oktober 1971 in den USA auf und traf am 1. Oktober 1971 mit dem amerikanischen Außenminister Rogers zusammen. Vgl. dazu Dok. 331.

sehr, daß sich eine Gelegenheit ergeben wird, dieses für unsere beiden Länder so wichtige Problem mit Ihnen erörtern zu können.[10]

Mit freundlichen Grüßen

gez. Scheel

VS-Bd. 8778 (III A 5)

301

Staatssekretär Freiherr von Braun an die Botschafter von Hase (London), Pauls (Washington) und Ruete (Paris)

II A 1-84.20/11-1302/71 geheim   Aufgabe: 10. September 1971, 15.10 Uhr[1]
Fernschreiben Nr. 4339 Plurex

Nur für Botschafter o.V.i.A.

Betr.: Reise des Bundeskanzlers in die Sowjetunion

I. Wir haben mit Verwunderung das Übermaß an Spekulationen und kritischen Kommentaren zur Kenntnis genommen, das die westlichen Meinungsmedien seit der Ankündigung des Besuchs[2] kennzeichnet. Wir halten es im Interesse der gemeinsamen Sache für wichtig, daß die dortigen Regierungsstellen auf diese öffentliche Diskussion mäßigend einwirken und sie auf eine realistische Betrachtungsweise reduzieren.

II. Sie werden gebeten, an hoher Regierungsstelle folgende vertrauliche Erläuterungen zum Kanzlerbesuch zu geben:

---

[10] Bundesminister Scheel übergab das Schreiben am 10. September 1971 an den amerikanischen Botschafter Rush. Botschafter Hermes teilte der Botschaft in Washington dazu mit, Scheel habe ausgeführt, „daß die gerade zu Ende gegangenen Haushaltsberatungen des Kabinetts erwiesen hätten, daß es uns nur unter den größten Schwierigkeiten möglich sein werde, unser letztes Angebot zum Devisenausgleich aufrechtzuerhalten. Er hoffe, mit Secretary Rogers anläßlich seines Besuchs in New York auch über dieses Thema sprechen zu können." Rush habe erwidert, „daß ihm bei seinem kürzlichen Besuch in den Vereinigten Staaten von befreundeten Senatoren eindringlich nahegelegt worden sei, für wie wichtig ein befriedigendes Devisenausgleichsabkommen angesehen werde. Es werde damit gerechnet, daß Senator Mansfield in diesem Herbst erneut eine Initiative in der Truppenabzugsfrage im Senat ergreifen werde. Die Aussichten seien besser als beim letzten Mal und eine Mehrheit für Mansfield nicht unwahrscheinlich. Auch wenn ein entsprechender Senatsbeschluß die Regierung rechtlich nicht binde, sei doch die psychologische Wirkung außerordentlich ernst." Vgl. den Drahterlaß Nr. 931; VS-Bd. 8778 (III A 5); B 150, Aktenkopien 1971.

[1] Der Drahterlaß wurde von Ministerialdirigent van Well konzipiert, der die Weiterleitung an Referat I A 1 verfügte „m[it] d[er] B[itte], H[errn] DPol zu unterrichten" und handschriftlich vermerkte: „StS Bahr hat zugestimmt. Minister hat zugestimmt".

[2] Zur Bekanntgabe der Einladung der sowjetischen Regierung an Bundeskanzler Brandt am 7. September 1971 zu einem Besuch in der UdSSR vgl. Dok. 296, Anm. 9.

1) Der Vorschlag für ein baldiges Zusammentreffen zwischen dem Bundeskanzler und der sowjetischen Führung wurde nach dem Zustandekommen der Berlin-Einigung[3] von sowjetischer Seite gemacht.[4] Angesichts der Bedeutung der Berlin-Einigung und im Sinne der bei Abschluß des Moskauer Vertrages getroffenen Abrede eines kontinuierlichen Meinungsaustausches auf hoher Ebene hat sich der Bundeskanzler zu dem Zusammentreffen bereit erklärt.

2) Im Vordergrund der Gespräche wird die Erprobung der sowjetischen Position nach der Berlin-Einigung stehen. Es wird festzustellen sein, ob die Sowjetunion bereit ist, bereits vor Inkrafttreten des Vier-Mächte-Abkommens die Regelung über die Außenvertretung West-Berlins zu praktizieren. Eine Einigung hierüber könnte zur Fortsetzung verschiedener Vertragsverhandlungen führen, die wegen des Problems der Berlin-Klausel nicht abgeschlossen werden konnten.

Ferner wird eine Bilanz der bilateralen Beziehungen seit dem 12.8.70, insbesondere auf wirtschaftlichem Gebiet, zu ziehen sein. Es wird auch darum gehen, die nunmehr beginnende Phase deutscher Verhandlungen zu erleichtern und zu fördern.

3) Der Bundeskanzler wird sich einer Erörterung schwebender West-Ost-Initiativen wie KSE und MBFR nicht entziehen, wobei er von der im NATO-Rat abgestimmten Haltung ausgehen wird, bilaterale Erkundungen vor der multilateralen Phase vorzunehmen.

4) Hinsichtlich der Durchführung des ostpolitischen Programms wird der Bundeskanzler die bekannten Zeitvorstellungen entwickeln: Zunächst wird es darum gehen, die nach dem Vier-Mächte-Abkommen erforderlichen deutschen Verhandlungen zu führen und abzuschließen. Alsdann steht die Unterzeichnung des Vier-Mächte-Schlußabkommens an. Es folgt die Einleitung des Ratifizierungsprozesses des Moskauer und des Warschauer Vertrages. Gemäß dem Kommuniqué der NATO-Ministertagung in Lissabon wird gleichzeitig die multilaterale Vorbereitung einer KSE in Angriff zu nehmen sein.[5]

5) Wir rechnen damit, daß die sowjetische Seite die Regelung des Verhältnisses BRD–DDR und die Zulassung der DDR zu internationalen Organisationen, Konferenzen und Konventionen sowie die Frage der VN-Mitgliedschaft der beiden Staaten zur Diskussion stellen wird.

Obwohl wir jederzeit bereit sind, mit der DDR über das Grundverhältnis zu sprechen, erscheint es ausgeschlossen, daß die DDR jetzt dazu bereit ist. Die beginnende Verhandlungsphase wird wahrscheinlich Aufschlüsse darüber geben, welche Prinzipien dem Modus vivendi zugrunde liegen sollen. Offensichtlich will die DDR vollgültige Verträge und nicht nur technische Absprachen. Wir werden daran festhalten, die Regierungsvereinbarung über den Berlin-Verkehr und den Vertrag über den allgemeinen Verkehr getrennt zu halten. Wir wer-

---

[3] Für Wortlaut des Vier-Mächte-Abkommens über Berlin vom 3. September 1971 vgl. EUROPA-ARCHIV 1971, D 443–453. Vgl. dazu auch Dok. 281.
[4] Zur Einladung vom 1. September 1971 an Bundeskanzler Brandt vgl. Dok. 288.
[5] Vgl. dazu Ziffer 9 des Kommuniqués der NATO-Ministerratstagung am 3./4. Juni 1971 in Lissabon; Dok. 207, Anm. 12.

den ferner darauf achten, daß der allgemeine Verkehrsvertrag mit den Grundsätzen des Kasseler Programms[6] übereinstimmt.

Wir werden nach wie vor die Auffassung vertreten, daß die Klärung des Verhältnisses BRD–DDR Vorrang hat vor einer Änderung der westlichen Haltung in der Frage der internationalen Beziehungen der DDR. Eine Verständigung der an der Deutschland-Frage unmittelbar beteiligten deutschen Regierungen und der Vier Mächte ist nach unserer Auffassung erforderlich, um den Streit nicht in die internationalen Organisationen hineinzutragen und damit die Aussichten für eine Verbesserung der Beziehungen zu gefährden. Es würde auch die Ratifizierungsdebatte im Bundestag in kritischer Weise belasten, falls während der Beratungen substantielle Änderungen der internationalen Lage im Zusammenhang mit der DDR-Frage eintreten würden. Wir legen Wert darauf, daß die Beteiligten bis zu den entsprechenden Fortschritten in den laufenden und anstehenden Verhandlungen im internationalen Bereich in der DDR-Frage stillhalten würden.

6) Die Bundesregierung besteht nicht darauf, daß vor Eintritt in die multilaterale Vorbereitung einer KSE ein genereller Modus vivendi BRD–DDR abgeschlossen sein muß. Wir sind bereit, nach Abschluß eines Vier-Mächte-Schlußprotokolls[7] in die multilaterale Phase einzutreten. Die deutsche Ausfüllung des Vier-Mächte-Abkommens hat jetzt Vorrang. Parallel dazu kann über einen allgemeinen Verkehrsvertrag mit der DDR verhandelt werden, der vielleicht einige allgemeine Bestimmungen enthalten wird. Ein solcher allgemeiner Verkehrsvertrag braucht aber vor Eintritt in die multilaterale Phase, den wir frühestens Ende 1971 erwarten, nicht abgeschlossen zu sein. Wir werden, sollte es vor einer zureichenden Klärung des Verhältnisses BRD–DDR zu multilateralen Zusammenkünften im europäischen Rahmen kommen, unseren Rechtsstandpunkt in der DDR-Frage aufrechterhalten und unsere Verbündeten und Freunde um Unterstützung unserer Haltung bitten. Wir sind nicht daran interessiert, beim Eintritt in die multilaterale Phase wegen unserer deutschlandpolitischen Grundhaltung einen Streit vom Zaun zu brechen. Die Multilateralisierung darf jedoch unsere Rechtsposition nicht präjudizieren. Entsprechende Vorkehrungen müssen getroffen werden, wenn möglich nach vorheriger Abstimmung mit der östlichen Seite.[8]

Braun[9]

VS-Bd. 4524 (II A 1)

---

[6] Für den Wortlaut der Vorschläge der Bundesregierung vom 21. Mai 1970 („20 Punkte von Kassel") vgl. BULLETIN 1970, S. 670 f. Vgl. dazu ferner AAPD 1970, II, Dok. 200.

[7] Zu dem am 3. September 1971 paraphierten Schlußprotokoll zum Vier-Mächte-Abkommen über Berlin vgl. Dok. 281, Anm. 2.

[8] Botschafter von Hase, London, teilte am 13. September 1971 mit, daß er die Überlegungen der Bundesregierung zur bevorstehenden Reise des Bundeskanzlers Brandt in die UdSSR gegenüber dem Staatssekretär im britischen Außenministerium, Greenhill, erläutert habe: „Sir Denis bedankte sich für die Unterrichtung und bemerkte, daß die sowjetische Initiative zum Besuch des Bundeskanzlers in britischer Sicht nicht überrascht habe. Man könne sich leicht vorstellen, daß die Sowjets derzeit an einer Fortsetzung der Kontakte zur Bundesregierung interessiert seien. Er stimmte mit uns überein, daß die britische Presse bisher eher zurückhaltend kommentiert hat. Sir Denis machte keinerlei kritische Anmerkungen zum Zustandekommen und zum Zeitpunkt der Unterrichtung über den Besuch." Hase fügte hinzu: „Trotz der verständnisvollen Aufnahme der Unter-

302

Botschafter Gehlhoff, New York (UNO), an das Auswärtige Amt

Z B 6-1-13370/71 geheim   Aufgabe: 10. September 1971, 17.00 Uhr[1]
Fernschreiben Nr. 890   Ankunft: 10. September 1971, 22.43 Uhr
Cito

Betr.: Anerkennung der DDR durch die Vereinten Nationen
Bezug: Drahtbericht Nr. 871 vom 3.9.1971

1) Wie ich zuverlässig aus Sekretariat erfahre, hat DDR-Regierung unmittelbar nach Unterzeichnung der Vier-Mächte-Vereinbarung über Berlin[2] mit großem Nachdruck Anerkennung der DDR durch Vereinte Nationen verlangt. Spezifisch richte sich die Forderung auf Teilnahme an Stockholmer Umweltkonferenz[3], auf Begegnung DDR-Außenministers mit Generalsekretär U Thant[4] sowie insbesondere auf Zulassung eines offiziellen DDR-Beobachters beim europäischen Büro der Vereinten Nationen in Genf.

Fortsetzung Fußnote von Seite 1356
    richtung durch Sir Denis [...] sollten wir nicht versäumen, das Foreign Office über Verlauf und Ergebnis der Reise des Bundeskanzlers zum frühestmöglichen Zeitpunkt in Kenntnis zu setzen." Vgl. den Drahtbericht Nr. 2173; VS-Bd. 4636 (II A 4); B 150, Aktenkopien 1971.
    Gesandter Noebel, Washington, berichtete am 14. September 1971: „Nachdem PStS Moersch am 9. September Staatssekretär Irwin, den Leiter der Europa-Abteilung des State Departments, Mr. Hillenbrand, und dessen Vertreter Fessenden eingehend über den bevorstehenden Besuch des Bundeskanzlers in der Sowjetunion unterrichtet hatte [...], habe ich mit Mr. Hillenbrand am Sonntag, den 13. September, ein Gespräch gemäß Bezugserlaß geführt. Alle Gesprächspartner nahmen unsere Darlegungen mit großem Interesse zur Kenntnis. Die verspätete Unterichtung über den Bundeskanzlerbesuch hat offensichtlich keine Verstimmung ausgelöst. Trotzdem würde es begrüßt, wenn in Zukunft eine rechtzeitige Unterrichtung erfolgte. Die amerikanische Presse hat überwiegend sachlich, ohne Polemik und ohne Spekulation über den bevorstehenden Besuch berichtet." Vgl. den Drahtbericht Nr. 2088; VS-Bd. 9818 (I A 5); B 150, Aktenkopien 1971.
    Zur Ausführung der Demarche im französischen Außenministerium vgl. Dok. 306, besonders Anm. 15.
9 Paraphe.

[1] Hat Vortragendem Legationsrat Blech am 11. September 1971 vorgelegen, der die Weiterleitung an Vortragenden Legationsrat I. Klasse Heimsoeth „m[it] d[er] B[itte] um Übernahme" verfügte und handschriftlich vermerkte: „Ich wäre für ein Ex[emplar] für II A 1 dankbar."
Hat Heimsoeth am 13. September 1971 vorgelegen, der die Weiterleitung an Vortragenden Legationsrat Rötger verfügte.
Hat Rötger am 14. September 1971 vorgelegen.
[2] Für Wortlaut des Vier-Mächte-Abkommens über Berlin vom 3. September 1971 vgl. EUROPA-ARCHIV 1971, D 443–453. Vgl. dazu auch Dok. 281.
[3] Zur geplanten Umwelt-Konferenz der UNO in Stockholm vgl. Dok. 254.
Zur Frage einer Teilnahme der DDR vermerkte Staatssekretär Freiherr von Braun am 3. September 1971: „Staatssekretär Bahr erzählte mir, der Bundeskanzler und der Bundesminister hätten sich in einer Ministerbesprechung vor einiger Zeit dahin geäußert, daß man der Teilnahme der DDR an dieser Konferenz möglichst wenig Hindernisse in den Weg legen solle. Allerdings sei das Thema nicht vertieft worden. Herr Bahr selbst äußerte Bedenken gegen eine solche Haltung, deren Konsequenzen vielleicht noch nicht übersehen werden könnten." Vgl. VS-Bd. 9836 (I C 1); B 150, Aktenkopien 1971.
[4] Vgl. dazu das Vorhaben des UNO-Generalsekretärs U Thant, mit Bundesminister Scheel und dem Außenminister der DDR, Winzer, in Genf Gespräche zu führen; Dok. 212.

Das Verlangen der DDR, von Zachmann gegenüber Winspeare in Genf vorgebracht, werde damit begründet, daß die staatliche Existenz der DDR in der Vier-Mächte-Vereinbarung über Berlin jetzt auch von Westmächten nicht mehr geleugnet, sondern anerkannt worden sei. Deshalb gebe es, selbst wenn DDR gegenwärtig noch nicht Mitglied der Vereinten Nationen oder ihrer Sonderorganisationen sei, für Generalsekretär jetzt keinen Grund mehr, der anerkannten staatlichen Existenz der DDR durch Zulassung eines Beobachters in Genf nicht Rechnung zu tragen.

Generalsekretär U Thant habe nach Beratung mit seinen wichtigsten Mitarbeitern Weisung erteilt, daß der Forderung der DDR nicht stattgegeben werde. Bei dieser Entscheidung habe sich U Thant auf die kürzlich auch von mir verwendeten Argumente gestützt, daß Berlin-Vereinbarung der Vier Mächte bisher nicht in Kraft getreten und daß DDR von der großen Mehrheit der Staatengemeinschaft bisher nicht völkerrechtlich anerkannt sei.

Wie mir versichert wurde, stehe hinter dieser Entscheidung U Thants der Respekt vor Bundeskanzler Brandt und seiner Politik. U Thant hoffe, daß diese Politik erfolgreich sein werde, und er wolle sie nicht durch eine Zustimmung zu dem Verlangen der DDR nach Zulassung eines Beobachters in Genf stören.

Das Sekretariat glaube allerdings nicht, daß diese Position U Thants unbegrenzt aufrechterhalten werden könne. Man möge in Bonn berücksichtigen, daß der Zeitfaktor in dem Widerstand gegen das DDR-Verlangen eine beträchtliche Rolle spiele.

Die DDR hat, wie mir auf Frage versichert wurde, die Einräumung eines Beobachterstatus in New York bisher nicht verlangt. Das Sekretariat glaubt indessen, daß nach etwaiger Zulassung eines DDR-Beobachters in Genf automatisch dasselbe Verlangen für New York gestellt werde und hier dann schwerlich abgewiesen werden könne.

2) Ich stehe gegenwärtig unter dem Eindruck, daß, falls nicht unerwartete Entwicklung eintrete, zumindest bis etwa Jahresende nicht mit einer Änderung der Haltung U Thants zur Zulassung eines DDR-Beobachters in Genf zu rechnen ist. Ich werde in dieser Frage weiterhin engen Kontakt mit dem Sekretariat halten. Um bestehenden Kontakt nicht zu gefährden, bitte ich, Herkunft der Informationen nicht aufzudecken.

[gez.] Gehlhoff

VS-Bd. 9844 (I C 1)

303

Ministerialdirigent van Well an Botschafter Pauls, Washington

II A 3-84.10-91.36-2853/71 VS-vertraulich 10. September 1971[1]
Fernschreiben Nr. 4353 Plurex Aufgabe: 12. September 1971, 19.16 Uhr
Citissime

Für Botschafter o.V.i.A.
Betr.:   Haltung der USA zur KSE
Bezug: FS-Bericht Nr. 2019 vom 8.9.71[2]
       FS-Bericht Nr. 2005 vom 3.9.71
       Plurex 4092 vom 25.8.71[3]

Tenor der mit FS Nr. 2019 übermittelten Haltung des NATO-Referats des State Departments zur KSE unterscheidet sich erheblich von Erklärungen Rogers (s. FS 2005) und Hillenbrands, der sich kürzlich – nach Mitteilung US-Botschaft – gegenüber sowjetischem Botschafter[4] in weit positiverem Sinne geäußert haben soll.

---

[1] Der Drahterlaß wurde von Vortragendem Legationsrat Freiherr von Groll konzipiert. Hat Ministerialdirigent Diesel am 10. September 1971 vorgelegen.

[2] Gesandter Noebel, Washington, übermittelte Äußerungen eines Mitarbeiters im NATO-Referat des amerikanischen Außenministeriums. Dieser habe erklärt, die Rede des Staatssekretärs im amerikanischen Außenministerium, Irwin, am 19. Juli 1971 in London „habe weder eine neue Entwicklung der amerikanischen Europa-Politik allgemein noch zur KSE speziell ankündigen sollen. Die Einschätzung der Chancen und Risiken einer KSE in amerikanischer Sicht habe sich seit letzter NATO-Ministerratstagung nicht geändert. Man begrüße es, daß Bedeutung und Aussichten für eine KSE bei jeder Ministerratssitzung der letzten Jahre gewachsen seien; dies ließe sich auch aus den Kommuniqués ablesen. [...] Zur Zeit lasse die amerikanische Regierung keine neuen Studien über KSE vorbereiten. Die USA hätten mehr Vorschläge und Gedanken in die NATO-Diskussion einfließen lassen als jeder andere Bündnispartner." Der Gesprächspartner habe weiter ausgeführt: „Zum gegenwärtigen Zeitpunkt sei Washington gegenüber KSE nicht besonders enthusiastisch. Eine Europäische Sicherheitskonferenz wäre völlig nutzlos, wenn es lediglich zu wohlklingenden Erklärungen 30 versammelter Außenminister käme." Noebel resümierte: „Aus hiesiger Sicht scheint es weiterhin richtig, die amerikanische Haltung zur KSE als skeptisch, zuweilen negativ, jedenfalls eher als zögernd und hinhaltend denn als aufgeschlossen oder treibend zu beurteilen." Vgl. Referat II A 3, Bd. 1220.
Für den Wortlaut der Rede von Irwin vor der Amerikanischen Rechtsanwaltsvereinigung vgl. DEPARTMENT OF STATE BULLETIN, Bd. 65 (1971), S. 145–150.

[3] Ministerialdirigent Diesel übermittelte der Botschaft in Washington eine Aufzeichnung des Vortragenden Legationsrats Freiherr von Groll vom 19. August 1971 und ersuchte „unter Berücksichtigung vorstehender Ausführungen um Neubewertung der US-Haltung zur KSE". Für den am 24. August 1971 konzipierten Drahterlaß vgl. Referat II A 3, Bd. 1220.
In der Aufzeichnung vom 19. August 1971 analysierte Groll die Rede des Staatssekretärs im amerikanischen Außenministerium, Irwin, am 19. Juli 1971 in London. Irwin habe sich positiv bezüglich der Bedeutung einer Europäischen Sicherheitskonferenz geäußert, jedoch „ambivalent" bezüglich der Frage einer Anerkennung der territorialen Veränderungen. Auch enthalte die Rede keine Aussage zum Gewaltverzicht und den Grundsätzen zwischenstaatlicher Beziehungen. Es müsse dahingestellt bleiben, „ob StS Irwin aus irgendwelchen Gründen auf eine vollständigere Darstellung verzichten mußte oder der amerikanischen Regierung zu diesem Thema ‚second thoughts' gekommen sind (z. B. Implikationen des Vier-Mächte-Status)". Irwins Rede sei „offen bezüglich der Voraussetzungen einer KSE: Zwar wird nur die Berlin-Regelung als solche genannt; der Hinweis auf die Bedeutung sowjetisch-amerikanischer ‚bilateraler' Probleme für die Versöhnung in Europa könnte andererseits eine Wiederbelebung der ‚ongoing talks' andeuten." Vgl. Referat II A 3, Bd. 1220.

[4] Anatolij Fjodorowitsch Dobrynin.

Um für bevorstehende Gespräche mit Sowjetunion[5] möglichst weitgehende Übereinstimmung zwischen unserer und US-Haltung sicherzustellen, werden Sie gebeten, zu folgenden sowjetischen Positionen und vermutlichen deutschen Stellungnahmen, die NATO-Diskussionsstand widerspiegeln, Ansicht möglichst von Hillenbrand persönlich einzuholen (zusammengestellt anhand sowjetischen Memorandums vom 27.5.71[6]):

1) Allgemeine Beurteilung der Lage

a) Nach Ansicht SU findet Idee einer KSE Unterstützung der meisten Länder.

Wir stimmen zu.

b) SU meint, es bestünde faktisches Einverständnis aller interessierten Staaten über

- hauptsächliche Ziele einer KSE
- Teilnehmer (inkl. USA, Kanada, DDR)
- Konferenzort Helsinki
- Tagesordnung.

Wir stimmen dem zu, aber:

- Definition der Ziele setzt einheitliches Verständnis der Begriffe wie: Frieden, Sicherheit, Zusammenarbeit usw. voraus; diese wären in Vorkonferenz zu klären;
- Wir haben uns noch auf keinen Konferenzort festgelegt und auch noch keine Präferenz geäußert; für Vorbereitung schließen wir Helsinki aus unseren Überlegungen nicht aus; Konferenz selbst muß aber nicht an gleichem Ort wie Vorbereitung stattfinden;
- Festlegung der Tagesordnung ist u. E. eine der Hauptaufgaben der multilateralen Vorbereitung;

Hauptthemengruppen:

- Prinzipen zwischenstaatlicher Beziehungen und Gewaltverzicht
- Abrüstung und Truppenverminderung
- wirtschaftlich-wissenschaftlich-technische und kulturelle Kooperation; Umweltfragen.

2) Sinn der KSE

a) Nach Ansicht SU ist Einberufung allein schon ein Fortschritt in Richtung Normalisierung der Beziehungen.

Wir: nicht notwendigerweise; es kommt auf den rechten Zeitpunkt an; Zusammentritt der Konferenz vor Einigung über die Modalitäten der[7] Aufnahme beider deutscher Staaten in die UNO würde „querelles allemandes" in KSE tragen

---

[5] Bundeskanzler Brandt hielt sich vom 16. bis 18. September 1971 zu Gesprächen mit dem Generalsekretär des ZK der KPdSU, Breschnew, in Oreanda auf. Vgl. dazu Dok. 310, Dok. 311, Dok. 314 und Dok. 315.

[6] Zum sowjetischen Aide-mémoire vom 27. Mai 1971 vgl. Dok. 188, besonders Anm. 2.

[7] Die Wörter „Einigung über die Modalitäten der" wurden von Ministerialdirigent van Well handschriftlich eingefügt.

und Erfolg in Frage stellen. Dieser Vorbehalt gilt nicht für Multilateralisierung der Vorbereitung.

b) SU: Symbolisierung des gemeinsamen Strebens nach Entspannung und Normalisierung durch Begegnung am Konferenztisch

Wir wollen mehr: Als[8] logische Fortsetzung der Entspannungspolitik in Europa, die mit dem Moskauer Vertrag eingeleitet wurde, verfolgen wir eine aktive entwicklungsfähige „Strategie der Zusammenarbeit".[9]

c) SU: Inangriffnahme praktischer Maßnahmen zur Festigung der Sicherheit; regionaler Gewaltverzicht in Europa als Grundlage künftiger Beziehungen.

Wir: sind einverstanden, sofern gleichberechtigte und gleichverpflichtende Beteiligung der nordamerikanischen Staaten gesichert; Text des Prager WP-Dokuments[10] bedarf erheblicher Korrekturen.

3) Ziele der KSE

a) SU: langfristig: Auflösung der Bündnisse, zumindest vereinbarte[11] Liquidierung der militärischen Organisationen.

Wir: sehen bis auf weiteres die militärpolitischen Bündnisse als notwendigen Teil eines europäischen Sicherheitssystems an, auf dem vielleicht einmal eine Friedensordnung errichtet werden kann, die Bündnissysteme überlagert.

b) SU: mittelfristig: Ausweitung der Beziehungen in Handel, Wirtschaft, wissenschaftlich-technischen und kulturellen Fragen, gleichberechtigt, ohne Diskriminierung und zum gegenseitigen Vorteil.

Wir: im Prinzip ebenso; erstreben mehr Freizügigkeit für Menschen, Ideen und Informationen. Auch SU sollte westeuropäische wirtschaftliche Integration realistisch einschätzen: Ein wirtschaftlich starkes Westeuropa ist viel eher in der Lage als schwache Einzelstaaten, dem Osten attraktive Kooperationsangebote zu machen. EG ist gegen niemand gerichtet und wird Ausbau und Erweiterung durch KSE nicht beeinträchtigen lassen. Anstelle des Wortes „Diskriminierung" möchten wir sagen: Weitmögliche Aufhebung aller Hemmnisse, die auf beiden Seiten den wirtschaftlich-wissenschaftlich-technischen und kulturellen Austausch behindern.

4) Möglichkeiten der Kooperation

SU-Vorschlag:

– transkontinentales Transportwesen

– Bau von Hochspannungsleitungen

– europäischer Energieverbund

– Verbesserung der Brennstoff- und Energiebilanz

– Umweltschutz und Meeresforschung

– Herz- und Gefäßkrankheiten, Krebsforschung

---

8 Dieses Wort wurde von Ministerialdirigent van Well handschriftlich eingefügt. Dafür wurde gestrichen: „Die KSE ist für uns die".

9 Der Passus „verfolgen wir ... Zusammenarbeit" wurde von Ministerialdirigent van Well handschriftlich eingefügt.

10 Zur Erklärung über eine Europäische Sicherheitskonferenz der Konferenz der Außenminister der Warschauer-Pakt-Staaten vom 30./31. Oktober 1969 in Prag vgl. Dok. 144, Anm. 29.

11 Dieses Wort wurde von Ministerialdirigent van Well handschriftlich eingefügt.

Wir: wollen kein Thema von der KSE ausschließen, meinen aber, daß KSE zu einem Teil dieser Fragen nur Grundsatzerklärungen abgeben kann. Der Abschluß von Konventionen etc. sollte Organisationen überlassen bleiben, die sich wie ECE schon jetzt damit befassen. Die ECE sollte durch KSE aktiviert, nicht ersetzt werden. Wir halten vor allem „joint ventures" im Maschinenbau etc. für erfolgversprechend (Produktion konkurrenzfähiger Produkte für Weltmarkt würde Zahlungssituation der RGW-Länder[12] erleichtern).

5) Organ

SU schlägt Schaffung eines Organs vor zur

– Behandlung militärischer Themen[13]
– Weiterbehandlung von Tagesordnungsfragen der KSE
– Vorbereitung weiterer Konferenzen

Wir: stellen fest, daß Anregung zur Schaffung eines Organs von NATO ausging (Mai 1970: „permanent body"[14]; Meinungsbildung noch ganz in Anfängen). Soweit Ost-West-Gremien wie ECE vorhanden, brauchen wir keine neuen Organe. Schaffung eines Organs denkbar zur Überwachung von Abrüstungsmaßnahmen. Frage sollte auf der Konferenz selbst entschieden werden.

6) Militärische Fragen

SU: möchte militärische Fragen nicht durch KSE selbst, sondern im Organ oder in anderem Rahmen behandeln; sie ist vor allem an Verringerung von Stationierungstruppen interessiert; aber[15] auch über nationale Streitkräfte könnte verhandelt werden. In Mitteleuropa ist Streitkräfte- und Rüstungsverminderung vorrangig.

Wir: meinen, daß Gespräche über Truppenreduzierung ohne den Rahmen einer KSE möglich sind, daß eine KSE aber ohne angemessene Behandlung des Themas der Truppenreduzierung nicht denkbar ist.

Grundsätze von MBFR müßten also Teil einer KSE-Tagesordnung sein. Sie könnten aber auch in besonderen Kommissionen, parallel zu oder schon vor einer KSE behandelt werden.

7) KSE-Vorbereitung

SU: fordert sofortige Multilateralisierung der Vorbereitungen, zumindest aber bereits jetzt „multiple bilaterale" Konsultationen der in Helsinki akkreditierten Missionschefs mit dem finnischen Außenministerium.

Wir: sind (wie NATO-Kommuniqué Lissabon, Art. 9[16]) der Ansicht, daß Multilateralisierung der KSE-Vorbereitungen erst nach Abschluß der Berlin-Ver-

---

[12] Die Wörter „der RGW-Länder" wurden von Ministerialdirigent van Well handschriftlich eingefügt.
[13] Die Wörter „militärischer Themen" wurden von Ministerialdirigent van Well handschriftlich eingefügt. Dafür wurde gestrichen: „des Themas der Reduktion fremder Truppen".
[14] Vgl. dazu Ziffer 15 des Kommuniqués der NATO-Ministerratstagung vom 26./27. Mai 1970 in Rom; Dok. 147, Anm. 7.
[15] Dieses Wort wurde von Ministerialdirigent van Well handschriftlich eingefügt.
[16] Für Ziffer 9 des Kommuniqués der NATO-Ministerratstagung am 3./4. Juni 1971 in Lissabon vgl. Dok. 207, Anm. 12.

handlungen, d. h. nach Unterzeichnung des Schlußprotokolls[17], möglich ist. Grundsätzlich sind auch wir der Auffassung, daß die multilateralen Gespräche einer gewissen technischen, organisatorischen Vorbereitung bedürfen. Multiple bilaterale Gespräche könnten dafür geeignet sein.

Entscheidend ist für uns der Zeitpunkt. Im gegenwärtigen Stadium der Verhandlungen über den innerdeutschen Beitrag zur Berlin-Regelung wäre eine Entscheidung verfrüht.

Drahtbericht bis Dienstag, 14. September, erbeten.[18]

van Well

VS-Bd. 4600 (II A 3)

---

[17] Zu dem am 3. September 1971 paraphierten Schlußprotokoll zum Vier-Mächte-Abkommen über Berlin vgl. Dok. 281, Anm. 2.

[18] Gesandter Noebel, Washington, teilte am 13. September 1971 mit, er habe dem Abteilungsleiter im amerikanischen Außenministerium die Haltung der Bundesregierung bezüglich der Europäischen Sicherheitskonferenz erläutert: „Hillenbrand erklärte, die amerikanische Haltung stimme mit den Grundzügen meiner Darlegung überein; er möchte jedoch zwei Hinweise geben: 1) Wir hätten seines Wissens noch nie in dieser Klarheit zum Ausdruck gebracht, daß wir das Zusammentreten einer KSE nicht vor einer Einigung über die Modalitäten der Aufnahme der beiden deutschen Staaten in die VN wünschten (vgl. Ziffer 2 a) Bezugserlaß). Eine innerdeutsche Regelung werde möglicherweise Jahre auf sich warten lassen, die Aufnahme der beiden deutschen Staaten in die VN erst danach erfolgen können. Die Sowjets würden in dieser Frage kaum einen Druck auf die DDR ausüben. Er glaube daher nicht, daß die amerikanische Position hinsichtlich des Zeitpunkts des Zusammentretens einer KSE entsprechend ‚eingefroren' werden könne. Selbstverständlich sollten die innerdeutschen Verhandlungen durch andere Vorgänge möglichst nicht erschwert oder in Frage gestellt und die gemeinsame Rechtsposition möglichst nicht beeinträchtigt werden. Entsprechende Arrangements zur Absicherung – soweit dies möglich sei auch gegen eine Aufwertung der DDR – müßten getroffen werden. Die amerikanische Regierung werde uns dabei unterstützen; über Einzelheiten müsse noch gesprochen werden. [...] 2) Nach amerikanischer Meinung sollte auf einer KSE Bewegungsfreiheit gefordert und auf einer Formulierung bestanden werden, die eine künftige Anwendung der sogenannten Breschnew-Doktrin ausschließe (Gewaltverzicht also nicht nur gegenüber dem Gegner, sondern auch gegenüber dem Verbündeten)." Vgl. den Drahtbericht Nr. 2073; VS-Bd. 4600 (II A 3); B 150, Aktenkopien 1971.

304

Generalkonsul Scheel, Helsinki, an das Auswärtige Amt

Z B 6-1-13374/71 VS-vertraulich Aufgabe: 11. September 1971, 14.35 Uhr
Fernschreiben Nr. 238 Ankunft: 11. September 1971, 15.05 Uhr
Citissime

Im Anschluß an DB Nr. 235 vom 10.9. – Pol I A 5-83-55/71 VS-v[1] und DB Nr. 237 vom 11.9. – Pol I A 5 [2]

I. Nachdem Leiter der Politischen Abteilung, Hyvärinen, heute morgen den englischen[3] und französischen[4] Botschafter, den Vertreter des amerikanischen Botschafters[5] und die skandinavischen Botschafter[6] empfangen hatte, empfing er mich zu einem etwa einstündigen Gespräch. Ich begann das Gespräch damit, daß ich erklärte, ich hätte trotz eifrigen Nachdenkens keinen Grund dafür entdecken können, warum der finnische Schritt zum jetzigen Zeitpunkt erfolgt sei. Der Zeitpunkt sei so unglücklich wie möglich: Der Besuch des Bundeskanzlers in Moskau stehe bevor[7], die Verhandlungen mit der DDR befänden sich in einer heiklen Phase, und es seien gerade jetzt wieder Schüsse an der Mauer gefallen[8]. Das Anerbieten zu Verhandlungen über die Normalisierung der Bezie-

---

[1] Generalkonsul Scheel, Helsinki, berichtete, er sei kurzfristig zu einem Gespräch mit dem Staatssekretär im finnischen Außenministerium gebeten worden. Tötterman habe ihm eröffnet, daß angesichts der Verträge von Moskau und Warschau vom 12. August bzw. 7. Dezember 1970 sowie des Vier-Mächte-Abkommens über Berlin vom 3. September 1971 einer Formalisierung der Beziehungen zwischen der Bundesrepublik und Finnland bzw. zwischen Finnland und der DDR keine Hindernisse mehr im Weg stünden. Er habe eine Note überreicht, in der vorgeschlagen werde, in Verhandlungen über einen Vertragsentwurf einzutreten. Dieser sehe in Artikel 1 die gegenseitige Anerkennung und die Aufnahme voller diplomatischer Beziehungen vor. Tötterman habe ferner erklärt, daß gleichzeitige Verhandlungen mit der DDR vorgesehen seien, deren Vertreter Oelzner er im Anschluß an dieses Gespräch empfangen werde. Eine Ratifizierung der zu schließenden Verträge komme nur gleichzeitig in Frage. Scheel führte weiter aus, er habe seine Enttäuschung über diesen ohne jede vorherige Konsultation erfolgten Schritt zum Ausdruck gebracht und Tötterman ersucht, diese Entscheidung noch einmal zu prüfen. Dieser habe jedoch erwidert, daß die finnische Regierung eine definitive Entscheidung getroffen habe. Vgl. dazu VS-Bd. 8523 (Ministerbüro); B 150, Aktenkopien 1971. Für Auszüge aus der Note vgl. Anm. 9, 10 und 12.

[2] Generalkonsul Scheel, Helsinki, übermittelte den Text eines Kommuniqués der finnischen Regierung vom 11. September 1971. Darin gab sie bekannt, daß sie der Bundesrepublik und der DDR die Aufnahme von Verhandlungen für eine Neuregelung der bilateralen Beziehungen vorgeschlagen habe. Vgl. dazu Referat I A 5, Bd. 364.
Für den deutschen Wortlaut des Kommuniqués vgl. EUROPA-ARCHIV 1971, D 558.

[3] William Ledwidge.

[4] Gérard André.

[5] James H. Lewis.

[6] Ingemar Hägglöf (Schweden), Bredo Stabell (Norwegen) und A. Tscherning (Dänemark).

[7] Bundeskanzler Brandt hielt sich vom 16. bis 18. September 1971 zu Gesprächen mit dem Generalsekretär des ZK der KPdSU, Breschnew, in Oreanda auf. Vgl. dazu Dok. 310, Dok. 311, Dok. 314 und Dok. 315.

[8] Am 5. September 1971 schossen DDR-Grenztruppen auf einen jungen Mann, der nach Berlin (West) flüchten wollte, und verletzten ihn. Er wurde ebenso festgenommen wie ein weiterer Mann, auf den am 6. September 1971 bei einem Fluchtversuch geschossen wurde. Vgl. dazu den Artikel „Weiter Schüsse an der Mauer" und die Meldung „Abermals Flüchtling beschossen und festgenommen"; FRANKFURTER ALLGEMEINE ZEITUNG vom 6. September 1971, S. 1, bzw. FRANKFURTER ALLGEMEINE ZEITUNG vom 7. September 1971, S. 1.
Am 7. September 1971 beobachteten Polizisten in Berlin (West) eine Schießerei auf Ostberliner Ge-

hungen könne sich in diesem Augenblick nur als Schwächung unserer Position und Stärkung der der DDR auswirken.

Hyvärinen legte mir nochmals die finnische Argumentation dar und fügte den Ausführungen Töttermans vom gestrigen Tage hinzu, Finnland habe Grund zu befürchten, daß nach positivem Abschluß der gesamten Berlin-Verhandlungen eine Anerkennungswelle entstehen würde, bei der es der finnischen Regierung schwerfallen müsse, zurückzustehen. Unter denen, die möglicherweise Interesse an der Anerkennung hätten, nannte er Schweden wegen der Umweltschutzkonferenz für die Ostsee. Andererseits erwarte die finnische Regierung von der DDR für die Anerkennung gewisse Gegenleistungen.

Ich wiederhole darauf, daß das meines Erachtens noch keine hinreichende Erklärung für die Wahl des jetzigen Zeitpunkts sei. Zumindest wäre es doch möglich gewesen, vorher mit uns in Konsultationen einzutreten. Hyvärinen erwiderte, es sei die Absicht der finnischen Regierung gewesen, alle Beteiligten zu überraschen, da man andernfalls hätte erwarten müssen, daß von unserer, vielleicht aber auch von anderer Seite Druck ausgeübt worden wäre, von dem nunmehr unternommenen Schritt abzusehen. Meine Gegenfrage, ob es denn für die finnische Regierung angenehmer sei, diese Gegenvorstellungen nunmehr in aller Öffentlichkeit anhören zu müssen, vermochte Hyvärinen nicht zu beantworten.

Ich kam ständig wieder auf die Frage des eigentlichen Anlasses zurück und ließ dabei durchblicken, daß ich an einen Druck von außen glaubte. Dies stritt Hyvärinen mit aller Entschiedenheit ab. Die finnische Regierung, sagte er, habe in völliger Freiheit gehandelt und sei keinerlei Druck ausgesetzt gewesen. Er sei auch überzeugt davon, daß der finnische Schritt eine recht kühle Aufnahme sowohl bei der Sowjetunion wie auch bei der DDR finden würde, da man in den Vertragsentwurf mehrere Punkte hineingebracht habe, die beiden Regierungen nicht willkommen sein könnten. Dabei nannte er:

1) Die Anerkennung der finnischen Neutralität[9]

Die Sowjetunion hätte stets versucht, der finnischen Neutralität die russische Auslegung zu geben, wonach es Neutralität nur in „ungerechten", nicht dagegen in „gerechten" Kriegen geben könne. Es könne der Sowjetunion und damit auch der DDR nicht angenehm sein, wenn die finnische Neutralität jetzt auch von westlicher Seite anerkannt würde.

Fortsetzung Fußnote von Seite 1364

biet, deren Grund jedoch nicht bekannt wurde. Vgl. dazu die Meldung „Schüsse an der Sektorengrenze"; FRANKFURTER ALLGEMEINE ZEITUNG vom 8. September 1971.
Am 9. September 1971 scheiterte abermals ein Fluchtversuch nach Berlin (West). Vgl. dazu die Meldung „Wieder Fluchtversuch in Berlin gescheitert"; FRANKFURTER ALLGEMEINE ZEITUNG vom 10. September 1971, S. 1.

9 Artikel 2 des Vertragsentwurfs der finnischen Regierung, der am 10. September 1971 Generalkonsul Scheel, Helsinki, übergeben wurde, lautete: „The Federal Republic of Germany recognizes the policy of neutrality pursued by the Republic of Finland and undertakes to respect all the rights and obligations devolving upon the Republic of Finland by virtue of her neutrality." Vgl. den Drahtbericht Nr. 235 von Scheel vom 10. September 1971; VS-Bd. 8523 (Ministerbüro); B 150, Aktenkopien 1971.

2) Gewaltverzicht[10]

Der Gewaltverzicht würde gleichfalls der Sowjetunion nicht willkommen sein, da er die Bestimmung des finnisch-russischen Beistandspaktes über die Konsultationspflicht im Falle eines Angriffs von seiten Deutschlands oder seiner Alliierten über finnisches Territorium[11] gegenstandslos mache.

3) Entschädigung für Kriegsschäden[12]

Die DDR habe sich seines Wissens bisher konsequent geweigert, irgendwelchen Schadensersatz für Handlungen des Reiches zu übernehmen. Auch hielte die DDR das Eigentum finnischer Staatsbürger noch unter Beschlagnahme, ohne sie zu entschädigen.

4) Die Abhängigkeit der Anerkennung beider deutscher Staaten von unserer Zustimmung, da wir die Verhandlungen über den Vertragsentwurf in dem uns gut scheinenden Tempo betreiben könnten.

Im Zusammenhang mit meiner immer wiederholten Frage nach dem akuten Anlaß des finnischen Schrittes erklärte Hyvärinen übrigens, der Entwurf des Vertrages stamme bereits aus dem Februar oder März dieses Jahres und sei nicht etwa ad hoc erstellt worden.

Hyvärinen bat mich immer wieder, zu versuchen, dem finnischen Standpunkt gerecht zu werden. Er gab, wenn auch zögernd, zu, daß für uns Grund zur Überraschung bestehe, meinte aber, die finnische Regierung habe im wohlverstandenen Interesse Finnlands nicht anders handeln können.

II. Nach Abschluß des Gesprächs mit Hyvärinen traf ich mich mit meinen amerikanischen, französischen und englischen Kollegen zu einem Gespräch, zu des-

---

[10] Artikel 3 und 4 des Vertragsentwurfs der finnischen Regierung, der am 10. September 1971 Generalkonsul Scheel, Helsinki, übergeben wurde, lauteten: „3) The contracting parties solemnly declare to renounce force as well as the threat of force as a means of settling disputes or as an instrument of national policy in their mutual relations. 4) Furthermore, the contracting parties will not tolerate recourse to the use of force, or the threat of force, aimed against the other party, from within their respective territories by any third country or group of countries." Vgl. den Drahtbericht Nr. 235 von Scheel vom 10. September 1971; VS-Bd. 8523 (Ministerbüro); B 150, Aktenkopien 1971.

[11] Dazu wurde in Artikel 1 und 2 des Vertrags vom 6. April 1948 zwischen der UdSSR und Finnland über Freundschaft, Zusammenarbeit und gegenseitige Hilfe ausgeführt: „1) Falls Finnland oder die Sowjetunion über das Territorium Finnlands zum Gegenstand einer militärischen Aggression seitens Deutschlands oder eines mit Deutschland verbündeten Staates werden sollte, so wird Finnland, seiner Pflicht als selbständiger Staat getreu, kämpfen, um die Aggression abzuwehren. Finnland wird dabei alle ihm zu Gebote stehenden Kräfte für die Verteidigung der Unantastbarkeit seines Gebietes zu Lande, zur See und in der Luft einsetzen, indem es innerhalb seiner Grenzen operieren wird, gemäß seinen Verpflichtungen laut dem vorliegenden Vertrag, nötigenfalls mit der Hilfe der Sowjetunion oder zusammen mit ihr. In den obenerwähnten Fällen wird die Sowjetunion Finnland die nötige Hilfe erweisen, über deren Gewährung die Partner miteinander übereinkommen werden. 2) Die Hohen vertragschließenden Parteien werden sich miteinander beraten, falls die in Artikel I vorgesehene Gefahr eines militärischen Überfalls festgestellt sein wird." Vgl. EUROPA ARCHIV 1948, S. 1350.

[12] Artikel 6 des Vertragsentwurfs der finnischen Regierung, der am 10. September 1971 Generalkonsul Scheel, Helsinki, übergeben wurde, lautete: „The contracting parties proceed to take measures in order to assess the damage caused to the Republic of Finland and to property situated on her territory through destructions undertaken by the troops of the German Reich in Finland in the years 1944–45. To settle these questions as well as to determine the amount of unsettled assets held by the Republic of Finland or her citizens on the territory of the former German Reich, the contracting parties establish a settlement commission whose composition and attributions will be agreed upon separately." Vgl. den Drahtbericht Nr. 235 von Scheel vom 10. September 1971; VS-Bd. 8523 (Ministerbüro); B 150, Aktenkopien 1971.

sen Beginn mich ein Anruf Hyvärinens erreichte. Hyvärinen erklärte mir, er habe meine immer wiederholte Frage nach dem akuten Anlaß nach Beendigung unserer Unterredung dem Präsidenten[13] vorgetragen und sei von diesem ermächtigt, mir folgendes mitzuteilen: Die finnische Regierung habe feststellen müssen, daß von dem Bestehen des Entwurfs etwas aus dem Außenministerium herausgesickert sei und daß Gefahr bestanden habe, von unbefugter Seite würde die Sache an die Öffentlichkeit gebracht. Darauf habe man sich zum sofortigen Handeln entschließen müssen. Ich fragte sofort, an wen diese Information durchgesickert sei.[14] Hyvärinen lehnte jedoch einen Kommentar hierzu ab.[15]

Die Besprechung mit den Kollegen ergab sodann, daß Hyvärinen ihnen im wesentlichen, wenn auch wesentlich kürzer, dasselbe gesagt hatte und daß sie in ähnlicher Form reagiert haben wie ich. Sie teilten meine Ansicht, daß der jetzige Schritt im offenen Widerspruch zu den immer wieder abgegebenen beruhigenden Erklärungen der finnischen Regierung steht. Sie neigen gleichfalls zu der Ansicht, daß auf Finnland Druck ausgeübt worden sei, obwohl dies von finnischer Seite natürlich nie zugegeben werden würde. Zweifellos sei der Schritt u. a. unternommen worden, um den Beifall der Sowjetunion zu erwecken. Möglicherweise sei es der Preis für die Erlaubnis zu Verhandlungen mit der EWG.[16]

[gez.] Scheel

VS-Bd. 9819 (I A 5)

---

[13] Urho Kekkonen.
[14] Generalkonsul Scheel, Helsinki, teilte dazu am 11. September 1971 ergänzend mit, ein Mitarbeiter des finnischen Präsidenten Kekkonen habe erklärt, „der Präsident sei sich bewußt, daß der Zeitpunkt finnischer Initiative nicht glücklich gewählt sei. Finnland sei zu schnellem Handeln gezwungen worden, da Außenminister Leskinen in Kopenhagen zu viel gesprochen und Gefahr bestanden habe, daß Finnland die Initiative aus der Hand gleite." Scheel führte dazu aus: „Die Mitteilung Hyvärinens über das Leak gewinnt durch diese Präzisierung etwas mehr an Glaubwürdigkeit. Außenminister Leskinen ist für seine Impulsivität bekannt. Daß es sich um eine nachträglich konstruierte Entschuldigung handelt, halte ich allerdings nach wie vor für möglich." Vgl. den Drahtbericht Nr. 239; VS-Bd. 9819 (I A 5); B 150, Aktenkopien 1971.
[15] Generalkonsul Scheel, Helsinki, analysierte am 12. September 1971 die Gründe der finnischen Regierung für ihre Initiative vom 10. September 1971 und gab Empfehlungen für eine Reaktion der Bundesregierung: „Es bleibt das Bild einer bewußt in Kauf genommenen und – sofern man uns nicht wirklich überzeugende Gründe nennt – unnötigen Brüskierung der BRD. An dieser Erkenntnis sollten wir meines Erachtens unsere zukünftige Politik gegenüber Finnland ausrichten. Selbstverständlich wäre es falsch und würde nur die Schadenfreude des Ostblocks erwecken, wenn wir unserem Mißfallen spektakulären Ausdruck gäben. Meines Erachtens sollten wir aber unsere bisherige Rolle eines Anwalts der finnischen Interessen gegenüber der EWG abbauen – und zwar so, daß dies auf finnischer Seite bemerkt wird." Scheel führte im Hinblick auf die Europäische Sicherheitskonferenz aus: „Immerhin dürfte sich auch in diesem Punkt einmal die Gelegenheit bieten, Finnland wissen zu lassen, daß, wie ich es Tötterman gegenüber bereits als meine persönliche Meinung zum Ausdruck brachte, unsere Bereitschaft, nach Helsinki zu kommen, durch den finnischen Schritt jedenfalls nicht gefördert worden sei." Vgl. den Drahtbericht Nr. 242; VS-Bd. 9819 (I A 5); B 150, Aktenkopien 1971.
[16] Im Rahmen der Gespräche der Europäischen Gemeinschaften mit den nicht beitrittswilligen EFTA-Mitgliedstaaten bzw. den der EFTA assoziierten Staaten fand am 24. November 1970 die Eröffnungssitzung mit Finnland statt. Die Aufnahme exploratorischer Gespräche erfolgte am 6. Januar 1971. Vgl. BULLETIN DER EG 1/1971, S. 109.

305
Aufzeichnung des Vortragenden Legationsrats Blech

II A 1-82.30-2874/71 VS-vertraulich 13. September 1971

Betr.: Finnische Initiative[1]

Herr Staatssekretär Frank äußerte sich heute gegenüber Herrn D Pol 2[2] in folgender Weise:

Wir müßten nunmehr in unserer Reaktion auf die finnische Initiative[3] um die Rede Kekkonens[4] noch ein bis zwei Grad deutlicher werden. Entweder handele es sich um ein Beispiel außerordentlicher finnischer Anmaßung oder um massiven sowjetischen Druck; beides könnten wir nicht hinnehmen. Es sei ausgeschlossen, daß wir – darauf liefe der finnische Vorschlag hinaus – durch konkludentes Handeln die Anerkennung der DDR vollzögen. Wie ließen uns „nicht in die Suppe spucken".[5] Er teile hiermit die als Weisung zu betrachtende An-

---

[1] Zum finnischen Vorschlag vom 10. September 1971 zur Aufnahme von Verhandlungen mit der Bundesrepublik bzw. der DDR über die Aufnahme diplomatischer Beziehungen vgl. Dok. 304.

[2] Günther van Well.

[3] Am 11. September 1971 erklärte das Auswärtige Amt, der von der finnischen Regierung erwähnte Prozeß einer definitiven Verbesserung der politischen Atmosphäre in Europa sei noch nicht soweit gediehen, „daß er schon heute eine uneingeschränkte positive Beurteilung der zukünftigen Entwicklung zuließe. Vielmehr stehen wir erst am Anfang dieses Prozesses. Selbst für den Abschluß der Berlin-Regelung bedarf es noch schwieriger Verhandlungen. Gerade im gegenwärtigen Zeitpunkt sollte daher alles vermieden werden, was die Bemühungen der unmittelbar Beteiligten beeinträchtigen könnte. Der Standpunkt der Bundesregierung zur vorzeitigen Aufnahme diplomatischer Beziehungen zur DDR durch dritte Staaten ist bekannt; er ist unverändert. Die Bundesregierung wird die finnische Initiative prüfen. Da die finnische Regierung in dieser Angelegenheit auch an die für Deutschland als Ganzes verantwortlichen Mächte herangetreten ist, wird die Bundesregierung Konsultationen mit den drei Westmächten führen." Vgl. BULLETIN 1971, S. 1444.

[4] Präsident Kekkonen erklärte am 11. September 1971 in einer Rundfunk- und Fernsehansprache: „Der jetzt von uns unternommene Schritt bedeutet eine Neuordnung, aber gleichzeitig eine logische Fortsetzung unserer bisherigen Deutschlandpolitik. Wenn die Welt sich ändert, so ändert sich auch die Anwendung unserer Neutralitätspolitik, obgleich die Grundlagen der Politik dieselben bleiben. [...] Jetzt ist die finnische Regierung zu der Schlußfolgerung gekommen, daß die gesamtpolitische Entwicklung es möglich gemacht hat, die Verhandlungen über die diplomatische Anerkennung der beiden deutschen Regierungen zu beginnen. Nach dem Grundsatz der finnischen Deutschlandpolitik werden auch diese Maßnahmen so durchgeführt, daß die beiden deutschen Staaten gleich behandelt werden." Kekkonen führte weiter aus, die finnische Regierung strebe an, „die endgültige Aufklärung des Erbes des Zweiten Weltkriegs durchzuführen, ein Erbe, daß wir ohne unseren Willen bekommen haben. Deswegen streben wir nach einem breiten Vertrag, nach einer Paketlösung mit beiden deutschen Staaten. Die Anerkennung ist nur ein Teil der Gesamtproblematik, und man kann die Anerkennung nicht separat behandeln. Es ist selbstverständlich, daß für uns die Anerkennung der finnischen Neutralität und der ausdrückliche Gewaltverzicht unentbehrliche Teile der Verträge sind [...]. Ein konkretes Ziel der Klärung der historischen Beziehungen zwischen Finnland und Deutschland ist die Zerstörung Lapplands durch die deutschen Truppen in den Jahren 1944/45." Vgl. EUROPA-ARCHIV 1971, D 555f.

[5] Generalkonsul Scheel, Helsinki, teilte am 13. September 1971 mit, der Unterabteilungsleiter im finnischen Außenministerium, Korhonen, habe gegenüber Generalkonsul Hauber, Helsinki, erklärt: „Finnland sei entschlossen, nur gleichzeitig mit beiden deutschen Staaten Verhandlungen aufzunehmen. Wenn also die Bundesrepublik erst zu einem fortgeschritteneren Zeitpunkt des europäischen Entspannungsprozesses verhandeln wolle, so würde Finnland die Einleitung von Verhandlungen mit der DDR solange aufschieben. Generalkonsul Väänänen werde dies Herrn Staatssekretär Frank mitteilen. Auf die Bemerkung Haubers, dies sei eine interessante Entwicklung, behauptete Gesprächspartner, Verfahren sei von Anfang an so geplant gewesen." Scheel stellt dazu fest:

sicht des Herrn Ministers mit, daß Helsinki für die KSE nicht mehr in Frage komme. Er werde sich bei seinem Gespräch mit dem finnischen Botschafter Enckell am 15. dementsprechend verhalten.[6]

[gez. Blech][7]

VS-Bd. 4475 (II A 1)

306

Botschafter Ruete, Paris, an das Auswärtige Amt

Z B 6-1-13388/71 geheim Aufgabe: 13. September 1971, 13.27 Uhr[1]
Fernschreiben Nr. 2629 Ankunft: 13. September 1971

Betr.: Sowjetunionreise des Bundeskanzlers;[2]
hier: französische Reaktion

I. 1) Da Schumann, Beaumarchais und Pagniez von Paris abwesend waren (Ungarn- und Bulgarienreise[3]) und die Botschaft sich mangels frühzeitiger Unterrichtung zunächst Zurückhaltung bei Gesprächen im Quai d'Orsay auferlegen mußte, verfügen meine Mitarbeiter und ich bisher nur über gewisse Hinweise darauf, wie man im Quai auf die Reise des Bundeskanzlers in die Sowjetunion reagiert. Diese erlauben allerdings nicht den Schluß, daß man hier be-

---

Fortsetzung Fußnote von Seite 1368

„Offenbar sieht finnische Regierung mit gewisser Nervosität und Besorgnis unserer Antwort und möglichen Auswirkungen (EWG, KSE) entgegen und versucht deshalb, nachträglich Initiative für uns erträglicher zu machen. Nach dem Eindruck, den mein Vertreter hatte, wäre finnische Seite schon zufrieden, wenn wir finnisches Angebot nicht rundweg ablehnten, sondern Aufnahme von Verhandlungen zur Normalisierung der Beziehungen für einen späteren Zeitpunkt in Aussicht stellten." Vgl. den Drahtbericht Nr. 244; VS-Bd. 8523 (Ministerbüro); B 150, Aktenkopien 1971.

6 Ministerialdirigent Diesel vermerkte am 16. September 1971, Staatssekretär Frank habe gegenüber dem finnischen Sonderbotschafter Enckell ausgeführt: „Die Entwicklung der Ost-West-Beziehungen sei noch nicht in ein Stadium eingetreten, wo man sagen könne, ob und was sich geändert hat. Die Verträge und die Berlin-Regelung hätten an sich noch nichts geändert. Sie hätten lediglich die Voraussetzungen dafür geschaffen, daß sich etwas ändern könnte. Der komplizierte Entspannungsprozeß sei nur mühsam unter Kontrolle zu halten und dürfe nicht jetzt gestört werden. Zum finnischen Grundsatz, keinen unter Druck zu setzen, möchte er sagen, daß allein schon das Stellen von Fragen Druck erzeugen könne, nämlich dadurch, daß man den anderen zwingt, nein zu sagen. Er hätte kürzlich Anlaß gehabt, dies tun zu müssen. [...] Er möchte der finnischen Regierung raten, bei allem Interesse, das sie an der KSE habe, behutsam vorzugehen. Es müsse sich erst noch herausstellen, ob eine KSE eine echte Chance biete, und ob die Sicherheit durch sie wirklich gestärkt werden könne." Vgl. Referat II A 3, Bd. 1214.

7 Vermuteter Verfasser der nicht unterzeichneten Aufzeichnung.

1 Hat Ministerialdirigent Diesel am 14. September 1971 vorgelegen.
Hat Vortragendem Legationsrat I. Klasse Hansen am 16. September 1971 vorgelegen.

2 Bundeskanzler Brandt hielt sich vom 16. bis 18. September 1971 zu Gesprächen mit dem Generalsekretär des ZK der KPdSU, Breschnew, in Oreanda auf. Vgl. dazu Dok. 310, Dok. 311, Dok. 314 und Dok. 315.

3 Der französische Außenminister Schumann besuchte vom 8. bis 10. September 1971 Ungarn sowie am 10./11. September 1971 Bulgarien.

reit ist, den Besuch als natürliche Folge des mit dem Abschluß der ersten Berlin-Stufe Erreichten zu betrachten, noch daß man ihn im Rahmen der bisher gemeinsam getragenen deutschen Ostpolitik als weiteren Schritt zur Entspannung begrüßt.

2) Jurgensens erste Reaktion gegenüber meinem Vertreter[4] war: „Wir stehen Kopf." Er gab außerdem zu verstehen, daß die französische Regierung noch nicht auf dem Weg über ihren Botschafter in Bonn[5] von der Reise unterrichtet worden war (Datum: 8.9.). Mein italienischer Kollege[6] berichtete mir, daß Alphand, von ihm nach der französischen Reaktion befragt, gesagt habe: „Wir verstehen die Deutschen nicht mehr." Auf eine weitere Diskussion habe er sich nicht eingelassen. Eine andere zuverlässige Quelle im Quai gab uns zu verstehen, daß alte Wunden wieder aufgerissen seien und Sorge, Mißtrauen und Ärger sich die Waage hielten.

II. Die hiesige Presse reagierte in den ersten Tagen bemerkenswert zurückhaltend. Zwar berichtete sie über die Ankündigung der Reise, knüpfte daran auch einige Überlegungen hinsichtlich Zustandekommen und Zweck des Besuchs: Analytische Kommentare blieben aber aus, Leitartikel wurde anderen Themen gewidmet und keiner der bekannten Deutschland- und Sowjetunion-Experten meldete sich zu Wort. Da die Vertreter führender Presseorgane in außenpolitischen Fragen von der französischen Regierung regelmäßig unterrichtet werden, ist anzunehmen, daß die Zurückhaltung gesteuert wurde, um zu vermeiden, daß Breschnews Frankreich-Besuch[7] durch Überbetonung der Reise des Bundeskanzlers in den Schatten gestellt würde. Nachdem das Datum für diesen Besuch jetzt veröffentlicht wurde,[8] scheint die Diskussion zu beginnen. Die ersten beiden Artikel (André Fontaine in „Le Monde" vom 11.9[9]., Presse-FS Nr. 2616 vom 10.9.71; Lacontre im Figaro vom 11.9.71, Presse-FS Nr. 2628 vom 11.9.71) offenbaren beträchtliche Vorbehalte gegenüber dem Kanzlerbesuch.

III. Ein angesehener Ostexperte des Quai (der in dieser Funktion z. Zt. nicht tätig ist), dessen Meinung aber als offiziös gewertet werden kann, gab meinem Mitarbeiter in diesem Zusammenhang folgende Deutung der sowjetischen Außenpolitik im allgemeinen und gegenüber Deutschland und Frankreich im besonderen:

Die Sowjetunion wolle mit ihrer sogenannten Politik der friedlichen Koexistenz Terrain gewinnen. Nachdem ihr Besitzstand gesichert wirkt, wolle sie zunächst ihre Einfluß-Sphäre erweitern. Sie bediene sich hierfür u. a. des Mittels der institutionalisierten Konsultationen und wünsche ein Konsultationssystem, das von Indien über Ägypten nach Europa reiche, zu entwickeln. Diese Entwicklung

---

[4] Horst Blomeyer-Bartenstein.
[5] Jean Sauvagnargues.
[6] Francesco Malfatti di Montetretto.
[7] Der Generalsekretär des ZK der KPdSU, Breschnew, hielt sich vom 25. bis 30. Oktober 1971 in Frankreich auf. Vgl. dazu Dok. 354 und Dok. 387, Anm. 10.
[8] Das Presse- und Informationsamt der Bundesregierung gab die Reisedaten des Bundeskanzlers Brandt am 10. September 1971 bekannt. Vgl. dazu die Meldung „Brandt vom 16. bis 18. September auf der Krim"; FRANKFURTER ALLGEMEINE ZEITUNG vom 11. September 1971, S. 1.
[9] Vgl. dazu den Artikel von André Fontaine: „Paris–Bonn–Moscou: L'autre triangle"; LE MONDE vom 11. September 1971, S. 1.

habe mit dem französisch-sowjetischen Protokoll[10] begonnen, sei mit dem ägyptisch-sowjetischen Abkommen[11] fortgesetzt worden und habe im Sommer mit dem indisch-sowjetischen Vertrag[12] einen wichtigen Fortschritt gemacht. Auch die KSE sei ein Schritt auf diesem Weg.

Auf diesem Hintergrund sei auch die neue Reise des Bundeskanzlers in die Sowjetunion zu sehen. Die Sowjets könnten beabsichtigen, die Bundesrepublik in der einen oder anderen Form in dieses Konsultationssystem einzugliedern. Im äußerlichen Verfahren seien die Sowjets beweglich. Man könne zunächst vereinbaren, den „Meinungsaustausch über internationale Fragen" fortzusetzen. Man könne aber auch lose, vertrauliche oder formelle Konsultationsverpflichtungen verabreden. Zur sowjetischen Taktik gehöre es auch, so geschaffene Konsultationsmechanismen gegebenenfalls über einen längeren Zeitraum brachliegen zu lassen. So sei z. B. zur französischen Verwunderung der sowjetisch-ägyptische Vertrag von den Sowjets insoweit noch nicht in Anspruch genommen worden. Auch der sowjetisch-französische Vertrag sei über lange Zeit unbelebt gewesen.

Zum deutsch-sowjetischen Verhältnis meinte Gesprächspartner, die Sowjetunion, die wahrscheinlich nach dem Berlin-Abkommen[13] auch bei den innerdeutschen Gesprächen auf die DDR einwirken müsse, um annehmbare Lösungen zu ermöglichen, werde Honecker Zugeständnisse mit der Behauptung schmackhaft machen, durch die Etablierung eines Konsultationsmechanismus mit der Bundesrepublik den ersten Faden für ein Netz gesponnen zu haben, das dem sozialistischen Lager auf die Dauer wesentlich mehr einbringe als technische Zugeständnisse im deutschen Raum.

Für die Vermutung, daß die Bundesrepublik bei dem Moskau-Besuch in der einen oder anderen Form für etablierte Konsultationen gewonnen werden solle, spreche aber auch die sowjetische Zielsetzung für Westeuropa. Es liege auf der Hand, daß Moskau versuchen werde, mit dem einen Draht nach Paris und mit dem anderen nach Bonn seine politische Zielsetzung zu fördern, und zwar zu dem Zeitpunkt und mit der Intensität, die ihm jeweils am nützlichsten erscheine. Dabei sei zu befürchten, daß die Sowjetunion Deutschland gegen Frankreich und Frankreich gegen Deutschland ausspielen werde.

IV. Ich werde am Montag Schumann aufsuchen und ihm auf der Grundlage von Plurex Nr. 4339 geh.[14] unsere Überlegungen erläutern.[15] Ich möchte aber schon

---

[10] Für den Wortlaut des Protokolls sowie der Gemeinsamen Erklärung, die im Anschluß an den Besuch des Staatspräsidenten Pompidou in der UdSSR vom 6. bis 13. Oktober 1970 verabschiedet wurden, vgl. LA POLITIQUE ETRANGÈRE 1970, II, S. 108–113. Für den deutschen Wortlaut vgl. EUROPA-ARCHIV 1970, D 512–518.

[11] Zum Vertrag vom 27. Mai 1971 zwischen der UdSSR und der VAR über Freundschaft und Zusammenarbeit vgl. Dok. 197, Anm. 15.

[12] Für den deutschen Wortlaut des Vertrags vom 9. August 1971 zwischen der UdSSR und Indien über Frieden, Freundschaft und Zusammenarbeit vgl. EUROPA-ARCHIV 1971, D 436–439.

[13] Für den Wortlaut des Vier-Mächte-Abkommens über Berlin vom 3. September 1971 vgl. EUROPA-ARCHIV 1971, D 443–453. Vgl. dazu auch Dok. 281.

[14] Vgl. Dok. 301.

[15] Botschafter Ruete, Paris, berichtete am 13. September 1971 über ein Gespräch mit dem französischen Außenminister: „Schumann sagte einleitend, er könne nicht verhehlen, daß die franz[ösische] Regierung durch die ohne vorherige Unterrichtung der Verbündeten angekündigte Reise des

jetzt darauf hinweisen, daß die französischen Empfindlichkeiten uns gegenüber in den letzten Monaten stark sensibilisiert worden sind. Auf dem Hintergrund der ungelösten Währungsfrage, bei der die französische Regierung und Öffentlichkeit fürchtet, wir nutzten eine Machtposition zu unseren Gunsten aus, erscheint die unerwartete Kanzlerreise wie ein weiterer Versuch, den Franzosen eine Vorzugsrolle streitig zu machen und ihnen mit Bezug auf den seit langem bekanntgegebenen Breschnew-Besuch in Paris das Wasser abzugraben. Tiefer aber dürfte die Furcht liegen, daß jetzt eine Periode deutsch-sowjetischer Zusammenarbeit beginnt, die allmählich unsere Bindung an den westlichen Kreis lockern und uns in das Kraftfeld der Sowjetunion ziehen könnte. Man traut uns nicht zu, daß wir auf die Dauer den sowjetischen Möglichkeiten, uns zu beeinflussen, zu widerstehen vermögen, und fühlt sich in dieser Befürchtung durch unser schnelles Eingehen auf die sowjetische Einladung bestätigt. Wir werden damit rechnen müssen, daß französische Zweifel an der deutschen Politik in Zukunft bestimmend auf das Verhältnis zu uns einwirken werden und daß es manchen französischen Alleingang geben wird, der darauf abzielt, unsere Kreise zu stören. Wir sollten daher weiter bemüht sein, das deutsch-französische Verhältnis sorgsam zu pflegen.

[gez.] Ruete

VS-Bd. 9800 (I A 3)

Fortsetzung Fußnote von Seite 1371
Bundeskanzlers in eine peinliche Lage gebracht worden sei. Er selbst sei während seiner Reise nach Ungarn und Bulgarien von der Ankündigung der Bundeskanzlerreise überrascht worden und habe deswegen schwierige Momente gehabt, zumal ihn sowj[etische] Quellen darüber unterrichtet hätten, daß die Initiative zu diesem Besuch von deutscher Seite ausgegangen sei. [...] Schumann bezeichnete die Mitteilungen, die ich ihm übermittelte, als außerordentlich bedeutsam, insbesondere, was unsere Vorstellungen zum Zeitpunkt des Eintritts in die multilaterale Vorbereitungsphase der KSE sowie die Vorbereitung der MBFR anbetreffe. Er nahm aber auch mit besonderem Interesse davon Kenntnis, daß neben der deutschen Ausfüllung des Vier-Mächte-Abkommens parallele Verhandlungen mit der DDR über einen allgemeinen Verkehrs-Vertrag stattfinden sollten." Schumann habe abschließend ausgeführt, die französische Regierung „sei für die Unterrichtung über unsere Absichten sehr dankbar. Sie hätte es jedoch begrüßt, wenn diese Unterrichtung früher erfolgt wäre. Es komme jetzt darauf an, eng zusammenzuarbeiten, damit die Sowjets nicht Möglichkeiten erhielten, Frankreich gegen Deutschland und Deutschland gegen Frankreich auszuspielen." Vgl. den Drahtbericht Nr. 2630; VS-Bd. 9800 (I A 3); B 150, Aktenkopien 1971.

307

Aufzeichnung des Staatssekretärs Bahr, Bundeskanzleramt

Geheim   14. September 1971[1]

Betr.: Persönliches Gespräch StS Bahr/StS Kohl am 14. September 1971

Auf meine Frage, wie wir die bestehende Situation überwinden könnten, antwortete Kohl:

Fragen des Vier-Mächte-Abkommens seien nicht Gegenstand der Verhandlungen beider deutscher Regierungen. Keine der beiden deutschen Seiten könne das Vier-Mächte-Abkommen ändern. Das Abkommen verlange keine von den Vier Mächten zu bestätigende Übersetzung. Keine der Vier Mächte habe Verantwortung für einen deutschen Text übernommen. Beide deutsche Regierungen hätten dem Abkommen zugestimmt. Die DDR frage sich, warum Bonn nun versucht, davon abzuweichen, nachdem nur die drei Texte des Vier-Mächte-Abkommens verbindlich sind.

Der Regierung der DDR sei nicht bekannt, daß eine gemeinsame deutsche Übersetzung vereinbart worden sei. Es gäbe keine solche Vereinbarung zwischen den beiden Regierungen. Textvergleiche oder ähnliches könnten nichts an der verbindlichen Kraft der drei Wortlaute ändern. Einzelne Festlegungen des Abkommens könnten nur durch die Vier Mächte gedeutet werden. Für die DDR sei nur Verhandlungsgegenstand, was Abrassimow den Botschaftern der Drei Mächte[2] im Rahmen des Vier-Mächte-Abkommens zur Kenntnis gegeben habe.[3] Davon ausgehend habe die Regierung der DDR bereits am 6.9. die bekannten Entwürfe übergeben.[4]

Er sei erfreut, daß ich den Entwurf über Fragen des allgemeinen Verkehrs als eine sehr faire Zusammenstellung der bisherigen Gespräche gewertet habe. Er hoffe, daß sich dies auch in den Verhandlungen selbst erweisen werde, und möchte im Namen seiner Regierung die Erwartung ausdrücken, nun mit intensiven Verhandlungen zu beginnen.

Ich habe Kohl zunächst gefragt, ob seine Formulierung, wonach es keine gemeinsame deutsche Vereinbarung gebe, so zu verstehen sei, daß wir uns auf folgendes verständigen könnten:

Es sei eine nicht förmliche Absprache am Vormittag des 3. September erreicht worden[5], die von keiner Seite in Frage gestellt werde. Im übrigen seien wir ei-

---

[1] Ablichtung.
[2] Roger Jackling (Großbritannien), Kenneth Rush (USA) und Jean Sauvagnargues (Frankreich).
[3] Vgl. dazu Anlage I zum Vier-Mächte-Abkommen über Berlin vom 3. September 1971; EUROPA-ARCHIV 1971, D 446–448.
[4] Zu den vom Staatssekretär beim Ministerrat der DDR, Kohl, im 17. Gespräch mit Staatssekretär Bahr, Bundeskanzleramt, übergebenen Entwürfen für Verträge zwischen der Bundesrepublik und der DDR über Fragen des Verkehrs bzw. über den zivilen Transitverkehr von Bürgern der Bundesrepublik und Gütern aus der Bundesrepublik nach und von Berlin (West) vgl. Dok. 293.
[5] Zur Vereinbarung vom 3. September 1971 vgl. Dok. 295.

ner Auffassung, daß allein die drei offiziellen Texte die verbindlichen für das Vier-Mächte-Abkommen seien.

Kohl widersprach lebhaft. Er bestreite, daß es überhaupt eine Vereinbarung gegeben habe. Keine der beiden Regierungen hätte einen Auftrag erteilt. Es habe auch kein Wechsel von Fernschreiben zwischen ihm und mir stattgefunden. Es sei auch nichts unterschrieben worden.

Ich fragte Kohl darauf, wie er denn das bezeichne, was am Vormittag des 3. September das Licht der Welt erblickt habe.

Kohl meinte, man könne das, was Herr Seidel freundlicherweise versucht habe, nämlich die inoffizielle Abstimmung eines deutschen Textes, um Schwierigkeiten für unsere Verhandlungen aus dem Wege zu räumen, doch nicht zu der weltpolitischen Entscheidung hochstilisieren, ob das Vier-Mächte-Abkommen unterzeichnet wird oder nicht. Dies wäre weit über die Kompetenzen der beiden Herren gegangen.

Ich habe daraufhin Herrn Kohl erläutert, welche Kontakte es zwischen dem amerikanischen und dem sowjetischen Berater zwischen dem 31. August und dem 3. September gegeben habe. Kohl erklärte, er wisse davon überhaupt nichts. Ich habe Kohl daran erinnert, daß Herr Seidel schließlich nicht seinen verabredeten Besuch in Bonn für den 2. September auf eigene Faust abgesagt habe, um sich privat mit Herrn Bräutigam zu treffen. Die Herren und ihre Begleitung hätten schließlich nicht Nächte lang als Vertreter eines Kaninchenzüchter-Vereins zusammengesessen und die Zahl der offenen Punkte schließlich auf zwei reduziert, die dann auch gelöst worden seien.

Kohl erwiderte, es würde ihm erst heute klar, daß die Seite der BRD offenbar von Anfang an diese Operation falsch eingeschätzt habe. Auf Anfrage von Herrn Bräutigam habe Seidel sich zu einer Zusammenkunft bereit erklärt. Bräutigam sei schneller gekommen, als die Antwort von Seidel vermuten ließ. Man habe einen inoffiziellen, mit den Vier-Mächte-Verhandlungen nicht zusammenhängenden Versuch unternommen, die späteren deutschen Verhandlungen zu erleichtern. Jedenfalls sei keine Einwirkung von sowjetischer Seite erfolgt.

Ich bat Kohl nochmals, doch eine Bezeichnung für das zu finden, was das Ergebnis dieser inoffiziellen Bemühungen gewesen sei. Er wich aus.

Ich fragte dann, ob die Formalisierung der Absprache vom 3. September sein Hauptmotiv sei. In diesem Falle würde ich, anknüpfend an eine seiner Bemerkungen, ihn bitten, sich von seiner Regierung dazu beauftragen zu lassen. Ich sei bereit, die Absprache vom 3. September in aller Form zu bestätigen.

Kohl erklärte, dies sei nicht der Punkt. Seine Regierung sei zu solchen Verhandlungen nicht bereit. Es gäbe nichts zwischen Regierung und Regierung. Man könne auch nichts erreichen; seine Seite sei nicht gewillt, darüber zu verhandeln. Sie sei nur bereit, die alliierten Texte nicht zu bestreiten. An dieser Haltung der DDR werde sich unter keinen Umständen etwas ändern.

Unter diesen Umständen erklärte ich mich nicht in der Lage, heute in die Verhandlungen einzutreten. Seine Frage, ob eine Rücksprache bei meinen Vorgesetzten sinnvoll sei, verneinte ich. Für unsere Seite ginge es um die prinzipielle Frage, ob die DDR sich an eine Absprache, Vereinbarung, Gentleman's Agreement oder wie immer er es sonst nennen wolle, halte oder nicht. Kohl erwiderte, die DDR halte sich an jede Vereinbarung; aber man habe sich geschworen, sich auf so etwas nie mehr einzulassen. Ich fragte: Auf was? Er erwiderte: nun, auf einen derartigen informellen Versuch. Ich drängte: der zu einem Ergebnis geführt hat. Kohl: das wir nie förmlich bestätigt haben. Ich: das von der DDR jedenfalls bis zum heutigen Tage auch nicht geleugnet oder widerrufen wurde.

Beide Seiten bestätigten sich, nach der Begegnung am 9.9.71 in Ost-Berlin[6] öffentlich zurückhaltend und vorsichtig verfahren zu haben. Ohne wissen zu können, ob dies weiter möglich sei, wurde, diesem Wunsch entsprechend, die nachstehende Mitteilung vereinbart:

„Der Staatssekretär im Bundeskanzleramt der BRD, Egon Bahr, und der Staatssekretär beim Ministerrat der DDR, Dr. Michael Kohl, sind in Begleitung ihrer Delegationen am 14. September 1971 im Bundeskanzleramt in Bonn zusammengetroffen.

Die beiden Staatssekretäre hatten eine persönliche Unterredung.

Es wurde vereinbart, die Verhandlungen am Mittwoch, dem 22. September 1971, im Hause des Ministerrats der DDR in Berlin fortzusetzen."[7]

Bei aller sachlichen Schärfe des Gesprächs konnten persönliche Schärfen vermieden werden. Kohl wußte nicht, wie es jetzt weitergeht. Ich machte ihn darauf aufmerksam, daß ich mit exakt diesem Punkt am nächsten Mittwoch wieder beginnen würde.[8]

Bahr

VS-Bd. 4487 (II A 1)

---

[6] Zum 18. Gespräch des Staatssekretärs Bahr, Bundeskanzleramt, mit dem Staatssekretär beim Ministerrat der DDR, Kohl, vgl. Dok. 299.
[7] Vgl. BULLETIN 1971, S. 1456.
[8] Zum 20. Gespräch des Staatssekretärs Bahr, Bundeskanzleramt, mit dem Staatssekretär beim Ministerrat der DDR, Kohl, am 22. September 1971 in Ost-Berlin vgl. Dok. 319.

308

Runderlaß des Vortragenden Legationsrats Blech

II A 1-83.10-2939/71 VS-vertraulich Aufgabe: 15. September 1971, 18.52 Uhr[1]
Fernschreiben Nr. 4397 Plurex
Cito

Für Botschafter o.V.i.A.
Zur eigenen Unterrichtung
Betr.: Bahr-Kohl-Gespräche

Die letzten ergebnislos verlaufenen Gespräche der Staatssekretäre Bahr und Kohl vom 6.[2], 9.[3] und 14. September[4] waren von der noch immer ungeklärten Frage der deutschen Übersetzung des Vier-Mächte-Abkommens überschattet. Dem liegt folgender Sachverhalt zugrunde:

1) Vertreter der Bundesrepublik und der DDR haben am 3. September noch vor der Unterzeichnung eine Absprache über eine abgestimmte deutsche Übersetzung des Vier-Mächte-Abkommens getroffen.[5] Dabei hat die DDR insbesondere die von uns gewünschten Formulierungen

– Bindungen (II B und Anlage II)

– kein Bestandteil (konstitutiver Teil) der Bundesrepublik Deutschland (II B und Anlage II)

akzeptiert. In einigen wenigen Form- bzw. terminologischen Fragen einigten sich beide Seiten auf divergierende Formulierungen. Diese Abweichungen sind jedoch ohne sachliche Bedeutung.

Die deutsche Übersetzung des Interpretationsbriefes der drei Botschafter an den Bundeskanzler[6], der auch der sowjetischen Seite durch die Drei Mächte übermittelt worden ist[7], und die vereinbarten Verhandlungsprotokolle[8] sind in gegenseitigem Einvernehmen nicht abgestimmt worden.

---

[1] Der Drahterlaß wurde von Vortragendem Legationsrat Bräutigam konzipiert.

[2] Zum 17. Gespräch des Staatssekretärs Bahr, Bundeskanzleramt, mit dem Staatssekretär beim Ministerrat der DDR, Kohl, am 6. September 1971 vgl. Dok. 292 und Dok. 293.

[3] Zum 18. Gespräch des Staatssekretärs Bahr, Bundeskanzleramt, mit dem Staatssekretär beim Ministerrat der DDR, Kohl, am 9. September 1971 in Ost-Berlin vgl. Dok. 299.

[4] Zum 19. Gespräch des Staatssekretärs Bahr, Bundeskanzleramt, mit dem Staatssekretär beim Ministerrat der DDR, Kohl, am 14. September 1971 vgl. Dok. 307.

[5] Zur Vereinbarung vom 3. September 1971 vgl. Dok. 295.

[6] Für den Wortlaut des Schreibens der Botschafter Jackling (Großbritannien), Rush (USA) und Sauvagnargues (Frankreich) vom 3. September 1971 an Bundeskanzler Brandt vgl. EUROPA-ARCHIV 1971, D 455–457.

[7] Vgl. dazu die Note der Botschafter Jackling (Großbritannien), Rush (USA) und Sauvagnargues (Frankreich) vom 3. September 1971 an den sowjetischen Botschafter in Ost-Berlin, Abrassimow; EUROPA-ARCHIV 1971, D 455.

[8] Für den Wortlaut der Vereinbarten Verhandlungsprotokolle I und II vgl. EUROPA-ARCHIV 1971, D 457–459.

2) Am 4. September veröffentlichte „Neues Deutschland" eine Übersetzung des Vier-Mächte-Abkommens, die entgegen der getroffenen Absprache die Formulierungen

– Verbindungen

– kein Bestandteil der Bundesrepublik Deutschland

enthielt.[9] StS Kohl versuchte in dem Gespräch am 6.9., diese beiden Abweichungen mit dem Bruch der Vertraulichkeit durch die Bundesregierung zu rechtfertigen. Die Nachrichtenagentur dpa habe noch vor der Unterzeichnung des Vier-Mächte-Abkommens einen Text herausgegeben, in dem die beiden genannten Punkte als noch offen gekennzeichnet gewesen seien. Damit sei für alle Welt offenkundig geworden, daß die DDR hier nachgegeben habe.

Am 9. September weigerte sich Kohl, die Übersetzungsfrage überhaupt noch zu diskutieren. Für die DDR seien, so sagte er, die drei authentischen Fassungen maßgeblich. StS Bahr brach daraufhin das Gespräch ab.

In dem Gespräch am 14. September in Bonn ging Kohl noch weiter. Er bestritt[10], daß eine förmliche Vereinbarung zwischen den Regierungen der DDR und der BRD überhaupt zustandegekommen sei. Es habe keinen entsprechenden Auftrag durch die Regierungen gegeben, und es sei nichts unterzeichnet worden. StS Bahr erklärte sich außerstande, unter diesen Umständen Verhandlungen zu führen.

3) Inzwischen hat sich auch die amerikanische Botschaft in Bonn eingeschaltet. BR Dean hat in einer offiziellen Demarche den sowjetischen Geschäftsträger in Ost-Berlin (und gesprächsweise auch Botschafter Falin) darauf hingewiesen, daß Botschafter Rush das Vier-Mächte-Abkommen am 3. September erst unterzeichnet habe, nachdem eine Einigung über die deutsche Übersetzung zustande gekommen sei. Ohne eine solche Absprache hätte Rush das Abkommen nicht unterzeichnet. Die amerikanische Seite wünsche daher auch im eigenen Interesse eine befriedigende Klärung dieser Frage. Sie billige die Haltung der Bundesregierung, erst nach einer solchen Klärung mit den Sachverhandlungen über den Berlin-Verkehr zu beginnen.[11]

4) Die Bundesregierung mißt einer befriedigenden Klärung dieser Angelegenheit grundsätzliche Bedeutung bei:

– Sie betrachtet entgegen einer gelegentlich von verschiedenen Seiten geäußerten Meinung die in Frage stehenden Begriffe nicht als sachlich unerheblich für die deutschen Berlin-Verkehrsverhandlungen. Die richtige Übersetzung der Wörter „ties" und „constituent part" bestimmen vielmehr jede Aussage

---

9 Für die in „Neues Deutschland" veröffentlichte Übersetzung von Teil II, Absatz B Satz 1, und Anlage II, Absatz 1 Satz 1 des Vier-Mächte-Abkommens über Berlin vom 3. September 1971 vgl. Dok. 292, Anm. 2.

10 Der Passus „In dem Gespräch ... Er bestritt" ging auf Streichungen und handschriftliche Einfügungen des Vortragenden Legationsrats Blech zurück. Vorher lautete er: „In dem Gespräch am 14. September in Bonn bestritt Kohl".

11 Staatssekretär Frank vermerkte am 15. September 1971, der amerikanische Botschafter Rush habe angesichts der Kontroverse um eine deutsche Übersetzung des Vier-Mächte-Abkommens über Berlin vom 3. September 1971 empfohlen, die Gespräche mit der DDR „für vier bis sechs Wochen zu unterbrechen, um der DDR zu zeigen, daß die Frage ernstzunehmen sei. Komme es nicht zu einer Einigung über die deutsche Übersetzung, werde er die Schlußakte nicht unterzeichnen." Vgl. VS-Bd. 502 (Büro Staatssekretär); B 150, Aktenkopien 1971.

über das Verhältnis BRD–Berlin (West), in deren Licht konkrete Regelungen des Berlin-Verkehrs später interpretiert werden müssen.

– In erster Linie muß aber von vornherein klargestellt werden, daß Verhandlungen nur auf der Grundlage von Treu und Glauben geführt werden können.

Die Bundesregierung wünscht daher eine verbindliche Feststellung seitens der DDR, daß die Absprache über die deutsche Übersetzung in einer verbindlichen Weise zustande gekommen ist und in Zukunft nicht mehr in Frage gestellt wird. Sie besteht nicht auf einer öffentlichen Berichtigung, aber sie erwartet von der Regierung der DDR eine korrekte Wiedergabe der vereinbarten Übersetzung, wenn das Abkommen in Zukunft zitiert wird.

5) Wegen dieser Schwierigkeiten haben eigentliche Sachverhandlungen über den Berlin-Verkehr noch nicht begonnen. StS Kohl hat lediglich am 6. September zwei Entwürfe für ein Abkommen über den zivilen Transitverkehr zwischen der BRD und Berlin (West) sowie für einen Vertrag über allgemeine Fragen des Verkehrs überreicht.[12] StS Bahr hat dazu bisher nicht Stellung genommen.

Blech[13]

VS-Bd. 4487 (II A 1)

309

Aufzeichnung des Vortragenden Legationsrat I. Klasse Randermann

III A 7-82.44/4   16. September 1971[1]

Herrn Staatssekretär[2]

Betr.: Zukunft der Urananreicherung in Europa
     hier: Französisches und amerikanisches Angebot, im Hinblick auf die künftige Errichtung europäischer Urananreicherungsanlagen ihre Anreicherungstechnologie zur Verfügung zu stellen

Zweck der Vorlage: Zur Unterrichtung

I. Sachstand

1) Das amerikanische Angebot

Die USA haben am 14./15.7.1971 einen langerwarteten, von Präsident Nixon

---

[12] Zu den vom Staatssekretär beim Ministerrat der DDR, Kohl, im 17. Gespräch mit Staatssekretär Bahr, Bundeskanzleramt, übergebenen Entwürfen vgl. Dok. 293.
[13] Paraphe.

[1] Die Aufzeichnung wurde von Vortragendem Legationsrat I. Klasse Randermann und von Legationsrat I. Klasse Wegener konzipiert.
[2] Hat Staatssekretär Freiherr von Braun am 24. September 1971 vorgelegen, der Referat III A 7 um Rücksprache bat.

bereits zu Jahresbeginn angekündigten Schritt[3] vollzogen, in dem sie befreundeten Nationen die Weitergabe der Gasdiffusionstechnologie zur Urananreicherung angeboten haben.[4] Sie schlagen exploratorische Gespräche mit

a) der EWG-Kommission, den EWG-Mitgliedstaaten und Großbritannien

b) Kanada, Australien und Japan

über die Weitergabe des Anreicherungsverfahrens „unter geeigneten Finanz- und Sicherheitsregelungen" im Hinblick auf die Errichtung einer Anreicherungskapazität auf multinationaler Basis vor.

Diese Gespräche sollen Ende Oktober im Washington beginnen. Offen ist noch, ob sie gemeinsam oder getrennt mit den pazifischen Staaten geführt werden.

Es ist vorgesehen, daß die Regierungen der Sechs mit der Kommission in den nächsten Wochen eine gemeinsame Haltung für die Besprechungsrunden erarbeiten. Geregelt werden muß noch die Abstimmung mit den Briten.

2) Das französische Angebot

Das französische Angebot liegt zeitlich früher als das amerikanische. Bereits im Frühjahr 1971 hatte der französische Ministerrat die Atombehörde CEA ermächtigt, Anreicherungstechnologie weiterzugeben. Der Administrateur Général der CEA, Giraud, hat bei einem Besuch in Bonn am 10.5.1971 und dann zusammenfassend in einem Schreiben vom 10.6.1971[5] die Bildung einer Studiengruppe vorgeschlagen, der die mit dem Brennstoffkreislauf befaßten Industrien der Gemeinschaftsländer und Großbritanniens beitreten sollten. Die Gruppe hätte die wirtschaftlichen Voraussetzungen einer konkurrenzfähigen europäischen Anreicherungsanlage nach dem Gasdiffusionsprinzip zu prüfen. Für 1973 wäre die Gründung einer Industriegruppe vorgesehen, die ein Anreicherungsprojekt in Angriff nehmen könnte. Ferner sieht der Giraudsche Vorschlag eine Assoziierung der CEA mit der Anreicherungsgesellschaft unter dem GUZ-Über-

---

[3] In seinem Bericht an den Kongreß vom 25. Februar 1971 über die amerikanische Außenpolitik führte Präsident Nixon aus: „As the demand for nuclear energy has increased, so has the demand for the enriched uranium to fuel power reactors. The United States supplies the fuel for many foreign programs, under safeguards and with adequate compensation. However, with the increased utilization of nuclear power, other countries with advanced programs understandably are reluctant to be totally dependent upon us or upon anyone else, for enriched uranium to meet their power requirements. [...] In our concern for safeguarding nuclear technology, we cannot ignore the legitimate desires of our allies for a certain independence in their energy supplies, and our own intrinsic interest in multinational cooperation in this field. Having carefully weighed the national security and other factors involved, we have undertaken consultations with the Joint Committee on Atomic Energy of the Congress concerning ways in which the United States might assist our allies to construct a multination uranium enrichment plant to help meet future world demands." Vgl. PUBLIC PAPERS, NIXON 1971, S. 340.

[4] Am 15. Juli 1971 übermittelte Gesandter Middelmann, Washington, ein Aide-mémoire der amerikanischen Regierung und vermerkte dazu: „Die Botschaft hat am 15.7.1971 im State Department die Erklärung über die Bereitschaft der Vereinigten Staaten entgegengenommen, mit befreundeten Nationen exploratorische Gespräche über die multilaterale Weitergabe von Kenntnissen in der Diffusionstechnik zu führen." Es sei erklärt worden, „daß die Vereinigten Staaten mit ihrem Angebot zur Weitergabe der Diffusionstechnik nicht beabsichtigen, in einen Wettbewerb mit der Gasultrazentrifugentechnik einzutreten, die in Westeuropa entwickelt wird. Hervorgehoben werde noch einmal, daß die Entscheidung, wie die Zusammenarbeit im einzelnen aussehen soll, noch offen ist." Vgl. den Schriftbericht Nr. 2776; Referat III A 7, Bd. 114169.

[5] Für das Schreiben vgl. Referat III A 7, Bd. 114169.

einkommen[6] vor. Einen „Eintrittspreis" für diese Assoziation will Frankreich jedoch nicht erheben[7]. – Das Angebot ist auch dem UK und (indirekt) den Niederländern übermittelt worden. Eine Antwort auf den Giraud-Brief ist zwischen den drei GUZ-Ländern bereits inhaltlich vorbesprochen, aber noch nicht erteilt worden. Sie müßte im Zeitraum September/Oktober gegeben werden.[8]

II. Bewertung

1) Das amerikanische Angebot

Die USA halten die Zeit für gekommen, sich ihren Anteil an der künftigen europäischen Brennstoffversorgung zu sichern. Sie wollen gleichzeitig ihren politischen Einfluß auf die Urananreicherung auch außerhalb ihres Hoheitsgebietes möglichst bewahren. Ihre Trümpfe sind ein hochentwickeltes, bewährtes Verfahren und der Zeitfaktor: eine Anlage nach amerikanischem Muster könnte errichtet werden, ehe das GUZ-Verfahren industriell verwertbar geworden ist. Das amerikanische Angebot läuft auf den Versuch hinaus, die GUZ-Partner von der Weiterentwicklung und Nutzung ihres Verfahrens abzubringen.

Eine abschließende sachliche Bewertung ist erst möglich, wenn in den exploratorischen Gesprächen nähere Einzelheiten über den technischen und wirtschaftlichen Inhalt des amerikanischen Angebotes bekannt geworden sind.

2) Das französische Angebot

Auch der jetzt von Frankreich ausgehende Versuch einer Zusammenarbeit hat den Zweck, eine industrielle Weiterentwicklung des GUZ-Verfahrens möglichst zu unterbinden oder zu verzögern, um Europa auf das Gasdiffusionsverfahren festzulegen. Für Frankreich spielen nach einigen Niederlagen im internationalen technologischen Wettbewerb auch Gründe des Prestiges eine Rolle.

Der Zeitpunkt der französischen Demarche erklärt sich einmal daraus, daß auch Frankreich sein Verfahren anbieten und wo möglich durchsetzen muß, ehe das GUZ-Verfahren seine Reifeperiode erreicht hat (Frankreich stellt deshalb die europäische Versorgungslage als prekärer hin als wir und erklärt 1973 zum spätestmöglichen Jahr für den Baubeginn einer europäischen Großanlage).

Frankreich hat sein Angebot zum anderen deshalb übermittelt, weil es im Hinblick auf das bevorstehende amerikanische Angebot versuchen mußte, sich als leistungsfähigen Konkurrenten darzustellen und somit seine Ausgangsposition gegenüber den US-Offerten zu verbessern. Das amerikanische Angebot selbst wird von Frankreich positiv beurteilt, da es gleichzeitig auch seine Stellung auf dem Gebiet der Gasdiffusion stärkt und da die Franzosen hoffen, in eine Zusammenarbeit mit den USA eigene technische Fortschritte einzubringen.

3) Diese Angebote unserer zwei Verbündeten bringen uns und unsere GUZ-Partner in eine schwierige Lage:

---

[6] Am 4. März 1970 unterzeichneten die Bundesrepublik, Großbritannien und die Niederlande in Almelo ein Übereinkommen über die Zusammenarbeit bei der Entwicklung und Nutzung des Gasultrazentrifugenverfahrens zur Herstellung angereicherten Urans. Für den Wortlaut vgl. BUNDESGESETZBLATT 1971, Teil II, S. 930–949.

[7] Korrigiert aus: „erlegen".

[8] Der Passus „den Niederländern übermittelt ... gegeben werden" wurde von Staatssekretär Freiherr von Braun durch Kreuz hervorgehoben.

- Eine Aufgabe unserer vertraglich übernommenen gemeinsamen Arbeiten auf dem GUZ-Gebiet kommt für uns in dieser Phase nicht in Frage. Wir gehen weiterhin davon aus, daß die von uns entwickelte Technologie erfolgreich sein und das größere Zukunftspotential haben wird.
- Eine gleichzeitige Förderung der beiden Verfahren scheidet für uns aus finanziellen Gründen aus. Dies umso mehr, als die technische Eigenart der Gasdiffusion zur Errichtung von Mammutanlagen zwingt (6–8 Mio. Trennarbeitseinheiten = ca. 60% des europäischen Jahresbedarfs 1980) und bedeutende Geldmittel erfordert (über 1 Mrd. $).
- Falls die beiden Angebote uns nicht von der Notwendigkeit einer Mitarbeit an Gasdiffusionsanlagen überzeugen und andererseits die Anhänger der Gasdiffusion ohne die Mitwirkung der GUZ-Länder zur Projektverwirklichung schreiten, wäre Europa auf diesem wichtigen technologischen Gebiet geteilt; die Konzentration aller Kräfte auf ein optimales Verfahren unterbliebe. Die Zweigleisigkeit wäre auch ein erheblicher politischer Nachteil. Uns würde damit auch die Kenntnis vom technologischen Instrumentarium des Gasdiffusionsverfahrens entgehen. Ebenso wären wir, wenn das GUZ-Verfahren sich wider Erwarten als nicht wirtschaftlich erweist, für einen verspäteten Einstieg in die Gasdiffusionsprojekte in besonders schlechter Verhandlungsposition.
- Auf der anderen Seite haben wir z. Zt. noch wenig Aussicht, die Besitzer der Gasdiffusionstechnologie zum Verzicht auf ihr Verfahren und zur Übernahme des GUZ-Verfahrens zu überreden. Jede Argumentation mit den Vorteilen des GUZ-Verfahrens ist vor Ende 1973 erschwert, da die GUZ-Arbeiten erst dann in die Demonstrationsphase treten.

III. Die deutsche Haltung

1) Zum amerikanischen Angebot

Die Bundesregierung kann sich schon aus politischen Gründen dem amerikanischen Angebot nicht entziehen. Sie wird bei den exploratorischen Gesprächen mitwirken.[9]

---

[9] Vortragender Legationsrat I. Klasse Randermann vermerkte am 25. November 1971: „Die exploratorischen Gespräche, zu denen die USA bezüglich ihres Angebotes auf Weitergabe von Anreicherungstechnologie an interessierte multinationale Staatengruppen eingeladen hatten, fanden am 1. und 2.11 mit den pazifischen Staaten Kanada, Australien und Japan sowie am 16. und 17.11. mit europäischen Staaten einschließlich der EG-Kommission statt. Sie verliefen für die Mehrzahl der beteiligten Staaten sowohl bezüglich ihrer Vorbereitung als auch im Ergebnis enttäuschend. [...] In sachlicher Hinsicht gingen die amerikanischen Ausführungen außer Mitteilungen über die Art von möglicherweise abzuschließenden Abkommen kaum über bereits bekannte Daten hinaus. Auf zahlreiche konkrete technische und wirtschaftliche Fragen erklärten die Amerikaner, daß sie hierüber erst sprechen könnten, wenn sich aufgrund der exploratorischen Gespräche Gruppen von ernsthaft interessierten Staaten bildeten." Randermann führte weiter aus: „Die Rolle der EG-Kommission in diesen Gesprächen war überraschend schwach. Nachdem es in Brüssel insbesondere aufgrund der französischen Haltung nicht gelungen war, sich auf ein einheitliches Vorgehen der EG-Mitgliedstaaten und Großbritanniens zu einigen und EURATOM die Sprecherrolle zu überlassen, verhielt sich die Kommission in den Gesprächen mit den Amerikanern schweigend. [...] Die Gespräche bestätigten, daß die europäische Versorgung mit angereichertem Uran durch die Vereinigten Staaten etwa bis 1980 gesichert ist. Anschließend scheint der europäische Bedarf jedoch derartig anzusteigen, daß auch das von der Bundesrepublik, Großbritannien und den Niederlanden entwickelte Gasultrazentrifugenverfahren selbst im Falle seines Erfolges allein nicht ausreichen dürfte, um den gesamten zusätzlichen deutschen Bedarf rechtzeitig zu decken. Auch die Bundes-

Während der Gespräche mit den USA werden wir alle Aufschlüsse über die amerikanische Offerte und zur vergleichenden Bewertung der Anreicherungssysteme als nützlich empfinden. Eine Entscheidung zugunsten des amerikanischen Verfahrens wird jedoch vor Abschluß der GUZ-Versuche nicht fallen können. Wir werden daher gemeinsam mit den GUZ-Partnern den Versuch unternehmen müssen, verbindliche Gespräche mit den USA soweit hinauszuzögern, bis wir über die Einsatzfähigkeit des GUZ-Verfahrens größere Klarheit gewonnen haben. Wir werden uns zunächst während der Washingtoner Gespräche, die nach unserer Auffassung auch die pazifischen Gesprächspartner der USA einbegreifen sollten, soweit wie möglich rezeptiv verhalten. Die Einbeziehung der pazifischen Staaten erscheint aus taktischen Gründen zweckmäßig. Sie würde es den Europäern ferner erlauben, das Geschehen in diesem Raum mit zu beeinflussen und hierüber informiert zu bleiben.

Die Briten und Niederländer als unsere engeren GUZ-Partner sind mit dieser Linie einverstanden. Die EG-Kommission und die übrigen EURATOM-Mitgliedstaaten sind um Stellungnahme gebeten worden, haben sich aber noch nicht geäußert.

2) Zum französischen Angebot

Gegenüber dem französischen Vorschlag nehmen wir die folgende, mit Großbritannien und den Niederlanden ebenfalls bereits abgestimmte Haltung ein:

Auf das Angebot zur Bildung einer industriellen Studiengruppe sollte eingegangen werden.

– Von Regierungsseite soll der CEA mitgeteilt werden, daß Bereitschaft zur Mitwirkung an der Studiengruppe besteht. Der Industrie soll dargelegt werden, daß die drei GUZ-Länder keine Bedenken aus dem GUZ-Übereinkommen sehen. Die Meinungsbildung der Industrie soll noch im September erfolgen, damit der Giraud-Brief beantwortet werden kann.

– Die teilnehmenden Industriefirmen sollen soweit möglich darauf hinwirken, daß die Studiengruppe nicht einseitig zur Vorbereitung eines Gasdiffusionsprojektes dient, sondern einen echten Wirtschaftlichkeitsvergleich unter neutralen Voraussetzungen anstellt.

– Ein Technologieaustausch oder eine irgendwie geartete Festlegung auf das Gasdiffusionsverfahren scheiden aus. Wir haben im Gegenteil die Hoffnung, daß die Studiengruppe zum Ergebnis kommt, eine europäische Anlage nach dem französischen Prinzip sei nicht lohnend.

Randermann

Referat III A 7, Bd. 114169

Fortsetzung Fußnote von Seite 1381

republik könnte daher an einer Beteiligung an der Errichtung einer Anreicherungsanlage nach dem amerikanischen Diffusionsverfahren interessiert sein. Aufgrund der hohen Stromkosten in Europa würden sich hierfür Länder mit geringen Energiekosten wie Kanada, Australien oder Brasilien anbieten. Der Eindruck, daß wir aufgrund des eigenen Gasultrazentrifugenverfahrens an dem amerikanischen Angebot wohl nicht unbedingt interessiert zu sein brauchten, muß insoweit revidiert werden." Vgl. Ministerbüro, Bd. 363.

310

Aufzeichnung des Bundeskanzlers Brandt, z. Z. Oreanda

17. September 1971[1]

Vermerk über Gespräch mit Breschnew während der Fahrt von Simferopol nach Oreanda am Abend des 16. September 1971[2]

1) B. machte deutlich, daß er dies für eine „historisch wichtige Begegnung" halte und erwarte, daß sie auch „in der europäischen Geschichte festgehalten" werde.

2) Wir verständigten uns über die Art, in der die Gesprächsthemen am folgenden Tag[3] und gegebenenfalls Sonnabend vormittag[4] abgewickelt werden sollten. B. bemerkte, er würde mir auch „Unangenehmes" zu sagen haben; aber es komme auf die „Globalorientierung" an, und für die würden wir hoffentlich einen gemeinsamen Nenner finden.

B. knüpfte hier an die Unterhaltung bei Tisch an, bei der er gegenüber meiner Bemerkung, wir hätten den schweren Anfang hinter uns, Bedenken angemeldet hatte und lediglich gelten lassen wollte, daß wir den Anfang vom Anfang abhaken könnten. Er stimmte zu, als ich sagte, die Erfahrung des vergangenen Jahres habe gezeigt, daß eine Verbesserung der Beziehungen zwischen unseren beiden Staaten nicht auf Kosten anderer erfolgt sei, sondern im Gegenteil auch im weiteren Rahmen zum Abbau von Spannungen beigetragen habe.

3) B. meinte, daß seiner Meinung nach die europäische Entwicklung in hohem Maße vom Verhältnis zwischen der UdSSR und der BRD sowie Frankreich – „und ein bißchen Italien" – abhänge. Die Führung der UdSSR wisse um die Bedeutung der Regierung Brandt und sei bereit, auf diese weitgehend zuzugehen. Er könne dies auch für die Regierungen anderer Staaten des Warschauer Pakts sagen und bezog sich auf deren jüngste Beratung auf der Krim.[5]

---

[1] Durchdruck.
[2] Bundeskanzler Brandt hielt sich vom 16. bis 18. September 1971 in Oreanda auf. Vgl. dazu auch BRANDT, Begegnungen, S. 459–471.
[3] Für das Gespräch des Bundeskanzlers Brandt mit dem Generalsekretär des ZK der KPdSU, Breschnew, am 17. September 1971 vgl. Dok. 311.
[4] Zu den Gesprächen des Bundeskanzlers Brandt mit dem Generalsekretär des ZK der KPdSU, Breschnew, am 18. September 1971 vgl. Dok. 314 und Dok. 315.
[5] Am 2. August 1971 fand auf der Krim ein Treffen der Parteichefs Breschnew (UdSSR), Gierek (Polen), Honecker (DDR), Husák (ČSSR), Kádár (Ungarn), Schelest (Ukraine), Schiwkow (Bulgarien) und Zedenbal (Mongolei) sowie des Mitglied des Politbüros der KPdSU, Podgornyj, statt. Dazu wurde berichtet, daß neben wirtschaftlichen Fragen vor allem außenpolitische Probleme behandelt worden seien. Zu diesen hätten neben der Lage in Südostasien, im Nahen Osten und im Sudan die Fragen der europäischen Sicherheit gehört. Vgl. dazu den Artikel „Freundschaftliches Treffen führender Persönlichkeiten der Bruderländer"; NEUES DEUTSCHLAND vom 3. August 1971, S. 1.
Botschaftsrat I. Klasse Schmid, Moskau, stellte dazu am 4. August 1971 fest: „Das Krim-Treffen ist in erster Linie als Teil eines Nervenkrieges gegen die Rumänen zu bewerten, von denen die Russen offensichtlich den Versuch befürchten, sich unter Ausnutzung des beginnenden amerikanisch-chinesischen Dialogs auf Kosten der Blocksolidarität vergrößerten außenpolitischen Spielraum zu verschaffen. Dies wird als Gefährdung unverzichtbarer sowjetischer Interessen angesehen." Vgl. den Drahtbericht Nr. 1555; VS-Bd. 4641 (II A 4); B 150, Aktenkopien 1971.

4) B. wies in mehreren Zusammenhängen darauf hin, wie wichtig es ihm sei, daß beide Seiten ein „Gefühl des Vertrauens" entwickeln könnten.

5) Nachdem er von „Parteien" gesprochen hatte, akzeptierte er, daß es für uns um die Regelung zwischenstaatlicher Beziehungen gehen müsse. Ich schloß dabei nicht aus, daß die SPD und andere Organisationen an einem zusätzlichen Informationsaustausch interessiert sein könnten.

Ich sprach von der harten Auseinandersetzung um den Kurs der deutschen Politik und davon, daß sich gewisse Kreise auf ein „Metternich-Jahr 73" einstellten. B. schien dies zu verstehen.

6) In Verbindung mit einer Erwähnung der DDR-Führung überraschte es mich, B. unbefangen darstellen zu hören, wie sehr er verstehe, daß mich „die Spaltung Deutschlands" beschäftige. Aber: weder er noch ich, sondern Hitler sei dafür verantwortlich.

7) B. sprach – sehr konkret und auch punktuell – über die Gefahren eines Atomkrieges und fügte hinzu, daß er „natürlich nicht drohen" wolle. Ich sagte, daß ich seine Sorgen, die Sorgen einer Supermacht, verstünde.

8) In diesem Zusammenhang teilte mir B. mit, Gromyko werde mit zwei unterschriftsreifen Abkommen nach Amerika reisen
a) betreffend Verminderung nuklearer Überraschungsangriffe,
b) betreffend Schutz von Satelliten über den Territorien beider Mächte.[6]

9) Ich erwähnte mein Gespräch mit Nixon im Juni[7] in bezug auf dessen Beschäftigung mit China einerseits und Verhältnis zur UdSSR andererseits (5:95).

B. sagte, Rogers und Kissinger hätten auch – fast täglich – betont, wie wichtig den USA das Verhältnis zur UdSSR sei.

10) Ich bemerkte, daß es mir nicht möglich sein würde, im Anschluß an den Krim-Aufenthalt einer Einladung der polnischen Führung nachzukommen. Mir läge aber sehr daran, daß dies nicht mißverstanden würde, denn wir nähmen die Ratifizierung des Vertrages mit Polen[8] ebenso ernst wie die des Moskauer Vertrages.

B. sagte, er wolle am nächsten Morgen mit Gierek telefonieren. Dieser habe sein volles Vertrauen. Die folgenden Äußerungen über Gomułka entsprachen bis zu einem gewissen Grade dem Verhältnis zwischen oberer und mittlerer Ebene.

Brandt[9]

Archiv der sozialen Demokratie, Depositum Bahr, Box 430

---

[6] Der sowjetische Außenminister Gromyko und der amerikanische Außenminister Rogers unterzeichneten am 30. September 1971 in Washington ein Abkommen über Maßnahmen zur Verminderung der Gefahr des Ausbruchs eines unbeabsichtigten Atomkriegs sowie ein Abkommen über die Verbesserung der direkten Fernmeldeverbindung. Für den Wortlaut vgl. UNTS, Bd. 807, S. 58–63, bzw. UNTS, Bd. 806, S. 402–411. Für den deutschen Wortlaut des Abkommens über Maßnahmen zur Verminderung der Gefahr des unbeabsichtigten Ausbruchs eines Atomkrieges vgl. EUROPA-ARCHIV 1971, D 534–536.
[7] Bundeskanzler Brandt hielt sich vom 14. bis 18. Juni 1971 in den USA auf. Zum Gespräch mit Präsident Nixon am 15. Juni 1971 vgl. Dok. 208.
[8] Für den Wortlaut des Vertrags vom 7. Dezember 1970 zwischen der Bundesrepublik und Polen über die Grundlagen der Normalisierung ihrer gegenseitigen Beziehungen vgl. BULLETIN 1970, S. 1815.
[9] Paraphe.

311

Gespräch des Bundeskanzlers Brandt mit dem Generalsekretär des ZK der KPdSU, Breschnew, in Oreanda

Geheim 17. September 1971[1]

Aufzeichnung des Gespräches zwischen dem Generalsekretär des ZK der KPdSU, L. I. Breschnew, und Bundeskanzler Willy Brandt am 17. September 71 in Oreanda, Krim.[2]

Anwesend waren von sowjetischer Seite Herr Smirnow und ein Protokollführer, von deutscher Seite Herr Hartmann.

Der *Generalsekretär* begrüßte den Bundeskanzler und brachte die Hoffnung zum Ausdruck, daß dieses Treffen von großer Bedeutung sein werde. Er brachte weiter die Überzeugung zum Ausdruck, daß dieses Treffen wichtige Ergebnisse haben werde und für die von beiden Seiten angestrebten Ziele, nämlich der Verbesserung der Beziehungen zwischen beiden Ländern, der Verbesserung des politischen Klimas in Europa und folglich auch für die Verbesserung des allgemeinen politischen Klimas in der Welt, von großer Bedeutung sein werde. Er wolle, wie bei dem ersten Gespräch im vergangenen Jahr[3], seinen Standpunkt offen darlegen. Man könne so auf kürzeste Art und Weise die Punkte, in denen Übereinstimmung bestehe, herausstellen bzw. die Fragen, in denen man verschiedener Meinung sei, zurücklegen.

Der *Bundeskanzler* bedankte sich dafür, daß dieses Treffen zustandekommen konnte. Er sei damit einverstanden, daß dieses Gespräch offenherzig und gerade heraus geführt werde. Er hoffe ebenfalls auf positive Ergebnisse und auf die Feststellung der Gemeinsamkeiten und dessen, was man gemeinsam für die Entwicklung der bilateralen Beziehungen und der europäischen Politik tun könne. Man müsse sich auch gegenseitig die Meinungsverschiedenheiten zur Kenntnis bringen, um diese später weiter zu besprechen.

Der *Generalsekretär* betonte in seiner Erwiderung die Verantwortung, die die beiden Gesprächspartner vor ihren Parteien und Völkern im Zusammenhang mit diesem Treffen tragen. Er habe Verständnis für die Lage des Bundeskanzlers. Er hoffe auf dessen entsprechendes Verständnis für seine Lage, hier sei Gegenseitigkeit erforderlich. Er kenne auch sehr genau die inneren Schwierigkeiten, mit denen der Bundeskanzler zu kämpfen habe. Andererseits kenne der

---

[1] Durchdruck.
Die Gesprächsaufzeichnung wurde von Dolmetscher Hartmann gefertigt.
Hat Bundesminister Scheel am 21. September 1971 vorgelegen.
Hat laut handschriftlichem Vermerk der Mitarbeiterin im Ministerbüro, Schlinkmeier, Vortragendem Legationsrat Evertz am 5. Oktober 1971 „zur Einsichtnahme im M[inister]b[üro]" vorgelegen.
Hat laut handschriftlichem Vermerk der Mitarbeiterin im Ministerbüro, Frohn, Botschafter Allardt, z. Z. Bonn, am 5. Oktober 1971 „mit Einverständnis H[err] Dr. Hallier zur Einsichtnahme im M[inister]b[üro]" vorgelegen.

[2] Bundeskanzler Brandt hielt sich vom 16. bis 18. September 1971 in Oreanda auf. Vgl. dazu auch BRANDT, Begegnungen, S. 459–471. Vgl. dazu ferner Dok. 310, Dok. 314 und Dok. 315.

[3] Zum Gespräch des Bundeskanzlers Brandt mit dem Generalsekretär des ZK der KPdSU, Breschnew, am 12. August 1970 in Moskau vgl. AAPD 1970, II, Dok. 388 und Dok. 401.

Bundeskanzler das Verhältnis des sowjetischen Volkes zu diesem gesamten Prozeß.

Der *Bundeskanzler* machte anschließend einige Bemerkungen zu den bilateralen Beziehungen zwischen den beiden Ländern. Das Jahr, das seit der Unterzeichnung des Moskauer Vertrages vergangen sei, sei kein verlorenes Jahr, die Beziehungen hätten sich verbessert. Auch seien einige praktische Dinge besser geregelt als früher. Es gebe weniger Polemik, mehr Informationen und die Einschätzung des einen durch den anderen sei sicherer geworden. Obwohl der Vertrag noch nicht ratifiziert sei, habe er doch vom politischen Standpunkt her bereits zu wirken begonnen. Er hoffe, daß die sowjetische Seite besser verstehe, daß wir ein eigenständiger, aber solider Partner seien. Das Vier-Mächte-Abkommen vom 3. September sei für das politische Klima in Europa von großer Bedeutung. Alle Beteiligten hätten ihre Beiträge geleistet, gleichgültig, ob am Verhandlungstisch oder außerhalb der Verhandlungen. Der Bundeskanzler brachte zum Ausdruck, daß er den sowjetischen und den persönlichen Beitrag des Generalsekretärs sehr wohl kenne. Ohne Schaden für eine dritte Seite bestehe jetzt die begründete Hoffnung auf eine weitere Entwicklung der bilateralen Beziehungen. Dessen ungeachtet könne es jedoch immer Situationen geben, wo andere versuchten, die beiden Seiten auszuspielen. Dies sei ein zusätzlicher Grund, den Meinungsaustausch fortzusetzen. Der Bundeskanzler brachte die Hoffnung zum Ausdruck, daß der Generalsekretär Verständnis für den Zusatz habe, daß beide Seiten ihre bilateralen Beziehungen in voller Loyalität gegenüber ihren Verbündeten weiter entwickeln würden.

Das, was hier geschehe, geschehe nicht zum Schaden anderer. Aber es könne immer Mißtrauen auftreten, wie dies auch im Zusammenhang mit diesem Treffen der Fall sei. Der Bundeskanzler brachte die Überzeugung zum Ausdruck, daß beide Seiten über die Voraussetzungen verfügten, die beiderseitigen Beziehungen in konkreten Fragen und auch im Rahmen der europäischen Sicherheit zu gestalten.

Die Ratifizierung des Moskauer Vertrages habe mehr Zeit erfordert. Sie werde mit Ernst betrieben, und das entsprechende Gesetz werde im Frühjahr mit einer kleinen Mehrheit von den gesetzgebenden Organen gebilligt werden. Der Bundeskanzler nahm Bezug auf die Äußerung des Generalsekretärs, daß dieser unsere Schwierigkeiten verstehe, und wies darauf hin, daß im Zusammenhang mit der Ratifizierung bei uns ein erbitterter Kampf geführt werde. Der Generalsekretär dürfe keinen Zweifel an dem vorhandenen politischen Effekt des Vertrages haben. Man sollte in den kommenden Monaten die bilateralen Beziehungen wie bisher weiterentwickeln, das gelte für praktische Fragen wie Handel, Kultur- und technologischen Austausch wie auch für den Meinungsaustausch in Fragen der europäischen Politik.

Der Bundeskanzler wies darauf hin, daß Handel und Wirtschaftsaustausch gegenwärtig noch unbefriedigend seien. Das liege wohl an den beiderseitigen Wirtschaftsordnungen, an unterschiedlichen Voraussetzungen, dies sei aber auch eine institutionelle Frage. Der sowjetische Ministerpräsident Kossygin habe im vergangenen Jahr die Schaffung einer gemischten Kommission vorgeschlagen[4],

---

[4] Vgl. dazu das Gespräch des Bundeskanzlers Brandt mit Ministerpräsident Kossygin am 12. August 1970 in Moskau; AAPD 1970, II, Dok. 387.

er habe sich damals zu dieser Frage nur zögernd geäußert. Er habe inzwischen seinen Standpunkt geändert. Er glaube, daß es nützlich sei, wenn jeweils ca. fünf verantwortliche Vertreter aus Wirtschaft und Regierung in relativ kurzer Zeit konkrete Vorschläge zu einer Verstärkung der Handelsbeziehungen machen würden.[5] Die Einzelheiten dieser Frage könnten die jeweiligen Mitarbeiter erörtern.

Der *Generalsekretär* bestätigte in seiner Erwiderung den Nutzen des Gespräches vom vergangenen Jahr und gab zu, daß in dem zurückliegenden Jahr vieles getan worden sei. Man habe bei aller Kompliziertheit der Fragen große Fortschritte erreicht. Er hob anschließend die enorme Bedeutung des vierseitigen Abkommens über Westberlin[6] hervor. Die sowjetische Seite sei hierbei weit entgegengekommen, um den Kampf um die Ratifizierung des Vertrages zu entspannen. Ungeachtet dieser positiven Einschätzung wolle er jedoch darauf hinweisen, daß alle diese Fragen doch recht langsam vor sich gingen. Er halte nichts von Übereiltheit, aber das schrittweise Vorgehen sei zu langwierig. Es wäre nützlich, wenn man schneller vorgehen würde. Er wisse, daß alle diese wichtigen Akte vor den nächsten Bundestagswahlen[7] zu Ende gebracht werden sollten. Die sowjetische Seite wolle die Bundesregierung und die Ostpolitik des Bundeskanzlers unterstützen, da sie realistisch sei, wenn sie sich so vollziehe, wie man es besprochen habe. Das gleiche gelte für die Fragen der europäischen Politik und der europäischen Sicherheit. Wenn unsere beiden Seiten in diesen Fragen Erfolg erreichten, dann wäre dies eine Tatsache von historischer Bedeutung. Es sei dies aber nicht nur eine Sache der Persönlichkeiten. Er glaube, daß auch die Völker diese Entwicklung begrüßen würden. Es stelle sich bei der heutigen Begegnung die Frage, was man tun müsse, um den Prozeß zum Nutzen beider Seiten zu beschleunigen. Was die beiderseitigen Bündnispartner betreffe, so seien die Standpunkte unverändert. Die sowjetische Seite sehe jedoch zu ihrem Mißvergnügen, daß einige Bündnispartner einige Fragen durch Verklausulierungen und Formalismus bremsen. Man müsse dies berücksichtigen und eine selbständige Politik führen. Deshalb wolle er seine Frage wiederholen, was getan werden müsse, um vorwärts zu kommen. Auf sein Land eingehend, bemerkte der Generalsekretär in diesem Zusammenhang, daß es in der Sowjetunion keine Opposition gebe, daß jedoch im Volk eine gewisse Erwartung und Wachsamkeit vorhanden sei. Man stelle fest, daß die Führung rede, aber der Vertrag sei noch nicht ratifiziert. Es würden zwar noch keine direkten Fragen gestellt, aber die sowjetische Führung wisse, daß über diese Problematik im Volk gesprochen werde. Er wolle dies dem Bundeskanzler zur Kenntnis bringen und konkret fragen, warum der Vertrag erst im nächsten Frühjahr ratifiziert werden könne.

Der *Bundeskanzler* erwiderte hierauf, daß ein großer Zeitaufwand häufig bedauerlich sei, daß sich aber auch oft herausstelle, daß eine gewisse Zeit notwendig sei, um die Sache solide zu gestalten. Er verstehe die Position der sowjeti-

---

[5] Die deutsch-sowjetische Kommission für wirtschaftliche und wissenschaftlich-technische Zusammenarbeit trat am 19. April 1972 zu ihrer konstituierenden Sitzung zusammen. Vgl. dazu BULLETIN 1972, S. 824 f.

[6] Für den Wortlaut des Vier-Mächte-Abkommens über Berlin vom 3. September 1971 vgl. EUROPA-ARCHIV D 443–453. Vgl. dazu ferner Dok. 281.

[7] Die Bundestagswahlen fanden am 19. November 1972 statt.

schen Seite gegenüber der Bundesregierung und ihrer Politik. Die Bundesregierung führe, gestützt auf unsere Interessen und Überzeugungen, eine Politik, die sich mit der sowjetischen Politik in einigen Punkten treffe. Auf die Frage des Generalsekretärs, was zu tun sei, führte der Bundeskanzler aus, daß man zunächst die angedeuteten praktischen Fragen vorantreiben solle. Die beiden Außenminister sollten sich mit den teilweise vorbereiteten Abkommen (Luftverkehr[8], Handel[9]) sowie den Abkommen über technologischen und kulturellen Austausch befassen und sie so schnell wie möglich zum Abschluß bringen. Anschließend gab der Bundeskanzler eine ausführliche Darstellung des Ratifizierungsverfahrens im Bundestag und Bundesrat und begründete somit seine Aussage, daß die Ratifizierung im Frühjahr kommenden Jahres abgeschlossen sein werden. Die Ratifizierung könne jedoch erst eingeleitet werden, wenn alle mit Berlin zusammenhängenden Fragen voll gelöst seien. Er könne sich nicht vorstellen, daß dies trotz momentaner Schwierigkeiten länger als zwei Monate dauern würde.

Hierauf erwiderte der *Generalsekretär*, daß die wichtigen politischen Fragen im Zusammenhang mit Berlin unter Zugeständnissen beider Seiten gelöst seien. Er wisse nicht genau, welche Fragen hier noch zu lösen seien.

Hierzu führte der *Bundeskanzler* aus, daß er nicht hergekommen sei, um von der sowjetischen Seite irgend etwas zu verlangen. Es bestehe jedoch ein Unterschied zwischen politischen Beschlüssen und den technischen Ergänzungen, die die Menschen sehen und begreifen möchten. Das Vier-Mächte-Abkommen sehe vor, daß zwischen der DDR und der BRD bzw. dem Senat von Berlin eine Reihe praktischer Fragen aufgeschrieben werden müßten. Dies ändere nichts an der Substanz des Vier-Mächte-Abkommens, sei aber von entscheidender psychologischer Bedeutung für die Menschen in Berlin und der Bundesrepublik.

Hierauf erwiderte der *Generalsekretär*, daß er auf eine prinzipielle Seite hinweisen müsse. Das Inkrafttreten der Berlin-Regelung, die praktische Durchfüh-

---

[8] Zu den Verhandlungen über ein Luftverkehrsabkommen zwischen der Bundesrepublik und der UdSSR vgl. Dok. 277.

[9] Zur ersten Runde der Verhandlungen zwischen der Bundesrepublik und der UdSSR über den Abschluß eines Handelsabkommens vom 25. Februar bis 5. März 1971 vgl. Dok. 41, Anm. 8.
Referat III A 6 vermerkte am 10. September 1971 zum Stand der Verhandlungen: „Ende Februar/Anfang März 1971 in Bonn stattgefundene deutsch-sowjetische Verhandlungen über ein langfristiges Wirtschaftsabkommen konnten nicht abgeschlossen werden, da der sowjetische Delegationsleiter nicht befugt war, über eine Einbeziehung Berlins zu verhandeln. [...] Der Leiter der sowjetischen Handelsvertretung, Herr Woltschkow, erklärte in einer Besprechung am 24.8. bei BM Ertl, die deutsch-sowjetischen Verhandlungen könnten im Hinblick auf die erzielte Botschaftereinigung über ein Vier-Mächte-Abkommen in nächster Zeit fortgeführt werden. Er trug konkrete Wünsche nach einer Verbesserung der Einfuhrmöglichkeiten vor, die im Rahmen des neuen Abkommens geregelt werden sollten. Eine Fortsetzung der Verhandlungen bereits vor Unterzeichnung des Vier-Mächte-Schlußprotokolls, an die Herr Woltschkow möglicherweise gedacht hat, würde voraussetzen, daß die Sowjetunion bereit wäre, die Einbeziehung Berlins in das Handelsabkommen bereits während der Übergangszeit zu vereinbaren; die Berlin-Regelung im Handelsvertrage dürfte nicht ungünstiger sein als die Berlin-Regelung, die wir nach Inkrafttreten des Vier-Mächte-Abkommens werden verlangen können. Die Fortsetzung der Verhandlungen bereits vor Unterzeichnung des Vier-Mächte-Schlußprotokolls wäre ein Ausdruck dafür, daß die Bundesrepublik Deutschland und die Sowjetunion entschlossen sind, möglichst bald zu konkreten, praktischen Ergebnissen auf dem Gebiet der wirtschaftlichen Zusammenarbeit zu gelangen. Unser Interesse an einer baldigen Fortsetzung der Verhandlungen ist jedoch nicht so groß, daß wir bereit wären, einen politischen oder wirtschaftlichen Preis dafür zu bezahlen." Vgl. Referat III A 6, Bd. 509.

rung aller Bestimmungen des Vier-Mächte-Abkommens werde erst nach der Ratifizierung Realität werden. Es sei wichtig, daß dieses Detail klar sei. Es sei wichtig, die Verhandlungen mit der DDR zu beschleunigen. Dies sei jedoch Sache der Bundesregierung. Von ihr bzw. von der Tatsache, ob sie Vorbedingungen stelle, hänge vieles ab. Es sei nicht erforderlich, hier in Details einzugehen. Er wolle nur vom Prinzipiellen sprechen. Er sei der Meinung, daß der gegenwärtig in der Bundesrepublik vor sich gehende Prozeß die Opposition schwäche, sie verliere den Boden unter den Füßen, und deshalb sei die sowjetische Seite der Meinung, daß eine schnelle Ratifizierung für die Bundesregierung einen politischen Gewinn darstellen werde. Deshalb wolle er nicht mehr nach dem zeitlichen Ablauf fragen; wenn dies auf Grund unserer Gesetzgebung, wie vom Bundeskanzler dargestellt, könne er nichts machen.[10] Der Bundeskanzler müsse die Lage richtig sehen. Für die sowjetische Seite sei es hier bedeutend einfacher, sie könne den Vertrag zu einem beliebigen Zeitpunkt im Präsidium des Obersten Sowjets ratifizieren.

Was die Frage anbelange, was weiter zu tun sei, so wolle er nur kurz, um Einverständnis zu erzielen, folgendes bemerken: Es sei notwendig, die Kontakte zwischen unseren beiden Ländern auf allen Ebenen zu fördern und ihnen zwischenstaatlichen Charakter zu verleihen. Konkret gesprochen, die sowjetische Seite sei bereit, das Handelsabkommen sofort zu unterzeichnen. Man könne dies im Kommuniqué vermerken. Was das Luftverkehrs-Abkommen anbelange, so sei dies ebenfalls unterschriftsreif, man könne dies ebenfalls im Kommuniqué erwähnen. Man solle auch über die zukünftige Gestaltung der Beziehungen im Zusammenhang mit Abkommen über den kulturellen und technologischen Austausch sprechen. Auch dies könne im Kommuniqué genannt werden. Die sowjetische Seite sei durchaus zu Änderungen des Kommuniqués bereit.[11]

Die sowjetische Seite sei auch mit der Errichtung einer gemischten Kommission einverstanden, der wahrscheinlich von deutscher Seite Vertreter aus Wirtschaft und Politik und von sowjetischer Seite Vertreter der Staatswirtschaft angehören würden. Die Kommission müßte sich regelmäßig treffen, einen Meinungsaustausch über interessierende Fragen und Möglichkeiten von Vereinbarungen führen und den Regierungen Bericht erstatten. Auch diese Tatsache könne im Kommuniqué erwähnt werden.

Die sowjetische Seite sei weiter zur Entsendung von Militär-Attachés an die jeweiligen Botschaften bereit; wenn die deutsche Seite dies im Kommuniqué erwähnen wolle, so könne dies geschehen, es bestehe jedoch keine unbedingte Notwendigkeit dafür. Dieser Schritt könne bald vollzogen werden, wenn die deutsche Seite daran interessiert sei. Dies würde eine Ergänzung der Botschaften bedeuten und sie vollwertig machen.

Man könne auch im Kommuniqué über die weitere Entwicklung der Beziehungen sprechen, insbesondere über den Austausch zwischen gesellschaftlichen Organisationen (Gewerkschafts-, Sport-, Jugend- und kulturelle Organisationen, Austausch von Wissenschaftlern und Künstlern, Gewerkschafter bestimmter Industriezweige). Die entsprechende Form könne gefunden werden. Der Aus-

---

10 Unvollständiger Satz in der Vorlage.
11 Für den Wortlaut des Kommuniqués vom 18. September 1971 vgl. BULLETIN 1971, S. 1469f.

tausch auf dem Gebiet der Jugendbewegung und des Sports spiele eine besondere Rolle beim Abbau von Mißtrauen. Dies werde sich auch positiv auf die politische Einstellung der Bevölkerung der BRD auswirken.

Auf den Handelsaustausch zwischen beiden Ländern eingehend, bemerkte der Generalsekretär, daß auch er das Handelsvolumen für zu klein halte. Die Sowjetunion sei ein solider Partner und verfüge über einen aufnahmefähigen Markt. Beide Seiten sollten entsprechende Vertreter mit der Ausarbeitung langfristiger Programme der wirtschaftlichen Zusammenarbeit beauftragen. Mit Hilfe langfristiger Programme könnten größere Operationen der Zusammenarbeit durchgeführt werden (Gas, Öl). Die deutschen Geschäftskreise sollten auch Fragen der Produktion von hochwertiger Cellulose in der UdSSR aufmerksam betrachten. Die sowjetische Seite sei an einer Zusammenarbeit auf diesem Gebiet interessiert. Das gleiche gelte für die Produktion von Polystyrol und Phosphor. Weiter sei die Sowjetunion daran interessiert, die Technologie der Verarbeitung von Stadtmüll zu Viehfutter kennenzulernen, die in der Bundesrepublik hochentwickelt sei. Bei entsprechendem Interesse von unserer Seite würde er sofort entsprechende Kontakte herstellen lassen. Weiterhin gebe es auch auf dem Gebiet des landwirtschaftlichen Maschinenbaus Berührungspunkte und Möglichkeiten des technischen Austauschs. Es wäre weiter gut, fuhr der Generalsekretär fort, wenn eine solche Zusammenarbeit auch ihren Weg in den Rat für gegenseitige Wirtschaftshilfe fände, aber dies sei sicher ein langwieriger Prozeß. Was die politischen Beziehungen anbelange, so würden sie nach der Ratifizierung des Vertrages auf eine neue Stufe gestellt werden. In der Folge werde auch die wirtschaftliche Zusammenarbeit der Bundesrepublik mit den anderen sozialistischen Ländern besser organisiert werden können.

Er habe weiter gehört, daß in der Bundesrepublik Interesse an der Errichtung einer Vertretung einer deutschen Bank bestehe (nicht Zweigstelle, sondern Vertretung). Eine solche Vertretung könnte, gemäß den sowjetischen Gesetzen, kommerzielle Kontakte zu den sowjetischen Ministerien und Organisationen unterhalten. Die nächste Stufe könne dann in der Errichtung einer Zweigstelle bestehen. Wenn die westdeutschen Vertreter die Tätigkeit einer solchen Vertretung für nützlich erachteten, werde die sowjetische Seite dem keine Hindernisse in den Weg stellen.[12]

Hierauf entgegnete der *Bundeskanzler*, daß er die Aussage des Generalsekretärs, nach der der Inhalt des Vier-Mächte-Abkommens vom 3. September 1971 in Verbindung mit der Ratifizierung des Moskauer Vertrages wirksam werde, zur Kenntnis nehmen müsse. Es gebe hier jedoch eine formale und eine politische Seite. Was die formale Seite anbelange, so sei die Bundesrepublik nicht Partner des Vier-Mächte-Abkommens, auch wenn sie an dem Abkommen stark interessiert sei. Es sei dies eine Frage der Vereinbarung der Vier Mächte über das Inkrafttreten des Abkommens. Was die politische Seite anbelange, so halte er es nicht für richtig, die Frage des Wirksamwerdens mit der Ratifizierung zu koppeln. Er könne hier jedoch nur seine Meinung zum Ausdruck bringen.

---

[12] Im Juli 1971 unterbreitete das Mitglied des Vorstands der Deutschen Bank AG, Ulrich, dem sowjetischen Botschafter Falin das Angebot der Errichtung einer Vertretung der Deutschen Bank in Moskau. Vgl. dazu FALIN, Erinnerungen, S. 163 f., und S. 181 f.

Hierauf erwiderte der *Generalsekretär*, daß er auf diese prinzipielle Frage habe hinweisen wollen, nämlich daß die praktische Realisierung des Abkommens erst nach der Ratifizierung zu spüren sein werde.

Im folgenden kam der Generalsekretär auf die Absichtserklärungen bezüglich der Aufnahme der beiden deutschen Staaten in die UNO und der Einberufung der KSE[13] zu sprechen. Dies seien zwei wichtige Fragen, und es sei wichtig, wenn hier mit zwei Stimmen, der sowjetischen und der deutschen, gesprochen werde.

In seiner Erwiderung erklärte sich der *Bundeskanzler* mit dem Generalsekretär darin einverstanden, daß die mit der DDR zu treffenden technischen Ergänzungen nicht auf die lange Bank geschoben werden sollten. Er sei auch nicht hierher gekommen, um sich über irgend jemand zu beklagen. Die Bundesregierung müsse diese Fragen mit der DDR selbst lösen. Er halte es aber für erforderlich, dem Generalsekretär die Schwierigkeiten der letzten Wochen zur Kenntnis zu bringen. Er bedaure diese Schwierigkeiten, die wohl durch ein Mißverständnis hervorgerufen worden seien. Er sehe jedoch gegenwärtig nicht, wie sie zu beseitigen seien. Am Tage der Unterzeichnung des Vier-Mächte-Abkommens habe man ihn in Bonn im Zusammenhang mit der Abstimmung des deutschen Textes aus Berlin angerufen. Er habe einen Kompromißvorschlag gemacht und daraufhin aus Berlin erfahren, daß man sich geeinigt habe.[14] Er habe also den Eindruck gewonnen, daß man einen Text vereinbart habe, während nunmehr gesagt werde, daß man keinen Text vereinbart habe.

Was die zweiseitigen Verträge anbelange, so sei er einverstanden, daß die entsprechenden Punkte im Kommuniqué erwähnt werden und daß man versuchen solle, die fertigen Abkommen schnell in Kraft zu setzen. Was das Handelsabkommen anbelange, so müsse man noch eine Form finden, die West-Berlin in diesen Handel einbeziehe. Dies sei erforderlich.

Die Frage der Militär-Attachés müsse nicht im Kommuniqué erwähnt werden, hingegen könne man die Frage der Entwicklung von Kontakten zwischen gesellschaftlichen Organisationen im Kommuniqué erwähnen. Er habe weiterhin die Ausführungen des Generalsekretärs zur Zusammenarbeit auf wirtschaftlichem Gebiet mit Interesse angehört. Es sei erforderlich, die gemischte Kommission bald zu schaffen, damit konkrete Vorschläge gemacht werden könnten. Er habe weiterhin den Hinweis auf die Zusammenarbeit mit dem RGW mit Interesse zur Kenntnis genommen, wobei man auf unserer Seite unsere Zugehörigkeit zur EWG, zu der auch bald Großbritannien gehören werde, im Auge haben müsse. Der Bundeskanzler fuhrt fort, daß er gegen eine Politik von Block zu Block sei, aber es gebe Fragen, die man in diesem Rahmen behandeln könne.

Was die Frage der Vertretung einer deutschen Bank anbelange, so sei er im Moment nicht genügend informiert. In der Frage der Errichtung einer Filiale ei-

---

[13] Für die Punkte 3 und 6 der „Absichtserklärungen" zum Vertrag vom 12. August 1970 zwischen der Bundesrepublik und der UdSSR, der wortgleich mit den Leitsätzen 7 und 10 vom 20. Mai 1970 („Bahr-Papier") waren, vgl. Dok. 192, Anm. 26, bzw. Dok. 248, Anm. 13.
[14] Zur Vereinbarung vom 3. September 1971 vgl. Dok. 295.

ner sowjetischen Bank in der Bundesrepublik sei die deutsche Seite zur Hilfe bereit.[15]

Auf die Frage der Einberufung einer KSE eingehend, führte der Bundeskanzler aus, daß die deutsche Seite die Europa betreffenden Punkte des Rechenschaftsberichts des Generalsekretärs auf dem XXIV. Parteitag der KPdSU[16] sehr aufmerksam studiert habe. Mit einigen dieser Punkte sei man einverstanden. Er gehe hierbei von folgender Perspektive aus: Die deutsche Seite wolle mehr als die Normalisierung der Beziehungen und Verstärkung des Handels. Sie wolle bessere politische Beziehungen, den Abbau der Konfrontation und in der Konsequenz eine Verringerung der Militär-Ausgaben. Die allgemeine Abrüstung sei ein Ideal. Man müsse an dieses Thema realistischer, nämlich über eine Übereinkunft über die gegenseitige Verringerung von Truppen und Rüstungen herangehen, ohne das Gleichgewicht zu gefährden, weil dies die ganze Sache unmöglich machen würde. Er wolle dem Generalsekretär das gleiche sagen, was er auch Präsident Nixon gesagt habe.[17] Das Thema MBFR dürfe kein Thema von Verhandlungen allein zwischen der UdSSR und den USA sein, sondern an diesem Thema müßten die europäischen Staaten beteiligt sein (Einwurf von Breschnew: Einverstanden). Das Thema MBFR könne auch vor dem Beginn der KSE behandelt werden. Die KSE könne dieses Thema nicht in allen Details erörtern. Man könne natürlich niemandem verwehren, sich hierzu auf der KSE zu äußern, Einzelheiten sollten aber doch in geeignetem Rahmen nach der Konferenz behandelt werden.

Diesen Ausführungen stimmte der *Generalsekretär* zu. Er bemerkte, daß alle Staaten zu dieser Konferenz eingeladen werden müßten und daß man die Einberufung der KSE beschleunigen müsse. Die Konferenz könne dann die hohen Prinzipien des genannten Themas erörtern, ein Generalsekretariat oder ein Komitee schaffen, dem die Vorschläge übertragen werden. Das Komitee müßte dann diese Vorschläge prüfen und auf der nächsten Sitzung der Konferenz Bericht erstatten. Es seien jedoch vorbereitende Konsultationen und Sondierungen der Meinungen erforderlich, und zwar zu Fragen, ob nur ausländische Truppen verringert werden sollten, welche Standpunkte die Staaten hinsichtlich der Reduzierung ihrer eigenen Truppen einnehmen, wie sich alles im Gleichgewicht vollziehen soll und wie die praktischen Lösungen aussehen sollen (Verringerung der Streitkräfte um bestimmte Prozentsätze oder um bestimmte Mengen oder Divisionen). Wichtig sei, daß Rüstungen und Truppen verringert wer-

---

[15] Zur Errichtung einer sowjetischen Bank in der Bundesrepublik vgl. zuletzt Dok. 54, Anm. 11 und 12. Am 15. Dezember 1971 gab das Bundesministerium für Wirtschaft und Finanzen bekannt: „Das Bundesaufsichtamt für das Kreditwesen in Berlin hat am 10. Dezember 1971 der Ost-West-Handelsbank AG, Frankfurt, die Erlaubnis zum Betreiben von Bankgeschäften erteilt. Die Erlaubnis umfaßt alle bankmäßigen Geschäfte. Die Bank beabsichtigt, sich vorwiegend mit der Finanzierung von Außenhandelsgeschäften zwischen westlichen Ländern – speziell der Bundesrepublik Deutschland – und der Sowjetunion sowie den anderen sozialistischen Ländern zu befassen. Aktionäre der Bank sind die Staatsbank der UdSSR, die Bank für Außenhandel der UdSSR sowie mehrere Außenhandelsgesellschaften. Das Gründungskapital beträgt 20 Mio. DM." Vgl. Referat III A 6, Bd. 500.

[16] Zum Rechenschaftsbericht des Generalsekretärs des ZK der KPdSU, Breschnew, am 30. März 1971 vor dem XXIV. Parteitag der KPdSU in Moskau vgl. Dok. 164, Anm. 16, Dok. 172, Anm. 9, sowie Dok. 180, Anm. 4.

[17] Bundeskanzler Brandt hielt sich vom 14. bis 18. Juni 1971 in den USA auf. Zum Gespräch mit Präsident Nixon am 15. Juni 1971 vgl. Dok. 208.

den, denn dies verringere die Gefahr eines Krieges und sei von überaus großer politischer Bedeutung; gleichzeitig würden große Summen für innere Zwecke eingespart.

Hierzu führte der *Bundeskanzler* aus, daß die NATO im Oktober auf einer Konferenz der stellvertretenden Außenminister das Thema MBFR behandeln werde.[18] Man werde voraussichtlich einen oder mehrere Exploratoren damit beauftragen, bei der Sowjetunion und anderen Staaten des Warschauer Paktes das Thema MBFR zu sondieren.

Obwohl die Bundesrepublik in der Regelung der bilateralen Fragen mit der DDR noch nicht sehr weit gekommen sei, wolle er hier nochmals bestätigen, daß die Bundesregierung sowohl in der Frage der KSE, also in Fragen der Sicherheit und der Zusammenarbeit, als auch in der Frage der Verhandlungen über Truppenreduzierungen von der gleichberechtigten Teilnahme der Bundesrepublik und der DDR ausgehe.

Auf die KSE selbst eingehend führte der Bundeskanzler aus, daß die NATO im Dezember – nach Abschluß der Berlin-Regelung – gemeinsam grünes Licht geben und feststellen werde, daß die multilaterale Vorbereitung beginnen könne.[19] Die nächsten zwei bis drei Monate sollte man zur Intensivierung der zweiseitigen Gespräche verwenden.

Er wolle nun die Meinung des Generalsekretärs zu einer eigenen Überlegung kennenlernen. An der KSE würden 34 Staaten teilnehmen, wenn alle Staaten, was erforderlich wäre, an der Konferenz teilnähmen. Alle Außenminister würden eine Rede halten wollen, was eine Woche in Anspruch nehmen würde. Somit würde die Konferenz recht schwerfällig sein. Er habe sich überlegt, ob es nicht zweckmäßiger wäre, eine Vorkonferenz ohne große Feierlichkeiten, ohne große Delegationen und Reden abzuhalten. Diese Vorkonferenz könne Fragen der Tagesordnung beraten, mit der Ausschußarbeit zur Vorbereitung von Resolutionen und mit der Beratung der Tätigkeit des zu schaffenden ständigen Organs beginnen. Er glaube, daß dies die Arbeit der KSE erleichtern würde. Dies sei eine taktische Überlegung. Er wisse auch nicht, wie der Generalsekretär die amerikanische Entwicklung einschätze. In den USA fänden im nächsten Jahr Präsidentschaftswahlen statt.[20] Er wisse nicht, wie beweglich die Amerikaner in dieser Frage seien. Er wolle jedoch die Meinung des Generalsekretärs zu der Überlegung der Durchführung einer Vorkonferenz kennenlernen.

Was die Themen einer KSE anbetreffe, so seien sich hier fast alle einig. Man müsse über Gewaltverzicht, eine Art europäischer Konvention, über Fragen der praktischen Zusammenarbeit (entsprechend dem Punkt 14 im Rechenschaftsbericht) und über Sicherheitsfragen sprechen. Der letztere Fragenkomplex könne sicher nicht detailliert behandelt werden, da es auch Länder gebe, die an dieser Frage geringeres Interesse hätten als andere.

---

[18] Zum Vorschlag einer Konferenz der stellvertretenden Außenminister der NATO-Mitgliedstaaten vgl. Dok. 197, Anm. 4.
Die Konferenz fand am 5./6. Oktober 1971 in Brüssel statt. Vgl. dazu Dok. 348.
[19] Zur NATO-Ministerratstagung am 9./10. Dezember 1971 in Brüssel vgl. Dok. 439.
[20] Am 7. November 1972 fanden in den USA Präsidentschaftswahlen statt.

Auf die MBFR eingehend, führte der Bundeskanzler aus, daß die deutsche Seite noch keine Modelle entwickelt habe, aber der Meinung sei, daß es klug wäre, wenn sich entsprechende Maßnahmen nicht nur auf Stationierungstruppen, sondern auch auf nationale Streitkräfte erstreckten und wenn sich entsprechende Schritte nicht auf das Gebiet der beiden deutschen Staaten begrenzten. Der Bereich, in dem entsprechende Maßnahmen durchgeführt werden sollten, sollte größer sein.

Hierzu erklärte der *Generalsekretär*, daß er seine Äußerungen über Mengenverhältnisse, Gleichgewicht und Vorgehen bei der Verringerung von Truppen und Rüstungen ebenfalls als Überlegung verstanden wissen wolle. Er sehe eine wichtige Voraussetzung für die KSE darin, daß alle europäischen Länder sowie die USA und Kanada an der Konferenz teilnehmen. Eine Truppenreduzierung dürfe sich nicht auf die beiden deutschen Staaten beschränken, denn es handele sich um die Sicherheit Europas. Diese seine vorläufigen Vorstellungen habe die sowjetische Seite mit ihren Verbündeten noch nicht abgeklärt, dies werde jedoch demnächst im Rahmen der Moskauer Führung und des Warschauer Paktes geschehen. Der Generalsekretär begrüßte den Standpunkt des Bundeskanzlers, daß auch die nationalen Streitkräfte in eine Truppenreduzierung einbezogen werden müßten, da dies die Garantie der Sicherheit verstärke und allen Staaten die Möglichkeit gebe, Mittel einzusparen.

Was die Prozedur der Einberufung der KSE anbelange, so könne er sich vorstellen, daß die Überlegungen des Bundeskanzlers bezüglich einer Vorkonferenz für die sowjetische Seite nützlich sein könne. Eine Vorkonferenz der Außenminister könne Fragen der Tagesordnung und der Tätigkeit der Konferenz behandeln und die Einberufung der KSE erleichtern.

Aus diesen Ausführungen schloß der *Bundeskanzler*, daß die Außenminister die Vorkonferenz und die Regierungschefs die Konferenz selbst abhalten sollten. Er hielte es jedoch für zweckmäßig, wenn die Außenminister die KSE durchführen würden und die Regierungschefs, falls überhaupt, erst gegen Ende der Konferenz anwesend wären.

Hierauf erwiderte der *Generalsekretär*, daß er mit seiner Führung hierüber noch einen Meinungsaustausch führen werde und man sich dann über die offiziellen Kanäle ohne Publizität abstimmen könne. Es könnte vorgeschlagen werden, daß die Verhandlungen auf der Ebene der Blöcke geführt werden sollten, er hielte es jedoch für besser, auf zwischenstaatlicher Ebene zu verhandeln, da jeder Staat selbständig sei.

Hierauf erwiderte der *Bundeskanzler*, daß an der KSE alle Staaten teilnehmen sollten, daß aber an der konkreten Erörterung des Themas MBFR in erster Linie die Mitglieder der Blöcke zu beteiligen sein würden. Auch der amerikanische Präsident[21] sei gegen eine zu große Ausweitung des Rahmens. Es gebe in der NATO kleine Mitglieder, die natürlich das gleiche Recht hätten, ihre Meinung zu äußern, aber vielleicht nicht dasselbe Interesse wie andere an diesen Fragen hätten. Es gebe weiter neutrale Staaten in Europa, die durch diese Fragen unterschiedlich berührt würden. An den Verhandlungen zum Thema MBFR sollten vielleicht nicht alle Staaten gleichzeitig beteiligt sein.

---

[21] Richard M. Nixon.

17. September 1971: Gespräch zwischen Brandt und Breschnew   311

Diese Einschränkung bezeichnete der *Generalsekretär* als möglicherweise weniger taktvoll. Luxemburg z. B. sei vielleicht von geringerer Bedeutung, aber das Klima der Sicherheit sei für alle europäischen Staaten wichtig.

Hierauf konkretisierte der *Bundeskanzler* seine Ausführungen über eine evtl. Einschränkung des Teilnehmerkreises bei den MBFR-Verhandlungen. Er nannte als Beispiel Schweden, das sicher trotz seines Interesses an diesem Thema in der ersten Phase nur interessierter Beobachter sein werde, dann aber auf Grund von Veränderungen in Mitteleuropa Folgerungen für seine eigene Verteidigung ziehen werde. Man dürfe keinem Staat das Recht der Mitwirkung verweigern, das aktive Interesse sei jedoch unterschiedlich.

Hierauf entgegnete der *Generalsekretär*, daß sicher die mächtigen Staaten beider Blöcke diese Fragen bestimmen würden, daß es aber nicht taktvoll sei, den kleinen Staaten das Recht der Teilnahme zu nehmen.

Hierauf stellte der *Bundeskanzler* fest, daß er keine Einwände gegen das Prinzip der Teilnahme aller habe. Unter Hinweis auf die schwierige Materie der SALT-Gespräche, die von nur zwei Staaten geführt würden, führte er aus, daß Verhandlungen mit 34 teilnehmenden Delegationen eine Massenversammlung darstellen würden, und daß es deshalb vielleicht zweckmäßiger wäre, die konkreten Fragen der MBFR in einem Kreis der eigentlich beteiligten Staaten zu erörtern.

Der *Generalsekretär* entgegnete, daß er zu diesen Überlegungen nur schwer eine Antwort finde. Man müsse auch die Meinung der kleineren Staaten Europas berücksichtigen. Vielleicht ließen sich die Verhandlungen so organisieren, daß die wichtigsten Staaten beteiligt werden, die dann die anderen Staaten unterrichten.

Der *Bundeskanzler* hielt ein Organisationsschema für möglich, nach dem in der ersten und letzten Phase alle Staaten, in der Mittelphase ein Kreis der eigentlich Interessierten beteiligt werden würden.

Hierauf bezeichnete der *Generalsekretär* die Überlegungen des Bundeskanzlers bezüglich einer Vorkonferenz als passend. Als Ort dieser Vorkonferenz könne man ebenfalls Helsinki ins Auge fassen, da sich Kekkonen schon in so starkem Maße mit diesen Fragen befaßt habe. Es bestehe kein Grund, den finnischen Vorschlag zu ignorieren. Das wichtigste sei jedoch, sich über den Beginn der Arbeit zu einigen. Dann könne man die Meinung eines jeden Staates erfahren und festlegen, was man aus der Summe der Überlegungen der Arbeit der Konferenz zu Grunde legen könne. Die KSE dürfe nicht nur Fragen der MBFR, sondern müsse auch den Gewaltverzicht, Fragen der Zusammenarbeit, der Entwicklung des Handels und des kulturellen und wissenschaftlichen Austausches behandeln. Dies seien alles unabdingbare Bestandteile der Tagesordnung. Dies alles entspreche den wichtigsten Prinzipien der Koexistenz. Der Generalsekretär betonte, daß diese Punkte den Interessen eines jeden Staates, unabhängig von seiner sozialen Ordnung, entsprächen.

Der *Bundeskanzler* betonte, wie wichtig es sei, daß die Völker den Eindruck vermittelt bekämen, daß es sich hier nicht um Dinge der fernen Zukunft handele, sondern um Dinge, die Schritt für Schritt verwirklicht werden könnten. Es sei wichtig, den Völkern eine Orientierung zu geben und ihnen zu zeigen, daß sich die Dinge auf der Grundlage von Vereinbarungen zwischen den Regierungen verbessern.

Der Bundeskanzler führte weiter aus, daß er die Idee einer Vorkonferenz mit den westlichen Partnern besprechen wolle. Nach entsprechenden Konsultationen des Generalsekretärs mit dessen Partnern könne man dieses Problem vielleicht weiter erörtern.

Anschließend wies der *Generalsekretär* darauf hin, daß er diese Probleme bei seinem Besuch in Jugoslawien diskutieren werde.[22]

Er führte weiter aus, daß sein bevorstehender Besuch in Frankreich[23] in keiner Weise gegen die Bundesrepublik gerichtet sein werde und das deutsch-französische Verhältnis nicht stören werde.

Hierauf charakterisierte der *Bundeskanzler* das gute Verhältnis zwischen der Bundesrepublik und Frankreich und stellte fest, daß die deutsche Seite auch nicht die Andeutung einer Befürchtung habe, daß der Besuch des Generalsekretärs in Frankreich dem deutsch-französischen Verhältnis oder der Bundesrepublik schaden könne.

Anschließend erkundigte sich der *Generalsekretär*, ob der amerikanische Präsident in der Frage der MBFR einen festen Standpunkt beziehe oder irgendwelche Bedenken habe.

Hierauf schilderte der *Bundeskanzler* seine Eindrücke auf Grund seines letzten Besuches in den USA und der bestehenden Kontakte mit der amerikanischen Regierung. Er stellte fest, daß der amerikanische Präsident solche Verhandlungen wolle. Er könne sich aber vorstellen, daß man im Pentagon, also in der militärischen Führung, gewisse Bedenken habe. Aber dies treffe sicher auch für die militärischen Fachleute in anderen Ländern zu.

Im Anschluß daran kam der *Generalsekretär* nochmals auf eine Frage zurück, von der er nicht erwartet habe, daß sie der Bundeskanzler anschneiden werde. Da dies aber geschehen sei, müsse er mit einer gewissen Verbitterung folgendes feststellen: Er wolle dem Bundeskanzler mitteilen, daß die Moskauer Führung das Vierseitige Abkommen über Westberlin sehr hoch einschätze. Die sowjetische Seite betrachte das Abkommen als eine Aktion, die den Weg für die Verbesserung des Klimas in Europa eröffne. Er wolle nochmals wiederholen, daß die sowjetische Seite in vielen Fragen Entgegenkommen gezeigt habe. Er wolle auch nicht die Bedeutung der Beiträge der Bundesrepublik und der DDR, die indirekt an diesen Problemen beteiligt waren, herabmindern. Die Konsultationen hätten eine große Rolle gespielt. Es habe zahlreiche Schwierigkeiten gegeben. Es sei für die sowjetische Seite nicht einfach gewesen, Zugeständnisse zu machen. Die sowjetische Seite habe dies alles für die Möglichkeit der zukünftigen Zusammenarbeit und im Lichte der Ereignisse nach den beiden Verträgen getan. Die sowjetische Seite schätze auch den Beitrag der Bundesregierung und den persönlichen Beitrag des Bundeskanzlers zu dem Vierseitigen Abkommen hoch ein.

---

[22] Der Generalsekretär des ZK der KPdSU, Breschnew, hielt sich vom 22. bis 25. September 1971 in Jugoslawien auf.
[23] Der Generalsekretär des ZK der KPdSU, Breschnew, hielt sich vom 25. bis 30. Oktober 1971 in Frankreich auf. Vgl. dazu Dok. 354 und Dok. 387, Anm. 10.

Der Bundeskanzler habe die Frage einer abgestimmten Übersetzung des Abkommens ins Deutsche aufgeworfen und zum Ausdruck gebracht, daß sich die DDR gewissermaßen nicht gewissenhaft verhalte. Soweit ihm selbst Informationen vorlägen, habe er den Eindruck gewonnen, daß die Verhandlungen über den Transitverkehr und andere Fragen fast in eine Krise geraten seien und das ganze Problem verkompliziert werde. Die Verhandlungen würden zwischen Deutschen geführt, und sie müßten dieselben auch vollenden. Er könne aber nicht umhin, festzustellen, daß der authentische Text des Vierseitigen Abkommens in Englisch, Französisch und Russisch vorliege. In Gesprächen mit den Botschaftern Abrassimow und Falin sowie Außenminister Gromyko sei festgestellt worden, daß kein Zweifel an der Authentizität der Texte in diesen drei Sprachen bestehe. Nur diese Dokumente seien völkerrechtlich verbindlich, was der Bundeskanzler sicher nicht bestreiten werde. Es scheine, daß die Mitarbeiter des Bundeskanzlers versuchten, in den Verhandlungen einige Punkte mit Hilfe der deutschen Übersetzung verzerrt zu interpretieren. Es scheine, daß diese Differenzen zwischen den beiden deutschen Seiten in Bonn dazu benutzt würden, die Verhandlungen hinauszuzögern. Es könne nicht im Interesse der Bundesregierung liegen, den Weg zu Vereinbarungen zu erschweren. Dies alles sei ein Anlaß für die Opposition und andere Zweifelnde, zu behaupten, daß in dem Abkommen Unklarheiten enthalten seien. Die sowjetische Seite werde sich nicht in die Frage der Übersetzung einmischen. Niemand werde damit einverstanden sein, daß der Text in den drei Sprachen durch eine deutsche Übersetzung verzerrt wird. Er frage sich, wie man einzelne Worte durch eine deutsche Übersetzung anders auslegen könne. Der Generalsekretär fuhr fort, daß er in dieser Frage keine Gespräche mit der DDR geführt habe. Die DDR habe Zugeständnisse gemacht und werde eine solche Auslegung nicht akzeptieren. Die sowjetische Seite wäre froh, wenn die beiden Seiten die mit dem Vierseitigen Abkommen in Verbindung stehenden Fragen ohne Verzögerung, sachlich und konstruktiv diskutieren würden. Die gegenwärtige Lage könne alles verwirren. Wenn dies alles publik werden würde, könnten bei einfachen Menschen Bedenken auftauchen. Weiter wolle er dazu nichts sagen.

Im weiteren bemerkte der Generalsekretär, daß man sich doch auch heute wie in der Vergangenheit darüber einig sei, daß die Verträge der Bundesrepublik mit der UdSSR und mit Polen[24] gleichzeitig ratifiziert würden. Diese Feststellung solle vom Bundeskanzler nicht als Forderung verstanden werden, sondern als nötiges Fazit des gesamten Prozesses der Ostpolitik.

Die sowjetische Seite wolle nicht, daß die Fragen der Regelung mit der Tschechoslowakei zur Seite gelegt würden. Im Zusammenhang mit der Ungültigkeit des Münchener Abkommens erhöben sich zwei Fragen: Die Sudeten-Deutschen würden angeblich in eine rechtlose Lage kommen. Er wolle dem Bundeskanzler vertraulich mitteilen, daß er dieses Problem mit dem tschechoslowakischen Parteichef Husák erörtert habe. Dieser habe gesagt, daß in dieser Frage keine Hindernisse entstehen würden, da die Tschechoslowakei entsprechende Beschlüsse fassen würde, die die menschlichen Rechte der Sudeten-Deutschen in der ČSSR berücksichtigen würden. Diese Frage stelle keine Schwierigkeit dar. Zur

---

24 Für den Wortlaut des Vertrags vom 7. Dezember 1970 zwischen der Bundesrepublik und Polen über die Grundlagen der Normalisierung ihrer gegenseitigen Beziehungen vgl. BULLETIN 1970, S. 1815.

Frage der Reparationen von seiten der Bundesrepublik habe Husák zum Ausdruck gebracht, daß er glaube, sich mit dem Bundeskanzler in dieser schwierigen Fragen einigen zu können. Er habe Husák so verstanden, daß er wünsche, daß der Bundeskanzler und der Generalsekretär den Standpunkt teilen, daß die Frage der Regelung mit der ČSSR von beiden Seiten zu einem logischen Ende gebracht werde.

Hierzu führte der *Bundeskanzler* aus, daß die Verhandlungen mit der Regierung der ČSSR Ende dieses Monats fortgesetzt würden.[25] Er begrüße es, daß dieses Problem hier zur Sprache komme. Der Bundeskanzler erinnerte an die Absichtserklärung, in der es heißt, daß die offenen Fragen aus der Vergangenheit in einer für beide Seiten annehmbaren Form beantwortet werden sollen.[26] Der Generalsekretär und er selbst seien keine Juristen, sondern Politiker. Für den Politiker sei klar, daß das Münchener Abkommen von Anfang an Unrecht gewesen sei, daß es aber trotzdem Wirkungen gehabt habe. Es handele sich hierbei auch nicht nur um die Sudeten-Deutschen in der ČSSR, sondern auch um die in der Bundesrepublik lebenden Sudeten-Deutschen, die nachträglich durch eine Formulierung in juristischer Hinsicht zu Vaterlandsverrätern gemacht werden könnten, nachdem sie – gestützt auf die Annektion Hitlers – die deutsche Staatsangehörigkeit erhalten hätten und in die Wehrmacht eingezogen worden seien. Dies seien Akte gewesen, die der Staat mit sich gebracht habe.

In der Frage der Reparationen könne die deutsche Seite nicht davon abgehen, daß dies Gegenstand eines Friedensvertrages sein müsse, wenn es ihn geben würde. Wenn man darüber eines Tages verhandeln würde, dürfe man nicht nur die Zerstörungen in der ČSSR in Rechnung stellen, sondern müsse auch die nicht unbedeutenden Vermögen der aus dem Sudetenland verwiesenen Deutschen berücksichtigen.

Der Bundeskanzler brachte die Hoffnung zum Ausdruck, daß man in den Verhandlungen mit der ČSSR weiterkommen werde.

Hierauf entgegnete der *Generalsekretär*, daß die Führer damals ein unrechtes Dokument verfaßt und es juristisch begründet hätten. Die sowjetische Seite wisse, daß dies so sei. Man sollte jetzt die Kraft finden, dies wieder rückgängig zu machen. Er wünsche, daß in dieser Frage eine positive Entscheidung gefunden werden könne.

Der Generalsekretär führte weiter aus, daß man in dem Kommuniqué vermerken solle, daß man sich über die Fortsetzung der Konsultationen einig sei (Hinweis auf Treffen des Bundesaußenministers mit Gromyko[27]). Man könne auch über die Vorbereitung des Austauschs von Parlamentarier-Delegationen, eines Besuchs von Podgornyj in der Bundesrepublik und einer längeren Reise des

---

[25] Zur dritten Runde der Gespräche mit der ČSSR über eine Verbesserung des bilateralen Verhältnisses am 27./28. September 1971 in Prag vgl. Dok. 322 und Dok. 324.

[26] Vgl. dazu Punkt 4 der „Absichtserklärungen" zum Vertrag vom 12. August 1970 zwischen der Bundesrepublik und der UdSSR, der wortgleich mit Leitsatz 8 vom 20. Mai 1970 („Bahr-Papier") war; Dok. 117, Anm. 8.

[27] Bundesminister Scheel und der sowjetische Außenminister Gromyko trafen am 27. September 1971 in New York zusammen. Vgl. dazu Dok. 323.
Scheel besuchte vom 25. bis 30. November 1971 die UdSSR. Für die Gespräche mit Gromyko am 28. und 29. November 1971 in Moskau vgl. Dok. 416–Dok. 418.

Bundeskanzlers durch die Sowjetunion im nächsten Jahr sprechen. Er glaube, daß der Bundeskanzler in diesen Fragen keine Bedenken habe.

Anschließend ging der Generalsekretär auf weitere Fragen der wirtschaftlichen Zusammenarbeit ein. Er verwies auf die Möglichkeiten der Zusammenarbeit auf dem Gebiet der Radioelektronik und des Maschinenbaus, der Herstellung von Reaktorteilen für die UdSSR in der Bundesrepublik und der Zusammenarbeit auf dem Gebiet des Baus von Atomreaktoren. Eine solche Zusammenarbeit sollte für die deutsche Industrie von Interesse sein. Der Generalsekretär verwies weiter auf die Möglichkeit der Beteiligung der Bundesrepublik bei der Nutzung sowjetischer Bodenschätze u. ä. Eine solche Zusammenarbeit könne sich im Rahmen von Investitionen der Bundesrepublik und Rohstofflieferungen an die Bundesrepublik (Erze, wertvolle Bodenschätze, Holz) ohne territoriale Einschränkung abwickeln. Wenn die westdeutsche Industrie auf eine solche Zusammenarbeit eingehen würde, werde die sowjetische Seite den Abschluß entsprechender Vereinbarungen unterstützen. Der Generalsekretär brachte die Überzeugung zum Ausdruck, daß dies von großer Bedeutung für die Verbesserung der Beziehungen und die Annäherung der beiden Länder sein könne. Enge wirtschaftliche, kommerzielle und technologische Kontakte könnten nur die Freundschaft zwischen den beteiligten Ländern festigen.

Abschließend bat der Generalsekretär den Bundeskanzler um sein Einverständnis, dem jugoslawischen Staatspräsidenten[28] über den grundsätzlichen Charakter des heutigen Treffens vertraulich Mitteilung zu machen (gegenseitiges Verständnis, gemeinsames Streben nach Verbesserung der Beziehungen, Befriedigung über das Vierseitige Abkommen, prinzipielle Einigkeit zur Frage der Einberufung der KSE, Möglichkeit der Einberufung einer Vorkonferenz). Diese Mitteilung sei als reine Information gedacht. Er habe weiter vor, dem französischen Staatspräsidenten[29] eine entsprechende Mitteilung zu machen.

Zum Abschluß des Gesprächs gab der Generalsekretär eine ausführliche Darstellung der Tätigkeit des Politbüros, des Sekretariats des Zentralkomitees und der sowjetischen Regierung.

Dauer des Gesprächs: Drei Stunden, fünfzig Minuten.

VS-Bd. 10070 (Ministerbüro)

---

[28] Josip Broz Tito.
[29] Georges Pompidou.

312

Aufzeichnung des Ministerialdirigenten Robert

III A 7-82.44/0 17. September 1971[1]

Betr.: Sowjetisches Angebot auf Lieferung von angereichertem Uran

I. Sachstand

a) Seit einiger Zeit tritt die Sowjetunion an westliche Industriestaaten mit dem Angebot heran, im Wege der Lohnanreicherung angereichertes Uran zu liefern. Die Offerten gehen von der sowjetischen Staatsfirma Techsnab Export, Moskau, aus.

– Anfang 1970 hat Schweden mit der SU einen Anreicherungsvertrag abgeschlossen.
– Der deutschen Industrie sind im Jahre 1970 vom Düsseldorfer Agenten der Techsnab Export, der Firma Rohstoff-Einfuhr- und Handelsgesellschaft Ost mbH (Hempel), Angebote unterbreitet worden.
– Das französische Commissariat à l'Energie Atomique hat im März 1971 einen Vertrag über die Anreicherung von etwa 800 t Natururan auf rund 3 % angereichertes Uran abgeschlossen (Verwendungszweck: Kernkraftwerk Fessenheim, Lieferung Ende 1973, Gesamtkosten 30 bis 40 Mio. Francs).
– Ministerpräsident Kossygin hat bei zwei Gelegenheiten (gegenüber der Delegation Wolff von Amerongen[2] und im Juni 71 gegenüber der Delegation Beitz[3]) die sowjetische Bereitschaft bekräftigt, deutsche Kraftwerke „ab sofort" mit Brennstoff zu versehen.
– Bei der vierten Genfer Atomkonferenz[4] hat die Sowjetunion in einer Pressekonferenz allen interessierten Staaten angeboten, Uran-Anreicherungsdienste zu übernehmen. Sie hat einen Preis von 27 $ pro kg Trennarbeit genannt (USA = z. Zt. $ 28,70, in Kürze voraussichtlich $ 32,–).

Die der deutschen Industrie angebotenen Lieferungen sollen offensichtlich nach einem Mustervertrag der Techsnab Export erfolgen, der einen kombinierten

---

[1] Ablichtung.
Die Aufzeichnung wurde von Vortragendem Legationsrat I. Klasse Randermann konzipiert.
[2] Zum Besuch einer Delegation aus der Bundesrepublik unter Leitung des Vorsitzenden des Ost-Ausschusses der deutschen Wirtschaft, Wolff von Amerongen, vom 25. bis 29. Januar 1971 in der UdSSR vgl. Dok. 41.
[3] Vom 19. bis 24. Juni 1971 hielt sich eine Gruppe von Industriellen und Bankiers aus der Bundesrepublik unter der Leitung des Aufsichtsratsvorsitzenden der Fried. Krupp AG, Beitz, in der UdSSR auf und traf am 23. Juni 1971 mit dem sowjetischen Ministerpräsidenten zusammen. Dazu berichtete Botschafter Allardt, Moskau, am gleichen Tag, Kossygin habe nachdrücklich die sofortige Bereitschaft der sowjetischen Regierung unterstrichen, „im Rahmen eines ca. fünfjährigen Vertrags die deutsche Nuklearindustrie mit allen benötigten Brennstoffen zu beliefern. Er erinnerte an die mit Frankreich und kürzlich auch mit Kanada abgeschlossenen einschlägigen Abkommen und bemerkte einschränkend: ‚Das Abkommen könnte noch heute abgeschlossen werden, aber ich weiß, woher der Wind weht. Das wird also noch eine ganze Weile dauern.'" Vgl. den Drahtbericht Nr. 1252; Referat III A 6, Bd. 507.
[4] Die vierte internationale Konferenz für die friedliche Verwendung der Atomenergie fand vom 6. bis 16. September 1971 in Genf statt.

Konversionsvertrag (Uranoxyd in Uranhexafluorid) und Lohnanreicherungsvertrag darstellt und in wesentlichen Teilen dem „Requirements Contract" der USAEC[5] nachgebildet ist.

Der sowjetisch-französische Vertrag weicht von diesem Muster mindestens insoweit ab, als die sowjetische Seite nicht auf Vereinbarungen über Sicherheitskontrollen bestanden hat. Im Mustervertrag wird demgegenüber vorausgesetzt, daß das Land des Kunden dem NV-Vertrag[6] beigetreten ist und ein Sicherheitskontrollabkommen mit der IAEO besteht. Die EG-Kommission prüft zur Zeit, wie weit das französisch-sowjetische Abkommen wegen Nichteinschaltung der Versorgungsagentur gegen den EAG-Vertrag[7] verstößt.

Im Rahmen ihrer allgemeinen Aufgabe zur Erschließung preisgünstiger neuer Versorgungsmöglichkeiten hat die Versorgungsagentur von EURATOM die Firma Techsnab Export Ende Juni 1971 schriftlich um Auskünfte über die Lieferbedingungen und Preise von Anreicherungsmaterial ersucht.

II. Beurteilung

1) Wirtschaftlich

a) Westeuropa hat einen langfristigen und wachsenden Bedarf an angereichertem Uran. Das Material wird als Brennstoff für den mittelfristig einzigen wirtschaftlichen Reaktortyp, den Leichtwasserreaktor, benötigt und kann vorerst durch andere Brennstoffe nicht ersetzt werden. Der europäische Bedarf wird für das Jahr 1980 auf 12,6 Mio. Trennarbeitseinheiten (1970: 1,2 Mio. TAE; US-Kapazität z. Zt. 17 Mio. TAE) geschätzt.

b) Die Deckung des Bedarfs erfolgte bisher ausschließlich aus amerikanischen Anreicherungsanlagen, und zwar im Rahmen des 1958 abgeschlossenen, 1960 erweiterten „Agreement for Cooperation" zwischen EURATOM und der USAEC.[8]

Das „Agreement for Cooperation" läuft bis 1995. Die deutsche Kernindustrie wird im Rahmen von Unterverträgen zu diesem Dachabkommen versorgt. Einzelne Abkommen sichern die Versorgung einiger Kernkraftwerkbetreiber bis in die 80er Jahre. Die Anlagen der USAEC werden durch den Bedarf der westlichen Welt ca. 1976 ausgelastet sein. Durch ein Ausbauprogramm, das mit großer Wahrscheinlichkeit in Kürze beschlossen wird, plant die USAEC in zwei Stufen ihre Kapazität dem Bedarf bis 1980 anzupassen.

In einer Verlautbarung vom 4.6.1971 (vermutlich unter anderem ausgelöst durch die europäischen Anreicherungspläne) hat die USAEC erklärt, daß sie in

---

[5] United States Atomic Energy Commission.

[6] Für den Wortlaut des Nichtverbreitungsvertrags vom 1. Juli 1968 vgl. EUROPA-ARCHIV 1968, D 321–328.

[7] Für den Wortlaut des EURATOM-Vertrags vom 25. März 1957 vgl. BUNDESGESETZBLATT 1957, Teil II, S. 1014–1155.

[8] Für den Wortlaut des Abkommens vom 8. November 1958 zwischen EURATOM und der amerikanischen Atomenergiebehörde über die Zusammenarbeit bei der friedlichen Nutzung der Kernenergie vgl. US TREATIES 1959, Bd. 10, Teil I, S. 75–140.
Für den Wortlaut des Abkommens vom 11. Juni 1960 zwischen EURATOM und der amerikanischen Atomenergiebehörde über die Zusammenarbeit bei der friedlichen Nutzung der Kernenergie sowie des ergänzenden Notenwechsels vom 29. November 1960 bzw. 17. Januar 1961 vgl. US TREATIES 1960, Bd. 11, Teil II, S. 2589–2616.

Zukunft nicht mehr in der Lage sein wird, die Uranversorgung wie bisher generell zu garantieren; sie wird vielmehr für einzelne Reaktorprojekte im Rahmen ihrer Kapazität Versorgungsverträge abschließen.

c) Ein Engpaß in der europäischen Versorgung könnte also erstmals um 1976 eintreten, falls die USAEC ihre Ausbauprogramme nicht wie geplant in Angriff nimmt. Ab 1980 jedoch kann mit den heutigen US-Anlagen zusätzlicher Bedarf nicht mehr gedeckt werden. Diese künftige Versorgungslücke soll durch eigene europäische Anlagen geschlossen werden. In diesem Zusammenhang sind das deutsch-britisch-niederländische Übereinkommen zum Bau und Betrieb von Gasultrazentrifugen[9] und die französischen und amerikanischen Angebote zum Bau europäischer Anreicherungsanlagen[10] zu sehen. Wir gehen davon aus, daß Anreicherungsanlagen auf Zentrifugenbasis vor 1980 betriebsbereit sein können. Etwa von diesem Zeitpunkt an dürfte daher der westeuropäische Anreicherungsbedarf aus einer Kombination von amerikanischen Lieferungen und westeuropäischer Eigenproduktion abdeckbar sein.

d) Die Sowjetunion hat in ihren drei nach dem Gasdiffusionsprinzip arbeitenden Anreicherungsanlagen zur Zeit offenbar freie Kapazitäten (Verminderung des militärischen Bedarfs?). Unterlagen hierüber liegen allerdings nicht vor.

Nach amerikanischer und französischer Auffassung reichen die freien sowjetischen Kapazitäten nicht aus, um Lieferungen größeren Umfangs durchzuführen.

e) Eine Diversifizierung der Lieferquellen sowie eine Lockerung des amerikanischen Monopols wären an sich erwünscht. Die Möglichkeit zur Abnahme von Material aus der Sowjetunion wird mindestens mittelfristig sehr gering sein, zumal sich die Betreiber der heutigen deutschen Kernkraftwerke langfristig durch Verträge mit der USAEC versorgt haben.

Der Spielraum für regelmäßige Lieferbeziehungen zu der Sowjetunion ist somit begrenzt.

2) Politisch

a) Es muß damit gerechnet werden, daß die Sowjetunion mit ihrem Angebot auch die politische Absicht verfolgt, durch die Anbahnung einer wirtschaftlich langfristigen Zusammenarbeit auf dem Nuklearsektor mit Westeuropa das europäisch-amerikanische Verhältnis zu stören und im Endergebnis die Verbindung der USA zu Europa zu lockern und – soweit möglich – das EURATOM-System zu unterlaufen.

Ferner stellt sich die Frage, inwieweit bei diesem politisch sensiblen Material, das besonderen internationalen Verpflichtungen unterliegt, auf Lieferungen der Sowjetunion Verlaß wäre. Um Liefersperren aus politischen Gründen mit gravierenden Folgen für die westeuropäische Kernenergieversorgung vorzubeu-

---

[9] Für den Wortlaut des Abkommens vom 4. März 1970 zwischen der Bundesrepublik, Großbritannien und den Niederlanden über die Zusammenarbeit bei der Entwicklung und Nutzung des Gasultrazentrifugenverfahrens zur Herstellung angereicherten Urans vgl. BUNDESGESETZBLATT 1971, Teil II, S. 930–949. Vgl. dazu ferner AAPD 1970, I, Dok. 177.

[10] Zu den französischen und amerikanischen Angeboten zur Weitergabe von Anreicherungstechnologie vgl. Dok. 309.

gen, müßte darauf geachtet werden, daß der Anteil der sowjetischen Lieferungen begrenzt bleibt.

b) Sowjetische Lieferungen größeren Umfangs würden mit großer Wahrscheinlichkeit auch zu einer Verstimmung der Vereinigten Staaten führen, die bisher die Versorgung Europas mit angereichertem Uran sichergestellt haben. In Gesprächen, die Bundesminister Leussink im vergangenen Jahr in den USA geführt hat, ist von amerikanischer Seite erklärt worden, daß die USA gegen Lieferungen geringen Umfangs nichts einzuwenden hätten, jedoch bei Lieferungen im großen Umfang empfindlich reagieren und ihre Position insgesamt überprüfen würden, da die USA einen Einbruch der Sowjets in ihr bisheriges Monopol nur höchst ungern sähen. Die amerikanische Bereitschaft, bei eventuellen späteren Engpässen helfend einzugreifen, könnte dadurch gemindert werden.

c) Inwieweit für solche Liefergeschäfte Konsultationen im Bereich von COCOM und gegebenenfalls entsprechende Genehmigungen notwendig wären, müßte noch geprüft werden.

d) Nach dem EURATOM-Vertrag muß die EURATOM-Versorgungsagentur als Vertragspartner auftreten; ähnlich wie auch bei den mit der USAEC geschlossenen Verträgen könnten dann die Einzelfirmen als Partner von Unterverträgen erscheinen. Es ist fraglich, ob die Sowjetunion, die die Anerkennung der Europäischen Gemeinschaften als Vertragspartner nach wie vor ablehnt, ein Vertragsverhältnis mit EURATOM akzeptieren würde.

Sollte die Sowjetunion allerdings hierzu bereit sein, wäre dies als ein politischer Durchbruch in Richtung auf die Anerkennung von EURATOM und damit der Europäischen Gemeinschaft zu werten.

e) Mit Ausnahme Frankreichs hat die Sowjetunion bisher die Lieferung von angereichertem Uran von dem Beitritt des belieferten Staates zum NV-Vertrag und dem Abschluß eines Sicherheitskontrollabkommens mit der IAEO abhängig gemacht. Es dürfte kaum damit zu rechnen sein, daß die Sowjetunion von dieser Haltung abgeht und etwa EURATOM-Sicherheitskontrollen allein als ausreichend anerkennt. Die Annahme direkter IAEO-Sicherheitskontrollen ist für uns jedoch nicht akzeptabel. Insoweit dürften sowjetische Lieferungen bis zum Abschluß eines Verifikationsabkommens zwischen EURATOM und der IAEO und unserer Ratifizierung des NV-Vertrages kaum möglich sein.

III. Schlußfolgerung

Angesichts unserer voraussichtlich bis etwa 1980 gesicherten Versorgung mit angereichertem Uran, der von der Sowjetunion verfolgten politischen Nebenabsichten, der Möglichkeit einer politischen Verstimmung der USA und des bis zur Ratifizierung des NV-Vertrages bestehenden Hindernisses der geforderten IAEO-Sicherheitskontrollen empfiehlt es sich, das sowjetische Angebot hinhaltend zu behandeln. Der Sowjetunion könnte mitgeteilt werden, daß die Bundesrepublik zwar grundsätzlich an einer Verbesserung der Handelsbeziehungen auch auf diesem Gebiet interessiert ist, daß aber die bereits weitgehend gesicherte Versorgungslage der deutschen Kernkraftwerkbetreiber Liefergeschäfte größeren Ausmaßes wohl kaum erlaube. Im übrigen sei der Abschluß entsprechender kommerzieller Vereinbarungen Sache der deutschen Industrie, auf die die Bundesregierung keinen Einfluß nehmen könne. Schließlich müßte nach dem EURATOM-Vertrag auch die EURATOM-Versorgungsagentur eingeschaltet werden. Insoweit wäre es sicher nützlich, wenn die Sowjetunion mit dieser Agentur entsprechende Kontakte aufnehmen würde.

Auf die Frage der Sicherheitskontrollen braucht in diesem Zusammenhang von unserer Seite nicht eingegangen zu werden, da wir insoweit sowjetischen Forderungen nicht vorgreifen sollten.

gez. Robert

Ministerbüro, Bd. 363

313

Ministerialdirigent Diesel an die Ständige Vertretung bei der NATO in Brüssel

II A 3-84.10/Ku-2974/71 VS-vertraulich   Aufgabe: 17. September 1971, 17.03 Uhr[1]
Fernschreiben Nr. 340

Betr.: Substanz und Verfahren möglicher Ost-West-Verhandlungen;
hier: kulturelle Beziehungen und größere Freizügigkeit für Menschen, Ideen und Informationen
Bezug: DB Nr. 914 vom 14.9.71 – 10-00-2-3104/71 VS-v

Nachstehenden deutschen Beitrag zum Thema kulturelle Ost-West-Zusammenarbeit bitte in die Sitzung des Politischen Ausschusses am 21.9. einbringen:

I. Begriff der kulturellen Zusammenarbeit

Unter kultureller Zusammenarbeit verstehen wir nicht nur Information über unsere Kultur, sondern vor allem auch Austausch und Zusammenarbeit. Neben die Information muß heute das Angebot treten, die eigene Wirklichkeit, das heißt Leistungen und Möglichkeiten des eigenen Landes, einzubringen in einen lebendigen Austausch zwischen den Völkern. Was wir geben, ist nur so viel wert wie unsere Bereitschaft zu nehmen. Offenheit für das andere muß daher der Grundsatz einer kulturellen Zusammenarbeit mit anderen Ländern sein.

II. Völkerrechtliche Grundlagen für den Begriff der kulturellen Zusammenarbeit

Die oben gegebene Bestimmung des Begriffs „kulturelle Zusammenarbeit" stützt sich auf die „Erklärung der Grundsätze internationaler kultureller Zusammen-

---

[1] Der Drahterlaß wurde von Legationssekretär Boden konzipiert.
Hat Vortragendem Legationsrat I. Klasse Freiherr von Groll am 17. September 1971 vorgelegen, der handschriftlich vermerkte: „Der Beitrag stammt von IV 9."

arbeit" der UNESCO vom 4. November 1966², die einstimmig verabschiedet worden ist. Im Mittelpunkt dieser Erklärung steht das Ziel der internationalen kulturellen Zusammenarbeit. Diese soll sich auf alle Aspekte der intellektuellen und schöpferischen Tätigkeit in Erziehung, Wissenschaft und Kultur erstrecken. Ziel der internationalen kulturellen Zusammenarbeit ist es unter anderem, zur Entwicklung friedlicher und freundschaftlicher Beziehungen zwischen den Völkern beizutragen und zu einem besseren gegenseitigen Verständnis zu führen.

Diese UNESCO-Erklärung eignet sich nach unserer Auffassung als Grundlage für die Abgrenzung des Begriffs kultureller Zusammenarbeit auch im Rahmen einer KSE, weil über den Inhalt des darin definierten Kulturbegriffs bereits Einigkeit zwischen einer Vielzahl von Staaten verschiedener Systeme erzielt worden ist.

Im Verhältnis zu den osteuropäischen Ländern sind wir aber noch weit von den in der UNESCO-Erklärung niedergelegten Zielen entfernt. Dazu gehört auch der freie Austausch von Menschen, Ideen und Informationen. Langfristiges Ziel aller unserer Bemühungen ist es, dies Ziel zu erreichen. Wir wissen aber, daß dies nur nach einem langen und schwierigen Prozeß möglich ist.

III. Konkrete Vorschläge für die Tagesordnung einer KSE im Bereich der kulturellen Zusammenarbeit

Es ist nach unserer Auffassung bei der Aufstellung der Tagesordnung wichtig, zwischen Zielen erster und zweiter Ordnung zu unterscheiden. Die in dem am 10. August 1971 verteilten amerikanischen Papier aufgeführten Ziele erster Ordnung sind von grundsätzlicher Bedeutung. Wegen ihres hohen Anspruchs werden sie sich aber wohl nur in langwierigen Verhandlungen durchsetzen lassen. Neben der Abgabe von Grundsatzerklärungen, die von östlicher Seite zu propagandistischen Äußerungen ausgenutzt werden könnten – was eine Gefahr für das Gelingen einer KSE bedeuten würde –, sollten auch andere, kurzfristigere Verhandlungsziele auf die Tagesordnung gesetzt werden, bei denen der technische Charakter den politischen überwiegt und daher eher eine Einigung über konkrete Fortschritte erzielt werden kann. Aus taktischen Erwägungen sollten wir die langfristigen Ziele nicht an die erste Stelle der Tagesordnung einer KSE setzen. Dies würde nämlich dazu führen, daß am Anfang der Diskussion scharfe Auseinandersetzungen stehen, die ein gereiztes Klima zur Folge haben und daher die Erörterung anderer Einzelpunkte, in denen eine Einigung über konkrete Fortschritte möglich wäre, sehr erschweren. Es sollten vielmehr einzelne konkrete Fragen im kulturellen Bereich herausgegriffen werden, bei denen man schrittweise zu Ergebnissen kommen kann.

Der Tagesordnungspunkt „Kulturelle Zusammenarbeit" sollte folgende Einzelthemen enthalten:

1) Austausch von Menschen

Zum Abbau von Spannungen und Vorurteilen ist es wesentlich, daß sich die Menschen verschiedener Völker und verschiedener Gesellschaftssysteme bes-

---

2 Für den Wortlaut vgl. DIE VEREINTEN NATIONEN UND IHRE SPEZIALORGANISATIONEN, S. 352–361. Für einen Auszug vgl. Dok. 46, Anm. 23.

ser kennen- und verstehen lernen. Wir sollten es als langfristiges Ziel anstreben, im Kulturaustausch mit den osteuropäischen Ländern zu uneingeschränkter Freizügigkeit in beiden Richtungen zu gelangen, müssen aber in Rechnung stellen, daß zunächst nur eine schrittweise Intensivierung des Austausches von Menschen zu erreichen ist.

a) Wissenschafts- und Hochschulbeziehungen

Da die Länder Osteuropas selbst sehr stark an einem wissenschaftlichen Austausch mit den Ländern des Westens interessiert sind, verspricht es den meisten Erfolg, gerade in diesem Bereich den Austausch zu fördern.

b) Austausch von Fachdelegationen

Der Austausch von Menschen sollte auf breiter Basis gefördert werden unter Einschluß möglichst vieler gesellschaftlicher Gruppen. Dazu kann ein reger Austausch von Künstlern und Fachleuten aller Richtungen beitragen, wobei besonders an Spezialisten des Bildungswesens und Schriftsteller zu denken ist.

c) Jugendaustausch

Um dauerhaft zum Verständnis zwischen den Völkern beizutragen, ist es wichtig, den Jugendaustausch zu fördern. Jedoch stoßen wir gerade in Osteuropa dabei auf eine Reihe von Hemmnissen. Auch wenn wir auf diesem Gebiet nur langsame Fortschritte erzielen können, sollten Überlegungen angestellt werden, wie der Jugendaustausch – möglicherweise im multilateralen Rahmen eines „Europäischen Jugendwerks", das die Jugend Osteuropas einschließt – belebt werden könnte.

d) Sportaustausch

Beim Sportaustausch begegnen sich Menschen aller Bevölkerungskreise. Wir sollten unser Augenmerk darauf richten, daß neben den spektakulären internationalen Wettbewerben des Leistungssports, die ohnehin stattfinden, auch der Sportaustausch auf lokaler Ebene zwischen kleineren Sportverbänden gefördert wird, bei dem sich Menschen persönlich nahe kommen können. Darüber hinaus erscheint mir der Erfahrungsaustausch auf dem Gebiet der Sportmedizin und der Sportlehrerausbildung von Interesse zu sein.

2) Austausch von Informationen

Neben den direkten Erfahrungsaustausch von Mensch zu Mensch muß der Austausch von Informationen über andere Medien treten, um einen lebendigen Fluß von Vorstellungen und Ideen über die Grenzen von Staatswesen und Gesellschaftsordnungen hinweg zu erreichen.

a) Buchaustausch

Wichtig ist die Förderung des Buchaustausches und insbesondere des Austausches von wissenschaftlichen Büchern, wobei wir auf eine schrittweise Erleichterung des Austausches in beiden Richtungen hinwirken sollten.

b) Ausstellungsaustausch

Um den Menschen in Ost und West auch einen optischen Eindruck von den künstlerischen Leistungen und dem Leben anderer Völker zu geben, ist die Veranstaltung von Ausstellungen förderungswürdig.

c) Gastspielaustausch

Gastspiele von Theatern und Orchestern sind geeignet, in repräsentativer Form auch breitere Massen zu erreichen. Es ist auch an gemeinsame kulturelle Veranstaltungen verschiedener NATO-Länder in Ländern des Warschauer Pakts und umgekehrt zu denken.

d) Filmaustausch

Auch das Massenmedium Film sollte in den Kulturaustausch zwischen West und Ost in größerem Umfange eingeschaltet werden. Dazu gehört die Veranstaltung von Filmwochen und die Durchführung von Kooperationen.

3) Ansätze einer multilateralen Zusammenarbeit, die im Rahmen einer KSE diskutiert werden könnten

Wir sind uns darüber im klaren, daß der Schwerpunkt der Erörterungen im Rahmen einer KSE die Belebung der bilateralen kulturellen Beziehungen zwischen den Ländern des Ostens und des Westens sein sollte. Doch werden sich auch in einigen Bereichen Möglichkeiten zu multilateralen Regelungen ergeben. Dafür kommen u. a. folgende Gebiete in Betracht:

a) Schaffung eines Europäischen Jugendwerks

b) Abschluß von Urheberrechtsabkommen unter Einbeziehung mehrerer Staaten.

c) Abschluß von Abkommen über die Anerkennung von Schulabgangs- und Hochschulzeugnissen unter Einbeziehung mehrerer Staaten."[3]

Diesel[4]

VS-Bd. 4607 (II A 3)

---

[3] Gesandter Boss, Brüssel (NATO), teilte am 22. September 1971 mit: „In der Sitzung des Politischen Ausschusses am 21. September konnte das obengenannte Thema aus Zeitgründen nicht mehr erörtert werden. Der Sprecher der Bundesrepublik hat den mit Bezugserlaß übermittelten deutschen Beitrag im Politischen Ausschuß angekündigt." Vgl. den Drahtbericht Nr. 951; VS-Bd. 4607 (II A 3); B 150, Aktenkopien 1971.
Zur Erörterung im Ständigen NATO-Rat am 28. September und 4. Oktober 1971 vgl. Dok. 336.

[4] Paraphe.

314

Gespräch des Bundeskanzlers Brandt mit dem Generalsekretär des ZK der KPdSU, Breschnew, in Oreanda

Geheim 18. September 1971[1]

Aufzeichnung des Gesprächs zwischen dem Generalsekretär des ZK der KPdSU, L. I. Breschnew, und dem Bundeskanzler Willy Brandt vom 18. September 1971 in Oreanda.[2]

Anwesend waren von sowjetischer Seite: Herr Smirnow (Dolmetscher), Herr Terechow (Protokollführer).

Zu Beginn des Gesprächs erklärte sich der *Generalsekretär* mit den von der deutschen Seite gewünschten Änderungen des Textes des Kommuniqués[3] einverstanden, wünschte jedoch, in dem Kommuniqué als Generalsekretär des ZK der KPdSU bezeichnet zu werden. Er war insbesondere damit einverstanden, im Passus über die KSE die Worte „in naher Zukunft" zu streichen. Er bemerkte hierzu, daß zur Realisierung dieses Vorhabens Zeit vonnöten sei.

Anschließend einigte man sich über den Zeitpunkt der Veröffentlichung des Kommuniqués (18.00 Uhr Moskauer Zeit, 16.00 Uhr MEZ).

Im weiteren bemerkte der Generalsekretär, daß das Interesse an dem Treffen von Oreanda sehr groß sei. Es würde auch viel herumgerätselt. Die Kommentierung in der Presse sei im allgemeinen richtig, bösartige Kommentare gebe es kaum, und das sei gut so.

Hierauf machte der *Bundeskanzler* einige Anmerkungen hinsichtlich der in Aussicht genommenen Besuche auf höchster Ebene.

Der Bundeskanzler stellte fest, daß der Generalsekretär im gestrigen Gespräch[4] von einem Besuch des sowjetischen Staatspräsidenten Podgornyj in der BRD zu gegebener Zeit gesprochen habe.

Der *Generalsekretär* machte in dieser Frage folgende Präzisierung:

Er wünsche gegenseitiges Einvernehmen darüber, daß die Kontakte zwischen den beiden Ländern auf allen Ebenen fortgesetzt würden. Er berücksichtige sehr wohl, daß Bundeskanzler Adenauer in der UdSSR gewesen sei[5] und Bundeskanzler Brandt der UdSSR zwei Besuche abgestattet habe.[6] Er wolle diese

---

[1] Durchdruck.
Die Gesprächsaufzeichnung wurde von Dolmetscher Hartmann gefertigt.
Hat Bundesminister Scheel am 21. September 1971 vorgelegen.
Hat laut handschriftlichem Vermerk der Mitarbeiterin im Ministerbüro, Frohn, Botschafter Allardt, z. Z. Bonn, am 5. Oktober 1971 „mit Einverständnis von H[errn] Dr. Hallier zur Einsichtnahme im M[inister]b[üro]" vorgelegen.
[2] Bundeskanzler Brandt hielt sich vom 16. bis 18. September 1971 in Oreanda auf. Vgl. dazu auch BRANDT, Begegnungen, S. 459–471. Vgl. dazu ferner Dok. 310, Dok. 311 und Dok. 315.
[3] Für den Wortlaut vgl. BULLETIN 1971, S. 1469 f.
[4] Für das Gespräch am 17. September 1971 vgl. Dok. 311.
[5] Bundeskanzler Adenauer hielt sich vom 9. bis 13. September 1955 in Moskau auf.
[6] Der erste Besuch des Bundeskanzlers Brandt in der UdSSR fand vom 11. bis 13. August 1970 anläßlich der Unterzeichnung des Moskauer Vertrags statt. Vgl. dazu AAPD 1970, II, Dok. 387, Dok. 388, Dok. 390 und Dok. 401.

Frage politisch behandeln. Er strebe an, daß im Rahmen der allgemeinen Entwicklung der Beziehungen Besuche auf allen Ebenen stattfinden. Man könne einen offiziellen Besuch des Bundeskanzlers mit einer längeren Reise durch die Sowjetunion sowie einen Besuch von Podgornyj und Kossygin, die zur Führung des sowjetischen Staates gehören, in der Bundesrepublik allgemein vorbereiten.

Hierauf entgegnete der *Bundeskanzler*, daß ihm der Generalsekretär zu einem beliebigen Zeitpunkt in der Bundesrepublik willkommen sei.

Der *Generalsekretär* dankte für diese Einladung, brachte aber gleichzeitig zum Ausdruck, daß er die Lage sehr gut kenne. Es sei besser, wenn zuerst Podgornyj in die Bundesrepublik reisen würde.

Der *Bundeskanzler* wiederholte nochmals seine Einladung an den Generalsekretär und wies anschließend auf das Kommuniqué vom August vergangenen Jahres[7] hin, nach dem der sowjetische Ministerpräsident eine Einladung in die Bundesrepublik angenommen habe. Er verstehe, daß Kossygin diesen Besuch erst nach der Ratifizierung des Vertrages abstatten wolle.

Der *Generalsekretär* erwiderte, daß er dies auch für besser halte, dann sei ein guter Boden für den Besuch vorhanden. Man müsse dann nicht mehr über all diese Fragen sprechen.

Der *Bundeskanzler* erwiderte, daß er die Frage eines Besuches von Podgornyj, der ihm natürlich willkommen sei, zunächst mit dem deutschen Bundespräsidenten besprechen müsse. Er sei überzeugt, daß der Bundespräsident mit einem solchen Besuch einverstanden sein werde. Man könne sich dann über den Zeitpunkt des Besuches abstimmen.

Im folgenden teilte der *Generalsekretär* mit, daß er versucht habe, Honecker telefonisch zu erreichen. Dies sei aber nicht möglich gewesen, da sich Honecker gegenwärtig zu einem Besuch in Polen aufhalte.[8] Er wolle jedoch nach Abschluß der Gespräche den polnischen Parteichef Gierek anrufen und ihn vom grundsätzlichen Charakter der Begegnung unterrichten.

Hierauf wollte der *Bundeskanzler* vom Generalsekretär eine Präzisierung der folgenden Fragen erhalten:

Er habe gestern im Zusammenhang mit dem Vier-Mächte-Abkommen davon gesprochen, daß die praktische Wirkung dieses Abkommens erst nach Unterzeichnung des Schlußprotokolls[9] durch die Vertreter der Vier Mächte in Kraft treten könne. Eines sei ihm nicht klar: Habe der Generalsekretär gesagt, daß man das Schlußprotokoll erst im Zusammenhang mit der Ratifizierung des Moskauer Vertrages unterzeichnen wolle?

Der *Generalsekretär* führte aus, daß hier ein Mißverständnis vorliege. Er habe gesagt, daß alle Verbesserungen zwischen den beiden deutschen Staaten erst nach der Ratifizierung des Vertrages ihre praktische Realisierung erfahren wür-

---

7 Für den Wortlaut des Kommuniqués vom 13. August 1970 vgl. BULLETIN 1970, S. 1098f.
8 Der Erste Sekretär des ZK der SED, Honecker, hielt sich vom 18. bis 20. September 1971 in Polen auf.
9 Zu dem am 3. September 1971 paraphierten Schlußprotokoll zum Vier-Mächte-Abkommen über Berlin vgl. Dok. 281, Anm. 2.

den. Wenn er sich nicht irre, werde die Ratifizierung des Vertrages die Bundesregierung stützen. Er wisse natürlich nicht, ob der Vertrag ratifiziert werde.

Einwurf des *Bundeskanzlers*: Der Vertrag wird ratifiziert werden.

Der *Generalsekretär* bemerkte weiter, daß die deutsche Seite Vertrauen gegenüber der sowjetischen Seite haben müsse. Wenn dieses Vertrauen fehle, wäre alles für beide Seiten schwerer. Er betonte, daß die sowjetische Seite, wenn sie jemandem ihr Vertrauen schenke, auch aufrichtig sei. Dies sei ein Prinzip der sowjetischen Politik. Der Generalsekretär wies nochmals darauf hin, daß die Regelungen zwischen den Deutschen erst nach Ratifizierung des Vertrages in Kraft treten werde.

Auf diese Ausführungen entgegnete der *Bundeskanzler*, daß es sich hier um zwei Dinge handle. Das Inkrafttreten des Vier-Mächte-Abkommens sei eine Frage der Abstimmung zwischen den Vier Mächten, entsprechend dem bereits formulierten Schlußprotokoll.

Hierauf erwiderte der *Generalsekretär*, daß er sich an eine Absprache der Vier zu erinnern glaube, nach der das Vier-Mächte-Abkommen erst nach der Ratifizierung des Vertrages in Kraft treten solle. Er wolle aber in dieser Frage noch genaue Erkundigungen einholen.

Der *Bundeskanzler* erwiderte, daß er – abgesehen von dem Schlußprotokoll der Vier Mächte – den politischen Effekt in der Bundesrepublik anders sehe. Er werde in der öffentlichen Meinung, nicht im Bundestag, eine größere Unterstützung für die Ratifizierung erhalten, wenn er sagen könne, daß in bezug auf praktische Dinge Verbesserungen sichtbar seien.

Hierauf konsultierte der *Generalsekretär* einen Mitarbeiter, der bestätigte, daß das Inkrafttreten des Vier-Mächte-Abkommens nicht mit der Ratifizierung des Moskauer Vertrages gekoppelt sei. Anschließend telefonierte der Generalsekretär mit Außenminister Gromyko und präzisierte daraufhin seine Darstellung gegenüber dem Bundeskanzler. Das Vier-Mächte-Abkommen sei bereits unterzeichnet. Es werde nach Unterzeichnung des Schlußprotokolls gemäß Abstimmung zwischen den Vier Mächten in Kraft treten. Der Bundeskanzler wolle aber berücksichtigen, daß das Protokoll gleichzeitig mit der Ratifizierung des Vertrages wirksam werde.

Der Bundeskanzler könne auf entsprechende Fragen doch schon antworten, daß das am 3. September unterzeichnete Vier-Mächte-Abkommen bereits positive Ergebnisse zeige.

Der *Bundeskanzler* erwiderte, daß sich für ihn die Frage stelle, was er den Westmächten mitteilen solle. Die Ausführungen des Generalsekretärs enthielten neue Elemente. Er sei sicher nicht der richtige Bote, den Westmächten hierüber Mitteilungen zu machen. In dieser Frage seien die Westmächte und die Sowjetunion die Partner. Er gehe davon aus, daß sich die Sowjetunion mit den Westmächten wegen der Unterzeichnung des Schlußprotokolls in Verbindung setzen werde und daß sie erwäge, das Wirksamwerden gewisser praktischer Maßnahmen mit der Ratifizierung des Vertrages zeitlich zu verbinden.

Er werde gegenüber der Presse und dem Auswärtigen Ausschuß auf entsprechende Fragen sagen, daß sich die Sowjetunion in der Frage der Unterzeichnung des Schlußprotokolls mit den drei Westmächten abstimmen werde.

Hiermit erklärte sich der *Generalsekretär* einverstanden und wies darauf hin, daß es nicht nötig sei, detaillierte Angaben zu machen.

Der *Bundeskanzler* empfahl der sowjetischen Seite, Überlegungen darüber anzustellen, möglichst so vorzugehen, daß keine neuen Hindernisse für die Vorbereitung einer KSE entstehen würden.

Der *Generalsekretär* stimmte dem zu und bemerkte, daß man diese Frage insgesamt noch einmal überdenken werde.

Die deutsche Seite solle beachten, daß die Sowjetunion nicht nach Vorteilen, auch nicht in militärischer Hinsicht strebe. Wichtig seien die Prinzipien der MBFR und die damit verbundene Einsparung großer Mittel. Die sei wichtig, um den Völkern neue Hoffnung zu geben.

Er wisse nicht, wie die USA in dieser Frage dächten und ob sie nicht vielleicht Steine in den Weg legen würden. Er sei aber überzeugt, daß Konsultationen und Abstimmungen zwischen der UdSSR und der BRD sowie die Unterstützung der sozialistischen Länder für die Vorschläge der Sowjetunion die KSE sicher zum Erfolg führen würden. Der Generalsekretär wies nochmals darauf hin, daß er den Vorschlag des Bundeskanzlers hinsichtlich einer Vorkonferenz für passend halte. Er werde noch entsprechende Konsultationen durchführen und dem Bundeskanzler dann seine Meinung mitteilen.

Der *Bundeskanzler* wiederholte seine gestrige Aussage, nach der die USA zu konstruktiver Zusammenarbeit bereit seien. Er sei der Meinung, daß Sondierungen über die MBFR bereits vor einer KSE durchgeführt werden sollen. Er empfahl dem Generalsekretär, bei den Überlegungen der sowjetischen Führung im Zusammenhang mit Berlin alles zu vermeiden, was neue Hindernisse aufrichten könnte.

Der Bundeskanzler wiederholte seinen Hinweis vom Vortage, nach dem die Außenminister der NATO-Staaten im Dezember beschließen würden, daß sich diese Länder an der Multilateralisierung der Vorbereitung der KSE beteiligen würden.[10] Diese Vorstellung gehe jedoch davon aus, daß das Vier-Mächte-Abkommen zu diesem Zeitpunkt bereits in Kraft sei. Er wolle dem Generalsekretär auf diesen Zusammenhang hinweisen, um neue Schwierigkeiten zu vermeiden. Man müsse diese Frage jetzt nicht weiter erörtern, wenn man nur den Punkt gemeinsam sehe.

In seiner Erwiderung wies der *Generalsekretär* darauf hin, daß eine Unterzeichnung des Schlußprotokolls des Vier-Mächte-Abkommens ohne die entsprechenden Regelungen zwischen den Deutschen nicht möglich sei. Wenn diese Regelungen getroffen seien, werde auch die Frage der Unterzeichnung des Schlußprotokolls zu lösen sein.

Der Generalsekretär wies darauf hin, daß er diese Aussage als Gentleman's Agreement betrachte, das nicht für den Bundestag oder die Presse sei.

Anschließend ging der *Bundeskanzler* nochmals auf die Fragen im Zusammenhang mit der deutschen Übersetzung des Vier-Mächte-Abkommens ein:

Er gehe mit dem Generalsekretär darin einig, daß es nur drei offizielle Texte des Vier-Mächte-Abkommens gebe. Die deutsche Seite werde sich daran halten.

---

[10] Zur NATO-Ministerratstagung am 9./10. Dezember 1971 in Brüssel vgl. Dok. 439.

Es gebe auch keinen deutschen Text, der von den Botschaftern der Vier Mächte[11] gebilligt worden sei, und es gebe auch keinen deutschen Text, der von den Regierungen der beiden deutschen Staaten förmlich gebilligt worden sei.

Es sei aber sicher nicht richtig, wenn der Generalsekretär behaupte, daß Mitarbeiter des Bundeskanzlers den Text des Abkommens verzerrten. Der Bundeskanzler legte dar, daß je fünf Mitarbeiter von seiten der BRD und der DDR (zwei Beamte und drei Dolmetscher) in stundenlangen Beratungen den deutschen Text des Abkommens durchgegangen seien. Man habe in den beiden vorliegenden deutschen Übersetzungen insgesamt 19 Abweichungen festgestellt, über 17 Punkte habe man sich geeinigt. Wegen der restlichen zwei Punkte sei er am Vormittag des 3.9. aus Berlin angerufen worden. Er habe seine Vorschläge gemacht und daraufhin die Mitteilung erhalten, daß man sich über den Text geeinigt habe.[12] Bei diesem deutschen Text handele es sich nicht um ein offizielles, aber um ein offiziöses Papier als Grundlage für weitere Verhandlungen. Er habe sich brüskiert gefühlt, daß nach der Mitteilung über die Einigung gesagt werde, daß nichts geschehen sei. Er halte dies für nicht möglich.

Der Bundeskanzler wies weiter darauf hin, daß die Arbeit der je fünf Vertreter von beiden Seiten von Botschaftsräten der USA und der UdSSR begleitet worden sei. Der amerikanische Botschafter in der Bundesrepublik habe erklärt, daß er das Abkommen in der Meinung unterzeichnet habe, daß es zwischen den beiden deutschen Staaten keinen Streit über die Übersetzung mehr gebe.

Der Bundeskanzler betonte nochmals, daß diese Ausführungen nichts an der Tatsache änderten, daß es nur die drei erwähnten offiziellen Texte gebe. Er habe es aber für notwendig erachtet, dem Generalsekretär den Hintergrund dieser Angelegenheit zur Kenntnis zu bringen.

Der *Generalsekretär* bedankte sich für diese Darstellung, wies aber darauf hin, daß er sich durch diesen Dank zu nichts verpflichte. Er betonte, daß die erwähnten Vertreter die Pflicht gehabt hätten, eine auch dem Sinn des Abkommens entsprechende genaue Übersetzung des Textes vorzunehmen. Wenn die Übersetzung Verzerrungen enthalte, so werde jede der vier Seiten Einwände erheben. Eine genaue Analyse der drei offiziellen Texte habe bei den vier Botschaftern keinerlei Unstimmigkeiten über die Auslegung hervorgerufen. Dies sei sowohl der sowjetischen als auch der deutschen Seite bekannt.

Der Generalsekretär betonte weiter, daß sich die sowjetische Seite nicht in die Frage der Übersetzung einmischen werde. Sollte die Übersetzung jedoch verzerrt sein, so werde sich die sowjetische Seite auch bei einem Einverständnis von seiten der DDR nicht einverstanden erklären. Er wünsche, daß dies dem Bundeskanzler bekannt sei. Andererseits werde sich die sowjetische Seite nötigenfalls unterstützend in die Klärung der mit dem Vier-Mächte-Abkommen verbundenen Fragen einschalten.

Der Generalsekretär wies darauf hin, daß er in seinem ersten Gespräch mit dem Bundeskanzler im vergangenen Jahr[13] größere Forderungen gestellt habe

---

[11] Pjotr Andrejewitsch Abrassimow (UdSSR), Roger Jackling (Großbritannien), Kenneth Rush (USA) und Jean Sauvagnargues (Frankreich).
[12] Zur Vereinbarung vom 3. September 1971 vgl. Dok. 295.
[13] Zum Gespräch am 12. August 1970 in Moskau vgl. AAPD 1970, II, Dok. 388 und Dok. 401.

und weniger nachgiebig gewesen sei, als dies faktisch bei der Ausarbeitung des Vier-Mächte-Abkommens der Fall gewesen sei. Die sowjetische Seite habe sich in ihren Zugeständnissen an eine untere Grenze begeben, die auch in der öffentlichen Meinung und in der Partei die Grenze bilde. Man habe sich vom Grundsatz der Nachgiebigkeit leiten lassen, um schwierigste Fragen zu lösen und um das Klima zwischen der UdSSR und der BRD sowie das Klima in Europa zu verändern.

Er wolle nicht, daß die Bundesrepublik oder der Bundeskanzler unter Umgehung von Grundsätzen von der DDR Unnötiges fordere. Dies würde von der Führung und der öffentlichen Meinung in der DDR als kränkend empfunden werden. Man empfinde es in der DDR bereits als kränkend, daß die gegenwärtige Situation erschwert worden sei und es einen Zeitverlust gebe. Man müsse nach Auflockerung der Lage streben. Die öffentliche Meinung in der DDR sehe, daß die Bundesrepublik mit Hilfe der Übersetzung nach Vorteilen für sich strebe.

Der Generalsekretär betonte, daß er nichts gefordert habe und in diesem Zusammenhang auch nichts fordern werde.

Anschließend kam der Generalsekretär auf die kürzliche Erklärung des finnischen Ministerpräsidenten Kekkonen[14] zu sprechen und bezeichnete sie als Auswirkung des Geistes des Vier-Mächte-Abkommens. Nach ihm vorliegenden Informationen, die möglicherweise ungenau seien, habe der Bundeskanzler in dieser Frage eine negative Haltung bezogen und nicht nur im Namen der Bundesrepublik, sondern auch für die DDR gesprochen. Dies sei für die DDR kränkend und diskriminierend. Er wisse jedoch nicht genau, was der Bundeskanzler gesagt habe.

In seiner Erwiderung betonte der *Bundeskanzler*, daß er nie an der Leistung der Sowjetunion und am persönlichen Beitrag des Generalsekretärs zum Abschluß des Vier-Mächte-Abkommens gezweifelt habe. Er habe nicht die Absicht, Vereinbartes zu ändern. Er wolle sich nicht zum Lügner machen lassen, nachdem man ihm am 3. September von der Einigung Mitteilung gemacht habe.

Auf den finnischen Vorschlag eingehend[15], betonte der Bundeskanzler, daß er zu dieser Frage überhaupt nicht gesprochen habe. Die Finnen hätten die Frage kompliziert, indem sie von dreiseitigen Verhandlungen sprechen. Die deutsche Seite werde den finnischen Vorschlag prüfen müssen.

Und wenn schon die Frage nach Reparationen angeschnitten werde, so dürfe man vielleicht nicht übersehen, daß Finnland nicht immer ein Verbündeter der Sowjetunion gewesen sei.

Der *Generalsekretär* erwiderte, daß er einen anderen Aspekt des finnischen Vorschlags im Auge habe. Wenn der Bundeskanzler sage, daß die Zeit noch nicht reif sei, so könne er das für die Bundesrepublik sagen. Laut ihm vorliegenden Informationen habe der Bundeskanzler gesagt, daß die Bedingungen zwischen den Deutschen noch nicht soweit seien.

---

[14] Zur Rundfunk- und Fernsehansprache des Präsidenten Kekkonen vom 11. September 1971 vgl. Dok. 305, Anm. 4.

[15] Zum finnischen Vorschlag vom 10. September 1971 zur Aufnahme von Verhandlungen mit der Bundesrepublik bzw. der DDR über die Aufnahme diplomatischer Beziehungen vgl. Dok. 304.

Hierauf entgegnete der *Bundeskanzler*, daß er selbst nichts gesagt habe, daß wohl aber das Auswärtige Amt darauf hingewiesen habe, daß in dieser Frage größere Fortschritte in der Normalisierung der Beziehungen mit der DDR nötig seien.[16]

Der *Generalsekretär* erwiderte, daß man mit Hilfe zwischenstaatlicher Beziehungen sehr leicht ein drittes Land diskriminieren könne.

Im folgenden legte der *Bundeskanzler* eine weitere Überlegung hinsichtlich der Regelung der Beziehungen mit der DDR dar. Neben den Ergänzungen zum Vier-Mächte-Abkommen werde man mit der DDR einen allgemeinen Verkehrsvertrag, der schon weitgehend vorbereitet sei, abschließen. Weitere vertragliche Regelungen würden erforderlich sein. In Anlehnung an den Moskauer Vertrag hielte er es dann für nützlich, wenn man auch mit der DDR Absichtserklärungen[17] vereinbaren könne. Dies solle geschehen, um zu zeigen, in welche Richtung der Weg gehe, um zu zeigen, daß beide Seiten in Verantwortung für den Frieden stehen und auf gleichberechtigter Grundlage einen verstärkten Austausch im beiderseitigen Interesse anstreben. Dabei müssen auch die zahlreichen familiären Bindungen berücksichtigt werden. Es sei auch notwendig, eine Perspektive anzustreben, in der Vorfälle, die er als Folgen des Kalten Krieges bezeichnen möchte, und die man auch noch in der letzten Zeit an den Grenzen habe beobachten können, abgebaut werden. Am wichtigsten sei der allgemeine Gedanke, daß man nicht nur technische Fragen lösen, die Beziehungen normalisieren wolle, sondern daß die Völker verstehen mögen, daß dies alles seinen Platz im Streben nach Frieden und verstärktem Austausch zwischen den Staaten und Völkern habe.

Hierauf erwiderte der *Generalsekretär*, daß die sowjetische Seite einen entsprechenden Dialog zwischen den deutschen Staaten keine Hindernisse in den Weg legen würde. Diese Frage müsse im Rahmen gleichberechtigter Beziehungen von der Bundesregierung gelöst werden.

Anschließend bat der *Bundeskanzler* den Generalsekretär um eine Einschätzung der chinesischen Politik und machte selbst folgende Vorbemerkungen:

Er bezeichnete sich selbst als einen Menschen, der die Landkarte kenne, kein Abenteurer sei und nicht mit sich spielen lasse. Er wisse auch um die große Bedeutung der Beziehungen zwischen der UdSSR und der BRD. Er wünsche nicht, daß daran irgend jemand rühre. Er habe in seiner Regierungserklärung im Jahre 1969 gesagt, daß die Bundesrepublik mit allen Staaten normale Beziehungen wünsche, die dies ebenfalls wünschen.[18] Diese Feststellung schließe die VR China nicht aus. Wenn in der Regierungserklärung gesagt worden sei, daß die Bundesrepublik normale Beziehungen mit allen Staaten wünsche, so

---

[16] Zur Erklärung des Auswärtigen Amts vom 11. September 1971 vgl. Dok. 305, Anm. 3.
[17] Für den Wortlaut der Leitsätze 5 bis 10 vom 20. Mai 1970 für einen Vertrag mit der UdSSR („Bahr-Papier"), die bei den Moskauer Verhandlungen vom 27. Juli bis 7. August 1970 als Leitsätze 1 bis 6 zu „Absichtserklärungen" zusammengefaßt wurden, vgl. BULLETIN 1970, S. 1097 f.
[18] Bundeskanzler Brandt führte in seiner Regierungserklärung am 28. Oktober 1969 aus: „Wir unterstreichen die grundsätzliche Bereitschaft, mit allen Staaten der Welt, die unseren Wunsch nach friedlicher Zusammenarbeit teilen, diplomatische Beziehungen zu unterhalten und die bestehenden Handelsbeziehungen zu verstärken." Vgl. BT STENOGRAPHISCHE BERICHTE, Bd. 71, S. 31.

heiße dies nicht, daß sie heute normale Beziehungen mit dem einen und morgen mit dem anderen wünsche.

Der Bundeskanzler versicherte dem Generalsekretär, daß er eine realistische und solide Politik verfolge. Es gebe auch Leute, die diese Probleme anders sähen, neben linken Maoisten gebe es auch Rechte, die versuchten, die Diskussion über die Politik der Bundesregierung mit Hinweisen auf China zu stören. Wenn sich in den nächsten Jahren die Frage der Herstellung normaler Beziehungen zu China stellen sollte, werde die Bundesregierung die sowjetische Seite rechtzeitig unterrichten. Die sowjetische Seite brauche in dieser Frage keine Überraschungen zu erwarten.

In seiner Erwiderung stellte der *Generalsekretär* fest, daß er die Tatsache zur Kenntnis nehme, daß die Bundesregierung gegenwärtig keine Schritte in Richtung auf eine Veränderung der Beziehungen zur VR China unternehme.

Die sowjetisch-chinesischen Beziehungen teilten sich in zwei Bereiche, einen ideologischen und einen zwischenstaatlichen. Die zwischenstaatlichen Beziehungen dauerten fort, und die sowjetische Seite sei bestrebt, diese Beziehungen zu verbessern. Nach dem Treffen zwischen Kossygin und Tschou En-lai[19] sei eine Verbesserung festzustellen gewesen, man habe Botschafter ausgetauscht[20], man führe Grenzverhandlungen[21], das Handelsvolumen habe sich auch um einige Kopeken vergrößert, die sowjetische Seite habe auch dem chinesischen Wunsch nach Lieferung einiger ziviler Flugzeuge entsprochen.

Im weiteren führte der Generalsekretär vertraulich folgendes aus:

Man müsse schon mehrere Jahre in China studiert haben, um die Chinesen zu kennen. Sie seien nicht nur zweigesichtig, sondern vielgesichtig. In langen Verhandlungen zeigten sie nicht die geringste Reaktion. Nicht nur in seiner persönlichen Einschätzung, sondern auch in der Wertung von mehr als hundert Führern von kommunistischen und Arbeiterparteien werde festgestellt, daß die Spaltertätigkeit den Grundzug der chinesischen Politik bilde. Die chinesische Führung strebe danach, Staaten zu spalten, um so die zwischenstaatlichen Beziehungen zu stören (Beispiele: Herausgabe einer „L'Humanité" durch eine pro-chinesische Gruppe in Frankreich, Spaltertätigkeit in Italien, Lateinamerika, Algerien). Die chinesische Führung scheue keine Anstrengungen und Mittel, um zu erreichen, daß diese spalterische Tätigkeit an Kraft gewinne. Diese Anstrengungen seien aber erfolglos geblieben. In Indien gebe es eine kleine pro-chinesische kommunistische Partei, die als Opposition auftrete.

Nunmehr versuche es die chinesische Führung mit Freundlichkeit. Sie verspreche insbesondere den Entwicklungsländern Mrd. von Dollar, ohne sie tatsächlich zu zahlen.

---

[19] Ministerpräsident Kossygin und Ministerpräsident Tschou En-lai trafen am 10. September 1969 in Peking zusammen.

[20] Am 26. Juli 1970 wurde Liu Hsin-chuan zum chinesischen Botschafter in Moskau ernannt. Am 16. September 1970 wurde die Ernennung von Wassilij Sergejewitsch Tolstikow zum sowjetischen Botschafter in Peking bekanntgegeben.

[21] Seit dem 20. Oktober 1969 verhandelten die Volksrepublik China und die UdSSR in Peking über eine Beilegung des sowjetisch-chinesischen Grenzkonflikts.

Der amerikanische Präsident werde von den Chinesen einerseits als der größte Aggressor des Imperialismus bezeichnet und gleichzeitig zu einem Besuch eingeladen.[22]

Die chinesische Führung versuche, ihrer Politik des Kokettierens gleichzeitig eine antisowjetische Ausrichtung zu verleihen. Ihrer Politik liege eine zutiefst chauvinistische und nationalistische Ausrichtung zu Grunde. Dies sei die Philosophie der Chinesen.

Der Generalsekretär verwies darauf, daß er in seinen Äußerungen niemals beleidigende Äußerungen gegen China verwendet habe. Die sowjetische Führung habe das Wesen ihrer Absichten, nämlich die gegen niemanden gerichtete Verbesserung der Beziehungen, offen verkündet. Leider sei eine solche Verbesserung nicht festzustellen.

Im Zusammenhang mit der Vereinbarung über den Besuch Nixons in China werde hinsichtlich der Haltung der UdSSR viel spekuliert. Die sowjetische Seite habe sich nach außen in Presseveröffentlichungen und Reden diesem Vorgang gegenüber ruhig verhalten. Sie könne nicht gegen die Beziehungen eines Staates mit einem anderen protestieren. Die sowjetische Seite kenne die Chinesen, wisse aber nicht, ob Nixon sie auch kenne. Bei dem bevorstehenden Besuch Nixons in China werde es auf beiden Seiten große Schwierigkeiten geben. Nixon habe praktische Schwierigkeiten mit Formosa, der Aufnahme Chinas in die VN.[23] Es sei auch nicht bekannt, welche Rolle China in den VN spielen werde. Das werden die VN selbst spüren.

Er selbst wolle keine Schlußfolgerungen ziehen. Die Administration der USA habe der sowjetischen Seite zu verstehen gegeben, daß der Besuch und die Verhandlungen Nixons in China keinen antisowjetischen Charakter haben würden und gegen keinen anderen Staat gerichtet sein würden.

Anschließend verwies der Generalsekretär auf die große Erfahrung des sowjetischen Staates, die er in den fünfzig Jahren seines Bestehens habe sammeln können. Die sowjetische Seite habe gelernt, Tatsachen zu prüfen und zu unterscheiden und festzustellen, was neutral und was antisowjetisch sei. Die sowjetische Seite könne man nur schwer betrügen. Sie habe im Zusammenhang mit dem Besuch Nixons Vertrauen zu dem, was ihr bekannt geworden sei, um so mehr, da dieses Ereignis in eine Zeit falle, in der sie konstruktiv und sachlich versuche, die politischen und wirtschaftlichen Beziehungen zu den USA auf der Grundlage größeren Vertrauens zu verbessern, um gemeinsam mit den USA in der Sache der Verwirklichung der friedlichen Koexistenz historische Schritte zu vollziehen. Die Sowjetunion wolle die Zusammenarbeit mit den USA auf eine bessere Grundlage stellen. Eine endgültige Einschätzung werde man bei Vorliegen der Ergebnisse des Besuchs von Nixon geben können.

Der Generalsekretär wies darauf hin, daß die Sowjetunion in ihren Verhandlungen mit der VR China in den letzten zwei Jahren nicht den geringsten Fortschritt gemacht habe. Ein russischer Zar hätte in einer solchen Situation wahr-

---

22 Zur Ankündigung des Präsidenten Nixon vom 15. Juli 1971, der Volksrepublik China einen Besuch abzustatten, vgl. Dok. 252, Anm. 4.
23 Zur Frage der Vertretung Chinas in der UNO vgl. Dok. 371.

scheinlich schon einen Krieg erklärt. Die Sowjetunion lasse sich jedoch von einer anderen Philosophie und einer anderen politischen Richtung leiten.

Die Chinesen würden den Generalsekretär als Restaurateur des Kapitalismus in der Sowjetunion, als Bündnispartner des Sozialimperialismus und der imperialistischen Großmacht der USA sowie als Totengräber der revolutionären Errungenschaften der Arbeiterklasse bezeichnen. Sie behaupteten, Nixon und Breschnew strebten nach der Weltherrschaft. Sie sagten weiter, man müsse Breschnew begraben und Kossygin aufhängen.

Wenn der Bundeskanzler die Zeit finden würde, dies alles zu lesen, würde er den gleichen Schluß ziehen, wie er selbst, nämlich, daß ein solches Benehmen von einem Europäer nicht begriffen werden könne. Einem normalen Europäer und einem Politiker könne man nicht klar machen, was dies bedeuten solle.

Die Sowjetunion werde ihre Politik des Friedens fortsetzen. China sei wirtschaftlich ein armes Land. Von der Größe Chinas sei man im allgemeinen nur beim Hinweis auf die 500 Mio. Menschen zählende Bevölkerung fasziniert. Die Leistungen Chinas in Industrie und Landwirtschaft seien unbedeutend (Hinweise auf fehlenden Maschinen- und Fahrzeugpark). Er wolle nicht abstreiten, daß China stärker werden würde, die Chinesen seien ein arbeitsfrohes Volk. Dieser Prozeß würde aber Jahrzehnte dauern, das allgemeine kulturelle Niveau der Bevölkerung und das wirtschaftliche Potential müßten angehoben werden. Er könne über die Politik Chinas gegenüber der UdSSR nichts Gutes sagen und eine anderslautende Meinung in keiner Weise teilen.

China werde auch in der nächsten Zeit keine militärische Gefahr darstellen. China habe Angst vor Japan und betrachte die trotz einiger Streitfragen (Inseln[24]) mehr oder weniger guten Beziehungen zwischen Japan und der UdSSR mit Nervosität.

Leider seien in der Welt, so fuhr der Generalsekretär fort, infolge des Zweiten Weltkrieges eine Reihe politischer Fragen geblieben. Diese Fragen führten zu einer Spaltung unter den Menschen. Ungeachtet der großen Anstrengungen der UdSSR hege man noch vielfach Mißtrauen gegen sie und meine, sie sei immer sprungbereit. Es seien auch viele Fragen im Zusammenhang mit der ČSSR an die UdSSR gerichtet worden. Dort habe sich jetzt alles beruhigt und verlaufe normal.

Die sowjetische Seite sei optimistisch und werde trotz aller Schwierigkeiten konsequent für den Frieden kämpfen. Die sowjetische Politik werde in bestimmten Punkten von vielen Staaten der Welt unterstützt. Er wolle weder sich noch die sowjetische Führung loben, sondern nur feststellen, daß jeder Achtung verdiene, der eine richtige Politik verfolge und gute Arbeit leiste.

Er wolle noch hervorheben, daß Beispiele für den Kampf für die friedliche Koexistenz, für die Lösung von Fragen und die Atmosphäre des Wohlwollens zwi-

---

24 Im Friedensvertrag von San Francisco vom 8. September 1951 verzichtete Japan auf alle Rechte und darauf bezogene Ansprüche an den Kurilen und Südsachalin. Allerdings wurde die Bezeichnung „Kurilen" nicht genauer definiert. Nach japanischer Auffassung gehörten dazu nur die nördlich von Etorofu gelegenen Inseln, nicht jedoch die ebenfalls von der UdSSR 1945 besetzten, nordöstlich von Hokkaido gelegenen Inseln Kunashiri, Etorofu sowie die Gruppe der Habomai-Inseln. Für den Wortlaut vgl. UNTS, Bd. 136, S. 45–164.

schen der UdSSR und der BRD die KSE zu einem Ereignis von epochaler Bedeutung machen könnten.

Die Sowjetunion sei bereit, ihre Beziehungen zu den USA zu normalisieren, den Handel ohne Diskriminierung auszuweiten, den wissenschaftlich-technischen Austausch sowie die Zusammenarbeit auf dem Gebiet der Weltraumtechnik zu verstärken. Die entsprechenden Vorstellungen würden seiner Überzeugung nach auch auf amerikanischer Seite an die Oberfläche vordringen. In Europa habe die amerikanische Seite im Zusammenhang mit dem Abkommen über Westberlin bereits mitgeholfen.

Einige Fragen blieben natürlich bestehen: Die UdSSR unterstütze das sozialistische Nord-Vietnam, im Nahen Osten habe es gefährliche Situationen gegeben, aber an keinem Ort sei die UdSSR in einen Krieg verwickelt. Es sei kein Geheimnis, daß die UdSSR Defensiv-Waffen liefere, die USA hingegen lieferten Offensiv-Waffen.

Grundlage der sowjetischen Politik sei der Wunsch nach normalen Beziehungen.

Der Generalsekretär brachte den Wunsch zum Ausdruck, daß es möglichst bald zu Vereinbarungen zwischen der Bundesrepublik und der DDR in allen Fragen sowie zur Ratifizierung des Vertrages kommen möge, dies würde eine neue Etappe in der Geschichte der Beziehungen zwischen der UdSSR und der Bundesrepublik bedeuten. Die Sowjetunion werde sich an den Geist und den Buchstaben ihrer Abmachungen halten. Daran dürfe der Bundeskanzler nicht zweifeln.

Abschließend stellte der Generalsekretär die Frage, ob es den Tatsachen entspreche, daß die Partei von Herrn Bachmann „in der Bundesrepublik" legal tätig sei.

In seiner Erwiderung dankte der *Bundeskanzler* dem Generalsekretär für seine Mitteilungen zur Lage. Der Generalsekretär habe wichtige Fragen der Weltpolitik besprochen. Der Bundeskanzler begrüßte es, die Einschätzung des Generalsekretärs kennengelernt zu haben.

Der Bundeskanzler betonte, daß die deutsche Seite bestrebt sei, in der Frage der Regelungen mit der DDR möglichst schnell voranzukommen.

Auf die letzte Frage des Generalsekretärs eingehend, stellte der Bundeskanzler fest, daß die DKP aktiv und legal tätig sei.[25] Die DKP könne konkurrieren wie jede andere Partei, sie sei ihm gegenüber nicht freundlich eingestellt, aber das erwarte er auch nicht. Es gebe in der Bundesrepublik Kreise, die ein Verbot der DKP wünschten, dies sei jedoch nicht seine Meinung. Zu den Fragen, die sich aus dem Verbot der KPD[26] ergeben hätten, könnte er ihm ergänzende Informationen zugehen lassen.

---

[25] Am 12. Oktober 1967 beschloß die Konferenz der Innenminister in Ulm, eine kommunistische Partei unter der Voraussetzung grundsätzlich zuzulassen, daß sie in ihrem Statut das Grundgesetz anerkenne. Am 26. September 1968 gab ein „Bundesausschuß zur Neukonstituierung der Kommunistischen Partei" in Frankfurt/Main die Gründung der Deutschen Kommunistischen Partei bekannt. Vgl. dazu DzD V/2, S. 1276.

[26] Zum Verbot der KPD durch das Bundesverfassungsgericht vom 17. August 1956 vgl. Dok. 251, Anm. 30.

Der *Generalsekretär* dankte dem Bundeskanzler für die Partnerschaft und den Geist der Aufrichtigkeit und des Vertrauens im Verlauf dieser Begegnung. Er dankte weiter für das Verständnis hinsichtlich der Fragen, in denen man verschiedener Meinung sei und für die Übereinstimmung bezüglich dessen, was man nach außen sagen wolle. Er betrachte diese Begegnung als wertvoll, so könne man fortfahren.

Der *Bundeskanzler* dankte für die freundliche Aufnahme, für die Atmosphäre bei den Gesprächen und für die erreichten Ergebnisse. Er sei mit dem Generalsekretär darin einig, daß enge Kontakte notwendig seien, um dort, wo es die Auffassungen zuließen, nicht nur die Beziehungen zu verbessern, sondern auch auf die Entwicklung in Europa und die Entwicklung im internationalen Maßstab positiven Einfluß zu nehmen.

Abschließend überbrachte der *Generalsekretär* Grüße von Podgornyj und Kossygin, die der Bundeskanzler erwiderte.

Dauer des Gesprächs: 2 Stunden, 15 Minuten.

VS-Bd. 10070 (Ministerbüro)

315

Aufzeichnung des Bundeskanzlers Brandt

18. September 1971[1]

Ergänzender Vermerk[2]

1) Auf der Rückfahrt nach Simferopol sagte Breschnew, er möchte mich ganz persönlich fragen, ob der Vertrag[3] auch wirklich ratifiziert werden würde. Ich antwortete, daß ich hiervon überzeugt sei.

B.: Dies sei für ihn wichtig, denn im Falle des Scheiterns gebe es einen Rückschlag, der Jahrzehnte dauern könnte.

Ich: Selbst im unwahrscheinlichen Fall, daß sich Schwierigkeiten bei der Ratifizierung ergäben, würde dies die Entwicklung nicht aufhalten, denn dann würde hieraus eine Hauptfrage im kommenden Wahlkampf. B. zeigte sich durch diesen Hinweis beeindruckt.

2) B. streifte die amerikanischen Handelsrestriktionen[4] und bemerkte, seinen

---

[1] Durchdruck.
[2] Bundeskanzler Brandt hielt sich vom 16. bis 18. September 1971 in Oreanda auf. Für das vorausgehende Gespräch mit dem Generalsekretär des ZK der KPdSU, Breschnew, am 18. September 1971 vgl. Dok. 314. Vgl. dazu auch BRANDT, Begegnungen, S. 459–471. Vgl. dazu ferner Dok. 310 und Dok. 311.
[3] Für den Wortlaut des Vertrags vom 12. August 1970 zwischen der Bundesrepublik und der UdSSR vgl. BULLETIN 1970, S. 1094.
[4] Zur Erklärung des Präsidenten Nixon vom 15. August 1971 über die Aufgabe der Dollar-Konvertibilität sowie weitere wirtschafts- und währungspolitische Maßnahmen vgl. Dok. 276, Anm. 1.

Informationen nach würde die Wirtschaft der BRD hiervon nicht ernsthaft berührt. Anders sei es mit Japan. Die UdSSR sei unabhängig hiervon bemüht, die Beziehungen zu Japan zu verbessern und die ökonomische Zusammenarbeit auszubauen.

3) Ich verwies B. auf die zwischen Bahr und Alexandrow erörterten praktischen bzw. humanitären Fragen[5], die wir weiter im Auge behalten müßten.

4) Das Thema Reparationen habe ich nicht mehr angeschnitten, nachdem Bahr unwidersprochen gesagt hatte, die Frage stelle sich für uns nicht, (zumal die sowjetische Seite in dieser Hinsicht doch wohl nicht hinter dem zurückbleiben wolle, was sie insoweit in ihren Friedensvertragsentwurf von Anfang 1959[6] aufgenommen habe).

5) Ich sagte B., daß ich es zu schätzen wisse, daß er die Erörterung der zwischenstaatlichen Fragen nicht durch Probleme belastet habe, die Parteien betreffen. Von mir aus wolle ich bemerken, daß ich sehr wohl das Bemühen in seiner Tifliser Rede registriert hätte, sich mit sozialdemokratischen Parteien sachlich und ohne überflüssige Polemik auseinanderzusetzen.[7]

---

[5] Staatssekretär Bahr, Bundeskanzleramt, z. Z. Oreanda, vermerkte am 17. September 1971 über ein Gespräch mit dem Berater des Generalsekretärs des ZK der KPdSU, Breschnew, Alexandrow-Agentow, sowie mit dem Abteilungsleiter im sowjetischen Außenministerium, Kowaljow: „A[lexandrow] nahm unseren Wunsch zur Kenntnis, die Quoten bei den humanitären Fragen zu erhöhen und dafür weiterhin die beiden Rot-Kreuz-Gesellschaften zu unterstützen. [...] Reparationen: Erinnerung an Bundeskanzler/Kossygin vor einem Jahr; Hinweis auf Friedensvertragsvorschlag 59; Aktualität durch finnischen Vorschlag. Reaktion: ‚Wollen Sie etwas zahlen? Für die S[owjet]u[nion] steht die Frage nicht.' Hinweis von mir: Wir müssen davon zu gegebener Zeit öffentlich Gebrauch machen." Vgl. Archiv der sozialen Demokratie, Depositum Bahr, Box 430.

[6] Vgl. dazu Artikel 41 und 42 des sowjetischen Entwurfs vom 10. Januar 1959 für einen Friedensvertrag mit Deutschland: „41) Die Frage der Zahlung von Reparationen durch Deutschland zur Wiedergutmachung des den verbündeten und vereinten Mächten während des Krieges von ihm zugefügten Schadens gilt als vollständig geregelt, und die verbündeten und vereinten Mächte verzichten auf alle Ansprüche an Deutschland hinsichtlich der weiteren Zahlung von Reparationen. 42) Deutschland verpflichtet sich, in den Fällen, wo dies noch nicht geschehen ist, identifizierbare Gegenstände, welche künstlerischen, historischen oder archäologischen Wert besitzen und zum Kulturgut der verbündeten und vereinten Mächte gehören und gewaltsam oder zwangsweise von ihrem Territorium nach Deutschland verschleppt wurden, im gut erhaltenen Zustand zurückzuerstatten. Die Forderungen auf Restitution der genannten Gegenstände können innerhalb von zwölf Monaten nach Inkrafttreten des vorliegenden Vertrages angemeldet werden. Deutschland wird den Staaten, denen Teile des ehemaligen Territoriums Deutschlands zurückgegeben oder deren Souveränität solche Territorien unterstellt wurden, gleichfalls alle historischen Gerichts-, Verwaltungs- und technischen Archive mit den Karten und Plänen übergeben, die diese Gebiete betreffen." Vgl. DzD IV/1, S. 564.

[7] Der Generalsekretär des ZK der KPdSU, Breschnew, führte am 14. Mai 1971 in einer Rede in Tiflis zum 50. Jahrestag der Georgischen Sowjetrepublik u. a. aus: „Wir treten für internationale Sicherheit und Frieden ein, wenden uns gegen die aggressiven Übergriffe auf die Unabhängigkeit und die legitimen Rechte der Völker und sind in diesem Sinne bereit, mit allen Organisationen und Parteien zusammenzuarbeiten, die diese Ziele wirklich anstreben. Unter anderem haben wir auf dem Parteitag erneut unsere positive Einstellung zu möglichen gemeinsamen Aktionen mit den sozialdemokratischen Parteien auf internationaler Ebene bekräftigt. Pressemeldungen ist zu entnehmen, daß die Führer der Sozialdemokratie, unter ihnen auch viele Vertreter regierender Parteien, Ende dieses Monats zur Tagung des Rates der Sozialistischen Internationale in der finnischen Hauptstadt zusammenkommen werden. Sie werden dort Probleme der europäischen Sicherheit, des Nahen Ostens und Indochinas erörtern. Das sind akute Probleme, von deren gerechter Lösung die Entwicklung der gesamten internationalen Lage zum großen Teil abhängt. Die Art, in der die Tagungsteilnehmer sie behandeln werden, wird Aufschluß darüber geben, ob diese wirklich um Minderung der internationalen Spannungen und um die Festigung des Friedens bemüht sind." Vgl. BRESCHNEW, Wege, S. 381.

6) Ich hatte fragen lassen, wie wohl die Meldung in „Le Monde" zu erklären sei, in Moskau kursierten Gerüchte, wonach die Initiative zu dieser Begegnung nicht von sowjetischer, sondern von deutscher Seite ausgegangen sei.[8] Geantwortet wurde: Dies sei wohl eine Verwechslung von Einladung und Terminvorschlag, denn nachdem Falin die Einladung zu einem baldigen Besuch überbracht hätte[9], sei ja einige Tage später mein Vorschlag in bezug auf die passenden Tage übermittelt worden.

7) Das Gespräch mit B. bezog sich im übrigen – wie auch gestern auf der Bootsfahrt und beim Essen – auf nichtpolitische Fragen, Erzählungen über die Familie etc.

[Brandt][10]

Archiv der sozialen Demokratie, Depositum Bahr, Box 430

316

**Gespräch des Bundeskanzlers Brandt
mit Ministerpräsident Mintoff**

19. September 1971[1]

Der Herr Bundeskanzler empfing am Sonntag, den 19. September, in seiner Wohnung den Ministerpräsidenten von Malta, Herrn Dom Mintoff.[2] In dessen Begleitung befanden sich der Botschafter von Malta in Bonn, Joseph Attard-Kingswell, sowie dessen Privatsekretär Camilleri.

Von deutscher Seite nahmen an dem Gespräch Staatssekretär Freiherr von Braun, MD Dr. Sahm und VLR Dr. Schilling teil. Es dauerte von 10.30 bis 11.45 Uhr.

---

[8] Am 17. September 1971 wurde in der Tageszeitung „Le Monde" berichtet: „A qui en revient l'initiative? Officiellement, l'invitation a été adressée par M. Brejnev à M. Brandt, qui a jugé ‚opportun' de l'accepter à cette date. On murmure toutefois à Moscou que l'ambassadeur d'U.R.S.S. à Bonn, M. Faline, a joué un rôle notable dans l'organisation de ce voyage et que l'idée en aurait été initialement suggérée du côté ouest-allemand. Il est à peu près certain en tout cas que M. Brandt a récemment fait savoir aux Soviétiques son désir de ne pas perdre de temps dans les prochaines étapes de sa ‚politique à l'Est', apparement en raison de son propre calendrier de politique intérieure." Vgl. den Artikel von Alain Jacob: „Les Soviétiques veulent surtout parler à M. Brandt de la conférence européenne de sécurité"; LE MONDE vom 17. September 1971, S. 1.

[9] Zur Einladung vom 1. September 1971 an Bundeskanzler Brandt vgl. Dok. 288.

[10] Vermuteter Verfasser der nicht unterzeichneten Aufzeichnung.

[1] Ablichtung.
Die Gesprächsaufzeichnung wurde von Ministerialdirektor Sahm, Bundeskanzleramt, am 21. September 1971 gefertigt und an die Bundesminister Scheel, Schiller, Schmidt und Eppler übersandt. Vgl. den Begleitvermerk; Referat III A 5, Bd. 760.
Hat Ministerialdirigent Robert nach Rückkehr am 28. September 1971 vorgelegen.

[2] Ministerpräsident Mintoff hielt sich am 18./19. September 1971 in der Bundesrepublik auf.

Nach der Begrüßung teilte *Mintoff* mit, daß sein Gespräch mit dem britischen Premierminister[3] am Vortage[4] zu einem besseren Verständnis geführt hätte. Es sei jedoch falsch, zu optimistisch zu sein, da noch viele Schwierigkeiten zu überwinden seien. Immerhin hätte die getroffene Vereinbarung[5] beiden Seiten die erforderliche Zeit zum Verhandeln gebracht. Heath hätte verstanden, daß eine Einigung im Interesse des Westens liege.

Die Briten hätten versucht, ihn zu einer entgegenkommenden Haltung gegenüber den Amerikanern zu bewegen; er hätte aber über die Zulassung von Höflichkeitsbesuchen der 6. Flotte hinaus (und zwar in größerer Zahl als von sowjetischen Einheiten) keine Zusagen machen können, zumal die Amerikaner ihn vor seiner Abreise nach London hätten wissen lassen, daß sie nicht bereit seien, ihre Zahlungen zu erhöhen.

Die nun getroffenen Vereinbarungen sehe zwei Zeitabschnitte vor:
- drei Monate, um herauszufinden, in welchem Umfang die Alliierten bereit sein würden, wirtschaftliche Unterstützung zu leisten,
- sechs Monate, um alle technischen Einzelheiten des neuen Verteidigungsabkommens auszuarbeiten; (als Beispiel nannte Mintoff u. a. die Regeln für „German military presence").

Für morgen, Montag, sei eine Unterrichtung des NATO-Rats durch Großbritannien vorgesehen[6], in der formell die Absprache über die Zusage von zehn

---

[3] Edward Heath.
[4] Ministerpräsident Mintoff besuchte Großbritannien am 17./18. September 1971.
[5] In einem „informellen Memorandum" zwischen Großbritannien und Malta wurde am 18. September 1971 u. a. festgelegt: „The aim would be to reach agreement in principle on the financial aspects of a new defence arrangement within a period of three months; and to negotiate a complete detailed agreement within a period of six months. The Government of Malta would enter into bilateral discussions with those members of the North Atlantic Alliance who indicate their readiness in principle to negotiate bilateral economic support agreements. [...] Pending the introduction of a new agreement, there would be no restrictions placed on British forces in Malta and the previous arrangements would be restored. The British Government would arrange to pay to the Malta Government as soon as practical arrangements could be made, 50 per cent of the annual level of payments offered in the latest package. Payment would be for a six month period with effect from 30 September next." Für das Memorandum vgl. den Drahtbericht Nr. 937 des Gesandten Boss, Brüssel (NATO), vom 20. September 1971; VS-Bd. 9812 (II A 4); B 150, Aktenkopien 1971.
[6] Gesandter Boss, Brüssel (NATO), teilte am 20. September 1971 mit, der britische Vertreter habe den Ständigen NATO-Rat über den Besuch des Ministerpräsidenten Mintoff unterrichtet sowie das dabei erzielte „informelle Memorandum" verteilt. Es sei ausgeführt worden, daß die mit Mintoff getroffenen Absprachen „ausdrücklich ad referendum der Allianzpartner" getroffen worden seien. Boss berichtete, er habe die Bereitschaft der Bundesregierung erklärt, zu der Teilzahlung an Malta entsprechend der prozentualen Beteiligung der Bundesrepublik an der Gesamtsumme beizutragen. Vgl. den Drahtbericht Nr. 937; VS-Bd. 9812 (I A 4); B 150, Aktenkopien 1971.
Botschafter Krapf, Brüssel (NATO), informierte am 21. September 1971, daß der Ständige NATO-Rat dem informellen britisch-maltesischen Memorandum vom 18. September 1971 zugestimmt habe: „Einige Sprecher hatten zunächst Vorbehalte zu dem o.a. Memorandum geltend gemacht. Sie fragten, ob nunmehr von seiten der Alliierten eine Vorleistung erwartet werde, ohne daß eine Gegenleistung Mintoffs sichergestellt sei. Dazu erklärte der britische Botschafter, mit der Zahlung der Hälfte des ‚NATO-Pakets' werde eigentlich keine Vorleistung erbracht, sondern die Fortgeltung des ursprünglichen britisch-maltesischen Verteidigungsabkommens für sechs Monate erkauft. Auf der Basis dieser Interpretation wurden die Bedenken zurückgestellt. Mehrere Sprecher wiesen jedoch darauf hin, daß die Zahlung ihres anteiligen Betrages aus haushaltsrechtlichen Gründen nicht gleich möglich sein werde. [...] Ich habe darauf hingewiesen, daß Anhaltspunkte für eine Quantifizierung der deutschen Wirtschaftshilfe frühestens nach der morgen stattfindenden Kabi-

Mio. Pfund, die Sechs-Monats-Zeit und die in diesem Rahmen vorgesehene Barzahlung in Höhe von fünf Mio. Pfund mit Wirkung vom 30.9. beschlossen werden soll. Nachdem die Briten erklärt hätten, daß der Beitrag von 5,25 Mio. Pfund ein Maximum darstelle, hätte nur eine zeitlich beschränkte Vereinbarung getroffen werden können.

Der *Bundeskanzler* erwiderte nach einer kurzen Darstellung seiner Eindrücke von der Krim[7], daß er sehr besorgt wäre, wenn es den europäischen Ländern nicht gelinge, zu einer Regelung zu gelangen. Die Bemühungen, durch mehr Entspannung zu mehr Zusammenarbeit zu kommen, machten keinen Sinn, wenn nicht auch Malta in Zukunft in diesen Rahmen eingefügt werden könne. Wir hätten unsere Freunde und Alliierten ermutigt, sich kooperativ zu zeigen, und er sei deshalb froh, daß ein Fortschritt – wenn auch nur vorläufig (interim) – erzielt worden sei. Er erkundigte sich dann nach der Bedeutung des Hinweises Mintoffs auf die „German military presence". Wir müßten sehr vorsichtig sein und an unsere Gesamtpolitik denken. Von einer deutschen militärischen Präsenz könne nicht die Rede sein.

Mintoff erläuterte, daß das Abkommen eine Reihe technischer Detailregelungen enthalten würde, die im einzelnen ausgearbeitet werden müßten. Während bisher von einer ausschließlichen britischen Nutzung der Verteidigungseinrichtungen gesprochen wurde, sei das jetzige Konzept anders. Alle Beteiligten müßten die gleichen Möglichkeiten haben und hierfür müsse die Tür offengelassen werden. Zu den bevorstehenden britischen Gesprächen erklärte Mintoff, daß er herausfinden müsse, wieviel Geld die einzelnen Länder während der nächsten sieben Jahre Malta zur Verfügung zu stellen bereit seien. Dies dauere sicher einige Zeit. Als Maßstab könne entweder der Beitrag des ärmsten oder des reichsten Partners gewählt werden, an dem sich dann die übrigen Partner orientieren könnten. Die Italiener würden sicher einen realistischen Beitrag leisten, aber wohl nicht mehr als die Hälfte des deutschen Beitrages. Die französische Haltung sei unklar. Kanada liege weit entfernt; es sei schwer einzusehen, warum es beitragen soll. Es bliebe die Bundesrepublik. Es gehe insgesamt darum, für die Zeit von sieben Jahren einen Beitrag von je acht Mio. Pfund aufzubringen.

Der *Bundeskanzler* verwies auf unser Entwicklungshilfesystem, das den engen Zusammenhang mit bestimmten Projekten vorsehe.[8] Aber auch dann bestün-

Fortsetzung Fußnote von Seite 1422
nettssitzung gegeben werden können." Vgl. den Drahtbericht Nr. 942; VS-Bd. 1693 (I A 7); B 150, Aktenkopien 1971.

[7] Bundeskanzler Brandt hielt sich vom 16. bis 18. September 1971 zu Gesprächen mit dem Generalsekretär des ZK der KPdSU, Breschnew, in Oreanda auf. Vgl. dazu Dok. 310, Dok. 311, Dok. 314 und Dok. 315.

[8] Ministerialdirigent Robert vermerkte am 21. September 1971 zur Vorbereitung der Kabinettssitzung am folgenden Tag, daß es „im Hinblick auf die sehr weitgehenden Wünsche Mintoffs nicht leicht sein dürfte, eine einvernehmliche Haltung des Kabinetts herbeizuführen. [...] 1) Eine Gewährung normaler Wirtschaftshilfe würde uns die angedeuteten Schwierigkeiten bringen. Das Auswärtige Amt sollte sich daher deutlich gegen eine Verfremdung oder Umfunktionierung der Kapitalhilfe aussprechen. 2) Eine Verwendung von Kapitalhilfe, wie sie Herr Mintoff ins Auge faßt, könnte leicht mit unseren Leistungen an Israel verglichen werden. Israel ist aber ein Sonderfall. Auch die übrige Welt erkennt unserem Verhältnis zu Israel einen Sondercharakter zu. Im Falle Maltas würden uns die Entwicklungsländer nicht das Bestehen besonderer Beziehungen als Begründung für die Gewährung außergewöhnlicher finanzieller Leistungen zubilligen. 3) Auch das Beispiel Jugoslawien kann nicht herangezogen werden, denn die von uns für Jugoslawien in Aus-

den Schwierigkeiten, sich auf bestimmte Zahlen für einen längeren Zeitraum festzulegen.

Dieses im Bundestag liegende Problem könne vielleicht durch gewisse Vorbehalte gelöst werden. Aber auch dann bliebe die Frage, für welche Zwecke das Geld verwendet werden solle.

Mintoff meinte, daß an Projekten kein Mangel bestehe. Diese könnten aber erst dann näher definiert und geplant werden, wenn man wisse, welche wirtschaftlichen Beiträge (Contributions) während der nächsten sieben Jahre zu erwarten seien. Mintoff brauche im übrigen den Rat eines Finanzexperten. Es liege im deutschen Interesse, daß das Geld zweckmäßig verwendet werde.

Von Braun erläuterte erneut unser Entwicklungshilfesystem, wonach Gelder nur nach Klärung bestimmter Projekte bewilligt werden könnten. Zwei Mio. DM stünden für Malta zur Verfügung, es fehle jedoch an konkreten Projektvorschlägen. Es sei auch an eine Erhöhung dieses Betrages zu denken.

Mintoff legte dar, daß das Problem sich anders stelle. Um den Wünschen der Briten und ihrer Alliierten zu entsprechen und dies als Grundlage für eine Partnerschaft zu benutzen, müsse die Wirtschaft auf der Insel gestärkt werden. Die Briten könnten dies nicht allein. Es gehe um den Betrag von acht Mio. Pfund jährlich für einen Zeitraum von sieben Jahren. Sobald der Umfang der finanziellen Beiträge klar sei, könne man Projekte vorlegen.

Der *Bundeskanzler* meinte, man müsse zwei Ziele miteinander vereinbar machen:

– einen allgemeinen finanziellen Rahmen für die nächsten sieben Jahre schaffen

– und innerhalb dieses Rahmens an einzelnen Projekten arbeiten.

Es müsse zusammen mit anderen europäischen Regierungen eine kombinierte Lösung gefunden werden.

Mintoff bestätigte, daß es sich jetzt um eine politische Entscheidung handele, nicht um die Erörterung von Einzelprojekten.

Der *Bundeskanzler* erklärte, daß diese Frage im Kabinett erörtert werden müsse. Mintoff habe jedoch wohl keine Bedenken, wenn wir dies mit anderen Regierungen erörterten.

Mintoff begrüßte diesen Gedanken. Mit gedämpfter Stimme fügte er hinzu, daß Malta vielleicht bei der Gestaltung der Beziehungen der Bundesrepublik zu Libyen von Nutzen sein könne. Malta hätte sehr gute Beziehungen und gemeinsame Projekte. Er erwähne in diesem Zusammenhang den Plan der Deutschen Welle für eine Fernseh-Ausbildungsstätte auf Malta. Der Bundeskanzler möge ihn wissen lassen, wenn er nützlich sein könne.

Fortsetzung Fußnote von Seite 1423

sicht genommene Kapitalhilfe soll rückzahlbar sein. Im übrigen steht eine Vereinbarung hierüber noch aus. 4) Da die Gefahr besteht, daß die Addition aller bilateralen Hilfsmaßnahmen der NATO-Partner für Malta bei weitem nicht die von Malta geforderten acht Mio. £ pro Jahr erreichen, sondern maximal 20–25% decken wird, kommt es entscheidend darauf an, daß die Verzahnung zwischen dem britisch-maltesischen Verhandlungspaket und der zweiten Komponente, der ‚bilateralen Wirtschaftshilfe' bestimmter NATO-Partner sichergestellt wird. Es muß verhindert werden, daß uns die Schlüsselrolle für das Zustandekommen der Gesamtvereinbarung zufällt." Vgl. VS-Bd. 10091 A (Ministerbüro); B 150, Aktenkopien 1971.

Er stehe unter gewissem sowjetischen Druck, eine Wirtschaftsdelegation zu empfangen. Auch seien die Sowjets an der Einrichtung einer Botschaft sowie an Schiffsreparaturen auf Malta interessiert. Er sei jedoch nur bereit, Reparaturen an Frachtschiffen ausführen zu lassen.

Immerhin versuchten die Sowjets, näher und näher zu kommen. Er wolle aber, daß Malta eine freie Nation bleibe und mit freien Nationen zusammenarbeite. Wenn aber keine wirtschaftliche Hilfe komme, dann könne er genötigt sein, maltesisches Territorium an fremde Kräfte „zu verkaufen".

Mintoff schloß mit einer Einladung an den Bundeskanzler, seine Ferien auf Malta zu verbringen.

Der *Bundeskanzler* dankte für die Einladung, die auch Botschafter von Wendland schon übermittelt hätte – er müsse aber gelegentlich auch mal in Deutschland sein.

Er verstehe das Problem Mintoffs. Er werde mit Großbritannien in Verbindung bleiben und auch mit den Ländern Fühlung nehmen, die Mintoff erwähnt habe, aber auch mit einigen anderen.

Er werde die Angelegenheit ferner in der Kabinettssitzung am Mittwoch[9] erörtern und Mintoff von dem Ergebnis der Beratung unterrichten.[10]

Referat III A 5, Bd. 760

---

[9] Referat L 1 vermerkte am 28. September 1971 zur Kabinettssitzung am 22. September 1971: „Der Bundeskanzler berichtet über sein Gespräch mit dem maltesischen Ministerpräsidenten Mintoff am 19. September 1971. Nach einer ausführlichen Diskussion, an der sich die BM Scheel, Ehmke und Schiller sowie StS Mommsen beteiligen, faßt BM Scheel, der ab 11.00 Uhr den Vorsitz führt, das Ergebnis der Aussprache dahin zusammen, daß sich die Bundesregierung neben dem in Lösung befindlichen Beitrag innerhalb der NATO auf internationaler Ebene initiativ bemühen werde, langfristig mit Malta zu einer wirtschaftlichen Kooperation zu kommen. Die Bundesregierung werde sowohl im Rahmen der NATO als auch bei den EG-Konsultationen den Gedanken eines ‚Konsortiums für Malta' (Arbeitstitel) in die Debatte einführen und mit der Regierung von Malta hierüber in Gespräche eintreten. Die Bundesrepublik sollte jedoch nicht Sprecher eines solchen Konsortiums werden, sondern diese Rolle einem anderen, mit den Verhältnissen in Malta vertrauteren Partnerland überlassen." Vgl. Referat III A 5, Bd. 760.

Ministerialdirigent Diesel teilte der Ständigen Vertretung bei der NATO in Brüssel am 27. September 1971 mit der Bitte um Unterrichtung des Ständigen NATO-Rats mit: „Nach unserer Auffassung erfordert die von Malta zur Diskussion gestellte Forderung nach zusätzlicher wirtschaftlicher Hilfe eine politische Entscheidung aller Beteiligten. In den bisherigen Erörterungen ist deutlich geworden, daß die Mittel, die von den zu weiterer Hilfe bereiten Regierungen zur Verfügung gestellt werden können, sich nicht für einen so langen Zeitraum, wie von Malta gewünscht, im voraus fixieren lassen. Die Bundesregierung regt daher die Bildung einer Arbeitsgruppe der zu bilateralen Maßnahmen zugunsten Maltas bereiten Staaten an, mit dem Ziel, einen Überblick über Art und mögliche Größenordnung der zur Verfügung stehenden Mittel zu erhalten und einen Kompromiß zwischen maltesischen Wünschen und Möglichkeiten der Geberländer zu finden." Vgl. den Drahterlaß Nr. 4559; VS-Bd. 1693 (I A 7); B 150, Aktenkopien 1971.

[10] Bundeskanzler Brandt teilte Ministerpräsident Mintoff am 30. September 1971 mit: „Wie ich Ihnen zusagte, habe ich die Möglichkeit bilateraler deutscher Hilfsmaßnahmen zugunsten Maltas mit meinen Kollegen im Bundeskabinett erörtert. Wir meinen, daß in der Tat neben die Vorteile aus den Abkommen, die zwischen Malta und Großbritannien verhandelt werden und zu deren materieller Ausgestaltung auch andere Regierungen – darunter die Bundesregierung – beitragen, zusätzliche Bemühungen treten sollten. Für solche Bemühungen setzen wir uns ein und wollen uns gemeinsam mit anderen Staaten, die hierzu bereit sind, an ihnen beteiligen. Erste Schritte in dieser Richtung wurden von uns bereits eingeleitet, und ich hoffe aufrichtig, daß es möglich sein wird, auf diesem Wege voranzukommen. Sie können versichert sein, daß wir weiter bemüht bleiben, zu einer baldigen Klärung dieser wichtigen Frage beizutragen. Ohne dem Ergebnis vorgreifen zu

317

Staatssekretär Freiherr von Braun an Generalkonsul Scheel, Helsinki

II A 1-82.30-3016/71 VS-vertraulich 20. September 1971[1]
Fernschreiben Nr. 4551 Plurex Aufgabe: 24. September 1971, 19.55 Uhr

Für Leiter Handelsvertretung

Betr.: Finnischer Vorschlag gleichzeitiger Verträge Finnlands mit der Bundesrepublik Deutschland und der DDR zur Regelung verschiedener Fragen einschließlich der Aufnahme diplomatischer Beziehungen[2]

I. Sie werden gebeten, bei Staatssekretär Tötterman vorzusprechen und ihm folgende vorläufige Reaktion der Bundesregierung auf den finnischen Schritt vom 10.9. mitzuteilen:

1) Die Bundesregierung hat den finnischen Vorschlag und seine Erläuterungen, die in verschiedenen Formen gegeben worden sind, zur Kenntnis genommen. Sie wird diesen Vorschlag mit der ihm zukommenden Aufmerksamkeit prüfen. Diese Prüfung hat nicht nur die mit dem finnischen Abkommensentwurf und in seinen einzelnen Bestimmungen unmittelbar oder mittelbar angesprochenen politischen und rechtlichen Fragen, sondern auch die in der gegenwärtigen politischen Situation in Europa liegenden Voraussetzungen und Implikationen des finnischen Vorschlags zum Gegenstand. Sie wird wegen der Schwierigkeiten der Probleme einige Zeit in Anspruch nehmen. Die Bundesregierung sieht sich daher nicht in der Lage, über Verhandlungen und ihren Beginn jetzt schon Verbindliches zu sagen. Sie möchte sich jedoch vorbehalten, im Laufe der Prüfung die finnische Seite um weitere Erläuterungen ihres Vorschlages zu bitten.

2) Unabhängig vom Ergebnis dieser Prüfung muß im Augenblick schon gesagt bzw. wiederholt werden, daß die finnische Initiative uns überrascht hat. Die finnische Regierung hat sie mit einer Beurteilung der Lage in Europa und ins-

---

Fortsetzung Fußnote von Seite 1425

wollen, möchte ich hervorheben, daß uns hierbei sorgfältig aufeinander abgestimmte Hilfsmaßnahmen vorschweben, die die Wirtschaft Maltas und damit die wirtschaftliche und soziale Lage seiner Bevölkerung verbessern. So könnten, wie ich glaube, die engen Bindungen zwischen Malta und den europäischen Staaten wirksam weiter verstärkt werden." Vgl. Referat III A 5, Bd. 760.

[1] Der Drahterlaß wurde von Vortragendem Legationsrat Blech konzipiert und mit Begleitvermerk vom 20. September 1971 über Referat I A 5 an die Referate II A 3 und V 7 zur Mitzeichnung sowie an Ministerialdirigent van Well weitergeleitet.
Hat Vortragendem Legationsrat I. Klasse Thomas am 21. September 1971 vorgelegen, der die Weiterleitung an Ministerialdirigent Simon verfügte.
Hat Simon am 21. September 1971 vorgelegen.
Hat Vortragendem Legationsrat Bazing am 21. September 1971 vorgelegen.
Hat Vortragendem Legationsrat I. Klasse Rumpf am 23. September 1971 vorgelegen, der handschriftlich vermerkte: „Ziff[er] 5 von Teil II wird mitgezeichnet. Teil I erscheint nicht frei von inneren Widersprüchen." Vgl. VS-Bd. 4475 (II A 1); B 150, Aktenkopien 1971.
Hat Ministerialdirektor von Staden am 24. September 1971 vorgelegen.
[2] Zum finnischen Vorschlag vom 10. September 1971 zur Aufnahme von Verhandlungen mit der Bundesrepublik bzw. der DDR über die Aufnahme diplomatischer Beziehungen vgl. Dok. 304.

besondere des Verhältnisses zwischen beiden Staaten in Deutschland begründet, die von unserer bekannten Einschätzung abweicht.

3) Dieses Urteil geht zur Zeit noch dahin, daß wir erst am Beginn eines Entspannungs- und Normalisierungsprozesse in Europa stehen.

Zwar berechtigt die zurückgelegte erste Wegstrecke zu Hoffnungen. So hat die Bundesregierung das Vier-Mächte-Abkommen über Berlin ausdrücklich als einen Fortschritt bezeichnet, der sie in ihrer Entspannungspolitik ermutigt.[3] Daß sie diese Politik mit Nachdruck weiterzuverfolgen gewillt ist, wird durch den Besuch des Bundeskanzlers beim Generalsekretär der KPdSU[4] deutlich nachgewiesen.

Es bleibt jedoch die Tatsache, daß dieser Prozeß insbesondere noch nicht zu dem Grade von Normalität zwischen den beiden deutschen Staaten geführt hat, ohne welchen eine umfassende Entspannung in Europa nicht denkbar ist.

Wie sie wiederholt erklärt hat, ist die Bundesregierung bereit, die notwendige Regelung des Verhältnisses zwischen Bundesrepublik Deutschland und DDR durch verbindliche Vereinbarungen zwischen beiden deutschen Staaten herbeizuführen, die auf der Grundlage der Gleichberechtigung, der Nichtdiskriminierung, der Achtung der Unabhängigkeit und der Selbständigkeit beider Staaten in ihren inneren Angelegenheiten geschlossen werden. Neben diesen Prinzipien müssen diese Abmachungen aber auch – daran hat die Bundesregierung ebenfalls nie einen Zweifel gelassen – von der besonderen Lage Deutschlands insgesamt und der Deutschen ausgehen, die in zwei Staaten leben und sich dennoch als Angehörige einer Nation verstehen. Diese Abmachungen dürfen daher nicht im Widerspruch zu dem politischen Ziel der Bundesrepublik Deutschland stehen, auf einen Zustand des Friedens in Europa hinzuwirken, in dem das deutsche Volk in freier Selbstbestimmung seine Einheit wiedererlangt. Dieser für uns wesentliche Orientierungspunkt ist gerade auch der Sowjetunion anläßlich der Unterzeichnung des deutsch-sowjetischen Vertrages vom 12. August 1970 durch den Brief zur deutschen Einheit[5] förmlich zur Kenntnis gebracht worden. Nach Überzeugung der Bundesregierung liegt die Notwendigkeit, dem deutschen Volk die Ausübung seines Selbstbestimmungsrechts offen zu halten, nicht nur in unserem wohl verstandenen nationalen Interesse, sondern im Interesse Europas allgemein, dessen Stabilität nicht dauernd auf die Teilung eines Volkes, also eine offenkundige Anormalität, gegründet werden kann.

---

[3] Staatssekretär Ahlers, Presse- und Informationsamt, erklärte im Anschluß an eine Sitzung des Kabinetts am 25. August 1971 u. a.: „Die Bundesregierung erwartet von der Berlin-Regelung, zu der noch der erfolgreiche Abschluß ihrer Verhandlungen mit der Regierung der DDR kommen muß, einen wesentlichen Beitrag zur Entspannung im Zentrum Europas. Sie begrüßt die Einigung der vier Botschafter über den Entwurf eines Vier-Mächte-Abkommens als einen sehr bedeutsamen Fortschritt in dieser Richtung, der sie in ihrer eigenen auf Frieden und Normalisierung gerichteten Politik bestätigt und ermutigt." Vgl. BULLETIN 1971, S. 1321.

[4] Bundeskanzler Brandt hielt sich vom 16. bis 18. September 1971 zu Gesprächen mit dem Generalsekretär des ZK der KPdSU, Breschnew, in Oreanda auf. Vgl. dazu Dok. 310, Dok. 311, Dok. 314 und Dok. 315.

[5] Für den Wortlaut des Vertrags vom 12. August 1970 zwischen der Bundesrepublik und der UdSSR sowie des „Briefs zur Deutschen Einheit" vgl. BULLETIN 1970, S. 1094.

4) Die Bundesregierung hofft, daß die aufgrund des Vier-Mächte-Abkommens über Berlin aufgenommenen Verhandlungen mit der Regierung der DDR über die Vervollständigung dieses Abkommens bald abgeschlossen werden können und es möglich sein wird, die Thematik der Verhandlungen mit der DDR auf die notwendigen Regelungen des Gesamtverhältnisses auszudehnen. Zu dieser Thematik wird auch die Mitgliedschaft beider Staaten in den Vereinten Nationen und anderen internationalen Organisationen gehören; eine Vereinbarung hierüber wird sich auf die internationale Position der DDR in multilateralem Bereich und damit auch auf ihre bilateralen Beziehungen zu dritten Staaten auswirken.

Wir wissen, daß der Weg zu solchen umfassenderen Verhandlungen und noch mehr zu ihren befriedigenden Ergebnissen äußerst schwierig sein kann. Unsere Erfahrungen in den ersten Runden der innerdeutschen Verhandlungen über den Berlin-Verkehr geben zu ernsten Zweifeln an dem Willen der DDR Anlaß, an die zu lösenden Probleme mit der notwendigen konstruktiven Haltung heranzugehen.

Unter diesen Umständen legt die Bundesregierung besonderen Wert darauf, daß der schwierige Prozeß, der unter den Beteiligten die Voraussetzungen eines weiterführenden Gesprächs und verbindlicher Vereinbarungen schaffen soll, nicht von außen kompliziert werde. Dies kann vor allem im internationalen Bereich dann der Fall sein, wenn Regelungen, die zwischen den beiden deutschen Staaten erst getroffen werden sollen, durch einseitige Schritte dritter Länder rechtlich oder politisch präjudiziert werden. Die Bundesregierung hat daher an befreundete Staaten stets die Bitte gerichtet, von solchen Schritten solange abzusehen, bis im Verhältnis zwischen den beiden Staaten in Deutschland ein gewisser Grad von Normalisierung erreicht ist.

Die Bundesregierung verhehlt nicht, daß sie angesichts dessen den Zeitpunkt der finnischen Initiative nicht als günstig betrachten kann.

5) Was den finnischen Vertragsentwurf anbetrifft, sieht sich die Bundesregierung noch nicht zu einer Stellungnahme zu seinen einzelnen Bestimmungen in der Lage. Sie möchte sich daher, solange die eingehende Prüfung andauert, darauf beschränken, die Aufmerksamkeit der finnischen Regierung auf einen allgemeinen Aspekt eines solchen Vertrages zu lenken: Wegen der besonderen Lage Deutschlands müssen wir bei allen Vereinbarungen, die die Deutschland-Frage berühren, Wert darauf legen, die begrifflichen Grenzen des Modus vivendi nicht zu überschreiten. Uns liegt daran, daß das darin enthaltene Element des Provisorischen, das bis zu einer endgültigen Lösung der deutschen Frage alle Regelungen in ihrem Bereich charakterisiert, deutlich wird. Wir können nichts tun, was auf eine dauernde Festlegung der politischen Teilung Deutschlands hinausläuft. Eine solche Festlegung würde dem Willen des deutschen Volkes, dem der Bundesregierung gegebenen Verfassungsauftrag[6] und der Verantwortung der Sieger des Zweiten Weltkriegs in bezug auf Deutschland als Gan-

---

[6] Vgl. dazu die Präambel des Grundgesetzes vom 23. Mai 1949; Dok. 66, Anm. 15.

zes, die zu beachten die Bundesrepublik Deutschland sich gegenüber ihren westlichen Alliierten vertraglich verpflichtet hat[7], widersprechen.

Im Hinblick darauf kann die Bundesrepublik Deutschland vertragliche Verpflichtungen, die für ihr Verhältnis zu dem anderen Staat in Deutschland unmittelbar oder mittelbar erheblich sind, nur dann eingehen, wenn sie jenen vorrangigen Grundsätzen Rechnung tragen und dies deutlich zum Ausdruck kommt. Die Bundesregierung wird dies bei der Prüfung des finnischen Vertragsentwurfs berücksichtigen müssen. Sie möchte sich daher vorbehalten, darauf im Laufe eventueller weiterer Gespräche zurückzukommen.

6) Die Bundesregierung hat mit Befriedigung die finnische Präzisierung aufgenommen, daß nach der Vorstellung der finnischen Regierung nicht nur die von ihr vorgesehenen Verträge mit der Bundesrepublik Deutschland und der DDR gleichzeitig in Kraft treten, sondern auch die Verhandlungen darüber nur gleichzeitig aufgenommen werden sollen.[8]

II. Zu Ihrer zusätzlichen Unterrichtung über den Stand der hiesigen Überlegungen:

1) Die finnische Initiative ist hier als inopportun empfunden worden.[9] Dennoch erscheint es nicht als zweckmäßig, sie a limine abzuweisen. Dies würde

- uns mit dem Anschein einer vollständig negativen Haltung belasten, die der DDR psychologisch zugute käme,
- das weitere Gespräch mit Finnland abschneiden und die Möglichkeit einer einseitigen Anerkennung der DDR durch Finnland erhöhen,
- es uns von vornherein unmöglich machen, zu einem geeigneten Zeitpunkt die parallele Aufnahme einer auf das Sonderverhältnis zwischen den beiden deutschen Staaten bezogenen Bestimmung in die Entwürfe beider Verträge vorzuschlagen und damit ein Modell zu entwickeln, das in vergleichbaren Fällen zur Wahrung unserer Interessen genützt werden könnte (ob es zu einem solchen Vorschlag kommt, ist im Augenblick allerdings nicht abzusehen),
- unsere Stellung erschweren, wenn nach einer ausreichenden Regelung des Verhältnisses zwischen der Bundesrepublik Deutschland und der DDR die Frage der Aufnahme diplomatischer Beziehungen zu Finnland sich auf jeden Fall stellt.

2) Die Wirkungen des Verhaltens Finnlands, eines geachteten Neutralen, auf andere Neutrale werden hier ernstgenommen. Wir gehen jedoch davon aus, daß dieses Verhalten durch spezifische innen- und außenpolitische Faktoren bestimmt ist, die es nicht als Vorbild für andere Staaten geeignet erscheinen läßt. Dies wird daher, soweit erforderlich, gegenüber dritten Ländern von uns herausgestellt werden müssen.

---

[7] Vgl. dazu Artikel 2 Satz 1 des Vertrags vom 26. Mai 1952 über die Beziehungen zwischen der Bundesrepublik Deutschland und den Drei Mächten in der Fassung vom 23. Oktober 1954 (Deutschland-Vertrag); Dok. 154, Anm. 10.
[8] Vgl. dazu Dok. 305, Anm. 5.
[9] Dieser Satz ging auf Streichungen und handschriftliche Änderungen des Ministerialdirektors von Staden zurück. Vorher lautete er: „Die finnische Initiative hat hier verstimmt."

3) Wir werten die finnische Initiative unabhängig von der zugrundeliegenden Absicht und von ihrem Endergebnis als eine die DDR objektiv begünstigende Abweichung von der bisherigen Neutralität. Inwieweit das unsere Haltung zu Helsinki als Ort multilateraler KSE-Vorbereitungen beeinflußt, wird vom weiteren finnischen Verhalten, aber nicht nur von diesem allein abhängen. Es genügt im Augenblick, wenn die Finnen mittelbar spüren, daß Helsinki einiges von seiner in der absoluten Neutralität begründeten Attraktivität für uns verloren haben könnte und wir auch hierüber Überlegungen anstellen. Im förmlichen Gespräch mit ihnen sollte dies aber nicht zum Ausdruck kommen.

4)[10] Wir legen keinen Wert auf eine politische und unvermeidlich emotionale Erörterung der finnischen Reparationsforderungen. Bei der rechtlichen Beurteilung wird das Londoner Schuldenabkommen vom 27.2.1953[11] eine Rolle spielen. Die finnischen Forderungen würden unter seinen Artikel 5 fallen. Aufgrund dieser Bestimmung wird die Regelung der aus dem Zweiten Weltkrieg herrührenden Forderungen gegen das Deutsche Reich und seine Beauftragten bis zur endgültigen Regelung der Reparationsfrage – d. h. praktisch: bis zu einem Friedensvertrag – zurückgestellt.[12] Aufgrund von Artikel 8 des Abkommens ist es der Bundesrepublik Deutschland untersagt, irgendeinen Gläubigerstaat zu bevorzugen oder zu benachteiligen.[13] Die Bundesrepublik Deutschland kann daher vor einem Friedensvertrag keine Zahlungsverpflichtungen gegenüber Finnland übernehmen, da es nach dem zitierten Artikel 8 auch gegenüber solchen Staaten gebunden ist, die das Londoner Schuldenabkommen nicht unterzeichnet haben oder ihm nicht beigetreten sind. – Die förmliche Berufung auf das Londoner Schuldenabkommen setzt jedoch voraus, daß wir Finnland als Gläubigerland betrachten. Darüber wollen wir im Augenblick noch nichts Abschließendes sagen.

Die Erwartung (die vielleicht auch gerade auf finnischer Seite gehegt worden ist), daß die DDR auf die finnische Initiative wegen der Reparationsforderungen nicht eingehen werde, hat sich nicht erfüllt. Dennoch bestehen begründete Zweifel, daß die DDR tatsächlich bereit ist, Reparationszahlungen an Finnland ins Auge zu fassen. Möglicherweise würde sie sich auf Abschnitt IV Ziff. 1–3 des Potsdamer Abkommens berufen, wonach Reparationsforderungen der Sowjetunion und Polens aus der sowjetischen Besatzungszone, Reparationsforderungen der Vereinigten Staaten, des Vereinigten Königreichs „und anderer Län-

---

[10] Diese Ziffer wurde von Ministerialdirektor von Staden handschriftlich eingefügt. Dafür wurde gestrichen: „4) Entsprechendes gilt für die finnischen EWG-Wünsche. 5)".
[11] Korrigiert aus: „23.2.1953".
[12] Vgl. dazu Artikel 5 Absatz 2 des Abkommens vom 27. Februar 1953 über deutsche Auslandsschulden (Londoner Schuldenabkommen); Dok. 247, Anm. 7.
[13] Artikel 8 des Abkommens vom 27. Februar 1953 über deutsche Auslandsschulden (Londoner Schuldenabkommen): „Die Bundesrepublik Deutschland wird bei Erfüllung von Regelungsbedingungen gemäß diesem Abkommen und seinen Anlagen oder auch sonst eine Schlechterstellung oder Bevorzugung weder mit Bezug auf die verschiedenen Schuldenarten noch auf die Währung, in denen die Schulden zu bezahlen sind, noch in anderer Beziehung zulassen; die Gläubigerstaaten werden dies von der Bundesrepublik Deutschland auch nicht verlangen. Eine unterschiedliche Behandlung der verschiedenen Schuldenarten als Folge der Regelung gemäß den Bestimmungen dieses Abkommens und seiner Anlagen gilt nicht als Schlechterstellung oder Bevorzugung." Vgl. BUNDESGESETZBLATT 1953, Teil II, S. 342.

der mit Reparationsansprüchen" aus den Westzonen befriedigt werden sollen.[14] Es ist bemerkenswert, daß das SED-Organ „Neues Deutschland" in seiner Berichterstattung über die finnische Initiative die Reparationsforderungen unterschlagen hat.[15]

III. Sie werden gebeten, die unter II. wiedergegebenen Gesichtspunkte Ihren informellen Gespräche zugrunde zu legen und sie insbesondere in der Abstimmung mit den Vertretern der Alliierten zu verwerten. Im übrigen sollten Sie in Ihren Gesprächen mit der finnischen Seite an Ihrer bisherigen, hier mit Befriedigung aufgenommenen Argumentationsweise festhalten.[16]

Dieser Erlaß wird in der Bonner Vierergruppe den westlichen Alliierten zur Kenntnis gegeben werden.

Braun[17]

VS-Bd. 4475 (II A 1)

---

[14] Kapitel IV Absatz 1 bis 3 des Kommuniqués vom 2. August 1945 über die Konferenz von Potsdam (Potsdamer Abkommen): „1) Reparationsforderungen der UdSSR werden durch Entnahmen aus der von der UdSSR besetzten Zone Deutschlands und aus entsprechendem deutschen Auslandsvermögen befriedigt. 2) Die UdSSR verpflichtet sich, die Reparationsforderungen Polens aus ihrem eigenen Reparationsanteil zu regeln. 3) Die Reparationsforderungen der Vereinigten Staaten, des Vereinigten Königreichs und sonstiger Länder, die Anspruch auf Reparationen haben, werden aus den westlichen Zonen und aus entsprechendem deutschen Auslandsvermögen befriedigt." Vgl. DzD II/1, S. 2112f.

[15] Vgl. dazu die Meldung „Finnische Regierung schlägt Gesamtvertrag mit DDR und BRD vor"; NEUES DEUTSCHLAND vom 12. September 1971, S. 1.
Vortragender Legationsrat Bräutigam vermerkte am 15. September 1971, am Rande des Gesprächs des Staatssekretärs Bahr, Bundeskanzleramt, mit dem Staatssekretär beim Ministerrat der DDR, Kohl, vom Vortrag sei auch die finnische Initiative vom 10. September 1971 erörtert worden. Kohl habe ausgeführt, „daß seine Regierung das Angebot zur Aufnahme von Verhandlungen mit beiden deutschen Staaten begrüße. Es erscheine ihm bedeutsam, daß ein neutraler europäischer Staat zu diesem Zeitpunkt eine solche Initiative ergreife. Auf die Reparationsfrage in den finnischen Vertragsentwürfen angesprochen, wies Kohl zunächst darauf hin, daß nach dem Potsdamer Abkommen aus der ehemaligen sowjetischen Besatzungszone lediglich die Reparationsansprüche der Sowjetunion (und über diese auch die Ansprüche Polens) befriedigt werden sollten. Das sei in den Nachkriegsjahren geschehen. Die Reparationsansprüche der Vereinigten Staaten, Großbritanniens und anderer berechtigter Länder sollten nach dem Potsdamer Abkommen aus den Westzonen befriedigt werden. Finnland könnte daher nur Ansprüche gegen die ‚Westmasse' erheben. Kohl räumte jedoch ein, daß die Entschädigung für finnische Kriegsschäden eine interessante Frage sei, die man sich noch überlegen müsse." Vgl. VS-Bd. 4534 (II A 1); B 150, Aktenkopien 1971.

[16] Generalkonsul Scheel, Helsinki, übergab die Antwort der Bundesregierung auf die Initiative der finnischen Regierung vom 10. September 1971 am 27. September 1971. Vgl. dazu BULLETIN 1971, S. 1512.

[17] Paraphe vom 24. September 1971.

318

Staatssekretär Bahr, Bundeskanzleramt, an den Sicherheitsberater des amerikanischen Präsidenten, Kissinger

20. September 1971[1]

Top Secret

To: Henry Kissinger, White House, Washington D.C.

From: Egon Bahr

Unabhängig von dem, was auf amtlichen Wegen berichtet wird, möchte der Bundeskanzler dem Präsidenten[2] folgende Eindrücke vermitteln[3]:

„1) Breschnew, der sich eindeutig als Nummer eins gibt, scheint an Verhandlungen über – wie er hinzufügte: gleichgewichtige – Truppenbegrenzungen ernsthaft interessiert zu sein. Er fragte mich, ob dieses Interesse meiner Überzeugung nach auch auf amerikanischer Seite vorhanden sei.

2) In einem allgemeinen Zusammenhang ging Breschnew erneut auf die amerikanische Politik ein, sprach mit Respekt vom Präsidenten und von seiner Hoffnung, beim Abbau von Spannungen voranzukommen. Dies hörte sich, dem wording nach, alles wesentlich positiver an als vor einem Jahr.[4]

3) In Verbindung mit längeren, zumeist sehr kritischen Ausführungen über China erwähnte Breschnew den Reiseplan des Präsidenten[5] ohne jede auf diesen bezogene Polemik.

4) Völlig zugeknöpft war Breschnew bei der Erörterung der Schwierigkeiten, die in unseren Gesprächen mit der DDR wegen der deutschen Übersetzung[6] eingetreten sind. Er war offensichtlich von der DDR geimpft, im einzelnen schlecht informiert und ängstlich darauf bedacht, sich nicht durch mich engagieren zu lassen".

Ich möchte dem noch folgendes hinzufügen:

Die russischen Äußerungen und Fragen zu MBFR sind fast aufs Wort die gleichen wie vor einigen Monaten zu Berlin: Wir wollen wirklich, wissen aber nicht, ob die Amerikaner auch wirklich wollen.

Zu Berlin haben die Russen soviel Konzessionen gemacht – im Vergleich zu ihrer Position vor einem Jahr und noch im März-Papier dieses Jahres[7] –, daß

---

[1] Durchdruck.
[2] Richard M. Nixon.
[3] Bundeskanzler Brandt hielt sich vom 16. bis 18. September 1971 zu Gesprächen mit dem Generalsekretär des ZK der KPdSU, Breschnew, in Oreanda auf. Vgl. dazu Dok. 310, Dok. 311, Dok. 314 und Dok. 315.
[4] Bundeskanzler Brandt und der Generalsekretär des ZK der KPdSU, Breschnew, trafen am 12. August 1970 in Moskau zusammen. Vgl. dazu AAPD 1970, II, Dok. 388 und Dok. 401.
[5] Zur Ankündigung des Präsidenten Nixon vom 15. Juli 1971, der Volksrepublik China einen Besuch abzustatten, vgl. Dok. 252, Anm. 4.
[6] Zur Kontroverse zwischen der Bundesrepublik und der DDR um die deutsche Übersetzung des Vier-Mächte-Abkommens über Berlin vom 3. September 1971 vgl. zuletzt Dok. 308.
[7] Zum sowjetischen Entwurf vom 26. März 1971 für eine Berlin-Regelung vgl. Dok. 110 und Dok. 131.

sie sich betrogen fühlen würden, wenn der Moskauer Vertrag nicht ratifiziert wird.

Breschnew wird bei seiner Reise nach Jugoslawien[8] beruhigen. Seine West-Europa-Politik verträgt keine Spannungen auf dem Balkan.

Zur Person hat es interessante Erfahrungen gegeben. Das gilt auch für Einsichten in das Funktionieren der Führungsstruktur. Darüber möchte ich bei unserem nächsten persönlichen Treffen sprechen. Vielleicht ergibt sich ein Anlaß durch die Jahressitzung der Nord-Atlantik-Brücke.[9]

Herzliche Grüße
[Bahr]

Archiv der sozialen Demokratie, Depositum Bahr, Box 439

319

Aufzeichnung des Staatssekretärs Bahr, Bundeskanzleramt

Geheim 22. September 1971[1]

Betrifft Gespräch mit Herrn Kohl am 22. September 1971 um 10.00 Uhr in Ost-Berlin im Hause des Ministerrates.

1) Es fand auf meinen Wunsch nur ein Vier-Augen-Gespräch statt; Dauer knapp 20 Minuten.

2) Herr Kohl eröffnete mit einer Erklärung, für die er sich auf einen Sprechzettel stützte:

Um unnötigen Zeitverlust und das Austauschen bekannter Argumente zu ersparen, wolle er mich fragen, ob ich bereit sei, Sachverhandlungen zu beginnen. Bekanntlich lägen Entwürfe von seiner Seite vor[2], die von seiten der BRD als sachlicher Ausgangspunkt bewertet worden sind. Es sei an der Zeit, ohne Verzug in die Verhandlungen überzugehen. Er sei ausdrücklich ermächtigt zu betonen, daß er zur Behandlung irgendwelcher Übersetzungsfragen[3] nicht be-

---

[8] Der Generalsekretär des ZK der KPdSU, Breschnew, hielt sich vom 22. bis 25. September 1971 in Jugoslawien auf.

[9] Die VII. deutsch-amerikanische Konferenz fand vom 14. bis 16. November 1971 in Washington statt.

[1] Durchdruck.
Hat Staatssekretär Frank am 23. September 1971 vorgelegen.
Hat Bundesminister Scheel vorgelegen.

[2] Zu den vom Staatssekretär beim Ministerrat der DDR, Kohl, im 17. Gespräch mit Staatssekretär Bahr, Bundeskanzleramt, am 6. September 1971 übergebenen Entwürfen für Verträge zwischen der Bundesrepublik und der DDR über Fragen des Verkehrs bzw. über den Transitverkehr zwischen der Bundesrepublik und Berlin (West) vgl. Dok. 293.

[3] Zur Kontroverse zwischen der Bundesrepublik und der DDR um die deutsche Übersetzung des Vier-Mächte-Abkommens über Berlin vom 3. September 1971 vgl. zuletzt Dok. 308.

vollmächtigt sei. Es liege auf seiten der BRD, jede weitere Verzögerung zu vermeiden.

3) In der kurzen anschließenden Diskussion habe ich diese Haltung der Regierung der DDR bedauert. Diese sei umso unverständlicher, als die ADN-Meldung von Mitte vergangener Woche eine Brücke zu bilden schien.[4] Es gebe darin einige Punkte, die durchaus mit unserer Auffassung übereinstimmten:

a) Es treffe zu, daß allein die Texte in den drei Sprachen gültig seien.

b) Es treffe zu, daß es keine Billigung des deutschen Textes durch die vier Botschafter[5] gegeben habe.

c) Es treffe zu, daß es kein förmliches Abkommen zwischen unseren beiden Regierungen über einen deutschen Text gegeben habe.[6]

d) Es treffe aber auch zu, daß es unbestreitbar ein Ergebnis gemeinsamer Bemühungen um einen deutschen Text gegeben habe.

Kohl erklärte, daß er den ersten drei Punkten zustimmen könne, nicht aber dem letzten. Dieser „Mäuseschwanz" bedeute eine unveränderte Haltung der BRD, die seine Regierung unter keinen Umständen akzeptieren werde.

Ich habe auf eine entsprechende Frage gesagt, daß ich in der Lage sein müsse, diese vier Punkte in Bonn und auch sonst ohne Widerspruch der DDR zu verwenden.

Kohl erklärte, in einem solchen Falle würde es Widerspruch geben. Er sehe keinen Weg, der darauf hinausliefe, daß die BRD von einem gemeinsamen deutschen Text spreche.

4) Auf meinen Hinweis, daß es auf anderen Gebieten, die nicht mit dem Verkehr zusammenhängen, schon Absprachen ohne Formalisierung gegeben habe, was nun nicht mehr möglich sei, erwiderte Kohl, ich meinte wahrscheinlich die Post.[7] Hier sei seine Seite bereit, sich unseren Vorstellungen anzunähern, aber natürlich in der Erwartung, daß dann die Sachverhandlungen über Verkehrsfragen zwischen uns beginnen können.

Ich sagte, die Postangelegenheit müsse nach den gemachten Erfahrungen in aller Form geschehen. Ich hätte im übrigen noch keinen Text, sei aber informiert, daß er gegen Mittag auf meinem Schreibtisch liegen würde. Kohl erwiderte, er habe eine ähnliche Information. Ich schloß diesen Teil mit der Bemer-

---

[4] Am 16. September 1971 meldete die Nachrichtenagentur ADN: „Wiederholt sprechen der BRD-Regierung nahestehende westdeutsche Zeitungen von einer ‚von den vier Botschaftern gebilligten deutschen Übersetzung' des Vierseitigen Abkommens über Westberlin. Hierzu erfährt ADN aus Kreisen, die der Regierung der DDR nahestehen, daß eine zwischen der Regierung der DDR und der Regierung der BRD vereinbarte und von den Botschaftern der vier Mächte ‚gebilligte deutsche Übersetzung' nicht existiert. Gleichzeitig wird auf die Erklärung hingewiesen, die der Botschafter der UdSSR in der DDR, P.A. Abrassimow, nach der Unterzeichnung des Abkommens in einem Interview gegenüber DDR-Journalisten abgab. P. A. Abrassimow erklärte, daß die in russischer, englischer und französischer Sprache ausgefertigten Texte ‚die authentischen' sind und betonte: ‚Die Botschafter der Vier Mächte haben mit der deutschen Übersetzung des Abkommens nichts zu tun.'" Vgl. die Meldung „Über das, was es gibt und was es nicht gibt"; NEUES DEUTSCHLAND vom 16. September 1971, S. 1.

[5] Pjotr Andrejewitsch Abrassimow (UdSSR), Roger Jackling (Großbritannien), Kenneth Rush (USA) und Jean Sauvagnargues (Frankreich).

[6] Zur Vereinbarung vom 3. September 1971 vgl. Dok. 295.

[7] Zu den Postverhandlungen mit der DDR vgl. Dok. 321.

kung, dann sollten wir wohl beide sehen, schnell an unsere Schreibtische zu kommen.

5) Kohl erklärte, es hätte wohl kaum Sinn, einen neuen Termin oder eine gemeinsame Mitteilung zu vereinbaren. Er erwarte eine Einladung zu Termin und Ort. Er sei dazu täglich bereit, sich in Bonn oder Berlin zu treffen. Es müsse aber klar sein, daß seine Seite nur zur Führung von Verhandlungen im Sinne von Annex I und III des Abkommens vom 3.9.71[8] ermächtigt sei.

Ich wies darauf hin, daß meine Seite mit Sicherheit nicht ohne eine Klärung der Textfrage Verhandlungen aufnehmen werde. Nach dem Gang der Ereignisse, bei denen sich die DDR nicht hilfreich verhalten habe, komme man nicht umhin, das, was der Wahrheit gemäß geschehen sei, auch festzustellen.

Kohl erwiderte, dies sei unsere Wahrheit; es sei auch unser Problem. Es sei auch gut, wenn eine Seite die Kuh vom Eis brächte; wenn sich darum zu viele bemühten, könne das Eis brechen.

Wir versicherten beide, wie sehr wir interessiert seien, endlich mit den Verhandlungen zu beginnen.

6) Kohl erklärte, er werde sich Mühe geben, um zu erreichen, daß öffentliche Stellungnahmen und Darlegungen der jetzigen Situation möglichst milde ausfallen. Ich sagte gleiche Bemühungen zu.

gez. Bahr

VS-Bd. 10058 (Ministerbüro)

320

Aufzeichnung des Staatssekretärs Freiherr von Braun

StS-602/71 VS-vertraulich   **22. September 1971**[1]

Betr.: Gespräch mit Außenminister Harmel

Während der gestrigen Ratssitzung ließ Außenminister Harmel mich wissen, daß er sich gern mit mir über ein vertrauliches Thema unterhalten hätte.

In dem Gespräch im Anschluß an die Ratssitzung habe ich ihm auf seine Frage zunächst in großen Zügen über die Krim-Gespräche des Herrn Bundeskanzlers[2] Mitteilung gemacht, wofür er sich sehr bedankte.

---

[8] Für den Wortlaut der Anlagen I und III des Vier-Mächte-Abkommens über Berlin vom 3. September 1971 vgl. EUROPA-ARCHIV 1971, D 446–450.

[1] Durchdruck.
Hat Bundesminister Scheel vorgelegen, der handschriftlich vermerkte: „Für Rom!"
Scheel hielt sich zur Konferenz der Außenminister der EG-Mitgliedstaaten am 5./6. November 1971 in Rom auf. Vgl. dazu Dok. 387.

[2] Bundeskanzler Brandt hielt sich vom 16. bis 18. September 1971 zu Gesprächen mit dem Generalsekretär des ZK der KPdSU, Breschnew, in Oreanda auf. Vgl. dazu Dok. 310, Dok. 311, Dok. 314 und Dok. 315.

Er sagte sodann, was er mir heute sagen wollte, füge sich sehr gut an diese Unterhaltung an. Es hätte ihm daran gelegen, einmal ohne Anwesenheit Dritter mit einem Vertreter Deutschlands über die politischen Aspekte der EWG zu sprechen. Belgien, und er selbst an der Spitze, habe uns in unserer Ostpolitik stets ermutigt. Entspannung sei ein wesentliches Ziel auch seiner eigenen Außenpolitik, ohne Fortschritte auch in den deutsch-sowjetischen und innerdeutschen Beziehungen könne die Entspannung nicht fortschreiten. Er habe die Reise des Herrn Bundeskanzlers nach der Krim in diesen Sinne verstanden und begrüßt. Andererseits seien auch wir uns wohl darüber im klaren, daß wir zur Führung unserer Ostpolitik eine gleichwertige Stärke unserer Freundschaft im Westens bedürften, und hier sähe er einige Krisenherde, die sich einerseits wirtschaftlich ansähen, andererseits aber einen eminent politischen Charakter bekommen hätten. Hier denke er an unsere Währungspolitik. Diese werde in Frankreich, das er gut kenne, weniger als eine wirtschaftliche Problematik angesehen, sondern mehr unter politischen Gesichtspunkten betrachtet. Er sehe die Angelegenheit wie folgt:

Er halte es nicht für möglich, daß die Amerikaner vor ihren Wahlen im November 1972[3] und wahrscheinlich noch einige Zeit danach zu irgendwelchen substantiellen Konzessionen in der Frage des Goldpreises oder der 10%igen Einfuhrsteuer bereit seien würden; der Applaus, den Nixon nach seiner Erklärung vom 15. August[4] in den USA erhalten habe, sei viel zu stark und eindeutig gewesen, als daß er jetzt seine Maßnahmen rückgängig machen könnte, und sei es auch nur teilweise oder gegen europäische Gegenleistungen. Wir müßten also damit rechnen, daß wir noch mindestens ein bis eineinhalb Jahre in den Gesprächen mit den USA nicht vorankommen würden. Das bedeute, daß die EWG in ihrer gegenwärtigen Uneinigkeit weiterleben müsse, wenn wir uns nicht wieder zusammenfänden. Diese Warteperiode werde für die EWG eine schwere Zerreißprobe bedeuten. Er halte es für unerläßlich, diese Zerreißprobe sobald wie möglich zu beenden und zu einer Einigkeit zurückzufinden, die den weiteren Ausbau der Wirtschafts- und Währungsunion ermögliche. Von diesem Ausbau hänge nach seiner Ansicht die gesamte Existenz der EWG ab. In Frankreich werde das Problem weniger wirtschaftlich als politisch gesehen, in dem Sinne einer Fragestellung nach der Grundtendenz der deutschen politischen Ausrichtung. Er verstehe durchaus die innerpolitischen und innerwirtschaftlichen Erwägungen, die unsere derzeitige Haltung motivieren, und wolle hierzu auch nicht Stellung nehmen. Andererseits könne er nicht umhin, mit Sorge an die Gefahren zu denken, die von einem Auseinanderfall der Gemeinschaftsstaaten in dieser schon heute – noch mehr aber für die Zukunft – so wichtigen Frage für die gesamte westliche Einheit ausgehen könnten. Zweck seiner Darlegung sei es nur, das Politikum dieses Problems, das auch für Belgien bedeutsam sei, uns gegenüber zu betonen.

---

[3] Am 7. November 1972 fanden in den USA Präsidentschafts- sowie Teilwahlen zum Senat und Wahlen zum Repräsentantenhaus statt.

[4] Zur Erklärung des Präsidenten Nixon vom 15. August 1971 über die Aufgabe der Dollar-Konvertibilität sowie weitere wirtschafts- und währungspolitische Maßnahmen vgl. Dok. 276, Anm. 1.

Ich habe Herrn Harmel für die Offenherzigkeit seiner Darlegung gedankt und auf seine Bitte zugesagt, den Herrn Bundesminister über seine Erwägungen zu unterrichten.

Hiermit Herrn D III[5], Herrn D Pol[6].

gez. Braun

VS-Bd. 8789 (III E 1)

321

Aufzeichnung des Ministerialdirektors von Staden

II A 1-85.55-1388/71 geheim   25. September 1971[1]

Über Herrn Staatssekretär[2] Herrn Minister

Betr.: Postverhandlungen mit der DDR

Zweck der Vorlage: Entscheidung über das Angebot der DDR in der Ministerbesprechung beim Bundeskanzler am 26. September 1971

Vorschlag:

1) Zustimmung zu dem DDR-Entwurf (Anlage 1)[3] einer Postvereinbarung nach Maßgabe unserer Abänderungsvorschläge (Anlage 2)[4]

2) Es sollte der Versuch gemacht werden, gleichzeitig mit den Postverhandlungen in geeigneten Kontakten die Frage der deutschen Übersetzung des Vier-Mächte-Abkommens[5] zu klären.

---

[5] Otto-Axel Herbst.
[6] Berndt von Staden.
[1] Durchdruck.
  Die Aufzeichnung wurde von den Vortragenden Legationsräten Blech und Bräutigam konzipiert. Hat Legationsrat I. Klasse Vergau am 29. September 1971 vorgelegen, der handschriftlich vermerkte: „Original ging vorab an H[errn] Minister."
[2] Hat Staatssekretär Frank am 29. September 1971 vorgelegen.
[3] Dem Vorgang beigefügt. Für den Entwurf der DDR vom 22. September 1971 für ein Protokoll über Verhandlungen zwischen dem Bundesministerium für das Post- und Fernmeldewesen und dem Ministerium für Post- und Fernmeldewesen der DDR sowie den Entwurf einer nach Unterzeichnung des Protokolls von der DDR mündlich abzugebenden Erklärung vgl. VS-Bd. 4532 (II A 1); B 150, Aktenkopien 1971.
[4] Dem Vorgang beigefügt. Für die Änderungsvorschläge der Bundesregierung zum Entwurf der DDR vom 22. September 1971 für ein Protokoll über Verhandlungen zwischen dem Bundesministerium für das Post- und Fernmeldewesen und dem Ministerium für Post- und Fernmeldewesen der DDR sowie Entwürfe für Erklärungen der DDR bzw. der Bundesrepublik im Anschluß an die Unterzeichnung vgl. VS-Bd. 4532 (II A 1); B 150, Aktenkopien 1971.
[5] Zur Kontroverse um eine deutsche Übersetzung des Vier-Mächte-Abkommens über Berlin vom 3. September 1971 vgl. zuletzt Dok. 319.

I. Wichtige Punkte des DDR-Entwurfs

– Die Bundesrepublik zahlt für die bis zum 31.12.1966 erbrachten Mehrleistungen der DDR im Post- und Fernmeldeverkehr 250 Mio. DM (die entsprechende Zahlungsforderung der DDR ist berechtigt). Die Forderungen der DDR gegen den Senat werden damit mitabgegolten.

– Die DDR schaltet zusätzliche Fernsprechleitungen, Leitungen für den Telegrammverkehr sowie Telex-Leitungen. Die technischen Anlagen werden schrittweise verbessert (Automatisierung etc.).

– Die Laufzeiten für Briefe und Pakete werden verkürzt und die Versandbedingungen für Geschenksendungen aus der BRD verbessert.

– In Berlin werden zusätzlich 60 weitere Fernsprechleitungen, 12 Leitungen für den Telegrammverkehr und 6 Telex-Leitungen geschaltet.

– In einer mündlichen Erklärung soll festgestellt werden, daß die Berlin betreffenden Maßnahmen dem Vier-Mächte-Abkommen entsprechen. Ferner sollen diese Teile der Vereinbarung in die Berlin-Regelung der Vier Mächte inkorporiert werden.

II. Bewertung:

Insgesamt gesehen sind die Vorschläge der DDR ein außerordentlich günstiges Angebot:

1) In technischer Hinsicht entsprechen die Vorschläge nahezu voll unseren Wünschen.

2) Politisch bedeutsam ist das Eingehen der DDR auf unsere Forderung, daß West-Berlin in einem Bereich, der das Vier-Mächte-Abkommen betrifft, durch die Bundesrepublik vertreten wird, und zwar sowohl in den Verhandlungen wie bei der Unterschrift. Diese wichtige Frage war in den Vier-Mächte-Verhandlungen offengeblieben. Die neue Position der DDR könnte ein erstes Anzeichen dafür sein, daß das Problem auch in den Verkehrsverträgen in gleicher Weise gelöst werden kann.

3) Es ist positiv zu werten, daß die DDR bereit ist, die Berlin betreffenden Teile der Postvereinbarung in die Berlin-Regelung der Vier Mächte zu inkorporieren, wie es der Anlage II des Vier-Mächte-Abkommens[6] entspricht. Diese Verbesserungen werden damit für unbegrenzte Zeit durch die Vier Mächte gewährleistet.

Die uns sehr weit entgegenkommenden Vorschläge der DDR sind wahrscheinlich in erster Linie durch die finanziellen Interessen Ost-Berlins motiviert. Es ist jedoch auffällig, daß die DDR in den politischen, Berlin betreffenden Aspekten Zugeständnisse von grundsätzlicher Bedeutung anbietet, obschon sie in dieser Frage jetzt noch nicht unter Druck steht. Das läßt die Vermutung zu, daß sie mit dieser Initiative auch über die in den Bahr-Kohl-Gesprächen bestehenden Schwierigkeiten hinwegzukommen hofft.

---

[6] Für den Wortlaut der Anlage II des Vier-Mächte-Abkommens über Berlin vom 3. September 1971 vgl. EUROPA-ARCHIV 1971, D 448 f.

III. Procedere

Die DDR möchte offenbar die Vereinbarung umgehend unterzeichnen und in Kraft setzen. Wir haben zu dem Entwurf der DDR verschiedene Änderungsvorschläge (Anlage 2) ausgearbeitet. Falls diese akzeptiert werden, was erreichbar zu sein scheint, so stände unter rein fachlichen Gesichtspunkten auch von unserer Seite einer sofortigen Unterzeichnung nichts mehr im Wege. Es bleibt aber zu prüfen, ob die politischen Voraussetzungen für eine Unterzeichnung jetzt schon gegeben sind.

Die Alliierten sind in der Vierergruppe am 24. September 1971 unterrichtet worden. Sie haben gegen den Inhalt der Vereinbarung nach Maßgabe unserer Änderungsvorschläge keine Bedenken erhoben.[7]

IV. Taktische Erwägungen

Für die Bundesregierung stehen bei der Entscheidung über das Angebot der DDR zwei Erwägungen im Vordergrund:

– das in fachlicher Hinsicht außerordentlich günstige Angebot zu nutzen (so lange es besteht);

– die Frage der deutschen Übersetzung des Vier-Mächte-Abkommens baldmöglichst zu klären, damit die wichtigen Verhandlungen über den Berlin-Verkehr in Gang gebracht werden können.

Für das taktische Vorgehen gibt es im wesentlichen drei Möglichkeiten:

1) Wir verlangen eine Klärung der Textfrage vor der Unterzeichnung der Postvereinbarung;

2) wir unterzeichnen die Postvereinbarung, ohne ein Junktim herzustellen, bestehen aber weiterhin auf einer Klärung der Textfrage vor Beginn der Verkehrsverhandlungen;

3) wir versuchen, die Textfrage parallel zu den Postverhandlungen zu klären.

---

[7] Vortragender Legationsrat Bräutigam vermerkte am 25. September 1971 zur Sitzung der Bonner Vierergruppe vom Vortag, von britischer Seite sei unterstrichen worden, daß die Drei Mächte „einen ausdrücklichen Hinweis in der Vereinbarung, die Berlin betreffenden Maßnahmen entsprächen dem Vier-Mächte-Abkommen, ebenso wie wir für erforderlich hielten". Zur Kontroverse um die deutsche Übersetzung des Vier-Mächte-Abkommens über Berlin vom 3. September 1971 sei vom amerikanischen Vertreter „nach Rücksprache mit Botschafter Rush" erklärt worden, „es sei Sache der Bundesregierung, über das weitere Vorgehen zu entscheiden. Der Botschafter habe allerdings zu erwägen gegeben, ob man die Textfrage nicht im Zusammenhang mit der Postvereinbarung klären könne. Eine öffentliche Korrektur seitens der DDR sei auch nach Auffassung von Rush nicht erforderlich. Vielleicht könne man aber mit der DDR eine Einigung dahingehend erreichen, daß die Verhandlungen über den Berlin-Verkehr auf der Grundlage der vereinbarten deutschen Übersetzung geführt werden. Der amerikanische Vertreter hielt es ferner für nützlich, wenn man die Unterzeichnung der Postvereinbarung im Hinblick auf eine Klärung der Textfrage um einige Tage hinausschieben könnte. Der britische Vertreter erklärte, seine Regierung sei in der Textfrage nicht durch öffentliche Erklärungen engagiert. Sie überlasse es der Bundesregierung, über das weitere Vorgehen zu entscheiden. Der französische Vertreter sagte, daß er sich aus den bekannten Gründen nicht zu der Textfrage äußern wolle. Als persönliche Meinung ließe er aber durchblicken, daß die französische Seite eine baldige Klärung der Textfrage sehr begrüßen würde. Daran anknüpfend sagte der amerikanische Vertreter, daß auch das State Department einen baldigen Beginn der Sachverhandlungen über den Berlin-Verkehr für wünschenswert hält." Vgl. VS-Bd. 4532 (II A 1); B 150, Aktenkopien 1971.

Der erste Weg würde den Druck auf die DDR in der Textfrage verstärken, bringt aber das Risiko mit sich, daß die DDR das außerordentlich günstige Angebot unter Hinweis auf unsere harte Haltung in der Textfrage wieder zurückzieht.

Der zweite Weg sichert uns eine günstige Postregelung, würde aber in der deutschen Öffentlichkeit wegen der ungelösten Textfrage wohl nicht verstanden werden. Auch könnte ein solches Vorgehen von der DDR als Indiz für eine nachgiebige Haltung in der Textfrage interpretiert werden.

Ob der dritte Weg gangbar ist, läßt sich noch nicht mit Sicherheit erkennen. Die eher milde Reaktion der DDR auf den Abbruch des letzten Bahr-Kohl-Gesprächs[8] weckt jedoch gewisse Hoffnungen, daß die DDR zu einer Beilegung des Textstreits bereit ist. Es könnte daher zweckmäßig sein, noch vor der Unterzeichnung der Postvereinbarung in geeigneter Form Kontakte zur DDR herzustellen, um festzustellen, ob eine Klärung in der Textfrage möglich ist. Dabei sollte kein ausdrückliches Junktim hergestellt werden. Wir sollten aber die Unterzeichnung der Postvereinbarung so lange hinausschieben, bis die Möglichkeiten für eine Klärung der Textfrage ausgelotet sind.

Eine Würdigung der verschiedenen Aspekte lege es nahe, den letzten Weg zu versuchen, da er den fachlichen wie den politischen Interessen der Bundesrepublik am ehesten gerecht wird.

V. Modalitäten für die Klärung der Textfrage

Eine öffentliche Korrektur der im „Neuen Deutschland" veröffentlichten Textfassung[9] erscheint nach Lage der Dinge ausgeschlossen. Staatssekretär Bahr hat auch bereits in seinem letzten Gespräch mit Kohl erkennen lassen, daß wir darauf nicht bestehen. Worauf es uns ankommt, ist, daß die deutsche Übersetzung des Vier-Mächte-Abkommens nicht in Frage gestellt wird und als Grundlage für die Verhandlungen zur Ausfüllung des Vier-Mächte-Abkommens dient.

Es ist vorstellbar, daß Kohl in einem vertraulichen Gespräch mit Bahr eine entsprechende Zusicherung gibt. Um sicherzustellen, daß sich die andere Seite auch daran halten wird, kommen folgende Möglichkeiten in Betracht:

1) Wir verlangen eine förmliche Zusicherung der DDR, daß sie die umstrittenen Begriffe „Bindungen" und „kein Bestandteil (konstitutiver Teil)" für den Fall akzeptiert, daß diese in dem Durchführungsabkommen mit der DDR erwähnt werden müßten (was nicht wahrscheinlich ist).

2) Wir verlangen eine förmliche Zusicherung der DDR, daß sie, falls die deutsche Übersetzung des Vier-Mächte-Abkommens noch einmal in einem offiziellen Organ der DDR abgedruckt wird, die beiden umstrittenen Begriffe in der vereinbarten Weise verwendet.

3) In dem Kommuniqué des nächsten Bahr-Kohl-Gesprächs[10] wird eine Erklä-

---

[8] Zum 20. Gespräch des Staatssekretärs Bahr, Bundeskanzleramt, mit dem Staatssekretär beim Ministerrat der DDR, Kohl, am 22. September 1971 in Ost-Berlin vgl. Dok. 319.

[9] Zur Veröffentlichung vom 4. September 1971 vgl. Dok. 292, Anm. 2.

[10] Zum 21. Gespräch des Staatssekretärs Bahr, Bundeskanzleramt, mit dem Staatssekretär beim Ministerrat der DDR, Kohl, am 1. Oktober 1971 in Ost-Berlin vgl. Dok. 329 und Dok. 330.
Für den Wortlaut des Kommuniqués vgl. BULLETIN 1971, S. 1536.

rung StS Bahrs aufgenommen, in der die beiden Begriffe – von der DDR unwidersprochen – enthalten sind.[11]

Welche dieser Möglichkeiten realisierbar sind, kann erst in Kontakten mit der anderen Seite festgestellt werden.[12]

gez. Staden

VS-Bd. 4532 (II A 1)

[11] Vortragender Legationsrat Bräutigam notierte am 28. September 1971, in einer Sitzung der Bonner Vierergruppe am Vorabend seien die Alliierten über den letzten Stand der Postverhandlungen unterrichtet worden. Der Vertreter der Bundesrepublik habe ausgeführt, daß „1) die DDR bereit sei, unsere Änderungs- und Ergänzungsvorschläge in der Sache zu akzeptieren; 2) der Postvereinbarung hinsichtlich der Vertretung Berlins (nur eine Unterschrift) Modellcharakter zu geben; 3) die DDR ferner bereit sei, daß StS Kohl in seinem nächsten Gespräch mit StS Bahr unter vier Augen folgende Erklärung abzugeben bereit sei: Es besteht Übereinstimmung, daß das am 3. September 1971 erzielte Ergebnis der gemeinsamen Bemühungen um eine deutsche Übersetzung keine Vereinbarung zwischen der Regierung der DDR und der Regierung der BRD darstellt und von den Botschaftern Frankreichs, Großbritanniens, Sowjetunion und der Vereinigten Staaten nicht gebilligt worden ist. Es besteht ferner Übereinstimmung, daß allein der Wortlaut des vierseitigen Abkommens/Vier-Mächte-Abkommens in englischer, französischer und russischer Sprache verbindlich ist; 4) die DDR die Sowjetunion von der Postvereinbarung unterrichtet und eine Woche nach der Unterzeichnung deren Einverständnis mit der Aufzählung im Schlußprotokoll mitteile werde (die Bundesregierung wird gegenüber den Drei Mächten entsprechend verfahren); 5) die Verkehrsverhandlungen unmittelbar nach Unterzeichnung der Postvereinbarung aufgenommen werden sollen. Die im Bundeskanzleramt vorbereiteten Papiere wurden den Alliierten übergeben." Der amerikanische Vertreter habe an die Auffassung des Botschafters Rush erinnert, „daß die getroffene Abrede über die deutsche Übersetzung Grundlage der Verhandlungen zwischen den deutschen Seiten sein sollte. Als persönliche Meinung äußerte er, daß die von uns ins Auge gefaßte Erklärung Kohls dem wohl nicht ganz genüge." Vgl. VS-Bd. 4532 (II A 1); B 150, Aktenkopien 1971.

[12] Am 30. September 1971 wurde in Ost-Berlin ein Protokoll über Verhandlungen zwischen dem Bundesministerium für das Post- und Fernmeldewesen und dem Ministerium für Post- und Fernmeldewesen der DDR unterzeichnet. Für den Wortlaut des Protokolls sowie der ebenfalls getroffenen Vereinbarung über die Errichtung und Inbetriebnahme einer farbtüchtigen Richtfunkstrecke zwischen der Bundesrepublik und der DDR vgl. BULLETIN 1971, S. 1522–1524. Vgl. dazu ferner die Erklärung des Bundesministeriums für das Post- und Fernmeldewesen; BULLETIN 1971, S. 1524 f. Anläßlich der Unterzeichnung des Protokolls erklärte die Bundesregierung: „Die von den Vertretern der Postministerien der Bundesrepublik Deutschland und der Deutschen Demokratischen Republik getroffenen Vereinbarungen über die Erweiterung der Telephon- und Telegraphenverbindungen West-Berlins sind gleichzeitig eine erste Regelung zwischen den zuständigen deutschen Behörden im Sinne von Teil II Abschnitt C Absatz 3 des Vier-Mächte-Abkommens vom 3. September 1971 und der Anlage III Ziffern 4 und 5 zu diesem Abkommen. Die Regierung der Bundesrepublik Deutschland und die Regierung der Deutschen Demokratischen Republik haben deshalb bei Gelegenheit der Unterzeichnung des Protokolls ihre übereinstimmende Auffassung zum Ausdruck gebracht, daß die Punkte 6 und 7 des Protokolls der Ziffer 4 von Anlage III des Vier-Mächte-Abkommens vom 3. September 1971 entsprechen. Sie werden daher die verantwortlichen Stellen Frankreichs, Großbritanniens und der USA bzw. der Sowjetunion über die Punkte 6 und 7 dieses Protokolls informieren und ihr Einverständnis zur Aufnahme in das Vier-Mächte-Schlußprotokoll mitteilen. [...] Die Bundesregierung hofft, daß mit der Unterzeichnung des Protokolls auch der Weg für die Ausfüllung des Vier-Mächte-Rahmenabkommens auf dem Gebiete des Verkehrs freigemacht ist. Sie geht dabei von der Überlegung aus, daß die Verhandlung der West-Berlin betreffenden Fragen und die Unterzeichnung eines entsprechenden Protokolls durch Vertreter der Regierungen der Bundesrepublik Deutschlands und der Deutschen Demokratischen Republik eine Grundlage für die entsprechende Behandlung der Verkehrsfragen bietet. Sie erwartet, daß es auch möglich sein wird, zu einer übereinstimmenden Beurteilung der gemeinsamen Bemühungen um eine deutsche Übersetzung zu gelangen." Vgl. BULLETIN 1971, S. 1521 f.

322

Gespräch des Staatssekretärs Frank mit dem tschechoslowakischen Stellvertretenden Außenminister Goetz in Prag

II A 5-82.00-94.27-1463^I/71 geheim 27. September 1971[1]

Beginn der dritten Runde[2] der exploratorischen Gespräche am Montag, dem 27. September 1971, 10.00 Uhr, im tschechoslowakischen Außenministerium.

Vizeminister *Goetz* begrüßte den Herrn Staatssekretär und die deutsche Delegation.

Ich bin froh, daß Sie nach hier gekommen sind. Ich sehe den Inhalt Ihres Aufenthalts darin, den Meinungsaustausch über die Grundlagen für die Normalisierung der Beziehungen zwischen unseren beiden Ländern fortzusetzen. Wir hatten genügend lange Zeit, die Ergebnisse der bisherigen Gespräche zu studieren. Wir wollen offen sprechen und nichts verbergen. Wenn das Bisherige auch einen traurigen Eindruck hinterläßt, wollen wir doch weiterhin nach Möglichkeiten und Wegen suchen, eine Wende zu erhalten. Ich glaube, daß auch Sie die Dinge in diesem Sinne überlegt haben. In der Zwischenzeit hat sich die Lage in Europa nach vorne verändert. Was in Bonn noch im Nebel lag, hat konkrete Umrisse seit den Verhandlungen über Westberlin sowie seit der Reise des Bundeskanzlers nach der Krim[3] angenommen.

Ich glaube, daß die breite Öffentlichkeit sehr froh ist, wenn die Gespräche, in die wir eintreten, dazu beitragen, daß sich die Lage in Europa entspannen könnte und daß sich dies auch konkret in den Gesprächen widerspiegelt.

Ich würde es begrüßen, wenn wir in den Gesprächen auf die konkreten Punkte eingehen, auf die wir uns stützen, und den Gesprächen einen rationellen Ablauf geben. Aufgrund dessen möchte ich Ihnen, Herr Staatssekretär, das Wort erteilen.

Staatssekretär *Frank:* Herr Minister, meine Herren, zunächst herzlichen Dank für die freundlichen Begrüßungsworte und die Gastfreundschaft, die wir genießen. Auch diesmal sind wir gerne nach Prag gekommen, weil wir den festen Willen haben, dazu beizutragen, daß die Grundlagen für eine Normalisierung der Beziehungen, d. h. eine substantielle Verbesserung, gelegt werden.

Wir wünschen nicht, daß das Verhältnis zwischen der Bundesrepublik Deutschland und der Tschechoslowakei oder der Abschluß eines Vertrages zwischen unseren beiden Ländern im Vergleich zur allgemeinen politischen Entwicklung in

---

[1] Die Gesprächsaufzeichnung wurde von Vortragendem Legationsrat I. Klasse Rouget, Prag, gefertigt und am 20. Oktober 1971 von Ministerialdirektor von Staden an Staatssekretär Frank weitergeleitet. Vgl. den Begleitvermerk; VS-Bd. 537 (Büro Staatssekretär); B 150, Aktenkopien 1971.

[2] Zur ersten und zweiten Runde der Gespräche mit der ČSSR über eine Verbesserung des bilateralen Verhältnisses vom 31. März bis 1. April 1971 in Prag bzw. am 13./14. Mai 1971 vgl. Dok. 117 bzw. Dok. 171.

[3] Bundeskanzler Brandt hielt sich vom 16. bis 18. September 1971 zu Gesprächen mit dem Generalsekretär des ZK der KPdSU, Breschnew, in Oreanda auf. Vgl. dazu Dok. 310, Dok. 311, Dok. 314 und Dok. 315.

Europa in Verzug geraten. Wir haben in Deutschland ein Sprichwort, das diese Situation plastisch zum Ausdruck bringt: „Den letzten beißen die Hunde." Gerade das wollen wir vermeiden, daß dieser Zustand eintritt. Deshalb ging die Absichtserklärung bei dem deutsch-sowjetischen Vertrag von der wohlausgewogenen Konstruktion aus, daß alle Verträge etwa zu gleicher Zeit in Kraft treten könnten, wenn sie im Rahmen der Absichtserklärung auch bleiben.[4] Sie können sich vorstellen, daß die Frage der Ungültigkeit des Münchener Abkommens bei der Formulierung dieser Absichtserklärung bereits eine große Rolle gespielt hat. Sie wissen, daß es nicht möglich war, in der Absichtserklärung eine Ungültigkeit ex tunc niederzulegen, wie dies die sowjetische Seite gewünscht hatte, die mit Ihnen durch einen Vertrag gebunden ist.[5]

Die allgemeine Lage in Europa ist gekennzeichnet durch die im Vier-Mächte-Rahmenabkommen[6] enthaltene Berlin-Regelung sowie durch den 16-stündigen Gedankenaustausch zwischen dem Bundeskanzler und dem Generalsekretär der KPdSU, Breschnew; dieser Gedankenaustausch ist in der Tat positiv zu werten. Die Ratifizierung des deutsch-sowjetischen[7] und des deutsch-polnischen Vertrages[8] und die Inkraftsetzung der Berlin-Regelung eröffnen die Perspektive auf eine Europäische Sicherheitskonferenz und auf eine Konferenz über die gegenseitige ausgewogene Truppenverminderung in Europa. Die Entwicklung eilt schnell voraus, deshalb sollten wir darauf achten, in unserem Verhältnis nicht zurückzubleiben. Ich bin deshalb mit Ihnen der Meinung, Vorschläge auszuarbeiten, wie der weitere Ablauf der Gespräche sachlich und rationell erfolgen kann.

Wir sind darauf vorbereitet, bei dem weiteren Gang der Verhandlungen große Geduld zu üben. Wir unterschätzen nicht die Bedeutung eines Abkommens; gleichzeitig stellen wir erfreut fest, daß die wirtschaftliche Zusammenarbeit bei-

---

[4] Vgl. dazu Punkt 1 der „Absichtserklärung" zum Vertrag vom 12. August 1970 zwischen der Bundesrepublik und der UdSSR, der wortgleich mit Leitsatz 5 vom 20. Mai 1970 („Bahr-Papier") war: „Zwischen der Regierung der Bundesrepublik Deutschland und der Regierung der Union der Sozialistischen Sowjetrepubliken besteht Einvernehmen darüber, daß das von ihnen zu schließende Abkommen über ... (einzusetzen die offizielle Bezeichnung des Abkommens) und entsprechende Abkommen (Verträge) der Bundesrepublik Deutschland mit anderen sozialistischen Ländern, insbesondere die Abkommen (Verträge) mit der Deutschen Demokratischen Republik (vgl. Ziffer 6), der Volksrepublik Polen und der Tschechoslowakischen Sozialistischen Republik (vgl. Ziffer 8), ein einheitliches Ganzes bilden." Vgl. BULLETIN 1970, S. 1097.

[5] Vgl. dazu Artikel 6 des Vertrags vom 6. Mai 1970 über Freundschaft, Zusammenarbeit und gegenseitigen Beistand zwischen der UdSSR und der ČSSR: „Die Hohen Vertragschließenden Seiten gehen davon aus, daß das Münchener Abkommen vom 29. September 1938 unter der Androhung eines Aggressionskriegs und der Anwendung von Gewalt gegen die Tschechoslowakei erzielt wurde, daß es einen Bestandteil der verbrecherischen Verschwörung Hitlerdeutschlands gegen den Frieden und einen schweren Bruch der wichtigsten Völkerrechtsnormen darstellte und darum von Anfang an null und nichtig ist mit allen sich hieraus ergebenden Folgen." Vgl. EUROPA-ARCHIV 1970, D 286.

[6] Für den Wortlaut des Vier-Mächte-Abkommens über Berlin vom 3. September 1971 vgl. EUROPA-ARCHIV 1971, D 443–453. Vgl. dazu ferner Dok. 281.

[7] Für den Wortlaut des Vertrags vom 12. August 1970 zwischen der Bundesrepublik und der UdSSR vgl. BULLETIN 1970, S. 1094.

[8] Für den Wortlaut des Vertrags vom 7. Dezember 1970 zwischen der Bundesrepublik und Polen über die Grundlagen der Normalisierung ihrer gegenseitigen Beziehungen vgl. BULLETIN 1970, S. 1815.

der Länder, die in einem günstigen Handelsvertrag im Dezember 1970[9] einen Ausdruck gefunden hat, nicht auf einen Vertrag angewiesen war.

In den beiden Gesprächsrunden in Prag und in Bonn haben wir versucht, die deutsche Position zu einem Vertrag über Gewaltverzicht und Normalisierung so vollständig wie möglich darzutun. Insbesondere in der letzten Gesprächsrunde haben wir uns ausführlich über das zentrale Problem, nämlich die Ungültigkeit des Münchener Abkommens, unterhalten. Ich habe dem nichts hinzuzufügen. Deshalb wäre ich Ihnen sehr dankbar, wenn Sie, Herr Minister, Vorschläge vorbringen könnten, wie wir einen raschen und rationellen Ablauf der Gespräche gewährleisten können.

Daneben darf ich auch an die öffentliche Meinung erinnern, die entweder auf den Abschluß eines Vertrages in Kürze wartet, oder die bei unbegrenzter Fortsetzung der Sondierungsgespräche zunehmend skeptischer würde.

Falls es nicht möglich sein sollte, uns von unseren beiderseitigen Positionen in der Frage der Ungültigkeit des Münchener Abkommens – Positionen, die wir gegenseitig kennen –, wenn es nicht möglich sein sollte, uns von diesen Positionen zu einem Kompromiß hin zu bewegen, dann würde ich eine längere Denkpause für zumutbar halten. Eine lange Pause könnte unseren Regierungen die Gelegenheit geben, die notwendigen politischen Entscheidungen zu treffen. Wir haben in dem ersten und zweiten Gespräch unsere Konstruktion angeboten, d. h. die Aufgliederung des Problems der Ungültigkeit auf drei verschiedenen Ebenen, die dazu bestimmt sind, einen solchen Kompromiß zu erarbeiten. Auch heute bin ich aufgrund meiner Instruktion in der Lage, zu einem solchen Kompromiß über die Ungültigkeit des Münchener Abkommens beizutragen. Ich wäre Ihnen dankbar, wenn Sie zu diesen beiden Punkten Stellung nehmen könnten:

1) Ob Sie in der Lage sind, sich an der Arbeit über einen Kompromiß über das Münchener Abkommen zu beteiligen,

2) wenn dies der Fall sein sollte, wie wir dann rasch und rationell vorgehen sollten.

Vizeminister *Goetz* dankte dem Herrn Staatssekretär für die eingehenden Ausführungen.

Bei uns gibt es auch ein Sprichwort: „Eile langsam und handle mit Verstand". Ich sehe keine umstrittene Frage. Wenn ich eingehend auf Ihre Fragen antworte, möchte ich sagen, daß auch wir bestrebt sind, eine solche Kompromißlösung zu erarbeiten, d. h., eine Formulierung zu suchen, damit wir in diesem Zusammentreffen vorwärtskommen. Wenn Sie auf das Münchener Abkommen in der Absichtserklärung zurückkommen[10], in welcher die Forderung nach Ungültigkeit des Münchener Abkommens aufgestellt ist, um damit die Grenze abzuzeichnen, wie weit Sie gehen können, will ich daran erinnern, daß damals

---

9 Für den Wortlaut des Langfristigen Abkommens vom 17. Dezember 1970 zwischen der Bundesrepublik und der ČSSR über den Warenverkehr und die Kooperation auf wirtschaftlichem und wissenschaftlich-technischem Gebiet vgl. BUNDESANZEIGER, Nr. 1 vom 5. Januar 1971, S. 1–4.

10 Vgl. dazu Punkt 4 der „Absichtserklärungen" zum Vertrag vom 12. August 1970 zwischen der Bundesrepublik und der UdSSR, der wortgleich mit Leitsatz 8 vom 20. Mai 1970 („Bahr-Papier") war; Dok. 117, Anm. 8.

Staatssekretär Bahr zu dieser Frage gesagt hat, wenn man dies auf diese Weise in der Absichtserklärung so formuliere, hätte man nichts mehr, über was Sie mit uns zu verhandeln hätten. Als wir dies lasen, verstanden wir dies so, daß wir bei den Verhandlungen eine gemeinsame Formulierung suchen. In dieser zentralen Frage bleibt weiterhin das Hauptproblem, nämlich, wie wir an die Forderung der Ungültigkeit des Münchener Abkommens ex tunc herangehen. Sie haben bereits in den vergangenen Runden auf die Bereitschaft der Bundesregierung hingewiesen, sich moralisch und politisch von diesem Abkommen zu distanzieren. Sie haben betont, daß dies das Maximum ist, was die Bundesregierung tun kann. Sie haben zwar zugegeben, daß es das Ziel Hitlers gewesen ist, die Tschechoslowakei zu zerschlagen, und daß das Abkommen unter Androhung von Gewalt zustande kam. Aus diesen richtigen Schlüssen wollen Sie aber nicht zur völkerrechtlichen Schlußfolgerung kommen. Sie vertreten den Standpunkt, daß das Münchener Abkommen zeitweilig rechtskräftig war und folglich die weiteren Verbrechen Hitlers völkerrechtliche Verbindlichkeit hatten. Ich glaube, daß es sehr schwierig ist, eine gemeinsame Grundlage zu finden, wenn die Bundesregierung weiterhin darauf besteht, daß das Abkommen zeitweilig gültig war. Die Tschechoslowakei kann schwer darauf eingehen, daß die politischen und moralischen Aspekte abgetrennt behandelt werden. Ich bin einverstanden, daß wir in beiden Gesprächen unsere Positionen genügend erläutert haben. Wir sagten, warum wir in die Vergangenheit blicken, d. h., um einen Weg für die Zukunft zu bereiten und den großen Stein München zu beseitigen.

Wir sind auch für ein rasches und rationelles Vorgehen. Ich könnte natürlich die Frage stellen, wie sich die Delegation der Bundesregierung dieses Vorgehen vorstellt. Wenn Sie wiederum auf die Ebenen hinweisen und darauf, daß sie geeignet seien, die Folgen, insbesondere die Ungültigkeit ex tunc, zu liquidieren, ohne Ihren Standpunkt zu präzisieren, ist es möglich, zu dieser Frage auf zweierlei Weise zu antworten:

Entweder die Lösung in der Formulierung der Grundfrage oder in den Folgen zu suchen.

Wie wir bereits sagten, sind diese Fragen miteinander verbunden. Ich werde versuchen, diese Frage von dieser Seite aus anzusprechen und aufmerksam, pragmatisch und praktisch zu lösen. Ich schlage vor, den Weg zu begehen, indem wir die Hindernisse beseitigen, die uns entgegenstehen. Ich bin überzeugt, daß, wenn wir realistisch die Folgen der Ungültigkeit ex tunc verstehen, wie die tschechoslowakische Seite sie sieht, dann sollte dies für die Bundesregierung nicht unannehmbar sein. Ich werde das Problem so ansprechen, wie es in Ihrer Propaganda erscheint, und zwar in einer Graduierung dieser Probleme, wie sie erscheinen würden, wenn das Münchener Abkommen als ungültig erklärt würde.

Zunächst die Staatsangehörigkeit der ehemaligen Sudetendeutschen und Fragen, die damit im Zusammenhang stehen.

Wir haben nicht die Absicht, den jetzigen Rechtsstatus von Personen zu ändern, die früher tschechoslowakische Bürger waren und jetzt Bürger der Bundesrepublik sind. Sie sind für uns Ausländer und werden auch als solche von uns betrachtet.

Die tschechoslowakischen Gesetze, obwohl sich diese Gesetze folgerechtlich aus der Ungültigkeit des Münchener Abkommens ergeben, betreffen nicht individuelle Rechtsakte zwischen physischen Personen. Diese Beziehungen und Akte hat die tschechoslowakische Rechtsordnung realistisch abgewogen und bei der rechtlichen Erneuerung des Staates berücksichtigt. Die Ungültigkeit des Münchener Abkommens ex tunc würde an dieser Rechtslage nichts ändern. Nichtsdestoweniger würde die tschechoslowakische Delegation jedoch gerne diejenigen Garantien geben, die die Bundesregierung fordert, allerdings unter der Voraussetzung, daß sie die Ungültigkeit ex tunc anerkennen würde. Vorläufig glaubt die tschechoslowakische Regierung, im Abkommen oder in einem Anhang eine Formulierung zu verankern, die besagt, daß die Ungültigkeit ex tunc die rechtlichen Beziehungen zwischen physischen Personen nicht betrifft.

Eine weitere Frage, mit der sich die Massenmedien befassen, ist die automatische Folge einer ex-tunc-Erklärung auf weitere Staatshandlungen. Insbesondere denke ich an das Abkommen vom 20. November 1938.[11] Nach dieser Argumentation würde früheren tschechoslowakischen Staatsangehörigen die Rechtsgrundlage für den Erwerb der deutschen Staatsangehörigkeit entzogen, auch wenn sich das Gesetz von 1955[12] auf das Abkommen stützt. Unserer Meinung nach stützt sich das Gesetz von 1955 auf das ungültige Abkommen vom 20. November 1938, und die Verordnung vom 20. April 1939[13] erging aufgrund eines Führererlasses vom 16. März 1939[14], d. h. ein Akt, der nach dem westdeutschen Standpunkt für die Gültigkeit des Münchener Abkommens bis zu dem Zeitpunkt herangezogen wird, zu dem Hitler das Abkommen zerrissen hat.[15] Wir müssen feststellen, daß dieses Gesetz in die souveränen Rechte bei uns eingriff, und zwar in der Weise, daß es als Staatsangehörige der Bundesrepublik Völker (Personen) betrachtet, die auch ihren Wohnsitz in der Tschechoslowakei

---

[11] Der Vertrag vom 20. November 1938 über Staatsangehörigkeits- und Optionsfragen zwischen dem Deutschen Reich und der Tschechoslowakischen Republik bestimmte, daß den Bewohnern der abgetretenen Gebiete unter Verlust der tschechoslowakischen Staatsangehörigkeit die deutsche Staatsangehörigkeit verliehen wurde. Personen tschechischer oder slowakischer Volkszugehörigkeit wurde gestattet, für die Tschechoslowakei, Personen deutscher Volkszugehörigkeit mit Wohnsitz in der Tschechoslowakei, für das Deutsche Reich zu optieren. Als Stichtag wurde der 10. Oktober 1938 festgelegt. Für den Wortlaut vgl. REICHSGESETZBLATT 1938, Teil II, S. 896–900.

[12] Vgl. dazu Paragraph 1 Absatz 1 des Gesetzes vom 22. Februar 1955 zur Regelung von Fragen der Staatsangehörigkeit: „Die deutschen Volkszugehörigen, denen die deutsche Staatsangehörigkeit auf Grund folgender Bestimmungen verliehen worden ist: a) Vertrag zwischen dem Deutschen Reich und der Tschechoslowakischen Republik über Staatsangehörigkeits- und Optionsfragen vom 20. November 1938 [...] sind nach Maßgabe der genannten Bestimmungen deutsche Staatsangehörige geworden, es sei denn, daß sie die deutsche Staatsangehörigkeit durch ausdrückliche Erklärung ausgeschlagen haben oder noch ausschlagen." Vgl. BUNDESGESETZBLATT 1955, Teil I, S. 65.

[13] Für den Wortlaut der Verordnung vom 20. April 1939 über den Erwerb der deutschen Staatsangehörigkeit durch frühere tschechoslowakische Staatsangehörige deutscher Volkszugehörigkeit vgl. REICHSGESETZBLATT 1939, Teil I, S. 815.

[14] Für den Wortlaut des Erlasses vom 16. März 1939 über das Protektorat Böhmen und Mähren vgl. REICHSGESETZBLATT 1939, Teil I, S. 485.

[15] Nach der auf deutschen Druck zustandegekommenen Unabhängigkeitserklärung der Slowakei am 14. März 1939 marschierten deutsche Truppen am 15. März 1939 in die „Rest-Tschechei" ein („Griff nach Prag"). Dadurch wurde das Münchener Abkommen vom 29. September 1938 gebrochen. Am 16. März 1939 wurde das „Protektorat Böhmen und Mähren" errichtet.

haben und auch noch tschechoslowakische Bürger aufgrund unseres Gesetzes von 1953[16] sind.

Das unlängst durch die Bundesregierung angenommene Gesetz über Strafregister[17] – ein Zeichen dieser revisionistischen Auffassung – ist nur ein weiterer Beweis, daß in dieser unverständlichen Praxis fortgefahren wird. Wir nehmen an, daß die Bundesregierung in diesen Fragen eine Lösung anstrebt, die der wirklichen Rechtslage entspricht und nicht in unsere souveränen Rechte eingreift. Wir wollen eine Lösung, daß physische Personen nicht betroffen werden, so wie auch das Gesetz der DDR[18] eine Lösung gefunden hat. Wir sind bereit, bei der Lösung dieser Frage der Bundesregierung entgegenzukommen und erwarten den Vorschlag Ihrer Delegation, wie die tschechoslowakische Seite dazu beitragen könnte. Vorläufig nehmen wir an, daß beide Seiten auf ihrem Rechtsstandpunkt verbleiben.

Ich möchte betonen, Herr Staatssekretär, daß in der Strafverfolgung ehemaliger Sudetendeutscher bei Ihnen seit Jahren fantastische Gerüchte verbreitet werden, daß es im Falle der Ungültigkeit des Münchener Abkommens möglich wäre, diese Personen strafrechtlich zu verfolgen. Die tschechoslowakische Delegation ist bereit, entsprechende Garantien zu geben, über die wir uns einigen könnten und aus denen klar hervorgeht, daß die Tschechoslowakei nicht die Absicht hat, ehemalige Sudetendeutsche zu verfolgen, und daß diese Verdächtigungen absurd sind und jeglicher Grundlage entbehren. Alle Garantien können wir aber begreiflicherweise nur dann geben, wenn ein gemeinsamer Weg in der Anerkennung der Ungültigkeit des Münchener Abkommens ex tunc besteht.

Als wir uns zum letztenmal in Bonn gegen Ende der Gespräche über die Folgen unterhielten, haben Sie mehrmals die Frage gestellt, ob die Tschechoslowakei die Anerkennung der Ungültigkeit des Münchener Abkommens ex tunc deshalb fordere, damit eine Rechtsbasis für die Anerkennung der Forderung auf Entschädigung entsteht, die rechtlichen wie physischen Personen nach Abtrennung der Gebiete von der Tschechoslowakei infolge des Münchener Abkommens entstanden sind. Wir sagten nein. Wir benötigen keine Rechtsbasis, da die Schäden objektiv bestehen und jederzeit geltend gemacht werden können, und zwar unabhängig von einer Ungültigkeit ex tunc. Es ist nicht schwierig, diese Schäden zu beweisen, die eine Folge der rücksichtslosen Bereicherung waren und evident beweisbar sind. Ich möchte betonen, daß wir mit der Bundesrepublik ein für allemal diese Vergangenheit liquidieren wollen. Wir sind auch in dieser Frage zu größerem Entgegenkommen im Falle einer Anerkennung unseres Standpunktes bereit. Wir nehmen an, daß wir eingehend und erschöpfend den tschechoslowakischen Standpunkt zu den Folgen der Ungültigkeit des Münchener Abkommens dargelegt und gleichzeitig den Raum für eine Lösung umrissen haben, der für beide Seiten annehmbar ist. Wenn ich berücksichtige,

---

[16] Mit dem Gesetz vom 24. April 1953 wurde Personen deutscher Nationalität, soweit sie am 7. Mai 1953 ihren Wohnsitz in der Tschechoslowakei hatten, die tschechoslowakische Staatsbürgerschaft, die sie durch das Verfassungsdekret vom 2. August 1945 verloren hatten, wieder verliehen. Für den deutschen Wortlaut vgl. DOKUMENTATION DER VERTREIBUNG, S. 314.

[17] Für den Wortlaut des Gesetzes vom 18. März 1971 über das Zentralregister und das Erziehungsregister vgl. BUNDESGESETZBLATT 1971, Teil I, S. 243–255.

[18] Für den Wortlaut des Gesetzes vom 20. Februar 1967 über die Staatsbürgerschaft der DDR (Staatsbürgerschaftsgesetz) vgl. DzD V/1, S. 603–607.

daß das Hauptproblem der moralische und politische Aspekt ist, möchte ich meine Erklärung damit abschließen, daß das alles ist, was wir uns vorgestellt haben. Das sind die Folgen, an die wir dachten.

Staatssekretär *Frank* dankte für die vollständige und präzise Darstellung.

Ich werde auf einzelne Fragen, insbesondere die Folgen, nicht zurückkommen. Wir werden noch Gelegenheit haben, zum Folgenproblem nach Formulierungen zu suchen. Zunächst eine grundsätzliche Feststellung, die vermeiden soll, daß wir uns von Anfang an in einem Mißverständnis über den Charakter des Abkommens bewegen. Das Abkommen, das wir anstreben, hat nicht den Charakter eines Friedensvertrages oder des Ersatzes eines Friedensvertrages, sondern ist analog zu den anderen Ostverträgen zu sehen, die den Charakter eines Modus vivendi darstellen. Was heißt das? – Wir sind mit gegensätzlichen Auffassungen konfrontiert. Wir wollen nicht warten, bis diese gegensätzlichen Auffassungen durch Zeitablauf zum Verschwinden gebracht werden. Wir sind der Meinung, daß die allgemeine politische Lage in Europa uns nahelegt, mit der Normalisierung und Zusammenarbeit zu beginnen, obwohl über die Vergangenheit und deren Folgen unterschiedliche juristische Auffassungen bestehen. Dabei sind wir uns in der politischen und moralischen Wertung der Vergangenheit durchaus einig. Mit anderen Worten, in all den Fragen auf dem Gebiet der Rechtsfolgen des Münchener Abkommens wie Staatsangehörigkeit, individuelle Rechte, mögliche Strafverfolgungen, wollen wir einen Schlußstrich auf der Basis ziehen, was heute ist, und keine Regelung finden, die Ausgangspunkt für neue Schwierigkeiten sein könnte.

Diesen Charakter eines Normalisierungsvertrags muß man im Sinn haben, wenn man an das Hauptproblem, nämlich die Ungültigkeit ex tunc des Münchener Abkommens, herangehen will. Wir wollen die tschechoslowakische Seite nicht dazu bewegen, sich unseren Rechtsstandpunkt zur Ungültigkeit des Münchener Abkommens zu eigen zu machen. Andererseits kann die tschechoslowakische Seite es nicht zur Bedingung für die Verhandlungen über die Regelung der Rechtsfolgen machen, daß die deutsche Seite den tschechoslowakischen Standpunkt über die Ungültigkeit des Münchener Abkommens akzeptiert. Uns geht es vor allem darum, eine Form zu finden, die einerseits der politischen Vergangenheit gerecht wird und, mehr noch, die diese Vergangenheit endgültig abschließt; es geht uns darum, in einem feierlichen Vertrag einen Schlußstrich unter diese Vergangenheit zu ziehen. Andererseits darf eine solche Form nicht gegen den Grundsatz verstoßen, daß keine der beiden Seiten die jeweilige andere Seite zur Übernahme ihres Standpunktes zwingen will; uns geht es darum, einen vertraglichen disclaimer zu finden. Ich bin überzeugt, daß es solche Formulierungen gibt, die diesen Erfordernissen entsprechen. Ich bin der Meinung, daß eine derartige Formulierung der tschechoslowakischen Öffentlichkeit mehr bietet als die trockene Juristensprache ex tunc.

Wenn Sie sagen, daß die Garantien, von denen Sie im Zusammenhang mit der Staatsangehörigkeit, individuellen Rechten, Ausschluß der Strafverfolgung gesprochen haben, – wenn das alles nur in Frage kommt, wenn die deutsche Seite den ex-tunc-Standpunkt akzeptiert und übernimmt, dann würde ich vorschlagen, zunächst einmal – oder zum ersten Mal – eine solche Kompromißformel zu finden, und sollte sich dies als unmöglich herausstellen, dann brauchen wir in die Frage der Rechtsfolgen gar nicht erst einzutreten.

Die Prozedur, mit Blickrichtung auf die Ausklammerung der Rechtsfolgen zu beginnen und die Frage der Ungültigkeit des Münchener Abkommens an das Ende der Verhandlungen zu stellen, würde nicht nur ein größeres Risiko für die Verhandlungen, sondern womöglich auch eine Belastung der bestehenden guten Beziehungen zwischen beiden Ländern bedeuten. Falls Sie die Möglichkeit zu einer Erörterung einer Kompromißformel über die Ungültigkeit des Münchener Abkommens sehen, würde ich vorschlagen, daß wir morgen gemeinsam – vielleicht in Gegenwart eines einzigen Mitarbeiters – eine solche Formel unter vier Augen erörtern[19], so daß wir in der nächsten Gesprächsrunde schon eine feste Grundlage für weitere Verhandlungen hätten. Ich bin überzeugt, daß die Annahme eines Kompromisses zur Folge hätte, daß die übrigen Fragen rasch verhandelt werden könnten.

Ich glaube, daß ich damit einen Vorschlag zur Prozedur gemacht habe, um den Sie mich gebeten haben. Ich bin mit Ihnen der Meinung, daß wir pragmatisch und praktisch vorgehen sollten. Die Erörterung von Kompromißformeln über die Ungültigkeit des Münchener Abkommens wird Ihnen zeigen, daß wir uns viele Gedanken darüber gemacht haben – daß wir einerseits dieses Problem als Kernproblem dieser Verhandlungen ansehen, andererseits auch bereit sind, bis an die Grenzen des Möglichen zu gehen und daß, wenn die Grenze des Möglichen überschritten wird, Unmögliches beginnt.

Vizeminister *Goetz*: Vielen Dank Herr Staatssekretär.

Ich sehe, daß wir uns wirklich auf ein pragmatisches Herangehen konzentrieren. Es geht um die Regelung der Grundfragen und der damit zusammenhängenden Fragen und ich bin einig mit Ihnen, in diesen Fragen eine Formulierung zu finden, insoweit diese die Tschechoslowakei zufriedenstellt; dies könnte eine positive Verschiebung für die weiteren Fragen – vor allem der Folgen – bedeuten. Als ich von den Folgen sprach und als ich erwähnte, daß Garantien gegeben werden könnten bei der Anerkennung der Ungültigkeit des Münchener Abkommens, lag es mir fern, und ich möchte dies klarstellen, daß ich nicht auch andere Lösungen sehe.

Falls ich richtig verstanden habe, wäre die Formulierung so zu verstehen, daß sie praktisch keine größeren Bemühungen für Garantien über die Folgen erfordert und daß es selbst nicht notwendig wäre, Garantien zu geben.

Sie haben wiederum erwähnt, daß der tschechoslowakische Standpunkt für den Abschluß eines Abkommens als eine Bedingung zu betrachten ist. Es handelt sich nicht um eine Vorbedingung, das ist eine Frage der Verhandlungen; andererseits glaube ich genügend betont zu haben, daß unsere Bereitschaft vorhanden ist, diese Formulierung zu suchen, wobei wir nicht an eine solche denken, die für die Tschechoslowakei nicht zufriedenstellend ist. Sie können auch sagen, daß Ihrerseits Bedingungen gegeben seien.

Im Rahmen der historischen Zusammenhänge, wie das Münchener Abkommen zustande gekommen ist, darf ich sagen, hat die Tschechoslowakei ein Recht,

---

[19] Für das Gespräch des Staatssekretärs Frank mit dem tschechoslowakischen Stellvertretenden Außenminister Goetz am 28. September 1971 in Prag vgl. Dok. 324.

diesen Standpunkt zu vertreten. Es besteht kein Zweifel, daß es sich um eine Aggression handelte, die, wie dargelegt, eine historische Tatsache ist. Eine andere Sache ist, daß die Seite, die mit uns verhandelt, nur bis zu einer gewissen Grenze zu gehen bereit ist. Zu diesem Zeitpunkt weiß ich nicht, wo die Grenze liegt; es ist nicht konkret genug, zu dem zu sprechen, was Sie vorgeschlagen haben.

Ich bin einverstanden, in der Form zusammenzutreten, die Sie vorgeschlagen haben, um Informationen auszutauschen und die Grenzen zu suchen, die eine mögliche Grundlage für eine Kompromißlösung in dieser Frage abgeben könnten. Ich kann mir vorstellen, und das liegt in der Logik des Sachverhalts, daß in diesem Zusammenhang darüber hinaus weitere Fragen und in dieser oder jener Form parallele Probleme als Folgen auftauchen. Ich möchte diesen Teil abschließen, ohne eine klare Trennungslinie zu ziehen, wobei mir diese Trennungslinie zur Zeit noch hypothetisch erscheint. Es wird klarwerden, wo diese richtige Linie liegen sollte.

Wenn ich über pragmatisches und rationelles Vorgehen spreche, nehme ich Ihren Vorschlag an, den Sie schon in der ersten Runde ausgesprochen haben, d. h. wenn wir in dieser grundsätzlichen Frage nicht zu einer für beide Seiten annehmbaren Formulierung gelangen, werden wir diese schwierig in langen Verhandlungen lösen können. Je grundsätzlicher wir die Frage lösen, um so rascher werden wir wissen, wie wir weiterkommen. Ich verstehe, daß es nicht möglich ist, in diesem großen Kreis über diese Frage zu sprechen, deshalb bin ich mit Ihrem Vorschlag einverstanden, zu viert zusammenzutreten.

Eine Verfahrensfrage: Werden wir die für 9.30 Uhr vorgesehene Plenarsitzung[20] am Dienstag durch diese Form des Treffens ersetzen oder nimmt der Herr Staatssekretär an, daß auch noch die anderen Herren kommen und es noch genügend Zeit sein wird, anschließend in diesem großen Kreis fortzufahren.

Staatssekretär *Frank* dankt für die Annahme des prozeduralen Vorschlags als Versuch, praktisch voranzukommen.

Ich möchte noch einen Punkt richtigstellen. Es ist nicht so, daß diese Formulierung eine magische ist, die alle anderen Absprachen über die Rechtsfolgen des Münchener Abkommens ungültig machen würde. Mein Vorschlag ist so zu verstehen, daß, wenn wir den Stein des Münchener Abkommens beiseite geräumt haben, ich glaube, wir in den anderen Fragen rascher vorankommen, weil in ihnen nicht dieselbe Dimension, Tiefe und Passion der Vergangenheit involviert ist. Bei den Rechtsfolgen handelt es sich um die Regelung praktischer Fragen.

Ob morgen die Abhaltung einer Plenarsitzung erforderlich ist, erscheint mir im Augenblick wenig wahrscheinlich. Ziel der Begegnung im kleinsten Kreise sollte es sein, zu ersten Formulierungen zu kommen, die wir schon mit unseren Regierungen besprechen können. Beide Seiten brauchen Zeit für neue Gespräche, ob dieser Weg überhaupt gangbar ist. Die Entscheidung über die Aufnah-

---

[20] Am 28. September 1971 fand ein Gespräch zwischen einer Delegation der Bundesrepublik unter Leitung der Vortragenden Legationsrätin I. Klasse Finke-Osiander und einer tschechoslowakischen Delegation unter Leitung des Abteilungsleiters im tschechoslowakischen Außenministerium, Krepelak, statt. Themen waren das neue Dienstgebäude für die Handelsvertretung der Bundesrepublik in Prag, Grenzzwischenfälle und humanitäre Fragen. Vgl. VS-Bd. 537 (Büro Staatssekretär); B 150, Aktenkopien 1971.

me von offiziellen Verhandlungen stellt sich nicht nach der dritten Runde, wie ich gedacht habe, sondern nach der vierten.[21] Ich gehe davon aus, daß beide Seiten Ergebnisse erzielen wollen und in den Verhandlungen keine Show sehen.

Die Mitarbeiter können sich abrufbereit halten.

Vizeminister *Goetz*: Dank für Ausführungen.

Mein Optimismus hat gewisse Grenzen, und deshalb glaube ich nicht an eine magische Formel, die es unnötig macht, weitere Fragen zu lösen. Wenn ich richtig verstanden habe, erfordert die Komplexität des Problems Zeit, auch wenn wir rasch vorangehen.

Wir wissen nichts über den Inhalt des Vertrags, wenn wir morgen zu Schlußfolgerungen kommen und unseren Regierungen, wie zum Ausdruck gebracht, empfehlen, die Gespräche in einer vierten Runde fortzusetzen. Wir wollen keinen Fetisch aus Geheimhaltung machen, sondern offen sprechen, da wir sehr eingehend und aufmerksam Ihre Verhandlungen mit der Sowjetunion und Polen verfolgt haben. Soweit es um die Ziele des Abkommens geht, gibt es für uns keine umstrittene Frage. Klusák hat damals in Bonn gesagt, wie wir das Abkommen betrachten, wenn es dazu kommt. Aber es hat für die Tschechoslowakei, um ganz aufrichtig zu sein, nur dann einen Wert, wenn dadurch tatsächlich etwas gelöst wird. Sie sprachen von der Normalisierung, dem Inhalt der Normalisierung und darüber, daß in dieser Richtung keine Meinungsverschiedenheiten bestehen. Wir hörten von Ihnen einige Male, daß eine Normalisierung auch ohne Abkommen eingeleitet werden könnte, und daß die Gespräche sich nicht auf die Beziehungen auswirken sollten. Nur einen Punkt möchte ich betonen, nämlich, daß eine tatsächliche Normalisierung sich in Zukunft nur entwickeln kann, wenn wir tatsächlich einen Schlußstrich unter das ziehen, was geschehen ist.

Sie haben den Ausdruck „trocken" gebraucht, als Sie von ex tunc sprachen und daß man etwas auch auf anderem Wege erreichen könnte. Ich möchte gerne etwas über Ihre Vorstellungen erfahren. Ich möchte noch einmal betonen, daß wir die Dinge ganz pragmatisch sehen, auch wenn ex tunc darüber steht und daß, wenn wir so weit gehen, in diesen wenigen Worten das einbegriffen ist, worum es uns geht. Wir sehen in einem Abkommen eine große politische und historische Bedeutung und kein Spiel mit Worten, wenn unser Standpunkt zum Münchener Abkommen in dieser Formulierung enthalten ist. Dies bedeutet nicht, daß wir nicht auch andere Formulierungen akzeptieren, die uns zufriedenstellen. Dies ist die Formulierung der Ungültigkeit des Münchener Abkommens, wie wir sie haben. In dieser Frage verhalten wir uns ähnlich, wie Sie Ihre Regierungslinie verfolgen; selbst wenn Sie die besten Worte wählten, könnten Sie von dieser Linie nicht abgehen. Trotzdem nehmen wir an, daß man einen Ausweg finden kann, der tatsächlich mit der Vergangenheit fertig und nicht zu einer Belastung für die künftige Generation wird. Wenn wir nicht so weit kommen, dann können wir nicht so optimistisch wie Sie einem Abkommen entgegensehen, und wir müßten dann die Standpunkte unseren Regierungen vorlegen, damit diese entscheiden, wie zu verhandeln sei oder eine Denkpause

---

[21] Zur vierten Runde der Gespräche mit der ČSSR über eine Verbesserung des bilateralen Verhältnisses am 18./19. November 1971 in Rothenburg ob der Tauber vgl. Dok. 398.

einzulegen. Wie es zwischen Verhandlungspartnern der Fall ist, können wir Sie zu dieser Formulierung nicht zwingen, ebenso wie Sie es auch nicht können.

Damit Sie es ganz klar sehen und begreifen: Für die Tschechoslowakei hat ein Abkommen mit der Bundesrepublik über Gewaltverzicht nicht nur keinen Wert, es würde auch nicht zu einer künftigen Normalisierung beitragen, wenn nicht in dieser oder jener Form das Problem des Münchener Abkommens gelöst wird, d.h. man kann nicht ein Abkommen als gültig belassen, das Gewalt androht, und ein Abkommen abschließen, wo dieser Teil wieder auftaucht. Daher bestehen wir auch nicht auf dem Abschluß irgendeines Abkommens.

Praktische Frage: Sollen sich unsere Mitarbeiter bereithalten, um die bis zum Mittagessen verbleibende Zeit auszunutzen, oder sollen wir eine Pause einlegen.

Staatssekretär *Frank*: Vielen Dank für Ihre Ausführungen, die ich nicht als entmutigend bezeichne. Im gegenwärtigen Stand unserer Erörterungen habe ich keine weiteren Fragen.

Unsere Mitarbeiter können uns morgen zur Verfügung stehen bzw. einige bilaterale Fragen erörtern. Es wäre vielleicht richtiger, jetzt eine Pause einzulegen, um auch zu zeigen, daß die Deutschen nicht mehr so viel arbeiten wie früher.

Vizeminister *Goetz*: Einverstanden.

VS-Bd. 537 (Büro Staatssekretär)

323

Ministerialdirektor von Staden, z. Z. New York, an das Auswärtige Amt

Z B 6-1-13618/71 VS-vertraulich   Aufgabe: 27. September 1971, 21.45 Uhr[1]
Fernschreiben Nr. 974   Ankunft: 28. September 1971, 05.39 Uhr
Citissime

Betr.: Gespräche Bundesminister mit Außenminister Gromyko[2]

Gespräch dauerte 1½ Stunden und wurde überwiegend unter vier Augen geführt. Wichtigste Ergebnisse fasse ich wie folgt zusammen:

---

[1] Hat Vortragendem Legationsrat Blech am 28. September 1971 vorgelegen, der die Weiterleitung an Referat II A 4 mit der Bitte um Stellungnahme verfügte.
Hat Vortragendem Legationsrat Meyer-Landrut am 28. September 1971 vorgelegen, der handschriftlich vermerkte: „Ich habe die mit Haken eingezeichneten Sätze LR I Lincke zur Weiterleitung an II B 2 als Unterlage für die Vize-Minister-Konferenz i[n] d[er] NATO diktiert. Als Grund dafür, daß ich das FS nicht herausgegeben habe, habe ich Herrn Lincke u[nd] dem anwesenden Herrn Stabreit mitgeteilt, daß das FS eine Andeutung Gromykos enthalte, möglicherweise ein umgedrehtes Berlin-Junktim zu exerzieren." Vgl. dazu Anm. 10, 11 und 13.
Der Geheimhaltungsgrad des Drahtberichts wurde laut Vermerk der VS-Registratur vom 1. Oktober 1971 auf Weisung des Vortragenden Legationsrats I. Klasse Schönfeld in „Geheim" geändert.
[2] Bundesminister Scheel hielt sich vom 26. September bis 3. Oktober 1971 anläßlich der XXVI. UNO-Generalversammlung in den USA auf.

1) Allgemeine Atmosphäre sehr gut. Gromyko bestätigte, daß Begegnung von Oreanda³ Ausdruck langfristig angelegter, stetiger Politik sei. Er knüpfte an entsprechende Äußerungen an, die er gegenüber Bundesminister schon bei der Begegnung in Moskau im Sommer 1970⁴ gemacht hatte.

2) Gromyko bestätigte Ansicht Bundesministers, daß bilaterale Verhandlungen nunmehr aufgenommen oder fortgesetzt werden sollten (Kultur, Handel usw.). Auf Hinweis Bundesministers, daß Berlin in Vorwegnahme des Inkrafttretens der Berlin-Regelung⁵ einbezogen werden müsse, gab Gromyko jedoch keine Zusage, sondern blieb vage.

3) In der Frage der Textschwierigkeiten⁶ zeigte Gromyko sich nicht hilfreich, sondern bestätigte im Ergebnis die Haltung von Breschnew. Er bezeichnete die entstandenen Differenzen als unverständlich, da Auseinandersetzungen begrifflich nur in den drei authentischen Sprachen möglich seien. Diese Haltung behielt Gromyko trotz eingehender Erläuterung Sachverhalts durch Bundesminister bei. Bundesminister unterstrich, daß Einigung erforderlich sei, wenn innerdeutsche Berlin-Verhandlungen aufgenommen werden sollten. Auch Vereinigte Staaten würden andernfalls Schlußprotokoll⁷ kaum unterzeichnen.

4) Zu innerdeutschen Verhandlungen (Verkehr, Berlin-Verkehr) wies Gromyko darauf hin, daß die seitens der DDR gemachten Vorschläge⁸ in der Substanz mit der Sowjetunion konsultiert seien. Es handle sich um ein gutes Angebot, das wir sorgfältig prüfen sollten. Bundesminister erwähnte in diesem Zusammenhang DDR-Vorschlag für Postvereinbarung⁹, die als geeignete Verhandlungsgrundlage erschiene und vielleicht beitragen könne, bestehende Schwierigkeiten zu beseitigen.

5) Gromyko bestätigte in klarer Form, daß Sowjetunion zwischen Ratifikation des Moskauer Vertrags und Zeichnung des Schlußprotokolls über Berlin eine Verbindung hergestellt habe. Schlußprotokoll werde nicht vor erfolgter Ratifikation unterzeichnet werden. Eine solche Verbindung habe ihn zwar nie recht überzeugt, aber wir selbst hätten sie nun einmal herbeigeführt. Bundesminister hat darauf hingewiesen, daß Ratifikation hierdurch erheblich erschwert werden könne. Es sei ausgeschlossen, Ratifikationsverfahren vor Unterzeichnung Schlußprotokolls einzuleiten. Statt Verbindung mit Unterzeichnung des Schluß-

---

³ Bundeskanzler Brandt hielt sich vom 16. bis 18. September 1971 zu Gesprächen mit dem Generalsekretär des ZK der KPdSU, Breschnew, in Oreanda auf. Vgl. dazu Dok. 310, Dok. 311, Dok. 314 und Dok. 315.

⁴ Bundesminister Scheel hielt sich vom 27. Juli bis 7. August 1970 anläßlich der Verhandlungen zum Moskauer Vertrag in der UdSSR auf.

⁵ Für den Wortlaut des Vier-Mächte-Abkommens über Berlin vom 3. September 1971 vgl. EUROPA-ARCHIV 1971, D 443–453. Vgl. dazu auch Dok. 281.

⁶ Zur Kontroverse um eine deutsche Übersetzung des Vier-Mächte-Abkommens über Berlin vom 3. September 1971 vgl. zuletzt Dok. 319.

⁷ Zu dem am 3. September 1971 paraphierten Schlußprotokoll zum Vier-Mächte-Abkommen über Berlin vgl. Dok. 281, Anm. 2.

⁸ Zu den vom Staatssekretär beim Ministerrat der DDR, Kohl, im 17. Gespräch mit Staatssekretär Bahr, Bundeskanzleramt, am 6. September 1971 übergebenen Entwürfen für Verträge zwischen der Bundesrepublik und der DDR über Fragen des Verkehrs bzw. über den Transitverkehr zwischen der Bundesrepublik und Berlin (West) vgl. Dok. 293.

⁹ Zum Entwurf der DDR vom 22. September 1971 über Verhandlungen zwischen dem Bundesministerium für das Post- und Fernmeldewesen und dem Ministerium für Post- und Fernmeldewesen der DDR vgl. Dok. 321.

protokolls müsse eine solche mit Inkrafttreten der Berlin-Regelung gesucht werden. Hierüber solle Auswärtiges Amt mit Botschafter Falin sprechen. Gromyko zeigte sich einverstanden.

6) Bundesminister erläuterte unsere Zeitvorstellungen zu KSE. Gromyko äußerte Zweifel am Berlin-Zusammenhang, insistierte aber nicht.[10] Gromyko erwähnte ferner, daß Außenminister Rogers multilaterale Vorbereitung erst nach Ratifikation des Moskauer Vertrags ins Auge fasse. Bundesminister wies darauf hin, daß die von sowjetischer Seite hergestellte Verbindung zwischen Unterzeichnung des Schlußprotokolls über Berlin und Ratifikation des Moskauer Vertrags tatsächlich auf einen solchen Zeitplan hinauslaufen könne, obgleich in der NATO ausschließlich eine Verbindung mit der Unterzeichnung der endgültigen Berlin-Regelung hergestellt worden sei.

Gromyko zeigte sich in Verfahrensfragen hinsichtlich der Vorkonferenz als auch der Hauptkonferenz offen. Er bestätigte, daß die Vorkonferenz auf der Ebene der Minister-Stellvertreter durchgeführt werden könnte, und hielt es für denkbar, daß die Konferenz durch Regierungschefs eröffnet würde. Er erwähnte, daß die Vorkonferenz nicht zu lange dauern sollte, entwickelte aber keine präzisen Zeitvorstellungen.

7) Zu MBFR berührte Gromyko nur Verfahrensfragen. Er zeigte sich vom Gedanken eines Explorateurs wenig angetan, ohne ihn definitiv abzulehnen. Er polemisierte gegen Verhandlungen von Block zu Block.[11] Eine Bemerkung dahingehend, daß ein Land mit dem anderen sprechen und dann die übrigen unterrichten könne, schien die im Gespräch mit Rogers[12] zutage getretene Tendenz zum Bilateralismus zu bestätigen. Bundesminister erläuterte unsere Vorstellungen und ließ insbesondere durchblicken, daß von Mitgliedern der NATO ein auf USA und Sowjetunion beschränkter Bilateralismus nicht akzeptiert würde.[13]

8) Über die Stellung der DDR in internationalen Organisationen usw. sowie Stockholmer Umweltkonferenz[14] wurde nicht gesprochen.

---

[10] Dieser Satz wurde von Vortragendem Legationsrat Meyer-Landrut eingeklammert. Vgl. Anm. 1.
[11] Der Passus „Bundesminister wies darauf hin ... Block zu Block" wurde von Vortragendem Legationsrat Meyer-Landrut eingeklammert. Vgl. Anm. 1.
[12] Der amerikanische Außenminister Rogers und der sowjetische Außenminister Gromyko trafen am 24. September 1971 in New York zusammen. Dazu berichtete Gesandter Noebel, Washington, am 25. September 1971, der Referatsleiter im amerikanischen Außenministerium, Sutterlin, habe über den Gesprächsverlauf ausgeführt: „Auf Rogers' Fragen nach den sowjetischen Vorstellungen über den Teilnehmerkreis bei MBFR habe Gromyko ausgeführt, daß an den Verhandlungen alle europäischen Staaten teilnehmen sollten; die Reduzierungen selbst sollten sich jedoch auf einige beschränken. Die SU denke dabei an Reduzierungen von ausländischen und nationalen Streitkräften. Der Komplex sollte jedenfalls nicht in Verhandlungen zwischen den beiden Militärblöcken behandelt werden, da dies für viele Staaten unakzeptabel sei. Auf Rogers' Frage nach der sowjetischen Einstellung gegenüber einem westlichen Sondierungsbeauftragten habe sich Gromyko negativ geäußert. Auch einen Ausschuß habe er unter Hinweis auf den Block-Aspekt abgelehnt und ganz allgemein die Ansicht vertreten, vorbereitende MBFR-Gespräche sollten nicht zwischen Vertretern der NATO und des Warschauer Paktes geführt werden. Er habe statt dessen angeregt, daß nur die Vereinigten Staaten und die Sowjetunion außerhalb des Blockrahmens darüber sprechen sollten." Vgl. den Drahtbericht Nr. 2189; VS-Bd. 9883 (I B 5); B 150, Aktenkopien 1971.
[13] Dieser Satz wurde von Vortragendem Legationsrat Meyer-Landrut eingeklammert. Vgl. Anm. 1.
[14] Zur geplanten Umwelt-Konferenz der UNO in Stockholm vgl. zuletzt Dok. 302, Anm. 3.

9) Gromyko schlug vor, daß Bundesminister vom 25. bis 30.11. zu dem schon ins Auge gefaßten Besuch nach Moskau kommen möge.[15] Endgültige Verabredung soll in Bonn über Falin erfolgen.

[gez.] Staden

VS-Bd. 4629 (II A 4)

324

Gespräch des Staatssekretärs Frank mit dem tschechoslowakischen Stellvertretenden Außenminister Goetz in Prag

V 1-80.28/1-1303/1971 geheim   28. September 1971[1]

Am 28. September 1971 vormittags trafen Herr Staatssekretär Dr. Frank und Vizeaußenminister Goetz aufgrund der in der Sitzung der beiden Delegationen vom 27. September vormittags[2] getroffenen Abrede im Palais Czernyn zu einer Besprechung zusammen, an der auf tschechoslowakischer Seite der Leiter der Rechtsabteilung des Außenministeriums, Herr Dr. Pisk, und auf unserer Seite VLR I Dr. von Schenck teilnahmen. Außerdem waren als Dolmetscher für die tschechoslowakische Seite Dr. Hendrych, für die deutsche Seite Herr Kubala anwesend; da die Besprechung von beiden Seiten in deutscher Sprache geführt wurde, brauchten die beiden Dolmetscher jedoch nur gelegentlich bei der Übersetzung einzelner Worte eingeschaltet zu werden.

Staatssekretär *Frank* legte einleitend dar, daß die heutige Besprechung der Klärung dienen solle, ob man sich über die von tschechoslowakischer Seite als zentraler Punkt der Verhandlungen bezeichnete Frage des Münchener Abkommens in pragmatischer Weise einigen könne. Von unserem Standpunkt aus brauche das Münchener Abkommen, das der Vergangenheit angehöre und für uns tot sei, in einem Vertrag über die Normalisierung der deutsch-tschechoslowakischen Beziehungen an sich gar nicht erwähnt zu werden. Im Hinblick auf

---

[15] Bundesminister Scheel besuchte die UdSSR vom 25. bis 30. November 1971. Vgl. dazu Dok. 416– Dok. 420.

[1] Die Gesprächsaufzeichnung wurde von Vortragendem Legationsrat I. Klasse von Schenck am 30. September 1971 gefertigt.
Hat Staatssekretär Frank am 30. September 1971 vorgelegen der die Weiterleitung an Bundesminister Scheel verfügte und handschriftlich für Referat V1 vermerkte: „Bitte ein D[urch]druck an StS Bahr."
Hat Legationsrat I. Klasse Vergau am 30. September 1971 vorgelegen, der handschriftlich vermerkte: „Ist erledigt (von B[üro] StS wurde eine Abl[ichtung] an StS Bahr übersandt)."
Hat laut Vermerk des Vortragenden Legationsrats Hallier vom 8. Oktober 1971 Scheel nach Rückkehr vorgelegen. Vgl. den Begleitvermerk; VS-Bd. 537 (Büro Staatssekretär); B 150, Aktenkopien 1971.

[2] Vgl. Dok. 322.

das tschechoslowakische Interesse an einer Aussage hierüber überlege er aber, ob man eine Kompromißformel finden könne, die sich entweder in die Präambel oder in einen Artikel des Vertrages aufnehmen lasse; als dritte Lösung komme ein den Vertrag ergänzender Briefwechsel in Betracht, worin jede Seite ihren eigenen Standpunkt formuliere. Die letztere Lösung würde die Feststellung eines offenen Dissenses bedeuten. Die beiden ersteren Lösungen würden den vorhandenen Dissens wenn nicht überbrücken, so doch überdecken. Unsere Konzeption des Vertrages sei – ähnlich wie beim Moskauer und beim Warschauer Vertrag – ein Modus vivendi, bei dem keine der beiden Seiten ihr Gesicht verliere; so könne die ČSSR für sich selbst den Standpunkt aufrechterhalten, der in dem Vertrag zwischen ihr und der Sowjetunion vom Mai 1970 formuliert worden sei.[3] Eine Formel über das Münchener Abkommen in einem Vertrag mit der Bundesrepublik Deutschland müsse aber andererseits so ausfallen, daß sie nicht unterschiedlich und mißverständlich interpretiert werden könne. Zu den Elementen einer solchen Formel sollte einmal eine Qualifikation des unrechtmäßigen Charakters der Politik gehören, die zum Münchener Abkommen geführt habe; zum anderen sollten in ihr wohl die Worte „von Anfang an" erscheinen, auf die von tschechoslowakischer Seite so großer Wert gelegt werde. Beide Aussagen könnten aber nicht auf das Münchener Abkommen als solches bezogen werden; bezüglich dieses Abkommens werde vielmehr nur festgestellt werden können, daß es hinfällig geworden sei.

Vizeminister *Goetz* dankte für die Ausführungen des Herrn Staatssekretärs mit der Bemerkung, daß die skizzierten Elemente einer Formel über das Münchener Abkommen ein Zeichen von Pragmatismus und Flexibilität darstelle, das anerkannt werden müsse. Könne man aber nicht statt „hinfällig" das Wort „ungültig" verwenden? Die in dem Vertrag zwischen der ČSSR und der Sowjetunion vom Mai 1970 enthaltene Feststellung über das Münchener Abkommen sei kein Dogma. Für die tschechoslowakische Seite sei es aber wesentlich, daß die Kontinuität der Grenzen der ČSSR festgestellt werde. Lasse sich dieses Element in unsere Vorstellungen einfügen?

Staatssekretär *Frank* erwiderte, daß in die Formel vielleicht die Feststellung aufgenommen werden könne, daß das Münchener Abkommen keine Rechtsgrundlage für die Grenze zwischen den beiden Staaten sei. Dies sei besser als die Einführung des Begriffs der „Kontinuität"; denn da die Feststellung einer ex-tunc-Nichtigkeit des Münchener Abkommens für uns nicht möglich sei, könnten wir uns auch nicht darauf einlassen, daß sie in einer indirekten Form getroffen und gewissermaßen durch die Hintertür eingeführt würde.

Im weiteren Verlauf der Besprechung meinte Vizeminister *Goetz*, der Unterschied zwischen dem Präsens und dem Perfekt bedeute offensichtlich, daß wir den Rubikon doch noch nicht überschreiten wollten. Staatssekretär *Frank* erwiderte, daß das Überschreiten des Rubikon sich in der Geschichte ja nicht als glücklich erwiesen habe. Wir würden über den Wunsch der tschechoslowakischen Seite nach einer Aussage über die Kontinuität der Grenze nachdenken; man solle aber den Blick in die Zukunft und nicht auf die Vergangenheit rich-

---

[3] Vgl. dazu Artikel 6 des Vertrags vom 6. Mai 1970 über Freundschaft, Zusammenarbeit und gegenseitigen Beistand zwischen der UdSSR und der ČSSR; Dok. 322, Anm. 5.

ten. Wenn man ein neues Haus auf den Trümmern eines alten Hauses bauen wolle, das zusammengestürzt sei, so brauche auch nicht sämtlicher Schutt fein säuberlich beseitigt zu werden; es komme vielmehr auf das neue Haus an, das nach seiner Errichtung von dem alten nichts mehr sichtbar bleiben lasse.

Vizeminister *Goetz* stellte die Frage, ob wir auch bei einer Kompromißformel, wie sie uns vorschwebe, eine Regelung der Rechtsfolgen des Münchener Abkommens und entsprechende Garantien von tschechoslowakischer Seite für erforderlich hielten. Staatssekretär *Frank* antwortete, daß man über die Rechtsfolgen in jedem Falle werde sprechen müssen, um eine klare Rechtslage zu schaffen. Vizeminister *Goetz* wandte daraufhin ein, daß eine Kompromißformel in Verbindung mit einer unseren Wünschen entsprechenden Regelung der Rechtsfolgen doch dem Vertrag eine Schlagseite im deutschen Interesse geben würde; wie könne dann die ČSSR ihr Gesicht wahren?

Staatssekretär *Frank* erwiderte, daß die von ihm skizzierten Elemente einer Kompromißformel für die Bundesregierung innenpolitisch schon schwer zu vertreten sein würden. Es sei wenig glücklich gewesen, daß die Forderung nach Feststellung einer ex-tunc-Nichtigkeit des Münchener Abkommens von tschechoslowakischer Seite so hoch gespielt worden sei. Eine solche Feststellung sei für die Bundesregierung nicht nur in der Sache selbst, sondern auch deshalb nicht möglich, weil sie die Ratifikation der Ostverträge möglicherweise entscheidend belasten würde.

Vizeminister *Goetz* ließ daraufhin von seinem Dolmetscher eine Erklärung verlesen, die von Bundeskanzler Brandt als damaligem Bundesaußenminister im Jahre 1968 abgegeben worden sei und nach der es sich bei dem Münchener Abkommen nicht um ein Politikum, sondern um die Regelung der rechtlichen Folgen handele.

Abschließend verblieben Staatssekretär Frank und Vizeminister Goetz dahin, daß Herr Goetz seine Regierung über die in der heutigen Besprechung entwickelten Gedankengänge unterrichten wird, während wir unsererseits prüfen werden, ob und in welcher Form sich der Wunsch der tschechoslowakischen Seite nach einer Aussage über die Kontinuität der Grenzen in einer Kompromißformel erfüllen lassen würde.

Für die Fortsetzung der Sondierungsgespräche wurden Bonn als Ort und ein noch zu vereinbarender Zeitpunkt erst ab Anfang November in Aussicht genommen[4], da Vizeminister Goetz erklärte, am 11. Oktober einen Urlaub in Karlsbad antreten zu wollen.

VS-Bd. 537 (Büro Staatssekretär)

---

[4] Zur vierten Runde der Gespräche mit der ČSSR über eine Verbesserung des bilateralen Verhältnisses am 18./19. November 1971 in Rothenburg ob der Tauber vgl. Dok. 398.

325

Gespräch des Bundesministers Scheel mit dem polnischen Außenminister Jędrychowski in New York

28. September 1971[1]

Aufzeichnung über das Gespräch zwischen dem Herrn Bundesminister des Auswärtigen und dem polnischen Außenminister vom 28. September 1971 in New York.[2]

An dem Gespräch nahmen auf deutscher Seite teil: Botschafter Dr. Gehlhoff, MD von Staden, Dr. Brunner. Auf polnischer Seite: Botschafter Kulaga, MD Bisztyga sowie als Dolmetscher Dr. Sliwka.

Das Gespräch dauerte von 16.40 bis 18.00 Uhr.

Nach einleitenden Worten der Begrüßung fragte der Herr *Bundesminister* seinen polnischen Kollegen, wie dieser die Chancen der Volksrepublik China für die Aufnahme in die UNO beurteile.

Der *polnische Außenminister* antwortete, er glaube, daß die Volksrepublik China diesbezüglich gute Chancen habe, zumal ja auch die USA deren Aufnahme unterstützten.[3] Anschließend äußerte er sich kurz zur albanischen Resolution[4] in diesem Zusammenhang. Er glaube, daß Albanien überstimmt werde.

Auf den Einwurf des Herrn Bundesministers, daß dann ja wohl Formosa nicht mehr Mitglied der UNO bleiben könne, antwortete er, daß er dies auch so sehe. Formosa müßte ja sowieso in einer derartigen Situation, wenn es in seiner Haltung konsequent bleiben wollte, die UNO verlassen. Andererseits würde die Volksrepublik China bei ihrer Aufnahme in die UNO ein Verbleiben Formosas in derselben nicht dulden, da sie Formosa bekanntlich ja als eine chinesische Provinz betrachte.[5]

Der polnische Außenminister richtete nun an den Herrn Bundesminister die Frage, wie dieser die Aussichten für die Aufnahme der beiden deutschen Staaten in die UNO beurteile.

---

[1] Ablichtung.
Die Gesprächsaufzeichnung wurde von Vortragendem Legationsrat Buring am 28. September 1971 gefertigt.
Hat Ministerialdirektor von Staden am 2. Oktober 1971 vorgelegen, der die Weiterleitung an Referat II A 5 verfügte.
Hat Vortragender Legationsrätin I. Klasse Finke-Osiander am 11. Oktober 1971 vorgelegen.

[2] Bundesminister Scheel hielt sich vom 26. September bis 3. Oktober 1971 anläßlich der XXVI. UNO-Generalversammlung in den USA auf.

[3] Vgl. dazu die Pressekonferenz des amerikanischen Außenministers Rogers vom 2. August 1971 in Washington; Dok. 264, Anm. 5.
Die USA brachten gemeinsam mit 16 weiteren Staaten am 22. September 1971 in der UNO-Generalversammlung einen Resolutionsentwurf ein, demzufolge die Volksrepublik China in der UNO vertreten sein und auch einen der fünf ständigen Sitze im UNO-Sicherheitsrat einnehmen sollte. Die Republik China (Taiwan) sollte weiterhin der UNO angehören. Für den Wortlaut vgl. DEPARTMENT OF STATE BULLETIN, Bd. 65 (1971), S. 427.

[4] Zu den seit 1962 durch Albanien eingebrachten Resolutionsentwürfen zur Frage der Vertretung Chinas in der UNO vgl. Dok. 192, Anm. 20.

[5] Zur Abstimmung in der UNO-Generalversammlung am 25. Oktober 1971 vgl. Dok. 371.

Der Herr *Bundesminister* antwortete, er sei nicht in der Lage, einen genauen Zeitpunkt hierfür anzugeben, doch sei er im Grundsatz zuversichtlich, daß dies in absehbarer Zeit der Fall sein werde; d.h., daß in absehbarer Zeit ein Antrag auf Aufnahme der beiden deutschen Staaten in die UNO gestellt werden könne. Hierzu bedürfe es natürlich einer entsprechenden Entscheidung des Parlaments, das sich mit Mehrheit dafür aussprechen müsse. Vorausgesetzt, daß es zu entsprechenden Regelungen im Verhältnis zwischen den beiden deutschen Staaten kommen werde, glaube er, daß eine solche Mehrheit zu erzielen sei. Vorher müßte es jedoch Fortschritte im innerdeutschen Verhältnis geben. Einen genauen Zeitpunkt diesbezüglich könne er ebensowenig bezeichnen wie das Volumen der vertraglichen Regelungen, die vorher zwischen den beiden deutschen Staaten zustande kommen müßten.

Der *polnische Außenminister* fragte anschließend, ob ein Transit-Abkommen zwischen den beiden deutschen Staaten auf der Grundlage des Vier-Mächte-Abkommens über West-Berlin seitens der Bundesrepublik als ein solcher Fortschritt gewertet werden würde.

Der Herr *Bundesminister* antwortete, ein Verkehrsabkommen zwischen den beiden deutschen Staaten sei der nächste Punkt auf der Tagesordnung. Danach müßten weitere Regelungen erfolgen. Wenn dies erreicht sein werde, dann sei wohl der Zeitpunkt gekommen, wo die beiden deutschen Staaten einen Antrag auf Aufnahme in die UNO stellen könnten. Zusammenfassend wolle er sagen, daß vorher soviel an Regelungen erreicht werden müsse, daß die UNO nicht zum Forum von Streitigkeiten zwischen den beiden deutschen Staaten zu werden brauche.

Der Beginn der Verhandlungen mit der DDR sei durch das Auftreten gewisser Schwierigkeiten gekennzeichnet[6], doch hoffe er, daß es mit Geduld gelingen werde, diese Schwierigkeiten zu beseitigen.

Auf die Bemerkung des *polnischen Ministers*, daß es sich hierbei ja doch wohl nur um sprachliche Schwierigkeiten handle, antwortete der Herr *Bundesminister*, daß dies zutreffe, aber bekanntlich sei ja Deutsch eine sehr schwierige Sprache. Die beiderseitigen Experten hätten sich seinerzeit auf eine gemeinsame sprachliche Basis geeinigt, doch habe die DDR dann einen Text veröffentlicht,[7] der dieser Absprache nicht ganz entsprochen habe. Dadurch seien die eingetretenen Schwierigkeiten zu erklären. Man müsse diese Schwierigkeiten beseitigen, um die innerdeutschen Verhandlungen nicht durch ein Element der Unsicherheit zu belasten. Er wolle aber diese Angelegenheit auch nicht überbewerten und glaube, daß bei gutem Willen der Beteiligten eine Lösung möglich sei.

Der *polnische Außenminister* erwähnte die vor kurzem erfolgte Anordnung des BMVtg, derzufolge Einheiten der Bundesmarine Einheiten der DDR-Marine zu grüßen hätten. Diese Maßnahme sei sehr zu begrüßen. Weniger erfreulich sei

---

[6] Zur Kontroverse um eine deutsche Übersetzung des Vier-Mächte-Abkommens über Berlin vom 3. September 1971 vgl. zuletzt Dok. 319.
[7] Zur Vereinbarung vom 3. September 1971 vgl. Dok. 295.
Zur Veröffentlichung vom 4. September 1971 vgl. Dok. 292, Anm. 2.

die Tatsache, daß die Bundesregierung eine Teilnahme der DDR an einer Konferenz über die Reinhaltung der Nordsee zu verhindern versuche.

Der Herr *Bundesminister* erwiderte, es gehe hierbei darum, daß die Bundesregierung sich dagegen wehre, daß im gegenwärtigen Zeitpunkt der internationale Status der DDR geändert werde. Sie sei der Auffassung, daß man Schritt für Schritt vorgehen müsse. Werde erst einmal ein Minimum an vernünftigen Regelungen zwischen den beiden deutschen Staaten erreicht sein, dann werde man die UNO-Aufnahme ansteuern, aus der sich dann ja automatisch vieles andere ergeben werde. 25 Jahre lang sei auf diesem Sektor nichts geschehen, weshalb man jetzt langsam vorgehen müsse.

Der *polnische Minister* wies darauf hin, daß die starre Haltung der Bundesregierung in der Frage der DDR-Teilnahme an der erwähnten Konferenz möglicherweise dazu führen werde, daß auch die anderen sozialistischen Staaten eine Teilnahme ablehnen würden.

Der Herr *Bundesminister* sagte, er sei dankbar für die Darlegung dieser Auffassung. Man müsse nun praktische Wege suchen, um diese Frage zu lösen. In anderen Fällen sei es auch gelungen, durch pragmatisches Vorgehen einen Ausweg zu finden. In diesem speziellen Falle dürfe aber nicht der Eindruck entstehen, daß die DDR-Teilnahme an der Konferenz beantragt werde, um eine Status-Veränderung derselben zu erreichen.

Der *polnische Minister* antwortete, es handele sich doch hierbei um die Teilnahme an einer Konferenz und nicht um die Aufnahme in eine Organisation. Im übrigen vertrete Polen den Standpunkt, daß angesichts der Tatsache, daß die Bundesrepublik verschiedenen Sonderorganisationen der UNO angehöre, die DDR nun nachziehen müsse.

Der Herr *Bundesminister* erwiderte, daß er durchaus auch den hier von seinem Kollegen angesprochenen Unterschied sehe, denn es gehe ja hier in der Tat nur um die Beteiligung an einer Konferenz. Man müsse nun prüfen, in welcher Form man DDR-Experten die praktische Mitwirkung ermöglichen könne. Im übrigen solle man sich nicht zuviel Gedanken über Probleme machen, die sich in einer gewissen Zeit von selbst lösen würden. Jetzt sollte man sich auf die politischen Ziele konzentrieren, auf die man sich geeinigt habe. Notwendig sei es aber, daß jeder der beteiligten Staaten seinen Beitrag zur Entspannung in Europa leiste.

Der *polnische Minister* fragte nun, wann der Herr Bundesminister mit einem Abschluß der Gespräche zwischen den beiden deutschen Staaten im Zusammenhang mit der Ausfüllung des Westberlin-Abkommens rechne.

Der Herr *Bundesminister* sagte, daß nach Beseitigung der sog. sprachlichen Schwierigkeiten diese Gespräche wohl nicht allzu lange dauern würden. Mit der scherzhaften Bitte um Geheimhaltung sagte er, daß er mit dem Beginn der Ratifizierungsdebatte Anfang bzw. im Frühjahr 1972 rechne.

Der *polnische Minister* bemerkte, daß es sicher wünschenswert wäre, die innerdeutschen Gespräche noch vor Beginn der nächsten NATO-Runde, d. h. noch vor Dezember d. J.[8], zum Abschluß zu bringen.

---

[8] Zur NATO-Ministerratstagung am 9./10. Dezember 1971 in Brüssel vgl. Dok. 439.

Zur Frage der KSE übergehend sagte der Minister, daß Frankreich sich bekanntlich für eine sofortige Multilateralisierung der Gespräche über die KSE ausgesprochen habe. Es würde ihn interessieren, wie die Haltung der Bundesregierung hierzu sei.

Der Herr *Bundesminister* antwortete, entsprechend einem Beschluß des NATO-Rats sollte die Multilateralisierung erst nach Unterzeichnung des Schlußprotokolls zu dem Berlin-Abkommen[9] erfolgen.[10] Was die KSE ganz allgemein anbelange, so stehe die Bundesregierung, und darin sei sie mit Frankreich durchaus einig, einer solchen Konferenz wie bisher grundsätzlich positiv gegenüber. Eine Multilateralisierung der vorbereitenden Gespräche sollte aber erst nach endgültiger Regelung der Berlin-Frage erfolgen.

Der *polnische Minister* bemerkte an dieser Stelle, seine Regierung habe den Eindruck, daß von Großbritannien gegenwärtig in Sachen KSE gewisse Akzente gesetzt würden, welche die Einberufung einer solchen Konferenz erschwerten.

Der Herr *Bundesminister* antwortete, er sei davon überzeugt, daß im Falle einer Unterzeichnung des Schlußprotokolls vor Dezember d.J. der NATO-Rat wegen der zu erwartenden psychologischen Auswirkungen bereit sein werde, in dieser Frage positiv zu reagieren. Er wolle in diesem Zusammenhang seine Besorgnis nicht verhehlen, daß jemand auf den Gedanken kommen könnte, die Unterschrift unter das Schlußprotokoll von neuen Elementen abhängig zu machen, wodurch sich natürlich die Einberufung einer KSE verzögern würde.

Der *polnische Minister* bemerkte hierzu, das Recht auf Verknüpfung verschiedener Probleme miteinander dürfe nicht als das Privileg nur einer Seite aufgefaßt werden.

Der Herr *Bundesminister* stimmte dieser Feststellung zu und sagte anschließend, daß er sich von einer abschließenden Berlin-Regelung eine positive Auswirkung in doppelter Hinsicht verspreche. In der Bundesrepublik selbst werde sich die Finalisierung der Berlin-Gespräche positiv auf die Vorbereitung der Ratifizierung der beiden Verträge auswirken. Im Ausland werde sich eine günstige Wirkung im Sinne einer allgemeinen Entspannung ergeben. Es wäre nicht gut, die sich abzeichnenden positiven Möglichkeiten zu blockieren. Er sehe jedoch in der Summe gesehen keine Gefahr in dieser Beziehung und sei zuversichtlich im Hinblick auf einen befriedigenden Abschluß der innerdeutschen Gespräche.

Der *polnische Minister* sagte, weder Polen noch andere sozialistische Staaten wünschten eine Regelung des Verhältnisses zwischen den beiden deutschen Staaten zu erschweren. Das Gegenteil sei der Fall. Andererseits dürfe man aber in diesen Fragen das Prestige der Sowjetunion nicht allzusehr strapazieren.

---

9 Zu dem am 3. September 1971 paraphierten Schlußprotokoll zum Vier-Mächte-Abkommen über Berlin vgl. Dok. 281, Anm. 2.
10 Vgl. dazu Ziffer 10 des Kommuniqués der NATO-Ministerratstagung am 3./4. Dezember 1970 in Brüssel; Dok. 11, Anm. 12.
Der Berlin-Vorbehalt wurde bekräftigt in Ziffer 9 des Kommuniqués der NATO-Ministerratstagung am 3./4. Juni 1971 in Lissabon; Dok. 207, Anm. 12.

Der Herr *Bundesminister* sage, die Bundesregierung habe in letzter Zeit einen sehr bedeutenden Beitrag zu internationalen Entspannung geleistet, wodurch ihr Prestige stark beansprucht worden sei. Im Interesse Europas habe sie jedoch Prestige-Überlegungen zurückgestellt. Dies hätten übrigens auch andere beteiligte Staaten getan, was ebenfalls auch in anderen Teilen der Welt anerkannt worden sei. Das Ergebnis einer derartigen Haltung sei die Tatsache, daß Gegensätze, die lange Jahre hindurch in Europa bestanden hätten, nun allmählich abgebaut würden.

Der *polnische Außenminister* bejahte diese Feststellung und bemerkte, daß dies auch bei der jetzigen UNO-Tagung festzustellen sei. Besonders in den skandinavischen Ländern, aber auch in vielen europäischen Ländern, so z.B. in Frankreich, treffe man auf ein großes Verständnis im Hinblick auf den in Gang gekommenen Entspannungsprozeß.

Der Herr *Bundesminister* betonte, daß die Bundesrepublik sicherlich den größten Beitrag zur Entspannung in Europa geleistet habe, weshalb die jetzige Bundesregierung schweren Angriffen von seiten der Opposition im eigenen Lande ausgesetzt sei. Angesichts der Tatsache, daß 20 Jahre lang hinsichtlich der Entspannung nichts geschehen sei, sei jetzt ein Umdenken der beteiligten Völker erforderlich, obwohl die völkerrechtliche Lage unverändert geblieben sei. Die öffentliche Meinung in den einzelnen Ländern müsse einen Umdenkungsprozeß durchmachen, was natürlich Zeit brauche. Die Mehrheit der Bevölkerung in der Bundesrepublik z.B. bejahe den neuen Kurs der Bundesregierung, den diese als die beste Lösung für Europa betrachte.

Der Herr Bundesminister kam dann auf einen Film zu sprechen, den er kürzlich im Fernsehen gesehen habe. Es handele sich dabei um einen durch ein deutsches Team in Polen aufgenommenen Fernsehfilm, in welchem die geistige Situation in Polen geschildert werde. In dem Film kämen polnische Schriftsteller, Kulturkritiker und andere Persönlichkeiten aus dem kulturellen und wissenschaftlichen Sektor zu Wort, ferner zeige der Film schöne polnische Landschaften. Der Minister betonte, daß dieser Film ihn stark beeindruckt habe.

Der *polnische Außenminister* erwähnte, daß vor nicht allzu langer Zeit in Polen eine westdeutsche Ausstellung gezeigt worden sei unter dem Motto „Die Industrie im künstlerischen Bereich" oder so ähnlich[11], und daß diese Ausstellung ein großer Erfolg gewesen sei. Der Herr *Bundesminister* kam nochmals auf die KSE zu sprechen und fragte seinen polnischen Kollegen, wie er sich denn den Ablauf der Vorbereitungen und die Vertretung der einzelnen Staaten auf einer solchen Konferenz vorstelle.

Der *polnische Außenminister* antwortete, die beteiligten Staaten könnten entweder durch die Regierungschefs oder die Außenminister vertreten sein. Eine Vertretung durch die Staatsoberhäupter halte er nicht für sinnvoll. Im übrigen seien die sozialistischen Staaten in dieser Frage flexibel.

---

[11] 1970 wurde in Warschau und Breslau die Gemäldeausstellung „Industrie und Technik in der deutsche Malerei" des Wilhelm-Lehmbruck-Museums Duisburg gezeigt.

Der Herr *Bundesminister* kam nun auf die jüngste Krim-Konferenz[12] zu sprechen und sagte, er gehe davon aus, daß sein polnischer Kollege gewiß einen Bericht über den Verlauf derselben erhalten habe.

Der *polnische Minister* antwortete, daß er eine allgemeine Information erhalten habe. Der Herr *Bundesminister* fuhr nun mit seinen Ausführungen zur KSE fort und sage, der Gedanke des Herrn Bundeskanzlers, den er auch gegenüber Breschnew geäußert habe, sei es, zunächst einmal eine Vorkonferenz abzuhalten, auf der die Tagesordnung und ähnliche Verfahrensfragen zu regeln wären. Die einzelnen Delegationen könnten dabei von den stellvertretenden Außenministern bzw. von Botschaftern geleitet werden. Zu gegebener Zeit würde man dann zur Durchführung der Konferenz selbst übergehen. Es gebe nun unter den westlichen Regierungen verschiedene Meinungen darüber, ob die Regierungschefs oder die Außenminister die Delegationen leiten sollten. Denkbar wäre auch die Lösung, daß zunächst die Außenminister die Verhandlungen führen, und daß in der Schlußphase der Konferenz die Regierungschefs selbst die Verhandlungsführung übernehmen würden. Dies sei eine Idee des Herrn Bundeskanzlers, die von manchen anderen europäischen Regierungschefs gutgeheißen werde. Aus einem Gespräch mit Außenminister Gromyko habe er entnommen, daß die Sowjetunion in Fragen der Prozedur eine sehr elastische Haltung einnehme.[13]

Der *polnische Minister* antwortete, diese Fragen seien von den Staaten des Warschauer Vertrags noch nicht eingehend diskutiert worden, doch sei die Tendenz vorhanden, den westeuropäischen Staaten in dieser Beziehung entgegenzukommen.

Der Herr *Bundesminister* griff nun das Thema MBFR im Zusammenhang mit den Gesprächen auf der Krim auf und erwähnte, daß im Kommuniqué über die Krim-Gespräche nicht der Begriff „Ausgewogene Truppenreduzierung", sondern die Formulierung „ohne Nachteile für die Beteiligten" verwendet worden sei.[14]

Der *polnische Minister* sagte hierzu, er verstehe dies folgendermaßen: Es gehe weniger um eine ausgewogene, sondern vielmehr um eine gleichwertige Truppenreduzierung. In diesem Zusammenhang sei aus NATO-Quellen eine Nachricht zu hören, der zufolge die westlichen Staaten davon ausgingen, daß der Warschauer Pakt seine Truppen um 30 %, die NATO hingegen ihre Truppen

---

[12] Bundeskanzler Brandt hielt sich vom 16. bis 18. September 1971 zu Gesprächen mit dem Generalsekretär des ZK der KPdSU, Breschnew, in Oreanda auf. Vgl. dazu Dok. 310, Dok. 311, Dok. 314 und Dok. 315.

[13] Zum Gespräch des Bundesministers Scheel mit dem sowjetischen Außenminister Gromyko am 27. September 1971 in New York vgl. Dok. 323.

[14] Im Kommuniqué über die Gespräche des Bundeskanzlers Brandt mit dem Generalsekretär des ZK der KPdSU vom 16. bis 18. September 1971 in Oreanda wurde ausgeführt: „Beide Seiten haben ihre Auffassungen zur Frage der Verminderung von Truppen und Rüstungen in Europa – ohne Nachteile für die Beteiligten – dargelegt. Dabei stellten sich übereinstimmende Elemente in ihren Positionen heraus. Sie sind überzeugt, daß die Lösung dieses schwierigen Problems die Grundlagen des europäischen und internationalen Friedens wirksam festigen würde. Die Zukunft in Europa ebenso wie in anderen Gebieten der Welt soll nicht auf militärischer Konfrontation, sondern auf der Grundlage gleichberechtigter Zusammenarbeit und Gewährleistung der Sicherheit für jeden einzelnen sowie für alle Staaten zusammen gebaut werden." Vgl. BULLETIN 1971, S. 1470.

nur um 10% zu verringern hätte. Als Begründung für diese Auffassung werde auf die geographische Situation verwiesen.

Der Herr *Bundesminister* antwortete, mit einer rein arithmetischen Kürzung der Truppen werde man dem angestrebten Ziel nicht gerecht. Man müsse hierbei schrittweise vorgehen und stets die Erhaltung des Kräftegleichgewichts im Auge behalten. Außerdem müsse sich die Reduzierung sowohl auf ausländische als auch auf nationale Truppen erstrecken, wobei die unterschiedliche Bewaffnung der einzelnen Verbände zu berücksichtigen sei. Als ersten Schritt auf diesem Wege halte er eine 5%ige lineare Kürzung für vorstellbar. Danach müsse man sich den nächsten Schritt überlegen.

Der *polnische Minister* dankte für diese Darlegung und sagte, daß er ein derartiges Verfahren für gut hielte.

Der Herr *Bundesminister* fuhr fort und betonte, daß bei diesen Maßnahmen vor allem keine Störung des Gleichgewichts, also „kein Nachteil" für die Beteiligten eintreten dürfe. Das Gespräch zwischen dem Bundeskanzler und Breschnew habe eine gewisse Übereinstimmung der Auffassungen zu diesem Thema ergeben. Diese Übereinstimmung habe sich auf folgende Punkte bezogen:

Die Truppenreduzierung dürfe nicht zum Gegenstand einer Diskussion nur zwischen den Atommächten werden. Sie dürfe sich nicht nur auf die ausländischen Truppen, sondern müsse sich ebenfalls auf die nationalen Truppen erstrecken. Schließlich dürfe der geographische Raum für die zu ergreifenden Maßnahmen nicht nur auf die beiden Teile Deutschlands beschränkt werden, sondern müsse auch andere Räume erfassen.

Der *polnische Außenminister* verwies in seiner Antwort auf frühere polnische Vorschläge in dieser Richtung[15] und betonte, daß diese Vorschläge eindeutig über den von den beiden deutschen Staaten eingenommenen Raum hinausgingen. Es wäre aber auch gut, wenn man nach Westen über das Territorium der Bundesrepublik hinausginge.

Der Herr *Bundesminister* stimmte diesem letzten Gedanken zu und sagte anschließend, er sehe einen gewissen Zusammenhang zwischen der geplanten KSE und der angestrebten Truppenreduzierung. Seiner Meinung nach würde es sich bei einer MBFR-Konferenz nicht umgehen lassen, daß die militärischen Verteidigungssysteme der beteiligten Staaten Kontakt miteinander aufnehmen. Ihm sei bekannt, daß die Sowjetunion anderer Meinung sei und die bilaterale Form bevorzuge. Er selbst glaube aber, daß man an einer bestimmten Stelle einer solchen Konferenz nicht weiterkommen werde, wenn man die Erhaltung des Gleichgewichts der beiden militärischen Systeme außer acht lasse.

Der *polnische Außenminister* sagte, seinen Informationen zufolge verhalte sich die Sowjetunion in dieser Frage elastisch. Die USA dagegen wünschten, daß Fragen einer MBFR ebenfalls im Rahmen einer KSE zu verhandeln seien. Frankreich wiederum sei gegen Verhandlungen zwischen den beiden Blöcken. Staaten wie zum Beispiel Schweden oder Jugoslawien wollten auch eine Rolle auf diesem Gebiet spielen. Diese kurzen Hinweise zeigten, daß das Thema noch nicht ausdiskutiert sei.

---

[15] Zu den zwischen 1957 und 1964 vorgelegten Abrüstungsvorschlägen des polnischen Außenministers Rapacki vgl. Dok. 210, Anm. 22.

Der Herr *Bundesminister* erwiderte, er halte Detail-Verhandlungen über eine MBFR im Rahmen einer KSE nicht für zweckmäßig. Außenminister Gromyko habe bei einer früheren Gelegenheit zu ihm gesagt, daß man bei einer europäischen Sicherheitskonferenz ein Organ schaffen sollte, welches sich mit Fragen einer MBFR zu befassen hätte.[16] Dies scheine ihm eine guter Gedanke zu sein. Natürlich dürfe man auch die Belange der neutralen Länder Europas bei der Regelung dieser Frage nicht unberücksichtigt lassen. Zumeist seien diese jedoch nur schwach gerüstet und könnten bei der Regelung des Problems daher nur wenig helfen.

Der *polnische Minister* warf ein, daß diese Bemerkung z. B. für Schweden oder die Schweiz, was die Rüstung anbelange, nicht zutreffe. Es wäre natürlich wünschenswert, daß die neutralen Länder, sollte es einmal zu einer Truppenreduzierung kommen, ebenfalls ihre Truppen reduzieren.

Der Herr *Bundesminister* faßte seinen Standpunkt noch einmal zusammen und sagte, man sollte den politischen Teil einer MBFR im Rahmen der KSE regeln, hingegen den militärischen Teil in einem besonderen Organ.

Das Gespräch wandte sich nun wirtschaftlichen Fragen zu. Der *polnische Minister* bemerkte, daß auch Polen die Erhöhung des amerikanischen Zolls auf Importe um 10%[17] spüre.

Der Herr *Bundesminister* antwortete, insofern sei ja die Bundesrepublik in der gleichen Lage. – Was das bilaterale Verhältnis zwischen Polen und der Bundesrepublik anbelange, so habe kürzlich ein Gespräch zwischen dem polnischen Vizeaußenminister Willman und Botschafter Emmel stattgefunden[18], wobei die interessierenden Fragen sehr ausführlich besprochen worden seien. Er habe den Eindruck, daß dieses Gespräch in einer guten Atmosphäre stattgefunden habe, weshalb es sich sicherlich erübrige, auf Einzelheiten einzugehen.

Der *polnische Außenminister* sagte, er sei über den Verlauf dieses Gesprächs unterrichtet und wolle den Herrn Bundesminister nun fragen, ob die Bundesregierung weiterhin an einer Erweiterung der Befugnisse der beiden Handelsvertretungen interessiert sei.[19]

Herr *von Staden*, den der Herr Minister um Stellungnahme bat, sagte hierzu, daß man auf deutscher Seite gegenwärtig nach Möglichkeiten suche, um die Schwierigkeiten, die sich bei der durchaus erwünschten Erweiterung der Befugnisse der Handelsvertretungen ergeben hätten, zu umgehen.

Der *polnische Minister* bemerkte, daß möglicherweise die Aufnahme diplomatischer Beziehungen zwischen beiden Ländern eher erfolgen werde als die Lösung der schwierigen und umstrittenen Staatsangehörigkeitsfrage. Bei einem

---

[16] Vgl. dazu die Äußerungen des sowjetischen Außenministers Gromyko gegenüber Bundesminister Scheel vom 2. August 1970 bei Moskau; AAPD 1970, II, Dok. 353.

[17] Zur Erklärung des Präsidenten Nixon vom 15. August 1971 über die Aufgabe der Dollar-Konvertibilität sowie weitere wirtschafts- und währungspolitische Maßnahmen vgl. Dok. 276, Anm. 1.

[18] Zum Gespräch des Botschafters Emmel, Moskau, mit dem polnischen Stellvertretenden Außenminister Willman am 27. September 1971 in Warschau vgl. Dok. 364, Anm. 8.

[19] Zum Vorschlag der Bundesregierung, eine Vereinbarung zur Erweiterung der Befugnisse der Handelsvertretungen auf konsularische Angelegenheiten zu beschränken, vgl. Dok. 220.
Ein Entwurf der Bundesregierung für eine entsprechende Vereinbarung wurde am 6. Oktober 1971 an die Handelsvertretung in Warschau übermittelt. Vgl. dazu Dok. 363, Anm. 32.

solchen Verlauf würde dieses schwierige Problem leider weiterhin bestehen bleiben. Vielleicht wäre es, um voranzukommen, zweckmäßig, zunächst einmal eine provisorische Lösung in der Staatsangehörigkeitsfrage zu suchen.

Der Herr *Bundesminister* dankte seinem Kollegen für das gezeigte Verständnis in dieser schwierigen Frage und sagte, er halte es trotz allem für möglich, für die Zwischenzeit eine Übergangslösung zu finden. Entsprechende Überlegungen seien im Gange.

Der *polnische Außenminister* antwortete, daß es nun an der Bundesregierung sei, diesbezüglich die Initiative zu ergreifen. – Er bemerkte anschließend, daß es nach Unterzeichnung des deutsch-polnischen Vertrags[20] auf manchen Gebieten Fortschritte im gegenseitigen Verhältnis gegeben hätte. So habe man erfreulicherweise in der Zwischenzeit eine Steigerung der Touristenreisen und auch der Verwandtenbesuche feststellen können. Auch auf dem Gebiet der kulturellen und wissenschaftlichen Zusammenarbeit sei eine Verbesserung der Situation erfolgt. Dies wolle er mit Befriedigung feststellen.

Leider gebe es einen Bereich, in dem seit der Unterzeichnung des Vertrags kein Fortschritt erzielt worden sei. Er meine hiermit die Entwicklung der Wirtschaftsbeziehungen. Während im Jahre 1970 verglichen mit 1969 eine Steigerung des Warenverkehrs zwischen den beiden Ländern um 30% zu verzeichnen gewesen sei, habe es im ersten Halbjahr 1971 im Vergleich zum entsprechenden Zeitraum 1970 keine Steigerung gegeben. Auch hinsichtlich der Liberalisierung der Importe aus Polen sei seit der Vertragsunterzeichnung kein Fortschritt zu verzeichnen, obwohl doch das zwischen den beiden Ländern geschlossene Langfristige Handelsabkommen[21] vorsehe, die noch bestehenden mengenmäßigen Beschränkungen für Importe aus Polen bis 1974 abzuschaffen. Im Jahre 1971 sei in bezug auf die Liberalisierung bisher nichts erfolgt. Auch hinsichtlich des Lizenzierungsverfahrens (gemeint sind Einfuhrgenehmigungen – der Übersetzer) für nichtkontingentierte Waren sei bisher keine Verbesserung eingetreten. Was die noch bestehenden mengenmäßigen Beschränkungen für Importe aus Polen anbelange, so nehme hierbei die Bundesrepublik innerhalb der EWG-Länder den ersten Platz ein. Von insgesamt 1300 Positionen unterlägen nach wie vor 300 Positionen mengenmäßigen Beschränkungen, während es z. B. bei den Benelux-Ländern nur noch 80 Positionen seien. Ungelöst sei ferner die Frage der Zollbegünstigung bei Kooperationsvorhaben. Ungelöst sei weiterhin die Frage der Beseitigung der Doppelbesteuerung und Doppelversicherung polnischer Fachkräfte, die länger als sechs Monate in der Bundesrepublik arbeiteten. Von der Lösung dieses letztgenannten Problems hänge sehr wesentlich die Erweiterung polnischer Dienstleistungen im Bausektor ab. Es seien bereits zwei Transaktionen auf diesem Gebiet erfolgt, doch sei die Rentabilität dieser Vorhaben durch die bisher nicht erfolgte Regelung des Doppelbesteuerungsproblems gefährdet. Dies also seien die beiden Bereiche, in denen es seit Dezember 1970 keine Fortschritte gegeben habe.

---

[20] Für den Wortlaut des Vertrags vom 7. Dezember 1970 zwischen der Bundesrepublik und Polen über die Grundlagen der Normalisierung ihrer gegenseitigen Beziehungen vgl. BULLETIN 1970, S. 1815.

[21] Für den Wortlaut des Langfristigen Abkommens vom 15. Oktober 1970 zwischen der Bundesrepublik und Polen über den Warenverkehr und die Zusammenarbeit auf wirtschaftlichem und wissenschaftlichem Gebiet vgl. BUNDESANZEIGER, Nr. 40 vom 11. November 1970, S. 1 f.

28. September 1971: Staden an Auswärtiges Amt 326

Der Herr *Bundesminister* antwortete, er kenne nicht die Motive, die dieser Entwicklung zugrunde lägen. Er wolle jedoch mit seinem Kollegen, Herrn Schiller, über diese Fragen eingehend sprechen und werde der polnischen Seite eine Antwort über die Deutsche Handelsvertretung baldmöglichst zukommen lassen.

Zum Abschluß des Gesprächs gingen die beiden Minister noch kurz auf die Währungskrise ein, dabei speziell auf die Dollar-Krise. Der *polnische Minister* gab in diesem Zusammenhang der Hoffnung Ausdruck, daß sich der Warenverkehr zwischen den beiden Ländern im zweiten Halbjahr 1971 günstiger gestalten werde als im ersten Halbjahr.

Abschließend dankte der Herr *Bundesminister* seinem Kollegen für das interessante, ausführliche Gespräch, welches er als einen günstigen Beitrag für die weitere Verbesserung der beiderseitigen Beziehungen betrachte. Der polnische Außenminister stimmte dieser Feststellung zu und sagte seinerseits, auch er sehe in diesem Gespräch einen Beitrag zur Normalisierung der Beziehungen.

Das Gespräch verlief in einer aufgeschlossenen und freundlichen Atmosphäre.

Referat II A 5, Bd. 1360

326

Ministerialdirektor von Staden, z. Z. New York, an das Auswärtige Amt

Z B 6-1-13632/71 VS-vertraulich **Aufgabe: 28. September 1971, 23.00 Uhr**
Fernschreiben 987 **Ankunft: 29. September 1971, 08.28 Uhr**

Betr.: Gespräch Bundesministers mit jugoslawischem Außenminister Tepavac am 28.9.1971[1]

Wichtigste Ergebnisse des über einstündigen Gesprächs, an dem beiderseitig Mitarbeiter teilnahmen, fasse ich wie folgt zusammen:

1) Besuch von Breschnew in Belgrad[2]

Nach einer Mitteilung, die Tepavac dem Bundesminister unter vier Augen machte, sei Breschnew zunächst ziemlich hart aufgetreten, was aber nicht zum gewünschten Ergebnis geführt habe.

Im größeren Kreis hob Tepavac hervor, daß Jugoslawen die Grundlage der gemeinsamen Erklärungen von Belgrad (1955)[3] und Moskau (von Breschnew

[1] Bundesminister Scheel hielt sich vom 26. September bis 3. Oktober 1971 anläßlich der XXVI. UNO-Generalversammlung in den USA auf.
[2] Der Generalsekretär des ZK der KPdSU, Breschnew, hielt sich vom 22. bis 25. September 1971 in Jugoslawien auf.
[3] Nach dem Bruch zwischen der UdSSR und Jugoslawien im Juni 1948 leitete der Erste Sekretär des ZK der KPdSU, Chruschtschow, mit einem Besuch bei Staatspräsident Tito vom 27. Mai bis 2.

selbst 1965[4] unterzeichnet[5]) voll aufrechterhalten hätten. Die Beziehungen beruhten auf völliger Gleichheit. Für Jugoslawien gäbe es jedenfalls keine Breschnew-Doktrin.[6]

Breschnew habe viel Positives über Gespräch mit Bundeskanzler[7] gesagt.

2) KSE

Tepavac unterstrich jugoslawisches Interesse an baldigem Beginn multilateraler Explorationen oder Vorverhandlungen. Auch Sowjetunion sei stark interessiert. Breschnew habe sich in Einzelheiten nicht präzise ausgedrückt, aber hervorgehoben, daß Bemühungen um KSE nach jetzt erreichten Fortschritten in bezug auf Berlin verstärkt werden müßten.

Bundesminister erläuterte demgegenüber unsere Zeitvorstellungen, bei denen es sich um eine gemeinsame Position der atlantischen Verbündeten handle. Multilateralisierung könne nach endgültiger Berlin-Lösung möglicherweise im Frühjahr 1972 beginnen und zu einer Vorkonferenz auf Ebene stellvertretender Außenminister oder anderer Beauftragter führen. Auf Helsinki seien wir nicht festgelegt.

3) MBFR

Tepavac berichtete, daß Breschnew sich auch in dieser Frage nicht präzise geäußert, aber sowjetische Bereitschaft zur Verhandlung betont habe.

Bundesminister hob hervor, daß MBFR alle Allianz-Partner und auch die neutralen Staaten Europas interessiere und nicht Gegenstand bilateraler Gespräche zwischen Großmächten sein könne. Tepavac bestätigte dies. Bundesminister führte weiter aus, daß über gleichgewichtige Truppenverminderungen von der Sache her nur zwischen Allianzen verhandelt werden könne. Tepavac stimmte dem gleichfalls zu, betonte aber, daß auch die Nichtmitglieder der Allianzen am Thema interessiert seien.

4) Nahost

Auf Frage von Tepavac nach unseren Beziehungen zu arabischen Staaten erläuterte Bundesminister unser Interesse an gleichgewichtigen, normalen Beziehungen mit Staaten der Region.

Tepavac betonte europäisches Interesse am Frieden in Nahost. Auf Befragen meinte er, daß Entspannung in Mitteleuropa auch für den Mittelmeer- und Balkanraum günstig sei. Sowjetisches Interesse an KSE würde sich nicht realisieren lassen, wenn auf dem Balkan etwas geschehe.

Fortsetzung Fußnote von Seite 1467

Juni 1955 in Belgrad und auf Brioni eine Normalisierung der Beziehungen ein. Für den deutschen Wortlaut des Kommuniqués vgl. EUROPA-ARCHIV 1955, S. 7970–7972.

[4] Korrigiert aus: „1964".

[5] Für den deutschen Wortlaut der Gemeinsamen Erklärung vom 30. Juni 1965 anläßlich des Besuchs des Staatspräsidenten Tito in der UdSSR vgl. EUROPA-ARCHIV 1965, D 366–368 (Auszug).

[6] Zur Breschnew-Doktrin vgl. Dok. 140, Anm. 15.

[7] Bundeskanzler Brandt hielt sich vom 16. bis 18. September 1971 zu Gesprächen mit dem Generalsekretär des ZK der KPdSU, Breschnew, in Oreanda auf. Vgl. dazu Dok. 310, Dok. 311, Dok. 314 und Dok. 315.

5) Innerdeutsche Verhandlungen und Mitgliedschaft in den Vereinten Nationen

Bundesminister schilderte Stand innerdeutscher Verhandlungen sowie unsere Vorstellungen über weiteren Verlauf bis zur VN-Mitgliedschaft. Für diese benötigten wir parlamentarische Mehrheit, die Regelung innerdeutschen Verhältnisses voraussetze. Auf Frage von Tepavac, ob mit Aufnahme deutscher Staaten in VN 1972 zu rechnen sei, erwiderte Bundesminister, daß er dies nicht für sehr wahrscheinlich hielte. Man werde 1972 durch KSE und MBFR schon ohnehin ein gewaltiges Arbeitsprogramm haben. Im übrigen aber ließe sich nicht voraussehen, wann die innerdeutschen Verhandlungsergebnisse die Realisierung des VN-Beitritts erlauben würden.

6) Wiedergutmachung

Tepavac insistierte darauf, dieses Thema zur Sprache zu bringen. Bundesminister nahm den Anlaß wahr, um unsere Vorschläge[8] noch einmal zu erläutern und mit großem Ernst hervorzuheben, daß wir damit die Grenze unseres Entgegenkommens erreicht hätten und daß die Haushaltslage sich verschlechtere. Unter Hinweis auf Londoner Schuldenabkommen[9] unterstrich Bundesminister, daß unser Entgegenkommen im jugoslawischen Falle eine Ausnahme darstelle. Bundesminister verwies schließlich auf bevorstehenden Bonn-Besuch Šnuderls, den er auch selbst sehen wolle.[10]

Ausführungen Bundesministers gaben Tepavac offensichtlich zu denken. Er beharrte zwar darauf, Stabilisierungskredit als gesondertes Problem zu sehen, sah aber davon ab, Zahlen zu diskutieren.

[gez.] Staden

VS-Bd. 8947 (II A 5)

---

8 Zu den Vorschlägen der Bundesregierung vom 25. Juni 1971 vgl. Dok. 225. Zum Vorschlag vom September 1971 vgl. Dok. 296, Anm. 16.
9 Für den Wortlaut des Abkommens vom 27. Februar 1953 über deutsche Auslandsschulden (Londoner Schuldenabkommen) vgl. BUNDESGESETZBLATT 1953, Teil II, S. 333–485.
10 Für das Gespräch des Bundesministers Scheel mit dem Mitglied im jugoslawischen Bundesexekutivrat Šnuderl am 14. Oktober 1971 vgl. Dok. 346.

327

Gespräch des Bundesministers Scheel mit dem französischen Außenminister Schumann in New York

Geheim 29. September 1971[1]

1) Außenminister *Schumann* eröffnete diesen Teil des Gesprächs[2] mit der Mitteilung, daß Gromyko zu seiner Überraschung eine Verbindung zwischen der Ratifikation des deutsch-sowjetischen Vertrages[3] und der Unterzeichnung des Schlußprotokolls über Berlin[4] hergestellt habe.[5] Nach seiner Unterrichtung durch uns habe sich eine solche Möglichkeit in Oreanda zwar schon vage abgezeichnet[6], doch nicht mit solcher Klarheit.

Bundesminister bestätigte dies und wies darauf hin, daß ein solches Vorgehen sowohl die Ratifikation des Vertrages als auch die Multilateralisierung der Vorbereitungen einer KSE blockieren würde. Beides sei erst nach Finalisierung der Berlin-Regelung möglich. Die Sowjetunion würde damit gegen ihre eigenen Interessen handeln. Man könne evtl. erwägen, die Unterzeichnung des Schluß-

---

[1] Die Gesprächsaufzeichnung wurde von Ministerialdirektor von Staden, z. Z. New York, am 29. September 1971 mit Drahtbericht Nr. 1004 an das Auswärtige Amt übermittelt. Staden vermerkte dazu handschriftlich: „Vor Abgang Herrn Bundesminister vorzulegen."
Hat laut handschriftlichem Vermerk des Vortragenden Legationsrats Hallier, z. Z. New York, vom 29. September 1971 Bundesminister Scheel, z. Z. New York, vorgelegen.

[2] In ihrem Gespräch am 29. September 1971 behandelten Bundesminister Scheel und der französische Außenminister Schumann in New York außerdem aktuelle Währungsfragen sowie die Europapolitik. Dazu teilte Ministerialdirektor von Staden, z. Z. New York, am 29. September 1971 mit: „Schumann zeigte vorsichtigen Optimismus in bezug auf die Währungsfrage. Die USA begännen ihre Position zu ändern und wären im Gesamtrahmen einer Lösung vielleicht sogar bereit, eine Abwertung des Dollars zu diskutieren, jedoch nicht kurzfristig. Experten hätten ihm gesagt, daß die USA abwerten könnten, wenn sie im Bereiche des Burden sharing eine Kompensation erhielten. Nixon brauche ein solches Element, wenn er in Abweichung von seiner jetzigen Linie eine neue Lösung akzeptieren solle. Er habe den Eindruck, daß auch die deutsche Seite flexibler werde. Notwendig sei eine europäische Einigung in der Währungsfrage mit festen Wechselkursen nach innen und einer geringen Erweiterung der Bandbreiten nach außen. Eine solche Einigung sei auch Voraussetzung für die Durchführung einer europäischen Gipfelkonferenz. Mit dem Beginn informeller Vorbereitungsgespräche am 5. November in Rom sei man einverstanden. Alarmiert zeigte sich Schumann über die Entwicklung im Agrarsektor. Die Ausgleichsabgaben müßten stufenweise abgeschafft werden. Ihre Beibehaltung zur Verwirklichung der Wirtschafts- und Währungsunion könne das Ende des Gemeinsamen Marktes bedeuten. Wenn man der europäischen Einigung einen neuen Impuls geben und eine Einigung in der Währungsfrage finden wolle, dann müsse man gleichzeitig auch das Problem der Agrarpreise lösen. [...] Bundesminister erläuterte die außerordentlichen Schwierigkeiten, die sich aus den Währungsbewegungen für die deutsche Landwirtschaft ergeben. Die Ablösung der Ausgleichsabgaben durch Beihilfen aus dem Budget sei haushaltspolitisch nicht möglich. Andererseits müsse man eine Lösung suchen, und es werde sicher auch möglich sein, eine solche zu finden." Vgl. den Drahtbericht Nr. 1001; VS-Bd. 8789 (III E 1); B 150, Aktenkopien 1971.

[3] Für den Wortlaut des Vertrags vom 12. August 1970 zwischen der Bundesrepublik und der UdSSR vgl. BULLETIN 1970, S. 1094.

[4] Zu dem am 3. September 1971 paraphierten Schlußprotokoll zum Vier-Mächte-Abkommen über Berlin vgl. Dok. 281, Anm. 2.

[5] Vgl. dazu auch das Gespräch des Bundesministers Scheel mit dem sowjetischen Außenminister Gromyko am 27. September 1971 in New York; Dok. 323.

[6] Vgl. dazu das Gespräch des Bundeskanzlers Brandt mit dem Generalsekretär des ZK der KPdSU, Breschnew, am 17. September 1971 in Oreanda; Dok. 311.

protokolls mit einer Erklärung über die sofortige Einleitung des Ratifizierungsverfahrens zu verbinden.

Außenminister *Schumann* bestätigte, daß Gromyko es mit der Einleitung der multilateralen KSE-Vorbereitungen eilig habe. – Der Breschnew-Besuch in Paris[7] werde Gelegenheit bieten, mit der sowjetischen Führung über diese Fragen zu sprechen.

2) Auf Befragen von Schumann schilderte *Bundesminister* den Stand der innerdeutschen Gespräche. Es zeichneten sich hier Kompromißmöglichkeiten ab.

3) *Schumann* ging dann auf MBFR über und bemerkte, daß er die Position des Bundeskanzlers verstehen könne, wonach eine Verminderung amerikanischer Truppen in Europa von einer Reduktion der Bundeswehr begleitet sein solle. Er sehe darin aber auch eine Gefahr, denn dies könne dazu führen, daß die Allianz mit jedem amerikanischen Soldaten gleich zwei Mann verliere. Das Argument, daß die Bundeswehr nicht überproportional stark werden sollte, sei nicht unverständlich. Man solle in diesen Fragen aber nicht die Sprache der Vergangenheit sprechen.

Bundesminister erläuterte hierzu, daß es sich hier weniger um eine strikte Bedingung als um ein politisches Prinzip handle. Auf die Frage der Verhandlungsform übergehend, begründete Bundesminister seine Auffassung, daß MBFR zwischen den Militärbündnissen ausgehandelt werden müsse. Wenn man diese Frage nicht auf der Ebene der Allianz behandle, drohe ein Bilateralismus der Großmächte. Bundesminister appellierte an Schumann, daß Frankreich sich aktiv beteiligen möchte. Die französische Zurückhaltung und die britische Vorsicht könnten einen Ausgleich für das Tempo bilden, das von den USA eingeschlagen würde. *Schumann* äußerte die Sorge, daß MBFR zu einem neuen Rapacki-Plan[8] und schließlich zur Neutralisierung Europas führen könne. Die Insistenz, mit der Jędrychowski über diese Frage mit ihm gesprochen habe, habe ihn nachdenklich gestimmt und lasse ihn an den wahren Motiven der Sowjetunion zweifeln. Je notwendiger die Entspannung sei, desto notwendiger werde auch die Wachsamkeit. Jędrychowski habe, wie *Beaumarchais* hinzusetzte, von entnuklearisierten Zonen gesprochen und dabei auch den Balkan und Nordeuropa genannt. Nach dem Eindruck von *Schumann* wolle der WP in einer ersten Verhandlungsphase die Allianzen ausschließen und durch ein anderes, noch nicht definiertes europäisches System ersetzen, um in einer zweiten Phase ohne die USA verhandeln zu können.

Bundesminister bestätigte, daß man wachsam sein müsse, es komme darauf an, zwischen den politischen und militärischen Aspekten von MBFR zu unterscheiden. Die letzten müßten unter denen diskutiert werden, die die Sicherheit tatsächlich garantieren und die auch das Gleichgewicht der Kräfte aufrechterhalten[9], d. h. unter den Mitgliedern der Allianzen.

---

7 Der Generalsekretär des ZK der KPdSU, Breschnew, hielt sich vom 25. bis 30. Oktober 1971 in Frankreich auf. Vgl. dazu Dok. 354 und Dok. 387, Anm. 10.

8 Zu den zwischen 1957 und 1964 vorgelegten Abrüstungsvorschlägen des polnischen Außenministers Rapacki vgl. Dok. 210, Anm. 22.

9 Die Wörter „und die auch das Gleichgewicht der Kräfte aufrechterhalten" wurden von Bundesminister Scheel handschriftlich eingefügt.

4) *Schumann* bestätigte, daß das Jahr 1972, wie er in seiner Rede vor der Generalversammlung der VN ausgeführt hatte, das Jahr der europäischen Gipfelkonferenz und der ersten KSE sein sollte.[10] Zeitvorstellungen und Vorstellungen über die Form einer KSE und ihrer Vorbereitung äußerte er nicht.

Schumann ging abschließend kurz auf die Rede Gromykos vor der VN-Vollversammlung am 28.9. ein. Interessant habe er die Warnung an China gefunden. Sie bestätige im übrigen, daß der Bundeskanzler mit seiner Rücksichtnahme auf die sowjetische Empfindlichkeit gegenüber China völlig recht habe. Beachtenswert sei auch gewesen, daß Gromyko Japan gleichsam die Hand hingestreckt hätte. Vor allem aber sei ihm die große Mäßigung gegenüber den USA aufgefallen.[11]

VS-Bd. 10091 A (Ministerbüro)

---

[10] Der französische Außenminister Schumann erklärte am 28. September 1971 vor der UNO-Generalversammlung in New York: „The year 1972 should see both the summit conference, which was proposed by Georges Pompidou on behalf of France and which will strengthen the solidarity of 250 million Europeans, and also the first conference on the security and co-operation of all Europeans." Vgl. UN GENERAL ASSEMBLY, 26th Session, Plenary Meetings, 1942nd meeting, Vol. 1, S. 7.

[11] Der sowjetische Außenminister Gromyko führte am 28. September 1971 vor der UNO-Generalversammlung aus: „We attach great importance to the development of our relations with Italy, Canada, with which we have concluded a Protocol on Consultations, Algeria, Iran, Afghanistan and Finland, with such an important Asian Power as Japan and with other countries of Europe, Asia, Africa, Latin America and Oceania." Gromyko bezeichnete die sich ankündigende Normalisierung der Beziehungen zwischen den USA und der Volksrepublik China als „natürliche Entwicklung", fügte jedoch hinzu: „But the Soviet Union opposes now as before any policy which is directed against the legitimate interests and security of other States, including the Soviet Union, however such a policy may be camouflaged. In the past, States combined into many antagonistic groups, which led to international complications and sometimes even to wars. Yet in the end such actions always backfired against those States which had initiated and participated in them, whether they were large States or small. The generation of people who saw such combinations has not yet died out. The Soviet Union's approach to its relations with the United States of America is also based on the strengthening of peace. We attach due importance to these relations, being aware that they affect international affairs as a whole. The Soviet Union is willing to develop its political contacts and economic, trade, scientific and technical and cultural ties with the United States of America, just as it is with any other State. We are prepared to seek mutually acceptable solutions. But in doing so we are not prepared to adapt our principles in international matters, our firm policy of peace, to any considerations of the moment. The steps we take in our relations with the United States of America are always in keeping with our general line of action in the interests of peace." Vgl. UN GENERAL ASSEMBLY, 26th Session, Plenary Meetings, 1942nd meeting, Vol. 1, S. 10f.

328

Aufzeichnung des Ministerialdirigenten Diesel

II A 1-80.51/1 MBFR-3093 II/71 VS-vertraulich 30. September 1971[1]

Herrn Staatssekretär[2]

Zweck: Unterrichtung über Erörterungen der deutschlandpolitischen Aspekte der MBFR in der Bonner Vierergruppe; Entscheidung über Haltung der Vier in der NATO

Vorschlag: Billigung des in der Vierergruppe ausgearbeiteten Papiers (Anlage 1).

Sachstand:

1) Die deutsche Seite brachte vor einigen Wochen ein Papier ein, das als Grundlage bei der Erörterung einer von uns gemeinsam mit den drei Alliierten im NATO-Rat zu vertretenden Haltung dienen sollte (Anlage 2). Wesentlicher Inhalt:

Punkt 1) Mitwirkung der Bundesrepublik Deutschland an allen multilateralen Gesprächen geboten; damit stellt sich DDR-Problem.

Punkt 2) Möglichst keine multilateralen MBFR-Gespräche vor Abschluß der Berlin-Regelung.

Punkt 3) Wenn multilaterale MBFR-Gespräche vor Modus vivendi Bundesrepublik Deutschland–DDR, muß Ausnahmecharakter der Beteiligung der DDR betont werden, insbesondere ist an Abgabe eines Disclaimers zu denken (Punkt 6).

Punkt 4) und 5) Praktische Fragen der Explorationsphase.

2) Die amerikanische Seite gab zu erkennen, daß sie Äußerungen über eine Verbindung von MBFR-Terminen mit Faktoren außerhalb des MBFR-Komplexes – bei grundsätzlicher Anerkennung unserer Gesichtspunkte – derzeit zu vermeiden wünscht. Es wurde klar, daß Washington freie Hand für den zugestandenermaßen nicht wahrscheinlichen Fall, daß die Sowjetunion multilaterale MBFR-Gespräche vor der Komplettierung der Berlin-Regelung vorschlägt, behalten will.

Der französische Vertreter zögerte unter Berufung auf die Zurückhaltung Frankreichs gegenüber der MBFR, an einer gemeinsamen Erklärung mitzuarbeiten.

3) Auf der Basis eines britischen Papiers wurde ein Kompromißvorschlag erarbeitet. Kennzeichen: Beschränkung auf die bevorstehenden praktischen Probleme der Exploration; Hinweis auf die Notwendigkeit weiterer Überlegungen, wenn vor einem Modus vivendi zwischen den beiden Staaten in Deutschland multilaterale MBFR-Gespräche beginnen. Das britische Papier soll nicht von den Vier förmlich in die NATO eingebracht, sondern von ihnen als gemeinsame Sprachregelung verwendet werden.

---

1 Die Aufzeichnung wurde von den Vortragenden Legationsräten Blech und Joetze konzipiert. Hat Legationsrat I. Klasse Vergau vorgelegen.

2 Hat Staatssekretär Frank am 2. Oktober 1971 vorgelegen.

4) Der deutsche Sprecher hat einige Änderungen vorgeschlagen und sodann ad referendum zugestimmt.

5) Echo der drei Regierungen auf diesen Vorschlag:

a) britisches Foreign Office stimmt erwartungsgemäß zu;

b) amerikanisches State Department hat noch keine Weisung gegeben;

c) Quai d'Orsay ließ französischen Vertreter erklären, Frankreich könne im NATO-Rat nur den Punkt 1 des Papiers (allgemeiner Grundsatz zu DDR-Mitgliedschaft in internationalen Organisationen) mitvertreten, nicht aber die übrigen Punkte.

Eine längere Diskussion ergab sich darüber, ob die französische Regierung nicht wenigstens dann den Punkt 2[3] (Vorkehrungen gegen vorzeitige Aufwertung der DDR auch durch MBFR-Verhandlungen in Anwendung der Grundsätze des Artikels 1) übernehmen könnte, wenn – wie in der jetzigen Fassung – die konkrete Bezugnahme auf MBFR entfalle (und in Punkt 3 genommen werde). Punkt 2 stelle dann nur fest, daß sich analoge Probleme wie die in der Bonner Studie bezüglich der internationalen Organisationen[4] im engeren Sinne behandelten ergeben könnten, und daß dafür Vorstellungen zu entwickeln seien. Dies entspreche dem Lissabonner Mandat zur „Fortschreibung" der Studie.[5]

Der französische Vertreter weigerte sich zunächst, seiner Regierung auch nur einen entsprechenden Vorschlag zu machen. Grund vermutlich: Besorgnis einer weiteren Analogie auf KSE.[6]

6) Schlußfolgerung: Eine gemeinsame Haltung, auch nur auf der Linie des britischen Papiers, wird kaum zustandekommen. Allenfalls werden die USA diesem Papier zustimmen, vermutlich werden sie sich aber auf eine allgemeine Wohlwollenserklärung im NATO-Rat beschränken. Wir werden nicht umhin können, unsere Interessen allein zu vertreten, können dann aber auf die noch aktuellen Punkte unseres ursprünglichen Papiers zurückgreifen. Wir werden auf volle britische Unterstützung und auf amerikanische Unterstützung in den Detailfragen der Explorateurmission rechnen können.

7) Im jetzigen Papier sind unsere Interessen für die Explorationsphase voll gewahrt. Es genügt im übrigen, daß für die folgenden Phasen weitere Überlegungen als notwendig festgestellt werden.

Der Text des erarbeiteten Papiers liegt an (Anlage 1).

Referat II B 2 hat mitgewirkt.

Diesel

---

[3] Die Wörter „Punkt 2" wurden von Legationsrat I. Klasse Vergau hervorgehoben. Dazu vermerkte er handschriftlich für Referat II A 1: „Franz[osen] werden Punkt 1 u[nd] Punkt 2 unterstützen."
[4] Zur Studie der Bonner Vierergruppe vom Dezember 1970 vgl. Dok. 61, Anm. 2.
[5] Vgl. dazu das Gespräch des Bundesministers Scheel mit den Außenministern Douglas-Home (Großbritannien), Rogers (USA) und Schumann (Frankreich) am 2. Juni 1971 in Lissabon; Dok. 196.
[6] An dieser Stelle vermerkte Staatssekretär Frank handschriftlich: „U[nd] neuerliche Tendenz d[er] franz[ösischen] D[eutschl]andpolitik!"

[Anlage 1]

Deutschland- und Berlin-politische Aspekte der Verhandlungen über MBFR und deren Vorbereitung

1) Eine umfassende Mitwirkung der Bundesregierung nach Form und Sache an allen multilateralen MBFR-Gesprächen und Verhandlungen ist der Natur der Sache nach geboten. Mit ihr wird allerdings von einem bestimmten Stadium ab die Beteiligung der DDR praktisch unvermeidlich.

Der daraus sich ergebenden Gefahr einer vorzeitigen internationalen Aufwertung der DDR in anderen Bereichen sollte jedoch mit den vorhandenen Möglichkeiten begegnet werden.

2) Eine befriedigende Berlin-Regelung darf durch den Beginn konkreter MBFR-Gespräche nicht gehemmt werden. Nur durch eine Berlin-Regelung – dies ergibt sich aus der Natur der Sache – kann der hinlängliche Nachweis geführt werden, daß Bemühungen um weiterreichende Entspannungsmaßnahmen Erfolg haben können. Gerade bei dem Stand, den die Berlin-Verhandlungen nach Abschluß des Vier-Mächte-Abkommens vom 3.9.71 bereits erreicht haben, würde ein eventueller Mißerfolg den Schluß aufdrängen, daß der Osten die bislang gezeigten Ansätze echter Entspannungsbereitschaft zurücknimmt. Dies müßte auch den Sinn konkreter MBFR-Vorbereitungen in Frage stellen. Bei dieser Sachlage halten wir es für überflüssig, wie seinerzeit im Zusammenhang mit der KSE ausdrücklich die Forderung zu stellen, daß eine Berlin-Regelung konkreten MBFR-Gesprächen vorgehen müsse. Wir gehen dabei davon aus, daß die Mitglieder der Allianz, entsprechend den in den Schlußkommuniqués der Ministerratssitzungen von Brüssel (Dezember 1970)[7] und Lissabon (Juni 1971)[8] im Zusammenhang mit der multilateralen Vorbereitung einer KSE entwickelten Grundsätzen, eine Einbeziehung der DDR in wichtige europäische multilaterale Gespräche vor einer Berlin-Regelung für unerwünscht halten. Unter einer Berlin-Regelung verstehen wir die vollständige Regelung durch das Vier-Mächte-Abkommen vom 3.9.71, die notwendigen Vereinbarungen über konkrete Regelungen zwischen den zuständigen deutschen Behörden und das diese Vereinbarungen mit dem Vier-Mächte-Abkommen zusammenfassende Vier-Mächte-Schlußprotokoll.

3) Eine Einbeziehung der DDR in mehr oder weniger institutionalisierte multilaterale MBFR-Gespräche könnte von der DDR als Anerkennung durch die anderen Teilnehmer ausgelegt werden. Auch wenn die Mitglieder der Allianz eine solche Folgerung im Rechtssinn und – für sich selbst – in politischer Hinsicht durch einen Disclaimer ausschließen können (s. u. 6.), so bliebe doch die Wirkung eines politischen Präzedenzfalles. Dieser könnte sich insbesondere auf neutrale und ungebundene Staaten auswirken. Solche Auswirkungen wollen wir solange ausschließen, als ein ausreichender Modus vivendi zwischen beiden deutschen Staaten die Voraussetzungen für die Freigabe der Außenbeziehungen der DDR nicht geschaffen hat. Denn wir halten daran fest, daß nicht

---

[7] Vgl. dazu Ziffer 10 des Kommuniqués der NATO-Ministerratstagung am 3./4. Dezember 1970 in Brüssel; Dok. 11, Anm. 12.

[8] Vgl. dazu Ziffer 9 des Kommuniqués der NATO-Ministerratstagung am 3./4. Juni 1971 in Lissabon; Dok. 207, Anm. 12.

eine Berlin-Regelung die entscheidende Voraussetzung für eine umfassende internationale Aufwertung der DDR sein kann, sondern daß es zu einem bestimmten Grad der Normalisierung des Verhältnisses zwischen den beiden deutschen Staaten kommen muß, bevor der DDR der Weg zur allgemeinen internationalen Anerkennung eröffnet wird.

Politische Präzedenzfälle, die diesen Grundsatz negativ beeinflussen können, sollten – bis zu solchen Regelungen – auf das Maß beschränkt bleiben, das die internationale Lage zwingend erfordert.

Sollte daher eine Einbeziehung der DDR in MBFR-Verhandlungen vor ausreichenden innerdeutschen Regelungen erforderlich werden, so sollte sie – auch nach einer Berlin-Regelung – einen möglichst augenfälligen Ausnahmecharakter tragen.

4 a) Es besteht inzwischen Übereinstimmung in der Allianz darüber, daß in Ausführung der Beschlüsse von Lissabon die NATO nur einen Beauftragten für Erkundungsgespräche mit interessierten Regierungen ernennen wird, der von maximal vier Experten begleitet wird.[9]

b) Der westliche Explorateur sollte – dies ist bereits die Meinung der Allianz – nicht nach Ostberlin reisen.

(...)

c) Sollte auch der WP einen von Experten begleiteten Explorateur entsenden, und sollte unter diesen Experten ein DDR-Vertreter sein, so stellt sich die Frage, ob dieser an Exploration in westlichen und neutralen Hauptstädten teilnehmen könnte.

Es wurde unseren Interessen nicht entsprechen, wenn ein östlicher Explorateur in westliche oder neutrale Orte von hochrangigen DDR-Offizieren oder hochrangigen Mitgliedern des DDR-Außenministeriums begleitet würde. Hierzu würden insbesondere Beamte im Rang eines Staatssekretärs oder mit dem Amt oder Titel eines Botschafters gehören.

5) Wir sind der Ansicht, daß der westliche Explorateur nicht in die Lage geraten sollte, Fragen zur Beteiligung der DDR an multilateralen Verhandlungen völlig ausweichen zu müssen. Der sachliche Inhalt seiner Antworten bedarf jedoch sehr sorgfältiger Vorbereitung, die der Entwicklung der Berlin-Frage und der Bemühungen um einen innerdeutschen Modus vivendi Rechnung tragen müssen.

6) Wird – entgegen unserer oben zu Punkt 3 skizzierten Zielvorstellungen – eine vorzeitige Beteiligung der DDR an der Phase multilateraler Verhandlungen unvermeidlich, so wären jedenfalls Disclaimer-Erklärungen unentbehrlich; durch solche Erklärungen sollten die Mitglieder der Allianz und evtl. andere Teilnehmerstaaten, die die DDR nicht anerkannt haben, ihr Festhalten an der Nichtanerkennung für sich klarstellen und dadurch den in der Anwesenheit der DDR liegenden Aufwertungseffekt und seine politische Ausstrahlung reduzieren.

---

[9] Vgl. dazu Ziffer 16 des Kommuniqués der NATO-Ministerratstagung am 3./4. Juni 1971 in Lissabon; Dok. 197, Anm. 4.

[Anlage 2][10]

MBFR

1) The recommendations of Bonn Group Study which were reviewed by the four Ministers in December 1970 stated i.a.[11] that:

„The FRG and the Allies should continue to work together to assure that the GDR does not obtain membership in UN Specialised Agencies and other important inter-governmental organisations until a Berlin agreement, a FRG–GDR agreement, and agreement on UN entry have been reached."

2) While the Study dealt in terms with GDR entry into the UN or other governmental international organisations, it has always been accepted that other multilateral negotiations could provide a further field for the GDR to advance its claims to international recognition. For this reason it is necessary that we should, on a continuing basis, up-date our planning to scope with situations which are likely to arise in the foreseeable future.

3) As to MBFR, the immediate step envisaged within the Alliance is the dispatch of an explorer after the Deputy Foreign Ministers' meeting at NATO on 5/6 October.[12] Before his dispatch concrete steps should be agreed to limit the opportunities during this phase for the Eastern side to exploit his visits, or those of a possible Eastern explorer, to enhance the status of the GDR.

4) As far as the Western explorer is concerned it might be agreed that:

a) He should not travel to East Berlin or the GDR.

b) The Western explorer should travel with a small supporting team whose rank should not be higher than that of Counsellor or military equivalent.

Should he be placed in a situation where it is impossible to avoid questions about the participation of the GDR in multilateral negotiations, he should answer along the lines of the attached speaking note.

5) Eastern explorer. As far as a possible Eastern Explorer is concerned it might be agreed that:

a) In the case of meetings in a neutral place or in Warsaw Pact countries, there would be no objections to his staff including experts from the GDR.

b) Attempts by such an explorer to visit Western or neutral locations accompanied by officials of the GDR of rank higher than counsellor or military equivalent should be restricted.

6) The Bonn Group are giving urgent consideration to the problem which will be posed for the status of the GDR should multilateral negotiation of MBFR start before the achievement of an inner German modus vivendi.

VS-Bd. 4470 (II A 1)

---

[10] Durchdruck.
[11] Inter alia.
[12] Zum Vorschlag einer Konferenz der stellvertretenden Außenminister der NATO-Mitgliedstaaten vgl. Dok. 197, Anm. 4.
Die Konferenz fand am 5./6. Oktober 1971 in Brüssel statt. Vgl. dazu Dok. 348.